中国近代人物文集丛书

李兴锐集

一

汤　锐　整理

中　华　书　局

九年十月至次年八月，署理闽浙总督。他在粤、闽两地继续推行“新政”：与署理两广总督岑春煊合奏将广东的书院全部改为新式学堂。在福州、厦门各设商务局，成立福建全省矿务总公司，发展矿务，振兴商业，以保利权；裁撤诸局所，合并为财政局，统一财政；设立军政局，整理营务，厘定常备军制；设立福建学务处，选送学生出洋学习，将福州以外地方各书院全部裁撤，改设学堂，等等。

光绪三十年八月十三日，署理两江总督兼南洋通商大臣。九月二十二日，李兴锐病逝于南京，终年 78 岁。清廷赐祭葬，予谥勤恪。

李兴锐一生经历道光、咸丰、同治、光绪四朝，仕途复杂，阅历丰富。他是湘军山内粮台总办，掌管上海机器局的洋务派健将，还曾参与勘定中越边界，总办北洋海防支应局事务，管理天津、山东海关事务和长芦盐务。晚年跻身封疆大吏，与刘坤一、张之洞等同为“清末新政”的推动者和中坚力量。他具有一定的爱国思想和改革精神，针对晚清积弱积贫的局面，在所上《参酌中西情形筹议政务》一折中，提出了十条改革措施，其核心是参合中西之长，仿行西方制度，以图变革自强，体现了其忧国忧民情怀。他在江西、广东、福建等省任上大力革新，采取了许多有利于国计民生的措施，促进了当地社会经济的发展。

李兴锐是曾国藩的得意门生，二人感情深厚，“无异家人父子”[①]。曾国藩对李期望甚高，奏保时说“可决其必作循吏”[②]。李兴锐没有辜负其师期望，居官以勤朴干练、清廉刚正著称，注重实

① 《李兴锐日记(增订本)》同治十一年二月初七日，中华书局 2015 年版，第 122 页。

② 曾国藩：《略陈直隶应办事宜并请酌调人才酌拨银两折(同治八年正月十七日)》，《曾国藩全集》，岳麓书社 2011 年版，第 10 册，第 315 页。

效,“故所至皆能廓除积习,上下肃然”①,同治、光绪两朝帝师翁同龢曾称赞他为“粹然循吏”②。

长期以来,这位晚清重要历史人物并没有得到应有重视和深入研究,而李氏著作及相关资料未能得到系统汇集整理出版是其中一个重要原因。李兴锐卒后,其侄李昌洵撰写了《先伯考勉林府君行状》,李家还编辑了《李勤恪公奏议》一书。这些资料及李兴锐日记稿本(存同治九年正月至同治十一年十二月,同治十三年二月,光绪十一年十月至光绪十三年五月日记),后来都保存在天津图书馆。1987 年,中华书局出版了廖一中、罗真容整理的《李兴锐日记》,收入《中国近代人物日记丛书》。

天津图书馆所藏《李勤恪公奏议》抄本五卷,共辑录李兴锐任督抚时的奏折一百六十九篇,前两卷为江西奏折,卷三为广东奏折,后两卷为福建奏折(最后一篇为奏报到任两江接篆日期折)。这些奏折只是李氏所有奏折中的一小部分,且一直到 1999 年才影印出版。

笔者自 2008 年起开始搜集李兴锐的资料,为此查阅了川、京、湘、粤等地图书馆、档案馆及台北故宫博物院的大量资料,多次到浏阳筱水垅踏访,搜集材料,采访有关人士。历经十馀年的努力,《李兴锐集》终于整理成稿,交付出版。

本书收录李氏除日记以外目前所知的全部著作,正文分为奏折、公牍、电报、书信、杂著五部分。奏折将近一千篇,涉及赣、粤、闽、浙等数省新政、吏治、财政、税赋、军事、刑法、关税、洋务、教案、赈灾及地方民情,内容十分广泛,是研究晚清历史的珍贵的第一手

---

① 端方:《胪陈前署督政绩折》。

② 《翁同龢日记》光绪二十三年三月三十日,中华书局 1998 年版,第 2993 页。

文献；公牍部分收录其禀稿、札件、批示、咨文等七十馀篇；电报一百二十馀篇，主要包括参与勘定中越边界时所发电报，在巡抚、总督任上致军机处、外务部和其他督抚的电报；书信二十馀篇，含致曾国藩、曾国荃、盛宣怀等人的书信；杂著部分收录文章、联语十馀篇，有其为父母所作合葬墓志，为曾国藩、彭玉麟等人所作挽联等。此外，还将相关传记资料和《浏阳李公荣哀录》作为附录，俾便读者。相信本书出版后，不仅有利于推动相关历史人物的研究，而且对于促进中国近代史研究的深入有一定意义。

限于整理者水平，本书错漏在所难免，敬祈读者指正。

汤锐

癸卯年七月

凡　例

一、本书所收李兴锐作品及附录所收资料，皆于篇末注明出处。李兴锐作品题前均编列序码。

二、所辑奏折优先根据原件或其影印件辑录，具体方式为：先据《光绪朝朱批奏折》（中国第一历史档案馆编，中华书局 1995—1996 年版）、《宫中档光绪朝奏折》（台北故宫博物院 1973 年版）、中国第一历史档案馆藏"宫中档全宗·朱批奏折"辑录，再据《李勤恪公奏议》（天津图书馆辑《天津图书馆孤本秘籍丛书（二）》影印清抄本，中华全国图书馆文献缩微复制中心 1999 年版）、中国第一历史档案馆藏"军机处全宗·录副奏折"、台北故宫博物院藏"军机处档折件"、《申报》（爱如生数据库所收上海版）等文献档案资料辑补其他篇目和奏折所附清单。有署李兴锐之名而经考证非其所作者，不录。

三、所辑奏折，按时间顺序编次。日期相同者，则按《光绪朝朱批奏折》之分类顺序编排。日期不明或有误者，均予以考订补正，并加注说明。

四、所有奏折，无标题者，皆据内容拟定；有标题者，亦统一调整。

五、奏折原件、影印件正文末尾如有朱批，用仿宋体录于篇末，并加"朱批："字样。录自抄本、报刊等件已有朱批者，均予以保留。有关谕旨，均据《光绪朝上谕档》（书同文古籍数据库影印版）辑录，附于奏折之后。

六、因电报辑录来源不一，本次收录时，标题一律重拟。电报标题下所列日期为发出日期，发出日期不明的，采用收电日期。

七、附录《浏阳李公荣哀录》，系据湖南图书馆藏光绪甲辰（1904）刊本辑录；书前原刊有光绪三十年九月二十四日上谕一道，因已见于《行状》，故略去；书末讣告亦略去。

八、简体横排，标点分段。在忠实于底本的基础上，对文字进行审慎校勘。

（一）除人名、地名等专名外，异体字、俗体字均使用规范简体字，通假字一般不改，避讳字复原。诬称字，除“猺”改为“瑶”外，其它不作改动。

（二）底本中的错字、衍字，加圆括号（）表示；改字、补字，加六角括号〔〕表示。明显错讹径改。

（三）底本缺字用△表示；漫漶无法辨识之字用□表示；因漫漶导致辨识存疑的字，在字外加□。极个别情况需特别说明的则出注。

（四）凡依据他本订正底本错讹、颠倒、衍文、脱文者，均出注说明。底本与他本有异，而底本无误者，酌情出注。

九、底本中所有表示尊称的抬头、空格取消，表示谦称、卑称的小号字改用和正文相同的字号。原文夹注，用小号字排印。

目　录

第一册

奏　折

第二册

第三册

第四册

公 牍

电 报

书 信

杂 著

附 录

奏　折

001. 补授大名府知府谢恩折

同治九年六月二十七日(1870 年 7 月 25 日)

道员用直隶大名府知府臣李兴锐跪奏,为恭谢天恩,仰祈圣鉴事。

本月二十五日,吏部以臣带领引见,奉旨:“着准其补授大名府知府,以道员用。”钦此。窃臣湘水庸材,毫无知识,由附生历保知县,洊升知府,蒙恩赏戴花翎。未报涓埃,方深兢惕。兹复渥荷温纶,准补今职,自天闻命,俯地增惭。

伏思直隶为首善之区,知府有表率之责。如臣梼昧,惧弗克胜。惟有吁求宸训,敬谨遵循,俾到任后,于一切事宜,勉矢慎勤,以冀仰酬高厚鸿慈于万一。

所有微臣感激下忱,谨缮折叩谢天恩,伏乞皇太后、皇上圣鉴。谨奏。

中国第一历史档案馆藏“宫中档案全宗·朱批奏折”,

档号:04—01—13—0318—057

002. 奏报接署直隶臬篆日期折

光绪二十二年六月二十二日[①](1896 年 8 月 1 日)

署理直隶按察使、新授长芦盐运使臣李兴锐跪奏,为恭报微臣

① 原无具奏日期,此据中国第一历史档案馆藏“军机处全宗·录副奏折”目录(档号:03—5342—131)。

接署臬篆日期，叩谢天恩，恭折仰祈圣鉴事。

窃臣于山东登莱青道任内，荷蒙圣慈，补授直隶长芦盐运使，遵将交卸及起程日期禀报山东抚臣李秉衡，附片奏明在案。兹于六月初十日行抵天津，接奉直隶督臣王文韶行知，委臣署理臬司篆务，遵即束装起程，于十九日驰抵保定省城，准署直隶布政使、按察使臣季邦桢将臬司印信一颗并文卷册籍移交前来，当即恭设香案，望阙叩头谢恩，祗领任事。

伏念臣湖南下士，蓟北备员。迭任监司，绾豸章而涓埃无补；骤膺鹾政，顾驽庸而兢业滋深。兹复渥荷殊施，晋权臬事，职任愈重，报称愈难。查直隶为畿辅要区，安良必先除莠；臬司乃刑名总汇，执法尤贵持平。诸凡禁暴诘奸，整躬率属，在在均关紧要。如臣梼昧，深惧弗胜。惟有随时禀商督臣，悉心经理，不敢以暂时摄篆，稍涉因循，冀答高厚鸿慈于万一。

所有微臣感激下忱，理合恭折叩谢天恩，伏乞皇上圣鉴。谨奏。

奉朱批："知道了。"钦此。

《申报》光绪二十二年八月初四日(1896年9月10日)第8405号第13版《光绪二十二年七月二十四日京报全录》

003. 补授福建按察使谢恩请觐折

光绪二十三年三月初五日(1897年4月6日)

二品顶戴新授福建按察使、长芦盐运使臣李兴锐跪奏，为叩谢天恩，吁恳陛见，恭折仰祈圣鉴事。

窃臣奉直隶总督臣王文韶行知，准吏部咨开，光绪二十三年二月二十一日奉上谕："福建按察使着李兴锐补授。"钦此。跪聆之下，感悚莫名。当即恭设香案，望阙叩头，祗谢天恩。伏念臣衡湘下士，畿辅补员，溯自两载以来，屡沐九重之宠。云津承乏，秉六察以巡方；烟岛星移，稽九章而司榷。旋蒙恩诏，擢任长芦。旧地重来，先权臬事；及期而代，忝领鹾纲。迭承高厚殊施，愧乏涓埃未效。乃复芝纶渥霈，柏府荣除。闻命自天，抱惭无地。

查福建地居冲要，臬司职总刑名。安民以察吏为先，儆十愆于有位；执法以平情为本，期五用之惟明。梼昧如臣，惧弗胜任。惟有吁求恩命，俯准入都陛见，庶几跪聆圣训，俾遵守之有资；承作官箴，答恩施于逾格。

所有微臣感激下忱，并吁请陛见缘由，谨缮折具陈，恭谢天恩，伏乞皇上圣鉴训示。谨奏。〔光绪二十三年〕三月初五日。

光绪二十三年三月初八日奉朱批："着来见。"钦此。

台北故宫博物院藏"军机处档折件"，文献编号：137931

004. 奏报抵闽接署藩篆日期折

光绪二十三年七月二十六日（1897年8月23日）

二品顶戴新授福建按察使、署布政使臣李兴锐跪奏，为恭报微臣抵闽接署藩篆日期，叩谢天恩，仰祈圣鉴事。

窃臣钦奉谕旨，补授福建按察使，陛见后请假一月，回籍修墓，业将假满起程日期呈请湖南抚臣代奏在案。本年七月十七日驰抵闽省，即经督臣奏署藩篆，遵奉行知。于是月二十六日准前任藩司黄毓恩将印信、文卷移送前来，恭设香案，望阙叩头，祗领任事。

伏念臣湘楚儒生，才识浅薄。经前大学士曾国藩调营差遣，洊保道员,叠荷殊恩,由长芦盐运使升授今职。本年三月,入觐天颜,仰蒙召见二次,训诲周详,莫名钦感。兹复委权藩篆,悚惕弥深。查福建系滨海要区,藩司为维屏重任。如臣梼昧,深惧弗胜。惟有遇事禀承督臣,悉心经理,实力讲求,不敢以暂时署任,稍涉因循,以冀仰答高厚鸿慈于万一。

所有微臣抵闽接署藩篆日期并感激下忱,理合恭折叩谢天恩,伏乞皇上圣鉴。谨奏。〔光绪二十三年〕[①]七月二十六日。

光绪二十三年八月十九日奉朱批:"知道了。"钦此。

台北故宫博物院藏"军机处档折件",文献编号:141307

005. 奏报交卸藩篆接受臬篆日期折

光绪二十四年二月二十一日[②](1898年3月13日)

二品顶戴福建按察使臣李兴锐跪奏,为恭报微臣交卸藩篆,接受臬篆日期,叩谢天恩,仰祈圣鉴事。

窃臣钦承恩命,补授福建按察使。光绪二十三年七月十七日抵闽,经督臣奏署藩篆,业将接篆日期缮折具陈在案。兹据新授福建布政使季邦桢行抵闽省,奉督臣檄饬各赴新任等因,遵即交卸藩司篆务。二十四年二月二十一日,准署按察使、兴泉永道周莲将印信、文卷移交前来,当即恭设香案,望阙叩头谢恩,祗领任事。

伏念臣湖湘下士,知识庸愚。忝擢监司,暂权屏藩。际此藩条已卸,虽无理财用人之繁;臬事初陈,自有察吏安民之责。查闽俗

① 年份原无,系整理者所补。下同,不再出注。

② 原无具奏日期,此据中国第一历史档案馆藏"军机处全宗·录副奏折"目录(档号:03—5358—048)。

素多争讼，臬司总汇刑名，必情伪之周知，乃劝惩之悉当。如臣梼昧，深惧弗胜，惟有矢慎矢勤，随时随事，禀商督臣，认真经理，以期仰答高厚鸿慈于万一。

所有微臣交卸藩篆，接受臬篆日期，并感激下忱，理合恭折叩谢天恩，伏乞皇上圣鉴。谨奏。

奉朱批："知道了。"钦此。

《申报》光绪二十四年闰三月二十六日（1898年5月16日）第9009号第12版《光绪二十四年闰三月十五日京报全录》

006. 奏报交卸臬篆接署藩篆日期折

光绪二十四年五月二十四日①（1898年7月12日）

二品顶戴署福建布政使、按察使臣李兴锐跪奏，为恭报微臣交卸臬篆，接署藩篆日期，叩谢天恩，仰祈圣鉴事。

窃臣于光绪二十四年五月十九日奉闽浙总督臣边宝泉饬知，福建藩司季邦桢因病出缺，所遗藩司篆务，奏请委臣署理等因。据布政司经历白荃将藩司印信、文卷封交前来，遵于是月二十四日恭设香案，望阙叩头谢恩，祇领任事，即于是日交卸臬篆。

伏念臣湘楚诸生，才识庸暗，忝陈臬事，未报涓埃。前摄旬宣，庶政已渐于敷布；再权屏翰，时艰弥懔夫职司。查闽省为负山面海之区，藩司兼用人理财之任。自维驽下，深惧弗胜。惟有秉公正以遴才，力除奔竞；矢廉勤以率属，严核度支。一切应办事宜，随时禀商督臣，认真经理，断不敢以暂时权代，稍涉因循，以冀仰答高厚鸿

① 原无具奏日期，此据中国第一历史档案馆藏"军机处全宗·录副奏折"目录（档号：03—5362—079）。

慈于万一。

所有微臣交卸臬篆，接署藩篆日期，并感激下忱，理合恭折叩谢天恩，伏乞皇上圣鉴。谨奏。

奉朱批："知道了。"钦此。

《申报》光绪二十四年七月二十日(1898年9月5日)第9121号
第14版《光绪二十四年七月十一日京报全录》

007. 升授福建布政使谢恩请觐折

光绪二十五年正月十九日(1899年2月28日)

新授福建布政使臣李兴锐跪奏，为叩谢天恩，吁恳陛见，恭折仰祈圣鉴事。

窃臣于光绪二十五年正月十二日奉闽浙总督臣许应骙檄行，准吏部咨，光绪二十四年十二月初八日内阁抄出初七日奉上谕："福建布政使，着李兴锐补授。"等因。钦此。当即恭设香案，望阙叩头谢恩。

伏念臣湖湘下士，知识庸愚。早岁从前大学士臣曾国藩效力戎行，大难既平，供差南北。自维迂拙，无补涓埃；幸际圣明，叠膺洊擢。光绪二十三年二月，蒙恩简授福建臬司，得觐天颜，时殷依恋。抵闽以后，刑名一领，屏翰再权。吏治虽渐澄清，度支仍形匮乏。抚衷循省，惭悚莫名。兹复渥荷温纶，真除藩篆。值此时艰迫切，忝司海峤旬宣。深惟人才以鉴识而明，仍资表率；帑藏以筹维而裕，必务本源。梼昧如臣，深惧弗克胜任。惟有吁恳陛见，俾得跪聆圣训，敬谨遵循，以冀仰答高厚鸿慈于万一。

所有微臣感激下忱，并〔吁恳〕陛见缘由，谨缮折叩谢天恩，伏乞皇太后、皇上圣鉴。谨奏。〔光绪二十五年〕正月十九日。

光绪二十五年二月初四日奉朱批："着来见。"钦此。

中国第一历史档案馆藏"军机处全宗·录副奏折"，档号：03—5372—034

008. 调补广西布政使谢恩请觐折

光绪二十五年八月十九日(1899年9月23日)

调补广西布政使臣李兴锐跪奏，为叩谢天恩，吁恳陛见，恭折仰祈圣鉴事。

窃臣前奉恩命，补授福建布政使，遵旨北上，仰蒙召见三次，训诲周详，莫名钦感。陛辞出都，行抵上海，因感患暑症，禀由两江总督臣刘坤一代奏，请假一月调理，钦奉朱批允准。嗣以假期届满，病已就痊，复经禀请两江督臣附片代奏销假各在案。正在料理起程间，恭阅邸钞，七月二十八日内阁奉上谕："广西布政使着李兴锐调补。"等因。钦此。当即恭设香案，望阙叩头谢恩讫。

伏念臣楚水庸材，毫无知识。榕垣备职，莫报涓埃。沐特简而晋领藩条，衔宠命而遥趋芝陛。方幸九天云日，稍纾瞻就之忱；何期三殿丝纶，复拜量移之命。慈施稠叠，感愧交并。查广西为边徼要区，藩司任旬宣重寄。安民必先察吏，贵互用其激扬；筹饷方能练兵，当慎权其出纳。如臣梼昧，惧弗克胜。惟有仰恳天恩，俯准臣入都陛见，跪聆宸训，俾到任之后，得有遵循。

所有微臣感激下忱，吁请陛见各缘由，理合缮折具陈，伏乞皇太后、皇上圣鉴训示。再，此折系借用江宁布政使印信拜发，合并陈明。谨奏。〔光绪二十五年〕八月十九日。

光绪二十五年九月初七日奉朱批："毋庸来见。"钦此。

中国第一历史档案馆藏"军机处全宗·录副奏折"，档号：03—5380—031

009. 奏报接任日期并谢恩折

光绪二十五年十二月初四日(1900年1月4日)

广西布政使臣李兴锐跪奏,为恭报微臣抵粤接印日期,叩谢天恩,仰祈圣鉴事。

窃臣前由福建布政使入觐天颜,仰蒙召见三次,圣训周详,莫名钦感。陛辞出都,行抵上海,因感受暑气,触发旧疾,呈由两江督臣刘坤一代奏,蒙恩赏假一个〔月〕,在沪就医。复于光绪二十五年七月二十八日钦奉上谕,调补广西布政使,经销假恭折谢恩,吁恳陛见,奉朱批:"无庸来见。"钦此。遵即束装就道,于十一月二十八日行抵广西省城,奉抚臣黄槐森饬赴新任。旋于十二月初一日准署布政使、按察使张廷燎将印信、文卷移交前来,臣当即恭设香案,望阙叩头谢恩,祗领任事。

伏念臣湘楚凡材,智识浅薄。叠承恩命,洊历监司。愧报称之未能,复藩条之屡绾。近值时艰饷绌,举凡用人理财之要,阜民教吏之方,藩司皆有专责。如臣梼昧,深惧弗胜。惟有随时随事,禀商抚臣,认真经理,以期仰答高厚鸿慈于万一。

所有微臣接印任事日期,及感激下忱,理合恭折具奏,伏乞皇太后、皇上圣鉴。谨奏。〔光绪二十五年〕十二月初四日。

光绪二十六年正月二十日奉朱批:"知道了。"

中国第一历史档案馆藏"军机处全宗·录副奏折",档号:03—5386—086

010. 补授江西巡抚谢恩并交卸藩篆起程日期折

光绪二十六年十一月初六日(1900 年 12 月 27 日)

新任江西巡抚、广西布政使臣李兴锐跪奏,为叩谢天恩,并将微臣交卸藩篆起程日期,恭折具奏,仰祈圣鉴事。

窃臣恭阅电钞,光绪二十六年九月二十六日奉上谕:“江西巡抚着李兴锐补授。”等因。钦此。正在听候部文,旋于本年十一月初二日承准军机处电传奉旨:“李兴锐已补授江西巡抚,该省地方紧要,着迅即驰赴新任,毋庸前来行在请训。”钦此。闻命之下,感悚莫名,当即恭设香案,望阙叩头谢恩讫。

伏念臣三湘下士,卅载从军。愧无尺寸之功,洊历监司之职。叠承纶旨,两绾藩条。报未效夫涓埃,任遽臻于开府。江西地方紧要,已荷圣明烛照之无遗;巡抚职重封圻,实非微臣迂拙所能胜。惟有驰赴任所,殚竭血诚,益励渊冰兢惕之衷,仰酬高厚生成之德。现奉抚臣黄槐森行知,奏委臬司张廷燎署理藩司篆务,臣遵于本年十一月初六日将印信、文卷并库储档册移交接收,即日卸事起程。

除俟驰抵江西新任接印任事,再行专折奏报外,所有微臣感激下忱及交卸藩篆起程日期,相应恭折,叩谢天恩,伏乞皇太后、皇上圣鉴。谨奏。光绪二十六年十一月初六日。

朱批:“知道了。”

《光绪朝朱批奏折》第 15 辑,第 451 页

011. 奏报行抵江西省城接印日期并谢恩折

光绪二十六年十二月二十七日(1901年2月15日)

江西巡抚臣李兴锐跪奏,为恭报微臣行抵江西省城接印任事日期,叩谢天恩,仰祈圣鉴事。

窃臣恭承简命,擢授江西巡抚,并奉旨:"着即驰赴新任,毋庸前来行在请训。"钦此。当即缮折叩谢天恩,并报由粤起程日期在案。臣遵于十二月二十七日行抵江西省城,准护理抚臣张绍华派委代理南昌府知府林祖炘、抚标中军参将刘双保,将江西巡抚兼提督衔关防一颗暨王命旗牌、文卷等项赍送前来,臣谨即恭设香案,望阙叩头,祇领任事。并先准吏部咨,以臣应否兼兵部侍郎衔,奏请钦定,奉旨:"着照例兼衔。"钦此。

伏念臣湘楚下士,知识庸愚。藩条忝绾,方愧未报涓埃,兹复渥荷圣慈,畀以巡抚重任,并跻卿贰崇班。抚躬循省,悚惕弥深。查江西界连六省,政务殷繁;巡抚职守封疆,责成綦重。当此和议甫定、度支竭蹶之时,举凡练兵筹饷,察吏安民,以及办理交涉,和辑民教,在在均关紧要。如臣梼昧,深惧弗克胜任。惟有殚竭血诚,勉策驽骀,于地方营务一切事宜,破除情面,不避嫌怨,督同司道及各镇〔实〕力整顿,认真经理;遇有紧要事件,电商督臣,妥为筹办,断不敢稍涉因循,致误事机,以期仰答高厚鸿慈于万一。

所有微臣行抵江西接印日期,并感激下忱,除恭疏题报外,谨缮折叩谢天恩,伏乞皇太后、皇上圣鉴。谨奏。光绪二十六年十二月〔二十七〕[1]日。

朱批:"知道了。"

《光绪朝朱批奏折》第15辑,第648—649页

012. 藩司张绍华、粮道李岷琛饬回本任片

光绪二十六年十二月二十七日[2](1901年2月15日)

再,藩司张绍华现已交卸抚篆,经臣饬回藩司本任,所有现署藩司李岷琛,应饬交卸藩篆,仍回粮道本任。除分札饬遵外,谨附片陈明,伏乞圣鉴。谨奏。

朱批:"知道了。"

《光绪朝朱批奏折》第15辑,第650页

013. 奏报江西省光绪二十六年十一月分粮价及雨雪情形折

光绪二十七年正月初六日(1901年2月24日)

江西巡抚臣李兴锐跪奏,为恭报光绪二十六年十一月分粮价及地方雨雪情形,仰祈圣鉴事。

窃照江西省光绪二十六年十月分市粮价值并雨雪情形,业经前护抚臣张绍华奏报在案。兹据署布政使李岷琛查明江西通省光

---

① 底本残缺,据中国第一历史档案馆"宫中档案全宗·朱批奏折"目录(档号:04—01—12—0599—053),此折具奏日期为光绪二十六年十二月二十七日。

② 底本推定具奏时间为该年十二月,而日期不明。按,此片当系前折之附片,具奏日期同前折。

绪二十六年十一月分米、麦、豆各项粮价，开单汇报，前护抚臣未及具奏卸事，移交前来。臣逐加查核，南昌等十四府州属米、麦、豆各项价值均与上月相同；省城及各属地方十一月内雨泽调匀，并据建昌、广昌、彭泽、乐安等县先后禀报，十一月二十、二十一、二十七、二十八等日得雪，以上各县同其馀各属均菜麦长发，民情安谧，堪以上慰圣怀。理合恭折具陈，并缮粮价清单，敬呈御览，伏乞皇太后、皇上圣鉴。谨奏。光绪二十七年正月初六日。

朱批："知道了。"

《光绪朝朱批奏折》第96辑，第845页

014. 上年被灾各属请分别缓征递缓新旧钱漕等款折

光绪二十七年正月二十日（1901年3月10日）

江西巡抚臣李兴锐跪奏，为查明光绪二十六年江西省被水、被旱、被虫、被风各属应征新旧钱漕等款，吁恳天恩俯准分别缓征、递缓，以纾民力，恭折缮单，仰祈圣鉴事。

窃查光绪十一年十二月二十一日钦奉上谕："嗣后各省奏请蠲缓，务将各属银米等项，分县开单，俟降旨允准后，即照单开数目刊刻誊黄，遍行晓谕。"等因。钦此。钦遵在案。查江西省光绪二十六年入春以来，雨旸时若，惟五月下旬至六月上旬，先后大雨连朝，山水骤发，河湖盛涨，下游之水倒灌顶阻，宣泄不及，以致沿河民屯低田、芦洲多被淹浸，圩堤间有冲坍。兼因六月内、七月初旬以后，晴霁日久，高阜田禾杂粮正值秀发之际，缺水滋培，类多黄萎，并有被风、虫伤之处。虽经各厅县督率农业人等分别设法疏消，车戽灌荫，并补种晚禾杂粮，收成不无歉薄。且各乡民屯田地、芦洲内有被旱较久处所，节候已迟，未能补种，秋收更属失望。据各厅县先后禀报，均经前抚臣松寿批司，遵照部定新章，转饬该管知府确切查勘，据实详办去后。

兹据布政使张绍华详称，据南昌府知府江毓昌亲诣南昌、新建、丰城、进贤、奉新、靖安等县，署袁州府知府阮贞瑞亲诣萍乡县，临江府知府斌鉴亲诣清江、新淦、峡江等县，吉安府知府许道培亲诣莲花、庐陵、吉水、永丰、泰和、万安、安福、永新等厅县，饶州府知府吴祖椿亲诣馀干县，南康府知府叶庆增亲诣建昌、安义二县及安义县之寄庄建昌县各处，九江府知府孙毓骏亲诣德化、德安、湖口等县暨九江府同知所辖各乡都图甲民屯田地、芦洲，逐一确切履勘被水、旱、风、虫各灾情形，轻重不等，早晚两稻、杂粮收成均甚歉薄，且多系连年受灾之区，元气未复，民力尤为拮据，请将未完新旧钱漕、芦课分别缓征、递缓。声明勘实之日，遵奉部定新章，先出简明告示，即日停征，示内注明某某乡都图甲被灾民屯田地、芦洲顷亩及应缓银米各数，遍贴晓谕，俾使周知。并据金溪、鄱阳、德兴、万年、星子、都昌、瑞昌、彭泽等县各以本年被旱，虽经勘不成灾，然均系历受灾歉地方，民困未苏，体察情形，仅能催征新赋，难以带纳旧粮，请将未完原缓各年银米再行推展年限带征各等情，分别开具清折，由司核明，汇开各都图甲清单，详请具奏。并据声明，此项请缓征、递缓钱漕清单，因萍乡县开造数目不符，驳饬换造，致详办稍稽等情前来。

臣覆加查核，被水、被旱、被风、被虫各厅县均属实在情形，所请缓征、递缓新旧钱漕，委系无力输将。合无仰恳天恩，准将单开勘实之南昌县被旱被虫被风各处未完本年地丁银一万五千三百九十七两零、漕米一万九千七百四十八石零，新建县被水被旱各处未完本年地丁银一万二千七百一十二两零、漕米一万二千三百四十二石零，丰城县被旱各处未完本年地丁银三千七百六十二两零、漕米六千五百五石零，进贤县被水被旱各处未完本年地丁银九千九百七十两零、漕米一万二千四百四十八石零，奉新县被旱各处未完本年地丁银二千一百四十三两零、漕米四千八十八石零，清江县被旱各处未完本年地丁银五千三百六十八两零、漕米三千八百九十四石零，新淦县被水被旱各处未完本年地丁银一万七千四百八十一两零、漕米一万二千五百四石零，峡江县被水被旱各处未完本年地丁银九千八百九十两零、漕米四千八百五十一石零，莲花厅被旱各处未完本年地丁银三千三百三十两零、漕米一千七百六十三石零、漕运屯粮银五百一十三两零、馀租银九百八十八两零，庐陵县被旱各处未完本年地丁银一万九百二十六两零、漕米七千八百一十石零、存留屯粮银七十七两零、漕运屯粮银四十五两零、馀租银二百四十两零，吉水县被旱各处未完本年地丁银一万三千九百三十两零、漕米九千二百八十二石零，永丰县被水被旱被风各处未完本年地丁银一万三千八百九十七两零、漕米五千六百四十七石零，泰和县被水被旱被虫各处未完本年地丁银一万四千五百二十六两零、漕米八千九百六十九石零，万安县被水被旱各处未完本年地丁银四千三百四十四两零、漕米三千三十石零，安福县被旱各处未完本年地丁银一万二千九百九十二两零、漕米七千四百九十七石零、漕运屯粮银四百七十六两零、馀租银八百七十二两零，永新县被旱各处未完本年地丁银一万三千三百九十九两零、漕米三千六百八十六石零、屯丁银一十七两零、存留屯粮银七十四两零、漕运屯粮银五百四十四两零、馀租银一千九百三十五两零，馀干县被水被旱各处未完本年地丁银一万一千一百四十两零、漕米五千三百六十石零，建昌县被旱各处未完本年地丁银一万六千八百四十八两零、漕米七千七百二十五石零，同安义县之寄庄建昌县被旱各处未完本年地丁银四百七十六两零、漕米二百一十七石零，德化县被旱各处未完本年地丁银三千五百四十四两零、屯丁银七十九两零、存留屯粮银六百九十二两零、漕运屯粮银二千二百六十七两零、馀租银四千七百二十五两零、光绪二十六年压征二十五年芦课银五百八十七两零，德安县被水被旱各处未完本年地丁银四千七百五十九两零、屯丁银一百四十二两零、存留屯粮银一百六十三两零、漕运屯粮银一千八十一两零、馀租银二千六百三十六两零，湖口县被旱各处未完本年地丁银二千一百二十八两零、漕运屯粮银八十九两零、馀租银二百一十一两零，九江府同知所辖南、九二卫芦洲被水被旱各处未完光绪二十六年压征二十五年芦课银四百五十二两零，均请缓至光绪二十七年秋后，分作两年带征。

又，靖安县被旱各处未完本年地丁银九百三十七两零、漕米一千七百五十五石零，萍乡县被旱各处未完本年地丁银五千六百一十八两零，安义县本县被旱各处未完本年地丁银二千七百一两零、漕米二千四百二十二石零，均请缓至光绪二十七年秋后带征。又，丰城县光绪二十一年被旱被虫原缓地丁银米，并金溪县二十一年被旱原缓一半地丁银米，均请递缓至光绪二十七年秋后带征。又，南昌县光绪十四年至二十一年并二十三、五两年，及新建、永新、德化等县十四年至二十五年，清江县十八、二十一、二十三、四、五等年，新淦县二十、二十三、四、五等年，峡江县十五、十八、二十一、二十三、四、五等年，庐陵县十六年至二十五年，德安县十五年至二十五年，瑞昌县十四、十六、二十、二十一、二十四等年，湖口县十四、五、六等年并二十三、四、五等年，彭泽县十五、十六两年并二十三、四两年,万安县十六年并二十三、四、五等年,吉水、星子二县二十三、四、五等年,德兴县二十四年,鄱阳、馀干、万年、都昌等县二十三年被水被旱各原缓地丁等款银米,均请递缓至光绪二十七、二十八两年秋后带征。又,进贤、莲花、永丰、泰和、安福、建昌并安义县之寄庄建昌等厅县光绪二十五年,新淦县十八、二十一两年,馀干县二十一年,德安县十四年被水被旱各原缓地丁等款银米,均请递缓至光绪二十八、二十九两年秋后带征。又,进贤、莲花、永丰、泰和、安福、建昌并安义县之寄庄建昌等厅县光绪二十四年,馀干县十四年被水被旱各原缓地丁银米,均请递缓至光绪二十九、三十两年秋后带征。又,进贤、莲花、永丰、泰和、安福、建昌并安义县之寄庄建昌等厅县光绪二十三年被水被旱各原缓地丁等款银米,均请递缓至光绪三十、三十一两年秋后带征。又,进贤、莲花、永丰、安福、建昌并安义县之寄庄建昌等厅县光绪二十二年,泰和县十九年被水被旱各原缓地丁等款银米,均请递缓至光绪三十一、三十二两年秋后带征。又,进贤、莲花、永丰、安福、建昌并安义县之寄庄建昌等厅县光绪二十一年被水被旱各原缓地丁等款银米,请递缓至光绪三十二、三十三两年秋后带征。又,进贤、莲花、永丰、安福、建昌并安义县之寄庄建昌等厅县光绪二十年被水被旱各原缓地丁等款银米,均请递缓至光绪三十三、三十四两年秋后带征。又,进贤、莲花、永丰、安福、建昌并安义县之寄庄建昌等厅县光绪十九年被水被旱各原缓地丁等款银米,均请递缓至光绪三十四、三十五两年秋后带征。又,进贤、莲花、永丰、安福、建昌并安义县之寄庄建昌等厅县光绪十八年被水被旱各原缓地丁等款银米,均请递缓至光绪三十五、三十六两年秋后带征。又,进贤、莲花、永丰、安福、建昌并安义县之寄庄建昌等厅县光绪十七年被水被旱各原缓地丁等款银米，均请递缓至光绪三十六、三十七两年秋后带征。又，进贤、莲花、安福、建昌并安义县之寄庄建昌等厅县光绪十六年，永丰县十五年被水被旱各原缓地丁等款银米，均请递缓至光绪三十七、三十八两年秋后带征。又，进贤、莲花、安福、建昌并安义县之寄庄建昌等厅县光绪十五年被水被旱各原缓地丁等款银米，均请递缓至光绪三十八、三十九两年秋后带征。又，进贤、莲花、安福、建昌并安义县之寄庄建昌等厅县光绪十四年被水被旱各原缓地丁等款银米，均请递缓至光绪三十九、四十两年秋后带征。又，湖口县光绪十四、五、六等年并二十三年芦洲被水各原缓压征芦课，请分别递缓至光绪二十七、二十八、二十九等年各秋后带征。

又，九江府同知所辖南、九二卫芦洲各年被水光绪二十五年原缓压征芦课，请递缓至光绪二十八年；又二十四年原缓芦课，请递缓至二十九年；又二十三年原缓芦课，请递缓至三十年；又二十二年原缓芦课，请递缓至三十一年；又二十一年原缓芦课，请递缓至三十二年；又二十年原缓芦课，请递缓至三十三年；又十九年原缓芦课，请递缓至三十四年；又十八年原缓芦课，请递缓至三十五年；又十七年原缓芦课，请递缓至三十六年；又十六年原缓芦课，请递缓至三十七年；又十五年原缓芦课，请递缓至三十八年；又十四年原缓芦课，请递缓至三十九年，均各秋后分别带征，以纾民力。容俟钦奉恩准，敬谨刊刷誊黄，颁发各属，遵照遍贴晓谕，务使小民普沾实惠，吏胥无可私侵，以期仰副皇太后、皇上轸念民艰、恩施浩荡之至意。

所有各属被水冲坍圩堤、房屋之处，均经由司饬令督率农民人等，赶紧分别堵筑修复，藉资保卫栖止。其萍乡县二十六年各乡被旱较重，已于司库动放本省赈捐银两，委员解往该县，会同核实散给赈济，以免流离失所。除饬将缓递钱漕各细数取造册结，并分造细册，另行咨部备核外，臣谨会同两江总督臣刘坤一恭折，由驿驰陈，并缮清单，敬呈御览，伏乞皇太后、皇上圣鉴。谨奏。光绪二十七年正月二十日。

朱批："着照所请。户部知道，单并发。"

《光绪朝朱批奏折》第68辑，第593—598页

015. 江西黄礽斌等员请袭世职遵旨汇陈折

光绪二十七年正月二十四日(1901年3月14日)

江西巡抚臣李兴锐跪奏，为请袭世职，遵旨汇陈，恭折具奏，仰祈圣鉴事。

窃查前准部咨，同治元年二月十六日奉上谕："御史卞宝第奏办理恤典请除积弊一折，军兴以来，各省官绅临阵捐躯、殉难者，及各该督抚奏请旌恤，无不立予褒扬，以奖死事而励忠节。嗣后阵亡、殉难各员子孙承袭世职，兵部行文各该督抚，转饬各该州县，将应袭职名迅速行查，径行具报督抚，毋庸由府、司转详，予限半年，汇案具奏，以免烦扰。"等因。钦此。又，查江西省各项世职，前因人数日增，支食俸银为数甚巨，且接续投报前来，尚无底止，经前抚臣酌拟发标学习，及年未及岁世职，凡系承袭骑都尉、云骑尉、恩骑尉者，均分别全俸、半俸，各减四成支发。其发标世职，截至光绪九年底止，共计四百八十三员。即以此数作为定额，遇续投验及已投验而未奉部覆者，均作为额外候补。又，额外人员以奉部奏准承袭收标之日起，准其先行注册，遇有额缺，挨次顶补，不给俸银，俟补缺以后，照新章给俸。至年未及岁世职，不请定额，于奉旨请袭之

后、及岁之前,一体支给减成半俸等因。奏准部覆遵办各在案。

兹查有新城县在资溪地方督联赴县进攻踞城逆匪打仗阵亡从九品衔黄凤翰之庶孙黄礽斌接袭云骑尉世职,以年已及岁,请验看发标;又据新城县在本邑南乡地方被执不屈遇害生员江金兰之嫡长孙江云鹏接袭云骑尉世职,以年已及岁,请验看发标;又据德兴县在黄柏铺地方遇贼被杀生员徐蕴仪之嫡孙徐鸣盛接袭云骑尉世职,以年已及岁,请验看发标;又据新昌县在本邑督带团勇剿贼力竭阵亡武举邬联升之嫡长孙邬镇南请接袭云骑尉世职;又据南昌县在乐平县石坑地方缉匪打仗阵亡原任饶州营外委杨凯之嗣孙杨昌瑞请接袭云骑尉世职;又据峡江县督团在新淦交界清凉亭卡御贼力竭阵亡从九品职衔邹允贞之嫡长孙邹佳爱请接袭云骑尉世职;又据贵溪县在萌头桥地方骂贼捐躯增生彭飞之嗣曾孙彭绍贵请接袭云骑尉世职;又据玉山县带团在西乡三十二都村口地方御贼被害生员詹问渠嫡次子詹吉龙请接袭云骑尉世职;又据都昌县在土塘地方御贼阵亡增生黄允升之嫡长孙黄伯麟请接袭云骑尉世职;又据新喻县督团剿贼追至高安县所辖之阴冈岭力竭阵亡武举曾凤飏之嫡长孙曾师轼请接袭云骑尉世职;又据寄籍南昌县、原籍贵州都匀县,在义宁州援剿阵亡游击吴锡光之嗣孙吴名扬请接袭云骑尉世职;又据永丰县在县城与贼接仗阵亡议叙九品顶戴刘庆丰之嫡长孙刘濬请接袭云骑尉世职各等情由,各县先后取具供图册结前来。

臣覆核无异。查吴名扬、刘濬均年未及岁,请照新章支食半俸,俟及岁时,再行详送验办。所有黄礽斌、江云鹏、徐鸣盛、邬镇南、杨昌瑞、邹佳爱、彭绍贵、詹吉龙、黄伯麟、曾师轼,均经前抚臣验看,堪以承袭,俟钦奉恩准之日,作为收标日期,仍照新章,挨次顶补缺额后,照章给俸,谨缮清单,恭呈御览。除将供图册结送部外,理合恭折具奏,伏乞皇太后、皇上圣鉴。谨奏。光绪二十七年正月二十四日。

朱批:"兵部议奏,单并发。"

《光绪朝朱批奏折》第47辑,第524—526页

016. 江西起解光绪二十六年第十一批漕折银两片

光绪二十七年正月二十四日(1901年3月14日)

再,江西省应征漕粮,骤难规复本色,请循旧折征,叠经前粮道会同前藩司详经奏奉谕旨允准,遵照办理。光绪二十六年闰八月十七日,准山东抚臣转电大学士荣禄电开:江西各饷应解陕西省城等因,转行遵照,并催完光绪二十六年分漕折银五十万两,分作十批,札委候补通判向世清等领解赴部交收,均经前抚臣附片奏报在案。

兹据署督粮道黄心蘖详称,又催完光绪二十六年分漕折银五万两,作为第十一批,札委补用知县谢起源领解,于二十七年正月十一日起程,由湖北、安徽、河南等省正站行走,解赴陕西省城行在户部交收等情前来。臣覆核无异。除照例填发勘牌,拨兵护送,饬令该委员小心管解,星速遄行,确探前进,暨咨移部科,并咨前途各督抚一体拨护,以昭慎重,一面严催赶征续解外,所有起解光绪二十六年第十一批漕折银两缘由,理合附片陈明,伏乞圣鉴。谨奏。

朱批:"户部知道。"

《光绪朝朱批奏折》第71辑,第211页

017. 江西劝办新海防捐输第六十四次开单请奖折

光绪二十七年正月二十四日(1901年3月14日)

江西巡抚臣李兴锐跪奏,为江西劝办新海防捐输,第六十四次开单,恳恩奖叙,以昭激劝,恭折仰祈圣鉴事。

窃照案准户部咨,具奏停止郑工捐输,接办新海防事例,仍由部库及各省藩库收捐一折,光绪十五年十月十八日奏,奉旨:"依议。"钦此。计原奏内开:此次之捐,改为新海防事例,所收捐数仍由各省按次报部请奖,银两另款存储,按次知照海军衙门,听候提解。嗣于二十三年十月接准户部咨,新海防捐输,各项实官双月三班指省分发以及分先、分间、尽先花样,照前议覆御史陈其璋奏案成数,酌加一成,四品以上按五成实银收捐,五品以下按四成实银收捐。又于二十五年十月准户部咨,具奏新海防捐输,外省以八次展限期满之日起,统行展限一年各等因,行司遵照。业将光绪十五年十二月十二开局收捐之日起,至二十六年六月十一日止,先后六十三次开单奏请奖叙各在案。

今据署布政使李岷琛详称,现自光绪二十六年六月十二日起,至十二月十一日止,计收报捐实官、监生共十七名,按照新章,分别减成,共折收实银二千五百九十一两二钱。除将前项捐银悉数积存藩库,听候拨用外,合将各捐生年貌、籍贯、履历、三代造具清册,列为第六十四次,详请奏咨奖叙,并请将副实收咨送户部,并咨吏部、国子监填发执照来江转给等情到前护抚臣,未及核办卸事,移交到臣。覆加查核,所捐银数及请叙实官、监生,均与例章相符。合无仰恳天恩,俯准分别奖叙,以昭激劝。

除将清册、副实收送部查照外，理合恭折具陈，并缮清单，敬呈御览，伏乞皇太后、皇上圣鉴，敕部核覆施行。谨奏。光绪二十七年正月二十四日。

朱批："户部议奏，单并发。"

《光绪朝朱批奏折》第80辑，第660—661页

018. 奏报司库现届春拨并无馀存银两报拨折

光绪二十七年正月二十四日（1901年3月14日）

江西巡抚臣李兴锐跪奏，为江西司库现届春拨，并无馀存银两堪以报拨，恭折具奏，仰祈圣鉴事。

窃查藩库实存银数，例应每年奏报，以备筹拨。兹据布政使张绍华查明光绪二十七年春拨册报，截至二十六年年底止，司库实存银两，除经奏明借给及留备应用各款外，并无馀存银两堪以报拨等情，具详请奏前来。臣覆核无异，除清册咨送户部外，理合恭折具奏，伏乞皇太后、皇上圣鉴。谨奏。光绪二十七年正月二十四日。

朱批："户部知道。"

《光绪朝朱批奏折》第83辑，第333—334页

019. 江西筹解黑龙江庚子年俸饷银两片

光绪二十七年正月二十四日（1901年3月14日）

再，查接管卷内，据署布政使李岷琛详称，光绪二十六年十二月十五日奉行在户部电开：二十六年分由江西厘金奏拨黑龙江俸饷银两，请饬赶紧扫数解交上海道库，汇解江省，以济急需。其筹

解过银数,务随时电知等因。奉此,查此项俸饷,本年并未奉部奏拨有案,惟查己亥年解过奉拨厘金银一万五千两。兹奉电催,自应循照筹解。现于厘金项下动放银一万五千两,以为黑龙江庚子年俸饷银两,遴委试用通判张传鼐会同蔚长厚、蔚盛长等商号领解,于光绪二十六年十二月二十九日起行,由水路至九江附搭商轮,限二十七年正月十六日赴上海道衙门交收转解。除由司给发该商号往来川资及轮船、保险、水脚等费银一百八十两外,详请奏咨等情到前护抚臣张绍华,未及核办卸事,移交到臣。除咨明户部暨盛京将军户部并黑龙江将军外,所有筹解黑龙江庚子年俸饷银两缘由,理合附片陈明,伏乞圣鉴。谨奏。

朱批:"户部知道。"

《光绪朝朱批奏折》第89辑,第285页

020. 江西汇解光绪二十七年第一批地丁厘金京饷片

光绪二十七年正月二十四日(1901年3月14日)

再,臣接准行在户部咨,议覆庆亲王等奏筹给满汉官员及兵丁津贴,并请将京饷设法解京一折,光绪二十六年十二月十三日具奏,奉旨:"依议。"钦此。钞录原奏清单,飞咨遵照办理。计钞奏内开:公同商酌,拟先就各省应解来年京饷内酌提银一百万两,开列清单,请旨飞饬各该督抚等,先尽此次提解京饷之数,竭力筹措,限明年正月底如数解到,以应急需,总期此款及早到京,不致迟误,是为至要。计单开江西省原拨地丁银三十五万两、厘金银十万两,拟先提解银十万两等因。即经转行钦遵筹解去后。

兹据布政使张绍华详称,正月初九日准江海关电知,奉庆邸电,饬前项银两解沪转汇,限正月底到京等因。伏查光绪二十七年分地丁尚未开征,奉饬尽先提解,自应遵照设法筹垫,以济急需。兹先挪垫地丁银三万两、厘金银二万两,共银五万两,以为二十七年第一批提解京饷,饬令蔚长厚、蔚盛长等商号于光绪二十七年正月十三日赴库请领,限正月二十八日汇至江海关道,转汇交收。除由司给发汇费银六百两外,详请奏咨等情前来。除饬妥速汇解交收,并咨明户部外,所有汇解二十七年第一批提解地丁、厘金京饷赴江海关转汇京城缘由,理合附片陈明,伏乞圣鉴。谨奏。

朱批:"户部知道。"

《光绪朝朱批奏折》第89辑,第286页

021. 奏报江西省光绪二十六年十二月分粮价及雨雪情形折

光绪二十七年正月二十四日(1901年3月14日)

江西巡抚臣李兴锐跪奏,为恭报光绪二十六年十二月分粮价及地方雨雪情形,仰祈圣鉴事。

窃照江西省光绪二十六年十一月分市粮价值并雨雪情形,业经臣恭折奏报在案。兹据布政使张绍华查明通省光绪二十六年十二月分米、麦、豆各项粮价,开单汇报前来。臣逐加查核,南昌等十四府州属米、麦、豆各项价值均与上月相同;省城及各属地方十二月内雨泽调匀,并据瑞昌、德化、湖口、靖安、庐陵、清江、峡江、金溪、宜黄、崇仁、上饶、玉山、馀干、安远、莲花、瑞金、武宁、万安、龙泉、南城、广丰、崇义、龙南、赣县、石城等厅县先后禀报,十二月初六、初十、十三、十四、十五等日得雪,以上各县同其馀各属均菜麦长发,民情安谧,堪以上慰圣怀。理合恭折具陈,并缮粮价清单,敬呈御览,伏乞皇太后、皇上圣鉴。谨奏。光绪二十七年正月二十四日。

朱批:“知道了。”

《光绪朝朱批奏折》第 96 辑,第 848—849 页

022. 委任陈振瀛署理建昌府知府片

光绪二十七年正月二十八日(1901 年 3 月 18 日)

再,署建昌府知府崔湘期满,应调省差委。所有该府印务,查有抚州府知府陈振瀛堪以调署。据署藩司李岷琛会同臬司柯逢时具详前护抚臣张绍华,因值卸事,未及核办,移交臣批饬调署。臣谨会同两江总督臣刘坤一附片具奏,伏乞圣鉴。谨奏。

朱批:“吏部知道。”

《光绪朝朱批奏折》第 15 辑,第 744 页

023. 委令丁乃扬、张瑄分别代理督粮道、盐法道片

光绪二十七年正月二十八日(1901 年 3 月 18 日)

再,臣接准部咨,钦奉上谕:“李岷琛补授湖北按察使,春顺调补浙江宁绍台道。”等因。钦此。当经转行钦遵,应饬交卸前赴新任。所遗督粮道印务,查有候补道丁乃扬堪以代理,又盐法道印务,查有候补道张瑄堪以代理。除分札饬遵外,谨会同两江总督臣刘坤一附片陈明,伏乞圣鉴。谨奏。

朱批:“知道了。”

《光绪朝朱批奏折》第 15 辑,第 745 页

024. 审明彭泽县贼犯王芮符等纠窃得赃拒毙事主案按律议拟折

光绪二十七年正月二十八日(1901年3月18日)

江西巡抚臣李兴锐跪奏,为贼犯纠窃得赃,临时盗所拒毙事主,获犯审明议拟,恭折具奏,仰祈圣鉴事。

窃查接管卷内,据彭泽县通详,贼犯王芮符纠窃得赃,临时盗所拒伤事主韦灿普身死,获犯录供通详,当经批饬缉审解办去后。兹据将犯审拟,由府、司覆审,转解前护抚臣张绍华,提犯亲审无异,适值交卸,移交前来。经臣覆核,缘王芮符、石育英即三毛老、阳金乐、刘作先,分隶彭泽及安徽宿松等县,游荡度日,先不为匪。于光绪二十四年十一月三十日,王芮符会遇素识之石育英、刘作先及阳金乐,并在逃之萧逢春,各道贫难。王芮符谂知县属马鞍山地方韦灿普家道殷实,积有银钱,起意行窃得赃分用,石育英等并萧逢春均各允从。即于是夜三更时分,王芮符与石育英、阳金乐、刘作先并萧逢春同伙五人,徒手偕抵韦灿普家门首,王芮符用手掇落大门,令阳金乐、刘作先并萧逢春在外接赃,自与石育英进内,分手窃得铜钱、衣物,递交阳金乐等接收,分携先走。王芮符与石育英转身进内,正欲复窃,韦灿普惊觉起身,执持菜刀上前喊捕,韦灿普之妻韦潘氏亦即起身,携灯赶往。王芮符等转身逃跑,行至门边,韦灿普赶上,举刀向王芮符戳去,王芮符情急,起意拒捕,转身顺取门旁木担,连殴伤韦灿普右肩甲、脐肚近右。韦灿普复用刀向戳,王芮符弃担,夺刀过手,戳伤韦灿普囟门,带划伤额颅,仰跌倒地,韦灿普在地乱滚喊救,石块磕伤左右臀、右腿,擦伤左腿。韦潘氏上前拢护，扭住王芮符衣衿不放，王芮符又用刀戳伤韦潘氏右手背，韦潘氏负痛松手。石育英在旁观看，并未动手。王芮符弃刀，与石育英一同逃跑，赶上阳金乐等，告知拒捕情由，将赃携至僻处查点，按股俵分走散。王芮符等各将分得衣物分别卖与过路不知姓名人得钱，同分得钱文花用逃避。韦灿普伤重，逾时身死，即经尸妻韦潘氏告知夫兄韦文普投保，报经该前县黄嘉尔会营勘验获犯，未及讯详卸事，接署县彭瑞麐讯供通详饬审。石育英、刘作先先后在监患病，分别提禁医治无效病故，均经署彭泽县知县彭瑞麐验讯详报，批饬核入正案办理。提验韦潘氏伤已平复。勒缉逸犯萧逢春无获。将犯审拟解府，经府核恐案情未确，节次委员审明，由府解司，经司核恐案情仍未确切，发委南昌府知府江毓昌审办。兹据讯拟，由司勘转，经护抚臣张绍华提审，据供前情不讳，究无另犯窝伙窃劫不法别案及另有在场帮拒并知情容留分赃之人。赃虽无获，第犯供行窃月日、赃数悉与事主报案相符，且犯经事主指认，正贼无疑。

查例载："窃盗临时盗所拒捕杀人者，不论所杀系事主、邻右，为首拟斩立决，为从未经帮殴成伤者，发极边足四千里充军。"又律载："窃盗赃一两以上至一十两杖七十，为从减一等。"各等语。此案王芮符纠同石育英等行窃得赃，被事主追捕，该犯未离盗所，辄敢拒伤事主韦灿普身死，自应按例问拟。王芮符除纠窃计赃轻罪不议外，合依"窃盗临时盗所拒捕杀人者，不论所杀系事主、邻右，为首拟斩立决"例，拟斩立决，先于左面刺"凶犯"二字。石育英于王芮符拒捕之时，讯系在场目击，即属为从，亦应按例问拟。石育英即三毛老，除从窃计赃轻罪不议外，合依"窃盗临时盗所拒捕杀人，为从未经帮殴成伤者，发极边足四千里充军"例，拟发极边足四千里充军，业于取供后在监病故，应毋庸议。阳金乐、刘作先听纠行窃,携赃先遁,不知拒捕情由,自应仍按窃盗本律问拟。估计窃赃值银一十五两零,阳金乐、刘作先均合依“窃盗赃一两以上至一十两杖七十,为从减一等”律,各拟杖六十。阳金乐事犯到官,在光绪二十六年三月十二日恩诏以前,讯系初犯,所得杖罪应予宽免,照例刺字。刘作先亦于取供后提禁病故,应毋庸议。失察该犯等为匪之牌甲,罪止拟笞,事在赦前,应予援免,仍革役。石育英、刘作先先后在监提禁病故之刑禁人等,讯无凌虐情弊,均免置议。买赃之不知姓名人,无从查传。应追各赃,石育英、刘作先均身死勿征,王芮符、阳金乐各供家实赤贫,无力赔缴,是否属实,饬县查明,取结办理。逸犯萧逢春,缉获另结。此案首伙五人,已于疏防限内获犯四名,兼获拒捕首从各犯,地方文武邀免查参。所有监毙军犯石育英一名之管狱官职名,系彭泽县典史孙云章,已于另案参革,邀免开送。刘作先系提禁病故,管狱官例得免议。

除全案供招咨送刑部外,再此系遵照新章,由题改奏,所有贼犯纠窃得赃,临时盗所拒毙事主,获犯审明定拟缘由,理合恭折具奏,伏乞皇太后、皇上圣鉴,敕部议覆施行。谨奏。光绪二十七年正月二十八日。

朱批:“刑部速议具奏。”

中国第一历史档案馆藏“宫中档案全宗·朱批奏折”,
档号:04—01—01—1050—043

025. 审明清江县民彭锺禾乘火抢夺得赃拒毙事主案按律议拟折

光绪二十七年正月二十八日(1901 年 3 月 18 日)

江西巡抚臣李兴锐跪奏,为乘火抢夺得赃,拒毙事主,获犯审明议拟，恭折具陈，仰祈圣鉴事。

窃照清江县民彭锺禾乘火抢夺得赃，拒伤事主刘胜倡身死，获犯讯供通详，当经批饬覆审拟办去后。兹据审明议拟，由府、司覆审，转解护抚臣张绍华，提犯亲审无异，适值交卸，移交前来。经臣覆核，缘彭锺禾籍隶清江县，佣工度日，先不为匪，与已死刘胜倡邻村素识。光绪二十二年八月十九日夜三更时分，刘胜倡之母刘蓝氏用油捻照亮，在床内捉取臭虫，不期引燃布帐，延烧住屋。维时刘胜倡等将器具搬至门外空地喊救。彭锺禾闻知，起意乘机抢夺，假称帮同救火，抢取衣包一个逃走。刘胜倡看见，顺携菜刀追捕。彭锺禾转身，夺刀过手，拒伤刘胜倡左手。刘胜倡撞头拚命，彭锺禾又用刀拒伤其左额角倒地。经黄受仔路见，喝住问明。彭锺禾携赃逃至僻处查点，共有布衣裤八件，将赃陆续卖与过路不知姓名人，得钱花用逃避。刘胜倡之兄刘胜犟喊同邻人，将火扑灭。刘胜倡伤重，移时殒命。经该前县周晋镳访闻差拿，并据见证黄受仔告知尸兄刘胜犟往看，投保报县，会营勘验，勒拿无获，造册详缉，并将文武疏防各职名详参。周晋镳旋因丁忧，与代理县许金策均未及获犯卸事。接任代理县吴兰颐抵任，勒据兵役拿获彭锺禾到案，讯供通详饬审，将犯审拟解府，经府提讯，犯供游移，迭次委员审办。嗣据委员禀府，发回清江县，就近传证质审。兹据讯拟，由府、司勘转，经护抚臣张绍华提审，据供前情不讳，究无另犯窝伙抢窃不法别案及另有伙抢帮拒分赃之人，逃后亦无行凶为匪并有人知情容留。赃虽未获，第犯供行抢月日、赃数及拒伤部位，悉与尸亲、见证供报相同，正犯无疑。

查例载："抢夺杀人者，拟斩立决。"等语。此案彭锺禾因刘胜倡家失火，起意乘机抢夺得赃，被追拒伤事主刘胜倡身死，实属不法。查所抢各赃估值银二两零，自应按例问拟。彭锺禾除因失火乘机抢夺得财罪止拟流轻罪不议外，合依“抢夺杀人者，拟斩立决”例，拟斩立决，先于左面刺“凶犯”二字。刘蓝氏失火烧毁房屋，本干律拟，业于未经到案之先，在家因病身故，应与救阻不及之见证黄受仔均毋庸议。失察该犯为匪之牌甲，照例拟笞，事在光绪二十六年三月十二日恩诏以前，所得笞罪应请宽免，仍革役。买赃之不识姓名人，无从查传。该犯家实赤贫，无力赔赃，取有族邻甘结，应请照例豁免。

除全案供招咨送刑部外，再此系遵照新章，由题改奏，所有乘火抢夺得赃，拒毙事主，获犯审明议拟缘由，理合恭折具陈，伏乞皇太后、皇上圣鉴，敕部议覆施行。谨奏。光绪二十七年正月二十八日。

朱批：“刑部速议具奏。”

中国第一历史档案馆藏“宫中档案全宗·朱批奏折”，

档号：04—01—01—1050—044

026. 审明谢亚渭伙劫得赃案按律议拟折

光绪二十七年正月二十八日（1901年3月18日）

江西巡抚臣李兴锐跪奏，为盗犯伙劫得赃，获犯审明议拟，恭折仰祈圣鉴事。

窃据赣县知县彭继昆通详，盗犯谢亚渭听从在逃之蔡林古伙劫事主许延泮家得赃一案。缘谢亚渭籍隶广东和平县，游荡度日，先不为匪。光绪二十四年十月十九日，谢亚渭在赣州府城外会遇素识在逃之广东连平州人蔡林古、江西龙南县人廖乌拢古、廖金沅、廖亚生、廖亚伷、赖桥得、廖石佶、张有辉，各道贫难。蔡林古谂知赣县所属大由乡地方事主许延泮家积有银钱，起意伙劫得赃分用，谢亚渭并廖乌拢古等俱各允从，约定是月二十二日在大由乡附近之山僻会齐。是日傍晚，谢亚渭与蔡林古等先后走至该处。是夜三更时分，谢亚渭与蔡林古等分携刀棍、油捻，同伙九人偕抵事主许延泮家门首。蔡林古令谢亚渭同廖亚佃在外把风接赃，廖金沅、廖亚生分燃油捻照亮，自与廖乌拢古抬用树段撞开大门，与赖桥得等一齐进内行劫。事主许延泮惊起喊捕，蔡林古等吓禁声张，用刀劈开箱柜，分手劫得洋银、首饰、烟土，递交谢亚渭等接收，分手携赃，一同逃至僻处，查点俵分。谢亚渭分得洋银四十圆、金戒指一个，其馀赃物均系蔡林古等按股俵分各散。谢亚渭将分得赃洋陆续换与不记招牌钱店及过路不知姓名人，得钱花用逃避，原赃金戒指一个尚未换用。即经该前署县杨焕访闻差拿，并据事主许延泮投保报县，会营诣勘详缉，勒据兵役并龙南县兵役协同拿获谢亚渭到案，并起获原赃金戒指一个，传主认领。该前署县杨焕未及讯详卸事，该县彭继昆回任，提犯讯供通详，批饬缉审。兹据该县以勒缉逸盗蔡林古等无获，先将现犯审拟解府，经府核恐案情未确，节次委员研审，犯供游移，禀府发回赣县覆审议拟，由府解道。经道核恐案情未确，迭次发委审办，旋经审明，仍照原拟解道，经署吉南赣宁道缪德棻提讯无异，详经前抚臣松寿批据臬司柯逢时核详请奏，前护抚臣张绍华未及核办卸事，移交到臣。覆查谢亚渭听从在逃之蔡林古伙劫事主许延泮家得赃之处，既据在县供认不讳，复由府、道提讯明确，究无窝伙抢劫不法别案及另有同伙知情容留分赃之人，赃经主认，正盗无疑。

查律载："强盗已行但得财者，不分首从皆斩。"又例载："盗犯把风接赃，亦系同恶相济，照为首一律问拟。"又光绪八年通行："寻常盗案,实系距省穹远地方,酌照秋审事例,解道讯明,详请题奏。”各等语。此案谢亚渭听从在逃之蔡林古伙劫事主许延泮家得赃,该犯在外把风接赃,分得赃物,即属同恶相济,自应按律问拟。谢亚渭合依“强盗已行但得财者,不分首从皆斩”律,拟斩立决,先于左面刺“强盗”二字。据供未经随同入室搜赃,旁无质证,第罪已斩决,无虞避就,应请毋庸监候待质。该犯在外为匪,原籍牌甲犯兄无从觉察禁约,换买赃洋之不记招牌钱店及过路不识姓名人无从查传,均毋庸议。获赃给主认领,未获各赃据供家实赤贫,无力赔缴,是否属实,饬县移知犯籍查明办理。逸盗蔡林古等,缉获另结。此案盗犯首伙九人,仅获伙盗一名,获犯尚未及半,地方文武疏防职名饬取补参。所有拿获邻境斩决盗犯一名应叙职名,系代理龙南县事试用知县管绳桓,相应开报。再,此案系遵照新章,由题改奏,合并陈明。

除全案供招咨部查核外,所有盗犯伙劫得赃,获犯审明议拟缘由,理合恭折具奏,伏乞皇太后、皇上圣鉴,敕部核覆施行。谨奏。光绪二十七年正月二十八日。

朱批:“刑部速议具奏。”

中国第一历史档案馆藏“宫中档案全宗·朱批奏折”,档号:04—01—01—1050—045

027. 委任陈元焯署理万安县知县片

光绪二十七年二月十二日(1901年3月31日)

再,万安县知县刘步元因病请假就医,所有该县印务,查有现任铅山县知县陈元焯堪以调署。该员任内并无盗劫三参届满已起四参及钱粮未完参限将满有关降调之案,据藩司张绍华会同臬司柯逢时具详前来。除檄饬遵照外,谨会同两江总督臣刘坤一附片陈明,伏乞圣鉴。谨奏。

朱批:"吏部知道。"

《光绪朝朱批奏折》第15辑,第786页

028. 江西筹解光绪二十七年甘肃新饷第二批银两片

光绪二十七年二月十二日(1901年3月31日)

再,查前准户部咨,具奏预估光绪二十七年分甘肃新饷一折,二十六年十一月初三日奉旨:"依议。"钦此。计单内开:光绪二十七年甘肃新饷,拨江西省银三十六万两等因。当经行据藩司、粮道,以前项饷银,司库支绌,万难全筹,详请援照历办成案,于司库地丁厘金项下筹解三分之二银二十四万两,道库漕项等款钱粮内拨解三分之一银一十二万两,陆续起解,并由司、道两库筹解过第一批银五万两,发交商号,汇赴甘肃兑收,经前护抚臣张绍华分别奏咨各在案。

兹据布政使张绍华详称,查照部咨,按甘肃库平动放光绪二十六年地丁银五万八千两,作为江西奉拨甘肃光绪二十七年第二批协饷,饬令蔚丰厚商号于二十七年二月初八日赴库请领,限一百四日汇赴陕甘督臣衙门,转发甘肃藩库兑收。所有馀平银两,已遵照自行扣存。至解此批甘肃新饷银两职名,系江西布政使张绍华筹解,合并声明,详请奏咨等情前来。臣覆核无异。所有江西筹解奉拨甘肃省光绪二十七年新饷第二批银两交商汇兑并筹解职名缘由,理合附片陈明,伏乞圣鉴。谨奏。

朱批:"户部知道。"

《光绪朝朱批奏折》第62辑,第347页

029. 江西筹解光绪二十七年汇还英德借款第一批银两片

光绪二十七年二月十二日(1901 年 3 月 31 日)

再,查前准户部咨,具奏每年应还俄法、英德两款本息,数巨期促,拟由部库及各省关分别认还一折,光绪二十二年五月初八日具奏,奉旨:“依议。”钦此。计单内开:英德一款,由地丁等款项下指拨江西银十四万两,先分一半,务于六月间解交江海关道;其馀一半,匀分两次,八月间解到一半,十月间一律解清。嗣后每年匀分四次,于二、五、八、冬四个月解赴江海关道交纳,不得稍有延欠等因。行据藩司将光绪二十二、二十三、二十四、二十五等年应解英德借款,遵照按期如数交商汇解。嗣准户部咨,具奏英德借款自光绪二十六年起加拨银三万五千两,随同原拨银数、原定限期汇解交收,又据将光绪二十六年应解银两,按期照数发交商号,并委员解交江海关,先后详经奏咨在案。

兹据布政使张绍华详称,本年二月应解英德借款银两届期,现于司库钱价平馀项下动放银四万三千七百五十两,作为光绪二十七年奉拨江西应解英德借款第一批银两,发交蔚长厚、蔚盛长商号,于二十七年二月初三日赴库请领,限二月二十三日汇赴江海关道衙门兑收,并给汇费银四百三十七两五钱等情,详请奏报前来。臣覆核无异。除饬依限汇解交收并咨户部暨总理各国事务衙门查照外,所有江西司库筹解二十七年奉拨应解江海关汇还英德借款第一批银两交商汇兑缘由,理合附片陈明,伏乞圣鉴。谨奏。

朱批:“该衙门知道。”

《光绪朝朱批奏折》第 83 辑,第 342—343 页

030. 审明陈猫狸伙窃巡检衙署拒伤巡检弓兵案按律定拟折

光绪二十七年二月十二日[①]（1901年3月31日）

江西巡抚臣李兴锐跪奏，为盗犯伙窃巡检衙署，临时行强，拒伤事主、弓兵，搜劫赃物，获犯审明议拟，恭折具奏，仰祈圣鉴事。

窃照赣县（近）〔通〕详，盗犯陈猫狸听从萧得沿伙窃桂源司巡检公署，临时行强，拒伤巡检、弓兵，搜劫赃物，获犯讯供一案，当经批司移道，饬审详办。嗣据署吉南赣宁道缪德棻提犯审明，议拟具详，又经批司核详去后。兹据按察使柯逢时核详前来，臣覆加查核，缘陈猫狸籍隶赣县，游荡度日，先不为匪。光绪二十五年八月二十四，陈猫狸会遇素识、已获病故之萧得沿、钟传仁、谢芝箱，并在逃之卢锡福，各道贫难。萧得沿谂知桂源司巡检韩锡麒在任年久，积有银钱，公署僻静，起意伙窃得赃分用，陈猫狸等俱各允从，约定是夜在该处附近大桥溪边会齐。二更多，陈猫狸与萧得沿等先后走至该处。三更时分，陈猫狸与萧得沿、钟传仁、谢芝箱并卢锡福分带小刀、短棍、火煤，同伙五人偕抵桂源司巡检公署墙外，越墙下院，撬开房门，入室行窃。经韩锡麒与其子韩毓芳、弓兵范名惊起喊捕，萧得沿复起意行强，喝令陈猫狸并钟传仁等一同行强，即令卢锡福开出大门，在外把风。谢芝箱点着火煤照亮，萧得沿用棍殴伤韩毓芳左额角、范名左乳，谢芝箱用刀砍伤韩锡麒左肩甲，

① 原无具奏日期，此据中国第一历史档案馆藏“宫中档案全宗·朱批奏折”目录（档号：04—01—01—1050—047）。

各向吓禁声张。萧得沿即与陈猫狸并钟传仁等分手打开箱柜,搜劫洋钱,逃出门外,向卢锡福告知伤人得赃情由,携赃同往山僻,查点赃数,按股俵分各散。陈猫狸与萧得沿等各将分得赃洋陆续换与不记招牌钱店得钱,同分得赃钱花用逃避。旋经该县访闻查拿,并据该巡检韩锡麒报县,会营勘验,勒据兵役协同弓兵先后拿获,讯供通详饬审。钟传仁、谢芝箱、萧得沿先后在监病故,禀府札委雩都县知县吕敬直验讯详报,批饬核入正案办理。覆验韩锡麒等伤俱平复。陈猫狸在监患病,验报医痊。勒缉卢锡福无获。将犯审拟解府,经府核恐案情未确,节次委员研审,因犯供游移,禀府发回赣县覆审。嗣据该县审明议拟,由府解道,经道核恐案情未确,迭次发委审明,解道提讯无异,详经批司核详前来。臣覆查陈猫狸从萧得沿伙窃桂源司巡检公署,临时行强得赃,并萧得沿等拒伤巡检并弓兵等平复之处,既据在县供认不讳,覆由府、道提讯明确,究无窝伙窃劫不法别案及另有同伙知情容留分赃之人。原赃虽无起获,惟犯系先后拿获,隔别研讯,供出一辙,且所供行劫月日悉与事主供报相符,正盗无疑。

查律载:“共谋为窃,临时行强,以临时主意及共为强盗者不分首从论。”又:“强盗已行但得财者,不分首从皆斩。”又例载:“强盗干系衙门,不分曾否得财,俱照得财律斩决枭示。”又光绪八年通行:“寻常盗案,实系离省穹远地方,酌照秋审事例,解道讯明,详请题奏。”各等语。此案陈猫狸听从萧得沿伙窃桂源司巡检公署,临时行强得赃,萧得沿、谢芝箱各用刀棍拒伤巡检韩锡麒及其子韩毓芳、弓兵范名各平复,均属不法。查巡检公署门首设有“桂源司”匾额,即与衙门无异,自应照例问拟。陈猫狸与萧得沿、钟传仁、谢芝箱,均合依“强盗干系衙门,不分曾否得财,俱照得财律斩决枭示”

例,俱拟斩立决枭示。萧得沿、谢芝箱、钟传仁俱已在监病故,仍各照例戮尸枭示。陈猫狸先于左面刺“强盗”二字。失察该犯等为匪之牌甲,及不能禁约萧得沿为盗之犯兄,均事在光绪二十六年三月十二日(猫狸)恩诏以前,准予援免,牌甲仍革役。萧得沿等在监病故,讯无凌虐情弊之刑禁人等均无庸议。原赃钱洋,萧得沿等身死勿征,陈猫狸据供家实赤贫,无力赔缴,是否属实,饬县查明取结办理。盗械刀棍供弃免起。换买赃洋及不记招牌钱店,无从查传。盗犯监毙未及五名,管狱官例无处分。逸犯卢锡福,饬缉获日另结。此案盗犯首伙五人,已于疏防限内拿获四名,获犯过半,兼获盗首,地方文武邀免查参。

除全案供招咨部外,所有盗犯伙窃衙署,临时拒伤事主,搜劫得赃,获犯审明定拟缘由,理合恭折具奏,伏乞皇太后、皇上圣鉴,敕部议覆施行。再,此系遵照新章,由题改奏,邀免扣限,合并陈明。谨奏。

奉朱批:“刑部速议具奏。”钦此。

《申报》光绪二十七年四月二十五日(1901年6月11日)
第10109号第11版《奏疏汇录》

031.奏陈办理教案情形并纠参偾事之地方官折

光绪二十七年二月十二日(1901年3月31日)

江西巡抚臣李兴锐跪奏,为敬陈办理教案情形,并将偾事各地方官据实纠参,请旨惩处,以儆效尤,恭折仰祈圣鉴事。

窃臣于上年十二月二十七日到任,接准前护抚臣张绍华移交,承准军机大臣字寄,光绪二十六年十一月初一日奉上谕:“本年自

五、六月以来，各省人心浮动，教案迭出，而江西为尤甚。李兴锐尚未到任，张绍华责无旁贷，务将各处教案迅速持平了结，免贻口实。现在时事阽危，万不可再酿衅端，致大局益难收拾。李兴锐到任后，遇有交涉事件，务当审时度势，悉心筹画，万勿稍涉疏忽，以致办理棘手。是为至要！将此由五百里谕知李兴锐，并传谕张绍华知之。"钦此。仰见圣主关怀时局，训示周详，伏读之馀，莫名钦悚。

臣查江西各属教案，先经两江督臣刘坤一会同前护抚臣张绍华，派委江苏候补道钱德培并新任吉南赣宁道贺元彬会督各该地方官妥为办理，奏明在案。臣到任后，检齐档案，细心稽核。上年自五、六月以来，各属禀报焚拆天主、耶稣教堂及毁抢教民诵经房屋、书馆不下数十起，其他民教互相控诉词讼之案复有数百馀宗。教士索赔款项，多者五六十万两或一二十万两，少亦数万、数千馀元不等。各守令以其数过多，思与磋磨，而愈议则愈增，愈延则愈巨，即如吉安府属之庐陵县所毁教堂，先据该县冯兰森禀报，与教士估计需赔银八万八千馀元，乃并不立时切实订定，事不旋踵，又加索至二十二万馀两，以致他县亦有相视效尤者。

臣睹此情形，不胜焦愤。似此累累巨款，以江西库储之支绌，固难筹付，即责成官绅分赔，亦恐竭其身家，未能有济，而时事艰危，又万不能不委曲求全，勉力应付，以免别生枝节，牵掣大局。臣当与藩司张绍华熟商，委以筹款之事，或就地酌筹，或分任赔备，随时斟酌妥办。其一切洋务事件，则特委臬司柯逢时总办，并将洋务局迁进臬司衙署，俾有专责。臣复严饬印委各员，勒限速为办结，并授以机宜，定为合办、分办之法。合办者，令合一道一府所属各县教案汇总议赔，以免枝枝节节，别留轇轕；分办者，分赔款、办犯为二事，赔款议定，即有时犯证未齐，亦可先定合同，随后拿办，俾不致因而延误。复因饶、建两府属事体较重，索赔最多，加委广饶九南道明徵会同钱德培，在九江与教士归总议结。其守令中查有不能得力之员，并予撤任留缉，另委干员前往经理。现在南昌府属之南昌、进贤，抚州府属之崇仁，吉安府属之泰和、永丰、吉水，南安府属之大庾，瑞州府属之新昌等县，均据该地方守令先后电禀，所有焚毁教堂及民教讼案均已一律议结。此外各属未结之案，复经臣严为勒限，本年三月内必须概行结清。臬司柯逢时精心果力，助臣查催，断不容再有延宕。

抑臣更有请者，近年各省民教滋事之案层见叠出，地方官每借口于教民欺凌百姓，积愤已深，无可如何。平心而论，民教相仇，必有起事之因，地方官果能立为持平剖判，未必不可消患未萌，即或相持不下，群起而争，而蚩蚩之氓，究非同土匪悍贼，迅派兵差弹压，何至不能解散？此皆由地方官平日不知讲求交涉之道，临事又畏葸不前，甚或固执偏见，歧视外人，激成衅端，遂乃一发而不可收拾。迨至事后，议和索赔则盈千累万，办犯则罗织牵连，即该地方官亦终无以自免。其发端甚微，而酿祸甚烈，有伤国体，无补民生，坐以贻误之辜，其复何辞自解！

江西教案，现在查办虽略有端倪，惟各教士均一味以地方官纵庇为言，多方指摘。臣细加体察，当时偾事及查办不力各员，若不分别予以惩处，不特无以杜外人借口，实亦不足以儆日后效尤。臣查得署建昌府事试用知府崔湘、代理南城县事试用通判翁宝仁，均因谣传教堂运藏炮火，率即督属搜查，以致刁民借势焚抢，既经滋事，仍不认真防范，又酿焚毁教堂之案。南丰县知县邓宣猷，据教士指称有主使焚拆教堂情事，虽无确据，惟不能弹压莠民，且于民教控诉词讼，多匿不禀报，咎实难辞。庐陵县知县冯兰森，于匪徒焚毁教堂、抢劫教民不能防范，事后商议赔款又多含混欺饰，以致枝节丛生。安仁县知县刘泰龢，据教士指称从未出示保护教堂，先经由府派拨弁兵弹压，该令辄复调回自卫，以致猝酿焚抢重案。署鄱阳县事试用知县应衷，该令前代理德化县任内已迭出焚毁教堂、抢掠教民之案，追署鄱阳县印务，办理教案亦均不能持平，屡为教士指称庇匪欺教，啧有繁言。以上六员，均属措置乖谬，未便姑容，相应请旨，即将署建昌府事试用知府崔湘、代理南城县事试用通判翁宝仁、南丰县知县邓宣猷、庐陵县知县冯兰森、安仁县知县刘泰龢、署鄱阳县事试用知县应衷，均即行革职，以示惩儆。

又，丰城县知县汤鼎烜，高安县知县何敬钊，赣县知县彭继昆，于民教讼案多匿延不报；署吉安府事候补知府何师吕，代理丰城县事大挑试用知县周景祁，于查办教案多所诿卸；泸溪县知县王慎猷，于民教滋事弹压不力，以上六员，均不免取巧瞻顾，蹈于滑吏之习，亦应予以薄惩。拟请将丰城县知县汤鼎烜、高安县知县何敬钊、赣县知县彭继昆、泸溪县知县王慎猷，均开缺留省另补；署吉安府事候补知府何师吕，代理丰城县事大挑试用知县周景祁，均各撤任，摘去顶戴，停委一年，容臣察看，如无过举，再行奏请开复。该员等虽经撤参，仍应责成留缉，案结方准回省。其滋事绅民，有应行惩办者，亦经饬司督属查明，照例详办。

嗣后遇有交涉事宜，臣仍当审时度势，悉心经理，总期民教相安，仰副圣主怀柔远人之至意。至此次所开参革、撤回知县各缺，江西均有应补人员，应请照例扣留外补，合并声明。

所有现在办理教案及纠参偾事之地方官各情形，谨会同南洋大臣、两江总督臣刘坤一恭折具陈，伏乞皇太后、皇上圣鉴训示。谨奏。光绪二十七年二月十二日。

朱批："另有旨。"

《光绪朝朱批奏折》第120辑，第346—349页

附录

光绪二十七年三月初一日内阁奉上谕："李兴锐奏特参办理教案不善之地方官，请分别惩处一折。江西署建昌府试用知府崔湘，代理南城县试用通判翁宝仁，轻听谣传，搜查教堂军火，以致刁民滋事，酿成焚毁教堂之案；南丰县知县邓宣猷，不能弹压莠民，以致教堂焚拆，且于民教控诉词讼，匿不禀报；庐陵县知县冯兰森，于匪徒焚毁教堂、抢劫教民不能防范，商议赔款又多迟误；安仁县知县刘泰龢，并未出示晓护教堂，弹压弁兵辄复调回自卫，以致猝酿焚抢重案；署鄱阳县试用知县应衷，前代理德化县任内迭出焚抢之案，迨署鄱阳县，办理教案未能持平，均着即行革职。丰城县知县汤鼎烜、高安县知县何敬钊、赣县知县彭继昆，于民教控案多匿延不报；署吉安府候补知府何师吕，代理丰城县大挑知县周景祁，查办教案，多所诿卸；泸溪县知县王慎猷，于民教滋事弹压不力，均着撤任，摘去顶戴，停委一年，另行察看，仍责成留缉。馀着照所议办理。该部知道。"钦此。

《光绪朝上谕档》第27册，第49页

032. 奏报南昌府通判阎赓良因病出缺片

光绪二十七年二月二十八日(1901年4月16日)

再，南昌府通判阎赓良，系湖南长沙县人，由候补班前先补用通判题补南昌府通判，于光绪二十一年二月初一日到任，调署吴城镇同知，因病请假，往九江府就医服药无效，仍行回省，于二十六年

十二月初四日行至新建县属吴城地方病故。据布政使张绍华详报前来,臣覆核无异。所遗南昌府通判员缺,系专冲不兼简缺,江西省现有应补人员,容俟照例截缺后,另行拣员请补。又,通判一项,遵照留补二次、咨选一次新章,已将吉安府通判刘朝墀病故一缺留补一次在案,今南昌府通判阎赓良病故一缺第二次留补之缺,应请扣留外补。此案有关缺分要件,遵照新章,改题为奏。除咨吏部开缺暨咨两江督臣、湖南抚臣查照外,理合附片具陈,伏乞圣鉴。谨奏。

朱批:"吏部知道。"

《光绪朝朱批奏折》第15辑,第857页

033. 请将暗使闹教劣绅张文澜革职归案审办片

光绪二十七年二月二十八日(1901年4月16日)

再,上年北方拳匪滋事,谣传纷起,以致各处有抢毁教堂情事。前接两江督臣刘坤一来电,准法总领事照会:庐陵县属教民被难,请将暗使闹教劣绅张文澜严拿等因。饬据吉安府知府许道培督同庐陵县知县冯兰森查明,张文澜串唆得贿,控告有案,并将履历呈由藩、臬两司详请奏参前来。

臣查张文澜系庐陵县民籍,选取拔贡光绪丙戌科,朝考以七品小京官用,签分户部,十三年请假回籍,平日恃衿滋事,罔知畏惮,自未便稍事姑容。除饬拿解省审讯外,相应请旨,将在籍户部七品小京官张文澜即行革职,归案审办。谨会同南洋大臣、两江总督臣刘坤一附片具奏,伏乞圣鉴训示。谨奏。

朱批:"着照所请。"

《光绪朝朱批奏折》第47辑,第564页

034. 查明光绪二十六年分上下忙征收新旧丁漕钱粮数目比较上届盈绌折

光绪二十七年二月二十八日(1901年4月16日)

江西巡抚臣李兴锐跪奏,为查明光绪二十六年分上下忙征收新旧丁漕钱粮数目,开具比较清单,恭折仰祈圣鉴事。

窃查前准军机大臣字寄,同治八年二月初五日奉上谕:"着该督抚自同治八年为始,督饬藩司将全省一年上下两忙征收丁漕各实数,及上届征收总数,开具比较清单,详明专案奏报。统限各该年年底出奏,以备稽考,毋得迟逾。"钦此。嗣又准户部咨,各直省奏报丁漕收数,均展至次年正月办理,二月出奏,以归画一等因。俱经转行遵办在案。

兹据藩司张绍华详称,自光绪二十六年正月初一日起至年底止一年期内司库兑收新旧地丁等款钱粮银数作为本届征收实数,并将光绪二十五年正月初一日起至年底止一年期内司库兑收地丁等款银数作为上届收数,开列比较盈绌数目;又据代理督粮道丁乃扬将道库兑收新旧漕粮折价、随漕屯粮兵折等款,分别本届、上届收数,开具比较盈绌各数,详请奏咨前来。臣覆核无异,谨将通省本届、上届征收地丁、漕折、道款等项钱粮总数,比较盈绌,分别开列清单,恭呈御览。至各府厅州县征收比较数目,案牍繁多,未便列入单内,除另造清册咨送户部考核外,理合恭折具奏,伏乞皇太后、皇上圣鉴。谨奏。光绪二十七年二月二十八日。

朱批:"户部知道,单二件并发。"

《光绪朝朱批奏折》第68辑,第615—616页

035. 江西筹解协陕项下代陕凑还俄法洋款片

光绪二十七年二月二十八日(1901 年 4 月 16 日)

再,光绪二十六年十二月二十三日准行在户部咨,议覆陕西巡抚岑春煊奏陕库短数过巨,续请拨款折内,议拨江西协济银三万两,奉旨:"依议。"钦此。又于光绪二十七年正月二十七日准行在户部咨,据陕西巡抚岑春煊奏请饬部借拨京饷,俟河南等省协陕银两解到归还一折,奉朱批:"着户部拨借银二十万两。"钦此。钦遵在于京饷银内借拨应用,由各省协陕款内提还部库,前次奏拨江西协陕银三万两,划出二万两先行解部凑还借拨二十万之数,馀银一万两仍解陕西藩库兑收各等因,业经行司遵照办理在案。复于二月十五日准陕西抚臣电开:陕省应解三月分俄法洋款银七万五千两,已电请湖北、湖南由部拨协陕款内各拨银三万两,交江海关道衙门兑收,所短一万五千两请由江西协陕款内拨解等因到臣。又经行司遵办去后。

兹据布政使张绍华申称,查江西库储奇绌,上年部拨协陕银两正在设法筹措,今奉电改拨凑还洋款,限期已迫,未便稽延,即在光绪二十六年分地丁项下筹银一万五千两,作为江西协陕款内代陕凑还俄法洋款银两,交给委员试用知县杨乐修、张树森领解,由省至九江附搭商轮,前赴江海关道衙门交收,并由司给发该委员等盘费银一百二十六两,呈请奏咨前来。除咨户部暨总理各国事务衙门查照,并饬司将协陕款内馀银一万五千两速筹解部外,所有江西筹解协陕项下代陕凑还俄法洋款,委员解赴江海关缘由,谨附片陈明,伏乞圣鉴。谨奏。

朱批:"该衙门知道。"

《光绪朝朱批奏折》第 89 辑,第 306—307 页

036. 奏报江西省光绪二十七年正月分粮价及雨水情形折

光绪二十七年二月二十八日(1901 年 4 月 16 日)

江西巡抚臣李兴锐跪奏,为恭报光绪二十七年正月分粮价及地方雨水情形,仰祈圣鉴事。

窃照江西省光绪二十六年十二月分市粮价值并雨雪情形,业经臣恭折奏报在案。兹据布政使张绍华查明通省光绪二十七年正月分米、麦、豆各项粮价,开单汇报前来。臣逐加查核,南昌等十四府州属米、麦、豆各项价值均与上年十二月相同,省城及各属地方正月内雨泽稍稀,菜麦长发,民情安谧,堪以上慰圣怀。理合恭折具奏,并缮粮价清单,恭呈御览,伏乞皇太后、皇上圣鉴。谨奏。光绪二十七年二月二十八日。

朱批:"知道了。"

《光绪朝朱批奏折》第 96 辑,第 865—866 页

037. 奏报光绪二十六年下半年江西省京控案件尚无逾限折

光绪二十七年二月二十八日(1901 年 4 月 16 日)

江西巡抚臣李兴锐跪奏,为查明京控案件尚无逾限,循例恭折具奏,仰祈圣鉴事。

窃准吏部咨,道光十年九月初二日奉上谕:"嗣后各督抚将京控逾限未结之案,每届半年,汇奏请旨交部议处一次。"钦此。又准都察院咨,咸丰元年闰八月十二日奉上谕:"嗣后奏交案件,着与咨

交各案一并，将已结、未结起数咨报都察院查核，例限催参，以清案牍而儆废弛。其步军统领衙门逾限奏案，亦着归入都察院催参案内办理。”等因。钦此。兹届半年汇奏之期，据按察使柯逢时查明具详请奏前来。

臣查江西省京控之案，上次截至光绪二十六年六月底止，计有陈秉彝、戴春芳、王绍宗、张管氏、谢积依五起，均已行提人卷到省，发委南昌府审办。因行提各案要证未到，先后咨部展限，业经奏明在案。今自光绪二十六年七月初一日起，至十二月二十一封印之日止，查有陈秉彝、戴春芳、王绍宗、张管氏、谢积依五起，各要证现仍未据解省。以上各案，核计拘解、承审各日期均未逾违，应免扣限开参。除仍行司分饬上紧关提各案要证解省，质审拟结，并汇开详细清单，咨送刑部稽核外，理合恭折具奏，伏乞皇太后、皇上圣鉴训示。谨奏。光绪二十七年二月二十八日。

朱批："刑部知道。"

中国第一历史档案馆藏"宫中档案全宗·朱批奏折"，

档号：04—01—01—1049—018

038. 补用知县邵作宾、试用知县刘世芳试看期满请留江西补用折

光绪二十七年三月初二日(1901年4月20日)

江西巡抚臣李兴锐跪奏，为候补、试用人员察看期满，照章甄别，恭折具奏，仰祈圣鉴事。

窃查前准部咨，嗣后道府州县，无论劳绩、捐纳各项人员，应于到省一年后查看考核，分别补用等因。兹查有候补班补用知县邵

作宾、捐纳分发试用知县刘世芳，均试看一年期满，应行照章甄别。臣到任未及三月，例不出考。据藩、臬两司详加察看，候补班补用知县邵作宾举止安详，留心吏治；捐纳分发试用知县刘世芳年壮才明，谙练制造，均堪留于江西省补用。相应请旨，留于江省照例补用，谨会同两江总督臣刘坤一恭折具奏，伏乞皇太后、皇上圣鉴。谨奏。光绪二十七年三月初二日。

朱批："吏部知道。"

《光绪朝朱批奏折》第16辑，第4—5页

039. 奏请以湖口县知县倪廷庆与安福县知县陆善格对调折

光绪二十七年三月初二日（1901年4月20日）

江西巡抚臣李兴锐跪奏，为现任知县例应回避，拣员对调，恭折奏祈圣鉴事。

窃查定例，现任官员原籍与任所在五百里以内者，准该督抚酌量改调回避。兹查有湖口县知县倪廷庆，于光绪二十六年四月十五日到任。该员系安徽桐城县人，原籍安徽桐城县城内至练潭镇六十里，练潭镇至冷水铺三十里，冷水铺至怀宁县三十里，怀宁县至黄石矶三十里，黄石矶至吉阳洲三十里，吉阳洲至东流县三十里，东流县至马渡口二十里，马渡口至香口二十里，香口至马当三十里，马当至江西彭泽县三十里，彭泽县至芙蓉墩十五里，芙蓉墩至老店十五里，老店至湖口县交界流澌桥地方四十里，共计三百八十里，系在五百里以内。据该员于到任后查明具详，由藩、臬两司转详前来。臣查湖口县知县倪廷庆原籍距任所系在五百里以内，自应照例回避改调。

湖口县系冲、繁、难三项相兼要缺，臣与藩、臬两司在于通省三字繁缺知县内逐加遴选，非现居要缺，即人地不宜，无可对调之员。查有安福县知县陆善格，年五十一岁，奉天锦县人，由优廪生中式光绪二年丙子科顺天乡试举人，六年庚辰科贡士，殿试二甲，朝考二等，引见，改翰林院庶吉士；九年散馆二等，引见，以主事用，签分工部屯田司行走。丁母忧，服满起复到部。十七年呈请改归知县原班选用，选授江西安福县知县，引见，奉旨补授。遵例报捐同知升衔，光绪十九年二月初三日到任，嗣在江西顺直赈捐案内奖给花翎。二十四年大计卓异，奉准部覆，又奉部咨行令引见，尚未请咨。任内实无积案及欠解钱粮、承缉未获盗案已起降调革职参限之案，历俸已满三年，与调繁之例相符。臣与臬司到任未及三月，例不出考。据藩司张绍华查，该员才具开展，讲求吏治，堪以调补湖口县繁缺知县。所遗安福县简缺知县，即以湖口县回避原籍知县倪廷庆廉静寡欲，勤求民隐，改调亦属相宜。倪廷庆系进士即用知县，例得繁、简通补，今改补简缺，与例亦符。会同臬司柯逢时详请具奏前来。

合无仰恳天恩，准其互相对调。陆善格系简缺知县调补要缺，毋庸送部引见，一切因公处分亦毋庸计算。至该员系初调之员，其任内罚俸银数，另行造册送部，按限催令完缴。今倪廷庆系繁、简通补人员，毋庸送部引见，亦例不核计参罚，合并陈明。谨会同两江总督臣刘坤一合词恭折具奏，伏乞皇太后、皇上圣鉴训示。谨奏。光绪二十七年三月初二日。

朱批："吏部议奏。"

《光绪朝朱批奏折》第16辑，第5—7页

040. 汇奏江西省光绪二十六年秋季分委署代理州县印务各员片

光绪二十七年三月初二日(1901 年 4 月 20 日)

再,案准吏部咨,钦奉上谕:“嗣后各省州县无论奏调、委署、代理,着每届三月汇奏一次。”等因。钦此。钦遵在案。兹据布政使张绍华详称,光绪二十六年秋季分委署、代理州县印务,所有试用知县王济中委署靖安县知县,试用知县管绳桓委署峡江县知县,南康县知县孔昭珍委代新建县知县,瑞州府经历宾承培委代新昌县知县,抚州府通判郑光祖委代宜黄县知县,大挑知县李镜铭委代鄱阳县知县,候补知县张鹏程委署浮梁县知县,补用知县陈燕昌委代义宁州知州,上高县知县江召棠委署南昌县知县,南昌县知县孟庆云委署新昌县知县,试用知县俞省三委署宜黄县知县,试用知县邱应华委代泸溪县知县,准补萍乡县知县吴忠谦委代安仁县知县,贵溪县知县杨焜委代武宁县知县,补用同知许应铣委署乐安县知县,试用知县沙昌寿委署德化县知县,候补知县朱齐禄委代石城县知县,共十七员,造册具详前来。臣覆核无异,除清册咨部外,理合附片具陈,伏乞圣鉴。谨奏。

朱批:“吏部知道。”

《光绪朝朱批奏折》第 16 辑,第 7—8 页

041. 委任查恩绥署理南昌府知府、姜秀澜署理广信府知府片

光绪二十七年三月初二日(1901 年 4 月 20 日)

再,南昌府知府江毓昌因病请假,所有该府印务,查有广信府

知府查恩绥堪以调署。递遗广信府印务,查有现署赣州府事、回避交卸之候补知府姜秀澜堪以署理。据藩司张绍华会同臬司柯逢时具详前来,除分檄饬遵外,谨会同两江总督臣刘坤一附片陈明,伏乞圣鉴。谨奏。

朱批:"吏部知道。"

《光绪朝朱批奏折》第16辑,第8页

042. 汇奏江西省光绪二十六年秋季分暂时署理同知知县印务各员片

光绪二十七年三月初二日(1901年4月20日)

再,案准部咨,各省委署丞倅等官及试用州县委署员缺,系暂时署理者,与实缺调署不同,均毋庸附折具奏,令各该督抚按季恭疏具题等因。兹据布政使张绍华详称,光绪二十六年秋季分,有因事故同知、知县离任,所遗印务系属委员暂时署理,所有分先通判余本嵩委署南昌府同知,试用通判陈希曾委署南昌府吴城镇同知,试用知县王济中委署靖安县知县,试用知县管绳桓委署峡江县知县,候补知县张鹏程委署浮梁县知县,试用知县俞省三委署宜黄县知县,南安府同知胡耀斗委署定南厅同知,补用同知许应铣委署乐安县知县,候补通判艾廷栋委署饶州府景德镇同知,试用知县沙昌寿委署德化县知县,共十员,造册具详前来。臣覆核无异。除清册咨部外,此案遵照新章,改题为奏,理合附片具陈,伏乞圣鉴。谨奏。

朱批:"吏部知道。"

《光绪朝朱批奏折》第16辑,第9页

043. 江西司库第三批解清协济直隶军饷片

光绪二十七年三月初二日(1901 年 4 月 20 日)

再,前承准军机大臣字寄,光绪二十六年七月初五日奉上谕:“户部奏,遵议直隶布政使廷雍奏军务需款浩繁,请饬协济一折。自天津夷氛不靖,郡城失守,司关道局各处库款荡然无存,不能不赖各省协拨,以济急需。着照该部所议,江西筹银二十万两,该抚务于本省司道关局各库,无论何款,移缓就急,按照指拨银数,赶紧分批解交,不准迟延,致有贻误。”钦此。又准户部咨,同前由,当经前抚臣松寿行司钦遵,并经司议由粮道各款项下筹解银五万两,九江关筹解银五万两,由司库地丁厘金项下筹解银十万两,已由司库先后二次筹解银八万两,粮道库解清银五万两,委员解赴金陵制造局转解交收,并由九江关径解银二万两,共银十五万两,均经奏咨各在案。此外尚有司库欠解银二万两、九江关欠解银三万两,本年正月二十二日准行在户部咨,议覆直隶督臣李鸿章奏直隶存款已罄,请将本年秋冬、明年春夏摊还洋债各款改拨他省,即抵协直新饷折内,议拨江西代解英德款银六万两,一并解交江海关道兑收,以便届期归还等因。

伏查江西协解直隶军饷银,原只欠解五万两,今奉添拨银一万两,即经臣行司设法筹解。兹据布政使张绍华详称,此项银两,除九江关原短解银三万两,电嘱自行径解上海道库外,其馀三万两,惟有司库竭力腾挪。兹第三次于光绪二十六年地丁项下动放银三万两内,以二万两为司库解清奉拨协济直隶军饷,其馀一万两系添拨之款,一并遴委试用知县杨乐修、张树森等领解,于二十七年二月十五日起程，由水路至九江附搭商轮，前赴江海关道衙门交收，并由司给发该委员等往来川资及轮船、保险、水脚等费银二百五十二两，详请奏咨等情前来。除分别咨明，并饬该委员等妥速解交，暨饬九江关将欠解银两速筹委解清款外，所有江西司库第三批解清奉拨协济直隶军饷，解赴江海关为代解直隶偿还洋款银两，委员领解起程缘由，理合附片陈明，伏乞圣鉴。谨奏。

朱批："户部知道。"

《光绪朝朱批奏折》第62辑，第365—366页

044. 江西筹拨光绪二十六年海军经费改解北洋第三批银两片

光绪二十七年三月初二日（1901年4月20日）

再，查前准户部咨，奏拨光绪二十六年海军经费改归部库，分别划拨提解一折，光绪二十五年十一月二十三日具奏，奉旨："依议。"钦此。计单内开：江西厘金银三十万两，按八成解足拨北洋经费二十万两，其馀银两仍令解交部库等因。当经前抚臣松寿行据藩司解过北洋第一批银二万两。旋准直隶总督兼北洋大臣李鸿章咨，未解北洋海防经费，派员解由上海道兑收。又据司详解过第二批银二万两。均经奏咨各在案。上年十二月内，又准北洋大臣咨，将未解北洋经费银两，迅速解交江海关道兑收。即经臣转行遵照，赶解去后。

兹据布政使张绍华详称，查江西省每年拨南、北洋经费银三十万两，按八成饬解。光绪十二年，奉将前项经费改为海军经费，计是年分共解银二十四万两，十三年分共解银二十四万两，十四年分共解银十一万六千五百两，十五年分共解银二十一万两，十六年分

共解银十九万两,十七年分共解银十九万两,十八年分共解银十九万两,十九年分共解银十三万两,二十年分共解银十万两,二十一年分共改解部库银十万两,二十二年分共改解部库银十二万两,二十三年分共改解部库银十二万两,二十四年分解清部库银四万两、改解北洋银十万两,二十五年分解清部库银四万两、改解北洋银十万两,并将江省实因库款支绌,入难敷出,能否解足几成,未敢预拟,叠于报解案内声明有案。兹查二十六年分海军经费应解北洋银二十万两,除先后二次筹解银四万两外,尚有未解银两,自应尽力分别筹解,以资应用。现于司库厘金项下设法腾挪银二万两,以为奉拨二十六年分海军经费改解北洋第三批银两,遴委试用知县杨乐修、张树森等会同领解,于二十七年二月十五日起程,由水路至九江附搭商轮,赴江海关道衙门兑收,并由司发给该委员等往来川资及轮船、保险、水脚等费银一百六十八两等情,详请具奏前来。臣覆核无异。除饬续筹委解,并咨户部暨北洋大臣查照外,所有筹拨二十六年分海军经费改解北洋第三批银两交委领解缘由,理合附片陈明,伏乞圣鉴。谨奏。

朱批:"户部知道。"

《光绪朝朱批奏折》第62辑,第366—367页

045. 江西续筹解赴汉口转运总局运费银一万两片

光绪二十七年三月初二日(1901年4月20日)

再,上年因京师军食紧急,钦奉上谕,于清江浦一带设立转运总局,委派前福建兴泉永道恽祖祁采运接济。前抚臣松寿承准军机大臣字寄,当饬司道于漕折、米折项下提银九万两,地丁项下提

银三万两,共银十二万两,作为凑拨京师军粮米价运费之款,先后委员解交恽祖祁兑收,奏明在案。嗣以恭值銮舆西幸,遵旨将转运总局移设汉口。臣于光绪二十七年正月二十六日准两江督臣刘坤一、湖广督臣张之洞电称,汉口运陕米石因短缺运费,中途待款,非由各省续筹运费,难期迅速等因。臣当以行在需米,事关紧要,自应协力筹运,以免延误,饬据藩司张绍华在于光绪二十六年地丁项下再提银一万两,发给委员具领,于光绪二十七年二月十八日起程解赴汉口,交接办转运总局、汉黄德道岑春蓂兑收,以资运费,由司详请奏咨前来。除分别咨明外,所有江西续筹解赴汉口转运总局运费银一万两缘由,理合附片陈明,伏乞圣鉴。谨奏。

朱批:"户部知道。"

《光绪朝朱批奏折》第62辑,第368页

046. 江西筹解光绪二十七年汇还俄法借款第一批银两片

光绪二十七年三月初二日(1901年4月20日)

再,查前准户部咨,具奏每年应还俄法、英德两款,本息数巨期促,拟由部库及各省关分别认还一折,光绪二十二年五月初八日具奏,奉旨:"依议。"钦此。计单内开:俄法一款,由地丁等款项下指拨江西银十万两,按四成于九月内解赴江海关道交纳,嗣后每年分作两次,于三月解交六成,九月解交四成,不得稍有延欠等因。行据藩司将光绪二十二、二十三、二十四、二十五等年应解俄法借款,遵照按期如数交商汇解。嗣准户部咨,具奏俄法借款自光绪二十六年起,加拨银二万五千两,随同原拨银数、原定限期汇解交收。又据将二十六年应解银两,按期照数发交商号,并委员解交江海关,先后详经奏咨在案。

兹据布政使张绍华详称,本年三月,应解俄法借款银两届期,现于司库丁漕钱价平馀项下动放银五千两,又于米谷厘金项下动放银七万两,共银七万五千两,作为光绪二十七年奉拨江西应解俄法借款第一批银两,发交新泰厚、蔚长厚、蔚盛长各商号,于二十七年二月二十八日赴库请领,限三月十八日汇至江海关道兑收,并由司给发汇费银七百五十两等情,详请具奏前来。臣覆核无异。除饬依限汇兑交收,并咨户部暨总理各国事务衙门查照外,所有江西司库筹解二十七年奉拨应解江海关汇还俄法借款第一批银两交商汇兑缘由,理合附片陈明,伏乞圣鉴。谨奏。

朱批:"该衙门知道。"

《光绪朝朱批奏折》第83辑,第361页

047. 江西提解光绪二十七年第二批地丁京饷转汇京城片

光绪二十七年三月初二日(1901年4月20日)

再,臣接准行在户部咨,议覆庆亲王等奏筹给满汉官员及兵丁津贴,并请将京饷设法解京一折,光绪二十六年十二月十三日具奏,奉旨:"依议。"钦此。钞录原奏清单,飞咨遵照办理。计钞奏内开:公同商酌,拟先就各省应解来年京饷内酌提银一百万两,开列清单,请旨飞饬各该督抚等,先尽此次提解京饷之数竭力筹措,限明年正月底如数解到,以应急需。总期此款及早到京,不致迟误,是为至要。计单开:江西省原拨地丁银三十五万两、厘金银十万两,拟先提解银十万两等因。即经行据藩司挪垫第一批地丁厘金共银五万两,汇赴江海关道转解,详经臣附片奏咨在案。

兹据布政使张绍华详称，现又挪垫地丁银五万两，内除已饬广东候补知府李准将代收江西赈捐项下划拨库银一万两径解江海关道转交外，其馀银四万两在于地丁项下挪垫，一并作为提解二十七年第二批京饷，遴委试用知县杨乐修、张树森等领解，于光绪二十七年二月十五日起程，由水路至九江附搭商轮，赴江海关道衙门交收转汇，由司发给该委员等往来川资及轮船、保险、水脚等费银三百三十六两，详请奏咨等情前来。除饬该委员等妥速解交，并咨明户部外，所有提解二十七年第二批地丁京饷赴江海关转汇京城缘由，理合附片陈明，伏乞圣鉴。谨奏。

朱批："户部知道。"

《光绪朝朱批奏折》第89辑，第308—309页

048. 审明德安县民陈柽勇斗殴误伤胞兄身死案按律定拟折

光绪二十七年三月初二日(1901年4月20日)

江西巡抚臣李兴锐跪奏，为因斗殴误伤胞兄，越二日身死，获犯审明，按律定拟，恭折具奏，仰祈圣鉴事。

窃照德安县民陈柽勇斗殴误伤期亲胞兄陈柽列，越二日身死，获犯讯供通详，当经批饬照例审办去后。兹据将犯审明议拟，解由府、司覆审，转解前来。臣亲提研鞫，缘陈柽勇籍隶德安县，弟兄三人，已死陈柽列系陈柽勇长胞兄，分居各爨，素睦无嫌。光绪二十三年八月间，陈柽勇第二胞兄陈柽洪之妻刘氏向陈柽勇借用钱四千文，约俟年底归还，届期经陈柽勇屡索无偿。二十四年九月二十五日傍晚，陈柽勇至陈柽洪家闲坐，适陈柽洪探亲未回。陈柽勇复

向陈刘氏催索前欠,陈刘氏无钱央缓。陈柽勇斥骂骗赖,陈刘氏不服回詈,致相争闹。陈刘氏顺取桌上尖刀向戳,陈柽勇闪侧,夺刀过手。陈刘氏扭住陈柽勇发辫揿殴,陈柽勇挣不脱身,情急用刀抵戳,陈刘氏闪避。维时陈柽列闻闹,从陈刘氏身后拢劝,陈柽勇收手不及,致刀尖戳伤陈柽列左胁倒地。经陈凌峰路见喝住,帮同陈柽勇将陈柽列扶起医治。陈柽列伤医无效,至二十七日殒命。经陈柽洪投保报县诣验。该前署县吴宝镕未及获犯卸事,该前代理县徐嘉霖抵任,获犯讯供,通详饬审。徐嘉霖未及审解卸事,该县贺辉玉抵任,将犯审拟解府,经府核恐案情未确,发委瑞昌县知县陈乃绩提讯。犯供狡展,禀府发回德安县,就近传证质讯明确,由府解司,经司核恐案情未确,发委试用知县沈秉权提讯。犯供忽认忽翻,禀司改委南昌府知府江毓昌确审。兹据讯拟,由府、司勘转,经臣提审,据供前情不讳,究非有心干犯,亦无起衅别故,案无遁饰。

查律载:"弟殴胞兄死者,斩。"又例载:"殴死本宗期功尊长,罪干斩决之案,若系情轻,于案内将并非有心干犯情节分晰叙明。"各等语。此案陈柽勇因与其嫂陈刘氏争殴,误伤期亲胞兄陈柽列,越二日身死,自应按律问拟。陈柽勇合依"弟殴胞兄死者,斩"律,拟斩立决。查该犯陈柽勇因向第二胞兄陈柽洪之妻刘氏索欠争殴,被陈刘氏扭住发辫揿殴,挣不脱身,情急用刀抵戳,陈刘氏闪避,陈柽列从陈刘氏身后拢劝,该犯收手不及,致刀尖戳伤陈柽列身死。核其情节,伤由误戳,死出不虞,并非有心干犯,相应照例声明。陈刘氏借欠陈柽勇钱文,逾期未还,致酿人命。陈刘氏应酌照不应重律,拟杖八十。事犯到官,在光绪二十六年三月十二日恩诏以前,所得杖罪应予宽免,并免收赎。欠钱照追给领。陈柽洪当时并未在场,应与救阻不及之见证陈凌峰均毋庸议。

除全案供招咨部外，所有审明定拟缘由，理合恭折具奏，伏乞皇太后、皇上圣鉴，敕部议覆施行。再，此系遵照新章，由题改奏，邀免扣限，合并陈明。谨奏。光绪二十七年三月初二日。

朱批："刑部速议具奏。"

《光绪朝朱批奏折》第107辑，第480—482页

049. 奏请准将艾廷栋补授南昌府通判折

光绪二十七年三月二十二日（1901年5月10日）

江西巡抚臣李兴锐跪奏，为遴员请补通判，恭折具奏，仰祈圣鉴事。

窃照南昌府通判阎赓良病故，经臣附片陈明，所遗南昌府通判系专冲不兼简缺，声明江西省现有应补人员扣留外补在案。查同治八年六月奏定新章：通判病、故、休遗缺，无论何项到班，均不准插用分先前、分间前、分先、分间之人。又同治八年七月奏定新章：嗣后通判轮补、升调，遗病、故、休选缺，先尽候补班前酌补一人，次将候补正班酌补一人。于酌补候补班前时，先用银捐候补班前，银捐候补班前无人，始用常捐候补班前，常捐候补班前无人，再以劳绩候补班前之员酌补等因。

江西省通判病、故、休遗缺，上次用至候补正班止。今南昌府通判病故遗缺，按班应用候补班前，银捐、常捐、劳绩候补班前均无人，应用候补正班。查有分发江西归候补班补用通判艾廷栋，年四十岁，江苏上元县人，由荫生于光绪十四年九月经兵部带领引见，奉旨："艾廷栋着以通判用。"钦此。签掣江西省广信府通判，经钦派大臣验放引见，奉旨："江西广信府通判，着艾廷栋补授。"钦此。

光绪十七年正月二十六日到任，奉委署理德安县事，于十九年八月初八日受事，在任丁母忧，回籍守制。服满起复，遵例呈请分发江西原省，归候补通判班内补用，二十三年八月经吏部带领引见，奉旨："着照例发往。"钦此。领照起程，光绪二十三年十一月二十一日到省。前于十八年江苏办理赈捐在事出力，二十三年十二月奏保俟补缺后以同知补用，二十四年正月初十日奉朱批："吏部议奏。"三月初一日具奏，保案与例相符，奉旨："依议。"钦此。曾任实缺，毋庸试看甄别。系到省后所出之缺，例得酌补。臣到任未及三月，例不出考。据藩司张绍华、臬司柯逢时查明，该员才具稳练，以之酌补南昌府通判，洵堪胜任，仍积候补正班之缺，详请具奏前来。

合无仰恳天恩，俯准将艾廷栋补授南昌府通判。如蒙俞允，该员系候补通判请补通判，衔缺相当，毋庸送部引见，亦例不核计参罚。再，此案遵章改题为奏。又，藩司于光绪二十七年三月初十日出详，合并陈明。谨会同两江督臣刘坤一合词恭折具奏，伏乞皇太后、皇上圣鉴训示。谨奏。光绪二十七年三月二十二日。

朱批："吏部议奏。"

《光绪朝朱批奏折》第16辑，第50—51页

050. 补用知县梁继泰试看期满请留江西补用片

光绪二十七年三月二十二日（1901年5月10日）

再，前准部咨，嗣后道府州县，无论劳绩、捐纳各项人员，应于到省一年后认真察看考核，分别补用等因。兹查有候补班前尽先补用知县梁继泰，试看一年期满，应行照章甄别。臣到任未及三月，例不出考。据藩司张绍华会同臬司柯逢时详加察看，候补班前

尽先补用知县梁继泰年力富强，才具稳慎，堪以留于江西补用。相应请旨，留于江省照例补用。谨会同两江总督臣刘坤一附片具陈，伏乞圣鉴。谨奏。

朱批："吏部知道。"

《光绪朝朱批奏折》第16辑，第52页

051. 花翎尽先选用都司张得胜请留于江西收标效力片

光绪二十七年三月二十二日（1901年5月10日）

再，前准兵部通行：嗣后军营遣撤员弁例应收标者，即行咨部注册，至保举推选各官，必须专折奏明，奉旨允行后，方准收标，不得率行咨部注册，以昭慎重等因。遵照在案。兹查有花翎尽先选用都司张得胜，系江西鄱阳县人，因投效内河水师，历年剿贼出力，递保前职。该员例应赴部投供候选，因北上无资，久置闲散，殊为可惜。合无仰恳天恩，俯准将花翎尽先选用都司张得胜请留于江西收标效力，以储将才而资任使。除饬取该员履历分送部科外，理合会同两江督臣刘坤一附片陈明，伏乞圣鉴训示。谨奏。

朱批："着照所请，兵部知道。"

《光绪朝朱批奏折》第47辑，第606页

052. 江西筹解光绪二十六年甘肃新饷第六批银两片

光绪二十七年三月二十二日（1901年5月10日）

再，查前准户部咨，奏拨光绪二十六年分甘肃新饷案内，指拨江西省银三十六万两。当经行据司、道会详，援照历办成案，于司库地丁厘金项下筹解三分之二银二十四万两，道库漕项等款钱粮内拨解三分之一银一十二万两，业由司、道两库陆续筹拨银二十万八千两，分作四批汇解甘肃兑收。嗣准陕西抚臣电开：陕灾已人相食，库空如洗，奏准借拨甘饷解陕济用等因。又经行司筹拨第五批银五万两，委员改解陕西，详经奏咨各在案。

兹据藩司张绍华详称，移准粮道，再由道库筹拨钱粮银五万两，作为奉拨光绪二十六年第六批甘肃新饷，饬令蔚丰厚商号于二十七年三月初八日具领，限一百四日汇赴陕甘督臣衙门，发库兑收。所有前项银两，系照部咨，按甘肃库平动放，其馀平银两，已遵照扣存。至解此批甘肃新饷职名，系前署江西督粮道试用道黄心蕖，合并声明，详请奏咨等情前来。臣覆核无异。除仍饬筹解外，所有江西省筹解奉拨甘肃光绪二十六年新饷第六批银两并筹解职名，理合附片陈明，伏乞圣鉴。谨奏。

朱批："户部知道。"

《光绪朝朱批奏折》第62辑，第379页

053. 查明光绪二十四年借给湖口、彭泽二县被旱农民籽种银两无力完缴请予豁免折

光绪二十七年三月二十二日（1901年5月10日）

江西巡抚臣李兴锐跪奏，为钦奉恩诏，查明光绪二十四年借给湖口、彭泽二县被旱农民籽种银两，无力完缴，请予豁免，恭折仰祈圣鉴事。

窃查光绪二十六年四月间准礼部咨，本年皇上三旬万寿，三月十二日钦奉恩诏条款内开："从前各省偏灾地方，所有借给贫民籽种、口

粮、牛具等项,查明实系力不能完者,着予豁免。"等因。钦此。咨行到前抚臣松寿,行司钦遵查办去后。兹据布政使张绍华详称,准广饶九南兵备道明徵移,据九江府转据湖口、彭泽二县各详称,光绪二十四年夏秋,地方被旱较重,贫民播种无资,详蒙各借给籽种折色银二千两,请俟光绪二十五年秋后免息征还。嗣因二十五年复行被旱,贫民无力完缴,又经详请缓至二十六年秋后征还。现查该处连年被旱歉收,贫民异常困苦,委实力不能完,遵照钦奉恩诏,请予豁免等情到司。伏查湖口、彭泽二县光绪二十四年被旱民屯田地,各请借农民籽种折色银二千两,共银四千两,均请俟光绪二十五年秋后免息征还归款。当经在于出口米谷厘金项下借放,分别给领。嗣因是年复行被旱,贫民无力完缴,据该府查明详经转详,奏明展缓征还在案。今该二县所称,光绪二十六年又因干旱歉收,贫民异常困苦,委实力不能完,取造册结,由府、道加结请豁,核与钦奉恩诏条款相符,拟请准予豁免,以广皇仁等情,详请具奏前来。

臣覆加查核,委系实在情形,除将各册结咨送部科外,所有查明光绪二十四年借给湖口、彭泽二县被旱农民籽种折色银两无力完缴,请予豁免缘由,理合恭折具陈,伏乞皇太后、皇上圣鉴训示。谨奏。光绪二十七年三月二十二日。

朱批:"着照所请,该部知道。"

《光绪朝朱批奏折》第68辑,第627—628页

054. 劝办江西赈济捐输第三次开单请奖折

光绪二十七年三月二十二日(1901年5月10日)

江西巡抚臣李兴锐跪奏,为劝办江西赈济捐输,第三次开单,

恳恩奖叙,以昭激劝,恭折仰祈圣鉴事。

窃照光绪二十五年四月间,江西吉安、临江、南昌等府所属各县被水冲没圩堤,淹坏田庐,损伤人口,当经分别拨款赈抚,并经前任抚臣松寿以各属受灾较重,工赈两项需款甚巨,恭折会奏,请援照湖北等省赈捐成案,开办江西赈捐一年,藉资接济。接准户部咨,光绪二十五年七月十八日奉朱批:"着照所请,该部知道。"钦此。行司钦遵,于光绪二十五年九月初六开局,委员分投劝办,并分咨邻省一体劝募,业据将收捐各项衔翎、加级、封典、贡监,共计实银五万三千一百四十六两五钱,先后二次汇造清册,奏咨请奖。嗣因一年期满,势难停止,复于光绪二十六年闰八月内奏请展限一年,钦奉谕旨允准各在案。兹据江西筹赈捐输总局司道详称,续收捐各项衔翎、加级、封典、贡监计七百二十五名,共折收实银四万六千八百二十一两四钱二分,悉数解存藩库,陆续转发被灾各属,分别济赈、修堤。合将第三次各捐生姓名、年貌、籍贯、履历、三代造具清册,详请奏奖,并将副实收咨送户部,填发执照来江转给等情前来。

臣覆加查核,所捐银数及请奖各项,均与例章相符,合无仰恳天恩,俯准分别奖叙,以昭激劝。除将清册、副实收送部外,理合恭折具陈,并缮清单,敬呈御览,伏乞皇太后、皇上圣鉴,敕部核覆施行。谨奏。光绪二十七年三月二十二日。

朱批:"户部议奏,单并发。"

《光绪朝朱批奏折》第80辑,第674—675页

055. 奏请展限盘查仓谷折

光绪二十七年三月二十二日(1901 年 5 月 10 日)

江西巡抚臣李兴锐跪奏,为到任盘查仓谷,援案展限办理,恭折仰祈圣鉴事。

窃照定例,督抚到任,应将通省积储仓谷于三个月内查核具题。臣仰蒙恩命,升授江西巡抚,到任后即饬藩司将通省仓储谷数详细开报,以便照例盘查。兹据布政使张绍华详称,江西各属额储仓谷一百三十九万六千五百六石零,内有从前清查案内原缺,及节年被水、被旱出借平粜,并豁免民欠籽种、口粮,动碾兵米,交代亏缺参追着赔,暨豁免被贼劫夺与夫军需动用等案谷石,并造铁路经费案内动缺谷价银两,均未买齐归仓,现仅共存仓谷一十万六千六百九十一石零,业于光绪二十五年奏销册内造报,历因前项缺谷未能买补,均经详请展缓查办,此届应行援案展限办理等情,具详请奏前来。

臣查各属仓谷,民食攸关,必须核实盘查。从前各抚臣到任,因有动缺谷石,买补未齐,奏明展俟买足后盘查题报,原以杜挪掩牵混之弊。现既仍未买补,自应照案展限办理。除督饬严催各属及时筹补采买复额,一俟买齐归仓,再由臣遴委大员分往盘查,照例办理,如查有亏短情弊,即当据实严参外,所有盘查仓谷援案展限缘由,理合恭折具陈,伏乞皇太后、皇上圣鉴。谨奏。光绪二十七年三月二十二日。

朱批:"该部知道。"

《光绪朝朱批奏折》第 91 辑,第 355—356 页

056. 新喻县知县蔡体乾在任病故俟截缺后另行拣员请补片

光绪二十七年三月二十四日（1901 年 5 月 12 日）

再，新喻县知县蔡体乾，系浙江省会稽县人，由候补班补用知县补授江西新喻县知县，光绪二十四年二月十七日到任，兹于二十七年二月十八日在任病故，据布政使张绍华详报前来。臣覆核无异。所遗新喻县知县系繁、难二项相兼中缺，江西省现有应补人员，容俟截缺后另行拣员请补。此案有关缺分要件，遵照新章，改题为奏。除咨吏部开缺暨咨浙江抚臣查照外，理合附片陈明，伏乞圣鉴。谨奏。

朱批："吏部知道。"

《光绪朝朱批奏折》第 16 辑，第 63 页

057. 委任刘家荫署理饶州府知府片

光绪二十七年三月二十四日（1901 年 5 月 12 日）

再，饶州府知府吴祖椿，经前护抚臣奏请开缺另补。所有该府印务，查有候补知府刘家荫堪以署理，据藩司张绍华会同臬司柯逢时具详前来。除檄饬遵照外，理合会同两江总督臣刘坤一附片陈明，伏乞圣鉴。谨奏。

朱批："吏部知道。"

《光绪朝朱批奏折》第 16 辑，第 64 页

058. 江西奉拨协济山西饷银无款可解请敕部改拨折

光绪二十七年三月二十四日(1901 年 5 月 12 日)

江西巡抚臣李兴锐跪奏,为奉拨协济山西饷银无款可解,恳恩敕部改拨,以免贻误,恭折仰祈圣鉴事。

窃照光绪二十六年闰八月十九日准行在户部咨,议覆护理山西巡抚奏晋库支绌,请拨款协济,并先行借拨,开单奏明一折,奉旨:"依议。"钦此。钞录原奏飞咨江西,转饬藩司,即行协济银四万两,速解山西,俾早归还借款等因。当经前抚臣松寿行司筹解。又于二十七年正月二十二日准山西抚臣咨催拨汇,并委员催提前来,复经臣转行速筹拨解去后。兹据布政使张绍华详称,伏查江西奉拨协晋银四万两,款关紧要,亟应遵照筹解。惟江省近年水旱频仍,地丁征不足额,厘金又复短收,入款岁有常经,而去年添拨直隶军饷、京米脚价,及本年添拨陕西协饷、京米运费,代还直隶洋款等项,除道、关两库分筹之数不计外,司库核计已添拨二十馀万两。兼之上年本省办防,购械募勇,派兵入卫,需款又不下数十万两,支绌情形,实难言状。踌躇数月,实在无可腾挪,惟有详请奏明,将江西奉拨协晋银四万两,改拨别省有着的款等情。

臣查晋省支用浩繁,邻省苟有可筹之款,自应极力协济,无如江西入款有定,拨款增多,均属实情。合无仰恳天恩,俯念江西库款支绌,准如所请,敕部改拨,以免贻误。除咨明户部暨山西抚臣查照外,理合恭折具奏,伏乞皇太后、皇上圣鉴,敕部查照施行。谨奏。光绪二十七年三月二十四日。

朱批:"户部议奏。"

《光绪朝朱批奏折》第 62 辑,第 383—384 页

059. 江西筹解光绪二十七年三、四两月漕标军饷银两片

光绪二十七年三月二十四日(1901 年 5 月 12 日)

再,查前准户部咨,议覆漕运总督松椿奏,徐州、清江一带兵力单薄,拟先募四营填防,并请拨饷项以济要需一折,光绪二十六年六月十八日具奏,奉旨:“依议。”钦此。钞录原奏,飞咨遵照。计单内开:漕督奏请先募四营,援案在于江西粮道征存漕项水脚津贴项下,每月拨银二千两,自二十六年六月起,每月如数解交,专供漕标新军饷项之用,不得短欠迟延。又接准漕运督臣松椿咨会,将银迅速解浦,以济要需各等因。业经行据粮道筹解二十六年六月起至二十七年二月止,连闰共十个月军饷银二万两,先后详经奏咨在案。

今据代理督粮道丁乃扬详称,于道库漕项内动拨银四千两,作为光绪二十七年三、四两个月分漕标军饷,遴委吉安所千总刘云龙领解,于本年三月初十日起程,解赴漕运总督衙门交纳,详请奏咨等情前来。除咨户部暨漕运总督臣查照外,所有筹拨光绪二十七年三、四两个月漕标军饷银两,交委领解起程日期缘由,理合附片陈明,伏乞圣鉴。谨奏。

朱批:“户部知道。”

《光绪朝朱批奏折》第 62 辑,第 384—385 页

060. 查明清江县毁压民田不能垦复请豁除钱粮折

光绪二十七年三月二十四日(1901 年 5 月 12 日)

江西巡抚臣李兴锐跪奏,为清江县属民田光绪二十五年被水

冲刷,及因修堤取土,挖毁压占,不能垦复,恳恩豁除原编钱粮,以苏民累,恭折仰祈圣鉴事。

窃查前据清江县禀,据东乡各都图里民王伦兴等,以该都图田亩于光绪二十五年四月间被水冲坍,积沙壅塞,迨后修复各堤,又因取土挖毁压占,不能垦复,请委员会勘,豁除钱粮等情。当经前抚臣松寿批据藩司,饬委准补湖口县知县倪廷庆、候补知县黄秉湘等前往,会县勘办去后。兹据布政使张绍华详称,据临江府转据署清江县知县石守谦会同委员倪廷庆等详称,遵即随带弓手,亲赴东乡各都图,逐一勘丈。原报该里民王伦兴等废田三十二顷零,内除旧淤并浮沙尚浅之区,谕令设法挑复,共田八顷有奇不计外,实勘得光绪二十五年被水冲刷成潭,积沙深厚,不能垦复二、三、四等则田一十六顷八十三亩九分九厘零,按照《全书》科算,应征银八十六两七分七厘零、米五十七石七斗五升六合五勺零。又因修堤压占,取土挖毁,悉成堤身、堤脚,不能垦复二、三、四等则田七顷六十九亩三厘,按照《全书》科算,应征银四十两一钱五分一厘零、米二十六石九斗四升九勺零。二共沙淤、毁占各则田二十四顷五十三亩二厘零,共科粮银一百二十六两二钱二分八厘零、米八十四石六斗九升七合四勺零。委系被水冲刷成潭,积沙过厚,并修堤压占,取土挖毁,悉成堤身、堤脚,万难垦复,并无影射捏报情事,附近亦无新涨洲地堪以拨补,详请转详请豁,自光绪二十七年为始,照数免征,开造总散清册,取具各结,详送到司。覆加确核,系属实情,理合具详,奏请豁免等情前来。

臣查清江县光绪二十五年水冲、沙淤及修堤占毁二、三、四等则田二十四顷五十三亩二厘零,既据该县会同委员勘明,委难垦复,并无朦混影射情弊,附近亦无新涨洲地可以拨补,取造册结,由司核明，与豁免之例相符。相应仰恳天恩，将前项水冲、沙淤及修堤占毁田亩应征银米，准自光绪二十七年为始，照数免征，以苏民累而广皇仁。除将册结送部外，谨会同两江总督臣刘坤一、漕运总督臣张人骏恭折具陈，伏乞皇太后、皇上圣鉴，饬部核覆施行。谨奏。光绪二十七年三月二十四日。

朱批："着照所请，户部知道。"

《光绪朝朱批奏折》第68辑，第628—629页

061. 汇奏光绪二十五年下半年江西各州县交代已未完结各案片

光绪二十七年三月二十四日（1901年5月12日）

再，前准户部咨，议奏州县交代各案，行令分别已、未完结，半年汇奏一次等因。业已行据藩司，将江西省各厅州县自光绪十二年起至二十五年上半年止，所有交代各案，查明已、未完结，详经奏报，并开折送部查核各在案。

兹据布政使张绍华详称，自光绪二十五年七月起至十二月底止，江西各州县交代，共计正署兼代三十任，并作十九案，均经算明。内惟前署东乡县已故同知徐树鈖交代亏短银两，迭催未据完解，业经照章指款详请会奏参追，现仍勒限完缴，倘敢再延，另行从严参办。此外各任，悉已清楚，并无亏短，先后造具册结，详咨送部。合将光绪二十五年下半年各州县交代，分别已、未完结，汇开衔名清折，详请具奏，并据声明，此案因前署宁都直隶州知州鲍恩绶等交代，迭催甫据造册详咨，以致详办稍迟等情前来。臣覆核无异，除将清折咨送户部查核外，理合附片具奏，伏乞圣鉴。谨奏。

朱批："户部知道。"

《光绪朝朱批奏折》第83辑，第369—370页

062. 奏报江西省光绪二十七年二月分粮价及雨水情形折

光绪二十七年三月二十四日（1901年5月12日）

江西巡抚臣李兴锐跪奏，为恭报光绪二十七年二月分粮价及地方雨水情形，仰祈圣鉴事。

窃照江西省光绪二十七年正月分市粮价值并雨水情形，业经臣恭折奏报在案。兹据布政使张绍华查明通省光绪二十七年二月分米、麦、豆各项粮价，开单汇报前来。臣逐加查核，南昌等十四府州属米、麦、豆各项价值均与上月相同，省城及各属地方二月内雨泽调匀，菜麦吐穗扬花，民情亦均安谧，堪以上慰圣怀。理合恭折具奏，并缮粮价清单，恭呈御览，伏乞皇太后、皇上圣鉴。谨奏。光绪二十七年三月二十四日。

朱批："知道了。"

《光绪朝朱批奏折》第96辑，第874页

063. 审明惩办富有票匪李广顺折

光绪二十七年三月二十四日（1901年5月12日）

江西巡抚臣李兴锐跪奏，为拿获富有票匪，审明惩办，恭折仰祈圣鉴事。

窃查光绪二十六年八月准湖广督臣张之洞咨，沿江、沿海一带有自立会匪散放富有票，勾煽各处哥老会匪，谋逆起事，先后拿获

唐才常等惩办,请饬严拿等因。当经行司通饬所属地方文武,严密查拿。旋据星子县知县左秉钧会营拿获自立会充当值堂匪目李广顺一名,起获富有票、洋枪、保札、号衣及伪据、信件、木戳,讯据供认领票入会不讳,并称前曾充当营勇,得保蓝翎千总。禀经前抚臣松寿批司,饬据南康府知府叶庆增覆审明确,录供通禀。经两江督臣批饬,就地正法,并由臬司会同善后局、营务处将该犯李广顺原保蓝翎千总详请咨部斥革在案。兹据按察使柯逢时会同善后总局、营务处司道督同该府、县开录犯供,核明转详到臣。

覆加查核,缘李广顺即春亭,系湖南邵阳县人,先在福建当勇,光绪十年在长门等处打仗出力,累保蓝翎千总,奉有保札。二十六年四月初五日,在汉口途遇素识之蒋帼才,给伊康有为自立会富有票一张、信稿折式单三纸,派为值堂名目。于九月初四日行抵南康地方,即经星子县会营拿获,究明前情。据供尚未纠伙散放,亦未另有伙同抢劫及勾匪煽惑情事,惟以武弁入会领票,充当值堂头目,实属不法,业经督臣批饬正法,即将该犯处斩,应毋庸议。起获富有票与伪据、信件、号衣、木戳,案结销毁,保札注销,洋枪储库汇报。蒋帼才等饬缉获日另结。

除将拿获会匪头目出力文武员弁照章另行请奖,并将犯供录送刑部外,所有审明惩办缘由,理合会同两江总督臣刘坤一恭折具奏,伏乞皇太后、皇上圣鉴,敕部查照施行。谨奏。光绪二十七年三月二十四日。

朱批:"刑部知道。"

《光绪朝朱批奏折》第118辑,第158—159页

064. 参酌中西情形筹议政务折附清单*

光绪二十七年三月二十八日(1901年5月16日)

奏为遵旨参酌中西情形,筹议政务,恭缮清单,仰祈圣鉴事。

窃臣于光绪二十七年二月初二日准吏部咨,光绪二十六年十二月初十日奉上谕:"着军机大臣、大学士、六部九卿、出使各国大臣、各省督抚,各就现在情形,参酌中西政法,各抒所见,通限两个月,详悉条议以闻。"等因。钦此。臣恭绎诏旨,于古今治乱之本原,中西政教之得失,与夫臣工之积习,时局之迁流,罔不洞鉴隐微,至为深切。天下臣民仰深宫之忧勤惕励而不为之感激涕零、发奋兴起者,无是理也。以今日列强环伺,变故多端,饷绌兵疲,民穷财尽,论者几谓无可措手。然臣以为,从来运会之兴衰,不在乎战事之成败,而视人心为转移。自昔太王避狄,句践破吴,皆以多难而兴邦,并著美谈于载籍。稽之欧洲各国,德法之迭为攻伐,咸将一蹶不振,未几皆雄视环球。以中国地大物博之区,重以皇太后、皇上励精图治之切,何难变兹贫弱,光显丕基!

臣受恩至深,救时无术,每念乘舆播越,弥觉寝馈难安。谨就平日所见闻,参合中西之政要,条陈十事,另缮清单,恭呈圣明采择。其条目曰:举行特科,整顿学校,考课官吏,广设银行,行使银纸,维持圜法,仿立保险,修举农政,讲求武备,遍设巡捕。以上各

---

* 《申报》光绪二十七年五月十五日至十九日(1901年6月30日—7月4日,第10128—10132号)于第1版连载此折,题作《江西巡抚李勉林中丞覆奏变通政务折稿》。王延熙、王树敏辑《皇朝道咸同光奏议》(清光绪二十八年上海久敬斋石印本)卷六下录此折,题作《遵议参酌中西政要敬陈时政十策疏》。

事,综其大纲,要不过求贤任官、理财经武之常经,而及其成功,未始不可为兴利除弊、安内攘外之一助。盖丁兹积重难返之际,决无一蹴可几之功。故臣之所言,惟取简而易知,实乃卑无高论,欲求美备,犹待扩充。如改科举、设学堂,亦求贤之要务,而风气未开,锢习难去,尚宜缓缓图成;增廉俸、裁冗员,实任官之微权,而经费未充,宪纲(久)〔欠〕①定,当为徐徐振起。理财则铁路、矿政,前此已具有规模;经武则团练、保甲,自来皆著为令典。此但宜随时以因应,而无待覙缕以上陈。至于稽核钱漕,整顿厘税,剔除中饱,裁节糜费,皆地方应办之事,臣现经督饬司道,次第筹议举行,容当随时具奏。

抑臣更有请者,则尤在用人一事。大抵天地之生(财)〔才〕②,恒足以周一世之用,特患用之无其道,则成效不可期。迩者官场积习,日以徇私舞弊为能事,多用一奔竞之徒,则塞无限贤豪之路。惟在我皇太后、皇上虚怀宏奖,赏罚严明,得一善必予以不次之超除,见一恶必加以不测之斧钺,行政务求实际,尽罢虚文,则人才皆乐为之鼓舞奔走,百官庶事不难日起有功矣。

所有微臣筹议政务缘由,理合恭折具陈,伏乞皇太后、皇上圣鉴训示。谨奏。

清单

谨将微臣酌拟政务十条缮录清单,恭呈御览,计开:

一曰举行特科。国家设科取士,原欲以③网罗英俊,宏济艰难。

---

① “久”,《申报》作“歉”,《皇朝道咸同光奏议》作“欠”,据此改。

② 据《申报》《皇朝道咸同光奏议》改。

③ “欲”,《申报》《皇朝道咸同光奏议》作“期”。《申报》无“以”字。

当天下无事之时，四海晏然，虽有拨乱反正之才，几若无以自试。故但得一二辈章句之儒，拱手而谈性命，埋头而治文词，未尝不可以黼黻隆平。今则非其时矣。外侮凭陵，儳然不可终日，而士大夫犹持闭关自守之旧学，于中外形势瞢无所知，岂足以临敌制变？匪惟不能临敌制变也，即目前兴举庶政，百度维新，环顾群僚，亦正恐不敷给事，此臣所以亟亟以开特科为请也。伏见康熙、乾隆年间，再举词科，一举经学，一时朝野向风，用以成二百馀年文明之治。征之前代，则汉武帝有举茂材异等可为将相及使绝国之诏；唐宋之世，自贤良方正以至直言极谏等科，皆视其所需，令大臣荐而试之，名儒硕辅，多出其中。求贤之妙用，似无逾于此者。窃愿我圣主上法圣祖、高宗之成规，旁采汉、唐、宋之遗意，饬下在京三品以上大臣暨各省将军、都统、督抚、藩臬，各举平日所知精通中西政学之士，俟回銮之日，定期考试。京官自五品京堂以及翰詹科道，外官自道府以下，逮于布衣，均听给咨赴部，试后分别按阶迁除，并各就其所长，派以军机处、总理衙门章京及出使参赞，外官则归特用班补用。此后遇应开恩科之期，均一律改行特科。以汉儒经学之盛，班固犹谓利禄之路使然，臣固知特科行而人才不可胜用矣。或谓今日士流之患，在于所学非所用，即有号为能通时务者，类皆拾西人之皮毛，而昧经世之大法，就令大臣荐举，岂能尽得真才？无非徒开捷径。不知天下大势，恒视上之所向为转移，上未尝以是求，则下无从应耳。以中国四万万神灵之胄，而谓无一二奇才异能，臣不信也。考唐宋以前取士，皆(向)〔尚〕[①]荐举，唐宋后乃有科目考试之法。今之特科，则合荐举、考试而一之，固视暗中摸索于文艺

① 据《申报》《皇朝道咸同光奏议》改。

之末者为有据矣。纵或大臣所举，徒采虚声，而一经考试，亦断难滥竽充数，又何必因噎而废食哉？

一曰整顿学校。定制：各行省郡县均立学官，聚诸生于黉舍而命之教之，有月课季课之程，有报优报劣之责，不能举其职者黜退。到官之始，必令督抚考验，其年力就衰、文理荒疏者亦黜退。又雍正年间议准，学宫之内广置斋舍，多设廪膳，令士子讲习律例，定为考核之法。所以教育人才，俾成有用之学，未尝不深切著明也。无如日久尽成具文，教官恒终岁不与诸生相见，人皆目之曰"冷官"。其注选之员，惟进士改教、举人大挑、优拔贡生尚有壮年得缺者，他皆候之数十年，到班多在身后，否亦年逾耄耋矣。以师儒之官而等于无足轻重，如此而欲师道之立，其可得乎？学官而外，各行省自会垣以至一州一邑，莫不有书院，多者或五六所，最少亦有一所，各延山长，岁时教习，略见规模。然自一二大书院教课经史古学，馀皆从事时文，仍归于无用。论者谓此非别开学堂不可以造士。臣愚以为，舍固有而别开生面，则事难而费繁；就旧制而加以裁成，则事顺而易集。似宜令各省书院皆改课经济之学，凡中国大经大政以及西人电光、汽化、算术诸门，体操、武备之事，均立为等级，仿宋元明①三舍积分法，以分数之多少定其廪给而奖励之。所需经费有不敷者，酌加拨款。其教官，均令督抚、学臣就本省缙绅选其知古知今、堪胜师儒之任者，上之朝廷，重其俸禄，隆以礼貌，令教课黉舍诸生，如书院山长之体，不入吏部铨选，不循堂属常仪，一转移间，均可化无用为有用矣。宋臣朱熹尝论学校，谓须是罢堂除及注授教官，以本州乡先生为之。臣之此议，实窃取其义。至于一切教

---

① "仿宋元明"，《申报》《皇朝道咸同光奏议》作"仿之宋明"。

课章程、奖赏款目，诸生进身之阶，均请由部核定，通行遵照。至书院山长教导有方，例得六年保荐，今或更定以三年为期，与学官一体优奖，愿出仕者立予迁除，不仕者分别给以卿衔，留任增俸。如此，则所以教者既得其人、得其法，而又有举试特科之条以鼓舞之，天下安有不喟然兴学者哉？

一曰考课官吏。今天下仕进之途，不外正途、劳绩、捐纳三班。军兴以来，保举之滥，捐纳之杂，颇为世所诟病，而正途多以八比五言①得官，或不甚通吏治，论者亦讥其所学非所用。其分发各省，除截取即用外，仍不能不假劳绩、捐纳以进。近日一省中，自道府以至杂职三班人员需次者，多则一二千人，少亦二三百人，差缺不能遍及，于是争相钻营奔竞。群居无事，则酒食征逐，甚至赌博游荡，无所不为。间有敦学植品之人，而杂于侪类中，未试之②事，亦复无所自见，所以人愈多而才愈少也。方今时局日危，民生日敝，非讲富强无以自立，非饬吏治无以致富强。需次各员，既不能弃之而不用，即当教之使有成。臣伏读《吏部则例》，内开"府厅州县及佐杂各员，无论现任、候补、委用、试用，均一体考试。列为一等、二等、三等者，现任照旧供职，候补、委用、试用照常补缺署事；列为四等，开缺、停补、停委，留省学习一二年后再行报考；不列等者，勒令回籍学习三五年再行赴省投考，倘文理荒谬，即以原品休致。正途人员亦一体秉公举劾，佐杂各员毋得仅令缮写履历"等语。是考试之法，部章本极周密，诚能认真奉行，何难使群才奋起？臣现经督同司道筹议，即于臣署设立课吏馆一所，广置书籍，考取二三十员入馆肄业，授之日记，使识别所习之书及其论说，按日呈臣查核批答，

---

① "八比五言"，《申报》作"五言八比"，《皇朝道咸同光奏议》作"五言八股"。

② "之"，《申报》《皇朝道咸同光奏议》作"一"。

并专派馆长日与讨论。臣暨司道亦间日造馆,察其言论,观其品诣,有经猷宏远者,据实保荐,其次则立予差缺,仍统未经入馆肄业各员,按季考试一次,遵照部章分别等第,酌给奖赏,用示劝惩。其馆内课程,略分三类:一、中国吏治。如织布缫丝、种植垦矿诸事,近人推为挽回利权之要者,无一非中国旧政所尚。至于保甲团练,可以坚壁清野,行之得其道,即西人巡捕包探之法无以过之。其他劝农听讼,尤为亲民之官不可不讲者。此为一类。二、武备军械。凡筑地营、设炮台、装卸药弹、运用轮机、测量道里、图绘山川,均令分门考习。此为二类。三、泰西政学。西学如声光、汽化、算术诸事,非专门名家,不能深造有得。各员能精习之固佳,否亦不复勉强。惟西政如各国政教兴废之由,民性好尚向背之故,何事为何国所专精,何物为何国所蕃殖,通商之事如何而可收回利益,闹教之案如何而可预杜衅端,皆不容不留心研求。此为三类。臣到任甫经三月,因查办教案,头绪纷繁,故粗定章程而未遑开课。现在教案已将就绪,拟即一面督饬司道刻日兴办,俟有成效,再随时上陈。合无仰恳饬行各省督抚臣,一体设馆考课,纵不能使之尽成干济之才,而多一讲求政学之人,即少一钻营奔竞之人,流弊亦可稍除矣。

一曰广设银行。银行昉于泰西,大旨在流通一国之财货,以应上下之求给,借国债、筹兵费、通商务,无不于银行张本。欧洲国债之多者莫如法,当鲁意王十五之时,欠[①]国债至二百二十四兆镑,视中国此时,实多倍蓰。自一千七百八十三年嘉龙管户政,笼络诸银行,不数年,国债即清,并能增设船厂,此银行之明效也。中国西商多于各省设立汇兑庄,无虑千百巨款,片纸书函、数言电报即可立

① “欠”,《申报》作“积”。

为兑付,每一字号岁赢不下数十万,而未尝费一金之本。若公家解运,则有委员薪水之费,有水陆舟车之费,有护送兵差之费,而且内地动虞盗劫,航海更须保险,周折多端,又迟久而始能达,是官权反不如商力也。近年,通商口岸洋商亦多设银行,西商之利稍为所夺,中国资财又多一外溢之所,尤不可不有以抵制之。上年,京师、上海亦有设立官银行之议,但各省皆未举行,虽有一二处,孤立无援,仍难流通如意。是宜急召绅富,约会西号,联合各行巨贾,略仿汇兑庄成法,于各省通都大镇广行开办,酌举关税库储与为转输,而以布政司关道提其纲。久之,上下通为一气,远近信从,一切商务公司无不可由银行集股承办,即铸金镑、行钞币诸事,亦可借银行为流通。往岁户部尝请息借民债,立股票以昭信,而承办者或不免骚扰,偿还本息又不能一循初议,后欲再举,恐不易得。银行既设,则一以商民交易之例行之,民必乐从,是又可救昭信股票之穷也。近年各省惟藩库出纳尚有实在存款,其他公项大率寄存商家为多,其间未尝无取息归公者,而经手吏役假行息以自肥,比比皆是。与其听之私相授受,何如使之明为挹注乎?

一曰行用银纸。近日泰西银纸遍布沿海各省口岸,凡自此口携之他口,无不可于洋行支取者。商民乐其易于挟持而又可省汇兑之费,咸乐用之。有时以真银易其纸,反须增给银水者,其见信于人如此。以是洋商与华商交易,皆可不持一钱而获无穷之利,此亦无形之漏卮也。臣既议设银行,拟请即由银行仿照西式制造纸币,通行各省,无论完纳丁漕厘税、发放俸薪兵饷及一切解款,悉听以银纸往来而不为之限制。此省之银纸携之他省,亦照常支用,而不准有所阻难。其各省纸式,均须一律,惟自立暗号,互为照会,以便察验真伪。如此则有一金可抵二金之用,每省可骤赢百万巨款,未始非济变救急之一法。或谓银纸与钞票无异，前古行钞，流弊最多，即咸丰间亦行之，而未收其益，今令各省通用银纸，万一麇至支取，无现银应付，岂不立穷？不知前古钞票以贯折银，可以高下其价。天下事，惟无定乃乱耳。今之银纸，既有一定之分两，无折扣之烦苛，又随处皆得流通，商民行用，与真银无异，而携带更便于真银，何事疑虑而麇至支取？若虑麇至支取，但令各省银行视所存资本以制纸币，有本十万则制十万之纸，有本百万则制百万之纸，不使纸浮于本，自不至穷于应付矣。各省富商钱店，近亦往往自制银票、钱票，盛行一时，安见商可行而官不能行哉？

一曰维持圜法。泰西各国钱币皆不能行于他国，他国钱币亦不容羼①入本国。惟与中国交易，则一以其主币金镑折扣中国之银，而镑价又不以其本国钱法为衡，而一视中国金值低昂其间。光绪乙亥、丙子以前，英金一镑但易银三两有奇，辛卯、壬辰之间乃增至四五两，近则一镑易银七八两，视前二十年加倍蓰矣。将来中国金日贵，则镑价日增。即以洋债而论，此时借金万镑，彼但交银七八十万两，不及十年，恐非一百五六十万两不足以偿之。即此一端，已可使中国坐困，更无论关税之出入，商货之交易，重重剥扣矣。今欲收回外溢之利，非广铸金镑不可，而中国金矿虽甲于地球，采获实少。西人方尽括市面②之金以取镑价之利，一旦官为收买，则金更少而价更昂。是目前铸镑仍无大利益，惟有先抬银价之一法。欲抬银价，宜令各省皆广铸铜钱，减轻钱质，以一钱重五六分为定，并铸当十钱，略重五六钱，使恰如十钱之质，则民间皆便于行用，铜钱日多，则钱价渐贱而银价自增。一面设

① “羼”，《申报》《皇朝道咸同光奏议》作“阑”。

② 《申报》《皇朝道咸同光奏议》“市面”前多“中国”二字。

法广开金矿，官自为理，令民采皆纳于官，乃遍令各行省皆开铸。更定钱法，金一镑易银若干枚，银一枚易钱若干枚，略仿西人之制，立为一定不易之规。如此则三品相权，轻重有准，不至尽授人以柄矣。

一曰仿行保险。泰西以商政兴国，其所以维持商务者，无所不至，而尤在保险一法。凡富商巨贾远适异国，计其所运之货，纳百分之一二于保险公司，脱遇水火盗贼之险，皆得向公司按成本取偿，永无一蹶不振之虑。而公司所收保险费盈千累万，其偿者不过偶一遇之，无不坐收大利。近年沿海各省，商民挟资稍巨者，咸向洋行公司纳保险金，每年所失何止百数十万，是不啻于税厘之外而多纳一外国厘金也。宜令各行省会垣及通商马头、商务人民繁盛之市镇，均设立保险官局，先由官给成本，一面招集商股，通力合作，选举公正绅商董其事，而由藩司关道督其成。商货而外，人寿、房屋、物业[①]无不可保。或一时不能遍举，则仿邮政之法，先由各海关兴办。其利国利民，视邮政尤大。即或初办利息微薄，而使内地人民生者履险如夷，死者存恤有恃，亦仁政所宜先及也。

一曰修举农政。农居四民之一，虽与工商并称，然必地面生财饶裕，方能讲求工作，推广贸易，则农实为工商之本。中国壤土之沃，甲于大地，乃汉唐以后，民趋末富，不究根源，致士夫不辨粟[②]麦，农民贱于舆台，土地不辟，水利不修，此耕畜之技所以日拙，收获之效所以日微也。当乾隆五十八年，会计天下人口逾三万万，

① “物业”，《申报》作“器物”，《皇朝道咸同光奏议》作“货物”。

② “粟”，《申报》作“菽”，《皇朝道咸同光奏议》作“桑”。

〔高〕宗纯皇帝已有“生之者寡，食之者众，必致日形拮据”〔之〕[1]谕。迨道光年间，又增一万万有奇。虽中经发逆之乱，不无逃绝，而同治中兴以来，休养生息又三十馀年，人丁之繁不可纪极，殆以一人耕而供二三十人之食矣。近年民间日用所需无不奇贵，视乾隆时物产之丰盈，固如在天上，即比较十馀年前，米薪之值亦昂贵加倍，安得不日见贫困也！考泰西各国所用农具皆精巧灵捷，有火力、马力、人力之分。而又精治化学，凡养土膏、辨谷种、储肥料、留水泽、引阳光，无微不至，无利不收。今纵不能使乡曲农民尽知化学，而设官督课，则诚有不可缓者。臣愚以为，各省同知、通判、佐杂皆闲曹无事，似可一概改为劝农专官，令与各乡士人各考其地之物产土宜，耕田而外，兼讲求各项植物，如茶、桑、松、竹、桐、梓、漆、柏、樟、棕、杉、柳等类，次及麻、棉、蔗、靛暨一切果实瓜豆药草，凡童山旷野、隙地高冈、屋角塍间、堤边岸侧，随地所宜，听民自择所在官荒及无主之区，一体任人领种，给以印照，薄取租息。凡泰西农器之便而易行者，均劝民购置，先着富户提倡，或由官酌筹公款。有能自制新式农器便民利用，许由该劝农官验明详奏，予以专利，优其奖赏。并酌定劝农官功过，能使地无旷土、林木蕃殖者，保荐擢用；劝导无方者，黜之。如此行之十年，民生皆裕，自无逋粮；土物日饶，可敌洋产，诚致富之要务也。泰西化学之士谓树之本能培土脉，烂沙石硗确可变膏腴；树之阴能生润泽，吸水气，旱潦咸资补救，且长林蔚秀，放养气、收炭气，有益人身。是种植一事利于民生，更不可胜说矣！

一曰讲武求备。泰西之强，论者皆推其船坚炮利，谓非效法泰西兴治戎器，不可以自雄。然自发逆平定之后，金陵即创制造局，

[1] 据《申报》补。此字《皇朝道咸同光奏议》作“圣”。

既而福建船厂继之,既而北洋海军继之。费二三十年之经营,耗数千百万之巨款,铁甲水雷、快枪[①]巨炮不为不多,而甲申马尾之战,则船政败于法,甲午高丽之役,则海军覆于倭,虽有利器,不能用之,而适以资敌。斯则将领不得其人,兵卒未尝教战,不尽关戎器之得失也。泰西带兵提督,无不深通天文、地理、算术者,下至偏裨士卒,皆起自学堂。凡战阵之步伐,行军之营垒,枪炮之准星表尺,弹子之飞路落角,与夫海道之沙线,炮台之形式,鱼雷、水雷之妙用,无不晓畅明白。所过山川道路,必有图绘也;所值[②]林木屋垒,必有记识也。此不特中国偏裨士卒不能尽解,即总兵统领亦且茫然。如是而欲以制敌取胜,何可得乎?今欲讲求武备,宜以教训将卒为首务。臣窃见近日江南、湖北建立陆师武备学堂,教练洋操队[③]、自强军,延聘教习,相与考求,法度井井,具有成书[④]。似可令各省皆仿设学堂,就江、鄂各堂学成之士(资)〔咨〕[⑤]调数人,归[⑥]而教之。先就省会挑选年力精壮、性情灵敏者千人,立为一军,日日操练,将各路防营酌量裁汰,腾出口粮以养此军,俟其练成,又以分教他营,次第推行。其枪炮子弹,则就江鄂闽粤旧有厂局,令各省合力筹款,广行制造,分运应用。五年之后,各省皆有精兵二三千人,统领将佐皆略知兵法,即不能纵横海上,而防剿土匪,振立声威,固受益不浅矣。至武科之弓刀石[⑦],以今日战事论之,似皆无用之物。刀

① "枪",《申报》《皇朝道咸同光奏议》作"船"。

② "值",《申报》《皇朝道咸同光奏议》作"植"。

③ "队",《申报》《皇朝道咸同光奏议》无。

④ "成书",《申报》作"成规",《皇朝道咸同光奏议》作"成效"。

⑤ 据《申报》改。

⑥ "归",《申报》作"来"。

⑦ "弓刀石",《申报》作"弓矢",《皇朝道咸同光奏议》作"弓石"。

石可衡武力，留之尚无不可；若弓箭，则断断不及枪炮，似宜一律改试洋枪，尚可略收实用。统俟风气稍开，再别定武科制度及一切兵制，上下一心，力图自强，正不患无雪耻之日也。

一曰遍设巡捕。泰西凡都会、口岸、村邑，无不设立巡捕兵，每处多者数千人或数百人，各以营制部勒之，有统领，有监巡，有包探。其巡捕兵，则令各按其地户口出丁充当，每街派定数名，分班轮值，立于道口，人携一角一棍，民有争竞盗窃之事，皆得拘送之官；或遇巨盗，力不能制，即吹角以召邻捕齐至合力。故民无敢争，盗亦无从匿，用能夜不闭户、路不拾遗。巡捕下班无事，则统领、监巡率之以习武事。充巡捕三年，察其人实得力，则改派为包探，又名暗捕，不穿号衣，日行街市，侦察逃亡，地方有重要事件，往往假之以发其覆。中国各口岸，凡归租界之地，皆设巡捕。上海一埠，多至四千馀人，其资粮皆取之车捐、房捐，商民无不乐于输将，而未闻以捐捕费为苦者。日本初改西制①，乃至诧为富强第一要策，实则此即古者虞人游徼之遗制。其按户派丁，与中国办理团练保甲亦相仿佛，特团练保甲相沿既久，不免视同具文，此则实能保卫闾阎，又有法以钤束之，故能大著明效耳。今者各省会匪、土匪所在滋事，都邑巨镇尤多溷迹，非遍设巡捕无以逻察之。惟所需经费为数不赀，公款既有难给，民捐亦未易骤举，欲求事可立行而民不病扰，莫如先就各省所有制兵防勇改为巡捕，令分街道日夜梭巡，一如西法。择省会及一二繁盛之区倡办之，既乃推行于各府州县，俟办有成效，然后酌量收取房捐、车捐及招牌捐，则民无不乐从，而公家之兵饷勇粮均可节省。久之，凡捕盗提人，皆可责诸巡捕，

① “制”，《申报》《皇朝道咸同光奏议》作“政”。

乃举州县各衙门捕役、弓兵概行汰去，则旧日差役之弊悉革，而古者虞人游徼之制可复，是一举而数便也。或谓制兵防勇，原所以备征调、御外寇，今改为巡捕，使之伺候道衢，一旦寇至，何以御之？不知绿营之无用久矣，往年臣工奏议多请裁汰，徒以百年旧制一时不能尽去，今为之改头换面，化无用为有用，不愈于向者之坐食乎？至若防营，率皆乌合，流弊滋多，亦断不能拒大敌。臣前条已请于各省专练精兵一支，遇有内地草寇窃发，堪备征调。况巡捕分班当差，下班者仍应以时操练，未尝无可征调之人。果使办理得力，则各省郡邑俨有精兵数营，可弭祸变于无形，而何草寇之足虑矣！

《李勤恪公奏议》卷一，《天津图书馆孤本秘籍丛书(二)》第651—660页

065.新授江西督粮南抚建道刘心源饬赴新任片

光绪二十七年三月二十八日(1901年5月16日)

再，新授江西督粮南抚建道刘心源现已到省，自应饬赴新任。除札饬遵照外，理合附片陈明，伏乞圣鉴。谨奏。

朱批："知道了。"

《光绪朝朱批奏折》第16辑，第81页

066.委任沈璘庆署理吉安府知府等事片

光绪二十七年三月二十八日(1901年5月16日)

再，署吉安府知府何师吕经臣撤任，所有吉安府印务，查有补用知府沈璘庆，精明浑练，堪以署理。又庐陵县知县冯兰森经臣奏

参革职,所遗庐陵县印务,查有现署南昌县事、正任上高县知县江召棠,才具开展,堪以调署。又代理丰城县知县周景祁、赣县知县彭继昆均经撤任,所遗丰城县印务,查有大庾县知县彭厚基,结实可靠,堪以调署;赣县印务,查有信丰县知县李用曾,稳慎不苟,堪以调署。江召棠等任内均无盗劫三参届满已起四参及钱粮未完参限将满有关降调之案。据藩司张绍华会同臬司柯逢时具详前来。除分檄饬遵外,谨会同两江总督臣刘坤一附片陈明,伏乞圣鉴。谨奏。

朱批:"吏部知道。"

《光绪朝朱批奏折》第16辑,第82页

067. 江西裁撤两营弁勇名数截止薪粮日期片

光绪二十七年三月二十八日(1901年5月16日)

再,查案准户部咨,并案议覆御史梁俊等各折,钞发章程内开:各省防军练勇、水师兵勇,以后如有增减勇数、饷数,随时奏咨立案等语。业经遵照办理在案。

兹查江西省上年筹办江防,并防剿闽浙土匪,保护各处教堂,添募各营,分扎巡防弹压。现在教案将次清结,民情安靖,自应次第酌裁,以节饷需。计裁撤九江定字营弁勇五百六员名、新立亲兵右营弁勇五百六员名。所有两营薪粮,均截至光绪二十七年正月底停支。又各另给恩饷一个月,分别遣送回籍。据善后局司道详请具奏前来。除分咨户部、兵部外,理合附片陈明,伏乞圣鉴。谨奏。

朱批:"该部知道。"

《光绪朝朱批奏折》第35辑,第19页

068. 奏报江西各营更换管带衔名片

光绪二十七年三月二十八日(1901 年 5 月 16 日)

再,查案准兵部咨,光绪十五年十月二十八日钦奉上谕:"各省设立防营,如有更换管带员弁,或移扎他处,并着随时奏闻。"等因。钦此。钦遵办理在案。

兹查江安军正中营营官事务,现归总统江安全军补用总兵王心忠兼带。又江安军左营营官事务,现归补用千总宋学堂管带。又江西调赴北上、现驻彰德等处威武新军左右前后四营,均归总统江南、安徽、福建、浙江援军福建陆路提督程文炳节制。又分统威武新军四营降补都司王德怀,于光绪二十六年十月十六日交卸,所遗分统事务,委福建泉州城守营参将丁季升于是日接办。又办理威武新军行营营务处兼支应事、升授江苏苏松太道袁树勋,于光绪二十六年十月交卸,所遗营务处兼支应事务,委分省补用知府袁世敦于光绪二十六年十二月二十五日接办。袁世敦未到差以前,委候补知县黄宗敷、冯用霖代办。又江西威武新军副前营营官、尽先守备李声扬,于光绪二十六年十一月十七日交卸,所遗营官事务,委拔补把总赵春廷于是日接办。又赣州镇标选锋右营营官赣标后营都司万尚益,于光绪二十七年正月初一日交卸,所遗营官事务,委赣标左营游击厚堃于是日接办。又驻扎彰德一带威武新军后营营官候补守备陈明钧,于光绪二十七年正月初三日交卸,所遗营官事务,归分统威武新军福建泉州城守营参将丁季升于是日兼办。又新胜营营官、龙泉营都司杨殿栋,于光绪二十七年正月十五日交卸,所遗营官事务,委尽先补用游击王镇清于是日接办。又内河水师营统带、江西遇缺尽先题奏道蒋松龄，于光绪二十七年二月初三日交卸，所遗统带事务，委江西遇缺前先补用道缪德棻于是日接办。又江西全省水陆各军营务处，委藩司张绍华会同臬司柯逢时总办，并委江西候补道涂椿年、江苏候补道钱德培会办。据善后局司道汇详请奏前来。所有各营更换管带衔名缘由，理合附片陈明，伏乞圣鉴。谨奏。

朱批："兵部知道。"

《光绪朝朱批奏折》第47辑，第620—621页

069. 辛丑年筹备饷需江西司库无力全筹融拨漕项钱粮凑解折

光绪二十七年三月二十八日（1901年5月16日）

江西巡抚臣李兴锐跪奏，为辛丑年筹备饷需，江西司库无力全筹，循旧融拨漕项钱粮，以资凑解，恭折仰祈圣鉴事。

窃查前准户部咨，具奏预拨来年筹备饷需一折、单一分，于光绪二十六年十一月二十七日奉朱批："依议，单并发。"钦此。计单内开：光绪二十七年分筹备饷需银两，指拨江西省银二十四万两等因。当经转行遵照筹解。兹据藩司张绍华、代理督粮道丁乃扬会详称，查此项原系筹边军饷，每年奉拨银二十四万两，自光绪十二年拨解起，因司库无力全筹，历经援照前解甘饷成案，在于司、道两库分筹，奏明动用漕项凑解，奉旨允准在案。今司库较前支绌更甚，所有奉拨辛丑年筹备饷需，实难独力全筹，惟有援照历办成案，动用漕项，请先行奏明，在于司库地丁厘金项下筹解三分之二银十六万两，道款漕项钱粮内筹解三分之一银八万两等情

前来。

臣查动用漕项钱粮，遵照部定新章，应先奏明。江西省奉拨前项饷需，连年均因司库支绌，融动道库漕项，分筹凑解。今二十七年奉拨银两，该司、道因司库仍难独力全筹，拟援照融拨道库漕项钱粮，系为筹济要款，藉资凑解起见，合无仰恳天恩，俯如所请办理。除咨明户部外，所有奉拨辛丑年筹备饷需，循旧融拨道款钱粮凑解缘由，理合恭折具奏，伏乞皇太后、皇上圣鉴。谨奏。光绪二十七年三月二十八日。

朱批："户部知道。"

《光绪朝朱批奏折》第62辑，第389—390页

070. 汇奏光绪二十六年上半年江西各州县交代已未完结各案片

光绪二十七年三月二十八日（1901年5月16日）

再，前准户部咨，议奏州县交代各案，行令分别已、未完结，半年汇奏一次等因。业已行据藩司，将江西省各厅州县自光绪十二年起至二十五年下半年止所有交代各案，查明已、未完结，详经奏报，并开折送部查核各在案。

兹据布政使张绍华详称，自光绪二十六年正月起至六月底止，江西各州县交代，共计正署兼代二十任，并作十七案，均经算明。内惟前署永新县事试用知县吕懋承交代，亏短银两迭催未据完解，业经照章指款，详请会奏参追，现仍勒限完缴，倘敢再延，另行从严参办。此外各任，悉已清楚，并无亏短，先后造具册结，详咨送部。合将光绪二十六年上半年各州县交代，分别已、未完结，汇开衔名

清折,详请具奏。并〔据声〕明,此案因光绪二十五年下半年各州县交代已、未完结之案甫经详办,未能越次出详,以致稍迟等情前来。臣覆核无异。除将清折咨送户部查核外,理合附片具奏,伏乞圣鉴。谨奏。

朱批:"户部知道。"

《光绪朝朱批奏折》第83辑,第370—371页

071. 奏报起解上年第二批漕折京饷业经河南截留片

光绪二十七年三月二十八日(1901年5月16日)

再,查前据督粮道李岷琛详,催完光绪二十六年分漕折银五万两,作为第二批京饷,委员试用知县周思成领解,前赴陕西省城行在户部交收,经前抚臣松寿附片奏报在案。

兹据代理督粮道丁乃扬详称,据委员周思成回省禀称,奉委管解二十六年第二批漕折京饷银五万两,于二十六年十月十六日起程,由陆路按站前进,十二月十三日行抵豫省。奉河南抚臣札,行准行在户部电咨,据参将蒯德溥电禀,现有江西解饷过汴,即截留银五万两,交蒯德溥领作购运赈粮之用,饬将管解饷银解赴司库兑收等因。遵将前项管解京饷银五万两,于十二月十四日解赴河南藩库投兑,当领库收回省等情,详请奏咨前来。臣覆查无异。除咨移部科外,所有委员周思成领解二十六年第二批漕折京饷银两业经河南截留缘由,理合附片陈明,伏乞圣鉴。谨奏。

朱批:"户部知道。"

《光绪朝朱批奏折》第89辑,第314页

072. 补办命盗各案照章汇陈折

光绪二十七年三月二十八日(1901 年 5 月 16 日)

江西巡抚臣李兴锐跪奏,为补办命盗各案,照章汇案具陈,恭折仰祈圣鉴事。

窃准刑部咨,各省达部之案,有已到部而法司未及会同题奏,或已经题奏,尚未奉有纶音,或业奉纶音,而尚未及行文,以及驿站之耽搁,兵燹之失毁,难以枚举。既无从办理部覆,守候亦属无期,飞咨饬属详查,约计日期,可以奉部覆而尚未接见部覆,应题者即照新章汇奏,以免疏漏而备查核等因。当经行司饬查补办去后。兹据按察使柯逢时查明,摘叙案由,详请汇案具奏,并补造全案供招,咨部核办前来。

臣查光绪二十六年八月以前,江西各属解经前抚臣松寿审照原拟具题,有进贤县民周士淋致伤李胡氏身死一案;又武宁县民周受僦致伤无服族兄周受溃越四十二日因伤身死一案;又永丰县民杨潮拜姑致伤陈教化仔身死一案;又安义县已革武生罗涌致伤杨赞廷越日身死一案;又清江县革兵廖有挥致伤熊得屏身死一案;又上饶县民郑荃预致伤无服族叔郑年松身死一案;又德兴县民徐运掞致伤无服族侄徐作宾身死一案;又南康县民黄汰浤致伤无服族叔黄菖宝身死一案;又进贤县民陈漳萌致伤何拔樾身死一案;又上饶县民姜荃皮子因救父情切,用铳抵格,震动火机,砂子飘伤无服族叔姜郁锋越五日身死一案;又信丰县盗犯张膳等听从陈水井伙劫杨溪司巡检衙署,临时因患病及别故,并畏惧不行,案犯陈水井等于取供后因伤、因病,先后在监病故一案;又建昌县民戴喧育致伤无服族叔戴照大身死一案；又武宁县民舒导煊致伤致毙缌麻服兄舒导燔之正凶、无服族侄舒学森身死一案；又义宁州贼犯阮羌沐听纠复窃，弃赃逃走被获，与首犯阮羌膛拒伤事主黄和珠身死，弃尸不失一案；又新喻县民李篙能听从在逃之李新来，谋殴致伤无服族侄李富高身死一案；又南丰县民张锡饼致伤熊三九身死，移尸不失一案；又南昌县民龚骗仔致伤同姓不宗之龚享受身死一案；又义宁州民严惟幅致伤洪泳椿身死一案；又南康县民萧瀀馀致伤谢瀀惧身死一案；又庐陵县民周详惧捕殴致伤窃放田水罪人彭添培越八日身死一案；又崇义县盗犯赖沼墟听从赖惧俐伙劫事主黄永才家得赃，并案犯赖惧俐等于取供后先后在监病故一案；又大庾县盗犯陈亚有等听纠伙劫事主罗述鸣店得赃，盗首朱亚潮用洋枪拒伤罗述鸣身死，案犯朱亚潮、谢三妹均于取供后先后在监病故一案。以上共二十二案，均迄今尚未接准部覆。

除将全案供招送部核办外，合将补办命盗各案，遵照新章，汇案具陈，伏乞皇太后、皇上圣鉴训示。谨奏。光绪二十七年三月二十八日。

朱批："刑部议奏。"

中国第一历史档案馆藏"宫中档案全宗·朱批奏折"，

档号：04—01—01—1049—023

073. 义宁州知州黄寿英请开缺回籍修墓折

光绪二十七年四月二十二日（1901 年 6 月 8 日）

江西巡抚臣李兴锐跪奏，为知州请开缺回籍修墓，恭折具奏，仰祈圣鉴事。

窃臣据布政使张绍华详，据义宁州知州黄寿英禀称，现年七十二岁，湖南善化县人，由附贡生遵筹饷例报捐州判职衔，办理本省厘金、盐茶出力保奏，咸丰十一年十月初八日奉上谕："黄寿英着以州判选用。"钦此。攻克广西省莲塘案内保奏，同治三年二月初一日奉上谕："黄寿英着俟选缺后，以应升之缺升用。"钦此。肃清江西都湖案内，奏请免选州判，以知县留于江西归候补班补用，并加知州衔，赏戴花翎。经部核议奏，改俟选缺后以知县归候补班补用，准加知州衔，并赏戴花翎。奉旨："依议。"钦此。续保青阳解围案内奏请，俟补知县后以知州升用，并加运同衔。奉部议奏，前保未经核准，应另核请奖。奉旨："依议。"钦此。旋复奏请将知州、运同衔注销，仍照江西原保给奖，同治四年七月三十日奉旨："黄寿英着免选州判，以知县留于江西归候补班补用。"钦此。赴部呈请分发，并遵新章，捐免保举。经钦派王大臣覆加验看，奏请照例发往，四年十月十六日奉旨："依议。"钦此。领照到江，嗣因弋阳之役杀贼克城出力，请俟补知县后以知州遇缺前先补用，核与章程相符，应请照准，同治七年四月二十三日奉旨："依议。"钦此。丁母忧，服满起复回江，加捐分缺间前补用。光绪四年十月题补东乡县知县，奉准部覆，尚未到任，六年十二月在江西晋豫赈捐案内捐请以同知双月在任候选。丁父忧，服满起复回江。十一年正月，在部呈请，因候选同知铨选无期，情愿注销，仍以知州回江西归遇缺班前先补用。是年十二月，奉准吏部咨，覆查该员由江西分缺间前补用知县保俟补缺后以知州遇缺前先补用，光绪四年十二月初五日题补东乡县知县，应以五年正月初十日接到准补部文之日，作为知州到省日期。查该员捐升同知之案于六年十二月二十日核准，嗣经注销，本部于光绪十年十二月初一日行文，按照限减半计算，应于十一年正月初一日接到部文,应自捐案核准之日起,扣至接到准其注销部文之日止,将其间离省日期扣除,接算从前到省日期,以九年二月二十一日作为候补班前知州到省日期,题补今职。光绪二十三年六月十七日到任,奉委调署分宜县,遵即清算义宁州交代,结报回省,因途中感冒风寒,请假调理,现在病已就痊,正拟销假供职,适接家信,知湖南本籍狮子山祖墓被水冲塌,亟应躬往修复,以妥先灵。诚恐旷职日久,获戾滋深,再四思维,惟有仰恳准开义宁州本缺,俾得回籍修墓等情,由司详请具奏开缺前来。

臣覆查无异,应准其开缺回籍修墓。除饬查明该员任内政务有无怠忽,仓库钱粮有无亏空,取具修墓亲供及同乡官印结,声明并无规避、营私、捏饰情弊,另行咨部,暨咨湖南抚臣饬取原籍族邻各结送部,并先行钞折咨部开缺外,理合恭折具奏,伏乞皇太后、皇上圣鉴,敕部核覆施行。至所遗义宁州知州,系繁、疲、难三项相兼要缺,容俟接准部覆截缺后,另行拣员升补。此案遵章改题为奏,合并陈明。谨奏。光绪二十七年四月二十二日。

朱批:“吏部知道。”

《光绪朝朱批奏折》第16辑,第154—155页

074. 奏请将石长祐补授新喻县知县折

光绪二十七年四月二十二日(1901年6月8日)

江西巡抚臣李兴锐跪奏,为遴员请补知县,以资治理,恭折具奏,仰祈圣鉴事。

窃照临江府属之新喻县知县蔡体乾病故,经臣附片陈明,所遗新喻县知县系繁、难二项相兼中缺,声明江西省现有应补人员扣留

外补在案。查定例,知县告病、病故、休致所出之选缺,以一缺题补各项候补并进士即用人员,以一缺题补本班前先用大挑举人,以一缺题补本班大挑举人。又光绪十三年十月奏定章程内开:道、府、同知、直隶州知州、通判、知州、知县升调所遗及告病、病故、休致,以及佐贰杂职并盐务等官,无论何项所出留补选缺,及河工等官,除坐补原缺、裁缺即用、回避即用、新选新补、留省另补人员不计外,无论何项到班,仍以五缺计算。先用郑工新班遇缺先二人、海防新班先一人,无人,用郑工新班遇缺先人员抵补。至第四缺,海防即、海防先分班轮用一人,第一轮用海防即人员,第二轮用海防先人员,海防先无人,仍用海防即人员,海防即无人,用旧例银捐遇缺先人员,如无人,用旧例银捐遇缺人员,再无人过班,即接用各项轮用班次一人,以五缺为一周。又,此次新例报捐人员,惟知县一项,郑工新班遇缺先、郑工新例分缺先、分缺间、捐纳试用本班尽先、捐纳试用并候补、委用、议叙、捐输、孝廉方正报捐各本班尽先人员,遇轮补升调所遗及告病、病故、休致之缺到班时,于各本班中先用正途出身及曾任知县、曾任实缺应升知县者二人,再用各本班中各项出身者一人;如正途出身及曾任知县、曾任实缺应升知县无人,即用各项出身之人。其旧例人员再捐过新例者,应归新例人员内一律补用。又光绪十七年三月奏定章程内开:嗣后各省道、府以至未入流并盐务、河工等官,轮用郑工遇缺先及新海防遇缺先两项时,无论请补何项所出之缺,均核其截缺月分,以六个月为限,在省加捐班次人员,以该省接到新班过班知照部文在六个月以外之缺,方准请补;领照赴省人员,以到省后在六个月以外所出之缺,方准请补。又光绪二十二年九月奉到变通遇缺先抵补章程内开:嗣后京外各官内选外补,凡以五缺计算者,第一、第二缺用新海防遇缺先二人；第三缺用旧海防先一人，无人用郑工遇缺先抵，再无人过班，即毋庸再以新海防先抵补；第四缺旧例海防即与旧例海防先分班轮用，无人用旧例遇缺先，无人用旧例遇缺，再无人过班，即用各项班次一人。查现在第三、第四缺多系无人，则五缺之中只有第一、第二用新海防遇缺先二人，第三、第四无人，第五用各项一人，合计六缺之中，新海防遇缺先可得其四，各项可得其二。如均有人，仍照旧轮办理。应以接到此次部文以后所出之缺，概照新章办理各等因。

江西省知县病、故、休遗缺，上次用至大挑正班，止今新喻县一缺，查坐补原缺、裁缺即用、回避即用、留省另补均无人，按班应用郑工新班遇缺先，该班无人，应用新海防遇缺先用人员，上次已用过正途出身一人，此次应连用正途出身及曾任人员。查有新海防遇缺先正途出身知县名次在前之石长祐，年五十六岁，安徽宿松县人。由优廪生应光绪丙子科乡试中式举人，三年在湖北协黔捐局遵筹饷例报捐内阁中书，分发行走，并加主事衔。乙未科会试中式第八十一名贡士，殿试三甲第一百六十九名进士，引见，奉旨："着以知县分发即用。"钦此。遵新海防例，报捐指分江西即用，复在顺天筹赈案内报捐同知衔。经吏部给照起程，于光绪二十一年九月二十六日到省，嗣加捐遇缺先补用免试用。奉准部文，系光绪二十三年八月二十日发行，按江西照限六十日减半计算，应以二十三年九月二十日接到部文，作为遇缺先补用到省日期，系作为到省后六个月以外所出之缺，例得请补。委署过龙泉县知县，现委署新喻县印务。该员明白稳慎，留心民事，堪以请补新喻县知县，与例相符，应积新海防遇缺先补用班之缺。据藩司张绍华、臬司柯逢时会详请奏前来。

合无仰恳天恩，俯准将石长祐补授新喻县知县。如蒙俞允，该员系遇缺先补用知县请补知县，衔缺相当，毋庸送部引见，亦例不核计参罚。再，此案遵章改题为奏。又，藩司于光绪二十七年四月初九日出详，合并陈明。谨会同两江督臣刘坤一合词恭折具奏，伏乞皇太后、皇上圣鉴训示。谨奏。光绪二十七年四月二十二日。

朱批："吏部议奏。"

《光绪朝朱批奏折》第16辑，第156—158页

075. 奏请将李相补授雩都县知县折

光绪二十七年四月二十二日（1901年6月8日）

江西巡抚臣李兴锐跪奏，为遴员请补知县，以资治理，恭折具奏，仰祈圣鉴事。

窃照赣州府属之雩都县知县刘仑德，经前护抚臣张绍华奏请开缺另补，所遗雩都县知县系专、难不兼简缺，江西现有应补人员应扣留外补。查同治元年六月，吏部议覆顺天府府尹蒋琦龄等条奏章程内开：知县终养、改教遗缺，例准扣留将各项候补人员题补者，将即用、候补两项人员相间轮补等因。又同治元年十一月奉准吏部通行山西请示章程内开：知县撤回、降补、回避等项所遗之缺，定例与终养、改教各缺均系专用候补、即用人员。今终养、改教之缺轮用候补时，概将候补、即用相间轮补，其撤回等项遗缺，自应一律照办。嗣后如遇终养、改教、撤回、降补、回避各缺轮用即用时，即将进士班先并进士即用本班之员酌量请补，即积即用正班之缺。再有缺出，于候补班先及候补本班人员酌补，即积候补正班之缺等因。又同治九年八月奉准吏部咨覆江西请示内开：终养、

改教、撤回、降补、回避等项遗缺，定例均系专用候补、即用人员。嗣经定为候补、即用相间轮补，自应仍合为一班，统行计算。如遇同月之缺，仍按照章程，签掣缺之先后，将进士即用与候补分班酌补。又通行章程内开：终养、修墓、葬亲等项遗缺改归内选，撤回、回避、改教等项遗缺仍归外补，参革、降补之缺改为一咨一留等因各在案。

江西省上次彭泽县改教遗缺，已酌补进士即用知县王绳武为止。今雩都县知县刘仑德开缺另补遗缺，按班轮应候补班先并候补本班人员酌补。查有候补班前补用知县李相，年六十岁，云南河阳县人。由廪生于咸丰七年在曲靖军营投效会保，八年七月十一日奉旨："廪生李相，着以训导不论双单月归部即选。"钦此。旋选开化府训导。丁父忧，服满起复，仍赴军营。因克复大理等城出力会保，同治十三年正月十八日奉旨："训导李相，着俟选缺后以知县不论双单月归部尽先选用，并赏戴蓝翎。"等因。钦此。又因攻克腾越厅城出力保奏，光绪元年十一月初五日奉旨："蓝翎升用知县、候选训导李相，着免选训导本班，以知县分发省分，归候补班前遇缺前先补用，并加知州衔。"钦此。二年三月离营，应丙子科本省乡试，中式第四十七名举人。遵例呈请分发，签掣江西，经钦派王大臣验放，领照起程。光绪九年九月十九日到江，期满甄别，委署过星子、铅山、广丰等县知县，现委署鄱阳县印务。该员饶有根柢，所至称循，堪以请补雩都县知县员缺，与例相符，仍积候补班先之缺。据藩司张绍华、臬司柯逢时会详请奏前来。

合无仰恳天恩，俯准将李相补授雩都县知县。如蒙俞允，该员系候补知县请补知县，衔缺相当，毋庸送部引见，亦例不核计参罚。再，此案遵章改题为奏。又，藩司于光绪二十七年四月初九日出详,合并陈明。谨会同两江督臣刘坤一合词恭折具奏,伏乞皇太后、皇上圣鉴训示。谨奏。光绪二十七年四月二十二日。

朱批:"吏部议奏。"

《光绪朝朱批奏折》第16辑,第159—160页

076. 新城县知县谭绍裘丁忧请准开缺折

光绪二十七年四月二十二日(1901年6月8日)

江西巡抚臣李兴锐跪奏,为知县丁忧开缺,恭折具奏,仰祈圣鉴事。

窃臣据布政使张绍华详,据新城县知县谭绍裘申称,系湖南长沙府善化县人,由优廪生中式光绪十七年辛卯科本省乡试第二十六名举人,二十年甲午恩科会试中式第一百六十四名贡士,殿试二甲一百二十四名,朝考一等,奉旨:"着改为翰林院庶吉士。"钦此。光绪二十一年四月散馆,引见,奉旨:"着以知县即用。"钦此。选授江西万载县知县,引见,奉旨:"江西万载县知县着谭绍裘补授。"钦此。嗣于山东赈捐案内奖加同知升衔。光绪二十二年四月十一日到任。因回避原籍五百里以内,调补今职,光绪二十五年六月二十七日到任。兹于二十七年三月二十四日接到家信,知亲母邹氏于二十七年三月十二日在籍病故。该员系属亲子,并无过继,例应丁忧等情,由司详请具奏开缺前来。

臣覆查无异,应准其回籍守制。除饬取该员丁忧亲供,开明三代名氏、年岁、存殁、有无次丁及次丁有无官职,另行咨部,暨咨湖南抚臣查取族邻甘结,就近送部,并先行钞折咨部开缺外,理合恭折具奏,伏乞皇太后、皇上圣鉴,敕部查照施行。至所遗新城县知

县,系稍冲、稍繁二项相兼中缺,应请照例归部铨选。此案遵章改题为奏,合并陈明。谨奏。光绪二十七年四月二十一日。

朱批:“吏部知道。”

《光绪朝朱批奏折》第16辑,第161—162页

077. 考察属吏分别举劾折

光绪二十七年四月二十四日(1901年6月10日)

江西巡抚臣李兴锐跪奏,为考察属吏,分别举劾,以资劝惩,恭折仰祈圣鉴事。

窃近日时事多艰,整饬吏治最为正本清源要务。然非将向来因循粉饰、泄泄沓沓之陋习痛予湔除,而举一二实心任事之员为之标准,亦不可以言治理。臣到任三月,于所属守令各员,品行之贤否,才识之短长,存心之公私,办事之勤惰,留心察看,略见一班。查有东乡县知县戚扬,由浙江翰林改官知县,曾经前浙江抚臣廖寿丰保荐人才,奉旨送部引见,交军机处存记,在任以直隶州知州尽先即补。前官福建安溪、侯官等县,卓著循声。臣在福建藩司任内,即闻其有为有守,能以实惠及民。现在东乡县任已历年馀,于抚字催科及地方一切应办之事,均能实力实心,认真整顿,绝无滑吏习气。又调署鄱阳县事候补知县李相,由云南举人以军功荐保知县,历任星子、铅山、广丰等县,并护理南康府篆务,均能爱民勤政,洁己奉公,悃愊无华,有循吏之目。又现署贵溪县事题补宜春县知县张督,由江苏监生军功荐保知县,两署贵溪,一署德化,均能兴利除弊,舆情爱戴,从前屡经委办教案,悉协机宜。以上三员,在任政绩均有可观,理合胪举奏闻,吁恳天恩,传旨嘉奖,风励群僚。

该员等仰荷温纶，固当益加奋勉。臣仍不时考察，倘有初终易辙，亦当据实甄别，不敢稍涉回护。

至于庸劣不职各员，亦应择尤参劾，使中才以下，群知涤瑕荡秽，庶期日起有功。臣查有代理抚州府事试用知府李嘉宾，昏愦糊涂，难资表率，前充牙厘局提调多年，声名尤为恶劣；前署宁都直隶州事候补知府林介弼，遇事勒索，物议沸腾；试用通判张传鼐，卑污苟且，遇事招摇；撤回另补雩都县知县刘仑德，生事扰民，声名甚劣；都昌县知县胡钦，官声平常，操守难信；署南康县事即用知县朱绍文，心术狡诈，办事取巧；代理安福县知县、布政司理问王鹏翼，颇招物议；按察司知事蒋星焕，不守官箴，均应请旨即行革职。即用知县吴宝镕，才具平庸，难膺民社，惟文理尚优，请以教职选用，以肃官方。再，此次参劾之知县、理问、知事各缺，江省均有应补人员，应请扣留外补，合并陈明。

所有举劾属员各缘由，理合缮折上陈，伏乞皇太后、皇上圣鉴训示。谨奏。光绪二十七年四月二十四日。

朱批："另有旨。"

《光绪朝朱批奏折》第16辑，第164—165页

附录

光绪二十七年五月十七日内阁奉上谕："李兴锐奏考察属吏，分别举劾一折。江西东乡县知县戚扬，署鄱阳县候补知县李相，署贵溪县、宜春县知县张訾，既据该抚胪陈政迹，均有可观，即着传旨嘉奖。代理抚州府试用知府李嘉宾，昏愦糊涂，声名恶劣；署宁都直隶州知州候补知府林介弼，遇事勒索，物议沸腾；试用通判张传鼐，卑污苟且，遇事招摇；撤任雩都县知县刘仑德，生事扰民，声名甚劣；都昌县知县胡钦，官声平常，操守难信；署南康县即用知县朱

绍文，心术狡诈，办事取巧；代理安福县知县、布政使理问王鹏翼，颇招物议；按察司知事蒋星焕，不守官箴，均着即行革职。即用知县吴宝镕，才具平庸，难膺民社，惟文理尚优，着以教职归部铨选。馀着照所议办理。该部知道。”钦此。

《光绪朝上谕档》

078. 遵旨酌裁威武新军四营勇丁片

光绪二十七年四月二十四日（1901 年 6 月 10 日）

再，光绪二十七年三月十六日接西安电传，奉旨：“现在宋庆、马玉昆所统各军，已先后调赴河北，即着该提督等会商河南巡抚，择要分布填扎。程文炳所统五省援军十七营，着即全数带回，分饬各归原省，由各该督抚酌量裁留，以节饷项。”钦此。臣查江西库储早空，非裁节勇饷，断难自给，现在正将各路添募防营次第酌裁。所有上年派遣北上之威武新军四营，自应遵旨裁撤。惟程文炳所统各营分隶五省，诚恐同时遣散，事体繁重，应由江派委妥员前往，随同照料，庶昭慎重。该军本系留江差遣广东雷琼镇总兵申道发旧部，当即饬令该总兵驰赴河南，会商程文炳，查明各勇原籍，就近由防所分路遣散，以省周折。该军饷项业已解至四月底止，现再饬申道发酌带银两，以备发给遣勇恩饷，并将四营军械由申道发收齐带回。

所有遵旨酌裁威武新军四营勇丁缘由，除分咨户部、兵部外，理合会同两江督臣刘坤一附片陈明，伏乞圣鉴。谨奏。

朱批：“该部知道。”

《光绪朝朱批奏折》第 35 辑，第 23—24 页

079. 江西筹解金陵老湘新湘等营光绪二十七年正月至三月军饷片

光绪二十七年四月二十四日(1901 年 6 月 10 日)

再,查两江督标南字六营,奏明由江苏、安徽、江西三省藩库每月各协银六千两,嗣南字营改为煦字营,又续改为老湘、新湘等营,所有前项军饷银两,自光绪十年六月起连闰至二十六年十二月止,均经随时筹解奏报在案。兹据布政使张绍华详称,现动放各年地丁银一万八千两,作为江西奉拨金陵老湘、新湘等营光绪二十七年正月起至三月止三个月军饷,遴委补用知县邹嘉年,于二十七年四月初八日起程,前赴督办金陵防营支应总局交收,详请具奏等情前来。臣覆核无异。除咨明户部并咨两江督臣查照外,所有筹解金陵老湘、新湘等营二十七年正月起至三月止军饷缘由,理合附片陈明,伏乞圣鉴。谨奏。

朱批:"户部知道。"

《光绪朝朱批奏折》第 62 辑,第 407 页

080. 奏报江西光绪二十六年下忙钱粮征完银数折

光绪二十七年四月二十四日(1901 年 6 月 10 日)

江西巡抚臣李兴锐跪奏,为查明江西省光绪二十六年下忙钱粮征完银数,恭折仰祈圣鉴事。

窃照州县征收上下忙钱粮,例应将已完银两专折奏报,上忙定限五月底,下忙定限十二月底,截数造报,历经遵办在案。兹据布

政使张绍华详称，光绪二十六年分下忙额征起运、留支等款，共银九十八万五十一两零，内除上忙案内先已征完下忙银三百十三两零，实应征下忙银九十七万九千七百三十七两零，截至十二月底止，催据各属完解司库银七十八万一千九十一两零，又各属照例留支等款共银十万七千八百六十八两零，统共已完银六十七万三千二百二十三两零，造册开折，详请具奏前来。臣覆核无异。除督饬将未完银两严催征解，毋任稍有延欠，并将送到清册及已未完分数、经催职名清折咨部查核外，理合恭折具奏，伏乞皇太后、皇上圣鉴。谨奏。光绪二十七年四月二十四日。

朱批："户部知道。"

《光绪朝朱批奏折》第68辑，第646—647页

081. 前九江关道诚勋短收光绪二十四年分额外盈馀银两请减成赔缴折

光绪二十七年四月二十四日（1901年6月10日）

江西巡抚臣李兴锐跪奏，为前九江关道诚勋任内短收光绪二十四年分额外盈馀银两，吁恳天恩，仍请减成赔缴，恭折仰祈圣鉴事。

窃查案准户部咨，议覆前抚臣松寿奏九江关光绪二十四年分短收额外盈馀银两，拟令减赔一折，于二十五年十月十七日具奏，奉旨："依议。"钦此。钞录原奏内开：查九江关原定正额银十七万二千二百八十一两三钱六厘、盈馀银三十六万七千两，二共应征银五十三万九千二百八十一两三钱六厘。今该关自光绪二十三年十月十二日接征起，连闰至二十四年九月十一日止，一年期满，共收

正银二十五万六百九十五两三钱七分七厘、耗银二万一百二十两二钱八分七厘七毫、各国风篷夹板等船应征船料照章宽免银二万两，又免征各项船料、木税等银九万九千七百六十八两九钱三分，统计正耗并免征共银三十九万五百八十四两五钱九分四厘七毫，内除耗银不入比较外，计短收银十六万八千八百十六两九钱九分九厘。据称该关常税亏短，实为洋税侵占等情。查该关本届应征夹板等船四百十四只，按关例核税，应征船料银二万七十馀两，除照章宽免银二万两，其馀银两仍应令其援案赔缴办理。至该关免征各项船料税银九万九千七百六十八两九钱三分应准作正开除外，核计本届征免并算，较之上届，又少收银二万五千三百三十三两三钱八分九厘，自应查照成案，减免赔缴。所请将短收额外盈馀银两恳准免赔之处，核与前办各案不符，应毋庸议。所有九江关光绪二十四年分短收银十六万八千八百十六两九钱九分九厘，拟请减免六成七厘七毫银十一万四千二百八十九两一钱八厘三毫二丝三忽，其馀减剩三成二厘三毫银五万四千五百二十七两八钱九分六毫七丝七忽系额外盈馀，例无处分，应着落该监督诚勋照数赔缴。遵照定例，五万两以上至十万两者，予限八年，应令自奉旨之日起，按限照数完缴，以符定例等因到前抚臣。当经行关遵照办理去后。

兹据九江关监督明徵详称，准浙江宁绍台道、前任九江关道诚勋移称，伏查九江关短收盈馀银两，户部以近三年实征之数比较，自系慎重税课起见，但实征之数如果无因减少，则加增赔缴，原属理所当然。今光绪二十四年分实征之数，系因各省督销局盐税或停解或裁留，共少银一万数千两，加以九江小轮扩充，船料复被侵占，以致比上届少收，是本届征数短绌，并非无因，确有明证。查历届赔缴过巨，均经详奏请减。此次数逾五万两，实属力难赔缴，拟请代为详奏，敕部援照前三年成案，再行议减，以免向隅等因到关，转详请奏前来。

臣覆查该关光绪二十四年分关税短征，实因盐税停解，小轮畅行，与往时情形不同，尚非稽征不力。该前关道诚勋所称是届短征并非无因，尚系实情，合无仰恳天恩，俯如所请办理，以示体恤而免向隅。臣当督饬现任监督明徵益加奋勉，实力稽征，以期渐复原额，不得稍涉疏懈。除咨明户部外，理合恭折具陈，伏乞皇太后、皇上圣鉴，敕部议覆施行。谨奏。光绪二十七年四月二十四日。

朱批："户部议奏。"

《光绪朝朱批奏折》第78辑，第392—393页

082. 江西司库筹拨本年铁路经费银两解还汇丰镑款息银折

光绪二十七年四月二十四日（1901年6月10日）

再，光绪二十七年二月二十七日准行在户部咨称，光绪二十七年四月二十五日应还汇丰镑款息银八万四千镑，无款可抵，数巨期迫，惟有将本年铁路经费应解部库各款，酌量挪用，庶可无误还期。查铁路经费内有江西五万两，应于本年四月二十五日以前汇解江海关兑收，以为归还汇丰镑款息银之用，不得延误等因。咨行到臣，当经行司遵照去后。

兹据布政使张绍华详称，查此项汇丰镑款息银，关系紧要，所有指拨江西二十七年铁路经费银两，自应遵照依限委解，以济急需。兹于司库光绪二十七年地丁项下动放银五万两，为江西省应

解二十七年分铁路经费奉拨解沪归还汇丰镑款息银，遴委补用知县张树森领解，于四月十六日起程，由水路至九江附搭商轮，赴江海关道衙门交收，掣批回销。除由司给发该委员往来川资及轮船、保险、水脚等费银四百二十两外，详请奏咨等情前来。臣覆核无异。除咨户部暨总理各国事务衙门查照外，所有江西司库筹拨二十七年分铁路经费银两，委员领解赴沪，归还汇丰镑款息银缘由，理合附片陈明，伏乞圣鉴。谨奏。

朱批："该衙门知道。"

《光绪朝朱批奏折》第83辑，第381—382页

083. 请调分省试用道徐绍桢、广西横州知州王芝祥片

光绪二十七年四月二十四日(1901年6月10日)

再，江省上年闹教之案，几于遍地皆是，虽经奏委江苏补用道钱德培会同在任司道查办，而焚毁教堂多至三十馀处，教士、教民开单指控被抢、被诈之案不下一千六百馀起，其中头绪纷繁，诸多棘手，非有熟悉中西政学之员帮同料理，难期克日蒇事。查有广东举人分省试用道徐绍桢，智识高卓，根柢深粹，经臣札调，于本年正月十八日到江，委令总办文案，随时由臣指示机宜，议办一切。现已一律完结，深资臂助。该道例应赴部引见，听候签掣省分叙补。惟江省交涉之事日繁，且现当振兴庶务之际，在在需才，合无仰恳天恩，俯念时事多艰，饬将分省试用道徐绍桢分发江西，交臣差委补用，俾收得人之效，仍俟经手事件完竣，再由臣给咨晋引。

又近日教案之多，半由牧令不得其人，必须广求熟悉洋务、勤干有为之员差遣委用，庶足以靖民气而固人心。查有广西横州知

州王芝祥，体用兼赡，卓尔不群，臣前任广西藩司时，历试之事，悉臻妥协，亦属不可多得之才。相应请旨，饬将广西横州知州王芝祥调赴江西差委补用。查定例，奏调隔省实任人员，应将底缺开除，留于奏调省分遇缺尽先请补。该员横州底缺，应请即予开除。

臣为讲求交涉、需才孔亟起见，除饬取该员等履历咨部外，所有请调道员、知州缘由，理合附片具陈，伏乞圣鉴训示。谨奏。

朱批："着照所请，吏部知道。"

《光绪朝朱批奏折》第120辑，第358—359页

084. 审明革兵刘怔懊等纠窃巡哨武弁座船临时行强得赃案按律议拟折

光绪二十七年四月二十四日（1901年6月10日）

江西巡抚臣李兴锐跪奏，为革兵纠窃巡哨武弁座船，临时行强，搜劫得赃，获犯审明议拟，恭折具陈，仰祈圣鉴事。

窃照德化县革兵刘怔懊纠窃长江水师湖口营左哨三队把总座船，临时行强得赃，拒伤汛兵刘明甫平复一案，获犯讯供通详，当经前抚臣松寿批饬讯明拟解去后。兹据讯拟，解由臬司柯逢时覆审，转解前来。臣亲提研审，缘刘怔懊、陈蕃包分隶江西德化、湖北广济等县，刘怔懊、陈蕃包先各在九江镇标并九江新劲营充当兵勇，均因误公革退，在外游荡，先不为匪。长江水师湖口营左哨三队把总张茂春座船，驻扎德化县属白水湖地方，巡哨江面。光绪二十五年正月初四日，刘怔懊会遇获案之陈蕃包及在逃素识之潘志得、赵定荃、邓水清、戴洪发、何坪汰并刘怔懊同姓不宗之刘滦盛，各道贫难。刘怔懊谂知县属白水湖长江水师营把总张茂春在营年久，积

有银钱,并探知张茂春带兵出外巡哨,座船人少,起意伙窃得赃分用,陈菩包与潘志得等俱各允从,约定夜间在十窝子地方会齐。三更时分,刘怔懊与陈菩包并潘志得等先后走至该处聚会。刘怔懊、陈菩包、潘志得分携铁錾、小刀,赵定荃、邓水清、刘滐盛各带纸煤、香火,戴洪发、何坪汰徒手,一共八人,偕抵张茂春座船岸旁。维时张茂春与兵丁出外巡哨未回,仅留兵丁刘明甫在船看守。刘怔懊令戴洪发、何坪汰在岸接赃,自与陈菩包并潘志得等走上船头,用铁錾撬开头舱马门,一齐进内行窃。刘明甫惊起喊捕,刘怔懊因见船内灯尚未熄,仅止一人,四无邻船,起意行强,用手推跌刘明甫倒舱,舱板擦伤脊背,吓禁声张。喝令陈菩包并潘志得等分手行劫,打开箱柜,劫得银钱、衣物上岸,向戴洪发、何坪汰告知行强伤人得赃情由,分携赃物走至僻处,查点赃数,按股俵分各散。刘怔懊与陈菩包等各将分得赃银、衣物陆续换卖与不记招牌钱店及过路不知姓名人得钱,同分得赃钱花用逃避。即经该前署县吴政修访闻差拿,并经张茂春巡哨回船督兵追捕不及,报县会营勘验获犯。吴政修与接署县张謍、接代县史悠颐均未及讯详卸事,该代理县应衷抵任,讯供通详,当经前抚臣松寿批饬缉审。勒缉逸盗潘志得等无获,将犯审拟解府,经府核恐案情未确,节次委员研审,由府解司,经司核恐案情仍未确切,发委南昌府知府江毓昌审办。兹据讯拟,由司勘转,经臣提审,据供前情不讳,究无另犯窝伙窃劫不法别案及另有同伙知情容留分赃之人,赃虽无获,惟犯系先后拿获,所供行劫月日及拒捕情形,悉与供报相符,正盗无疑。

查律载:“共谋为窃,临时行强,以临时主意及共为强盗者,不分首从论。”又:“强盗已行但得财者,不分首从皆斩。”又例载:“强盗干系衙门,不分曾否得财,俱照得财律斩决枭示。”各等语。此案刘怔懊纠邀陈蓍包并潘志得等行窃长江水师营把总张茂春座船，临时行强得赃，拒伤汛兵刘明甫平复，实属不法。陈蓍包于刘怔懊纠窃临时行强，辄敢听从，强劫搜赃，亦属同恶相济。查长江水师各营哨弁座船，与陆营衙署无异，自应按例问拟。刘怔懊、陈蓍包均合依“共谋为窃，临时行强，以临时主意及共为强盗者，不分首从论”，“强盗干系衙门，不分曾否得财，俱照得财律斩决枭示”例，拟斩立决枭示。虽系已革兵勇，罪至斩枭，无可复加。各先于左面刺“强盗”二字。失察刘怔懊为匪之牌甲及不能禁约之犯父，罪应杖笞，事在光绪二十六年三月十二日恩诏以前，应予宽免，牌甲仍革役。陈蓍包在外为匪，原籍牌甲无从查察，应毋庸议。换买赃物之不记招牌钱店及过路不知姓名人，无从查传。应追各赃，刘怔懊既据该县讯明家实赤贫，无力赔缴，取有族邻甘结，照例豁免；陈蓍包据供无力赔赃，是否属实，饬县移知犯籍查明，取结办理。汛兵刘明甫伤已平复。逸盗潘志得等饬缉获日另结。此案汛弁座船被劫，虽据称出水巡哨，究属失于防范，且首伙八人，仅于疏防限内拿获首伙盗犯二名，获犯尚未及半，所有文武疏防暨本营失防各职名，饬取补参。

除全案供招咨送刑部查核外，所有革兵纠窃巡哨武弁座船，临时行强，搜劫得赃，获犯审明议拟缘由，遵照新章，恭折具陈，伏乞皇太后、皇上圣鉴，敕部核覆施行。谨奏。光绪二十七年四月二十四日。

朱批：“刑部速议具奏。”

中国第一历史档案馆藏“宫中档案全宗·朱批奏折”，

档号：04—01—01—1050—066

085. 委任何刚德署理抚州府知府片

光绪二十七年五月初八日(1901年6月23日)

再,代理抚州府知府李嘉宾经臣调省,所有该府印务,应即遴员接署。查有现署南安府事、正任建昌府知府何刚德,资劳颇著,堪以调署,据布政使张绍华会同按察使柯逢时具详前来。除檄饬遵照外,谨会同两江督臣刘坤一附片陈明,伏乞圣鉴。谨奏。

朱批:"吏部知道。"

《光绪朝朱批奏折》第16辑,第230页

086. 赣州府知府员缺即饬连文冲赴任此次毋庸拣员调补片

光绪二十七年五月初八日(1901年6月23日)

再,据藩司张绍华详称,江西赣州府知府系冲、繁、疲、难四项兼全要缺,前于道光二十六年经前督臣璧昌、前抚臣吴文镕以该府与闽粤接壤,向为匪徒出没之所,兼之习俗犷悍,健斗之风甲于通省,必得在省年久、素悉民隐之员请补,方能藉资整顿,奏奉谕旨:"着改为调缺,于通省知府内遴选人地相宜之员请补。其所遗之缺,仍请旨简放。"等因。钦此。是年,奉旨简放赣州府知府邱建猷到省,当复奏明,请以南康府知府周玉衡调补赣州府缺,所遗南康府缺以邱建猷补授。嗣后历年遇有该府出缺,均经遵照于通省知府内遴员调补在案。上年赣州府知府贾孝珍病故,当经援案详奏,旋于光绪二十六年十一月十三日奉上谕:"江西赣州府知府员缺,着连文冲补授。”钦此。现连文冲业已到省,应否即饬赴任供职,毋庸再行拣员调补,抑或仍须由外拣员调补,以连文冲补授遗缺之处,理合详请具奏等情前来。

臣查赣州府知府系冲、繁、疲、难四项兼全要缺,历经由外拣员请调。惟连文冲既系特旨简放之员,自堪理繁治剧,应即饬令赴任供职。如或到任后,查有人地未宜,仍可随时据实陈明。此次自毋庸遴员请调,俟下次遇有出缺,再援案奏明,请旨办理。除行司檄饬连文冲赴任外,是否有当,谨会同两江督臣刘坤一附片陈明,伏乞圣鉴训示。谨奏。

朱批:“知道了。”

《光绪朝朱批奏折》第16辑,第231页

087. 奏请将江苏候补道钱德培调赴江西差遣接统内河水师片

光绪二十七年五月初八日(1901年6月23日)

再,自强之策,首在整军经武。近日水陆各路防军,类多窳惰无用,虚糜国帑,最为可恨。时方多故,又不能因噎废食,轻议去兵。惟有择其可裁者裁之,其万不能裁者挑留精壮,教之训练,冀养一军即得一军之用。而训练之道,尤以遴选将领为要。臣查有江苏候补道钱德培,智虑深闳,精卓耐苦,昔年随使出洋,于各国兵制颇知讲求,回华后历充两江营务处及江南陆师学堂总办,尤能晓畅戎机。上年经两江督臣刘坤一会派在江西清厘教案,勤劳备著,现在教案完竣,据禀请销差前来。惟江西内河水师正须整顿,臣与督臣刘坤一往返电商,拟委该员接统内河水师,责成教练,但以隔省人员未经奏调,究属可暂而不可久。合无仰恳天恩,俯准将该员江苏候补道钱德培调赴江西差遣,俾臣得收指臂之助。其现统内河水师候补道缪德棻,办理未能得力,应即撤退,另委钱德培接统,以肃营伍。除分檄饬遵外,所有奏调道员,更换水师统领缘由,理合会同两江总督臣刘坤一附片具陈,伏乞圣鉴训示。谨奏。

朱批:"着照所请,该部知道。"

《光绪朝朱批奏折》第16辑,第232页

088. 江西劝办筹饷新捐第一次开单请奖折

光绪二十七年五月初八日(1901年6月23日)

江西巡抚臣李兴锐跪奏,为江西劝办筹饷新捐,第一次开单,恳恩奖叙,以昭激劝,恭折仰祈圣鉴事。

窃查光绪二十六年六月二十日奉上谕:"御史刘家模奏请劝捐助饷一折,着各督抚设法劝办,有能倡捐巨资者,奏请破格优奖,其馀按照海防捐例,分别奖叙。"等因。钦此。当经前抚臣松寿以江西省自上年五月以后,军情紧急,增募营勇,添购枪炮,举行团练,兼以购运京米,协济直隶、山西军饷,百用丛杂,库无积储,万难支持,请将新海防捐例分别减成,由司刊刻实收,凡四品以上实官暨各项班次花样,照筹饷例四成实银核奖,五品以下三成核奖,知州、知县遇缺先花样八成核奖;所收捐银,以一半留备部拨,一半留为本省防军之用。奏奉朱批:"着照所请,户部知道。"钦此。当经行司钦遵办理。嗣因上年拆毁教堂并教民具控各案查办完结,除抚恤教民给银二十馀万两外,赔修教堂又共六十馀万两,限期甚迫,不得已议借用洋款八十万两,以资应付,分年由外筹还。惟江省入款岁不敷支甚巨,实难挹注,复经臣于二十七年四月初六日电请军机大臣代奏，请将此项筹饷捐款全归外用，藉以清还洋债。随于四月初八日承准军机大臣回电内开：鱼电已进呈，所有办结教案、建堂偿款各节，面奉谕旨："均照所请行。"钦此。又经转行遵照各在案。

兹据布政使张绍华详称，此项新捐，前奉行准开办，即经刊刷实收，由省设局，并颁发各属劝集。兹查省局自光绪二十六年十一月初九开局之日起，截至二十七年二月十五日止，共收实官、贡监三十七名，按照定章，折收实银二万一千七百三十七两二钱。综计上年支发练勇粮饷及一切军需已不下数十万，此次派员赴沪筹借洋债，尚无成议，而教堂赔款随结随给，更不能逾欠，所有前项捐集银两，随时提用，业已罄尽。除再饬催各属赶紧广为劝办外，所有省局现收各捐生年貌、籍贯、履历、三代，理合造具清册，列为第一次，详请奏咨奖叙，并请将副实收咨送户部，并咨吏部、国子监填发执照来江转给等情前来。

臣覆加查核，所捐银数及请叙实官、贡监，均与例章相符，合无仰恳天恩，俯准分别奖叙，以昭激劝。除将清册、副实收送部查照外，理合恭折具陈，并缮清单，敬呈御览，伏乞皇太后、皇上圣鉴，敕部核覆施行。谨奏。光绪二十七年五月初八日。

朱批："户部议奏，单并发。"

《光绪朝朱批奏折》第62辑，第417—418页

089. 奏报江西省光绪二十七年三月分粮价及雨水情形折

光绪二十七年五月初八日（1901年6月23日）

江西巡抚臣李兴锐跪奏，为恭报光绪二十七年三月分粮价及地方雨水情形，仰祈圣鉴事。

窃照江西省光绪二十七年二月分市粮价值并雨水情形，业经臣恭折奏报在案。兹据布政使张绍华查明通省光绪二十七年三月分米、麦、豆各项粮价，开单汇报前来。臣逐加查核，南昌等十四府州属米价稍增，麦、豆各项价值均与上月相同，省城及各属地方三月内雨泽调匀，菜麦结实，早禾次第栽插，民情亦均安谧，堪以上慰圣怀。理合恭折具奏，并缮粮价清单，恭呈御览，伏乞皇太后、皇上圣鉴。谨奏。光绪二十七年五月初八日。

朱批："知道了。"

《光绪朝朱批奏折》第96辑，第891页

090. 江西省光绪二十六年秋审情实常犯未准部覆仍拟情实开单汇奏折

光绪二十七年五月初八日（1901年6月23日）

江西巡抚臣李兴锐跪奏，为光绪二十六年秋审情实常犯未准部覆，仍拟情实，由题改奏，恭折具陈，仰祈圣鉴事。

窃查案准部咨，历届秋审，恭逢恩旨停勾年分，各该省于次年将原拟情实各犯，仍拟情实，造具秋审后尾及姓名、年岁、籍贯清册，先期题送。又准部咨，嗣后咨送秋审后尾，务将每起内应拟死罪在逃各犯，逐名全行声叙，并叙明应拟斩、绞字样，末后注明共斩犯若干名、绞犯若干名，以便查照原案，详细核对。又光绪二十七年四月初二日接准刑部咨，本年秋审限期已届，未便拘泥旧章，致多窒碍，应令将本届应题秋审案件一律改为具奏，以归简易而示变通各等因。遵照在案。今光绪二十六年秋审拟以情实斩犯缪迷仔、绞犯李树憘、斩犯朱瀌惧、黄葆传等计四起、人犯四名，已于光绪二十六年经前抚臣松寿恭疏具题,该犯等恭逢光绪二十六年三月十二日恩诏停勾,尚未接准部覆。前准部咨,以二十六年秋审后尾及历届秋审旧事档案全无,无凭核办。又经臣饬司补造各册,咨部核办。该犯缪迷仔等,均应入于光绪二十七年秋审,遵照部行,先期具奏。兹据按察使柯逢时、吉南赣宁道贺元彬核明造册,详送前来。

臣督同按察使柯逢时、布政使张绍华等,仰体圣主慎重刑狱至意,谨将各犯情罪细加确核,所有旧案仍拟情实人犯缪迷仔、李树憘、朱瀊懊、黄葆传四起、计犯四名,开列略节清单,恭呈御览。除分咨部科外,臣谨会同两江总督臣刘坤一恭折具陈,伏乞皇太后、皇上圣鉴,敕下法司核议。谨奏。光绪二十七年五月初八日。

朱批:"刑部议奏,单并发。"

中国第一历史档案馆藏"宫中档案全宗·朱批奏折",

档号:04—01—01—1049—056

091. 审明朱石生等伙劫得赃案按律定拟折

光绪二十七年五月初八日(1901年6月23日)

江西巡抚臣李兴锐跪奏,为盗犯伙劫得赃,获犯审明议拟,恭折具奏,仰祈圣鉴事。

窃照赣县通详,盗犯朱石生纠同薛葵生等伙劫事主杨绍昌家得赃,获犯讯供一案,当经批司移道,饬审详办。嗣据吉南赣宁道贺元彬提犯审明,议拟具详,又经批司核详去后。兹据按察使柯逢时核详前来,覆加查核,缘朱石生、薛葵生分隶赣县、南康县,游荡度日,先不为匪。光绪二十五年十月二十六日,朱石生路遇素识已获之薛葵生并刘老西、在逃之龙南县人张麻仔、赖虾蟆,各道贫难。

朱石生谂知赣县属大由乡地方事主杨绍昌家积有银钱，起意伙劫，得赃分用，薛葵生等俱各允从，约定是夜在该处附近木梓头山僻会齐。二更后，朱石生与薛葵生、刘老西走至该处，见张麻仔、赖虾蟆俱已到齐，即于三更时分，分携刀械、油捻，同伙五人偕抵事主杨绍昌家门首。朱石生令赖虾蟆在外把风接赃，又令张麻仔点燃油捻照亮，自与刘老西抬用树段撞开大门，喊同薛葵生并张麻仔一齐进内行劫。经事主杨绍昌惊起，开出房门喊捕，朱石生吓禁声张，即与薛葵生等拥进房内，用刀劈开箱柜，分手劫得洋银、衣饰，出门递交赖虾蟆接收，携赃一同逃至山僻，告知强劫情由，查点赃物，按股俵分各散。朱石生等各将分得赃洋、衣饰分别存留、换卖与不记招牌钱店及过路不知姓名人，得钱花用逃避。即经赣县访闻差拿，并据事主杨绍昌报县，会营诣勘获犯，并起获原赃洋银，讯供通详饬审。刘老西带病进监，医治无效身故，禀府札委署雩都县知县吕敬直验讯详报，批饬核入正案办理。勒缉逸盗张麻仔等无获。将犯审拟解府，经府核恐案情未确，节次委员研审，犯供游移，禀府发回赣县覆审。嗣据该县审明议拟，由府解道，经道核恐案情未确，迭次发委审明，仍照原拟解道，提审无异，详经批司核详前来。臣覆查，朱石生起意纠同薛葵生并刘老西等伙劫事主杨绍昌家得赃之处，既据在县供认不讳，复由府、道提讯明确，究无窝伙抢劫不法别案及另有同伙知情、容留分赃之人，赃经主认，正盗无疑。

查律载："强盗已行但得财者，不分首从皆斩。"又光绪八年通行："寻常盗案，实系距省窎远地方，酌照秋审事例，解道讯明，详请题奏。"各等语。此案朱石生起意纠同薛葵生并刘老西等伙劫事主杨绍昌家得赃，均属不法，自应按律问拟。朱石生、薛葵生、刘老西，均应如该县、府所拟，合依"强盗已行但得财者，不分首从皆斩"

律,俱拟斩立决。刘老西业已在监病故,应毋庸议。朱石生、薛葵生各先于左面刺“强盗”二字。失察朱石生为匪之牌甲,事在光绪二十六年三月十二日恩诏以前,所得笞罪准予援免,仍革役。获赃给主认领,未获各赃,据供家实赤贫,无力赔缴,是否属实,饬县查明,取结办理。盗械供弃免起。换买赃洋之不记招牌钱店及过路不知姓名人,无从查传,应与刘老西在监病故,讯无凌虐情弊之刑禁人等,均毋庸议。犯系带病进监身故,管狱官例无处分。逸盗张麻仔等,饬缉获日另结。此案盗犯首伙五人,已于疏防限内拿获三名,兼获盗首,地方文武职名邀免开送。

除全案供招咨部外,所有盗犯伙劫得赃,获犯审明定拟缘由,理合遵照新章,恭折具奏,伏乞皇太后、皇上圣鉴,敕部议覆施行。谨奏。光绪二十七年五月初八日。

朱批:“刑部速议具奏。”

中国第一历史档案馆藏“宫中档案全宗·朱批奏折”,

档号:04—01—01—1051—008

092. 江西省光绪二十七年秋审常犯分拟情实缓决开单汇奏折

光绪二十七年五月十五日(1901 年 6 月 30 日)

江西巡抚臣李兴锐跪奏,为江西省光绪二十七年秋审常犯,分拟情实、缓决,由题改奏,恭折具陈,仰祈圣鉴事。

窃查例开:“秋审时,督抚将重犯审拟情实、缓决可矜具题刑部,将原案及法司看语并督抚看语刊刷招册,送九卿、詹事、科道各一册,八月内在金水桥西会同详核情实、缓决可矜,分拟具题,请旨定夺。俟命下之日，先后咨行直省，将情实人犯于霜降后、冬至前正法。”又例开：“秋审缓决人犯，解审二次之后，如情罪无可更定者，止令有司叙由详报，各督抚核招具题，不必复行提审。其曾拟情实、未经勾决之犯，及前拟情实、后改缓决，前拟缓决、后改情实并缓决人犯内，情可矜疑者，仍照例饬提解省。”又例开：“各省秋审本揭，如系新事初次入秋审者，照旧备叙案由，确加看语，以凭会核。其旧事缓决三次者，止叙案由；未及三次者，摘叙简明略节，依次汇为一本具题，俱不必叙入问供，以省繁冗。”又准部咨，嗣后各省每年秋审，臬司核办招册，务须先期定稿，陆续移咨。在省司道会同虚衷商确，联衔具详督抚二臣，覆核定拟。又道光二十年三月初六日准刑部咨，嗣后咨送秋审后尾，务将每起内应拟死罪、在逃各犯，逐名全行声叙，并叙明应拟斩、绞字样，末后注明共斩犯若干名、绞犯若干名，以便查照原案，详细核对。又光绪二十七年四月初二日准刑部咨，本年秋审限期已届，应令将本届应题秋审案件，一律改为具奏，以归简易而示变通各等因。遵照在案。

查光绪二十六年十一月二十一日准部咨，光绪二十六年秋审后尾及历届秋审旧事，部中档案全无，咨江补造。即经臣饬司补造各册，咨部核办。今江西省光绪二十七年秋审，经臣先将光绪二十六年秋审拟以情实、未准部覆缪迷仔等四起、计人犯四名，遵照部咨，先行缮单会奏。应入本年秋审新旧常犯，据按察使柯逢时、布政使张绍华陆续核拟造册，详送前来。臣随督同按察使柯逢时、布政使张绍华等，仰体圣主慎重刑狱至意，将解省各犯逐一提审，谨按原案略节，将免解、应解各犯情罪，细加会核推勘，分拟情实、缓决。查旧案仍拟缓决人犯方泷水等七十七起、计犯九十二名，略节卷帙繁多，除造具清册分送部院科道核办，并留养监毙各犯另折具奏外,所有新案拟以情实人犯詹燿瀇一起、计犯一名,缮具略节清单一扣,又新案拟以缓决人犯陈藤埂、万甘脱、詹前汶、王仲样、邬荽有、焦苌椿、郭万鉴等七起、计犯七名,缮具略节清单一扣,一并恭呈御览。臣谨会同两江总督臣刘坤一恭折具陈,伏乞皇太后、皇上圣鉴,敕下法司核议施行。

再,江西本年新事秋审内,并无声叙阵亡案件,及应拟斩、绞人犯在逃,亦无服制可矜之犯。又,此案系遵通行,暂时变通,改题为奏,以归简易,合并陈明。谨奏。光绪二十七年五月十五日。

朱批:"刑部议奏,单二件并发。"

中国第一历史档案馆藏"宫中档案全宗·朱批奏折",
档号:04—01—01—1049—058

093. 江西省光绪二十七年新事秋审留养人犯开单奏陈折

光绪二十七年五月十五日(1901年6月30日)

江西巡抚臣李兴锐跪奏,为江西省光绪二十七年新事秋审留养人犯,由题改奏,恭折具陈,伏祈圣鉴事。

案准刑部咨,奉上谕:"国家钦恤民命,德洽好生,至于鳏寡茕独,尤所矜悯,是以定有独子留养之例。凡属情轻,俱已沾恩减等。惟是愚民无知,往往轻身斗狠,不知留养为格外施仁,或转视此为幸免之路,以致罹于法网。因其案情稍重,或理曲寻衅,金刃重伤,虽经督抚声请,仍以原罪定拟,不准留养,固属该犯罪所应得。但声请留养之案,不过寻常斗殴等类,断不致入于情实,徒使淹禁图圄,不得侍养,而穷老孤孀,无所依赖,深可矜恻。朕思此等罪犯,本非谋故重情,为常赦所不原,既经定拟本罪,拘系逾时,已足驯其桀骜之气，应量为末减，俾得自新。上年秋审，此等案犯经九卿定拟矜减者，只有二起，馀仍监候。着该部查明各犯祖父母、父母现存，果无次丁侍养，俱以可矜减等，请旨发落。嗣后独子犯罪，未邀宽减者，该督抚于秋审、朝审册内声明，九卿覆核时照此办理，以昭轸恤无告之意。着为例。”钦此。钦遵。嗣经刑部将直隶各省援例未经准行，已入秋审、朝审人犯详查，除有关风化服制、仓库印信及私铸钱文、匿名诬告等案情罪重大均应不准留养外，其斗殴鼠窃一切常赦所应原者，应准留养，分别另缮名单进呈，将应准留养之犯内，除已无应侍之亲及次丁已经成立者毋庸查办外，其现在实系亲老丁单，将该犯等枷责发落。并声明嗣后此等案件，在外令各督抚于秋审册内遵旨声明，朝审案件由刑部查核，统俟九卿覆核，另行汇奏，照留养之例办理。又准部咨，亲老丁单及孀妇独子例得留养人犯，除实系戏杀、误杀，并无斗殴情形者，仍照向例，于题本内声明留养，法司随案核覆外，其斗杀之案，概令该督抚于定案时，止将应侍缘由于题本内声明，不必分别应准、不应准字样，统俟秋审时取结报部，刑部会同九卿公同核拟，入于另册进呈，恭候钦定。又准部咨，奉上谕：“着通谕各督抚督同臬司，于秋审时遇有呈请留养者，务当亲提犯属、尸亲、邻族人等，逐一研讯，实系亲老丁单及孀妇独子，方准查办。”等因。钦此。又准部咨，今年秋审限期已届，应令将应题秋审案件，一律改奏各等因。遵照在案。

今江西省光绪二十七年秋审，据按察使柯逢时、布政使张绍华等核拟详送前来。臣随督同按察使柯逢时、布政使张绍华等，仰体圣主慎重刑狱至意，谨将解省应行留养人犯万柳根一起、计犯一名情罪细加会核推鞫，拟以缓决，开列略节清单，敬呈御览，并将略节清册分送部科道院外，臣谨会同两江总督臣刘坤一恭折具奏，伏乞皇太后、皇上圣鉴,敕部核议施行。谨奏。光绪二十七年五月十五日。

朱批:“刑部议奏,单并发。”

中国第一历史档案馆藏“宫中档案全宗·朱批奏折”,

档号:04—01—01—1049—059

094. 江省秋审人犯在监病故汇奏折

光绪二十七年五月十五日(1901年6月30日)

江西巡抚臣李兴锐跪奏,为江省秋审人犯在监病故,由题改奏,恭折具陈,仰祈圣鉴事。

据按察使柯逢时详称,窃照酌归简易条款内开:监候斩、绞人犯病故者,每岁于四月内、秋审以前查叙各案罪由,开具管狱官职名汇题,一面即于秋审本内开除。又准刑部咨,本年秋审限期已届,自未便拘泥旧章,致多窒碍,应令将本届应题秋审案件一律改为具奏各等因。遵照在案。

兹查江西省光绪二十七年秋审,有旧事秋审缓决九次之弋阳县绞犯汪蕾仂、乐平县绞犯马怀鸡么,又光绪二十年新事秋审缓决七次之鄱阳县绞犯汪璧训,又二十三年新事秋审缓决四次之万年县绞犯王薪忆,又二十四年新事秋审缓决三次之新昌县绞犯熊丙,又二十五年新事秋审缓决二次之永丰县绞犯吴黑生、武宁县秋审缓决二次之绞犯余菖溃,又二十六年新事秋审缓决一次之义宁州绞犯温浣汏,均据各县先后详报在监病故,饬取各图结,开列管狱官职名,详请咨报。除于秋审本内开除外,相应摘叙事由,造具清册,查照新章,由题改奏,详请具奏前来。臣覆核无异,除清册咨送刑部外,理合恭折奏闻,伏乞皇太后、皇上圣鉴。谨奏。光绪二十七年五月十五日。

朱批："刑部知道。"

中国第一历史档案馆藏"宫中档案全宗·朱批奏折"，

档号：04—01—01—1049—057

095. 补用知县谢起源、试用知县盛时赓试看期满请留江西补用片

光绪二十七年五月十七日(1901 年 7 月 2 日)

再，前准部咨，嗣后道府州县，无论劳绩、捐纳各项人员，应于到省一年后，察看考核，分别补用等因。兹查有候补班补用知县谢起源、议叙试用知县盛时赓，均经试看一年期满，据藩司张绍华会同臬司柯逢时详请留省补用前来。臣详加察看，候补班补用知县谢起源志趣端正，议叙试用知县盛时赓稳慎耐劳，均堪留省补用，相应请旨，准其留于江西照例补用。理合会同两江总督臣刘坤一附片具陈，伏乞圣鉴。谨奏。

朱批："吏部知道。"

《光绪朝朱批奏折》第 16 辑，第 258 页

096. 江西南昌等县猝被水灾筹办赈抚折

光绪二十七年五月十七日(1901 年 7 月 2 日)

江西巡抚臣李兴锐跪奏，为江西南昌等县猝遭水灾，谨将查办拯济情形恭折具陈，仰祈圣鉴事。

窃照江西省自本年五月初一日以后，大雨滂沱，连宵达旦，河水宣泄不及，陡成巨涨。初八、九等日，东河抚、建之水奔腾而下，

势甚汹涌，西河吉、赣之水亦相逼而至，均汇于省河，以至骤涨二丈有馀，城厢内外低洼处所均有积水二三尺不等。先经臣派人四出巡视，南昌、新建两县沿河各处圩堤多有被水漫溢，田庐皆在水中，居民避居屋顶楼房，或聚于未没之沙洲，四顾茫茫，无舟济渡，情殊堪悯，当饬江军、内河两水师分拨巡船，携带面饼前往施食。嗣因水势日盛，复雇募民舟，用轮船拖带，驶赴各处，将被水居民救出带省，于城上及各处高厂庙宇暂行栖止。并督商司道，在省城四隅设立急赈局四所，又于城内适中之地立一总局，委督粮道刘心源督办赈抚诸事，派定委员、绅士分驻各局，先将省仓积谷开办平粜，以济贫民。一面饬令各该府县查明城乡溺毙人口、冲倒房屋、淹坏田禾，妥筹抚恤，一俟天色晴明，即将冲决圩堤疏消积水，赶紧修筑，补种晚禾。至上游抚、建等府及下游南康等府所属地方，被灾必复不轻，因连日大雨，驿路梗塞，且事在仓猝，数日之间，尚未接各该府县禀报。已饬藩司委员驰往，会同各地方官赴乡查勘受灾轻重，分别抚恤，或筹款修堤，以工代赈。应俟覆到，再行奏明办理。

臣细加体察，江西自丁酉、己亥两被水灾，上年复遭夏水秋旱，小民困苦，实已不堪。今岁四月以前，雨旸时若，禾实秀发，再历半月，即届收获之期，满望早稻丰收，穷黎有赖，不图遽遭此变，凡被水田亩，均已颗粒无收。此皆由臣奉职无状，不能感召天和，午夜思维，惶悚无地，惟有实心实力，督属确查抚恤，以冀稍资补救。现将臣积存廉俸凑集银五千两，并由藩司张绍华捐廉银三千两，臬司柯逢时、督粮道刘心源各捐廉银二千两，共捐集银一万二千两，即日委员分赴汉口、芜湖采办米石，运回赈济。其馀需用赈款，仍随时妥为筹办，总期蚩蚩之氓，不至流离失所，仰副圣主轸念民瘼之至意。再，现在天色，五月十六、十七两日均已晴霁，如不再降大雨，积水自可逐渐退消，不致更有意外之虞，合并陈明，仰慰圣廑。

所有江西南昌等县猝被水灾，筹办赈抚缘由，理合恭折具陈，伏乞皇太后、皇上圣鉴训示。谨奏。光绪二十七年五月十七日。

朱批："南昌各属猝被水灾，览奏殊堪悯恻，着即督饬所属认真筹办赈抚，毋任流离失所。"

《光绪朝朱批奏折》第32辑，第170—171页

097. 奏报长江水师提督黄少春照章巡阅江西水师情形片

光绪二十七年五月十七日（1901年7月2日）

再，查长江水师提督定章，以半年驻下江，半年驻上江，周历巡查，历经遵办在案。兹提督臣黄少春由镇江上巡，行抵江西，于四月十六日校阅湖口镇标中营，并阅吴城营、饶州营水操陆阵，便道察看鄱阳湖支流港汊。四月二十三日到江西省城，与臣面商一切，随即起行上驶，按营校阅，请循例会奏等情前来。所有照章巡阅江西水师缘由，谨会同长江水师提督臣黄少春附片具奏，伏乞圣鉴。谨奏。

朱批："知道了。"

《光绪朝朱批奏折》第53辑，第237页

098. 江西筹解光绪二十七年第一批筹备饷需银两片

光绪二十七年五月十七日（1901年7月2日）

再，前准户部咨，奏拨二十七年分筹备饷需一折，指拨江西省银二十四万两。即经行据司道具详，以司库无力全筹，拟援照筹解甘饷成案，在于司库地丁厘金项下筹解三分之二银一十六万两，道

款钱粮内拨解三分之一银八万两，查照定章，奏报在案。嗣于本年四月初六日准行在户部电开：京师需款甚急，各该省关即在本年应解筹备饷需项下，按原拨数目先提一半解沪，转汇赴京等因。又经转行司道，遵照筹解去后。

兹据督粮道刘心源详称，遵即于光绪二十六年道款钱粮项下动放银四万两，作为奉拨二十七年第一批筹备饷需银两，遴委候补知县汪培领解，于二十七年五月十六日起程，由水路至九江附搭商轮，赴江海关道衙门交收转汇。除由道给发该委员往来川资及轮船、保险、水脚等费银三百三十六两外，详请奏咨等情前来。臣覆核无异。除饬赶紧续筹委解，并咨户部外，所有奉拨辛丑年筹备饷需第一批，动放道库钱粮银两，委员解赴江海关道交收转汇京城缘由，理合附片陈明，伏乞圣鉴。谨奏。

朱批："户部知道。"

《光绪朝朱批奏折》第62辑，第422页

099. 奏报光绪二十六年上半年江西加抽二成茶税糖厘及烟酒厘金银钱数目折

光绪二十七年五月十七日（1901年7月2日）

江西巡抚臣李兴锐跪奏，为查明江西加抽二成茶税糖厘及烟酒厘金银钱数目，恭折具陈，仰祈圣鉴事。

窃查前准军机大臣字寄，光绪二十年八月二十三日奉上谕："户部奏茶叶、糖斤加厘，土药行店捐输，均着照所请，认真举办，严饬所属妥慎经理。"等因。钦此。当经行局钦遵办理。嗣又于光绪二十一年六月初六日奉上谕："户部奏需饷孔殷，重抽烟酒税厘，着实力举行,妥速筹办。”钦此。复经钦遵转行。查照所有江西各局卡,自光绪二十年十月起征收土药店捐输并加成茶税糖厘,又二十一年十一月起加成烟酒厘金,均经截至二十五年十二月底止,先后造册,详经具奏各在案。

兹据总理江西牙厘局、布政使张绍华详称,查光绪二十六年正月起至六月止,各局卡共收二成茶税银二万七百九十二两八钱四分一厘七毫,共收二成糖厘钱五千二百串九百三十一文,共收二成烟厘钱一千一百一十九串三百四十三文,共收二成酒厘钱四百七十八串一百八十五文。总共收银二万七百九十二两八钱四分一厘七毫,又钱六千七百九十八串四百五十九文,随时按照市价,以半年均匀牵算,每足钱一千文合易库平银七钱,共易换库平银四千七百五十八两九钱二分一厘。银钱并计,共合收银二万五千五百五十一两七钱六分二厘七毫,业经悉数汇解藩库,另款存储,听候拨用。合将征收加抽茶糖烟酒税厘数目开造清册,详请具奏等情前来。

臣覆核无异。除将清册咨送京城户部查核外,所有二十六年上半年抽收加成茶糖烟酒厘金银钱数目,理合恭折具陈,伏乞皇太后、皇上圣鉴训示。谨奏。光绪二十七年五月十七日。

朱批:“户部知道。”

《光绪朝朱批奏折》第78辑,第397—398页

100. 奏报光绪二十六年上半年江西抽收支解厘税银钱数目折

光绪二十七年五月十七日(1901年7月2日)

江西巡抚臣李兴锐跪奏,为查明光绪二十六年上半年江西抽

收支解厘税银钱数目,恭折缮单具陈,仰祈圣鉴事。

窃照同治七年十月十五日钦奉上谕:“户部奏统筹军需全局,并遵议胡大任条陈一折,其厘金报部章程,着照两淮盐厘格式,每年分两次奏报,以归简易。”等因。钦此。又钞奏内开:两淮盐厘款式,止开收支各款总数,不开琐碎细数,最为简明。嗣后各省盐厘、货厘,务仿照两淮盐厘报部格式,每年分作两次,以六个月为一次,开单奏报。又光绪十年正月内准户部咨,应于次年正、七两月内,将上年收支厘金各奏报一次各等因。均经遵照办理。所有光绪二十五年下半年并以前各年收支厘金数目,俱已分次开单具奏各在案。

兹据总理江西牙厘总局布政使张绍华详称,自光绪二十六年正月起至六月底止,各局卡共收茶货并土药税厘银二十九万二两零、制钱四十万五千五百九十串零,又收米谷厘金银一万九千八百五十四两零、制钱三万四千八百四十串零,总共收银三十万九千八百五十七两零、制钱四十四万四百三十串零。随时按照市价,以半年均匀牵算,每足钱一千文易库平银七钱,共易库平银三十万八千三百一两零。银钱并计,共合收银六十一万八千一百五十九两零。合将二十六年上半年各局卡抽收茶税货厘银钱及土药税厘并米谷厘金各细数,暨委员职名、裁减各局卡委员二成薪水银数,开造清册,详请具奏。并据声明,前项银两内,除土药税厘银六千八百九十九两零解存藩库转解,所有货厘除解交副税务司代收银六万九千三百两外,其馀银两均经汇解藩库充饷,应由藩库汇案报销。又本上半年留外办公经费银三万一千四百七十一两零,系在茶货、土药税厘收数内提用,并未在拨归洋款内扣留。又米谷厘金,业经另款解存藩库,归还英、法、俄、德四国借款等情前来。

臣覆核无异。除将清册咨送京城户部查核外,理合恭折奏报,并缮清单,敬呈御览,伏乞皇太后、皇上圣鉴训示。谨奏。光绪二十七年五月十七日。

朱批:“户部知道,单并发。”

《光绪朝朱批奏折》第78辑,第398—399页

101. 江西筹解光绪二十七年汇还英德借款第二批银两片

光绪二十七年五月十七日(1901年7月2日)

再,前准户部咨,每年应还俄法、英德两款本息,数巨期促,开单具奏,由部库及各省关分别认还一折,光绪二十二年五月初八日具奏,奉旨:“依议。”钦此。计单内开:英德一款,由地丁等款项下指拨江西银十四万两,每年匀分四次,于二、五、八、冬四个月解赴江海关道交纳,不得稍有延欠。嗣又准咨,镑价昂贵,原拨银数不敷,奏明照案酌量加拨,计英德借款自光绪二十六年起加拨银三万五千两,随同匀解各等因。业经行据藩司将光绪二十二年起至二十七年二月止应解银两,按期照数发交商号,并委员解交江海关,先后详经奏咨在案。

兹据布政使张绍华详称,本年五月应解英德借款银两,现于司库提存各属解到丁漕钱价平馀项下动放银二万六千八十二两八钱二分六厘,米谷厘金项下动放银八千一百一十一两六分八厘,又动放二十六年加成茶税银五千五百五十六两一钱六厘、加成糖烟酒厘银四千两,共银四万三千七百五十两,作为光绪二十七年奉拨江西应解英德借款第二批银两,发交蔚长厚、新泰厚、蔚盛长等商号,于二十七年五月十三日赴库请领,限五月二十八日汇赴江海关道

衙门投交兑收，并给汇费银四百三十七两五钱等情，详请奏报前来。臣覆核无异。除饬依限汇解交收，并咨户部暨总理各国事务衙门查照外，所有江西司库筹解二十七年奉拨应解江海关汇还英德借款第二批银两交商汇兑缘由，理合附片陈明，伏乞圣鉴。谨奏。

朱批："该衙门知道。"

《光绪朝朱批奏折》第83辑，第395页

102. 江西筹解直隶供支回銮大差第一批银两片

光绪二十七年五月十七日（1901年7月2日）

再，光绪二十七年四月初六日准直隶督臣李鸿章电开：臣民仰望回銮，和议渐有端绪，惟直隶兵燹之馀，民穷财尽，桥梁道路、行幄驿馆皆须创建，实难措手，拟恳赣省筹借银十万两，分四、六、八月三次汇沪，转汇来直，以便供支大差，仍自明年起分十年由直匀还，或即抵扣协饷等因。臣当以事关回銮大差，无论江西库款如何支绌，均应竭力筹措，即经行司移道，查照分筹凑解去后。

兹据布政使张绍华详称，现于司库光绪二十七年地丁项下动放银二万两，并移准粮道解到筹拨道库银一万三千三百两，共银三万三千三百两，作为江西筹借直隶供支回銮大差第一批银两，饬令捐升知县汪承豫，于二十七年五月十三日赴库请领，限五月二十六日解至江海关道衙门交收，转汇直隶，掣批回销。除由司给发该委员川资及轮船、保险、水脚等费银二百八十两外，详请奏咨等情前来。除分别咨明并饬将其馀银两续筹拨解外，所有江西筹解直隶供支回銮大差第一批银两委员解沪转汇缘由，理合附片陈明，伏乞圣鉴。谨奏。

朱批："户部知道。"

《光绪朝朱批奏折》第89辑，第344页

103. 奏请将查恩绥补授江西盐法兼巡瑞袁临道折

光绪二十七年五月十七日(1901年7月2日)

两江总督臣刘坤一、江西巡抚臣李兴锐跪奏，为请补道员，以裨地方，恭折具奏，仰祈圣鉴事。

窃照盐法兼巡瑞袁临道春顺，于光绪二十七年正月初九日接准行在吏部咨，内阁钞出光绪二十六年十二月十六日奉上谕："浙江宁绍台道员缺，着春顺调补。"钦此。应以奉旨后第五日行文，按江西省照限六十日减半计算，例应以二十七年正月二十一日作为开缺日期。所遗盐法兼巡瑞袁临道系冲、繁二项相兼中缺，即经查照定例，以江西省现有应补人员，咨部扣留外补在案。查同治八年七月吏部奏定章程内开：嗣后道府丁忧遗缺，应将候补班前与候补正班，均由该督抚酌量请补。又同治十二年八月奏定章程内开：嗣后各省道府部选缺出，俟本省留补二次，即应咨送归部铨选一次，以三缺为一周，不得参差搀越各等因。今春顺奉特旨调补宁绍台道。查例载：特旨升调所遗各选缺，有经督抚咨请扣留者，总以接到部文后，始准扣留，仍以原奉旨后五日行文，按接到部文之日作为开缺日期等语。江西省自奉到留补送选新章，留补二次后，已将光绪二十三年三月裕昆病故第三次出缺咨送归部铨选，今此缺遵照留补送选新章，部选后系第一次出缺，业经咨明吏部，照例扣留外补。

查有广信府知府、在任候补道查恩绥，年五十六岁，顺天府宛平县人,由附贡生中式同治六年丁卯科举人,遵例报捐内阁中书,七年到阁行走,十年充本衙门撰文,十三年充国史馆校对官。光绪二年充实录馆详校官,兼管稽察房事务,充文渊阁检阅。五年九月,管理诰敕房事务,兼办中书科诰敕事务。十二月,国史馆《臣工列传》告成,保奏,奉旨:"着随带加三级。"是月,实录庆成,保奏,奉上谕:"着以侍读遇缺即补,先换顶戴,并随带加三级。"六年五月,丁母忧开缺。七年七月,国史馆《本纪》告成,保奏,奉上谕:"着俟补侍读后赏加四品衔,并随带加三级。"八年八月,服阕。九年六月,补中书缺。十一年十二月,管理汉本堂事务。十二年五月,俸满截取,奉旨:"记名内用。"十一月,充玉牒馆帮纂修官。十三年十二月,玉牒告成,交部从优议叙。十四年,京察一等,引见,奉旨:"记名以同知用。"十五年二月,充方略馆详校官。是月,因恭办大婚礼成,保奏,奉旨:"赏戴花翎。"十二月,丁忧开缺。十八年,服阕,九月充会典馆协修官,旋补中书缺。十九年四月,题管典籍。七月,升补侍读。二十年,京察一等,引见,奉旨:"记名以道府用,召见一次。"五月,《方略》告成,保奏,奉上谕:"着俟得知府后,在任以道员遇缺即补,并加三品衔。"二十一年,充会典馆纂修官。二十二年十一月初三日奉上谕:"补授江西广信府知府,召见一次。"领凭起程,光绪二十三年四月二十六日到任。二十四年正月,接准吏部咨文,查该员系由内阁侍读保俟得知府后在任以道员遇缺即补之员,补授广信府知府,自应以该员二十三年四月二十六日到广信府任之日,作为候补道员到省日期。又前充会典馆纂修官,因全书过半出力保奏,请俟得道员后赏加二品衔,于二十四年三月二十二日钦奉谕旨:"着照所请奖叙。"钦此。光绪二十四年十二月间,经臣刘坤一奏保,奉朱批:"着交军机处存记。"钦此。二十六年闰八月，经前抚臣松寿奏保送部引见，破格录用，奉朱批："着照所请。"钦此。又因拿获会匪出力奏保，奉朱批："着交军机处存记。"钦此。曾任实缺，毋庸试看甄别。现调署南昌府知府印务。该道精核明慎，识力超卓，以之酌补江西盐法道，洵堪胜任，与例亦属相符，据藩司张绍华、臬司柯逢时会详请补前来。

合无仰恳天恩，俯准将查恩绥补授江西盐法兼巡瑞袁临道。如蒙俞允，该道系在任候补道员请补盐道，例不核计参罚，容俟接准部覆，照例给咨引见。至所遗广信府知府员缺，系冲、繁、疲、难四项兼全最要缺，例应由部请旨简放。此案藩司于光绪二十七年五月初七日出详，合并陈明。臣等谨合词恭折具奏，伏乞皇太后、皇上圣鉴训示。谨奏。光绪二十七年五月十七日。

朱批："吏部议奏。"

《光绪朝朱批奏折》第16辑，第252—255页

104. 候补知府承恩试看期满请留江西补用折

光绪二十七年五月二十五日（1901年7月10日）

江西巡抚臣李兴锐跪奏，为候补人员察看期满，照章甄别，恭折具奏，仰祈圣鉴事。

窃查前准部咨，嗣后道府州县，无论劳绩、捐纳各项人员，应于到省一年后察看考核，分别补用等因。兹查有候补班补用知府承恩，试看一年期满，应行照章甄别，据藩司张绍华会同臬司柯逢时详请留省补用前来。臣详加察看，候补班补用知府承恩，笃实敏练，堪以留于江西补用，相应请旨，留于江省照例补用。谨会同两江总督臣刘坤一恭折具奏，伏乞皇太后、皇上圣鉴。谨奏。光绪二

十七年五月二十五日。

朱批:“吏部知道。”

《光绪朝朱批奏折》第16辑,第270页

105. 委任姜秀澜署理袁州府知府等事片

光绪二十七年五月二十五日(1901年7月10日)

再,署袁州府知府阮贞瑞,署事已逾一年,经臣撤省另候差委。所有该府印务,查有现署广信府事候补知府姜秀澜,朴实廉明,堪以调署。递遗广信府知府印务,查有候补知府任贵震,廉毅有为,堪以署理。又调署建昌府事、正任抚州府知府陈振瀛,患病请假,回省就医。所有建昌府印务,查有试用知府赵于密,遇事精审,堪以署理。据藩司张绍华会同臬司柯逢时具详前来。除分檄饬遵外,谨会同两江总督臣刘坤一附片陈明,伏乞圣鉴。谨奏。

朱批:“吏部知道。”

《光绪朝朱批奏折》第16辑,第271页

106. 奏报江西光绪二十六年地丁等款钱粮奏销未完一分以上各员名折

光绪二十七年五月二十五日(1901年7月10日)

江西巡抚臣李兴锐跪奏,为江西省办理光绪二十六年地丁等款钱粮奏销,将经催、经征、接征未完一分以上各员名,遵照新章,开列清单,恭折具陈,仰祈圣鉴事。

窃查前准户部咨,具奏时事艰难,亟应筹备饷需一折,光绪六年正月二十五日奉上谕："户部奏筹备饷需一折，该部所请严核各项奏销，系为裕饷源、除积弊起见，着照所议办理。"等因。钦此。计原奏条款内开：一、严核各项奏销，以地丁为大宗，应请自此次奏准后，所有钱粮奏销，各依定限，令各该督抚一面具题，一面先将未完一分以上各员名开具简明清单，专折奏报，由部核定处分，先行覆奏。又于光绪十二年七月内接准户部咨，各省钱粮分数奏报稽迟，奏请将各项具题之限，作为奏报未完分数之限，如奏报逾限系司道府州县卫等官承办迟延所致，应令督抚于折内据实声明，由部奏请议处。又于光绪十二年十月内接准户部咨，嗣后州县等官经征正耗钱粮，奏明悉照江苏办法，以实征、起运、存留银数作为十分计算，若有未完，按照分数查参，不准将存留数目剔除，亦不准将缓征数目附列已完项下。即自光绪十三年开报十二年地丁未完一分以上职名并本案奏销起，遵照办理各等因。当经行司查照。旋据前藩司以江西地丁奏销例限五月底截数造报，部定新章饬将未完一分以上职名提前于五月底先行奏报，应将奏销提前截数查办，以副五月底奏报之限。业据将光绪二十五年奏销提前于三月底截数开揭，详经具奏各在案。

兹据布政使张绍华详称，查办光绪二十六年分地丁、民屯钱粮奏销，循旧于三月底截数，遵照新章，剔除缓征，以实征、起运、存留银数作为十分计算，除将地丁实征、起存及屯粮、屯丁等项已、未完支解数目查造奏销黄清各册，并经催、经征各官已、未完分数职名揭帖另行详请奏咨外，所有二十六年地丁、屯粮丁各银两未完分数，司府州县正署各官经接催征不力及督催职名，开具揭帖，详奏前来。臣覆核无异。除将揭帖咨送户部外，理合恭折具陈，并遵新章，将未完一分以上各员名开列简明清单，敬呈御览，伏乞皇太后、皇上圣鉴。再,此案于光绪二十七年五月十七日据藩司详到,臣于五月二十五日出奏,系在限内,合并陈明。谨奏。光绪二十七年五月二十五日。

朱批:"户部议奏,单并发。"

《光绪朝朱批奏折》第68辑,第655—656页

107. 奏报江西省光绪二十七年四月分粮价及雨水情形折

光绪二十七年五月二十五日(1901年7月10日)

江西巡抚臣李兴锐跪奏,为恭报光绪二十七年四月分粮价及地方雨水情形,仰祈圣鉴事。

窃照江西省光绪二十七年三月分市粮价值并雨水情形,业经臣恭折奏报在案。兹据布政使张绍华查明通省光绪二十七年四月分米、麦、豆各项粮价,开单汇报前来。臣逐加查核,南昌等十四府州属米、麦、豆各项价值均与上月相同,省城及各属地方四月内雨泽调匀。惟据进贤县禀,三月中、下两旬并四月初旬,大雨连朝,水势加涨,各乡低田均被淹浸,早禾未能一律布种等情,当经臣批饬赶紧疏消积水,及时补种晚禾,以冀有秋。此外各属,菜麦收割,早禾长发,惟南昌等县五月初旬雨水过多,间有被水成灾,业将赈抚情形专折奏报。所有五月分雨水、粮价,容俟另行陈奏。至各属民情,均皆安谧,堪以上慰圣怀。理合恭折具陈,并缮具四月分粮价清单,恭呈御览,伏乞皇太后、皇上圣鉴。谨奏。光绪二十七年五月二十五日。

朱批:"知道了。"

《光绪朝朱批奏折》第96辑,第898页

108. 江西筹解光绪二十六年第七批甘肃新饷折

光绪二十七年五月二十五日(1901年7月10日)

再,查前准户部咨,奏拨光绪二十六年分甘肃新饷案内,指拨江西省银三十六万两。当经行据司道会详,援照历办成案,于司库地丁厘金项下筹解三分之二银二十四万两,道库漕项等款钱粮内拨解三分之一银一十二万两,业由司、道两库先后四批解过银二十万八千两,又由甘饷内借拨陕西济用解过第五批银五万两,又第六批解过甘肃银五万两,详经奏咨各在案。

兹据藩司张绍华详称,于司库光绪二十七年地丁项下动放银四万二千两,又移准粮道,再由道库筹拨钱粮银一万两,共银五万二千两,作为奉拨光绪二十六年第七批解清甘肃新饷,饬令蔚丰厚商号于二十七年五月二十八日具领,限一百四日汇赴陕甘督臣衙门,发库兑收。所有前项银两,系照部咨,按甘肃库平动放,其馀平银两,已遵照扣存。至解此批甘肃新饷银两职名,系江西布政使张绍华筹解银四万二千两,前署江西督粮道、试用道黄心蕖筹解银一万两,合并声明等情,详请奏咨前来。

所有江西省筹解奉拨甘肃光绪二十六年新饷第七批解清银两并筹解职名,理合附片陈明,伏乞圣鉴。谨奏。

朱批:"户部知道。"

《光绪朝朱批奏折》第89辑,第347—348页

109. 江西教案一律完结情形折

光绪二十七年五月二十五日(1901 年 7 月 10 日)

江西巡抚臣李兴锐跪奏,为江西教案一律完结,谨将办理情形恭折具陈,仰祈圣鉴事。

窃江西教案,前经臣于本年二月十二日将委员查办大概情形专折奏报,并声明业经勒限,通省均于三月内一律结清,不准再有延宕在案。综计各属拆毁教堂之案,惟饶、建两府最巨,先经责成江苏候补道钱德培在九江会同广饶九南道明徵,与法主教和安当、郎守信等议办。该主教等先索赔款多至六十馀万,又开具应办绅犯多至二百五十馀名,均指定正法、军遣罪名,并谓必须惩办定案及将地方官参办,方能议及赔款。饶州民风本最浮动,绅民骤闻此信,内不自安,谣言纷起,本年二月间,竟有聚众与府县教士为难之说。而建昌府属之南城、南丰等县,上年本有设立通知会名目,闹教皆此辈匪徒所为,亦同时有蠢动之信。臣闻报,立即饬派总兵王心忠酌带所部江安军一营,驰往饶州驻防弹压,并饬参将傅建德督率所部绥字营分防南丰、南城等处,又饬派刚字营防勇二百名前赴南丰县属之潋溪地方,为保护教堂、防缉匪犯之用。一面飞饬各地方官,开导绅耆,约束子弟,告以现在先行开议赔款,其应拿之犯,均俟赔款定后,秉公办结,断不能累及无辜,并严禁各属,不得将教案赔款科派地方,重增民困。于是人心稍帖,虽有一二刁绅悍匪,无从煽动。复饬钱德培等悉心酌议,将赔堂、办犯及审断民教词讼分为三事,次第婉商。

其时,臣所劾办理教案不善各员,均已钦奉谕旨,分别革职撤任,该主教始无异言,允将赔款酌减。而前此饶州闹教风声传至上海,法总领事辄请水师提督以兵轮来驻九江,意存恫喝,又经臣及两江督臣刘坤一先后电商法总领事,嘱其传知主教,和平商办。该道等复与之百计磋磨,始将饶州、建昌等府上年拆毁教堂,议定总共赔银三十六万两,以本年六月、九月、十二月、来年三月为期,每期付银九万两,另南昌、瑞州、临江三府教堂共赔银一万五千两,限本年五月底付清,均由该道等书立印票,交执该主教。复以上年护主教陶文膳曾在饶州被伤,将来建复饶、建两府教堂,必须请用"敕建"字样,并于省城购地一区,以六百方丈至九百方丈为度,又在饶州府城购置民房一所,以为开设学堂之用,非此则赔款万难照议。臣以该主教请用"敕建"字样,欲仰藉天威,以隆保护之名,而杜滋扰之患,具有仰戴朝廷之意,光绪二十三年山东曹州教案曾由总理衙门奏请用"敕建天主堂"五字匾额,有案可援,际此时事多艰,亦不能不委曲求全,许为奏请。至省城地段,已饬据洋务局司道会商在省诸绅,勘得进贤门内松柏巷旧贡院有地一区,堪以购给。当电饬该道等即为书立合同,就此议结。

此外,吉安府属庐陵县教堂赔款亦最轇轕,皆由在事各员议办不善。臣前参劾庐陵县知县冯兰森折内,已据实指陈。嗣复严饬吉南赣宁道贺元彬,将该道所属教案就近与法主教顾其衡议结,电札交催,劝诫并用,始于三月内据贺元彬禀报,庐陵一县拆毁教堂议定赔款银十三万三千两,其馀各属教堂亦均逐一议赔,多者三五万元,少或千数百元不等。

合计通省拆毁法教堂二十九所、英教堂三所、美教堂五所、德教堂二所,合计教堂三十九所,又法经堂十九处,书馆、医馆、育婴堂三处,英经堂一处,通共议给赔修款项,法天主教占银五十一万六百五十两又九万五千六百九十四元，英、美、德之耶稣福音堂共占银四万三百七十一元又钱五百二十五千四百二十七文。此办理教堂赔款之情形也。

至教民具控被抢、被诈之案，臣于正二月间检齐档册稽核，约有八九百起。嗣经分派委员，驰赴各府县，会同地方官、教士逐一商议，又据教士开单指报七百馀起，合共一千六百三十三起。尚有仅列村户或约指大数，并无原被姓名者，又约六百馀起。此皆法天主教民之案。另英、美两教控案五十八起，亦于三月内一体议结。除由地方官传集，就两造供情讯断者不计外，统共各属教民讼案，应给法天主教恤款银二十六万五千三百八十四元又三百六十两钱三千八百四十二千一百三十八文，另英、美两教恤银七千二百十三元钱四百三十千文，俱均已逐县分立合同，声明所有光绪二十七年三月以前之案，无论已控、未控，均一概结清，不得再藉旧事翻讼。其应办人犯，上年饶州府浮梁县拿获拆毁教堂匪首许豆豉、万之选、徐四喜、洪金德、周玉发、倪丁仂六名，均经前抚臣松寿批饬就地正法。又南安府属南康县获匪苏家训、廖南斗、邱六狗子三名，讯系鸣锣纠众、首先滋事之犯，亦经臣批饬正法，以昭炯戒。其馀各县所获职员、生监人犯，或经奏革，或予斥革衣顶，罚停乡试，及分别监禁枷责，交保管束，均与议明，悉听地方官照例办理，教士不再过问。惟尚有未获者一百馀名，仍议明须由地方官照例拘究。法主教和安当等并指明拿获情重者，南丰县应定以正法二名、充发四名，南城县及鄱阳县各正法一名、充发二名，有控涉命案者，照例拟抵。现经严饬各属认真查拘，俟讯实定案，查明应奏、应咨，分别办理。此议结控案及惩办绅犯之情形也。

以上所需赔款，约计修教堂者六十万两有奇，恤教民者二十万两有奇,均立定限期过交。江省入款岁不敷支者甚巨,一经提给,则应解、应支一切正供无从挹注,势必致顾此失彼,派之地方,则民教仇怨更深,难免后患。臣与司道再四熟筹,议借洋款八十万两以资应付,随后再由外分年筹还。当于本年四月初六日将议借洋款及建昌、饶州两处教堂请用"敕建"匾额各缘由,电请军机大臣代奏,并请将上年奏办筹饷捐全数提归外用,藉以清还洋债。随于四月初八日承准军机大臣回电内开:鱼电已进呈。所有办结教案、建堂偿款各节,面奉谕旨:"均照所请行。"钦此。臣当即饬司委员赴沪商借洋款,无如各洋商均须指定的款作抵,方允商议,而江省岁入丁漕厘税均关系正供,万无指抵洋债之理,不得已电饬江海关道袁树勋代为商借,迄今仍无成议。至于筹饷捐款,自上年开办,仅收捐银数万两,早已提支军饷,虽蒙天恩准其全留外用,而收数多寡,目前尚无把握。转瞬即届应付之期,臣督同司道筹商,只得先就库款挪移凑拨,一面设法筹借,并将筹饷捐饬属上紧劝办,以备归还库款。

并据司道详称,此次赔修教堂,数逾六十万两,款巨期迫,固难责诸地方官,若教民词讼,本属地方官应办之事,当时既不能随到随结,以致积压累累,滋成事端,照例本应责令分赔,今虽议借洋款,将来尚须筹还,筹饷捐既不足恃,自应将教案恤款仍责成分认,合计通省虽有二十馀万,而分归各属,其数即不见多等情前来。臣复细加体察,饬令酌定限制,凡已参革者,所赔最多以二千五百元为度,仅止开缺、并未去官不妨略多,仍以不过五千元为度。除各员分认之外,尚有不敷,即先由公家提付,分归各缺按年摊还,亦定以限制,每年所摊不过二千五百元。如此分别摊占,于惩儆之中,仍寓有体恤之意,各员当不至力不能任。惟本缺流摊之款,仍应严为申明,不得藉此苛派闾阎,已分饬遵照去后。

所有江西办结教案情形，理合将赔恤款目恭缮清单，会同南洋大臣、两江督臣刘坤一恭折具陈，伏乞皇太后、皇上圣鉴训示。谨奏。光绪二十七年五月二十五日。

朱批："着照所请，该部知道。"

《光绪朝朱批奏折》第120辑，第359—363页

110. 汇奏江西省光绪二十六年冬季分委署代理知县印务各员片

光绪二十七年五月二十七日[①]（1901年7月12日）

再，案准吏部咨，钦奉上谕："嗣后各省州县，无论奏调、委署、代理，着每届三月汇奏一次。"等因。钦此。钦遵在案。兹据布政使张绍华详称，光绪二十六年冬季分奏调、委署、代理知县印务，所有南康县知县孔昭珍委署新建县知县，试用知县刘昌言委署南城县知县，试用知县周衍祐委代雩都县知县，试用知县王万育委代高安县知县，试用知县应衷〔委〕署（邻）〔鄱〕阳县知县，大挑知县周景祁委代丰城县知县，试用知县刘芳委代龙泉县知县，候补知县何文光委署雩都县知县，试用知县樊恭慈委署石城县知县，共九员，造册具详前来。臣覆核无异，除清册咨部外，理合附片具陈，伏乞圣鉴。谨奏。

六月初九日奉朱批："吏部知道。"钦此。

《申报》光绪二十七年八月初八日（1901年9月20日）第10210号第12版《奏疏汇录》

---

① 原无具奏日期，此据中国第一历史档案馆藏"宫中档案全宗·朱批奏折"目录（档号：04—01—12—0604—050）。

111. 汇奏江西省光绪二十六年冬季分暂时署理知县印务各员片

光绪二十七年五月二十七日(1901年7月12日)

再,案准部咨,各省委署丞倅等官及试用州县委署员缺,系暂时署理者,与实缺调署不同,均毋庸附折具奏,令各该督抚按季恭疏具题。其实缺州县调署,仍照例随时具奏等因。兹据布政使张绍华详称,光绪二十六年冬季分,有因事故知县离任,所遗印务系属委员暂时署理,所有试用知县刘昌言委署南城县知县,试用知县应衷委署鄱阳县知县,候补知县何文光委署雩都县知县,试用知县樊恭慈委署石城县知县,共四员,造册具详前来。臣覆核无异。除清册咨部外,此案遵照新章,改题为奏,理合附片陈明,伏乞圣鉴。谨奏。

朱批:"吏部知道。"

《光绪朝朱批奏折》第16辑,第277页

112. 光绪二十六年分九江关烧造大运琢圆及传办瓷器缮造黄册呈览片

光绪二十七年五月二十七日(1901年7月12日)

再,据九江关监督明徵详称,每年九江关烧造大运琢圆及传办瓷器,向造件数黄册,恭呈御览。兹查光绪二十六年分烧造大运上色琢器八十件、上色圆器一千二百四件,又奉旨传办赏用金花细彩琢圆各瓷暨内务府札饬传办瓷祭器,共计上色三千九百二十件,均于是年十月内一律烧造齐全,解存该关署中。共支给物料、工价等项银四万五千九百二十五两八钱五分一厘四毫五丝二微,除动用例支窑工银一万两外,尚不敷银三万五千九百二十五两八钱五分一厘四毫五丝二微,循照旧章,在于盈馀项下动支凑发。正在起运间,旋准行在内务府电:二十六年分大运各瓷器,暂行停解,听候传用,再行起运等因。除将上项存交瓷器俟运交时照章造具工料细册,送呈内务府暨户部核销外,所有缮造已成候解各项瓷器名目、件数黄册,理合详请代奏等情前来。臣覆核无异,理合附片陈明,并将黄册一本,敬呈御览,伏乞圣鉴。谨奏。

朱批:"该衙门知道,册并发。"

《光绪朝朱批奏折》第101辑,第559页

113. 委任戚扬署理南昌县知县、张簪署理东乡县知县片

光绪二十七年六月十二日(1901年7月27日)

再,代理南昌县知县陈瑞鼎因案撤任,所有该县印务,查有东乡县知县戚扬,明体达用,堪以调署。递遗东乡县印务,查有现署贵溪县事准补宜春县知县张簪,遇事精审,堪以调署。该员等任内并无盗劫三参届满已起四参及钱粮未完参限将满有关降调之案。据藩司张绍华会同臬司柯逢时具详前来。除分檄饬遵外,谨会同两江总督臣刘坤一附片陈明,伏乞圣鉴。谨奏。

朱批:"吏部知道。"

《光绪朝朱批奏折》第16辑,第359页

114. 补用道缪德棻因祖墓被水请准假回籍修墓片

光绪二十七年六月十二日(1901 年 7 月 27 日)

再,候补班前先补用道缪德棻,于同治三年到省,历委署理按察使,督粮、盐法、吉南赣宁各道篆务,并委办各局差使。兹据该员禀称,现接家信,祖坟年久失修,入夏以来,大雨连旬,四围俱被淹浸崩塌,不胜焦虑,请给假回籍修墓,并销善后局差。前在各署任内及办理各局事务,均已交代清楚,并无经手未完事件,拟于六月二十一日起程等情前来。臣覆查无异。除批令准其给假回籍,并分咨吏部暨江苏抚臣查照外,理合会同两江督臣刘坤一附片陈明,伏乞圣鉴。谨奏。

朱批:"吏部知道。"

《光绪朝朱批奏折》第 16 辑,第 360 页

115. 奏报江西光绪二十五年分馀租兵加奏销未完一分以上各员名折

光绪二十七年六月十二日(1901 年 7 月 27 日)

江西巡抚臣李兴锐跪奏,为江西省办理光绪二十五年分馀租兵加奏销,将经征、接征未完一分以上各员名,遵照新章开列清单,恭折仰祈圣鉴事。

窃查光绪六年二月内接准户部咨,具奏筹备饷需条款内开,所有钱粮奏销,各依定限,令各督抚一面具题,一面先将未完一分以上各员名,开具简明清单,专折奏报,由部核定处分,先行覆奏。其

有奏后续完者，准其续行奏请，归本案开复。此外盐课、漕项，凡经手钱粮各报销有关处分者，一律照此办理。又于光绪十二年七月内接准户部咨，各省钱粮分数奏报稽迟，奏请将各项具题之限，作为奏报未完分数之限。如奏报逾限，系司道府州县卫等官承办迟延所致，应令督抚于折内据实声明，由部奏请议处。又于十三年二月内接准户部咨，议复江西奏馀租奏销请定为隔年六月详题，实与例章不符，暂准宽限一次，嗣后每年仍应遵照奏案，于隔年三月具题，勿得率请宽限。其未完一分以上职名，亦即遵章开单奏报各等因。转行遵照在案。

兹据督粮道刘心源会同布政使张绍华，将光绪二十五年分馀租兵加奏销案内经征、接征未完一分以上各员名，查照新章，开列揭帖，详请具奏前来。臣覆核无异。除将揭帖咨送户部核议外，理合恭折奏报，并将未完一分以上各员名谨缮清单，敬呈御览，伏乞皇太后、皇上圣鉴。再，此案据司道于光绪二十七年六月初六日详到，臣于六月十二日出奏，合并陈明。谨奏。光绪二十七年六月十二日。

朱批："户部议奏，单并发。"

《光绪朝朱批奏折》第68辑，第663—664页

116. 奏报江西光绪二十六年分兵米奏销未完一分以上各员名折附清单

光绪二十七年六月十二日（1901年7月27日）

江西巡抚臣李兴锐跪奏，为江西省办理光绪二十六年分兵米奏销案内经征、接征限内限外卸事未完一分以上各员名，遵照新章

开列清单,恭折仰祈圣鉴事。

窃查前准户部咨,具奏时事艰难,亟应筹备饷需一折,光绪六年正月二十五日奉上谕:"户部奏筹备饷需一折,该部所请严核各项奏销,系为裕饷源、除积弊起见,着照所议办理。"等因。钦此。计原奏条款内开:一、严核各项奏销,应请自此次奏准后,所有钱粮奏销,各依定限,令各该督抚一面具题,一面先将未完一分以上各员名,开具简明清单,专折奏报,由部核定处分,先行覆奏,仍各于题本内将业经具奏各员声明备核。间有未能依限具题省分,此项专折仍按限入奏。其有具奏后续完者,准其续行奏请,归本案开复。此外盐课、漕项,凡经手钱粮各报销有关处分者,一律照此办理,庶经征人员知所儆惧,帑项不致虚悬。又于光绪十二年十二月内准户部咨,议覆光绪十一年分兵米奏销案内,嗣后该省兵米奏报,务照地丁奏报格式,一律办理。其未完一分以上各职名,亦务在次年五月限内开单奏报各等因。转行遵照在案。

兹据布政使张绍华详,准督粮道刘心源移称,光绪二十六年分兵米奏销案内经征、接征限内限外卸事未完一分以上州县正署各职名,查照新章,详请奏报等情前来。臣覆核无异。除将揭帖咨送户部外,理合恭折具奏,并将光绪二十六年兵米奏销案内经征、接征限内限外卸事未完一分以上各员名,开列简明清单,恭呈御览,伏乞皇太后、皇上圣鉴。再,此案据藩司于六月初五日详到,臣于六月十二日出奏,合并陈明。谨奏。光绪二十七年六月十二日。

朱批:"户部议奏,单并发。"

清单

谨将江西省光绪二十六年分兵米奏销案内经征、接征限内限外卸事未完一分以上州县正署各员名开单,恭呈御览。

计开:

未完一分以上署印官九员:

丰城县经征、署印限内卸事试用知县黄锡光,义宁州接征、署印限内卸事分宜县知县冯全琮,峡江县接征、兼理限内卸事署清江县知县石守谦,吉水县经征、署印限内卸事南康县知县孔昭珍,吉水县接征、署印限外卸事准调龙泉县知县罗大冕,龙泉县经征、署印限内卸事即用知县石长祐,南城县接征、代理限内卸事已革补用通判翁宝仁,南丰县经征、署印限内卸事补用知县李瀓,贵溪县经征、署印候补知县张誉。

未完二分以上官八员:

丰城县接征、限内卸事知县汤鼎烜,进贤县经征、现任知县陈庆绶,永丰县经征、现任知县张琼,新城县经征、现任知县谭绍裘,南丰县接征、限外卸事已革知县邓宣猷,广昌县经征、现任知县张学培,星子县经征、现任知县左秉钧,德安县接征、现任知县贺辉玉。

未完二分以上署印官六员:

上高县经征、署印限外卸事新建县知县文聚奎,峡江县接征、署印试用知县管绳桓,弋阳县经征、代理限内卸事本县县丞韩锡镛,馀干县经征、代理限内卸事大挑知县梁树棠,建昌县经征、署印限内卸事试用知县汪培,宁都州经征、署印限内卸事补用知府林介弼。

未完三分以上官七员:

新喻县经征、限外病故知县蔡体乾,峡江县经征、限内丁忧卸事知县王易,庐陵县经征、限外卸事已革知县冯兰森,泰和县经征、现任知县郭曾准,万安县经征、限外卸事知县刘步元,鄱阳县经征、限内丁忧卸事知县陈祥燕,建昌县接征、现任知县周祖庚。

未完三分以上署印官二员：

永新县经征、署印限内卸事试用知县吕懋承，安仁县接征、代理请补萍乡县知县吴忠谦。

未完四分以上官四员：

金溪县经征、现任知县杜璘光，浮梁县经征、限内卸事知县任玉琛，万年县经征、限外卸事知县钟秉谦，赣县经征、限外卸事知县彭继昆。

未完五分以上官一员：

德兴县经征、现任知县沈寿龙。

未完六分以上官一员：

崇仁县经征、现任知县张超。

未完七分以上官一员：

安福县经征、限外卸事知县陆善格。

未完七分以上署印官一员：

都昌县经征、署印限内卸事候补知县谢文彬。

朱批："览。"

正折据《光绪朝朱批奏折》第68辑，第664—665页；清单据台北故宫博物院藏"军机处档折件"附件，文献编号：146046

117. 奏报江西上年压征二十五年分芦课钱粮奏销未完一分以上各员名折

光绪二十七年六月十二日（1901年7月27日）

江西巡抚臣李兴锐跪奏，为江西省办理光绪二十六年压征二十五年分芦课钱粮奏销，将经征未完一分以上各职名，遵照新章开列清单,恭折具陈,仰祈圣鉴事。

窃查光绪六年二月内接准户部咨,具奏筹备饷需条款内开:所有钱粮奏销,各依定限,令各该督抚一面具题,一面先将未完一分以上各员名,开具简明清单,专折奏报,由部核定处分,先行覆奏。其有奏后续完者,准其续行奏请,归本案开复。此外盐课、漕项,凡经手钱粮各报销有关处分者,一律照此办理。又于光绪十二年七月准户部咨,各省钱粮分数,奏报稽迟,奏请将各项具题之限,作为奏报未完分数之限。如奏报逾限,系司道府州县卫等官承办迟延所致,应令督抚于折内据实声明,由部奏请议处。又于光绪十二年十月准户部咨,嗣后州县等官经征正耗钱粮,奏明悉照江苏办法,以实征、起运、存留银数作为十分计算。若有未完,按照分数查参,不准将存留数目剔除,亦不准将缓征数目附列已完项下各等因。行司遵照在案。

兹据布政使张绍华详称,伏查江西省芦课奏销,向不随同地丁奏报。前奉部定新章,饬将未完一分以上职名,务于五月底先行奏报,即经前司提前办理。今查办光绪二十六年压征二十五年分芦课钱粮奏销,于三月底截数,将缓征数目剔除,以实征解司银数作为十分计算。所有经征未完分数各职名,照章开列揭帖,详请具奏等情前来。臣覆核无异。除将揭帖咨送户部查核,并饬将此案芦课奏销赶紧查明详办外,理合将未完一分以上各职名开列清单,恭折具奏,伏乞皇太后、皇上圣鉴。再,此案于二十七年五月二十九日据藩司详到,臣于六月十二日出奏,合并陈明。谨奏。光绪二十七年六月十二日。

朱批:"户部议奏,单并发。"

《光绪朝朱批奏折》第68辑,第666—667页

118. 奏报江西光绪二十七年分二麦收成分数折

光绪二十七年六月十二日(1901 年 7 月 27 日)

江西巡抚臣李兴锐跪奏,为恭报麦收分数,仰祈圣鉴事。

窃照二麦收成,例应恭折奏报。今光绪二十七年分二麦已届刈获之期,据布政使张绍华查明各属约收分数,汇开清折,具报前来。臣覆加确核,江西七十九厅州县内,定南、萍乡、万载、崇义四厅县向不种麦,其馀七十五厅州县内,有八分者十一县,七分者五十六厅州县,六分者八县,通省牵算,二麦收成约计七分有馀。业已分饬各厅州县,俟场工完毕,照例核明实在收成,列折具报。除俟报齐再行恭折具奏外,所有约收分数,理合先行缮折具陈,并缮清单,敬呈御览,伏乞皇太后、皇上圣鉴。谨奏。光绪二十七年六月十二日。

朱批:"知道了。"

《光绪朝朱批奏折》第 93 辑,第 405 页

119. 试用通判周国琛等员试看期满请留江西补用折

光绪二十七年六月十六日(1901 年 7 月 31 日)

江西巡抚臣李兴锐跪奏,为通判、知县试看一年期满,留省照例补用,恭折具奏,仰祈圣鉴事。

窃照前准部咨,嗣后道府州县等官,无论捐纳、劳绩各项人员,应于到省一年后,察看考核,分别补用等因。兹查有捐纳试用通判周国琛、试用知县陶壎、补用知县许应铉、分发签掣江西议叙试用

知县章定瑜,均试看一年期满,应行照章甄别,据藩司张绍华会同臬司柯逢时详请具奏,留省照例补用前来。臣详加察看,捐纳试用通判周国琛明白谨慎,试用知县陶壎留心吏事,补用知县许应鋐才具尚好,分发签掣江西议叙试用知县章定瑜明白稳慎,相应请旨,留省照例补用,谨会同两江督臣刘坤一恭折具奏,伏乞皇太后、皇上圣鉴训示。谨奏。光绪二十七年六月十六日。

朱批:"吏部知道。"

《光绪朝朱批奏折》第16辑,第371页

120. 奏请将汪鸿署理靖安县知县折

光绪二十七年六月十六日(1901年7月31日)

江西巡抚臣李兴锐跪奏,为遴员请补知县,以资治理,恭折具陈,仰祈圣鉴事。

窃照南昌府属之靖安县知县郑由熙病故,经前抚臣松寿恭疏具题,所遗靖安县知县系四项俱无简缺,声明江西省现有应补人员扣留外补在案。查定例,知县告病、病故、休致所出之选缺,以一缺题补各项候补并进士即用人员,以一缺题补本班前先用大挑举人,以一缺题补本班大挑举人。光绪十三年十月奏定章程内开:道、府、同知、直隶州知州、通判、知州、知县升调所遗及告病、病故、休致,以及佐贰杂职并盐务等官,无论何项所出留补选缺,及河工等官,除坐补原缺、裁缺即用、回避即用、新选新补、留省另补人员不计外,无论何项到班,仍以五缺计算。先用郑工新班遇缺先二人,海防新班先一人,无人,用郑工新班遇缺先人员抵补。至第四缺,海防即、海防先分班轮用一人,第一轮用海防即人员,第二轮用海防先人员,海防先无人,仍用海防即人员,海防即无人,用旧例银捐遇缺先人员,如无人,用旧例银捐遇缺人员,再无人过班,即接用各项轮用班次一人,以五缺为一周。又光绪二十二年九月奉到变通遇缺先抵补章程内开:嗣后京外各官内选外补,凡以五缺计算者,第一、第二缺用新海防遇缺先二人;第三缺用旧海防先一人,无人用郑工遇缺先抵,再无人过班,即毋庸再以新海防先抵补;第四缺旧例海防即与旧例海防先分班轮用,无人用旧例遇缺先,无人用旧例遇缺,再无人过班,即用各项班次一人。查现在第三、第四缺多系无人,则五缺之中只有第一、第二用新海防遇缺先二人,第三、第四无人,第五用各项一人,合计六缺之中,新海防遇缺先可得其四,各项可得其二。如均有人,仍照旧轮办理。应以接到此次部文以后所出之缺,概照新章办理各等因。

江西省知县病、故、休遗缺,上次用大挑尽先后,又用至分先暨新海防遇缺先用二人,止今靖安县一缺,查坐补原缺、裁缺即用、回避即用、留省另补均无人,按班应用郑工新班遇缺先,该班无人,查海防即、海防先、旧例银捐遇缺先、银捐遇缺均无人,应用大挑正班。当经请以大挑班科分名次在前之知县彭瑞麐题署,尚未接准部覆,兹彭瑞麐具报于光绪二十七年四月二十九日丁母忧,业经臣照例具奏,声明靖安县知县一缺,查照例案,仍以前任郑由熙病故原开缺日期,另行请补,例应以该班其次之员更换请补。查有该班其次之大挑班科分名次在前之汪鸿,年六十六岁,湖北蕲水县人,由增生中式同治三年甲子科本省乡试第四十六名举人,光绪六年庚辰科会试后大挑一等,以知县用,签掣江西,领照起程,光绪六年七月十三日到江,期满甄别。闻讣丁母忧,回籍守制。服满起复回江,历奉差委,均无贻误。闻讣丁父忧,回籍守制。服满,遵例就近在京呈请起复,领照起程,于光绪二十三年十月十九日到江,业已奉到部文,准其起复在案。系奉到准其起复部文后下月所出之缺,例得请补。委署过宜春县知县印务。该员勤廉自爱,留心民事,堪以署理靖安县知县,与例相符,仍俟试署一年期满,如果称职,另请实授。据藩司张绍华、臬司柯逢时会详请奏前来。

合无仰恳天恩,俯准将汪鸿署理靖安县知县。如蒙俞允,该员系大挑知县请署知县,衔缺相当,毋庸送部引见,亦例不核计参罚。再,此案遵章改题为奏。又,藩司于光绪二十七年六月初七日出详,合并陈明。谨会同两江督臣刘坤一合词恭折具陈,伏乞皇太后、皇上圣鉴训示。谨奏。光绪二十七年六月十六日。

朱批:"吏部议奏。"

《光绪朝朱批奏折》第16辑,第372—374页

121. 奏报已题署靖安县知县尚未接准部覆之彭瑞麐丁忧折

光绪二十七年六月十六日(1901年7月31日)

江西巡抚臣李兴锐跪奏,为知县丁忧,恭折具奏,仰祈圣鉴事。

窃臣据布政使张绍华详称,江西大挑试用知县、题署靖安县知县未准部覆之彭瑞麐,系湖北汉阳府黄陂县人,由廪生中式同治三年甲子科本省乡试第三十一名举人,光绪六年庚辰科会试后大挑一等,以知县用,签掣江西,领照起程,光绪六年六月二十日到江。试用期满甄别,以知县补用。委署彭泽县事,有亲母胡氏,迎养在署。二十六年八月,接奉行知,题补靖安县知县员缺,尚未奉准部覆。光绪二十七年正月二十二日,该员卸署彭泽县事,交代清楚后起程回省,于

二十七年四月二十九日行抵德化县属姑塘地方,亲母胡氏在舟次病故。该员系属亲子,并无过继,例应丁忧等情,详请具奏前来。

臣覆查无异,应准其回籍守制。除将靖安县知县一缺,查照例案,仍以前任郑由熙病故原开缺日期,另行奏补,并饬取该员母故地方官印结另行咨部,暨咨湖北抚臣查取族邻甘结,就近送部,并先行钞折咨部外,理合恭折具奏,伏乞皇太后、皇上圣鉴,敕部查照施行。此案遵章改题为奏,合并陈明。谨奏。光绪二十七年六月十六日。

朱批:"吏部知道。"

《光绪朝朱批奏折》第16辑,第374—375页

122. 江西因被水较重民食维艰请暂免商贩米谷两月厘税以广招徕片

光绪二十七年六月十六日(1901年7月31日)

再,江西本年五月初旬,大雨滂沱,河水盛涨,省城内外店铺民居及各乡圩堤多被淹浸冲决。当经臣分饬水师巡船,并雇募民舟轮船,将附城各处被水居民救入城内,设局派员,开仓平粜,分别赈济,一面督同司道各捐廉银,派员驰赴汉口、芜湖买米,运回接济,业经恭折具奏。旋闻湖北一带,亦因水涨米贵,当饬委员专赴芜湖采办,一面咨会安徽抚臣,转饬经过局卡免厘放行,以济急需各在案。

臣查此次水患,被淹稍久,受灾过宽,除南昌、新建两县外,其馀义宁、武宁、进贤、丰城、建昌、星子、安义、都昌、清江、峡江、新喻、新淦、鄱阳、馀干、乐平、德兴、浮梁、安仁、铅山、贵溪、高安、上高、新昌、德化、湖口、德安、彭泽、泰和、安福、永新、永丰、东乡、萍乡等州县纷纷禀报,田庐多被水淹,间有损伤人口、冲倒房屋、溃决

圩堤,均经臣批饬,开仓平粜,妥为抚恤。其受灾较重之县,并由省筹给赈款银两,或发省仓米谷,委员前往散赈,小民尚不至流离失所。天色自五月中旬以后,渐放晴霁,积水陆续退消。所有各属高田早稻,收成尚好,其低田被水之处,则颗粒无收。幸今岁气候尚早,已饬赶紧筑复决堤,补种晚禾,以资补救。惟江西各属上年多因天旱歉收,粮价本昂,今岁猝遭水灾,米更腾贵,虽经由官采办,究不能博施济众,惟有暂免米谷厘税,广行招徕,俾商米麇至,民间无虞艰食,庶免因饥滋事。当饬牙厘总局布政使张绍华妥议详办。

兹据详称,江西抽收米谷厘金,专为归还洋款之用,岁有定额,不容缺欠,本难减免,但现值大水为灾,居民鲜食,非免厘招商不足以资急赈,自应从权办理,以顾目前之急。请自本年六月初一日起,至七月三十日止,此两个月内,凡有商人贩运米谷来江,无论是否平粜,抑系买卖行销,均准免其完厘,并移会九江、赣南两关,凡有米船经过,一律免抽船税,俟两月届满,均仍照旧章抽收等情,详请具奏前来。除饬出示晓谕,通行遵办,一俟期满,即照旧抽收,并咨明户部外,所有江西因被水较重,民食维艰,请暂免商贩米谷两月厘税,以广招徕缘由,理合附片陈明,伏乞圣鉴训示。谨奏。

朱批:"户部知道。"

《光绪朝朱批奏折》第32辑,第177—178页

123. 江西筹解光绪二十七年五、六两月漕标军饷银两片

光绪二十七年六月十六日(1901年7月31日)

再,查前准户部咨,议覆漕运总督松椿奏徐州、清江一带兵力单薄,拟先募四营填防,并请拨饷项以济要需一折,光绪二十六年

六月十八日具奏,奉旨:"依议。"钦此。钞录原奏飞咨遵照。计单内开:漕督奏请先募四营,援案在于江西粮道征存漕项水脚津贴项下,每月拨银二千两,自二十六年六月起,每月如数解交,专供漕标新军饷项之用等因。业经行据粮道筹解二十六年六月起至二十七年四月止连闰共十二个月军饷银二万四千两,先后详经奏咨在案。今据督粮道刘心源详称,于道库漕项内动拨银四千两,作为光绪二十七年五、六两个月分漕标军饷,遴委九江前卫千总张连茹领解,于本年六月十六日起程,解赴漕运总督衙门交纳,详请奏咨等情前来。除咨户部暨漕运总督臣查照外,所有筹拨光绪二十七年五、六两个月漕标军饷银两,交委领解起程日期缘由,理合附片陈明,伏乞圣鉴。谨奏。

朱批:"户部知道。"

《光绪朝朱批奏折》第62辑,第438页

124. 处决强奸幼女之练兵杨得胜片*

光绪二十七年六月十六日(1901年7月31日)

再,治军之道,全在纪律严明。近日兵勇所至骚扰,不能安民而反以害民,最堪痛恨。本年五月十七日,有省防练军左营右哨亲兵杨得胜,因见幼女蔡金莲来城领取散赈面饼,辄起意商令民妇杨徐氏将该幼女蔡金莲诱至荒僻处所,该犯突出拥抱强奸,蔡金莲叫喊,无人听闻,致被奸污。次早,其父蔡运森赴县喊控,经臣查知,立饬臬司柯逢时亲提该兵丁杨得胜,讯据供认起意强奸

---

* 台北故宫博物院所藏"军机处档折件"有此片,文献编号:146067,题为《奏报处决强奸民女之练民杨得胜》,朱批日期为光绪二十七年七月初九日。

幼女蔡金莲已成等供不讳,饬传稳妇验明幼女蔡金莲已被奸污属实。查该犯杨得胜充当练兵,辄敢强奸民间幼女,殊为凶淫不法。当时正因水灾办赈,四乡贫民来城就食者甚众,非立予明正典刑,不足以安民心而昭炯戒,当即恭请王命,将该练兵杨得胜捆赴市曹处决。其听从引诱之民妇杨徐氏,饬县提案另行究办。所有该练军哨长人等约束不严,并经臣分别饬行责革示惩。所有惩办强奸幼女练兵缘由,理合会同两江督臣刘坤一附片具陈,伏乞圣鉴。谨奏。

光绪二十七年七月初九日奉朱批:"知道了。"钦此。[①]

《李勤恪公奏议》卷一,《天津图书馆孤本秘籍丛书(二)》第669页

125. 奏报奉颁内帑散赈被水各属情形并谢恩折

光绪二十七年七月初三日(1901年8月16日)

江西巡抚臣李兴锐跪奏,为江西水灾钦奉懿旨颁发内帑赈济,遵将办理情形恭折具陈,叩谢天恩,仰祈圣鉴事。

窃臣于光绪二十七年六月二十四日恭阅电钞,六月十八日奉上谕:"朕钦奉皇太后懿旨:翰林院侍讲学士朱益藩等奏称江西水灾情形,请饬迅筹赈济一折,据称江西赣州、吉安、抚州、饶州等府,自本年五月初间,大雨旬馀,江流暴涨,堤防坍塌甚多,省河水涨至二丈有馀,义宁等州县城内水深丈馀,庐舍人民,禾稼牲畜,漂流不计其数,请饬速筹赈济等语。江西此次猝遭水患,民间盖藏本少,早稻又未收获,悉被淹没,灾区较广,昨据李兴锐奏率属捐廉赈恤,

① 朱批据台北故宫博物院藏"军机处档折件"补。

仍恐不能周溥，深宫轸念灾黎，殊深悯恻。着颁发内帑银五万两，交李兴锐核实散放，并着察看情形，多方筹赈，迅速接济，毋任一夫失所。”钦此。仰见皇太后、皇上轸念灾黎，皇仁广被，凡属臣民，同深钦感。臣并准行在户部电会，此项颁发内帑，即在江西九江应解本年内务府经费内截留五万两，以资赈济等因。

伏查江西本年被水各属已据报到者四十馀厅州县，内以义宁、南昌、新建、武宁、进贤、清江、新淦、贵溪、安仁、鄱阳、馀干、浮梁、乐平、星子、建昌、德化、德安、瑞昌等十八州县情形较重，先经臣饬拨银米，委员解往散赈，并于省城设局平粜，搭厂施粥，附近各处贫民就食于粥厂者，日不下三四万人。臣正恐施济稍有未周，难免流离失所，私衷殊切忧惶，兹复钦奉懿旨颁发内帑，遵即督同藩司张绍华立于库内提银五万两，按照受灾较重各属酌量匀发，派委干员赍领驰往，会同各该州县督率绅耆亲历灾区，查明极贫、次贫户口，核实散放，务使实惠均沾，不准经手人役稍有侵蚀。其馀具报受灾较轻各属，仍飞饬查勘，如有应行赈济之处，一律颁发，妥为抚恤，并饬察看情形，分别给予籽种、耕牛，赶种晚稻、杂粮，以资补救。一俟事竣，再行造册报销。现在民情均极安帖，堪以仰慰圣主垂廑。

除再由臣随时体察，多方筹赈，认真抚恤外，所有奉颁内帑银五万两，分发被水各属散赈情形，及感激下忱，谨会同两江督臣刘坤一恭折具陈，叩谢天恩，伏乞皇太后、皇上圣鉴训示。谨奏。光绪二十七年七月初三日。

朱批：“知道了。”

《光绪朝朱批奏折》第32辑，第182—183页

126. 副将蔡其骠、蔡其荣阵亡请准于原籍乐平县自行建立专祠片

光绪二十七年七月初三日(1901 年 8 月 16 日)

再,已故原任广西义宁协副将蔡其骠,系江西乐平县人,由行伍出身,拔补广西提标中营千总,咸丰三年随大军剿贼,由楚、皖转战金陵,迭著战功,洊升前职。咸丰九年,进攻六合,贼大队来援,众寡不敌,力战阵亡。经钦差大臣和春奏奉谕旨,从优议恤。经部议,给云骑尉世职,并加总兵衔,赐谥"刚愍"。又,尽先补用副将蔡其荣,系江西乐平县人,由行伍出身,拔补广西提标后营外委。咸丰元年随大军剿贼,由楚、皖转战金陵,屡立战功,洊升前职。咸丰十年闰三月,进剿丹阳之黄木桥一带,贼众十馀万,我军单薄,力战阵亡。经钦差大臣向荣奏奉谕旨,从优议恤。经部议,给云骑尉世职,并加总兵衔,赐谥"威烈"各在案。今据乐平县举人徐惠清等禀,恳援照前云南楚雄协副将蔡应龙成案,准该家属在于原籍自行捐资建立专祠等情,批据善后总局司道核议,具详请奏前来。

臣查该故员蔡其骠、蔡其荣,均属久历戎行,屡著战功,力战阵亡,死事甚烈。所请捐建专祠,核与前云南楚雄协副将蔡应龙家属自行捐建专祠之案相符,合无仰恳天恩,俯准该故员家属在于原籍乐平县自行捐资建立专祠,以慰忠贞而资激劝。理合会同两江总督臣刘坤一附片陈明,伏乞圣鉴训示。谨奏。

朱批:"着照所请,该部知道。"

《光绪朝朱批奏折》第 47 辑,第 742—743 页

127. 江西节存武卫中军兵饷改拨刘光才月饷交商汇解片

光绪二十七年七月初三日(1901 年 8 月 16 日)

再,前准行在户部咨,议覆两江总督电称,刘光才五营月饷,江南委实无款代筹一折,于光绪二十六年十一月二十二日具奏,奉旨:"依议。"钦此。计单内开:据两江总督刘坤一电奏,刘光才一军系驻扎江宁炮台,奉调赴晋,业经另募填扎,并无馀项可节,请将刘光才五营月饷另行筹拨。查核所称,系属实情。再四思维,惟有由大学士荣禄前裁武卫中军改解董军六营之饷每年节存饷银内,将刘光才五营月饷照数划拨。查江西每年节存银八万两,应即划拨银七万七千八百九十六两零,其划拨所馀,并令另款提存,听候续行拨用。又于光绪二十七年六月内准山西抚臣电开:刘光才所统忠毅军月饷,前准部咨,指拨江西节存武卫中军饷银,务恳迅赐汇解各等因。均经行司遵照筹解去后。

兹据布政使张绍华详称,查江西省应解武卫中军饷银八万两,内奉改拨刘光才月饷银七万七千八百九十六两零,本应遵照筹解,以供要需。无如江西省司库万分支绌,致未起解。兹于四分学堂经费项下动放银二万两,又于二十六年税契银内动放银一万两,共银三万两,以为光绪二十七年应解武卫中军兵饷改解刘光才月饷银两,饬令蔚长厚、蔚盛长、新泰厚等商号于二十七年六月二十八日赴库请领,限四十五天汇赴山西抚臣衙门交收,除给发汇费银三百六十两外,详请奏咨等情前来。臣覆核无异。除咨明户部并山西抚臣查照外,所有节存武卫中军兵饷改拨刘光才月饷,筹银三万两交商汇解缘由,理合附片陈明,伏乞圣鉴。谨奏。

朱批:“户部知道。”

《光绪朝朱批奏折》第62辑,第446—447页

128.江西筹解光绪二十六年十二月起至二十七年五月止固本兵饷银两片

光绪二十七年七月初三日(1901年8月16日)

再,查光绪二十七年三月二十四日接准行在户部咨,直隶总督奏练军饷项向领部款,现已欠发数月,请饬部行知各省,将应解固本京饷查明上年七月以后至年底欠解若干、本年应解若干,一体径解江海关道代收,汇解来直附片一件,光绪二十七年二月二十四日奉朱批:“户部知道。”钦此。查各省应解固本京饷,按月赴部库交纳,直隶应领练饷,亦按月赴部库开支,京师部库现在款项无存,实属难以发给,自不得不设法变通。现经直隶总督具奏,各省应解固本京饷一并径解江海关道代收,汇解来直,自为接济练饷起见,相应飞咨查明,陆续批解等因。当经行司查明筹解。

兹据布政使张绍华详称,查江西应解固本兵饷银两,业将光绪二十六年十一月以前照数拨解赴部,详蒙奏咨在案。兹于光绪二十七年地丁项下设法腾挪银三万两,作为江西省光绪二十六年十二月起至二十七年五月止应解直隶固本兵饷银两,遴委补用知县张树森领解,于二十七年六月十五日起程,由水路至九江附搭商轮,赴江海关道衙门交收转汇。除由司给发该员往来川资及轮船、保险、水脚等费库平银二百五十二两,又随解由上海转汇直隶汇费银九百六十两外,详请奏咨等情前来。所有筹拨二十六年十二月起至二十七年五月止固本兵饷银两,委员解沪转汇缘由,理合附片

陈明,伏乞圣鉴。谨奏。

朱批:"户部知道。"

《光绪朝朱批奏折》第62辑,第447—448页

129. 江西本年复被水灾工赈兼施需款甚巨请将现办赈捐再行展办一年折

光绪二十七年七月初三日(1901年8月16日)

江西巡抚臣李兴锐跪奏,为江西省本年复被水灾,工赈兼施,需款甚巨,请将现办赈捐再行展办一年,以资接济,恭折仰祈圣鉴事。

窃查光绪二十五年江西吉安、临江、南昌等府属被水成灾,经前抚臣松寿会同两江督臣刘坤一恭折奏准开办赈捐一年,藉资工赈。嗣因一年期满,江西又被旱灾,需款抚恤,兼以上年借垫赈款未尽归还,复经奏请将现办赈捐展限一年,于光绪二十六年十月十三日奉朱批:"着照所请,该部知道。"钦此。行司钦遵,照章通饬劝办,并将报捐各生分次奏咨请奖各在案。计自光绪二十六年九月初六日接展之日起,除去封印日期,应扣至光绪二十七年十月初五日一年限满,本应即行停止,惟自开办以来,屡因年谷不登,民情困苦,加以近年各省被水、被旱,均开赈捐,来江劝办者络绎不绝,捐务固成弩末之势,上年又值北方有事,筹办团练,民力拮据,以致捐解之数,甚属寥寥。江西本年自五月初旬以后,又复大雨连朝,河水泛涨,所有南昌府属之义宁、南昌、新建、丰城、进贤、武宁,瑞州府属之上高、高安、新昌,抚州府属之东乡,建昌府属之泸溪,袁州府属之萍乡,临江府属之清江、新淦、新喻、峡江,吉安府属之莲花、泰和、安福、永新、永丰,广信府属之铅山、贵溪,饶州府属之鄱阳、

浮梁、馀干、万年、乐平、安仁、德兴,南康府属之星子、建昌、都昌、安义,九江府属之德化、德安、湖口、彭泽、瑞昌,赣州府属之长宁等厅州县,同时均被水淹,并有冲倒房屋,损伤人口,坍塌圩堤,沙塞田亩。虽经臣督同司道捐廉抚恤,查明被灾较重各县,拨发银米,分别设局平粜,盖厂煮粥,收养灾民,现又钦奉懿旨,发帑散放,目前得资赈济,不至流离失所。而灾区甚广,为日方长,溃决圩堤,修筑乏费,冲塞田亩,挑复无资,工抚兼施,需款甚巨,若不宽为筹备,不足以资安辑。现值司库万分支绌,前垫之款,固因收数无多未能归还,而目前之急赈,又非筹措巨款不能济事。臣再四筹维,惟有请将江西赈捐于本年十月初五日一年限满之后,再行展办一年,俾资接济。据江西筹赈捐输总局司道详请具奏前来。合无仰恳天恩,准将江西省赈捐再行接展一年,藉资接济,其收捐章程,仍循旧案办理,以苏民困,出自鸿慈逾格。

所有江西省现办赈捐,因被水各属需款赈抚,恳准再行展办一年缘由,除咨明户部外,谨会同两江督臣刘坤一恭折具奏,伏乞皇太后、皇上圣鉴训示。谨奏。光绪二十七年七月初三日。

朱批:"着照所请,该部知道。"

《光绪朝朱批奏折》第80辑,第695—697页

130. 直隶教案赔款指拨江西厘金银十万两无款可筹请敕部改拨片

光绪二十七年七月初三日(1901年8月16日)

再,臣于光绪二十七年六月二十四日承准全权大臣庆亲王、大学士直隶督臣李鸿章暨京城户部电开:直属教案赔款,经行在户部

指拨江西厘金十万,又本年京饷内提江西四万、九江关八万、赣关一万,请分饬速解沪道汇京等因。当即督同司道,通盘筹画。原拟勉力措解,无如江西库款历年早已入不敷出,上年添拨直隶军饷、京米脚价,暨本年添拨山陕协饷、京米运费,代还直隶洋款,愈觉库空如洗。经臣将添募防勇陆续裁遣,并节省一切浮费,每年仍短百有馀万。本年三月将江西教案办结,共需赔款八十馀万,臣以库储既竭,无可提用,派诸民间又恐扰累滋事,万不得已,电奏请借洋债给付,将筹饷新捐全数截留应用。讵委员赴沪筹借,并电江海关道向各国领事商酌,迄无成议。近日赔款限期已届,筹饷新捐劝获寥寥,只得百计张挪,按期兑交,其未届期者,仍不知从何设措。江省连年水旱频仍,地丁、厘金皆日见短绌,方拟将丁厘整顿,稍资补救,乃五月间又遭水灾,现在筹办赈务,复将米谷厘金奏免两月。此项本为筹还四国洋债专款,既免之后,洋债仍须另筹,而灾馀黎民,收成失望,商货停滞,丁漕固难征足,厘金益无把握。此后应解京协各饷,尚均无着,然为期较缓,或犹可从容设法。若此次奉拨直隶教案赔款,则关系交涉,必当克日筹解,更属咄嗟莫办。臣明知直隶兵燹之后,百物荡然,非恃邻省接济,无从挹注,是以前准李鸿章电商筹办回銮大差,立即奏明由江西协筹银十万两,已将第一批银两委员起解,不敢稍存膜视。其时未遭水灾,情形稍有不同,今则本省教案赔款、水灾赈款,无一不须兼筹,左支右绌,顾此失彼,艰窘实难言状。据藩司张绍华详请奏明改拨前来。

臣复细加体察,委系无款可筹,并非空言推诿。除将奉拨之京饷四万、九江关八万、赣关一万,督同该司道等赶紧筹解外,所有奉拨江西厘金银十万两,合无仰恳天恩,俯念江西库款支绌,又值办赈,厘金短收,准如所请,敕部改拨,以免贻误。除咨明户部暨全权大臣、直隶督臣查照外,理合附片陈明,伏乞圣鉴,敕部查照施行。谨奏。

朱批:"户部议奏。"

《光绪朝朱批奏折》第83辑,第415—416页

131. 江西筹解辛丑年筹备饷需第一批银两片

光绪二十七年七月初三日(1901年8月16日)

再,前准户部咨,奏拨二十七年分筹备饷需一折,指拨江西省银二十四万两。即经行据司道具详,以司库无力全筹,拟援照筹解甘饷成案,在于司库地丁厘金项下筹解三分之二银一十六万两,道款钱粮内拨解三分之一银八万两,查照定章,奏报在案。嗣于本年四月初六日准行在户部电开:京师需款甚急,各该省关即在本年应解筹备饷需项下,按原拨数目,先提一半解沪,转汇赴京等因。又经转行司道遵照筹解去后。

兹据布政使张绍华详称,现动放光绪二十七年地丁银三万两,内除由江海关收存广东候补知府李准所代收江西赈捐银内就近划拨库银一万两外,其馀银二万两在于地丁项下动放,作为司库第一批筹解辛丑年筹备饷需先提一半解沪汇京银两,遴委补用知县刘世芳领解,于二十七年七月初三日起程,由水路至九江附搭商轮,赴江海关道衙门交收转汇。除由司给发该委员往来川资及轮船、保险、水脚等费银一百六十八两,又随解由沪汇京汇费银四百六十二两外,详请奏咨等情前来。臣覆核无异。除饬赶紧续筹委解,并咨户部外,所有奉拨辛丑年筹备饷需第一批动放司库银两,委员解赴江海关道交收转汇京城缘由,理合附片陈明,伏乞圣鉴。谨奏。

朱批："户部知道。"

《光绪朝朱批奏折》第89辑，第372页

132. 江西筹解光绪二十六年正月起至二十七年七月止备荒经费银两片

光绪二十七年七月初三日(1901年8月16日)

再，前于光绪九年准户部咨，议覆御史刘恩溥奏，江西省厘金每月提银一千两，按年附京饷搭解到部，另款存储，以作备荒之用等因。当经前抚臣行司，筹解过十个月备荒经费银一万两。嗣因厘金入不敷出，无银拨解，又于光绪二十年六月奉上谕："着自本年起，由户部转催各省，逐年如数报解，另款存储，专备顺天赈抚提用。"钦此。所有自二十年起至二十五年止，连闰共应解银七万四千两，均经先后委员及交商号解赴部库暨顺天府衙门交收，奏咨在案。

兹据布政使张绍华详称，现于司库厘金项下设法腾挪银二万两，作为江西应解二十六年正月起连闰至二十七年七月止备荒经费银两，饬令蔚长厚等商号于二十七年六月二十三日赴库请领，限二十五日汇赴上海道衙门交收，转汇京城，前赴户部投兑，除照给汇费外，详请奏咨等情前来。臣覆核无异。除分别咨移外，所有筹拨二十六年正月起至二十七年七月止备荒经费银两交商解沪转汇缘由，理合附片陈明，伏乞圣鉴。谨奏。

朱批："户部知道。"

《光绪朝朱批奏折》第89辑，第373页

133. 奏报江西省光绪二十七年五月分粮价及雨水情形折附清单

光绪二十七年七月初三日(1901 年 8 月 16 日)

江西巡抚臣李兴锐跪奏,为恭报光绪二十七年五月分粮价及地方雨水情形,仰祈圣鉴事。

窃照江西省光绪二十七年四月分市粮价值并雨水情形,业经臣恭折具奏。兹据布政使张绍华查明通省光绪二十七年五月分米、麦、豆各项粮价,开单汇报前来。臣逐加查核,南昌等十四府州属米价加增,麦、豆各项价值均与上月相同。省城及各属地方五月内雨水过多,山溪暴发,河湖泛涨,各州县多有禀报田庐被淹,以及损伤人口、冲倒房屋、溃决圩堤,业经臣督同藩司将先后据报被水之南昌、新建及义宁等州县,分别批饬开仓平粜,妥为抚恤。其受灾较重之县,并由省筹给赈款银两,或发省仓米谷,委员前往散赈,经臣将办理情形两次奏报。续据莲花、泸溪、万年、瑞昌、长宁等厅县禀报,五月初旬以后,雨多水涨,田禾被淹各等情,亦经批饬将低田积水设法疏消,补种晚稻、杂粮,以资补救各在案。现又接准行在户、外部电,奉懿旨:"江西猝遭水患,着颁发内帑五万两,交李兴锐核实散放。"等因。钦此。臣钦遵转行藩司,查明被水各县,分别轻重,酌量拨发,委员解银分往,会同地方官核实散放,各灾民同沐皇仁,毋虞流离失所。所有散赈情形,容俟另行具奏。此外各属早稻结实,晚禾次第栽插,民情安谧,堪以上慰圣怀。理合恭折具陈,并缮具五月分粮价清单,恭呈御览,伏乞皇太后、皇上圣鉴。谨奏。

光绪二十七年七月初三日。

朱批:“知道了。”

清单

谨将光绪二十七年五月分江西各属地方米、麦、豆各项粮价开具清单,恭呈御览。

南昌府属

稻米每仓石价银三两二钱四分至三两四钱四分,较上月贵银八钱。小麦每仓石价银一两四分至一两五钱二分,与上月同。大麦每仓石价银九钱三分至一两一钱五分,与上月同。黄豆每仓石价银一两八分至一两二钱七分,与上月同。

瑞州府属

稻米每仓石价银二两八钱二分至三两三分,较上月贵银七钱。小麦每仓石价银一两九分至一两二钱五分,与上月同。大麦每仓石价银八钱一分至一两一钱,与上月同。黄豆每仓石价银一两一钱九分至一两二钱,与上月同。

袁州府属

稻米每仓石价银二两八钱至三两七分,较上月贵银七钱。小麦每仓石价银一两一钱一分至一两一钱六分,与上月同。大麦每仓石价银九钱九分,与上月同。黄豆每仓石价银一两一钱五分至一两二钱三分,与上月同。

临江府属

稻米每仓石价银三两三钱至三两三钱六分,较上月贵银六钱。小麦每仓石价银一两二钱二分至一两三钱六分,与上月同。大麦每仓石价银一两一分至一两五分,与上月同。黄豆每仓石价银一两五分至一两三钱六分,与上月同。

吉安府属

稻米每仓石价银三两九分至三两二钱八分,较上月贵银五钱。小麦每仓石价银一两二分至一两三钱三分,与上月同。大麦每仓石价银八钱二分至一两一钱二分,与上月同。黄豆每仓石价银九钱至一两三钱六分,与上月同。

抚州府属

稻米每仓石价银二两三钱九分至二两六钱五分,较上月贵银四钱。小麦每仓石价银九钱九分至一两一钱九分,与上月同。大麦每仓石价银八钱六分至九钱三分,与上月同。黄豆每仓石价银九钱三分至一两二钱三分,与上月同。

建昌府属

稻米每仓石价银二两五钱八分至二两七钱一分,较上月贵银四钱。小麦每仓石价银九钱八分至一两二钱九分,与上月同。大麦每仓石价银八钱六分至九钱二分,与上月同。黄豆每仓石价银一两至一两三钱四分,与上月同。

广信府属

稻米每仓石价银二两四钱九分至二两六钱九分,较上月贵银四钱。小麦每仓石价银八钱八分至一两二钱,与上月同。大麦每仓石价银六钱三分至一两四分,与上月同。黄豆每仓石价银九钱七分至一两二钱六分,与上月同。

饶州府属

稻米每仓石价银二两九钱一分至三两八分,较上月贵银六钱。小麦每仓石价银一两三分至一两五钱,与上月同。大麦每仓石价银八钱四分至一两一钱四分,与上月同。黄豆每仓石价银一两二分至一两三钱七分,与上月同。

南康府属

稻米每仓石价银三两二钱八分至三两三钱二分,较上月贵银四钱。小麦每仓石价银一两三钱七分至一两六钱二分,与上月同。大麦每仓石价银一两至一两四钱三分,与上月同。黄豆每仓石价银一两一钱五分至一两六钱二分,与上月同。

九江府属

稻米每仓石价银三两六钱五分至三两七钱六分,较上月贵银五钱。小麦每仓石价银一两二钱三分至一两七钱,与上月同。大麦每仓石价银一两四分至一两一钱七分,与上月同。黄豆每仓石价银一两一钱四分至一两五钱一分,与上月同。

南安府属

稻米每仓石价银二两六钱五分至二两八钱,较上月贵银二钱。小麦每仓石价银八钱六分至一两七分,与上月同。大麦每仓石价银七钱二分,与上月同。黄豆每仓石价银一两二分至一两一钱九分,与上月同。

赣州府属

稻米每仓石价银二两五钱五分至二两八钱七分,较上月贵银二钱。小麦每仓石价银八钱三分至一两一钱六分,与上月同。大麦每仓石价银六钱二分至六钱九分,与上月同。黄豆每仓石价银九钱三分至一两一钱八分,与上月同。

宁都直隶州并所属

稻米每仓石价银二两二钱八分至二两四钱六分,较上月贵银一钱。小麦每仓石价银九钱八分至一两八分,与上月同。黄豆每仓石价银一两一钱三分至一两一钱六分,与上月同。

朱批："览。"

正折据《光绪朝朱批奏折》第96辑，第916—917页；清单据台北故宫博物院藏"军机处档折件"附件，文献编号：143196

134. 审明新城县民妇黄裘氏商同奸夫谋杀亲夫案按例定拟折

光绪二十七年七月初三日（1901年8月16日）

江西巡抚臣李兴锐跪奏，为奸妇因奸起意，商同奸夫谋杀亲夫身死，获犯审明，按例定拟，恭折具陈，仰祈圣鉴事。

窃照新城县通详，民妇黄裘氏因奸起意，商同奸夫黎来瀀，转邀同奸之王瀜详，谋杀本夫黄惧生身死，王瀜详并未同行加功一案，获犯讯供，详经批饬审拟招解去后。兹据讯明议拟，由府司覆审，转解到臣。经臣提犯研鞫，缘黄裘氏、黎来瀀、王瀜详分隶新城、临川等县，黄裘氏幼嫁黄惧生为妻，黄惧生与黎来瀀并革勇王瀜详同村居住，素识往来，黄裘氏均见面不避。光绪二十三年六月不记日期，王瀜详赴黄惧生家闲坐，适黄惧生佣工未回，王瀜详即乘间与黄裘氏通奸。二十四年正月不记日期，黎来瀀往黄惧生家探望，值黄惧生外出，黎来瀀亦与黄裘氏奸好。王瀜详与黎来瀀彼此知情，均不避忌，以后各自遇便续奸，并非一次，给过钱物，均无确数。黄惧生先不知情。是年五月初四日，黎来瀀与黄裘氏在房谈笑，被黄惧生外回撞见，黎来瀀当时走避，黄惧生向黄裘氏盘出奸情，将其责打，禁止往来。因关颜面，未经控究寝事。黄裘氏恋奸情热，并因黄惧生责打防管，心怀忿恨，起意将黄惧生致死，可与黎来瀀等长久奸好，潜向黎来瀀相商。黎来瀀应允，又虑黄惧生力大，难以下手,黄裘氏嘱令黎来瀼转邀王灦详帮助,王灦详亦因恋奸允从,约俟乘便下手各散。是月二十一日下午,黄裘氏探知黄惈生在邻村饮酒,必由胡家坪路过回归,往向黎来瀼告知,并说该处僻静,可以下手。黄裘氏恐被识破,不敢同往,在家守候。黎来瀼随即携带菜刀,往邀王灦详,外出未回,即独自前往该处等候。黄昏时分,月光已出,黄惈生饮醉走回,黎来瀼四顾无人,乘黄惈生不备,赶上用菜刀砍伤黄惈生右耳根倒地,石块磕伤额颅,擦伤左右臁肕。黎来瀼又砍伤其项颈近右,带划伤右臂膊,黄惈生在地乱滚,石块磆伤左血盆骨、左胁,擦伤右太阳穴、右腋肞。黎来瀼又连砍伤其脑后、右腮颊,带划伤右颔颏。黄惈生伤重,登时殒命。黎来瀼畏罪,起意埋尸灭迹,适不知谋情之王异牙携带铁锄赴村外看守田禾,路过该处,黎来瀼因与王异牙素好,即向告知实情,央恳帮同抬埋,许俟事后酬谢钱文,并吓称如不允从,将来事发,定行扳害。王异牙无奈允从,帮同黎来瀼将黄惈生尸身抬至坪后。维时邻人江喜瀼收帐回归,见向查问,黎来瀼料难隐瞒,告知前情,并吓禁不许声张,江喜瀼畏累走回。黎来瀼同王异牙即将黄惈生尸身挖坑用土掩埋。黎来瀼即往向黄裘氏告知谋杀埋尸情由,各自逃避。

旋经该署县何应达访闻差拿,并经江喜瀼告知尸亲黄恩告,寻见尸身,投保报县勘验,获犯讯供通详,批饬审解。将犯审拟解府,经府核恐案情未确,节次委员研审,由府解司。经司核恐案情仍未确切,发委南昌府江毓昌提讯,犯供游移,行提案犯王异牙到省质讯。王异牙旋在南昌县管所患病,因无人保领,拨医调治无效身故,禀府札委署新建县知县江召棠验讯详报,批饬核入正案办理。提讯,犯供狡展,必须要证江喜瀼到案质明,方能定谳,行据新城县差传,江喜瀼先期赴福建邵武府贸易,隔省关传,有需时日,详经咨部展限。嗣据该县将要证江喜瀿解审,经委员署南昌府知府查恩绥提犯审明,解司覆审,转解前来。臣亲提研鞫,据各供认前情不讳,究无起衅别故,王瀰详委止知情同谋,并未同行加功,亦无另有知情同谋加功及帮同埋尸之人,案无遁饰。

查律载:"妻因奸同谋杀死亲夫者,凌迟处死,奸夫斩监候。"等语。此案黄裘氏先后与王瀰详、黎来瀿通奸,嗣该氏与黎来瀿在房谈笑,因被本夫黄懊生撞见,责打防管,挟恨起意,商同奸夫黎来瀿并邀允同奸之王瀰详,谋杀本夫黄懊生身死,实属因奸谋命,自应按律问拟。黄裘氏合依"妻因奸同谋杀死亲夫者,凌迟处死"律,拟凌迟处死。系妇女,照律免刺。奸夫黎来瀿听从奸妇谋杀本夫黄懊生身死,复起意埋尸不失,亦应按律问拟。黎来瀿除起意埋尸不失轻罪不议外,合依"奸夫斩监候"律,拟斩监候。秋后处决,先于左面刺"凶犯"二字。王瀰详与黄裘氏通奸,听从黄裘氏谋杀本夫,讯未同行加功,例无作何治罪明文。查因奸谋杀本夫之案,为从加功之人如亦系奸夫,罪仍斩〔监〕候。该犯王瀰详虽未同行加功,惟亦系奸夫,如仅照凡人谋杀人从而不行,拟以满徒,似觉情重法轻,自应照例量减问拟。王瀰详除与黄裘氏通奸轻罪不议外,应于因奸谋杀本夫之案,"其为从加功之人如亦系奸夫,仍拟斩监候"例上量减一等,拟杖一百,流三千里。系革勇,应比照革兵有犯,加凡人一等,于流三千里罪上加一等,遵照新章,改发极边足四千里充军。事犯到官,虽在光绪二十六年三月十二日恭逢恩诏以前,核其情罪,系在不准减条款之列,应请不准援减。到配杖一百,折责安置。王异牙听从帮同埋尸不失,讯系不知谋情,亦应照殴故杀人案内"凶犯起意埋尸灭迹,受雇抬埋并不知情者,杖八十"例,拟杖八十。业已病故,应毋庸议。地保黎鸿恩失察埋尸灭迹,应照不应轻律,拟笞四十。事在赦前,应请宽免,仍革役。要证江喜瀌先自走回,讯系被吓畏累所致,后已告知尸亲报案,应与王异牙在管病故,讯无凌虐情弊之看役人等,均毋庸议。王沨详等给与黄裘氏钱文,讯无确数,应与黎来瀌口许王异牙谢钱并免着追。

除全案供招咨部外,所有奸妇因奸起意,商同奸夫谋杀亲夫身死,获犯审明,按例定拟缘由,理合遵照新章,恭折具陈,伏乞皇太后、皇上圣鉴,敕部核覆施行。谨奏。光绪二十七年七月初三日。

朱批:"刑部速议具奏。"

《光绪朝朱批奏折》第107辑,第564—567页

135. 奏请以郑恭调补庐陵县知县折

光绪二十七年七月初四日(1901年8月17日)

江西巡抚臣李兴锐跪奏,为请旨调补要缺知县,以资治理,恭折仰祈圣鉴事。

窃照吉安府属之庐陵县知县冯兰森,经臣奏参革职,接准部咨开缺。所遗庐陵县知县系附郭首邑,水陆冲途,政务殷繁,且有发审事件,乃冲、繁、疲、难四项兼全最要之缺,例应在外拣选调补,必得精明干练、才堪肆应之员,方足以资治理。臣与藩臬两司在于通省中简知县内逐加遴选,实无人地相宜、合例堪调之员,不得不于繁缺知县中通融请调。查有临川县知县郑恭,年四十八岁,安徽徽州府黟县人,由增生中式光绪五年已卯科本省乡试第八十六名举人,庚寅恩科会试中式第八十二名贡士,殿试三甲,朝考一等,引见,奉旨以主事用,签分刑部浙江司行走。十七年,遵新海防例报捐知县遇缺先选用,选授永宁县知县,光绪十八年正月十九日到

任。嗣遵顺直赈捐例加捐同知衔,复遵原例报捐花翎,试俸期满,奉文准销试俸在案。嗣因剿办永宁县会匪在事出力,汇案保奏,请以直隶州知州在任候补,经吏部核与定例相符,于光绪二十一年七月二十日具奏,奉旨:"依议。"钦此。光绪二十二年二月十四日,内阁钞出本月十二日奉上谕:"永宁县知县郑恭,才识明敏,勇于任事,着传旨嘉奖。"钦此。调补临川县知县,光绪二十五年八月二十四日到任。前在永宁县任内,二十四年大计卓异,接准部覆,尚未请咨。该员识度安和,才堪治剧,以之调补庐陵县知县,实堪胜任。其本任临川县,亦系繁缺,惟庐陵乃附郭兼四首邑,较临川县更为紧要。该员任内一切因公处分,例免核计,亦无积案及欠解钱粮、承缉未获盗案已起降调革职参限案件。该员系正途出身,与调补之例相符。据藩司张绍华、臬司柯逢时会详请奏前来。

合无仰祈天恩,俯念员缺紧要,准以郑恭调补庐陵县知县,于地方实有裨益。如蒙俞允,该员系现任知县调补知县,衔缺相当,毋庸送部引见。至该员系再调之员,前任永宁县任内奉议各案罚俸银一百八十两,光绪二十七年六月初七日如数解库兑收,容归入二十七年秋拨册内另行造册送部。谨会同两江总督臣刘坤一恭折具奏,伏乞皇太后、皇上圣鉴训示。再,所遗临川县知县系冲、繁、难三项相兼要缺,容俟接准部覆截缺后,照例拣员另请调补。此案藩司于光绪二十七年六月十二日出详,合并陈明。谨奏。光绪二十七年七月初四日。

朱批:"吏部议奏。"

《光绪朝朱批奏折》第16辑,第427—429页

136. 奏请以陈君耀调补南丰县知县折

光绪二十七年七月初四日(1901 年 8 月 17 日)

江西巡抚臣李兴锐跪奏,为拣员调补要缺知县,恭折奏祈圣鉴事。

窃照建昌府属之南丰县知县邓宣猷,经臣奏参革职,接准部咨开缺。所遗南丰县知县系繁、疲、难三项相兼要缺,例应在外拣选调补,必得精明干练之员,方足以资治理。臣与藩臬两司在于通省中简知县内逐加遴选,查有新昌县知县陈君耀,年三十八岁,福建福州府长乐县人,由优廪生应光绪十七年辛卯科本省乡试,中式第一名举人,二十年甲午恩科会试中式第一百五十九名贡士,殿试二甲第六十五名,朝考一等第四十五名,引见,奉旨:"改翰林院庶吉士。"钦此。二十一年乙未科散馆,引见,奉旨:"以知县即用。"钦此。掣选今职,领凭起程。遵福建茶捐例,捐加同知衔。光绪二十二年八月初一日到任。该员宅心和厚,治事精审,以之调补南丰县知县,实堪胜任。其本任内并无积案及欠解钱粮、承缉未获盗案已起降调革职参限案件,与调补之例相符。据藩司张绍华、臬司柯逢时会详请奏前来。

合无仰恳天恩,俯念员缺紧要,准以陈君耀调补南丰县知县,于地方实有裨益。如蒙俞允,该员系现任知县调补知县,衔缺相当,毋庸送部引见。至该员系初调之员,任内罚俸银数另行造册送部,按限催令完缴。谨会同两江总督臣刘坤一恭折具奏,伏乞皇太后、皇上圣鉴训示。再,所遗新昌县知县系疲、难二项相兼中缺,容俟接准部覆截缺后,照例拣员另行请补。此案藩司于光绪二十七年六月十二日出详,合并陈明。谨奏。光绪二十七年七月初四日。

朱批:"吏部议奏。"

《光绪朝朱批奏折》第16辑,第429—430页

137. 奏请以左秉钧调补丰城县知县折

光绪二十七年七月初四日(1901年8月17日)

江西巡抚臣李兴锐跪奏,为拣员调补要缺知县,恭折奏祈圣鉴事。

窃照南昌府属之丰城县知县汤鼎烜,经臣奏请开缺另补,接准部咨开缺。所遗丰城县知县系冲、繁、疲三项相兼要缺,例应在外拣选调补。该县政繁赋重,素称难治,且县城滨临章江,护城一带建有石堤,岁需防护,亦关紧要,必得精明干练之员方克胜任。臣与藩臬两司在于通省中简知县内逐加遴选,查有星子县知县左秉钧,年三十六岁,湖南湘阴县人,由监生在浙江遵海防例报捐县丞,指发江西试用,经钦派大臣验看,领照到江。加捐新班先补用免试用,咨补南昌县县丞,光绪十三年十一月十一日到任,试俸期满,详请销去试俸。十八年四月,在天津、山东新海防捐局遵例加捐遇缺先知县,在任候选。前因劝办苏浙赈捐出力,准保俟选缺后以直隶州知州补用,又在顺直赈捐奖给花翎。选授安仁县知县,光绪十九年十一月二十五日到任,经前抚臣德寿奏请开缺另补。嗣委署星子县知县印务,题补星子县知县。光绪二十四年正月二十五日,奉文到任试俸期满,详销试俸,奉文准销试俸在案。该员通达民情,泛应曲当,以之调补丰城县知县,实堪胜任。其本任内实无积案及欠解钱粮、承缉未获盗案已起降调革职参限案件,与调补之例相

符。据藩司张绍华、臬司柯逢时会详请奏前来。

合无仰恳天恩,俯念员缺紧要,准以左秉均调补丰城县知县,于地方实有裨益。如蒙俞允,该员系现任知县调补知县,衔缺相当,毋庸送部引见。至该员系初调之员,任内罚俸银数另行造册送部,按限催令完缴。谨会同两江总督臣刘坤一恭折具奏,伏乞皇太后、皇上圣鉴训示。再,所遗星子县知县系专冲不兼简缺,容俟接准部覆截缺后,照例另行请补。此案藩司于光绪二十七年六月十二日出详,合并陈明。谨奏。光绪二十七年七月初四日。

朱批:"吏部议奏。"

《光绪朝朱批奏折》第16辑,第431—432页

138. 奏请以胡毓麒补授泸溪县知县折

光绪二十七年七月初四日(1901年8月17日)

江西巡抚臣李兴锐跪奏,为遴员请补知县,以资治理,恭折具奏,仰祈圣鉴事。

窃照建昌府属之泸溪县知县王慎猷,经臣奏请开缺另补。所遗泸溪县知县系四项俱无简缺,江西现有应补人员,应扣留外补。查有高安县知县何敬钊,亦开缺另补,均系应归四月分序补之缺,缺项相同,例应掣签,泸溪县掣得第一缺。查同治元年六月吏部议覆顺天府府尹蒋琦龄等条奏章程内开:知县终养、改教遗缺,例准扣留将各项候补人员题补者,将即用、候补两项人员相间轮补等因。又同治元年十一月奉准吏部通行山西请示章程内开:知县撤回、降补、回避等项所遗之缺,定例与终养、改教各缺均系专用候补、即用人员。今终养、改教之缺轮用候补时,既将候补、即用相间

轮补,其撤回等项遗缺,自应一律照办。嗣后如遇改教、撤回、降补、回避各缺轮用即用时,即将进士班先并进士即用本班之员酌量请补,即积即用正班之缺。再有缺出,于候补班先及候补本班人员酌补,即积候补正班之缺等因。又同治九年八月奉准吏部咨覆江西请示内开:终养、改教、撤回、降补、回避等项遗缺,定例均系专用候补、即用人员。嗣经定为候补、即用相间轮补,自应仍合为一班,统行计算。如遇同月之缺,仍按照章程,签掣缺之先后,将进士即用与候补分班酌补。又通行章程内开:终养、修墓、葬亲等项遗缺改归内选,撤回、回避、改教等项遗缺仍归外补,参革、降补之缺改为一咨一留等因各在案。

江西省上次雩都县开缺另补遗缺,已酌补候补班前补用知县李相为止。今泸溪县知县王慎猷开缺另补遗缺,按班轮应进士即用班先并进士即用本班人员酌补。查有进士即用捐本班尽先补用知县胡毓麒,年三十九岁,浙江绍兴府山阴县人,由附生中式光绪壬午科本省乡试第九十二名举人,癸未科会试中式第七十名贡士,殿试三甲第一百十名进士,引见,奉旨:"以知县即用。"钦此。签掣云南,奉给执照,祗领起程。光绪十年六月十二日到滇,曾委署罗次县知县,嗣因闻讣丁父忧,回籍守制。服满起复,先于光绪十三年八月在广东海防总局遵例捐离云南原省,改指江西,仍归原班补用,奉给执照,起复后呈请给咨赴改捐江西省补用。光绪十五年五月十八日到省,接准部覆,应以到省之日作为到省日期。十七年十一月,在浙江顺直赈捐局遵例捐同知升衔。十八年正月,闻讣丁母忧,回籍守制。服满起复,于光绪二十年七月十八日回江,业已接到部文,准其起复在案。嗣遵新海防例,捐即用班本班尽先补用免试用,接准部文,系光绪二十三年十一月二十日发行,按江西照限六十日减半计算,应以二十三年十二月二十日接到部文作为尽先补用到省日期。系作为到省后一年以外所出之缺,例得酌补。委署过瑞昌县知县印务。该员敦厚明白,尽心民事,堪以请补泸溪县知县员缺,与例相符,仍积即用班先之缺。据藩司张绍华、臬司柯逢时会详请奏前来。

合无仰恳天恩,俯准将胡毓麒补授泸溪县知县。如蒙俞允,该员系进士即用先知县请补知县,衔缺相当,毋庸送部引见,亦例不核计参罚。再,此案遵章改题为奏。又,藩司于光绪二十七年六月十二日出详,合并陈明。谨会同两江总督臣刘坤一合词恭折具奏,伏乞皇太后、皇上圣鉴训示。谨奏。光绪二十七年七月初四日。

朱批:"吏部议奏。"

《光绪朝朱批奏折》第16辑,第432—434页

139. 崇仁县知县张超续完随漕正耗银两奏请减议片

光绪二十七年七月初四日(1901年8月17日)

再,据江西粮道刘心源详称,崇仁县光绪二十五年分额征随漕银三千五十六两四钱六分二厘、耗羡银三百五两六钱四分六厘、漕耗银二百十五两三钱,经征知县张超已完银八百七十五两三钱,未完银二千七百二两一钱八厘,计未完七分以上。现于光绪二十七年三月初九日完解随漕正耗银七百七十两,四月初八日完解随漕银六百六十两,共续完银一千四百三十两,计续完四分,俟造入光绪二十七年漕项秋拨册报查。仍未完银一千二百七十二两一钱八厘,计未完三分以上。详请奏明减议前来。臣覆核无异。合无仰恳天恩,饬下户部,照现在未完分数核议,理合附片具陈,伏乞圣

鉴。谨奏。

朱批:"户部议奏。"

《光绪朝朱批奏折》第71辑,第236页

140. 奏请以俞官圻补授赣县知县折

光绪二十七年七月初五日(1901年8月18日)

江西巡抚臣李兴锐跪奏,为拣员请补要缺知县,恭折具陈,吁恳圣恩,以资治理事。

窃照赣州府属之赣县知县彭继昆,经臣奏请开缺另补,接准部咨开缺。所遗赣县知县系冲、繁、难三项相兼要缺,例应在外拣选调补,必得精明干练之员,方足以资治理。臣与藩臬两司在于通省中简知县内逐加遴选,实无人地相宜、合例堪调之员,亦无劳绩应升人员堪以请升。惟查定例,新进士奉旨分发各省即用知县,照奉旨命往补用人员之例,无论应题、应调、应选之缺,准该督抚先尽补用。查各项奉旨命往补用人员,遇有题调缺出,皆由该督抚酌量才具补用。新进士即用知县补题调要缺,亦照此例办理等因。兹查有改掣江西进士即用知县俞官圻,年四十四岁,浙江绍兴府山阴县人,由廪生中式戊子科本省乡试第三十四名举人,应光绪十六年庚寅恩科会试,中式第一百七十一名贡士,殿试三甲第八十五名进士,朝考二等,引见,奉旨:"以知县即用。"钦此。签掣山东,亲老告近,改掣江西,领照起程,光绪十七年三月十七日到江。嗣因劝办顺直赈捐出力,保俟补缺后以直隶州知州用。光绪二十三年二月二十三日具奏,奉旨:"依议。"钦此。委署过建昌、彭泽、新城等县知县印务。该员办事结实,勤能耐苦,以之请补赣县知县,酌量才具,实堪胜任。据藩司张绍华、臬司柯逢时会详请奏前来。

合无仰恳圣恩,俯准以俞官圻补授赣县知县,实于地方有裨。如蒙俞允,该员系进士即用知县请补知县,衔缺相当,毋庸送部引见,亦例不核计参罚。再,此案藩司于光绪二十七年六月十二日出详,合并陈明。谨会同两江督臣刘坤一恭折具奏,伏乞皇太后、皇上圣鉴训示。谨奏。光绪二十七年七月初五日。

朱批:"吏部议奏。"

《光绪朝朱批奏折》第16辑,第443—444页

141.奏请以洪寿彭补授高安县知县折

光绪二十七年七月初五日(1901年8月18日)

江西巡抚臣李兴锐跪奏,为遴员请补知县,以资治理,恭折具陈,仰祈圣鉴事。

窃照瑞州府属之高安县知县何敬钊,经臣奏请开缺另补。所遗高安县知县系冲、繁二项相兼中缺,江西现有应补人员,应扣留外补。查有泸溪县知县王慎猷,亦开缺另补,均系应归四月分序补之缺,缺项相同,例应掣签,高安县掣得第二缺。查同治元年六月吏部议覆顺天府府尹蒋琦龄等条奏章程内开:知县终养、改教遗缺,例准扣留将各项候补人员题补者,将即用、候补两项人员相间轮补等因。又同治元年十一月奉准吏部通行山西请示章程内开:知县撤回、降补、回避等项所遗之缺,定例与终养、改教各缺均系专用候补、即用人员。今终养、改教之缺轮用候补时,既将候补、即用相间轮补,其撤回等项遗缺,自应一律照办。嗣后如遇终养、改教、撤回、降补、回避各缺轮用即用时,即将进士班先并进士即用本班

之员酌量请补,即积即用正班之缺。再有缺出,于候补班先及候补本班人员酌补,即积候补正班之缺等因。又同治九年八月奉准吏部咨覆江西请示内开:终养、改教、撤回、降补、回避等项遗缺,定例均系专用候补、即用人员。嗣经定为候补、即用相间轮补,自应仍合为一班,统行计算。如遇同月之缺,仍按照章程,签掣缺之先后,将进士即用与候补分班酌补。又通行章程内开:终养、修墓、葬亲等项遗缺改归内选,撤回、回避、改教等项遗缺仍归外补等因各在案。

江西省上次泸溪县知县王慎猷开缺另补遗缺,已酌补进士即用班尽先补用知县胡毓麒为止。今高安县知县何敬钊开缺另补遗缺,按班轮应候补班先并候补本班人员酌补。查有候补班前先补用知县洪寿彭,年四十一岁,安徽宁国府泾县人,由监生遵郑工例报捐县丞,指分江西试用。光绪十二年二月,派赴朝鲜差遣,因办理朝鲜交涉通商事宜出力奏保,奉上谕:"着免补本班,以知县仍留原省,归候补班前先即补,并加同知衔。"钦此。经钦派大臣验看,由吏部带领引见,奉旨:"着照例发往。"钦此。领照起程,光绪十七年十一月二十八日到江,期满甄别。十九年七月,闻讣丁本生母忧,回籍守制。服满起复,于二十一年四月二十四日回江,业已奉到部文,准其起复在案。系奉到准其起复部文后下月所出之缺,例得酌补。该员历练颇深,究心吏治,堪以请补高安县知县员缺,与例相符,仍积候补班先之缺。据藩司张绍华、臬司柯逢时会详请奏前来。

合无仰恳天恩,俯准将洪寿彭补授高安县知县。如蒙俞允,该员系候补知县请补知县,衔缺相当,毋庸送部引见,亦例不核计参罚。再,此案遵章改题为奏,藩司于光绪二十七年六月十二日出详,合并陈明。谨会同两江总督臣刘坤一合词恭折具陈,伏乞皇太后、皇上圣鉴训示。谨奏。光绪二十七年七月初五日。

朱批:"吏部议奏。"

《光绪朝朱批奏折》第16辑,第445—446页

142. 奏报江西省节年未完芦课钱粮数目折

光绪二十七年七月初五日(1901年8月18日)

江西巡抚臣李兴锐跪奏,为江西省节年未完芦课钱粮,照章恭折具陈,仰祈圣鉴事。

窃查前准户部咨,嗣后奏销现年钱粮之时,将节年未完项下续完若干、仍未完若干并动用存储各数目,分别年限,汇造清册,另缮题本,一并具题。芦课钱粮亦照案办理等因。行司遵照。前届查办光绪二十五年压征二十四年芦课钱粮奏销,业将节年民欠及缓征正耗已、未完银数造册,详经随本具题送部在案。

兹据布政使张绍华详称,现届查办光绪二十六年压征二十五年芦课奏销,所有二十五年以前民欠并缓征正耗银两,除同治七年起至同治九年止已征未解银数已分别豁免咨追,另案办理,至九江府同知博恩亏短已征未解咸丰十一年并同治元年等年压征芦课正耗银两,业已遵照部咨,剔除毋庸冗叙外,所有光绪十四年压征十三年起至二十五年压征二十四年止,未完民欠应征并缓征芦课正耗共银三万八千十九两零。今光绪二十六年压征二十五年奏销,已据九江府同知完解二十二年压征二十一年缓征芦课正耗共银一十一两零,又民欠应征芦课正耗共银六十五两零;湖口县完解二十三年压征二十二年民欠应征芦课正耗共银七十三两零;九江府同知完解二十三年压征二十二年民欠应征芦课正耗共银三十三两,

又二十四年压征二十三年缓征芦课正耗共银二十一两零、民欠应征芦课正耗共银八十八两零;德化县完解二十五年压征二十四年缓征芦课正耗共银一百六十两零。实在各该厅县仍有未完压征光绪十三、十四、十五、十六、十七、十八、十九、二十、二十一、二十二、二十三、二十四等年民欠正耗共银一万六千八十一两零,又未完缓征正耗共银二万一千四百八十四两零。因各该厅县连年被水,已请递缓至光绪二十七、二十八、二十九、三十、三十一、三十二、三十三、三十四、三十五、三十六、三十七、三十八、三十九等年带征。除俟届限催征完解外,合将豁免案内征欠各数,分晰开造清册,照章详请具奏送部,并据声明,光绪八、十、十一、十二等年未完征存银数已归豁免挪垫案内开报,现分别造入随奏册内,听候查核等情前来。臣覆核无异。除将清册咨送京城户部外,所有节年未完芦课钱粮,理合照章恭折具陈,伏乞皇太后、皇上圣鉴,敕部核覆施行。谨奏。光绪二十七年七月初五日。

朱批:"户部知道。"

《光绪朝朱批奏折》第78辑,第402—403页

143.奏报江西压征二十五年芦课钱粮已未完解动拨缓征各数折

光绪二十七年七月初五日(1901年8月18日)

江西巡抚臣李兴锐跪奏,为江西省压征光绪二十五年芦课钱粮已未完解、动拨缓征各数,照章恭折,仰祈圣鉴事。

窃查江西芦课钱粮额编九江府属德化、湖口、彭泽三县及南昌、九江二卫压征芦课正耗银两,照例以秋后十月开征起,扣至次

年九月底止，一年限满，造册题报。又准部咨，钱粮奏销，各依定限，令各该督抚一面具题，一面先将未完一分以上各员开具简明清单，专折奏报等因。历经行司遵照办理在案。

今据布政使张绍华详称，兹届查办光绪二十六年压征二十五年芦课钱粮奏销，除照章先将经征未完一分以上职名于本年六月内开单详经奏报外，今查各县卫二十五年芦课额征正耗银六千二百六十五两零，已催据完解正耗银三千四百六十一两零，尚有未完正耗银二千八百四两零。内因被水已请缓至光绪二十七年秋后分作两年带征正耗银一千一百四十四两零，容俟届限催征另报，实在未完民欠正耗银一千六百五十九两零。除再加紧严催，赶征完解外，合将光绪二十六年压征二十五年芦课钱粮已未完解、动拨缓征各数，及经、接、催征正署各官职名并任事月日，分晰开造册揭，查照新章，详请具奏，听候部议等情前来。臣覆核无异。除将册揭咨送京城户部外，所有奏销江西压征二十五年芦课钱粮已未完解、动拨缓征各数，理合查照新章恭折具陈，伏乞皇太后、皇上圣鉴，敕部核覆。谨奏。光绪二十七年七月初五日。

朱批："户部知道。"

《光绪朝朱批奏折》第78辑，第404—405页

144. 试用知县张树森试看期满请留江西补用片

光绪二十七年七月二十一日（1901年9月3日）

再，前准部咨，嗣后道府州县，无论捐纳、劳绩各项人员，应于到省一年后察看考核，分别补用等因。兹查有捐纳分发试用知县张树森，试看一年期满，据藩司张绍华会同臬司柯逢时详请留省补

用前来。臣详加察看,捐纳分发试用知县张树森,质地朴勤,堪以留省补用,相应请旨,准其留于江西照例补用。理合会同两江总督臣刘坤一附片具陈,伏乞圣鉴。谨奏。

朱批:"吏部知道。"

《光绪朝朱批奏折》第16辑,第485页

145. 乐安县知县夏宗鏊因祖墓被水请开缺回籍修墓片

光绪二十七年七月二十二日(1901年9月4日)

江西巡抚臣李兴锐跪奏,为知县请开缺回籍修墓,恭折具奏,仰祈圣鉴事。

窃臣据布政使张绍华详,据正任乐安县知县夏宗鏊禀称,现年七十九岁,安徽怀宁县人,由吏员捐输议叙从九品不论双单月选用。旋遵豫工二卯例报捐分发,签掣江西。复遵陕西捐输番务经费加捐,捐班前先用。咨署宁都州下河司巡检,咸丰元年八月到任。八年正月,闻讣丁母忧开缺。服满,给咨来江。因克复雩都、瑞金等县出力,保俟服阕后以府经历县丞即补,并赏戴蓝翎。复于南、赣、宁等属剿匪出力,保以本班尽先补用。咨补泸溪县县丞,于同治六年三月二十一日到任。又因前次随同赴陕剿贼出力,汇于剿贼大获胜仗及保固河防在事出力案内保奏,同治六年九月十六日奉上谕:"着免补本班,以知县仍留原省,归候补班前尽先即补。"钦此。八年,在京铜局报捐离任,并呈缴捐免保举银两。又在江西劝办陕、甘、云、贵四省捐局加捐同知升衔,请咨赴京,经吏部带领引见,奉旨:"夏宗鏊着准其以知县仍留原省,归候补班前尽先即补。"钦此。领照回江,毋庸试看甄别。奉文题补今职,光绪十一年四月初五日到任。嗣遵海防捐输案内加捐双月同知,在任候选。二十五年六月,因患足疾,请假回省就医。八月二十六日卸事,交代清楚回省。旋即病痊,于十二月间销假。现接家书,知祖墓因春雨连绵,倒塌多冢,亟欲赶紧兴修,情愿开缺回籍修墓。前在乐安县任内,政事并无怠忽,亦无经手未完事件,理合出具亲供,邀取同乡官印结,禀请开缺回籍修墓等情,由司详请具奏开缺前来。

臣覆查无异,应准其开缺回籍修墓。除饬查明该员任内仓库钱粮有无亏短及有无规避、营私、捏饰各情弊,另行咨部,暨咨安徽抚臣饬取原籍族邻各结送部,并先行钞折咨部开缺外,理合恭折具奏,伏乞皇太后、皇上圣鉴,敕部核覆施行。至所遗乐安县知县,系四项俱无简缺,遵照新章,应请归部铨选。此案遵章改题为奏,合并陈明。谨奏。光绪二十七年七月二十二日。

朱批:"吏部知道。"

《光绪朝朱批奏折》第16辑,第488—489页

146. 试用道张瑄暂行代理盐法道办理悉臻妥协应即改为署理片

光绪二十七年七月二十二日(1901年9月4日)

再,江西盐法道,前经臣奏委试用道张瑄暂行代理。现查盐法道一缺,虽经臣奏请以补用道查恩绥补授,尚未接准部覆,到任有需时日。张瑄代理以来,办理一切,悉臻妥协,应即改为署理,以专责成。除札饬遵照外,谨会同两江督臣刘坤一附片陈明,伏乞圣鉴。谨奏。

朱批:"吏部知道。"

《光绪朝朱批奏折》第16辑,第490页

147. 江西因被水较重民食维艰商贩米谷请再免两个月厘金关税以广招徕片

光绪二十七年七月二十二日(1901 年 9 月 4 日)

再,光绪二十七年六月二十二日承准行在军机大臣电开,奉旨:"朱益藩等奏江西灾重,商民贩运米粮,凡在境内,请饬全免厘金一年等语。着李兴锐即照所请办理。"钦此。钦遵到臣。查本年五月内,江西各属被水较重,民食维艰,办赈需米,业经臣附片奏请,将商贩米谷厘金、关税暂行免抽两个月,以广招徕而济民食,一面饬行司局通饬晓谕在案。嗣复钦奉电传谕旨,全免米粮厘金一年。当即转行钦遵。兹据总理牙厘局、布政使张绍华详称,查江西抽收米谷厘金,系以归还俄、法、英、德四国洋债之用,事关中外交涉,不容短欠。前因各属多被水灾,民食紧要,不得已请免六、七两个月厘金、关税,以期挹彼注兹。自晓谕后,各处米商闻风而至,省河一带,聚米甚多,现在市价已逐渐平减。又蒙懿旨颁发内帑,分给各属。并经臣饬将各县存仓积谷分别平粜,复提省仓米谷十馀万石,酌运各处散放。臣复奏请将江西赈捐展限一年,广行劝募施赈,皇仁广被,浃髓沦肌。体察情形,目前似可毋虞艰食。若如学士朱益藩所请,免抽厘金一年,则此一年之中,应还洋债必须另筹。当兹库空如洗,应解京协各饷尚多积欠,实恐不能兼顾,难免失信外人。再四思维,惟有请将江西商贩米谷厘金连关税,自本年八月初一日起至九月三十日止,再免两个月,连前免两个月,并计共免四个月,似已足资招徕。一俟十月初一日以后,仍照旧章,一律抽收。其时晚稻业已收成,杂粮亦均播种,民食有赖,而洋债亦不致全行无着，似属两便等情，详请具奏前来。

臣细核该司所详，均实在情形，合无仰恳天恩，准如所请，将江西米谷厘金再行免抽八、九两个月，其关税亦一律照免，俟十月初一日以后仍旧抽收，俾民食、洋款两有裨益。至江西赈务，臣仍督饬所属，多方设法筹赈，总期灾民不至流离失所，仰副圣主轸念民依之至意。除咨明户部外，所有江西商贩米谷再免两个月厘金、关税以广招徕缘由，理合附片陈明，伏乞圣鉴训示。谨奏。

朱批："着照所请，户部知道。"

《光绪朝朱批奏折》第83辑，第426—427页

148. 江西筹解光绪二十七年汇还英德借款第三批银两片

光绪二十七年七月二十二日（1901年9月4日）

再，前准户部咨，每年应还俄法、英德两款本息，数巨期促，开单具奏，由部库及各省关分别认还一折，光绪二十二年五月初八日具奏，奉旨："依议。"钦此。计单内开：英德一款，由地丁等款项下指拨江西银十四万两，每年匀分四次，于二、五、八、冬四个月解赴江海关道交纳，不得稍有延欠。嗣又准咨，镑价昂贵，原拨银数不敷，奏明照案酌量加拨，计英德借款自光绪二十六年起加拨银三万五千两，随同匀解各等因。业经行据藩司，将光绪二十二年起至二十七年五月止应解银两，按期照数发交商号，并委员解交江海关，先后详经奏咨在案。

兹据布政使张绍华详称，本年八月应解英德借款银两，现于司库动放二十七年加成茶税银一万五千两、米谷厘金银一万八千二百四十三两三分九厘、钱价平馀银一万五百六两九钱六分一厘，共

银四万三千七百五十两，作为光绪二十七年奉拨江西应解英德借款第三批银两，发交蔚盛长、蔚长厚、新泰厚等商号，于二十七年七月二十三日赴库请领，限八月十三日汇赴江海关道衙门投交兑收，并给汇费银四百三十七两五钱等情，详请奏报前来。臣覆核无异。除饬依限汇解交收，并咨户部暨外务部查照外，所有江西司库筹解二十七年奉拨应解江海关汇还英德借款第三批银两交商汇兑缘由，理合附片陈明，伏乞圣鉴。谨奏。

朱批："该部知道。"

《光绪朝朱批奏折》第83辑，第428页

149. 文武职养廉耗羡不敷支放动用闲款凑给折

光绪二十七年七月二十二日（1901年9月4日）

江西巡抚臣李兴锐跪奏，为文武职养廉耗羡不敷支放，动用闲款凑给，恭折仰祈圣鉴事。

窃照江西省文武职养廉，例应于耗羡项下并一切闲款内动支。今据布政使张绍华详称，江西省光绪二十六年分文武职养廉银两，内除各官缺半银外，统计应支银一十五万二千七百七十一两五钱四分七厘，又应支文庙丁祭等项祭品并各部饭食、漕臣养廉、文武科场经费以及本省一切支款银三万八千四百五十八两二分，以上共应支银一十九万一千二百二十九两五钱六分七厘。查二十六年应征耗羡，除被灾缓征外，已完银一十四万七千七百二十五两四分八厘，尽数动支，计尚不敷银四万三千五百四两五钱一分九厘，遵照例案，动支各年芦课并杂项等银，照数凑给。除分晰造册，另详请奏核销外，详请查核具奏等情前来。臣覆核无异。除俟各册造送至日另行奏销外，理合恭折具陈，伏乞皇太后、皇上圣鉴。谨奏。光绪二十七年七月二十二日。

朱批："户部知道。"

《光绪朝朱批奏折》第89辑，第379—380页

150. 奏报江西省光绪二十七年六月分粮价及雨水情形折附清单

光绪二十七年七月二十二日(1901年9月4日)

江西巡抚臣李兴锐跪奏，为恭报光绪二十七年六月分粮价及地方雨水情形，仰祈圣鉴事。

窃照江西省光绪二十七年五月分市粮价值并雨水情形，业经臣恭折具奏。兹据布政使张绍华查明通省光绪二十七年六月分米、麦、豆各项粮价，开单汇报前来。臣逐加查核，南昌等十四府州属米、麦、豆各项价值均与上月相同。省城及各属地方六月内雨泽稍稀，惟据星子、德安二县续禀，六月初间又复大雨水涨，田亩多被淹浸，并有冲倒房屋、坍塌圩堤；又据彭泽县续禀，芦洲田亩复被水淹各等情，均经臣分别批令谕饬农佃人等，将被淹田地设法疏消补种，以资补救。所有先后被水较重各县，均经饬司在于钦奉懿旨颁发内帑分别拨给，委员解往，会县散赈，专折奏报在案。其馀各属，早稻收割，晚禾长发，民情安谧，堪以上慰圣怀。理合恭折具陈，并缮具六月分粮价清单，恭呈御览，伏乞皇太后、皇上圣鉴。谨奏。光绪二十七年七月二十二日。

朱批："知道了。"

清单

谨将光绪二十七年六月分江西各属地方米、麦、豆各项粮价开具清单，恭呈御览。

南昌府属

稻米每仓石价银三两二钱四分至三两四钱四分，与上月同。小麦每仓石价银一两四分至一两五钱二分，与上月同。大麦每仓石价银九钱三分至一两一钱五分，与上月同。黄豆每仓石价银一两八分至一两二钱七分，与上月同。

瑞州府属

稻米每仓石价银二两八钱二分至三两三分，与上月同。小麦每仓石价银一两九分至一两二钱五分，与上月同。大麦每仓石价银八钱一分至一两一钱，与上月同。黄豆每仓石价银一两一钱九分至一两二钱，与上月同。

袁州府属

稻米每仓石价银二两八钱至三两七分，与上月同。小麦每仓石价银一两一钱一分至一两一钱六分，与上月同。大麦每仓石价银九钱九分，与上月同。黄豆每仓石价银一两一钱五分至一两二钱三分，与上月同。

临江府属

稻米每仓石价银三两三钱至三两三钱六分，与上月同。小麦每仓石价银一两二钱二分至一两三钱六分，与上月同。大麦每仓石价银一两一分至一两五分，与上月同。黄豆每仓石价银一两五分至一两三钱六分，与上月同。

吉安府属

稻米每仓石价银三两九分至三两二钱八分，与上月同。小麦每仓石价银一两二分至一两三钱三分,与上月同。大麦每仓石价银八钱二分至一两一钱二分,与上月同。黄豆每仓石价银九钱至一两三钱六分,与上月同。

抚州府属

稻米每仓石价银二两三钱九分至二两六钱五分,与上月同。小麦每仓石价银九钱九分至一两一钱九分,与上月同。大麦每仓石价银八钱六分至九钱三分,与上月同。黄豆每仓石价银九钱三分至一两二钱三分,与上月同。

建昌府属

稻米每仓石价银二两五钱八分至二两七钱一分,与上月同。小麦每仓石价银九钱八分至一两二钱九分,与上月同。大麦每仓石价银八钱六分至九钱二分,与上月同。黄豆每仓石价银一两至一两三钱四分,与上月同。

广信府属

稻米每仓石价银二两四钱九分至二两六钱九分,与上月同。小麦每仓石价银八钱八分至一两二钱,与上月同。大麦每仓石价银六钱三分至一两四分,与上月同。黄豆每仓石价银九钱七分至一两二钱六分,与上月同。

饶州府属

稻米每仓石价银二两九钱一分至三两八分,与上月同。小麦每仓石价银一两三分至一两五钱,与上月同。大麦每仓石价银八钱四分至一两一钱四分,与上月同。黄豆每仓石价银一两二分至一两三钱七分,与上月同。

南康府属

稻米每仓石价银三两二钱八分至三两三钱二分,与上月同。

小麦每仓石价银一两三钱七分至一两六钱二分，与上月同。大麦每仓石价银一两至一两四钱三分，与上月同。黄豆每仓石价银一两一钱五分至一两六钱二分，与上月同。

九江府属

稻米每仓石价银三两六钱五分至三两七钱六分，与上月同。小麦每仓石价银一两二钱三分至一两七钱，与上月同。大麦每仓石价银一两四分至一两一钱七分，与上月同。黄豆每仓石价银一两一钱四分至一两五钱一分，与上月同。

南安府属

稻米每仓石价银二两六钱五分至二两八钱，与上月同。小麦每仓石价银八钱六分至一两七分，与上月同。大麦每仓石价银七钱二分，与上月同。黄豆每仓石价银一两二分至一两一钱九分，与上月同。

赣州府属

稻米每仓石价银二两五钱五分至二两八钱七分，与上月同。小麦每仓石价银八钱三分至一两一钱六分，与上月同。大麦每仓石价银六钱二分至六钱九分，与上月同。黄豆每仓石价银九钱三分至一两一钱八分，与上月同。

宁都直隶州并所属

稻米每仓石价银二两二钱八分至二两四钱六分，与上月同。小麦每仓石价银九钱八分至一两八分，与上月同。黄豆每仓石价银一两一钱三分至一两一钱六分，与上月同。

朱批："览。"

正折据《光绪朝朱批奏折》第96辑，第924—925页；清单据台北故宫博物院藏"军机处档折件"附件，文献编号：143716

151. 奏恳准将江西鄱阳县免予停止考试片

光绪二十七年七月二十二日(1901 年 9 月 4 日)

再,光绪二十七年四月二十五日钦奉上谕:各国议定,滋事地方停止文武考试五年,江西省之鄱阳县亦在停考之列。当经恭录转行钦遵查照在案。旋据洋务局司道禀称,驻鄱阳传教者为法护主教陶文膳,该护主教论及此事,自以在鄱阳传教有年,与地方绅士尚属相安,上年虽因闹教受伤,旋即全愈,现在教案一律办结,和好如初,因此停考,亦有不安,已函请驻沪总领事,转求驻京法使邀免等情。鄱阳为饶州府附郭首县,应试士子人数众多,有志观光,情殊迫切。本年猝遭大水,饥民麇集,人心惶惶,亟应妥筹安辑。该护主教有意转圜,实为绥靖地方、调和民教起见。当即电商全权大臣庆亲王奕劻、大学士李鸿章等,与驻京法国公使商议,兹于本年七月初六日接准全权大臣覆电,已派员与法鲍使商议,允为通融等因。相应奏恳天恩,俯准将江西鄱阳县免予停止考试,出自鸿慈逾格。臣谨会同南洋大臣、两江督臣刘坤一、江西学政臣吴士鉴附片陈明,伏乞圣鉴。谨奏。

朱批:"着照所请。"

《光绪朝朱批奏折》第 117 辑,第 981—982 页

152. 弋阳县举人严锡圭抗粮包讼劣迹多端请斥革归案审办折

光绪二十七年七月二十二日(1901 年 9 月 4 日)

江西巡抚臣李兴锐跪奏,为举人抗粮包讼,劣迹多端,请旨斥

革,归案审办,恭折仰祈圣鉴事。

窃据广信府知府查恩绥详,据弋阳县知县吴庆扬详称,据职员江拔元等禀称,该县举人严锡圭,于光绪二十五年十二月初三日丁本生母王氏忧,闻讣并不奔丧,又不成服,在城包揽词讼,衣冠宴会,忍心害理,实属有伤风化,联名禀乞惩办等情到县。访查该举人平日在乡,遇事武断,抗粮包讼,劣迹多端。光绪二十六年八月间,奉文举办团练,会商合邑绅士筹款,惟该举人意在按户派捐,图饱私囊,因不遂其所欲,多方阻挠,并敢恃符抗传,挟制官长,若不详革究办,不足以惩刁玩而端士习等情,详经臣批司确切查明详办去后。

兹据布政使张绍华会同按察使柯逢时以委员查明,该举人严锡圭,实系抗粮包讼,劣迹多端,详请奏革,以便归案审办等情前来。臣查严锡圭系弋阳县人,由廪生应光绪十七年辛卯科本省乡试,中式第五十二名举人,二十四年戊戌科会试后大挑二等,以教职用,在籍候选。既经该司等查明该举人抗粮包讼,劣迹多端,相应请旨,将弋阳县举人大挑二等教职严锡圭即行斥革,归案审办。除饬府提审外,理合恭折具奏,伏乞皇太后、皇上圣鉴。谨奏。光绪二十七年七月二十二日。

朱批:"着照所请,该部知道。"

中国第一历史档案馆藏"宫中档案全宗·朱批奏折",
档号:04—01—01—1050—021

153. 江西裁减及添募弁勇各名数并截止起支饷银各日期片

光绪二十七年七月二十三日(1901 年 9 月 5 日)

再,查案准户部咨,并案议覆御史梁俊等各折,钞发章程内开:

各省防军练勇、水师兵勇，以后如有增减勇数、饷数，随时奏咨立案等语。历经遵照办理在案。

兹查江西省前于光绪二十六年，因筹办江防，保护教堂，添募营勇，调派各处巡防填扎，并将省标选锋三营添复练兵，以资防守。臣于本年春间将教案办结，体察民情，尚属安靖，当饬善后局司道筹议裁撤，以节饷需。先经将上年添募之定字营、亲兵右营两营弁勇全数裁撤，奏报在案。现又续行酌裁各营弁勇共二千八百二十八员名，内一千九百十五员名薪粮截至光绪二十七年三月底止，其馀九百十三员名薪粮截至二十七年四月底止，一律停支。以上各弁勇，均另给恩饷一个月，以资旅费。又亲兵营于二十七年二月初一日酌添哨官一员、勇丁一名。据善后局司道开具裁减勇丁及添募各名数并截止饷银、起支各日期清单，详请具奏前来。臣覆核无异，除照录清单咨部查核外，理合附片陈明，伏乞圣鉴。谨奏。

朱批："该部知道。"

《光绪朝朱批奏折》第35辑，第36页

154. 奏报江西各营更换统带管带衔名片

光绪二十七年七月二十三日（1901年9月5日）

再，查光绪十五年十月二十八日钦奉上谕："各省设立防营，如有更换管带员弁，或移扎他处，并着随时奏闻。"等因。钦此。钦遵办理在案。兹查赣防水师右营营官、降补守备袁家珍于光绪二十七年正月初九日病故，所遗赣防水师右营营官事务，委蓝翎都司衔补用守备廖家仁于光绪二十七年三月十九日接办。瘳家仁未到营以前，委蓝翎五品拔补把总伍万胜暂行代办。又九江镇标选锋右营营官九江后营游击李天元于光绪二十七年二月初十日交卸,所遗九江选锋右营营官事务,委署九江后营游击徐文科于光绪二十七年三月十二日接办。徐文科未到营以前,委九江后营中军守备王惟轩暂行兼办。又信字营营官记名提督刘先文于光绪二十七年四月二十七日交卸,所遗信字营营官,委蓝翎补用都司王高魁于是日接办。又内河水师营统带江西遇缺前先补用道缪德棻于光绪二十七年五月初十日交卸,所遗内河水师营统带事务,委江苏候补道钱德培于是日接办。据善后局司道汇详请奏前来。所有各营更换统带、管带衔名缘由,理合附片陈明,伏乞圣鉴。谨奏。

朱批:"兵部知道。"

《光绪朝朱批奏折》第47辑,第772页

155. 奏销江西省节年已未完兵米并动用存储各款数目折

光绪二十七年七月二十三日(1901年9月5日)

江西巡抚臣李兴锐跪奏,为江西省节年已、未完兵米并动用存储各款数目,分别年限造册,照章恭折,仰祈圣鉴事。

窃查奏销现年钱粮之时,例应将节年未完项下续完若干、仍未完若干并动用存储各款数目,分别年限,汇造清册,另缮题本,随本年奏销一并具题。又奉行准部咨,题覆光绪九年分兵米随本奏销案内,饬令兵米随奏亦应仿照地丁随奏册,开列管、收、除、在四柱,原未完若干、仍未完若干,分晰造册,以清眉目而易稽察等因。上年查办光绪十三年奏销,业将随奏支存册遵照改造四柱,详题在案。

兹据布政使张绍华详,准督粮道刘心源移称,江西省应造光绪二十六年分随奏册：

一、旧管：永存备用银八万两，原备豫行垫放料价、行月等项之用，循例造入历年漕项春秋拨册内，分晰报核。又原未完同治十一年起至光绪二十五年止各款银二十一万七千八十五两零，又宁都州光绪二年被水被旱案内缓征、递缓银二百一十两零，又原未完本色米一千八百石。

一、新收：光绪二十五年奏后，已据各属续完各款银九千四百八十七两零。

一、开除：光绪二十五年济运，已造入该年漕项奏销案内抵补仓屯荒缺银六百六十六两零。又光绪二十五年济造，已归入该年漕项奏销案内动用银一千四百五十九两零。又光绪二十六年米折秋拨及光绪二十七年米折春拨册内开除银九百五两零，又裁兵米折银三百五十两，容俟造入光绪二十七年米折秋拨册内报核。又汇解司库节省江南续裁米价银六千一百六两零。

一、实在：仍未完同治十一年起至光绪二十五年止各款银二十万七千五百九十七两零，又缓征、递缓银二百一十两零，又仍未完本色米一千八百石。内除丰城等州县已征未解、缓征、递缓米折各款等项银两，分别催解，另案办理外，尚有未完光绪十四年起至二十五年止各款银二十万二千三百八十三两零，又仍未完本色米一千八百石。以上未完各款银米，现在分别确查，严催完解，统于下届奏销册内详晰造报。

所有光绪二十五年实存兵米数目，业已循例造入该年兵马奏销册内实在项下报核在案。合将节年存储、馀剩及光绪二十五年奏后未完、支存、动用各数，并遵造新收各年米折正耗各款银两兑收月日，分别开造清册，移司查核相符，查照新章，详请具奏等情前来。臣覆核无异。除将清册咨移京城户部科外,所有奏销江西省节年已、未完兵米存储各款数目,分别年限缘由,理合查照新章恭折具陈,伏乞皇太后、皇上圣鉴,敕部核覆。谨奏。光绪二十七年七月二十三日。

朱批:"户部知道。"

《光绪朝朱批奏折》第62辑,第461—463页

156. 江西筹拨光绪二十七年边防经费第一批提解吉林兵饷地丁银两交商汇沪片

光绪二十七年七月二十三日(1901年9月5日)

再,查光绪二十七年五月十六日准行在户部咨,议覆吉林将军奏吉林善后需款,恳饬南省协拨银数十万两一折,奉旨:"依议。"钦此。计单内开:查吉林历年请领部饷,多由边防经费款内开支,现在该省请拨银三十万两,各省势难另行筹措,应仍由本年应解部库边防经费项下,令江西提银五万两,由江海关道暂行收存,俟吉林派员到沪,即将各款发交该员承领,赶紧解回吉林应用等因。当经转行钦遵筹解去后。

兹据布政使张绍华详称,查边防经费银两,自光绪六年起原拨地丁银五万两、厘金银八万两,又自二十五年起加拨地丁银一万两、厘金银一万六千两,均经按年陆续筹拨地丁、厘金,并厘金无银,援案改动地丁,连改拨豫省河工,共计银二百七十二万六千两,先后解交部库暨河南巡抚衙门交收,详蒙奏咨各在案。所有本年应解银两,亟应遵照筹解,以济要需。兹动放光绪二十七年地丁银三万两,以为奉拨二十七年第一批东北边防经费提解吉林兵饷地

丁银两，饬令蔚长厚、新泰厚、蔚盛长各商号于二十七年七月十三日赴库请领，限二十天汇赴江海关道衙门交收，除发给汇费银三百两外，详请奏咨等情前来。臣覆核无异。除咨明户部暨吉林将军外，所有筹拨二十七年边防经费第一批提解吉林兵饷地丁银两交商汇沪缘由，理合附片陈明，伏乞圣鉴。谨奏。

朱批："户部知道。"

《光绪朝朱批奏折》第62辑，第463—464页

157. 江西筹解奉拨甘肃省光绪二十七年新饷第三批银两片

光绪二十七年七月二十三日(1901年9月5日)

再，查前准户部咨，具奏预估光绪二十七年分甘肃新饷一折，二十六年十一月初三日奉旨："依议。"钦此。计单内开：光绪二十七年甘肃新饷，拨江西省银三十六万两等因。当经行据藩司、粮道，以前项饷银，司库支绌，万难全筹，详请援照历办成案，于司库地丁、厘金项下筹解三分之二银二十四万两，道库漕项等款钱粮内拨解三分之一银一十二万两，陆续起解，前已由司、道两库筹解过银十万八千两，分作两批，循旧发交商号汇赴甘肃兑收，详经奏咨各在案。

兹据布政使张绍华详称，查照部咨，按甘肃库平动放各年税契等款银二万两，又移准粮道筹拨道款钱粮银三万两，共银五万两，作为江西奉拨甘肃光绪二十七年第三批协饷，饬令蔚丰厚商号于二十七年七月十三日赴库请领，限一百四日汇赴陕甘督臣衙门，转发甘肃藩库兑收。所有馀平银两，已遵照自行扣存。至解此批甘

肃新饷银两职名，系江西布政使张绍华筹解银二万两，前代理督粮道、江西试用道丁乃扬筹解银三万两，合并声明。详请奏咨等情前来。臣覆核无异。所有江西筹解奉拨甘肃省光绪二十七年新饷第三批银两交商汇兑，并筹解职名缘由，理合附片陈明，伏乞圣鉴。谨奏。

朱批："户部知道。"

《光绪朝朱批奏折》第62辑，第464—465页

158. 赣关上年分期满短征盈馀银两请准减免赔缴折

光绪二十七年七月二十三日（1901年9月5日）

江西巡抚李兴锐跪奏，为赣关光绪二十六年分关期届满，短征盈馀银两，实因今昔异形，又值北方多事，吁恳天恩，援案减免赔缴，恭折仰祈圣鉴事。

窃照赣关每年额征正税银四万六千馀两、盈馀银三万八千两。兹据吉南赣宁道兼管赣关桥税务贺元彬详称，前署道涂椿年自光绪二十五年七月十六日起至二十六年七月十五日止，征收正税连耗银一万六千八百九十二两一钱三分六厘，临关零税连耗银一千四百五十六两二钱三分，又收江海关代征丝税正耗银三万四千二百六十一两五钱九厘，以上总共银五万二千六百九两八钱七分五厘，内除扣支部科内阁公费、管关养廉、书役工食杂用等款银六千一百八两五钱一分八厘，又除起解盈馀饭银、加平水脚银一两三钱八分二厘，实征正额税银四万六千四百七十一两五分五厘、盈馀银二十八两九钱二分，一并凑解光绪二十七年分京饷并内务府参价，另行分别办理。核计正税尚无短绌，惟盈馀一项，核与定额三万八

千两之数,尚不敷银三万七千九百七十一两八分。

伏查赣关税务,自各口通商,轮舶盛行以后,收数早已日短,历届报销案内均经详细声明。盖缘商贾乐趋利便,茶丝百货之出入洋广而取道于赣郡者,久经改行海道,其来江入广之货,又多经报完子口半税,不复加征,于是内地常关应有税银,几为海关侵夺殆尽。向惟湖丝一项,归江海关征税拨还,藉以补苴,馀皆无可收回。现在赣关仅赖土产木植油糖等物为收税之大宗,而数本无多,加以上年北方有事,各处商务多经停贩止运,遂至客货愈稀,税源愈窒。虽经前署道涂椿年设法招徕,实力整顿,核计正税收数虽较上届多征七千馀两,而江海关丝税又复短收一万七千有奇,此实由于时局频更,情殊今昔,委非稽征不力。溯查同治年间短征盈馀银至三万六七千两者,均奉部议免九赔一有案,近时经征为难情形倍于往昔,惟有详请奏恳援照同治年间成案,减免九成,减剩一成分年赔缴等情前来。

臣查该前署关道涂椿年经理本关税务,实苦于地方今昔异形,又因上年北方多事,招徕乏术,以致税课盈馀仍未能足额。臣体察情形,尚非稽征不力。合无仰恳天恩,俯准将赣关二十六年分短征盈馀银两,援照同治年间成案,减免九成,减剩一成分年赔缴,以示体恤而励将来。臣仍当督饬现任关道实力稽征,务期税数渐复旧额。傥始勤终怠,以及任听书役征多报少,即行据实参劾,不敢稍事徇隐。除咨户部外,理合恭折具奏,伏乞皇太后、皇上圣鉴训示。谨奏。光绪二十七年七月二十三日。

朱批:"户部议奏。"

《光绪朝朱批奏折》第 74 辑,第 237—238 页

159. 奏报江西省光绪二十三年耤谷变价折

光绪二十七年七月二十三日(1901 年 9 月 5 日)

江西巡抚臣李兴锐跪奏,为江西省光绪二十三年耤谷变价,援照新章恭折具陈,仰祈圣鉴事。

窃查江西省各属实存耤谷,例应俟三年后,通饬各照时价尽数粜银解司,通融分给,以供祭祀先农坛之用。如有不敷,即于地丁银内动支凑用。今据布政使张绍华详称,查光绪二十三年分实存耤谷四百一十八石零,应请循例饬令各照时价变卖,俟价银解齐之日,将变价细数并凑用地丁银数分晰造册,另详咨部查核等情前来。臣覆核无异。除俟册造到日另行咨部查核外,所有江西省二十三年耤谷变价缘由,理合援照新章恭折具陈,伏乞皇太后、皇上圣鉴。谨奏。光绪二十七年七月二十三日。

朱批:"户部知道。"

《光绪朝朱批奏折》第 91 辑,第 363—364 页

160. 奏报光绪二十七年上半年江西省京控案件尚无逾限折

光绪二十七年七月二十三日(1901 年 9 月 5 日)

江西巡抚臣李兴锐跪奏,为查明京控案件尚无逾限,循例恭折具奏,仰祈圣鉴事。

窃准吏部咨,道光十年九月初二日奉上谕:"嗣后各督抚将京控逾限未结之案,每届半年,汇奏请旨交部议处一次。"钦此。又准

都察院咨，咸丰元年闰八月十二日奉上谕："嗣后奏交案件，着与咨交各案一并，将已结、未结起数咨报都察院查核例限催参，以清案牍而儆废弛。其步军统领衙门逾限奏案，亦着归入都察院催参案内办理。"等因。钦此。兹届半年汇奏之期，据按察使柯逢时查明具详请奏前来。臣查江西省京控之案，上次截至光绪二十六年十二月二十一封印之日止，计有陈秉彝、戴春芳、王绍宗、张管氏、谢（谢）积依五起，均已行提人卷到省，发委南昌府审办，因行提各案要证未到，先后咨部展限，业经奏明在案。今自光绪二十七年正月十九开印之日起至六月底止，查有陈秉彝、戴春芳、王绍宗、张管氏、谢积依五起各要证现仍未据解省，以上各案，核计拘解、承审各日期均未逾违，应免扣限开参。除仍行司分饬上紧关提各案要证解省质审拟结，并汇开详细清单咨送刑部稽核外，理合恭折具奏，伏乞皇太后、皇上圣鉴训示。谨奏。〔光绪二十七年〕七月二十三日。

光绪二十七年八月十五日奉朱批："刑部知道。"钦此。

台北故宫博物院藏"军机处档折件"，文献编号：143735

161. 奏销江西省光绪二十六年已未完本折兵米及耗羡银两数目折

光绪二十七年七月二十四日（1901 年 9 月 6 日）

江西巡抚臣李兴锐跪奏，为江西省光绪二十六年已、未完本折兵米及耗羡银两数目，照章恭折，仰祈圣鉴事。

窃查江西省应征本折兵米并支存款项、耗羡银两催征各官考成清册，例应按年造报具题。又奉行准部咨，钱粮奏销，各依定限，一面具题,一面先将未完一分以上各员名开具简明清单,专折奏报等因。当将光绪二十六年兵米奏销案内经征、接征限内限外卸事未完一分以上各员名,谨遵新章,依限开单奏报各在案。兹据布政使张绍华详,准督粮道刘心源移称,查光绪二十六年分额征本折兵米一十二万九千四百二十二石零,内已完米九万一千八百三十一石零,未完米三万七千五百九十石零,应征耗羡银四千七百五十六两零,内已完银三千一十七两零,未完银一千七百三十九两零。所有催征各官已未完分数职名,例应开造册揭,听候分别查议。至各镇协标营兵丁支过月米数目,照章应查照二十六年兵马钱粮奏销册内支销之数造报。今查此项官兵马匹俸饷银米等项册籍业准移会,另请奏明展缓办理,所有兵米奏销案内各营支销兵米确数,仍应援照上年成案,容俟造入该年兵马钱粮奏销册内报部核销。造具册揭,移司查核相符,查照新章,详请具奏等情前来。

臣覆核无异。除将册揭咨送京城户部科外,所有奏销江西省应征光绪二十六年已、未完本折兵米及耗羡银两数目,理合查照新章恭折具陈,伏乞皇太后、皇上圣鉴,敕部核覆。谨奏。光绪二十七年七月二十四日。

朱批:"户部知道。"

《光绪朝朱批奏折》第62辑,第465—466页

162. 江西筹拨各款京饷划解直隶教案赔款解沪汇京片

光绪二十七年七月二十四日(1901年9月6日)

再,臣于光绪二十七年六月二十四日承准全权大臣庆亲王、直隶督臣李鸿章会同京城户部电开:直隶教案赔款,经行在户部指拨江西

厘金十万,又本年京饷内提江西四万、九江关八万、赣关一万,请分饬速解沪道汇京等因。当经分别转行筹解。旋据藩司以奉拨厘金银十万两,因江西本年猝被水灾,米厘免征,收数短绌,加以本省教堂赔款及赈抚等项均须兼顾,无款可筹,详经臣奏咨改拨在案。

兹据布政使张绍华详称,江西本年应解京饷,前奉部拨筹给满汉官员及兵丁津贴案内已提银十万两,分作两批,发交号商及委员领解,赴江海关道转汇京城交收。兹复动放光绪二十七年地丁银四万两,作为应解二十七年第三批地丁京饷划解直隶教案赔款,饬令蔚长厚、新泰厚、蔚盛长等商号于七月二十八日赴库请领,限八月十三日汇至江海关道衙门交收转汇,并发给由江至沪汇费银四百两、由沪至京汇费银六百十六两。并据九江、赣南两关电禀,九江关先筹拨银四万两,赣关筹拨银一万两,均解沪转汇各等情,请奏咨前来。除电饬九江关将下馀之四万两迅筹拨解暨分咨外,所有江西司库筹拨二十七年第三批地丁京饷及九江、赣南两关筹拨京饷划解直隶教案赔款分别解沪汇京缘由,理合附片陈明,伏乞圣鉴。谨奏。

朱批:"户部知道。"

《光绪朝朱批奏折》第83辑,第430页

163. 审明寻常命盗各案摘叙简明事由汇奏折

光绪二十七年七月二十四日(1901年9月6日)

江西巡抚臣李兴锐跪奏,为审明命盗各案,遵章汇案,恭折具奏,仰祈圣鉴事。

窃准部咨,各直省寻常命盗各案,凡归监候具题者,拟由各该督抚讯取确供拟勘后，一面将供勘先行咨部，一面逐案摘叙简明事由，改为汇案具奏，每次至多以十案为率等因。遵办在案。兹查广丰县民王俦根致伤同姓不宗之王芳魁身死，将王俦根依斗杀律拟绞监候一案；又上高县民黄镕十致伤晏棠二身死，将黄镕十依斗杀律拟绞监候一案；又奉新县犯妇余张氏起意商同余汶澧谋杀奸夫余家平身死，将余张氏依谋杀人斩律拟斩监候、余汶澧拟绞病故一案；又德化县犯人李荃蔚等共殴故杀梅议茪身死，将李荃蔚依故杀者斩律拟斩监候一案；又永宁县民龙倌受独自行窃，尚未得财，图脱拒伤事主萧昌子身死，将龙倌受依"窃盗被追拘捕杀人，斩监候"例拟斩监候一案；又广丰县民饶茂得致伤妻之继母周刘氏身死，将饶茂得照斗杀律拟绞监候一案；又进贤县犯人邓泉水致伤龚蚁幗身死，将邓泉水依斗杀律拟绞监候一案；又兴安县革生蓝幗蓶致伤杨机清身死，将蓝幗蓶依斗杀律拟绞监候一案；又义宁州犯人唐萎溁疑贼致伤李洪早身死，将唐萎溁照斗杀律拟绞监候一案；又靖安县民余盈碌致伤缌麻服弟余盈初身死，将余盈碌依"本宗尊长殴缌麻卑幼至死者绞"律拟绞监候一案。以上共计十案，内王俦根、黄镕十等二案，据臬司解经前护抚臣张绍华提审，未及咨部卸事，移交臣覆核，其馀余张氏等八案，均由臬司先后审拟，解经臣提勘无异，已将各案供勘随时咨部在案。兹据按察使柯逢时汇案详请具奏前来。

臣覆核无异。所有审明命盗各案，遵章摘叙简明事由汇案，恭折具奏，伏乞皇太后、皇上圣鉴，敕部核覆施行。谨奏。光绪二十七年七月二十四日。

朱批："刑部议奏。"

《光绪朝朱批奏折》第107辑，第588—589页

164. 审明盗犯叶亚标等持枪伙劫得赃拒捕伤人案分别议拟折

光绪二十七年七月二十四日(1901 年 9 月 6 日)

江西巡抚臣李兴锐跪奏,为盗犯执持洋枪伙劫得赃,拒捕伤人,首伙各犯全数弋获,审明议拟,恭折仰祈圣鉴事。

窃照南康县通详,盗犯叶亚标听从赖佶滨伙劫事主黄蔚观家得赃,伙犯赖少山等临时畏惧不行,并赖佶滨等拒捕伤人平复,各被捕役、练丁格伤,与伙盗叶蓍茂等于取供后先后在管、在监因伤、因病身故一案,当经批司移道饬审解办。嗣据覆审议拟,由府解道,经吉南赣宁道贺元彬提讯无异,转详到臣,批司核详去后。兹据臬司柯逢时核详请奏前来。

臣覆加查核,缘叶亚标、赖少山即瀃昆均籍隶龙南县,游荡度日,先不为匪。叶亚标与已获伤毙之叶源培、病故之叶蓍茂、叶賫蜻、叶源惧即倌斗,赖少山与已获伤毙之赖佶滨、赖蚪沄同族无服。光绪二十六年四月二十日,叶亚标等在南康县城外路遇素识之赖佶滨、赖蚪沄、叶源培、叶蓍茂、叶賫蜻、叶源惧、胡洸萌,各道贫难。赖佶滨谂知南康县属潭口堡事主黄蔚观家有钱,起意伙劫得赃分用,叶亚标等均各允从,约定是月二十二日在附近山僻樟桥地方会齐。是晚,赖佶滨、赖蚪沄、叶源培各携带洋枪,叶亚标、叶蓍茂、叶賫蜻分携刀棍、油捻,叶源惧、赖少山、胡洸萌徒手,先后行至该处。赖少山与胡洸萌各怀畏惧,不敢同行,胡洸萌当时走回,赖少山即在山僻等候。三更时分,赖佶滨等同伙七人偕抵事主黄蔚观家门首,赖佶滨令叶源惧在门外把风,叶賫蜻点燃油捻,自与赖蚪沄、叶源培扛抬石板撞开大门,喊同叶亚标等进内行劫。事主黄蔚观探亲外出,家仅妇女,闻声惊起喊捕,赖佶滨等吓禁躲避。赖佶滨即与叶亚标并叶源培等用刀劈开箱柜,分手搜劫钱洋衣饰,逃出门外。经黄蔚观邻佑黄德礼、廖豆角、黄德财闻喊趋至喊捕,赖佶滨放枪拒伤黄德礼右眼角、右乳、右肋,赖蚪沄放枪拒伤廖豆角右血盆骨、左手大指、右膝,叶源培放枪拒伤黄德财左眼角、左胳肘,各自逃跑。赖佶滨等分携赃物逃回山僻,寻见赖少山,告知强劫得赃、拒捕伤人情由,查点各赃有洋表、衣饰、银钱等物,按股俵分,并分给赖少山银饰二件各散。叶亚标等各将分得洋银、衣饰陆续换卖与不记招牌钱店及过路不知姓名人得钱,同分得赃钱花用逃避。

当经该署县朱绍文访闻差拿,并据事主黄蔚观报县,会营勘验,勒据兵役、练丁追拿,赖佶滨、赖蚪沄、叶源培放枪拒捕。赖佶滨放枪拒伤捕役谢鸿左肩甲,被谢鸿用刀格伤赖佶滨囟门近右;赖蚪沄放枪拒伤捕役钟洪右胳肘,被钟洪用刀格伤赖蚪沄右乳;叶源培放枪拒伤练丁黄叫老左臂膊,被黄叫老用刀格伤叶源培左肋,夺获洋枪,搜起原赃到县,分别提验讯供,禁押饬医。讵赖佶滨、赖蚪沄、叶源培均各因伤,先后在管、在监身死,禀府札委上犹县知县黄传羲验讯详报,批饬核入正案办理。勒据兵役协同信丰县差役、练丁在信丰县属大小窝地方,续获盗犯叶亚标、叶蓍茂、叶蕒蜻、叶源惧、赖少山、胡洸萠,移解讯供通详,批饬审解。覆验黄德礼等及谢鸿等伤俱平复。将犯审拟解府,经府核恐案情未确,节次委审,犯供狡展,禀府发回南康县覆审。案犯叶蓍茂、叶蕒蜻、叶源惧、胡洸萠先后在监、在管患病,验报医治无效病故,禀府札委上犹县知县黄传羲并经该县分别验讯详报,均经批饬核入正案办理。兹据审明议拟，由府解道，提讯无异，详经批司核详前来。臣覆查叶亚标听从赖佶滨伙劫事主黄蔚观家得赃，并伙犯赖少山等临时畏惧不行、事后分赃之处，既据在县供认前情不讳，复由府道提审明确，究无另犯窝伙抢劫不法别案及另有同伙知情容留分赃之人，犯系先后获案，据供行劫月日、赃数悉与事主报案相符，赃经主认，正盗无疑。

查律载："强盗已行但得财者，不分首从皆斩。"又光绪十三年通行："强劫之案，但有一人执持洋枪在场，无论曾否伤人，不分首从，均拟斩立决枭示。"又例载："共谋为强盗，伙犯临时畏惧不行，事后分赃者杖一百、流二千里，不分赃者杖一百。"又南赣匪徒，应于本罪上加一等定拟。又光绪八年通行："寻常盗案，实系距省窎远地方，酌照秋审事例，解归巡道讯明，详请题奏。"各等语。此案叶亚标听从赖佶滨伙劫事主黄蔚观家得赃，赖佶滨、赖蚪沄、叶源培先后拒伤邻佑黄德礼等并捕役谢鸿等各平复。该犯叶亚标并叶源培、叶萶茂、叶蕡蜻、叶源慔听纠伙劫，或在外把风，或入室搜赃，实属同恶相济，厥罪维均，自应按律问拟。叶亚标、赖佶滨、赖蚪沄、叶源培、叶萶茂、叶蕡蜻、叶源慔即倌斗，均合依"强盗已行但得财者，不分首从皆斩"律，拟斩立决。赖佶滨等执持洋枪，应照通行，各加拟枭示。赖佶滨、赖蚪沄、叶源培业被格伤身死，请免戮尸。叶萶茂、叶蕡蜻、叶源慔业已在监病故，仍照例戮尸枭示。叶亚标先于左面刺"强盗"二字。赖少山听从伙劫，临时畏惧，并未上盗，事后分赃，估值银六钱零，亦应按例问拟。赖少山即瀤昆，合依"共谋为盗，伙犯临时畏惧不行，事后分赃者杖一百、流二千里"〔例〕，系南赣匪徒，照例加一等，拟杖一百、流二千五百里，左面刺"强盗"二字，解配折责安置。胡洸萌听从伙劫，临时畏惧走回，事后并未分赃，合依“共谋为盗，伙犯临时畏惧不行，事后不分赃者杖一百”例，仍照南赣匪徒加一等，拟杖六十、徒一年。业已在管病故，应毋庸议。捕役谢鸿、钟洪、练丁黄㕷老，责属应捕，被盗犯赖佶滨等开枪拒捕，谢鸿用刀格伤赖佶滨，钟洪用刀格伤赖蚪沄，黄㕷老用刀格伤叶源培，旋各因伤殒命，格杀持仗拒捕盗犯，律得勿论。黄德礼等并谢鸿等伤俱平复。获赃给主认领，未获各赃，赖佶滨等身死勿征，叶亚标等据供家实赤贫，无力赔缴，是否属实，饬县移查，取结办理。该犯等在外为匪，原籍牌甲、(犯)〔父〕兄无从觉察禁约，买赃之不记招牌钱店及过路不知姓名人无从查传，应与叶源㥏等在监、在管病故讯无凌虐情弊之刑禁看役人等，均毋庸议。盗犯监毙未及五名，管狱官例无处分。又盗犯赖佶滨、赖蚪沄在管因伤身故，应禁不禁职名饬取另行补参。此案盗犯首伙九人，已于疏防限内全数拿获，所有地方文武应叙职名，除文职署南康县事即用知县朱绍文已另案参革，应毋庸议外，武职系南康县城守汛千总李声扬协获邻境斩枭盗犯四名，拟流、拟杖各一名，应叙职名系信丰县知县李用曾督缉全获，不同城兼辖知府应叙职名系调署南安府事建昌府知府何刚德，相应开报。

除全案供招咨部外，所有盗犯执持洋枪伙劫得赃，拒捕伤人，首伙各犯全数弋获，审明议拟缘由，理合遵照新章，恭折具陈，伏乞皇太后、皇上圣鉴，敕部议覆施行。谨奏。光绪二十七年七月二十四日。

朱批：“刑部速议具奏。”

中国第一历史档案馆藏“宫中档案全宗·朱批奏折”，
档号：04—01—01—1051—020

165. 奏报江西光绪二十六年钱粮考成各官折

光绪二十七年七月二十七日(1901年9月9日)

江西巡抚臣李兴锐跪奏,为光绪二十六年钱粮考成各官,遵照新章,恭折具奏,仰祈圣鉴事。

窃查江西省额征起存地丁等项一切钱粮完解支存数目,例应次年五月造册奏销。兹据布政使张绍华将南昌等十四府州属光绪二十六年分地丁实征、起存并屯粮、屯丁等项已未完解、支存数目,造具奏销黄、清各册,并开报经催、经征已未完分数职名揭帖,详送请查照新章,分别奏咨等情到臣。细加考核,并无遗漏、滥支、捏完作欠,除将清册照例于司总钤盖印信,同职名揭帖分送京城部科查核外,谨将黄册一本,进呈御览。

所有光绪二十六年分地丁、屯粮丁并驿站支馀等项,连闰实征起存银一百七十七万七千七百十八两零,内已完存留起运银一百二十二万七千六百九十七两零。又应缓征地丁、屯粮丁共银二十一万三千四百七十八两零,未完应征民欠地丁、屯粮丁共银三十三万六千五百四十三两零外,南昌、饶州二府税课各行户认纳除原额外增征,并吉安、九江、赣州三府商苗落地税盈馀,并义宁州充公入官田租及各属驿站节省马尾皮价,除各府县未据具报外,实共应征银四千九百九十二两零。又吉安府续据报征银一百五十六两零,内已完银四千四十两零,未完银一千一百八两零。又前列地丁等款连另册造报坐支各厅州县佐杂养廉并南安、赣州、宁都三府州属十五厅县养廉等项银二万四千二百二十二两零,实解司银一十五万八千一百六十三两零,二共银一十八万二千三百八十五两零,内已完坐支并解司银一十二万一千七十四两零。又应缓征银二万一千三百四十七两零,实未完应征民欠银三万九千九百六十三两零,据司另造细册,遵例现归地丁奏销册内合计考成,听候查核。至未完缓征银两内各厅县被水、被旱、被风、被虫,原请缓至光绪二十七年秋后分作两年带征,应俟届限起征催完,另行办理。

其未完应征银两,所有经催、经征各员,例应核计分数,随案开参。寄庄钱粮,例参代征之员。又司府厅州县内除二三官催征通完,并被灾缓征未完及止完地丁钱粮而本色颜料暨起运杂项钱粮未完者,不准议叙,均毋庸开列外,此外经催、经征并代征人员,业已遵照新章,将未完一分以上各职名先于五月内开单具奏,今据司另行逐一汇揭开报,统候部议,奏内请免冗叙。又应征民欠正耗各银,臣衙门有督催通省之责,以十分计算,前抚臣松寿自光绪二十六年正月起至十月十五卸事前一日止,在任连闰十个月十四日,督催已完五分八厘九毫一丝二忽、未完二分一厘六毫一忽;又该司张绍华前护抚篆任内于十月十五日受事起至十二月二十七卸事前一日止,在任两个月十二日,督催已完一分八厘二毫三丝八忽、未完二毫二丝三忽;又臣于十二月二十七日到任起至年底止,计督催四日,应完一厘二丝六忽,业已全完,听候考成。又光绪二十六年应征府款杂办课钞麻铁料落地税及义宁州入官田租各银两,例应归入地丁钱粮奏销册内造报,今均未据完解,所有经征接征不力、完解迟延各职名,亦据司另揭开报附参,听候部议。再,司库钱粮,定例巡抚于每年奏销时亲赴盘察,如无亏空,即于奏销本内一并保题等因。兹据藩司将库储新旧钱粮造册呈报到臣,随即亲赴司库,按册逐一盘查,并无亏空及挪新掩旧情弊。除出具印结,分送京城部科外,所有二十六年钱粮考成各官,理合遵照新章,恭折具奏,伏乞皇太后、皇上圣鉴,敕部核覆施行。再,此案于光绪二十七年七月二十日据藩司详到,臣于七月二十七日具奏,合并陈明。谨奏。光绪二十七年七月二十七日。

朱批:"户部知道,册并发。"

《光绪朝朱批奏折》第68辑,第677—679页

166. 江西光绪二十六年随奏地丁节年钱粮奏销折

光绪二十七年七月二十七日(1901年9月9日)

江西巡抚臣李兴锐跪奏,为奏销随奏地丁节年钱粮,遵照新章,恭折具奏,仰祈圣鉴事。

窃查江西省节年钱粮已、未完及动用存储各数目,例应造册,另缮随本奏销。兹据布政使张绍华详称,江西省现届查办光绪二十六年奏销,将二十五年地丁奏销,并随奏册报道光二十九年起至光绪十三年止已征未解暨十四、十五、十六、十七、十八、十九、二十、二十一、二十二、二十三、二十四、二十五等年民欠缓征地丁、屯粮丁正耗钱粮已未完银数,造具黄、清各册,呈送到臣,覆核无异。除将清册照例于司总钤盖印信,分送京城部科查核外,谨将黄册一本,进呈御览。

至江西省光绪二十五年地丁奏销并该年随奏册报实在未完各届豁免案内,查出自道光二十九年起至光绪十三年止已征未解暨十四、十五、十六、十七、十八、十九、二十、二十一、二十二、二十三、二十四、二十五等年未完民欠并缓征地丁、屯粮丁正耗共银六百一万四千七百七十五两零,内除光绪十四、十五、十六、十七、十八、十九、二十、二十一、二十二、二十三、二十四、二十五等年被灾案内已

请递缓分年带征除已完外，实共银一百四十九万五千六百二两零，尚应催征完解银四百五十一万九千一百七十三两零。今光绪二十六年奏销，催据各属完解民欠地丁、屯粮丁正耗共银四万七千三百六十两零，实在道光二十九年起至光绪十三年止尚未完、已征未解银七千一百一十八两零，又光绪十四年起至二十五年止未完民欠并带征地丁、屯粮丁正耗共银四百四十六万四千六百九十四两零，均经分别严催完解。又光绪二十五年随奏册报湖口县未完光绪十五年带征十四年缓征地丁正耗银二百二十三两零，今光绪二十六年奏销未据完解，仍未完银二百二十三两零。其光绪二十五年随奏册报南昌等厅县未完光绪十四年起至二十五年止缓征地丁等项银两，因各该厅县连年被灾，已请缓征、递缓，容俟届限启征完解。所有已、未完及动存各款，俱于黄、清各册内逐一开列，折内请免冗叙。又各杂项钱粮另立专案造报之款，应归各年地丁随本案内具奏。

所有奏销随奏地丁节年钱粮，理合遵照新章，恭折具陈，伏乞皇太后、皇上圣鉴，敕部核覆施行。再，此案于光绪二十七年七月二十日据藩司详到，臣于七月二十七日具奏，合并陈明。谨奏。光绪二十七年七月二十七日。

朱批："户部知道，册并发。"

《光绪朝朱批奏折》第 68 辑，第 680—681 页

167. 江西光绪二十六年常平仓谷奏销折

光绪二十七年七月二十七日（1901 年 9 月 9 日）

江西巡抚臣李兴锐跪奏，为江西省光绪二十六年常平仓谷奏

销,查照新章,恭折仰祈圣鉴事。

窃查积储仓谷,例应按年核实题报。所有江西省光绪二十六年分各属常平仓谷,今据布政使张绍华详称,旧管共存谷一十万六千六百九十一石零;新收新喻、东乡、安仁等三县入官田租谷三十石零,龙南县捐积谷二十四石,大庾、上犹、定南、兴国、会昌、龙南、长宁等厅县买补碾放光绪二十五年兵米谷五千七百三十三石零,以上共新收谷五千七百八十七石零;开除大庾、上犹、定南、兴国、会昌、龙南、长宁等厅县碾放光绪二十六年兵米谷六千七十六石零;实在存谷一十万六千四百二石零,造具清册,查照新章,详请具奏等情前来。臣覆核无异。除将清册分送京城部科外,所有江西省二十六年常平仓谷奏销,理合查照新章恭折具陈,伏乞皇太后、皇上圣鉴,敕部核覆。谨奏。光绪二十七年七月二十七日。

朱批:"户部知道。"

《光绪朝朱批奏折》第91辑,第365页

168. 江西光绪二十六年分社谷奏销折

光绪二十七年七月二十七日(1901年9月9日)

江西巡抚臣李兴锐跪奏,为江西省光绪二十六年分社谷奏销,查照新章恭折具奏,仰祈圣鉴事。

窃查社仓谷石,例应年底仍令经管之人将借放、收支谷数造报地方官,照依向例报司汇册奏销。所有江西省光绪二十六年分各属社谷管、收、除、在数目,今据布政使张绍华详称,各厅州县旧管谷四十二万四千九百四十一石六斗零,内除上饶等县咸丰元年豁免挪垫民欠案内查出挪缺谷石,龙泉等州县前任病故知县徐希纶、徐燧、病故知州颜贻曾、病故知县周兆熊、参革知县张镕应赔失守无着追存，并属县缴存社谷价银及亏缺追存社谷价银折合谷石，南昌等厅州县被贼焚劫豁免谷石，及宁都、广昌二州县嘉庆五年被水漂失尚有未补谷石，以上共未补谷三十七万一千九百四十八石九斗零，实存谷五万二千九百九十二石六斗零。新收无项。开除无项。实存谷五万二千九百九十二石六斗零。造具清册，查照新章详请具奏等情前来。

臣覆核无异。除将清册分送京城部科查核外，所有江西省二十六年社谷奏销，理合查照新章，恭折具奏，伏乞皇太后、皇上圣鉴，敕部核覆。谨奏。光绪二十七年七月二十七日。

朱批："户部知道。"

《光绪朝朱批奏折》第91辑，第366页

169. 袁州府知府曹志清请开缺回籍终养一案改题为奏折

光绪二十七年七月二十八日（1901年9月10日）

江西巡抚臣李兴锐跪奏，为知府请开缺回籍终养，改题为奏，恭折具陈，仰祈圣鉴事。

窃据布政使张绍华详，据袁州府知府曹志清详称，现年五十五岁，直隶保定府满城县人，由廪生中式同治六年丁卯科顺天乡试举人，十三年甲戌科会试中式进士，奉旨以主事用，签分刑部。是年六月，到部学习期满，奏留候补。光绪八年，充江苏司正主稿。十年，充秋审处总办。十二年，补奉天司主事。十三年，补福建司员外郎。十五年，充广西司正主稿。是年十月，考取汉御史，奉旨记名以御史用。十七年三月，补河南司郎中，奉旨补授福建道监察御史。壬辰科会试,奉旨派充外帘监试。七月,遵例捐免历俸,截取保送堪胜繁缺知府。九月十五日,由吏部带领引见,奉旨记名以繁缺知府用,蒙召见一次。转掌云南道监察御史。甲午科会试,奉旨派充外帘监试。奉旨稽查甲米,奉旨稽察普济堂功德林粥厂,奉旨稽察西仓。二十一年六月,署户科给事中。二十二年七月,奉旨稽察甲米。八月,签掣江西袁州府知府,引见,奉旨:"江西袁州府知府员缺,着曹志清补授。"钦此。初六日谢恩,蒙召见一次。领凭起程,光绪二十三年三月二十五日到任。因亲父慎修现年七十九岁,继母魏氏现年七十二岁,近接家信,知胞弟庆澜因病成笃,亲老无人侍养,声明任内并无经手未完事件,府款钱粮亦无亏挪,并无捏饰、规避情事,出具亲供并同乡官印结,详请开缺回籍终养等情。当经前抚臣松寿于二十六年三月初五日题请开缺在案。兹准吏部咨,检查前题该员曹志清终父母养一案,至今尚无奉旨科钞到部,或系去岁兵乱遗失,未便臆断。惟员缺久悬,无从办理开缺,行文迅速改题为奏,俟奉旨到部,以便钦遵办理。臣自应遵照部咨,补行具奏,除咨直隶督臣饬取原籍族邻甘结,并钞折咨部开缺外,理合恭折具陈,伏乞皇太后、皇上圣鉴,敕部核覆施行。

至所遗袁州府知府,系冲、繁二项相兼中缺。查奏定章程内开:嗣后各省道府部选缺出,俟本省留补二次,即应咨送归部铨选一次,以三缺为一周等因。江西省前次已将南康府知府蔡世俊病故一缺咨选一次在案,今袁州府终养遗缺系初次留补之缺,江西省现有应补人员,容俟接准部覆截缺后,照例另行请补,合并陈明。谨奏。光绪二十七年七月二十八日。

朱批:"吏部知道。"

《光绪朝朱批奏折》第16辑,第510—511页

170. 委令孟庆云调署新建县知县等各员缺片

光绪二十七年七月二十八日(1901 年 9 月 10 日)

再,现署新昌县事、正任南昌县知县孟庆云,明练有为,堪以委令调署新建县知县。所有新昌县印务,查有委署丰城县事尚未到任之大庾县知县彭厚基,留心吏治,堪以调署。递遗丰城县印务,查有现署新建县事、正任南康县知县孔昭珍,诚笃稳练,堪以调署。又临川县知县郑恭,前经臣奏调庐陵县知县,现尚未准部覆,查郑恭和厚谙事,堪以先行调署庐陵县印务。所有临川县印务,查有现署庐陵县事、请调鄱阳县、正任上高县知县江召棠,才具开展,堪以对调署理。又署长宁县知县王绳武,据报丁忧,查有龙南县知县徐清来,平妥勤事,堪以调署。该员等任内并无盗劫三参届满已起四参及钱粮未完参限将满有关降调各处分之案。据藩司张绍华会同臬司柯逢时具详前来。除分檄饬遵外,谨会同两江督臣刘坤一附片具奏,伏乞圣鉴。谨奏。

朱批:“吏部知道。”

《光绪朝朱批奏折》第 16 辑,第 512 页

171. 纠参不职知县李用曾、陈克慎片

光绪二十七年七月二十八日(1901 年 9 月 10 日)

再,江西吏治疲敝日甚,地方官类多不知恤民疾苦,动辄藉案科罚,其于人命重案,往往任意捏报,纵容丁书贿和压搁,以致民气郁而不申,尤堪痛憾。臣到任以来,随时严饬整顿,业将查明贪劣

各员迭次纠参在案。兹查有信丰县知县李用曾,嗜利昧义,科罚敛怨,卸署永新县事补用知县陈克慎,办案荒谬,忍心害理,均属有乖职守,未便姑容,据该管司道知府揭参前来。相应请旨,将信丰县知县李用曾、卸署永新县事补用知县陈克慎均即行革职,以肃官方。所有纠参不职知县缘由,谨会同两江督臣刘坤一附片具陈,伏乞圣鉴训示。谨奏。

朱批:"着照所请,吏部知道。"

《光绪朝朱批奏折》第16辑,第513页

172. 查明征收节年钱粮完欠数目开列三年比较清单折附清单

光绪二十七年七月二十八日(1901年9月10日)

江西巡抚臣李兴锐跪奏,为查明征收节年钱粮完欠数目,循例开列三年比较清单,恭折仰祈圣鉴事。

窃照各省每年征收钱粮已、未完数,例应三年比较,于奏销截数后开单奏报。又咸丰二年六月内准户部咨,嗣后具奏各直省比较折内,除征收新赋钱粮议叙、议处毋庸核计外,其旧欠带征,仍遵照奏定章程,开列积欠旧欠若干、本年带征若干、已完若干、未完若干,比之上三年或盈或绌,由部于年终汇案比较等因。历经遵办在案。

兹据藩司张绍华详称,今届光绪二十六年奏销,除将二十六年新赋钱粮遵照部咨,折内毋庸开列外,所有旧赋项下应征光绪十四年起至二十五年止民欠缓征地丁、屯粮丁并各届豁免案内道光二十九年起至光绪十三年止已征未解共未完银五百四十万七千四百七十七两零。内除光绪十四、十五、十六、十七、十八、十九、二十、二十一、二十二、二十三、二十四、二十五等年被灾案内请缓递缓分年带征共银一百三十五万五千六十一两零外，实应催征完解银四百五万二千四百十五两零。今督催已完共银四万三千七十二两零，尚未完银四百万九千三百四十二两零。除奏销案内分晰造册，另详请奏送部，合将已、未完银两开列比较分数，详请具奏等情前来。臣覆核无异。除仍饬司勒限严催，迅速完解，不任稍有蒂欠，以重赋课外，理合循例恭折具奏，并缮三年比较清单，敬呈御览，伏乞皇太后、皇上圣鉴。谨奏。光绪二十七年七月二十八日。

朱批："户部知道，单并发。"

清单

谨将江西省光绪二十六年分征收节年钱粮比较上三年完欠分数，缮具清单，恭呈御览。

计开：

旧赋项下：

光绪二十六年应征光绪十四年起至二十五年止民欠缓征地丁、屯粮丁并历届豁免案内道光二十九年起至光绪十三年止已征未解共未完银五百四十万七千四百七十七两五钱六分五厘，内除光绪十四、十五、十六、十七、十八、十九、二十、二十一、二十二、二十三、二十四、二十五等年被灾案内请缓递缓分年带征共银一百三十五万五千六十一两七钱二分九厘外，尚应催征完解银四百五万二千四百一十五两八钱三分六厘。

已完共银四万三千七十二两九钱八分七厘，内已造入光绪二十六年秋拨册内新收项下各属完解光绪二十三年地丁银一千两、二十四年地丁银一千两、屯粮丁银二百二十二两二钱二分二厘、二十五年地丁银二万二千四百六十七两八钱四分六厘、屯粮丁银四十四两二钱七分九厘，又已造入光绪二十七年春拨册内新收项下各属完解光绪十九年地丁银四两、二十年地丁银三两五钱、二十一年地丁银一千六百九十八两八钱六分二厘、二十二年地丁银三两五钱、二十三年地丁银七百三两、二十四年地丁银二千七百四十一两四钱五分二厘、二十五年地丁银一万一千五百七十六两二钱五分二厘，又俟造入光绪二十七年秋拨册内新收项下各属完解光绪十七年地丁银三十四两、二十四年地丁银二百两、屯粮丁银七十四两七分四厘、二十五年地丁银一千三百两报查。

实未完银四百万九千三百四十二两八钱四分九厘。

已完一厘六丝三忽。

未完九分八厘九毫三丝七忽。

比较光绪二十三年应征银三百三十二万四千九百七十六两八钱三厘，已完一厘八毫六丝四忽，银六万一千九百九十八两八钱八分八厘；未完九分八厘一毫三丝六忽，银三百二十六万二千九百七十七两九钱一分五厘；计少完八毫一忽。

比较光绪二十四年应征银三百四十九万八千八百六十二两二钱七分一厘，已完一厘一毫三丝五忽，银三万九千七百二十四两九钱四分一厘；未完九分八厘八毫六丝五忽，银三百四十五万九千一百三十七两三钱三分；计少完七丝二忽。

比较光绪二十五年应征银三百七十六万七千六百二十九两七钱八分三厘，已完一厘三毫六丝五忽，银四万四千五百二十一两四钱二分八厘；未完九分八厘六毫三丝五忽，银三百七十二万三千一百八两三钱五分五厘；计少完三毫二忽。

朱批："览。"

正折据《光绪朝朱批奏折》第68辑，第682—683页；清单据台北故宫博物院藏"军机处档折件"附件，文献编号：143783

173. 圣驾回銮在即下怀瞻企敬陈愚悃折

光绪二十七年八月初五日（1901年9月17日）

江西巡抚臣李兴锐跪奏，为圣驾回銮，下怀瞻企，敬陈愚悃，仰祈圣鉴事。

窃臣恭读光绪二十七年七月初一日上谕："定期八月二十四日，恭奉皇太后慈舆启跸回京。"等因。钦此。伏念臣忝领封圻，遥羁职守。去岁六龙西幸，既未随扈跸之班；今兹万乘北旋，复留滞江淮之表。抚寸衷而循省，实午夜之难安。窃计銮辂经行，远逾千里，皇太后、皇上际此忧劳宵旰，更复跋涉长途，天下臣民莫不同深企念。仰愿顺时珍卫，以迓天庥，无任瞻望吁祷之至。

所有微臣瞻企下忱，理合恭折专弁赍奏，伏乞皇太后、皇上圣鉴。谨奏。光绪二十七年八月初五日。

朱批："知道了。"

《光绪朝朱批奏折》第29辑，第709—710页

174. 恭派南昌府知府江毓昌赴豫恭迎銮驾呈进方物折附清单

光绪二十七年八月二十一日（1901年10月3日）

江西巡抚臣李兴锐跪奏，为派员敬诣河南行在，恭迎銮驾，呈

进方物,以抒下忱,恭折仰祈圣鉴事。

窃臣前闻圣驾定期八月二十四日启跸回京,当经拜折专弁赍奏,恭叩圣安,计已上达天听。伏念我皇太后、皇上宵旰忧劳,惟日孜孜求治,又复山川跋涉,臣心在在难安,只缘职守遥羁,未克亲随銮辂,倍觉下怀依恋,深惭未尽愚忠。谨就江西方物选备数色,派员南昌府知府江毓昌敬谨呈进,少佐尚方。在圣主恶衣菲食,方力崇节俭之风;而微臣纳篚陈筐,未敢效珍奇之献。聊将土贡,藉表微忱。谨缮具清单,恭呈御览,仰恳天恩赏收,臣不胜瞻仰企念之至。伏乞皇太后、皇上圣鉴。谨奏。光绪二十七年八月二十一日。

朱批:"着赏收。"

清单

江西巡抚臣李兴锐跪进:

吉祥如意一柄

百福骈臻各色瓷瓶二十件五桶

万福万寿各色瓷器四百五十二件五桶

万寿富贵宝蓝江绸十卷一箱

万寿富贵京酱江绸十卷一箱

四季平安宝蓝江绸十卷一箱

四季平安京酱江绸十卷一箱

五彩南缎大被、窗帘四对一箱

五彩南缎桌毯、门帘四对一箱

燕菜四十斤二箱

鱼翅一百斤二箱

广信百合粉二桶

南丰橘饼二桶

玉山大枣二桶

广丰香菰二桶

定南冰糖二桶

朱批:"览。"

正折据《光绪朝朱批奏折》第29辑,第718页;清单据台北故宫博物院藏"军机处档折件"附件,文献编号:144530

175. 江西筹解光绪二十七年六、七、八、九四个月直隶固本兵饷银两片

光绪二十七年九月十五日[①](1901年10月26日)

再,查光绪二十七年三月二十四日接准行在户部咨,直隶总督奏,练军饷项向领部款,现已欠发数月,请饬部行知各省,将应解固本京饷,查明上年七月以后至年底欠解若干、本年应解若干,一体径解江海关道代收,汇解来直附片一件,光绪二十七年二月二十四日奉朱批:"户部知道。"钦此。查各省应解固本京饷按月赴部库交纳,直隶应领练饷亦按月赴部库开支,京师部库现在款项无存,实属难以发给,自不得不设法变通。现经直隶总督具奏,各省应解固本兵饷一并径解江海关道代收,汇解来直,自为接济练饷起见,相应飞咨查明陆续批解等因。当经行据藩司查明光绪二十六年十一月以前应解固本兵饷银两,均经照数拨解赴部,并据将二十六年十

① 底本推定具奏日期为光绪二十七年八月。据中国第一历史档案馆藏"宫中档案全宗·朱批奏折"目录(档号:04—01—01—1047—075),此片实具奏于光绪二十七年九月十五日。

二月起至二十七年五月止应解银三万两,委员解沪转汇直隶交收,详经奏咨在案。

兹据布政使张绍华详称,现又于光绪二十七年地丁项下动放银二万两,作为江西省二十七年六、七、八、九等四个月应解直隶固本兵饷,饬令蔚长厚、新泰厚、蔚盛长等商号于八月十八日赴库请领,限九月初八日汇至江海关道衙门交收转汇。除由司发给由江至沪汇费银二百两,又随解由沪转直汇费银三百八两外,详请奏咨等情前来。所有筹拨二十七年六、七、八、九等四个月固本兵饷银两,交商汇沪转汇缘由,理合附片陈明,伏乞圣鉴。谨奏。

朱批:"户部知道。"

《光绪朝朱批奏折》第62辑,第493页

176. 江西筹解光绪二十七年七、八两个月漕标军饷银两片

光绪二十七年九月十五日①(1901年10月26日)

再,查前准户部咨,议覆漕运总督松椿奏徐州、清江一带兵力单薄,拟先募四营填防,并请拨饷项,以(齐)〔济〕要需一折,光绪二十六年六月十八日具奏,奉旨:"依议。"钦此。钞录原奏飞咨遵照。计单内开:漕督奏请先募四营,援案在于江西粮道征存漕项水脚津贴项下每月拨银二千两,自二十六年六月起,每月如数解交,专供漕标新军饷项之用等因。业经行据粮道筹解二十六年六月起至二

① 底本推定具奏日期为光绪二十七年八月,中国第一历史档案馆藏"宫中档案全宗·朱批奏折"目录(档号:04—01—01—1047—074)推定为光绪二十七年九月十九日,皆误。据台北故宫博物院藏"军机处档折件",此片(文献编号:144575)与上片(文献编号:144576)朱批日期同为光绪二十七年九月三十日,具奏日期亦应相同。

十七年六月止，连闰共十四个月军饷银二万八千两，先后详经奏咨在案。

今据督粮道刘心源详称，于道库漕项内动拨银四千两，作为光绪二十七年七、八两个月分漕标军饷，遴委南昌后卫千总杨奇英领解，于本年八月十六日起程，解赴漕运总督衙门交纳，详请奏咨等情前来。除咨户部暨漕运总督臣查照外，所有筹拨光绪二十七年七、八两个月漕标军饷银两，交委领解起程日期缘由，理合附片陈明，伏乞圣鉴。谨奏。

朱批："户部知道。"

《光绪朝朱批奏折》第 62 辑，第 494 页

177. 江西筹解光绪二十七年第二批解清汇还俄法借款银两片

光绪二十七年九月十五日[①]（1901 年 10 月 26 日）

再，前准户部咨，每年应还俄法、英德两款本息，数巨期促，开单具奏，由部库及各省关分别认还一折，光绪二十二年五月初八日具奏，奉旨："依议。"钦此。计单内开：俄法一款，由地丁等款项下指拨江西银十万两，每年分作两次，于三月解交六成，九月解交四成，赴江海关道收纳，不得稍有延欠。嗣又准咨，镑价昂贵，原拨银数不敷，奏明照案酌量加拨，计俄法借款自光绪二十六年起加拨银二万五千两，随同匀解各等因。业经行据藩司将光绪二十二年起至二十七年三月止应解银两，按期照数发交商号并委员解交江海

① 原无具奏日期。此片朱批日期与上两片同为九月三十日，具奏日期亦应相同。

关兑收，详经奏咨各在案。

兹据布政使张绍华详称，本年九月应解俄法借款银两，现于司库提存各属解到丁漕钱价平馀项下动放银五万两，为第二批解清光绪二十七年奉拨江西应解俄法借款银两，发交蔚长厚、新泰厚、蔚盛长等商号，于九月初三日赴库请领，限九月十八日汇赴江海关道衙门投交兑收，并由司发给汇费银五百两等情，详请奏报前来。臣覆核无异。除饬依限汇解交收并咨户部暨外务部查照外，所有江西司库筹拨二十七年分第二批解清奉拨应解江海关汇还俄法借款银两交商汇兑缘由，理合附片陈明，伏乞圣鉴。谨奏。

光绪二十七年九月三十日奉朱批："该部知道。"钦此。

台北故宫博物院藏"军机处档折件"，文献编号：144577

178. 指分河南试用道张承声捐银一万两请破格优奖片

光绪二十七年九月十五日（1901 年 10 月 26 日）

再，据筹饷捐输总局司道详称，据代理丰城县知县郑辅东禀称，奉札劝办筹饷捐输，当经晓谕绅富，广为凑集。兹据花翎三品衔指分河南试用道张承声遣抱呈称，该员因本年五、六月沿江一带水灾甚重，来江劝办义赈，道经丰城，闻知江省筹饷维艰，不胜感愤，情愿报效库平足银一万两，不敢仰邀奖叙等情，解由该司局兑收转详前来。

臣查光绪二十六年六月二十日钦奉上谕："御史刘家模奏请劝捐助饷一折，着各督抚设法劝办，有能倡捐巨资者，奏请破格优奖。"等因。钦此。本年三月内，陕西抚臣升允以云南试用道卢国熙捐助赈款银一万两,奏恳天恩优予奖叙,钦奉朱批:"卢国熙着仍以道员归原省尽先补用。"钦此。今指分河南试用道张承声因来江劝办义赈,目睹时艰,倡捐巨款,银数在一万两以上,核与奏奖成案相符。且江省此项筹饷捐输,系奏明提作教堂赔款之用,近值库空如洗,全恃劝捐以为挹注,该员慨捐巨款,实于时局不无裨益。虽据称不敢仰邀奖叙,究未便没其急公好义之忱,合无仰恳天恩,破格优奖,以示鼓励,出自圣裁。谨会同两江督臣刘坤一合词附片具陈,伏乞圣鉴。谨奏。

朱批:"张承声着仍以道员归原省尽先补用。"

《光绪朝朱批奏折》第62辑,第508页

179. 江西省奉派各国赔款拟请先办按粮捐输以资凑拨折

光绪二十七年九月十五日(1901年10月26日)

江西巡抚臣李兴锐跪奏,为奉派各国赔款,拟请先办按粮捐输,以资凑拨,恭折仰祈圣鉴事。

窃照光绪二十七年九月初六日准户部咨,新定赔款,数巨期迫,亟宜合力通筹,分派摊还,奏派江西省一百四十万两,并将议裁、议增各款逐一开列,奏明通行各省筹办等因到臣。伏查江省库款,历年早已入不敷出。臣自到任后,将通省勇饷及一切支销款项极力撙节,所省不过数十万两,综计每年仍短百万有奇。前于三月间钦奉电传谕旨:"各国索赔四百五十兆,着各督抚各就地方情形,悉心筹议,以期凑集抵偿。"等因。钦此。当将一切度支详晰电奏,随派委司道各员于藩司署内设立派办处,专议一切新政及筹款事务。以目前江省财力而论,实已库空如洗,无可掘罗,即欲兴办一切生利之事,亦不能骤收成效。惟此次赔款,关系大局,无论如何为难,均应竭力措办,以应强邻之诘责,而抒君父之焦劳。

据该司道等公同筹议,咸以江西丁漕,同治以前每丁银一两有收钱至三千一二百文者,漕米每石或收钱三四千文至六七千文不等,广信等府并有每石折收洋银八九两之处,自同治元年经前督臣曾国藩、前抚臣沈葆桢会同奏请,大加裁减,严禁牧令浮收,嗣复经前升抚臣刘坤一将藩司一分公费奏裁,每丁银一两仅收制钱二千六百八十二文,每漕一石仅收制钱三千四百二十文。光绪二十二年,因御史华煇以近年银贱钱贵,奏请核减钱数,复经前抚臣德寿查明覆奏,再按丁银每两减征钱一百文,漕米每石减征钱一百四十文,是江西粮赋之轻,不特为苏、皖等省所无,即四川、两广等处素推为赋税轻减之地,亦无以过之。计自同治元年迄今历四十载,民间所省,何啻千万,江省士民感沐皇仁,实属沦肌浃髓。现当时局阽危,公帑奇绌,自应令其各抒忠爱之忱,略尽报效之志。且查同治年间寇乱初平之际,兴办一切善后工程,亦曾经按粮摊派,每丁银一两派钱二百文至六百文不等。其时疮痍未复,犹知急公如此,今当休养生息数十年之久,宜更不容坐视。经该司道等邀集省会诸绅前陕西布政使李有棻、御史华煇等公同商酌,拟援照四川省办法,按粮派捐。

正在筹议间,兹接部文内一条称,按粮捐输,广东已电奏开办,拟通行各省,一律酌量试办等语。该司道等复与诸绅妥商,拟定按丁银一两派捐钱二百文,漕米一石派捐钱三百文,均令自光绪二十七年十月初一日起,随同应纳本年新赋,由各属照数收解。其有十月初一日以前业经完粮之户,本年即免其再派,俟来年再行照收。

所收之款,一律解储司、道两库,专为凑还各国赔款之用。一俟赔款完竣,即行奏明停止,不再充作别项公用。似此办理,虽不免有烦民力,然合计所捐连原纳钱粮,每丁银一两不过共完钱二千七百八十二文,每漕米一石不过共完钱三千五百八十文,以视同治以前所完之数,犹有未及。且近年米价日昂,若令照完本色,每石之漕亦不止需钱三千五百馀文,在地方绅民,自无不乐于输将之理。

查四川省历年按粮派捐,均系请广学额,藉资鼓舞。将来江省开办之后,再由臣酌核情形,另行奏吁天恩,分别酌给奖励。至此次所派之数,以丁漕全额计之,不过值银三十馀万两,于奉派赔款未及四分之一。臣现在督饬司道,将厘金、土药等事逐一设法整顿,凡有上可益国而下不病民者,均当次第奏请施行。

所有遵议先办按粮派捐缘由,谨会同两江督臣刘坤一恭折具陈,伏乞皇太后、皇上圣鉴训示。谨奏。光绪二十七年九月十五日。

朱批:“着照所请,该部知道。”

《光绪朝朱批奏折》第83辑,第459—461页

180. 江西筹拨光绪二十七年第五批地丁京饷划解京城官兵恩赏俸饷银两片

光绪二十七年九月十五日[①](1901年10月26日)

再,臣于光绪二十七年四月二十一日准行在户部咨,遵旨筹拨

① 底本推定具奏日期为光绪二十七年八月。据台北故宫博物院藏“军机处档折件”,此片(文献编号:144580)与上折(文献编号:144578)朱批日期同为光绪二十七年九月三十日,具奏日期亦应相同。

京师王公、百官、兵丁等恩赏银两一折、单一分，光绪二十七年四月初二日具奏，奉旨："依议。"钦此。钞录原奏、清单飞咨钦遵办理。计钞原奏内开：查此次恩赏银两，专指官兵在京者而言，拟请在于各省关应解本年京饷内，照案续拨银一百万两汇解江海关，由江海关设法汇京，以备各项要需及此次恩赏之用。计单内开：江西省原拨地丁银三十五万两、厘金银十万两，前提解银十万两，此次拟提解银十万两等因。当经行司遵照筹解去后。

兹据布政使张绍华详称，查江西本年应解京饷，前奉部拨，筹给满汉官员及兵丁津贴案内已提银十万两，又直隶教案赔款案内划解银四万两，又拨解京城各国使馆所占民房给价银二万两，先后四次发交商号及委员领解赴江海关道转汇京城交收，均经详蒙奏咨各在案。兹复动放光绪二十七年地丁银五万两，内除已饬广东候补知府李准将代收江西赈捐项下划拨库平银二万两径解江海关道兑收转交外，其馀银三万两在于地丁项下动放，一并作为应解二十七年第五批地丁京饷划解奉拨京城官兵恩赏俸饷，饬令蔚长厚、新泰厚、蔚盛长等商号于八月十八日赴库请领，限九月初八日汇至江海关道衙门交收转汇，并由司发给由江至沪汇费银三百两、由沪至京汇费银七百七十两等情，详请奏咨前来。除饬续筹拨解清款暨分咨外，所有江西司库筹拨二十七年第五批地丁京饷划解京城官兵恩赏俸饷银两，交商汇沪转汇京城交收缘由，理合附片陈明，伏乞圣鉴。谨奏。

朱批："户部知道。"

《光绪朝朱批奏折》第 89 辑，第 397—398 页

181. 江西筹解光绪二十七年第四批地丁京饷划解各国使馆所占民房给价银两片

光绪二十七年九月十五日[①](1901年10月26日)

再,臣于光绪二十七年七月十五日准督办电报事务宗人府府丞盛宣怀转电内开:奉行在户部虞电,各国使馆所占民房,议定给价三十五万,拟在各省关本年应解京饷内,拨江西二万、九江关一万,即由全权大臣知照京部,电知各省关照数汇沪,由沪道设法汇京,以便分别付给等因到臣。当经行司遵照筹解去后。

兹据布政使张绍华详称,查光绪二十七年应解京饷,前奉部拨筹给京城满汉官员及兵丁津贴案内已提银十万两,又直隶教案赔款案内划解银四万两,先后三次发交商号及委员领解,赴江海关道转汇京城分别交收,均经详蒙奏咨各在案。兹动放光绪二十七年地丁银二万两,为应解二十七年第四批地丁京饷划解奉拨京城各国使馆所占民房给价银两,饬令蔚长厚、新泰厚、蔚盛长等商号于八月十八日赴库请领,限九月初八日汇至江海关道衙门交收转汇,并由司给发由江至沪汇费银二百两、由沪至京汇费银三百八两等情,详请奏咨前来。除饬九江关将奉拨未解银两迅筹汇解暨分咨外,所有江西司库筹解二十七年第四批地丁京饷划解各国使馆所占民房给价银两,交商解沪转汇京城缘由,理合附片陈明,伏乞圣鉴。谨奏。

---

① 底本推定具奏日期为光绪二十七年八月。按,此片与上片皆有“饬令蔚长厚、新泰厚、蔚盛长等商号于八月十八日赴库请领,限九月初八日汇至江海关道衙门交收转汇”等文字,当系同日具奏之件。

朱批："户部知道。"

《光绪朝朱批奏折》第89辑，第399页

182. 奏报江西省光绪二十七年早稻收成分数折附清单

光绪二十七年九月十五日（1901年10月26日）

江西巡抚臣李兴锐跪奏，为早稻收成分数，循例恭折具奏，仰祈圣鉴事。

窃照收成分数，例应奏报。今光绪二十七年分早稻已届刈获之期，据布政使张绍华查明通省各属约收分数，开折呈请具奏等情前来。臣覆加查核，江西省所属七十九厅州县内，八分者八州县，七分者三十八厅县，六分者十一县，五分者三县，四分者十九州县，通省牵算，计收成共六分有馀。业已分饬各厅州县查明实在收成，列折具报。除俟报齐再行照例核办外，谨将约收分数，循例恭折奏闻，并缮清单，敬呈御览，伏乞皇太后、皇上圣鉴。谨奏。光绪二十七年九月十五日。

朱批："知道了。"

清单

谨将江西省光绪二十七年分早稻收成分数开列清单，恭呈御览。

南昌府属

靖安县八分，丰城、奉新二县俱七分，义宁、南昌、新建、进贤、武宁五州县俱四分。合计府总收成五分有馀。

瑞州府属

新昌县七分，高安、上高二县俱六分。合计府总收成六分有馀。

袁州府属

宜春、分宜、萍乡、万载四县俱七分。合计府总收成七分。

临江府属

峡江县七分，新喻县六分，清江、新淦二县俱四分。合计府总收成五分有馀。

吉安府属

莲花、龙泉、永宁三厅县俱七分，庐陵、吉水、永丰、泰和、万安五县俱六分，安福、永新二县俱五分。合计府总收成六分有馀。

抚州府属

临川、金溪、崇仁、宜黄、乐安、东乡六县俱七分。合计府总收成七分。

建昌府属

南城、新城、广昌、泸溪四县俱七分，南丰县六分。合计府总收成六分有馀。

广信府属

上饶、广丰、铅山、弋阳、兴安五县俱七分，玉山县六分，贵溪县四分。合计府总收成六分有馀。

饶州府属

万年县七分，德兴县六分，鄱阳、馀干、乐平、浮梁、安仁五县俱四分。合计府总收成四分有馀。

南康府属

都昌、安义二县俱七分，星子、建昌二县俱四分。合计府总收成五分有馀。

九江府属

彭泽县五分,德化、德安、瑞昌、湖口四县俱四分。合计府总收成四分有馀。

南安府属

大庾、南康、上犹、崇义四县俱七分。合计府总收成七分。

赣州府属

雩都、龙南、安远、长宁四县俱八分,定南、赣县、信丰、兴国、会昌五厅县俱七分。合计府总收成七分有馀。

宁都直隶州并所属

宁都、瑞金、石城三州县俱八分。合计州总收成八分。

通省牵算,总计收成六分有馀。

朱批:"览。"

正折据《光绪朝朱批奏折》第93辑,第417—418页;清单据台北故宫博物院藏"军机处档折件"附件,文献编号:144574

183. 奏报江西省光绪二十七年七月分粮价及雨水情形折附清单

光绪二十七年九月十五日(1901年10月26日)

江西巡抚臣李兴锐跪奏,为恭报光绪二十七年七月分粮价及地方雨水情形,仰祈圣鉴事。

窃照江西省光绪二十七年六月分市粮价值并雨水情形,业经臣恭折奏报在案。兹据布政使张绍华查明通省光绪二十七年七月分米、麦、豆各项粮价,开单汇报前来。臣逐加查核,南昌等十四府州属米价稍减,麦、豆各项价值均与上月相同。省城及各属地方七月内雨泽稍稀，并据峡江、莲花、庐陵、吉水、永新、建昌等厅县禀报，六月以后连旬不雨，晚稻、杂粮缺水滋培，渐形黄萎等情，均经臣分别批饬，设坛虔诚祈祷，以冀速沛甘霖，并谕饬农业人等赶紧设法车戽灌溉，以资补救，仍察看收成情形，随时禀报查核。其馀各属，晚禾长发，民情安谧，堪以上慰圣怀。理合恭折具陈，并缮具七月分粮价清单，恭呈御览，伏乞皇太后、皇上圣鉴。谨奏。光绪二十七年九月十五日。

朱批："知道了。"

清单

谨将光绪二十七年七月分江西各属地方米、麦、豆各项粮价开具清单，恭呈御览。

南昌府属

稻米每仓石价银三两一钱至三两三钱，较上月减银一钱四分。小麦每仓石价银一两四分至一两五钱二分，与上月同。大麦每仓石价银九钱三分至一两一钱五分，与上月同。黄豆每仓石价银一两八分至五两二钱七分，与上月同。

瑞州府属

稻米每仓石价银二两六钱八分至二两八钱九分，较上月减银一钱四分。小麦每仓石价银一两九分至一两二钱五分，与上月同。大麦每仓石价银八钱一分至一两一钱，与上月同。黄豆每仓石价银一两一钱九分至一两二钱，与上月同。

袁州府属

稻米每仓石价银二两六钱六分至二两九钱三分，较上月减银一钱四分。小麦每仓石价银一两一钱一分至一两一钱六分，与上月同。大麦每仓石价银九钱九分,与上月同。黄豆每仓石价银一两一钱五分至一两二钱三分,与上月同。

临江府属

稻米每仓石价银三两一钱六分至三两二钱二分,较上月减银一钱四分。小麦每仓石价银一两二钱二分至一两三钱六分,与上月同。大麦每仓石价银一两一分至一两五分,与上月同。黄豆每仓石价银一两五分至一两三钱六分,与上月同。

吉安府属

稻米每仓石价银二两九钱五分至三两一钱四分,较上月减银一钱四分。小麦每仓石价银一两二分至一两三钱三分,与上月同。大麦每仓石价银八钱二分至一两一钱二分,与上月同。黄豆每仓石价银九钱至一两三钱六分,与上月同。

抚州府属

稻米每仓石价银二两二钱九分至二两五钱五分,较上月减银一钱。小麦每仓石价银九钱九分至一两一钱九分,与上月同。大麦每仓石价银八钱六分至九钱三分,与上月同。黄豆每仓石价银九钱三分至一两二钱三分,与上月同。

建昌府属

稻米每仓石价银二两四钱八分至二两六钱一分,较上月减银一钱。小麦每仓石价银九钱八分至一两二钱九分,与上月同。大麦每仓石价银八钱六分至九钱二分,与上月同。黄豆每仓石价银一两至一两三钱四分,与上月同。

广信府属

稻米每仓石价银二两三钱九分至二两五钱九分,较上月减银一钱。小麦每仓石价银八钱八分至一两二钱,与上月同。大麦每仓石价银六钱三分至一两四分,与上月同。黄豆每仓石价银九钱七分至一两二钱六分,与上月同。

饶州府属

稻米每仓石价银二两七钱七分至二两九钱四分,较上月减银一钱四分。小麦每仓石价银一两三分至一两五钱,与上月同。大麦每仓石价银八钱四分至一两一钱四分,与上月同。黄豆每仓石价银一两二分至一两三钱七分,与上月同。

南康府属

稻米每仓石价银三两一钱八分至三两二钱二分,较上月减银一钱。小麦每仓石价银一两三钱七分至一两六钱二分,与上月同。大麦每仓石价银一两至一两四钱三分,与上月同。黄豆每仓石价银一两一钱五分至一两六钱二分,与上月同。

九江府属

稻米每仓石价银三两五钱五分至三两六钱六分,较上月减银一钱。小麦每仓石价银一两二钱三分至一两七钱,与上月同。大麦每仓石价银一两四分至一两一钱七分,与上月同。黄豆每仓石价银一两一钱四分至一两五钱一分,与上月同。

南安府属

稻米每仓石价银二两五钱七分至二两七钱二分,较上月减银八分。小麦每仓石价银八钱六分至一两七分,与上月同。大麦每仓石价银七钱二分,与上月同。黄豆每仓石价银一两二分至一两一钱九分,与上月同。

赣州府属

稻米每仓石价银二两四钱七分至二两七钱九分,较上月减银八分。小麦每仓石价银八钱三分至一两一钱六分,与上月同。大麦每仓石价银六钱二分至六钱九分,与上月同。黄豆每仓石价银九钱三分至一两一钱八分,与上月同。

宁都直隶州并所属

稻米每仓石价银二两二钱二分至二两四钱,较上月减银六分。小麦每仓石价银九钱八分至一两八分,与上月同。黄豆每仓石价银一两一钱三分至一两一钱六分,与上月同。

朱批:“览。”

正折据《光绪朝朱批奏折》第96辑,第943页;清单据台北故宫博物院藏“军机处档折件”附件,文献编号:144573

184. 江西委员采办额木定期运解折

光绪二十七年九月十五日(1901年10月26日)

江西巡抚臣李兴锐跪奏,为江西委员采办额木,定期运解,以资应用,恭折仰祈圣鉴事。

窃臣接准工部咨,具奏各省欠解木植,饬催赶紧办解一折,奉朱批:“依议。”钦此。钞录原奏,飞咨遵照。计单内开:此次兵燹之后,各处工程均关紧要,所有应需木植,自应早为储备。江西省每年额办桅杉架槁木植二千根,欠解十六批,并有添办杉木四百根,均未据报解部,请旨严饬赶紧采办二批,限于七月以前运解到厂。其馀欠解额木,仍即陆续并批报解。如桅木采办维艰,暂准折解杉木等因。咨行到臣,当经行司钦遵,赶紧采办运解去后。

兹据布政使张绍华详称,伏查江西省欠解额木及添办杉木,总计为数甚多,若同时一并采办,现值库款奇绌,不特巨款难筹,且江西产木之区仅南安、赣州一隅之地,所产有限,无从采办,即赴就近省分购买，亦因近年以来各省均需办木，搜罗殆尽，购齐亦属维艰。拟请先将光绪二十五年一批额木内杉木三百八十根、架木一千四百根、桐皮槁木二百根，共木一千九百八十根，委员采办，以为恭备回銮急用木植之需。先奉行知，接准工部电会，即经札委补用知县恽学基领价，赴湖南、湖北一带迅速购齐运解。兹据委员恽令学基申称，遵照奉发黏单木数、长径丈尺，选派得力司事，分赴湖南、湖北各处采办，现已照式办齐额木一批。查上数届成案，向雇招商局图南轮船装运，此次奉委后，即亲赴上海，与总办轮船招商沪局商雇图南，当据该局面称，图南轮船准八月中旬开往湖口运木无误，造具册结，申请委验等情到司。当经委员在省逐一量验，定于八月十四日起运，催令兼程飞速运京交收，并将应动木价年款另详请咨。所有江西欠解额木并添办以及应行补解杉木，请俟此次额木解京交收后，再行察看情形，陆续办理，详请具奏等情前来。臣查光绪二十五年分额木一批，既据购齐，除饬赶紧运解交收，以济要工外，至江西省以前欠解额木并添办及应行补解杉木，请俟此批木植解京交收后，再察看情形，另行办理。

所有江西委员采办额木，定期运解缘由，理合恭折具奏，伏乞皇太后、皇上圣鉴。谨奏。光绪二十七年九月十五日。

朱批："工部知道。"

《光绪朝朱批奏折》第104辑，第164—165页

185. 奏报安远县知县谭鸿基丁忧开缺折

光绪二十七年九月十六日(1901年10月27日)

江西巡抚臣李兴锐跪奏，为知县丁忧开缺，恭折具奏，仰祈圣

鉴事。

窃臣据布政使张绍华详,据安远县知县谭鸿基申称,系贵州省镇远县人,由优廪生中式光绪五年己卯科本省乡试第七名举人,拣选知县。十三年,在津局海运出力,保奖五品顶戴,旋于是年投效云南军营。于剿平猓黑夷匪案内出力,奏保以知县不论双单月遇缺前先选用,经部核准覆奏,十五年四月初九日奉旨:“依议。”钦此。十六年九月,在浙江省捐局报捐三班分发。十七年正月二十四日赴部验到,经钦派大臣验看,签掣江西,引见,奉旨:“照例发往江西试用。”钦此。领照到江,期满甄别,题署安远县知县,光绪二十三年二月十五日到任,期满实授。兹于光绪二十七年七月十九日接到家信,知亲母林氏于二十七年六月初九日在江西省寓病故,该员系属亲子,并无过继,例应丁忧等情,由司详请具奏前来。

臣覆查无异,应准其回籍守制。除饬取该员丁忧亲供及母故地方官印结另行咨部,暨咨贵州抚臣查取族邻甘结就近送部,并先行钞折咨部开缺外,理合恭折具奏,伏乞皇太后、皇上圣鉴,敕部查照施行。至所遗安远县知县,系四项俱无简缺,应请照例归部铨选。此案遵章改题为奏,合并陈明。谨奏。光绪二十七年九月十六日。

朱批:“吏部知道。”

《光绪朝朱批奏折》第16辑,第664—665页

186. 奏报已奏补泸溪县知县尚未接准部覆之胡毓麒病故片

光绪二十七年九月十六日(1901年10月27日)

再,江西即用本班尽先补用知县胡毓麒,系浙江山阴县人,业

经臣奏补泸溪县知县,尚未接准部覆,今于光绪二十七年七月初四日在省寓病故,据布政使张绍华详报前来。臣覆核无异。除将泸溪县知县一缺,查照例案,仍以从前王慎猷原开缺日期另行拣员奏补,此案有关缺分要件,遵照新章,改题为奏。除咨吏部暨咨浙江抚臣查照外,理合附片陈明,伏乞圣鉴。谨奏。

朱批:"吏部知道。"

《光绪朝朱批奏折》第16辑,第669页

187. 奏请将王启烈补授泸溪县知县折

光绪二十七年九月十六日(1901年10月27日)

江西巡抚臣李兴锐跪奏,为遴员请补知县,以资治理,恭折具陈,仰祈圣鉴事。

窃照建昌府属之泸溪县知县王慎猷,经臣奏请开缺另补,所遗泸溪县知县系四项俱无简缺,江西有应补人员,扣留外补。其时高安县知县何敬钊亦开缺另补,均系应归四月分序补之缺,缺项相同,例应掣签,泸溪县掣得第一缺。查同治元年六月吏部议覆顺天府府尹蒋琦龄等条奏章程内开:知县终养、改教遗缺,例准扣留将各项候补人员题补者,将即用、候补两项人员相间轮补等因。又同治元年十一月奉准吏部通行山西请示章程内开:知县撤回、降补、回避等项所遗之缺,定例与终养、改教各缺均系专用候补、即用人员。今终养、改教之缺轮用候补时,既将候补、即用相间轮补,其撤回等项遗缺,自应一律照办。嗣后如遇终养、改教、撤回、降补、回避各缺轮用即用时,即将进士班先并进士即用本班之员酌量请补,即积即用正班之缺。再有缺出，于候补班先及候补本班人员酌补，即积候补正班之缺等因。又同治九年八月奉准吏部咨覆江西请示内开：终养、改教、撤回、降补、回避等项遗缺，定例均系专用候补、即用人员。嗣经定为候补、即用相间轮补，自应仍合为一班，统行计算。如遇同月之缺，仍按照章程，签掣缺之先后，将进士即用与候补分班酌补。又通行章程内开：终养、修墓、葬亲等项遗缺改归内选，撤回、回避、改教等项遗缺仍归外补，参革、降补之缺改为一咨一留等因各在案。

江西省上次雩都县开缺另补遗缺，已酌补候补班前补用知县李相为止。今泸溪县知县王慎猷开缺另补遗缺，按班轮应进士即用班先并进士即用本班人员酌补，当经请以进士即用捐本班尽先补用知县胡毓麒奏补，尚未接准部覆。兹据报，胡毓麒于光绪二十七年七月初四日在省寓病故，业经臣照例具奏，声明泸溪县知县一缺，查照例案，仍以从前王慎猷原开缺日期另行请补，例应以该班其次之员更换请补。查有指分江西进士即用知县王启烈，年五十三岁，浙江鄞县人，由廪贡生应光绪十四年戊子科本省乡试，中式第九十七名举人，十五年己丑科会试中式第一百二十一名贡士，殿试三甲第一百十九名，引见，奉旨："以知县即用。"钦此。遵例捐指江西，领照起程，光绪十五年十二月十二日到江，委署过瑞金、广丰等县知县印务。该员年力尚强，尽心民事，堪以请补泸溪县知县员缺，与例相符，仍积即用正班之缺。据藩司张绍华、臬司柯逢时会详请奏前来。

合无仰恳天恩，俯准将王启烈补授泸溪县知县。如蒙俞允，该员系进士即用知县请补知县，衔缺相当，毋庸送部引见，亦例不核计参罚。再，此案遵章改题为奏。又，藩司于光绪二十七年九月初三日出详,合并陈明。谨会同两江督臣刘坤一合词恭折具陈,伏乞皇太后、皇上圣鉴训示。谨奏。光绪二十七年九月十六日。

朱批:“吏部议奏。”

《光绪朝朱批奏折》第16辑,第665—667页

188. 汇奏江西省光绪二十七年春季分奏调委署代理州县印务各员片

光绪二十七年九月十六日(1901年10月27日)

再,案准吏部咨,钦奉上谕:“嗣后各省州县,无论奏调、委署、代理,着每届三月汇奏一次。”等因。钦此。钦遵在案。兹据布政使张绍华详称,光绪二十七年春季分奏调、委署、代理知县印务,所有补用知县杨国璋委署宜春县知县,试用知县朱士元委代南丰县知县,补用知县赵峻委代彭泽县知县,试用知县丰和委代安远县知县,候补知县王绳祖委署上高县知县,拔贡知县王之桢委署分宜县知县,补用知县刘荣拔委署吉水县知县,请补兴安县知县未奉部覆之周绘藻委令先行署理,即用知县陈瑞鼎委代南昌县知县,截取知县郑辅东委代丰城县知县,补用府经历刘仲钦委代新喻县知县,即用知县林向滋委署铅山县知县,大挑知县李镜铭委代鄱阳县知县,共十三员,造册具详前来。臣覆核无异,除清册咨部外,理合附片具陈,伏乞圣鉴。谨奏。

朱批:“吏部知道。”

《光绪朝朱批奏折》第16辑,第667—668页

189. 汇奏江西省光绪二十七年春季分暂时署理同知知县印务各员片

光绪二十七年九月十六日(1901 年 10 月 27 日)

再,案准部咨,各省委署丞倅等官及试用州县委署员缺,系暂时署理者,与实缺调署不同,均毋庸附折具奏,令各该督抚按季恭疏具题,其实缺州县调署,仍照例随时具奏等因。兹据布政使张绍华详称,光绪二十七年春季分,有因事故丞倅、知县离任,所遗印务系属委员暂时署理,所有补用知县杨国璋委署宜春县知县,准补瑞州府铜鼓营同知徐嗣龙委署南安府同知,候补知县王绳祖委署上高县知县,拔贡知县王之桢委署分宜县知县,试用同知郁震培委署临江府樟树镇通判,补用知县刘荣拔委署吉水县知县,请补兴安县知县未奉部覆之周绘藻及请调南昌府同知未奉部覆之仓尔桢,均委令先行署理,又即用知县林向滋委署铅山县知县,共九员,造册具详前来。臣覆核无异。除清册咨部外,此案遵照新章,改题为奏,理合附片陈明,伏乞圣鉴。谨奏。

朱批:"吏部知道。"

《光绪朝朱批奏折》第 16 辑,第 668—669 页

190. 补用知县陈绶恒试看期满请留江西补用片

光绪二十七年九月十六日(1901 年 10 月 27 日)

再,前准部咨,嗣后道府州县,无论劳绩、捐纳各项人员,应于到省一年后察看考核,分别补用等因。兹查有候补班补用知县陈

绶恒,试看一年期满,据藩司张绍华会同臬司柯逢时详请留省补用前来。臣详加察看,候补班补用知县陈绶恒,勤能堪事,堪以留省补用。相应请旨,准其留于江西照例补用。理合会同两江总督臣刘坤一附片具陈,伏乞圣鉴。谨奏。

朱批:"吏部知道。"

《光绪朝朱批奏折》第16辑,第670页

191.江西裁撤办理团练总局并督办局绅李有棻销差终制片

光绪二十七年九月十六日(1901年10月27日)

再,上年八月间,因北方警报频传,内地伏莽不靖,在省设立总局,举办团练,经前抚臣松寿奏派丁忧在籍绅士、前护理陕西巡抚布政使李有棻督办在案。计自开办以来,该绅与在籍公正绅士协力经营,颇著成效。惟一切饷费,皆系劝捐支给,本年春间,因民力拮据,筹措不易,且和议已定,地方渐觉静谧,即经拟定善后章程,分饬各属各就地方情形,或酌留营哨什长,或仅留名册,每月会操一二次,平时遣令归农,有事仍可调集,庶不致有妨耕作,且可稍纾饷力。现在各属留遣事宜,均已办理就绪,省城所设总局,拟即裁撤,以节糜费。据该绅李有棻呈请销差终制等情前来,自应照准。除仍饬属随时会操,并将保甲事宜实力查办外,理合附片陈明,伏乞圣鉴。谨奏。

朱批:"该部知道。"

《光绪朝朱批奏折》第53辑,第244页

192. 前任江西藩司翁曾桂报效昭信股票银两恳请移奖折

光绪二十七年九月十六日(1901年10月27日)

江西巡抚臣李兴锐跪奏,为前任江西藩司翁曾桂报效昭信股票银两,恳请移奖,此外报效尚未移奖人员并请展限办理,恭折具奏,仰祈圣鉴事。

窃查光绪二十五年二月间接准户部咨,具奏酌拟京外各官报效股票银两,分别核奖实官等项章程一折,刷录原奏清单,飞咨查照。计刊刷原奏清单内开:奉上谕:"据荣禄等奏称,京外大小各官情殷报效,出于至诚,仍请免其领票,并不敢邀奖等语。着即准其作为报效,均着交户部分别核给移奖。"等因。钦此。公同商酌,此项昭信股票捐输,拟请准其请奖实官,归入新海防例一体铨补,并遵旨准其分别移奖。惟款项既巨,若不予以限制,未免有碍海防新捐,拟具章程六条,另缮清单,请旨遵行。光绪二十五年正月二十九日具奏,奉旨:"依议。"钦此。等因。到前抚臣松寿,当经行司钦遵去后。

兹据布政使张绍华详称,准前任江西藩司翁曾桂函称,前在江西藩司任内倡借昭信股票银八千两,前次详奏时本已声请报效,不敢领取股票岁息。今奉行令给奖,并准移奖子侄,自应遵照办理。请将前项报效银八千两移奖伊子翁康孙,由分省补用同知报捐知府分发试用,并补缴不敷正项银三百一十八两等情到司。该司查核所缴数目及请给奖叙,均与例章相符,除填给实收,并将缴到正项银两存库汇解外,所有该员年貌、籍贯、履历、三代,理合造具清册,详请专案奏咨奖叙,并请将副实收咨送户部,暨咨吏部填发执照来江转给。又据声称,此案请奖,原奉部议予限三年,扣至二十八年正月即届期满,虽经该司行催,无如各员升调散处,诚恐限内难以办竣,并请展限一年,以免向隅等情前来。臣覆核无异。除将清册、副实收送部查照外,理合恭折具奏,伏乞皇太后、皇上圣鉴,敕部核覆施行。谨奏。光绪二十七年九月十六日。

朱批:"户部议奏。"

《光绪朝朱批奏折》第83辑,第462—463页

193. 江西筹借直隶供支回銮大差第二批银两交商汇解片

光绪二十七年九月十六日[①](1901年10月27日)

再,光绪二十七年四月初六日准直隶总督臣李鸿章电开:臣民仰望回銮,和议渐有端绪,惟直隶兵燹之馀,民穷财尽,桥梁道路、行幄驿馆皆须创建,实难措手。拟恳赣省筹借银十万两,分四、六、八月三次汇沪,转汇来直,以便供支大差。仍自明年起,分十年由直匀还,或即抵扣协饷等因。臣当以事关回銮大差,无论江西库款如何支绌,均应竭力筹措,即经行司移道,查照分筹凑解。旋据筹解第一批银三万三千三百两,委员解赴沪关,转汇交收,经臣附片具奏在案。

兹据布政使张绍华详称,在于司库光绪二十七年地丁项下动放银二万两,并移准粮道解到筹拨道库银一万三千三百两,共银三万三千三百两,作为江西筹借直隶供支回銮大差第二批银两,饬令蔚长厚、新泰厚、蔚盛长等商号于二十七年八月十三日赴库请领,

① 底本推定具奏日期为光绪二十七年八月。据台北故宫博物院藏"军机处档折件",此片(文献编号:144611)与上折(文献编号:144610)朱批日期同为光绪二十七年十月初一日,具奏日期亦应相同。

限九月初三日汇赴江海关道衙门交收,转汇直隶,掣批回销。除由司给发该商号等由江汇沪汇费银三百三十三两外,详请奏咨等情前来。除分别咨明,并饬将其馀银两续筹拨解外,所有江西筹借直隶供支回銮大差第二批银两交商汇解沪关转汇缘由,理合附片陈明,伏乞圣鉴。谨奏。

朱批:"户部知道。"

《光绪朝朱批奏折》第89辑,第396—397页

194. 奏报长江水师革兵易桂林入会为匪已经正法片

光绪二十七年九月十六日(1901年10月27日)

再,前准长江水师提臣黄少春咨称,访有革兵入会为匪不法情事,即饬营会同地方官严密查缉。旋据湖口水师左哨千总张茂春会同湖口县倪廷庆,在回峰机地方拿获匪犯易桂林一名,解经九江镇道督同府县讯据该犯供认,湖南长沙县人,前在长江水师充当炮兵。光绪二十六年五月间,误操被革,游荡无业,适遇素识之范金榜,邀入哥老会。七月间,复遇在会之萧子云,给予富有票一张,约同前往安庆大通地方抢劫厘局、铺户,曾分得银圆十七元花用。今年三月,由安庆青阳逃至湖口县属躲避,被拿到案等情。该府县等正拟解省审办间,适该提臣巡阅至浔,督同府县亲加研鞫,据供前情不讳。查该犯系革兵入会为匪,伙劫得赃,实属不法已极,未便久稽显戮,即按照军法,就地惩办,传首犯事地方,悬竿示众,以昭炯戒等因,咨会前来。

臣覆核无异。除饬各属严缉逸匪范金榜等,务获究办外,理合会同两江督臣刘坤一附片陈明,伏乞圣鉴。谨奏。

朱批:"知道了。"

《光绪朝朱批奏折》第118辑,第826页

195. 奏请将关涉教案之贵溪县保甲绅董侯祥亭、黄济川均予斥革以示惩儆片

光绪二十七年九月十六日(1901年10月27日)

再,江西去岁闹教之案,经臣于本年四月内督属一律办结,奏报有案。惟查光绪二十五年夏秋间,贵溪、铅山、弋阳三县因民教不和,同时滋事,焚毁贵溪县属教堂三所、经堂七所,铅山县属教堂一所、经堂一所,弋阳县属经堂一所。先经前抚臣将弹压不力之地方官撤任,遴委候补知府袁树勋驰赴九江,随同广饶九南道明徵与法护主教陶文膳、教士徐则麟等商议,先据开送条款,要挟甚多,后经再三磋磨,始允赔银十万五千六百两,作为修复教堂、经堂,抚恤教民之用。业由司道各库筹款,分期给付,咨明总理衙门在案。

惟该护主教等深疑贵溪县保甲绅董侯祥亭、黄济川二名有主使情事,于订立合同内声明必须拿办,如果获案讯明并无主使确据,仍应斥革禁押数月,以示惩儆。其馀并有指名请拿之犯。当据侯祥亭、黄济川自行赴县投讯,据供均无主使闹教情事,其馀拿获各犯亦因供词参差,未能详办。经臣查悉前情,当以此案既经赔偿巨款为修复教堂、抚恤教民之费,是事已了结。当时焚毁教堂,在民间咸托诸公愤,原难得其主名,且滋事之际,教士均未在堂目击,事后凭教民指摘,亦断难尽确。惟既有获案之犯,不为讯明办结,亦非清理庶狱之道,当饬臬司将全案犯卷提省,督同南昌府逐加研鞫。

兹据详称，提讯局绅侯祥亭、黄济川二名，均供并无主使闹教情事，惟当时滋事多系侯姓族人，侯祥亭不能约束子弟，黄济川于民教争闹之事从中调处，未得其平，均属咎有应得，请予奏参革究前来。相应请旨，即将贵溪县局绅候选县丞侯祥亭即侯以明、从九品职衔黄济川即黄道周，均予斥革，不准开复，仍留禁省监三个月，限满再行开释，永远不许再充局董，以示惩儆。其馀所获各犯，均由臣分别情罪轻重，批行酌予监禁满日，交保管束，以清庶狱。除饬追取侯祥亭、黄济川等原捐部照咨销外，谨会同南洋大臣、两江督臣刘坤一附片陈明，伏乞圣鉴训示。谨奏。

朱批："着照所请，该部知道。"

《光绪朝朱批奏折》第120辑，第366—367页

196. 审明大庾县盗犯陈前亮等持枪伙劫得赃案分别议拟折

光绪二十七年九月十六日(1901年10月27日)

江西巡抚臣李兴锐跪奏，为盗犯执持洋枪，伙劫得赃，拒毙事主之雇工，获犯审明议拟，恭折仰祈圣鉴事。

窃照大庾县通详，盗犯陈前亮等听从蒲得一纠劫事主邹启通纸棚得赃，拒伤雇主钟亚五等身死，伙犯陈一幅畏惧不行，并首犯蒲得一于取供后带病进监身故一案，当经批司移道饬缉审详。嗣据覆审议拟，由府解道，经吉南赣宁道贺元彬提讯无异，转详到臣，批司核详去后，兹据臬司柯逢时核明，具详请奏前来。臣覆加查核，缘陈前亮籍隶湖南桂阳县，陈丙绣、陈一幅均隶广东南雄州，游荡度日，先不为匪，陈前亮与陈丙绣、陈一幅、陈满梯俱同姓不宗。

光绪二十六年八月二十三日,陈前亮路遇素识已获之陈丙绣、陈一幅、昔存今故之蒲得一并在逃之黄泥古、陈满梯、曾亚椿即亚青、曾发古,各道贫难。蒲得一谂知大庾县属烂泥底地方事主邹启通设棚做纸有钱,起意伙劫得赃分用,陈前亮等与黄泥古等均各允从,约定是月二十四日在附近黄陂洞山僻会齐。是晚,蒲得一、陈前亮、陈一幅、陈丙绣、陈满梯、黄泥古、曾亚椿、曾发古分携洋枪、刀棍、油捻,先后走至该处。陈一幅心怀畏惧,不敢同行,当时走回。二更时分,蒲得一等同伙七人偕抵事主邹启通纸棚,撞门进内行劫。雇工钟亚五闻声惊起喊捕,蒲得一用刀拒伤钟亚五左肋倒地,吓禁声张,喝令陈前亮等用刀劈开箱柜,分手搜劫洋银衣物,逃出门外。经事主雇工林文清、崔光华、张义和跟踪追捕,蒲得一、陈丙绣、曾亚椿、曾发古携赃先逃,陈前亮、陈满梯、黄泥古转身拒捕。陈前亮用刀拒伤林文清右乳、右胁倒地,陈满梯用刀拒伤崔光华咽喉、右脚腕倒地,黄泥古开放洋枪轰伤张义和右乳,并用刀砍伤左脚腕倒地,各自逃回山僻,寻见蒲得一等,告知拒捕伤人情由,查点各赃,按股俵分各散。陈一幅并未分得赃物。陈前亮等与蒲得一等各将分得赃物陆续换卖与不记招牌钱店及过路不识姓名人,得钱花用逃避。钟亚五、林文清、崔光华、张义和均各因伤殒命。当经该县彭厚基访闻差拿,并据事主邹启通报县,会营勘验,禀报勒据兵役先后拿获蒲得一、陈前亮、陈丙绣、陈一幅到案,讯供通详,批饬缉审。蒲得一带病进监,医治无效身故,禀府札委崇义县知县周仁寿验讯详报,批饬核入正案办理。勒缉逸盗黄泥古等无获,将犯审拟解府,经府核恐案情未确,节次委审,嗣据审明议拟,由府解道,提讯无异,详经批司核详前来。臣覆查陈前亮等听从蒲得一纠劫事主邹启通纸棚得赃,拒伤雇工钟亚五等身死,伙犯陈一幅临时畏惧不行，事后并未分赃之处，既据在县供认前情不讳，复由府道提讯明确，究无另犯窝伙抢劫不法别案及另有同伙知情容留分赃之人，犯系先后获案，据供行劫月日、赃数悉与事主报案相符，正盗无疑。

查例载："强盗杀人，不分曾否得财，俱照得财律，斩决枭示。"又光绪十三年通行："强劫之案，但有一人执持洋枪，在场者不论曾否伤人，不分首从，均拟斩立决枭示。"又例载："共谋为强盗伙犯，临时畏惧不行，事后不分赃者，杖一百。"又："南赣匪徒，应于本罪上加一等定拟。"又光绪八年通行："寻常盗案，实系距省窎远地方，酌照秋审事例，解由巡道讯明，详请题奏。"各等语。此案陈前亮等听从蒲得一纠劫事主邹启通纸棚得赃，蒲得一、陈前亮与在逃之黄泥古、陈满梯先后拒伤事主之雇工钟亚五等身死，实属不法。查强盗杀人，有干六项，与执持洋枪强劫均罪应斩枭，照例从一科断，自应按例问拟。蒲得一、陈前亮、陈丙绣均合依"强盗杀人，不分曾否得财，俱照得财律，斩决枭示"例，俱拟斩立决枭示。蒲得一业已在监病故，仍照例戮尸枭示。陈前亮、陈丙绣各先于左面刺"强盗"二字。陈一幅听从伙劫，临时畏惧走回，事后并未分赃，亦应按例问拟。陈一幅合依"共谋为强盗伙犯，临时畏惧不行，事后不分赃者，杖一百"，仍照南赣匪徒于本罪上加一等例，拟杖六十，徒一年，到配折责充徒。未获各赃，蒲得一身死勿征，陈前亮等据供家实赤贫，无力赔缴，是否属实，饬县移查，分别取结办理。该犯等在外为匪，原籍牌甲父兄无从觉察禁约，应与蒲得一在监病故，讯无凌虐情弊之刑禁人等均无庸议。买赃之不记招牌钱店及过路不识姓名人，无从查传。首犯蒲得一系带病进监身故，管狱官例无处分。逸盗黄泥古等饬缉获日另结。此案首伙盗犯八人，已于疏防限内获犯及半，兼获盗首，地方文武邀免开参。

除全案供招咨部外，所有盗犯执持洋枪，伙劫得赃，拒毙事主之雇工，获犯审明议拟缘由，理合遵照新章，恭折具陈，伏乞皇太后、皇上圣鉴，敕部议覆施行。谨奏。光绪二十七年九月十六日。

朱批："刑部速议具奏。"

中国第一历史档案馆藏"宫中档案全宗·朱批奏折"，

档号：04—01—01—1051—054

197. 江西裁遣威武新军四营弁勇截止薪粮日期并酌添弁勇起支薪粮日期片

光绪二十七年九月十九日（1901 年 10 月 30 日）

再，查前准户部咨，并案议覆御史梁俊等各折，钞发章程内开：各省防军、练勇、水师兵勇，以后如有增减勇数、饷数，随时奏咨立案等语。历经遵照办理在案。兹查江西省前于光绪二十六年调派威武新军四营弁勇北上应援，旋奉改驻河南卫辉、彰德等处，扼要巡防。本年三月间，钦奉电旨，饬令酌裁，当经臣饬派广东雷琼镇总兵申道发驰赴河南会商，查明各勇原籍，就近由防所分路遣散，以省周折，业经奏明在案。

所有威武新军左右前后四营，共计弁勇二千零二十四员名，长夫、伙夫六百零四名，内在彰德府裁撤弁勇五百八十三员名，薪粮截至二十七年四月底止停支；其馀弁勇一千四百四十一员名，长夫、伙夫六百零四名，均在清江浦遣散，薪粮截至二十七年五月底止停支，均各另给大建一个月恩饷，以资旅费。又代办该军四营营务处兼支应事补用按司狱陈懋功，于二十七年七月十六日销差，即于是日截止裁撤。又刚字中营于二十七年七月初一日酌添弁勇五十一员名,即于是日起支薪粮。据善后总局司道详请具奏前来。臣覆核无异,理合附片陈明,伏乞圣鉴。谨奏。

朱批:"该部知道。"

《光绪朝朱批奏折》第35辑,第41页

198. 江西筹解金陵老湘新湘等营光绪二十七年四至六月军饷片

光绪二十七年九月十九日①(1901年10月30日)

再,查两江督标南字六营,奏明由江苏、安徽、江西三省藩库每月各协银六千两。嗣南字营改为煦字营,又续改为老湘、新湘等营,所有前项军饷银两,自光绪十年六月起连闰至二十七年三月止,均经随时筹解奏报在案。

兹据布政使张绍华详称,现动放光绪二十七年本色物料折解正垫脚银一万八千两,作为江西奉拨金陵老湘、新湘等营光绪二十七年四月起至六月止三个月军饷,遴委候补按司狱陈懋功,于二十七年九月十八日起程,前赴金陵防营支应总局交收,详请具奏等情前来。臣覆核无异。除咨明户部并咨两江督臣查照外,所有筹解金陵老湘、新湘等营二十七年四月起至六月止军饷缘由,理合附片陈明,伏乞圣鉴。谨奏。

朱批:"户部知道。"

《光绪朝朱批奏折》第62辑,第510页

---

① 底本推定具奏日期为光绪二十七年九月十六日。据台北故宫博物院藏"军机处档折件"(文献编号:145029),此片具奏日期实为同月十九日。且其朱批日期为光绪二十七年十月二十二日,与下折(文献编号:145035)相同,可为佐证。

199. 江西劝办筹饷新捐第二次开单请奖折附清单

光绪二十七年九月十九日(1901年10月30日)

江西巡抚臣李兴锐跪奏,为江西劝办筹饷新捐,第二次开单,恳恩奖叙,以昭激劝,恭折仰祈圣鉴事。

窃查光绪二十六年六月二十日奉上谕:"御史刘家模奏请劝捐助饷一折,着各督抚设法劝办,有能倡捐巨资者,奏请破格优奖,其馀按照海防捐例,分别奖叙。"等因。钦此。经前抚臣松寿奏准,将新海防捐例分别减成,由司刊刻实收,凡四品以上实官暨各项班次花样,照筹饷例四成实银核奖,五品以下三成核奖,知州、知县遇缺先花样八成核奖,所收捐银分别备拨、留用。嗣因上年拆毁教堂并教民具控各案查办完结,应抚恤教民银二十馀万两,又赔修教堂银六十馀万两,限期甚迫,无款可筹,复经臣电请军机大臣代奏,请将此项筹饷捐款全归外用。旋准军机大臣回电,面奉谕旨允准。并据司将第一次报捐实官、贡监共收捐银二万一千七百三十七两二钱各捐生履历开造清册,详经臣开单奏咨请奖各在案。旋接部文,七月二十九日奉上谕:"嗣后无论何项事例,均不准报捐实官。自降旨之日起,即行永远停止,统限一个月内截数报部。"等因。钦此。当经转行钦遵查照去后。

兹据布政使张绍华详称,此项筹饷新捐,奉文后即经电饬各属劝捐委员一律停止,不再收捐。惟未奉旨以前所收之款,因各属分处省外,远近不一,捐生履历一时万难催集,今将现已造报到局各捐生先行查明,共计报捐实官、贡监九百八十一名,按照定章,应折收实银七十七万九千一百六十一两二钱四分,理合造具各捐生姓名、年貌、籍贯、履历、三代清册，先行列入第二次，详请奏咨奖叙，并请将副实收咨送户部，并分咨吏部、礼部、国子监填发执照来江转给。此外未经造册各属，业经严催勒限，刻日造齐，专差赍送来省，容俟到齐再行另文详办等情前来。臣覆加查核，所捐银数及请叙实官、贡监均与例章相符，合无仰恳天恩，俯准分别奖叙，以昭激劝。除将清册、副实收送部查照，并饬分催各属委员赶将已捐未奖各员履历清册刻日补造，详送核办外，理合恭折具陈，并缮清单，敬呈御览，伏乞皇太后、皇上圣鉴，敕部速为核覆施行。谨奏。光绪二十七年九月十九日。

朱批："户部议奏，单并发。"

清单

谨将江西劝办筹饷新捐第二次收捐各项实官、贡监姓名、银数开具清单，恭呈御览。

计开：

吏部主事马汝骥捐银一千七十四两六钱，请以郎中双月选用。

内阁行走中书张柱捐银一千八百四十六两八钱，请以郎中双月选用。

附贡生危之韶捐银二千八百三十二两，请以郎中分部行走。

优贡生郑润东捐银八百六十七两九钱，请以内阁中书分发行走。

附贡生帅大伊捐银六百二十一两，请以中书科中书双月选用。

监生梅文墫捐银二千三百五十二两，请以员外郎分部行走。

九品笔帖式瑞珍捐银二千一百六十六两，请以员外郎双月选用。

未拣选举人邹凌沅捐银七百四十九两四钱，请以内阁中书分发行走。

监生钟炽昌捐银二千七十三两六钱，请以郎中双月选用。

分发补用内阁中书彭士芸捐银一千四百四十九两九钱，请以郎中双月选用。

附贡生饶增春、秦尔嘉、卢承绪各捐银一千五百七十二两三钱，均请以主事分部行走。

贡生吴萱荫捐银六百二十一两，请以中书科中书双月选用。

监生周凤池捐银二百五十三两八钱，请以翰林院待诏双月选用。

未截取举人曹九畴捐银六百一十两二钱，请以内阁中书不论双单月选用。

俊秀江润捐银三百八十六两一钱，请以减成监生并詹事府主簿双月选用。

翰林院孔目衔杨恒捐银一百四十三两一钱，请以兵马司吏目补用。

监贡生文燮、文颐各捐银一百五十六两六钱，请各以七品笔帖式分发行走。

监生贵昌捐银一百五十六两六钱，请以八品笔帖式分发行走。

花翎三品衔户部广西司行走郎中张承声捐银二千三百四两，请准以道员不论双单月选用。

花翎三品衔不论双单月选用道员张承声捐银一千一百五十二两，请指分河南试用。

候选郎中梅台源捐银四千一百四十七两二钱，请以道员指分江苏试用。

指分湖北试用知县钟崇檏捐银五千六百九十五两二钱，请以道员指分江西试用。

江西试用知府安廷桂捐银二千九百八两八钱，请以道员指分江西试用。

增贡生邹凌瀚、贡生朱震各捐银六千九百十二两，均请以道员指分湖北江西试用。

不论双单月选用知县许镐捐银五千六百九十五两二钱，请以道员指分江苏试用。

江西补用知县李澂、江苏补用知县张绍棠各捐银五千五百八十两，均请以道员分别指分江苏等省试用。

湖南另补知府松增捐银二千九百八两八钱，请以道员指分江苏试用。

江西补用知县刘荣拔捐银五千五百八十两，请以道员指分安徽试用。

候选直隶州知州朱家骏捐银四千五百九十两，请以道员指分湖南试用。

双月选用郎中马汝骥捐银四千一百四十七两二钱，请以道员指分四川试用。

双月选用郎中彭士芸捐银四千一百四十七两二钱，请以道员指分安徽试用。

双月选用郎中钟炽昌捐银四千一百四十七两二钱，请以道员指分湖北试用。

指分江西试用府经历钱炘捐银六千七百四十二两八钱，请以道员指分江苏试用。

贡生袁蔚章捐银六千九百一十二两，请以道员指分湖南试用。

江西安福县知县陆善格捐银五千七百七十八两,请以道员指分湖北试用并离任。

选用内阁中书孟润奎捐银六千一百九十五两六钱,请以道员指分江苏试用。

未拣选举人李光选捐银六千六百一十八两,请以道员指分江苏试用。

保举补缺后道员用、浙江候补知府叶祖荫捐银三千一百十两四钱,请以道员指分陕西补用。

湖南大挑知县章倬汉捐银五千四两,请以道员分发试用。

分省补用知州张孝荣捐银五千二百九十二两,请以道员指分安徽试用。

候选知县俞凤官捐银五千四百十九两,请以道员指分福建试用。

前任广西柳州府知府倪恩龄捐银三千四百二十八两八钱,请免补原缺,以道员指分江西试用。

分省试用道员吴清高捐银五百七十六两,请指省浙江试用。

浙江补用知府李文慧捐银二千九百八两八钱,请以道员指省分发试用。

分省补用知县吴鸿懋捐银五千六百九十五两二钱,请以道员指分江西试用。

正任江西新建县知县文聚奎捐银五千五百两八钱,请以道员指分江苏试用。

江西宜春县知县张謩捐银五千二百二两,请以道员分发试用并离任。

双月选用道员殷应兆捐银一千六百一十二两八钱,请以不论双单月分发试用。

分发试用道员殷应兆捐银五百七十六两，请指省江西试用。

江西万年县知县钟秉谦捐银三千五百九十六两四钱，请以道员不论双单月选用并离直隶州任、免离知县任。

监生张子采捐银六千九百九十六两六钱，请补足十成监生，以道员指分浙江试用。

双月选用郎中张柱捐银四千一百四十七两二钱，请以道员指分浙江试用。

在任候选双月同知、江西长宁县知县金福保捐银五千一百九十一两二钱，请以道员指分江苏试用。

监生周业涛捐银六千九百十二两，请以道员指分浙江试用。

浙江试用同知吴清高捐银三千九百一十六两八钱，请以道员分发试用。

候选知州杨巩捐银三千一百三两二钱，请以道员双月选用。

指分河南试用同知张祖笏捐银三千八百三十九两二钱，请以知府指分河南试用。

不论双单月选用知府杜宏基捐银一千二十四两，请指分湖北试用。

江西补用同知张僧延捐银三千二百七十两四钱，请以知府指分江西试用。

江西试用知县郑德凝捐银四千三百五十七两六钱，请以知府指分江西试用。

指分江苏试用知县殷应庚捐银四千四百七十二两八钱，请以知府指分江苏试用。

江西试用同知胡上襄捐银一千二百九十六两，请以知府双月选用。

江苏试用同知梅蔼春捐银一千三百五十三两六钱,请离同知任,以知府仍留原省归候补班补用。

前任广东丰顺县知县邓衍憙捐银四千四百七十二两八钱,请以知府指分广东试用。

分发试用知府朱大琛捐银五百一十二两,请指省湖南试用。

分发试用同知李士伟捐银一千八百六十四两八钱,请以知府双月选用。

议叙补用盐大使胡榠捐银五千二百两,请以知府指分江西试用。

江西试用知县孙嵩年捐银四千五百五十五两六钱,请以知府指分江西试用。

江西试用直隶州州判丁毓瑾捐银五千四百八十四两四钱,请以知府指分江西试用。

监生朱莹捐银五千八百四两八钱,请以知府指分浙江试用。

双月选用知府顾国璠捐银一千九百七十四两四钱,请以知府指分广东试用。

分发试用同知李士儁捐银三千八百三十九两二钱,请以知府指分江西试用。

江西试用知县黄锡光捐银四千三百五十七两六钱,请以知府指分江西试用。

江西试用通判邵循名捐银四千六百六两,请以知府指分江西试用。

廪贡生周绂藻捐银五千二百九十二两八钱,请以知府分发试用。

监生朱大琛捐银五千二百九十二两八钱，请以知府分发试用。

双月内阁中书曹鼎捐银四千四百六十一两二钱，请以知府分发试用。

双月选用直隶州知州高凤德捐银一千三百九十三两二钱，请以知府双月选用。

江西试用同知吴崧高捐银三千二百七十两四钱，请以知府指分江西试用。

分省补用知县陈光裕、江西试用知县胡贤綍各捐银四千四百七十二两八钱，均请以知府指分江西试用。

附贡生李鸿枎捐银五千八百五两，请以知府指分安徽试用。

分发行走郎中张家骝捐银三千四十两，请以知府指分浙江试用。

江西试用知县张仁荃捐银四千三百五十七两六钱，请以知府指分江西试用。

双月选用同知吴增翰捐银三千八百三十九两二钱，请以知府指分江西试用。

双月选用员外郎瑞珍捐银三千五百一两，请以知府指分江西试用。

举人、教习知县刘蔚仁捐银四千四百七十二两八钱，请以知府指分浙江试用。

江西试用从九品李炯捐银五千七百二十九两二钱，请以知府指分江苏试用。

双月选用直隶州知州林祚藩捐银三千三百六十七两六钱，请以知府指分江西试用。

监生杨德鋆捐银五千八百四两八钱，请以知府指分江西试用。

拣选知县姚肇椿捐银五千五百一十两八钱,请以知府指分安徽试用。

附贡生胡汝皋捐银五千八百四两八钱,请以知府指分湖北试用。

江西上饶县知县周邦翰捐银三千五百三十一两六钱,请以知府不论双单月在任候选并免离任。

江西弋阳县教谕胡秉焕捐银四千六百五十九两二钱,请以知府分发试用。

拣选知县杨逢辰捐银四千九百四十二两八钱,请以知府分发试用。

双月选用同知、江西奉新县知县蒋家骏捐银三千一十三两二钱,请以知府不论双单月在任候选并免离任。

监生徐家麒捐银四千七百八十一两,请以知府不论双单月选用。

广东试用府经历顾国璠捐银三千五百四十六两,请以知府双月选用。

监生滕兰捐银一千四百七十四两二钱,请以同知双月选用。

指分浙江试用知县徐士修捐银四百七十五两二钱,请以同知双月选用。

江西进贤县知县陈庆绶捐银三百八十八两八钱,请以同知双月在任候选。

双月部寺司务许士谔捐银一千七百九十三两四钱,请以同知指分江西试用。

监生沈祖恩捐银二千九十五两五钱,请以同知分发试用。

附贡生陈士达捐银一千四百七十四两二钱,请以同知双月选用。

江西奉新县知县蒋家骏捐银三百八十八两八钱，请以同知双月选用。

江西截取知县郑辅东捐银一千二百二两一钱，请以同知指分江西试用。

选用布政司经历祁师潞捐银一千九百一十七两六钱，请以同知指分陕西试用。

大挑教谕杨逢春捐银一千五百五十七两九钱，请以同知不论双单月选用。

江西试用直隶州州判夏翊宸捐银一千八百一十二两三钱，请以同知指分江西试用。

不论双单月选用同知吕学正捐银三百八十四两，请指分江苏试用。

不论双单月选用知县林祚藩捐银八百二十八两九钱，请以直隶州知州双月选用。

江西试用知县张学勤捐银六百十二两九钱，请以直隶州知州双月选用。

湖北鹤峰州州判谢彰伯捐银一千六百二十二两七钱，请以知州不论双单月在任候选并免离州判任。

签分刑部陕西司行走主事杨增荦捐银八百二十四两七钱，请以直隶州知州双月选用并免离任。

双月选用知县高凤德捐银八百二十八两九钱，请以直隶州知州双月选用。

广信府通判晏蔚琦捐银八百三十一两六钱，请以知州不论双单月在任候选。

保举补缺后以应升之缺升用、江苏试用布理问许庭森捐银一千七十两四钱,请离任以知州补用。

江西兴安县教谕谌炤奎捐银一千五百三十二两四钱,请以知州不论双单月选用并免离任。

监生胡敦义捐银一千七百九十五两二钱,请以盐运司运判指分两淮补用。

不论双单月选用府照磨江瀛捐银一千六百六十二两九钱,请以盐运司运判指分两浙试用。

广东试用巡检陈恩霖捐银一千三百三十七两一钱,请以通判指分广东试用。

江西试用道库大使陈继祥捐银一千三百七十七两六钱,请以通判指分江西试用。

江苏补用州税课大使陈伯文捐银一千三百七十七两六钱,请以通判指分江西试用。

监生蓝彬、廪贡生熊济洙各捐银一千四百三十一两六钱,均请以通判分别指分四川、江苏试用。

江苏试用从九品张耀远捐银一千三百七十七两六钱,请以通判指分江苏试用。

江西试用府经历黄澧捐银一千一百七十七两八钱,请以通判指分江西试用。

监生祁师洙、廪贡生黄兆鸿等二名各捐银一千四十七两六钱,均请准以通判不论双单月选用。

议叙分省补用通判倪曾科捐银四百九十九两八钱,请以不论双单月分发试用。

监生杨熙光捐银一千四百三十一两六钱,请以通判指分广西试用。

分部行走九品笔帖式瑞珊捐银一千三百四十两，请以通判指分湖北试用。

监生刘昌炽、增贡生武维周等二名各捐银一千四百三十一两六钱，均请准以通判指分试用。

选用知县郭维祺捐银一千六百二十九两九钱，请以知县分缺先补用并免试用。

前任江西临江府经历、在任候选知县陈耀奎捐银一千四百二十八两三钱，请以分缺先选用。

贡生胡恩培捐银一千四百二十八两三钱，请以知县不论双单月选用。

监生卢寿奎捐银二千八百五十六两六钱，请以知县分缺先选用。

指分湖北试用府经历熊鋆捐银七百八十五两七钱，请以知县双月选用。

监生张纲捐银七千六百一十七两六钱，请以知县遇缺先选用。

在任候选县丞、江西南昌府照磨朱建勋捐银八百五十八两六钱，请以知县双月在任候选并免离任。

附贡生黄祖培捐银九百九十九两，请以知县双月选用。

分发试用知县文炳堃捐银七千九百七十四两九钱，请指省江西遇缺先补用免试用。

浙江试用县丞姜振翔捐银一千六百八十八两四钱，请以知县指分浙江试用。

湖南候补府经历徐燮捐银一千六百八十八两四钱，请以知县指分湖南试用。

拔贡生詹光斗捐银二千四两三钱,请以知县指分江西试用。

选用府经历陆文濬、指分江西试用府经历陈百嘉、指分江苏试用县丞高普昌等三名各捐银一千七百九十一两,均请以知县指分省分试用。

附贡生胡元轼,监生陆和键、吴仕鑫,附贡生谢邦樑,监生王麟仪,附监生贺方焜,监生李家瑞等七名各捐银二千四两三钱,均请以知县指分省分试用。

江西试用县丞宋绍祁、邹上鼐等二名各捐银一千六百八十八两四钱,均请以知县指分省分试用。

双月选用县丞胡毓沅捐银一千七百九十一两,请以知县指分江西试用。

双月选用训导谢钦捐银一千七百九十六两四钱,请以知县指分安徽试用。

江西候补班补用县丞丁毓淮捐银一千六百八十八两四钱,请以知县指分江西试用。

廪贡生杨国颐捐银二千五两,请以知县指分江苏试用。

廪贡生滕竹捐银七千六百一十七两六钱,请以知县遇缺先选用。

已拣选举人徐启鼎捐银一千三百八十一两一钱四分,请以知县指分湖北试用。

江西试用府经历施谦捐银一千六百八十八两四钱,请以知县指分江西试用。

附生吴灿麟捐银二千九十四两三钱,请以十成监生并知县指分江西试用。

浙江试用县丞姜振翔捐银二千三百九十七两九钱,请以知县分缺间选用。

江西试用巡检王俊捐银一千九百七两一钱，请以知县指分江西试用。

监生吴贞若捐银一千七百一十六两三钱，请以知县分发试用。

监生罗骏声捐银七千六百一十七两六钱，请以知县遇缺先选用。

江西补用知县许金策捐银六千二百五十九两二钱，请以遇缺先补用免试用。

副贡就职教谕汪广生捐银一千六百五十九两，请以知县指分江苏试用。

湖南试用府经历蔡焕飏捐银一千六百八十八两四钱，请以知县指分湖南试用。

江西试用知县刘震鸿捐银一千六百二十九两九钱，请以分缺先补用免试用。

监生钟玉田捐银二千四两三钱，请以知县指分广东试用。

江西试用府经历冯际泰捐银一千四百两四钱，请以知县分发试用。

同知衔坐选湖南湘潭县县丞俞锡礽捐银一千八百三十五两一钱，请准免坐选原缺，以知县指分江苏试用。

廪贡生胡绍猷捐银二千四两三钱，请以知县指分江苏试用。

附贡生陈梦藻、监生程开吴等二名各捐银二千四两三钱，均请以知县分别指分湖北、江苏试用。

现任江西道库大使赵钟文捐银九百七十四两七钱，请以知县双月在任候选并免离任。

附贡生危士修捐银一千四百二十八两三钱，请以知县不论双单月选用。

不论双单月选用知县危士修捐银六千一百八十九两三钱，请补足三班，遇缺先选用。

分发试用知县姚肇枢捐银二百八十八两，请指分江西试用。

江西试用府经历张洪钧捐银一千六百八十八两四钱，请以知县指分江西试用。

附贡生蓝薇、监生张兆良各捐银二千四两三钱，均请以知县指分江苏试用。

附监生吕学楷捐银二千四两三钱，请以知县指分安徽试用。

附贡生蔡乘时捐银三千六百三十四两二钱，请以知县指分安徽分缺先补用免试用。

指分湖南试用知县王思恭捐银一千一百五十三两八钱，请以本班尽先补用免试用。

湖南试用县丞周绪芳捐银一千七百九十一两，请以知县指分湖南试用。

监生任起驹捐银二千七十九两九钱，请补足十成监生，以知县指分浙江试用。

举人程运熙捐银一千五百一十两二钱，请以知县指分陕西试用。

监生樊肇元捐银二千四两三钱，请以知县指分江苏试用。

监生戴济清捐银二千四两三钱，请以知县指分江西试用。

监生毕有年捐银二千四两三钱，请以知县指分直隶试用。

江西试用府照磨王朝贺捐银一千八百五十五两八钱，请以知县指分江西试用。

浙江典史陈锡周捐银一千九百九两八钱，请以知县指分浙江试用。

监生易荣甲捐银一千七百十六两三钱,请以知县分发试用。

监生嵇棐彝捐银九百九十九两,请以知县双月选用。

双月选用府经历徐士修捐银一千七百九十一两,请以知县指分浙江试用。

监生许德芬捐银二千四两三钱,请以知县指分江西试用。

监生傅煌捐银二千四两三钱,请以知县指分直隶试用。

江西试用巡检张家驹捐银一千九百七两一钱,请以知县指分江西试用。

监生滕槐捐银一千七百一十六两三钱,请以知县分发试用。

附贡生滕柏捐银一千八百一十七两一钱,请补足十成贡生,以知县分发试用。

监生雷德五捐银一千四百二十八两三钱,请以知县不论双单月选用。

监生洪锦绶,附监生张肇菉、彭嵩百,监生鲍瑛,附贡生潜梦麟,监生陈敬文等六名各捐银二千四两三钱,均请以知县各指省分试用。

广东盐知事刘锡捐银一千八百六十九两三钱,请以知县指分广西试用。

江西试用府经历徐凤鸣捐银一千六百八十八两四钱,请以知县指分江西试用。

江西补用典史张棕官捐银一千九百七两一钱,请以知县指分江西试用。

监生傅国俊捐银一千七百一十六两三钱,请以知县分发试用。

双月选用内阁中书林仲镛捐银六千二百五十两四钱,请以知县遇缺先选用。

江西鄱阳县县丞曹鸿泽捐银六千七百七十五两二钱，请以知县遇缺先在任候选。

监生孙系捐银一千四百二十八两三钱，请以知县不论双单月选用。

江西按察司知事钱抚辰捐银七百八十五两七钱，请以知县双月选用。

监生朱懋宣捐银九百五十二两五钱，请以布政司理问指分湖南试用免验看。

监生周凤藻、丁作樑、徐起涛等三名各捐银三百六十九两九钱，请分别以布政司理问、经历双月选用。

监生张树棻捐银九百五十二两五钱，请以布政司经历指分湖南试用免验看。

监生汪士模捐银七百四十两七钱，请以布政司理问指分江西试用。

监生许昶捐银七百四十两七钱，请以布理问指分江苏试用。

廪贡生饶熙春捐银三百六十九两九钱，请以州同双月选用。

监生沙琦捐银一千五百九十九两六钱，请准以州同指分安徽分缺先补用免试用并免验看。

副贡就职直隶州州判张孝熙捐银四百六十一两九钱，请准以直隶州州判指分江西试用免验看。

拔贡生方履中捐银四百十七两三钱，请以直隶州州判指分江西试用。

指分江西试用直隶州州判方履中捐银一百四十八两五钱，请免验看。

拔贡生熊济濬捐银四百十七两三钱，请以直隶州州判指分四川试用。

廪生张炤捐银二百二十一两四钱，请以减成贡生并州判双月选用。

监生石宪曾捐银九百三十六两，请以布库大使指分江西试用。

指分江西试用布库大使石宪曾捐银七十二两九钱，请免验看。

监生吴钟琛捐银九百三十六两，请以布政司库大使指分江西试用。

不论双单月选用盐大使骆利焱捐银一百四十四两，请分发试用。

议叙分发试用盐大使刘熙庚捐银一百四十四两，请指省浙江试用。

监生郭卫城捐银九百三十六两，请以盐大使指分两淮试用。

浙江试用县丞张学馀捐银一千五百八十八两，请补足十成监生，以盐课大使指分浙江分缺先补用免试用。

浙江补用盐大使张学馀捐银二千五百五十六两，请遇缺先补用免试用。

浙江试用按察司经历周传鸿捐银四千八十九两六钱，请以盐课大使指分浙江遇缺先补用免试用。

附贡生危士杰、监生危之瑜各捐银一千六百八十四两八钱，均请以盐课大使指分福建分缺先补用免试用。

监生缪云鹤捐银九百三十六两，请以盐课大使指分浙江试用。

监生张光祥捐银九百三十六两，请以盐课大使指分浙江试用。

两淮试用盐大使郭卫城捐银三千五百五十六两八钱，请遇缺先补用免试用。

监生朱学涛捐银五百九十二两八钱，请以盐经历指分两淮试用。

俊秀凌璧捐银七百七十三两七钱，请以减成监生并盐经历指分两淮试用免验看。

监生聂祖昌捐银七百四十一两三钱，请以盐运司经历指分两淮试用免验看。

监生危之璧捐银三百四十七两七钱，请以盐运司知事分发试用。

监生金鼎奎捐银三百四十七两七钱，请以盐运司知事分发试用。

分发试用县丞李耀熙捐银一百五十二两一钱，请指省江西试用并免验看。

监生金维城捐银八百六十五两五钱，请以县丞指分江西分缺先补用免试用并免验看。

分发试用府经历温汝楫捐银一百五十二两一钱，请指省江西试用并免验看。

议叙分发试用县丞沈肇祚捐银一百五十二两一钱，请指省湖北试用免验看。

监生董之夔捐银八百六十五两五钱，请以县丞指分江西分缺先补用免试用并免验看。

监生许秉珣捐银四百一十一两九钱，请以县丞指分江苏试用。

五品顶戴监生陈鸿宝捐银二百十两六钱，请以府经历双月选用。

监生傅宪曾捐银五百一十六两，请以府经历指分湖北试用免验看。

监生危厥中捐银二百一十两六钱,请以县丞双月选用。

监生徐炳勋捐银四百一十一两九钱,请以县丞指分江西试用。

江西试用典史姚春融捐银三百一十七两四钱,请以县丞指分江西试用。

监生徐鹤龄、徐延年、吴炯培、高文衢等四名各捐银四百一十一两九钱,请各以府经、县丞指分江西试用。

监生余植兰、钱之燧,附贡生吴贞懿,监生夏敬德、邱星炳等五名各捐银五百一十六两,请各以府经、县丞指分省分试用。

监生莫常澄捐银五百一十六两,请以县丞指分江西试用免验看。

双月选用府照磨凌云捐银三百八十三两七钱,请以县丞指分浙江试用免验看。

县丞职衔江浩捐银三百六十八两七钱,请以县丞指分江苏试用。

浙江试用府照磨黄道奎捐银二百七十四两二钱,请以县丞归候补班仍留浙江补用。

附贡生蒋文澜、监生郑乃芹等二名各捐银四百一十二两,请分别以府经历、县丞指分浙江试用。

监生朱廷杰捐银四百一十一两九钱,请以县丞指分安徽试用。

监生达崇阿捐银八百六十五两五钱,请准以府经历指分江西分缺先补用免试用并免验看。

指分江西试用县丞周之冕捐银三百四十九两五钱,请以分缺先补用免试用。

广东试用从九品高先庚捐银四百五十七两八钱,请以县丞指分江西试用免验看。

监生庄炳勋，廪贡生崔思敬，监生高彭年、王锡龄、焦曾符、陈邦璋，附贡生邹浚葆、姚良模等八名各捐银五百一十六两，请分别以府经历、县丞各指省分试用免验看。

监生彭球、徐士芬、郑旭东、花金章、周继昌、李世英、何锡龄、胡篚、沈养正等九名各捐银四百一十一两九钱，请分别以府经历、县丞各指省分试用。

指分广东试用县丞刘凤山捐银一百八十两九钱，请离原省，改指江苏试用免验看。

双月选用县丞朱瓛捐银二百一两三钱，请以不论双单月县丞指分江西试用。

双月选用县丞张桂芳捐银二百一两三钱，请以不论双单月县丞指分安徽试用。

江西试用县丞薛宜琳捐银一百四两一钱，请准免验看。

监生金鼎元捐银三百六十三两九钱，请以县丞分发试用。

监生董之威捐银三百一十五两九钱，请以县丞不论双单月选用。

不论双单月选用府经历王光裕捐银九十六两，请指分江西试用。

监生徐竹亭捐银二百一十两六钱，请以府经历双月选用。

指分云南试用典史孙发绪捐银四百三十五两，请以县丞指分湖北试用免验看。

分发试用府经历易德焕、分发试用县丞许德晖各捐银一百五十二两一钱，均请指省江西试用免验看。

监生翟佩钧、附贡生董延禧各捐银五百一十六两，请分别以府经历、县丞指分安徽、江苏试用免验看。

双月选用训导骆焕棠捐银二百七十九两六钱，请以县丞指分江苏试用。

江西补用县丞杨熙元捐银二百四十五两，请以本班尽先补用免试用。

附贡生郑济馨、余良椿各捐银五百一十六两，请分别以府经历、县丞指分浙江试用。

监生胡暎瀓捐银四百一十二两，请以府经历指分浙江试用。

不论双单月选用县丞杨洪钧捐银二百两一钱，请指分江西试用免验看。

江西试用未入流周传炽捐银七百三十四两，请以按察司经历指分江西试用免验看。

监生程邦达捐银二百一十两六钱，请以县丞双月选用。

江西试用县丞张承萱捐银三百四十九两五钱，请分缺先补用免试用。

监生洪燮捐银五百一十六两，请以县丞指分江苏试用免验看。

监生石渠、王邦瑞各捐银五百十六两，请分别以府经历、县丞指分江西试用并免验看。

指分广西分缺间补用府经历黄人俊捐银一百四两一钱，请免验看。

江西试用县丞洪恩煦捐银一百四两一钱，请免验看。

监生李升捐银四百十二两，请以县丞指分广东试用。

分发不论双单月县丞林志诚捐银一百五十二两一钱，请指省江西试用并免验看。

监生危之椿捐银四百一十二两，请以县丞指分福建试用。

监生汪仪捐银四百十二两，请以县丞指分江苏试用。

监生陈世康捐银三百一十五两九钱,请以府经历不论双单月选用。

监生吕学岱捐银二百一十两六钱,请以府经历双月选用。

监生华晋荣、附贡生翁成琠各捐银五百十六两,均请以县丞指分江西试用免验看。

监生朱鸿基捐银四百十一两九钱,请以县丞指分江苏试用。

监生王德临捐银三百六十三两九钱,请以县丞分发试用。

监生沈宽捐银三百十五两九钱,请以县丞不论双单月选用。

监生何振珪捐银二百十两六钱,请以县丞双月选用。

附贡生朱瓛捐银二百一十两六钱,请以县丞双月选用。

监生周凤章捐银一百二十九两六钱,请以按察司照磨双月选用。

指分江西试用从九品张雯捐银二十二两八钱,请指项府照磨。

州同职衔李赓飏捐银三百三十七两八钱,请以州吏目指分四川试用免验看。

指分湖北巡检李鸿勋捐银一百七十二两二钱,请以分缺先补用免试用。

监生黄蔚英捐银三百七十六两二钱,请以巡检指分广东分缺先补用免试用。

监生郑学昆捐银四百四十九两一钱,请以典史指分江西分缺先补用免试用并免验看。

指分江苏试用典史文赓飏捐银一百五十九两六钱,请以分缺间补用免试用。

指分江苏试用典史王煇垣捐银一百二十一两八钱,请以本班尽先补用免试用。

江苏补用典史文赓飏、王煇垣，指分江西试用巡检齐衔，湖北补用巡检李鸿勋，指分福建试用巡检朱道南，广东补用巡检黄蔚英，指分江西府照磨张雯，指分江西试用巡检张赞治，各捐银七十三两，均请免验看。

保举选用巡检何子俊捐银二百一十六两三钱，请以巡检指分江西试用免验看。

指分江西试用典史郑襄捐银七十二两九钱，请免验看。

监生袁士达捐银九十八两四钱，请以巡检不论双单月选用。

监生程鹤年捐银二百五十四两一钱，请以从九品指分江西试用免验看。

监生李学愚捐银一百八十一两二钱，请以从九品指分江苏试用。

监生王朝辅捐银一百四十一两六钱，请以从九品分发试用。

监生张雯捐银一百八十一两二钱，请以从九品指分江西试用。

监生陈天霖、陈天麟各捐银三百二十五两八钱，均请以道库大使、巡检指分江西本班尽先补用免试用。

监生汪云章、刘继云、陈翰生各捐银四百四十九两一钱，均请以巡检、典史指分分缺先补用免试用并免验看。

监生徐宝泉捐银三百九十八两七钱，请以府照磨指分本班尽先补用免试用并免验看。

江西试用从九品陈文蔚捐银一百八十二两四钱，请以指项巡检仍归原省分缺间补用免试用。

监生许国颋、张宣中、李从荣、王冠时、李召棠、宋景燿、张忠良、杨方珍、黄廷栋、李煐、张绍衡、程振铎、吴舒潍各捐银二百七十六两九钱，请分别以巡检、典史、道库大使各照指分省分试用免验看。

监生冯鹏万、罗修全各捐银二百四两，均请以典史各照指分省分试用。

指分湖北试用巡检董筵圻捐银七十二两九钱，请免验看。

监生罗会文捐银三百三两，请以从九品指分浙江本班尽先补用免试用。

监生黄炽昌捐银九十八两四钱，请以典史不论双单月选用。

监生蒋凤鸣捐银六十两六钱，请以巡检双月选用。

监生余燠，附监生杨用霖，监生宋桂华、汪凤鸣、汪俊、曾鹤祥，各捐银二百五十四两一钱，请分别以从九品、未入流各照指分省分试用免验看。

监生黄中信捐银三十七两八钱，请以从九品双月选用。

指分江西试用典史姚瑞麒捐银一百七十二两二钱，请以分缺先补用免试用。

附贡生熊应昌捐银三百七十六两二钱，请以巡检指分安徽分缺先补用免试用。

指分广东试用未入流顾国璋捐银一百四十四两六钱，请以指项典史本班尽先补用免试用。

监生范彭年、黄承祐各捐银二百七十六两九钱，请分别以典史、巡检指分试用免验看。

附贡生谢式端捐银一千七十六两一钱，请准以巡检指分广东遇缺先补用免试用并免验看。

指分江西试用典史刘宗衡捐银二百四十五两一钱，请以分缺先补用免试用并免验看。

监生聂福先捐银二百七十两九钱，请以典史分缺先选用免试用。

附贡生刘光捐银三百七十六两二钱，请以巡检指分湖北分缺先补用免试用。

监生刘家禄捐银四百四十九两一钱，请以典史指分江西分缺先补用免试用并免验看。

监生郭镛捐银二百七十六两九钱，请以巡检指分湖北试用免验看。

指分福建试用巡检璩位、指分江西试用府照磨吴昌硕、梅传甲各捐银七十二两九钱，均请免验看。

监生田燿南、吴学华、朱作霖各捐银三百九十八两七钱，请分别以典史、巡检各照指分省分试用免验看。

监生李恒春、姚永成、林瑞麟、郑锡麟、崔思胜、易树煇、贾世昌、丁以金、施慧、王嘉福、汪正大、焦桐、钱焕、张家玙、严惟清、沈秉谦、殷之献、张学俭、徐广裕各捐银二百七十六两九钱，请分别以巡检、典史指分省分试用免验看。

监生李传训捐银三百七十六两二钱，请以典史指分江西分缺先补用免试用。

湖北试用巡检汤燮捐银七百三十一两二钱，请以遇缺先补用免试用。

监生查筒、程纪庸、丁巨川各捐银九十八两四钱，均请以巡检不论双单月选用。

监生刘宗蘅、唐怀祖各捐银二百四两，均请以典史指分江西试用。

江苏试用典史石克慎捐银一百三十二两，请离江苏原省，改省江西试用。

江西试用典史石克慎捐银一百七十二两二钱,请以分缺先补用免试用。

监生何承瑞捐银三百九十八两七钱,请准以驿丞指分江西本班尽先补用免试用并免验看。

监生尹光勋捐银二百七十六两九钱,请以巡检指分江西试用免验看。

俊秀殷达邦捐银三百九两三钱,请给减成监生,以典史指分浙江试用免验看。

监生汪履敬、柳振甲、宋家璧、罗凤藻、胡贞一、谢邦枬、陈慰祖、陈宗海、雷熙祖各捐银二百四两,请分别以巡检、典史指分试用。

附生凌云捐银一百三两八钱,请以贡生并府照磨双月选用。

从九品职衔江绶青捐银六十八两七钱,请以府照磨双月选用。

监生马康霖捐银一千一百六十四两六钱,请以典史指分江西遇缺先补用免试用并免验看。

监生何继祖捐银四百四十九两一钱,请以典史指分江西分缺先补用免试用并免验看。

监生熊树仪捐银二百七十六两九钱,请以典史指分湖北试用免验看。

监生周应焘捐银三百七十六两二钱,请以典史指分江西分缺先补用免试用。

指分湖南试用典史郭宗汲、指分湖北试用从九品刘恭诚各捐银七十二两九钱,均请免验看。

监生余允敦、宛学镳各捐银二百五十四两一钱,均请以从九品指分试用免验看。

指分广东试用从九品叶大榆捐银一百三十八两九钱，请离原省，指分江西试用免验看。

分发试用从九品黄骏捐银一百十二两五钱，请指省江西并免验看。

指分江西试用从九品盛如松捐银一百五十九两六钱，请以分缺间补用免试用。

监生李联珂、钱益培、孙济蕃，增贡生李德寿、附贡生戴锡祺，各捐银二百五十四两一钱，均请以从九品指分试用免验看。

监生胡宗成、附贡生王访范、监生朱世觐、陈锡福各捐银二百五十四两一钱，均请以从九品指分试用免验看。

监生沈宝纲、陈宝铨各捐银一百八十一两二钱，均请以从九品指分江苏试用。

监生江鸿逵、王嘉宾、诸良、汪德孚、叶韵泰、丁云梯、任秀、詹葆贞、任炳南、梁俊德、蒋焕章、胡乃斌、祝炳文、余其仁、祝元锦、饶隆云、饶际云、李蓴衔、李树椿、叶秉珪、戴其高各捐银三十七两八钱，均请以从九品双月选用。

监生程蕴祥捐银一百八十一两二钱，请以从九品指分江西试用。

候选从九品姚捷勋捐银一百九两八钱，请以不论双单月指分江西试用。

监生杨鼎、吴汇泉、刘锜、应念曾等四名各捐银二百四两，请分别以盐茶道库大使、巡检、按司狱各指省分试用。

监生刘念慈捐银二百六十四两九钱，请以州吏目指分河南试用。

江西试用按察司司狱文扬藻捐银七百九十九两二钱，请以遇缺先补用免试用。

监生姚世康捐银一千一百九十七两六钱,请以巡检指分江西遇缺先补用免试用并免验看。

监生钟瑞捐银四百四十九两一钱,请以巡检指分湖北分缺先补用免试用并免验看。

湖北试用巡检刘方文捐银一百七十二两二钱,请以分缺先补用免试用。

安徽试用从九品钟振镛捐银一百九十五两,请以指项巡检分缺先补用免试用。

监生陶汉捐银三百六十三两六钱,请以巡检指分江西分缺间补用免试用。

监生倭什浑捐银四百三十六两五钱,请以典史指分江西分缺间补用免试用并免验看。

监生陆保明捐银四百三十六两五钱,请以巡检指分江苏分缺间补用免试用并免验看。

监生熊兆麒捐银三百九十八两七钱,请准以典史指分江西本班尽先补用免试用并免验看。

议叙选用未入流邢福萃捐银一百九十六两七钱,请以典史指分湖北仍归议叙班补用。

监生吴廷鉴、李羹梅、童德钊、张震、陈毓、康平衡、王祖琛、王伟章、胡德坤、陈韡、张钰、施复初、郑凤池,布理问衔监生李湘森,监生王襄、莫绍裘、何彝豫、孙家绍、梅炳荣、刘嘉树、刘选伊、商志勤、杨永清、熊凤起、赵宏普、方起惠、姚臣宪、邵承贤、郑凤岐、沈衍桐、刘方文、张玉衡、沈鋕成、邹庆钊、潘绶增、童敦诚、曾纪照、李德溥、陈廖、董诚、叶芳、宋名瑜,附贡生邹瀛葆,监生杨炯、万寿昌、李家淑、吴祖年、谢金镛、陈春芳、钟鼎勋,各捐银二百七十六两九钱,请分别以巡检、典史、府照磨、道库大使、府司狱、按司狱各指省分试用免验看。

监生文赓飏、王燀垣、齐衔、李鸿勋、朱道南、刘映雪、张赞治、金英、璩位各捐银二百四两,请各以巡检、典史各指省分试用。

理问衔监生刘兆璋、监生孙国光各捐银二百四两,均请以巡检指分湖南、江苏试用。

分发试用典史孙家栋捐银一百一十二两五钱,请指省江西试用并免验看。

不论双单月选用巡检许承宷捐银一百七十八两五钱,请指分江西试用免验看。

监生李殿书捐银二百七十两六钱,请以巡检分缺先选用免试用。

监生冯彝捐银九十八两四钱,请以巡检不论双单月选用。

监生潘振兴、潘祖培、胡继贤、冯延瑞、程运午、刘钟森、赵彝鼎、附贡生方鼎铭各捐银二百五十四两一钱,均请以从九品各指省分试用免验看。

议叙选用未入流刘尚林捐银二百四十三两三钱,请以未入流指分湖北试用免验看。

监生邵承桢捐银一百八十一两二钱,请以从九品指分江西试用。

监生蒋凤标捐银一千三两二钱,请以巡检指分江苏遇缺先补用免试用。

监生胡秉鉴捐银一千三两二钱,请以巡检指分湖北遇缺先补用免试用。

监生祝炽昌捐银四百四十九两一钱,请以典史指分江西分缺先补用免试用并免验看。

指分湖北试用巡检王思忠、杜立瀛各捐银一百二十一两八钱,均请以本班尽先补用免试用。

监生郑先春、郑济溥、附监生王润庠、监生姚希崇、曾德森等五名各捐银二百七十七两,均请以巡检指分浙江试用免验看。

江西试用典史沈世麟捐银一百五十九两六钱,请以分缺间补用免试用。

州同职衔附贡生蒋绍仪捐银二百七十六两九钱,请以巡检指分江西试用免验看。

监生姚瑞麒、赵嗣清各捐银二百七十六两九钱,请以典史、巡检指分江西试用并免验看。

江苏补用巡检蒋凤标捐银七十二两九钱,请免验看。

江西试用典史许同椿、广东试用未入流顾国璋各捐银七十二两九钱,均请免验看。

指分浙江试用府照磨何慎德捐银七十二两九钱,请免验看。

附贡生童益恒捐银二百五十四两一钱,请以从九品指分江西试用免验看。

指分江西试用未入流沈奂章捐银九十五两七钱,请指项典史并免验看。

江西试用县丞戴云礽捐银一百四两一钱,请免验看。

增贡生萧夔炎捐银二百四两,请以巡检指分广东试用。

监生王绍祥捐银九十九两,请以巡检不论双单月选用。

监生周德柄捐银二百二十四两四钱,请以巡检分缺先选用。

江西试用典史孙逢瑞捐银一百七十三两,请以分缺先补用免试用。

不论双单月选用巡检王绍祥捐银一百七十八两五钱，请指分浙江试用免验看。

附监生谢士玓捐银一千三两二钱，请以巡检指分安徽遇缺先补用免试用。

江西试用典史钱瑞麟捐银二百三十二两五钱，请以分缺间补用免试用并免验看。

监生张镕、方邦涵、余彬、姚文澜、许旭济、陈治安各捐银二百七十六两九钱，请分别以巡检、典史指分江西试用并免验看。

监生松茂、布理问衔增贡生贺元麟各捐银二百七十六两九钱，请分别以典史、府照磨指分江西试用免验看。

监生胡起膺捐银二百七十七两，请以巡检指分浙江试用免验看。

监生彭瑞麐捐银二百四两，请以巡检指分江苏试用。

监生梅光豫捐银五百九十八两四钱，请以巡检遇缺先选用。

廪贡生萧于癸捐银九十九两，请以巡检不论双单月选用。

监生吕以仁捐银二百五十四两一钱，请以从九品指分江西试用免验看。

不论双单月选用巡检张杞、不论双单月选用从九品徐恩荣各捐银一百七十八两五钱，均请指分江西试用并免验看。

双单月选用从九品韦鉴祖捐银一百七十八两五钱，请指分江西试用免验看。

指分江西试用典史虞维宗、五品蓝翎指分江西遇缺先补用道库大使王福恒各捐银七十二两九钱，均请免验看。

指分江西试用巡检罗衍畤、江西试用典史戴万奎、余镕各捐银七十二两九钱，均请免验看。

监生王兆龄、荣恩各捐银二百五十四两一钱，均请以从九品指分江西试用免验看。

监生程宗洛捐银二百五十四两一钱，请以从九品指分江西试用并免验看。

监生周光澜捐银一百八十一两二钱，请以从九品指分湖南试用。

贡生沈奂章捐银一百八十一两二钱，请以未入流指分江西试用。

不论双单月选用从九品向澄捐银一百五两六钱，请指分山东试用。

增贡生杨国琛捐银三百三十七两八钱，请以州吏目指分云南试用免验看。

监生莫锦炎捐银三百七十六两二钱，请以典史指分江西分缺先补用免试用。

监生汪绍宗捐银一百六十四两四钱，请以道库大使分发试用。

监生沈祖恒捐银二百七十六两九钱，请以府照磨指分江苏试用免验看。

监生汪继祖捐银二百五十四两一钱，请以从九品指分江西试用免验看。

江西试用未入流孙锡昶捐银一百四十四两六钱，请以指项典史本班尽先补用免试用。

廪贡生黄有壬捐银一千二百六十七两二钱，请以教谕遇缺先选用。

遇缺先选用训导孙葆辰捐银三十九两，请分发委用。

廪贡生谢希连捐银一百五十二两四钱，请以训导不论双单月选用并分发委用。

廪贡生童文奎捐银一百五十二两四钱，请以训导不论双单月选用并分发委用。

附贡生罗咏裳、周廷鼎等二名各捐银三百二十五两二钱，均请以训导分缺先选用并分发委用。

附贡生金耀湘、何泰德、柏益炳各捐银一百八十二两一钱，均请以训导分发委用。

增贡生孙廷赞捐银七十七两三钱，请以训导双月选用。

增贡生周益龄捐银一百七十两四钱，请以训导不论双单月选用并分发委用。

附贡生周遐龄、周延龄各捐银一百八十二两一钱，均请以训导不论双单月选用并分发委用。

附贡生万里鹏捐银八百六十七两二钱，请以训导遇缺先选用并分发委用。

副贡就职教谕章元荫捐银四十八两，请分发委用。

双月选用训导张学华捐银一百三十七两七钱，请以教谕双月选用。

增贡生杨国晋捐银二百六十两四钱，请以训导分缺间选用。

廪贡生张学华、汪良治、张子庚各捐银五十九两四钱，均请以训导双月选用。

附贡生廖基江、徐定安各捐银一百八十二两一钱，均请以训导分发委用。

增贡生朱廷琛捐银一千三百十四两八钱，请以教谕遇缺先选用。

未经就教之恩贡生宋荣圻捐银二百三十一两六钱，请以教谕不论双单月选用并分发委用。

增贡生李同华捐银二百六十五两八钱，请准以训导不论双单月本班尽先选用并分发委用。

附贡生彭麟瑞捐银一百八十二两一钱，请以训导不论双单月选用并分发委用。

廪贡生赵鸿仪捐银五十九两四钱，请以训导双月选用。

分发委用教谕周翰龄捐银一百三十八两六钱，请以本班尽先选用。

分发委用教谕黄有纶捐银一千一百二十九两四钱，请以教谕遇缺先选用并分发委用。

增生杨国琛捐银三十六两，请给予贡生。

附生翁成琠捐银四十三两二钱，请给予贡生。

附生朱瓛捐银四十三两二钱，请给予贡生。

减成附贡生秦尔嘉捐银八十六两四钱，请给予十成贡生。

监生吴萱荫捐银一百四十四两，请给予十成贡生。

廪生饶熙春、黄有壬、滕竹、潜梦麟、周绂藻各捐银一百八两，均请给予十成贡生。

廪生萧于癸捐银三十二两四钱，请给予贡生。

廪生崔思敬、张学华各捐银三十二两四钱，均请给予贡生。

廪生胡绍猷捐银一百八两，请给予十成贡生。

增生李同华、杨国晋、朱廷琛各捐银三十六两，均请给予贡生。

增生李德寿、孙廷赞各捐银三十六两，均请给予贡生。

附生危士修，李鸿枎、监生朱震，附生蓝薇、陈梦藻、周廷鼎、饶增春、罗咏裳、卢承绪、万里鹏、危之韶、陈士达、胡恩培、谢邦樑、蒋文澜、胡元轼、蔡乘时、何泰德、姚良模，各捐银一百四十四两，均请给予十成贡生。

监生袁蔚章捐银一百四十四两，请给予十成贡生。

附生吴贞懿、王访范、戴锡祺、邹凌葆、柏益柄、方鼎铭等六名各捐银四十三两二钱，均请给予贡生。

附生彭麟瑞、郑济馨、谢功敢、金耀湘各捐银四十三两二钱，均请给予贡生。

附生贺方焜捐银九十两，请给予十成监生。

俊秀王邦瑞、余彬、姚文澜、陈治安、陈世康、危之椿、王朝辅、郑先春、郑济溥、姚希崇、曾德森、程鹤年、陈麐、董诚、叶芳、刘炳荣、陈昌熙、黎洪堃、高椿年、危之璧、曾纪照、王锡龄、毕有年、李德溥、徐炳勋、何承瑞、郑学昆、童德钊、宋遂求、高彭年、吕以仁、洪夑、李升、汪仪、王绍祥、周德柄、文赓飏、齐衔、王嘉宾、庄炳勋、查简、李鸿勋、程纪庸、丁巨川、朱道南、诸良、蒋焕章、胡乃斌、祝炳文、张雯、余其仁、李萼衔、祝元锦、饶隆云、饶际云、李树椿、叶秉珪、彭球、袁士达、汪德孚、叶韵泰、丁云梯、任秀、詹葆贞、任炳南、张赞治、雷熙祖、殷之献各捐银三十二两四钱，均请给予文监生。

附生杨用霖捐银二十七两，请给予文监生。

俊秀许德芬捐银一百八两，请给予十成文监生。

俊秀许国颋、余燠、汪云章、徐宝泉、张宣中、李从荣、宋桂华、王冠时、汪士模、李召棠、宋景燿、汪凤鸣、张忠良、杨方珍、陈天霖、陈天麟、张绍衡、冯鹏万、汪俊、程振铎、陈翰生、罗修全、曾鹤祥、罗会文各捐银三十二两四钱，均请给予文监生。

俊秀沈祖恒、华晋荣、朱鸿基、何振珪各捐银三十二两四钱，均请给予文监生。

附生彭嵩百捐银九十两，请给予十成监生。

附生谢士玙、吕学楷各捐银九十两，均请给予十成监生。

附生王润庠捐银二十七两，请给予监生。

俊秀徐鹤龄、徐延年、李家瑞、朱莹、朱大琛、袁蔚章、朱震、张兆良、张光祥、吕学岱、程开吴、嵇棐彝、林祚藩、戴济清、江鸿逵、雷德五、滕兰、滕槐、滕楷、周凤藻、周凤章、周凤池、吴萱荫、徐竹亭、傅煌、詹其吉、戴其高、李学愚、金英、钟炽昌、胡秉鉴、洪锦绶、祁师洙、宋名瑜、孙系、刘昌炽、金维城、卢寿奎、吴士鑫、王麟仪、吴钟琛、郑乃芹、傅国俊、璩位、危之榆、周业涛、易荣甲、杨鼎、杨德鋆、罗骏声、鲍瑛、姚世康、陈敬文、杨熙光各捐银一百八两，均请给予十成文监生。

附生吴贞若捐银九十两，请给予十成监生。

附生张肇棻捐银九十两，请给予十成监生。

俊秀胡贞一、贾世昌、丁以金、陈慰祖、高文衢、施慧、朱世觐、罗凤藻、李传训、易树辉、陈锡福、李联珂、郑锡麟、柳振甲、崔思胜、陈宝铨、余植兰、熊树仪、胡宗成、李恒春、姚永成、沈宝纲、田燿南、林瑞麟、陈宗海、焦桐、钱之燧、张家玙、董之夔、孙济蕃、程运午、莫绍裘、何彝豫、李世英、孙家绍、董之威、刘钟森、梅炳荣、刘嘉树、商志勤、杨永清、熊凤起、赵宏普、吴祖年、姚臣宪、沙琦、赵彝鼎、应念曾、郑凤岐、邵承桢、杨炯、万寿昌、李家淑、贵昌、沈秉谦、朱作霖、徐广裕、洪尚镛、花金章、陈邦璋、张震、陈毓、康平衡、王祖琛、王伟章、陶汉、周继昌、熊兆麒、许秉珣、郭镛、五品顶戴俊秀陈鸿宝、俊秀李殿书、陈铧、张钰、刘念慈、冯延瑞、施复初、郑凤池、冯彝、谢金镛、陈春芳、钟鼎勋、何锡龄、石宪曾、朱廷杰、程蕴祥等各捐银三十二两四钱，均请给予减成监生。

朱批:"览。"

正折据《光绪朝朱批奏折》第62辑,第512—513页;清单据台北故宫博物院藏"军机处档折件"附件,文献编号:145035

200. 江西筹拨光绪二十七年分海军经费改解北洋第一批银两交委领解片

光绪二十七年九月十九日[①](1901年10月30日)

再,准北洋大臣李鸿章咨,海军经费改拨北洋防费,光绪二十六年分江西省欠解银十四万两,赶紧分批解交金陵催收北洋饷械转运局查收转解。其二十七年分应解银两,亦即照案筹解等因到臣。即经转行遵照去后。

兹据布政使张绍华详称,查江西奉拨海军经费一款,自光绪十四年以后,俱解不及数,均因库款入不敷出,以致未能按成解足,迭蒙奏明有案。光绪二十六年分奉拨前项经费,业经先后解过三批共银六万两,详经奏咨各在案。其馀欠解银两及二十七年分应解防费,因自上年北方匪警,商贩裹足,厘收异常短绌,而本年又遭大水,至今未能畅旺,且近来拨款加增,司库罗掘俱穷,万分窘迫。奉饬前因,款关要需,不能不力为其难。兹于无可如何之中,设法腾挪银四万两,作为应解二十七年分海军经费改解北洋第一批银两,遴委补用府经历刘恒清领解,于二十七年九月十八日起程,解交金陵催收北洋饷械转运局兑收转解,并由司发给该委员川资及船价、水脚等费银一百两。至欠解二十六年分北洋防费,一俟库款稍裕,

---

① 底本推定具奏日期为光绪二十七年二月十九日,误。此据台北故宫博物院藏"军机处档折件"(文献编号:145028)确定。

即行补解等情，详请具奏前来。臣查该司所详，均系实在情形，除咨户部暨北洋大臣查照外，所有筹拨二十七年分海军经费改解北洋第一批银两交委领解缘由，理合附片陈明，伏乞圣鉴。谨奏。

朱批："户部知道。"

《光绪朝朱批奏折》第62辑，第356—357页

201. 江西筹拨光绪二十七年第二批解清边防经费提解吉林兵饷片

光绪二十七年九月十九日[①]（1901年10月30日）

再，查光绪二十七年五月十六日准行在户部咨，议覆吉林将军奏吉林善后需款，恳饬南省协拨银数十万两一折，奉旨："依议。"钦此。计单内开：查吉林历年请领部饷，多由边防经费款内开支，现在该省请拨银三十万两，各省势难另行筹措，应仍由本年应解部库边防经费项下，令江西提银五万两，由江海关道暂行收存，俟吉林派员到沪，即将各款发交该员承领，赶紧解回吉林应用等因。伏查边防经费银两，自光绪六年起均拨地丁等款解交部库，准咨前因，当经行据藩司筹解第一批银三万两，由商号汇赴江海关道，转交委员解回吉林交收，经臣分别奏咨在案。

兹据布政使张绍华详称，查光绪二十七年解部东北边防经费项下提解吉林兵饷银五万两，除已解三万两外，尚有应解银二万两。兹在江海关道所存代收江西赈捐内划拨银二万两，抵作本年第二批解清东北边防经费提解吉林兵饷银两，由沪关转交吉林来员解回交收。

---

① 底本推定具奏时间在光绪二十七年五月至九月。此据台北故宫博物院藏"军机处档折件"（文献编号：145032）确定。

除动放二十七年地丁银二万两拨还江西赈捐项下归款外,详请奏咨并札行江海关查照办理等情前来。臣覆核无异。除札行遵照并咨明户部暨吉林将军外,所有筹拨二十七年第二批解清边防经费提解吉林兵饷缘由,理合附片陈明,伏乞圣鉴。谨奏。

朱批:"户部知道。"

《光绪朝朱批奏折》第62辑,第519页

202. 新淦县前年水冲沙淤及修堤占毁田亩请豁除钱粮折

光绪二十七年九月十九日(1901年10月30日)

江西巡抚臣李兴锐跪奏,为新淦县属民田光绪二十五年被水冲刷,及因修堤取土,挖毁压占,不能垦复,恳恩豁除原编钱粮,以苏民累,恭折仰祈圣鉴事。

窃据布政使张绍华详,据临江府转据新淦县周宗洛详称,该县所辖之一、三、五、六等都各图甲,于光绪二十五年四月间因被水冲沙淤及修堤压占、取土挖毁各则田亩,经该前县刘则敬禀,经饬委候补知县黄秉湘会同亲诣勘丈,开造田粮底册,移交前来。该县遵即带同弓手、书算人等亲赴该里民帅安中等原报各处,复加勘丈,逐段计算,实勘得被水冲刷成潭,积沙过厚,不能垦复二、三、四、六等则田一十二顷六十九亩一分七厘,按照《全书》科算,应征银一百两二钱六分六毫零、米六十六石二斗一升五勺八秒零;又修堤压占,取土挖毁,悉成堤身、堤脚,不能垦复二、三、四、六等则田五顷八十五亩一分七厘,按照《全书》科算,应征银四十六两四钱八分八厘七毫零、米三十石六斗九升五合七勺三秒零。二共沙淤、毁占各则田一十八顷五十四亩三分四厘,共应征银一百四十六两七钱四分九厘零、米九十六石九斗六合三勺零，委系被水冲刷成潭，积沙过厚，全为废坏，并修堤压占，取土挖毁，悉成堤身、堤脚，万难垦复，并无影射捏报情事，附近亦无新涨洲地堪以拨补，详请转详请豁，自光绪二十七年为始照数免征，开造总散清册，取具各结，详送到司。覆加确核，系属实情，理合具详，奏请豁免等情前来。

臣查新淦县光绪二十五年水冲沙淤及修堤占毁二、三、四、六等则田一十八顷五十四亩三分四厘，既据该前署县刘则敬会同委员勘明，造册移交，该县周宗洛覆加勘丈明确，委难垦复，并无朦混影射情弊，附近亦无新涨洲地可以拨补，取造册结，由司核明，与豁免之例相符。相应仰恳天恩，将前项水冲沙淤及修堤占毁田亩应征银米，准自光绪二十七年为始照数豁除免征，以苏民累而广皇仁。除将册结送部外，谨会同两江总督臣刘坤一、漕运总督臣张人骏恭折具陈，伏乞皇太后、皇上圣鉴，敕部核覆施行。谨奏。光绪二十七年九月十九日。

朱批："着照所请，户部知道。"

《光绪朝朱批奏折》第68辑，第707—708页

203. 各省来江采办物料及运售货物过境均令照章完厘以济饷需折

光绪二十七年九月十九日（1901年10月30日）

江西巡抚臣李兴锐跪奏，为各省委员来江采办物料，及各矿局厂运售货物经过江西，均令照章完厘，以济饷需，恭折仰祈圣鉴事。

窃照江西入款，丁漕之外，以厘金为大宗。每年奉拨京、协各饷以及派还各国洋债等项，全恃厘收畅旺，藉资挹注。自近年子口税单盛行，内地厘金多为其所侵夺，而派拨之款仍复纷至沓来，收数日减，

出项日增,以致应解饷需,积欠累累。近又奉派摊筹各国偿款,巨而且迫,亟宜实力整顿,以为补苴之谋。查各省委员来江采办一切官用物料,如电杆、木植等类,多有给发护照,请免完厘之事,在各省固为节省物价起见,但承办委员、丁役及船户人等往往以其执有免厘印照,遂于照外任意夹带,藉端影射,甚且闯局越卡,不服盘查,弊窦丛生,饷项暗中耗蚀,实于厘务大有妨碍。又各省矿厂所出货物运江销售,近来亦间有援案请免者,虽分计无多,而合计即为巨款。值此时艰帑绌,断不容再留漏卮,应请嗣后各省派员采办一切官用物料,以及各省矿局、制厂所出货物发运销售,无论何项名色,运往何处,凡经过江西局卡,均令照章完纳厘金,不准援案请免。其有紧要之件必须免完者,应由各省督抚随时奏明,俟奉旨允准,再行咨江照办,仍由各省所派委员填具应完厘数清单,交给经过局卡查验放行,一面将免过厘数报部查核,亦不得仅给护照,笼统请免,以杜影射。据督办牙厘总局藩司张绍华、臬司柯逢时会详请奏前来。

臣查该司等所详,系为防弊裕饷起见,应即照准。除咨户部及各省查照外,理合恭折具奏,伏乞皇太后、皇上圣鉴训示。谨奏。光绪二十七年九月十九日。

朱批:"户部知道。"

《光绪朝朱批奏折》第78辑,第424—425页

204. 江西筹饷新捐因造册不及经电商户部展限片

光绪二十七年九月十九日(1901年10月30日)

再,江西此次开办筹饷新捐,前抚臣松寿奏准后,即经督商司道,按通省州县地方繁简酌定限制,大县以劝捐三万两为率,中小

者一二万两，合而计之，当可得银百有馀万。惟上年甫遭北方之变，商务减色，民心未定，乐输殊难，自开局以至本年二月，所收不过数万金。迨三、四月间，臣将通省教案办结，需给赔修教堂、抚恤教民银八十馀万，款无从出，奏请息借洋债，将此项捐款全归外用，藉资挹注，荷蒙恩旨允准。各属绅民，咸以此次办理教案，未经派累民间分文，激发天良，乐于报效，渐见踊跃。而赔款期限甚迫，咄嗟之间，亦不能骤得巨款，只可饬由委员、绅商先行挪垫，给发实收，听其劝捐归款，藉以应付外人，不致别滋轇轕。嗣奉停捐谕旨，臣即电饬各属立予停止造册请奖，无如各属分处省外，远近不一，且有不通电报之处，其履历册籍尤为繁重，断难由电传送，间有舛错，应予驳查，更不能一无濡滞。以近日民情竭蹶，劝捐固已万难，若因册报迟延，给奖未能一律，靡特目前挪垫赔款应另筹还，更恐日后缓急有需，无从取信。臣万不得已，电商户部，请将造册限期予以展缓，随准行在户部电覆，准展缓两个月造册送部等因。现据藩司将第二次奖册催造详缴前来，经臣专折奏恳天恩，饬部核准，照例奖叙。此外尚有派往两广等省委员，因路途遥远，尚未将册籍造送到江，容俟一律催造齐全，再行按卯依限奏奖。所有因造册不及经臣电商户部展限缘由，理合附片陈明，伏乞圣鉴。谨奏。

朱批："知道了。"

《光绪朝朱批奏折》第83辑，第463—464页

205. 江西筹借直隶供支大差第三批解清银两由沪关转汇片

光绪二十七年九月十九日(1901年10月30日)

再，前准直隶总督臣李鸿章以直隶兵燹之馀，供支回銮大差实

难措手，电请筹借银十万两，分四、六、八月三次汇沪转汇，仍由直分年匀还等因。臣当以事关大差要需，亟应竭力筹措，即经行司移道，查照分筹凑解。旋据司、道两库先后二次共筹银六万六千六百两，分别委员交商，解赴沪关转汇交收，经臣附片具奏在案。

兹据布政使张绍华详称，查司、道两库尚应解银三万三千四百两，拟在江海关道所存代收江西筹饷新捐及赈捐等项银内照数划拨，作为抵解筹借直隶供支大差第三批解清银两，由沪关转汇交收。除于司库动放银二万两、道库动放银一万三千四百两，分别照数拨还筹饷新捐及赈捐项下归款外，详请奏咨等情前来。除分别咨明并札饬江海关道赶紧转汇交收外，所有江西筹借直隶供支大差第三批解清银两由沪关转汇缘由，理合附片陈明，伏乞圣鉴。谨奏。

朱批："户部知道。"

《光绪朝朱批奏折》第 89 辑，第 406 页

206. 奏报江西省光绪二十七年八月分粮价及雨水情形折附清单

光绪二十七年九月十九日（1901 年 10 月 30 日）

江西巡抚臣李兴锐跪奏，为恭报光绪二十七年八月分粮价及地方雨水情形，仰祈圣鉴事。

窃照江西省光绪二十七年七月分市粮价值并雨水情形，业经臣恭折奏报在案。兹据藩司张绍华查明江西通省光绪二十七年八月分米、麦、豆各项粮价，开单汇报前来。臣逐加查核，南昌等十四府州属米、麦、豆各项价值均与上月相同，省城及各属地方八月内雨泽稍稀。并据新淦、清江、德兴、安福、永丰等县禀报，自入秋以

后,晴多雨少,高阜田禾缺水滋培,晚稻黄萎各等情,均经臣分别批饬各该县,谕饬农业人等,赶将被旱田亩竭力设法车戽灌溉,以资补救,仍俟秋后察看收成情形,随时禀报查核。其馀各属晚禾结实,民情安谧,堪以上慰圣怀。理合恭折具奏,并缮具八月分粮价清单,恭呈御览,伏乞皇太后、皇上圣鉴。谨奏。光绪二十七年九月十九日。

朱批:"知道了。"

清单

谨将光绪二十七年八月分江西各属地方米、麦、豆各项粮价开具清单,恭呈御览。

南昌府属

稻米每仓石价银三两一钱至三两三钱,与上月同。小麦每仓石价银一两四分至一两五钱二分,与上月同。大麦每仓石价银九钱三分至一两一钱五分,与上月同。黄豆每仓石价银一两八分至一两二钱七分,与上月同。

瑞州府属

稻米每仓石价银二两六钱八分至二两八钱九分,与上月同。小麦每仓石价银一两九分至一两二钱五分,与上月同。大麦每仓石价银八钱一分至一两一钱,与上月同。黄豆每仓石价银一两一钱九分至一两二钱,与上月同。

袁州府属

稻米每仓石价银二两六钱六分至二两九钱三分,与上月同。小麦每仓石价银一两一钱一分至一两一钱六分,与上月同。大麦每仓石价银九钱九分,与上月同。黄豆每仓石价银一两一钱五分至一两二钱三分,与上月同。

临江府属

稻米每仓石价银三两一钱六分至三两二钱二分,与上月同。小麦每仓石价银一两二钱二分至一两三钱六分,与上月同。大麦每仓石价银一两一分至一两五分,与上月同。黄豆每仓石价银一两五分至一两三钱六分,与上月同。

吉安府属

稻米每仓石价银二两九钱五分至三两一钱四分,与上月同。小麦每仓石价银一两二分至一两三钱三分,与上月同。大麦每仓石价银八钱二分至一两一钱二分,与上月同。黄豆每仓石价银九钱至一两三钱六分,与上月同。

抚州府属

稻米每仓石价银二两二钱九分至二两五钱五分,与上月同。小麦每仓石价银九钱九分至一两一钱九分,与上月同。大麦每仓石价银八钱六分至九钱三分,与上月同。黄豆每仓石价银九钱三分至一两二钱三分,与上月同。

建昌府属

稻米每仓石价银二两四钱八分至二两六钱一分,与上月同。小麦每仓石价银九钱八分至一两二钱九分,与上月同。大麦每仓石价银八钱六分至九钱二分,与上月同。黄豆每仓石价银一两至一两三钱四分,与上月同。

广信府属

稻米每仓石价银二两三钱九分至二两五钱九分,与上月同。小麦每仓石价银八钱八分至一两二钱,与上月同。大麦每仓石价银六钱三分至一两四分,与上月同。黄豆每仓石价银九钱九分至一两二钱六分，与上月同。

饶州府属

稻米每仓石价银二两七钱七分至二两九钱四分，与上月同。小麦每仓石价银一两三分至一两五钱，与上月同。大麦每仓石价银八钱四分至一两一钱四分，与上月同。黄豆每仓石价银一两二分至一两三钱七分，与上月同。

南康府属

稻米每仓石价银三两一钱八分至三两二钱二分，与上月同。小麦每仓石价银一两三钱七分至一两六钱二分，与上月同。大麦每仓石价银一两至一两四钱三分，与上月同。黄豆每仓石价银一两一钱五分至一两六钱二分，与上月同。

九江府属

稻米每仓石价银三两五钱五分至三两六钱六分，与上月同。小麦每仓石价银一两二钱三分至一两七钱，与上月同。大麦每仓石价银一两四分至一两一钱七分，与上月同。黄豆每仓石价银一两一钱四分至一两五钱一分，与上月同。

南安府属

稻米每仓石价银二两五钱七分至二两七钱二分，与上月同。小麦每仓石价银八钱六分至一两七分，与上月同。大麦每仓石价银七钱二分，与上月同。黄豆每仓石价银一两二分至一两一钱九分，与上月同。

赣州府属

稻米每仓石价银二两四钱七分至二两七钱九分，与上月同。小麦每仓石价银八钱三分至一两一钱六分，与上月同。大麦每仓石价银六钱二分至六钱九分，与上月同。黄豆每仓石价银九钱三分至一两一钱八分，与上月同。

宁都直隶州并所属

稻米每仓石价银二两二钱二分至二两四钱，与上月同。小麦每仓石价银九钱八分至一两八分，与上月同。黄豆每仓石价银一两一钱三分至一两一钱六分，与上月同。

朱批："览。"

正折据《光绪朝朱批奏折》第96辑，第946页；清单据台北故宫博物院藏"军机处档折件"附件，文献编号：145034

207. 奏请以仓尔桢调补南昌府同知折

光绪二十七年九月二十四日（1901年11月4日）

江西巡抚臣李兴锐跪奏，为拣员调补要缺同知，改题为奏，恭折具奏，仰祈圣鉴事。

窃照南昌府同知鲍恩绶病故开缺，即经前抚臣松寿恭疏具题，所遗南昌府同知系冲、繁、难三项相兼要缺，例应在外拣选调补，当经请以大计卓异已准部覆之安福县知县陆善格升补。嗣于光绪二十六年四月十四日接准吏部咨，覆查该员虽经大计保荐卓异，尚未赴部引见，不得作为卓异应升人员。查该省尚有卓异引见回任候升之员，例应先尽请升。所请以安福县知县陆善格升补南昌府同知之处，核与定例不符，应毋庸议。其南昌府同知要缺，应令另行拣选等因。光绪二十六年三月二十五日具奏，奉旨："依议。"钦此。相应知照，坐四月初一日等因。自应遵照，另行拣选。

查卓异引见回任候升人员内，均系现居要缺，未便请升。该同知员缺为省会要地,商民杂处,政务殷繁,必得精明干练之员,方资治理。前抚臣与藩、臬两司在于通省中简同知内逐加遴选,查有袁州府同知仓尔桢,年三十二岁,系河南中牟县人。于光绪元年恭逢恩诏,承荫正三品荫生。十五年四月初五日赴部考试,十八日由吏部带领引见,奉旨:“正三品荫生仓尔桢,着内用。”钦此。签掣通政司经历,五月初一日到署。十六年五月,闻讣丁父忧。十八年八月,服满起复。二十年六月,选授大理寺左评事。二十八日,蒙钦派王大臣验看。七月初四日,经吏部带领引见,奉旨:“大理寺左评事员缺,着仓尔桢补授。”钦此。十三日到署当差。二十一年三月,遵新海防例捐免试俸、历俸,经大理寺正卿明桂保以年力强壮,当差勤慎,堪以外用,咨部。四月二十八日,蒙钦派王大臣验看。五月初三日,经吏部带领引见,奉旨:“截取大理寺左评事仓尔桢,着照例用。”钦此。初九日离署,遵例呈请分发指省江西。二十八日,蒙钦派王大臣验看,由吏部带领引见,奉旨:“江西同知仓尔桢,着照例发往。”钦此。领照到江。题补袁州府同知,光绪二十三年十二月十八日到任。该员才干年强,堪膺繁要,以之调补南昌府同知员缺,实堪胜任,且丞倅请调,例不计算历俸年限,与例亦属相符等情。前抚臣松寿查仓尔桢年力富强,才具明干,以之调补南昌府同知,实堪胜任,且丞倅请调,例不计算历俸年限,与例亦属相符,经前抚臣于光绪二十六年六月二十九日会同两江总督臣刘坤一合词恭疏具题在案。迄今尚未接准部覆,诚恐去岁兵乱遗失。兹据布政使张绍华详请补行具奏前来。

合无仰恳天恩,俯念员缺紧要,准以仓尔桢调补南昌府同知,于地方实有裨益。如蒙俞允,该员系现任同知调补同知,衔缺相当,毋庸送部引见。至该员系初调之员,任内现无罚俸银数,无凭造册。理合恭折具奏，伏乞皇太后、皇上圣鉴训示。

再，所遗袁州府同知，系稍冲不兼简缺，江西省现有应补人员，容俟接准部覆截缺后，照例另行请补。又同知一项，遵照留补二次、咨选一次新章，上次自建昌府同知调补遗缺咨选后，已将九江府同知调补遗缺留补一次在案，今袁州府同知调补遗缺系第二次留补之缺，应请扣留外补，合并陈明。谨奏。光绪二十七年九月二十四日。

朱批："吏部议奏。"

《光绪朝朱批奏折》第16辑，第688—690页

208. 奏报江西威武新军各营更换统带管带衔名片

光绪二十七年九月二十四日（1901年11月4日）

再，各省防营更换管带员弁，或移扎他处，均应奏报，历经遵办在案。兹查分统驻扎河南卫辉、彰德一带之江西威武新军左右前后四营并兼带后营总兵衔尽先副将、福建泉州城守营参将丁季升，于光绪二十七年五月初二日交卸。所遗威武新军四营分统事务，委管带威武新军左营营官降补都司王德怀兼办，其兼带后营营官事务，委补用游击王省三接办，均于五月初二日接管。又办理威武新军行营营务处兼支应事分省补用知府袁世敦，于二十七年五月初四日交卸，所遗威武新军行营营务处兼支应事，委补用按司狱陈懋功于五月初四日代办。以上各员，旋因该军奉文遣散，即予分别裁撤。又威武一军因奉调北援，江西即另募填扎，作为威武新军副中、副左、副右、副前、副后共五营。嗣因北援之营全数裁撤，所有江西添募之副五营，于二十七年七月起改为威武新军正中、左、右、

前、后五营。兹据善后局司道汇详请奏前来。所有各营更换统带、管带衔名缘由，理合附片陈明，伏乞圣鉴。谨奏。

朱批："该部知道。"

《光绪朝朱批奏折》第47辑，第865页

209. 江西筹解光绪二十七年九、十两个月漕标军饷银两片

光绪二十七年九月二十四日（1901年11月4日）

再，查前准户部咨，议覆漕运总督松椿奏，徐州、清江一带兵力单薄，拟先募四营填防，并请拨饷项以济要需一折，光绪二十六年六月十八日具奏，奉旨："依议。"钦此。钞录原奏，飞咨遵照。计单内开：漕督奏请先募四营，援案在于江西粮道征存漕项水脚津贴项下，每月拨银二千两，自二十六年六月起，每月如数解交，专供漕标新军饷项之用等因。业经行据粮道筹解二十六年六月起至二十七年八月止连闰共十六个月军饷银三万二千两，先后详经奏咨在案。

今据督粮道刘心源详称，于道库漕项内动拨银四千两，作为光绪二十七年九、十两个月分漕标军饷，遴委南昌前卫千总李翼清领解，于本年九月二十三日起程，解赴漕运总督衙门交纳，详请奏咨等情前来。除咨户部暨漕运总督臣查照外，所有筹拨光绪二十七年九、十两个月漕标军饷银两交委领解起程日期缘由，理合附片陈明，伏乞圣鉴。谨奏。

朱批："户部知道。"

《光绪朝朱批奏折》第62辑，第515页

210. 江西起解光绪二十六年第十二批漕折银两片

光绪二十七年九月二十四日(1901 年 11 月 4 日)

再,江西省应征漕粮,骤难规复本色,请循旧折征,叠经前粮道会同前藩司详经奏奉谕旨允准,遵照办理。所有光绪二十六年分漕折银两,已据粮道催完银五十五万两,分作十一批,委员领解赴部并赴行在户部交收,均经附片奏报各在案。现准户部电催,将应解京饷赶紧汇京等因,即经转行遵照筹解。

兹据督粮道刘心源详称,现又催完光绪二十六年分漕折银三万两,作为第十二批,饬令蔚盛长、蔚长厚等商号于二十七年九月二十三日赴库请领,限十月十八日汇至江海关道,转汇北京户部交收,并发给由江汇沪汇费银三百两、由沪汇京汇费银八百四十两,详请具奏等情前来。除饬各该商号妥速汇解,依限交收,一面严催赶征续解外,所有起解二十六年第十二批漕折银两交商汇沪,转汇京城交收缘由,理合附片陈明,伏乞圣鉴。谨奏。

朱批:"户部知道。"

《光绪朝朱批奏折》第 71 辑,第 264 页

211. 奏报两江提用江海关代征赣关丝税抵作江西应解江苏新饷银两折

光绪二十七年九月二十四日(1901 年 11 月 4 日)

江西巡抚臣李兴锐跪奏,为两江提用江海关代征赣关丝税银两,抵作江西应解江苏新饷,恭折具奏,仰祈圣鉴事。

窃查前准军机大臣字寄，光绪三年十月十五日奉上谕："沈葆桢奏江苏饷源日竭，请饬江西协济一折，江苏关税、厘金等款入不敷出，自系实在情形，亟应酌提协济。着刘秉璋自明年正月起，每月协济江苏库平银一万两，俾资周转。"等因。钦此。当经前抚臣刘秉璋以江西库款支绌，沥情奏请，将改解台湾之南洋经费仍解两江，抵作现拨江苏新饷，奉旨："着照所请，该衙门知道。"钦此。又准户部咨，具奏请将原拨南北洋海防经费拨解海军衙门应用等因，光绪十一年十一月二十日奉旨："依议。"钦此。均经转行遵照办理。计光绪四、五两年筹解银十六万两，又自六年起至十一年五月止共筹拨银四十万两，分别划抵两江督臣提用。江海关光绪四年起至九年止代征赣关丝税银两，俱经委解两江督臣衙门投兑。又光绪十年至二十四年江海关代征赣关丝税，亦由两江提用，作抵光绪十一年至二十五年江西拨解江苏新饷，计银五十八万七千二百四十四两七钱四分七厘。以上筹解、拨抵大共银一百一十四万七千二百四十四两七钱四分七厘，先后由司详经奏咨各在案。

兹据藩司张绍华详称，查江西库款入不敷出，应解海军经费能否依限解足，尚无把握。所有奉拨月协江苏新饷，本难相提并解，惟现准江海关移会，光绪二十五年代征赣关丝税银五万二千一百六十三两五钱五分九厘，已遵奉两江督臣刘坤一札饬，由关如数动拨，解交金陵防营支应局兑收，作为江西月协江苏新饷，自应援案将江海关代征赣关光绪二十五年分丝税作为江西省拨解光绪二十六年分江苏新饷。兹已准南安、赣州厘金局于应解司库厘金项下，照数提扣银五万二千一百六十三两五钱五分九厘，归还前项代征赣关丝税所扣厘金银两，即由司库分别列收造办等情，详请具奏前来。臣覆核无异。除咨户部暨两江督臣、江苏抚臣查照外，所有两江提用江海关代征赣关光绪二十五年分丝税，抵作江西应解二十六年分江苏新饷银两缘由，理合恭折具陈，伏乞皇太后、皇上圣鉴。谨奏。光绪二十七年九月二十四日。

朱批："户部知道。"

《光绪朝朱批奏折》第74辑，第261—262页

212. 前代理分宜县事连级亏短交代银两请旨革职勒追折

光绪二十七年九月二十四日（1901年11月4日）

江西巡抚臣李兴锐跪奏，为知县亏短交代银两，延不完解，请旨革职勒追，恭折仰祈圣鉴事。

窃查州县经征钱粮，丝毫皆关国帑，不容稍有亏挪。兹查前代理分宜县事另补知州连级，前在分宜县任内交代，业经算明定册，尚有征存光绪二十四、五等年地丁耗羡及提补捐款钱价平馀、四分学堂经费、知府五分公费等项共银三千七百三十九两七钱三分五厘，迭经札催，未据解缴，实属胆玩已极。现在交代定限已逾，断难再事姑容，据藩司张绍华、臬司柯逢时、督粮道刘心源转据该管道府揭报前来。

相应请旨，将前代理分宜县事另补知州连级即行革职，勒限一个月，将所短银两扫数完缴。如果依限解清，再行奏请开复，傥敢仍前延宕，另行从严参办，查抄备抵。所有此案交代，应造达部册结，容俟参限届满，有无完解，另行办理。除咨户部查照外，臣谨会同两江总督臣刘坤一恭折具奏，伏乞皇太后、皇上圣鉴训示。谨奏。光绪二十七年九月二十四日。

朱批："着照所请，该部知道。"

《光绪朝朱批奏折》第83辑，第467页

213. 前署万载县事郑景洙亏短交代银两请旨革职勒追折

光绪二十七年九月二十四日(1901年11月4日)

江西巡抚臣李兴锐跪奏,为署任知县亏短交代银两,延不完解,请旨革职勒追,恭折仰祈圣鉴事。

窃查州县经征钱粮,丝毫皆关国帑,不容稍有亏挪。兹查前署万载县事已故试用同知郑景洙,前在万载县任内交代,业经算明定册,尚短交银二千七百四十七两一钱四分八厘,内系征存光绪二十六年地丁耗羡及各年分屯粮正耗并馀租、缺俸、役食、税契、平馀等项共银二千三百五十五两七分九厘,又务实、武备、清节等堂经费并南、新二县寄犯口粮以及同府各县代垫各款银三百九十二两六分九厘,迭经札催,未据解缴,该家属实属胆玩。现在交代定限已逾,断难再事姑容,据藩司张绍华、臬司柯逢时、督粮道刘心源转据该管道府揭报前来。

相应据实奏参,请旨将前署万载县事已故试用同知郑景洙即行革职,勒令该家属限一个月将所短银两扫数完缴。如果依限解清,再行奏请开复,傥敢仍前延宕,另行从严参办,查抄备抵。所有此案交代,应造达部册结,容俟参限届满,有无完解,再行办理。除咨户部查照外,臣谨会同两江总督臣刘坤一恭折具奏,伏乞皇太后、皇上圣鉴训示。谨奏。光绪二十七年九月二十四日。

朱批:"着照所请,该部知道。"

《光绪朝朱批奏折》第83辑,第468页

214. 江西筹款抵还汇丰镑款本息交商解沪片

光绪二十七年九月二十四日(1901 年 11 月 4 日)

再,光绪二十七年八月初五日准户部咨,下半年应还汇丰、克萨各款,仍照上年办法,指拨江西关税、厘金、节省并鄂、皖、淮盐加价二十一万三千两,飞咨转饬,按照所拨数目,务于十月初间一律如数解沪等因到臣。当经转行遵照筹解去后。

兹据布政使张绍华详称,伏查江西省筹提盈馀并裁节外销等款共银二十一万三千两,前于光绪二十五年奉文筹提之时,本系于无可设法之中,就江西大小各衙门并厘卡、关库以及盐局所入之款尽力搜罗,约有前数。上年奉文拨解汇丰镑款,因收不足数,挪借铁路经费、水陆防营节省口粮、地丁等银,至今尚未归还。兹又奉拨解洋款,而收数仍有不足,惟大信攸关,不得不勉力筹解。现于司库挪移银二十一万三千两,为光绪二十七年江西省筹提盈馀并裁节外销等款奉拨抵还汇丰镑款本息,发交蔚长厚、新泰厚、蔚盛长等商号,于九月十八、二十三两日赴库请领,限十月二十、二十三两日汇至江海关道投交兑收,并由司给发汇费银二千一百三十两等情,详请奏咨前来。除饬各该商号依限解交,暨咨明外务部、户部查照外,所有江西省筹提二十七年分盈馀并裁节外销等款奉拨抵还汇丰镑款本息,交商解沪缘由,理合附片陈明,伏乞圣鉴。谨奏。

朱批:"该部知道。"

《光绪朝朱批奏折》第 83 辑,第 469 页

215. 江西委解光绪二十五年分轻赍银两片

光绪二十七年九月二十四日(1901 年 11 月 4 日)

再,接准仓场总督臣电开:欠解二十五、六两年轻赍,待用甚急,祈饬速汇京等因。当经转行粮道查明,迅速汇解。兹据督粮道刘心源详称,查江西省应解光绪二十五年分轻赍银六万二千一百二十二两七钱五分,前因北方不靖,暂行停解。今奉电饬,将前项银两迅速汇京,自应遵照汇解。兹将应解二十五年分轻赍银六万二千一百二十二两七钱五分悉数动放,遴委大挑知县汪鸿领解,于二十七年九月二十日起程,由水路至九江附搭商轮,赴江海关道衙门交收,转汇仓场总督衙门投兑,并给发该委员往来川资及轮船、保险、水脚等费银五百二十一两八钱三分一厘,又随解由沪至京汇费银九百五十六两六钱九分,一并发给该员带交,详请奏咨等情前来。

臣覆核无异。除札饬江海关兑收转汇,并咨明户部外,所有委解二十五年分轻赍银两赴江海关转汇京城缘由,理合附片陈明,伏乞圣鉴。谨奏。

朱批:"户部知道。"

《光绪朝朱批奏折》第 83 辑,第 470 页

216. 江西筹解光绪二十七年第六批地丁京饷银两片

光绪二十七年九月二十四日(1901 年 11 月 4 日)

再,江西应解光绪二十七年分京饷,原奉部拨地丁银三十五万两、厘金银十万两,又续拨地丁银四万两,均经行司遵照筹解。旋

奉提解筹给满汉官员及兵丁津贴银十万两,又划解直隶教案赔款银四万两,又拨解京城各国使馆所占民房价银二万两,又拨解京城官兵恩赏俸饷银五万两,先后五次发交商号及委员领解赴江海关道转汇京城交收,均经奏咨在案。本年九月二十二日,准行在军机大臣、户部电开:据庆亲王、京户部电称,部库支绌,封河伊迩,务将应解京饷赶于十月内汇解到京等因。又经转行遵办。

今据布政使张绍华详称,动放光绪二十七年地丁银七万两,作为应解二十七年分第六批地丁京饷,内除由江海关道将所存江西筹饷新捐银四万两拨抵外,其馀银三万两,饬令蔚长厚、蔚盛长等商号于九月二十三日赴库请领,限十月十一日汇至江海关道衙门,汇同所存捐款之四万两,共银七万两,一并转汇京城交收。除由司发给该商号等由江至沪汇费银三百两、又由沪至京汇费银八百四十两外,详请奏咨等情前来。除饬续筹拨解,暨分别咨明外,所有江西司库筹拨二十七年第六批地丁京饷银两交商汇沪转汇京城交收缘由,理合附片陈明,伏乞圣鉴。谨奏。

朱批:"户部知道。"

《光绪朝朱批奏折》第89辑,第407—408页

217. 江西起解光绪二十六年第十二批漕折银两片

光绪二十七年九月二十四日(1901年11月4日)

再,江西省应征漕粮骤难规复本色,请循旧折征,叠经前粮道会同前藩司详经奏奉谕旨允准,遵照办理。所有光绪二十六年分漕折银两,已据粮道催完银五十五万两,分作十一批,委员领解赴部并赴行在户部交收,均经附片奏报各在案。现准户部电,催将应

解京饷赶紧汇京等因,即经转行遵照筹解。

兹据督粮道刘心源详称,现又催完光绪二十六年分漕折银五万两,作为第十二批,饬令蔚盛长、蔚长厚等商号于二十七年九月二十三日赴库请领,限十月十八日汇至江海关道,转汇北京户部交收,并发给由江汇沪汇费银三百两、由沪汇京汇费银八百四十两,详请具奏等情前来。除饬各该商号妥速汇解,依限交收,一面严催赶征续解外,所有起解二十六年第十二批漕折银两交商汇沪转汇京城交收缘由,理合附片陈明,伏乞圣鉴。谨奏。

光绪二十七年十月二十三日奉朱批:"户部知道。"钦此。

台北故宫博物院藏"军机处档折件",文献编号:145110

218. 派委到省新选知县孙家璠等赴南昌府署帮同审案片

光绪二十七年十月二十一日(1901年12月1日)

再,新选宜黄县知县孙家璠、都昌县知县罗长镛均已到省,本应饬赴新任,经臣留省察看,派委该员赴南昌府署帮同审办案件,一俟事毕,再行饬令赴任。理合附片陈明,伏乞圣鉴。谨奏。

朱批:"知道了。"

《光绪朝朱批奏折》第16辑,第795页

219. 奏请准将在任补用道吉安府知府许道培开缺以道员归候补班补用片

光绪二十七年十月二十八日(1901年12月8日)

再,据在任补用道、吉安府知府许道培禀称,该府系湖北云梦县进士,由礼部祠祭司郎中奉旨补授安吉府知府,光绪十一年正月初六日到任。二十年,因永宁会匪扑城案内在事出力,保以道员在任补用。二十四年,奉饬劝办昭信股票,该府认捐银二千六百两,解司报拨,旋经户部议奏,准按筹饷例核给奖叙。查由现任知府保(有)〔以〕道员在任候补,加五成报捐离任,归入道员候补班,应例银二千一百六十两,核计所捐股票银两,有盈无绌,拟请准离知府任,以道员归候补班补用等情,禀由藩司张绍华核与例章相符,详请具奏前来。

臣覆核无异。合无仰恳天恩,俯准将在任补用道、吉安府知府许道培开缺,以道员归候补班补用,以示奖励。除咨部外,谨会同两江督臣刘坤一附片具陈,伏乞圣鉴,敕部核覆施行。再,所遗吉安府知府员缺系冲、繁、疲、难四项兼全要缺,应俟许道培捐案核准,由部请旨简放,合并陈明。谨奏。

朱批:"着照所请,该部知道。"

《光绪朝朱批奏折》第16辑,第821—822页

220. 委任左秉钧署理瑞金县知县片

光绪二十七年十月二十八日(1901年12月8日)

再,瑞金县知县章乃正因病请假就医,所有该县印务,查有星子县知县左秉钧,精明干练,堪以调署。该员任内并无盗劫三参届满已起四参及钱粮未完参限将满有关降调之案。据藩司张绍华会同臬司柯逢时具详前来。除檄饬遵照外,谨会同两江总督臣刘坤一附片陈明,伏乞圣鉴。谨奏。

朱批:"吏部知道。"

《光绪朝朱批奏折》第16辑,第822页

中国近代人物文集丛书

李兴锐集

三

汤　锐　整理

中　华　书　局

两以上，列入异常劳绩，一万两以上，给予寻常劳绩，奏奉谕旨允准有案。今粤省事同一律，而劝办之艰，实远过之，自应照案请奖，以昭平允而励勤劳。据广东善后局会同布政司将劝办出力各员绅详加覆核，分别异常、寻常各劳绩列册，酌拟奖叙，详请奏奖等情前来。

臣等覆加查核，拟保各员，尚无冒滥。除将随同劝办出力稍次各员绅由臣等另行给予外奖外，谨将异常、寻常出力酌拟奖叙各员，缮具清单，恭呈御览。合无仰恳天恩，俯准如请给奖，以示鼓励，出自逾格鸿慈。除将各员履历咨部外，谨合词恭折具陈，伏乞皇太后、皇上圣鉴训示。谨奏。〔光绪二十八年〕十一月十六日。

光绪二十八年十二月十四日奉朱批："该部议奏，单并发。"钦此。

清单

谨将广东劝办绅富捐输助饷在事尤为出力各员酌拟奖叙，缮具清单，恭呈御览。

计开：

二品顶戴补用道广东试用知府陈望曾，拟请免补本班，以道员仍留原省，归候补班前先补用。

广东试用同知裕仁，拟请免补本班，以知府仍留原省补用。

补用知县广东试用县丞萧芳蘅，拟请免补本班，以知县仍留原省补用。

广东试用直隶州知州毕昌言，拟请免补本班，以知府仍留原省补用。

广东截取通判彭厚源，拟请免补本班，以直隶州知州仍留原省，归候补班前补用。

指分江苏试用知府方政，拟请免补知府，以道员仍留原省补用。

指分福建分缺先补用县丞冷天衢，拟请免补本班，以知县仍归原省，归候补班前补用。

指分广东试用道李家焯，拟请以道员仍留原省，归候补班前先补用。

已保知县用指分广西试用县丞苏乃锴，拟请免补本班，以知县仍留原省，归候补班前补用。

候选从九品陆慎修，拟请免选本班，以主簿不论双单月尽先选用。

二品衔广东候补班前先补用道裴景福，请给三代从一品封典。

以上十一员，均各劝集实银三万两以上，请照异常劳绩给奖。

广东补用知府朱士林，三品衔指分广东试用知府沈毓岱，以上二员，均拟请俟补缺后，以道员仍留原省补用。

同知衔广东试用知县刘福宋，广东候补知州王世钊，广东试用知县陈汉章，五品衔广东试用知县任玉树，同知衔广东试用知县汪拱宸，广东试用知县席裕厚，广东试用知县陈继曾，广东大挑知县李孔修，同知衔江苏分缺先补用知县刘兴仁，指分江西试用知县王士琦，五品衔广东补用知县吴懋勋，广东候补知县彭骢孙，以上十二员，均拟请俟补缺后，以直隶州知州仍留原省补用。

指分江苏试用县丞谢麟书，指分广东试用盐经历李华端，广东试用盐经历谢堃元，布理问衔广东试用县丞方澂，江西试用县丞钱之燧，指分广东试用县丞邓宗海，以上六员，均拟请俟补缺后，以知县仍留原省补用。

补用知府广东试用同知庄允懿，候选知府广东顺德县知县王崧，以上二员，均拟请俟归知府班后，加盐运使衔。

同知衔在任候补直隶州、本任广东合浦县知县邓倬堂，同知衔广东候补知县王锺龄，花翎五品衔广东试用知县周瑞璋，以上三员，均拟请加四品顶戴。

准补广东新宁县知县冯如衡，同知衔广东番禺县知县吕道象，以上二员，拟请以直隶州知州在任升用。

已保候补班前先补用道广西候补知府沈赞清，拟请俟归道班后，加二品顶戴。

指分江西试用道杨会康，拟请加二品顶戴。

二品顶戴指分江苏试用道黄恩焕，请给三代二品封典。

四品衔同知直隶州用广东补用通判胡永昌，拟请俟归同知直隶州班后，加三品顶戴。

候补知府准补广东钦州直隶州知州李象辰，拟请俟补知府后，以道员用。

五品衔广东分缺间用布照磨福来，拟请俟补缺后，以三库大使补用。

广东试用知府钱溯灏，拟请加盐运使衔。

候选知府杨介康，拟请俟选缺后，以道员升用。

广东新会县县丞杨树春，拟请以知县在任升用。

候选同知王炳骙，拟请俟得缺后，以知府补用。

遇缺先选用教谕张元懿，拟请俟选缺后，以知县补用。

指分两广试用盐巡检李文麟，拟请俟补缺后，以盐知事仍留原省补用。

广东候补知县张其锽,拟请加同知衔。

指分福建分缺先补用盐大使钱谌檠,拟请俟补缺后,以知县仍归原省补用。

同知衔候选知县杨彦深,拟请俟选缺后,以直隶州知州补用。

同知衔准补广东兴宁县知县王克鼎,拟请以直隶州知州在任候补。

同知衔试用知县叶在琯,请俟补缺后,以直隶州知州用。

以上四十四员,均各劝集银一万两以上,应请照拟奖叙。

朱批:“览。”

台北故宫博物院藏“军机处档折件”及其附件,文献编号:152479

571. 奏报筹解广东省光绪二十八年第二批固本兵饷银数起程日期折

光绪二十八年十一月十六日(1902 年 12 月 15 日)

头品顶戴署理两广总督臣德寿,调署广东巡抚、江西巡抚臣李兴锐跪奏,为报解广东省光绪二十八年第二批固本兵饷银数、起程日期,恭折具奏,仰祈圣鉴事。

窃广东省光绪二十八年分应解固本饷银十二万两,当经筹银四万两,作为第一批,派委候补同知吴贞亮等领解在案。再筹银四万两,作为光绪二十八年五月至八月第二批固本兵饷,照案发交商号新泰厚等领汇至京,派委广西候补知府钱锡宝等领(咨)〔赍〕汇单,于光绪二十八年十一月初九日起程,由海道进京支取银两,赴户部衙门投纳。据广东布政使丁体常详请奏咨前来。臣等覆核无异,除咨部查照外,谨合词恭折具陈,伏乞皇太后、皇上圣鉴。谨奏。〔光绪二十八年〕十一月十六日。

光绪二十八年十二月十四日奉朱批:"户部知道。"钦此。

台北故宫博物院藏"军机处档折件",文献编号:152480

572. 粤省起解二等铜元六十万个派员赍赴户部投纳折

光绪二十八年十一月十六日(1902年12月15日)

头品顶戴署理两广总督臣德寿,调署广东巡抚、江西巡抚臣李兴锐跪奏,为粤省起解铜圆,委员赴部投纳,恭折仰祈圣鉴事。

窃准户部咨,前奉谕旨,令福建、广东、江苏等省将所铸铜圆,各解数十万圆投交户部等因。嗣据福建解到三十万圆,广东解到六十万圆,江苏解到五十万圆,共一百四十万圆,均系二等分量铜圆。经奏准,先偿本年秋季在京文武官俸搭放,计已放过一百二十四万馀圆。其明年春季官俸,自应接续搭放,以资行便。行令转饬局员,仍将铸就前项二等铜圆,各解数十万圆,务于本年封河前赴部投纳等因。当经转行遵照。兹据广东海防善后局司道会同藩司、钱局详称,伏查户部发给明年春季官俸,既需铜圆搭放,自应仍照前案,派员赶解二等铜圆六十万个,分装六十包,每包一万个,赍赴户部投纳,以备应用。查有候补知县左树修,堪以派委管解,理合详请察核奏咨等因前来。臣等覆核无异,除咨明户部外,谨合词恭折具奏,伏乞皇太后、皇上圣鉴,敕部查照施行。谨奏。〔光绪二十八年〕十一月十六日。

光绪二十八年十二月十四日奉朱批:"户部知道。"钦此。

台北故宫博物院藏"军机处档折件",文献编号:152483

573. 广东筹解光绪二十八年第三批筹备饷需银两片*

光绪二十八年十一月十六日(1902年12月15日)

再,广东省光绪二十八年分应解筹备饷需银二十万两,当经筹银八万两,分作两批,先后派委陵水县知县傅肇敏等并候补同知吴贞亮等领解在案。兹向商号新泰厚等订借银五万两,作为二十八年第三批筹备饷需银两,照案仍由该商号等汇京,派委广西候补知府钱锡宝等领赍汇单,于光绪二十八年十一月初九日起程,由海道进京支取银两,赴部衙门投纳。据广东布政使丁体常详请奏咨前来。臣覆核无异,除咨户部查照外,谨会同署广东巡抚臣李兴锐合词附片具陈,伏乞圣鉴。谨奏。

光绪二十八年十二月十四日奉朱批:"户部知道。"钦此。

台北故宫博物院藏"军机处档折件",文献编号:152482

574. 香山县学附生邓熏慨捐巨款充作学堂经费请赏给举人准其一体会试片

光绪二十八年十一月十六日(1902年12月15日)

再,广州府系省会要地,遵旨改考院为中学堂,因羊城考院地

---

* 此下三片,皆与德寿会衔,原缺具奏日期。按,这三片朱批日期与上片同为光绪二十八年十二月十四日,具奏日期亦应相同。

太狭隘,必须觅地迁建。现在购地兴工,一切布置,所费甚巨。正在筹画劝捐,适有香山县附生邓鼐捐银二万两,作为广州府中学堂经费。据署广州府知府龚心湛禀请奏奖前来。

臣等查各省遇有报效巨款,向准专案奏请优奖,况学堂迭奉谕旨催办,乃关紧要,尤非寻常工程可比。目下捐务已成弩末,筹劝不易,如有情殷报效,输助巨款,以应要工,若非破格请奖,不足以昭激劝。今附生邓鼐慨捐巨款,充作学堂经费,洵属急公。查该附生系光绪二十二年科考,前学政臣恽彦彬取入县学。合无仰恳天恩,俯准将香山县学附生邓鼐赏给举人,准其一体会试,以示优异。臣等谨合词附片具奏,伏乞圣鉴训示。谨奏。

光绪二十八年十二月十四日奉朱批:“着照所请,该部知道。”钦此。

台北故宫博物院藏“军机处档折件”,文献编号:152484

575. 刘嵩年等遵其故父母遗命及罗冯氏捐助学堂经费请准建坊片

光绪二十八年十一月十六日(1902 年 12 月 15 日)

再,士民捐助地方公用善举,数在一千两以上者,向准奏请建坊。兹据广东时敏学堂绅董陈芝昌等禀,新会县人二品衔广西分缺先补用道刘嵩年,遵其故父道衔二品封典刘文炳、一品命妇故嫡母刘凌氏、故继母刘金氏遗命,捐助该学堂经费银一千两;新宁县人候选道黄福基,遵其故父二品封典黄懋朝、故母二品命妇黄麦氏遗命,捐助该学堂经费银一千两;顺德县人二品顶戴福建试用道陈鼎燊,遵其故父道衔二品封典陈遂贤、故母二品命妇陈黄氏遗命,捐助该学堂经费银一千两;新会县人广西试用道罗乃馨之母、旌表节孝二品命妇罗冯氏,自捐该学堂经费一千两,请照章奏请建坊前来。

臣等伏查捐助学堂经费,为培植人材善举,尤为有益地方。今职员刘嵩年等遵其故父母遗命,与罗冯氏各捐助经费银一千两,洵属好义可嘉。合无仰恳天恩,俯准建坊,给予"急公好义"字样,以昭激劝而资观感之处,出自逾格鸿施。谨合词附片陈请,伏乞圣鉴训示。谨奏。

光绪二十八年十二月十四日奉朱批:"着照所请,礼部知道。"钦此。

台北故宫博物院藏"军机处档折件",文献编号:152485

576. 查明广东商办推广膏捐实在情形并因与《专条》不符业经撤销各缘由折

光绪二十八年十一月十八日(1902年12月17日)

头品顶戴署理两广总督臣德寿,调署广东巡抚、江西巡抚臣李兴锐跪奏,为查明广东商办推广膏捐实在情形,并因与专条不符,业经撤消各缘由,恭折覆陈,仰祈圣鉴事。

窃臣等于光绪二十八年八月十五日承准军机大臣字寄,光绪二十八年七月十八日奉上谕:"出使大臣许钰奏称,广东岁派款二百万两,现办房捐、亩捐等项,未著成效。独推广膏捐,可筹巨款,业经办有头绪,该省洋务局员龚心湛等多方阻挠,请饬实力维持一折。着德寿、李兴锐按照所陈各节,查明实在情形,妥筹办理。原折着钞给阅看。将此谕令知之。"钦此。钦遵寄信前来。

伏查粤省司局各库，本属支绌异常，加以奉派每年摊解赔款二百万两，筹措倍形竭蹶，虽经开办房捐、沙捐、粮捐，仍属不敷甚巨。候选道许钰因在行在条陈筹饷事宜，奉旨发往广东差遣委用，经前督臣陶模暨臣德寿派令会同司道办理筹饷事务。于上年十二月间，据许钰详请招商开办推广膏捐，设立膏引公司，于洋药入口拆包批发时，借土计膏，由公司填给引票，与承批之行栈，每土一粒，引票一纸，为该行栈发售与煮膏之人抽收经费之证据。公司凭引票存根，向各行栈收取缴饷，洋土药一律办理，每年由商人承缴饷银一百二十万两，以三十九年为期，开具章程，呈请察核，声明与条约并无违碍，请即批准开办等情。前督臣陶模暨臣德寿等查，光绪十一年与英国订定《烟台条约续增专条》载有“洋药运入内地，如货包未及拆开，暨包上之海关印封、记号码数均未擦损私改，即无须再完税捐”等语，查海关印封向系按土粘贴，则约内所谓未经擦损私改者，自系指土包所贴印封未经拆损而言。许钰所拟借土计膏名目，费虽出自买土之人，仍系按土计抽，于条约“未经拆包”之语，界限未能分晰，诚恐外人有所借口。洋药一项，多由英属印度等处载运进口。许钰所呈章程，亦请照会各国领事及税务司，并声明候有文凭回复，方能举办。是以饬令许钰先行晤商驻扎广州之英国总领事萨允格。旋据复称，英总领事云，中国若要加税，领事无此权力；若事属内政，则不必问领事等语，仍请即行给札开办。前督臣陶模暨臣德寿以事关中外交涉，未便遽尔准行，饬候咨请外务部核准，再行开办。嗣与外务部迭次往返电商，承准后令酌核试办，后饬许钰详加筹议。据称抽取膏引，实与专条无碍，并称承办商人已将办法与香港各洋商说明，允不阻止，毋庸再行照会各国领事等语。前督臣陶模暨臣德寿当因粤省库储空匮，罗掘久穷，此事果能办理有成，岁增巨饷，于大局实有裨益，既据许钰力称与条约委无违碍，姑准谕商试办。乃自开办以后，凡有已完税厘、未经拆包之土，该公司商人横向抽费，以致商情不洽，屡被控告，并迭据英国总领事照会，以膏引公司章程与条约大为相背，驻京英使亦照会外务部，请将该公司章程撤销。经臣等电请外务部，再与英使商酌，承准电后以照商英使，据称未拆包以前，向公司纳捐，与专条不符，难与争辩。等语。查膏引办法本未尽善，兹因许钰坚称与《烟台英约续订专条》并无违碍，是以姑准试办，今外务部来电，既谓与约不符，难与英使争辩，自应遵照，饬将现办章程撤销，另按各省向抽膏牌办法，督饬司局筹酌办法，以符条约而卫饷源。

至原奏所称洋务局员候补知府龚心湛、膏牌公司委员候补知府沈秉模克意阻挠一节。查龚心湛在两广督署办理洋务文案有年，于一切交涉事宜，均能详究约章，因应悉当。此次粤省招商承办膏捐，系由许钰始终其事，龚心湛无所用其阻挠。沈秉模并非在事之人，更属无从干预。臣李兴锐到粤，系在此事开办之后，详加查访，众论相同。龚心湛实无阻挠情事，应请毋庸置议。

所有遵旨查明广东商办推广膏捐实在情形，并因与专条不符业经撤销各缘由，谨合词恭折覆奏，伏乞皇太后、皇上圣鉴训示。谨奏。〔光绪二十八年〕十一月十八日。

光绪二十八年十二月十五日奉朱批："外务部知道。"钦此。

台北故宫博物院藏"军机处档折件"，文献编号：152537

577. 广东筹解应还汇丰银款镑款克萨镑款本息银数日期折

光绪二十八年十一月十八日(1902 年 12 月 17 日)

头品顶戴署理两广总督臣德寿,调署广东巡抚、江西巡抚臣李兴锐跪奏,为筹解应还汇丰银款、镑款、克萨镑款本息银数、日期,恭折具陈,仰祈圣鉴事。

窃准户部咨,光绪二十八年应还汇丰银款、镑款、克萨镑款本息银两,仍照上年指拨各款数目,届期归还等因,当经转行遵照。兹在藩库筹借纹银一十五万两,运库凑足纹银二十万两,善后局挪借洋银四十万两,另加纹水、汇费银四万四千两,厘务局息借银八十五万两,并纹水、汇费等项银八万五千馀两,共银一百六十万两,分交商号源丰润等汇至上海,限于十一月二十日以前解赴江海关道衙门兑收,凑还汇丰镑款。据广东藩、运二司,善后、厘务二局详请奏咨前来。臣等覆核无异,除分咨外,谨合词恭折具陈,伏乞皇太后、皇上圣鉴。谨奏。〔光绪二十八年〕十一月十八日。

光绪二十八年十二月十五日奉朱批:“户部知道。”钦此。

台北故宫博物院藏“军机处档折件”,文献编号:152539

578. 奏请以关广槐调补南雄直隶州知州折

光绪二十八年十一月二十七日(1902 年 12 月 26 日)

头品顶戴署理两广总督臣德寿,调署广东巡抚、江西巡抚臣李兴锐跪奏,为拣员调补要缺直隶州知州,恭折仰祈圣鉴事。

窃照南雄直隶州知州惠登甲保升知府，前经奏请开缺，过班以知府留省补用。接准部文，应以光绪二十八年七月十六日奉朱批后第五日行文，按照限减半，计至九月初五日，作为接到部文开缺日期，应归九月分截缺。系题调要缺，毋庸签掣。查定例，州县以上官员，必历俸三年以上，方准拣选题调。又调补官员，其任内如有承审案件、承缉盗案、征解钱粮已起降调革职参限者，概不准其请调。如因缺系繁要，人地实在相需，为地择人者，应令该督抚据实陈明。吏部仍查明其馀并无别项不合例事故，亦即议准。此外一切因公处分，仍无庸计算各等因。

今南雄直隶州知州系冲、繁、疲三项题调要缺，地当省北冲途，政务繁剧，必须精明干练之员，方克胜任。兹会选有嘉应直隶州知州关广槐，年五十五岁，系广西苍梧县附生。中式光绪乙亥恩科本省乡试举人，丁丑科会试中式进士，引见，以主事用，签分兵部武库司行走。十年，学习期满，奏留候补，派充司务厅坐办。十一年，奏调云南，襄办中越勘界事宜。十三年，回署当差。因办理勘界出力，保奏以本部主事，无论题选咨留遇缺即补，并加四品衔，奉旨："着照所请，该部知道。"钦此。是年，奏补职方司主事，调充武库司坐办。十四年，由主事截取引见，奉旨："记名以直隶州知州用。"钦此。十七年京察，保送以直隶州知州分发省分补用，捐指广东，领照到省。二十年，准补罗定直隶州知州，饬赴新任。嗣因回避原籍五百里开缺，留省另补，交卸回省。题补嘉应直隶州知州，二十三年四月初六日到任。该员任内并无承审积案及承缉盗案已起降调革职参限，虽有经征光绪二十四、五等年未完钱粮，查系实欠在民，并非征存未解。因公处分，例免核计。臣李兴锐到任未及三月，例不出考。臣德寿前在巡抚任内，查得该员持躬循谨，办事慎勤，以之调补南雄直隶州知州，实于要缺有裨，与例亦属相符。且人地实在相需，为地择人，例得据实声请。据藩、臬两司会详前来。

合无仰恳天恩，俯准以嘉应直隶州知州关广槐调补南雄直隶州知州缺。如蒙俞允，该员系现任直隶州知州请调直隶州知州，衔缺相当，毋庸送部引见。除咨部外，臣等谨照章改题为奏，合词恭折具陈，伏乞皇太后、皇上圣鉴训示。

再，所遗嘉应直隶州知州，系外调要缺，俟接准部覆，选员调补。又，粤东省补缺例限九十日，此缺系归光绪二十八年九月分截缺，应以是月底起限办理，今在限内请补，并无迟逾。所有该员参罚案件，另造清册送部，合并陈明。谨奏。光绪二十八年十一月二十七日。

朱批："吏部议奏。"

《光绪朝朱批奏折》第18辑，第355—356页

579. 奏请以许南英补授三水县知县折

光绪二十八年十一月二十七日（1902年12月26日）

头品顶戴署理两广总督臣德寿，调署广东巡抚、江西巡抚臣李兴锐跪奏，为选员请补知县，恭折仰祈圣鉴事。

窃准吏部咨，三水县知县林兆镛，准其升补儋州知州文尾，系坐光绪二十八年六月十四日发行，按照限减半，计至七月二十八日限满开缺，八月初八日接准部咨，应勒归七月分截缺办理。是月分同出有石城县知县病故一缺，缺项虽不相同，惟同轮用新海防遇缺先补用知县人员到班，应行签掣缺分，先后序补，当经掣得石城县知县第一，三水县知县第二。

查吏部则例内开：知县升调所遗应归部选缺出，以一缺题补各

项候补进士即用人员，以一缺题补各项委用人员，以一缺题补各项试用人员。试用班内，按大挑、议叙、捐纳三项轮用一班之后，用截取进士知县一人、拔贡知县一人、孝廉方正知县一人，拔贡及孝廉方正用过两班之后，用教习知县一人、优贡知县一人、教习知县一人、截取举人知县一人。又准部咨郑工新例铨补章程内开：道、府、同知、直隶州知州、通判、知州、知县升调所遗及告病、病故、休致，以及佐贰杂职等官，无论何项所出留补选缺，除坐补原缺、裁缺即用、回避即用、新选新补、留省另补人员不计外，无论何项到班，仍以五缺计算。先用郑工新班遇缺先二人、海防新班先一人，无人，用郑工新班遇缺先人员抵补。至第四缺，海防即、海防先分班轮用一人，第一轮用海防即人员，第二轮用海防先人员，海防先无人，仍用海防即人员，海防即无人，用旧例银捐遇缺先人员，如无人，用旧例银捐遇缺人员，再无人过班，即接用各项轮用班次一人，以五缺为一周。新例报捐分缺先用、分缺间用人员，亦应分别酌定轮用各项时，知县以及佐杂等官于各项试用并捐纳正班到班，均准先用、间用到班，应用时先将郑工分缺先、分缺间人员用一次，再到班，再将海防分缺先、分缺间人员用一次，郑工无人用海防人员，海防无人仍用郑工人员，均无人用旧例银捐分缺先前、分缺间前之人。旧例减成分缺先、分缺间人员，仍专俟捐纳正班到班，郑工海防分缺先、分缺间、旧例银捐分缺先前、分缺间前无人，方准插用。至候补、即用、委用以及各本班先到班，均不准插用新例分缺先、分缺间、旧例分缺先前、分缺间前、分缺先、分缺间之人。此次新例报捐人员，惟知县一项，郑工新例分缺先、分缺间人员，遇轮补升调所遗及告病、病故、休致之缺到班时，于各本班中先用正途出身及曾任知县、曾任实缺应升知县者二人，再用各本班中各项出身者一人；

如正途出身及曾任知县、曾任实缺应升知县无人，即用各项出身之人。其旧例人员再捐过入新例者，应归新例人员内一律补用。又准部咨新海防例铨补章程内开：所有此次遵照新海防例报捐人员，应仍照郑工事例跟接次数、卯数，分别掣签，按班铨补。又准部咨，嗣后道、府以至未入流等官，轮用郑工遇缺先及新海防遇缺先两项时，无论请补何项所出之缺，均核其截缺月分，以六个月为限，在省加捐班次人员，以该省接到新班过班知照部文在六个月以外所出之缺方准请补；领照赴省人员，以到省后在六个月以外所出之缺方准请补各等因。

前出升调遗长宁县知县缺，已用大挑正班知县张光铣补。今三水县知县缺，轮用郑工及新海防遇缺先人员。查新海防遇缺先补用知县邹兰生报捐过班部文，系坐光绪二十七年十一月二十日发行，计二十八年正月初四日接到序补，扣满六个月，适与出缺同月，应行扣补。黄培垓、蓝光第二员，计接到过班部文，均未扣满六个月，亦不合补用。应过班接用海防先、海防即、旧例银捐遇缺先、银捐遇缺，均无人，应再过班接用各项插用分缺间人员。又分缺间一项，上次长乐县知县缺，已用各项出身新海防分缺间用知县童立喆补，现应轮用旧海防分缺间，无人，应仍以新海防分缺间一正途出身人员插补。兹会选有新海防分缺间补用知县许南英，年四十二岁，系福建台南府安平县人，寄籍漳州府龙溪县。由台南府学附生中式光绪乙酉科本省乡试举人，庚寅恩科中式第十七名贡士，殿试三甲，朝考二等，经吏部带领引见，五月初十日奉旨："着分部学习。"钦此。签分兵部车驾清吏司，因无力在部当差，情愿改归进士知县原班铨选，光绪二十三年九月十一日吏部具奏，奉旨："依议。"钦此。呈请分发，旋遵新海防例报捐，指省广东补用，十月十九日引见，奉旨:“着照例发往。”钦此。十月二十五日领照起程,是年十二月二十二日到省。嗣遵新海防例加捐分缺间补用免试用,吏部过班知照,系坐二十五年十二月二十日发行,计二十六年二月初四日接到序补。臣李兴锐到任未及三月,例不出考。臣德寿前在巡抚任内,查得该员事理通达,吏治勤明,以之补授三水县知县,洵堪胜任,与例亦属相符。据藩、臬两司会详前来。

相应请旨,准以新海防分缺间补用知县许南英补授三水县知县缺。如蒙俞允,该员系新海防分缺间补用知县请补知县,衔缺相当,毋庸送部引见。除咨部外,臣等遵照新章,改题为奏,谨合词恭折具陈,伏乞皇太后、皇上圣鉴训示。

再,粤东省补缺例限九十日,此缺系勒归光绪二十八年七月分截缺,八月初八日接准部咨,应以是日起限办理,今在限内选员请补,并无迟逾,合并陈明。谨奏。光绪二十八年十一月二十七日。

朱批:“吏部议奏。”

《光绪朝朱批奏折》第18辑,第357—360页

580. 委任王全纲署理乐昌县知县片*

光绪二十八年十一月二十七日(1902年12月26日)

再,署乐昌县知县黄应昌署事期满,实任斯缺之刘镇寰现署归善县知县,所遗乐昌县知县篆务应行委员接署。查有正任海丰县知县王全纲,才力老干,民事殚心,堪以调署。该员任内并无盗劫已起四参之案。据藩、臬两司会详前来。除檄饬遵照外,臣等谨合

---

* 以下两片,与署理两广总督德寿会衔。

词循例附片具陈，伏祈圣鉴。再，臣李兴锐到任未及三月，考语系臣德寿填注，合并陈明。谨奏。

朱批："吏部知道。"

《光绪朝朱批奏折》第18辑，第360页

581. 奏参博罗县举人陈禹畴屡纠族匪寻衅滋事致酿人命请旨斥革究办片

光绪二十八年十一月二十七日(1902年12月26日)

再，博罗县举人陈禹畴，迭被指控庇匪掳禁勒赎，经县获犯，传证质讯。乃该举人因约绅胡廷光指证之嫌，辄复屡纠族匪，寻衅滋事，甚敢唆令族人与胡姓械斗，致酿人命，实属恃符藐法，未便姑容。查陈禹畴由县学附生中式光绪五年己卯科本省乡试第十三名举人。据惠州府知府沈传义禀经藩、臬两司核明，详请奏革拿办等情前来。相应请旨，将举人陈禹畴斥革，拘案究办。除咨部外，臣等谨合词附片具陈，伏祈圣鉴。谨奏。

朱批："着照所请，该部知道。"

中国第一历史档案馆藏"宫中档案全宗·朱批奏折"，

档号：04—01—01—1058—017

582. 本年广东省覆查保甲完竣折

光绪二十八年十一月二十七日(1902年12月26日)

头品顶戴署理两广总督臣德寿，调署广东巡抚、江西巡抚臣李兴锐跪奏，为本年覆查保甲完竣，据实上陈，仰祈圣鉴事。

窃各属编查保甲，向于秋收后，责成该管道、府、州亲往认真抽查，督抚于岁底汇奏一次，历经遵照办理。嗣于光绪十三年二月十九日奉上谕："着各直省督抚严饬所属，将保甲事宜认真办理，不得仅以造册申报，敷衍塞责，用副朝廷戢暴安良之意。将此通谕知之。"等因。钦此。又于光绪二十四年复迭奉谕旨："切实筹办团练，实力举行保甲。"并奉皇太后懿旨："饬将积谷、保甲、团练实力奉行，认真兴办。"各等因。钦此。均经通饬各属钦遵办理在案。

兹届光绪二十八年秋收后查办之期，经该管道、府、州亲往各属抽查保甲，造具册结，由藩、臬两司会详请奏前来。臣等查粤东地处海滨，港汊纷歧，加以五方杂处，良莠不齐，盗风之炽，甲于天下。保甲、团练相辅而行，各属办团，尚多得力，水陆各要隘及近省各海口，均分拨轮扒各船，调派兵勇，按段驻扎，联络梭巡。保甲则辨良莠而清盗源，尤宜认真。臣等仍当严饬地方官绅员弁，实力稽查，悉心经理，以期盗戢民安，仰副朝廷绥靖海疆之至意。所有覆查保甲完竣缘由，谨恭折具奏，伏祈皇太后、皇上圣鉴。谨奏。光绪二十八年十一月二十七日。

朱批："知道了。"

《光绪朝朱批奏折》第26辑，第558页

583. 筹解广东太平关本年第一批常税京饷银两片*

光绪二十八年十一月二十七日（1902年12月26日）

再，准户部咨行，光绪二十八年分京饷，指拨广东太平关常税

* 以下两片，与署理两广总督德寿会衔。

银五万两等因，当经转饬遵照筹解。兹据广东布政使丁体常将南韶连道解到太平关常税银四万两，作为第一批常税京饷，照案发交商号新泰厚等领汇，派委广西候补知府钱锡宝等领赍汇单，于本年十一月初九日起程，航海进京，解赴户部投纳，详请奏咨前来。臣等覆核无异，除咨户部查照外，理合附片陈明，伏祈圣鉴。谨奏。

朱批："户部知道。"

《光绪朝朱批奏折》第89辑，第681页

584. 筹解广东本年第二批厘金京饷银两片

光绪二十八年十一月二十七日(1902年12月26日)

再，前准户部咨，光绪二十八年京饷，奉拨广东厘金银十万两，当经臣德寿前在巡抚任内，饬据司道筹解第一批银三万两，交商号汇兑，委员领赍汇单文批，赴部投纳，附片奏报在案。兹据布政使丁体常会同厘务总局司道详称，在于厘金项下再筹银五万两，作为起解第二批厘金京饷，仍交殷实商号新泰厚等汇兑赴京，遴委广西候补知府钱锡宝等领赍汇单文批，于光绪二十八年十一月初九日起程，航海进京，支取银两，赴部投纳等情，详请具奏前来。臣等覆核无异，除咨明户部外，谨合词附片具陈，伏乞圣鉴。

再，此项厘金京饷，前经奏明起解银圆，惟粤东距京遥远，天津一带将已冰河，转运维艰，所有此次起解厘金京饷，现拟仍以纹银汇解，暂缓搭解银圆，以昭妥速，合并陈明。谨奏。

朱批:"户部知道。"

《光绪朝朱批奏折》第89辑,第681页

585. 琼山县知县叶士模丁忧开缺片

光绪二十八年十一月二十八日(1902年12月27日)

再,据广东布政使丁体常详称,琼山县知县叶士模,于光绪二十八年九月初八日闻讣丁母忧等情前来。臣覆查无异,除咨吏部及原籍江西抚臣查照外,所遗琼山县知县缺,应由部铨选,谨照新章,改题为奏,附片具陈,伏乞圣鉴,敕部查照施行。谨奏。

朱批:"吏部知道。"

《光绪朝朱批奏折》第18辑,第366页

586. 奏报佛山同知刘国光在署任病故日期片

光绪二十八年十一月二十八日(1902年12月27日)

再,署连山绥瑶同知、正任佛山同知刘国光,于光绪二十八年九月二十六日在署任病故,据广东布政使丁体常详请具奏等情前来。臣覆查无异,除咨吏部及该故员原籍湖北抚臣查照外,所遗佛山同知缺,按照二留一咨章程,系第三轮第一次留缺,应请扣留在外,选员请补。谨遵改题为奏新章,附片具陈,伏祈圣鉴。谨奏。

朱批:"吏部知道。"

《光绪朝朱批奏折》第18辑,第366页

587. 奏报南澳同知冯文星在任病故日期片

光绪二十八年十一月二十八日(1902 年 12 月 27 日)

再,现任南澳同知冯文星,于光绪二十八年十月初一日在任病故,据广东布政使丁体常详请具奏前来。臣覆查无异,除咨吏部及广州将军、正白旗汉军都统查照外,所遗南澳同知系题调要缺,应请扣留在外,选员调补,理合附片具奏,伏祈圣鉴。谨奏。

朱批:“吏部知道。”

《光绪朝朱批奏折》第 18 辑,第 367 页

588. 奏报广东省光绪二十八年晚稻收成分数折

光绪二十八年十一月二十八日(1902 年 12 月 27 日)

调署广东巡抚、江西巡抚臣李兴锐跪奏,为恭报晚稻收成分数,仰祈圣鉴事。

窃照禾稻收成,关系民食,例应查明分数,恭折具奏。兹广东省光绪二十八年晚稻登场,据布政使丁体常将各属收成分数查明汇报前来。臣覆加查核,广州府属收成六分有馀,韶州府属收成六分有馀,惠州府属收成六分有馀,潮州府属并南澳厅所属隆、深二澳收成六分有馀,肇庆府属收成六分有馀,高州府属收成七分,雷州府属收成七分,廉州府属收成六分有馀,琼州府属收成六分有馀,罗定州属收成七分,连州属收成七分有馀,南雄州属收成七分有馀,嘉应州属收成五分有馀,钦州属收成六分有馀,佛冈厅收成

七分有馀,绥瑶厅收成七分,阳江厅收成七分,赤溪厅收成七分,合计通省晚稻收成实共六分有馀。臣谨循例具陈,伏乞皇太后、皇上圣鉴。谨奏。光绪二十八年十一月二十八日。

朱批:“知道了。”

《光绪朝朱批奏折》第 93 辑,第 534 页

589. 奏报广东省光绪二十八年十月分雨水田禾粮价情形折附清单

光绪二十八年十一月二十八日(1902 年 12 月 27 日)

调署广东巡抚、江西巡抚臣李兴锐跪奏,为查明十月分雨水、田禾、粮价情形,恭折具陈,仰祈圣鉴事。

窃照广东省光绪二十八年九月分雨水、田禾、粮价,业经臣恭折奏报在案。兹查广东省城光绪二十八年十月分上、中二旬得有雨泽数次,下旬晴霁,晚稻陆续登场,二麦生发,园蔬杂粮亦皆畅茂。各属禀报,核与省城大略相同。粮价较上月稍减,民情静谧,堪以仰慰圣怀。所有光绪二十八年十月分雨水、田禾、粮价,臣谨缮清单,恭折具奏,伏祈皇太后、皇上圣鉴。谨奏。光绪二十八年十一月二十八日。

朱批:“知道了。”

清单

谨将广东省光绪二十八年十月分各属米价分晰开列清单,恭呈御览。

广州府属

上米每仓石价银二两一钱五分至二两七钱八分,与上月同。中米每仓石价银一两九钱四分至二两六钱一分,与上月同。下米每仓石价银一两六钱四分至二两二钱四分,较上月减一分。

韶州府属

上米每仓石价银一两五钱四分至二两二钱四分,与上月同。中米每仓石价银一两三钱至二两九分,较上月减一分。下米每仓石价银一两一钱九分至一两九钱七分,与上月同。

惠州府属

上米每仓石价银一两八钱九分至二两六钱六分,较上月减一分。中米每仓石价银一两六钱四分至二两四钱八分,与上月同。下米每仓石价银一两三钱六分至二两五分,与上月同。

潮州府属

上米每仓石价银一两六钱二分至二两四钱四分,与上月同。中米每仓石价银一两二钱三分至二两五分,较上月减一分。下米每仓石价银一两三分至一两七钱四分,与上月同。

肇庆府属

上米每仓石价银一两五钱五分至二两二钱九分,较上月减一分。中米每仓石价银一两三钱二分至二两一钱五分,与上月同。下米每仓石价银一两一钱四分至一两八钱,与上月同。

高州府属

上米每仓石价银一两二钱三分至一两三钱三分,与上月同。中米每仓石价银九钱至一两一钱,与上月同。下米每仓石价银七钱八分至九钱七分,较上月减一分。

雷州府属

上米每仓石价银一两一钱五分至一两二钱六分,较上月减一分。中米每仓石价银九钱五分至一两四钱九分,与上月同。下米每仓石价银七钱七分至九钱,与上月同。

廉州府属

上米每仓石价银一两五钱七分至一两八钱一分,与上月同。中米每仓石价银一两二钱二分至一两四钱三分,与上月同。下米每仓石价银一两四分至一两二钱二分,较上月减一分。

琼州府属

上米每仓石价银一两四钱八分至二两二分,与上月同。中米每仓石价银一两二钱一分至一两六钱六分,较上月减一分。下米每仓石价银一两六分至一两五钱一分,与上月同。

佛冈直隶厅

上米每仓石价银一两五钱八分至二两二钱一分,较上月减一分。中米每仓石价银一两二钱二分至一两八钱八分,与上月同。下米每仓石价银一两九分至一两七钱一分,与上月同。

连山绥瑶直隶厅

上米每仓石价银一两九钱四分至二两二钱六分,与上月同。中米每仓石价银一两七钱一分至一两九钱,较上月减一分。下米每仓石价银一两四钱八分至一两六钱三分,与上月同。

阳江直隶厅

上米每仓石价银一两九钱三分至二两一钱七分,与上月同。中米每仓石价银一两四钱至一两六钱七分,与上月同。下米每仓石价银一两一分至一两四钱八分,较上月减一分。

赤溪直隶厅

上米每仓石价银二两一钱五分至二两二钱七分,与上月同。

中米每仓石价银一两八钱八分至二两一分,较上月减一分。下米每仓石价银一两六钱三分至一两八钱二分,与上月同。

罗定州属

上米每仓石价银一两四钱五分至一两六钱三分,与上月同。中米每仓石价银一两二钱三分至一两三钱六分,与上月同。下米每仓石价银一两七分至一两一钱九分,较上月减一分。

连州属

上米每仓石价银一两九钱九分至二两二钱一分,较上月减一分。中米每仓石价银一两七钱三分至一两九钱一分,与上月同。下米每仓石价银一两三钱六分至一两五钱二分,与上月同。

南雄州属

上米每仓石价银一两八钱八分至二两七分,与上月同。中米每仓石价银一两七钱二分至一两八钱五分,与上月同。下米每仓石价银一两三钱四分至一两四钱七分,较上月减一分。

嘉应州属

上米每仓石价银一两六钱五分至二两二钱一分,较上月减一分。中米每仓石价银一两四钱二分至一两九钱八分,与上月同。下米每仓石价银一两三钱五分至一两九钱七分,与上月同。

钦州属

上米每仓石价银一两四钱四分至一两六钱四分,与上月同。中米每仓石价银一两一钱一分至一两三钱一分,较上月减一分。下米每仓石价银一两七分至一两二钱八分,与上月同。

朱批:"览。"

正折据《光绪朝朱批奏折》第97辑,第67页;清单据台北故宫博物院藏"军机处档折件"附件,文献编号:153275

590. 敬陈前任广东学政文治考试并无私弊情形折

光绪二十八年十一月二十八日(1902 年 12 月 27 日)

调署广东巡抚、江西巡抚臣李兴锐跪奏,为敬陈学政考试并无私弊情形,恭折仰祈圣鉴事。

窃照学政考试有无劣迹,例应每年陈奏一次。兹查前任广东学政臣文治,光绪二十八年考过潮州、嘉应、惠州等府州岁试,及琼州、雷州、廉州、钦州、高州、阳江等府厅州岁科两试,据藩、臬两司转据各属申报,俱系遵例关防,提调、教官均无干预私谒诸弊等情,具详前来。臣确加访查,该学政文治考试各属,场规严肃,衡鉴公明,实无徇私坏法等弊。其新任学政臣朱祖谋,现甫到任按试,臣仍随时留心查察,如有前项情弊,即当据实奏闻,断不敢稍事徇隐。所有察看学政考试情形,理合恭折具奏,伏乞皇太后、皇上圣鉴。谨奏。光绪二十八年十一月二十八日。

朱批:“[知道了]①。”

《光绪朝朱批奏折》第 105 辑,第 584 页

591. 审明火器杀人重犯黄亚汉一案按律定拟折

光绪二十八年十一月二十八日(1902 年 12 月 27 日)

调署广东巡抚、江西巡抚臣李兴锐跪奏,为审明火器杀人重犯,按律定拟,恭折仰祈圣鉴事。

---

① 底本残缺,据台北故宫博物院藏“军机处档折件”(文献编号:153272)补。

窃准部咨，嗣后命盗死罪案件，无论凌迟、斩绞立决、监候，应由各该省一律改为专案具奏等因。兹查番禺县民黄亚汉因与陆亚培互殴，夺枪还击，误伤刘亚苏身死一案，前据该署县钱溯灏获犯讯详，批饬审解，兹据将犯审拟，解由署广州府知府龚心湛审明。经臬司吴引孙覆审解勘，臣提犯亲讯，缘黄亚汉即大牛汉，籍隶番禺县，与已死刘亚苏素识无嫌。有孀妇叶韩氏，承夫遗下二烟店，一间向在番禺县属旧仓巷开设生理。黄亚汉常到其店内吃烟，与叶韩氏见面不避。光绪二十四年二月间，不记日期，黄亚汉向叶韩氏调戏成奸，续后遇便奸宿，不记次数，给过钱物亦记忆不清。二十六年五月初间，复有素识之陆亚培到店吃烟，与叶韩氏嬉笑，黄亚汉走至看见，疑有奸情，将陆亚培斥骂驱逐，并嘱叶韩氏此后不许陆亚培到店。陆亚培挟恨，屡次前往寻闹，叶韩氏畏惧，将烟店闭歇，迁至碧兴里居住。黄亚汉恋奸，仍旧往来。是月二十六日傍晚时分，黄亚汉由叶韩氏屋内走出，适陆亚培到门首窥探。陆亚培一见黄亚汉，即取出身带五响洋枪向放，黄亚汉闪侧，上前夺获洋枪，转向陆亚培施放，不期刘亚苏路过该处，走避不及，被枪子致伤右眼胞下倒地。经邻人陈如德看见喝阻无及，叶韩氏闻声出视，黄亚汉向叶韩氏告知情由，随与陆亚培各自跑逃。陈如德报知刘亚苏之母刘区氏往看，讵刘亚苏伤重不能言语，旋即殒命。尸亲投保报验，详批缉参，获犯讯详饬审。兹据审拟解勘，臣提犯亲讯，据供前情不讳，诘无起衅别故及在场帮欧之人，究鞫不移，案无遁饰。

查例载："因争斗擅将鸟枪施放杀人者，以故杀论。"又律载："故杀人而误杀旁人者，以故杀论。""故杀者，斩监候。"又例载："军民相奸，奸夫、奸妇各枷号一个月，杖一百。"各等语。此案黄亚汉即大牛汗，先与叶韩氏通奸，因陆亚培与该氏嬉笑，疑有奸情，将陆亚培斥骂驱逐,禁绝往来。迨陆亚培挟嫌寻殴,该犯夺获洋枪,转向施放,以致误伤过路之刘亚苏身死。查洋枪与鸟枪相同,因争斗擅将鸟枪施放杀人,例以故杀论,则擅放洋枪误杀旁人,亦应按例问拟。黄亚汉即大牛汗,除与叶韩氏通奸轻罪不议外,合依"故杀人而误杀旁人者,以故杀论","故杀者,斩监候"律,拟斩监候,秋后处决,先行刺字。叶韩氏讯未在场帮殴,惟与黄亚汉通奸,亦应按例问拟。叶韩氏合依军民相奸例,拟枷号一个月,杖一百。系犯奸之妇,杖罪的决,枷罪收赎;追出赎银,批解充公。见证陈如德喝阻不及,应毋庸议。所给叶韩氏钱物,并无确数,应免着追。凶器洋枪,供弃免起,尸棺饬埋。陆亚培饬缉获日另结。本案凶犯,系于三参限内拿获究办,初、二参承缉职名,仍饬查明补参。

除供册分咨部科查照外,所有审明按律定拟缘由,臣谨遵照部章,恭折具奏,伏乞皇太后、皇上圣鉴,敕下法司核覆施行。再,此案自光绪二十八年五月十六日获犯到案起,扣除犯病一个月,计至十二月十五日统限届满,今在限内审办,并无迟逾,合并陈明。谨奏。光绪二十八年十一月二十八日。

朱批:"刑部议奏。"

《光绪朝朱批奏折》第108辑,第159—161页

592. 查明广州肇庆两府属被水业经分筹振抚来春无须接济折

光绪二十八年十一月三十日(1902年12月29日)

头品顶戴署理两广总督臣德寿,调署广东巡抚、江西巡抚臣李

兴锐跪奏，为查明广州、肇庆两府属被水，业经分筹振抚，来春无须接济，恭折由驿覆陈，仰祈圣鉴事。

窃准军机大臣字寄，光绪二十八年十月初三日奉上谕："广东广、肇两府属均被水灾，已分别谕令开办振捐，小民谅可不致失所。惟念来春青黄不接之时，民力未免拮据，着体察情形，如有应行接济之处，即查明据实覆奏。此外有无被灾地方应行调剂抚恤，一并查奏，候旨施恩。将此谕令知之。"等因。钦此。仰见圣主轸念民依，有加无已，莫名钦感。

伏查广东省本年六月间，雨水过多，东、西、北三江水势骤涨，奔腾下注，广、肇两府适当其冲，以致南海、四会、高要、高明、三水等县均有冲决基围，淹没田庐情事。当经饬委藩司亲往查勘，筹拨款项，派员分投，查放急抚，并奏准开办振捐，以资挹注。旋因被灾以后，米价腾踊，复饬署广州府知府龚心湛会督善堂绅董，筹办平粜，接济民食。现在振捐通行开办，所有基围决口，即可次第兴修，以工代振，其淹没田庐，亦已委员会同地方官妥为抚恤，分别筹款，疏浚修复，小民不致失所。此外各属，虽间有被水、被旱、被风之处，然情形甚轻，业由地方官随时抚恤，并经臣等饬将本年新增随粮捐输一律暂停，俟来年再行按粮带捐，藉纾民力。今晚稻业已登场，粮价渐平，虽收成不无歉薄，而民情尚属安谧，察看情形，来春青黄不接之时，似可无须接济。据藩、臬两司会详前来。臣等覆查无异，谨合词恭折覆奏，伏乞皇太后、皇上圣鉴。谨奏。光绪二十八年十一月三十日。

朱批："知道了。"

《光绪朝朱批奏折》第32辑，第254—255页

593. 剿办钦廉会匪一律肃清酌拟保奖折附清单

光绪二十八年十二月初一日(1902 年 12 月 30 日)

头品顶戴署理两广总督臣德寿,调署广东巡抚、江西巡抚臣李兴锐跪奏,为剿办钦、廉会匪,一律肃清,谨将在事出力文武员绅①,遵旨择尤酌保,以资鼓励,恭折仰祈圣鉴事。

窃照钦、廉一带匪徒窜扰,经前督臣陶模会同臣德寿檄饬二品顶戴候补道秦炳直督率营勇,驻廉剿办,迭据禀报,匪首就获,地方肃清,先经据实奏报,并请将在事出力文武员绅分别保奖,钦奉朱批:"准其择尤酌保,毋许冒滥。"钦此。仰见圣主激励戎行、有功必录之至意。兹据秦炳直将在事出力文武员绅开具清单、履历,呈请核奖前来。臣等伏查钦、廉两属,周遭二千馀里,北接广西,南邻越南,中皆乱山丛箐,匪徒窜匿其间,股数甚夥,以翁光佳、邓东良、王振纲三人为渠魁,党羽最盛,馀或数十人为一股,或百馀人为一股,伏莽遍地,互为声援,分捕则合拒,合剿则分匿。所持皆新式快枪,围劫村墟,焚掠官署,甚至图攻廉州府城。秦炳直抵廉之初,匪势正张,即将所带四整营分作八底营,并将合浦、灵山两属区分八小镇,各派营员按段分驻,复抽选精队作为游檄之师,四出侦探,遇匪即击;一面分派干练文员,会督营哨各官,严查保甲,为坚壁清野之计。部署甫定,匪为官军所制,纠胁诸党,并力死斗,副将蔡锦章于

① "绅",《申报》光绪二十九年正月二十八日(1903 年 2 月 25 日)第 10720 号第 2—3 版《署粤督德静帅会同粤抚李勉帅奏钦廉会匪一律肃清折》作"弁"。

本年二月初九日在灵山县属西牙村与贼交绥[①],受伤殒命。嗣营官宋安枢击匪于西路涌,符开铭击匪于家獭[②]渡,均将其悍党全股歼灭。后宋安枢等再战于大径[③]子,军士忍一昼两夜之饥渴,与匪苦鏖,死亡相继,力战不衰,卒能攻破坚巢,击退援贼,战功尤著。统计各营前后与匪接仗大小数十次,阵斩及拿获匪党不下一千数百名,匪势始渐穷蹙,然仍与官军追逐于乱山之中。又经分段清乡,并村建闸,使逃散之匪无所窝顿,被胁之徒渐思归正。秦炳直遂定以匪攻匪之策,晓谕匪党,擒献头目者,贷其一死,匪势日孤,相率投诚。用是邓世惠等引拿匪首邓东良于钦州,黄远祥等击杀匪首马炒豆于合浦,而凶悍最著之头目翁光佳、王振纲亦在五黄山、三[④]顶岭等处,经委员刘兆榕、绅士阮朝忠、营官朱天榜督率投诚人等协力围攻,始克先后成擒。此剿办钦、廉会匪,各营奋勇力战及解胁擒渠之实在情形也。

复查钦、廉会匪,向与广西游匪勾结。当上年起事之初,正西匪披猖之际,人心浮动,岌岌可危,不加痛剿,固无以挫其凶锋,而仅恃兵威,亦非胁从罔治之意。因饬令印委各员,谆切开导,劝谕悔会[⑤],凡有被胁入会而未犯抢劫者,俱准具结悔会,予以自新,约计钦、廉两属,不下五六万人,人心反正,全境乂安。秦炳直苦心规画,操纵有方,功绩最为昭著,而印委各员深入匪薮,日督营哨员弁,搜山剿捕,遇有大股匪至,飞檄营团,分路堵截,实与冲锋陷阵,身临前敌者无异。至于解散会党,抚集流亡,当蹂躏已甚之

---

① “绥”,《申报》作“仗”。

② “家獭”,《申报》作“赖家”。

③ “径”,《申报》作“经”。

④ “三”,《申报》作“之”。

⑤ “悔会”,《申报》作“悔过”。下同。

馀,数月之间,悉臻戡定,更非印委各员实心实力,不辞劳瘁,弗克至此。现在广西匪势尚炽,而钦、廉一带早告肃清,办理实为迅速。

所有异常出力之督营剿办、二品顶戴军机处存记广东尽先前补用道秦炳直,拟请仍交军机处存记,遇有道员缺出,开列在前,请旨简放,并赏戴花翎;广西补用知(用)〔府〕[①]宋安枢,拟请免补知府,以道员仍留广西尽先前补用,并加二品顶戴;四品衔候选通判阮朝忠,拟请免选通判,以直隶州知州分发省分补用;双月候选通判刘兆榕,拟请免选通判,以直隶州知州不论双单月分发省分补用;蓝翎五品顶戴补用千总朱天榜,拟请免补千总、守备,以都司留粤尽先补用;蓝翎、尽先千总符开铭,拟请免补千总,以守备留粤尽先补用,并加都司衔。其馀请奖文武员绅,经臣等严加覆核,并无冒滥,谨分别异常、寻常劳绩,缮具清单,恭呈御览。合无仰恳天恩,俯准照奖,以彰劳绩而励戎行。

除将千总以下出力人员,照章咨部〔查〕核,并饬造各员履历清册送部查核外,再[②]此案尚有署北海镇总兵潘瀛、督办钦廉边防候补道潘培楷所统各营会同剿办,均有微劳足录。北海镇出力员弁,已据秦炳直择尤开列,汇入清单请奖;其潘培楷所带防营,前获匪首邓东良,业将出力之守备何天能[③]等四员汇入清乡缉捕案内奏保在案,此外有无应保人员,潘培楷现带防营驰赴广西援剿,应俟查明,另行汇办,合并陈明。

---

① 据《申报》改。

② “再”,《申报》作“查”。

③ “能”,《申报》作“熊”。

所有剿办钦、廉会匪一律肃清，并酌拟保奖缘由，谨合词恭折具奏，伏乞皇太后、皇上圣鉴训示。谨奏。〔光绪二十八年〕十二月初一日。

光绪二十九年正月初八日奉朱批："秦炳直等着照所请奖叙，单开各员，该部议奏，单、片并发。"钦此。

清单

谨将剿办广东钦、廉土匪在事出力文武员绅，分别拟奖，缮具清单，恭呈御览。

三品衔保准广东补用道署钦州直隶州知州卢蔚猷，拟请随带加三级，并赏加二品顶戴。

知府用在任补用直隶州、本任连平州知州、署合浦县知县张卿云，拟请俟补直隶州后，在任以知府尽先前补用，并赏加三品衔。

同知衔署灵山县知县广东试用知县俞焕、广东试用知县兼袭云骑尉姚绍书，均拟请免补知县，以直隶州知州仍留原省，归候补班补用。

同知衔广东试用知县赵承炳，拟请免补知县，以知州仍留原省，归候补班补用。

广东试用知县阎梦谷、黄文缙，均拟请仍以知县归候补班前尽先补用，并赏加同知衔。

同知衔广东补用直隶州知州请补阳春县知县郑业崇，拟请赏加四品衔。

广东试用县丞温朝仪，拟请免补县丞，以知县仍留原省，归候补班补用。

广东试用直隶州州判萧庚烈，拟请免补州判，以知县仍留原省，归候补班补用。

双月候选县丞容大勋，拟请以县丞不论双单月尽先选用。

广东试用巡检杨鼎勋，拟请仍以巡检归候补班尽先前补用。

广东试用从九品李光谟，拟请仍以从九品归候补班尽先前补用。

广东候补从九品帖璜，拟请以巡检仍留原省，归候补班补用。

广东试用从九品裘锡钊，拟请以从九品归候补班尽先补用，并俟补缺后以主簿升用。

附生宋以藩，拟请以训导不论双单月归部尽先选用。

监生陈天章，拟请以县主簿不论双单月尽先选用。

文童冯汝澜，拟请以巡检不论双单月尽先选用。

文童刘来远、萧绍禔、冯本楠、魏琛均，拟请以从九品不论双单月尽先选用。

以上各员，或率队剿匪，亲历疆场，或分段清乡，躬捕巨盗，均属不避艰险，卓著勤劳，实系异常出力，合登明。

候选通判陈钦鏻，拟请以本班不论双单月尽先选用。

广东试用府经历师云鹏、江西试用县丞梁家鹏，均拟请俟补缺后以知县补用。

前任灵山县西乡司巡检赖玉森、广东试用巡检署灵山县西乡司巡检王之湘，均拟请俟补缺后以县主簿补用。

广东灵山县典史周端麟，拟请在任以县主簿补用。

广东试用巡检虞克铭，拟请俟补缺后以县主簿补用。

优廪贡生孙灿、附生刘绍基，均拟请以县丞归部选用。

附生陈奎昌，拟请以训导归部选用。

监生黄道诚、增生黄定海，均拟请以巡检归部选用。

文童李森炎、谭澍林，营书黄朝华，均拟请以从九品归部选用。

以上各员，或随办保甲，或襄理军报，深入匪窟，昕夕勤劳，实属尤为出力，合登明。

广东督标补用游击康鸿，拟请免补游击，以参将仍留原省尽先补用。

补用守备刘俊杰、张大发，均拟请免补守备，以都司留粤尽先补用。

留粤尽先补用守备陈玉祥，拟请免补守备，以都司仍留原省尽先补用。

副将衔尽先补用参将刘云标，拟请仍以参将留粤尽先前补用。

尽先千总花元芳，拟请免补千总、守备，以都司尽先补用。

尽先拔补把总刘赵明，拟请免补把总、千总，以守备尽先补用。

拔补千总廖大锦、潘胜龙、蒋寿山、郝尚礼、吴正芳、梁善新，北海镇标右营左哨头司把总刘殿元，均拟请免补千总，以守备尽先补用，廖大锦、潘胜龙并请赏加都司衔。

北海镇右营右哨千总王广章、北海镇左营存城千总邓定邦，均拟请以守备尽先补用，王广章并请赏加都司衔。

监生秦道隆，拟请免补外委、把总，以千总尽先拔补，并赏加守备衔。

武监生龚安国，拟请免补外委、把总，以千总留粤尽先补用。

以上各员，分段剿匪，每战争先，斩获凶悍首要多名，解胁擒渠，地方赖以安谧，实属异常出力，合登明。

留粤水师尽先补用副将吕文经，拟请俟补副将后，以总兵记名简放。

灵山营守备林茂芳、尽先补用守备刘福泰，均拟请赏加都司衔。

补用千总唐清山、胡郅轩、陈绍勋、康达通、陈日升，均拟请俟补千总后，以守备补用。

广东东兴营板兴汛千总吴振兴，拟请在任以守备补用。

北海镇左营左哨头司把总庞德新，拟请在任以千总补用，并赏加守备衔。

以上各员，随同打仗，奋勇勤劳，获匪多名，实属尤为出力，合登明。

五品衔都察院学习经历李怀本，拟请免选本班，以同知不论双单月尽先选用。

候选知县林永元，拟请免选本班，以直隶州知州尽先前选用。

翰林院待诏衔分发委用训导赵绍彰，拟请免选训导，以教谕尽先选用。

双月选用训导庞润槐、廪贡生黄敬良，均拟请以训导不论双单月尽先选用。

以上各绅，亲率团练，扼守要隘，迭获要匪，实属异常出力，合登明。

浙江试用县丞吴家瀛，拟请俟补缺后，以知县仍留原省补用。

同知职衔监生余荣光，拟请赏加四品顶戴。

提举衔候选通判姚绍祚、广西试用同知陈继熙，均拟请赏加四品衔。

布政司经历衔监生王尚锈、监生张锡畴、文童阮善，均拟请以从九品归部选用。

岁贡生林永江,拟请以教谕归部选用。

廪生施肇枢、生员杨培鋆,均拟请以训导归部选用。

以上各绅,办团认真,协获要匪,实属尤为出力,合并登明。

朱批:"览。"

台北故宫博物院藏"军机处档折件"及其附件,文献编号:153290

594. 剿办钦廉会匪劳绩最著人员秦炳直等所拟保奖与奖章微有不符请一并照拟给奖片

光绪二十八年十二月初一日[①](1902 年 12 月 30 日)

再,查部定保奖章程,不准保请记名及分发省分。此次剿办钦、廉会匪正折内开之二品顶戴军机处记名广东尽先补用道秦炳直一员,系两次奏保,奉旨送部引见,并经升任国子监祭酒吏部尚书臣张百熙暨臣兴锐在江西巡抚任内先后荐举人才,均奉朱批"交军机处存记",是以仍请存记简放,并非率行奏请。又候选通判阮朝忠、刘兆榕两员,均系候选人员,现请免选通判,以直隶州知州分发省分补用,与奖章微有不符。惟该员等均系在事始终出力,劳绩最著之员,可否仰恳天恩,俯准一并照拟给奖,出自逾格鸿施。臣等谨附片陈明,伏乞圣鉴训示。谨奏。

光绪二十九年正月初八日奉朱批:"览。"钦此。

台北故宫博物院藏"军机处档折件",文献编号:153283

---

① 以下三片,皆与署理两广总督德寿会衔,原缺具奏日期。按,此三片朱批日期与上折相同,具奏日期亦应相同。

595. 廉州府知府郭之全襄办钦廉剿抚事宜得力请量予擢用片

光绪二十八年十二月初一日(1902 年 12 月 30 日)

再,廉州府知府郭之全,襄办钦、廉剿抚事宜,保境安民,实力筹防,决胜精密周详,尤为此次肃清案内得力人员。该员系二品衔特旨以道员在任候补,应如何量予擢用之处,出自圣裁。谨合词附片陈请,伏乞圣鉴训示。谨奏。

光绪二十九年正月初八日奉朱批:"郭之全着交军机处存记。"钦此。

台北故宫博物院藏"军机处档折件",文献编号:153278

596. 请将剿匪殉职候补副将蔡锦章等附祀廉州忠义祠片

光绪二十八年十二月初一日(1902 年 12 月 30 日)

再,据督办钦、廉剿抚事宜广东尽先前补用道秦炳直禀称,候补副将蔡锦章,前带营勇在灵山县属西牙墟剿匪伤亡,先经奏蒙圣恩,敕部议恤在案。嗣经大小数十战,先后阵亡差弁龚质瑄及勇丁陈梅等二十七名,尽瘁捐躯,深堪悯恻。查廉州府城向设有忠义祠,可否将故副将蔡锦章等附入该祠致祭,禀请具奏前来。臣伏查广东潮阳、琼州、钦州等处剿匪阵亡、瘴故各弁勇,均蒙恩准建祠致祭有案。今副将蔡锦章等效命疆场,事同一律,合无仰恳天恩,俯准将该副将等附祀廉州忠义祠,由地方官春秋致祭,以慰忠魂。谨合词附片具陈,伏乞圣鉴训示。谨奏。

光绪二十九年正月初八日奉朱批:"着照所请,该部知道。"钦此。

台北故宫博物院藏"军机处档折件",文献编号:153298

597. 奏请以刘永椿调补海阳县知县折

光绪二十八年十二月十七日(1903年1月15日)

头品顶戴署理两广总督臣德寿,调署广东巡抚、江西巡抚臣李兴锐跪奏,为拣员调补海疆要缺知县,以资治理,恭折具陈,仰祈圣鉴事。

窃照广东海阳县知县刘兴东,前经奏参革职开缺。接准部咨,于光绪二十八年八月十一日奉朱批,应以奉朱批后第五日行文,按照限减半,计至十月初一日,作为接到文行开缺日期,应归十月分截缺办理。系海疆题调冲、繁、难三项要缺,毋庸签掣。查定例,州县应调缺出,俱令于现任人员内拣选调补。又调补官员,其任内如有承审案件、承缉盗案、征解钱粮已起降调革职参限者,概不准其升调。各缺如因缺系繁要,人地实在相需,为地择人者,应令该督抚据实陈明,吏部仍查明其馀并无别项不合例事故,亦即议准。此外一切因公处分,毋庸计算各等因。

今海阳县知县系海疆冲、繁、难兼三要缺,为潮郡附郭首邑,民情强悍,讼狱纷繁,非精明干练之员,不足以资治理。兹于通省现任知县合例应调人员内逐加遴选,查有翁源县知县刘永椿,年四十八岁,系甘肃西宁县拔贡,中式光绪乙亥恩科并补行壬戌恩科本省乡试举人,己丑科会试大挑二等,选授甘州府山丹县教谕。遵郑工例报捐知县分省试用。十五年六月验看,签掣广东,十六年五月三十日到省。遵新海防例,加捐分缺先补用。题补翁源县知县,于二十四年二月初四日到任。是年捐免试俸、历俸。该员任内并无承审积案及承缉盗案已起降调革职参限,虽有经征未完光绪二十四、五、六等年钱粮,查系实欠在民,并非征存未解。因公处分,例免核计。该员精卓耐苦,以之调补海阳县知县,实于海疆要缺有裨,与例亦属相符。且人地实在相需,为地择人,例得据实声请。据藩、臬两司会详前来。

合无仰恳天恩,俯准以翁源县知县刘永椿调补海阳县知县。如蒙俞允,该员系现任知县请调知县,衔缺相当,毋庸送部引见。除咨部外,臣等遵照新章,改题为奏,谨合词恭折具陈,伏乞皇太后、皇上圣鉴训示。

再,所遗翁源县知县系简缺,粤省现有应补人员,请扣留在外,俟接准部覆,选员请补。又,粤东省补缺例限九十日,此缺系归光绪二十八年十月分截缺,应以是月底起限办理,今在限内选员请补,并无迟逾。所有该员参罚案件,另造清册送部,合并陈明。谨奏。光绪二十八年十二月十七日。

朱批:"吏部议奏。"

《光绪朝朱批奏折》第18辑,第428—429页

598. 奏请以张宏运补授佛山同知折

光绪二十八年十二月十七日(1903年1月15日)

头品顶戴署理两广总督臣德寿,调署广东巡抚、江西巡抚臣李兴锐跪奏,为选员请补同知,恭折仰祈圣鉴事。

窃照佛山同知刘国光于光绪二十八年九月二十六日病故,业

经附片奏报声明,所遗佛山同知缺,按照二留一咨章程,系第三轮第一次留缺,应请扣留外补。此案于十月十二日申报到司,应勒归九月分截缺办理。是月分选缺同知一项只此一缺,毋庸签掣。查定例,道、府、同知、直隶州知州、通判、知州补缺班次,如系选缺,遇告病、病故、休致所遗,应先尽候补班前酌补一人,次将候补正班酌补一人。又准部咨郑工新例铨补章程内开:道、府、同知、直隶州知州、通判、知州、知县升调所遗及告病、病故、休致,以及佐贰杂职等官,无论何项所出留补选缺,除坐补原缺、裁缺即用、回避即用、新选新补、留省另补人员不计外,无论何项到班,仍以五缺计算。先用郑工新班遇缺先二人、海防新班先一人,无人,用郑工新班遇缺先人员抵补。至第四缺,海防即、海防先分班轮用一人,第一轮用海防即人员,第二轮用海防先人员,海防先无人,仍用海防即人员,海防即无人,用旧例银捐遇缺先人员,如无人,用旧例银捐遇缺人员,再无人过班,即接用各项轮用班次一人,以五缺为一周。又准部咨新海防例铨补章程内开:所有此次遵照新海防例报捐人员,应仍照郑工事例跟接次数、卯数,分别掣签,按班序补各等因。

前出潮州府同知缺,已用军功候补同知沈鸿寿补,佛冈同知缺,已用不积班特旨补用同知李达璋补。今佛山同知缺,轮用郑工及新海防遇缺先无人,海防先、海防即、旧例银捐遇缺先、银捐遇缺均无人,应过班接用各项,系候补班前到班,应用候补班前补用人员酌补。兹查有军功候补班前补用同知直隶州张宏运,年五十七岁,系湖北江夏县人。由俊秀在湖北沔阳州助办团练出力,议叙作为监生,给予翰林院待诏衔。旋随铭军剿平张总愚捻股出力案内,同治八年七月初七日奉上谕:“着以府经历不论双单月遇缺即选。”钦此。又于克复渭源、狄道两城并剿抚岷州溃卒案内,十年五月二十日奉上谕:“着以知县分发省分,归候补班前先即补。”钦此。又于踏平黑山头等处逆巢克复太子寺汛城出力案内,是年十二月三十日奉上谕:“着免补本班,以同知直隶州知州留于陕西,归候补班前无论繁简遇缺先补用。”钦此。又于四川剿办蛮匪出力案内,光绪三年四月初九日奉上谕:“着赏加知府衔。”钦此。旋离营,由籍领咨赴部。十一年四月二十八日,蒙钦派大臣验放,堪以照例发往,十一日奉旨:“依议。”钦此。二十一日领照起程,十一月初八日到陕。十二年,试用一年期满,业经甄别留省补用。在湖北新海防捐局遵例捐离陕西原省,改指广东,仍归候补班前遇缺先补用,呈请给咨赴补。于十六年五月初四日到省,是年闻讣丁母忧,回籍守制。服阕起复,十九年三月二十三日回省,是年接准吏部咨,准其起复。又接准吏部咨行改省过班知照,系坐十九年十月二十日行文,计至十二月初四日接到部文,作为到省〔日期〕,业经缴结详咨在案。该员质性谨恪,办事勤敏,以之补授佛山同知缺,洵堪胜任,与例亦属相符。据藩、臬两司会详前来。

相应请旨,准以军功候补班前补用同知直隶州张宏运补授佛山同知缺。如蒙俞允,该员系军功候补班前补用同知直隶州请补同知,衔缺相当,毋庸送部引见。除咨部外,臣等谨照章改题为奏,恭折具陈,伏乞皇太后、皇上圣鉴训示。

再,粤东补缺例限九十日,此缺系勒归光绪二十八年九月分之缺,十月十二日申报到司,应以是日起限办理,今在限内选员请补,并无迟逾,合并陈明。谨奏。光绪二十八年十二月十七日。

朱批:“吏部议奏。”

《光绪朝朱批奏折》第18辑,第430—432页

599. 奏请以刘钰德补授粤闽南澳同知折

光绪二十八年十二月十七日(1903年1月15日)

头品顶戴署理两广总督臣德寿,调署广东巡抚、江西巡抚臣李兴锐跪奏,为选员请补要缺同知,恭折仰祈圣鉴事。

窃照粤闽南澳同知冯文星于光绪二十八年十月初一日病故,业经附片奏报声明。所遗南澳同知系题调要缺,由外拣员调补,应归十月分截缺办理。系题调要缺,毋庸签掣。查定例,各省同知,如系奉旨命往,或督抚题明留于该省候补,并试用人员因军营出力保奏归候补班补用,及同知以下各官拿获盗犯等项引见,发往原省,以何项补用,并著有劳绩,经该督抚保奏,奉旨先尽补用、遇缺即补等项,凡系应归候补班补用者,均无论应题、应调、应选之缺,令该督抚酌量才具,择其人地相宜者,悉准补用。至题调要缺同知酌量以候补人员请补时,该省如有截取记名分发人员,应先尽酌量请补等因。

今南澳同知缺,查有记名分发候补同知刘钰德,年四十四岁,系河南开封府尉氏县廪生。考取光绪十一年乙酉科拔贡,十九年四月遵赈捐例报捐太常寺博士职衔,复遵新海防例报捐内阁中书,是年十一月选补中书实缺,是月二十四日到阁任事。二十年五月捐免试俸,呈请截取外用。九月初三日引见,奉旨以同知外用,十月十一日呈请离署,并呈请分发。遵新海防例报捐指省广东,十月二十八日验看,十一月十四日由吏部带领引见,奉旨:"照例发往。"钦此。二十日领照起程,二十一年六月十三日到省。该员稳练廉明,留心民事,以之补授粤闽南澳同知,洵堪胜任,与例亦属相符。

据藩、臬两司会详前来。

相应请旨,准以记名分发候补同知刘钰德补授粤闽南澳同知缺。如蒙俞允,该员系记名分发候补同知请补同知,衔缺相当,毋庸送部引见。除咨部外,臣等谨照章改题为奏,恭折具陈,伏乞皇太后、皇上圣鉴训示。

再,粤东省补缺例限九十日,此缺系归光绪二十八年十月分截缺,应以是月底起限办理,今在限内选员请补,并无迟逾,合并陈明。谨奏。光绪二十八年十二月十七日。

朱批:"吏部议奏。"

《光绪朝朱批奏折》第18辑,第432—433页

600. 委令松堺署理高州府知府等事片*

光绪二十八年十二月十七日(1903年1月15日)

再,高州府知府王嘉禾撤省察看,所遗高州府知府篆务,查有奏补惠州府知府松堺,局度深稳,留心时务,堪以署理。又署东安县知县赵梦奇署事期满,所遗东安县知县篆务,查有临高县知县吴志道,吏事精审,堪以调署;其所遗临高县知县缺,查有新选东安县知县许福赓,志趣端正,堪以署理。该员吴志道临高县任内并无盗劫已起四参之案。据藩、臬两司会详前来。除分檄饬遵外,臣等谨循例附片具陈,伏乞圣鉴。谨奏。

朱批:"吏部知道。"

《光绪朝朱批奏折》第18辑,第434页

---

* 此片与署理两广总督德寿会衔。

601. 奏报广东省征收光绪二十七年分上忙钱粮数目折

光绪二十八年十二月十七日(1903年1月15日)

头品顶戴署理两广总督臣德寿,调署广东巡抚、江西巡抚臣李兴锐跪奏,为具报征收光绪二十七年上忙钱粮数目,恭折仰祈圣鉴事。

案准部咨,州县每年应征钱粮银两,除例准留支及实欠在民外,尽数提解司库,造册详报,督抚专折具奏,将原册送部。又准部咨,更定藩司督催钱粮分数考成,自光绪二十四年起,上忙匀为四分、下忙匀为五分征收,其馀归奏销前扫数全完。又各省上下两忙钱粮于截止后,上忙限十一月底,下忙限次年五月底,分晰成数报部各等因,均经转行遵办在案。兹据广东布政使丁体常详称,广东省光绪二十七年分应征地丁、杂税、屯丁等项共银一百七万八千一百三十六两四钱五分八厘,自是年正月初一日起至十一月底上忙期满止,各属起解司、道库及存留等项银三十三万八千八百五十两五钱七厘九毫。又额征耗羡银十七万五千三十七两四钱七分八厘,截至是年十一月底上忙期满止,各属完解司、道库银五万二千四百四十一两二钱五分二厘三毫九丝。统计额征正、耗二项分数,上忙匀为四分计算,已完三分一厘二毫二丝四忽,未完八厘七毫七丝六忽。除各厅州县应行留支外,均据批解司、道各库,检查各属实征底簿,核算相符,未完之数委系实欠在民,并无捏饰等情前来。

臣等覆查无异,除行司严催各属迅将未完银两上紧催征,务于奏销前扫数完解,毋许稍有延欠,并将已、未完数目各册咨送吏、户二部查核外,所有广东省征收光绪二十七年分上忙钱粮数目,谨循例合词恭折具陈，伏乞皇太后、皇上圣鉴。谨奏。光绪二十八年十二月十七日。

朱批："户部知道。"

《光绪朝朱批奏折》第69辑，第13—14页

602. 广东按粮捐输自光绪二十九年起征按银米正额加捐三成并琼州等地概予免捐片*

光绪二十八年十二月十七日（1903年1月15日）

再，上年钦奉电传谕旨，饬筹各国赔款，因为数过巨，为期又久，议请开办亩捐，按丁耗原额加五成征收，藉资凑济。当经臣德寿在巡抚任内会同前督臣陶模，电请行在军机处代奏，旋准覆电，令即体察情形，仿照四川捐输办法，加征之银，作为捐输，准其汇总请奖广额等因。即经饬据司道酌议，改为随粮捐输，按各属银米征数带捐三成，以光绪二十八年为始，随粮交纳。开办之后，适因本年春旱夏潦，秋间又复两月不雨，收成歉薄，体察民情，若仍按粮带捐，深恐力有未逮，转于正赋有碍，复经臣等通饬各属，将随粮捐输一项暂行展缓一年，俟光绪二十九年再行举办，其已缴在官者，准抵来年捐输，实欠在民者，概予免缴，以示体恤，业已附片奏明在案。

惟查广东财赋，只有此数，自前大学士刚毅来粤派提，每岁骤增解款百六十万，挪凑应付，罗掘俱穷，今又奉派添筹赔款，益觉无从措手。即如本年司局筹解各饷，多系称贷而来，剜肉医疮，断难

---

* 此片与署理两广总督德寿会衔。

支拄，自非多方设措，殊无以纾目前之急。粤东土沃赋轻，酌量捐取，尚不至重为民困。惟上年原定三成，系指各属征数而言，较之正额，实不止三成，而且各属平羡不一，征数互异，既不能整齐画一，即难免久而滋弊。现经臣等督同司道悉心酌核，除屯田一项，原系按租定赋，税额本重，未便再令带捐，又琼州一府，孤悬海外，黎客杂处，并丰顺、大埔、乳源、连平、长宁、平远、镇平、和平八州县及连山绥瑶一厅，地瘠民贫，概予免捐外，其馀各属，俱自光绪二十九年春征起，按照银米正额加捐三成。凡串载正银一两，带完捐输洋银三钱，串载民米一石，亦带完捐输洋银三钱，概以通行之洋银完纳，不另加平补水，俾归简易，并不准官吏人等加索杂费，违则查出参究。所捐之银，仍俟集有成数，准照四川办法，请奖广额，以示鼓励。此事先拟带捐五成，继而减为三成，今又改按正额带捐，一再轻减，所取甚微，地方绅民当咸知感奋自效，踊跃输将，而串载分明，经手官吏亦无虞别滋弊混矣。据藩司丁体常会同督粮道周开铭具详前来。除批准照办，并咨明户部外，谨合词附片具陈，伏乞圣鉴。谨奏。

朱批："户部知道。"

《光绪朝朱批奏折》第83辑，第885—886页

603. 纠参贪鄙不职牧令各官请分别革处折

光绪二十八年十二月十八日（1903年1月16日）

调署广东巡抚、江西巡抚臣李兴锐跪奏，为纠参贪鄙不职牧令各官，恭折仰祈圣鉴事。

窃维近日时局艰难，闾阎元气日见剥削，得百十循吏培养之而

不足,一二贪吏败坏之则有馀,欲图治理,不从地方牧令整饬,实无下手处。臣到粤视事已逾三月,留心考察,虽循分供职者尚多,而著名贪鄙、有乖职守者亦复不少,如前署儋州知州候补知县王之翰,遇案勒罚,民怨沸腾;兴宁县知县王克鼎,屡被控告,任用匪人;卸署新安县事丁忧试用知县刘骏声,贪利营私,声名恶劣;卸署龙门县事丁忧截取进士补用知县李宗膺,贪鄙近利,不堪造就;即用知县莫镇强,行止不端,操守难信;卸署遂溪县事试用知县周瑞璋,行为猥鄙,有玷官箴;署高州府经历试用县丞郑涛,才具庸暗,声名甚劣。以上七员,均属万难姑容,相应请旨,均予即行革职,以肃官常。又曲江县知县崇良,才庸识浅,听断无能;署饶平县事调补四会县知县方朝概,声名平常,难膺民社。以上二员,均请以府经、县丞降补。又新安县知县赵新,庸懦无能,不理民事,惟文理尚优,应请以教职归部铨选。东莞县知县刘德恒,恃才傲物,办事任性,应请开缺,留省另补。

臣为整饬吏治起见,是否有当,伏乞皇太后、皇上圣鉴训示。再,此次纠参之兴宁、曲江、四会、新安、东莞各知县缺,广东均有应补人员,应请扣留外补,合并声明。谨奏。光绪二十八年十二月十八日。

朱批:"另有旨。"

《光绪朝朱批奏折》第18辑,第443页

附录

光绪二十九年正月十一日内阁奉上谕:"李兴锐奏纠参贪鄙不职各官一折。前署广东儋州知州候补知县王之翰,遇案勒罚,民怨沸腾;兴宁县知县王克鼎,屡被控告,任用匪人;卸署新安县试用知县刘骏声,贪利营私,声名恶劣;卸署龙门县补用知县李宗膺,贪鄙近利,不堪造就;即用知县莫镇强,行止不端,操守难信;卸署遂溪县试用知县周瑞璋,行为猥鄙,有玷官箴;署高州府经历试用县丞郑涛,才具庸暗,声名甚劣,均着即行革职。曲江县知县崇良,才庸识浅,听断无能;署饶平县调补四会县知县方朝概,声名平常,难膺民社,均着以府经历、县丞降补。新安县知县赵新,庸懦无能,不理民事,惟文理尚优,着以教职归部铨选。东莞县知县刘德恒,恃才傲物,办事任性,着开缺另补,以肃官方。馀着照所议办理。该部知道。"钦此。

《光绪朝上谕档》

604. 密陈司道府各官考语折

光绪二十八年十二月十八日(1903 年 1 月 16 日)

调署广东巡抚、江西巡抚臣李兴锐跪奏,为密陈司、道、府各官考语,恭折仰祈圣鉴事。

窃查各省司、道、知府等官,每届年终,例由督抚出具切实考语,密奏一次。臣蒙恩命调署广东巡抚,到任以来,窃见此地民穷财尽,群盗满山,重以外涉南洋,重门洞辟,既虞内乱,尤患外讧。司、道、知府各有表率僚属之责,一切用人察吏、临民理财诸政,多赖以承布施行,无论苟简废弛,难与图治,即或循常蹈故,不知发奋自强,其败坏之几,已有隐伏于无形者。臣用是惟日兢兢,多方规勉,要使各勤职守,未敢少涉瞻徇。兹届年终出考之期,除新授肇庆府知府多龄尚未到任,无凭注考外,其馀各员,谨就管见所及,填注切实考语,敬缮清单,密呈御览。臣仍不时留心考察,如有后先易辙之员,即当据实纠参,不敢稍涉回护。是否有当,伏乞皇太后、皇上圣鉴。再,广州府知府现以惠州府知府沈传义调补,尚未接准部覆,合并陈明。谨奏。光绪二十八年十二月十八日。

朱批:"知道了,单留中。"

《光绪朝朱批奏折》第18辑,第444页

605. 奏报广东省光绪二十八年十一月分雨水粮价情形折

光绪二十八年十二月十八日(1903年1月16日)

调署广东巡抚、江西巡抚臣李兴锐跪奏,为查明十一月分雨水、粮价情形,恭折具奏,仰祈圣鉴事。

窃照广东省光绪二十八年十月分雨水、田禾、粮价情形,业经臣恭折奏报在案。兹查广东省城光绪二十八年十一月分上、中、下三旬得有雨泽数次,晚禾收获已毕,二麦生发,杂粮亦陆续收获。省外各属具报,与省城大略相同。粮价较上月稍减,民情安谧,堪以仰慰圣怀。所有光绪二十八年十一月分雨水及粮价情形,臣谨缮清单,恭折具奏,伏乞皇太后、皇上圣鉴。谨奏。光绪二十八年十二月十八日。

朱批:"知道了。"

《光绪朝朱批奏折》第97辑,第82页

606. 奏报广东省派还新定赔款第一年下半年解过款目银数折

光绪二十八年十二月二十八日(1903年1月26日)

头品顶戴署理两广总督臣德寿,调署广东巡抚、江西巡抚臣李

兴锐跪奏,为派还新定赔款第一年下半年解过款目银数,恭折具陈,仰祈圣鉴事。

窃照各省摊还新案赔款,前准户部奏明,派拨广东省每年银二百万两,匀分十二次,按月解沪,按照公约,每解银一百两,应随补关平银一两六钱四分三厘等因,业经遵照,按月解交上海道兑收,将匀解银数、起解日期咨明。嗣又奏明,按半年汇奏一次,业将光绪二十七年十二月第一次起,至二十八年五月第六次止,上半年共解过摊还赔款连关平、汇费共银一百二万五千一百二两五钱七分六厘,奏报在案。兹查自光绪二十八年六月第七次起,至十一月第十二次止,已满半年,共解过摊还赔款纹银一百万四两,又解过各期应补关平纹银一万六千四百三十两六分四厘,又支给商号汇费洋银一万四千二百三十两七分四厘,又新筹各款洋银易纹起解,随支补水洋银七万六百九十九两三钱八分六厘,统共支解六期赔款连关平、汇费、补水共银一百一十万一千三百六十三两五钱二分四厘。内动支沙捐洋银七万五千两,房捐洋银七万两,按粮捐输洋银一十万八千八十九两一钱七分四厘,烟酒、茶糖、土药加厘洋银一万六千四百一十一两六钱七分八厘,新案二成裁兵旷饷纹银四万七千七百五十两六钱一分八厘五毫,运库盐斤加价纹银一十五万六千八百九两五钱九分一厘五毫,清佃花息洋银八万二千九百一十两。以上各款,共支银五十五万六千九百七十一两六分二厘,尚不敷银五十四万四千三百九十二两四钱六分二厘,系在司库正杂款内通融挪借,并向商号借垫凑足,以应急需。据广东藩运二司、督粮道、善后、厘务局司道详请具奏前来。臣等覆核无异,除分咨外,谨会同缮折具陈,伏乞皇太后、皇上圣鉴。谨奏。〔光绪二十八年〕十二月二十八日。

光绪二十九年二月初一日奉朱批:“该部知道。”钦此。

台北故宫博物院藏“军机处档折件”,文献编号:153868

607. 广东筹解光绪二十八年第二批东北边防经费银两片

光绪二十八年十二月二十八日[①](1903 年 1 月 26 日)

再,光绪二十八年东北边防经费,部拨广东厘金银八万两。查前项银两,经前督臣陶模会同奴才在巡抚任内奏明,将此项银两毋庸分三七搭解,自第三批起,全以银元起解。兹据广东布政使丁体常详称,现又筹解第二批东北边防经费银五万两,仍照原奏,以纹银汇解,派委候补通判李怀清督同商号新泰厚等,于光绪二十八年十二月二十三日起程汇解进京,赴部投纳等情,详请奏咨前来。臣等覆核无异,除咨部查照外,谨附片具陈,伏乞圣鉴。谨奏。

光绪二十九年二月初一日奉朱批:“户部知道。”钦此。

台北故宫博物院藏“军机处档折件”,文献编号:153869

608. 广东筹解光绪二十八年第四批筹备饷需银两片

光绪二十八年十二月二十八日(1903 年 1 月 26 日)

再,广东省光绪二十八年分应解筹备饷需银二十万两,当经筹银十三万两,分作三批,先后派委陵水县知县傅肇敏等、候补同知吴贞亮等、广西候补知府钱锡宝等领解在案。兹向商号新泰厚等

① 以下两片,与署理两广总督德寿会衔,原缺具奏日期。按,此两片与上折朱批日期相同,应是同日所奏之附片。

订借银三万两,作为二十八年第四批筹备饷需银两,照案仍由该商号等汇京,派委候补通判李怀清等领赍汇单,于光绪二十八年十二月二十三日起程,由海道进京,支取银两,赴户部投纳。据广东布政使丁体常详请奏咨前来。臣覆核无异,除咨户部查照外,谨会同署广东巡抚臣李兴锐合词附片具陈,伏乞圣鉴。谨奏。

光绪二十九年二月初一日奉朱批:"户部知道。"钦此。

台北故宫博物院藏"军机处档折件",文献编号:153880

609. 黄江税厂第十六次征收加倍请将该厂委员高觐昌照案奖叙折

光绪二十八年十二月二十八日(1903年1月26日)

头品顶戴署理两广总督臣德寿,调署广东巡抚、江西巡抚臣李兴锐跪奏,为黄江税厂第十六次征收加倍,请将经收厂税之员照案奖叙,恭折奏请圣鉴事。

窃照肇庆府黄江税厂,无闰之年应征正税银一万二千八百八十六两六钱九分五厘、院司养廉银三百八十六两六钱一厘、羡馀银一万五千九百六十七两六钱九分六厘、加征盈馀银二万两、桥羡银一万两,共额解银五万九千二百四十两九钱九分二厘。兹据广东藩司丁体常会同善后局司道详称,光绪二十七年五月二十二日起,至二十八年五月二十一日止,第十六次无闰一年期满,征收税银一十二万八千五百四十两一钱七分九厘,又由罗定桂皮地税项下划还该厂税银六千七十五两三钱九分六厘,共征银十三万四千六百一十五两五钱七分五厘。除支销厂用不及一成银一万一千二百六十五两四钱八分〔外〕,实解司库银五万九千二百四十两九钱九分二厘,系归额征之数。又解善后局银六万四千一百九两一钱三厘,即属长征之数,又桥羡及加征盈馀项下解足一万二千两,照章归入,并计共溢解银七万六千一百九两一钱三厘,已多于新增六万二千两之数,造具收支清册,详请咨部,并请将该厂委员三品衔道员用候补知府高觐昌照章奏奖前来。再,桂皮地税一项,前已改由罗定桂局委员径解司库兑收,毋庸由厘务局转解。所有本届应划还桂税银六千七十五两三钱九分六厘,已由司照数支出,移解善后局查收,划抵该厂正税等情前来。

臣等伏查该厂第十六次征收税银加倍,核与历次奏销请奖之案相符,合无仰恳天恩,俯准将广东三品衔道员用候补知府高觐昌俟补知府缺过道员班后,加二品顶戴,以示鼓厉。除将清册、履历咨部外,谨合词恭折具奏,伏乞皇太后、皇上圣鉴训示。谨奏。〔光绪二十八年〕十二月二十八日。

光绪二十九年二月初一日奉朱批:“着照所请,该部知道。”钦此。

台北故宫博物院藏“军机处档折件”,文献编号:153884

610. 查明广东省历次拿获要匪出力员弁声叙获匪原案缮单覆奏折附清单

光绪二十八年十二月二十八日(1903年1月26日)

头品顶戴署理两广总督臣德寿,调署广东巡抚、江西巡抚臣李兴锐跪奏,为查明广东省历次拿获要匪出力员弁,遵章声明获匪案由,缮具清单,恳恩照拟给奖,恭折覆陈,仰祈圣鉴事。

窃照广东省历年拿获著名要匪李跛潭、黄耀庭等多名,在事出力文武员弁,经前督臣陶模会同臣德寿逐案查明,分别异常出力、寻常出力，于本年五月二十七日开单奏请给奖，奉朱批："该部议奏，单并发。"钦此。兹准兵部咨开：原奏剿办会匪，并未声明是否大股会匪调兵剿灭，抑或零星访拿缉获，亦未分别尤为出力、其次出力，及先行咨部立案，应将全案驳回，查明分别具奏，光绪二十八年八月十九日奏，奉旨："依议。"钦此。咨行到粤。臣等伏查广东盗风，甲于他省，其开堂拜会之匪，动辄百十成群，劫掠打单，肆无忌惮，无不身挟快枪，亡命死斗，每与官兵抗拒，凶悍异常，略经惩创，窜迹港澳，旋复潜回勾结，时图一逞。二十六年惠州扰乱之后，馀孽尤多，以故办理粤省缉捕，全资兵力，且须机警果敢，不惜身命，始克有济，实非他省之访拿缉获者所可同日而语。前奏声叙拿获要匪李跛潭、黄耀庭等多名，当设法擒获之时，均系调兵围捕，枪炮互施，如临大敌，每获一匪，绅民同声称快。经臣等先后檄饬缉捕局司道查明实在出力人员，汇案存记，积至年馀之久，合计通省斩获首要匪犯共有二千二百馀名，又比较各员功绩，将出力稍次及获匪而非首要者，概行改给外奖，仅择其始终勤奋、劳绩卓著者，文武员弁共请奖叙七十八员。合之似已不少，而分案核计，实不为多。现据广东缉捕局司道遵照部咨，查列各员获匪案由，详请覆奏前来。

臣等覆加查核，均系历办缉捕最要之案，所保员弁亦极为出力之员，实属毫无冒滥。原奏已声明异常出力武职三十八员、文职五员，寻常出力武职二十二员、文职十三员，今仍以原奏异常、寻常名数，于各员下注明获匪情形，缮具清单，恭呈御览。至部咨谓请奖各员，并未先行咨部立案，自为严杜冒滥起见，惟带队剿匪，事机迅速，势难先事呈报，且近来广东办匪之案，层见迭出，亦未能逐一咨部，本案所保各员劳绩在先，部行新章在后，尤未便一律相绳。合无仰恳天恩,俯准照拟给奖,以彰劳勚而励将来。再,原奏清单,系照官阶大小,依次开列,现系分案声叙,次序微有参差,名数并无增减。其有原保稍优者,均已一律核改,以重名器,合并陈明。

所有遵旨查明广东省历次拿获要匪出力员弁,声叙获匪原案,缮单覆奏缘由,谨合词恭折具陈,伏乞皇太后、皇上圣鉴训示。谨奏。〔光绪二十八年〕十二月二十八日。

光绪二十九年二月初一日奉朱批:“该部议奏,单并发。”钦此。

清单

谨将广东省历次拿获著名要匪出力文武员弁,遵章查开获匪原案,并分别声明异常出力、尤为出力,缮具清单,恭呈御览。

已保留粤尽先补用参将尽先守备何天祥,请免补参将,以副将补用。

广西补用知县潘成秀,请免补知县,以直隶州知州仍留原省补用,并加四品衔。

选用州同李光澜,请以知州不论双单月尽先选用。

广东补用县主簿黎炳燊,请免补主簿,以县丞仍留原省,归候补班补用。

该员等系拿获钦廉匪首邓东良、曾益甫案内异常出力。查该匪等率党千数,迭拒官兵,焚杀抢掳,钦、廉一带受害甚深。嗣因迭被剿击,率党百馀人,潜匿钦、灵交界之西白石狮子岭,以为负隅之计。守备何天祥、知县潘成秀、州同李光澜各带绥远军勇,黎炳燊率带练勇,会同驰往,攻破匪巢,毙匪六十馀名,擒获该匪首等并悍党七名,起出军装多件,实属异常出力。

广东水师提标补用守备捐升参将杨洪标,请免补参将,以副将仍留原标补用。

尽先千总陈秀斌、廖翰祥、植德培，广州协右营右哨二司把总黄翰华，均请免补千总，以守备留标补用。

尽先把总陆乾，请免补把总，以千总拨归水师提标尽先补用。

该员弁等系拿获南海县匪首陆畅、关贵鸿等案内异常出力。查陆畅等党羽众盛，焚劫掳勒，犯案如鳞。参将杨洪标督率弁勇，迭次围捕，阵斩匪党多名，嗣复跟踪追至香港，设法擒获，复觅证人质明，始行提回惩办。把总陆乾先于上年拿获会匪首要赵兰亭、张香甫、张闰等多名，为地方蠲除巨害。均属异常出力。

试用游击罗笙，请免补游击，以参将仍留广东外海水师补用。

尽先千总罗有勋、罗铭勋，均请免补千总，以守备留标补用。

该员等系拿获香山、顺德匪首吴容、曾亚英案内异常出力。查吴容等设立龙凤、合义等堂，四处打单，每年勒收行水，至数万金之多，恃香港为渊薮，分派会党来省，希图起事。罗笙管带广州协缉捕营勇，先期闻报，督同千总罗有勋赴港侦缉。讵该匪先已来省，立即跟踪尾追，一面电约千总罗铭勋、何熊飞带勇驾船，中途接应，追至附省河面，该员弁等奋不顾身，跃过匪船，将该匪等悉数拿获，实属异常出力。

尽先补用游击李家泰，请免补游击，以参将留粤补用。

尽先补用都司朱福全，请免补都司，以游击留标补用。

两广督标尽先补用守备魏陆，请免补守备，以都司留标补用。

尽先千总江顺达，请免补千总，以守备留标补用。

广东补用知县顾永楙，请免补本班，以同知直隶州仍留原省补用。

该员等系拿获南雄、韶州匪首刘叫包、张祥麻案内异常出力。

查刘叫包等在南、韶一带结党拜会,四出窜扰。游击李家泰管带森字营勇,都司朱福全管带永字营勇,守备魏陆管带安勇,分路堵截,复由顾令永楙及县丞周怡暄等分兵随剿,毙匪多名。该匪等退踞山谷,负隅固守,各营层层围逼,卒能擒获惩办,实属异常出力。

广东水师提标尽先补用都司杨佐英,请免补都司,以游击留标补用。

都司衔水师提标尽先补用守备郭瑞祥,请免补守备,以都司留标补用。

该员等系拿获顺德县匪首刘生翘、阮计案内异常出力。查刘生翘等开堂立会,勒收商民行水银两,动逾巨万,迭次拒捕抗官。都司杨佐英管带卓勇,探闻该匪党窜至顺德属之沙围,率勇驰往围捕,守备郭瑞祥管带广元轮船,堵截水路。该匪等负隅拒敌,鏖战逾时,杨佐英等奋勇冲锋,冒枪前进,立将该匪首擒获,并获死党多名、打单图记多件。该员久办缉捕,先后在澳门地界获犯提办百馀名,实属异常出力。

补用守备李芝,请免补守备,以都司留标补用,并加游击衔。

尽先千总硇洲营二司把总张兆江,请免补千总,以守备留标补用。

该员等系带勇巡缉保护教堂异常出力。查庚子拳匪之乱,牵动全局,粤省仇教之案层见迭出。守备李芝在三水县一带,张兆江在阳江一带,率勇巡逻,留心缉捕,盗匪潜踪,复谆谕百姓,切勿轻启衅端,卒能民教和辑,消患未萌,实属异常出力。

尽先补用守备陆路提标右营左哨千总谢凤毛,请免补守备,以都司留标补用。

赤溪协左营右哨千总林珊,请以守备在任尽先补用。

该员等系拿获惠州股匪头目李跛潭、黄耀庭案内异常出力。查李跛潭等均与匪首邓士良在惠州聚众猖乱，拒敌官军，攻陷墟镇，事败后逃匿香港，旋复潜回，分招党羽，希图再举。谢凤毛等侦知踪迹，乘夜率勇掩捕，不避凶险，卒擒首要，实属异常出力。

都司衔补用守备陈瑞兴，请免补守备，以都司留标补用。

尽先千总温水清、张宗旺，均请免补千总，以守备留标补用。

该员等系查办德庆州匪乡案内异常出力。查德庆州素多盗患，水陆肆劫。守备陈瑞兴管带安勇，与该州知州程锦文管带水师营副将周天意，会同清乡，澈底查办，屡遇大股匪类抗官拒捕，该员弁等督勇打仗，艰险不辞，先后获匪一百馀名惩办，实属异常出力。

广东水师提标拣发守备罗寿崇、张超元，均请以守备归本班尽先补用。

该员等系查办顺德匪乡案内异常出力。查顺德县夙称盗薮，抢劫打单，几无虚日，匪众械精，动辄抗拒。经该弁等管带营勇，会县按乡，认真清办，先后获匪共以千计，实属异常出力。

候选守备李得铭，请免选守备，以都司留粤补用。

尽先千总陈斌、陈芬，均请免补千总，以守备留标补用。

该员等系拿获逆党刘幅、冯黑骨称案内异常出力。查刘幅系湖南富有票党要匪，散票纠会，踪迹诡秘。冯黑骨称系康有为逆党，与土匪游勇密秘勾结。前年惠州股匪起事，该二匪在西江一带聚众响应。守备李得铭侦悉，报知署肇庆协副将吉瑞，饬令带勇围捕，水陆追剿，该逆党先后成擒，馀匪闻风解散，实属异常出力。

广州协左营右哨千总冯应琛，请免补守备，以都司补用。

该员拿获接济匪饷之邓正湘即邓杏村案内异常出力。查邓正湘潜匿广东省城外栈房，接济富有票匪饷项，经湖北汉阳府通判冯启钧电知千总冯应琛,派拨眼线、勇丁,由北江追至湖南湘潭县,始将该匪擒获解鄂,讯供属实,经湖广总督张之洞咨会汇奖。该千总自备资斧,奔驰数千里,卒擒要匪,实属异常出力。

前署广州协右营左哨千总、都司衔督标期满武进士营用守备吕镇铠,请免补守备,以都司仍留原标补用。

尽先千总劳治安,请免补千总,以守备留标补用。

该员等系搜获私铸军火匪犯袁亚带等案内异常出力。查袁亚带在南海县属文昌沙芽香地地方私购机器,制造军火,为千总吕镇铠等侦悉,各带兵勇驰往,搜获六响抬枪、大口扒枪共数十枝,枪码数千颗,铜帽十馀万粒,群子千馀斤,洋药数十斤,硝磺五千馀斤,大机器四副解办。该匪厚积资本,蓄谋诡异,倘拿办稍迟,将军械接济匪类,后患何堪设想!吕镇铠等赴机迅速,全数起获,实属异常出力。

尽先千总罗廷选,补用千总署香山协右营把总何威凤,均请免补千总,以守备留标补用。

该弁等系拿获香山、新会匪首刘亚佳等案内异常出力。查刘亚佳纠合福胜、泗胜、业胜各堂首伙数十人,驾驶快艇,向香山、新会、顺德三县沙围打单掳勒。千总罗廷选管带卓勇,千总何威凤管带宣威兵轮,闻报带队驰往围捕,守备何玉顺管带化善轮船,亦跟踪追至,相持竟日,枪弹如雨。英商轮船经过,匪弹误伤洋人一名,罗廷选等督队猛扑,匪势不支,生擒匪首刘亚佳等十名,馀党悉数擒获,实属异常出力。

尽先千总马友才,请免补千总,以守备留标补用。

该弁系拿获阳江会匪陈亚敬等案内异常出力。查陈亚敬系阳江大仁山会匪馀孽,率党窜入电白县属,行劫沙琊墟,拒毙局绅、练丁多名。千总马友才充当虎勇营哨弁，闻报带队，驰往猛攻，首先陷阵，当场将匪首陈亚敬拿获，并获馀党六十馀名，实属异常出力。

尽先千总李芳春，请免补千总，以守备留标补用。

该员系办理南海县缉捕案内异常出力。查南海盗风，甲于通省，缉捕最为繁难。李芳春在绥靖营充当哨弁，购觅眼线，四出躧捕，频犯危险，艰苦不辞，先后拿获著匪二百馀名审办，实属异常出力。

尽先千总梁廷猷，尽先千总崖州协水师头司把总梁正辉，均请免补千总，以守备留标补用。

该弁等系拿获洋盗冯亚狗等案内异常出力。查冯亚狗系琼州洋面匪首，历犯多案，并在感恩县城夺犯拒捕，凶悍异常。千总梁廷猷等侦知该匪在洋面游弋，各驾师船，跟踪追捕，格毙伙匪十馀名，追近贼船，奋勇先登，生擒首要冯亚狗等五名，实属异常出力。

尽先千总借补肇庆协右营二司把总陈锦祥，请免补千总，以守备留标补用。

该弁系拿获肇庆、梧州著匪蔡红鼻毛案内异常出力。查蔡红鼻毛抢劫打单，西江商旅深受其害，官兵围捕，辄被逞凶抗拒。千总陈锦祥率勇截击，迭次痛加惩创，旋闻窜匿梧州，该千总率勇驰往，躬冒危险，设法拿获，实属异常出力。

廪贡生吕月槎，请以训导不论双单月选用。

该生系拿获谋反要逆洪亚重案内异常出力。查洪亚重联盟拜会，党羽众多，在海丰、陆丰等县水陆抢劫。光绪二十六年，盘踞海丰县属大嶂山，竖旗起事，经官军击败，逃匿香港，旋复潜回煽诱。该生等报同营县弁勇，捕获惩办，实属异常出力。

以上武职三十八员、文职五员，均系异常出力，理合登明。

高州镇总兵吉瑞，请赏加提督衔。

该员前署肇庆协副将，督率守备李得铭等拿获逆党刘幅、冯黑骨称惩办，捕务认真，隐消巨患，实属尤为出力。

留粤尽先补用副将周天意，请赏加总兵衔。

该员前带西江水师巡船，会同守备陈瑞兴等查办德庆州匪乡，获匪多名，卓著成效，实属尤为出力。

补用副将黄培松，请俟补缺后以应升之阶升用。

试用游击新会营右营守备潘灼文，请俟补游击后以参将补用。

守备用香山协左营候补千总何大元，请加都司衔。

水师提标右营前哨千总姚洪阶，水师提标右营右哨千总何冠英，均请以守备在任补用。

新会营左营左哨头司把总何维宗，请俟补千总后以守备补用。

广东试用同知彭光业，请加四品衔。

候补府经历县丞宋諴，请俟补缺后以知县用。

惠州府长宁县祚坪司巡检王道瀛，请以县主簿在任候补。

试用从九品李铨，请俟补缺后以县主簿补用。

试用盐经历彭元譽，请加提举衔。

该员等均系随同水师提督何长清，历年带勇清办香山、新会、东莞各县水陆缉捕案内出力。查各属港汊纷歧，逼近港澳，匪徒往来窜匿，又易购备军火，时有蠢动。各员分带靖字营勇，迭次扑灭股匪，并获要犯和尚得等数十名，实属尤为出力。

补用游击施光廷、试用游击张桐，均请以游击归外海水师补用。

水师提标补用都司施相廷，请俟补都司后以游击补用。

顺德协左营右哨千总王雄略，请以守备在任补用。

尽先千总邓瑞祥、顺德协左营右哨头司把总邓朝恩，均请俟补千总后，以守备补用。

在任候补知县广东顺德县县丞许成熙，请加同知衔。

该员等系历年查办顺德匪乡，先后获匪一千馀名，首要悉数就擒，地方顿形安静，实属尤为出力。

两广督标尽先补用都司胡昆山，请俟补都司后以游击补用。

知府衔广州府前山海防同知李荣富，请在任以知府候选。

该员系拿获惠州匪首何受仔案内出力。查何受仔系惠州土匪头目，迭次拒敌官军，攻掠村墟，二十六年经官兵剿办后，逃匿香港，旋复潜回，纠众起事。该员等带队捕获，实属尤为出力。

广东钦州营守备何玉顺，请以都司补用。

该员管带化善轮船，协拿香山、新会打单匪首刘亚佳等惩办，实属尤为出力。

崖州协效力期满云骑尉世职黎献廷，请以守备尽先补用。

该员系驾船出海，协拿琼州洋盗冯亚狗惩办，实属尤为出力。

新会营左哨千总何熊飞，请以守备在任补用。

该员系拿获香山顺德匪首吴容、曾亚英案内，驾船接应，赴机迅速，实属尤为出力。

尽先千总冯锦荣，请俟补千总后以守备尽先补用。

该弁系拿获巨匪关马仔林、郑友莲案内出力。查关马仔林积年在开平、阳江、阳春各厅县肆行抢劫，拒毙差勇有案，嗣潜匿于恩平、阳江交界地方，经千总冯锦荣查知，购线捕获，并获伙犯郑友莲解办，实属尤为出力。

尽先千总傅琼林，请俟补千总后以守备补用。

该弁系搜获元元、源源珍记等店私制枪炮案内出力。查元元等店私制枪炮，图利济匪。该弁闻报，带线搜查，起获军械多件，并当场获犯二名解办，实属尤为出力。

尽先拔补千总李瑞鸾，请俟补千总后以守备用，先换顶戴。

该弁系派护粤海洋关及轮船、马头等处缉捕出力。查该处华洋杂处，奸宄潜滋，缉捕巡防，极为紧要。该千总在事四年，始终不懈，历获著匪，商旅晏安，实属尤为出力。

德庆州知州程锦文，同知衔信宜县知县叶祥麟，同知衔、前署清远县事准补龙门县知县董元度，均请以直隶州知州在任候补。

该员等所任各州县，均系多盗之区，经饬带勇查办清乡，迭获著首匪犯各以数百计，地方安谧，卓著成效，实属尤为出力。

试用县丞周怡暄、王鸿声、舒兆昌，均请俟补缺后以知县用。

该员等均在南雄、韶州分带勇队，协获著匪刘叫包、张祥麻二名惩办，实属尤为出力。

以上武职二十一员、文职十三员，均属在事尤为出力。原奏尚有水师提标尽先都司傅建勋一员，系在顺德县获匪出力，业经附奏更正游击官阶，请俟补缺后以参将用，经部核准行知在案，单内未再开列，合并登明。

朱批："览。"

台北故宫博物院藏"军机处档折件"及其附件，文献编号：153885

611. 御赐"福"字一方谢恩折

光绪二十九年正月十九日（1903年2月16日）

调署广东巡抚、江西巡抚臣李兴锐跪奏，为恭谢天恩事。

窃臣于光绪二十九年正月十三日折弁回粤，赍到御赐"福"字一方，当即恭设香案，望阙叩头谢恩祗领。伏念臣懋膺特简，移摄名疆，计莅岭东，初逢岁朔。仰一人之有庆，虔矢寅恭；赓万福之来同，宠承申锡。欢愉罔既，感奋难名。钦惟我皇上盛业鸿庬，奎章彪炳。建维皇极，迈轩运以登三；锡厥庶民，演箕畴而备五。乃于怡养萱廷之暇，有此从容芝翰之挥。臣幸际昌期，获叨嘉赉。喜与粤民万户，式歌景运之升平；敢陈天保九如，敬颂宸躬之茀禄。

所有微臣感激荣幸下忱，谨缮折叩谢天恩，伏乞皇太后、皇上圣鉴。谨奏。光绪二十九年正月十九日。

朱批："知道了。"

《光绪朝朱批奏折》第18辑，第531页

612. 汇奏广东省光绪二十七年十一月至二十八年四月半年内咨结交代各案折附清单

光绪二十九年正月十九日(1903年2月16日)

调署广东巡抚、江西巡抚臣李兴锐跪奏，为汇奏广东省光绪二十七年十一月起至二十八年四月底止半年内咨结交代各案，恭折仰祈圣鉴事。

窃准户部咨，具奏申明州县交代例限，并请严定藩司处分一折，钦奉谕旨："行令将交代各案分别已、未完结，半年汇奏一次，并将有无未解银两，于何月日提解司库，逐案声叙。"等因。即经钦遵办理，并将光绪十一年十一月起至二十七年十月底止咨结各案，开单具奏在案。兹据广东布政使丁体常详称，自光绪二十七年十一月起至二十八年四月底止，半年届满，陆续咨结各属交代共三十案，内二十七案应征正杂钱粮银米扫数解清，并无未解之款，其馀三案征存银米未据清解，业经另案参追等情前来。臣等覆核无异，除饬司将此外未结交代严催结报外，谨缮清单，会同署两广总督臣德寿恭折具奏，伏祈皇太后、皇上圣鉴。谨奏。光绪二十九年正月十九日。

朱批："户部知道，单并发。"

清单

谨将广东省光绪二十七年十一月起至二十八年四月底止咨结各属交代开列清单，恭呈御览。

计开：

一、花县祝抡望接收葛肇兰交代一案，并无未解银米。

一、香山县沈毓岱接收刘盛芳交代一案，并无未解银米。

一、龙门县谢裕棠接收林钺交代一案，并无未解银米。又，李宗膺接收谢裕棠交代一案，征存未解杂款银八百一十三两六钱三分，业经奏参勒追。

一、曲江县李滋然接收李九波及董萼辉统任交代一案，并无未解银米。

一、仁化县陈廷蔚接收清安交代一案，并无未解银米。

一、归善县左学易接收郑业崇交代一案，并无未解银米。

一、海丰县邹翼清接收刘能交代一案，并无未解银米。

一、陆丰县张士彦接收程璟光交代一案，并无未解银米。

一、河源县李汉青接收唐镜沅交代一案，并无未解银米。

一、潮阳县谢师元接收刘秉奎交代一案，并无未解银米。

一、饶平县何斌接收张经年交代一案，并无未解银米。

一、普宁县邓炳春接收敖式槱交代一案，并无未解银米。

一、高要县傅汝梅接收安荫甲交代一案,并无未解银米。

一、广宁县刘思敏接收杨自明交代一案,并无未解银米。

一、恩平县蔡景云接收胡永昌交代一案,并无未解银米。

一、封川县吴懋勋接收钟德瑞交代一案,并无未解银米。

一、化州张式恭接收冯灼孝交代一案,并无未解银米。

一、廉州府郭之全接收富纯交代一案,并无未解银两。

一、灵山县俞煐接收邓景临交代一案,并无未解银米。

一、万州蔡简梁接收杨本楫及程栖鹏统任交代一案,并无未解银米。

一、陵水县王春霖接收李之鼎交代一案,并无未解银米。

一、文昌县刘曾枚接收阮萃恩交代一案,并无未解银米。

一、感恩县杨昭稌接收李熙交代一案,并无未解银米。

一、昌化县尹沛霖接收于德松交代一案,并无未解银米。

一、西宁县彭骢孙接收李玮堂交代一案,并无未解银米。

一、阳山县蒋泽接收林济交代一案,征存未解杂款银三百二十五两一钱六分一厘,业经奏参勒追。

一、长乐县姚钟璜接收童立喆交代一案,征存未解米五百六十八石一斗一升六合,又短交谷六百九十六石,均经奏参勒追。

一、兴宁县冯如衡接收孙祖华交代一案,并无未解银米。

一、阳江同知沈鸿寿接收田明曜交代一案,并无未解银米。

以上通共咨结各属交代共三十案,内有二十七案并无未解银米,又三案征存银米谷石未据解清,业经奏参勒追,理合注明。

朱批:“览。”

正折据《光绪朝朱批奏折》第83辑,第908—909页;清单据台北故宫博物院藏“军机处档折件”附件,文献编号:154052

613. 奏报广东省光绪二十八年十二月分雨水粮价情形折附清单

光绪二十九年正月十九日(1903年2月16日)

调署广东巡抚、江西巡抚臣李兴锐跪奏,为查明十二月分雨水、粮价情形,恭折仰祈圣鉴事。

窃照广东省光绪二十八年十一月分雨水、粮价情形,业经臣恭折具奏在案。兹查十二月分上、中、下三旬得有雨泽数次,麦苗秀发,园蔬畅茂。各属禀报,与省城大略相同。粮价较上月稍减,民情安谧,堪以仰慰圣怀。所有光绪二十八年十二月分雨水及粮价情形,臣谨缮清单,恭折具陈,伏祈皇太后、皇上圣鉴。谨奏。光绪二十九年正月十九日。

朱批:"知道了。"

清单

谨将广东省光绪二十八年十二月分各属米价分晰开列清单,恭呈御览。

广州府属

上米每仓石价银二两一钱五分至二两七钱八分,与上月同。中米每仓石价银一两九钱三分至二两六钱,与上月同。下米每仓石价银一两六钱三分至二两二钱三分,较上月减一分。

韶州府属

上米每仓石价银一两五钱三分至二两二钱三分,与上月同。中米每仓石价银一两三钱至二两九分,与上月同。下米每仓石价银一两一钱八分至一两九钱六分,较上月减一分。

惠州府属

上米每仓石价银一两八钱八分至二两六钱五分,较上月减一分。中米每仓石价银一两六钱四分至二两四钱八分,与上月同。下米每仓石价银一两三钱五分至二两四分,与上月同。

潮州府属

上米每仓石价银一两六钱一分至二两四钱三分,与上月同。中米每仓石价银一两二钱三分至二两五分,与上月同。下米每仓石价银一两二分至一两七钱三分,较上月减一分。

肇庆府属

上米每仓石价银一两五钱五分至二两二钱九分,与上月同。中米每仓石价银一两三钱至二两一钱三分,较上月减一分。下米每仓石价银一两一钱四分至一两八钱,与上月同。

高州府属

上米每仓石价银一两二钱一分至一两三钱一分,较上月减一分。中米每仓石价银九钱至一两一钱,与上月同。下米每仓石价银七钱八分至九钱七分,与上月同。

雷州府属

上米每仓石价银一两一钱五分至一两二钱六分,与上月同。中米每仓石价银九钱四分至一两四钱八分,与上月同。下米每仓石价银七钱六分至八钱九分,较上月减一分。

廉州府属

上米每仓石价银一两五钱六分至一两八钱,与上月同。中米每仓石价银一两二钱一分至一两四钱二分,较上月减一分。下米每仓石价银一两四分至一两二钱二分,与上月同。

琼州府属

上米每仓石价银一两四钱七分至二两一分,较上月减一分。中米每仓石价银一两二钱一分至一两六钱六分,与上月同。下米每仓石价银一两五分至一两五钱,与上月同。

佛冈直隶厅

上米每仓石价银一两五钱八分至二两二钱一分,与上月同。中米每仓石价银一两二钱一分至一两八钱七分,与上月同。下米每仓石价银一两八分至一两七钱,较上月减一分。

连山绥瑶直隶厅

上米每仓石价银一两九钱四分至二两二钱六分,与上月同。中米每仓石价银一两七钱至一两八钱九分,较上月减一分。下米每仓石价银一两四钱七分至一两六钱二分,与上月同。

阳江直隶厅

上米每仓石价银一两九钱一分至二两一钱五分,较上月减一分。中米每仓石价银一两四钱至一两六钱七分,与上月同。下米每仓石价银一两五分至一两四钱八分,与上月同。

赤溪直隶厅

上米每仓石价银二两一钱五分至二两二钱七分,与上月同。中米每仓石价银一两八钱八分至二两一分,与上月同。下米每仓石价银一两六钱一分至一两八钱,较上月减一分。

罗定州属

上米每仓石价银一两四钱四分至一两六钱二分,较上月减一分。中米每仓石价银一两二钱二分至一两三钱五分,与上月同。下米每仓石价银一两七分至一两一钱九分,与上月同。

连州属

上米每仓石价银一两九钱九分至二两二钱一分，与上月同。中米每仓石价银一两七钱二分至一两九钱，较上月减一分。下米每仓石价银一两三钱五分至一两五钱一分，与上月同。

南雄州属

上米每仓石价银一两八钱七分至二两六分，较上月减一分。中米每仓石价银一两七钱一分至一两八钱四分，与上月同。下米每仓石价银一两三钱四分至一两四钱七分，与上月同。

嘉应州属

上米每仓石价银一两六钱四分至二两二钱，较上月减一分。中米每仓石价银一两四钱一分至一两九钱七分，与上月同。下米每仓石价银一两三钱五分至一两九钱七分，与上月同。

钦州属

上米每仓石价银一两四钱三分至一两六钱三分，与上月同。中米每仓石价银一两一钱一分至一两三钱一分，与上月同。下米每仓石价银一两六分至一两二钱七分，较上月减一分。

朱批："览"。

正折据《光绪朝朱批奏折》第97辑，第93页；清单据台北故宫博物院藏"军机处档折件"附件，文献编号：154039

614. 特参临高县知县吴志道居心诈酷办事乖谬请旨革职片*

光绪二十九年正月二十日（1903年2月17日）

再，牧令为亲民之官，举凡缉凶捕盗、谳狱录囚诸事，皆民命之

* 以下七片，与署理两广总督德寿会衔。

所寄,必须详慎办理,不容稍涉玩视。兹查有临高县知县吴志道,于戕杀一家五命重案,竟敢虚报获犯,捏称病故,希图规避处分,迨正犯拿获,又复滥刑致毙,以掩其原报之虚伪,实属居心诈酷,办事乖谬,断难姑容。据藩、臬两司转据该管道府揭参前来。相应请旨,将临高县知县吴志道即行革职,以肃吏治。臣等谨合词附片具陈,伏乞圣鉴训示。再,所遗临高县知县缺,粤省现有应补人员,应请扣留外补,合并声明。谨奏。

朱批:"着照所请,该部知道。"

《光绪朝朱批奏折》第18辑,第540页

615. 试用通判忠堃等员试用期满请留广东补用片

光绪二十九年正月二十日(1903年2月17日)

再,查议叙、捐纳试用通判、知县到省期满,例应考察甄别具奏,历经遵照办理在案。兹查有新海防试用通判忠堃,器局沉静;议叙试用知县马维骢,言动有法;新海防试用知县沈之乾,志趣端正;新海防试用知县刘福宋,朴谨堪事。以上四员,均试用一年期满,详加考察,堪以各原班留省,照例补用。据藩、臬两司具详前来。除将各该员详细履历开单咨明吏部外,臣等谨附片具陈,伏祈圣鉴。谨奏。

朱批:"吏部知道。"

《光绪朝朱批奏折》第18辑,第541页

616. 委令吴尚恭署理韶州府知府等事片

光绪二十九年正月二十日(1903 年 2 月 17 日)

再,韶州府知府郅馨撤省察看,所遗韶州府篆务,查有候补知府吴尚恭,笃实堪事,堪以署理。又署连州直隶州知州陈悰万署事期满,所遗连州篆务,查有嘉应直隶州知州关广槐,廉明勤慎,堪以调署。又署万州知州蔡简梁署事期满,所遗万州篆务,查有准补昌化县知县林钺,志趣端谨,堪以署理。该员关广槐、林钺各任内并无盗劫已起四参之案。据藩、臬两司会详前来。除檄饬遵照外,臣等谨合词循例附片具陈,伏祈圣鉴。谨奏。

朱批:"吏部知道。"

《光绪朝朱批奏折》第 18 辑,第 541 页

617. 署广州府知府龚心湛据报丁忧饬请调是缺之沈传义赴任等事片

光绪二十九年正月二十日(1903 年 2 月 17 日)

再,署广州府知府候补知府龚心湛,据报现丁父忧,所遗员缺系省会首郡,政务殷繁,查请调是缺之惠州府知府沈传义,现已奉部覆准,应即饬赴调任,以专责成。其递遗之惠州府知府缺,查有候补知府熊世池,精明稳练,才堪了事,堪以署理。据藩、臬两司会详前来。除分檄饬遵外,臣等谨合词附片具陈,伏乞圣鉴。谨奏。

朱批:"吏部知道。"

《光绪朝朱批奏折》第 18 辑,第 542 页

618. 惠潮嘉道丁宝铨据报丁忧委令秦炳直署理等事片

光绪二十九年正月二十日(1903 年 2 月 17 日)

再,惠潮嘉道丁宝铨,据报现丁母忧,遗缺亟应委员接署。查有军机处存记广东尽先补用道秦炳直,廉毅质实,深明大要,堪以署理。该道未到任以前,即委潮州府知府惠昌暂行兼护。除分檄饬遵外,所遗惠潮嘉道员缺,相应请旨,迅赐简放,以重职守。臣等谨合词附片具奏,伏乞圣鉴训示。谨奏。

朱批:"另有旨。"

《光绪朝朱批奏折》第 18 辑,第 542 页

619. 委令程锦文署理开建县知县片

光绪二十九年正月二十日(1903 年 2 月 17 日)

再,署开建县知县谢鸿钧病故遗缺,查有正任德庆州知州程锦文,明干任事,堪以调署。该员任内并无盗劫已起四参之案。据藩、臬两司会详前来。除饬遵外,臣等谨循例附片具陈,伏乞圣鉴。谨奏。

朱批:"吏部知道。"

《光绪朝朱批奏折》第 18 辑,第 543 页

620. 丁忧候补知县刘骏声亏欠银米延不完解请旨参追片

光绪二十九年正月二十日(1903 年 2 月 17 日)

再,查丁忧候补知县刘骏声前署新安县任内,有征存未解正杂

款银三千二百馀两、米四百馀石，迭经严催，未据完解，竟敢私行离省，殊属胆玩。惟该员已经臣兴锐于甄别案内奏参革职，所有亏欠前项银米，应即查拿监追。据广东藩司丁体常会同督粮道周开铭具详请奏前来。相应请旨，敕下江西抚臣，转饬该革员原籍崇仁县迅速查明，如该革员现已潜回原籍，即行拿解来粤监追，并先将该革员本籍家产查封，变价备抵，以重公款。除仍饬司查明该革员任所有无寄顿资财，严密查封，照例核办，并咨部外，所有参追知县亏欠银米延不完解缘由，谨合词附片具陈，伏乞圣鉴。谨奏。

朱批："另有旨。"

《光绪朝朱批奏折》第 83 辑，第 912 页

621. 奏报广东筹解光绪二十八年第三批地丁京饷银数及委员起程日期折

光绪二十九年正月二十日（1903 年 2 月 17 日）

头品顶戴署理两广总督臣德寿，调署广东巡抚、江西巡抚臣李兴锐跪奏，为筹解光绪二十八年第三批地丁京饷银数及委员起程日期，恭折仰祈圣鉴事。

窃照光绪二十八年京饷案内奏拨广东地丁银十万两，业经筹银六万两，分作两批委员领解，赴部投纳。又遵奉部行，拨解广西柳州振款银二万两各在案。兹据布政使丁体常详称，再向商号新泰厚等订借银二万两，作为第三批起解，仍交该商号等汇兑赴京，遴委候补通判李怀清等领赍汇单，于光绪二十八年十二月二十三日起程，航海进京，支取银两，赴部投纳等情，详请具奏前来。臣等覆核无异，除咨明户部外，谨合词恭折具奏，伏乞皇太后、皇上圣

鉴。再,地丁项下奉拨京饷银十万两,现已如数拨解清楚,合并陈明。谨奏。光绪二十九年正月二十日。

朱批:"户部知道。"

《光绪朝朱批奏折》第89辑,第737页

622.广东筹解光绪二十八年内务府经费第二批银两折

光绪二十九年正月二十日(1903年2月17日)

头品顶戴署理两广总督臣德寿,调署广东巡抚、江西巡抚臣李兴锐跪奏,为报解内务府经费银两,恭折仰祈圣鉴事。

窃准户部咨行,光绪二十八年内务府经费,指拨广东太平关常税银十万两,内以四万四千三百七十七两批解部库归垫,下馀五万五千六百二十三两,径解内务府应用。嗣准咨行,应扣还归垫银两,经内务府奏请缓扣,行令太平关如数径解内务府,以济要需各等因。均经转饬遵照,业已筹解过第一批经费银四万两、加平抬费银一千三百二十两,委员领汇解京投纳,并经奏报在案。兹据广东布政使丁体常详称,再向商号订借银四万两,又加平抬费银一千三百二十两,作为第二批起解,仍照案发交商号新泰厚等领汇,派委候补通判李怀清等领赍汇单,于光绪二十八年十二月二十三日起程,航海进京,解赴内务府投纳等情,详请奏咨前来。臣等覆核无异,除分咨外,谨合词恭折具陈,伏乞皇太后、皇上圣鉴。谨奏。光绪二十九年正月二十日。

朱批:"该衙门知道。"

《光绪朝朱批奏折》第89辑,第738页

623. 广东筹解光绪二十八年内务府经费案内径解部库归款之银二万两片*

光绪二十九年正月二十日(1903 年 2 月 17 日)

再,准部咨,另筹光绪二十八年内务府经费案内,指拨广东省银二万两,径解部库归款等因,当经转行筹解去后。兹据广东布政使丁体常详称,在于厘金项下提银二万两,随解加平抬费银六百六十两,发交商号新泰厚等汇兑赴京,遴委候补通判李怀清等领赍汇单文批,于光绪二十八年十二月二十三日由粤起程,航海进京,支取银两,赴户部投纳等情,详请具奏前来。臣等覆核无异,除咨部外,谨合词附片具陈,伏乞圣鉴。谨奏。

朱批:"户部知道。"

《光绪朝朱批奏折》第 89 辑,第 739 页

624. 递解秋审人犯中途覆舟沉失比律议拟折

光绪二十九年正月二十日(1903 年 2 月 17 日)

头品顶戴署理两广总督臣德寿,调署广东巡抚、江西巡抚臣李兴锐跪奏,为递解秋审人犯中途覆舟沉失,比律议拟,恭折仰祈圣鉴事。

窃据英德、清远二县禀报,差役赖松等管解秋审斩犯龚亚壬、林瑞同赴省勘明发回,船至英德县属连州江口,遭风覆溺,不知生

---

* 与署理两广总督德寿会衔。

死一案，先经臣德寿会同前督臣陶模奏请将佥差不慎之英德县知县吕光琦、署清远县知县董元度、清远县滨江司巡检朱章照例降级留任，勒限缉拿，一面饬提解役赖松等到省，发委广州府审办。兹据讯拟，由臬司具详前来。臣等覆加查核，缘赖松、李福、黄升、何亮均籍隶英德县，朱南、李开均籍隶清远县，与已死之何平、陈全均各充当英德、清远二县差役；黄德、罗荣寿分隶英德、三水二县，与已死之廖得祥及查无下落之林日升均充当清远营江口汛兵丁。该犯龚亚壬系与黄炳孙口角争殴，放枪致伤黄炳孙身死案内，审依故杀律，拟斩监候，列入光绪二十七年秋审情实，钦奉停勾，仍列入二十八年秋审解勘。林瑞同系与钟亚照口角争闹，放枪致伤钟亚照身死案内，审依故杀律，拟斩监候，二十八年秋审预提解勘，先经英德县佥差赖松、李福、黄升、何亮押解来省，勘明发回。是年四月十一日，由前途三水县递到清远县，经该县验明镣铐木笼，于十二日早佥差陈全、李开、朱南、何平，移营拨兵黄德、罗荣寿、廖得祥、林日升协同原解役赖松等，押解龚亚壬、林瑞同赴英德县，另佥差移营，拨兵押解李土苟等犯赴阳山县交替，均由派定接递委员清远县滨江司巡检朱章督同押解各犯，分坐两船开行，沿途均系依法管解。十三日傍晚，船抵英德县属土名连州江口湾泊。是夜三更时候，猝起狂风大雨，波浪汹涌，缆断船覆，兵役人犯均各落水。委员朱章在另押李土苟等犯船内听闻，亲督丁役赶救，解役赖松、李福、黄升、何亮、陈全、朱南，营兵黄德、罗荣寿，船户骆朝和，均先后凫水登岸，解役李开、何平遇渔船捞救回县，营兵廖得祥亦遇救回营。惟人犯龚亚壬、林瑞同及营兵林日升皆无踪迹，查缉打捞不获，报县勘验讯详，奏参勒缉。据报何平、廖得祥均因被淹后患病，医治不效，先后身死，陈全亦续经病故。提省委审，据赖松等均供前情不讳。

臣等查此案解役赖松等与营兵黄德等管解秋审斩犯龚亚壬、林瑞同回县，中途遭风覆舟，一同落水，该兵役、船户或凫水登岸，或遇救得生，人犯龚亚壬、林瑞同、营兵林日升俱漂流无踪。该犯龚亚壬、林瑞同身带全刑，是否业已淹毙，抑系乘机凫水脱逃，现尚查缉打捞无获，难以悬定。惟既据迭讯，该解役等实系遭风覆溺，致犯漂失，尚无松刑贿纵情弊，未便遽科疏脱之罪，自应比律问拟。除何平、廖得祥、陈全据报病故，林日升尚不知生死，应毋庸议外，长解役赖松、李福、黄升、何亮，短解役朱南、李开，营兵黄德、罗荣寿，均请比照"狱卒失于防范，致囚自尽者，杖六十"律，拟杖六十，分别革役、革伍，俱应监候待质。黄升、罗荣寿据供母老丁单，惟正犯龚亚壬、林瑞同均系故杀拟斩，照例不准留养，现犯仍应候质，毋庸取结发落。船户骆朝和，讯因猝遭风雨，人力难施，并非驾驶不慎，应免置议。斩犯龚亚壬、林瑞同及营兵林日升，仍饬设法勒缉打捞，务得生死下落，分别验究。何平、廖得祥、陈全俱系在保病故，管狱官例无处分，职名应请免开。佥差不慎各员，先经奏参。饬再确查龚亚壬等实在踪迹，另行分别办理。除供招咨部外，臣等谨合词恭折具奏，伏乞皇太后、皇上圣鉴，饬部核覆施行。谨奏。光绪二十九年正月二十日。

朱批："刑部议奏。"

《光绪朝朱批奏折》第110辑，第431—433页

625. 奏报广东省光绪二十七年分奏销征收钱粮银米未完一分以上各员折附清单

光绪二十九年正月二十二日（1903年2月19日）

头品顶戴署理两广总督臣德寿，调署广东巡抚、江西巡抚臣李

兴锐跪奏，为查明广东省光绪二十七年分奏销征收钱粮银米未完一分以上各员，先行开单具奏，仰祈圣鉴事。

窃准部咨，地丁、盐课各奏销有关处分者，一面具题，一面开单专折奏报。又准部咨原奏内开：钱粮奏销，将具题之限，作为奏报未完分数之限等因，历经转行遵照在案。兹据广东布政使丁体常将光绪二十七年分地丁奏销查明经、督征地丁银米未完一分以上各员，开单具详请奏前来。臣等覆核无异，除咨部外，谨合词缮折具陈，并缮清单，恭呈御览，伏祈皇太后、皇上圣鉴，敕部核覆施行。再，本案奏销，例应上年九月内造报，因二十六年奏销甫于四月内办竣，距九月之期太促，查造不免需时，至现任广宁县知县刘思敏造报迟延五个月以上，已另案附参。今本案藩司于十二月二十七日出详，臣即于本年正月二十二日具奏，合并陈明。谨奏。光绪二十九年正月二十二日。

朱批："该部议奏，单并发。"

清单

谨将广东省光绪二十七年分奏销各属征收银米未完一分以上各员缮具简明清单，恭呈御览。

计开：

南海县经征、现任知县裴景福，未完一分五厘七毫。

番禺县经征、现署县事准调归善县知县钱溯灏，未完一分零三毫五丝。

顺德县经征、前任知县王崧，未完一分二厘五毫四丝一忽。

新会县经征、前任知县续经开缺另补杨介康，未完一分一厘零七丝七忽。

香山县经征、前署县事新兴县知县续经开缺另补刘盛芳，未完一分三厘三毫零九忽。

三水县经征、现署县事准调番禺县知县吕道象，未完一分五厘一毫六丝四忽。

龙门县经征、前署县事教职知县续经奏参改教谢裕棠，未完一分九厘二毫七丝九忽。

龙门县接征、现署县事丁忧截取知县李宗膺，未完一分零七毫七丝三忽。

新宁县经征、前署县事候补知县蒋希曾，未完一分三厘三毫五丝八忽。

曲江县接征、前代理县事韶州府经历董萼辉，未完一分八厘一毫八丝二忽。

曲江县接征、前署县事电白县知县李滋然，未完一分七厘一毫四丝五忽。

仁化县经征、前署县事另补知县清安，未完一分六厘零六丝一忽。

仁化县接征、前署县事优贡知县陈廷蔚，未完一分一厘零九丝六忽。

乳源县经征、前任知县冯端，未完一分四厘八毫五丝八忽。

翁源县经征、前任知县刘永椿，未完一分六厘一毫五丝七忽。

英德县经征、现任知县吕光琦，未完一分二厘二毫五丝七忽。

博罗县接征、前署县事高要县知县安荫甲，未完一分二厘七毫零八忽。

河源县经征、前署县事续经病故知县唐镜沅，未完一分六厘零六丝一忽。

龙川县经征、前署县事兴宁县知县王克鼎，未完一分六厘零六丝一忽。

龙川县接征、前署县事优贡知县王会中，未完一分四厘七毫八丝四忽。

和平县接征、前署县事候补同知陈图，未完一分八厘零四丝一忽。

海阳县经征、前任知县续经参革刘兴东，未完一分二厘八毫五丝八忽。

潮阳县接征、前署县事试用知县谢师元，未完一分九厘三毫零九忽。

揭阳县经征、前任知县李树声，未完一分九厘六毫三丝八忽。

惠来县经征、前署县事准补仁化县知县成守正，未完一分四厘七毫三丝。

饶平县经征、前署县事候补知县何斌，未完一分七厘七毫六丝八忽。

澄海县经征、前署县事试用通判捐升知府方政，未完一分三厘零九丝一忽。

大埔县经征、前任知县范宗莹，未完一分三厘零九丝一忽。

高要县经征、前任知县安荫甲，未完一分六厘四毫三丝。

四会县经征、前署县事饶平县知县黄恩，未完一分九厘一毫九丝。

恩平县经征、前署县事候补通判胡永昌，未完一分九厘五毫九丝七忽。

开平县经征、前任知县郭占熊，未完一分六厘八毫四丝八忽。

封川县经征、前任知县续经病故锺德瑞，未完一分一厘八毫二丝一忽。

鹤山县经征、现任知县张向辰,未完一分一厘零七丝八忽。

茂名县经征、前署县事候补知县祺威,未完一分一厘七毫三丝九忽。

海康县经征、大计纠参前任知县朱念祖,未完一分六厘二毫七丝二忽。

陵水县经征、前代理县事分缺间用知县续经参革李之鼎,未完一分三厘六毫一丝七忽。

文昌县接征、前任知县续经开缺另补刘曾枚,未完一分三厘六毫七丝三忽。

佛冈同知经征、前署同知事试用同知赵从芾,未完一分二厘四毫二丝四忽。

西宁县经征、前署县事候补知县彭骢孙,未完一分三厘九毫。

阳山县经征、前署县事试用知县蒋泽,未完一分五厘一毫一丝九忽。

南雄州经征、前署州事候补知府黄儒荃,未完一分四厘八毫八丝二忽。

嘉应州经征、前署州事候补班补用直隶州知州周经樾,未完一分六厘零六丝一忽。

平远县经征、现任知县辛元熚,未完一分三厘六毫九丝七忽。

镇平县经征、现任知县方廷珪,未完一分二厘四毫四丝五忽。

防城县经征、前署县事新安县知县赵新,未完一分九厘四毫七丝。

东莞县经征、前任知县刘德恒,未完二分二厘八毫六丝二忽。

乐昌县经征、前任知县刘镇寰,未完二分四厘零一丝一忽。

归善县经征、前署县事准补陆丰县知县左学易，未完二分三厘九毫四丝七忽。

博罗县经征、前任知县陈宗凤，未完二分六厘零六丝一忽。

海丰县经征、前署县事即用知县刘能，未完二分一厘一毫八丝一忽。

陆丰县接征、前代理县事试用通判张士彦，未完二分七厘八毫六丝三忽。

河源县接征、现任知县李汉青，未完二分一厘八毫七丝五忽。

长宁县经征、前署县事特用知县贾世兴，未完二分六厘六毫二丝三忽。

连平州经征、前任知州张卿云，未完二分五厘零二丝。

普宁县经征、前任知县敖式槱，未完二分四厘三毫九丝二忽。

丰顺县经征、前署县事升补儋州知州林兆镛，未完二分四厘一毫四丝。

高明县经征、大计纠参前任知县李道南，未完二分二厘六毫四丝。

新兴县经征、前署县事澄海县知县王耀曾，未完二分五厘九毫三丝九忽。

阳春县经征、前任知县续经参革潜梦熊，未完二分一厘三毫三丝一忽。

德庆州经征、前任知州程锦文，未完二分八厘三毫九丝。

信宜县经征、前任知县叶祥麟，未完二分零一毫二丝六忽。

徐闻县经征、前任知县何炳修，未完二分零一毫六丝二忽。

儋州经征、前署州事候补知县王之翰，未完二分六厘五毫四丝四忽。

昌化县经征、前代理县事大挑知县于德松，未完二分五厘二毫一丝三忽。

罗定州经征、前署州事病故南海县知县杨镇荣，未完二分二厘零五丝七忽。

兴宁县经征、前署县事截取知县奏参改教孙祖华，未完二分。

永安县经征、前任知县姚庭煇，未完三分零八毫三丝七忽。

和平县经征、前任知县郭寿鋆，未完三分二厘五毫六丝五忽。

石城县经征、病故前任知县王锡祺，未完三分四厘零六丝一忽。

始兴县经征、前署县事准升崖州知州倪思铎，未完三分一厘一毫一丝四忽。

长乐县经征、前署县事即用知县姚锺璜，未完三分一厘三毫五丝一忽。

增城县经征、前任知县续经参革丁墉，未完四分零九毫四丝八忽。

合浦县经征、前任知县邓倬堂，未完四分八厘一毫二丝一忽。

感恩县接征、前署县事病故教习知县杨昭稌，未完四分五厘九毫二丝一忽。

广州府经督征、前任知府施典章，未完一分六厘零六丝一忽。

潮州府经督征、现任知府惠昌，未完一分七厘六毫二丝五忽。

肇庆府经督征、前任知府续经病故文康，未完一分八厘四毫五丝九忽。

高州府经督征、现任知府王嘉禾，未完一分三厘七毫五丝八忽。

连州经督征、现署州事候补直隶州知州陈倧万，未完一分五厘一毫一丝九忽。

嘉应州经督征、前署州事尽先补用直隶州知州周经樾，未完一分六厘零六丝一忽。

韶州府经督征、现任知府郢馨，未完二分二厘四毫七丝五忽。

雷州府经督征、现任知府陈武纯，未完二分一厘八毫二丝七忽。

南雄州经督征、前署州事候补知府黄儒荃，未完二分三厘九毫四丝。

钦州经督征、现署州事候补知府卢蔚猷，未完二分五厘九毫五丝八忽。

惠州府经督征、现任知府沈传义，未完三分一厘四毫零八忽。

廉州府经督征、前署府事试用知府富纯，未完三分四厘二毫零一忽。

朱批："览。"

正折据《光绪朝朱批奏折》第69辑，第47页；清单据台北故宫博物院藏"军机处档折件"附件，文献编号：155777

626.查照奏定原案续筑广东省河堤岸折

光绪二十九年正月二十六日（1903年2月23日）

头品顶戴署理两广总督臣德寿，调署广东巡抚、江西巡抚臣李兴锐跪奏，为查照奏定原案，续筑广东省河堤岸，恭折具陈，仰祈圣鉴事。

窃查广东省河堤岸，承西、北两江下游，沿河北岸一带，民间私行填筑，与水争地，侵占日多，每遇异涨，常苦潦患。光绪十四年，经前督臣张之洞奏明，在北岸坚筑长堤，共长一千八百丈有奇，勘估需费四十馀万两，已先将天字马头一段修筑告成。嗣因官款支绌，经前督臣李瀚章奏请将此项工程暂行缓办，十馀年来，私筑日甚，迭准各国领事照会，请由洋商合股修筑，均经各前督臣先后驳复在案。

臣德寿在巡抚任内，考求粤东水利，审度时势，广州为通商口岸，沿河一带堤基，为商务最要之地，正在筹议修筑，适值广、肇两府基围冲决，办理赈抚，当饬署广州府知府龚心湛详细勘估，筹款修筑，以工代赈。随据龚心湛议拟，查照原奏，分十段修筑，自已经修筑之天字马头起，东至洪庙为一段，洪庙至东濠口为一段，东濠口至观音庙为一段，观音庙至川龙口为一段，西至潮音街为一段，潮音街至源昌街为一段，源昌街至同德街为一段，又西关自西炮台起，至黄沙为一段，黄沙至半塘为一段，半塘至澳口为一段，一律筑成石堤。其间自黄沙水至半塘口，前经商人禀准承筑，现由督办铁路大臣盛宣怀咨商发价收回，为粤汉铁路发轫之地，自应划出此段，以筑至黄沙为止。惟东西沿河地势，错出不齐，迤东填筑较宽，迤西填筑较窄，总期于水势无碍。每筑一段，即挑挖河底积沙淤泥，培修堤身，并一律坚造马路，以便行车。沿堤多种树木，以资荫息。马路以内，通修铺廊，铺廊以内，广修行栈，并于各段增设步埠，建筑马路，使各项船只停泊有资，而货物盘驳亦便。每段筑成之后，随即招商缴价承领，拟仿洋人标投之法，价高者得。其承领以后，虽准商人管业，一切兴建仍遵官定章程，不失地权，以免纠葛。至地价之多寡，应以各段之商务旺淡为衡。俟通堤修竣，并仿上海、香港租界章程，酌收铺捐、车捐，以为每年修路、浚河及一切兴办水利之用等情。又经札饬广东布政司会同海防、善后局覆加核议,委员详细勘估。

兹据详称,省河堤岸,利便商民,兼可防弭水患,亟应早为修筑。惟此项工程原案,东西计长一千八百丈有奇,估需银四十馀万两,现除天字马头业已修筑一百二十丈,又黄沙二段划归铁路公司外,近年各物昂贵,工价较前倍增,统计全堤告成,约需工料价值银三十八九万两。广东司局各库异常支绌,实难筹此巨款,拟暂借商款十馀万两,先从西关繁(成)〔盛〕处所起手修筑,每段筑成之后,随时招商缴价承领,再行接续兴修,以资周转。目下办理赈抚,藉可以工代赈。此次工费,随垫随还,不动库款,应请毋庸造册报销等情,详请奏明立案前来。臣等覆加查核,所拟兴修办法、工料价值各节,均属切要核实,业已批饬迅委妥员,设局开办。

除俟工竣具报外,所有查照奏定原案续筑省河堤岸缘由,谨合词具陈,伏祈皇太后、皇上圣鉴训示。谨奏。〔光绪二十九年〕正月二十六日。

光绪二十九年二月二十九日奉朱批:"户部知道。"钦此。

台北故宫博物院藏"军机处档折件",文献编号:154534

627. 奏报广东省光绪二十七年下半年收解厘金及指拨备还镑银各数目折附清单

光绪二十九年正月二十六日(1903 年 2 月 23 日)

头品顶戴署理两广总督臣德寿,调署广东巡抚、江西巡抚臣李兴锐跪奏,为广东省光绪二十七年下半年收解厘金及指拨备还镑银各数目,开单具陈,仰祈圣鉴事。

窃照广东省厘金收解各数目,向系半年奏报一次。兹查光绪二十七年七月起至十二月底止，各厂关共收货厘洋银八十六万三千七百一十六两九钱九分四厘五毫，又收盐厘洋银四万八百五十九两八钱七分。又光绪二十六年十月起至二十七年九月止，收入镑银洋银九十三万一千六百两。据广东布政使丁体常会同厘务局司道造册详请奏咨前来。臣等覆核无异，除册咨送户部外，谨缮清单，恭呈御览。至盐厘一项，改归运司按引抽收，是以清单内不列各厂名目，伏乞皇太后、皇上圣鉴，敕部查照施行。谨奏。〔光绪二十九年〕正月二十六日。

光绪二十九年二月二十九日奉朱批："户部知道，单并发。"

清单

谨将广东省光绪二十七年七月起至十二月底止收解货厘并繁盛海口补抽货厘暨盐厘，及光绪二十六年十月起至二十七年九月止所收指拨备还镑银各数目分晰开单，恭呈御览。

货厘入款

一、收北江韶州厂行厘洋银二万一百两九钱八分三厘四毫。

一、收北江芦包厂行厘洋银五万八千四百四十八两四分七厘，又带抽坐厘洋银一万九千一十九两六钱七分六厘，共收洋银七万七千四百六十七两七钱二分三厘。

一、收西北江河口、马口厂行厘洋银七万五百四十一两五钱八分五厘，又带抽佛山埠厘洋银一万一百一两六钱六分四厘，共收洋银八万六百四十三两二钱四分九厘。

一、收西江都城厂行厘洋银一万一千四百三十一两九钱八分一厘，又带抽埠厘洋银八千二百二十五两六钱七分七厘，共收洋银一万九千六百五十七两六钱五分八厘。

一、收西江后沥厂行厘洋银五万二千七百一十九两四钱四分二厘,又带抽坐厘洋银五千五百七十七两九钱八厘,共收洋银五万八千二百九十七两三钱五分。

一、收西江四会厂行厘洋银一万五千四百七十一两五钱六分二厘四毫,又带抽坐厘洋银五千五百七两七钱五分一厘,共收洋银二万九百七十九两三钱一分三厘四毫。

一、收东江石龙厂行厘洋银六万八千八百七十七两四钱一分八毫。

一、收东江白沙厂行厘洋银二万六千五十一两一钱九分六厘六毫,又带抽坐厘洋银五千九百七十七两五钱五分八厘,共收洋银三万二千二十八两七钱五分四厘六毫。

一、收廉州北海厂行厘洋银九百八十七两二钱。

一、收高州水东厂行厘洋银三千六百三十二两三钱六分二厘。

一、收雷州海口厂行厘洋银一千两。

一、收各厂茶厘洋银六千九百三十一两五钱二分四厘。

一、收各厂土药厘金洋银二万七千七百一十五两六钱四分一厘。

一、收各厂加抽烟厘洋银二万八千八百五十六两五钱三分六厘。

一、收各厂加抽酒厘洋银一万四千九百九十五两八钱九厘。以上烟酒两项,系加抽两倍,嗣又续加一倍厘银收数,至原抽厘银,仍归并百货厘内,合注明。

一、收各厂加抽三成土药厘金洋银七千九百三十两九钱三分七厘。

一、收各厂续加三成土药厘金洋银一千二百二十八两二钱八分三厘。此项三成土药厘银,于光绪二十六年加抽,二十七年冬复奉部文续加三成,均另款存储,合注明。

以上共收货厘洋银四十七万一千三百三十两七钱三分四厘二毫。

一、收省城补抽货厘洋银七万四千五百六十六两三钱二分六厘三毫。

一、收省河补抽货厘洋银一十四万九千四百二十三两二钱四分二厘。

一、收九龙、拱北两关补抽货厘洋银一十万四千一百四十六两四钱六分六厘。

一、收九龙、拱北两关茶厘洋银一千四百五十三两五钱三分四厘。查该税司按西历月结造报,自光绪二十七年七月十九日起至十二月二十二日止,即一百六十四结第三月至一百六十六结第一月,共收百货厘银九万九千一百二十九两八钱五分五厘,现解银一十万五千六百馀,俟陆续解到再行核收具报,合注明。

一、收佛山补抽货厘洋银二万二千五百五十三两九钱四分四厘。

一、收江门补抽货厘洋银二万一千八百九十二两六钱五分二厘。

一、收陈村补抽货厘洋银一万八千三百五十两九分六厘。

以上共收补抽货厘洋银三十九万二千三百八十六两二钱六分三毫。

通共收货厘并补抽货厘洋银八十六万三千七百一十六两九钱九分四厘五毫。光绪二十七年上半年六月底止册报,尚存货厘并补抽货厘、丝茶厘费洋银九万七千九百九十五两七钱六分六厘八毫八丝。

货厘出款

一、解广东藩库厘金项下奉拨内务府经费洋银二万两,又纹水洋银一千七百九十六两五钱二分二厘、加平抬费洋银六百六十两、西商汇费洋银六百一十九两八钱、委员盘费洋银二百两，共解洋银二万三千二百七十六两三钱二分二厘。

一、解广东藩库厘金项下奉拨东北边防经费洋银一万六千两，又九二易换纹银补水洋银一千三百九十一两三钱四厘，共解洋银一万七千三百九十一两三钱四厘。

一、解广东藩库厘金项下奉拨加放俸饷洋银二万两，又九二易换纹银补水洋银一千七百三十九两一钱三分，内一万两拨还俄法英德借款应给一四汇费洋银一百四十两，共解洋银二万一千八百七十九两一钱三分。

一、解广东藩库厘金项下奉拨加复俸饷洋银七千八百两，又九二易换纹银补水洋银六百七十八两二钱六分一厘，又西商汇费洋银二百三十四两、委员盘费洋银七十八两，共解洋银八千七百九十两二钱六分一厘。

一、解广东藩库厘金项下奉拨补解光绪二十六年分广西省协饷洋银一万两。

一、解广东藩库厘金项下奉拨本省辛丑年兵饷洋银一十八万两，又九二易换纹银补水洋银一万五千六百五十二两一钱七分，共解洋银一十九万五千六百五十二两一钱七分。

一、解广东藩库大炉饷耗洋银一千三百五十九两二分五厘，又九二易换纹银补水洋银一百一十八两一钱七分六厘，共解洋银一千四百七十七两二钱一厘。

一、解两广盐运司库土炉饷平洋银三百一十二两七钱，又九二易换纹银补水洋银二十七两一钱九分一厘，共解洋银三百三十九两八钱九分一厘。

一、解广东藩库各厂所收加抽烟酒厘金洋银四万四千三百六十两。

一、支汇丰镑款，发交商号汇沪解江海关道库洋银二十七万四千五十九两二钱四分五厘四毫四丝。此项镑款，原案奉提加增比较银二十一万九千四百两，因镑款不敷，又在厘金项下拨支银五万四千六百五十九两二钱四分五厘四毫四丝，共拨银二十七万四千五十九两二钱四分五厘四毫四丝，合注明。

一、拨给盐厘项下收解西征军饷改拨筹备饷需九二易换纹银补水洋银三千五百五十三两三分二厘。

一、支缉私、提饷各轮船修葺工料洋银一万一千三百六十八两二钱一分。查粤省东、西、北三江港汊纷歧，盗贼出没，缉私、提饷均用轮船，以免疏虞。所需修葺等费，向在外销丝茶项下开支，现丝茶厘费业经提存候拨，此项轮船修费自应作正开销，合注明。

一、支广东同文馆添设俄东学堂自光绪二十七年七月起至二十八年正月止七个月，每月脩金、经费银七百两，共支洋银四千九百两。

一、解广东善后总局支用本省海防、善后各经费洋银二十四万七千九百一十四两五钱三分二厘。

以上共支拨洋银八十六万四千九百六十一两二钱九分八厘四毫四丝，除收抵支外，实存洋银九万六千七百五十一两四钱六分二厘九毫四丝。

盐厘入款

一、收两广盐运司库解缴北柜埠盐厘洋银三万四千三百五十五两六钱二分三厘。

一、收两广盐运司库解缴中柜埠盐厘洋银四千四两二钱四分五厘。

一、收两广盐运司库解缴东柜埠盐厘洋银二千五百两二厘。

以上共收洋银四万八百五十九两八钱七分。此项盐厘，系由两广盐运司于下半年陆续拨解，光绪二十七年五月起至十月止各埠收数，历遵部文，照两淮盐厘格式造报，至额引包斤数目，应由运司奏销案内分晰开报，理合声明。

盐厘出款

一、解广东藩库拨解西征军饷改拨筹备饷需洋银四万八百五十九两八钱七分。查此项筹备饷需，应以纹银起解，所收盐厘均系洋银，应易换纹银，补水银两现由货厘项下拨给，已于货厘出款开列，合注明。

以上共支拨洋银四万八百五十九两八钱七分，除收抵支外，实存无项，合并声明。

指拨备还镑银入款自光绪二十六年十月起至二十七年九月止第二届。其第一届自二十五年十月起至二十六年九月止应还镑款，限期迫促，按照筹饷五款，司局提存未及一半，向商息借，凑足汇解，业经奏咨在案。应俟设法筹还，款有着落，再行造册核销。

一、收奉提新加比较洋银二十一万九千四百两。此项比较有加增之名，无加增之实，系在所收正厘内提足，以符原案。

一、收奉提台炮经费洋银二十三万两。

一、收奉提茶膏牙饷洋银一十二万两。查此项茶膏牙饷，现并无收，应由善后局垫解。

一、收奉提丝茶厘费实收洋银二十万八千八十九两五钱二厘。查丝、茶两项，原奉提银二十二万七千两，收不足额，系照现在收数尽拨。

一、收奉提节省厂用实收洋银二万七千六百二十二两四钱七分七厘五毫六丝。查节省一项，原奉提银五万三千七百二十两，收不足额，系照现在收数尽拨。

一、收货厘项下又拨洋银五万四千六百五十九两二钱四分五厘四毫四丝。

一、收台炮经费项下又拨洋银二万二千八十两。以上两款，因指拨五款内收不敷支,此外别无可筹之款,不能不仍在货厘及台炮经费项下挪凑,合注明。

一、收藩库解回前存丝茶厘费洋银四万九千七百四十八两七钱七分五厘。

以上共收洋银九十三万一千六百两。

指拨备还镑银出款

一、支发交商号汇沪解江海关道备还第二届汇丰镑款洋银八十五万两,又九六纹水洋银八万一千六百两,共解洋银九十三万一千六百两。除收抵支外,实存无项,合并声明。此项应补纹水,各商号按照时价核算,涨落本无一定,此次以九六计,合注明。

朱批:"览。"

台北故宫博物院藏"军机处档折件"及其附件,文献编号:154540

628. 请将在香山县剿匪阵亡之曹锡猷等员照例议恤并附祀香山县忠义祠片*

光绪二十九年正月二十六日(1903 年 2 月 23 日)

再,广东靖勇左营右哨哨弁、五品顶戴尽先拔补把总曹锡猷,靖勇左营中哨哨弁、香山协右营左哨头司额外外委锺应和,先后在香山县第一涌大盛围及流进沙等处地方围捕开堂巨匪,打仗被拒阵亡,据香山县协禀由善后局司道核议,详请奏恤前来。查尽先把总曹锡猷、额外外委锺应和捕盗捐躯,殊堪悯恻,合无仰恳天恩,俯准敕部照例议恤,并附祀香山县忠义祠,以昭激劝。除册送部外,

* 以下两片,与署理两广总督德寿会衔,原缺具奏日期。按,此两片朱批日期与上两折相同,具奏日期亦应相同。

谨会同署广东巡抚臣李兴锐附片具陈，伏乞圣鉴训示。谨奏。

光绪二十九年二月二十九日奉朱批："着照所请，该部知道。"钦此。

台北故宫博物院藏"军机处档折件"，文献编号：154539

629. 奏请俟新任广东按察使程仪洛到任后再令前任吴引孙交卸片

光绪二十九年正月二十六日(1903年2月23日)

再，准吏部咨，光绪二十八年十二月十八日内阁奉上谕："甘肃新疆布政使，着吴引孙补授。"钦此。知照前来，当经转行钦遵。伏查广东按察使吴引孙，前因三年任满，经臣德寿会同前督臣陶模以派办武备学堂，奏请暂缓陛见，奉旨允准，今升授新疆布政使，自应陈请陛见。惟该司所办武备学堂甫有端绪，去年冬间复饬该司筹办广东全省巡警事务，举凡选员募兵以及训练巡查各事，头绪极为纷繁，与前办之武备学堂均在创办之始，虽有他省章程可以仿效，而各处情形不同。吴引孙办事精密，日夕与臣等逐细筹商，现虽甫具规模，尚未一律详备，遽易生手，诚恐情形未熟，程效未免稍迟，且目下省、港会匪潜谋不轨，臣等督饬该司，设法查拿，事机正关紧要。合无仰恳天恩，俯准俟新任广东按察使程仪洛到粤后，再令吴引孙交卸，请旨北上；俾得将学堂、巡警诸要务从容筹布，而于筹办会匪一事，臣等亦稍资臂助，出自逾格鸿施。谨合词〔附〕片陈请，伏乞圣鉴训示。谨奏。

光绪二十九年二月二十九日奉朱批："着照所请。"钦此。

台北故宫博物院藏"军机处档折件"，文献编号：154556

630. 奏报广东光绪二十七年收支耤田谷石及致祭先农品物银两数目折

光绪二十九年正月二十八日(1903年2月25日)

调署广东巡抚、江西巡抚臣李兴锐跪奏,为广东光绪二十七年收支耤田谷石及致祭先农品物银两,遵章改奏,恭折仰祈圣鉴事。

窃照广东省各属致祭先农品物银两与耤田收支谷石,例应按年造册具题。兹据广东布政使丁体常详称,光绪二十七年分旧管支存谷价银一千九百八十五两七钱八分四厘,新收无项,开除光绪二十七年各属致祭先农备办品物共用银四百九十六两四钱四分六厘,尚实存谷价银一千四百八十九两三钱三分八厘。又旧管存谷三千五石八斗四升,新收谷一千五百六十七石三斗二升,内除光绪二十七年二月二十七日恭祀先农粢盛籽种谷一百二十八石八斗,实存谷四千四百四十四石三斗六升。所有收支存剩银谷各数目,理合分晰造册,详请查核具奏等情前来。臣覆核无异,除册分送部科外,谨恭折具陈,伏乞皇太后、皇上圣鉴,敕部核覆施行。谨奏。光绪二十九年正月二十八日。

朱批:"户部知道。"

《光绪朝朱批奏折》第30辑,第093页

631. 奏报广东通省光绪二十七年分支过官兵马匹俸饷粮料草束数目折

光绪二十九年正月二十八日(1903年2月25日)

头品顶戴署理两广总督臣德寿,调署广东巡抚、江西巡抚臣李

兴锐跪奏，为广东通省光绪二十七年分支过官兵、马匹俸饷、粮料、草束数目，改题为奏，恭折具陈，仰祈圣鉴事。

窃照广东省递年支销官兵、马匹钱粮数目，遵照奏准新章，应于九月内造报。兹据广东布政使丁体常详称，光绪二十七年分，广州将军八旗、督抚提镇、九府九厅州水陆镇协营各官兵、马匹俸饷、粮料、草价，先奉部拨地丁、盐课、厘金及停给养廉、太平关常税共银一百二十二万五百五两一钱，已据完解支给俸饷等银八十八万六千三百六十一两零，尚未完解银三十三万四千一百四十三两零，俟续收有款，再行分别补支、补扣。又前山、三水、大鹏右三营招募新兵，共应支月饷米折、朋扣草价等银六千一百二十两零，此项系在各属解到典商息银供支。又汉军八旗添设无米养育兵，共应支饷银六千六百六十五两零；又满汉八旗添设馀兵，共应支饷银一千二百两，以上二款，均已先在司库存留田房税羡项内借支，俟盐、典二商缴到息银，归还原款，作正开销。又汉军八旗新添设馀兵，共应支饷银二千四百两，已在旗丁养赡生息应归原本银内动支。又满汉八旗添设洋操馀兵，共应支饷银一千二百两，已在典商缴到息银内动支。又粮米一项，通共各标镇协营官兵马匹、满汉八旗病故官兵守节寡妇旗监人犯口粮、奉行变价充饷、裁汰三成二成兵丁马匹补还融借，共应支米四十一万五千一百九十九石零，内有饷折米银六万一十九两零，已支给银一万三千五百二十两零，尚未支给银四万六千四百九十八两零，俟催征完解，再行补支清款。

再，本案因奉拨地丁等银征解不前，欠发各营粮料米折银四万馀两，以致尚有水师提标等营应造销算册籍尚未据造送，若必待欠项支清再行造报，奏销未免稽延，应请查照上届，将欠发各营粮料米价实数另造细册，专案送部。各营员造册迟延有因，所有迟延职名,应请循旧邀免开送。理合将支过俸饷、粮料、草束等项暨动给款项分晰造册,详请奏销等情前来。

臣等覆核无异,除将各项清册分送部科查核外,谨遵照通行,改题为奏,合词缮折具陈,伏乞皇太后、皇上圣鉴,敕部核覆施行。再,本届奏销,例应上年九月内具奏,因二十六年奏销甫于四月造报,其二十七年奏销相距九月之期太促,查造不免需时,今据藩司于光绪二十八年十二月二十八日出详,经臣等覆核明确,即于本年正月二十八日具奏,并无迟逾,合并陈明。谨奏。光绪二十九年正月二十八日。

朱批:"该部知道。"

《光绪朝朱批奏折》第63辑,第8—10页

632. 广东省光绪二十七年武职各官实支养廉银两奏销折

光绪二十九年正月二十八日(1903年2月25日)

头品顶戴署理两广总督臣德寿,调署广东巡抚、江西巡抚臣李兴锐跪奏,为广东省光绪二十七年武职各官实支养廉银两,改题为奏,恭折具陈,仰祈圣鉴事。

窃照广东省各标、镇、协、营武职大小正署各官应支养廉银两,向系按年造册题销。兹据广东布政使丁体常详称,光绪二十七年分通省武职各官共应支养廉银一十二万九千四百二十两,例应在于田房税羡、耗羡、盐课项下动支,已支给银一万九千九百五两六钱,又应扣停给一成养廉银五百五十六两九钱四分二厘,又应扣各官空缺养廉银六千八百九十五两四钱五分八厘。理合分晰造具清册,详请奏咨等由前来。经臣等覆核无异,除册分送部科查核外,谨合词恭折具陈,伏乞皇太后、皇上圣鉴,敕部核覆施行。再,本案

尚有督标中营等营未经造册报销,请俟造册到日,另行送部,合并陈明。谨奏。光绪二十九年正月二十八日。

朱批:“该部知道。”

《光绪朝朱批奏折》第63辑,第10—11页

633. 奏报广东省各年旧欠正杂钱粮光绪二十七年催提征解已未完数目折附清单

光绪二十九年正月二十八日(1903年2月25日)

〔头品顶戴署理两〕[①]广总督臣德寿,〔调署广东〕巡抚、江西巡抚臣李兴锐跪奏,为查明广东省各年旧欠正杂钱粮光绪二十七年催提征解已、未完数目,恭折仰祈圣鉴事。

窃照各省奏销,应将征收旧欠正杂钱粮数目及未完分数考成专折奏报。现届办理光绪二十七年分奏销之期,除是年应征新赋银米已、未完数目另行具奏外,兹据广东布政使丁体常详称,查自光绪六年起至光绪二十六年止旧欠地丁、驿传备支经费,除豁免及续完外,尚征银一百八十二万五百六十四两零,内已完银五万一千四百一十四两零,尚未完银一百七十六万九千一百五十两零。又光绪九年以前商欠杂税银二千一百三十八两零,全未完解,另从前各州县征存地丁、驿传备支经费共银一十万四千五百五十七两零,全未完解。又旧欠耗羡银二十三万三百四两零,内已完银一万六千九十六两零,尚未完银三十一万四千二百八两零,另从前各州县征存未解耗羡银一万四千九百三十八两零,全未完解。又自道光

① 底本残缺,据台北故宫博物院藏“军机处档折件”(文献编号:155801)补。下同。

三十年起至光绪二十六年止旧欠民米,除豁免及续完外,尚未完米七十一万四千九百七十一石零,内已完米四千二百四十一石零,未完米七十一万七百二十九石零,另从前各州县征存未解米七万九百五十六石零,全未完解。又自道光二十六年起至光绪二十六年止共未完当饷银一十万八千五百一十五两,内已完银二万三千四百三十两,尚未完银八万五千八十五两。又自道光二十六年起至光绪十四年止共未完《全书》未载铁炉饷银八千三百五十七两零,全未完解。又自咸丰十一年起至光绪十四年止共未完《全书》附载铁炉饷银四千五百五十二两零,全未完解。又自道光八年起至光绪二十六年止共未完煤饷银七万六千九十九两零,内已完银六百七十六两零,未完银七万五千四百二十三两零。又自道光二十四年起至咸丰三年止共未完各业户借领堤费银一万五千二百一十八两零,全未完解。以上各属征存未解地丁、备支、耗羡等银,业于交代案内参追。其未完米石,系由历年各县办理军务,就近提支军需,现已严饬领解清款,分别收支。至当饷、炉饷、煤饷、堤费等项已未完细数,业已另册送部查核等情,请奏前来。臣等覆核无异,谨循例缮具清单,合词恭折具陈,伏乞皇太后、皇上圣鉴,敕部查照施行。谨奏。光绪二十九年正月二十八日。

朱批:"户部知道,单并发。"

清单

谨将广东省各年旧欠钱粮银米光绪二十七年催提征解已、未完数目分晰开单,恭呈御览。

道光三十年分征存在县米一千三百二十三石零,尚未完解。

咸丰元年分征存在县米四千九百二十六石零,尚未完解。

咸丰二年分征存在县米二千二百五十八石零,尚未完解

咸丰三年分征存在县米一千八十八石零,尚未完解。

咸丰三年分征存在县道光三十年缓征米二百八十三石零,尚未完解。

咸丰四年分征存在县米三千五百一石零,尚未完解。

咸丰四年分带征存在县道光三十年缓征米一百六十八石零,尚未完解。

咸丰四年分带征存县咸丰元年缓征米二百九十八石零,尚未完解。

咸丰五年分征存在县米三千三百二十四石零,尚未完解。

咸丰五年分带征存县咸丰元年缓征米一百七石零,尚未完解。

咸丰六年分征存在县米五百六十二石零,尚未完解。

咸丰六年分带征存县咸丰元年缓征米五十六石零,尚未完解。

咸丰六年分带征存县咸丰四年缓征米一百五十四石零,尚未完解。

咸丰七年分征存在县米一千七百三十一石零,尚未完解。

咸丰七年分带征存县咸丰四年缓征米一百九十九石零,尚未完解。

咸丰八年分征存在县米二千二百七十五石零,尚未完解。

咸丰八年分带征存县咸丰四年缓征米一百五十四石零,尚未完解。

咸丰九年分征存在县米二百五十五石零,尚未完解。

咸丰十年分征存在县米八百八十四石零,尚未完解。

咸丰十年分带征存县咸丰六年缓征米一百八十九石零,尚未完解。

咸丰十一年分征存在县米四百一十二石零,尚未完解。

咸丰十一年分带征存县咸丰七年缓征米二百石零,尚未完解。

同治元年分征存在县米一千四十六石零,尚未完解。

同治元年分带征存县咸丰七年缓征米五百五十九石零,尚未完解。

同治二年分征存在县米九百二十三石零,尚未完解。

同治三年分征存在县米三百五十五石零,尚未完解。

同治三年分带征存县咸丰九年缓征米二百六十七石零,尚未完解。

同治四年分征存在县米二百七十六石零,尚未完解。

同治四年分带征存县咸丰九年缓征米三百七十二石零,尚未完解。

同治五年分征存在县地丁及备支共银六十四两零,尚未完解;征存在县米二百七十四石零,尚未完解。

同治六年分征存在县地丁及备支共银五百四十九两零,尚未完解;征存在县耗羡银五百三十二两零,尚未完解;征存在县米二百六十五石零,尚未完解。

同治七年分征存在县地丁及备支共银三千五百两零,尚未完解;征存在县米九十二石零,尚未完解。

同治七年分带征存县同治三年缓征米二十九石零,尚未完解。

同治八年分征存在县地丁及备支共银一千七十二两零,尚未完解;征存在县耗羡银一百八十一两零,尚未完解;征存在县米一千四百三十二石零,尚未完解。

同治九年分征存在县地丁及备支共银七千二百九十九两零,尚未完解;征存在县耗羡银一千二百三十三两零,尚未完解;征存在县米二千八百八石零,尚未完解。

同治九年分带征存县同治四年缓征米一百四十八石零,尚未完解。

同治十年分征存在县地丁及备支共银一千四百四十一两零,尚未完解;征存在县米四千八百六十三石零,尚未完解。

同治十一年分征存在县耗羡银二百一十一两零,尚未完解;征存在州县米一百七十三石零,尚未完解。

同治十二年分征存在州县地丁及备支共银三千五百一十九两零,尚未完解;征存在县耗羡银五百八十九两零,尚未完解;征存在州县米七十二石零,尚未完解。

同治十三年分征存在州县地丁及备支共银七千九百四十二两零,尚未完解;征存在州县耗羡银一千二百九十二两零,尚未完解;征存在州县米五十石零,尚未完解。

光绪元年分征存在州县地丁及备支共银九千二百一两零、商欠杂税银一百三十三两零,尚未完解;征存在州县耗羡银二千二百九十两零,尚未完解;征存在州县米一百一石零,尚未完解。

光绪二年分征存在州县地丁及备支共银五千九百四十三两零、商欠杂税银五百二十一两零,尚未完解;征存在州县耗羡银七百二十两零,尚未完解;征存在州县米一百三十石零,尚未完解。

光绪三年分征存在州县地丁及备支共银八百九十九两零、商欠杂税银三百九十四两零,尚未完解;征存在州县耗羡银一百六十七两零,尚未完解;征存在州县米一千七百四十八石零,尚未完解。

光绪四年分征存在州县地丁及备支共银四千二百七两零、商欠杂税银五百四十三两零,尚未完解;征存在州县耗羡银七百五十七两零,尚未完解;征存在州县米四千一百一十八石零,尚未完解。

光绪五年分征存在州县地丁及备支共银一万一千四百六十七两零、商欠杂税银五百四十四两零,尚未完解;征存在州县耗羡银一千九百一十四两零,尚未完解;征存在州县米四千二百二十一石零,尚未完解。

光绪六年分征存在州县地丁及备支共银一万五千四百二十四两零,尚未完解;征存在州县耗羡银二千六百一十七两零,尚未完解;征存在州县米一万一千六十九石零,尚未完解。

光绪七年分征存在州县地丁及备支共银六千二百八两零,尚未完解;征存在州县耗羡银六百六十九百零,尚未完解;征存在州县米四千一百四十五石零,尚未完解。

光绪八年分征存在州县地丁及备支共银一万三百一十六两零,尚未完解;征存在州县耗羡银一千四百六十四两零,尚未完解;征存在州县米一千九百九十三石零,尚未完解。

光绪九年分征存在州县地丁及备支共银一万七千八百五十五两零,尚未完解;征存在州县耗羡银二千六百四十一两零,尚未完解;征存在州县米四千二百四十石零,尚未完解。

光绪十年分原欠地丁及备支共银一十二万一千三百三十九两零,尚未完解;耗羡银二万五十九两零,尚未完解;米三万七千二百三十五石零,尚未完解。

光绪十一年分原欠地丁及备支共银一十五万七千一十两零,尚未完解;耗羡银二万六千四十二两零,尚未完解;米四万四千四百三十石零,尚未完解。

光绪十二年分原欠地丁及备支共银一十二万四千五百五十二两零,尚未完解;耗羡银二万一千三百六十二两零,尚未完解;米四万九千五百三十石零,尚未完解。

光绪十三年分原欠地丁及备支共银一十三万六千一百一十九两零,尚未完解;耗羡银二万四千九百七十三两零,尚未完解;米四万九千八百石零,尚未完解。

光绪十四年分原欠地丁及备支共银一十一万五千五百七十一两零,已完银三百六十五两零,未完银一十一万五千二百六两零;耗羡银一万八千四百三十八两零,已完银一百九两零,未完银一万八千三百二十九两零;米四万九千二百二十三石零,已完米一石零,未完米四万九千二百二十二石零。

光绪十五年分原欠地丁及备支共银一十一万七千一百一十六两零,已完银四百三十二两零,未完银一十一万六千六百八十四两零;耗羡(未完)银二万三千九百九十八两零,已完银一百四十一两零,未完银二万三千八百五十七两零;米五万三百五十三石零,已完米一石零,未完米五万三百五十二石零。

光绪十六年分原欠地丁及备支共银一十二万二千八百四十三两零,已完银六百三十一两零,未完银一十二万二千二百一十二两零;耗羡(未完)银二万二千四百八两零,已完银三百八十五两零,未完银二万二千二十三两零;米五万二千六百四十四石零,已完米一石零,未完米五万二千六百四十三石零。

光绪十七年分原欠地丁及备支共银一十三万二百七十三两零,已完银一千五十一两零,未完银一十二万九千二百二十二两零;耗羡银二万九千四百四十一两零,已完银三百二十四两零,未完银二万九千一百一十七两零;米五万三千五百八十八石零,已完米一石零,未完米五万三千五百八十七石零。

光绪十八年分原欠地丁及备支共银一十四万七千八百九十一两零,已完银三千七百四十六两零,未完银一十四万四千一百四十五两零;耗羡银二万七千三百六十九两零,已完银一千四百八十五两零,未完银二万五千八百八十四两零;米五万一千九百七十三石零,已完米五石零,未完米五万一千九百六十八石零。

光绪十九年分原欠地丁及备支共银一十一万三千五百七十二两零,已完银二千九十八两零,未完银一十一万一千四百七十四两零;耗羡银一万八千一百一十一两零,已完银四百五十四两零,未完银一万七千六百五十七两零;米五万一千三百五十九石零,尚未完解。

光绪二十年分原欠地丁及备支共银一十二万三千四百九十两零,已完银二千四十三两零,未完银一十二万一千四百四十七两零;耗羡银一万九千六百七十三两零,已完银五百八十五两零,未完银一万九千八十八两零;米五万四千九百五十四石零,已完米五石零,未完米五万四千九百四十九石零。

光绪二十一年分原欠地丁及备支共银一十三万四千六百六十四两零,已完银二千五百八十七两零,未完银一十三万二千七十七两零;耗羡银二万一千二百二十四两零,已完银五百五十九两零,未完银二万六百六十五两零;米五万二千七十五石零,已完米五石零,未完米五万二千七十石零。

光绪二十二年分原欠地丁及备支共银一十二万六千七百二十一两零,已完银二千六十四两零,未完银一十二万四千六百五十七两零;耗羡银一万九千两零,已完银四百二两零,未完银一万八千五百九十八两零;米五万三千八百六十三石零,已完米一百一十九石零,未完米五万三千七百四十四石零。

光绪二十三年分原欠地丁及备支共银一十二万九千四百二十八两零,已完银一千六百一两零,未完银一十二万七千八百二十七两零;耗羡银二万四千九百七十四两零,已完银三百九十四两零,未完银二万四千五百八十两零；米四万七千七百二十八石零，已完米二百一十八石零，未完米四万七千五百一十石零。

光绪二十四年分原欠地丁及备支共银一十四万三千一百五十四两零，已完银四千三百三十两零，未完银一十三万八千八百二十四两零；耗羡银二万二千八百七两零，已完银七百二十五两零，未完银二万二千八十二两零；米四万二千八百九十六石零，已完米二十石零，未完米四万二千八百七十六石零。

光绪二十五年分原欠地丁及备支共银一十二万八千五百九十三两零，已完银八千一十四两零，未完银一十二万五百七十九两零；耗羡银二万六千一百五十二两零，已完银五千七百一十三两零，未完银二万四百三十九两零；米五万一千四百二十三石零，已完米八百七石零，未完米五万六百一十六石零。

光绪二十六年分原欠地丁及备支共银一十六万八千六百三十一两零，已完银二万二千四百四十六两零，未完银一十四万六千一百八十五两零；耗羡银三万三千六百四十二两零，已完银四千八百一十四两零，未完银二万八千八百二十八两零；米五万一千五百八十三石零，已完米三千五十三石零，未完米四万八千五百三十石零。

朱批："览。"

正折据《光绪朝朱批奏折》第69辑，第48—49页；清单据台北故宫博物院藏"军机处档折件"附件，文献编号：155801

634. 奏报广东省征收光绪二十七年分钱粮比较上三年完欠分数折附清单

光绪二十八年正月二十八日（1903年2月25日）

头品顶戴署理两广总督臣德寿，调署广东巡抚、江西巡抚臣李兴锐跪奏,为广东省征收光绪二十七年分钱粮比较上三年完欠分数,恭折仰祈圣鉴事。

案准部咨,各省征收钱粮比较限期,统以年底截数,次年二月造报春拨之时,即将新赋项下额征若干、蠲缓若干、已未完若干,旧赋项下带征若干、应征若干,比之上三年,或多或少,一一注明,另行开单奏报。即以道光五年春拨为始,一律遵办。嗣又准部咨,仍以奏销截数开单具奏,比较更为周匝各等因。转行遵照在案。兹办理光绪二十七年分奏销,除循例奏报外,据广东布政使丁体常将光绪二十七年分征收钱粮比较上三年完欠数目,注明入季解道留支各数,并查明已征未解一项,于现办二十七年奏销,遵照定例归入未完项下,开列专案咨部,开单请奏前来。臣等覆核无异,谨合词恭折缮单,敬呈御览,伏祈皇太后、皇上圣鉴,敕部查照施行。谨奏。光绪二十九年正月二十八日。

朱批:"户部知道,单并发。"

清单

谨将广东省光绪二十七年分征收钱粮截至奏销止,比较上三年完欠数目,分晰开单,恭呈御览。

新赋项下

光绪二十七年分额征新赋地丁正项共银一百七万七千九百三十九两零,截至奏销止,已完银八十八万一千三百二十六两零内,候造入各季册报并除留支给各款共银六十九万三千七百九十四两四钱三分六厘七毫六丝,完解高廉钦、雷琼二道库充支兵饷银七万三百六十一两八钱三厘,各府厅州县留支共银一十一万七千四十九两三钱七分,解盐运司民粮盐课银一百二十一两一钱七分。未完银一十九万六千六百一十二两零,已完八分一厘七毫零，未完一分八厘二毫零。

比较光绪二十四年分应征银一百一十三万四千五百二十九两零，已完八分三厘九毫零、银九十五万二千五百三十二两零，未完一分六厘零、银一十八万一千九百九十七两零，计少完二厘二毫零。

比较光绪二十五年分应征银一百七万七千九百一十六两零，已完八分三厘七毫零、银九十万二千六百三十七两零，未完一分六厘二毫零、银一十七万五千二百七十八两零，计少完二厘零。

比较光绪二十六年分应征银一百一十万三千二百五十六两零，已完八分四厘七毫零、银九十三万四千六百二十四两零，未完一分五厘二毫零、银一十六万八千六百三十一两零，计少完三厘零。

旧赋项下

光绪二十七年分应征光绪二十六年分旧欠银一十六万八千六百三十一两零，截至奏销止，已完银二万二千四百四十六两零内，造入各季册报银二万四百一十四两五厘九毫九丝八忽，完解高廉钦道库银二千两，收入减平项下汇解部库银三十二两八钱一分一厘。未完银一十四万六千一百八十四两零，已完一分三厘三毫零，未完八分六厘六毫零。

比较光绪二十四年应征光绪二十三年分旧欠银一十六万四千一百七十六两零，已完一分三厘一毫零、银二万一千五百七十五两零，未完八分六厘八毫零、银一十四万二千六百一两零，计多完二毫零。

比较光绪二十五年应征光绪二十四年分旧欠银一十八万一千九百九十七两零，已完一分八厘六毫零、银三万三千九百五十七两零，未完八分一厘三毫零、银一十四万八千三十九两零，计少完五厘三毫零。

比较光绪二十六年应征光绪二十五年分旧欠银一十七万五千二百七十八两零,已完三分一厘七毫零、银五万五千六百二十九两零,未完六分八厘二毫零、银一十一万九千六百四十九两零,计少完一分八厘四毫零。

朱批:"览。"

正折据《光绪朝朱批奏折》第69辑,第49—50页;清单据台北故宫博物院藏"军机处档折件"附件,文献编号:155840

635. 奏报广东省光绪二十七年钱粮奏销已未完分数叙参各官职名折附清单

光绪二十八年正月二十八日(1903年2月25日)

头品顶戴署理两广总督臣德寿,调署广东巡抚、江西巡抚臣李兴锐跪奏,为广东省光绪二十七年钱粮奏销已、未完分数,叙参各官职名,改题为奏,并缮清单,恭折具陈,仰祈圣鉴事。

窃照广东省递年各属额征民屯、地丁正杂钱粮及本折米石,定例次年五月内截数,六月内造报;嗣奏准仿照盐务成案,扣限于九月内题咨,历经照办在案。兹据广东布政使丁体常将光绪二十七年分通省额征民屯、地丁、驿传及杂税、炉饷、当饷、煤饷、商税、地租并光绪二十六年旧管存剩等项,造册详报,又准前任广东学政臣文治将收支学租银两数目造册,移送前来。臣等伏查征收及旧管各款,除改征本色米价、盐课另册报销外,实共应征银一百一十六万六千九百一十二两零,内新收连旧管共银九十四万二千五百八十四两零,开除支销银九十一万七千六百九十三两零,实在馀剩银一万一千二百一十三两零，未完各项共银二十二万四千三百二十六两零。又额征民屯米三十三万七千五百五十石零，内已完米二十八万四千六百一石零，未完米五万二千九百四十八石零。另地丁随征一六九耗羡银一十七万五千三十七两零，内已完银一十三万七千三百三十六两零，未完银三万七千七百两零，向系汇同地丁正项统计考成。所有未完一分以上各员，业经遵照部行，先行开单奏报。其征收全完及未完各分数，应叙、应参各职名，现已另缮清单，随同黄册，恭呈御览。至布政司、督粮道库存钱粮，经臣等公同在省司道各官亲临盘察，并无亏空及挪新掩旧情弊，相应出具印结保奏。除将各册籍分送部科查核外，谨遵照通行，改题为奏，并缮清单合词恭折具陈，伏乞皇太后、皇上圣鉴，饬部核覆施行。

再，本届奏销，应于光绪二十八年九月内具奏，因二十六年奏销甫于上年四月办竣，相距九月之期太促，查造不免需时，而现任广宁县知县刘思敏迟延五个月以上，始行造报到司，所有迟延职名，理合随折附参，候部核议。至藩司系于光绪二十八年十二月二十八日造册详缴到臣，即经覆核，于本年正月二十八日具奏，并无迟逾，合并陈明。谨奏。

计恭呈黄册一本。光绪二十九年正月二十八日。

朱批："该部议奏，单、册并发。"

清单

谨将广东省光绪二十七年额征地丁正杂钱粮银米已、未完分数及叙参各职名开列清单，恭呈御览。

计开：

一、督征、经征、接征地丁、屯丁、本折钱粮银米全完官：廉州府接督征、现任知府郭之全;阳江同知经督征、前任同知田明曜,接督征、前署同知事赤溪同知沈鸿寿,接督征、现署同知事佛冈同知李达璋;罗定州接督征、前兼护州事东安县知县朱琨,接督征、现署州事补用同知陈寿椿,俱全完不及五万两。阳江县丞经征、现任县丞王建极,全完不及三百两。琼山县经征、现任知县叶士模,全完二万两以上。永安县接征、现署县事即用知县曹子昂;饶平县接征、现署县事准补四会县知县方朝概;崖州接征、现署州事试用知县王亘;赤溪同知经征、前署同知事补用同知陈寿椿,俱全完不及三百两。顺德县接征、现署县事候补同知直隶州李家焯;花县接征、现任知县祝抡望;增城县接征、现署县事普宁县知县敖式槱;龙门县接征、现代理县事试用知县史允端;新宁县接征、现署县事题补兴宁县知县王克鼎;乐昌县接征、现代理县事候补同知黄应昌;翁源县接征、现代理县事候补知县贾培业;英德县接征、代理县事即用知县阳颢;长宁县接征、前署县事拔贡知县戴锡藩,接征、前代理县事即用知县高焕然,接征、现代理县事试用知县彭家禄;连平州接征、现代理州事候补直隶州知州徐仁杰;惠来县接征、现署县事试用知县劳鼎勋;普宁县接征、现署县事候补知县邓炳春;大埔县接征、现代理县事即用知县陈维伦;丰顺县接征、现任知县朱益湛;广宁县接征、现任知县刘思敏;新兴县接征、现任知县刘盛芳;恩平县接征、现任知县蔡景云;封川县接征、现署县事候补知县吴懋勋;开建县接征、现署县事即用知县宜勋;茂名县接征、现署县事翁源县知县刘永椿;电白县接征、现署县事候补知县乌尔兴额;灵山县接征、现署县事试用知县俞煐;万州接征、前代理州事教习知县程栖鹏,接征、现署州事候补知县蔡简梁;定安县接征、现署县事孝廉方正知县姚广誉;昌化县接征、现署县事大挑试用知县尹沛霖;阳江同知接征、现署同知事佛冈同知李达璋；赤溪同知接征、现署同知事阳江直隶同知田明曜；罗定州接征、前兼护州事东安县知县朱琨，接征、现署州事补用同知陈寿椿；东安县接征、现署县事万州知州赵梦奇；西宁县接征、现署县事即用知县郑宪典，俱全完三百两以上，不及一万两。化州接征、现署州事试用知县张式恭；阳江同知接征、前署同知事赤溪同知沈鸿寿，俱全完一万两以上。南雄州接征、现署州事嘉应直隶州知州关广槐，全完二万两以上。

一、经征地丁、本折钱粮系在封印日期官：曲江县经征、前任知县李九波；潮阳县经征、前署县事番禺县知县刘秉奎；文昌县经征、前署县事灵山县知县阮萃恩。

一、督征、经征、接征地丁、屯丁、本折正杂钱粮未完不及一分官：琼州府经督征、现任知府刘尚伦；罗定州经督征、前署州事病故南海县知县杨镇荣；南雄州接督征、前署州事嘉应直隶州知州关广槐；嘉应州接督征、前署州事候补知府李庆荣；花县经征、前署县事试用知县葛肇兰；香山县接征、前署县事候补知县沈毓岱；从化县经征、现任知县准调感恩县知县甘美棠；清远县经征、前署县事分缺先用知县董元度；新安县县丞经征、现任县丞夏敬延；海丰县接征、前署县事候补知县邹翼清；陆丰县经征、前署县事丁忧分缺先用知县程璟光；高要县接征、现署县事候补知县傅汝梅；广宁县经征、前署县事候补班尽先补用知县杨自明；开建县经征、前署县事教习知县刘宗瀚；电白县经征、前署县事试用通判降补府经历县丞蔡继昌；化州经征、前署州事候补知县冯灼孝；海康县接征、前署县事试用知县祥林；合浦县接征、前代理县事候补知县柴廷淦，接征、现代理县事连平州知州张卿云；灵山县经征、前署县事准补龙川县知县邓景临；崖州经征、前署州事试用知县姚绍书；万州经征、前署州事丁忧分缺间用知县杨本楫；乐会县经征、现任知县唐盛松；陵水县接征、现署县事候补知县王春霖；临高县经征、现任知县吴志道；澄迈县经征、现任知县林玉铭；会同县经征、前署县事候补知县宋恒坊；定安县经征、前署县事试用知县张式恭；感恩县经征、前代理县事即用知县李熙，接征、前代理县事试用知县赵承炳；绥瑶同知经征、前任同知续经开缺另补黄晋铭；阳江同知经征、前任同知田明曜；东安县经征、丁忧前任知县朱琨；连州经征、现署州事候补直隶州知州陈悰万；嘉应州接征、前署州事候补知府李庆荣；兴宁县接征、前署县事准补新宁县知县冯如衡；钦州经征、现署州事候补知府卢蔚猷；防城县接征、现任知县曾汝材。

一、督征、经征、接征地丁、屯丁本折正杂钱粮未完一分以上官：经督征、前任广东巡抚德寿；经督征、现任广东布政使丁体常；经督征、现任广东督粮道周开铭；广州府经督征、前任知府施典章；潮州府经督征、现任知府惠昌；肇庆府经督征、前任知府续经病故文康；高州府经督征、现任知府王嘉禾；连州经督征、现署州事候补直隶州知州陈悰万；嘉应州经督征、前署州事尽先补用直隶州知州周经樾；南海县经征、现任知县裴景福；番禺县经征、现署县事准调归善县知县钱溯灏；顺德县经征、前任知县王崧；新会县经征、前任知县续经开缺另补杨介康；香山县经征、前署县事新兴县知县续经开缺另补刘盛芳；三水县经征、现署县事准调番禺县知县吕道象；龙门县经征、前署县事教职知县续经奏参改教谢裕棠，接征、前署县事丁忧截取知县李宗膺；新宁县经征、前署县事候补知县蒋希曾；曲江县接征、前代理县事韶州府经历董萼辉，接征、前署县事电白县知县李滋然；仁化县经征、前署县事另补知县清安，接征、前署县事优贡知县陈廷蔚；乳源县经征、前任知县冯端；翁源县经征、前任知县刘永椿;英德县经征、现任知县吕光琦;博罗县接征、前署县事高要县知县安荫甲;河源县经征、前署县事续经病故知县唐镜沅;龙川县经征、前署县事兴宁县知县王克鼎,接征、前署县事优贡知县王会中;和平县接征、前署县事候补同知陈图;海阳县经征、前任知县续经参革刘兴东;潮阳县接征、前署县事试用知县谢师元;揭阳县经征、前任知县李树声;惠来县经征、前署县事准补仁化县知县成守正;饶平县经征、前署县事候补知县何斌;澄海县经征、前署县事试用通判捐升知府方政;大埔县经征、前任知县范宗莹;高要县经征、前任知县安荫甲;四会县经征、前署县事饶平县知县黄恩;恩平县经征、前署县事候补通判胡永昌;开平县经征、现任知县郭占熊;封川县经征、前任知县续经病故钟德瑞;鹤山县经征、现任知县张向辰;茂名县经征、前署县事候补知县祺威;海康县经征、大计纠参前任知县朱念祖;陵水县经征、前代理县事分缺间用知县续经参革李之鼎;文昌县接征、前任知县续经开缺另补刘曾枚;佛冈同知经征、前署同知事试用同知赵从芾;西宁县经征、前署县事候补知县彭骢孙;阳山县经征、前署县事试用知县蒋泽;南雄州经征、前署州事候补知府黄儒荃;嘉应州经征、前署州事候补班补用直隶州知州周经槐;平远县经征、现任知县辛元熚;镇平县经征、现任知县方廷珪;防城县经征、前署县事新安县知县赵新。

一、督征、经征、接征地丁、本折正杂钱粮未完二分以上官:韶州府经督征、现任知府郅馨;雷州府经督征、现任知府陈武纯;南雄州经督征、前署州事候补知府黄儒荃;钦州经督征、现署州事补用知府卢蔚猷;东莞县经征、前任知县刘德恒;乐昌县经征、前任知县刘镇寰;归善县经征、前署县事准补陆丰县知县左学易;博罗县经征、前任知县陈宗凤;海丰县经征、前署县事即用知县刘能;陆丰县接征、前代理县事试用通判张士彦；河源县接征、现任知县李汉青；长宁县经征、前署县事特用知县贾世兴；连平州经征、前任知州张卿云；普宁县经征、前任知县敖式槱；丰顺县经征、前署县事升补儋州知州林兆镛；高明县经征、大计纠参前任知县李道南；新兴县经征、前署县事澄海县知县王耀曾；阳春县经征、前任知县续经参革潜梦熊；德庆州经征、前任知州程锦文；信宜县经征、前任知县叶祥麟；徐闻县经征、前任知县何炳修；儋州经征、前署州事候补知县王之翰；昌化县经征、前代理县事大挑知县于德松；罗定州经征、前署州事病故南海县知县杨镇荣；兴宁县经征、前署县事截取知县、奏参改教孙祖华。

一、督征、经征地丁、本折正杂钱粮未完三分以上官：惠州府经督征、现任知府沈传义；廉州府经督征、前署府事试用知府富纯；永安县经征、前任知县姚庭焯；和平县经征、前任知县郭寿鋆；石城县经征、病故前任知县王锡祺；始兴县经征、前署县事准升崖州知州倪思铎；长乐县经征、前署县事即用知县姚钟璜。

一、经征、接征地丁、本折正杂钱粮未完四分以上官：增城县经征、前任知县续经参革丁墉；合浦县经征、前任知县邓倬堂；感恩县接征、前署县事病故教习知县杨昭稌。

一、经征接征当饷未完各官：南海县经征、现任知县裴景福；番禺县经征、现署县事准调归善县知县钱溯灏；东莞县经征、现任知县刘德恒；新会县经征、前任知县续经开缺另补杨介康；增城县经征、前任续经参革知县丁墉，接征、现署县事普宁县知县敖式槱；三水县经征、现署县事长宁县知县吕道象；新宁县经征、前署县事候补知县蒋希曾，接征、现署县事奏补兴宁县知县王克鼎；新安县经征、前署县事候补知县查荣耀，接征、前署县事试用知县刘骏户，接征、现任知县赵新；英德县经征、前任知县吕光琦，接征、现代理县事即用知县阳顗；翁源县经征、前任知县刘永椿，接征、现署县事候补知县贾培业；归善县经征、现署县事准补陆丰县知县左学易；博罗县经征、前任知县陈宗凤，接征、现署县事高要县知县安荫甲；河源县经征、前署县事候补知州唐镜沅，接征、现任知县李汉青；海丰县经征、前署县事即用知县刘能，接征、现署县事候补知县邹翼清；陆丰县经征、前署县事分缺先用知县程璟光，接征、现署县事试用通判张士彦；龙川县经征、前署县事奏补兴宁县知县王克鼎，接征、现署县事优贡知县王会中；长宁县经征、前署县事教职知县贾世兴，接征、前署县事拔贡知县戴式藩，接征、前代理县事即用知县高焕然，接征、现署县事试用知县彭家禄；永安县经征、前任知县姚庭煇，接征、现署县事即用知县曹子昂；海阳县经征、前任知县刘兴东；潮阳县经征、前署县事番禺县知县刘秉奎，接征、前署县事试用知县谢师元；澄海县经征、前署县事试用通判方政；揭阳县经征、前任知县李树声；普宁县经征、前任知县敖式櫆，接征、现署县事候补知县邓炳春；惠来县经征、前署县事分缺先用知县成守正，接征、前代理县事试用知县劳鼎勋；饶平县经征、前署县事候补知县何斌，接征、现署县事准调四会县知县方朝概；大埔县经征、前任知县范宗莹，接征、现署县事即用知县陈维伦；丰顺县经征、前署县事三水县知县林兆镛，接征、现任知县朱益湛；开平县经征、现任知县郭占熊；阳春县经征、前任知县续经参革潜梦熊；恩平县经征、前署县事候补通判胡永昌，接征、现任知县蔡景云；琼山县经征、现任知县叶士模；文昌县经征、前署县事灵山县知县阮萃恩，接征、前任知县刘曾枚；东安县经征、前任续经丁忧知县朱琨，接征、现署县事万州知州赵梦奇；西宁县经征、前署县事候补知县彭骢孙，接征、前署县事即用知县郑宪典;嘉应州经征、前署州事候补班尽先补用直隶州知州周经楒,接征、前署州事候补知府李庆荣;兴宁县经征、前署县事截取知县奏参改教孙祖华,接征、现署县事新宁县知县冯如衡;长乐县经征、前署县事即用知县姚钟璜;平远县经征、现任知县辛元燁;镇平县经征、现任知县方廷珪。

一、经征、接征未完煤饷各官:曲江县经征、前任知县李九波,接征、现署县事电白县知县李滋然;阳春县经征、前任知县续经参革潜梦熊;恩平县经征、前署县事候补通判胡永昌,接征、现任知县蔡景云;始兴县经征、前署县事准升崖州知州倪思铎;兴宁县经征、前署县事截取知县奏参改教孙祖华,接征、现署县事新宁县知县冯如衡。

朱批:"览。"

正折据《光绪朝朱批奏折》第69辑,第50—51页;清单据台北故宫博物院藏"军机处档折件"附件,文献编号:155818

636. 奏报盘验司库银数及光绪二十七年分通省征收钱粮银米完欠数目折

光绪二十九年正月二十八日(1903年2月25日)

头品顶戴署理两广总督臣德寿,调署广东巡抚、江西巡抚臣李兴锐跪奏,为盘验广东藩库银数,及通省征收钱粮银米完欠各数目,恭折仰祈圣鉴事。

窃照每年奏销时,例应将藩库实存正杂银两及应征银米完欠数目分晰盘查具奏。兹届光绪二十七年分奏销之期,经臣等督同司道各官赴库盘查,惟藩库正杂钱粮,先经大学士刚毅到粤查明历年不敷银八百馀万两，业已奏明，将光绪二十四年十一月十五以前挪借部杂等项一律就款开除，以后收支，核实造报。所有开除各款，除俟办理拨册时，另行按款造册报部外，计现在司库应存正项各款银三十四万五千九百八十五两零、应存杂项各款共银二十七万四千六百二十三两零，经臣等亲加盘验，委系实存在库，并无亏空及挪新掩旧等弊。其应征地丁、民屯粮米，据布政使丁体常、督粮道周开铭将完欠数目分晰开报前来。臣等覆查，光绪二十七年分额征地丁等项共银一百七万七千九百三十九两零，内已完银八十八万一千三百二十六两零，未完银一十九万六千六百一十二两零，计完八分以上，未完一分有馀。又额征米石实在应征米三十三万七千五百五十石零，内已完米二十八万四千六百一石零，未完米五万二千九百四十八石零，计完八分以上，未完一分有馀。现经督率藩司、粮道，将未完民欠银米勒限征完，如有逾限，即行查参。除将司库实存银数及各属现年征收已、未完分数造册奏咨外，所有盘验司库银数，及光绪二十七年分通省征收钱粮银米完欠数目各缘由，谨循例合词恭折具陈，伏乞皇太后、皇上圣鉴。谨奏。光绪二十九年正月二十八日。

朱批："户部知道。"

《光绪朝朱批奏折》第 83 辑，第 920—921 页

637. 奏报广东省光绪二十七年驿传钱粮收支数目折

光绪二十九年正月二十八日（1903 年 2 月 25 日）

调署广东巡抚、江西巡抚臣李兴锐跪奏，为广东省光绪二十七年驿传钱粮收支数目，遵章改奏，恭折仰祈圣鉴事。

窃照驿传钱粮，例应按年奏销。兹据广东按察使吴引孙会同布政使丁体常详称，光绪二十七年分各州县留支额征驿传实银三千九百五十三两五钱八厘，又番禺、归善、高要三县额征传银不敷支给扣支地丁实银五千七百九十一两二分五厘，二共扣支实银九千七百四十四两五钱三分三厘。内支给驿船水手工食银九千五百四十八两八钱三分四厘九毫，支给应付勘牌员弁廪粮、夫粮银一百九十五两六钱九分八厘六毫，均系扣除京平实支银数。造具总细各册，并出具解司银两，均系实存在库及借支兵饷，并无亏空、挪新掩旧等弊印结，详请奏销等情前来。经臣等按临布政司库，督同在省司道各官盘查，委无亏空及挪新掩旧等弊，除册结分送部科外，谨遵章改奏，会同署两广总督臣德寿，加结恭折具陈，伏乞皇太后、皇上圣鉴，敕部核覆施行。谨奏。〔光绪二十九年〕正月二十八日。

光绪二十九年四月十一日奉朱批："该部知道。"钦此。

台北故宫博物院藏"军机处档折件"，文献编号：155819

638. 御赐"福""寿"字各一方谢恩折

光绪二十九年二月初四日（1903 年 3 月 2 日）

调署广东巡抚、江西巡抚臣李兴锐跪奏，为恭谢天恩事。

窃臣于光绪二十九年正月二十五日，承准军机大臣寄到御赐"福""寿"字各一方，当即恭设香案，望阙叩头祗领。伏念臣忝权岭峤，未效涓埃。方殷向日之忱，叠荷自天之宠。仰璇题之璀璨，光被洪庥；拜纶语之缤纷，祥征颐养。凡兹嘉赉，皆福林锡羡之荣；幸遇昌期，际寿宇同游之盛。欢愉罔既，感奋靡涯。臣惟有力矢骀趋，儆深鳌戴。偕万民而舞蹈，有庆咸孚；对九陛以赓飏，无疆晋颂。

所有微臣感激荣幸下忱，谨缮折叩谢天恩，伏乞皇太后、皇上圣鉴。谨奏。光绪二十九年二月初四日。

朱批："知道了。"

《光绪朝朱批奏折》第30辑，第96页

639. 奏请开去史继泽罗定直隶州知州本缺过班以知府仍留广东补用折

光绪二十九年二月二十七日（1903年3月25日）

头品顶戴署理两广总督臣德寿，调署广东巡抚、江西巡抚臣李兴锐跪奏，为直隶州知州请开本缺，过班以知府仍留原省补用，恭折仰祈圣鉴事。

窃据正任罗定直隶州知州史继泽禀称，现年四十六岁，贵州贵筑县廪生，中式乙酉科本省乡试举人，丙戌科进士，引见，奉旨以知县即用，签掣广东，光绪十二年八月三十日到省。因全琼肃清出力案内保奏，俟补缺后以直隶州知州尽先补用，十五年十二月二十二日奉旨："依议。"钦此。题补香山县知县，二十年二月十二日到任。奏补罗定直隶州知州，二十三年正月二十五日接准部覆，是年十一月初九日到任。因报效股票银两，请以知府不论双单月在任候选，经户部于二十六年四月十七日核准给照。旋在南洋督劝顺直善后振捐局报捐以知府分发指省广东试用。查实缺人员捐升分发指省，例应开缺，理合禀恳开去罗定直隶州知州本缺，过班以知府仍留广东补用等情，由藩司核明，详请具奏前来。

臣等查该员史继泽，明干有为，本质不俗，合无仰恳天恩，俯准将该员史继泽开去罗定直隶州知州本缺，过班以知府仍留广东省补用。除咨部外，臣等谨合词恭折具奏，伏乞皇太后、皇上圣鉴训示。

再，所遗罗定直隶州知州系题调要缺，例应由外拣员调补，容俟接准部覆，另行拣员调补，合并陈明。谨奏。光绪二十九年二月二十七日。

朱批："着照所请，吏部知道。"

《光绪朝朱批奏折》第18辑，第637—638页

640. 委令朱孝威署理东安县知县片 *

光绪二十九年二月二十七日(1903年3月25日)

再，署东安县知县吴志道因案扣委遗缺，查有灵山县知县朱孝威，明练堪事，堪以调署；该员任内并无盗劫已起四参之案。据藩、臬两司会详前来。除饬遵外，臣等谨附片具陈，伏祈圣鉴。谨奏。

朱批："吏部知道。"

《光绪朝朱批奏折》第18辑，第639页

641. 奏报广宁县知县刘思敏在任病故日期片 **

光绪二十九年二月二十七日(1903年3月25日)

再，现任广宁县知县刘思敏，于光绪二十九年正月十二日在任

* 与署理两广总督德寿会衔。

** 此下两片，底本推定作者为“署理两广总督德寿等”。据文中“臣覆查无异”字样，应皆为李兴锐单衔之件。

病故,据广东布政使丁体常详请具奏前来。臣覆查无异,除咨吏部及湖南抚臣查照外,所遗广宁县知县系选缺,粤省现有应补人员,应请扣留在外,选员请补。理合附片具奏,伏祈圣鉴。谨奏。

朱批:"吏部知道。"

《光绪朝朱批奏折》第18辑,第639页

642. 奏报高要县知县安荫甲在省寓病故日期片

光绪二十九年二月二十七日(1903年3月25日)

再,高要县知县安荫甲,于光绪二十九年正月二十日在省寓病故,据广东布政使丁体常详请具奏前来。臣覆查无异,除咨吏部及咨明该员本籍陕甘督臣查照外,所遗高要县知县系外调要缺,粤东省现有应补人员,请扣留在外,选员调补。理合附片具陈,伏乞圣鉴。谨奏。

朱批:"吏部知道。"

《光绪朝朱批奏折》第18辑,第640页

643. 奏报广东省光绪二十九年正月分雨水粮价情形折附清单

光绪二十九年二月二十七日(1903年3月25日)

调署广东巡抚、江西巡抚臣李兴锐跪奏,为查明光绪二十九年正月分雨水、粮价情形,恭折仰祈圣鉴事。

窃照广东省光绪二十八年十二月分雨水、粮价情形,业经臣恭折奏报在案。兹查广东省城光绪二十九年正月分得有大小雨泽数次,春作方兴,农田渐次耕耨,二麦秀结,园蔬杂粮亦皆畅茂。各属禀报,与省城大略相同。惟米粮因来路不畅,价值稍增,民情尚属静谧,堪以仰慰圣怀。所有光绪二十九年正月分雨水、粮价情形,臣谨缮清单,恭折具奏,伏祈皇太后、皇上圣鉴。谨奏。光绪二十九年二月二十七日。

朱批:“知道了。”

清单

谨将广东省光绪二十九年正月分各属米价分晰开列清单,恭呈御览。

广州府属

上米每仓石价银二两一钱五分至二两七钱八分,与上月同。中米每仓石价银一两九钱四分至二两六钱一分,较上月增一分。下米每仓石价银一两六钱三分至二两二钱三分,与上月同。

韶州府属

上米每仓石价银一两五钱三分至二两二钱三分,与上月同。中米每仓石价银一两三钱至二两九分,与上月同。下米每仓石价银一两一钱九分至一两九钱七分,较上月增一分。

惠州府属

上米每仓石价银一两八钱九分至二两六钱六分,较上月增一分。中米每仓石价银一两六钱四分至二两四钱八分,与上月同。下米每仓石价银一两三钱五分至二两四分,与上月同。

潮州府属

上米每仓石价银一两六钱一分至二两四钱三分,与上月同。中米每仓石价银一两二钱四分至二两六分,较上月增一分。下米每仓石价银一两二分至一两七钱三分,与上月同。

肇庆府属

上米每仓石价银一两五钱五分至二两二钱九分,与上月同。中米每仓石价银一两三钱至二两一钱三分,与上月同。下米每仓石价银一两一钱五分至一两八钱一分,较上月增一分。

高州府属

上米每仓石价银一两二钱二分至一两三钱二分,较上月增一分。中米每仓石价银九钱至一两一钱,与上月同。下米每仓石价银七钱八分至九钱七分,与上月同。

雷州府属

上米每仓石价银一两一钱五分至一两二钱六分,与上月同。中米每仓石价银九钱五分至一两四钱九分,较上月增一分。下米每仓石价银七钱六分至八钱九分,与上月同。

廉州府属

上米每仓石价银一两五钱六分至一两八钱,与上月同。中米每仓石价银一两二钱一分至一两四钱二分,与上月同。下米每仓石价银一两五分至一两二钱三分,较上月增一分。

琼州府属

上米每仓石价银一两四钱八分至二两二分,较上月增一分。中米每仓石价银一两二钱一分至一两六钱六分,与上月同。下米每仓石价银一两五分至一两五钱,与上月同。

佛冈直隶厅

上米每仓石价银一两五钱八分至二两二钱一分,与上月同。中米每仓石价银一两二钱二分至一两八钱八分,较上月增一分。下米每仓石价银一两八分至一两七钱,与上月同。

连山绥瑶直隶厅

上米每仓石价银一两九钱四分至二两二钱六分,与上月同。中米每仓石价银一两七钱至一两八钱九分,与上月同。下米每仓石价银一两四钱八分至一两六钱三分,较上月增一分。

阳江直隶厅

上米每仓石价银一两九钱二分至二两一钱六分,较上月增一分。中米每仓石价银一两四钱至一两六钱七分,与上月同。下米每仓石价银一两一分至一两四钱八分,与上月同。

赤溪直隶厅

上米每仓石价银二两一钱五分至二两二钱七分,与上月同。中米每仓石价银一两八钱九分至二两二分,较上月增一分。下米每仓石价银一两六钱一分至一两八钱,与上月同。

罗定州属

上米每仓石价银一两四钱四分至一两六钱二分,与上月同。中米每仓石价银一两二钱二分至一两三钱五分,与上月同。下米每仓石价银一两八分至一两二钱,较上月增一分。

连州属

上米每仓石价银二两至二两二钱二分,较上月增一分。中米每仓石价银一两七钱二分至一两九钱,与上月同。下米每仓石价银一两三钱五分至一两五钱一分,与上月同。

南雄州属

上米每仓石价银一两八钱七分至二两六分,与上月同。中米每仓石价银一两七钱二分至一两八钱五分,较上月增一分。下米每仓石价银一两三钱四分至一两四钱七分,与上月同。

嘉应州属

上米每仓石价银一两六钱四分至二两二钱,与上月同。中米每仓石价银一两四钱一分至一两九钱七分,与上月同。下米每仓石价银一两三钱六分至一两九钱八分,较上月增一分。

钦州属

上米每仓石价银一两四钱四分至一两六钱四分,较上月增一分。中米每仓石价银一两一钱一分至一两三钱一分,与上月同。下米每仓石价银一两六分至一两二钱七分,与上月同。

朱批:"览。"

正折据《光绪朝朱批奏折》第 97 辑,第 112 页;清单据台北故宫博物院藏"军机处档折件"附件,文献编号:155885

644. 奏请将广东试用知府方怡仍留粤东差遣补用片 *

光绪二十九年三月初四日(1903 年 4 月 1 日)

再,广东试用知府方怡,经署理四川督臣岑春煊电请外务部代奏,调川差遣委用,奉旨:"准其调往。"钦此。查方怡前经派委随同广东臬司开办巡警事务,事繁责重,现在甫有头绪,未便遽易生手,合无仰恳天恩,俯准将方怡仍留粤东差遣补用,出自鸿慈。除咨四川督臣知照外,谨合词附片具陈,伏乞圣鉴训示。谨奏。

朱批:"知道了。"

《光绪朝朱批奏折》第 18 辑,第 665 页

---

* 底本推定作者为署理两广总督德寿。据文中"合词"字样,知与李兴锐会衔。

645. 广东筹解北京正阳门四面门楼及城工程经费银两片*

光绪二十九年三月初四日(1903 年 4 月 1 日)

再,准直隶总督臣袁世凯电开:北京正阳门四面门楼及城被毁,中外出入,殊损观瞻,工极浩大,尚望各省同力合作,以成要工,能筹解若干,迅速电示等因。当经转行遵照。查粤库搜括一空,度支万窘,只得勉认筹助银三万两,来年汇解,以济要工,电覆在案。兹筹解银三万两,发交商号义善源等领汇赴京,解交户部投纳,每百两议给纹水、汇费银一十二两三钱,计汇银三万两,共应给纹水、汇费银三千六百九十两。据广东善后局司道详请奏咨前来。臣等覆核无异,除分咨外,谨附片具陈,伏乞圣鉴训示。谨奏。

朱批:"户部知道。"

《光绪朝朱批奏折》第 104 辑,第 202—203 页

646. 奏请以蓝光第补授广宁县知县折

光绪二十九年三月二十日(1903 年 4 月 17 日)

头品顶戴署理两广总督臣德寿,调署广东巡抚、江西巡抚臣李兴锐跪奏,为选员请补知县,恭折仰祈圣鉴事。

窃照广宁县知县刘思敏,于光绪二十九年正月十二日在任病

---

* 与署理两广总督德寿会衔。

故,业经奏报声明。所遗广宁县知县系选缺,粤省现有应补人员,请扣留在外,选员请补。此案于二月初二日具报到司,应勒归正月分截缺办理。是月分选缺知县一项,只此一缺,毋庸签掣。查前准部咨郑工例铨补章程内开:道、府、同知直隶州、知州、通判、知州、知县升调所遗及告病、病故、休致,无论何顶所出留补选缺,除坐补原缺、裁缺即用、回避即用、新选新补、留省另补人员不计外,无论何项到班,仍以五缺计算。先用郑工新班遇缺先二人、海防新班先一人,无人,用郑工新班遇缺先人员抵补。至第四缺,海防即、海防先分班轮用一人,第一轮用海防即人员,第二轮用海防先人员,海防先无人,仍用海防即人员,海防即无人,用旧例银捐遇缺先人员,如无人,用旧例银捐遇缺人员,再无人过班,即接用各项轮用班次一人,以五缺为一周。此次新例报捐人员,惟知县一项,郑工新班遇缺先人员遇轮补、升调所遗及告病、病故、休致之缺到班时,于各本班中先用正途出身及曾任知县、曾任实缺应升知县者二人,再用各本班中各项出身者一人;如正途出身及曾任知县、实缺应升知县无人,即用各项出身之人。又准部咨新海防例铨补章程内开:所有此次遵照新海防例报捐人员,应仍照郑工事例跟接次数、卯数,分别掣签,按班铨补各等因。

前出石城县知县缺,已用一新海防遇缺先补用知县薛铨忠补。今广宁县知县缺,按班应轮用二新海防遇缺先人员请补。兹会选有新海防遇缺先补用知县蓝光第,年三十八岁,系四川资阳县人。由增生中式光绪十七年辛卯科第三名举人,戊戌科大挑一等,以知县用,回籍候咨,遵新海防例捐免截留,指分广东试用,光绪二十四年七月十七日到省。嗣丁母忧,服满起复,于光绪二十八年六月初三日回省。复加捐遇缺先补用免试用,接准吏部过班知照,系坐二十八年四月二十日行文,按照限减半计算,应以六月初四接到部文之日,作为到省日期。并无在粤游幕,前经缴结详咨在案。查得该员举止端重,留心吏事,以之补授广宁县知县,洵堪胜任,与例亦属相符。据藩、臬两司会详前来。

相应请旨,准以新海防遇缺先补用知县蓝光第补授广宁县知县缺。如蒙俞允,该员系新海防遇缺先补用知县请补知县,衔缺相当,毋庸送部引见。除咨部外,臣等谨照章改题为奏,合词恭折具陈,伏乞皇太后、皇上圣鉴训示。

再,粤东省补缺例限九十日,此缺系勒归光绪二十九年正月分截缺,于二月初二日具报到司,应以是日起限办理,今在限内选员请补,并无迟逾,合并陈明。谨奏。光绪二十九年三月二十日。

朱批:"吏部议奏。"

《光绪朝朱批奏折》第18辑,第714—715页

647. 委令姚文倬署理广东督粮道片*

光绪二十九年三月二十日(1903年4月17日)

再,广东督粮道周开铭现经奏委调署两广盐运使,所遗督粮道篆务,查有补用道姚文倬,通经致用,精卓耐苦,堪以署理。除檄饬遵照外,臣等谨附片具陈,伏祈圣鉴。谨奏。

朱批:"吏部知道。"

《光绪朝朱批奏折》第18辑,第716页

---

* 以下三片,与署理两广总督德寿会衔。

648. 甄别捐纳试用知县张延庆邓振廊片

光绪二十九年三月二十日(1903 年 4 月 17 日)

再,查捐纳试用知县到省一年期满,例应考察甄别具奏,历经遵办在案。兹查有新海防试用知县张延庆,颇近平实;试用知县邓振廊,志趣端谨,均经详加考察,堪膺民社。据藩、臬两司具详前来。除将各该员详细履历开单咨明吏部外,臣等谨附片具奏,伏乞圣鉴。谨奏。

朱批:"吏部知道。"

《光绪朝朱批奏折》第 18 辑,第 716 页

649. 委令李章铭署理龙门县知县片

光绪二十九年三月二十日(1903 年 4 月 17 日)

再,署龙门县知县史允端署事期满遗缺,查有开建县知县李章铭,勤谨任事,堪以调署,该员任内并无盗劫已起四参之案。据藩、臬两司会详前来。除饬遵外,臣等谨循例附片具陈,伏乞圣鉴。谨奏。

朱批:"吏部知道。"

《光绪朝朱批奏折》第 18 辑,第 717 页

650. 奏报广东省光绪二十九年二月分雨水粮价情形折附清单

光绪二十九年三月二十日(1903 年 4 月 17 日)

调署广东巡抚,江西巡抚臣李兴锐跪奏,为查明光绪二十九年

二月分雨水、粮价情形,恭折仰祈圣鉴事。

窃照广东省光绪二十九年正月分雨水、粮价情形,业经臣恭折奏报在案。兹查广东省城光绪二十九年二月分上、中、下三旬得有大小雨泽数次,高低田亩一律均沾,早稻播种,二麦秀实,园蔬杂粮亦皆畅茂。各属禀报,与省城大略相同。粮价较上月稍增,民情静谧,堪以仰慰圣怀。所有光绪二十九年二月分雨水、粮价情形,臣谨缮清单,恭折具奏,伏乞皇太后、皇上圣鉴。谨奏。光绪二十九年三月二十日。

朱批:"知道了。"

清单

谨将广东省光绪二十九年二月分各属米价分晰开列清单,恭呈御览。

广州府属

上米每仓石价银二两一钱六分至二两七钱九分,较上月增一分。中米每仓石价银一两九钱四分至二两六钱一分,与上月同。下米每仓石价银一两六钱三分至二两二钱三分,与上月同。

韶州府属

上米每仓石价银一两五钱三分至二两二钱三分,与上月同。中米每仓石价银一两三钱一分至二两九分,较上月增一分。下米每仓石价银一两一钱九分至一两九钱七分,与上月同。

惠州府属

上米每仓石价银一两八钱九分至二两六钱六分,与上月同。中米每仓石价银一两六钱四分至二两四钱八分,与上月同。下米每仓石价银一两三钱六分至二两五分,较上月增一分。

潮州府属

上米每仓石价银一两六钱一分至二两四钱三分,与上月同。中米每仓石价银一两二钱四分至二两六分,与上月同。下米每仓石价银一两三分至一两七钱四分,较上月增一分。

肇庆府属

上米每仓石价银一两五钱六分至二两三分,较上月增一分。中米每仓石价银一两三钱至二两一钱三分,与上月同。下米每仓石价银一两一钱五分至一两八钱一分,与上月同。

高州府属

上米每仓石价银一两二钱二分至一两三钱二分,与上月同。中米每仓石价银九钱一分至一两一钱一分,较上月增一分。下米每仓石价银七钱八分至九钱七分,与上月同。

雷州府属

上米每仓石价银一两一钱六分至一两二钱七分,较上月增一分。中米每仓石价银九钱五分至一两四钱九分,与上月同。下米每仓石价银七钱六分至八钱九分,与上月同。

廉州府属

上米每仓石价银一两五钱六分至一两八钱,与上月同。中米每仓石价银一两二钱一分至一两四钱三分,较上月增一分。下米每仓石价银一两五分至一两二钱三分,与上月同。

琼州府属

上米每仓石价银一两四钱八分至二两二分,与上月同。中米每仓石价银一两二钱一分至一两六钱六分,与上月同。下米每仓石价银一两六分至一两五钱一分,较上月增一分。

佛冈直隶厅

上米每仓石价银一两五钱八分至二两二钱一分,与上月同。中米每仓石价银一两二钱二分至一两八钱八分,与上月同。下米每仓石价银一两八分至一两七钱一分,较上月增一分。

连山绥瑶直隶厅

上米每仓石价银一两九钱五分至二两二钱六分,较上月增一分。中米每仓石价银一两七钱至一两八钱九分,与上月同。下米每仓石价银一两四钱八分至一两六钱三分,与上月同。

阳江直隶厅

上米每仓石价银一两九钱二分至二两一钱六分,与上月同。中米每仓石价银一两四钱一分至一两六钱七分,较上月增一分。下米每仓石价银一两一分至一两四钱八分,与上月同。

赤溪直隶厅

上米每仓石价银二两一钱六分至二两二钱七分,较上月增一分。中米每仓石价银一两八钱九分至二两二分,与上月同。下米每仓石价银一两六钱一分至一两八钱,与上月同。

罗定州属

上米每仓石价银一两四钱四分至一两六钱二分,与上月同。中米每仓石价银一两二钱三分至一两三钱六分,较上月增一分。下米每仓石价银一两八分至一两二钱,与上月同。

连州属

上米每仓石价银二两至二两二钱二分,与上月同。中米每仓石价银一两七钱二分至一两九钱,与上月同。下米每仓石价银一两三钱六分至一两五钱二分,较上月增一分。

南雄州属

上米每仓石价银一两八钱七分至二两六分,与上月同。中米每仓石价银一两七钱二分至一两八钱五分，与上月同。下米每仓石价银一两三钱五分至一两四钱八分，较上月增一分。

嘉应州属

上米每仓石价银一两六钱五分至二两二钱一分，较上月增一分。中米每仓石价银一两四钱一分至一两九钱七分，与上月同。下米每仓石价银一两三钱六分至一两九钱八分，与上月同。

钦州属

上米每仓石价银一两四钱四分至一两六钱四分，与上月同。中米每仓石价银一两一钱二分至一两三钱二分，较上月增一分。下米每仓石价银一两六分至一两二钱七分，与上月同。

朱批："览。"

正折据《光绪朝朱批奏折》第97辑，第122—123页；清单据台北故宫博物院藏"军机处档折件"附件，文献编号：155998

651. 粤东民借昭信股票拟变通由粤请奖折

光绪二十九年三月二十六日（1903年4月23日）

头品顶戴署理两广总督臣德寿，调署广东巡抚、江西巡抚臣李兴锐跪奏，为粤东民借昭信股票拟变通由粤请奖，恭折具陈，仰祈圣鉴事。

准户部电开：各省股票请奖，奏准展限半年，统扣至本年七月二十九日限满，各省务于限内赶办，不准再行推展等因。当经转行遵照。查广东绅商士庶领过粤字号昭信股票二千八百张，共计股本银五十九万三千八百两，自前次奉行请奖以来，民间多未照办，其请奖者则将股票缴司，从未见有粤字股票赴部请奖行知本省之案,可见借户持票赴部,程遥费重,于事实有为难。现准部电,展限请奖,为期甚迫,势不得不从民便,稍事变通。查江西、山西等省股票请奖,系由该省就近造册咨部。广东事同一律,自可查照办理,由司代为造册,详咨请奖;其愿赴部请奖者,仍听其便。除饬司出示晓谕,俟借户缴票请奖到日,即照部章核明,换给藩司印信实收,按月造册,详咨请奖外,据广东布政使丁体常详请奏咨前来。臣等覆核无异,除分咨外,谨合词恭折具陈,伏乞皇太后、皇上圣鉴训示。谨奏。光绪二十九年三月二十六日。

朱批:"户部知道。"

《光绪朝朱批奏折》第84辑,第19—20页

652. 奉旨署理闽浙总督谢恩并请陛见折

光绪二十九年四月初一日(1903年4月27日)

调署广东巡抚、升署闽浙总督、江西巡抚臣李兴锐跪奏,为叩谢天恩,恭折仰祈圣鉴事。

窃臣伏读电钞,光绪二十九年三月二十一日钦奉上谕:"闽浙总督着李兴锐署理。"等因。钦此。臣当即恭设香案,望阙叩头谢恩讫。伏念近年事会艰难,措施匪易。以海疆之重要,得人为先;如微臣之迂疏,于时何补?仍蒙朝廷恩遇稠叠,四年之内,两绾疆符。不责其开济之无功,更予以兼圻之重任。虽往昔开藩陈臬,曾从闽海以遄征;而今兹势异时移,益觉粗材之莫济。惟有奏恳恩施,容臣北上陛见,庶得秉宸谟以布方略,或可除贫弱而几富强。臣现将任内经手事件赶紧清理,一俟交卸,即行迎折北上,跪聆圣训,臣无任瞻天仰圣,感悚待命之至。

所有微臣感激下忱,及吁请陛见缘由,理合恭折叩谢天恩,伏乞皇太后、皇上圣鉴训示。谨奏。光绪二十九年四月初一日。

朱批:"毋庸来见。"

《光绪朝朱批奏折》第18辑,第745—746页

653.请旨何时交卸片

光绪二十九年四月初一日(1903年4月27日)

再,臣钦奉恩命署理闽浙总督,业经恭折叩谢天恩,吁请陛见。惟新任广东抚臣张人骏到任尚无定期,臣应否俟张人骏抵粤后,再行北上入觐,抑请旨先行派员署理广东巡抚印务,俾臣交卸束装,臣未敢擅便,理合附片具陈,伏乞圣鉴训示。谨奏。

朱批:"着俟张人骏到任后,再行交卸。"

《光绪朝朱批奏折》第18辑,第746页

654.奏报广东省陆续裁减营勇拟练常备续备巡警各军办理情形折

光绪二十九年四月二十五日(1903年5月21日)

头品顶戴补授漕运总督、署理两广总督臣德寿,调补广东巡抚、升署闽浙总督、江西巡抚臣李兴锐跪奏,为广东省陆续裁减营勇,拟练常备、续备、巡警各军,谨将现办情形恭折具陈,仰祈圣鉴事。

案于光绪二十七年七月三十日钦奉上谕:"着各省将军、督抚将原有各营严行裁汰,精选若干营,分为常备、续备、巡警等军,一

律操习新式枪炮，认真训练，以成劲旅。”等因。钦此。先经转行钦遵，查照办理在案。伏查广东省盗贼披猖，由来已久，抢劫掳勒，时有所闻，即揭竿谋逆之案，亦复数见，州县差役、绿营制兵疲惰无用，力难制盗，凡巡防剿匪，无一不借资勇力。他省营勇专剿股匪，粤勇则兼办缉捕；他省营勇屯扎要隘，粤省则分布各乡，以故广东陆路营勇，较他省为尤多。自二十五年前督臣李鸿章莅粤，大举缉捕，略有增添。二十六年拳匪肇衅，粤省谣言四起，继以惠州属之归善县，西省交界之钦、廉两属会匪先后倡乱，兵力不敷，二十七年通饬各属办理清乡，间有就地增募土勇。嗣复奏派总兵潘瀛等率队西援，递年增军，通计陆路营勇共有三万七千馀人。其时广西匪乱未平，拨往助剿之军与边界防堵之勇队，均属万不能减，而内地清乡缉捕各勇，亦觉裁无可裁。钦奉谕旨，严行裁汰，选练新军，迫以事会所乘，抽调则地方空虚，另募则绌于饷力，不敢操切误事，踌躇遂已经年。惟查陆营勇饷，月需十八万馀两，粤省度支本属匮绌，加以刚毅提款、新旧洋款，岁增约四百万，通年核计，亏短约三百馀万之多，民财无可搜括，则益以称贷，筋疲力尽，此后何以支持？

臣兴锐上年到粤，臣德寿接署督篆，往复会商，以营制之纷淆，饷源之枯竭，有不得不亟行更张之势，因与司道等公同酌议，拟将广东现有陆勇三万七千馀名大加裁并，挑留一万五千人，钦遵二十七年七月谕旨，改编为常备三军、续备七军，每军五营，营三百人，合计五十营，得勇一万五千人。常备军分驻省垣及边防要隘，无事训练，有事征剿，作为游击之师。续备七军，专供各属驻防巡缉之用。另挑熟于缉捕之勇，编为巡警军，视地方之繁简，定巡勇之多寡。如此分别挑汰，庶营制较为整一，饷力亦可稍纾。但通盘筹画，仅具规模，而体察情形，尚不能同时裁改，因先就省城抽集营勇一千五百人，于二十八年十二月改编常备中军，派员统领，分练步队、炮队，一律操习新式枪炮，数月以来，步伐阵式，大致已有可观。续备中军，亦拟设法抽调编改，以立程式。惟大枝营勇，专备防剿，至于捕盗诘奸，非辅以巡警，不能得力。去年十二月，裁去保甲局卡，改立巡警总局，抽调营勇五百馀人，延聘教习，认真训练，仿照直隶巡警章程，于省城内划分五段，先行试办。本年三月，城内业已举行，绅民尚均称便。但经费浩大，别无专款可筹，只得就原有勇饷，权为挹注。现拟再挑营勇，逐渐推广办理。此粤省拟办常备、续备、巡警各军之大概情形也。

其一时未能抽动之勇，亦经酌定期限，逐渐挑裁。本年正、二两月，先后裁去营勇一千馀名，按月递减，约至本年秋间，可裁四五千人。陆续裁汰，分别归并，以并足五营之数，即选派统领，就地训练。练成以后，仍令填防各属。如此逐渐裁改，办理较有次序，地方亦不致骤形空虚。常备、续备各军果能一律练成，巡警复择地遍设，有备无患，匪踪自见消弭。臣等自惭疏拙，办事迂迟，现虽议有端倪，而程效尚属纡远，无以仰副明诏，负疚实深。新任署督臣岑春煊不日即可到粤，容当告以情形及现在办法，由该督臣详加规画，克期兴举，冀收速成之效。

所有臣等现议裁汰勇营，遵旨陆续改编常备、续备、巡警各军办理情形，谨合词恭折具陈，伏乞皇太后、皇上圣鉴训示。谨奏。光绪二十九年四月二十五日。

朱批："着岑春煊妥筹办理。"

《光绪朝朱批奏折》第35辑，第144—146页

655. 奏报筹解广东省光绪二十九年第一批固本兵饷银数起程日期折

光绪二十九年四月二十五日(1903 年 5 月 21 日)

头品顶戴新授漕运总督、署理两广总督臣德寿,调署广东巡抚、升署闽浙总督、江西巡抚臣李兴锐跪奏,为报解广东省光绪二十九年第一批固本兵饷银数、起程日期,恭折具奏,仰祈圣鉴事。

窃广东省光绪二十九年分连闰应解固本饷银十三万两,兹向商号筹借银三万两,作为光绪二十九年正月至三月第一批固本兵饷,照案发交商号新泰厚等领汇至京,派委分省同知沈启溁等领赍汇单,于光绪二十九年四月十九日起程,由海道进京支取银两,赴户部衙门投纳。据广东布政使丁体常详请奏咨前来。臣等覆核无异,除咨部查照外,谨合词恭折具陈,伏乞皇太后、皇上圣鉴。谨奏。光绪二十九年四月二十五日。

朱批:"户部知道。"

《光绪朝朱批奏折》第 63 辑,第 50—51 页

656. 奏报广东永济药库失事情形片*

光绪二十九年四月二十五日(1903 年 5 月 21 日)

再,广东省距城八里之露泽园地方,于光绪二十年建设永济药库,分立东西两座,储存洋、土各火药,派拨委员、勇丁,妥慎看守。

* 与补授漕运总督、署理两广总督德寿会衔。

本年三月十三日,天气郁热,雷电交作,时方未正,忽闻訇然一声,屋瓦震动,臣等当即派人四出查看,据报永济药库失事。旋据军械局委员及番禺县知县驰往勘验,西库药房全被轰毁,压毙看库勇丁一名,管库委员候补巡检吉玉昆、司事周裕滋受伤均重,勇丁受重伤者七人、轻伤者十九人,东库房屋大半倒塌,药未焚毁。详询失事之由,是日并未收放火药,重门封锁,看库人等均在围墙以外,更无疏忽不慎之处,惟西库储有棉花火药,性极猛烈,久感郁蒸之汽,热力内蕴,适触雷电,猝然轰发,实非人力所能防范。据军械局及番禺县查究明确,先后详报等情前来,核与臣等访查情形亦复相同。管库委员候补巡检吉玉昆,平时看守巡防,尚称慎密,此次药库被毁,实出意外,幸四近均无村舍,尚未伤毙民命。该委员以援救不及,身受重伤,情殊堪悯,业经撤换,应请免予置议。除饬将压毙、受伤各勇丁分别给予恤赏,一面将东库火药妥为移存,并另议建造、购补外,所有永济药库失事缘由,谨合词附片具陈,伏乞〔圣〕鉴训示。谨奏。

朱批:“管库委员仍着交部议处。”

《光绪朝朱批奏折》第63辑,第51—52页

657. 逆匪洪全福等勾结潜谋不轨经营员起出军装拿获各匪惩办详情折

光绪二十九年四月二十五日(1903年5月21日)

头品顶戴补授漕运总督、署理两广总督臣德寿,调署广东巡抚、江西巡抚臣李兴锐跪奏,为逆匪勾结,潜谋不轨,经营员起出军装,拿获各匪惩办详细情形,恭折具陈,仰祈圣鉴事。

窃照上年十二月间，逆犯洪春魁串同省城匪首梁慕光，谋袭省城，经臣等访闻，密饬营员于省城芳村之和记公司起出军装、粮食多件，并先后拿获匪党梁慕信、苏亚居等十馀名，先于本年正月初四日电奏，奉旨："仍着严密访拿匪首洪春魁、梁慕光，务获惩办。至私藏军火之和记公司，着一并查明究办。"等因。钦此。二月初七日，续奉电旨："梁慕信系梁慕光胞兄，如果知情同谋，应与监禁之伙犯多名，速即讯明正法。"等因。钦此。当饬广东司道等督同印委各员，将梁慕信、苏亚居等讯明惩办，并经营员格毙逆首洪春魁，又于二月三十日将大概情形电奏各在案。兹将前后办理情形，谨为我皇太后、皇上详晰陈之。

伏查逆首洪春魁，即洪全福，伪号"三千岁"。据获匪供称，系发逆洪秀全胞侄，向在外洋，因赌致富，上年潜回香港，图谋叛逆，勾结省城、惠州各处匪党，纠众起事。去年十二月间，省城即有谣传，臣等豫饬水陆各营严密防范，并搜拿军装，以遏乱萌。十二月二十八日，闻香港巡捕已查出会匪窝聚之所，并起获会党簿据。次日，由英国驻广州口岸总领事送交刊就伪示多张，内有"大明顺天国南粤兴汉大将军"字样，语极悖逆，并有匪党与省城其昌街德商布士兜洋行买办及同兴街德教民梁慕光所开之信义店往来逆信多件。查得匪党所运军装，均系托名货物进口，由德商布士兜洋行代报完税，送至番禺县属芳村德国教堂左近收藏。当即密派印委，并照会德国领事，前往搜查，在教堂通连之和记公司起获旗帜、衣裤共四千三百馀件，饼干、牛肉、茶业九百馀箱，向角铁斧、刀剪、草鞋、九龙袋五千馀件，并由水陆营员先后拿获梁慕光胞兄梁慕信及匪党刘玉岐、苏亚居等多名。复因逆信内开有惠州路程清单，闻匪首亦惠州人居多，诚恐由港赴惠，踞省上游，先于十二月二十八日电告惠州文武，严查防堵。讵本年元旦，博罗县南门外张贴伪示，与查获刊板伪示相同，数日间，惠郡各乡匪徒蜂起，焚杀抢掳，势甚披猖。获匪供称，均由香港潜来，本与省城各匪约期并举。臣等一面派营在附省地方缉拿匪首，一面派队赴惠相机防剿，陆续在惠属归善县拿获逆党头目黄谭福、李锦华、林富传、陈东生、钟亚冠、陈亚晚、邱亚发等及伙匪四十馀名，或认充当先锋，或认曾充元帅，各招党与，分路布置，旋闻省城破案，不克成事各等语。先后电饬正法枭示，谣言渐息。省城所获之梁慕信、苏亚居等，由县提犯，隔别研讯，其谋叛逆首为洪春魁即洪全福，匿迹香港，在省招人运械，系梁慕光一人主持，刘玉岐等各招匪党数百人、数十人不等，约定十二月三十夜在城门放火为号，齐攻省城；其附省北路大头目为刘大婶，允招三千人先攻制造局，抢取军火，嗣以逆谋败露，遂各逃窜。饬由司道等督同县委各员覆提勘讯，据逆匪梁慕信及匪党刘玉岐、苏亚居、叶罗幅、陈学林、何亚萌均各供认，听从纠党谋逆不讳，禀经臣等批饬正法枭示。馀匪或须研鞫，或讯未同谋，分别监候待质，惩办发落。刘大婶本著名剧盗，曾悬赏银三千圆，久未弋获，因饬营员、团绅设法觅线，将刘大婶枪毙，搜出黄绫飘据一张，由县验明，戮尸枭示，馀党亦即解散。

其时逆匪羽翼剪除大半，惟逆首洪春魁等逋逃洋界，恃以藏身，先经电致出使英国大臣张德彝，商之英国外务部，转达香港总督，设法处治，毋任容留，英外务部亦允照办。正在密饬水陆各营购线访拿间，适该逆首洪春魁即洪全福于二月二十六日由港潜回内地，经营员访明，跟踪围捕，当场格毙，并在该逆身上搜出“全福之宝”金牌一面，将尸运省，由南海、番禺两县提犯指证确实，照例办理。伏查该逆首洪春魁即洪全福，本系发匪馀孽，恃有不义资财，可以号召丑类，又藉洋界为藏身之固，使人无可稽查，购置军装，僭称伪号，意欲先袭省会，并踞惠州，其布置之周密、计画之诡秘，迥非寻常会匪可比。幸天夺之魄，逆谋败露，潜回内地，自罹法网，使凶焰方张，旋即扑灭，此皆仰赖朝廷威福，不致酿成巨患。在事文武各员，获匪破案，不无微劳，应否择尤酌予奖叙，出自圣慈。

前起军装，独无枪枝、子码，迭饬营县严缉，仅于番禺县大墩头乡起获洋枪百馀枝，增城县属新塘河面截获枪码万馀粒。讯据匪供，港澳禁运军火，付银定购，一时不能交足。现将私藏军火之和记公司及梁慕光所开之信义店，由县分别查封，起出军装发局存储，干粮等件给营犒赏。

除仍饬各营县严拿梁慕光及各伙匪等，务获惩办，并将起出刊刷伪示及搜获金牌一面、绫飘一张咨送军机处备查外，所有惩办省港逆匪详细情形，谨合词恭折具陈，伏乞皇太后、皇上圣鉴训示。谨奏。光绪二十九年四月二十五日。

朱批："出力各员，准择尤酌保，毋许冒滥。仍着严拿梁慕光等，务获惩办。"

《光绪朝朱批奏折》第118辑，第173—175页

658. 奏报广东省光绪二十八年上半年收解厘金数目折附清单

光绪二十九年四月二十五日（1903年5月21日）

头品顶戴补授漕运总督、署理两广总督臣德寿，调署广东巡抚、升署闽浙总督、江西巡抚臣李兴锐跪奏，为广东省光绪二十八

年上半年收解厘金数目，开单具陈，仰祈圣鉴事。

窃照广东省厘金收解各数目，向系半年奏报一次。兹查光绪二十八年正月起至六月底止，各厂关共收货厘洋银七十六万七千一百七十三两七钱三分六厘九毫，又收盐厘洋银二万九百九十六两六钱五分二厘。据广东布政使丁体常会同厘务局司道造册，详请奏咨前来。臣等覆核无异，除册咨送户部外，谨缮清单，恭呈御览。至盐厘一项，改归运司按引抽收，是以清单内不列各厂名目，伏乞皇太后、皇上圣鉴，敕部查照施行。谨奏。〔光绪二十九年〕四月二十五日。

光绪二十九年五月十七日奉朱批："户部知道，单并发。"钦此。

清单

谨将广东省光绪二十八年正月起至六月底止收解货厘并繁盛海口补抽货厘暨盐厘各数目分晰开单，恭呈御览。

货厘入款

一、收北江、韶州厂行厘洋银一万九千七百一十一两八钱六分四厘。

一、收北江芦包厂行厘洋银四万四千六百九十一两三分五厘，又带抽坐厘洋银二万二千四十两二钱一分三厘，共收洋银六万六千七百三十一两二钱四分八厘。

一、收西北江河口、马口厂行厘洋银八万一千七百九十七两九钱二分八厘，又带抽佛山埠厘洋银六千八十八两二分四厘，共收洋银八万七千八百八十五两九钱五分二厘。

一、收西江都城厂行厘洋银七千四百九十三两五厘，又带抽埠厘洋银六千七百五十八两一钱三分八厘，共收洋银一万四千二百五十一两一钱四分三厘。

一、收西江后沥厂行厘洋银四万五千八百二两九钱六厘，又带抽坐厘洋银五千二十二两九钱九分三厘，共收洋银五万八百二十五两八钱九分九厘。

一、收西江四会厂行厘洋银一万四千六百一十四两三钱九厘，又带抽坐厘洋银六千六百四十三两六钱二分七厘，共收洋银二万一千二百五十七两九钱三分六厘。

一、收东江石龙厂行厘洋银五万六千七百二十五两六钱一分五厘。

一、收东江白沙厂行厘洋银二万九千七百九两七钱四分二厘九毫，又带抽坐厘洋银八千八百二十九两一钱九分一厘，共收洋银三万八千五百三十八两九钱三分三厘九毫。

一、收廉州北海厂行厘洋银一千四百三十六两。

一、收高州水东厂行厘洋银一千五百九十八两六钱二分五厘。

一、收各厂茶厘洋银一万二百四十一两四钱三分四厘。

一、收各厂土药厘金洋银二万一百八十四两七钱九厘。

一、收各厂加抽烟厘洋银二万六百一十九两八钱四分二厘。

一、收各厂加抽酒厘洋银一万三千四百二十四两九钱五分七厘。以上烟、酒两项，系加抽两倍，嗣又续加一倍厘银收数，至原抽厘银，仍归并百货厘内，合注明。

一、收各厂加抽三成土药厘金洋银七千五百三十九两七分一厘。

一、收各厂续加三成土药厘金洋银八千五百三十四两一钱四分五厘。此项三成土药厘银，系于光绪二十六年加抽，二十七年冬复奉部文续加三成，均另款存储，合注明。

以上共收货厘洋银四十三万九千五百七两三钱七分三厘九毫。

一、收省城补抽货厘洋银五万三千四百五十三两三钱四分一厘。

一、收省河补抽货厘洋银一十万八百二十八两九钱八分一厘。

一、收九龙、拱北两关补抽货厘洋银七万五千二百八十两一钱六分八厘。

一、收九龙、拱北两关茶厘洋银六百二十六两四钱二分八厘。查该税司按西历月结造报,自光绪二十七年十二月二十三日起至二十八年六月二十七日止,即一百六十六结第二月至一百六十八结第一月,共收百货厘银九万三千六百九十五两三钱二分二厘,现解银七万五千九百六两五钱九分六厘,馀俟陆续解到,再行核收具报,合注明。

一、收九龙、拱北两关带抽火水油厘洋银五万四千一百一十二两六钱二分九厘。

一、收佛山补抽货厘洋银一万四千六百四十六两九钱九分九厘。

一、收江门补抽货厘洋银一万五千一百八十两六钱六分一厘。

一、收陈村补抽货厘洋银一万三千五百三十七两一钱五分六厘。

以上共收补抽货厘洋银三十二万七千六百六十六两三钱六分三厘。

通共收货厘并补抽货厘洋银七十六万七千一百七十三两七钱三分六厘九毫,又光绪二十七年下半年十二月底止册报尚存货厘并补抽货厘洋银九万六千七百五十一两四钱六分二厘九毫四丝。

货厘出款

一、解广东藩库厘金项下奉拨京饷洋银六万两,又九二易换纹银补水洋银五千二百一十七两三钱九分，共解洋银六万五千二百一十七两三钱九分。

一、解广东藩库厘金项下奉拨东北边防经费洋银六万六千两，又九二易换纹银补水洋银五千七百三十九两一钱二分九厘，共解洋银七万一千七百三十九两一钱二分九厘。

一、解广东藩库厘金项下奉拨加复俸饷洋银七千八百两，又九二易换纹银补水洋银六百七十八两二钱六分一厘，共解洋银八千四百七十八两二钱六分一厘。

一、解广东藩库厘金项下奉拨加放俸饷洋银二万两，又九二易换纹银补水洋银一千七百三十九两一钱三分，作为加放俸饷拨还西征洋款，应给一四汇费洋银二百八十两，共解洋银二万二千一十九两一钱三分。

一、解广东藩库厘金项下奉拨铁路经费洋银四万两，又九二易换纹银补水洋银三千四百七十八两二钱六分，拨还克萨款本息之用，应给一四汇费洋银五百六十两，共解洋银四万四千三十八两二钱六分。

一、解广东藩库厘金项下奉拨广西省协饷洋银八万两，内六万两改拨俄法、英德借款，应给九二易换纹银补水洋银五千二百一十七两三钱九分，又一四汇费洋银八百四十两，共解洋银八万六千五十七两三钱九分。

一、解广东藩库厘金项下奉拨黔省协饷洋银一万两，又九二易换纹银补水洋银八百六十九两五钱六分五厘，共解洋银一万八百六十九两五钱六分五厘。

一、解广东藩库厘金项下奉拨壬寅年本省兵饷洋银六万两，又九二易换纹银补水洋银五千二百一十七两三钱九分，共解洋银六万五千二百一十七两三钱九分。

一、解广东藩库各厂所收加抽烟、酒厘金洋银三万三千四百七十六两八钱五分八厘。

一、解广东藩库各厂所收土药厘金洋银三万四千五十九两六钱八分八厘。

一、解广东藩库各厂所收加抽三成土药厘金洋银九千七百一十七两三钱五分四厘。

一、解广东藩库各厂所收续加三成土药厘金洋银八千三百六十一两一钱一分六厘。

一、拨给盐厘项下收解西征军饷改拨筹备饷需九二易换纹银补水洋银一千九百一十二两七钱五分二厘。

一、支缉私、提饷各轮船修葺工料洋银二千三十五两八钱九分八厘。查粤省东、西、北三江港汊纷歧，盗贼出没，缉私、提饷均用轮船，以免疏虞。所需修葺等费，向在外销丝茶项下开支，现丝茶厘费业经尽数提拨备还汇丰镑款，此项轮船修费自应作正开销，合注明。

一、支广东同文馆添设俄东学堂自光绪二十八年二月起至六月底止五个月每月脩金经费银七百两，共支洋银三千五百两。

一、解广东善后总局支用本省海防、善后各经费洋银二十六万六百八十三两三钱五厘九毫。

以上共支拨洋银七十二万七千三百八十三两四钱八分六厘九毫，除收抵支外，实存洋银一十三万六千五百四十一两七钱一分二厘九毫四丝。

盐厘入款

一、收两广盐运司库解缴北柜埠盐厘洋银一万六千五百七十九两六钱九分四厘。

一、收两广盐运司库解缴中柜埠盐厘洋银二千七百五十两二钱九分。

一、收两广盐运司库解缴东柜埠盐厘洋银一千六百六十六两六钱六分八厘。

以上共收洋银二万九百九十六两六钱五分二厘。此项盐厘,系由两广盐运司于上半年陆续拨解光绪二十七年十一月起至二十八年二月止各埠收数,历遵部文,照两淮盐厘格式造报。至额引包斤数目,应由运司奏销案内分晰开报,理合声明。

盐厘出款

一、解广东藩库拨解西征军饷改拨筹备饷需洋银二万九百九十六两六钱五分二厘。查此项筹备饷需,应以纹银起解,所收盐厘均系洋银,应易换纹银补水银两,现由货厘项下拨给,已于货厘出款开列,合注明。

以上共支拨洋银二万九百九十六两六钱五分二厘,除收抵支外,实存无项,合并声明。

朱批:"览。"

台北故宫博物院藏"军机处档折件"及其附件,文献编号:156613

659. 知县刘能保案重复恳恩改奖片

光绪二十九年四月二十五日[①](1903年5月21日)

再,前署广东海丰县事即用知县刘能,于剿办惠州归善县属三洲田会匪案内出力,经臣德寿会同前督臣陶模奏请,俟补缺后以直隶州知州用,光绪二十七年六月初五日奉朱批:"着照所请,该部知

① 与补授漕运总督、署理两广总督德寿会衔,原缺具奏日期。按,此片朱批日期与上几件折、片相同,具奏日期亦应相同。

道。”钦此。转行遵照在案。兹据广东广州府知府沈传义禀称,知县刘能于劝办湖北振捐出力案内,先蒙湖广督臣张之洞奏请,俟补缺后以直隶州用,光绪二十六年十月初一日奉朱批:“该部议奏,单并发。”钦此。经吏部议准,行知来粤。查核两次保奖,系属重复。现在刘能已准补广东归善县知县,应请改奖等情,转禀前来。臣等覆查无异。合无仰恳天恩,俯准将在任候补直隶州准补归善县知县刘能前办三洲田会匪出力所得补缺后以直隶州知州用之案,改为俟补直隶州后,以知府仍留原省补用,出自逾格鸿施。谨合词附片陈明,伏乞圣鉴训示。谨奏。

光绪二十九年五月十七日奉朱批:“着照所请,吏部知道。”钦此。

台北故宫博物院藏“军机处档折件”,文献编号:156605

660. 筹劝粤绅捐借巨款办理广西赈粜情形折

光绪二十九年四月二十六日(1903 年 5 月 22 日)

头品顶戴新授漕运总督、署理两广总督臣德寿,调署广东巡抚、升署闽浙总督、江西巡抚臣李兴锐跪奏,为广西灾区太广,筹劝粤绅捐借巨款,分别办理赈粜情形,恭折具陈,仰祈圣鉴事。

窃广西南宁、思恩、庆远一带师旅饥馑,灾民失业,道殣相望,先经广西抚臣王之春电告,当即转饬劝谕各善堂绅董筹捐赈济。惟是灾区太广,救济难周,广东司局各库本已搜罗一空,又加新旧赔款,艰窘情形,实为从来所未有,即各善堂绅董,频年捐助各省灾赈,亦已力尽筋疲。再四思维,只有分别劝捐、劝借,以捐款买米赈济贫民,以借款买米平粜,事竣仍还借本,所捐银数,准照赈捐章程核给奖叙,其借款各绅,分别给匾、建坊,以示嘉勉,当经饬行劝办去后。现据广州府知府沈传义禀称，督饬南海、番禺两县多方筹劝，有办理粤汉铁路候选道张振勋自捐洋银一万圆，另代劝捐洋银一万圆，候补四品京堂左宗蕃自捐洋银三千圆，另借银二万两，候补四品京堂周荣曜、在籍候选道周启慈共借洋银六万圆，绅商卢华富借洋银五万圆，广仁善堂绅董借洋银十万圆，述善堂董事、拔贡知县黄景棠借洋银二万圆，都司李世桂借洋银一万圆，又前据东华、广济、爱育、崇正、述善、明善各堂共捐洋银四千七百圆，又由广仁善堂转劝续捐洋银六千四百五十圆，共由绅商捐、借银二十一万四千馀两。并经禀明，将前次发商办理广、肇平粜官本银十万两暂缓缴回，再向商号加借四万两，合计共银三十五万四千馀两，一并发交各善堂买米运西，分别赈济、平粜。并由各堂绅董议明，此次办理赈粜，以广仁善堂为首事，述善善堂为副理，此外各善堂绅董均协同助理。

据各绅查报，西省灾区，以南宁、思恩、庆远三府为最重，浔州、郁林州次之，梧州所属之容县、藤县、岑溪三属又次之，现已运米上赴梧州、大湟、江贵县三处，各设一局，分运前进。由各善堂公议，将所运米石七成平粜、三成赈济，又拟分平粜、借贷、施赈为三项，与本地绅耆商酌妥善，次第办理。如无力买米各户，而有田可耕，则为之借给牛具、粮种，及贷给米粮，秋后取偿；此外极贫户丁，流离失所者，则多设粥厂，收养安抚，总期实心经理，拯救灾民。并由张振勋函致南洋粤绅筹劝，以期多集款项，推广办理等情，禀请具奏前来。

臣等查两粤辅车相依，西省贫瘠特甚，当此嗷鸿遍野，惨不忍闻，东省库无馀储，绅商亦捐助力竭，现于万难之中，为捐借并筹之计，幸已集成巨款，迅往拯救，足以上慰宸廑。各绅好义乐输，亦见我朝廷德泽涵濡之效。臣等不敢没其悃忱,俟事竣之后,其捐款应请准照赈捐章程给奖,其借款分别给匾、建坊,以示嘉勉。

所有筹劝捐借,办理西省赈粜情形,谨会同广西巡抚臣王之春合词恭折具陈,伏乞皇太后、皇上圣鉴训示。谨奏。光绪二十九年四月二十六日。

朱批:"着照所请,该部知道。"

《光绪朝朱批奏折》第32辑,第270—272页

661. 奏报广东筹解光绪二十九年第一批东北边防经费银元片*

光绪二十九年四月二十六日(1903年5月22日)

再,光绪二十九年东北边防经费,部拨广东厘金银八万两。查此项银两,前经奏明,毋庸分三七搭解,自光绪二十八年第三批起以后,全以银元起解。兹据广东布政使丁体常详称,现筹解第一批东北边防经费银元二万两、九二补水银一千七百三十九两一钱三分,合共银元二万一千七百三十九两一钱三分,派委分省同知沈启渫等,督同商号新泰厚等,于光绪二十九年四月十九日起程汇解进京,赴部投纳等情,详请奏咨前来。臣等覆核无异,除咨部查照外,谨附片具陈,伏乞圣鉴。谨奏。

朱批:"户部知道。"

《光绪朝朱批奏折》第63辑,第53页

* 与补授漕运总督、署理两广总督德寿会衔。

662. 奏报太平关税接征第三十七年期满收支数目并较定额溢征折

光绪二十九年四月二十六日(1903 年 5 月 22 日)

调署广东巡抚、升署闽浙总督、江西巡抚臣李兴锐跪奏,为太平关税接征第三十七年期满,谨将收支数目恭折具报,仰祈圣鉴事。

窃照粤省太平关税务,自同治五年十月更定新章起,截至光绪二十七年九月二十三日止,共历三十六年期满,历届征收税数,均经各前抚臣按年奏报在案。兹自光绪二十七年九月二十四日起,至二十八年九月二十三日止,系第三十七年接征期满,据管关委员南韶连道张端本列册呈报,本届共征货税正银一十万八千九百五十五两五钱八分九厘、耗银一万八百九十五两五钱五分九厘、倾销纹水银一万一千九百八十五两一钱一分、羡馀银二万七百一两五钱六分六厘,共征洋银一十五万二千五百三十七两八钱二分四厘。支销关厂薪工杂用,除遵照新章扣减六分平银一千九百四十三两一钱二分六厘,储备委员解部外,实支洋银二万九千八百三十一两三钱一分四厘,共解存藩司库洋银一十二万二千七百六两五钱一分。并据江海关呈报,代征丝税正银三万九千九百五十六两三钱七分、耗银三千九百九十五两六钱三分七厘,共征纹银四万三千九百五十二两七厘。

查太平关原定额征正税、盈馀及江海关代征丝税共应征银一十三万四千八百二十五两一钱七分五厘,今本届太平关货税及江海关丝税,除耗银及倾销纹水遵章不入比较外,核计共征收正税、羡馀银一十六万九千六百一十三两五钱二分五厘,比较定额,实溢征银三万四千七百八十八两三钱五分。除江海关代征银两向由苏省解京外，所有太平关征收税款，已由藩司易换纹银，陆续支解部拨京外饷需，容俟奏销时饬司核明确数，另行报部。至此次在关支销薪工一切，均系格外节省，实用实销，且概以洋银支发，应请仍照历届成案，准其动用，并免扣减二成，以示体恤。

除再督饬该关道实力征收，不准稍涉疏懈外，所有太平关税务改办后接征第三十七年期满收支数目，并较定额溢征缘由，理合恭折具奏，伏祈皇太后、皇上圣鉴。谨奏。光绪二十九年四月二十六日。

朱批："该部知道。"

《光绪朝朱批奏折》第74辑，第425—426页

663. 奏报广东汇解本年分铁路经费银两片*

光绪二十九年四月二十六日（1903年5月22日）

再，准户部咨，光绪二十九年上半年应还克萨镑款本息银两，照案指拨广东铁路经费五万两，届期归还等因，当经转行遵照。兹将应解本年分铁路经费银五万两，照数备足，于本年四月十六日发交商号源丰润等领汇，限于四月二十二日解到江海关道衙门投纳。据广东布政使丁体常详请奏咨前来。臣等覆核无异，除咨部外，谨附片具陈，伏乞圣鉴。谨奏。

朱批："户部知道。"

《光绪朝朱批奏折》第84辑，第45页

---

* 以下三片，与署理两广总督德寿会衔。

664. 奏报广东筹解光绪二十九年第一批筹备饷需银两片

光绪二十九年四月二十六日(1903 年 5 月 22 日)

再,广东省光绪二十九年分应解筹备饷需银二十万两,自应迅速筹解。兹向商号筹借银四万两,作为奉拨二十九年第一批起解,仍照案发交商号新泰厚等汇京,派委分省同知沈启滐等领赍汇单,于光绪二十九年四月十九日起程,由海道进京,支取银两,赴户部衙门投纳。据广东布政使丁体常详请奏咨前来。奴才覆核无异,除咨户部查照外,谨会同署广东巡抚臣李兴锐合词附片具陈,伏乞圣鉴。谨奏。

朱批:"户部知道。"

《光绪朝朱批奏折》第 89 辑,第 772 页

665. 乐昌县知县刘镇寰拿获私铸人犯请予优奖片

光绪二十九年四月二十六日(1903 年 5 月 22 日)

再,准总理各国事务衙门咨行奏定章程内开:拿获私铸人犯,准予优奖等因。查署广东归善县知县刘镇寰,前在乐昌县任内,于光绪二十六年十二月十七日访闻,乐昌县属与湖南宜章县交界之中塘地方,有匪首王祥金等开炉私铸伪银情事,当经会营饬差,亲督查拿,当场格毙拒捕匪首王祥金一名,并拿获匪伙朱亚生、戴炳章二名,起获私铸器具大小共十五项,查封匪屋。讯据该犯朱亚生等供认,听从王祥金起意开炉,私铸不讳。将朱亚生等犯连私铸器

具,解由韶州府转解臬司,审拟详咨在案。现据广东善后局司道核明,详请奖叙前来。臣等覆加查核,尚无冒滥。除在事出力哨弁人等饬取履历咨部请奖外,合无仰恳天恩,俯准将同知衔署广东归善县事乐昌县知县刘镇寰以直隶州知州在任候补,并加四品衔,以示鼓励。谨合词附片具奏,伏乞圣鉴训示。谨奏。

朱批:“着照所请,该部知道。”

《光绪朝朱批奏折》第92辑,第247页

666.奏报广东省光绪二十九年三月分雨水田禾粮价情形折附清单

光绪二十九年四月二十六日(1903年5月22日)

调署广东巡抚、升署闽浙总督、江西巡抚臣李兴锐跪奏,为查明三月分雨水、田禾、粮价情形,恭折具陈,仰祈圣〔鉴事〕①。

〔窃照广东省〕光绪二十九年二月分雨水、粮〔价情形,业经臣〕恭折具奏在案。兹查广东省城光绪二十九年三月分上、中、下三旬得有大小雨泽十馀次,高低田亩一律均沾,早禾陆续插莳,园蔬杂粮亦皆秀发。省外各属禀报,与省城大略相同。粮价较上月稍增,民情静谧,堪以仰慰圣怀。所有光绪二十九年三月分雨水、田禾、粮价,臣谨缮清单,恭折具奏,伏祈皇太后、皇上圣鉴。谨奏。光绪二十九年四月二十六日。

朱批:“知道了。”

---

① 原漫漶不清,据文义补。下同。

清单

谨将广东省光绪二十九年三月分各属米价分晰开列清单，恭呈御览。

广州府属

上米每仓石价银二两一钱六分至二两七钱九分，与上月同。中米每仓石价银一两九钱五分至二两六钱二分，较上月增一分。下米每仓石价银一两六钱三分至二两二钱三分，与上月同。

韶州府属

上米每仓石价银一两五钱三分至二两二钱三分，与上月同。中米每仓石价银一两三钱一分至二两九分，与上月同。下米每仓石价银一两二钱至一两九钱八分，较上月增一分。

惠州府属

上米每仓石价银一两九钱至二两六钱七分，较上月增一分。中米每仓石价银一两六钱四分至二两四钱八分，与上月同。下米每仓石价银一两三钱六分至二两五分，与上月同。

潮州府属

上米每仓石价银一两六钱二分至二两四钱四分，较上月增一分。中米每仓石价银一两二钱四分至二两六分，与上月同。下米每仓石价银一两三分至一两七钱四分，与上月同。

肇庆府属

上米每仓石价银一两五钱六分至二两二钱，与上月同。中米每仓石价银一两三钱一分至二两一钱四分，较上月增一分。下米每仓石价银一两一钱五分至一两八钱一分，与上月同。

高州府属

上米每仓石价银一两二钱二分至一两三钱二分,与上月同。中米每仓石价银九钱一分至一两一钱一分,与上月同。下米每仓石价银七钱九分至九钱八分,较上月增一分。

雷州府属

上米每仓石价银一两一钱六分至一两二钱七分,与上月同。中米每仓石价银九钱六分至一两五钱,较上月增一分。下米每仓石价银七钱六分至八钱九分,与上月同。

廉州府属

上米每仓石价银一两五钱六分至一两八钱,与上月同。中米每仓石价银一两二钱一分至一两四钱三分,与上月同。下米每仓石价银一两六分至一两二钱四分,较上月增一分。

琼州府属

上米每仓石价银一两四钱九分至二两三分,较上月增一分。中米每仓石价银一两二钱一分至一两六钱六分,与上月同。下米每仓石价银一两六分至一两五钱一分,与上月同。

佛冈直隶厅

上米每仓石价银一两五钱九分至二两二钱二分,较上月增一分。中米每仓石价银一两二钱二分至一两八钱八分,与上月同。下米每仓石价银一两八分至一两七钱一分,与上月同。

连山绥瑶直隶厅

上米每仓石价银一两九钱五分至二两二钱六分,与上月同。中米每仓石价银一两七钱一分至一两九钱,较上月增一分。下米每仓石价银一两四钱八分至一两六钱三分,与上月同。

阳江直隶厅

上米每仓石价银一两九钱二分至二两一钱六分,与上月同。

中米每仓石价银一两四钱一分至一两六钱七分,与上月同。下米每仓石价银一两二分至一两四钱九分,较上月增一分。

赤溪直隶厅

上米每仓石价银二两一钱六分至二两二钱七分,与上月同。中米每仓石价银一两九钱至二两三分,较上月增一分。下米每仓石价银一两六钱一分至一两八钱,与上月同。

罗定州属

上米每仓石价银一两四钱四分至一两六钱二分,与上月同。中米每仓石价银一两二钱三分至一两三钱六分,与上月同。下米每仓石价银一两九分至一两二钱一分,较上月增一分。

连州属

上米每仓石价银二两一分至二两二钱三分,较上月增一分。中米每仓石价银一两七钱二分至一两九钱,与上月同。下米每仓石价银一两三钱六分至一两五钱二分,与上月同。

南雄州属

上米每仓石价银一两八钱七分至二两六分,与上月同。中米每仓石价银一两七钱三分至一两八钱六分,较上月增一分。下米每仓石价银一两三钱五分至一两四钱八分,与上月同。

嘉应州属

上米每仓石价银一两六钱五分至二两二钱一分,与上月同。中米每仓石价银一两四钱一分至一两九钱七分,与上月同。下米每仓石价银一两三钱七分至一两九钱九分,较上月增一分。

钦州属

上米每仓石价银一两四钱五分至一两六钱五分,较上月增一分。中米每仓石价银一两一钱二分至一两三钱二分,与上月同。

下米每仓石价银一两六分至一两二钱七分,与上月同。

朱批:"览。"

正折据《光绪朝朱批奏折》第97辑,第139—140页;清单据台北故宫博物院藏"军机处档折件"附件,文献编号:156714

667. 本届秋审新旧事各犯分拟实缓缮单呈览折附清单

光绪二十九年四月二十六日(1903年5月22日)

调署广东巡抚、升署闽浙总督、江西巡抚臣李兴锐跪奏,为本届秋审新旧事各犯分拟实缓,改题为奏,谨缮清单,恭折仰祈圣鉴事。

窃准吏部咨,光绪二十七年八月十五日奉上谕:"嗣后所有向来专系具题之件,均着改题为奏。"等因。钦此。当经钦遵办理在案。兹届光绪二十九年秋审之期,除旧案人犯内业已减流及病故者毋庸查办,又新事绞犯关亚嵩即成敏已报病故,暨上年解审发回在途脱逃之犯业经专案奏报,应行扣除外,所有旧事情实奉文改入缓决,与缓决一次以上各犯情罪无可更定者,例免解审。又绞犯李亚源、陈高盛二名,上年秋审业经解勘,拟以缓决,嗣准部覆,该犯等均在秋审截止日期以后,归入下年办理,本届遵照列入,其馀新事各犯,查照原例提讯去后。

兹据臬司会同藩司、督粮道将应行提讯各犯解勘,并据各属将例应停解各犯查叙事由,由本管道、府、州呈经该司、道等核转,其高州府属秋审人犯,由该管道员勘明造册,加结汇详前来。臣分别覆加确核,并率同在省司道在臣署内逐加亲讯。除各犯供情俱与原招相同,毋庸录供送部外,臣查广东省光绪二十九年秋审新旧各案，如新事解审斩犯黄亚铎一名，应请情实，绞犯李亚源等六名，均应请缓决，其旧事停解绞犯邹淋洝等二十九名口，均应仍请缓决。除将各犯详细看语咨移部院寺司科道查照外，所有光绪二十九年秋审新旧事各犯分拟实缓，改题为奏缘由，理合会同署两广总督臣德寿，谨缮简明清单，恭折具陈，伏乞皇太后、皇上圣鉴，敕下三法司核覆，奏请定夺施行。

再，本届各犯内并无父祖子孙阵亡，应行声叙之案。其旧事绞犯李亚水一名，据供亲老丁单，应否准予留养，自当遵照新章，俟由刑部会同九卿核定后，开单具奏，恭候钦定，行知钦遵办理。此外并无另有丁单应行留养承祀之犯，亦无弟殴胞兄改为监候之案，合并陈明。谨奏。光绪二十九年四月二十六日。

朱批："刑部议奏，单二件并发。"

清单一

谨将广东省光绪二十九年秋审新事实缓人犯共七名开列简明清单，恭呈御览。

计开：

一起、斩犯一名。黄亚铎因徒手独窃事主梁超木店时钟，被寄宿邻人林亚有起身喊捕，该犯弃赃跑逃，林亚有携铁嘴木凿追捕，扭住发辫。该犯情急图脱，转身夺凿吓戳，适伤林亚有左乳下。林亚有仍不放手，该犯将辫线拉断跑走，林亚有倒地殒命。依律拟斩监候，照章具奏，部覆奉旨："依议。"钦此。钦遵在案。今光绪二十九年秋审会勘，窃匪拒杀捕人，情殊凶暴，黄亚铎应请情实。

一起、绞犯一名。李亚源因起意商允未获之冯亚植诱拐幼童周亚显、黄亚洪卖银分用，冯亚植先行寻觅买主，该犯逼令周亚显等认伊为叔，随行至南海县属太平乡外被获，连周亚显等起出解案，给亲完聚。依例拟绞监候，照章汇奏，部覆奉旨："依议。"钦此。钦遵在案。光绪二十八年秋审会勘，将李亚源拟以缓决，嗣准部覆，李亚源在秋审截止日期以后，归入下年办理。今值二十九年秋审会核，起意诱拐幼孩图卖，被诱之人已给亲完聚，李亚源应请缓决。

一起、绞犯一名。陈高盛因与沈仁忠田亩毗连，见其放水灌田过多，斥阻争闹。沈仁忠拾竹棍向殴，该犯闪侧，夺棍过手。沈仁忠复举拳扑殴，该犯情急，用竹棍抵戳，适伤沈仁忠心坎陨命。依律拟绞监候，照章汇奏，部覆奉旨："依议。"钦此。钦遵在案。光绪二十八年秋审会勘，将陈高盛拟以缓决，嗣准部覆，陈高盛在秋审截止日期以后，归入下年办理。今值二十九年秋审会核，棍系夺获，戳由抵御，陈高盛应请缓决。

一起、绞犯一名。卢滐幅因黎焕楠娶妻梁氏，系该犯母陈氏前夫之女，陈氏耕种事忙，接女归宁帮工。黎焕楠等随至该犯家探望，欲接梁氏回家，该犯答以梁氏随母摘桑外出，黎焕楠气忿，斥骂薄待嫁女，致相争闹。黎焕楠拾柴棍扑殴，该犯夺棍殴伤黎焕楠右胐脉等处陨命。依律拟绞监候，汇奏，部覆奉旨："依议。"钦此。钦遵在案。今值光绪二十九年秋审会勘，死先向殴，棍由夺获，卢滐幅应请缓决。

一起、绞犯一名。陈亚江因不知姓癞仔满借欠洋银未还，向索争闹，癞仔满拔刀扑砍，该犯夺刀戳伤癞仔满左臂等处陨命。依律拟绞监候，汇奏，部覆奉旨："依议。"钦此。钦遵在案。今值光绪二十九年秋审会勘，索欠被殴，刀由夺获，陈亚江应请缓决。

一起、绞犯一名。莫亚五因族侄妇莫李氏到家与其妻梁氏坐谈时，邻人梁亚五走至同坐谈笑，该犯回归，斥骂梁氏不应与男人同坐说笑。梁氏分辩，该犯气忿，拾柴棍向殴。梁氏闪侧，不期莫李氏站在梁氏身后，该犯收手不及，致误伤莫李氏左耳窍等处陨命。依律拟绞监候，汇奏，部覆奉旨："依议。"钦此。钦遵在案。今值光绪二十九年秋审会核，他物误伤，死出不虞，莫亚五应请缓决。

一起、绞犯一名。刘沅估因与缌麻服弟刘桥估争先拜祖，口角争闹。刘桥估携取挑刀扑砍，该犯夺刀过手，转至刘桥估背后吓戳，适伤刘桥估左臀陨命。依律拟绞监候，照章具奏，部覆奉旨："依议。"钦此。钦遵在案。今值光绪二十九年秋审会勘，刀由夺获，死系犯尊缌麻卑幼，刘沅估应请缓决。

朱批："览。"

清单二

谨将广东省光绪二十九年秋审旧事缓决人犯二十九名口开列简明清单，恭呈御览。

计开：

一起、绞犯一名。邹淋浨因起意纠同邱淋根行窃事主林荣耀同发栈得赃，邱淋根拔刀拒捕，戳伤林亚萱右臁肕等处殒命，邹淋浨亦用小刀帮戳伤林亚萱左臂膊、左腿。除邱淋根拟斩立决外，邹淋浨依例拟绞监候，具题，部覆，光绪二十年秋审拟以情实，嗣准部咨，恭逢恩诏，酌入秋审缓决，二十一年至二十八年秋审均拟缓决。今值光绪二十九年秋审，邹淋浨应仍请缓决。

一起、斩犯一名。陈有初因偷割陈珍宝田内禾稻，被看守田禾之戴耀凤查知揪住，称欲送官拉走，并用拳向殴。陈有初情急，拔出身带钩刀抵拒吓砍，适伤戴耀凤项颈，推落路边墈下殒命。依律拟斩监候，具题部覆，恭逢恩诏，酌入秋审缓决，光绪二十二、三、四、五、六、七、八等年秋审均拟缓决。今值光绪二十九年秋审，陈有初应仍请缓决。

一起、绞犯一名。叶彩惯因向张运盛复讨拖欠租谷，央缓斥骂，夺获木挑，殴伤张运盛脊背。张运盛夺住木挑，彼此争扯，不料张运盛用力过猛，叶彩惯松手，致木挑头戳伤张运盛肾囊倒地殒命。依律拟绞监候，光绪二十六、七、八等年秋审均拟缓决。今值光绪二十九年秋审，叶彩惯应仍请缓决。

一起、绞犯一名。李舍滦因李用溃牵牛牧放，践食李舍滦田内花生，李舍滦村斥索赔骂詈，李用溃举镰刀向砍。李舍滦夺获镰刀，顺用木柄戳伤其右腋肷，并用镰刀砍伤其左脚踝殒命。依律拟绞监候，光绪二十六、七、八等年秋审均拟缓决。今值光绪二十九年秋审，李舍滦应仍请缓决。

一起、绞犯一名。张亚六因冼亚三在房洗澡，未掩房门，斥其无礼，詈骂争闹，夺刀吓戳，适伤冼亚三小腹殒命。依律拟绞监候，光绪二十六、七、八等年秋审均拟缓决。今值光绪二十九年秋审，张亚六应仍请缓决。

一起、绞犯一名。张亚疏因误躧温容谦脚背争闹，温容谦用拳殴伤张亚疏左眼胞，并扭住张亚疏发辫揿按，张亚疏挣扎不脱，情急拔出身带小刀吓戳，伤温容谦小腹左殒命。依律拟绞监候，光绪二十六、七、八等年秋审均拟缓决。今值光绪二十九年秋审，张亚疏应仍请缓决。

一起、绞犯一名。刘莫蒽因顾宝列行走匆忙，误碰臂膊，斥骂扭殴，刘莫蒽情急，拔出身带小刀吓戳，伤顾宝列小腹殒命。依律拟绞监候，光绪二十六、七、八等年秋审均拟缓决。今值光绪二十九年秋审，刘莫蒽应仍请缓决。

一起、绞犯一名。谢佻有因携刀砍削树枝，适谢元禄见斥扑殴，顺用尖刀戳伤其心坎殒命。依律拟绞监候，光绪二十七、八两年秋审拟以缓决。今值光绪二十九年秋审，谢佻有应仍请缓决。

一起、绞犯一名。李江因潘阿胜行走误碰，争闹向殴，李江用拳殴伤潘阿胜左腰眼等处殒命。依律拟绞监候，光绪二十七、八两年秋审拟以缓决。今值光绪二十九年秋审，李江应仍请缓决。

一起、斩犯一名。邓炎灵因小功服兄邓幅灵强奸伊妻邓何氏，闻喊走出，瞥见气忿，上前喝拿，用铁锹致伤邓幅灵殒命。依律拟斩立决，声明死系强奸蔑伦罪人，并非无故逞凶干犯，具题，由部照例夹签，奉旨："邓炎灵改为应斩，着监候，秋后处决。馀依议。"钦此。钦遵在案。光绪二十五年秋审，将邓炎灵拟以情实，部覆奉旨监候。二十六、七两年秋审仍拟情实，嗣准部咨，情实二次未勾，奏改缓决，光绪二十八年秋审遵拟缓决。今值二十九年秋审，邓炎灵应仍请缓决。

一起、斩犯一名。关亚威因拾砖向妻关郭氏掷殴，误伤期服伯母关陆氏殒命。依律拟斩立决，声明伤由于误，死出不虞，尚非有心干犯，由部照例夹签，奉旨："关亚威改为应斩，着监候，秋后处决。馀依议。"钦此。钦遵在案。光绪二十五年秋审，将关亚威拟以情实，部覆奉旨监候。二十六、七两年秋审仍拟情实，嗣准部咨，情实二次未勾，奏改缓决，光绪二十八年秋审遵拟缓决。今值二十九年秋审，关亚威应仍请缓决。

一起、绞犯一名。周汏伸六因周信高胞侄周亚水被该犯胞侄周亚七窃去布衣、银钱，当向追还布衣，尚有银钱未还，周信高向讨，争闹扑殴。该犯用柴刀吓砍，适伤周信高右手胐脥殒命。依律拟绞监候，光绪二十八年秋审拟以缓决。今值二十九年秋审，周汏伸六应仍请缓决。

一起、绞犯一名。刘十五因黄廿五索欠被斥争闹，黄廿五拔刀向戳，该犯夺刀过手，情急抵格，戳伤黄廿五咽喉左殒命。依律拟绞监候，光绪二十八年秋审拟以缓决。今值二十九年秋审，刘十五应仍请缓决。

一起、绞犯一名。崔亚烂即崔煇因周叶隆行走误碰肩甲争闹，举拳向殴，并扭住该犯发辫，往下揿按。该犯情急，拔刀吓戳，适伤周叶隆小腹殒命。依律拟绞监候，光绪二十八年秋审拟以缓决。今值二十九年秋审，崔亚烂即崔煇应仍请缓决。

一起、绞犯一名。梁亚滐因起意诱拐幼童马亚景卖银花用被获，连马亚景解案，给亲完聚，依例拟绞监候。光绪二十八年秋审拟以缓决。今值二十九年秋审，梁亚滐应仍请缓决。

一起、绞犯一名。康亚淋因与陈草成同充更练，斥懒争闹，陈草成拔刀向砍，该犯夺刀吓戳，适伤陈草成心坎下倒地殒命。依律拟绞监候，光绪二十八年秋审拟以缓决。今值二十九年秋审，康亚淋应仍请缓决。

一起、绞犯一名。谢亚材因携水桶入厨取水洗身，张石材夺桶争先，两相争闹，张石材举拳扑殴，该犯顺取小刀吓戳，适伤张石材肚腹殒命。依律拟绞监候，光绪二十八年秋审拟以缓决。今值二十九年秋审，谢亚材应仍请缓决。

一起、绞犯一名。冯有因祖遗尝田向归三房冯木荣代种还租，光绪二十四年轮应该犯值年，欲取回自种，理论争闹，夺刀砍伤冯木荣左血盆殒命。依律拟绞监候，光绪二十八年秋审拟以缓决。今值二十九年秋审，冯有应仍请缓决。

一起、绞犯一名。林荃娇因田亩与何亚火田界毗连，将田壆锄开，令水流灌己田，何亚火斥其不应，争闹扑殴。该犯用拳殴伤何亚火右耳根，何亚火扭衣拚命，该犯情急，将何亚火推跌倒地，石块垫伤左脊膂殒命。依律拟绞监候，光绪二十八年秋审拟以缓决。今值二十九年秋审，林荃娇应仍请缓决。

一起、绞犯一名。陈必桢因陈亚江被窃，向该犯查问争闹，拔刀扑砍，该犯夺刀砍伤陈亚江左手胳脉等处殒命。依律拟绞监候，光绪二十八年秋审拟以缓决。今值二十九年秋审，陈必桢应仍请缓决。

一起、绞妇一口。李杨氏因起意诱拐李细九九岁之女良月被获，连良月起获解案，给亲完聚。依例拟绞监候，光绪二十八年秋审拟以缓决。今二十九年秋审，李杨氏应仍请缓决。

一起、绞犯一名。陈亚奖因迭窃拟军，监禁听候部覆，适夜间风雨大作，乘间脱逃被获。依律加等，拟绞监候。光绪二十八年秋审拟以缓决。今值二十九年秋审，陈亚奖应仍请缓决。

一起、绞犯一名。曾乌狗因年长十岁以上之林周浤邀至其家晚饭，致被灌醉，脱裤抱住，正欲鸡奸，该犯惊觉撑拒，挣起嚷骂。林周浤取菜刀向砍，该犯夺刀砍伤林周浤右额角等处殒命。依律拟绞监候，光绪二十八年秋审拟以缓决。今值二十九年秋审，曾乌狗应仍请缓决。

一起、绞犯一名。李亚桐因与梁亚六等同往唱戏，忆及家中有事，欲回家一转，梁亚六向阻争闹，拔刀向砍，该犯夺刀砍伤梁亚六右腮颊等处殒命。依律拟绞监候，光绪二十八年秋审拟以缓决。

今值二十九年秋审,李亚桐应仍请缓决。

一起、绞犯一名。叶亚日因叶亚保向买洋伞,价银未给,向讨争闹,用竹烟筒向殴,该犯闪侧,用脚吓踢,适伤叶亚保小腹殒命。依律拟绞监候,光绪二十八年秋审拟以缓决。今值二十九年秋审,叶亚日应仍请缓决。

一起、绞犯一名。李亚带因与余亚凌同店佣工,各挑线香出门售卖,余亚凌误将该犯之香碰跌争闹,执持竹烟筒向殴,该犯夺过竹烟筒吓殴,适伤余亚凌偏左殒命。依律拟绞监候,光绪二十八年秋审拟以缓决。今值二十九年秋审,李亚带应仍请缓决。

一起、绞犯一名。李亚水因借欠江火胜洋银未还,屡讨争闹扑殴,该犯用拳回殴,适伤江火胜心坎倒地殒命。依律拟绞监候,光绪二十八年秋审拟以缓决。今值二十九年秋审,李亚水应仍请缓决。

一起、绞犯一名。陈李葆因放鸭外出,践食骆腾志田谷被逐,争闹向殴,该犯闪侧,拾石殴伤骆腾志右眉、右额角殒命。依律拟以绞监候,光绪二十八年秋审拟以缓决。今值二十九年秋审,陈李葆应仍请缓决。

一起、绞犯一名。陈亚涓因见吴亚成艇内只有年甫四龄幼孩吴亚法一人,起意诱拐留养为子,将吴亚法抱在己艇,驶往僻处湾泊被获,起出吴亚法解案,给亲完聚。依例拟绞监候,光绪二十八年秋审拟以缓决。今值二十九年秋审,陈亚涓应仍请缓决。

朱批:“览。”

正折据《光绪朝朱批奏折》第106辑,第206—207页;清单据台北故宫博物院藏“军机处档折件”附件,文献编号:156709

668. 奏请以乐昌县知县刘镇寰调补高要县知县折

光绪二十九年四月二十八日(1903 年 5 月 24 日)

头品顶戴新授漕运总督、署理两广总督臣德寿,调署广东巡抚、升署闽浙总督、江西巡抚臣李兴锐跪奏,为拣员调补要缺知县,以资治理,恭折仰祈圣鉴事。

窃照广东高要县知县安荫甲,于光绪二十九年正月二十日在省寓病故,业经奏报声明。所遗高要县知县缺,请扣留在外,选员调补,应勒归正月分截缺。系外调要缺,毋庸签掣。查定例,州县应调缺出,俱令于现任人员拣选调补。又调补官员,其任内如有承审案件、承缉盗案、征解钱粮已起降调革职参限者,概不准其升调各缺。如因缺系繁要,人地实在相需,为地择人者,应令该督抚据实陈明,吏部仍查明其馀并无别项不合例事故,亦即议准。此外一切因公处分,毋庸计算各等因。

今高要县知县为肇庆府附郭首邑,地当孔道,政务殷繁,必须精明干练之员,方足以资治理。经于通省现任知县合例应调人员内逐加遴选,查有乐昌县知县刘镇寰,年五十三岁,湖南衡阳县人。由附生中式同治癸酉科本省乡试举人,庚辰科会试大挑一等,以知县用,签掣广东,光绪十年三月二十四日到省。旋于剿办黎匪案内出力,保奏以本班尽先补用。十一年丁父忧,回籍守制。服满起复,领咨回省。题署乐昌县知县,十八年十二月初七日到任。试署期满,二十一年题请实授,经部核准在案。该员任内并无承审积案及承缉盗案已起降调革职参限,又任内虽有经征未完光绪十九、二十、二十一、二、三、四、五等年钱粮,查系实欠在民,并非征存未解。

因公处分,例免核计。该员才具开张,精实耐苦,以之调补高要县知县,实于要缺有裨。人地实在相需,为地择人,例得据实声请。据藩、臬两司会详前来。

合无仰恳天恩,俯准以乐昌县知县刘镇寰调补高要县知县。如蒙俞允,该员系现任知县请调知县,衔缺相当,毋庸送部引见。除咨部外,臣等遵照新章,改题为奏,谨合词恭折具陈,伏乞皇太后、皇上圣鉴训示。

再,所遗乐昌县知县,系简缺,粤省现有应补人员,请扣留在外,俟接准部覆,选员请补。又,粤东省补缺例限九十日,此缺系光绪二十九年二月初三日申报到司,应以是日起限,今在限内选员请补,并无迟逾,合并陈明。谨奏。光绪二十九年四月二十八日。

朱批:“吏部议奏。”

《光绪朝朱批奏折》第18辑,第827—828页

669. 请将江西记名道徐绍桢暂留广东统领常备中军片 *

光绪二十九年四月二十八日(1903年5月24日)

再,练兵之道,选将为先。广东省现拟改编常备、续备各军,非有深通中西兵法者为之统率,难期收效。适臣兴锐前在江西保送引见之江西记名道徐绍桢,于领咨后取道广东,正拟航海北上。臣德寿谂知该员曾在江西统领常备中军,总理全省营务,兼办讲武馆,传见数次,留意咨询,知其于中西兵法研究素深,因会商札委该

* 以下三片,与新授漕运总督、署理两广总督德寿会衔。

员统领广东省常备中军，于光绪二十八年十二月初一日到营。接统以来，整饬营规，训练士卒，严明整肃，规画井然，于治军之道，颇能得其要领。惟该员系奏准送部引见人员，业已领咨，即应北上。合无仰恳天恩，俯准将江西记名道徐绍桢暂留广东，统领常备中军，俟办有规模，再由粤省给咨送部，出自逾格鸿施。理合附片具陈，伏乞圣鉴训示。谨奏。

朱批："着照所请，该部知道。"

《光绪朝朱批奏折》第18辑，第829页

670. 肇阳罗道周炳勋在任病故饬候补道杨枢接署片

光绪二十九年四月二十八日（1903年5月24日）

再，肇阳罗道周炳勋，据报于光绪二十九年四月十六日在任病故，遗缺应即委员接署，以重职守。查有候补道杨枢，资深才裕，堪以署理，当经檄饬遵照。至所遗肇阳罗道员缺，自奉行二留一咨新章后，光绪十八年肇阳罗道多龄患病开缺，系第一次留补，业以特用道吴仲翔奏补，又二十五年吴仲翔病故开缺，系第二次留补，业以候补班前补用道周炳勋奏补，今此缺系第三次出缺，应听部臣归月铨选。除咨明吏部外，臣等谨合词附片具奏，伏乞圣鉴。谨奏。

朱批："吏部知道。"

《光绪朝朱批奏折》第18辑，第829页

671. 新选增城县知县胡光镛暂行留省派赴发审局学习片

光绪二十九年四月二十八日(1903 年 5 月 24 日)

再,新选增城县知县胡光镛,于光绪二十八年十二月二十八日领凭到省,本应饬赴新任,惟查增城地方紧要,该员甫经到省,民情未能谙悉,若遽饬赴任,深恐措置失宜,未便稍涉迁就,致有贻误。拟将该员胡光镛暂行留省,派赴发审局学习,俾资历练,俟情形稍熟,再饬赴任。据藩、臬两司会详前来。臣等谨附片陈明,伏乞圣鉴。谨奏。

朱批:"吏部知道。"

《光绪朝朱批奏折》第 18 辑,第 830 页

672. 委令蒋鸣庆署理南雄直隶州知州片*

光绪二十九年四月二十八日(1903 年 5 月 24 日)

再,署南雄直隶州知州席德馨署事期满,所遗南雄州篆务,查有署雷防同知事、正任香山县知县蒋鸣庆,质直明干,堪以调署。该员香山县任内并无盗劫已起四参之案。据藩、臬两司会详前来。除檄饬遵照外,臣等谨循例合词附片具陈,伏祈圣鉴。谨奏。

朱批:"吏部知道。"

《光绪朝朱批奏折》第 19 辑,第 837 页

---

* 底本推定具奏时间在光绪二十九年,作者职衔为"两广总督等"。按,据台北故宫博物院藏"军机处档折件",此片(文献编号:156771)作者为德寿等,具奏日期缺,朱批日期为光绪二十九年五月二十一日,与上两片(文献编号:156744、156746)朱批日期相同。故此片系德寿与李兴锐会衔,具奏日期应与上两片相同。

673. 补用道李光宇等员到省及试用期满均堪各按本班序补片*

光绪二十九年四月二十八日(1903 年 5 月 24 日)

再,查劳绩、捐纳候补、试用各官到省一年期满,例应考察甄别具奏,历经遵办在案。兹查有候补班补用道李光宇、试用道姚文倬、试用知县刘厚桐三员,均到省及试用一年期满,据藩、臬两司详请照章考察具奏前来。臣等查候补班补用道李光宇,敦笃有度,治事勤能;试用道姚文倬,气宇闲雅,体用兼赡;试用知县刘厚桐,朴厚精明,均堪各按本班序补。除将各员详细履历开单咨部外,臣等谨附片具陈,伏祈圣鉴。谨奏。

朱批:"吏部知道。"

《光绪朝朱批奏折》第 19 辑,第 842 页

674. 管带振新左营阮朝忠吞饷缺额私卖军火即令军前正法片**

光绪二十九年四月二十八日(1903 年 5 月 24 日)

再,管带振新左营阮朝忠,籍隶广东灵山县,本系越南游匪,经

---

* 底本推定具奏时间在光绪二十九年,作者及其职衔、具奏日期不详。按,据台北故宫博物院藏"军机处档折件",此片(文献编号:156747)作者为德寿等,具奏日期缺,朱批日期为光绪二十九年五月二十一日,与上三片朱批日期相同。故此片系德寿与李兴锐会衔,具奏日期应为该年四月二十八日。

** 与署两广总督德寿会衔。

前云贵督臣崧蕃招安，奏请赏给四品翎顶，续经报捐候选通判，历在滇、桂等省管带防勇，上年春间回籍。适值钦、廉会匪猖獗，阮朝忠自赴振新营投效，协同弁勇擒获匪首翁光佳，并收抚馀党，在事异常出力，经臣等于剿办钦、廉会匪肃清案内随折奏奖。旋因振新左营管带撤换，经该统带委令接管，随同办理善后，堵截广西游匪。讵阮朝忠利令智昏，所带营勇，缺额甚多，并有私卖枪码情事。经该统带查悉，先行撤差，一面质讯确实，禀请惩办前来。

臣等伏查，迭奉谕旨，整顿防营，如有不肖营员，随时惩办，节经钦遵严行整饬在案。阮朝忠吞饷缺额，私卖军火，实属胆大妄为，干犯军律，虽经奏奖在前，未敢稍涉轻纵，当即饬令军前正法，以昭炯戒。除饬接管之员将振新左营募补足额，认真整顿外，理合附片具奏，伏乞圣鉴。谨奏。

朱批："知道了。"

《光绪朝朱批奏折》第48辑，第734页

675. 奏报筹解广东光绪二十九年第一批地丁京饷银数及委员起程日期折

光绪二十九年四月二十八日（1903年5月24日）

头品顶戴新授漕运总督、署理两广总督臣德寿，调署广东巡抚、升署闽浙总督、江西巡抚臣李兴锐跪奏，为筹解光绪二十九年第一批地丁京饷银数及委员起程日期，恭折仰祈圣鉴事。

窃照光绪二十九年京饷案内，奉拨广东地丁银十万两。兹据布政使丁体常详称，在于地丁项下筹银二万两，作为第一批起解，仍交殷实商号新泰厚等汇兑赴京，遴委分省同知沈启渫等领赍汇单,于光绪二十九年四月十九日起程,航海进京,支取银两,赴部投纳等情,详请具奏前来。臣等覆核无异,除咨明户部外,谨合词恭折具奏,伏乞皇太后、皇上圣鉴。谨奏。光绪二十九年四月二十八日。

朱批:"户部知道。"

《光绪朝朱批奏折》第89辑,第773—774页

676. 奏报筹解广东光绪二十九年第一批厘金京饷银元数目及委员起程日期片*

光绪二十九年四月二十八日(1903年5月24日)

再,光绪二十九年京饷案内,奉拨广东厘金银一十万两,又前经奏明,应将厘金项下奉拨京饷全数以银元起解,并将应行补水银两合作银元带解各在案。兹据布政使丁体常会同厘务总局司道详称,在于厘金项下筹拨银元三万两、九二补水银二千六百八两六钱九分六厘,合共银元三万二千六百八两六钱九分六厘,作为第一批起解,仍交殷实商号新泰厚等汇兑赴京,遴委分省同知沈启滦等领赍汇单文批,于光绪二十九年四月十九日起程,航海进京,支取银两,赴部投纳等情,详请具奏前来。臣等覆核无异,除咨明户部外,谨合词附片具陈,伏乞圣鉴。谨奏。

朱批:"户部知道。"

《光绪朝朱批奏折》第89辑,第774页

---

* 以下两片,与新授漕运总督、署理两广总督德寿会衔。

677. 奏报筹解广东光绪二十九年第一批常税京饷银数及委员起程日期片

光绪二十九年四月二十八日(1903 年 5 月 24 日)

再,准户部咨行,光绪二十九年分京饷,指拨广东太平关常税银五万两等因,当经转饬遵照筹解。兹据广东布政使丁体常将南韶连道解到太平关常税银二万两,作为第一批常税京饷,照案发交商号新泰厚等领汇,派委分省同知沈启滐等领赍汇单,于本年四月十九日起程,航海进京,解赴户部投纳,详请奏咨前来。臣等覆核无异,除咨户部查照外,理合附片陈明,伏祈圣鉴。谨奏。

朱批:"户部知道。"

《光绪朝朱批奏折》第 89 辑,第 775 页

678. 查明广东九龙寨广州湾各租界内外钱粮分别减征定额折

光绪二十九年四月二十八日(1903 年 5 月 24 日)

头品顶戴新授漕运总督、署理两广总督臣德寿,调署广东巡抚、升署闽浙总督、江西巡抚臣李兴锐跪奏,为查明广东九龙寨、广州湾各租界内外钱粮,分别减征定额,恭折仰祈圣鉴事。

窃照广东九龙寨租界系广州府新安县所属,广州湾租界系高州府之吴川县、雷州府之遂溪县所属,业经划分界址,议定条约,各租界内钱粮,租限期内暂行豁除。华界钱粮,俟饬各县查明确数,另作定额,核计考成,经前署督臣李鸿章及臣德寿前在巡抚任内会

同奏明，并饬确查办理在案。兹据广东布政使丁体常会同署督粮道姚文倬详称，据新安县册报，该县额征地丁、屯丁、渔课、杂税、契额共银一万一千四百四十二两七钱五分九厘，除划入租界停征银二千四百九十八两六钱七分五厘，尚实征银八千九百四十四两八分四厘；又额征民屯米三千三百五十四石七斗八合六勺二撮，除划入租界停征米六百八十一石八斗二升七合二勺四抄，尚实征米二千六百七十二石八斗八升一合三勺六抄二撮。又据吴川县册报，该县额征地丁、地税、渔课、契额、杂税共银七千四百六十八两四分，除划入租界停征银一千二百五两三钱二分六厘三毫六丝，尚实征银六千二百六十二两七钱一分三厘六毫四丝；又额征民屯米三千二百四十八石七斗八升三合六勺，除划入租界停征米三百六十七石二斗五升一合三勺，尚实征米二千八百八十一石五斗三升二合三勺。又据遂溪县册报，该县额征地丁、屯丁、渔课、杂税、契额共银一万一千六百四十七两三钱二分二厘，除划入租界停征银三千八百四十七两四钱六分六厘，尚实征银七千七百九十九两八钱五分六厘；又额征民屯米五百二十七石八斗五合一勺，除划入租界停征米一百一十七石八升七合四勺，尚实征米四百一十石七斗一升七合七勺。所有租界钱粮，应自划界之日起，于九十九年租期之内，一律停征，此外尚存华界实征各数，应请即作为定额，按年造入奏销及上下忙案内，匀作十分，核计考成。俟将来租期历满，再行分别办理。至各县应征田房税羡，前于同治六年奉行奏明定额，按年照征，征不足数，由官赔解。今新安、吴川、遂溪三县既经划出九龙、广州湾等处租给英、法两国，壤地较前褊狭，所有税羡一项，自难照额征足，应请比照地丁成数，准予酌减。查新安、吴川两县丁米约计停征二成，实征八成，税羡亦照减十成之二；遂溪县丁米约计停征三成,实征七成,税羡亦照减十成之三。自此次减定后,再有短征,应饬照数赔解;如长征,仍应饬令尽数解司,不准隐匿,以昭平允。所有查明新安、吴川、遂溪三县租界停征及尚存华界应征各钱粮数目等情,请奏前来。臣等覆核无异,除册咨送部科查核外,谨恭折具陈,伏祈皇太后、皇上圣鉴,敕部查照施行。

再,新安、吴川、遂溪三县钱粮,前因划归租界之数尚未核定,所有光绪二十五、六、七等年上下两忙及奏销案内,均经提出另列,免其核计分数考成;今既划清定额,应请自光绪二十八年起,照常计考,合并陈明。谨奏。光绪二十九年四月二十八日。

朱批:"〔该部〕[1]知道。"

《光绪朝朱批奏折》第120辑,第116—117页

679. 奏请以顺德县知县王崧调补南海县知县折

光绪二十九年五月二十日(1903年6月15日)

头品顶戴新授漕运总督、署理两广总督臣德寿,调署广东巡抚、升署闽浙总督、江西巡抚臣李兴锐跪奏,为省会首邑要缺需员,恳恩俯准拣员调补,以资治理,恭折仰祈圣鉴事。

窃照南海县知县裴景福捐升,接准部咨缺单,计至光绪二十九年正月分开缺,所遗南海县知县系冲、繁、疲、难四项最要缺,例应在外拣调。定例,首县缺出,于通省正途人员内拣选调补;如实无合例堪调或人地不宜,始准于折内详细声明,以各项出身人员内遴员调补等因。

① 原漫漶不清,据台北故宫博物院藏"军机处档折件"(文献编号:156741)补。

查南海县为省会首邑，政务殷繁，时有发审要案及交涉洋务，非精明干练、才识兼优之员，不足以资治理。臣等与藩、臬两司于通省现任正途人员逐加遴选，非现居要缺，即人地未宜。惟查有顺德县知县王崧，年六十四岁，安徽安庆府太湖县人。由监生遵筹饷例报捐从九品，指分广东试用，同治元年三月十八日到省，七年捐升府经历。光绪元年捐升知县，仍指广东试用，并加同知升衔。二年赴部引见，是年十月初八日领照到省，加捐分缺先用免试用。准补饶平县知县，十六年三月初九日到任。十七年闻讣丁母忧，卸事回省。因案经前闽浙督臣卞宝第奏参革职，续经前两广督臣李瀚章据情入奏，奉旨赴闽质讯，经福州将军臣希元讯明覆奏，以此案本无庇匪玩法重情，惟未将差役带赴质审，又未讯出作线匪犯确供，亦属咎有应得，业已革职，应毋庸议。随即回粤清理交代，请咨回籍守制。服阕起复赴京，遵例捐复原官，复加捐三班分发，指省广东，归候补班补用。二十年，两次引见，奉旨："着准其捐复，照例发往。"钦此。是年九月初七日到省。题补顺德县知县，二十五年三月初五日到任。该员风度端凝，才识稳练，以之调补南海县知县，洵堪胜任。人地实在相需，例得据实陈明，专折奏请。据藩、臬两司会详前来。

合无仰恳天恩，俯念省会首邑员缺紧要，准以该员王崧调补南海县知县，实于要缺有裨。如蒙俞允，该员系现任知县请调知县，衔缺相当，毋庸送部引见。谨合词恭折具陈，伏乞皇太后、皇上圣鉴训示。

再，所遗顺德县知县，系外调要缺，粤省现有应调人员，应请扣留在外，俟接准部覆，选员请补，合并陈明。谨奏。光绪二十九年五月二十日。

朱批："吏部议奏。"

《光绪朝朱批奏折》第19辑，第48—49页

680.奏请以海丰县知县王全纲调补海阳县知县折

光绪二十九年五月二十日(1903年6月15日)

头品顶戴新授漕运总督、署理两广总督臣德寿,调署广东巡抚、升署闽浙总督、江西巡抚臣李兴锐跪奏,为拣员调补海疆要缺知县,以资治理,恭折具陈,仰祈圣鉴事。

窃照海阳县知县刘兴东,前经奏参革职。接准部咨,应以光绪二十八年八月十一日奉朱批后第五日行文,按照限减半,计至十月初一日,作为接到部文开缺,应归十月分截缺。先经详请以翁源县知县刘永椿奏调,嗣于二十九年四月二十八日准吏部咨覆,刘永椿任内有疏防绞犯吴亚瀡越狱一案参限已满五年,例关降调留缉,不准离任,所请以刘永椿调补海阳县知县之处,应毋庸议,应令另行拣选等因。自应遵照办理。查定例,州县应调缺出,俱令于现任人员内拣选调补。又调补官员,其任内如有承审案件、承缉盗案、征解钱粮已起降调革职参限者,概不准其升调各缺。如因缺系繁要,人地实在相需,为地择人者,应令该督抚据实陈明,吏部仍查明其馀并无别项不合例事故,亦即议准。此外一切因公处分,毋庸计算等因。

今海阳县知县,系海疆冲、繁、难兼三要缺,为潮郡附郭首邑,民情强悍,讼狱纷繁,非精明干练之员,不足以资治理。臣等于通省现任知县合例应调人员内逐加遴选,查有海丰县知县王全纲,年五十一岁,江苏松江府上海县人。由附生中式光绪丙子科本省乡试举人,己丑科大挑二等,以教职用,庚寅恩科会试中式贡士,殿试二甲,朝考一等,钦点翰林院庶吉士,壬辰科散馆引见,以知县用,签掣广东海丰县知县,十九年二月初十日到任。现署乐昌县知县。该员才具开展,为守兼优,以之调补海阳县知县,实于海疆要缺有裨。任内并无承审积案及承缉盗案已起降调革职参限,虽有经征未完光绪十九、二十、二十一、二、四、五、六等年钱粮,查系实欠在民,并非征存未解。因公处分,例免核计。且海阳县系海疆繁要之缺,该员人地实在相需,为地择人,例得据实声请。据藩、臬两司会详前来。

相应请旨,准以海丰县知县王全纲调补海阳县知县。如蒙俞允,该员系现任知县请调知县,衔缺相当,毋庸送部引见。除咨部外,臣等照章改题为奏,谨合词恭折具陈,伏乞皇太后、皇上圣鉴训示。

所遗海丰县知县系选缺,粤省现有应补人员,请扣留在外,俟接准部覆,选员请补。再,粤东省补缺例限九十日,此缺奉准驳回更补部文,系坐二十九年三月二十一日行文,按照限减半计算,扣至五月初五日限满,应以是日起限办理。今于五月十七日选员请调,并无迟逾,合并陈明。谨奏。光绪二十九年五月二十日。

朱批:"吏部议奏。"

《光绪朝朱批奏折》第19辑,第50—51页

681. 奏请以乳源县知县冯端调补普宁县知县折

光绪二十九年五月二十日(1903年6月15日)

头品顶戴新授漕运总督、署理两广总督臣德寿,调署广东巡抚、升署闽浙总督、江西巡抚臣李兴锐跪奏,为拣员调补要缺知县,以资治理,恭折仰祈圣鉴事。

窃准部咨,普宁县知县敖式槱,准调补新会县知县。所遗普宁县缺,应以光绪二十八年十二月二十七日奉旨后第五日行文,按照限减半,计至光绪二十九年二月十七日,作为开缺日期,应归二月

分截缺。系繁、疲、难题调要缺,毋庸签掣。查定例,州县应调缺出,俱令于现任人员拣选调补。又调补官员,其任内如有承审案件、承缉盗案、征解钱粮已起降调革职参限者,概不准其请调各缺。如因缺系繁要,人地实在相需,为地择人者,应令该督抚据实陈明,吏部仍查明其馀并无别项不合例事故,亦即议准。此外一切因公处分,毋庸计算各等因。

今普宁县知县,系繁、疲、难三项要缺,臣等于通省现任知县合例应调人员内逐加遴选,查有乳源县知县冯端,年五十七岁,系广州驻防正白旗汉军附生,中式同治丁卯科本省乡试举人,光绪己丑科会试中式进士,改翰林院庶吉士。前因在广东同文馆充当教习三年期满,保奏加五品衔。壬辰科散馆引见,奉旨:"以知县即用。"钦此。签掣乳源县知县,光绪十九年二月二十三日到任。二十七年大计卓异。现署阳山县知县。该员任内并无承审积案及承缉盗案已起降调革职参限,虽有经征未完光绪十九、二十、二十一、二、三、四、五、六、七等年钱粮,查系实欠在民,并非征存未解。因公处分,例免核计。该员表里朴厚,吏事勤明,以之调补普宁县知县,实于要缺有裨。且人地实在相需,为地择人,例得据实声请。据藩、臬两司会详前来。

合无仰恳天恩,准以乳源县知县冯端调补普宁县知县。如蒙俞允,该员系现任知县请调知县,衔缺相当,毋庸送部引见。除咨部外,臣等遵照新章,改题为奏,谨合词恭折具陈,伏乞皇太后、皇上圣鉴训示。

再,所遗乳源县知县系选缺,粤省现有应补人员,请扣留在外,俟接准部覆,选员请补。又,粤东省补缺例限九十日,此缺系归本年二月分截缺,应以是月底起限办理,今在限内选员请补,并无迟逾，合并陈明。谨奏。光绪二十九年五月二十日。

朱批："吏部议奏。"

《光绪朝朱批奏折》第19辑，第52—53页

682. 奏请以电白县知县李滋然调补东莞县知县折

光绪二十九年五月二十日（1903年6月15日）

头品顶戴新授漕运总督、署理两广总督臣德寿，调署广东巡抚、升署闽浙总督、江西巡抚臣李兴锐跪奏，为拣员调补海疆要缺知县，以资治理，恭折具陈，仰祈圣鉴事。

窃照广东东莞县知县刘德恒，前经奏参开缺另补。接准部咨，应以光绪二十九年正月十一日奉上谕后第五日行文，按照限减半，计至二月三十日，作为接到文行开缺，应归二月分截缺办理。系海疆题调冲、繁、疲、难四项最要缺，毋庸签掣。查定例，州县应调缺出，俱令于现任人员内拣选调补。又现任要缺人员，概不得另请更调；其有必须更调者，查系由三项要缺更调四项要缺及最要之缺，该员非另有不合例事故，即行议准。又调补官员，其任内如有承审案件、承缉盗案、征解钱粮已起降调革职参限者，概不准其请调各缺。如因缺系繁要，人地实在相需，为地择人者，应令该督抚据实陈明，吏部仍查明其馀并无别项不合例事故，亦即议准等语。

今东莞县知县系冲、繁、疲、难最要缺，地处海疆，民俗强悍，政务繁剧，素称难治，必须精明干练之员，方足以资治理。兹于通省现任知县合例应调人员内逐加遴选，查有电白县知县李滋然，年五十岁，四川长寿县人。由廪生兼袭云骑尉中式光绪戊子科本省乡试举人，己丑科会试中式进士，引见，奉旨以知县即用，签掣广东，

光绪十五年七月二十四日到省。准补电白县知县,二十年十二月初十日到任。二十七年大计卓异。该员才堪肆应,笃实不浮,以之调补东莞县知县,实于海疆要缺有裨。任内并无承审积案及承缉盗案已起降调革职参限,虽有经接征未完光绪二十、一、二、三、四、五、六等年钱粮查,系实欠在民,并非征存未解。因公处分,例免核计。其现莅电白县,系海疆繁、疲、难三项要缺,今请调东莞县,系海疆冲、繁、疲、难四项最要之缺,人地实在相需,与例亦属相符,例得据实声请。据藩、臬两司会详前来。

合无仰恳天恩,俯准以电白县知县李滋然调补东莞县知县缺。如蒙俞允,该员系现任知县请调知县,衔缺相当,毋庸送部引见。除咨部外,臣等照章改题为奏,谨合词恭折具陈,伏乞皇太后、皇上圣鉴训示。

再,所遗电白县知县,系外调要缺,俟接准部覆,选员调补。再,粤东省补缺例限九十日,此缺系归本年二月分截缺,应以是月底起限办理,今在限内选员调补,并无迟逾,合并陈明。谨奏。光绪二十九年五月二十日。

朱批:“吏部议奏。”

《光绪朝朱批奏折》第19辑,第53—55页

683. 汇奏光绪二十八年秋季分广东省委署代理同知通判知县各缺片*

光绪二十九年五月二十日(1903年6月15日)

再,各省州县等官,无论奏调、委署、代理,钦奉谕旨,每届三个

* 以下三片,与新授漕运总督、署理两广总督德寿会衔。

月汇奏一次,历经遵办在案。兹据广东布政使丁体常详称,光绪二十八年秋季分出有署佛冈直隶同知赵从芾因案撤任遗缺,以候补同知刘钰德署理;又署开建县知县宜勋丁忧遗缺,以分缺先用知县谢鸿钧署理;又海阳县知县刘兴东撤参遗缺,以候补直隶州知州徐儁声署理;又署昌化县知县尹沛霖撤省遗缺,以试用通判李浃棠署理;又委署连山绥瑶直隶同知李象辰调署佛山同知遗缺,以佛山同知刘国光调署;又署惠来县知县劳鼎勋因病请假遗缺,以试用知县任玉树署理;又高州府通判彭厚源署事期满遗缺,以试用通判陈金镛署理;又署新宁县事准补兴宁县知县王克鼎饬赴新任遗缺,以试用知县毕昌言代理;又石城县知县王锡祺病故遗缺,以候补通判彭厚源署理等情,详请具奏前来。臣等覆查无异,所有光绪二十八年秋季分委署同知、通判、知县各缺缘由,谨合词附片具陈,伏乞圣鉴。谨奏。

朱批:"吏部知道。"

《光绪朝朱批奏折》第19辑,第55—56页

684. 卸惠州府和平县知县郭寿鋆请开缺回籍修墓片

光绪二十九年五月二十日(1903年6月15日)

再,据卸惠州府和平县知县郭寿鋆禀称,现年四十九岁,湖南湘阴县附贡生。遵筹饷例报捐县丞,指分广东试用,因官军关外叠次获胜出力保奏,归候补班前先补用,俟补缺后以知县用。准补琼山县县丞,嗣经题补和平县知县,于光绪二十五年十一月二十二日到任。二十七年五月,禀求交卸回省。又因剿办广东惠州会匪在事出力,奏准以直隶州知州在任候补。兹因接到家信,祖墓年久失

修,时被浸淹,崩塌堪虞,请开缺回籍修墓等情,据藩、臬两司具详请奏前来。经臣等饬令交代清楚,再行请咨回籍。查现任官员,例准开缺修墓。相应请旨,俯准开缺,俾遂孝思。俟修墓事毕,照例坐补原缺。所遗广东和平县知县员缺,应请归月铨选。除分咨吏部及湖南抚臣查照外,理合附片具陈,伏乞圣鉴训示。谨奏。

朱批:“吏部知道。”

《光绪朝朱批奏折》第19辑,第56—57页

685. 委令蒋希曾署理电白县知县片

光绪二十九年五月二十日(1903年6月15日)

再,署电白县知县姚光祥署事期满,所遗电白县知县缺,查有准补长乐县知县蒋希曾,讲求吏治,稳慎不矜,堪以署理。据藩、臬两司会详前来。除檄饬遵照外,臣等谨循例附片具陈,伏乞圣鉴。谨奏。

朱批:“吏部知道。”

《光绪朝朱批奏折》第19辑,第57页

686. 查明被参营勇抢劫及越狱纵匪各节据实覆陈折

光绪二十九年五月二十日(1903年6月15日)

头品顶戴补授漕运总督臣德寿,调署广东巡抚、升署闽浙总督、江西巡抚臣李兴锐跪奏,为查明被参营勇抢劫及越狱纵匪各节,据实覆陈,仰祈圣鉴事。

窃准军机大臣字寄,光绪二十九年二月二十一日奉上谕:“有人奏广东盗风日炽,官吏漫无警觉,请严切究办一折。广东匪首洪

春魁、梁慕光等聚众谋逆，前据德寿等电奏各情，业经谕令设法严拿惩办，并将监禁各犯审实，先行正法。兹据奏称，该匪勾结谋逆，地方官漫无觉察，并有营勇抢劫及越狱纵匪等事。似此盗风猖獗，吏治军政实属废弛已极。着责成德寿、李兴锐严密查拿匪犯，务获惩治，并将营务、保甲、巡警一切事宜认真整顿，务令地方一律清谧，毋得养痈贻患，致干重咎。原折着抄给阅看。将此谕令知之。”钦此。遵旨寄信前来。臣等跪诵之下，钦悚莫名。伏查逆首洪春魁即洪全福匪党梁慕光，于上年十二月杪私运军装，勾结谋逆，并纠约惠州股匪，在归善、博罗等处倡乱滋扰，经臣等将本案起事及先后拿办情形，已于本年四月二十五日详晰具奏在案。其馀原参各节，当经按照逐一饬查。兹据广东臬司会同营务处司道转据惠州府知府熊世池委员确切查明。

如原参上年十一月，惠州府所统喜字营勇丁抢劫商铺，商民罢市一节。查归善县城外水东街荣芳京果店，于光绪二十八年十月二十六日戌刻被匪闯入，抢去铺面银物，事主刘亚槐喊捕，经陆路提督程允和统带之诚字营勇丁追拿，与匪放枪互击，致毙店邻梁定家及路过之喜字营勇李进兴二人，同行之喜勇张达兴亦被枪伤。由县勘验禀报，经前统喜勇惠州府知府沈传义提讯，张达兴是夜甫在酒肆醉归，当以该勇不穿号衣，酗酒游行，有干军律，即行正法通禀。续经署归善县知县刘镇寰会营获犯张亚壬、邱金顺、邱亚根三名，讯明禀办，调核犯供，并无供有喜勇伙抢，当日商民亦无罢市情事。

又原参去年十一月，归善县监犯逃走四十馀名，经官兵追拿十馀名，该管官讳而不报，河源、博罗等县去年秋冬皆有越狱之事一节。查上年十月十九日夜，归善县管押未定罪名人犯脱逃二十九名,当时获回二十名,尚有九名未获。禀经臣等批饬,将该县刘镇寰记过勒缉。本年正月十八日夜,博罗县管押讯未认供人犯脱逃四名,亦经该县陈宗凤禀报,勒限缉拿。旋经在省缉获逃犯陈亚保一名,解交营务处发县,归案审办。以上两案,均非越狱。原奏所称,当系传闻之误。至河源县去年秋冬亦查无越狱之事。

又原参河源县著匪江贞一经惠州府释放一节。查教民江贞一即江罗妹,久入德国之教,先与族人江亚全因坟地涉讼有嫌,江亚全指为匪类,报县悬赏购缉,由营获解到案,讯不承认为匪。据德国教士戴约翰、生员曾仁寿等先后请保,经前惠州府知府沈传义发县查明核办。嗣因在押患病,复由戴约翰赴县保出调治,亦经该县李汉青通禀有案。经查尚无要张会匪纠党滋事各等情。由该司道覆核,会详请奏前来。

臣等查粤省地处海滨,盗风素炽,去冬逆匪洪春魁纠党谋逆,仰赖朝廷威福,破获首要,隐患旋消。惠州现办清乡,责成陆路提臣程允和督同府县,搜捕馀匪,以绝根株。喜勇不守营规,经该统带将其惩处,此外并无勇丁强抢之事。归善、博罗二县管押人犯脱逃,非由监狱逸出,迭经严饬购线勒期,冀获惩办。教民江贞一讯无为匪确据,因病交保,亦非该管府县故纵。各案均有禀牍,核与所查情节均属相符,应请毋庸置议。

至省城开办巡警,将保甲归并办理,地方较为安静,现拟推广各属,仿照举行。营勇亦已酌量裁改,编立常备、续备等军,遴委统带,选派教习,责令认真训练,业经先行奏报有案。臣等仍当钦遵谕旨,督率司道,严饬地方文武,加意整顿,俾吏治军政日有起色,盗匪敛迹,闾阎乂安,以期仰副朝廷绥辑海疆之至意。

所有查明被参各款缘由,谨合词恭折覆陈,伏乞皇太后、皇上圣鉴训示。谨奏。〔光绪二十九年〕五月二十日。

光绪二十九年闰五月十四日奉朱批:"知道了。"钦此。

台北故宫博物院藏"军机处档折件",文献编号:157310

687. 署两广盐运使广东督粮道周开铭资深识练治事精详请优加录用片*

光绪二十九年五月二十日(1903年6月15日)

再,署两广盐运使广东督粮道周开铭,于光绪十九年奉旨简放广东遗缺知府,准补琼州府,旋调潮州、广州等府知府。二十四年简放广东督粮道,二十七年大计荐举卓异,二十九年三月委署两广盐运使篆务。现准部咨,于卓异案内调取引见,据周开铭造具履历、清册,移由广东藩司核转请咨前来。臣等伏查署两广盐运使广东督粮道周开铭,资深识练,守洁才长,治事精详,志趋端正,实为监司中不可多得之员。臣德寿与该员共事五年,询事考言,知之尤确,不敢壅于上闻。兹因循例给咨赴部引见,应如何优加录用之处,出自圣慈。谨合词附片具陈,伏乞圣鉴训示。谨奏。

朱批:"周开铭着交军机处存记。"

中国第一历史档案馆藏"宫中档案全宗·朱批奏折",

档号:04—01—12—0627—079

---

* 底本推定具奏时间在光绪二十九年,作者及职衔、具奏日期不详。按,据台北故宫博物院藏"军机处档折件"(文献编号:157309),此片作者为德寿等,朱批日期为光绪二十九年闰五月十四日,具奏日期缺。据文中"臣等""合词"字样,知与李兴锐会衔;朱批日期与上折相同,应为同日所奏之附片。

688. 奏陈广东开办武备学堂大略情形并预筹推广事宜折

光绪二十九年五月二十日(1903 年 6 月 15 日)

头品顶戴新授漕运总督、署理两广总督臣德寿,调署广东巡抚、升署闽浙总督、江西巡抚臣李兴锐跪奏,为广东开办武备学堂大略情形,并预筹〔推广〕[①]事宜,恭折仰祈圣鉴事。

窃照广东拟设武备学堂,经前督臣陶模〔会〕同臣德寿酌定开办章程,派委广东臬司〔吴引〕孙为总理,候补知府汪大钧为〔提调,先后〕奏陈在案。时因择地建造堂舍,未得〔合宜处所,且〕虑稽延时日,当饬在于黄埔水陆师学堂〔旧址〕先行开办,一面招考举贡生童,择其身家清〔白〕、文理明顺、年龄合格、气体壮实者,选取一百〔八〕十名入堂肄业,并先后酌调肄业日本士官〔学〕校毕业生充当教习,各省武备学堂毕业生〔充〕当助教。于上年十一月初二日,臣等亲往开学,并饬总理督同提调认真经理,将章程、课〔程详〕细商订去后。兹据详称,武备学堂之设,原为〔造〕就将才,期于速成起见。现当创办伊始,仅能〔施〕初级武备教育,以备将来升肄专科、高等各〔武〕备学之选。各国武学,日新月异,可〔取〕法者〔甚多〕,惟日本同洲同文,取资较易。中国未设专科、高等各学校,将来遣派游学,尤为利便。是以此〔次〕所拟课程,略照日本士官学校办法。查遣派日本留学定章,须先入成城学校一年半,俾习东文及普通各学,毕业后入营队三月至六月,送入士官学校,毕业后再入营队三月至六月,前后约须八九年。现当时事多艰,需才孔亟,拟将

① 原残缺,据台北故宫博物院藏“军机处档折件”(文献编号:157312)补。下同。

功课酌量变通,冀收速成之效。预科、正科定为三年,预科授普通学及军队最要之初步学,正科授各种军事学,届时视学生程度高下,酌设补习科数月或半年,总期三年半后一体毕业,以合于日本士官学校程度为止。此现在办理之大略情形也。

至学生毕业之后,有不得不预为筹及者。查日本于学生初级武学完毕后,分遣步队、骑队、炮队、工程队实习一年,再入陆军各专科学校,更有陆军大学校,授以高等武学,为造就大将之所,层递而上,日造精深。今中国风气初开,武学未备,似宜选派毕业学生若干名,前赴日本,分科学习。惟日本各校能否准华人留学,某科几年,毕业学费若干,似应先由政务处札行日本留学生总监督,分晰查明,预拟章程,以备保送选派。又查上年各省设立学堂,经政务处核议,酌定学生出身,而武学尚未议及。此次广东考取武备学生,举贡生员不乏其人,自须预定出身出路,以资鼓舞。拟请由〔政务〕处先行议定,将来毕业之日,凡已有举人出身者,应如何奖给官阶;其五贡、廪、增、附生以下者,应如何给予出身;及遣派日本游学毕业者,应如何优予出身官阶,无分文武,一体录用,俾该生等益知奋勉。并请除升肄专科、高等学堂外,其馀悉数分派学堂、练军,充补教习、将校,以免投闲置散。至在堂委员、教习,监视训课,昕夕不遑,不无微劳足录,拟仿照江南、湖北、福建各省武备学堂成案,每届三年,分别异常、寻常劳绩,一律请奖。本届事属创举,开通风气,缔造艰难,拟请俟三年后,将开办在事各员概照异常劳绩给奖,以昭激劝等情,并酌拟章程、课程,〔由学〕堂总理臬司吴引孙会同司道详请奏咨前来。

臣等伏查近今东西各国,皆以尚武为主义,举国人士至以服从军事为荣,用能凌躐五洲,竞争权利。中国右文为治,自古已然,历久相沿，浸成风俗，当其承平之世，原可以黼黻休明，及夫外患凭陵，强邻逼处，则非振兴武备，不足以固疆圉而作人才。而欲武备之振兴，则必宏其造就，宠以荣誉，竟其效用，而后有以提倡其精神。近年各省多有武备学堂之设，广东亦踵而行之，然皆创办伊始，规模粗略，在中国为极新，较各国则为极浅，深造之道，董劝之方，不妨高其格以相期，尤不得不宽其途以相勉。该司道所拟遣派、升肄专科、高等学校，酌定出身，及给予委员、教习奖叙各节，系为激励人才，开通风气起见，合无仰恳天恩，饬下政务处核议定章，通行遵办。除将所拟章程、课程咨送政务处查照外，谨合词恭折具陈，伏乞皇太后、皇上圣鉴训示。谨奏。光绪二十九年五月二十日。

朱批："政务处议奏。"

《光绪朝朱批奏折》第53辑，第353—355页

689. 大挑试用知县张炳勋试用期满甄别堪膺民社片*

光绪二十九年五月二十一日(1903年6月16日)

再，查大挑分发知县到省试用一年期满，例应随时甄别具奏，历经遵办在案。兹查大挑试用知县张炳勋，直隶深泽县人，由廪生应光绪十五年己丑科顺天乡试，中式第二百二十七名举人，二十四年戊戌科大挑一等，以知县用，签掣广东，光绪二十七年九月初九日到省。试用已满一年，例应甄别。据藩、臬两司详加察看，具详请奏前来。臣等覆加察核，该员张炳勋，事理通达，堪膺民社。除

* 以下两片，与新授漕运总督、署理两广总督德寿会衔。

将该员履历册送部外,臣等谨附片具陈,伏乞圣鉴。谨奏。

朱批:"吏部知道。"

《光绪朝朱批奏折》第19辑,第58页

690.新海防试用知县郑棨等到省期满甄别堪膺民社片

光绪二十九年五月二十一日(1903年6月16日)

再,查捐纳试用知县到省一年期满,例应考察甄别具奏,历经遵照办理在案。兹查有新海防试用知县郑棨,质地敏练;试用知县许莹章,稳慎安详,均经详加考察,堪膺民社。据藩、臬两司具详前来。除将各该员详细履历开单咨明吏部外,臣等谨附片具奏,伏乞圣鉴。谨奏。

朱批:"吏部知道。"

《光绪朝朱批奏折》第19辑,第58页

691.奏请以何斌署理曲江县知县折

光绪二十九年五月二十二日(1903年6月17日)

头品顶戴新授漕运总督、署理两广总督臣德寿,调署广东巡抚、升署闽浙总督、江西巡抚臣李兴锐跪奏,为选员请署知县,恭折仰祈圣鉴事。

窃照曲江县知县崇良,前经奏参降补。接准部咨,以光绪二十九年正月十一日奉上谕后第五日行文,按照限减半,计至二月三十日,作为接到文行开缺,应归二月分截缺办理。查改教、撤回、降补、回避四项遗缺,定例合为一班,统行计算;如遇同月之缺,仍签掣缺之先后。今曲江县知县降补遗缺,系选缺,是月分选缺知县,仅止一缺,毋庸签掣。查吏部则例内开:知县改教、撤回、降补、回避所遗选缺,系进士即用与候补分班酌补。轮用进士即用,即将进士即用班前与进士即用本班合为一班,由该督抚酌量请补,即积进士正班之缺;轮用候补,即将候补班前与候补本班合为一班,由该督抚酌量请补,即积候补正班之缺等因。

前出新兴县知县刘盛芳开缺另补遗缺,已用进士即用知县邹增祜补。今曲江县知县崇良降补遗缺,按班应轮用候补班前、候补正班人员酌补。兹会选有候补班前补用知县何斌,年五十四岁,湖南善化县人。由监生遵筹饷例报捐县丞不论双单月选用。同治十年,因湖南援黔各军攻克排羊等大小二百馀寨并克复丹江、凯里各城在事出力保奏,是年十月奉上谕:"县丞何斌,着免选本班,以知县分发省分,归候补班前补用。"钦此。报捐指省广东,并加同知衔。光绪四年赴京引见,五年二月初十日经钦派王大臣验放,奏请发往,奉旨:"依议。"钦此。二十日经部给照起程,五月二十六日到省。六年甄别堪膺民社。嗣丁父忧,服满起复,十七年四月二十六日回省。并无在粤游幕,前经缴结详咨在案。该员留心民瘼,老练堪事,以之署理曲江县知县,洵堪胜任,与例亦属相符。据藩、臬两司会详前来。

相应请旨,准以候补班前补用知县何斌署理曲江县知县,仍俟试署期满,如果称职,另请实授。如蒙俞允,该员系候补知县请署知县,衔缺相当,毋庸送部引见。除咨部外,臣等遵照新章,改题为奏,谨合词恭折具陈,伏乞皇太后、皇上圣鉴训示。

再,粤东省补缺例限九十日,此缺系归光绪二十九年二月分截缺,应以是月底起限办理,今在限内选员请补,并无迟逾,合并陈明。谨奏。光绪二十九年五月二十二日。

朱批:“吏部议奏。”

《光绪朝朱批奏折》第19辑,第60—61页

692. 奏请以沈毓岱补授新安县知县折

光绪二十九年五月二十二日(1903年6月17日)

头品顶戴新授漕运总督、署理两广总督臣德寿,调署广东巡抚、升署闽浙总督、江西巡抚臣李兴锐跪奏,为选员请补知县,恭折仰祈圣鉴事。

窃照新安县知县赵新,奏参改选教职。接准部咨,应以光绪二十九年正月十一日奉上谕后第五日行文,按照限减半,计至二月三十日,作为接到文行开缺,应归二月分截缺办理。系属调缺,毋庸签掣。查定例,州县应调缺出,俱令于现任人员内拣选调补。如无合例堪调之员,知县准以例准请补之候补并进士即用人员酌补等因。

今新安一县,地居海滨,港汊纷歧,所管伶仃洋面,四通八达,为外洋商船出入必经之路,内地奸民每有潜赴勾通,走漏接济等弊,且地连租界,民情好斗,抚绥弹压以及缉捕巡防,在在均关紧要,必须精明干练之员,方足以资治理。兹于通省现任知县内逐加遴选,非现居要缺,即人地未宜,实无堪以调补之员。惟查有军功候补知县沈毓岱,年五十岁,浙江会稽县人。由监生遵海防例报捐府经历,指分广东试用。光绪十三年正月二十八日,蒙钦派王大臣验看,奉给执照,是年五月二十七日到省。因剿办陵水、万州黎匪,攻克南林老巢在事出力,经前督臣张之洞保奏,俟补缺后以知县尽

先补用。奉文准补韶州府经历。十七年闻讣丁母忧,请咨回籍守制。十九年服满起复,二十一年七月初四日由吏部带领引见,奉旨:"着照例用。"钦此。二十二年三月二十七日领照到省,毋庸甄别。该员心细才长,治事勤敏,以之补授新安县知县,洵堪胜任,与例亦属相符。据藩、臬两司会详前来。

相应请旨,准以军功候补知县沈毓岱补授新安县知县缺。如蒙俞允,该员系候补知县请补知县,衔缺相当,毋庸送部引见。除咨部外,臣等遵照新章,改题为奏,谨合词恭折具陈,伏乞皇太后、皇上圣鉴训示。

再,粤东省补缺例限九十日,此缺系归光绪二十九年二月分截缺,应以是月底起限办理,今在限内选员请补,并无迟逾,合并陈明。谨奏。光绪二十九年五月二十二日。

朱批:"吏部议奏。"

《光绪朝朱批奏折》第19辑,第61—62页

693. 奏请以邹兰生补授合浦县知县折

光绪二十九年五月二十二日(1903年6月17日)

头品顶戴新授漕运总督、署理两广总督臣德寿,调署广东巡抚、升署闽浙总督、江西巡抚臣李兴锐跪奏,为选员请补知县,恭折仰祈圣鉴事。

窃准吏部咨,合浦县知县邓倬堂准升连山绥瑶同知所遗合浦县缺,准留外补文尾,系坐光绪二十九年正月初二日发行,按照限减半,计至二月十六日限满开缺,二月十一日接准部咨,应归二月分截缺办理。是月分升调遗知县一项,只此一缺,毋庸签掣。查郑

工新例铨补章程内开：道、府、同知、直隶州知州、通判、知州、知县升调所遗及告病、病故、休致，无论何项所出留补选缺，先用郑工新班遇缺先二人、海防新班先一人，无人，用郑工新班遇缺先人员抵补。至第四缺，海防即、海防先分班轮用一人，第一轮用海防即人员，第二轮用海防先人员，海防先无人，仍用海防即人员，海防即无人，用旧例银捐遇缺先人员，如无人，用旧例银捐遇缺人员，再无人过班，即接用各项轮用班次一人，以五缺为一周。此次新例报捐人员，惟知县一项郑工新班遇缺先人员，遇轮补升调所遗及告病、病故、休致之缺到班时，于各本班中先用正途出身及曾任知县、曾任实缺应升知县者二人，再用各本班中各项出身者一人；如正途出身及曾任知县、实缺应升知县无人，即用各项出身之人。又新海防例铨补章程内开：所有此次遵照新海防例报捐人员，应仍照郑工事例跟接次数、卯数，分别掣签，按班铨补各等因。

前出三水县知县缺，已用新海防分缺间用知县许南英补。今合浦县知县缺，按班应轮用一新海防遇缺先人员。查新海防遇缺先正途、曾任无人，应以各项出身之人请补。兹会选有新海防遇缺先补用知县邹兰生，年四十八岁，四川安岳县人。由监生报捐主事，分部学习行走。尚未到部，复遵新海防例改捐知县，指分广东试用，光绪二十一年六月二十二日到省。二十二年丁母忧，二十六年丁生母忧，均经服满起复。二十七年八月二十三日回省，加捐遇缺先补用免试用。接准吏部过班知照，系坐二十七年十一月二十日行文，按照限减半计算，应以二十八年正月初四接到部文之日，作为到省日期。并无在粤游幕，前经缴结详咨在案。查得该员儒术治行，皆有依据，以之补授合浦县知县，洵堪胜任，与例亦属相符。据藩、臬两司会详前来。

相应请旨，准以新海防遇缺先补用知县邹兰生补授合浦县知县缺。如蒙俞允，该员系新海防遇缺先补用知县请补知县，衔缺相当，毋庸送部引见。除咨部外，臣等遵照新章，改题为奏，谨合词恭折具陈，伏乞皇太后、皇上圣鉴训示。

再，粤东省补缺例限九十日，此缺系归光绪二十九年二月分截缺，应以是月底起限，今在限内选员请补，并无迟逾，合并陈明。谨奏。光绪二十九年五月二十二日。

朱批："吏部议奏。"

《光绪朝朱批奏折》第19辑，第63—64页

694. 审明三水县斗杀命犯邝亚振按律定拟折

光绪二十九年五月二十二日（1903年6月17日）

调署广东巡抚、升署闽浙总督、江西巡抚臣李兴锐跪奏，为审明斗杀命犯，按律定拟，恭折仰祈圣鉴事。

窃准部咨，嗣后命盗死罪案件，无论凌迟、斩绞立决、监候，应由各该省一律改为专案具奏等因。兹查三水县民邝亚振致伤无服族人邝亚德越日身死一案，前据该署县吕道象诣验，凶犯投首讯详，批饬审解。兹据将犯审拟，解由广州府知府沈传义审明，经臬司吴引孙覆审解勘，臣提犯亲讯，缘邝亚振籍隶三水县，与已死邝亚德同族无服，素好无嫌。族人邝兰亭曾借用祖尝银两未还。光绪二十八年八月十七日，通族核算尝数，邝亚德之父邝昭林向邝兰亭追讨争论，经众劝散。是月十九日午牌时分，邝亚振肩挑猪只，赴墟售卖，与邝兰亭同行，走至土名蛇洲村前地方，适与邝昭林、邝亚德父子撞遇。邝兰亭即骂邝昭林不应当众追讨尝银，邝昭林不

服回詈，邝亚德帮同村斥，并指邝亚振肩挑猪只是邝兰亭之物，称要留抵偿项，邝亚振斥骂瞎眼，致相争闹。维时邝兰亭乘间走回，邝亚德即上前拉夺猪笼，邝亚振抽取木担竿，殴伤邝亚德左臂膊。邝亚德拉住担竿，拔出身带小刀，砍伤邝亚振右手肭脉。邝亚振用力将担竿拉脱，乘势戳伤邝亚德左眼胞，邝亚德举刀扑砍，邝亚振撩弃担竿，夺刀过手，邝亚德揪住邝亚振衣襟，撞头拚命，邝亚振用刀吓砍，适伤邝亚德顶心接连囟门倒地。经族人邝亚鹏路见赶拢，与邝昭林喝阻不及，邝亚振跑逃。邝昭林将邝亚德抬回医治，讵邝亚德伤重，医治无效，延至八月二十日戌刻殒命。尸亲报验，凶犯投首，讯详饬审。兹据提验，邝亚振伤经平复，将犯审拟解勘。臣提犯亲讯，据供前情不讳，诘非有心欲杀，亦无起衅别故及在场主使帮殴之人，究鞫不移，案无遁饰。

查律载："同姓服尽亲属相殴至死，以凡论。"又："斗殴杀人者，不问手足、他物、金刃，并绞监候。"各等语。此案邝亚振因与无服族人邝亚德口角争闹，夺刀吓砍，适伤邝亚德越日身死，虽据自首，无因可免，自应按律问拟。邝亚振合依"同姓服尽亲属相殴至死，以凡论"，"斗殴杀人者，不问手足、他物、金刃，并绞监候"律，拟绞监候，秋后处决。见证邝亚鹏救阻不及，邝亚德金刃伤人平复，业已被殴身死，均毋庸议。凶刀、担竿，供弃免起。尸棺饬属领埋，无干省释。邝兰亭肇衅酿命，罪有应得，饬缉获日另结。所欠尝银，由县另审断追。犯系初参限内自行投首，并非差役拿获，初参承缉职名，系署三水县事调补番禺县知县吕道象，相应开报附参，候部减议。除供册分咨部科查照外，所有审明按律定拟缘由，臣谨遵照部章，恭折具奏，伏乞皇太后、皇上圣鉴，敕下法司核覆施行。

再，此案自光绪二十八年八月二十三日凶犯投首之日起，扣除县审分限三个月，犯病、封印各一个月，解犯赴府程限四日，计至二十九年正月二十六日县审分限届满。该县于限满日将犯解府，该府提讯，犯供翻异，即于二十九日发文，行提见证质讯，二月初二日文行到县。该县因见证邝亚鹏先期外出探亲，饬属赶唤，至是月二十五日将见证传解到府，扣除解府程途四日，系在提解例限二十日之内，该府应以提到见证之日起，计至五月二十四日，府、司、院分限届满。今在限内审办，并无迟逾，合并陈明。谨奏。光绪二十九年五月二十二日。

朱批："刑部议奏。"

《光绪朝朱批奏折》第108辑，第383—385页

695. 奏请以连州直隶州知州秦福和调补南雄直隶州知州折

光绪二十九年五月二十九日（1903年6月24日）

头品顶戴署理两广总督臣岑春煊，调署广东巡抚、升署闽浙总督、江西巡抚臣李兴锐跪奏，为拣员调补要缺直隶州知州，恭折仰祈圣鉴事。

窃照南雄直隶州知州惠登甲保升知府，前经奏请开缺过班。接准部文，应以光绪二十八年七月十六日奉朱批后第五日行文，按照限减半，计至九月初五日，作为接到部文开缺日期，应归九月分截缺。先经详请以嘉应直隶州知州关广槐奏调，嗣于二十九年四月初九日准吏部咨覆，查南雄直隶州知州系冲、繁、疲题要缺，该员本任嘉应直隶州知州亦系冲、繁、难题要缺，系属缺项相同，例不准其更调。所请以嘉应直隶州知州关广槐调补南雄直隶州知州之处，应毋庸议，应令另行拣选等因。自应遵照办理。查定例，州县

以上官员,必历俸三年以上,方准拣选题调。又调补官员,其任内如有承审案件、承缉盗案、征解钱粮已起降调革职参限者,概不准其请调。如因缺系繁要,人地实在相需,为地择人者,应令该督抚据实陈明,吏部仍查明其馀并无别项不合例事故,亦即议准。此外一切因公处分,毋庸计算等因。

今南雄直隶州知州系冲、繁、疲题调要缺,地当省北冲途,政务繁剧,必须精明干练之员,方克胜任。兹会选有连州直隶州知州秦福和,年六十四岁,奉天府盖平县人。由附生兼袭骑都尉世职,同治六年遵例报捐主事,签分户部,十一年学习三年期满。光绪三年奏调新疆军营差委,历次剿贼出力奏奖,六年六月十二日奉上谕:"着免补主事,以直隶州知州分发省分,归候补班遇缺尽先前即补,并赏戴花翎。"钦此。旋因关外将次肃清,七年二月请咨回籍,九年三月由籍领咨赴部,呈请分发,签分广东。母老告近,改掣山西。嗣丁母忧,服满起复,请咨仍回原掣广东省补用。十三年十月二十日领咨到省,十八年题补连州直隶州知州,十九年十一月十八日到任。该员更事颇多,明白干练,以之调补南雄直隶州知州,洵于要缺有裨。该员任内并无承审积案及承缉盗案已起降调革职参限,虽有未完光绪二十、二十一、二、三、四、五等年钱粮,查系实欠在民,并非征存未解。因公处分,例免核计。且人地实在相需,为地择人,例得据实陈请。据藩、臬两司会详前来。

合无仰恳天恩,俯准以连州直隶州知州秦福和调补南雄直隶州知州缺。如蒙俞允,该员系现任直隶州请调直隶州,衔缺相当,毋庸送部引见。除咨部外,臣等照章改题为奏,谨合词恭折具陈,伏乞皇太后、皇上圣鉴训示。

再,所遗连州直隶州知州,系属选缺,粤省现有应补人员,请扣留在外,俟接准部覆,选员请补。又,粤东省补缺例限九十日,此缺奉准驳回更补部文系二十九年二月十九日奉旨,应以奉旨后第五日行文,按照限减半,计至四月初八日限满,应以是日起限办理,今于限内选员请调,并无迟逾,合并陈明。谨奏。光绪二十九年五月二十九日。

朱批:"吏部议奏。"

《光绪朝朱批奏折》第19辑,第84—85页

696. 奏请以杨自明署理临高县知县折

光绪二十九年五月二十九日(1903年6月24日)

头品顶戴署理两广总督臣岑春煊,调署广东巡抚、升署闽浙总督、江西巡抚臣李兴锐跪奏,为选员请补知县,恭折仰祈圣鉴事。

窃照临高县知县吴志道,前经奏参革职。接准部咨,应以光绪二十九年二月十二日奉朱批后第五日行文,按照限减半,计至四月初一日,作为接到文行开缺,应归四月分截缺办理。系参革遗缺,毋庸签掣。查定例,知县参革选缺,系专用军功候补人员,应将军功候补班人员与军功候补班前并军功候补报捐本班尽先人员合为一班,酌量请补等因。

兹会选有军功候补班前补用知县杨自明,年六十九岁,贵州都匀府荔波县人。由附贡生于同治元年报捐府经历,指分广西试用。二年到省,代理奉议州事。丁父忧,服阕起复。因援剿越南案内出力保奏,俟补缺后以知县尽先补用。又于攻克越南贼巢案内出力保奏,光绪二年正月十一日奉上谕:"着免补府经历,以知县尽先补用。"钦此。嗣以署理怀远县事,因案奏参革职。旋丁母忧,服阕投效广西军营,出关援剿越南,克复谅山省长庆府、文渊州各城池出

力保奏,光绪十一年八月二十一日奉上谕:"着开复原衔、原官,留于广东前先补用,免缴捐复银两,并赏戴花翎。"钦此。又因随同出关勘界出力,蒙奏准俟补知县缺后,以直隶州知州补用。十七年赴京,由吏部带领引见,奉旨:"着开复原官,照例用。"钦此。是年十一月初二日领照到省,十八年甄别堪以补用。并无在粤游幕,前经缴结详咨在案。该员志趣稳朴,留心吏事,以之署理临高县知县,洵堪胜任,与例亦属相符。据藩、臬两司会详前来。

相应请旨,准以军功候补班前补用知县杨自明署理临高县知县,仍俟试署一年期满,如果称职,另请实授。除咨部外,臣等遵照新章,改题为奏,谨合词恭折具陈,伏乞皇太后、皇上圣鉴训示。

再,粤东省补缺例限九十日,此缺系归本年四月分截缺,应以是月底起限办理,今在限内选员请补,并无迟逾,合并陈明。谨奏。光绪二十九年五月二十九日。

朱批:"吏部议奏。"

《光绪朝朱批奏折》第19辑,第86—87页

697. 委令候补道李光宇署理肇阳罗道等事片*

光绪二十九年五月二十九日(1903年6月24日)

再,署肇阳罗道杨枢,现奉谕旨简放日本公使。所遗肇阳罗道

* 以下两片,底本推定具奏时间在光绪二十九年,作者职衔为"两广总督等",具奏日期和作者姓名不详。按,据台北故宫博物院藏"军机处档折件",此两片(文献编号:157786、157787)作者为岑春煊等,朱批日期为光绪二十九年六月初三日,与上两折(文献编号:157789、157785)朱批日期相同。故此两片系岑春煊与李兴锐会衔,具奏日期与上两折相同。

篆务,查有候补道李光宇,敦品殖学,关心时务,堪以署理。又雷琼道信勤,现奉上谕补授两广盐运使,应饬来省赴任。所遗雷琼道篆务,查有琼州府知府刘尚伦,平实廉正,遇事不苟,堪以暂行兼护。除分檄饬遵外,臣等谨合词附片具奏,伏祈圣鉴。谨奏。

朱批:"吏部知道。"

《光绪朝朱批奏折》第 19 辑,第 837 页

698. 委令王崧署理南海县知县片

光绪二十九年五月二十九日(1903 年 6 月 24 日)

再,南海县知县裴景福现因案撤任,该缺先经奏请以顺德县知县王崧调补在案,应饬先行赴署,以专责成。据藩、臬两司会详前来。除檄饬遵照外,臣等谨附片具陈,伏祈圣鉴。谨奏。

朱批:"吏部知道。"

《光绪朝朱批奏折》第 19 辑,第 838 页

699. 广东民情困苦筹款维艰请将指派赔款量予减免折

光绪二十九年五月二十九日(1903 年 6 月 24 日)

头品顶戴署理两广总督臣岑春煊,调署广东巡抚、升署闽浙总督、江西巡抚臣李兴锐跪奏,为广东民情困苦,历奉指派赔款,数巨期迫,筹措维艰,沥陈实在情形,仰祈圣鉴事。

窃照光绪二十九年三月十五日奉上谕:"朕钦奉慈禧端佑康颐昭豫庄诚寿恭钦献崇熙皇太后懿旨,现在时事艰难,民情困苦,宫廷时深廑念,迭经降旨,谕令各省督抚,严饬地方官吏,勤戢民隐,

加意抚绥。前经疆臣奏请试办印花税，事属创行，恐滋扰累，着从缓办理。其馀苛细杂捐，即行停止。如有不肖官吏，藉端科派，巧立名目，勒罚民间，一经发觉，着即请旨，就地正法，以昭儆戒。该督抚等务当仰体朝廷视民如伤之意，认真督查，详筹妥办，以纾民困而固邦本。将此通谕知之。"钦此。仰见宫廷笃念邦本，深恤民艰，钦奉之馀，莫名悚惕。

伏查广东地方，旧有富沃之名，近则生齿日繁，游民日众，饮食百物，视前二十年，无不昂贵数倍，因之盗贼蜂起，劫掠频闻，几有民不聊生之概。臣等深维欲固国本，必先纾民力，而欲纾民力，非停止一切杂捐，相与休息，实无可以图治之理。无如东省维正之供，只有此数，而频年用项，层出不穷。即以洋债一款计之，自光绪二十二年以来，历次奉派四国洋款、克萨镑款、汇丰镑价、新定赔款，连纹水、汇费及补关平，已多至五百八十馀万两。而岁解京、协各饷，除改拨外，尚需一百三十馀万两，加以岁支旗绿各营官兵俸饷、文武各官养廉役食一百六十馀万两，水陆勇营轮扒各船薪费、旗兵洋操练饷以及制造杂支又三百四十馀万两，岁需总在一千二百馀万两。至于举行新政，如设学堂、办巡警，以及水旱偏灾，筹备振济，无定数，无的款，尚皆未在此数。

综计入款，如藩库所收之地丁正耗、当押税、太平关税及部杂扣平各款，岁不过一百六七十万；盐运司库所征盐课、租息，新抽防饷盐斤加价，拨解洋债、协饷、兵饷、武廉，岁不过一百三十馀万；粮道库可以拨解洋债者，则仅十万有奇；厘金合计正项、补抽以及九、拱两关货厘、盐厘、丝茶厘、烟酒加厘、护牌经费、护商帮费，每年最多可至二百万左右，加入各关厂原抽加抽台炮经费五十万有奇，约共收银二百五十馀万；此外如大闱姓、小闱姓山票、彩票、缉捕经费,不得已而取之陋规者,岁计多则三百万有奇,少则二百四五十万;又硝磺、蔗糖、机器织纸,阳江、琼州、潮州各商捐报效费,九、拱两关带收出洋米谷捐,及小轮船拖渡钞饷牌费,零星凑杂取之于商家者,岁计约十六七万;前协办大学士刚毅来粤筹饷,奏明提用督抚藩司公费、各府县盐务差缺报效取之于官吏者,岁计二十三万有奇;其他更有沙田清佃、照费捐输,岁可得银二十馀万;又钱局铸用银元、铜元,岁可得盈馀银三四十万以上。各项进款和盘托出,仅止九百馀万两,大率皆在光绪二十八年以前,当时未奉派新定赔款二百万两,出入相衡,不敷已在百万。

前督臣陶模目击粤民之困苦,筹款之艰难,曾具疏陈请,嗣后遇有应派各省之款,略从轻减,以纾民力;前署督臣德寿在巡抚任内,因刚毅来粤筹饷,指提一百六十万两拨解汇丰镑价,无从着手,一再奏请酌减,皆无非欲稍纾本省饷力,即稍留民间元气。然前督抚臣心知其意,而力实无可如何。迨后奉派新定赔款,只得督饬司道,将粮捐、房捐、膏捐、酒捐、猪捐之类,先后委员招商设局,并责成地方官分别举办。臣兴锐上年八月到任,适值水旱之后,秋收歉薄,深恐民力难支,商诸前署督臣德寿,将粮捐展缓一年。又此项粮捐,当时电奏,原拟按征数带收五成,嗣经减为三成,现复改为照正额,核计减轻已不啻过半,复将琼州、连山、丰顺等一府一厅八州县概予免捐,以稍轻小民之累。至房捐,原拟二十而一,所取尚少,且所办皆择繁盛之区,其偏僻处所、小户贫家,并不过问。膏、酒两项,本系寓禁于征。猪捐虽出自屠户,实系加诸食肉之人,尚无关小民粒食。臣等惟有再行严饬经手牧令、委员,按照原议章程,妥慎办理,严禁经手胥役格外勒罚,以期有益于公,少损于民。倘有不肖官吏,巧立名目,藉端科派,查出定即从严参办,不敢稍涉因循。

惟是以上捐款，甫经开办，能收几何，尚无十分把握，就中以粮捐、房捐、膏捐为优，然综计最多亦不过可得百万左右。量其出入，仍短二百馀万。比岁筹解新定赔款，皆系东挪西凑，从事称贷，苟且补苴，来日方长，正不知何以为计！窃查光绪二十七年冬间钦奉谕旨，此次赔款，仍照部议拨定十成原数，按月汇解，俟年终汇计洋常各关收数、漕折银两，能否加足三成，或竟多赢馀，再行核减等因。现在已阅两年，洋、常各关收数，当有的款可指。合无仰恳天恩，饬下部臣通盘筹画，查照原案，量予减免。臣等仍一面将通省用款力求撙节，并设法兴办矿垦、种植诸务，但使有一分生利之源，即可除一分敛民之政，庶闾阎困苦，得以渐苏。臣等敢不勉力图之，以副圣主视民如伤之至意。是否有当，谨合词恭折上陈，伏乞皇太后、皇上圣鉴训示。谨奏。光绪二十九年五月二十九日。

朱批："户部议奏。"

《光绪朝朱批奏折》第74辑，第433—435页

700. 奏报广东省光绪二十九年四月分雨水田禾粮价情形折附清单

光绪二十九年五月二十九日（1903年6月24日）

调署广东巡抚、升署闽浙总督、江西巡抚臣李兴锐跪奏，为查明四月分雨水、田禾、粮价情形，恭折具陈，仰祈圣鉴事。

窃照广东省光绪二十九年三月分雨水、田禾、粮价情形，业经臣恭折具奏在案。兹查广东省城光绪二十九年四月分上、中、下三

旬得有大小雨泽十馀次,高低田亩,一律沾足,早禾秀发,园蔬杂粮亦皆畅茂。各属禀报,与省城大略相同。粮价较上月稍增,民情静谧,堪以仰慰圣怀。所有光绪二十九年四月分雨水、田禾、粮价情形,臣谨缮清单,恭折具奏,伏祈皇太后、皇上圣鉴。谨奏。光绪二十九年五月二十九日。

朱批:"知道了。"

清单

谨将广东省光绪二十九年四月分各属米价分晰开列清单,恭呈御览。

广州府属

上米每仓石价银二两一钱七分至二两八钱,较上月增一分。中米每仓石价银一两九钱五分至二两六钱二分,与上月同。下米每仓石价银一两六钱三分至二两二钱三分,与上月同。

韶州府属

上米每仓石价银一两五钱三分至二两二钱三分,与上月同。中米每仓石价银一两三钱二分至二两一钱,较上月增一分。下米每仓石价银一两二钱至一两九钱八分,与上月同。

惠州府属

上米每仓石价银一两九钱至二两六钱七分,与上月同。中米每仓石价银一两六钱四分至二两四钱八分,与上月同。下米每仓石价银一两三钱七分至二两六分,较上月增一分。

潮州府属

上米每仓石价银一两六钱二分至二两四钱四分,与上月同。中米每仓石价银一两二钱五分至二两七分,较上月增一分。下米每仓石价银一两三分至一两七钱四分,与上月同。

肇庆府属

上米每仓石价银一两五钱六分至二两三钱,与上月同。中米每仓石价银一两三钱一分至二两一钱四分,与上月同。下米每仓石价银一两一钱六分至一两八钱二分,较上月增一分。

高州府属

上米每仓石价银一两二钱二分至一两三钱二分,与上月同。中米每仓石价银九钱二分至一两一钱二分,较上月增一分。下米每仓石价银七钱九分至九钱八分,与上月同。

雷州府属

上米每仓石价银一两一钱六分至一两二钱七分,与上月同。中米每仓石价银九钱六分至一两五钱,与上月同。下米每仓石价银七钱七分至九钱,较上月增一分。

廉州府属

上米每仓石价银一两五钱七分至一两八钱一分,较上月增一分。中米每仓石价银一两二钱一分至一两四钱三分,与上月同。下米每仓石价银一两六分至一两二钱四分,与上月同。

琼州府属

上米每仓石价银一两四钱九分至二两三分,与上月同。中米每仓石价银一两二钱二分至一两六钱七分,较上月增一分。下米每仓石价银一两六分至一两五钱一分,与上月同。

佛冈直隶厅

上米每仓石价银一两五钱九分至二两二钱二分,与上月同。中米每仓石价银一两二钱三分至一两八钱九分,较上月增一分。下米每仓石价银一两八分至一两七钱一分,与上月同。

连山绥瑶直隶厅

上米每仓石价银一两九钱六分至二两二钱七分,较上月增一分。中米每仓石价银一两七钱一分至一两九钱,与上月同。下米每仓石价银一两四钱八分至一两六钱三分,与上月同。

阳江直隶厅

上米每仓石价银一两九钱三分至二两一钱七分,较上月增一分。中米每仓石价银一两四钱一分至一两六钱七分,较上月增一分。下米每仓石价银一两二分至一两四钱九分,与上月同。

赤溪直隶厅

上米每仓石价银二两一钱六分至二两二钱七分,与上月同。中米每仓石价银一两九钱至二两三分,与上月同。下米每仓石价银一两六钱二分至一两八钱一分,较上月增一分。

罗定州属

上米每仓石价银一两四钱五分至一两六钱三分,较上月增一分。中米每仓石价银一两二钱三分至一两三钱六分,与上月同。下米每仓石价银一两九分至一两二钱一分,与上月同。

连州属

上米每仓石价银二两一分至二两二钱三分,与上月同。中米每仓石价银一两七钱三分至一两九钱一分,较上月增一分。下米每仓石价银一两三钱六分至一两五钱二分,与上月同。

南雄州属

上米每仓石价银一两八钱八分至二两七分,较上月增一分。中米每仓石价银一两七钱三分至一两八钱六分,与上月同。下米每仓石价银一两三钱五分至一两四钱八分,与上月同。

嘉应州属

上米每仓石价银一两六钱五分至二两二钱一分,与上月同。中米每仓石价银一两四钱二分至一两九钱八分,较上月增一分。下米每仓石价银一两三钱七分至一两九钱九分,与上月同。

钦州属

上米每仓石价银一两四钱五分至一两六钱五分,与上月同。中米每仓石价银一两一钱二分至一两三钱二分,与上月同。下米每仓石价银一两七分至一两二钱八分,较上月增一分。

朱批:"览。"

正折据《光绪朝朱批奏折》第97辑,第152页;清单据台北故宫博物院藏"军机处档折件"附件,文献编号:157797

701. 奏报广东省新案赔款第二年上半年解过款目银数折

光绪二十九年闰五月二十日(1903年7月14日)

头品顶戴署理两广总督臣岑春煊,调署广东巡抚、升署闽浙总督、江西巡抚臣李兴锐跪奏,为广东省新案赔款第二年上半年解过款目银数,汇案恭折具陈,仰祈圣鉴事。

窃查前准户部咨开:各省摊还新案赔款,派拨广东省每年银二百万两,匀分十二次,按月解沪。按照公约,每解银一百两,应随补关平银一两六钱四分三厘等因。遵即筹款,按月解交上海道兑收,将匀分银数、起解日期随时咨明,按半年汇奏一次。自光绪二十七年十二月起至二十八年十一月止,业将解过赔款等费数目先后两次奏报在案。兹查自光绪二十八年十二月起至二十九年五月止,六期匀解已满半年,共解过摊还赔款纹银九十九万九千九百九十六两,又解过各期应补关平纹银一万二千四百二十九两九钱三分二厘，又支给商号汇费洋银一万四千二百二十九两九钱六分，又新筹各款洋银易纹起解随支补水洋银八万六千六百四十六两九钱二分九厘，统共支解六期赔款连关平、汇〔费〕、补水共银一百一十一万七千三百二两八钱二分一厘。内动支房捐洋银四万两、沙捐洋银一十万八千两、粮捐洋银九万三百四十二两二钱八分二厘、潮商免厘报效洋银三万八千七百四十五两、烟酒茶糖土药加厘洋银六百六十七两三分二厘、运库盐斤加价纹银一十二万二千八百三十两一钱五分五毫、新案二成裁兵旷饷纹银五万六千二百三两六钱七分五毫、盐运司库筹借洋银八万两、督粮道库筹借洋银五万两，以上各款〔共〕支银五十八万六千七百八十八两一钱三分五厘，尚不敷银五十三万五百一十四两六钱八分六厘，系在司库正杂各款拮据罗掘，并向各商号借垫凑足，以应急需。据广东藩运二司、督粮道、善后、厘务局司道详请具奏前来。臣等覆核无异，除分咨外，谨会同缮折具陈，伏乞皇太后、皇上圣鉴。谨奏。〔光绪二十九年〕闰五月二十日。

光绪二十九年六月十四日奉朱批："该部知道。"钦此。

台北故宫博物院藏"军机处档折件"，文献编号：158027

702. 保举奏留江苏补用道毛庆蕃等员请送部引见折

光绪二十九年闰五月二十一日（1903 年 7 月 15 日）

调署广东巡抚、升署闽浙总督、江西巡抚臣李兴锐跪奏，为敬举人才，以供任使，恭折仰祈圣鉴事。

窃近年迭奉明诏，通饬各省督抚荐举人才。臣在江西巡抚任内，曾保荐道员徐绍桢等三人，立蒙天恩记名录用。臣虽至愚，敢不仰体朝廷求贤若渴之深衷，随时留心体察，以期广罗群彦，共拯时艰。兹复查有奏留江苏补用道毛庆蕃，前官部曹，臣即与相识，见其操履端洁，志虑忠纯，更复留心经济之学，知为有用之才。后经前两江督臣刘坤一奏调江苏，过道员班，委办上海制造局，剔除流弊，裁节糜费，事事归于核实，声闻卓然。又现署广东督粮道试用道姚文倬，风度端凝，器识深稳，曩官翰林，本擅文誉。臣到粤后，委充课吏馆馆长，日与馆员讨论政术，于中西治理，皆能贯澈始终，用使群寮皆知向学，裨益洵属不浅。奏留江西补用道王芝祥，砥砺廉隅，不随流俗，勇于任事，独具血诚。该员由牧令起家，本有循良之誉，现在江西统军，整顿营务，尤能振尚武之精神。广西在任补用道浔州府知府张祖祺，治剧理繁，心细才大。光绪二十四年郁林土匪李立亭起事，连破四县，浔属悉与毗连，该员募勇集团，兼行剿抚，贼无敢入境者，至今舆论犹多称之。现已荐举卓异，交卸晋引。又广西候补知府庄蕴宽，才识明敏，操守谨严，讲求中外经济之学，均能洞见本原。历任百色、平南各厅县，所至以教养士民为本务，治效大彰。臣在广西藩司时，闻其贤能，委任局务，均能不辞劳怨，用是知之最深。

以上各员，皆道、府中不可多得之选，若蒙圣主破格录用，必能大展其才，有裨时局。合无仰恳天恩，饬将该员毛庆蕃、姚文倬、王芝祥、张祖祺、庄蕴宽等均行送部引见，候旨录用，出自逾格鸿施。是否有当，伏乞皇太后、皇上圣鉴训示。谨奏。光绪二十九年闰五月二十一日。

朱批："毛庆蕃等均着送部引见。"

《光绪朝朱批奏折》第 19 辑，第 116—117 页

703. 请将已革直隶故城县知县洪寿彭开复原官原衔仍归原省补用并免缴捐复银两片[*]

光绪二十九年闰五月二十一日(1903 年 7 月 15 日)

再,已革四品衔升用直隶州在任候补知州、直隶故城县知县洪寿彭,光绪二十六年调署景州知州,因值拳匪之乱,前巡阅长江水师大臣李秉衡率同前江西臬司陈泽霖督师过境,将该州属教堂焚毁,事为外人指摘,归咎于地方官不能保护,请旨将该员革职永不叙用。臣曩官直隶,与该员洪寿彭共在一隅,深知其履蹈粹然,学术深厚,举凡中西政治,无不研究有得,历任故城、玉田、安州等州县,政声卓著,实为一时循良之选,闻其竟以此事获咎罢官,既爱其才、惜其遇,而未尝不疑其事。有自直隶来者,辄为询访,乃知该员甫到州任,即日以剿办拳匪为事,三两月间,清理前任教案数十宗,拿获拳匪数十人,禀明正法者二人,馀皆监禁责惩有差,保护教堂、教民,实属不遗馀力,地方赖以乂安。迨后经已故大学士刚毅出京查办,主议招抚,前直隶督臣裕禄檄饬将所获拳匪释放,该员犹具牍力争,引病求去,禀凡四上,皆未批准,至今尚有印牍可考。未几,李秉衡等过境,遂致焚毁教堂,乱氛复起,当时拳匪声势汹然,加以重臣力持招抚之议,该员以一牧令,何能抗之?论情实不无可原。迄今三年,凡有知其底蕴者,皆为叹息。即现任刑部侍郎胡燏

---

* 底本推定作者为直隶总督袁世凯,具奏年份为光绪二十九年。按,此片实为李兴锐所奏,具奏日期为光绪二十九年闰五月二十一日,见《李勤恪公奏议》卷三(《天津图书馆孤本秘籍丛书(二)》第 776—777 页)、台北故宫博物院藏"军机处档折件"(文献编号:157900)。

菜在京办理善后，抵书于臣，亦谓法公使及总主教曾与论及，深知其咎不在该员，足见是非之公，自有不容诬者。

臣以衰庸，疆圻待罪，深维大臣以人事君之义，顾念近日时事之多艰，该员材品之难得，不敢不据实胪陈。且查当时因拳匪之乱，凡办理教案获咎各员，经各省督抚臣奏明剖白，无不仰荷殊施，立予开复。今该员洪寿彭无罪获咎，中外皆知，若竟废弃不用，未免可惜。合无仰恳天恩，俯准将该员四品衔升用直隶州在任候补知州、直隶故城县知县洪寿彭开复原官原衔，仍归原省补用，并免缴捐复银两，出自逾格鸿慈。臣为爱惜人才起见，是否有当，伏乞圣鉴训示。谨奏。

朱批："着照所请，该部知道。"

《光绪朝朱批奏折》第19辑，第805—806页

704. 奏报广东省光绪二十九年五月分雨水田禾粮价及鹤山县被水委勘抚恤情形折附清单

光绪二十九年闰五月二十一日(1903年7月15日)

调署广东巡抚、升署闽浙总督、江西巡抚臣李兴锐跪奏，为查明五月分雨水、田禾、粮价，及鹤山县被水，委勘抚恤情形，恭折具陈，仰祈圣鉴事。

窃照广东省光绪二十九年四月分雨水、田禾、粮价情形，业经臣恭折具奏在案。兹查广东省城光绪二十九年五月分上、中、下三旬得雨十馀次，高低田亩一律均沾，早禾渐次结实，园蔬杂粮亦皆畅茂。各属禀报，与省城大略相同。粮价较上月稍增，民情安谧，堪以仰慰圣怀。惟前据鹤山县禀报，四月十九日夜，暴风大雨，山

水奔注，该县属之址山、莲塘等十馀乡陡遭水患，冲决基堤十馀处，倒塌民房千馀间，田禾遭淹十馀顷，淹毙男妇二十馀名口。臣当即飞饬司局，筹拨银二千两，委员带往，会勘振抚，以免灾黎失所。现经委员会县查勘明确，分别轻重，酌量抚恤，该处田禾因水退尚速，虽有损坏，幸不成灾。

除饬该县督令各乡绅耆速将基堤缺口赶紧修〔复〕[1]完固，以资保卫外，所有光绪二十九年五月分雨水、田禾、粮价，臣谨缮清单，并将鹤山县被水，委勘抚恤情形恭折具陈，伏祈皇太后、皇上圣鉴。谨奏。光绪二十九年闰五月二十一日。

朱批："知道了。"

清单

谨将广东省光绪二十九年五月分各属米价分晰开列清单，恭呈御览。

广州府属

上米每仓石价银二两一钱七分至二两八钱，与上月同。中米每仓石价银一两九钱六分至二两六钱三分，较上月增一分。下米每仓石价银一两六钱三分至二两二钱三分，与上月同。

韶州府属

上米每仓石价银一两五钱三分至二两二钱三分，与上月同。中米每仓石价银一两三钱二分至二两一钱，与上月同。下米每仓石价银一两二钱一分至一两九钱九分，较上月增一分。

惠州府属

① 原为墨钉，据《李勤恪公奏议》卷三（《天津图书馆孤本秘籍丛书（二）》第775页）、台北故宫博物院藏"军机处档折件"（文献编号：157931）补。

上米每仓石价银一两九钱一分至二两六钱八分,较上月增一分。中米每仓石价银一两六钱四分至二两四钱八分,与上月同。下米每仓石价银一两三钱七分至二两六分,与上月同。

潮州府属

上米每仓石价银一两六钱二分至二两四钱四分,与上月同。中米每仓石价银一两二钱五分至二两七分,与上月同。下米每仓石价银一两四分至一两七钱五分,较上月增一分。

肇庆府属

上米每仓石价银一两五钱七分至二两三钱一分,较上月增一分。中米每仓石价银一两三钱一分至二两一钱四分,与上月同。下米每仓石价银一两一钱六分至一两八钱二分,与上月同。

高州府属

上米每仓石价银一两二钱二分至一两三钱二分,与上月同。中米每仓石价银九钱二分至一两一钱二分,与上月同。下米每仓石价银八钱至九钱九分,较上月增一分。

雷州府属

上米每仓石价银一两一钱七分至一两二钱八分,较上月增一分。中米每仓石价银九钱六分至一两五钱,与上月同。下米每仓石价银七钱七分至九钱,与上月同。

廉州府属

上米每仓石价银一两五钱七分至一两八钱一分,与上月同。中米每仓石价银一两二钱二分至一两四钱四分,较上月增一分。下米每仓石价银一两六分至一两二钱四分,与上月同。

琼州府属

上米每仓石价银一两四钱九分至二两三分,与上月同。中米每仓石价银一两二钱二分至一两六钱七分,与上月同。下米每仓石价银一两七分至一两五钱二分,较上月增一分。

佛冈直隶厅

上米每仓石价银一两五钱九分至二两二钱二分,与上月同。中米每仓石价银一两二钱三分至一两八钱九分,与上月同。下米每仓石价银一两九分至一两七钱二分,较上月增一分。

连山绥瑶直隶厅

上米每仓石价银一两九钱六分至二两二钱七分,与上月同。中米每仓石价银一两七钱二分至一两九钱一分,较上月增一分。下米每仓石价银一两四钱八分至一两六钱三分,与上月同。

阳江直隶厅

上米每仓石价银一两九钱三分至二两一钱七分,与上月同。中米每仓石价银一两四钱一分至一两六钱七分,与上月同。下米每仓石价银一两三分至一两五钱,较上月增一分。

赤溪直隶厅

上米每仓石价银二两一钱七分至二两二钱八分,较上月增一分。中米每仓石价银一两九钱至二两三分,与上月同。下米每仓石价银一两六钱二分至一两八钱一分,与上月同。

罗定州属

上米每仓石价银一两四钱五分至一两六钱三分,与上月同。中米每仓石价银一两二钱四分至一两三钱七分,较上月增一分。下米每仓石价银一两九分至一两二钱五分,与上月同。

连州属

上米每仓石价银二两一分至二两二钱三分,与上月同。中米每仓石价银一两七钱三分至一两九钱一分,与上月同。下米每仓石价银一两三钱七分至一两五钱三分,较上月增一分。

南雄州属

上米每仓石价银一两八钱八分至二两七分,与上月同。中米每仓石价银一两七钱四分至一两八钱七分,较上月增一分。下米每仓石价银一两三钱五分至一两四钱八分,与上月同。

嘉应州属

上米每仓石价银一两六钱五分至二两二钱一分,与上月同。中米每仓石价银一两四钱二分至一两九钱八分,与上月同。下米每仓石价银一两三钱八分至二两,较上月增一分。

钦州属

上米每仓石价银一两四钱六分至一两六钱六分,较上月增一分。中米每仓石价银一两一钱二分至一两三钱二分,与上月同。下米每仓石价银一两七分至一两二钱八分,与上月同。

朱批:"览。"

正折据《光绪朝朱批奏折》第97辑,第159页;清单据台北故宫博物院藏"军机处档折件"附件,文献编号:157931

705. 两粤赈捐开办后收数无几请照山东工赈加收七项推广捐输折

光绪二十九年闰五月二十一日(1903年7月15日)

头品顶戴署理两广总督臣岑春煊,调署广东巡抚、升署闽浙总督、江西巡抚臣李兴锐跪奏,为两粤赈捐开办后收数无几,待用孔亟,援案请照山东工赈加收七项推广捐输,以济要需,恭折具陈,仰祈圣鉴事。

窃上年六月间，广州、肇庆两府属被水成灾，情形甚重，援例请开赈捐，经前督臣陶模、抚臣德寿会奏，奉旨允准。嗣准广西抚臣王之春以广西水旱成灾，奏请开办赈捐，附入广东捐局合办，所收赈款，东六西四，分拨汇奖，钦奉朱批："着照所请。"钦此。各等因。均经转行钦遵，查照办理在案。兹据广东海防兼善后总局司道会同布政使丁体常详称，计自上年十月间开办以来，收数寥寥，捐生皆观望不前。推原其故，盖四川、山东两省开办赈捐，凡衔封贡监，均照新章五成之数递减一成，以四成实银上兑，而两粤独仍照五成核奖，各省又纷纷来粤设局劝办，成数既有低昂，人孰肯舍轻〔而〕①就重？以故本省赈捐，几至无人过问。且川、东两省皆奏准，将部收常捐内捐免本班、捐免坐补、试俸、历俸以及捐免实授离任、离省分发、指省等七项，以例定十成银数兑收，广西虽经援案奏准，而东省未能照办，同一两粤赈捐办理，亦未免两歧。况收捐之衰旺，恒视发照之迟速，山东系奉部发空白执照，随时填给，招徕较易，两粤则由部填发，动须累月，劝集愈难。而目前两省工赈所需既巨且迫，若不设法变通，实觉无从措手。拟请将两粤赈捐援照山东工赈，按四成实银上兑，并准加收捐免本班等七项，由部、监先行颁发空白执照来粤，以期捐务踊跃，藉资补苴等情，详请具奏前来。

臣等伏查东西两省上年被灾均重，现在筹办工赈，需款甚巨，且西省久被匪扰，民困已深，赈抚之需，更不容缓。值此库储奇窘，既无别款可筹，自不能不借资捐项，惟近来物力艰难，捐事早成弩末，若各省捐章稍分轩轻，则筹劝益难，该司道等所详，系属实在情

① 原漫漶，据《李勤恪公奏议》卷三(《天津图书馆孤本秘籍丛书(二)》第774页)、《申报》光绪二十九年六月二十八日(1903年8月20日)第10896号第16版《京报全录》补。

形。合无仰恳天恩,俯准两粤赈捐援照川、东两省办法,将衔封、贡监及推广各条照五成新章递减一成,以四成实银上兑,并准收捐免本班等七项,以例定十成银数上兑,其翎枝一项,仍照赈捐章程请奖,并请敕下部、监,颁发空白执照一万张来粤,以便两省随时收捐填给,按月册报。至十成贡监,前经奉部咨行,准由各省兑收,两粤赈需孔亟,拟请照例定银数,一律收捐充赈,庶捐务可期起色,而民困藉以少苏。如蒙俞允,再由臣等分别咨行遵办。除咨部、监查照外,臣等谨合词恭折具陈,伏祈皇太后、皇上圣鉴训示。谨奏。光绪二十九年闰五月二十一日。

朱批:"户部知道。"

《光绪朝朱批奏折》第32辑,第273—275页

706. 委任广东按察使吴引孙暂行兼署藩司片*

光绪二十九年闰五月二十一日(1903年7月15日)

再,臣等承准外务部电传,闰五月十四日奉上谕:"广西巡抚柯逢时未到任以前,着丁体常暂行护理,迅速赴任。"钦此。当经转行钦遵查照。所有广东藩司篆务,自应委员接署,以便丁体常交卸起程。查有新授新疆布政使、现任广东按察使吴引孙,洪纤赡举,堪以暂行兼署,俟新授广东按察使程仪洛到粤后,再令接署藩司,俾吴引孙交卸北上。除檄饬遵照外,谨合词附片具陈,伏祈圣鉴。谨奏。

* 底本缺作者姓名及其职衔,推定具奏时间在光绪二十八年十二月。按,据台北故宫博物院藏"军机处档折件",此片(文献编号:157898)作者为岑春煊等,朱批日期与上折(文献编号:157901)同为光绪二十九年六月初十日。故此片系岑春煊与李兴锐会衔,具奏日期应与上折相同。

朱批："知道了。"

《光绪朝朱批奏折》第18辑，第496页

707. 请将饶平县知县黄恩暂行革职勒追欠解正杂银两片*

光绪二十九年闰五月二十一日（1903年7月15日）

再，据广东布政使丁体常详称，查有前署四会县事饶平县知县黄恩征存正杂款银七千一百馀两，迭催未解，详请参追前来。相应请旨，将前署四会县事饶平县知县黄恩暂行革职，勒限该员于四个月内将欠解正杂银两如数完解，倘逾限不解或完不足数，再行从严参办。所有勒追知县欠解正杂银两缘由，臣等谨合词附片具奏，伏乞圣鉴。谨奏。

光绪二十九年六月初十日奉朱批："着照所请，该部知道。"钦此。

台北故宫博物院藏"军机处档折件"，文献编号：157899

708. 汇奏光绪二十八年冬季分广东省委署同知直隶州知州知县各缺折

光绪二十九年六月十二日（1903年8月4日）

头品顶戴署理两广总督臣岑春煊，调署广东巡抚、升署闽浙总督、江西巡抚臣李兴锐跪奏，为光绪二十八年冬季分广东省委署同知、直隶州知州、知县各缺，遵照章程恭折具陈，仰祈圣鉴事。

---

* 此片与岑春煊会衔，原缺具奏日期。按，此片朱批日期与上两件折、片相同，具奏日期亦应相同。

窃照各省州县,无论奏调、委署、代理,钦奉上谕:“着每届三个月汇奏一次。”等因。钦此。钦遵在案。兹据广东布政使丁体常详称,光绪二十八年冬季分出有署海丰县知县邹翼清因病请假遗缺,以回避知县杜夔元署理;又署普宁县知县邓炳春署事期满遗缺,以合浦县知县邓倬堂调署;又署饶平县知县方朝概因病请假遗缺,以候补知县顾永桥署理;又新安县知县赵新撤省察看遗缺,以试用知县阎梦谷署理;又署德庆州知州俞绍勋丁忧遗缺,以试用知县赵承炳署理;又署连山绥瑶同知刘国光病故遗缺,以署雷州府同知事候补同知徐德葆署理,其递遗之雷州府同知缺,以正任香山县知县蒋鸣庆署理;又琼山县知县叶士模丁忧遗缺,以候补知县钟元棣署理;又东莞县知县刘德恒因案撤任遗缺,以试用知县蒋星熙署理;又潮州府粤闽南澳同知冯文星病故遗缺,以试用同知吴国章署理;又署乐昌县知县黄应昌署事期满遗缺,以正任海丰县知县王全纲调署;又英德县知县吕光琦撤省察看遗缺,以教习知县柴廷淦署理;又署钦州知州卢蔚猷署事期满遗缺,以署顺德县事候补直隶州知州李家焯署理;又署东安县知县赵梦奇署事期满遗缺,以临高县知县吴志道调署,其吴志道所遗之临高县知县缺,以新选东安县知县许福赓署理;又署开建县知县谢鸿钧病故遗缺,以德庆州知州程锦文署理;又署大埔县知县陈维伦丁忧遗缺,以分缺先补用知县查廷赓署理;又署澄海县知县许培桢调省差委遗缺,以奏补龙门县知县董元度署理;又署始兴县知县陈柏侯署事期满遗缺,以候补知县郑业崇署理。所有光绪二十八年冬季分委署同知、直隶州知州、知县各缺,详请具奏等情前来。臣等覆查无异,理合恭折具陈,伏乞皇太后、皇上圣鉴。谨奏。光绪二十九年六月十二日。

朱批:“吏部知道。”

《光绪朝朱批奏折》第19辑,第165—166页

709. 奏报卸开平县知县郭占熊等员病故日期片 *

光绪二十九年六月十二日(1903年8月4日)

再,卸开平县知县郭占熊,先因患病请假回省就医,于光绪二十九年五月十一日病故。又现任平远县知县辛元燡,于本年五月十九日在任病故。又现任恩平县知县蔡景云,于本年五月二十六日在任病故。据藩司具详前来。臣覆查无异,除咨吏部及直隶督臣、江西抚臣查照外,所遗开平、平远、恩平等县知县各员缺,粤省现有应补人员,应请扣留在外,分别选员请补,理合附片具奏,伏祈圣鉴。谨奏。

朱批:“吏部知道。”

《光绪朝朱批奏折》第19辑,第838页

710. 广东省光绪二十四年支过额外孤贫口粮银两奏销折

光绪二十九年六月十二日(1903年8月4日)

调署广东巡抚、升署闽浙总督、江西巡抚臣李兴锐跪奏,为广东省光绪二十四年支过额外孤贫口粮银两,改题为奏,恭折仰祈圣鉴事。

---

* 底本推定具奏时间在光绪二十九年,作者及其职衔、具奏日期不详。据中国第一历史档案馆藏“军机处全宗·录副奏折”目录(档号:03—5419—094),此片系署理广东巡抚李兴锐于光绪二十九年六月十二日单衔具奏。

窃照广东省支给额外孤贫口粮，奉准部咨，自乾隆九年为始，照额内孤贫之例，每名日给银一分，遇闰加增，小建扣除，除吴川县民李蔚元欺隐田亩租谷折银凑给外，馀在各该年田房税羡银内按款支给，年底造册报销；如遇额内孤贫名缺，即将额外孤贫顶补。又准部咨，嗣后总于征存司库隔年税羡银两支给报销，以免牵混各等因。俱经移行遵照在案。

兹据兼署广东布政使、按察使吴引孙详称，光绪二十四年分通省额外孤贫二千九百九名口，每名口每日给银一分，除小建、病故扣支外，共实支口粮银一万一千一百七十两五钱六分，内动支光绪二十二年田房税羡银一万一千一百六十两六钱九分一厘，又动支吴川县解到光绪二十四年李蔚元欺隐田租谷价银九两八钱六分九厘，俱系实给实领，并无冒滥及胥役克扣等弊，理合具详请销等由前来。臣覆核无异，除册分送部科外，谨恭折具陈，伏乞皇太后、皇上圣鉴，敕部核覆施行。谨奏。光绪二十九年六月十二日。

朱批："户部知道。"

《光绪朝朱批奏折》第89辑，第794—795页

711. 广东举行癸卯恩科乡试需用经费等银照案动支片*

光绪二十九年六月十二日（1903年8月4日）

再，广东每届乡试文场应用经费及文举人旗匾、酒席、会试水

---

* 底本推定具奏时间在光绪二十九年八月，作者为署理两广总督岑春煊等。据中国第一历史档案馆藏"军机处全宗·录副奏折"目录（档号：03—6657—025），此片系署理广东巡抚李兴锐于光绪二十九年六月十二日单衔具奏。

脚等项银两,向于地丁项内支银一千六百两,其馀不敷之银,均在司库征收各属田房税科羡馀银内支给。本年举行癸卯恩科乡试需用前项经费等银,应请照案动支。据藩司丁体常具详请奏前来。除饬俟事竣将支过各项细数分别列册报销,并分咨外,谨附片陈明,伏乞圣鉴。谨奏。

朱批:"该部知道。"

《光绪朝朱批奏折》第89辑,第842页

712. 特参疏脱囚犯之署连平州吏目甘怡及署知州徐仁杰请旨交部议处折

光绪二十九年六月十二日(1903年8月4日)

头品顶戴署理两广总督臣岑春煊,调署广东巡抚、升署闽浙总督、江西巡抚臣李兴锐跪奏,为特参疏脱囚犯之管狱、有狱各官,请旨交部议处,恭折仰祈圣鉴事。

窃据署连平州知州徐仁杰禀称,据署吏目甘怡禀报,光绪二十九年正月十三日夜四更时候,风雨交作,刑禁人等均各困倦睡熟,更夫赴更房避雨,讵囚犯邱陈桃、欧世怡、刘志闰、何亚伟四名乘间扭断镣铐,攀折笼柱,由监墙扒下更道,挖穿围墙逃逸。刑禁人等醒觉查知,喊同更夫找寻,报由该吏目督同追捕无获。该署州先期前往所属忠信乡查办黄、钟二姓争山之案,闻报驰回,会营勘明,当查邱陈桃系因独窃事主谢灶佑等家衣物共八次获案讯认,应照积匪猾贼例拟军,尚未详咨;欧世怡系被控致伤陈立宜身死案内拿获,刘志闰系被控致伤刘石鹏身死案内拿获,何亚伟系房族捆送贼匪,均讯不认供,罪难悬定之犯。即经移行,饬差悬赏购缉,于正月十八日拿获逃犯刘志闰一名，提同刑禁人等质讯，并无贿纵情事，尚有三名未获等情，当经批饬勒缉查参。兹届疏防限满，犯未续获，据臬司兼署藩司吴引孙转据惠州府查开职名，具详请参前来。

臣等伏查此案管狱官署连平州吏目甘怡专司狱务，并不小心防范，致被监犯同时脱逃四名，实非寻常疏忽可比；有狱官署连平州知州徐仁杰，虽据禀先期赴乡办案，事后获回逃犯一名，惟先事未能预防，亦难辞咎，且尚有逃犯三名未获，自应一并参处。除再饬令勒限严缉，并移行文武各衙门一体协拿逃犯邱陈桃等，务获究办外，相应请旨，将管狱官署连平州吏目甘怡、有狱官署连平州知州徐仁杰交部议处。臣等谨照新章，改题为奏，恭折具陈，伏乞皇太后、皇上圣鉴训示。谨奏。光绪二十九年六月十二日。

朱批："着照所请，该部知道。"

《光绪朝朱批奏折》第110辑，第437—438页

713. 新授广东按察使程仪洛到省即饬赴任并令暂兼藩篆片*

光绪二十九年六月二十二日(1903年8月14日)

再，广东藩司丁体常前奉谕旨护理广西巡抚，所遗藩司篆务，当经臣等奏明，檄委新授新疆布政使、广东按察使吴引孙暂行兼署，声明俟新任按察使程仪洛到粤后，再令接署藩篆，俾吴引孙交

* 底本推定具奏时间在光绪二十八年十二月，作者及其职衔不详。据中国第一历史档案馆藏"军机处全宗·录副奏折"目录(档号:03—5419—097)，此片系署理两广总督岑春煊于光绪二十九年六月二十二日具奏。又文末有"合词"字样，知与李兴锐会衔。

卸北上等因在案。兹程仪洛已经到省,应即饬赴臬司新任,并令暂行兼署藩司,以重职守。除檄饬遵照外,谨合词附片具陈,伏乞圣鉴。谨奏。

朱批:"知道了。"

《光绪朝朱批奏折》第18辑,第496页

714. 大挑试用知县沈庆林试用期满甄别堪膺民社片*

光绪二十九年六月二十二日(1903年8月14日)

再,查大挑分发知县到省试用一年期满,例应随时甄别具奏,历经遵办在案。兹查大挑试用知县沈庆林,江西清江县人,由优廪生应光绪十四年戊子科本省乡试,中式举人,二十四年戊戌科大挑一等,以知县用,签掣广东。是年四月初一日在京领照起程,中途闻讣丁母忧,回籍守制,服满起复,由籍领咨来粤,于二十八年四月二十日到省。试用已满一年,例应甄别。据藩、臬两司详加察看,具详请奏前来。臣等覆加察核,该员沈庆林,志趣正大,堪膺民社。除将该员履历册送部外,臣等谨附片具陈,伏乞圣鉴。谨奏。

朱批:"吏部知道。"

《光绪朝朱批奏折》第18辑,第843页

---

* 底本推定具奏时间在光绪二十九年四月,作者为新授漕运总督、署理两广总督德寿等。据中国第一历史档案馆藏"军机处全宗·录副奏折"目录(档号:03—5419—098),此片系署理两广总督岑春煊于光绪二十九年六月二十二日具奏。又文末有"臣等"字样,知与李兴锐会衔。

715. 奏报鹤山县知县张向辰在任病故日期片

光绪二十九年六月二十二日[①](1903 年 8 月 14 日)

再,现任鹤山县知县张向辰,于光绪二十九年闰五月十九日在任病故,据兼署广东布政使、按察使吴引孙详请具奏前来。臣覆查无异,除咨吏部及陕西抚臣查照外,所遗鹤山县知县系选缺,粤省现有应补人员,应请扣留在外,选员请补,理合附片具奏,伏乞圣鉴。谨奏。

朱批:"吏部知道。"

《光绪朝朱批奏折》第 19 辑,第 96 页

716. 汇奏广东省光绪二十八年五月至十月半年内咨结交代各案折

光绪二十九年六月二十二日(1903 年 8 月 14 日)

调署广东巡抚、升署闽浙总督、江西巡抚臣李兴锐跪奏,为汇奏广东省光绪二十八年五月起至十月底止半年内咨结交代各案,恭折仰祈圣鉴事。

窃准户部咨,具奏申明州县交代例限,并请严定藩司处分一折,钦奉谕旨,行令将交代各案分别已、未完结,半年汇奏一次,并

① 底本推定具奏时间在光绪二十九年五月。据中国第一历史档案馆藏"军机处全宗·录副奏折"目录(档号:03—5419—110),此片具奏日期实为光绪二十九年六月二十二日。

将有无未解银两,于何月日提解司库,逐案声叙等因。即经钦遵办理,并将光绪十一年十一月起至二十八年四月底止咨结各案开单具奏在案。兹据兼署广东布政使、按察使吴引孙详称,自光绪二十八年五月起至十月底止,半年届满,陆续咨结各属交代共三十八案,内三十六案应征正杂钱粮、银米扫数解清,并无未解之款,其馀二案征存银米未据清解,业经另案参追等情前来。臣等覆核无异,除饬司将此外未结交代严催结报外,谨缮清单,会同署两广总督臣岑春煊恭折具奏,伏祈皇太后、皇上圣鉴。谨奏。光绪二十九年六月二十二日。

朱批:"户部知道,单并发。"

《光绪朝朱批奏折》第 84 辑,第 74 页

717. 奏报筹解广东光绪二十九年第二批地丁京饷银数及委员起程日期折

光绪二十九年六月二十二日(1903 年 8 月 14 日)

头品顶戴署理两广总督臣岑春煊,调署广东巡抚、升署闽浙总督、江西巡抚臣李兴锐跪奏,为筹解光绪二十九年第二批地丁京饷银数及委员起程日期,恭折仰祈圣鉴事。

窃照光绪二十九年京饷案内,奉拨广东地丁银十万两,业经筹银二万两作为第一批,委员领解,赴部投纳在案。兹据兼署广东布政使、按察使吴引孙详称,现在司库支绌异常,惟京饷关系紧要,不得不竭力设措。兹向商号新泰厚等订借银三万两,作为第二批起解,仍交该商号等汇兑赴京,遴委候补通判胡子勷等领赍汇单,于光绪二十九年六月二十一日起程,航海进京,支取银两,赴部投纳

等情,详请具奏前来。臣等覆核无异,除咨明户部外,谨合词恭折具奏,伏乞皇太后、皇上圣鉴。谨奏。光绪二十九年六月二十二日。

朱批:"户部知道。"

《光绪朝朱批奏折》第89辑,第800页

718. 报解广东光绪二十九年第一批内务府经费银两折

光绪二十九年六月二十二日(1903年8月14日)

头品顶戴署理两广总督臣岑春煊,调署广东巡抚、升署闽浙总督、江西巡抚臣李兴锐跪奏,为报解内务府经费银两,恭折仰祈圣鉴事。

窃准户部咨行,光绪二十九年内务府经费,指拨广东太平关常税银十万两,内以二万三千五百八十九两三钱六分批解部库归垫,下馀七万六千四百十两六钱四分径解内务府应用。嗣准咨行,部库应扣还此项归垫银两,经内务府奏请缓扣,行令太平关如数径解内务府,以济要需各等因。均经转饬遵照。兹据新授甘肃新疆布政使、兼署广东布政使、按察使吴引孙详称,现在太平关税银尚未移解到司,先向商号订借银二万两,又加平、抬费银六百六十两,作为第一批起解,仍照案发交商号新泰厚等领汇,派委试用通判胡子勦等领赍汇单,于光绪二十九年六月二十一日起程,航海进京,解赴内务府投纳等情,详请奏咨前来。臣等覆核无异,除分咨外,谨合词恭折具陈,伏乞皇太后、皇上圣鉴。谨奏。光绪二十九年六月二十二日。

朱批:"该衙门知道。"

《光绪朝朱批奏折》第89辑,第801页

719. 奏报筹解广东光绪二十九年第二批厘金京饷银元片*

光绪二十九年六月二十二日(1903 年 8 月 14 日)

再,光绪二十九年京饷案内,奉拨广东厘金银十万两,又前经奏明,应将厘金项下奉拨京饷,全数以银元起解,并将应行补水银两合作银元带解,业已饬据司道筹解过第一批银元连补水合共银三万二千六百八两六钱九分六厘,交商号汇兑,委员领赍汇单,赴部投纳,附片奏报在案。兹据兼署广东布政使、按察使吴引孙会同厘务总局司道详称,在于厘金项下筹拨银元二万两、九二补水银一千七百三十九两一钱三分,共银元二万一千七百三十九两一钱三分,作为第二批起解,仍交殷实商号新泰厚等汇兑赴京,遴委候补通判胡子勷等领赍汇单文批,于光绪二十九年六月二十一日起程,航海进京,支取银两,赴部投纳等情,详请具奏前来。臣等覆核无异,除咨明户部外,谨合词附片具陈,伏乞圣鉴。谨奏。

朱批:"户部知道。"

《光绪朝朱批奏折》第 89 辑,第 810 页

---

* 底本推定具奏时间在光绪二十九年六月,作者及其职衔不详。《申报》光绪二十九年八月初四日(1903 年 9 月 24 日)第 10931 号第 12 版录此片,题为《署两广总督岑奏遴员汇解京饷银两片(十一日)》,正文前云"岑春煊等片";此片上篇即上折,题为《署两广总督岑奏报解内务府经费银两折(十一日)》。又据中国第一历史档案馆藏"军机处全宗·录副奏折"目录(档号:03—6657—026),此片朱批日期为光绪二十九年七月十一日,与上折同。故此片应是上折之附片,系岑春煊与李兴锐会衔,具奏日期与上折相同。

720. 广东太平关光绪二十六年九月至二十七年九月节省水脚银两奏销片

光绪二十九年六月二十二日(1903 年 8 月 14 日)

再,广东太平关每年经征盈馀、扣存节省水脚银两应行解部,专案报销,历经办理在案。兹自光绪二十六年九月二十四日起至二十七年九月二十三日止,征税一年期满,原定应征盈馀银七万五千五百两,除由江海关本届代征丝税划解银五万九千七百三十五两八钱八分九厘外,尚应征盈馀银一万五千七百六十四两一钱一分一厘,又应征本税盈馀银六千两,凑解奉拨光绪二十八年分内务府经费及京饷之用,其加存、添平、饭食等银,例应解部。据管关委员南韶连道张瑞本将盈馀、本馀两项节省水脚银共六百五十五两二钱八分,详请核销前来。

臣覆查无异,现存关两项馀存水脚银共二百六十七两一钱六分,两项添平银共三百二十六两四钱六分二厘,两项饭食银共六百三十一两一钱五分九厘,一并批委试用通判胡子勷解京投纳。除将各款细数分晰造册,送部查核外,所有报销节省水脚银两遵章改题为奏缘由,谨附片陈明,伏乞圣鉴,敕部核覆施行。谨奏。〔光绪二十九年〕六月二十二日。

光绪二十九年七月十二日奉朱批:“户部知道。”钦此。

中国第一历史档案馆藏“军机处全宗·录副奏折”,档号:03—6421—005

721. 奏报翁源县知县刘永椿在任病故日期片

光绪二十九年六月二十三日[①]（1903 年 8 月 15 日）

再，现任翁源县知县刘永椿，于光绪二十九年闰五月二十五日在任病故，据兼署广东布政使、按察使吴引孙详请具奏前来。臣覆查无异，除咨吏部及陕甘督臣查照外，所遗翁源县知县系选缺，粤省现有应补人员，应请扣留在外，选员请补，理合附片具奏，伏乞圣鉴。谨奏。

朱批："吏部知道。"

《光绪朝朱批奏折》第 19 辑，第 96 页

722. 奏销太平关税接征第三十六年期满收支细数折

光绪二十九年六月二十三日（1903 年 8 月 15 日）

调署广东巡抚、升署闽浙总督、江西巡抚臣李兴锐跪奏，为报销太平关税接征第三十六年期满收支细数，恭折仰祈圣鉴事。

窃照广东太平关自同治五年十月二十四日改办关务后，所有光绪二十六年九月二十四日接征起至二十七年九月二十三日止一年税收大概情形，先经前抚臣德寿奏报在案。兹据管关委员南韶连道张端本将该年收支各款细数造册，详请核办前来。

---

① 底本推定具奏时间在光绪二十九年五月。据中国第一历史档案馆藏"军机处全宗·录副奏折"目录（档号：03—5419—115），此片具奏日期实为光绪二十九年六月二十三日。

臣伏查太平关每年共应征正额、盈馀银十三万四千八百二十五两一钱七分五厘，五口通商案内江海关代征湖丝税银奉部议准入额汇算，本届据江海关呈报代征丝税正银五万四千三百五两三钱五分三厘、耗银五千四百三十两五钱三分六厘，共纹银五万九千七百三十五两八钱八分九厘，照章在原定盈馀银七万五千五百两内划解，计太平关尚应收正额银五万二千六百七十五两一钱七分五厘、盈馀银一万五千七百六十四两一钱一分一厘，又木税额银六百五十两、木税盈馀银六千两，又除正额、盈馀外，长征充公闲款银三万五千一百十一两八钱八分七厘、耗银一万一千二十两一钱一分七厘、倾销纹水银一万二千一百二十二两一钱二分九厘、羡馀银二万九百三十八两二钱一分九厘，共收洋银十五万四千二百八十一两六钱三分八厘。

除支销关厂薪工杂用洋银二万九千八百三十一两三钱一分四厘外，尚银十二万四千四百五十两三钱二分四厘，悉数解交藩库兑收。其年例应解内阁、户部、户科盈馀、添平、饭食、水脚、季报、考核各项饭食银共三千六百二十六两二钱九分五厘，应解裁减关厂经费银共一千九百六十六两五钱六分，应解关厂经费遵新章扣减六分平银共一千九百四十三两一钱二分六厘，应支赍册赴京及自韶来省核办奏销两款盘费洋银共六百十一两，即在解存藩库项内分别解支。通计一年期内，共支销经费银三万七千九百七十八两二钱九分五厘，系将征收耗羡两款全数动支，并在支剩纹水项内凑支银八百六十四两八厘，在长征充公项内凑支银五千一百五十五两九钱五分一厘，另应解木馀添平、饭食、水脚共银四百三十五两六钱九分七厘，亦在长征充公项内动支，统应循案报销。

此届一切解款，现同该年收税细册红单，批委试用通判胡子勷解京投纳,查核支销外,实存正额银五万二千六百七十五两一钱七分五厘、盈馀银一万五千七百六十四两一钱一分一厘、木税额银六百五十两、木税盈馀银六千两、长征充公银二万九千五百二十两二钱三分九厘、倾销纹水银一万一千二百五十八两一钱二分一厘,共存洋银十一万五千八百六十七两六钱四分六厘,将纹水一款扣出支销倾纹之用外,尚银十万四千六百九两五钱二分五厘。遵照部行,拨解光绪二十八年分内务府经费银十万两,随解加平、抬费银三千三百两,又京饷银五万两,又广东省兵饷银三万两,以收抵支,实在不敷支银七万八千六百九十两四钱七分五厘,饬司筹支垫解,俟税收有银,拨还归款。至本届连江海关代征丝税,并计太平关应征额数,已有盈无绌,仍照旧章,由江海关将代征丝税银就近解部,以归简易。

所有报销太平关税接征第三十六年期满收支细数,遵章改奏缘由,除咨户部外,谨缮折具陈,伏乞皇太后、皇上圣鉴,敕部核覆施行。谨奏。光绪二十九年六月二十三日。

朱批:"户部知道。"

《光绪朝朱批奏折》第74辑,第444—445页

723. 奏报广东省光绪二十九年闰五月分雨水田禾粮价及南雄州被水拨款赈抚各情形折

光绪二十九年六月二十三日(1903年8月15日)

调署广东巡抚、升署闽浙总督、江西巡抚臣李兴锐跪奏,为查明闰五月分雨水、田禾、粮价,及南雄州被水,拨款赈抚各情形,恭折具陈,仰祈圣鉴事。

窃照广东省光绪二十九年五月分雨水、田禾、粮价，及鹤山县被水，委勘抚恤情形，业经臣恭折具奏在案。兹查广东省城光绪二十九年闰五月分上、中、下三旬得有大小雨泽十馀次，高低田亩一律均沾，早禾收获已毕，晚禾将次插莳，园蔬杂粮亦皆畅茂。各属禀报，与省城大略相同。粮价较上月稍增，民情安谧，堪以仰慰圣怀。

惟据南雄州禀报，五月二十八日夜大雨倾盆，州属北山一带蛟水骤发，附近之下哆村等处冲倒房屋甚多，淹毙男女二十馀名口，田禾亦多被淹坏，受灾颇重，臣当即批饬该州确切查勘，并令在劝收两粤赈捐内提银二千两，由道委员会同认真查放，妥为抚恤，毋使失所。

除俟散赈禀覆到日再行分别办理外，所有光绪二十九年闰五月分雨水、田禾、粮价，臣谨缮清单，并将南雄州被水拨款赈抚各情形，恭折具奏，伏祈皇太后、皇上圣鉴。谨奏。光绪二十九年六月二十三日。

朱批："知道了。着即认真抚恤，毋任失所。"

《光绪朝朱批奏折》第97辑，第171页

724. 本届癸卯恩科乡试请由学政朱祖谋代办监临片

光绪二十九年六月二十三日（1903年8月15日）①

再，本届癸卯恩科乡试，巡抚例应入闱监临，新任抚臣张人骏尚无到粤准期，自应由臣循例办理。惟现在督臣岑春煊督师西征，

① 底本推定具奏时间在光绪二十九年九月。据中国第一历史档案馆藏"军机处全宗·录副奏折"目录（档号：03—5419—111）、《李勤恪公奏议》卷三（《天津图书馆孤本秘籍丛书（二）》第778页），此片具奏日期实为光绪二十九年六月二十三日。

而东省民心未靖，伏莽滋多，且时有洋务交涉，均需随时核办，臣若驻闱兼旬，恐于地方公事或致贻误。所有本科乡试监临，拟请由臣咨会学政臣朱祖谋，届期入闱代办，其馀科场一切事宜，臣仍当督饬司道，妥为筹办，以重大典。除咨会学政臣查照外，理合附片具陈，伏乞圣鉴。谨奏。

朱批："知道了。"

《光绪朝朱批奏折》第105辑，第244页

725. 审明南海县民黎亚伦等致伤佘灵秀身死一案按律定拟折

光绪二十九年六月二十三日（1903年8月15日）

调署广东巡抚、升署闽浙总督、江西巡抚臣李兴锐跪奏，为审明斗杀命犯，按律定拟，恭折仰祈圣鉴事。

窃准部咨，嗣后命盗死罪案件，无论凌迟、斩绞立决、监候，应由各该省一律改为专案具奏等因。兹查南海县民黎亚伦等致伤佘灵秀身死一案，经前任南海县知县裴景福诣验获犯讯详，批饬审解。兹据将犯审拟，解由广州府知府沈传义审明，经臬司吴引孙覆审解勘，臣提犯亲讯，缘黎亚伦籍隶南海县，与已死佘灵秀邻村居住，素识无嫌。佘灵秀向族内批租村前龙眼树，收果发卖。光绪二十八年六月二十二日午刻，黎亚伦与未获之黎亚江路过佘灵秀村前，因值渴热，见有龙眼果已熟，顺便摘食树上龙眼数枚。适佘灵秀走至看见，斥骂不应私行摘食，黎亚伦等不服回詈，致相争闹。佘灵秀扑向黎亚伦殴打，黎亚江在后拾取地上石块，连掷伤佘灵秀左臂膊、左后肋跑走。佘灵秀追赶不及，转身拾石向黎亚伦掷打，

黎亚伦俯避,拾石在手。余灵秀又低头取石,黎亚伦情急,持石回掷,适伤余灵秀顶心接连囟门倒地。时有余权路见,赶拢救阻不及,黎亚伦跑走,余权报知余灵秀之母余潘氏,将余灵秀抬回医治,讵余灵秀伤重,移时殒命。尸亲报验获犯,讯详饬审。兹据将犯黎亚伦审拟解勘,臣提犯亲讯,据供前情不讳,诘非有心欲杀,亦无起衅别故及另有在场帮欧之人,究鞫不移,案无遁饰。

查律载:"斗殴杀人者,不问手足、他物、金刃,并绞监候。"又例载:"共殴人致死,以后下手伤重者当其重罪。"各等语。此案黎亚伦因与黎亚江摘食余灵秀龙眼树果口角争闹,黎亚江先用石块掷伤余灵秀左臂膊、左后肋,均非重伤,且余灵秀受伤后尚能追赶,拾石向黎亚伦掷打,后被黎亚伦用石块回掷,致伤顶心接连囟门,即行倒地,移时殒命。原验顶心伤至骨碎,其为黎亚伦后下手伤重致死无疑,应以黎亚伦拟抵。查黎亚伦等摘取果食解渴,并非行窃,其因争斗致伤余灵秀身死,自应照斗杀问拟。黎亚伦合依"斗殴杀人者,不问手足、他物、金刃,并绞监候"律,拟绞监候,秋后处决。见证余权救阻不及,应毋庸议。逸犯黎亚江,饬缉获日另结。

除供册分咨部科查照外,所有审明按律定拟缘由,臣谨遵照部章恭折具陈,伏乞皇太后、皇上圣鉴,敕下法司核覆施行。再,此案自光绪二十八年十二月十七日获犯到案起,扣除封印、犯病各一个月,连闰计至七月十六日统限届满,今在限内审办,并无迟逾,合并陈明。谨奏。光绪二十九年六月二十三日。

朱批:"刑部议奏。"

《光绪朝朱批奏折》第108辑,第438—439页

726. 奏请以黄培埮补授平远县知县折

光绪二十九年七月二十日(1903 年 9 月 11 日)

头品顶戴署理两广总督臣岑春煊,调署广东巡抚、升署闽浙总督、江西巡抚臣李兴锐跪奏,为选员请补知县,恭折仰祈圣鉴事。

窃照平远县知县辛元燦,于光绪二十九年五月十九日在任病故,业经汇片奏报,声明所遗平远县知县系选缺,粤东省现有应补人员,请扣留在外,选员请补。此案于闰五月初七日申报到司,已在五月底截缺之后,应勒归五月分截缺办理。是月分正勒病、故、休选缺知县一项,同出有开平县知县、恩平县知县,共三缺,缺项相同,应行签掣先后序补。当经掣得恩平县知县第一、平远县知县第二、开平县知县第三。查奉行郑工例铨补章程内开:道、府、同知、直隶州知州、通判、知州、知县升调所遗及〔告〕病、病故、休致,以及佐贰杂职等官,无论何项所出留补选缺,除坐补原缺、裁缺即用、回避即用、新选新补、留省另补人员不计外,无论何项到班,仍以五缺计算。先用郑工新班遇缺先二人、海防新班先一人,无人,用郑工新班遇缺先人员抵补。至第四缺,海防即、海防先分班轮用一人,第一轮用海防即人员,第二轮用海防先人员,海防先无人,仍用海防即人员,海防即无人,用旧例银捐遇缺先人员,如无人,用旧例银捐遇缺人员,再无人过班,即接用各项轮用班次一人,以五缺为一周。此次新例报捐人员,惟知县一项,郑工新班遇缺先人员遇轮补升调所遗及告病、病故、休致之缺到班时,于各本班中先用正途出身及曾任知县、曾任实缺应升知县者二人,再用各本班中各项出身者一人;如正途出身及曾任知县、曾任实缺应升知县无人,即用各项出身之人。其旧例人员再捐过入新例者，应归新例人员内一律补用。又奉行新海防例铨补章程内开：所有此次遵照新海防例报捐人员，应仍照郑工事例跟接次数、卯数，分别掣签，按班铨补各等因。

同月所出之恩平县知县缺，已用各项大挑本班尽先补用知县陈清源补。今平远县知县缺，应用一郑工及新海防遇缺先人员。查郑工遇缺先无人，应用新海防遇缺先人员。查新海防遇缺先班内现无正途出身及曾任知县、曾任实缺应升知县人员，应以各项出身人员请补。兹选有新海防遇缺先补用知县黄培埮，现年四十六岁，福建南安县人。由廪生投效台湾军营，剿抚生番案内出力蒙保奏，光绪十五年十二月二十日奉上谕："黄培埮着以训导不论双单月遇缺先选用。"钦此。复因劝办顺直振捐案内赏加六品衔。旋遵新海防例报捐县丞，指分广东试用，复加捐知县，仍指分广东试用。又在湖北振捐案内捐加同知升衔，于光绪二十四年七月二十八日蒙钦派王大臣验看，堪以分发，八月十八日引〔见，奉〕旨："着照例发往。"钦此。是月二十日领照起程，于二十四年十二月二十日到省，加捐分缺间补用免试用。复遵新海防例加捐遇缺先补用免试用，吏部过班知照，系坐二十八年三月二十日行文，按照限减半计算，应以五月初四接到部文之日，作为到省日期。并无在粤游幕，前于到省缴照案内声明，缴结详咨在案。该员历事颇多，平实可靠，以之补授平远县知县，洵堪胜任，与例亦属相符。据藩、臬两司具详前来。

相〔应请〕旨，准以新海防遇缺先补用知县黄培埮补授〔平远〕县知县缺。如蒙〔俞〕允，该员系新海防遇缺先补用知县请补〔知县，衔〕缺相当，毋庸送部〔引〕见。除咨部外，臣等遵照新章，改题为奏，谨合词恭折具陈，伏乞皇太后、皇上圣鉴训示。

再，粤东省补缺例限九十日，此缺系勒归本年五月分截缺，应以是月底起限办理，今在限内选员请补，并无迟逾，合并陈明。谨奏。光绪二十九年七月二十日。

朱批："吏部议奏。"

《光绪朝朱批奏折》第19辑，第232—234页

727. 奏请以陈清源署理恩平县知县折

光绪二十九年七月二十日（1903年9月11日）

头品顶戴署理两广总督臣岑春煊，调署广东巡抚、升署闽浙总督、江西巡抚臣李兴锐跪奏，为选员试署知县，恭折仰祈圣鉴事。

窃照恩平县知县蔡景云，于光绪二十九年五月二十六日病故，业经汇片奏报，声明所遗恩平县知县系选缺，粤省现有应补人员，请扣留在外，选员请补。此案于五月二十八日禀报到司，应归五月分截缺办理。是月正勒病、故、休知县一项，同出有开平县知县、平远县知县，共三缺，缺项相同，应行签掣先后序补。当经掣得恩平县知县第一、平远县知县第二、开平县知县第三。查定例，知县告病、病故、休致三项缺出系应归月选者，以一缺题补各项候补并进士即用人员，以一缺题补本班大挑举人。又奉行郑工新例铨补章程内开：道、府、同知、直隶州知州、通判、知州、知县升调所遗及告病、病故、休致，以及佐贰杂职等官，无论何项所出留补选缺，除坐补原缺、裁缺即用、回避即用、新选新补、留省另补人员不计外，无论何项到班，仍以五缺计算。先用郑工新班遇缺先二人、海防新班先一人，无人，用郑工新班遇缺先人员抵补。至第四缺，海防即、海防先分班轮用一人，第一轮用海防即人员，第二轮用海防先人员，海防先无人，仍用海防即人员，海防即无人，用旧例银捐遇缺先人员，如无人，用旧例银捐遇缺人员，

再无人过班，即接用各项轮用班次一人，以五缺为一周。新例报捐各项本班先补用人员，于各项本班轮补到班时，第一次用郑工本班先一人，第二次用海防本班先一人，第三次用郑工本班先一人，第四次用海防本班先一人，郑工无人用海防人员，海防无人用郑工人员，至第五次用旧例银捐本班先之人，如无人用常捐本班先，再无人用各旧例本班先，如又无人始用劳绩本班先之人。又奉行新海防例铨补章程内开：所有此次遵照新海防例报捐人员，应仍照郑工事例跟接次数、卯数，分别掣签，按班铨补各等因。

前出封川县知县缺，已用候补知县邹翼清补；石城县知县缺，已用一新海防遇缺先知县薛铨忠补；广宁县知县缺，已用二新海防遇缺先知县蓝光第补。今恩平县知县缺，轮用海防先、海防即、旧例银捐遇缺先、银捐遇缺各班知县，均无人过班，接用各项，系大挑到班，应先用大挑本班尽先人员。查大挑本班尽先一项，前出博罗县知县缺，已用过新海防大挑本班先陈宗凤补，现应轮用海防本班先，无人，而郑工本班先亦无人，应仍以新海防例报捐大挑本班尽先人员请补。兹选有新海防例大挑本班尽先补用知县陈清源，现年四十八岁，系顺天府密云县人。由增生保送鸿胪寺额外学习序班，应光绪八年壬午科顺天乡试，中式第十六名举人，二十四年戊戌科会试后，蒙钦派王大臣在内阁挑取一等，闰三月初六日引见，十四日奉旨："以知县用。"钦此。签掣广东，四月初一日由吏部给发执照，复遵新海防例加捐归大挑本班尽先补用，四月二十日户部给发捐照，均经祗领起程，七月二十二日到省。查加捐归大挑本班尽先补用吏部过班知照系二十四年五月二十日行文，计七月初四日接到，在到省之先。二十五年甄别堪以补用。并无在粤游幕，业于到省案内声明，详咨在案。该员年方强仕，稳练可造，以之署理恩平县知县，洵堪胜任，与例亦属相符。据藩、臬两司具详前来。

相应请旨，准以新海防例大挑本班尽先补用知县陈清源署理恩平县知县，仍俟试署期满，如果称职，另请实授。臣等遵照新章，改题为奏，谨合词恭折具陈，伏乞皇太后、皇上圣鉴训示。

再，粤东省补缺例限九十日，此缺系归本年五月分截缺，应以是月底起限办理，今在限内选员请补，并无迟逾，合并陈明。谨奏。光绪二十九年七月二十日。

朱批："吏部议奏。"

《光绪朝朱批奏折》第19辑，第234—236页

728. 奏请以冷春膏补授开平县知县折*

光绪二十九年七月二十日（1903年9月11日）

头品顶戴署理两广总督臣岑春煊，调署广东巡抚、升署闽浙总督、江西巡抚臣李兴锐跪奏，为选员请补知县，恭折仰祈圣鉴事。

窃照开平县知县郭占熊，于光绪二十九年五月十一日病故，业经汇片奏报，声明所遗开平县知县系选缺，粤省现有应补人员，请扣留在外，选员请补。此案于五月二十一日禀报到司，应归五月分截缺办理。是月正勒病、故、休知县一项，同出有恩平县知县、平远县知县，共三缺，缺项相同，应行签掣先后序补。当经掣得恩平县知县第一、平远县知县第二、开平县知县第三。查定例，知县告病、病故、休致三项缺出，应归月选者，以一缺题补各项候补并进士即用人员，以一缺题补本班大挑举人，如各项候补并即用无人，仍专

* 底本此折尾缺，推定具奏时间在光绪二十九年，且影印时误将其割裂，与下折杂混。

用大挑举人。又奉行郑工新例铨补章程内开：道、府、同知、直隶州知州、通判、知州、知县升调所遗及告病、病故、休致，以及佐贰杂职等官，无论何项所出留补选缺，除坐补原缺、裁缺即用、回避即用、新选新补、留省另补人员不计外，无论何项到班，仍以五缺计算。先用郑工新班遇缺先二人、海防新班先一人，无人，用郑工新班遇缺先人员抵补。至第四缺，海防即、海防先分班轮用一人，第一轮用海防即人员，第二轮用海防先人员，海防先无人，仍用海防即人员，海防即无人，用旧例银捐遇缺先人员，如无人，用旧例银捐遇缺人员，再无人过班，即接用各项轮用班次一人，以五缺为一周。新例报捐分缺先、分缺间人员，亦应分别酌定轮用各项时，知县以及佐贰等官于各项试用并捐纳正班到班，均准先用、间用到班，应用时先将郑工分缺先、分缺间人员用一次，郑工无人用海防人员，海防无人用郑工人员，均无人用旧例银捐分缺先前、分缺间前之人。其旧例减成分缺先、分缺间人员，仍专俟捐纳正班到班，郑工、海防分缺先、分缺间、旧例银捐分缺先前、分缺间前无人，方准插用。至候补、即用、委用以及各本班先到班，均不准插用新例分缺先、分缺间及旧例分缺先前、分缺间前、分缺先、分缺间之人。此次新例报捐人员，惟知县一项，郑工新例分缺先人员，遇轮补升调所遗及告病、病故、休致之缺到班时，于各本班中先用正途出身及曾任知县、曾任实缺应升知县者二人，再用各本班各项出身者一人，如各本班中正途出身及曾任知县、曾任实缺应升知县人员适遇无人，或不合例，即虚积过班，在于各本班中用各项出身之人。其旧例人员再捐过入新例者，应归新例人员内一律补用。又奉行新海防例铨补章程内开：所有此次遵照新海防例报捐人员，应仍照郑工事例跟接次数、卯数，分别掣签，按班铨补各等因。

同月所出之恩平县知县缺,已用大挑本班尽先补用知县陈清源补;平远县知县缺,已用一新海防遇缺先补用知县黄培埮补。今开平县知县缺,轮用二新海防遇缺先、海防先、海防即、旧例银捐遇缺〔先〕[①]、银捐遇缺各班均无人,过班接用各项,系大〔挑〕正班到班,应先插用分缺先之人。查分缺先〔病、没、休〕知县一项,上次仁化县知县缺,已用一正途出身新海防分缺先补用知县成守正〔补,现〕应用二正途出身及曾任实缺海防分缺先,无人,应仍用新海防分缺先人员请补。兹选有新海防分缺先补用知县〔冷〕春膏,现年四十八岁,系四川铜梁县人。由廪生〔应光绪〕十一年乙酉科本省乡试,中式第七〔十三名举〕人,旋遵〔新〕海防〔例〕报捐知县,指分〔广东试用,于〕光绪二十四年六月二十〔八日蒙钦〕派大臣验看,〔堪以分发,七月十九日引见,奉旨:"着照例发往。"钦此。是月二十日领照起程,于十月二十五日到省。复遵新海防例加捐分缺间补用免试用,复加捐分缺先补用免试用,吏部过班知照系光绪二十五年六月二十日行文(到),按限减半计算,应以八月初四日接到部文。并无在粤游幕,业于到省案内声明,缴结详咨在案。该员志趣端正,勤廉堪事,以之补授开平县知县,洵堪胜任,与例亦属相符。据藩、臬两司具详前来。

相应请旨,准以新海防分缺先补用知县冷春膏补授开平县知县缺。如蒙俞允,该员系新海防分缺先补用知县请补知县,衔缺相当,毋庸送部引见。除咨部外,臣等遵照新章,改题为奏,谨〔合〕[②]词恭折具陈,伏乞皇太后、皇上圣鉴训示。

---

① 原残缺,据中国第一历史档案馆藏"军机处全宗·录副奏折"(档号:03—5422—098)补。下同。

② "合",中国第一历史档案馆藏"军机处全宗·录副奏折"(档号:03—5422—098)亦缺,据文意补。

再，粤东省补缺例限九十日，此缺系归光绪二十九年五月分截缺，应以是月底起限办理，今在限内选员请补，并无迟逾，合并陈明。谨奏〕。〔光绪二十九年①七月二十日〕。

光绪二十九年八月二十六日奉朱批："吏部议奏。"钦此。

《光绪朝朱批奏折》第19辑，第832、835—836页

729. 特参香山县属恭都局绅韦勋廷恃符盘踞逞刁反噬请旨革职究办片*

光绪二十九年七月二十日(1903年9月11日)

再，香山县属恭都局绅、大挑分发江苏知县、乙酉科举人韦勋廷，先被民人萧国贤控其挟嫌抄抢，提省讯结，饬令退办局事，由县另选公正绅士接充。旋据举人张振声等又以该绅韦勋廷扣留谷船，借端勒诈等情，控经广州府委员查覆，批饬驱逐出局，乃尚不知愧悔，辄将该局原有各号扒船驶往别处，故意撞损。迨经前署县葛肇兰会营派差起出，点交接办局绅在籍候选道刘永康验收，韦勋廷仍将局戳、枪械藏匿，迭催不交，犹敢赴司捏控刘永康把持倾陷，复经饬令现署县庄允懿查明，实系该绅韦勋廷恃符盘踞，逞刁反噬，未便稍事姑容。据藩、臬两司会同营务处兼缉捕局司道详请奏参

① 年份，中国第一历史档案馆藏"军机处全宗·录副奏折"(档号:03—5422—098)亦缺。

* 以下两片，底本推定具奏时间在光绪二十八年，作者官职为广东巡抚，姓名及具奏日期不详。按，据中国第一历史档案馆藏"军机处全宗·录副奏折"目录(档号:03—5422—083、03—5422—082)，此两片作者为署理两广总督岑春煊，朱批日期为光绪二十九年八月二十六日，与上折相同，应为同日具奏之附片。据两片内"臣等""合词"字样，知与李兴锐会衔。

前来。臣等覆查无异,相应请旨,将大挑分发江苏知县、乙酉科举人韦勋廷革职,拘案究办,以儆刁横。除咨移部科及江苏抚臣查照外,谨合词附片具奏,伏乞圣鉴训示。谨奏。

朱批:"着照所请,该部知道。"

《光绪朝朱批奏折》第18辑,第513页

730. 委任林兆镛署理归善县知县片

光绪二十九年七月二十日(1903年9月11日)

再,署归善县知县刘镇寰调署增城县知县遗缺,查有儋州知州林兆镛,留心吏事,堪以调署。该员任内并无盗劫已起四参之案。据藩、臬司详请具奏前来。除檄饬遵照外,臣等谨合词循例附片具陈,伏乞圣鉴。谨奏。

朱批:"吏部知道。"

《光绪朝朱批奏折》第18辑,第514页

731. 试用道刘清泰等员到省期满甄别均堪各按本班序补片*

光绪二十九年七月二十日(1903年9月11日)

再,劳绩、捐纳试用各官到省一年期满,例应考察甄别具奏,历

---

*　底本推定具奏时间在光绪二十九年,作者及其职衔、具奏日期不详。按,据中国第一历史档案馆藏"军机处全宗·录副奏折"目录(档号:03—5422—081),此片作者为署理两广总督岑春煊,朱批日期为光绪二十九年八月二十六日。朱批日期与上三件折、片相同,具奏日期亦应相同。又有"臣等"字样,知与李兴锐会衔。

经遵办在案。兹查有试用道刘清泰,试用直隶州知州左棠、蒋庆颐三员,均到省一年期满,据藩、臬两司详请照章考察具奏前来。臣等查试用道刘清泰,宅心长厚,遇事不苟;试用直隶州知州左棠,精明稳练;试用直隶州知州蒋庆颐,留心吏事,均堪各按本班留省照例序补。除将各该员详细履历开单咨部外,谨附片具陈,伏祈圣鉴。谨奏。

朱批:"吏部知道。"

《光绪朝朱批奏折》第19辑,第841页

732. 奏报雷州府同知刘汝霖在差病故日期片

光绪二十九年七月二十日[①](1903年9月11日)

再,雷州府同知刘汝霖,于光绪二十八年九月二十日在差次病故,据藩司具详请奏前来。臣覆查无异,除咨吏部及该故员原籍江苏抚臣查照外,所遗雷州府同知缺,按照二留一咨章程,系第三轮第二留缺,应请扣留在外,选员请补。谨照新章,改题为奏,附片具陈,伏乞圣鉴。谨奏。

光绪二十九年八月二十六日奉朱批:"吏部知道。"钦此。

中国第一历史档案馆藏"军机处全宗·录副奏折",档号:03—5422—084

733. 奏报广东省本年二麦收成分数折

光绪二十九年七月二十日(1903年9月11日)

调署广东巡抚、升署闽浙总督、江西巡抚臣李兴锐跪奏,为查

① 原缺具奏日期。按,此片朱批日期与上四件折、片相同,具奏日期亦应相同。

明二麦收成分数，恭折具陈，仰祈圣鉴事。

窃查光绪二十九年广东省各属栽种二麦收割完竣，据藩司查明收成分数，呈请具奏前来。臣覆加查核，除廉州府、钦州两属及绥瑶、赤溪二厅、新会等二十九州县土性不宜二麦，向不栽种外，查广州府属收成七分有馀，韶州府属收成七分有馀，惠州府属收成七分，潮州府属收成六分有馀，肇庆府属收成六分有馀，高州府属收成七分，雷州府属收成八分，琼州府属收成七分，罗定州属收成七分有馀，连州属收成七分有馀，南雄州属收成八分，嘉应州属收成七分，佛冈厅收成七分，阳江厅收成七分，合计通省二麦收成分数，实在共有七分。臣谨循例缮折具奏，伏乞皇太后、皇上圣鉴。谨奏。光绪二十九年七月二十日。

朱批："知道了。"

《光绪朝朱批奏折》第93辑，第589—590页

734. 广宁县印信模糊请敕部换铸颁给片*

光绪二十九年七月（1903年8月23日—1903年9月20日）

再，前准部咨，嗣后印信篆文将次漫漶，即令早为陈请换铸，倘有因循迁就，不及时请换者，交部议处等因。遵照在案。兹据兼署广东布政使程仪洛详，据署广宁县事候补知县刘朴详称，查广宁县自道光四年三月颁发道字三百三十三号印信一颗，迄今历年已久，

---

* 底本缺作者及其职衔，推定具奏时间在光绪朝。按，据中国第一历史档案馆藏"军机处全宗·录副奏折"目录（档号：03—5422—113），此片作者为署理两广总督岑春煊，朱批日期为光绪二十九年八月二十七日。据朱批日期，可推具奏日期当在此年七月；又有"臣等""合词"字样，知系与李兴锐会衔。

查看篆文均已模糊，应行换铸，造具印模册，呈由该司核明，详候奏请换铸前来。臣等覆查无异，相应请旨，敕部换铸广宁县印信一颗，颁发启用，以昭信守。其旧印俟新印到日，镌刻缴字，另咨送部查销。除将印模册送部外，谨照新章，改题为奏，合词附片具陈，伏乞圣鉴训示。谨奏。

朱批："礼部知道。"

《光绪朝朱批奏折》第33辑，第390页

735. 奏请以于德松署理翁源县知县折

光绪二十九年七月二十九日（1903年9月20日）

头品顶戴署理两广总督臣岑春煊，调署广东巡抚、升署闽浙总督、江西巡抚臣李兴锐跪奏，为选员试署知县，恭折仰祈圣鉴事。

窃照翁源县知县刘永椿，于光绪二十九年闰五月二十五日在任病故，业经奏报声明，所遗翁源县知县系选缺，粤省现有应补人员，应请扣留在外，选员请补。此案于六月初十日申报到司，在闰五月底截缺之后，应勒归闰五月分截缺办理。是月勒归病、故、休知县一项，同出有鹤山县知县，共二缺，缺项相同，同月所出，应行签掣先后序补，当经掣得翁源县知县第一、鹤山县知县第二。查定例，知县告病、病故、休致三项缺出，系应归月选者，以一缺题〔补各项〕①候补并进士即用人员，以一缺题补本班大挑举人，如各项候补并即用无人，仍专用大挑举人。又奉行郑工新例铨补章程内开：道、府、同知、直隶州知州、通判、知州、知县升调所遗及告病、病故、

① 原残缺，据文意补。

休致所出留补选缺,除坐补原缺、裁缺即用、回避即用、新选新补、留省另补人员不计外,无论何项到班,仍以五缺计算。先用郑工新班遇缺先二人、海防新班先一人,无人,用郑工新班遇缺先人员抵补。至第四缺,海防即、海防先分班轮用一人,第一轮用海防即人员,第二轮用海防先人员,海防先无人,仍用海防即人员,海防即无人,用旧例银捐遇缺先人员,如无人用旧例银捐遇缺人员,再无人过班,即接用各项轮用班次一人,以五缺为一周。新例报捐分缺先用、分缺间用人员,亦应分别酌定轮用各项时,知县等官于各项试用并捐纳正班到班,均准先用、间用到班,应用时先将郑工分缺先、分缺间人员用一次,再到班,再将海防分缺先、分缺间人员用一次,郑工无人用海防人员,海防无人仍用郑工人员,均无人用旧例银捐分缺先前、分缺间前之人。其旧例减成分缺先、分缺间人员,仍专俟捐纳正班到班,郑工海防分缺先、分缺间、旧例银捐分缺先前、分缺间前无人,方准插用。至候补、即用、委用以及各本班先到班,均不准插用新例分缺先、分缺间、旧例分缺先前、分缺间前、分缺先、分缺间之人。又奉行新海防例铨补章程内开:所有此次遵照新海防例报捐人员,应仍照郑工事例跟接次数、卯数,分别掣签,按班铨补各等因。

前出恩平县知县缺,已用新海防大挑本班尽先补用知县陈清源补;平远县知县缺,已用一新海防遇缺先补用知县黄培琰补;开平县知县缺,已用新海防分缺先补用知县冷春膏补。今翁源县知县缺,轮用郑工及新海防遇缺先知县无人,海防先、海防即、旧例银捐遇缺先、银捐遇缺各班知县亦均无人,过班接用各项,应用大挑正班人员请补。兹选有大挑试用知县于德松,现年六十岁,系四川潼川府射洪县人。由附生应光绪五年己卯科本省乡试,中式第三十七名举人,十五年己丑科大挑一等,引见,于是年四月初九日奉旨:"准列入一等,照例以知县签掣各省试用。"钦此。经吏部签掣广东,当经给发执照祗领,因科分在后,截留回籍,听候咨取到班,再行赴省试用,于二十一年间咨取来粤。维时已丁父忧,尚未服满,二十三年起复,呈请给咨,于二月初十日由四川督臣验看,给咨赴粤试用,于四月十七日到省。二十四年甄别,堪以补用。并无在粤游幕,业于到省案内声明,详咨在案。该员关心民瘼,老练不矜,以之署理翁源县知县缺,洵堪胜任,与例亦属相符。据藩、臬两司具详前来。

相应请旨,准以大挑试用知县于德松署理翁源县知县缺,仍俟试署一年期满,如果称职,另请实授。除咨部外,臣等遵照新章,改题为奏,谨合词恭折具陈,伏乞皇太后、皇上圣鉴训示。

再,粤东省补缺例限九十日,此缺系归闰五月分截缺,应以是月底起限办理,今在限内选员请补,并无迟逾,合并陈明。谨奏。

光绪二十九年七月二十九日。

朱批:"吏部议奏。"

《光绪朝朱批奏折》第19辑,第262—264页

736. 奏请以陈汝寿补授鹤山县知县折

光绪二十九年七月二十九日[1](1903年9月20日)

头品顶戴署理两广总督臣岑春煊,调署广东巡抚、升署闽浙总督、江西巡抚臣李兴锐跪奏,为选员请补知县,恭折仰祈圣鉴事。

---

① 底本此折尾缺,推定具奏时间在光绪二十九年,具奏日期据中国第一历史档案馆藏"军机处全宗·录副奏折"目录(档号:03—5422—111)确定。

窃照鹤山县知县张向辰，于光绪二十九年闰五月十九日在任病故，业经奏报声明，所遗鹤山县知县系选缺，粤省现有应补人员，应请扣留在外，选员请补。此案于闰五月二十六日禀报到司，应归闰五月分截缺办理。是月正勒病、故、休选缺知县一项，同出有翁源县知县，共二缺，缺项相同，应行签掣先后序补，当经掣得翁源县知县第一、鹤山县知县第二。查定例，知县告病、病故、休致三项缺出，系应归月选者，以一缺题补各项候补并进士即用人员，以一缺题补本班大挑举人，如各项候补并进士即用无人，仍专用大挑举人。又准部咨郑工新例铨补章程内开：道、府、同知、直隶州知州、通判、知州、知县升调所遗及告病、病故、休致，以及佐贰杂职等官，无论何项所出留补选缺，除坐补原缺、裁缺即用、回避即用、新选新补、留省另补人员不计外，无论何项到班，仍以五缺计算。先用郑工新班遇缺先二人、海防新班先一人，无人，用郑工遇缺先人员抵补。至第四缺，海防即、海防先分班轮用一人，第一轮用海防即人员，第二轮用海防先人员，海防先无人仍用海防即人员，海防即无人，用旧例银捐遇缺先人员，如无人，用旧例银捐遇缺人员，再无人过班，即接用各项轮用班次一人，以五缺为一周。新例报捐分缺先用、分缺间用人员，亦应分别酌定轮用各项时，知县以及佐杂等官于各项试用并捐纳正班到班，均准先用、间用到班，应用时先将郑工分缺先、分缺间人员用一次，再到班，再将海防分缺先、分缺间人员用一次，郑工无人用海防人员，海防无人仍用郑工人员，均无人用旧例银捐分缺先前、分缺间前之人。其旧例减成分缺先、分缺间人员，仍专俟捐纳正班到班，郑工、海防分缺先、分缺间、旧例银捐分缺先前、分缺间前无人，方准插用。至候补、即用、委用以及各本班先到班，均不准插用新例分缺先、分缺间及旧例分缺先前、分缺间前、分缺先、分缺间之人。此次新例报捐人员，惟知县一项，郑工新班遇缺先、郑工新例分缺先、分缺间、捐纳试用本班尽先、捐纳试用正班并候补、委用、议叙、捐输、孝廉方正报捐各本班尽先人员，遇轮补、升调所遗及告病、病故、休致之缺到班时，于各本班中先用正途出身及曾任知县、曾任实缺应升知县者二人，再用各本班中各项出身者一人；如正途出身及曾任知县、曾任实缺应升知县无人，即用各项出身之人。外补人员应俟截卯掣签后，由部开单行文，各省按照限减半计算，以接到过班知照部〔文后下〕[①]月所出之缺，一体遵照办理。又准部〔咨新海防〕例铨补章程内开：所有此次遵照新海防〔例报〕捐外官，分发各省试用新海防遇缺先、分缺先、分缺间各项本班尽先补用人员，自应仍照郑工事例跟接次数、卯数，分别掣签，按班铨补。又准部咨，各省道府以至未入流报捐分先、分间、本班先花样，照遇缺先章程加扣限期，以一年为限，在省加捐者，接到过班部文一年以外之缺方准请补；领照赴省者，到省后一年以〔外之〕缺方准请补各等因。

同月所出之翁〔源县知县〕缺，已轮用大挑正班试用知县于德松〔补。今此〕缺按班应轮用郑工及新海防遇缺先、海防先、海防即、旧例银捐遇缺先、银捐遇缺均无人，过班接用各项，应以分缺间用人员插补。又查分缺间一项，前出阳山县知县缺，轮用第一次正途出身新海防例分缺间用知县葛长春补，现应轮用海防例分缺间〔正〕途〔曾〕任及各项出身均无人，郑工例分缺间〔亦无〕人，应以新海防例第二次正途曾任分缺间用知县人员插补。查新海防正途曾任班内之潘志裘丁忧服满，就近在京呈请起复，现未

① 原残缺，据《申报》光绪二十九年九月二十三日（1903 年 11 月 11 日）第 10979 号第 14 版《京报全录》补。下同。

接准部覆准其起〔复〕,不合补用,此外无人,应以新海防例各项出身分缺间用知县人员请补。兹选有各项出身新海防分缺间用知县陈汝寿,现年四十三岁,系顺天府大兴县人。由监生于光绪十一年在直隶藩库遵海防新例捐道库大〔使〕,归新班〔先选〕用。是年十一月,奉文选授广东雷琼道库大使,领凭到省,于十二年八月二十四日到任。历俸六年期满,请验看卸事,〔告假回籍修〕墓。由浙省捐输局苏浙赈捐案内报〔捐蓝翎,复〕在淮北顺浙赈捐局遵新海防例报捐知县,指分广东试用,并加同知升衔,于二十一年九月二十八日经钦派王大臣验看,十月十九〔日由吏部带领引〕见,奉旨:"着照例发往。"钦此。二十一日领〔照起程出京,于二〕十二年四月初六日到省。复〔遵新海防例加捐〕分缺间补用免试用,吏〔部〕过〔班知照,系二十二〕年八月二十日行文,计〔十月初四日接到序〕补。丁忧服满,二十七年十月初二日回省,是年奉准起复。并无在粤游幕,业于到省案内声明,缴结详咨在案。该员年〔力正盛,留〕心吏治,以之补授鹤山县知县,洵堪胜〔任,与例亦属〕相符。〔据藩〕、臬两司具详前来。相应请旨,准以新海防分缺间用知〔县陈〕汝寿补授鹤〔山县〕知县缺。如蒙俞允,该员系新海防分缺间〔用知县请补知县,衔缺〕相当,毋庸送部引〔见〕。除咨部外,臣等遵照新〔章〕,改题〔为奏,谨合词恭折〕具陈,伏乞皇太〔后〕、皇上圣鉴训示。再,粤东省补〔缺例限九十日,此缺〕归〔闰〕五月分截缺,应以〔是月底起限办理,今在限〕内详办,并无〔迟逾,合并陈明。谨奏〕。

〔奉朱批:"吏部议奏。"钦此。〕

《光绪朝朱批奏折》第19辑,第833—835页

737. 奏报筹解广东光绪二十九年第三批厘金京饷等款银数折

光绪二十九年七月二十九日(1903年9月20日)

头品顶戴署理两广总督臣岑春煊,调署广东巡抚、升署闽浙总督、江西巡抚臣李兴锐跪奏,为筹解光绪二十九年第三批厘金京饷等款银数,及交商汇解,定限日期到京,恭折仰祈圣鉴事。

窃照广东省应解光绪二十九年分京饷银两,先于本年四月十九日筹解第一批共银十六万四千三百四十七两八钱二分六厘,又于六月二十一日筹解第二批共银十万零二千三百九十九两一钱三分,委员领解赴京投纳,均经奏报在案。兹据兼署广东布政使、按察使程仪洛详称,京饷关系紧要,现再竭力筹解厘金银元三万两、九二补水银元二千六百零八两六钱九分六厘,东北边防经费银元二万两、九二补水银元一千七百三十九两一钱三分,地丁京饷银三万两,固本饷银三万两,太平关常税奉拨内务府经费银二万两,随解加平、抬费银六百六十两,又厘金添拨另筹内务府经费银二万两,随解加平、抬费银六百六十两,共银十五万五千六百六十七两八钱二分六厘,作为第三批起解,于光绪二十九年七月二十九日发交商号等汇兑,限九月十五日至京投纳等情,详请具奏前来。臣等覆核无异,除咨户部、内务府外,谨合词恭折具奏,伏乞皇太后、皇上圣鉴。谨奏。光绪二十九年七月二十九日。

朱批:"该衙门知道。"

《光绪朝朱批奏折》第89辑,第827—828页

738. 奏报广东省光绪二十九年六月分雨水田禾粮价情形折

光绪二十九年七月二十九日(1903 年 9 月 20 日)

调署广东巡抚、升署闽浙总督、江西巡抚臣李兴锐跪奏,为查明六月分雨水、田禾、粮价情形,恭折具陈,仰祈圣鉴事。

窃照广东省光绪二十九年闰五月分雨水、田禾、粮价,及南雄州被水,拨款赈抚各情形,业经臣恭折具奏在案。兹查广东省城光绪二十九年六月分上、中、下三旬得有大小雨泽十馀次,田亩一律均沾,晚禾秀发,园蔬杂粮亦皆畅茂。各属禀报,与省城大略相同。粮价较上月稍减,民情安谧,堪以仰慰圣怀。所有光绪二十九年六月分雨水、田禾、粮价情形,臣谨缮清单,恭折具奏,伏祈皇太后、皇上圣鉴。谨奏。光绪二十九年七月二十九日。

朱批:"知道了。"

《光绪朝朱批奏折》第 97 辑,第 188—189 页

739. 拿获富有票匪首道修即行正法枭示等事片 *

光绪二十九年八月初十日(1903 年 9 月 30 日)

再,查广东省巡警总局访获匪犯黄汉元、史鉴堂二名,黄汉元

---

* 与署理两广总督岑春煊会衔。底本推定具奏时间在光绪二十九年三月至十二月。据中国第一历史档案馆藏"军机处全宗 · 录副奏折"目录(档号:03—7380—009),此片具奏日期为光绪二十九年八月初十日。

自愿拿匪赎罪,即供明富有票匪首僧人道修住址,当派弁勇驰往归善县属地方,拿获道修即李胡子又名李金彪一名,解到营务处兼缉捕局司道督同委员提讯。据道修即李胡子又名李金彪供,年六十岁,湖南长沙县人,原名飞鹏,于同治三年克复江宁发逆案内保举外委,递保守备,又于同治十年克复苗匪案内递保游击,向追奖札,据称被人拐去,无凭追缴。并据供认,入哥老会多年,充正龙头,散票敛钱,纠人入会,不记次数。光绪二十五、六等年,先后与唐才常、康有为等谋乱长江,并到上海、香港、澳门等处散放富有票,与各逆匪商谋起事,复送信往镇江,勾结徐老虎,旋因争论银钱,各怀意见,随回广东,再招旧党。后闻会党朱香楚获案供开,即畏惧剃发为僧等情。查该犯道修以哥老会正龙头与首逆唐才常等谋乱长江,并散放富有票,勾结各处会匪,希图起事,实属罪大恶极,光绪二十六年准湖广督臣咨行通缉,并据已获办之朱香楚供开有案。该犯漏网多年,一旦就获,即已讯供确凿,未便再稽显戮,臣当经批饬,照章将该犯即行正法,枭首示众。至黄汉元供认入会从逆,亦属罪犯应死,惟一经拿获,即供明首匪姓名、住址,能使要案巨憝立正典刑,输诚自赎,应即量从末减。惟拿案供明与投首密报者有间,未便照章免罪,酌量贷其一死,发交南海县永远监禁,不准援减。又史鉴堂一名,讯无入会为匪情事,惟与会匪同屋居住,并不首告,咎有应得,应杖责,递籍严加管束,毋再游荡滋事。据广东营务处兼缉捕局禀请奏咨前来。臣等覆核无异,除咨明刑部及移湖广督抚臣查照,并饬移行严缉各逸犯,务获究报外,谨合词附片具陈,伏乞圣鉴训示。谨奏。

朱批:"知道了。"

《光绪朝朱批奏折》第118辑,第176—177页

740. 广东省光绪二十一年至二十五年各营练兵支过加饷银两奏销折

光绪二十九年八月十八日(1903 年 10 月 8 日)

头品顶戴兵部尚书衔、署理两广总督臣岑春煊，调署广东巡抚、升署闽浙总督、江西巡抚臣李兴锐跪奏，为本省各营练兵积年支过加饷银两，造册报销，恭折仰祈圣鉴事。

窃照广东省各营练兵加饷，照章每名每月加支银一两八钱，约五六年报销一次，光绪二十年以前各营支过加饷银两，业经分造册籍，报部核覆准销在案。自光绪二十一年正月起，暂截至二十五年年底止，通省各营练兵，仍照定章加饷，共支过练兵加饷银七十七万四千九十四两七钱二分有零。据各该营将官报由广东海防、善后局司道吴引孙等核明，造具四柱总散清册，详请奏咨前来。臣等覆核无异，除各册分送各部查核外，谨合词缮折具陈，伏乞皇太后、皇上圣鉴，敕部照案核销施行。谨奏。光绪二十九年八月十八日。

朱批："该部知道。"

《光绪朝朱批奏折》第 63 辑，第 116 页

741. 奏报汇解广东省光绪二十九年第二批固本兵饷银数折

光绪二十九年八月十八日(1903 年 10 月 8 日)

头品顶戴兵部尚书衔、署理两广总督臣岑春煊，调署广东巡抚、升署闽浙总督、江西巡抚臣李兴锐跪奏，为汇解广东省光绪二

十九年第二批固本兵饷银数、起程日期,恭折具陈,仰祈圣鉴事。

窃查广东省光绪二十九年分京饷各款,前奉户部咨拨固本饷银十三万两,业于本年四月间筹拨银三万两,作为第一批固本之饷,派委分省同知沈启滐等领解,赴京投纳,随时奏报在案。兹复筹措银三万两,作为本年第二批固本饷银,于二十九年七月二十九日发交商号源丰润等汇兑至京,限令于九月十五日前赴户部投纳。据兼署广东布政使程仪洛详请奏咨前来。臣等覆核无异,除咨部查照外,谨合词恭折具陈,伏乞皇太后、皇上圣鉴。再,此次未据藩司派委解员,系因节省经费起见,合并声明。谨奏。光绪二十九年八月十八日。[1]

《光绪朝朱批奏折》第63辑,第117页

742. 奏报广东省光绪二十八年下半年收解厘金数目折

光绪二十九年八月十八日(1903年10月8日)

头品顶戴兵部尚书衔、署理两广总督臣岑春煊,调署广东巡抚、升署闽浙总督、江西巡抚臣李兴锐跪奏,为广东省光绪二十八年下半年收解厘金数目,开单具陈,仰祈圣鉴事。

窃照广东厘金收解各数目,于同治八年奉文,照两淮盐厘式样,半年开单奏报一次,历经奏报至光绪二十八年六月在案。兹查光绪二十八年七月起至十二月止,各厂关共收货厘洋银八十七万六千六十九两二钱二分五厘九毫,共收盐厘洋银四万三千五百六十两三钱四分六厘,共收备还镑款洋银九十二万八千八百六十两,

① 底本无朱批。

通共收洋银一百八十四万八千四百八十九两五钱七分一厘零，通共(收)〔支〕洋银一百七十一万三千九百七十六两二钱七分九厘零，连上届馀款，应存洋银一十三万四千五百一十三两二钱九分一厘零。据兼署广东布政使程仪洛会同厘务局司道造册，详请奏咨前来。臣等覆核无异，理合缮具清单，恭呈御览。至盐厘，系改归运司按引抽收，是以清单内不列各厂名目。除将册籍咨送户部查核外，谨合词恭折具陈，伏乞皇太后、皇上圣鉴训示。谨奏。光绪二十九年八月十八日。

朱批："户部知道，单并发。"

《光绪朝朱批奏折》第78辑，第600—601页

743. 奏报汇解广东本年第二批筹备饷需银两片*

光绪二十九年八月十八日(1903年10月8日)

再，查光绪二十九年分筹备饷需，奉文指拨广东省银二十万两等因。奉此，遵于本年四月间筹措第一批饷银四万两，汇兑至京，派员支取，赴部交纳，随时奏报在案。兹已季夏，应即赶筹续解，而司库艰窘，亟须设法，爰向商号新泰厚等借拨三万两，作为二十九年第二批筹备饷银，仍令该商号等汇兑至京，派委候补通判胡子勷等领赍汇单，定于六月二十一日起程，由海道进京，支取银两，赴户部交纳应用。据兼署广东布政使吴引孙详请奏咨前来。臣覆核无异，除咨部

---

* 底本推定作者为署理两广总督岑春煊，具奏时间在光绪二十九年六月。按，文中云"谨会同署广东巡抚臣李兴锐合词附片具陈"，知系岑春煊与李兴锐会衔。又据中国第一历史档案馆藏"宫中档案全宗·朱批奏折"目录(档号：04—01—35—1065—035)，此片具奏日期实为光绪二十九年八月十八日。

查照外，谨会同署广东巡抚臣李兴锐合词附片具陈，伏乞圣鉴。谨奏。

朱批："户部知道。"

《光绪朝朱批奏折》第89辑，第809页

744. 奏请将粤省书院全改为学堂并酌提学费折

光绪二十九年八月十八日[①]（1903年10月8日）

头品顶戴兵部尚书衔、署理两广总督臣岑春煊，调署广东巡抚、升署闽浙总督、江西巡抚臣李兴锐跪奏，为请将粤省书院全改为学堂，并酌提各属宾兴、学田等款，以充学费，恭折仰祈圣鉴事。

窃维兴学一事，屡奉诏旨，敦促举行。近来士气日嚣，邪说诐辞，日新月异，后生末学，惑溺日多，尤非迅速广设学堂，范以《钦定章程》，不足以收经正民兴之效。臣春煊有见于此，是以奏设两广学务处，饬该处设立两广师范学堂，以备储教员，并声明该处办法，当注重德育，以植其根基，广兴蒙小学、实业学，以求其溥育。臣兴锐亦早见及，适因奉旨调任闽浙，是以未及举行。惟是全省举兴学堂，经费浩繁，当此财尽民穷，筹款甚非易事。臣等再三商酌，计惟有将全省书院悉改学堂，校舍既稍具规模，经费亦可资挹注，不敷之数，先尽各原有之宾兴、学田及一切闲款酌拨应用，倘有不足，始议他筹，并将省城越华书院改为学务处办公之地。如此一转移间，事不繁扰，学可渐兴，庶无负朝廷昌明正学、作育人才之盛意。倘有劣绅出而把持抵抗，即由臣随时酌惩，以为阻挠

① 底本缺具奏日期。据中国第一历史档案馆藏"军机处全宗·录副奏折"目录（档号:03—7213—018），此折具奏日期为光绪二十九年八月十八日。

兴学者戒。除将办理情形续行具奏,并分(资)〔咨〕查照外,所有请将粤省书院全改为学堂,并酌提宾兴、学田等款,以充学费各缘由,谨会同学臣朱祖谋合词恭折具奏,伏乞皇太后、皇上圣鉴。谨奏。

奉朱批:"着照所请,务即饬令妥为筹办,期收实效,片并发。"钦此。

《申报》光绪二十九年十月十一日(1903 年 11 月 29 日)
第 10997 号第 13—14 版《京报全录·九月十八日》

745. 创设两广学务处并饬该处先设两广师范学堂片 *

光绪二十九年八月十八日(1903 年 10 月 8 日)

再,兴学一事,迭奉诏旨,敦迫举行,在前日已属要图,在今日尤为急务。缘近来士习益嚣,诐辞益甚,年少聪明之子,胸无根柢,偶闻一二新说,便尔沉溺,不计是非,若非广兴学堂,范以《钦定章程》,学术日漓,隐忧方大。广东学务,经前督臣陶模极力提倡,旋以疾去官,现署抚臣李兴锐议设全省师范学堂,适蒙恩调任,均系甫引其端,未竟其绪,广西则以兵荒交迫,益觉未遑。是以兴学之诏奉已两年,而两省不但少新办之学堂,且并旧有之书院亦相沿未改,是非急图举办,不足以副朝旨而正人心。惟是兹事体大,至重至繁,必须设一总汇之区,始可以资督率。拟即援照三江师范学堂及直隶学校司、湖北学务处办法,设立两广学务处,除武备学堂外,自高等学堂以下,及实业学堂,均隶该处,由臣遴员办理。并饬该

* 与署理两广总督岑春煊会衔。

处先设两广师范学堂，以储教员，注重德育，以植其基，广兴蒙小学、实业学，以求其普，但使后来者不以为无益，遽加废弃，更求明习教育者，督率稽核，务求完备，则该处不同虚设，或冀有经正民兴之一日。除将办理情形续行具奏，并分咨查照外，所有创设两广学务处缘由，谨附片具陈，伏乞圣鉴。谨奏。

朱批："览。"

中国第一历史档案馆藏"宫中档案全宗·朱批奏折"，档号：04—01—38—0191—004；《申报》光绪二十九年十月十一日(1903 年 11 月 29 日)第 10997 号第 14 版《京报全录·九月十八日》

746. 奏报广东奉文筹备铜圆委员解部应用折*

光绪二十九年八月十八日(1903 年 10 月 8 日)

头品顶戴兵部尚书衔、署理两广总督臣岑春煊，调署广东巡抚、升署闽浙总督、江西巡抚臣李兴锐跪奏，为奉文筹备铜圆，委员解部应用，恭折仰祈圣鉴事。

窃准户部咨，前奉上谕："着福建、广东、江苏等省将所铸铜圆赶紧各解数十万圆，投交户部。"等因。钦此。嗣据各该省两次解到前项铜圆，经本部奏准搭放在京满汉文武各员官俸在案。兹查浙江送到铜圆式样，与广东等省相等，自应赶紧铸造数十万圆，一律委员解部，以资应用。行令转饬该局员，将前项铸就二等铜圆，

* 底本此折尾缺，缺具奏日期，推定具奏时间在光绪二十九年三月至六月。按，《申报》光绪二十九年十月十一日(1903 年 11 月 29 日)第 10997 号第 13 版《京报全录·九月十八日》载此折，题为《署粤督岑等奏报委员管解铜元赴部投纳折》，其后即为上两件折、片，则此折当系同一批折件，具奏日期相同。

仍照前两次成案,委员运解数十万圆,限本年六月以前赴部投纳,以凭搭放秋季官俸等因。当经转行遵办去后。兹据广东海防、善后局司道吴引孙等详称,奉到前因,遵即筹备二等铜圆六十万个,分装三百包,每包二千个,遴委候补典史兴仁附轮解赴户部交纳应用等情,请即奏咨前来。臣等覆核无异,除咨明户部外,谨合词恭折具陈,伏乞皇太后、皇上圣鉴,敕部查照。谨奏。

朱批:"户部知道。"

《光绪朝朱批奏折》第 92 辑,第 249 页

747. 奏请以向万鑅补授雷琼道折

光绪二十九年八月二十五日(1903 年 10 月 15 日)

头品顶戴署理两广总督臣岑春煊,调署广东巡抚、升署闽浙总督、江西巡抚臣李兴锐跪奏,为海疆要缺拣调乏人,请以遗缺道员补授,恭折仰祈圣鉴事。

窃臣等于光绪二十九年五月二十一日接准部咨,四月初二日钦奉上谕:"广东雷琼道员缺紧要,着该督抚于通省道员内拣员调补,所遗员缺,着向万鑅补授。"钦此。伏查雷琼道一缺,管辖两府十六州县,驻扎琼州,民黎杂处,四面环海,抚驭巡防,均关紧要,非才识明练、实心任事之员,不足以资治理。臣等率同藩、臬两司于通省道员及正途出身人员内逐加遴选,非现居要缺,即人地未宜,实无堪调之员。查新授雷琼遗缺道向万鑅,年五十九岁,湖南长沙府善化县人。庚午科优贡,以教职用,因随同援黔各军克复丹江、凯里,保以知县分省补用。光绪四年捐指广西,领照到省。八年准补柳城县知县,十年补太平府龙州同知,十六年补梧州府知府,二

十二年补桂平梧盐法道,因案革职开缺。二十四年投效南洋,委办吴淞开埠事宜,经前两江督臣以才能可用,保送引见,二十五年三月初八日奉上谕:“向万鑅着交刘坤一差遣委用,遇有江苏知府缺出,即行补用。”钦此。领照到省。九月二十八日奉上谕:“镇江府知府员缺,着向万鑅补授。”钦此。十二月十七日到任。二十七年调补苏州府知府。二十九年四月初二日蒙恩简放广东雷琼遗缺道,八月初九日到省。该员识力超迈,才具优长,以之请补雷琼道,洵堪胜任。合无仰恳天恩,俯准以向万鑅补授雷琼道,实于海疆要缺有裨。臣等谨合词恭折具奏,伏乞皇太后、皇上圣鉴训示。谨奏。光绪二十九年八月二十五日。

朱批:“着照所请,吏部知道。”

《光绪朝朱批奏折》第19辑,第319—320页

748. 委任史继泽署理惠州府知府片*

光绪二十九年八月二十五日(1903年10月15日)

再,署惠州府知府熊世池因案撤任留缉,所遗惠州府知府篆务,查有试用知府史继泽,明慎平实,堪以署理。据兼署藩司程仪洛具详前来。除檄饬遵照外,臣等谨合词附片具陈,伏祈圣鉴。谨奏。

朱批:“吏部知道。”

《光绪朝朱批奏折》第19辑,第320页

* 与署理两广总督岑春煊会衔。

749. 奏报惠来县知县王春霖在任病故日期片

光绪二十九年八月二十五日(1903 年 10 月 15 日)

再,惠来县知县王春霖,系湖南衡阳县人,于光绪二十九年七月二十三日在任病故。据兼署广东布政使、按察使程仪洛详请具奏前来。臣覆查无异,除咨吏部及湖南抚臣查照外,所遗惠来县知县缺,粤省现有应补人员,应请扣留在外,选员请补,理合附片具奏,伏乞圣鉴。谨奏。

朱批:"吏部知道。"

《光绪朝朱批奏折》第 19 辑,第 321 页

750. 前署翁源县事已故候补知县贾培业欠解银米请旨革职勒追片*

光绪二十九年八月二十五日(1903 年 10 月 15 日)

再,据兼署广东布政使、按察使程仪洛会同署督粮道姚文倬详称,查有前署翁源县事已故候补知县贾培业征存正杂款银五千七百二十四两二钱八分五厘、米四十九石五斗七升一合四勺,迭经严催,未据完解。查该故员贾培业籍隶广州驻防汉军正黄旗,请奏参革职勒追,并将家产先行查封备抵等情前来。相应请旨,将前署翁源县事已故候补知县贾培业即行革职,勒限该故员家属四个月内将征存银米扫数完解,并请饬下广州将军臣查明该故员贾培业家

---

* 与署理两广总督岑春煊会衔。

产,先行查封,倘仍不清解,即行变价备抵,以重库款。除檄饬现任翁源县查明该故员任所有无寄顿资财、房产,照例详办,并咨部外,所有参追知县欠解银米缘由,谨合词附片具陈,伏乞圣鉴训示。谨奏。

朱批:"着照所请,该部知道。"

《光绪朝朱批奏折》第84辑,第113页

751.奏报广东省本年早稻收成分数折

光绪二十九年八月二十五日(1903年10月15日)

调署广东巡抚、升署闽浙总督、江西巡抚臣李兴锐跪奏,为恭报早稻收成分数,仰祈圣鉴事。

窃照禾稻收成,关系民食,例应查明分数,恭折具奏。兹广东省光绪二十九年早稻登场,据兼署广东布政使、按察使程仪洛将各属收成分数查明汇报前来。臣覆加查核,广州府属收成七分,韶州府属收成七分,惠州府属收成七分有馀,潮州府属并南澳厅所属隆、深二澳收成七分有馀,肇庆府属收成七分,高州府属收成七分,雷州府属收成七分有馀,廉州府属收成六分有馀,琼州府属收成六分有馀,罗定州属收成七分,连州属收成七分,南雄州属收成六分有馀,嘉应州属收成七分,钦州属收成六分有馀,佛冈厅收成七分,绥瑶厅收成八分,阳江厅收成七分,赤溪厅收成八分,合计通省早稻收成实共七分。臣谨循例具陈,伏乞皇太后、皇上圣鉴。谨奏。光绪二十九年八月二十五日。

朱批:"知道了。"

《光绪朝朱批奏折》第93辑,第605—606页

752. 奏报广东省光绪二十九年七月分雨水田禾粮价情形折

光绪二十九年八月二十五日(1903 年 10 月 15 日)

调署广东巡抚、升署闽浙总督、江西巡抚臣李兴锐跪奏,为查明七月分雨水、田禾、粮价情形,恭折具陈,仰祈圣鉴事。

窃照广东省光绪二十九年六月分雨水、田禾、粮价各情形,业经臣恭折具奏在案。兹查广东省城光绪二十九年七月分上、中、下三旬得有大小雨泽十馀次,高低田亩一律均沾,晚禾秀发,园蔬杂粮亦皆畅茂。各属禀报,与省城大略相同。粮价较上月稍减,民情静谧,堪以仰慰圣怀。所有光绪二十九年七月分雨水、田禾、粮价,臣谨缮清单,恭折具奏,伏乞皇太后、皇上圣鉴。谨奏。光绪二十九年八月二十五日。

朱批:"知道了。"

《光绪朝朱批奏折》第 97 辑,第 197 页

753. 审拟佛冈厅民黄燉滔等共殴命案一起摘由附奏片

光绪二十九年八月二十五日(1903 年 10 月 15 日)

再,现准刑部咨,钞录原奏内开:嗣后寻常命盗死罪案件,由题改奏者,应令遵照光绪二十六年奏定章程,一律改为汇案具奏,奉旨:"依议。"钦此。自当钦遵办理。兹查佛冈厅民黄燉滔与在逃之黄燉糍共殴致伤无服族人黄敬秀越十日身死一案,先经该前署厅验详饬缉,嗣据凶犯黄燉滔投首讯供,解由臬司行提人证质明,议

拟解勘。臣提犯亲讯无异，将黄熾滔依“共殴人致死，下手致命伤重者，绞监候”律，拟绞监候，秋后处决，经将供勘咨部在案。臣因将近交卸，未及听候汇案。所有审拟共殴命案一起缘由，谨摘由附片具奏，伏乞圣鉴。谨奏。

朱批：“刑部议奏。”

《光绪朝朱批奏折》第108辑，第476页

754. 委任滕桂森署理电白县知县片*

光绪二十九年九月初四日（1903年10月23日）

再，署电白县知县蒋希曾因案撤任留缉遗缺，查有新选兴宁县知县滕桂森，精明稳慎，堪以署理。据兼署藩司程仪洛具详前来。除檄饬遵照外，臣等谨循例附片具陈，伏乞圣鉴。谨奏。

朱批：“吏部知道。”

《光绪朝朱批奏折》第19辑，第359页

755. 奏报黄江税厂第十七次额内额外征收解支各数目折

光绪二十九年九月初八日（1903年10月27日）

头品顶戴兵部尚书衔、署理两广总督臣岑春煊，调署广东巡抚、升署闽浙总督、江西巡抚臣李兴锐跪奏，为黄江税厂第十七次

---

* 底本推定此片为李兴锐单衔具奏。按，据中国第一历史档案馆藏“军机处全宗·录副奏折”目录（档号：03—5425—081），此片作者为署理两广总督岑春煊，又文中有“臣等”字样，知系岑春煊与李兴锐会衔。

造报额内额外征收、解支各数目，恭折具陈，仰祈圣鉴事。

窃照肇庆府黄江税厂，无闰之年应征正税银一万二千八百八十六两六钱九分五厘、院司养廉银三百八十六两六钱一厘、羡馀银一万五千九百六十七两六钱九分五厘，加征盈馀连加增银二万两、桥羡连加增银一万两，共银五万九千二百四十两九钱九分一厘，作为额征之数，解交藩库。此外多征银两，作为额外节省，解交善后局库。统征若干，除支销厂用外，将额外多征暨额内盈馀、桥羡两项中之加增银两，计能溢解加倍者，将经征委员请奖鼓励。自光绪十二年改章后，分别有闰、无闰，按年截月造册奏报一次，历经奏报至光绪二十八年五月二十一日第十六次在案。

兹查自光绪二十八年五月二十二日起至二十九年五月二十一日止，又已扣满一年，中间并未遇闰，计征收税银一十三万七千四百四十一两五钱五分一厘，又由罗定桂皮地税项下划还该厂税银六千九百九十七两七钱九分六厘，共征银一十四万四千四百三十九两三钱四分七厘。除支销厂用不及一成银一万一千五百八十八两五钱六分止，该银一十三万二千八百五十两七钱八分七厘，解过藩库四项额征银五万九千二百四十两九钱九分一厘，解过善后局库额外节省银七万三千六百九两七钱九分六厘，是为额内、额外之正数。至溢解之法，向以额内盈馀、桥羡两项中之加增银一万二千两算作溢解之数，计共溢解银八万五千六百九两七钱九分六厘，加多几至倍半。经征之员，照章本应请奖，惟系两员接征，应即毋庸给奖。据黄江税务委员先用知县沈毓岱会同肇庆府知府造具收支清册，申由兼署布政使程仪洛、善后局司道会核，转请奏咨前来。臣等覆核无异，除将清册咨部外，谨合词恭折具陈，伏乞皇太后、皇上圣鉴训示。谨奏。光绪二十九年九月初八日。

朱批:"户部知道。"

《光绪朝朱批奏折》第 74 辑,第 464—465 页

756. 奏报广东自造新式枪械支过添厂购机工料等项银数请敕部立案片*

光绪二十九年九月初八日(1903 年 10 月 27 日)

再,查广东沿边沿海,在在均关紧要,递年水陆营勇、练军操防需用子药、铅丸,为数甚巨,凡可以由制造两局制办修理者,无不随时预备。迨光绪二十七年准政务处咨,更定兵制,酌分常备、续备、巡警各军案内,以各营军械不一,实为军中一大弊。现钦奉谕旨,一律操习新式枪炮,所有旧日兵器籐牌、长矛、土枪等类,一概停止等因。准此,复在该两局内设法扩充,于光绪二十八年添建厂屋,多募工匠,并向外洋添购机器、车床等项,自造新式枪械,藉资利用。计添厂、购机、工料等项,共支过银十四万四千馀两。兹据广东善后局司道照章详请先行具奏,并列册报部立案,续再报销前来。臣等覆核无异,除册籍分送各部立案外,谨附片具陈,伏乞圣鉴,敕部立案。谨奏。

朱批:"该部知道。"

《光绪朝朱批奏折》第 63 辑,第 129 页

---

* 底本推定作者为署理两广总督岑春煊。据文中"臣等"字样,知系与李兴锐会衔。

757. 奏报广东光绪二十八年分修理炮台等项工程用过银数请敕部立案片*

光绪二十九年九月初八日(1903年10月27日)

再,广东省修建炮台、兵房、营房以及庙宇、署局、马头、卡房各工程,向均在外销项下筹给,并不达部造报。光绪二十五年钦差大臣刚毅来粤筹饷,将内外销款目和盘托出,以后即按年将此项支用银数先行具奏,并列册报部立案,续再报销在案。兹查光绪二十八年分修理炮台、营房、庙宇、署局、马头、卡房等项工程,共用银一万八千馀两,据广东善后局司道照案造册,详请奏咨前来。臣等覆查无异,除册籍分送各部立案外,谨附片具陈,伏乞圣鉴,敕部立案。谨奏。

朱批:"该部知道。"

《光绪朝朱批奏折》第64辑,第782页

758. 举劾属吏以端治体折

光绪二十九年九月十四日(1903年11月2日)

调署广东巡抚、升署闽浙总督、江西巡抚臣李兴锐跪奏,为举劾属吏,以端治体,恭折仰祈圣鉴事。

窃维为政之道,全恃用人,《论语》称"举直错诸枉,能使枉者直",盖治国平天下之大经无逾此者。臣扬历各省,于所属寮寀未

* 与署理两广总督岑春煊会衔。

尝不留心考察，思得一二干济之才，举而上诸朝廷，以补时艰；其有不肖者，亦必劾而去之，俾免害马乱群之诮。今将交卸赴闽，谨再将在粤考察所及者，为圣主一一陈之。

如在任候补道广州府知府沈传义，由河南牧令起家，历经前河南抚臣倪文蔚、刘树棠、裕长交章论荐，蒙恩特简知府。到粤后，各前督抚臣均称之曰能，迭经保奏，奉旨交军机处存记并送部引见，钦遵在案。臣查该员沈传义，勤政爱民，才识稳练，历任繁要，治效卓然，实为道府中不可多得之选。

又廉州府知府郭之全，器识坚定，为守兼优，在任兼统防营，治军抚民，夙夜匪懈，舆论翕然。琼州府知府刘尚伦，办事结实，不避劳怨。琼州孤悬海外，抚黎捕盗，均关紧要，该员措置裕如。广东试用知府陈望曾，才长心细，操守谨严，前曾署理广州府事，舆论至今推之。补用同知署香山县知县庄允懿，心地光明，才优守洁，历署繁剧，颇著政声，现任香山，办理缉捕，尤能不辞劳瘁。番禺县知县吕道象，才具稳慎，在任办事，颇能实心爱民。现署澄海县事、龙门县知县董元度，深通治术，臣上年到粤，设馆课吏，考拔而得之，委以地方，亦能措施悉当。

以上各员，均无愧循良之选，相应胪举政绩，据实上陈，请旨嘉奖，以劝群僚。其沈传义一员，本经保荐送引有案，仍恳天恩，饬令送部引见，候旨录用，出自逾格慈施。

至不肖之员，如候补知府全炤，劣迹甚多，人言啧啧；补用知府谭启绪，声名狼藉，举动乖方；试用通判孙如璋，性情贪鄙，办事荒谬；署新会县事、龙川县知县邓景临，声名平常，颇滋物议；试用知县姚英，物议沸腾，操守难信；电白县水东司巡检于瑞麟，人品贪劣。以上各员，均未便姑容，相应请旨，均予即行革职。又广州府通判许培桢,工于奔竞,才地平庸;试用通判张光裕,性情卑鄙,貌似有才,均请以府经、县丞降补。博罗县知县陈宗凤,人地不宜,请开缺另补。教习知县王炷焯,才识迂拘,惟文理尚优,请以教职归部铨选。

以上参劾之通判、知县、巡检各缺,粤省均有应补人员,应请扣留外补。

所有举劾属吏各缘由,是否有当,理合恭折具陈,伏乞皇太后、皇上圣鉴训示。谨奏。光绪二十九年九月十四日。

朱批:"另有旨。"

《光绪朝朱批奏折》第19辑,第399—400页

附录

光绪二十九年十月十五日内阁奉上谕:"李兴锐奏举劾属员一折。广东广州府知府沈传义,廉州府知府郭之全,琼州府知府刘尚伦,前署广州府知府试用知府陈望曾,署香山县知县补用同知庄允懿,番禺县知县吕道象,署澄海县知县、龙门县知县董元度,既据该署抚胪举政绩,均着传旨嘉奖,沈传义并仍着送部引见。候补知府全炤,劣迹甚多,人言啧啧;补用知府谭启绪,声名狼藉,举动乖方;试用通判孙如璋,办事荒谬;署新会县知县、龙川县知县邓景临,声名平常;试用知县姚英,操守难信;电白县水东司巡检于瑞麟,人品贪劣,均着即行革职。广州府通判许培桢,工于奔竞;试用通判张光裕,性情卑鄙,均着以府经历、县丞降补。博罗县知县陈宗凤,人地不宜,着开缺另补。教习知县王炷焯,才识迂拘,惟文理尚优,着以教职归部铨选。馀着照所议办理。该部知道。"钦此。

《光绪朝上谕档》

759. 请调主事劳乃宣、道员姚文倬等员赴闽差遣补用片

光绪二十九年九月十四日(1903 年 11 月 2 日)

再,时事多艰,需才孔亟,而近日人材最为淆杂,才具可用者,心术未必可信,操守可靠者,办事又未必得当。况值举行新政,万绪千端,明于此者,或未必通于彼,苟非相知有素,而轻于委任,则虽有良法美意,亦恐不能得人而行。故各省需次人员,未尝非班联济济,而每举一事,恒苦于无人,各督抚臣类多各就所知,奏调差遣,非有所私,不得已也。臣蒙恩命署理闽浙总督,以臣所闻,近日福建吏治、军纪、洋务、财政,无一不需大加整顿,决非一手一足之烈所可图成,自应酌调得力人员前往襄助,俾收速成之效。查有广东补用道姚文倬,学有经术,深通时事;浙江在籍吏部主事劳乃宣,才识超卓,履蹈纯粹;湖北补用知县徐彝,才长心细,办事精敏;广西大挑试用知县白玉书,为守俱优,结实可靠。以上四员,均经臣体察有素,洵为出色难得之才。合无仰恳天恩,俯念闽浙为海疆要地,准将主事劳乃宣调赴福建差遣,道员姚文倬、知县徐彝、白玉书均调赴福建差委补用,俾臣得收指臂之助,出自逾格鸿施,臣不胜感悚待命之至。所有请调人员差遣补用缘由,相应附片具陈,伏乞圣鉴训示。谨奏。

朱批:"着照所请,该部知道。"

《光绪朝朱批奏折》第 19 辑,第 401 页

760. 奏报河源县知县李汉青在任病故日期片

光绪二十九年九月十四日(1903 年 11 月 2 日)

再,现任河源县知县李汉青,系福建瓯宁县人,于光绪二十九年七月初九日在任病故。据兼署藩司程仪洛详请具奏前来。臣覆查无异,除咨吏部及闽浙督臣查照外,所遗河源县知县缺,粤省现有应补人员,应请扣留在外,选员请补。理合附片具奏,伏祈圣鉴。谨奏。

朱批:"吏部知道。"

《光绪朝朱批奏折》第 19 辑,第 402 页

761. 翻译委员薛永年在粤办理洋务得力请准暂缓赴部引见片*

光绪二十九年九月十四日(1903 年 11 月 2 日)

再,现准吏部咨,前署督臣德寿片奏,翻译委员、候选知县薛永年办理洋务得力,拟请留于广东,仍归议叙班前尽先补用,并免缴留省银两,钦奉谕旨允准,行令给咨赴部引见,领照回省,再行按班序补等因。自应遵照办理。惟粤省交涉事繁,时须与领事会晤商办,该员既精通泰西语言文字,复熟悉约章,自到臣春煊衙门供差以来,随办一切洋务事宜,悉臻妥协,每令其与领事商榷,亦极融

* 底本推定作者为调署广东巡抚、升署闽浙总督、江西巡抚李兴锐等。据文中"臣春煊""臣等"字样,此片系署理两广总督岑春煊与李兴锐会衔。

洽,似难遽易生手。可否仰恳天恩,俯准该员薛永年暂缓赴部,俟有相当之缺,照例序补,再行给咨送部引见,出自逾格鸿慈。臣等谨合词附片具陈,伏乞圣鉴训示。谨奏。

朱批:"着照所请,吏部知道。"

《光绪朝朱批奏折》第 19 辑,第 402 页

762. 遵旨查明前浙江盐运使黄祖络被参各款据实覆陈折

光绪二十九年九月十四日(1903 年 11 月 2 日)

调署广东巡抚、升署闽浙总督、江西巡抚臣李兴锐跪奏,为遵旨查明监司大员被参各款,恭折覆陈,仰祈圣鉴事。

窃臣承准军机大臣字寄,光绪二十九年五月二十七日奉上谕:"有人奏,浙江盐运使黄祖络贪横蠹政,欺罔营私,并胪列不法五条,请饬查办等语。着李兴锐按照所参各节,确切查明,据实具奏,毋稍徇隐。原折、单着钞给阅看。将此谕令知之。"钦此。遵旨寄信前来。遵即遴委妥员前往江浙、上海等处,按照原参各款,逐一确查禀覆,臣详加稽核,参以访闻情形。

如原参黄祖络调补上海道,大肆侵贪,与西商联络,从中舞弊,而卒为西商所困,为金镑作俑一节。查中国历次所借各国债款,多以镑计,大都借时价贱,还时价贵,最为吃亏。欲无耗折,惟有于借时订明来往悉以银计,而各国钱币皆以金为本位,不易通融,款非一宗,事非一日,似不得谓为黄祖络作俑贻误。惟向来归还洋债,多由上海道经手付还,每按到期市价,以银买兑,而各省关解交之款,多系先期汇沪,从前经手之员,往往于镑价较贱之时预向洋商订买,及至到期抵交,仍按临时行市作价报部,藉以渔利,事诚有

之。然镑价涨落之权，不由我操，亦有临时故低其值，因而受累者。黄祖络任上海道时，有应还英商汇丰银行洋款银八十馀万两，其帐友张树生商同该员，曾经预买金镑备付，迨交兑时，其价骤落，闻该员与张树生亏赔颇巨。原奏所云，殆即指此。然此弊非始自该员，且已自行认赔，于公家尚无出入。现时上海道买镑偿款，业经改由税司经手，皆按凭单付银，已无从前弊混。至前出使大臣杨儒当时有无电阻，事隔多年，人俱物故，无从查悉。其谓踵而效之者，易为贩米出洋之计，究系何时之事，何人经手贩运，原奏均未指明，亦属无从确查。

又原参往年吴淞开通口岸，黄祖络以二十万金压买民地，希图重利一节。查淞沪一带，自互市以来，商业繁盛，地价因之日昂，中国官绅商富多争购之，然皆由洋行代为挂号，并无的名可查。该员家道丰饶，出资置产，亦属人情之常。且地在租界之内，非权势所能压买。该员早已离苏，其购地既无主名，似可勿庸深究。

又原参该员在运司任，以劣幕李香泉门下容福为心腹，兼署藩司，苞苴尤甚，且云诚勋授意一节。查该员与前任浙江藩司荣铨交好，所延幕友李香泉即李庄华，乃荣铨所荐。李庄华素欠谨饬，广交游，通声气，前任抚臣任道镕及护抚臣诚勋均曾劝令辞退，该员唯诺不行，人谓其为所挟制。今李庄华尚在浙江盐运使署，其门丁容福实为该员信用之人，藉势招摇，事所不免。该员兼署藩篆，于一切差缺，类多徇情滥委，物议之来，实由于此。且该员性耽逸乐，既懒于见客，复怠于办公，幕友家丁因而乘之。诚勋虽曾劝令辞退，而未加究办，以故人皆疑为诚勋授意。且苞苴事涉暧昧，亦无从得其确据。

又原参该员督办学堂，刚愎用事一节。查浙江举办学堂，前抚臣因藩库支绌，欲于运库随时挪用，以资支应，是以予该员督办之名，实则堂中之事，该员并未与闻。本年夏间，该堂学生有因失物向稽查委员责问，因而聚众滋哄，盖由近来士气浮嚣所致，与该员了不相涉，且该员亦无庇护私人情事。

又原参胪列五款，以该员前任浙江运司兼署藩司时，贿卖差缺，羽党四出，恫喝诈索一节。查该员兼署藩司任内所委差缺，固欠公允，而报纸所列，似亦过甚其词。如萧山县李棻、武康县程忠诏、海宁州郭文翘、长兴县毕诒策，均系实缺人员，谓皆以数千金贿求免调，不免悬揣。惟长兴县毕诒策声名素劣，前与已革平湖县金廷栋狼狈为奸，金廷栋已为前抚臣任道镕纠参，而毕诒策独邀幸免，反见向用，亦不足以杜浮言。至王家骥，本实缺临海县，丁忧起复，例归应补班补用，上年充乡试同考官，以劳绩委署慈溪，适实缺慈溪县袁学灏病故，亏欠公款六千金，王家骥愿为弥补，得补是缺，似与纳贿不同。其署秀水县何士循，尚有节概，署归安县丁燮、署平湖县何黻章，人亦明白，均非行贿之流。惟署山阴县赵长保，夙好钻刺，物议滋多，山阴百姓呼为“赵长毛”，其贪劣概可想见。至安吉县赵协(辛)〔莘〕[①]，人尚稳妥；史扬善现当镇海船局差使，并无委署镇海县之事。若刘鼎亨之署嵊县，原单谓其以三千金贿买，访之舆论，亦无确据。他如侯资森、张兆桢、余肇龙诸员之当船厘、丝捐各差，或不免情面而来，未闻有贿赂之事。至盐务杂职各差缺，该员尤视为无关紧要，所委大半徇私，故腾谤弥甚。至原单谓其戚秦某欲得盐差，亦索银千数百元，查该员并无秦姓之戚当盐务

---

① 据《申报》光绪二十九年十一月初四日(1903年12月22日)第2版《续录升署闽浙总督江西巡抚李中丞查覆运司被参各款折》改。下同。按，赵协莘，江西新建县人，光绪十八年进士。

差者,或有秦姓而非盐务之员,自系传闻之误。

又原参该员巧索属员陋规,名曰"点心钱",妻妾子女无不皆有一节。查该员历任监司,本无清望,收受陋规,诚所难免,但名曰"点心钱",遍及眷属,近于猥琐,莫从究诘。且其子多捐道府,亦非区区之款所能餍欲。

又原参该员丁忧演剧一节。查该员丁忧在籍时,举动不循礼法,游戏听曲等事时或有之,若谓调集沪、汉名优,沿途演唱,以该员出纳之吝,未必肯如此浪费;访诸绅民,亦无人实指其事者。

又原参该员聚敛无极,富至五六百万,兼并民田,侵蚀官库一节。查该员家本素丰,近十年来,屡任优缺,自属豪富,闻沪、汉及扬州、九江各码头均有伙开店铺,其本籍置买田房尤多,以其吝于施与,故族戚无不侧目。至其诸子率已捐官到省,尚不至以盘剥小民为事。若谓侵蚀官库,则该员历任均有交代,似不能有所侵渔。

又原参谓其子以多金啖各报馆,免为张播,又由源丰润票号汇款,贿托同乡分送各处一节。查近年报馆林立,虽欲啖之,亦必不能遍及。该员家既富饶,其子姓常有入京引见之举,汇兑之项,固所恒有。然是否用为贿托,该号亦无从知悉。

此查明黄祖络被参各节之实在情形也。

臣查该员黄祖络此次被参之款,以用金镑兑还洋款,谓其关碍大局为最重,然还债款之用金与否,其权不操之该员,虽该员与其帐友张树生有预买图利情事,但当时(拆)〔折〕阅甚多,既已自行赔补,与公款尚无所损,似可免究既往。惟其性近贪鄙,不恤人言,历任监司,毫无表见,惟声色货利是徇,实属辜恩溺职。今该员虽已病故,仍难贷其愆尤。长兴县知县毕诒策,操履不端,劣名昭著;署山阴县知县赵长保,行为乖谬,物议沸腾;慈溪县知县王家骥,因图补缺,代认公款,虽非行贿,亦涉营求;劣幕李庄华即李香泉,盘踞把持,罔知检束,均未便稍事姑容。相应请旨,将已故浙江盐运使黄祖络革职,长兴县知县毕诒策、署山阴县知县赵长保均革职永不叙用,慈溪县知县王家骥开缺另补,以肃官常;其劣幕李庄华即李香泉,应即驱逐回籍,不准在浙江省城逗遛;门丁容福仍饬浙江钱塘、仁和两县严行拿案究办,以示惩儆。

至浙江吏治近颇疲敝,臣蒙恩命畀以署理闽浙总督之任,不敢稍存膜视,容俟到闽接印后,再当随时整顿,如查有贪污不法之员,仍即据实参办,俾图补救于万一。是否有当,谨将遵旨覆查监司大员被参各款缘由,恭折具奏,伏乞皇太后、皇上圣鉴训示。谨奏。光绪二十九年九月十四日。

朱批:"另有旨。"

《光绪朝朱批奏折》第76辑,第343—347页

附录

光绪二十九年十月十五日内阁奉上谕:"前据御史黄昌年奏参浙江运司黄祖络贪横欺罔各款,当经谕令李兴锐确查。兹据查明覆奏,已故浙江盐运使黄祖络,性近贪鄙,不恤人言,实属辜恩溺职,着即行革职。浙江长兴县知县毕诒策,操履不端,劣名昭著;署山阴县知县赵长保,行为乖谬,物议沸腾,均着革职,永不叙用。慈溪县知县王家骥,代认公款,迹涉营求,着开缺另补。劣幕李庄华即李香泉,盘踞把持,罔知检束,着即驱逐回籍,不准逗留。馀着照所议办理。该部知道。"钦此。

《光绪朝上谕档》

763. 汇奏广东省光绪二十八年十一月至二十九年四月半年内咨结交代各案折

光绪二十九年九月十四日(1903 年 11 月 2 日)

调署广东巡抚、升署闽浙总督、江西巡抚臣李兴锐跪奏,为汇奏广东省光绪二十八年十一月起至二十九年四月底止半年内咨结交代各案,恭折仰祈圣鉴事。

窃准户部咨,具奏申明州县交代例限,并请严定藩司处分一折,钦奉谕旨,行令将交代各案分别已、未完结,半年汇奏一次,并将有无未解银两,于何月日提解司库,逐案声叙等因。即经钦遵办理,并将光绪十一年十一月起至二十八年十月底止咨结各案,开单具奏在案。兹据兼署广东布政使按察使程仪洛详称,自光绪二十八年十一月起至二十九年四月底止,半年届满,陆续咨结各属交代共二十七案,内二十六案应征正杂钱粮、银米扫数解清,并无未解之款,其馀一案征存银米未据清解,业经另案参追等情前来。臣等覆核无异,除饬司将此外未结交代严催结报外,谨缮清单,会同署两广总督臣岑春煊恭折具奏,伏祈皇太后、皇上圣鉴。谨奏。光绪二十九年九月十四日。

朱批:“户部知道,单并发。”

《光绪朝朱批奏折》第 84 辑,第 127—128 页

764. 奏报广东省光绪二十九年八月分雨水田禾粮价情形折

光绪二十九年九月十四日(1903 年 11 月 2 日)

调署广东巡抚、升署闽浙总督、江西巡抚臣李兴锐跪奏,为查

明八月分雨水、田禾、粮价情形,恭折具陈,仰祈圣鉴事。

窃照广东省光绪二十九年七月分雨水、田禾、粮价,业经臣恭折具奏在案。兹查广东省城光绪二十九年八月分上、中、下三旬得有大小雨泽数次,田亩一律均沾,晚禾以次含苞,园蔬杂粮亦皆畅茂。各属禀报,与省城大略相同。粮价较上月稍减,民情静谧,堪以仰慰圣怀。所有光绪二十九年八月分雨水、田禾、粮价,臣谨缮清单,恭折具奏,伏祈皇太后、皇上圣鉴。谨奏。光绪二十九年九月十四日。

朱批:“知道了。”

《光绪朝朱批奏折》第97辑,第208—209页

765. 审拟清远县民李亚南斗杀命案一起摘由附奏片

光绪二十九年九月十四日(1903年11月2日)

再,光绪二十九年七月准刑部咨,钞录原奏内开:嗣后寻常命盗死罪案件,由题改奏者,应令遵照光绪二十六年奏定章程,一律改为汇案具奏,奉旨:“依议。”钦此。自当钦遵办理。兹查清远县民李亚南殴伤邓亚接越七日身死一案,先经该前署县验详饬缉,嗣据凶犯李亚南投首讯供,解由臬司审拟解勘,臣提犯亲讯无异,将李亚南依“斗殴杀人者,不问手足、他物、金刃,并绞监候”律,拟绞监候,秋后处决,经将供勘咨部在案。臣因交卸在即,未及听候汇案,所有审拟斗杀命案一起缘由,谨摘由附片具奏,伏乞圣鉴。谨奏。

朱批:“刑部议奏。”

《光绪朝朱批奏折》第108辑,第485页

766. 委任向万鑅署理广东督粮道、张祖良署理雷琼道折

光绪二十九年九月二十日(1903 年 11 月 8 日)

头品顶戴署理两广总督臣岑春煊,调署广东巡抚、升署闽浙总督、江西巡抚臣李兴锐跪奏,为委署道员各缺,恭折仰祈圣鉴事。

窃照署广东督粮道补用道姚文倬,现经臣兴锐奏调赴闽差委补用,所遗粮道篆务,应即委员接署,俾便姚文倬早日交替起程。兹查有奏补雷琼道向万鑅,才具干练,更事已多,堪以委令署理。其雷琼道篆务,前经饬委琼州府知府刘尚伦暂行兼护,奏明在案。今请补是缺之向万鑅既已委署粮篆,亦应另行委员前往接署,以专责成。查有候补道张祖良,朴实明干,廉而堪事,堪以署理。除分别檄饬遵照外,臣等谨合词恭折具奏,伏祈皇太后、皇上圣鉴。谨奏。光绪二十九年九月二十日。

朱批:"吏部知道。"

《光绪朝朱批奏折》第 19 辑,第 413 页

767. 卸潮州府大埔县知县范宗莹请开缺回籍修墓折

光绪二十九年九月二十日(1903 年 11 月 8 日)

头品顶戴署理两广总督臣岑春煊,调署广东巡抚、升署闽浙总督江西巡抚臣李兴锐跪奏,为知县开缺回籍修墓,恭折仰祈圣鉴事。

窃据卸潮州府大埔县知县范宗莹禀称,系云南太和县人,光绪己卯科带补丁卯科乡试中式举人,庚寅恩科会试中式贡士,引见,

奉旨:"着以知县即用。"签分广东,光绪十六年八月初一日到省。二十一年正月,代理新会县事。题补大埔县知县,二十五年十月二十九日到任。二十七年充庚子恩正两科乡试同考官,二十八年三月调署四会县事,二十九年五月交卸回省。所历正署任内正杂各款,均已交代清楚。兹接家信,知祖坟为雨水冲塌,禀请开缺回籍修墓等情,由兼署广东藩司程仪洛具详请奏前来。臣等覆查无异,相应请旨,俯准该员范宗莹开缺回籍修墓,俾遂孝思,俟修墓事竣,回省照例坐补原缺。所遗大埔县知县缺,应请归月铨选。除分咨吏部暨云南抚臣查照外,理合恭折具陈,伏乞皇太后、皇上圣鉴训示。谨奏。光绪二十九年九月二十日。

朱批:"吏部知道。"

《光绪朝朱批奏折》第19辑,第414页

768. 南海县革役罗浛凶恶众著饬提正法片*

光绪二十九年九月二十日(1903年11月8日)

再,南海县革役罗浛即罗忠,先当营勇,继充差役,通匪拜会,无恶不作,迭据绅民控其拐抢妇女,逼良为娼,包赌窝匪,抢窃械斗,屡次伤人毙命,纵火焚烧民房多家,并白昼纠匪持枪,横行街市。前南海县丞张锡藩因查赌博,被其率众抗拒,殴官伤役。光绪二十六年九月,把总杨佐才拿获逆匪朱香楚解办,该犯为其复仇,买匪将杨佐才击杀,先经获案讯认,旋复狡翻,致未惩办。乃该犯身系囹圄,犹复怙恶不悛,诡谋图脱,实属愍不畏法。粤省会匪充

* 与署理两广总督岑春煊会衔。

斥,时有滋事之谣,该犯党与众多,万一或被逸出,则贻害地方,不堪设想。此等蠹役,凶恶众著,实属死有馀辜,亟应速正典刑,以杜后患。臣等当饬臬司督同府县会营,立提该犯罗洝即罗忠正法,俾昭炯戒。理合附片陈明,伏乞圣鉴。谨奏。

朱批:"知道了。"

《光绪朝朱批奏折》第110辑,第1034页

769. 奏报交卸广东抚篆起程赴闽日期折

光绪二十九年九月二十四日(1903年11月12日)

调署广东巡抚、升署闽浙总督、江西巡抚臣李兴锐跪奏,为恭报微臣交卸抚篆,航海赴闽日期,仰祈圣鉴事。

窃臣钦奉上谕,署理闽浙总督,当即恭折叩谢天恩,吁请陛见,并片奏应否俟新任抚臣张人骏抵粤,再行入觐,钦奉朱批:"毋庸来见。""着俟张人骏到任后,再行交卸。"等因。钦此。兹新任抚臣张人骏已行抵粤东省城,臣遵将钦颁道字五十九号广东巡抚关防一颗,乾字二千八十六号太平桥监督关防一颗,王命旗牌八面杆副,节奉上谕、书籍并文卷等项,谨于光绪二十九年九月二十四日行委广州府知府沈传义、署本标中军参将李梦说赍送新任抚臣张人骏接收任事,臣即日交卸束装,定于九月二十六日航海赴闽。除俟到闽后,再将到任日期具奏外,所有臣交卸抚篆,起程赴闽日期,理合恭折具陈,伏乞皇太后、皇上圣鉴。谨奏。光绪二十九年九月二十四日。

朱批:"知道了。"

《光绪朝朱批奏折》第19辑,第421—422页

770. 奏报抵闽接任日期谢恩折

光绪二十九年十月初四日(1903 年 11 月 22 日)

署理闽浙总督、江西巡抚臣李兴锐跪奏,为恭报微臣接印任事日期,叩谢天恩,仰祈圣鉴事。

窃臣猥以菲材,渥承恩命,署理闽浙总督,遵即交卸广东巡抚,由粤航海,星驰抵闽。兹于光绪二十九年十月初四日,准兼署督臣崇善将闽浙总督兼管福建巡抚关防、福建盐政印信并王命旗牌、文卷等项,委员赍送前来,臣恭设香案,望阙叩头,祗领任事。

伏念闽浙为沿海要区,辖疆辽阔,政务殷繁。当此时局艰难,非经武无以自强,非理财无以济用,而修内政以端治本,讲外交以睦强邻,细目宏纲,胥关治忽。如臣梼昧,深惧弗胜。惟有殚竭愚忱,遇事与福州将军及浙江抚臣和衷商办,以冀仰答高厚鸿慈于万一。

所有微臣感激下忱,谨缮折叩谢天恩,伏乞皇太后、皇上圣鉴。谨奏。光绪二十九年十月初四日。

朱批:“知道了。”

《光绪朝朱批奏折》第 19 辑,第 459 页

771. 奏请以裘国安补授福建水师提标中营守备折

光绪二十九年十月二十日(1903 年 12 月 8 日)

署理闽浙总督、江西巡抚臣李兴锐跪奏,为遴员请补水师守备员缺,恭折仰祈圣鉴事。

窃福建水师提标中营守备黄国樑病故遗缺,准到部咨,按照新

章，第一轮第一缺应用尽先人员，行令拣员请补等因。臣随于闽省水师尽先各守备内详加遴选，如名次在前之李文升、林熊、李廷龙、陶瑞麟、郭玉麟、郭成志、谢仲篪、吴奇猷均久无下落；舒德真、王凤歧改归水师案内，应行给咨；张升桂、康朝基、汪兆荣、卢得贵前均在台湾，未报回闽归标；沈有恒、凌玉和均于是缺人地不宜，且沈有恒续保游击，业已咨部过班，均未便迁就请补。惟查有水师尽先补用守备裘国安，年四十九岁，福建闽县人，由军功历保留闽尽先千总，补缺后补用守备，于监造快船出力请奖案内，经北洋大臣奏保，以守备留闽尽先补用，于光绪十五年三月二十二日奉旨。续于船工五年期满请奖案内保俟补缺后以都司仍留闽补用，俟归都司班后再加游击衔。二十三年十二月考验收标，咨部覆准注册序补在案。该员曾赴德法两国学习，艺学优长，枪炮亦娴，于闽省洋面情形较为熟悉，以之请补是缺守备，堪期胜任，与例亦符。

合无仰恳天恩，俯准以裘国安补授水提中营守备，于营伍、洋防均有裨益。如蒙俞允，俟部覆到日，给咨送部引见，恭候钦定。除饬取履历，随案咨部外，谨会同福建水师提督臣杨岐珍合词恭折具奏，伏乞皇太后、皇上圣鉴，敕部议覆施行。再，臣到任未及三月，例不出考，合并陈明。谨奏。光绪二十九年十月二十日。

朱批："兵部议奏。"

《光绪朝朱批奏折》第 49 辑，第 23—24 页

772. 奏报本年春夏两季分闽省防练各营更换管带调遣移扎处所片

光绪二十九年十月二十日（1903 年 12 月 8 日）

再，各省防营更换管带或移扎他处，均应随时奏报。闽省防练

各营改编营号、更换管带以及调遣移扎处所，业经前兼署督臣崇善奏报至光绪二十八年冬季止在案。兹查光绪二十九年春夏两季分，福安轮船调赴广东差遣，自六月起募足前裁三副舵水五名，并将船上人等补足原饷，开往广东，七月起薪粮由粤接给。福强军左路后营炮船管带候补副将赖顺巡防不甚得力，改委升用副将尽先补用参将徐文庆接带。福安水军中营炮船管带、浙江玉环营参将王书选委署福州城守协副将篆务，改委候补总兵戴名山接带，并兼统左右两营；福安水军左营炮船管带、陆提后营都司黄光瑞病故，改委候补游击张立成接带。福胜军第二、六、八等营弁勇，由福州调扎兴化驻扎，第六营兼带补用副将万国发卸交补用都司黄泰春接带。福毅右营由兴化调回长门，管带署兴化协副将李英未便远离，卸交尽先游击易洪胜接带。福州口各营台统领、署福宁镇总兵钟紫云卸交福宁镇总兵曹志忠接统，并接收卫队亲兵。兼带福毅中营弁勇及电光山七娘湾各炮台、祥胜右营管带补用守备廖树春请假，改委尽先游击颜福海接带。由长门调赴福宁祥胜前营弁勇及金牌、獭石、烟墩、烟台山、金牌山各台炮勇管带补用参将江孝全革职，改派补用副将江云山接带。署漳州镇总兵曹志忠所部卫队亲兵，卸交署漳州镇总兵万起顺接带。福强前路左营由福宁调赴泉州，福强军左路中营管带、署建宁镇总兵敖天印卸交护理建宁镇何绍志接带，迨王复胜接署镇篆，将该弁勇卸交接带，其署汀州镇总兵王复胜所带福锐右军左营，卸交汀州镇总兵敖天印接带。据福建善后局司道具详前来。臣覆核无异，除咨部外，谨附片陈明，伏乞圣鉴。谨奏。

朱批："兵部知道。"

《光绪朝朱批奏折》第49辑，第25页

773. 代奏浙江温州镇总兵刘祥胜请假回籍医治片

光绪二十九年十月二十日(1903 年 12 月 8 日)

再,据浙江温州镇总兵刘祥胜具禀称:“窃祥胜钦奉谕旨,开缺送部引见,现经于光绪二十九年九月十三日交卸镇篆,自应趋诣阙廷,跪聆圣训。惟祥胜从前打仗,身受多伤,现年逾七旬,气血渐衰,旧伤时发,行动维艰,一时未能北上。惟有仰乞俯赐代奏,吁恳天恩,赏假回籍医治。倘能调理就痊,即当由籍呈请销假,请咨晋引,不敢稍事迁延”等情前来。臣谨据情附片代奏,伏乞圣鉴。谨奏。

朱批:“着照所请。”

《光绪朝朱批奏折》第 49 辑,第 26 页

774. 奏请以布国才借补浙江太湖营游击片

光绪二十九年十月二十日(1903 年 12 月 8 日)

再,浙江太湖营游击周恩培年老呈请开缺,所遗游击,接准部咨,系内河水师题补新章第一轮第一缺,应用尽先人员,浙省内河水师游击无人,自应以外海人员借补,行令拣补等因,到前兼署督臣崇善,未及核办,移交前来。伏查定例,浙江内河水师游击缺出,于内河水师人员内题补,如内河未得其人,即以外海水师人员借补。此项借补人员,遇应升时,仍以外海升用各等语。

浙省现无内河水师尽先游击,自应按照例章,在于外海水师拣员借补。臣随于浙省已收标外海水师尽先游击各员内逐加遴选,

虽有名次在前之陈文英，惟已赴甘差遣，久未回浙；王大昌奉部行查保案；张立成未奉部准注册归班序补，俱未便迁就借补。惟查有浙江外海水师尽先补用游击布国才，年六十一岁，广东香山县寄籍浙江鄞县人。由水勇随军剿匪著绩，准补浙江钱塘营都司，续于救护遭风难民案内出力保奖，请免补都司，以游击尽先补用，光绪二十八年八月十九日奉旨允准。二十九年奏请开去钱塘营都司底缺，归于浙江水师游击班，奉部注册序补在案。该员管带新宝顺轮船，现署镇海营参将篆务，办理裕如，以之借补斯缺，洵堪胜任，核与借补例章相符。合无仰恳天恩，俯念内河水师游击员缺紧要，准以外海水师尽先补用游击布国才借补浙江太湖营游击，于营伍、河防均有裨益。如蒙俞允，俟部覆到日，即行给咨送部引见。除照章饬取履历、保案印册送部核办外，谨会同浙江巡抚臣聂缉槼、浙江提督臣吕本元合词附片具陈，伏乞圣鉴，敕部议覆施行。

再，臣到任未及三月，例不出考，合并声明。谨奏。

朱批："兵部议奏。"

《光绪朝朱批奏折》第49辑，第26—27页

775. 奏报福建省光绪二十九年早稻收成分数折

光绪二十九年十月二十日（1903年12月8日）

署理闽浙总督、江西巡抚臣李兴锐跪奏，为恭报二十九年各属早稻收成分数，仰祈圣鉴事。

窃查福建省早稻情形，叠于奏报晴雨粮价折内附陈在案。兹据福建布政使周莲将本省九府二州属光绪二十九年分早稻收成分数造册呈送前来，臣覆加查核，福州、兴化、泉州、漳州、延平、建宁、

邵武、汀州、福宁九府,永春、龙岩二州,统计收成七分。除咨部外,理合缮具清单,恭折具陈,伏乞皇太后、皇上圣鉴。谨奏。光绪二十九年十月二十日。

朱批:"知道了。"

《光绪朝朱批奏折》第93辑,第621页

776.闽省癸卯恩科乡试年老诸生三场完竣循例开单汇奏折

光绪二十九年十月二十日(1903年12月8日)

署理闽浙总督、江西巡抚臣李兴锐跪奏,为光绪二十九年癸卯恩科乡试年老诸生三场完竣,循例开单汇奏,恭折仰祈圣鉴事。

窃照福建省举行文闱乡试揭晓后,检阅三场完竣未经中式年老诸生试卷,年届九十以上之附生章益壮,八十以上之岁贡生尹锡章等四名,文理均属通顺,字画端楷,经学臣秦绶章核对考册年岁及入学年分,均属相符。前兼署督臣崇善交卸督篆,未及具奏,移交到臣。

查该生等皓首穷经,青云奋志,久习编摩于芸案,屡尝艰苦于棘闱。幸际昌期,未预贤书之选;祥征人瑞,宜邀旷典之荣。除咨部外,谨会同福建学政臣秦绶章缮具清单,恭折陈明,伏乞皇太后、皇上圣鉴,敕部核覆施行。谨奏。光绪二十九年十月二十日。

朱批:"礼部议奏,单并发。"

《光绪朝朱批奏折》第105辑,第249页

777. 福建光绪二十八年分兵马钱粮奏销折

光绪二十九年十月二十二日(1903 年 12 月 10 日)

署理闽浙总督、江西巡抚臣李兴锐跪奏,为光绪二十八年分兵马钱粮奏销,恭折仰祈圣鉴事。

窃照福建省旗绿各营兵马钱粮奏销,业经奏报至光绪二十七年止在案。兹查福建省光绪二十八年分旗绿各营兵马钱粮,支销俸饷、米折、公费等款银七十五万八千六百九十九两零,又支销建旷各款银六万四十八两零,共银八十一万八千七百四十七两零。在于奉拨二十八年分估饷实收各款及春秋拨案内留备拨补兵饷各款共银六十六万八千七百三十两零内动支,计尚不敷银一十五万一十七两零,入于光绪二十九年秋拨案内拨补。又粮米项下共支销本、折色粮米一十一万五千二百九十八石零。经藩司周莲会同督粮道启约造具册结,开单请奏前来,前兼署督臣崇善未及核办,移交前来。臣覆核无异,除册结分送部科外,理合缮具清单,恭折具陈,伏乞皇太后、皇上圣鉴,敕部核覆施行。谨奏。光绪二十九年十月二十二日。

朱批:"该部知道,单并发。"

《光绪朝朱批奏折》第 63 辑,第 163—164 页

778. 福建光绪二十八年分丁耗钱粮奏销折

光绪二十九年十月二十二日(1903 年 12 月 10 日)

署理闽浙总督、江西巡抚臣李兴锐跪奏,为光绪二十八年分丁耗钱粮奏销数目,恭折仰祈圣鉴事。

窃照福建省丁耗钱粮奏销,业经奏报至光绪二十七年止在案。兹查闽省光绪二十八年分内地九府二州属额征地丁钱粮银一百二十三万二千九百六十四两零,加补征光绪二十七年闽县升科银八分零,二共应征银一百二十三万二千九百六十四两零,已完银一百六万八千三百八十五两零,内除存留并前永福县赵鼎仁等员征存未解外,实收银八十七万二千三百六十九两零。内除支给各款外,实收银四十六万七千七百一十四两零,汇入光绪二十九年秋拨册内造报拨用。实未完银一十六万四千五百七十九两零。又额征耗羡银一十四万八千一百四十五两零,已完银一十二万八千六百三十五两零,内除存留并前署尤溪县章光国征存未解外,实收银一十二万三千五百八十五两零。未完银一万九千五百一十两零。又长泰、罗溪等处征完租谷一百三十三石零,又完入官租税银五十二两零,均俟汇入二十九年秋拨册内造报。又完七关商税银一万六千六十三两零,业经拨充善后、海防动支。又完当税银七千二百五十五两零,牙帖杂税银八百八十八两零,厦门地租银一千九百六十两零,铁炉课银一十两,牛猪杂税银八百六十九两零,民屯税契银五万九千七十九两零,渔税银四百九十七两零,内除当税预完作抵银一百八十五两零、牛猪杂税银三十五两零、渔税银二百一十八两零均经入于光绪二十九年春拨造报,税契银五万九千七十九两零动销福厂船工及善后、海防经费之需,实存剩银一万九百九十二两零。内当税银七千二十两零、牙帖杂税银八百八十八两零、厦门地租银一千九百六十两零、铁炉课银一十两、牛猪杂税银八百三十四两零、渔税银二百七十九两零均汇入光绪二十九年秋拨册内造报。又粮米项下额征并补征共米一十二万五千八百三十一石零,已完米九万二千八百八十石零,未完米三万二千九百五十石零。又随征耗米银三万三十二两零，内除存留外，实收银二万四千五十四两零，未完银五千六百二十二两零。又通省额征学租完银二千二百四十二两零，业经奏明，拨入闽省学堂经费之用。其存剩地丁银四十六万七千七百一十四两零、当税银七千二十两零、牙帖杂税银八百八十八两零、厦门地租银一千九百六十两零、铁炉课银一十两、牛猪杂税银八百三十四两零、渔税银二百七十九两零、入官租税银五十二两零，共存银四十七万八千七百六十两零等情，据福建布政使周莲详请具奏前来。前兼署督臣崇善未及核办，移交到臣，随亲赴司库，率同在省司道盘验无异，仍令收储，听候拨用。

除照例加结，同该藩司册结分送部科外，理合缮具清单，恭折具陈，伏乞皇太后、皇上圣鉴，敕部核覆施行。谨奏。光绪二十九年十月二十二日。

朱批："户部知道，单并发。"

《光绪朝朱批奏折》第69辑，第166—167页

779. 奏报闽省光绪二十八年征收新旧钱粮数目折

光绪二十九年十月二十二日（1903年12月10日）

署理闽浙总督、江西巡抚臣李兴锐跪奏，为闽省光绪二十八年征收新旧钱粮数目，循例开单，恭折仰祈圣鉴事。

窃照闽省光绪二十八年分额征地丁银一百二十三万二千九百六十四两零，内存留银一十九万八千八百七两零、起运银一百三万四千一百五十七两零，又加补征光绪二十七年分闽县升科银八分零，共应征银一百二十三万二千九百六十四两零，已完地丁银一百六万八千三百八十五两零。内除已完存留银一十八万三千四百二

十四两零,尚应完地丁银八十八万四千九百六十两零。内除前永福县赵鼎仁等员征存地丁银一万二千五百九十两零屡催未解,业经奏参革职限追,应俟解到另归参案办理外,实收解司地丁银八十七万二千三百六十九两零。

旧赋光绪十四、十五、十六、十七、十八、十九、二十、二十一、二十二、二十三、二十四、二十五、二十六、二十七等年地丁共银二百六十八万七百五十三两零,内据各属续完地丁并参追共银一千九百五十四两零,应俟汇入光绪二十八年随本奏销册内造报,尚未完银二百六十七万八千七百九十八两零,内地丁未完银二百五十七万八千三百三十一两零、参追未完银一十万四百六十七两零。又光绪二十三、四、五、六、七等年原欠当税银四万七千七百五十九两零,内续报豁除银一百八十五两、完解银九千八百一十二两零,应俟入于光绪二十九年秋拨册内造报,尚未完银三万七千七百六十二两零。又十四、十五、十六、十七、十八、十九、二十、二十一、二十二、二十三、二十四、二十五、二十六、二十七等年原欠租税银九千二十一两零,未据完解;原欠铁炉课银七百四十三两零,内据完解银一百一两零,应俟入于光绪二十九年秋拨册内造报,尚未完银六百四十二两零;原欠牙帖杂税银六百三十八两零,未据完解;原欠牛猪杂税银一千四百一十九两零,未据完解。

以上未完正杂钱粮,现催各属赶征解缴,于本年九月二十三日据福建布政使周莲详请奏咨前来。前兼署督臣崇善未及核办,移交到臣,覆核无异。除咨部外,理合开单,恭折具陈,伏乞皇太后、皇上圣鉴。谨奏。光绪二十九年十月二十二日。

朱批:“户部知道,单并发。”

《光绪朝朱批奏折》第69辑,第168—169页

780. 奏报福建光绪二十七年分私盐变价银两数目片

光绪二十九年十月二十二日(1903 年 12 月 10 日)

再,据福建盐法道鹿学良详称,查私盐变价银两,历经遵办至光绪二十六年分止。今二十七年分各属报获私盐,除人犯缉获,按律议拟完结,所有私盐变价银三两二分八厘七毫,应归票运三十七届奏销案内造报外,备造清册,呈送核办等情,到前兼署督臣崇善,未及核办,移交到臣,覆核无异。除将清册分送部科查核外,理合遵照新章,改题为奏,附片具陈,伏乞圣鉴,敕部核覆施行。谨奏。

朱批:"户部知道。"

《光绪朝朱批奏折》第 76 辑,第 353 页

781. 福建光绪二十八年随本动存银两数目奏销折

光绪二十九年十月二十二日(1903 年 12 月 10 日)

署理闽浙总督、江西巡抚臣李兴锐跪奏,为光绪二十八年奏销随本动存银两数目,恭折具陈,仰祈圣鉴事。

窃照福建省随本动存奏销,业经奏报至光绪二十七年止在案。查光绪二十八年奏销册报,旧管:光绪二十七年分奏销剩银四千八百二十三两零,内地丁银一百三十八两零、参追银四千六百八十四两零已于光绪二十八年秋拨册内造报。又光绪十四年起至二十七年止未完并参追地丁共银二百六十八万七百五十三两零。

新收:光绪二十七年地丁奏销册报存剩光绪二十七年地丁银四十四万八千一百九十二两零、当税银一万七百四十三两零、牙帖

杂税银八百八十八两零、厦门地租银二百八十六两零、铁炉课银二十四两零、牛猪杂税银七百八十八两零、渔税银五十五两零、入官租税银五十二两零，共银四十六万一千三十二两零。又收光绪十四年起至二十七年止续完地丁银一百八十九两零、续完参追银一千七百六十四两零。以上共收银四十六万二千九百八十七两零。

共银四十六万七千八百一十一两零。

开除：光绪二十七年奏销地丁册报存剩地丁、当杂税等款共银四十六万一千三十二两零，又除光绪十四年起至二十七年止各年地丁并参追周墩等处共银四千八百二十三两零，又除光绪二十七年地丁参追大湖县丞蔡锡章续完另行入拨造报银一千七百六十四两零，共除银四十六万七千六百二十一两零。实存剩地丁银一百八十九两零，应俟汇入光绪二十九年秋拨册内造报。

未完：光绪十四年起至二十七等年止共银二百六十七万八千七百九十八两零，现在分檄严催，应俟解到，另行注完造报。

又租谷项下旧管存剩谷一千一百四十一石零，新收长泰县册报光绪二十七年征完租谷二十石、罗溪县丞册报征完租谷一百一十三石零，共谷一百三十三石零，管收共谷一千二百七十五石零。开除罗溪县丞解完光绪二十七年租谷业经入于二十八年秋拨册内造报谷一百一十三石零，实在存剩租谷一千一百六十一石零，另行拨给兵食。

又粮米项下光绪二十七年奏销册报旧管应存各属征存未解给节年粮米六千一百八十一石零，未完光绪十四年起至二十七等年止民欠粮米四十二万二千三百八十五石零，新收各属续完各年粮米三千三百七十五石零，开除支拨归还各属仓并省仓、道库粮米三千三百七十五石零，实在应存各属征存未解给节年粮米六千一百八十一石零，请俟严催补解，再行作正开除。尚未完十四年起至二十七等年止粮米四十一万九千九石零，现已严催征解，分别归补造报。

相应遵照部行，分晰造具动支完欠数目清册，呈送核办。再，闽省州县官经征钱粮，其中有完不足数者，已于该年奏销案内议处在案；其经征全完之员，催科尚属认真，似应量加甄叙，以示鼓励。所有光绪二十八年地丁经征三百两以上不及一万两之水口县丞沈其麟，照额通完，应请照例议叙等情，据福建藩司周莲详请具奏前来。前兼署督臣崇善未及核办，移交到臣，覆核无异。除册分送户部户科外，理合恭折具奏，伏乞皇太后、皇上圣鉴，敕部核覆施行。谨奏。光绪二十九年十月二十二日。

朱批："户部知道。"

《光绪朝朱批奏折》第84辑，第150—151页

782. 福建光绪二十八年分各州县额外孤贫口粮动支公项奏销片

光绪二十九年十月二十二日（1903年12月10日）

再，福建省各州县额外孤贫口粮动支公项，例应按年造册核销，业经奏报至光绪二十七年止在案。兹查光绪二十八年分，闽县等五十五州县册报额外孤贫林江等一千六百三十五名口，自正月初一日至十二月底止，扣除小建五日外，计三百五十五日，每日每名口给银一分，共给口粮银五千八百四两零，应于光绪二十八年存公银内动支。据福建藩司详请具奏前来，前兼署督臣崇善未及核办，移交到臣，覆核无异。除册送部外，理合附片具陈，伏乞圣鉴，

敕部核覆施行。谨奏。

朱批:"户部知道。"

《光绪朝朱批奏折》第89辑,第860页

783. 试用道蔡光弼等员期满甄别均堪留闽序补片

光绪二十九年十月二十四日(1903年12月12日)

再,劳绩、捐纳、大挑分发各员,自到省之日起,试用期满,例应详加甄别,历经遵办在案。兹福建试用道蔡光弼、教习知县王乃钧、试用知县姜国梁、大挑试用知县黄遵楷先后试看期满,俱应甄别。据藩、臬两司会详前来。查该员蔡光弼堪以道员留闽,王乃钧、姜国梁、黄遵楷均堪以知县留闽,分别按班序补。除履历咨部外,理合附片具陈,伏乞圣鉴。再,臣到任未及三月,例不出考,合并陈明。谨奏。

朱批:"吏部知道。"

《光绪朝朱批奏折》第19辑,第514页

784. 试用知府倪堃、试用通判黄振铉期满甄别均堪留闽序补片

光绪二十九年十月二十四日(1903年12月12日)

再,劳绩、捐纳、大挑分发各员,自到省之日起,试用一年期满,例应详加甄别,历经遵办在案。兹有福建试用知府倪堃、议叙试用通判黄振铉先后试用期满,俱应甄别。据福建藩、臬两司会详前来。查该员倪堃堪以知府留闽,黄振铉堪以通判留闽,按班序补。

除履历咨部外,理合附片具陈,伏乞圣鉴。再,臣到任未及三月,例不出考,合并陈明。谨奏。

朱批:"吏部知道。"

《光绪朝朱批奏折》第19辑,第514页

785. 长泰县知县王秉箓丁父忧请敕部开缺另选片

光绪二十九年十月二十四日(1903年12月12日)

再,本任福建长泰县知县王秉箓,广西融县进士,光绪二十九年九月十五日在省闻讣丁父忧。据福建藩司周莲具详前来。除分咨外,理合附片具陈,伏乞圣鉴,敕部开缺另选施行。谨奏。

朱批:"吏部知道。"

《光绪朝朱批奏折》第19辑,第515页

786. 闽省光绪二十八年赈捐支用各款援案开单报销折

光绪二十九年十月二十四日(1903年12月12日)

署理闽浙总督、江西巡抚臣李兴锐跪奏,为闽省光绪二十八年水灾案内收办赈捐支用各款,援案开单报销,恭折仰祈圣鉴事。

窃照闽省光绪二十六、七两年连遭风灾水患,均经先后奏准开办赈捐,业将动用各款数目先后开单奏报,钦奉朱批:"该部知道,单并发。"钦此。行知在案。嗣以福州省城地势低洼,每届春夏,大雨时行,上游山水猝发,横溢泛滥,几于无岁无灾,复经奏准接办赈捐两年,将西南两港河道次第开浚,使河归故道,水不旁溢。数年之后,积力既久,西南两港无冲决之虞,乌龙两岸复增新洲之益，并可招集附近贫民，以工代赈。计自光绪二十八年八月接办起，至二十九年七月止，共收三成赈捐银一十七万七千二百三十九两七钱，照章核扣公费银一千七百七十二两三钱九分七厘，实收银一十七万五千四百六十七两三钱零三厘。又收五成赈捐银四十四万二千八百八十一两六钱，照章核扣公费银四千四百二十八两八钱一分六厘，实收银四十三万八千四百五十二两七钱八分四厘。统共收银六十一万三千九百二十两零八分七厘，内除归补前次报销不敷银四万一千三百八十四两四钱二分九厘外，实收银五十七万二千五百三十五两六钱五分八厘。所有设厂煮粥，施惠贫民，并修理各处兵房、各项工程，接续开挖城内外河工沟渠，疏浚西南两港河道，及支给工艺局建造厂屋，收养游民，添置器具等件；又因闽省连年灾歉，收成歉薄，粮价奇昂，贫民糊口维艰，先后派员采购芜湖、温州米数十万石，设厂减价平粜，源源接济；夏秋之间，疫气盛行，民间无力医治，复广设施医局诊治贫苦病民，以拯民命，存活颇多，地方赖以安谧。统计动用工赈各项实银七十九万一千四百八十五两三钱三分，计不敷银二十一万八千九百四十九两六钱七分二厘，仍由司局各库暂行设法筹垫，应于续收赈款内随时归还。查顺直等省开办赈捐，向系开单奏报，免造细册。闽省前届报销，业蒙奏准有案，此次续用款项，均经细为核实，照案造销，涓滴归公，并无浮冒应，仍援照办理，开具简明清单，恭呈御览，仰恳敕部查照。至以后用款，应俟赈捐截清数目，再行汇报。据闽省赈捐局司道具详，前兼署督臣崇善交卸督篆，未及具奏，移交前来。

所有闽省二十八年赈捐援案开单报销缘由，理合恭折具陈，伏乞皇太后、皇上圣鉴训示。谨奏。光绪二十九年十月二十四日。

朱批:“该部知道,单并发。”

《光绪朝朱批奏折》第32辑,第285—287页

787. 奏报光绪二十九年上半年闽省新案交代已结各案折

光绪二十九年十月二十四日(1903年12月12日)

署理闽浙总督、江西巡抚臣李兴锐跪奏,为闽省新案交代已结各案,恭缮清单,仰祈圣鉴事。

窃照闽省新案交代,业经造报至光绪二十八年十二月底止。兹据福建藩司周莲详称,二十九年正月起至六月止半年届满,所有二参限内已结各案交代,照章分晰开单,请奏前来。前兼署督臣崇善未及核办,移交到臣,覆查无异。除咨部外,谨开单缮折具陈,伏乞皇太后、皇上圣鉴。谨奏。光绪二十九年十月二十四日。

朱批:“户部知道,单并发。”

《光绪朝朱批奏折》第84辑,第154页

788. 闽省光绪二十八年奏销察盘粮道库米折银两折

光绪二十九年十月二十四日(1903年12月12日)

署理闽浙总督、江西巡抚臣李兴锐跪奏,为闽省光绪二十八年奏销,察盘粮道库米折银两,恭折仰祈圣鉴事。

窃照福建省粮道库储钱粮,每年奏销时,照例由督抚盘查,仍责令藩司核明,于督抚未经盘查之先,出具保结详送督抚,盘查之后,如有亏挪等弊,照例分赔议处等因在案。兹查接管卷内,据福建布政使周莲详称,准督粮道启约移送光绪二十八年分粮米、旗绿

各营米折册结到司。除粮米一项由司察盘详咨外,所有旗营米折项下,旧管原估请拨不敷旗营白粟米折银二万八千九百四两零,新收部拨司移米折银二万八千九百四两零,开除支给过驻防满洲水师各旗营光绪二十八年分官员、兵丁、家口白粟米折银二万七千九百九十六两零,实在存剩建截旷米折银九百七两零。又绿营米折项下旧管原估凑支绿营原配台运请拨米价银三万二千六百四十两零,新收部拨司移米价银二万九千九百八十一两零,开除支给各标、镇、协、营光绪二十八年分米价银二万九千九百八十一两零,实在存剩建截旷米价银二千六百五十八两零。合将支存数目逐一核明,加结详送,察盘具奏等情前来。前兼署督臣崇善未及核办,移交前来。臣亲赴道库盘验无异,仍令督粮道收存,备解藩库充饷。

除册结分送部科外,理合恭折具奏,伏乞皇太后、皇上圣鉴,敕部核覆施行。谨奏。光绪二十九年十月二十四日。

朱批:"户部知道。"

《光绪朝朱批奏折》第84辑,第154—155页

789.奏报福建省光绪二十九年九月分晴雨粮价情形折

光绪二十九年十月二十四日(1903年12月12日)

署理闽浙总督江西巡抚臣李兴锐跪奏,为恭报晴雨、粮价情形,仰祈圣鉴事。

窃查福建省城光绪二十九年九月分得雨四次,省外各属禀报略同。通省粮价间有增减,现在晚稻收割,杂粮茂盛。据福建布政使周莲具详前来。谨缮清单,恭折具陈,伏乞皇太后、皇上圣鉴。谨奏。光绪二十九年十月二十四日。

朱批:"知道了。"

《光绪朝朱批奏折》第97辑,第221页

790. 委任张澂署理漳州府知府片

光绪二十九年十月二十八日(1903年12月16日)

再,福建漳州府知府松宽在任病故遗缺,查有候补知府张澂,前经汀漳龙道委代斯缺,应即改委该员署理,以专责成。据福建藩、臬两司会详前来。除咨部外,理合附片具陈,伏乞圣鉴。再,臣到任未及三月,例不出考,合并陈明。谨奏。

朱批:"吏部知道。"

《光绪朝朱批奏折》第19辑,第527页

791. 委任骆腾衢署理厦门同知并恩晋署理平潭同知片

光绪二十九年十月二十八日(1903年12月16日)

再,署福建厦门同知郑煦调省遗缺,查有本任平潭同知骆腾衢堪以委署,递遗平潭同知缺,即以现代斯缺之试用同知恩晋改为署理。据福建藩、臬两司会详前来。除咨部查照外,理合附片具奏,伏乞圣鉴。再,臣到任未及三月,例不出考,合并陈明。谨奏。

朱批:"吏部知道。"

《光绪朝朱批奏折》第19辑,第527页

792. 委任苏梦兰署理永福县知县片

光绪二十九年十月二十八日(1903 年 12 月 16 日)

再,福建永福县知县屠宗基在任闻讣丁母忧遗缺,查有本任惠安县知县苏梦兰堪以调署。据福建藩司周莲、臬司朱其煊会详前来。除咨部外,理合附片具陈,伏乞圣鉴。再,臣到任未及三月,例不出考,合并陈明。谨奏。

朱批:"吏部知道。"

《光绪朝朱批奏折》第 19 辑,第 528 页

793. 福建水师提督杨岐珍因病出缺请旨简放并请赐优恤折

光绪二十九年十月二十八日(1903 年 12 月 16 日)

署理闽浙总督、江西巡抚臣李兴锐跪奏,为福建水师提督因病出缺,恭折奏闻,请旨迅赐简放,以重职守,仰祈圣鉴事。

窃据署闽浙督标水师营参将赖望云申报,福建水师提督杨岐珍巡洋染病,于十月二十一日到省,延医调治罔效,至二十五日在省寓病故等情前来。臣查提督杨岐珍,籍隶安徽寿州,咸丰三年随其故父六品顶戴杨守恩在籍办团,四年投效前钦差大臣德兴阿军营,转战六合、九袱洲、乌江、浦口等处,负伤杀贼,所向有功。十年调赴江苏管带劲勇,防守宝山县城,适粤贼攻扑县境,苦战七昼夜,击退忠逆,力保危城,乘胜立解诸翟、华漕之围,并克复金山、南汇、

奉贤、川沙各城，以骁勇著闻。为前江苏抚臣李鸿章所知，调隶部下，迭次克复江苏之宜兴、荆溪、溧阳、常州，浙江之嘉兴、湖州、长兴各城，并分援福建之漳州等处。粤匪既平，随同剿捻，击贼于皖、鄂、豫、东等省。同治六年，赖汶洸捻股窜扑高宝一带，督队驰剿，迭在金河界首接仗，擒斩殆尽。至扬州会合扬防水陆各营，将赖逆全股歼灭，该故提督力战之功居多。九年，各路军务肃清，请假回籍，医治旧伤。时已积功洊保记名提督，赏给斐凌阿巴图鲁勇号，并以该故提督故父杨守恩前在六合阵亡，蒙恩赐恤兼袭云骑尉世职。随经李鸿章调赴直隶督带马队。

光绪九年，浙江一带土匪滋事，经前浙江抚臣刘秉璋奏调赴浙防剿。该故提督到防后，设法搜捕，威惠兼施，匪首金满势蹙乞降，地方赖以平静。法越事起，闽浙戒严，该故提督由台州移驻宁波之镇海，亲赴北岸，增修炮台，建筑土城，严密布置。十一年正月，法人以兵舰四艘，两次扑犯镇海口，该故提督在招宝山炮台督战，激励士卒，奋力轰击，先后伤其巨舰二艘。敌军复以鱼雷、舢板等船，迭次间道暗袭，冀得一逞。该故提督亲率诸将，昼夜严防，随又在馒头山击沉其偷渡之舢板二艘，相持凡三阅月，始行解严。事平，遂拜头品顶戴之赐。十一年五月，奉旨补授江南狼山镇总兵，抚臣刘秉璋以该故提督办理台防得力，具折奏留。十三年，调补浙江定海镇总兵，仍留防次，未及赴任。

十六年，调补海门镇总兵。十八年，简授福建水师提督。驻军之处，纪律肃然，辖境用安，萑苻敛迹。二十年，奉旨赏给尚书衔。该故提督以受恩愈重，简练巡防不敢稍耽暇逸。庚子之役，适日本驻厦兵船托言保护，调兵登岸，居民惶恐，迁徙一空，该故提督从容坐镇，强固不挠，外示调和，内修戒备，卒能消患无形，人心以定，大局不致牵动。泉、漳一带出洋华民，往来必经厦门，其挟资而归者，动为伏莽所伺，该故提督捐资造船，保护行旅，远商颂德。在厦十年，一切措施，类能力持大体，不局于武臣之所为。本年十月，率领舟师巡洋，亲历风涛，积劳致疾，触发旧伤，就医来省。臣闻其病，数往看视，谈次尚以时事艰难，自虑年力就衰，不能图报国恩为憾，不意积病已深，遽尔身故，殊堪悯恻。并据该家属呈递遗折，请为具奏前来。理合恭折代递，并请旨将福建水师提督员缺迅赐简放，以固海疆。

至该故提督生平战绩，皆有奏案可稽，而法防一役，犹为大局所系。论者谓镇海之捷，其功实不下于沪尾。今以尽瘁巡洋，中途殂谢，律以以死勤事之义，洵为无忝。合无仰恳天恩，敕部将福建水师提督杨岐珍照提督军营积劳病故例从优议恤，并将战功事迹宣付史馆立传，以彰忠荩，出自逾格恩施。再，该故提督长子铭爵，早故；次子铭勋，荫生，户部山西司主事；三子铭銮，分省试用盐经历；四子铭传，分省试用同知；五子铭枢，分省试用通判；六子铭福、七子铭贵、长孙祖贤，俱幼，合并声明。伏乞皇太后、皇上圣鉴。谨奏。光绪二十九年十月二十八日。

朱批："另有旨。"

《光绪朝朱批奏折》第49辑，第38—40页

附录

光绪二十九年十一月二十九日内阁奉上谕："李兴锐奏提督因病出缺，请旨优恤一折。福建水师提督杨岐珍，咸丰年间由团练投效军营，转战各省，剿平粤、捻等匪，叠著战功，旋补授江南、浙江等处总兵，推授福建水师提督，并赏给尚书衔，整顿营务，劳瘁不辞，兹闻溘逝，轸惜殊深。杨岐珍着照提督军营立功后病故例从优赐

恤，任内一切处分悉予开复，并将战功事迹宣付国史馆立传。伊次子户部主事杨铭勋，着以本部员外郎补用。”钦此。

《光绪朝上谕档》

794. 委令福宁镇总兵曹志忠署理福建水师提督等事片

光绪二十九年十月二十八日（1903 年 12 月 16 日）

再，福建水师提督杨岐珍据报因病出缺，经臣先行电奏，一面恭折请旨简放。查该提督统辖全省水师，操练巡缉，胥关紧要，亟应拣员署理，以重职守。兹臣于现任各总兵内逐加遴选，查有福宁镇总兵曹志忠，老成持重，晓畅戎机，堪以署理。惟曹志忠交卸镇篆赴任需时，提督篆务未便悬旷，当经臣饬令现署海坛协副将朱必成就近暂行兼护，俾免贻误。其福宁镇篆，查有现署兴化协、本任福州城守协副将姜河清，老于兵事，堪以接署。其递遗之兴化协副将，应委记名总兵戴名山前往署理。除分别咨行遵照外，所有委署提镇各篆缘由，理合附片具陈，伏乞圣鉴。谨奏。

朱批：“兵部知道。”

《光绪朝朱批奏折》第 49 辑，第 41 页

795. 闽省光绪二十八年底察盘司库银两实储无亏折

光绪二十九年十月二十八日（1903 年 12 月 16 日）

署理闽浙总督、江西巡抚臣李兴锐跪奏，为闽省光绪二十八年底察盘司库银两，实储无亏，恭折具奏，仰祈圣鉴事。

窃查每年封印后，例应察盘藩库。所有光绪二十八年库储各款，先经由司造具册折呈送，经前督臣许应骙率同在省司道，亲赴逐一盘查，俱系实存在库，并无亏短，饬令造具册结，详送核办去后。兹据藩司详称，光绪二十七年底流下共存银三十万四千九百六十八两零，又存盈馀谷价钱三百五十七文，另储存番三千八百三十六元零，又存钱一千一百六十四千五百五十一文。自光绪二十八年正月起，至十二月底止，共收银二百五十四万五千七百十六两零，共支银二百五十九万五千六百二两零，实在存库银二十五万五千八十二两零，又存盈馀谷价钱三百五十七文，另储存番三千八百三十六元零，又存钱一千一百六十四千五百五十一文。相应遵照部行，造具收支细数清册，出具实储无亏印结，详送察核加结请奏前来。臣覆加察核，所有收支数目均属相符。除加具印结，同该藩司册结分送部科外，理合恭折具奏，伏乞皇太后、皇上圣鉴，敕部核覆施行。谨奏。光绪二十九年十月二十八日。

朱批："户部知道。"

《光绪朝朱批奏折》第84辑，第159页

796. 闽省光绪二十八年底察盘道库银两折

光绪二十九年十月二十八日（1903年12月16日）

署理闽浙总督、江西巡抚臣李兴锐跪奏，为闽省光绪二十八年底察盘道库银两，恭折仰祈圣鉴事。

窃照福建粮库存储米折银两，向归粮道经管，应照司库年终察盘之例，画一办理。先经由道造具册折呈送，经前督臣许应骙亲赴逐一盘查在案。兹据藩司周莲详称，准督粮道启约册报，闽省粮道库截至光绪二十七年底止流下共存银八万八千二百一两零，二十八年正月起至十二月底止，共收银十一万二千七百六十两零，共支银八万三千五百十三两零，实在存库银十一万七千四百四十七两零。造具册结，移司覆核，加具印结，详请察核具奏前来。经臣覆核无异，除加具印结，同各册结分送部科外，理合恭折具奏，伏乞皇太后、皇上圣鉴，敕部核覆施行。谨奏。光绪二十九年十月二十八日。

朱批："户部知道。"

《光绪朝朱批奏折》第84辑，第160页

797. 奏报福建筹解本年十一月新定偿款银数日期片

光绪二十九年十月二十八日（1903年12月16日）

再，准部咨，新定偿款摊派福建省岁解银八十万两。并钦奉谕旨："各该省前次指派之款，应即按月分匀，赶紧筹措，先期解交上海道转付。"等因。钦此。业经按月筹解至本年十月第二年第十一期止在案。兹届光绪二十九年十一月，应解第二年第十二期前项库平纹银六万六千六百三十两，合成全年奉派八十万两数目。除奉户部议准，将闽海关药厘由税务司径拨汇解银二万两外，实尚应解库平纹银四万六千六百三十两，现于司道局库筹集如数，于本年十月二十日交号商领汇，定限十一月初一日以前解交江海关道查收汇付。至号商汇费银一千五百八十五两四钱二分及药厘拨抵银两应需汇费，仍请随正支给。据福建济用局司道会同藩臬两司、粮盐二道详请奏咨前来。臣覆核无异，除给咨批解，并分咨外务部、户部查照外,谨附片具奏,伏乞圣鉴。谨奏。

朱批:“该部知道。”

《光绪朝朱批奏折》第84辑,第161页

798. 奏报闽省筹解本年第五批内务府京饷等银片

光绪二十九年十月二十八日(1903年12月16日)

再,光绪二十九年分闽省部拨各项京饷,业经先后四批筹解过内务府京饷银五万两、固本京饷银五万五千两、筹备饷需银四万五千两、茶税京饷银三万两、添拨税厘京饷银一万两、东北边防经费银一万两在案。兹再筹解第五批内务府京饷银一万两、固本京饷银一万两、筹备饷需银二万两、东北边防经费银一万两,饬发号商源丰润等汇解赴京,分别投纳,定期于十月十三日起程。据闽省税厘、善后两局司道详请具奏前来。除分咨外,理合附片具陈,伏乞圣鉴。谨奏。

朱批:“该衙门知道。”

《光绪朝朱批奏折》第89辑,第861页

799. 请于光绪三十年分闽省七关商税项下预拨银两作为甲辰恩科文举会试船价盘费片

光绪二十九年十月二十八日(1903年12月16日)

再,查闽省历届正科额编旧科举人会试盘缠银一万四千五百二两二钱四分六厘,以为文武举人请咨进京会试盘费,如遇恩科,即照前数题动闽海关税银两支应。自辛未科会试,始改为士子往来轮船经费,其不愿乘坐轮船之文举人及会试武举人,按名给领盘缠银一十八两。溯查丙子恩科会试,因闽海关税无款可拨,当以甲戌正科会试用剩之款拨为赴试士子轮船之需。维时系调拨船政官轮,动用较省,尚可从中挹注。自丁丑科会试起,官轮难以调拨,历科均雇商船往返载送,所需经费较巨,并有应给未坐轮船文武举人会试盘费,额银所剩无多。今届甲辰恩科会试,船政官轮仍难调拨,自应照旧议雇商船载送往还。应需经费,既无正科额银可支,又无关税可拨,亟应另行筹款,以副支用。伏查恩科乡试科场经费,原应动拨闽海关税银一万二千两,历届均经奏准,改于闽省七关商税项下照数动拨在案。今武科虽奉停止,而近科文举请咨赴试者人数较多,照额拨支犹恐不敷费用,自应援照科场经费之案,请于光绪三十年分闽省七关商税项下,按照正科盘缠额数,预拨银一万四千五百二两二钱四分六厘,作为甲辰恩科文举会试船价并支给盘费之用。据福建藩司周莲具详前来。除咨部外,理合附片具陈,伏乞圣鉴。谨奏。

朱批:"该部知道。"

《光绪朝朱批奏折》第89辑,第862页

800. 福建审办寻常命案照章摘由汇奏折

光绪二十九年十月二十八日(1903年12月16日)

署理闽浙总督、江西巡抚臣李兴锐跪奏,为审办寻常命案,遵照部行,逐案摘叙简明事由,开单恭折具陈,仰祈圣鉴事。

窃准刑部咨,寻常命盗死罪案件,由题改奏者,遵照光绪二十六年奏定章程,一律改为汇案具奏,至多以十案为率,仍备录供招,先行咨部查核等因。兹查接管卷内，据福建臬司审解长乐县命犯童求邻、福安县命犯苏柏受、宁德县命犯陈承侗共三起，详请勘审，前督臣未及审办卸篆，移交前来。臣提犯逐一勘讯无异，除将供招咨部外，理合摘叙各案简明事由，汇开清单，恭折具奏，伏乞皇太后、皇上圣鉴，敕部核覆施行。谨奏。光绪二十九年十月二十八日。

朱批："刑部议奏，单并发。"

《光绪朝朱批奏折》第108辑，第505—506页

801. 奏报福建筹解本年十月期应还英德借款银数日期片

光绪二十九年十月（1903年11月19日—1903年12月18日）

再，准部咨，应还俄法、英德借款，福建按年拨银三十四万两，自光绪二十三年起，英德款银每年匀分四次解交等因。当经转饬各局库通力合筹，提由藩司按期拨解。嗣准部咨，号商汇费应随正项支给，不得动支税厘，并令照汇解关税、盐课等项汇费开支，自应一律支办。兹届二十九年十月期，应还英德款银四万七千五百两，由司照数筹提，于本年九月二十八日发交号商，汇解江海关道兑收，以备汇付。又另支出银一千六百十五两，作为号商汇费之需。据福建藩司周莲详请奏咨前来。除给咨批解，并咨部查照外，理合附片陈明，伏乞圣鉴。谨奏。

朱批："该部知道。"

《光绪朝朱批奏折》第84辑，第165页

802. 罗源县知县李荣绅试署期满请准实授折

光绪二十九年十一月二十四日(1904年1月11日)

署理闽浙总督、江西巡抚臣李兴锐跪奏,为知县试署期满,请准实授,恭折仰祈圣鉴事。

窃查定例,各省署事官员,无论衔缺相当、衔大缺小及衔小缺大者,题请实授时,任内如有一切因公处分,毋庸计算,一体准其实授等因。兹查福建罗源县知县李荣绅,年四十七岁,直隶无极县举人,光绪戊戌科大挑一等,以知县用,签掣福建,截留大挑知县,捐免截留,于光绪二十五年四月二十二日到省。遵例报捐本班尽先补用,奏补罗源县,奉部覆准,饬赴新任,于二十八年六月十一日到任。计自到任起,连闰扣至二十九年闰五月十一日止,试署一年期满,例应实授。任内并无奉议参罚、处分各项违碍情事,备叙亲供履历事实册结,由该管府出考,送由福建藩、臬两司会详,呈请改题具奏等情前来。

臣查罗源县知县李荣绅,系属称职之员,应请准其实授。除将册供结送部外,理合恭折具陈,伏乞皇太后、皇上圣鉴,敕部议覆施行。再,臣到任未及三月,例不出考,合并陈明。谨奏。光绪二十九年十一月二十四日。

朱批:"吏部知道。"

《光绪朝朱批奏折》第19辑,第604—605页

803. 宁化县知县普荣丁父忧请敕部开缺片

光绪二十九年十一月二十四日(1904 年 1 月 11 日)

再,福建宁化县知县普荣,满洲镶白旗福州驻防举人,于光绪二十九年九月十九日在任闻讣丁父忧。据福建藩司详请具奏前来。除分咨外,理合附片具陈,伏乞圣鉴,敕部开缺施行。谨奏。

朱批:"吏部知道。"

《光绪朝朱批奏折》第 19 辑,第 605 页

804. 奏报闽省光绪二十八年修造轮船等项动用工料银数片

光绪二十九年十一月二十四日(1904 年 1 月 11 日)

再,前准户部咨,奏定新章,各省机器局并闽省船政局添购机器经费,先行奏报立案,方准核销等因。兹查福建省巡洋差遣元凯、靖海、福安、安海各轮船,光绪二十八年分在福州中歧船厂修理,动用各厂匠工银一千六百三十九两零,又物料价值银五千三十九两零;又续造第二号定海小兵轮一号及舢板小船,动用各厂匠工银四千四百一十两零、物料价值银一万二千五十八两零;又福州口水雷营领用物料价值银一千四百七十九两零,共银二万四千六百馀两。据福建善后局司道开折详请奏咨前来。除清折咨部外,谨附片具陈,伏乞圣鉴。谨奏。

朱批:"该部知道。"

《光绪朝朱批奏折》第 63 辑,第 186 页

805. 福建光绪二十八年分新垦田亩入额升科折

光绪二十九年十一月二十四日(1904年1月11日)

署理闽浙总督、江西巡抚臣李兴锐跪奏,为新垦田亩入额升科,恭折仰祈圣鉴事。

窃准部咨,各省有浮卤浅沙之地,饬令地方官劝民开垦,相其土性之所宜,及时种植,俾无弃土,仍将垦过地粮按年造册报部等因。历经遵办在案。兹据福建藩司周莲转据闽县册报,光绪二十八年分,里民陈耕畲首垦嘉登里七图十甲狮山前老洲下土名王埔份,首垦额外壅溢荒芜沙地计田一百十五亩六毫二丝五忽,每亩按则应征银一分三毫四丝一忽,计应征银一两一钱九分,加耗羡银一钱四分三厘,又每亩按则应征米二合九勺四抄四撮,计应征米三斗三升八合五勺七抄九撮,加耗米四升六勺三抄,共应征银一两三钱三分三厘、米三斗七升九合二勺九撮。系光绪二十八年分首垦,应照自首垦之例,于光绪二十八年入额起科。造具图册并应征银米总细册结,由府委员勘丈,取结送府,加结转送前来。臣覆查无异,除册结送部外,理合恭折具陈,伏乞皇太后、皇上圣鉴。谨奏。光绪二十九年十一月二十四日。

朱批:"户部知道。"

《光绪朝朱批奏折》第69辑,第186—187页

806. 奏报新任循例盘查盐法道库存储银两折

光绪二十九年十一月二十四日(1904年1月11日)

署理闽浙总督、江西巡抚臣李兴锐跪奏,为盘查盐法道库存储

银两事。

窃照督抚新任，例应将盐法道库有无亏挪之处，盘查具奏。臣仰蒙恩命署理闽浙总督，于光绪二十九年十月初四日接印视事。据福建盐法道鹿学良详称，该道自光绪二十七年十一月十九日到任起，截至二十九年十一月初二日堂期止，经收正杂盐课并票运课耗厘，同接收前任流交存库银两，除支解外，实存库银二十八万三千六百四十二两五钱七分四厘七丝九忽八微三纤。造具册结，详请具奏前来。臣覆查无异，除循例加结，分送部科外，理合恭折具陈，伏乞皇太后、皇上圣鉴，敕部查照施行。谨奏。光绪二十九年十一月二十四日。

朱批："户部知道。"

《光绪朝朱批奏折》第84辑，第183—184页

807. 奏报福建筹解本年十二月新定偿款银数日期片

光绪二十九年十一月二十四日（1904年1月11日）

再，准部咨，新定偿款摊派福建省岁解银八十万两。并钦奉谕旨："各该省前次指派之款，应即按月分匀，赶紧筹措，先期解交上海道转付。"等因。钦此。业经将第二年全年奉派银两按月分匀，如数汇解上海道查收清楚，先后奏咨在案。兹光绪二十九年十二月应解第三年第一期前项库平纹银六万六千六百七十两，除奉户部议，准将闽海关药厘由税务司径拨汇解银二万两外，实尚应解库平纹银四万六千六百七十两，现于司道局库筹集如数，于本年十一月十九日交号商领汇，定限十二月初一日以前解交江海关道查收汇付。至号商汇费银一千五百八十六两七钱八分及药厘拨抵银两

应需汇费,仍请随正支给。据福建济用局司道会同藩臬两司、粮盐二道详请奏咨前来。臣覆核无异,除给咨批解,并分咨外务部、户部查照外,谨附片具奏,伏乞圣鉴。谨奏。

朱批:"该部知道。"

《光绪朝朱批奏折》第84辑,第184—185页

808. 奏报闽省筹解本年第六批各项京饷银两片

光绪二十九年十一月二十四日(1904年1月11日)

再,光绪二十九年分闽省部拨各项京饷,业经先后五批筹解内务府京饷银六万两、固本京饷银六万五千两、筹备饷需银六万五千两、茶税京饷银三万两、添拨税厘京饷银一万两、东北边防经费银二万两在案。兹再筹解第六批茶税京饷银二万两、筹备饷需银一万两、添拨税厘京饷银二万两,饬发号商源丰润等汇解赴京,分别投纳,定期于十一月十九日起程。据闽省税厘、善后两局司道详请具奏前来。除分咨外,理合附片具陈,伏乞圣鉴。谨奏。

朱批:"该衙门知道。"

《光绪朝朱批奏折》第89辑,第875页

809. 奏报福建省光绪二十九年十月分晴雨粮价情形折

光绪二十九年十一月二十四日(1904年1月11日)

署理闽浙总督、江西巡抚臣李兴锐跪奏,为恭报晴雨、粮价情形,仰祈圣鉴事。

窃查福建省城光绪二十九年十月分得雨七次，省外各属禀报略同。通省粮价间有减落，现在二麦布种，民情安谧。据福建布政使周莲具详前来。谨缮清单，恭折具陈，伏乞皇太后、皇上圣鉴。谨奏。光绪二十九年十一月二十四日。

朱批："知道了。"

《光绪朝朱批奏折》第 97 辑，第 234 页

810. 闽省裁并善后等局改设财政局折

光绪二十九年十一月二十五日（1904 年 1 月 12 日）

署理闽浙总督、江西巡抚臣李兴锐跪奏，为裁并各局所，改设财政局，经理财用，以裕度支而节糜费，恭折具陈，仰祈圣鉴事。

窃照闽省自军兴以后，因筹办地方善后事宜，设有善后总局经理一切，迨后军务肃清，因仍未改，名实久已不符。今考其所司职事，大都财政为多，而其经放之款，则时与税厘相出入，事权本已纷歧，近复将营务一事羼入其中，以致头绪益繁。且善后局既管财政矣，而于抽收各捐、筹解赔款，则又另设济用一局。同一稽核税厘，省城内既设有总局，复于近省十里之南台地方另设总局一处。同一劝捐核奖，海防、股票等项则归善后局，而于赈捐则又另设赈捐一局。同一抽收商捐，则有归善后局者，有归济用局者，歧之又歧，莫可究诘。窃念近来时事艰危，民力凋敝，整顿财政，实为目前最要之图，然不统筹出纳，无从酌剂盈虚。似此设立多局，各自为政，不惟纷杂无纪，丛脞堪虞，且恐财用日绌，征敛日增，而民生益困矣，其耗蠹局费，犹其小也。

臣到任之后，督同司道通盘筹画，将原设之善后、济用、赈捐及

省会税厘、南台税厘各局一律裁并，改名为全省财政局，派委藩司为督办，臬司与粮、盐两道为总办，会同经理。并于局内分设四所：一曰税课所，凡稽征茶税、商税、货厘、土药烟厘、牙税等项，均隶之。二曰筹捐所，凡劝捐核奖，及善后、济用、税厘等局向办之各项杂捐，如随粮、坐贾、膏牌、酒捐等类，皆隶之。其旧收各捐内，如有事近繁苛，应行停减，或利源未辟，尚可扩充者，应由该司道等督同局员随时悉心筹议，次第举办。三曰度支所，凡筹解各国赔款，开支通省水陆各营薪饷，采办一切料物，及浚河筑堤、仓谷米石等事，均隶之。四曰报销所，除司道各衙门例办奏销外，其馀军需、工赈各项报销悉隶之。惟报销系事后归结所用之款，而经理财政则以事前预算为尤要。嗣后每届冬令，应由该所将来年岁出、岁入之款逐细开列，为预算表一通，详请颁示，庶通省度支皆可晓然与人共见。设或入不敷出，而人无疑沮，亦易预筹弥补之策。以上四所，皆就候补府厅州县内遴选廉勤干练而能尽本门职务者，委令分任其事，而受成于司道，并另设提调一员，使之承上启下。其旧有各局所用委员、书役，可留者留之，否则概令销差，以节糜费。至善后局原兼之营务处，事本不类，臣已另折奏设军政局，应即剔归军政局办理。如此则事以类从，不相杂厕，而通省度支亦易考核矣。现已于十一月二十日裁改完竣，据司道等详报前来。

除分咨外，所有裁并各局改为财政局缘由，理合恭折具陈，伏乞皇太后、皇上圣鉴训示。谨奏。光绪二十九年十一月二十五日。

朱批："该部知道。"

《光绪朝朱批奏折》第1辑，第397—398页

811. 前任福建按察使降调道员杨文鼎才识宏通勇于任事请准留闽差委片

光绪二十九年十一月二十五日(1904年1月12日)

再,闽省为海疆要地,内政外交,事繁责重,亟须得人而理。查前任福建按察使降调道员杨文鼎,才识闳通,勇于任事,历办洋务交涉,深知体要,外人悦服。前署两江督臣张之洞查办闽案覆奏,称其干练精敏,确系办事能员,吁请朝廷成就。臣到闽后,详加访询,官声政绩,均有可观。现值整顿庶务,需才尤亟,该员曾任闽省实缺司道,熟悉情形,措施较易,与他省候补人员不同。合无仰恳天恩,俯准留闽差委,俾资臂助。谨附片陈请,伏乞圣鉴训示。谨奏。

朱批:“着照所请,该部知道。”

《光绪朝朱批奏折》第19辑,第608页

812. 查明闽省各属收成中稔来春毋庸接济折

光绪二十九年十一月二十五日(1904年1月12日)

署理闽浙总督、江西巡抚臣李兴锐跪奏,为查明闽省各属收成中稔,来春毋庸接济,恭折覆陈,仰祈圣鉴事。

窃承准军机大臣字寄,光绪二十九年十月初三日奉上谕:“本年各省有无被灾地方,应行调剂之处,着一体查明具奏。”钦此。遵旨寄信前来。当经恭录转行钦遵去后。伏查闽省本年各属早稻收成尚称中稔,夏秋之间旸雨应时,晚稻亦较往年收获稍丰,惟本省山多田少,产米无多,向来不敷民食,是以每年均须设法筹款,分赴邻省西贡等处购买米谷,开厂平粜,藉资接济。臣到任后,复督饬司道广为筹劝,照案办理,并在省城内外分设粥厂,俾贫民得以就食。目下通省民情均称安谧,来春似可毋庸接济。臣仍随时体察,如有应行调剂抚恤之处,即当酌筹妥办,以仰副圣主轸念民依至意。据福建藩臬两司、粮盐二道会详前来。除咨部外,谨缮折覆陈,伏乞皇太后、皇上圣鉴。谨奏。光绪二十九年十一月二十五日。

朱批:“知道了。”

《光绪朝朱批奏折》第32辑,第293页

813. 闽省设立军政局整理营务折

光绪二十九年十一月二十五日(1904年1月12日)

署理闽浙总督、江西巡抚臣李兴锐跪奏,为闽省设立军政局,整理营务,谨将办理情形恭折具陈,仰祈圣鉴事。

窃臣伏读电钞,光绪二十九年十月十六日钦奉上谕:“前因各省军制、操法、器械未能一律,迭经降旨,饬下各督抚认真讲求训练,以期画一。乃历时既久,尚少成效,必须于京师特设总汇之处,随时考查督练,以期整齐而重戎政。”又于十一月十六日钦奉上谕:“各省军政,各督抚照例设营务处,派监司大员总办,以专责成。立法未尝不善,乃承办各员,往往视为例差,不能认真经理,甚至役使勇丁,提扣口粮。统领营官私送公费,遇有查阅等事,临时敷衍弥缝。襄办、会办,尤为虚设。军政之坏,半由于此。积习相沿,实堪痛恨。着各该督抚凡派办营务,必须择精明韬略、操守严正之员,不得以庸软不职充数。嗣后如有缺额扣饷种种等弊,一经发觉,即行奏参严惩。其襄办、会办名目,即着一律裁撤,以肃军政。”各等因。钦此。仰见圣主整军经武之至意,曷胜悚佩!

伏念近来中国积弱之故,皆由于兵气不扬。自庚子之变,迭奉明诏,通饬各省裁汰绿营,改练常备、续备、巡警诸军。前督臣许应骙于光绪二十七年七月即经遵旨议奏,将福胜、祥胜两军改为常备军左右两镇,共练兵五千七百人。二十八年十二月复奏议加练为六千人,并将福强、福锐、福毅等军改为续备三军,分作中左右三路,而以绿营编立巡警,似亦粗具规模,而荏苒两年,曾未开办。许应骙交卸,复经前兼署督臣崇善量为核议增减,奏明常备两镇均于本年八月内成军,其他则至今仍未改定。盖福强诸军,练兵、防勇羼杂其间,本已不能一律,而绿营窳惰无用,人所共知,即为之改易名目,而兵丁不合格式,将弁不解新操,即使外袭皮毛,学人步伐,而仅能列队转走,持枪装放,亦不足与语强兵之道。此前督臣所以踌躇满志,而未有以定之也。

臣到任后,考察常备军左右两镇现已改习新操者,仅有左镇,又以成军不久,操章未定,营哨各官多不能身自教操,进步甚窘,求其通野外击射之要务、行军攻守之机宜、枪炮子弹之理法,盖尚难之。至于枪炮为行军利器,无论各军不能一律,即一军一营之中,亦复名式纷歧。前督臣先经奏明,闽省储有快炮二千馀尊、快枪二万馀枝。臣到任后委员查点,则所谓快炮者不及百分之一,馀皆旧日废坏土炮,即定更所用小铁炮五十具,亦在其列,快枪则惟常备军左镇、武备学堂共有数百馀枝,他皆旧式为各国所弃而不用者。臣目击时艰日迫,良用隐忧,自非大加整理,难收实效。当于省会特设军政局,分立参谋、执法、督操、理饷四所:凡参议军谋,规画形势,调度营伍,进退将校,悉以属之参谋所;整饬营规,稽查额饷,颁行军律,惩办匪类,悉以属之执法所;察视操务,考定操章,教课营弁,监督战阵,悉以属之督操所;预算军实,颁发粮械,筹议运道,勾稽饷册,悉以属之理饷所,各拣能尽本门义务之员分任其事,而以知兵大员董而理之。查有记名道徐绍桢,曩在赣、粤统兵,日赴操场指挥教授,著有成效,经臣电奏调闽差遣,于本年八月二十二日奉旨:"着以道员发往福建补用。"业经随臣到闽,现委令总办军政局务,节制水陆各路防营,责成将一切操法战术、军制军律逐一考究,编订颁行各军。官弁有不知新操、不能束伍,甚或役用兵丁、侵蚀饷额、毁失军械、贻误戎机者,均令随时指参,并遇事会同藩、臬两司经理,已于本年十一月初十日开局。

闽省从前本有营务处,嗣因节费,移归善后局兼办,又另设督操营务处,专司督察常备军操务,事权纷杂,未见实效。今既设立军政局,应即将善后局所兼之营务处及督操营务处一概裁撤。其军政局需用、委员兵役薪水经费,统由司局筹拨,俟各军一律改定,再行汇同饷册,报部立案。臣现拟设法腾挪巨款,即先购置新式快枪一二千枝,以便新军得所讲习,免致临时或有不解装放之弊。又闽省上年开设陆军武备学堂,与军政局相为表里,亦经派委该员徐绍桢总办,以期一气相因,藉收强兵之效。

所有闽省设立军政局,派员经理营务大概情形,理合恭折具陈,伏乞皇太后、皇上圣鉴训示。谨奏。光绪二十九年十一月二十五日。

朱批:"该部知道。"

《光绪朝朱批奏折》第35辑,第198—200页

814. 奏请以张纪桢补授福建漳州镇标左营守备片

光绪二十九年十一月二十五日(1904 年 1 月 12 日)

再,福建漳州镇标左营守备卓元川劾参遗缺,系陆路部推之缺,先准部咨,用拣发班人员请补。当经前兼署督臣崇善以拣发班补用守备施才举据报病故,范为冈已请补陆路提标左营守备,此外并无合例人员,照章应过应补班世职人员请补,以候补守备张纪桢材技优长,奏请补授。兹准部咨议覆,拣发班尚有补用守备丁瑞德、降补守备刘腾云、周梦渭三员,本班有人,遽请过班,以应补班云骑尉候补守备张纪桢补授,核与定章不符,仍令在于拣发班内拣选合例人员请补等因。臣查拣发班补用守备丁瑞德,本由世职续保补用守备,业于光绪二十五年十二月初二日病故,所遗世职,经其子丁闳接袭,汇奏发标在案。其刘腾云系诏安营游击,周梦渭系漳州镇标中营游击,均因才具平庸,于同治年间先后奏参,发守备降补。该二员于降补后,并未到标请考归班,咨部注册,迄今年久,不知下落,且扣计年岁,俱已届甄别之期,此外实无合例堪补之员。惟查有前请补授是缺之应补班期满世职候补守备张纪桢,年五十六岁,福建福州府侯官县人,由承袭云骑尉于同治十一年考验收标,光绪十九年送部引见,奉旨:“发回本省,照例用。”钦此。奉部注册序补。现在上游委带练哨,督缉操防,甚属得力,曾经存记,以之请补是缺守备,堪期胜任。复查武职补缺新章,本班无人,应准过班请补。

合无仰恳天恩,俯准将云骑尉候补守备张纪桢补授福建漳州镇标左营守备员缺,于营伍、地方均有裨益。如蒙俞允,该员系候补守备请补守备，衔缺相当，毋庸送部引见。除已饬取履历咨部外，谨会同福建陆路提督臣黄少春合词附片具陈，伏乞圣鉴，敕部议覆施行。再，臣到任未及三月，例不出考，合并陈明。谨奏。

朱批："兵部议奏。"

《光绪朝朱批奏折》第49辑，第82—83页

815. 由粤航海赴闽沿途察看炮台情形片

光绪二十九年十一月二十五日（1904年1月12日）

再，臣此次由粤航海赴闽，沿途察看炮台。福州海口距省一百二十里之长门，形势最为扼要，两岸均设有炮台，北岸最高者为电光山炮台，电光山之前左一面为划鳅山炮台，稍过为射马炮台，近右一面为长门炮台；南岸最高者为烟台炮台，烟台之前左为金牌山炮台，前右为烟墩炮台，烟墩下复有獭石炮台。原当日建置之意，实以电光、烟墩两台为主，而分设数小台以辅翼之，凡轮船入口，皆由芭蕉尾越五虎门而来，此两台皆可直击。用意未尝不是，惜建造多不如法。

大凡置设炮台，必须审察前面无阻我火路之物，而敌炮来攻我，又足以避之，方为得力。故每炮之前必筑护墙，护墙之前必有护濠，护濠之外更有护墙。炮台前护墙，则以能容队伍排列，有横火路可以自卫为要义，而护墙更须筑成向外斜坡，方足以御敌。弹炮之两旁又各设隔堆，用避敌弹旁击，保我炮兵。至于兵房暗道、药弹仓库、运送铁路，均须完备，然后足以自守。今长门各台，于以上所陈，无一合者，大率建设平台，置炮其上，豁然显露，一望可知。

间有用护墙者,亦未得法,其药弹房或正对敌人火路,或自设在炮位之下,尤属危险。每台置炮,相距远者不过二丈,近则丈馀数尺,只须一炮受击,势必全台尽毁,绝无足恃。

论形势,似以电光山为最佳,敌弹飞来,低则击在山麓,不能炸裂,高则飞越而过,不易适中,前面既可击五虎门来船,转而向内,亦可返击已经入口之船。其次则为烟台,惟地盘甚窄,仅可置炮一门,前有小岛名青屿者,适足阻我向芭蕉尾、五虎门之火路,亦恐不易制胜。此两台有克虏伯十二生的口径炮共三尊,制自西历一千八百九十三年,乃西人所称快炮者,其他各炮虽亦有利器,然均在八十八年以前,非西人所谓快炮矣。

入口三十里,有闽安南北两岸炮台,北岸正对梅花港,可击敌船之从此偷渡者,但此港水浅多礁石,巨轮不能进,只防舢板小船。若自五虎门而入,既过长门以至闽安,则虽有此台,亦断不能守,故闽安南岸炮台尤为虚设,现在但置有废钝旧炮而已。

臣再三筹画,拟先将电光、烟台两炮台修造合法,以重海防。馀则姑就旧式,量为改造,去其太无理法者,或竟裁撤炮兵,专注重于一二得力之区,庶免虚糜巨款,同归无用。顾闽省库藏,早已罗掘一空,即修造一二台,亦非数十万金难期美善,际此时艰款绌,正不知何所措手,每一思虑,寝馈不安。惟有督同司道,就目前财力所能及,设法补苴,容俟将来筹定办法,再行随时陈奏。

所有臣察看炮台情形,合先附片具陈,伏乞圣鉴。谨奏。

朱批:“知道了。”

《光绪朝朱批奏折》第64辑,第782—783页

816. 闽省设立商政局筹办商务折

光绪二十九年十一月二十五日(1904 年 1 月 12 日)

署理闽浙总督、江西巡抚臣李兴锐跪奏,为闽省遵旨筹办商务,谨将设局派员办理情形,恭折仰祈圣鉴事。

窃照近来迭奉谕旨,饬令各省振兴商务,并力行保商之政。亟应钦遵办理。闽省地处海疆,民贫土瘠,素乏生产,加以频年灾歉,偿款骤增,度支浩繁,取于民者既不能不加于前,则为闾阎筹生利之源,以救目前财用之困,非讲求商务,无从措手。闽省已办农桑、工艺及厦门所设保商等局,或规模甫具,尚待扩充,或名实未符,难期成效,自非实力整顿,逐渐改良,不足以挽回利权,发达生计。查福州、厦门两处,皆系通商要口,历年商业不振,外权内侵,皆由于倡率无人。应即于福州省城及厦门两处,各设商政局,遴派大员总理其事,公举商董设立商会,务使官商联为一气,实力维持,上副朝廷通商惠工至意。

局中应派职司,遵照商部分设四司之意,略予变通,广为六所。一曰保惠所,专司招商保商、建设学堂、译书译报、执行商律、禁令词讼、颁给专利凭照、激劝保奖之事;一曰货殖所,专司开垦、树艺、蚕桑、畜牧一切农务中生利之事;一曰艺术所,专司机器制造、矿产铁路、设电招工一切工艺中生利之事;一曰会稽所,专司税务货币、品物价值、校正度量权衡、出入经费之事;一曰陈列所,专司陈设品物、配合宜忌、评定良窳、各业赛会转运之事;一曰调查所,专司考察内地土产、外来货物时价涨落、销路通塞一切记载报告之事。以上六所,均选明达端谨、能尽本门义务之人分任其责。

开办之始，当以设立商会为第一关键，盖有商会而后可厚营业之力，联涣散之情，以之贸易而不受欺制于外人，以之考察而得资见闻于众议。其商会中商董，由各业商人公举选充。官与商董相接，优以礼貌，勿拘官场仪节。凡商会议办之事，如纠合资本、保安财产、评论曲直、清理债务，均先由商董集议，而总办为之决判。总办之于商董，必须随时接见，力杜隔阂，但有保护裁断之责，而无干预侵抑之权。商董之于总办，亦只许以关系商业之事得相启请，而不许于本务外有私谒干求之端。官商之权限既明，彼此之情谊自洽，商务可望起色。此外各项营业，均应设立公司，自保权利，次第举行，徐图推广。

惟兹事造端宏远，条绪纷繁，非得通达治体、才望素著之人，不能胜任。查有前任福建按察使降调道员杨文鼎，熟悉闽省情形，商情素洽，现经另片奏请差委，又盐法道鹿学良，办事精细，均堪饬委总办省会商政局。其厦门商政局，查有候补道黎国廉，精明稳练，堪以饬委总办，仍令遇事与省局会商筹酌。原有之保商等局，均改隶商政局办理，以免纷岐。其农桑、工艺等事，均有一定学级，非专设学堂教课，难期精进，一俟筹有经费，再当陆续添设。所有一切详细章程，饬令该总办等分别妥拟，由臣核酌饬遵。应需经费，随时由藩司筹拨汇报。

除咨部外，谨将闽省设立商政局，派员筹办各情形，恭折具陈，伏乞皇太后、皇上圣鉴训示。谨奏。光绪二十九年十一月二十五日。

朱批："商部知道。"

《光绪朝朱批奏折》第102辑，第547—548页

817. 闽省矿务归并商政局统辖议设公司筹办片

光绪二十九年十一月二十五日(1904 年 1 月 12 日)

再,中国振兴商务,以开矿为最要之图。闽省崇山峻岭,绵亘千里,矿产甚多,久为外人所觊觎。光绪二十八年间,虽曾经前督臣许应骙奏设专局,然只委总办两员,坐拥虚名,毫无实际。其所设华裕、大东两公司,则直以汀、建、邵三府矿务许于外人,尤为漫无权限。自非另行设法筹办,不足以自保利权。查矿务办法,不外官办、商办二端,然官办则款项既苦难筹,商办则权力亦恐不逮,必须招商集股,自立公司,官与维持,方足以开辟利源,隐杜侵越。现在福建设立商政局,通省矿务均归统辖,应即通饬各州县,详细查明境内有无矿产,分别已办、未办呈报。该局一面督饬商会绅董,纠合殷富,仿照湖南办法,先行议立总公司,分厂承办,或全用土法,或参用机器,以资本之多寡为衡,酌量开采,如果获有馀利,再图推广。闽省商富,流寓南洋各岛最多,其中不乏通晓矿务之人,并由局广为招致,劝令出资认办,较易集事。此次议设公司之后,无论何人,凡有在籍、在京呈请来闽勘办矿务,均应由商政局督饬商会,详加查核,分别准驳,未便纷纷轻许,致滋流弊。至办理章程,仍俟商部核定咨行,一律遵守。除分咨外务部、商部外,理合附片陈明,伏乞圣鉴,饬部查照立案。谨奏。

朱批:"商部知道。"

《光绪朝朱批奏折》第 102 辑,第 85—86 页

818. 奏报延平府知府刘传福丁忧日期片

光绪二十九年十二月十四日(1904 年 1 月 30 日)

再,福建延平府知府刘传福,江苏吴县进士,于光绪二十九年十一月十五日在任闻讣丁生母忧。据福建藩司遵照新章,具详请奏前来。除分咨外,理合附片具陈,伏乞圣鉴。至前奉新章,知府选补轮次,改为二留一咨。前出兴化府,业经归部铨选,今所出延平府知府,系第一留补之缺,闽省现有应补人员,应请留闽另行请补,合并陈明。谨奏。

朱批:"吏部知道。"

《光绪朝朱批奏折》第 19 辑,第 672 页

819. 试用知县汪春澍戴培基期满甄别均堪留闽序补片

光绪二十九年十二月十四日(1904 年 1 月 30 日)

再,劳绩、捐纳、大挑分发各员,自到省之日起,试用一年期满,例应详加甄别,历经遵办在案。兹福建试用知县汪春澍、戴培基,先后试看期满,俱应甄别。据藩、臬两司会详请奏前来。查该员汪春澍、戴培基,均堪以知县留闽,按班序补。除履历咨部外,理合附片具奏,伏乞圣鉴。再,臣到任未及三月,例不出考,合并陈明。谨奏。

朱批:"吏部知道。"

《光绪朝朱批奏折》第 19 辑,第 673 页

820. 闽省各营光绪二十八年分朋马奏销折

光绪二十九年十二月十四日(1904年1月30日)

署理闽浙总督、江西巡抚臣李兴锐跪奏,为闽省各营光绪二十八年分朋马奏销,恭折仰祈圣鉴事。

窃案准部咨,各省督抚提镇各标营朋马奏销一项,凡官兵例扣朋银并倒马分数,动用朋银买补,及赔桩、皮脏各款,均列一本,照各省驿站奏销定例具题。又于光绪二十七年间钦奉上谕:"嗣后各项本章,一律删除。"续奉部咨,是案改题为奏各等因。自应遵照办理。查闽省水陆各营光绪二十八年分官兵朋扣项下,支给提镇役食银三百九十两零、赏号银二千两,又八旗水师旗营赏号银七百二十两,又八旗步兵操演药铅银九十二两零,又各营操演抬炮硝磺铅价料脚银四千八十一两零,又解兵部饭食银一百两,共支银七千三百八十四两零,尚存剩银六百一十一两零,照案拨充本省海防经费。另各营旧管官例马五百九十六匹、弁兵骑操马一百八十六匹;新收各营官例马一百三十二匹,改调官马一十六匹,开除各营官例马一百零二匹,年满倒毙马一十匹,改调官马一十六匹;实存各营官例马六百二十六匹、弁兵骑操马一百七十六匹。据福建布政使周莲详请奏咨前来。臣覆核无异,除册分送部科外,理合会同署理福建水师提督臣曹志忠、陆路提督臣黄少春合词恭折具陈,并缮清单,恭呈御览,伏乞皇太后、皇上圣鉴,敕部核覆施行。谨奏。光绪二十九年十二月十四日。

朱批:"该部知道,单并发。"

《光绪朝朱批奏折》第63辑,第216页

821. 造销光绪二十八年分闽省武职养廉折

光绪二十九年十二月十四日(1904年1月30日)

署理闽浙总督、江西巡抚臣李兴锐跪奏,为造销光绪二十八年分武职养廉,恭折仰祈圣鉴事。

窃案准部咨,各省武职养廉,提督每员给银二千两,总兵每员给银一千五百两,副将每员给银八百两,参将每员给银五百两,游击每员给银四百两,都司每员给银二百六十两,守备每员给银二百两,千总每员给银一百二十两,把总每员给银九十两,经制外委千、把总每员给银一十八两,于乾隆四十七年为始,按年造册动支,题报核销等因。福建省业经按年造册题销。嗣经钦奉谕旨,各项本章,一律改题为奏。复经遵将此案武职养廉奏报至光绪二十七年分止在案。

兹查闽省各营大小员弁支销光绪二十八年分养廉银五万七千五百八十一两零,又动给各营新续增公费银一万三千六百八十四两,又裁缺武廉留备本省银二千六百六十八两,统共支银七万三千九百三十三两零,尚存剩银二万四百一十两零,照案归入拨册造报。据福建布政使周莲详请奏咨前来。臣覆加察核,所有二十八年分闽省武职员弁支销养廉数目均属相符。除册送部外,理合缮具清单,恭折具奏,伏乞皇太后、皇上圣鉴,敕部核覆施行。谨奏。光绪二十九年十二月十四日。

朱批:"该部知道,单并发。"

《光绪朝朱批奏折》第63辑,第217页

822. 补造光绪二十四年分闽省丁耗钱粮奏销数目折

光绪二十九年十二月十四日(1904 年 1 月 30 日)

署理闽浙总督、江西巡抚臣李兴锐跪奏，为补造光绪二十四年分丁耗钱粮奏销数目，恭折仰祈圣鉴事。

窃准部咨，闽省光绪二十四年分各项奏销具题事件，凡经题报未接部覆者，应即逐件查明，分晰补办奏报，并造具清册，钞录上案，即行送部等因。饬据福建藩司周莲查福建省光绪二十四年分收款项下，实收解司地丁银八十七万四千一百四十两零、杂税并厦门地租银八万六千三百九十七两零，又关税正额银一万七千四百七十八两零、武职罚俸银一百五十七两零、入官租税银五十二两零、各属学租银二千二百四十二两零，共收银九十八万四百六十九两零。支款项下，一支给坊价银二百七十两，又支给琉球国官伴廪蔬盐菜行粮银五百四十两零，又支给兵饷银五十二万四百四十一两零，又拨支学租银二千二百四十二两零，共支给银五十二万三千四百九十五两零。以上收支两项对除外，计应存剩银四十五万六千九百七十三两零，内除当税银九百四十六两零、厦门地租银一千六百七十三两零、牛猪杂税银一百一十二两、渔税银二百一十六两零，均经汇入光绪二十五年春拨册内造报，又完税契银七万六千二百三十三两零留为海防船工之需，又关税正额银一万七千四百七十八两零拨充善后、海防备用，均毋庸报拨，实在存剩银三十六万三百一十二两零。俱系二十四年分奏销截数之时。新收各项钱粮，已于光绪二十五年分秋拨册内造报拨用等情。据藩司周莲具详，呈请补奏前来。

臣覆查无异，除将补造各册送部外，理合恭折具陈，伏乞皇太后、皇上圣鉴，敕部核覆施行。谨奏。光绪二十九年十二月十四日。

朱批："该部知道。"

《光绪朝朱批奏折》第69辑，第213—214页

823. 补造光绪二十四年分闽省奏销随本动存数目折

光绪二十九年十二月十四日（1904年1月30日）

署理闽浙总督、江西巡抚臣李兴锐跪奏，为补造光绪二十四年分奏销随本动存数目，恭折仰祈圣鉴事。

窃准部咨，闽省光绪二十四年分各项奏销具题事件，凡经题报未接部覆者，应即逐件查明，分晰补办奏报，并造具清册，钞录上案，即行送部等因。饬据福建藩司周莲查福建省光绪二十四年内分随本奏销，所有节年银谷管系光绪二十三年奏销流下尚剩银一千七百一两零，业经汇入光绪二十四年秋拨四柱册内造报，未完光绪十四年起至二十三年止各年地丁并参追共未完银二百五万九千一百八十九两零。新收光绪二十三年地丁奏销四柱册报存剩地丁银三十六万八千六百九十四两零，光绪十四年起至二十三年止各属续完地丁银二千八百二十六两零，前光泽县周有基续完参追十九年地丁银一千一百八十四两零，光绪二十四年下忙各属续完节年地丁银四百四十两零，以上共收银三十七万三千一百四十五两零，管收共银三十七万四千八百四十七两零。开除光绪二十三年奏销存剩各款银三十六万八千六百九十四两零，光绪二十三年奏销各属续完各年地丁并参追共银一千七百一两零，共除银三十七

万三百九十六两零。实在存剩银四千四百五十一两零，业经汇入光绪二十五年秋拨册内造报，未完光绪十四年起至二十三年止各年地丁并参追共银二百五万四千七百三十七两零。

又租谷项下，旧管存剩谷一千六十一石零，新收长泰、罗溪等处共完谷一百一十八石零，管收共谷一千一百七十九石零，开除罗溪县丞解完业经入于二十四年秋拨造报谷九十八石零，实在存剩租谷一千八十一石零，候文拨给兵食。

又粮米项下，光绪二十四年奏销册报旧管应存节年粮米六千四百三十石零，未完光绪十四年起至二十三年止民欠粮米三十万八千八百八十六石零，新收各年粮米三千九百三十八石零，开除支拨、续完、归还各属仓并省仓粮米三千九百三十八石零，实在应存各属未解给节年粮米六千四百三十石零，请俟严催补解。未完光绪十四年起至二十三年止民欠粮米三十万四千九百四十八石零，现已严催赶征全完，分别归补造报。至续完租谷一项，亦经另造细册，应请归于各该年册内查核等情。据福建藩司周莲、督粮道启约查照原案，会详呈请补奏前来。

臣覆查无异，除将补造各册送部外，理合恭折具奏，伏乞皇太后、皇上圣鉴，敕部核覆施行。谨奏。光绪二十九年十二月十四日。

朱批："户部知道。"

《光绪朝朱批奏折》第89辑，第896—898页

824. 罗源县教谕叶孔煌六年俸满堪膺保荐折

光绪二十九年十二月十六日(1904年2月1日)

署理闽浙总督、江西巡抚臣李兴锐跪奏，为教职六年俸满，堪

膺保荐,恭折仰祈圣鉴事。

窃查定例,各省教职,以到任之日起,扣算六年俸满,各府州县文申请,巡道加考,移司查实,转呈督抚、学政,调取验看,详加甄别,如果才能出众、堪膺民社者,出具考语,保题送部引见。如奉旨准其升用者,留部铨选等因。遵照在案。兹据罗源县教谕叶孔煌申称,年三十七岁,延平府将乐县廪贡生。遵新海防例报捐教谕遇缺先选用,奉选罗源县教谕,于光绪二十三年六月二十八日到任。试俸期满,准销"试"字在案。计自光绪二十三年六月二十八到任之日起,连二闰扣至二十九年四月二十八日止,初次六年俸满,任内并无奉议参罚、降级、停升、记过案件,例应备具亲供、事实册结,呈请验看。该管县、府、道出考,送由福建藩、臬两司,查罗源县教谕叶孔煌,训迪有方,洵属教职中出色之员,堪膺保荐,会详呈请具奏。并经学政臣秦绶章按试,出具该教谕年力富强,循谨供职考语,咨会前来。

臣查得初次六年俸满罗源县教谕叶孔煌,任内并无奉议参罚处分,堪膺保荐。除将册供结送部外,理合会同福建学政臣秦绶章恭折具奏,伏乞皇太后、皇上圣鉴,敕部议覆施行。再,臣到任未及三月,例不出考,合并陈明。谨奏。光绪二十九年十二月十六日。

朱批:"吏部知道。"

《光绪朝朱批奏折》第19辑,第681页

825. 奏请以黄维藩调补下里场盐大使折

光绪二十九年十二月十六日(1904年2月1日)

署理闽浙总督、江西巡抚臣李兴锐跪奏,为调补场员,以裨鹾务,恭折仰祈圣鉴事。

窃照下里场盐大使汪守坻,据报于光绪二十九年八月初四日在任闻讣丁父忧,当经详咨开缺,并请将所遗下里场缺留闽拣员请补在案。查下里场系属繁缺,例应拣员调补。现于闽省简缺各场大使逐加遴选,非人地未宜,即与例未符,并无堪调之员。惟查有前江场盐大使黄维藩,现年四十四岁,江西建昌府南城县人。由附贡生遵例报捐盐大使,指分福建新班先用,于光绪十二年十月十八日到省。补授漳浦南场盐大使,十五年二月到任。十八年八月丁继祖母忧,交卸回籍。服满,在京呈请分发原省,归候补班补用,二十三年八月二十一日到省。二十六年请补前江场,奉部覆准,于二十六年九月十一日到任。该司道查该员黄维藩办事勤慎,熟悉鹾务,以之调补下里场盐大使,洵属人地相宜,核与历办成案相符。兹据福建盐法道鹿学良会同藩司周莲造具履历清册,会详请奏前来。

臣到任未及三月,例不出考。该员系现任盐大使请调盐大使,衔缺相当,毋庸送部引见,并请免叙参罚。除将履历分送部科查照外,理合恭折具奏,伏乞皇太后、皇上圣鉴,敕部议覆施行。至所遗前江场繁缺,应请留闽,俟奉准部覆,另行拣员调补,合并声明。谨奏。光绪二十九年十二月十六日。

朱批:"吏部议奏。"

《光绪朝朱批奏折》第19辑,第682页

826. 汇奏难裔陈祖荫等十二员请袭世职难荫折

光绪二十九年十二月十六日(1904年2月1日)

署理闽浙总督、江西巡抚臣李兴锐跪奏,为承袭世职、难荫,汇开清单，恭折仰祈圣鉴事。

窃照开复闽浙督标水师营把总陈名良，报捐从九品职衔王寿龄，原任福建水师提标右营千总、护理后营游击吴金魁，福宁镇标中营把总、尽先拔补千总毛起凤，连江营把总冯开猷，北洋海军左翼左营把总、扬威快船三管轮周喜，福州城守左军外委陈逢亨，报捐同知衔林秋峦，或带兵剿匪阵亡，或御敌办团殉难，均经部臣议给云骑尉世职，袭次完时，给予恩骑尉世袭罔替。又原任水师提标后营游击杨春、该营千总王友，均因征取澎湖阵亡，乾隆六十年钦奉谕旨，补给恩骑尉世袭罔替。又浙江定海镇标拔补把总陈云龙，出洋巡哨，漂没淹毙，经部臣议荫子弟一人，以把总补用。原任台湾镇标中营把总张金进，因台匪张丙滋事，在军营打仗立功后病故，经部臣议给伊子七品监生，遇有把总缺出，拣选拔补。兹据各该地方官查明难裔陈祖荫等十二员，请袭各世职、难荫，讯取族邻图册供结，分别检同敕书，加结具详前来。经前兼署督臣、宗室崇善及臣先后考验得，陈祖荫、王得贵堪准承袭云骑尉世职，檄发水师标营学习；吴盛勋、毛龙光、冯树、陈韵涛、周鸿禄堪准承袭云骑尉世职；杨敦麟堪准承袭恩骑尉世职；陈春标、张春升堪准承荫把总，均檄发陆路标营学习；林国珍堪准承袭云骑尉世职；报捐指分浙江试用盐大使王维堃堪准先行兼袭恩骑尉世职，均给予半俸，俟各该员期满及岁，另行照例办理。

除将敕书、图册供结，并照新章另造议恤原案清折送部外，谨缮清单，恭折具陈，伏乞皇太后、皇上圣鉴，敕部议覆，分别填给敕书，发领施行。谨奏。光绪二十九年十二月十六日。

朱批："兵部议奏，单并发。"

《光绪朝朱批奏折》第49辑，第109—110页

827. 奏请以黄文琮补授浙江镇海营参将片

光绪二十九年十二月十六日(1904 年 2 月 1 日)

再,浙江镇海营参将梁廷爵病故遗缺,前准部咨,系外海水师题补新章第一轮第一缺,轮用尽先人员。当查浙省水师尽先参将黄文琮尚未奉部注册归班,闽浙尽先参将喻新瑞请假回籍,此外并无合例尽先之员,经前兼署督臣崇善以闽浙水师补用参将何祥麟奏请补授。兹准部咨议覆,查海门镇标左营游击黄文琮续保尽先参将履历业经到部,保案前经照准行知在案,浙省尽先参将并非无人,请过班以拣发班之补用参将何祥麟请补轮用尽先之缺,碍难议准,应令另拣合例人员请补等因。应即遵照部咨,以黄文琮更补。查浙江水师尽先补用参将黄文琮,年六十三岁,广东吴川县人。由勇目历升浙江海门镇标左营游击,嗣经奏请暂缓赴引,先给署札,承领任事。续于攻剿台匪应万德案内出力,保奖以参将尽先升用,于光绪二十八年七月初四日奉旨允准,并经造送履历咨部注册在案。该员现在管带中路练船,帮统浙洋水师事务,办理裕如,以之更补斯缺,洵堪胜任,核与班次例章相符。

合无仰恳天恩,俯念外海水师参将员缺紧要,准以该员黄文琮补授浙江镇海营参将,于营伍、洋防均有裨益。如蒙俞允,俟部覆到日,即行并案给咨送部引见。除饬取履历、保案印册送部核办,其所遗游击系外海水师题补之缺,容俟奉部覆准,另再照章拣员请补外,谨会同浙江巡抚臣聂缉槼、浙江提督臣吕本元合词附片具奏,伏乞圣鉴,敕部议覆施行。再,臣到任未及三月,例不出考,合并陈明。谨奏。

朱批："兵部议奏。"

《光绪朝朱批奏折》第49辑，第111页

828. 审明命案罪应斩决人犯供招咨部摘由具陈折

光绪二十九年十二月十六日（1904年2月1日）

署理闽浙总督、江西巡抚臣李兴锐跪奏，为审明命案罪应斩决人犯，供招咨部，恭折具陈，仰祈圣鉴事。

窃准刑部咨，寻常命盗死罪案件，由题改奏者，应令遵照光绪二十六年奏定章程，一律改为汇案具奏。罪应凌迟及斩、绞立决者为一项，罪应斩、绞监候者为一项，每次汇奏，并令备录供招，先行咨部查核等因。兹据福建臬司审解浦城县民毛彩顺刃伤大功服兄毛彩章身死一案，经臣提犯勘审，供认不讳，系属有心干犯，将毛彩顺依"卑幼殴本宗大功兄死者，斩"律，拟斩立决，照例刺字，业将供勘咨部在案。此案照章应行汇奏，因封印在即，未及汇案，理合摘由恭折具陈，伏乞皇太后、皇上圣鉴，敕部核覆施行。谨奏。光绪二十九年十二月十六日。

朱批："刑部议奏。"

《光绪朝朱批奏折》第108辑，第552—553页

829. 奏报延平府上洋通判杨和培在任病故日期片

光绪二十九年十二月十七日（1904年2月2日）

再，福建延平府上洋通判杨和培，四川崇庆州监生，于光绪二十九年十一月二十五日在任病故。据福建藩司周莲详请具奏前

来。除咨部外,理合附片具陈,伏乞圣鉴,敕部开缺施行。至闽省通判一项,上缺石码通判系第一次留补之缺,准以裁缺通判裴仁寿补授在案,兹所出上洋通判系第二次留补之缺,应请留闽,另行遴员请补,合并陈明。谨奏。

朱批:"吏部知道。"

《光绪朝朱批奏折》第19辑,第691页

830. 福建兴泉永道延年丁父忧请敕部开缺片

光绪二十九年十二月十七日(1904年2月2日)

再,福建兴泉永道延年,内务府汉军镶黄旗椿寿管领下官学生,于光绪二十九年十一月二十七日在任闻讣丁父忧。据福建藩司具详请奏前来。除分咨外,理合附片具陈,伏乞圣鉴,敕部开缺施行。谨奏。

朱批:"吏部知道。"

《光绪朝朱批奏折》第19辑,第692页

831. 奏报光绪二十八年分闽省办理海防善后经费收支各款数目折

光绪二十九年十二月十七日(1904年2月2日)

署理闽浙总督、江西巡抚臣李兴锐跪奏,为光绪二十八年分闽省办理海防善后经费收支各款,恭折仰祈圣鉴事。

窃查闽省海防善后用款,按年造报至光绪二十七年底止,计不敷银二十三万二千二百五十三两零,业经前督臣许应骙奏明在案。

光绪二十八年分所有开支各防营轮船、炮船、炮台员弁兵勇人等薪粮、公费、夫食、教习薪水，匠工船租、修造船只索洗、购制枪炮军装、军火器械、煤炭并一切杂支及附销养船经费等项，均系循照例章核实支给，并照新章，正杂用款，概行核扣六分减平，业将应扣各款分别造报。所有筹办缘由及官弁兵勇名数、月支饷项数目，均经先后奏咨立案。计自光绪二十八年分收到税厘局、藩库移解各款截留新海防捐输、膏酒各捐以及船政垫支养船经费旧扣减平共银九十六万四千三百五十一两零，除上届不敷银二十三万二千二百五十三两零外，实收银七十三万二千九十七两零，开支各款共银一百一十八万一千七两零，实在连同上届新旧不敷银四十四万八千九百九两零。内欠解裁节一成勇饷、四成夫粮银二十万五千五百三十两零，添扣减平银五万六千六百九十一两零，挪用司库应放各款及号商筹垫银一十八万六千六百八十七两零。因近年税厘征数短绌，收不敷支，不得不移缓就急，暂行挪垫应付，容俟光绪二十九年起陆续筹还归补。至旧扣六分减平、楚湘军馀平、匠工四分平馀各银两，均经汇入本案列收动用。又本案扣收一分平馀银五百九十三两零，例得开支书识油蜡、纸张、工食等费，另册报销。据闽省善后局司道详请具奏前来。

臣覆查闽省光绪二十八年善后海防案内开支薪粮等项，并一切杂支及附销养船经费，所有收支各款数目相符，除将各款细数开单造册咨部外，理合恭折具奏，伏乞皇太后、皇上圣鉴。谨奏。光绪二十九年十二月十七日。

朱批："该部知道。"

《光绪朝朱批奏折》第63辑，第226—227页

832. 闽省光绪二十八年续办善后事务给过书识工火等项银两报销片

光绪二十九年十二月十七日(1904 年 2 月 2 日)

再,查闽省光绪二十七年以前办理军需、善后、海防,应给各局书识工火等项,照例动支平馀银两,业经先后造册报销在案。兹自光绪二十八年正月起至十二月底止续办善后事务,给过局书工火、油蜡、纸张等项银八百五十一两零,均系核实支给,照章添扣六分减平,应请准于平馀项下作正开销。至平馀一项,前经截至光绪二十七年底止,不敷银一百二十两零,二十八年分续收银五百九十三两零,除支给前项书识工火等项共银八百五十一两零,计尚不敷银三百七十八两零,应请归入后案列收造报。据闽省善后局司道造册详请奏咨前来。除清册送部外,谨附片具陈,伏乞圣鉴。谨奏。

朱批:"该部知道。"

《光绪朝朱批奏折》第 63 辑,第 227 页

833. 闽省税厘短绌本年奉拨各项京饷力难按数完解折

光绪二十九年十二月十七日(1904 年 2 月 2 日)

署理闽浙总督、江西巡抚臣李兴锐跪奏,为闽省税厘短绌,本年奉拨各项京饷力难按数完解,恭折仰祈圣鉴事。

窃查闽省地本瘠区,财力匮乏,度支极形艰窘,奉拨各项京饷及本省一切用款,向皆取给税厘。岁入厘款,以茶、木为大宗。茶

叶一项,近因外洋出产日盛,闽茶销路日疲,上游产木不旺,运售亦稀,进出口各货价值较昔倍昂,商运民贩俱形减色,内地货物半为洋商藉约免征,虽经力筹整顿,而收数仍形短绌。闽海关每年应拨洋药厘金,除拨解武卫军饷、热河经费、新案偿款共银三十五万两外,仅剩五万两,又因先尽偿款之急,尚未能如数拨济。是进款之少,奇窘情形,日甚一日。而本年解款,如解清内务府京饷银六万两、固本京饷银六万五千两,又解过茶税京饷银五万两、筹备饷需银七万五千两、添拨税厘京饷银三万两、东北边防经费银二万两,又加放俸饷归还洋款银一十万两,合共解过银四十万两,百计腾挪,实觉筋疲力尽。加之本省防军薪粮、绿营兵饷、巡洋兵粮及各项例支常年经费,在在胥关要需,均应兼筹并顾。且现届年关,欠放各款为数甚巨,无米之炊,殊深焦灼。应解第三年第二期偿款,又须设法预筹,本年尚有未解各项京饷,委实无可筹挪,请俟开春,再行察看情形,设法补完。据闽省财政局司道会详请奏前来。除咨部外,理合恭折具陈,伏乞皇太后、皇上圣鉴,敕部查照施行。谨奏。光绪二十九年十二月十七日。

朱批:“户部知道。”

《光绪朝朱批奏折》第89辑,第903页

834. 奏报福建省光绪二十九年十一月分晴雨粮价情形折

光绪二十九年十二月十七日(1904年2月2日)

署理闽浙总督、江西巡抚臣李兴锐跪奏,为恭报晴雨、粮价情形,仰祈圣鉴事。

窃查福建省城光绪二十九年十一月分得雨三次,省外各属禀报略同。通省粮价间有稍增,现在二麦青葱,民情安谧。据福建布政使周莲具详前来。谨缮清单,恭折具陈,伏乞皇太后、皇上圣鉴。谨奏。光绪二十九年十二月十七日。

朱批:"知道了。"

《光绪朝朱批奏折》第97辑,第247页

835. 审明命案罪应绞候人犯摘由汇奏折

光绪二十九年十二月十七日(1904年2月2日)

署理闽浙总督、江西巡抚臣李兴锐跪奏,为审明命案罪应绞候人犯,供招咨部,汇案恭折具陈,仰祈圣鉴事。

窃准刑部咨,寻常命盗死罪案件,由题改奏者,遵照光绪二十六年奏定章程,一律改为汇案具奏。罪应凌迟及斩、绞立决者为一项,罪应斩、绞监候者为一项,每次汇奏,备录供招,先行咨部查核等因。兹据福建臬司审解仙游县民杨遂青在泰宁县地方共殴致伤黄五弟越日身死一案,又浦城县民周小婢在瓯宁县地方殴伤张金受越七日身死一案,经臣提犯勘审,供认不讳,将杨遂青依"共殴人致死,下手致命伤重"律,拟绞监候,周小婢依斗杀律,拟绞监候,均秋后处决。杨遂青据供母老丁单,俟秋审时照章查办。业将供勘咨部在案。理合摘由汇案具陈,伏乞皇太后、皇上圣鉴,敕部核覆施行。谨奏。光绪二十九年十二月十七日。

朱批:"刑部议奏。"

《光绪朝朱批奏折》第108辑,第553—554页

836. 委任黎国廉署理兴泉永道片

光绪二十九年十二月十九日(1904 年 2 月 4 日)

再,福建兴泉永道延年,于光绪二十九年十一月二十七日在任闻讣丁父忧,所遗员缺应即派员接署。查有福建候补道黎国廉,堪以署理。除咨部外,谨附片陈明,伏乞圣鉴。再,臣到任未及三月,例不出考,合并陈明。谨奏。

朱批:"吏部知道。"

《光绪朝朱批奏折》第 19 辑,第 713 页

837. 试用道黄武纬、候补知府梁冠澄期满甄别均堪留闽序补片

光绪二十九年十二月十九日(1904 年 2 月 4 日)

再,劳绩、捐纳分发各员,自到省之日起,试用一年期满,例应详加甄别,历办在案。兹福建试用道黄武纬、候补知府梁冠澄,试用一年期满,均应甄别。据藩、臬两司会详前来。查试用道黄武纬、知府梁冠澄均堪留闽,分别各按本班序补。除履历咨部外,理合附片具奏,伏乞圣鉴。再,臣到任未及三月,例不出考,合并陈明。谨奏。

朱批:"吏部知道。"

《光绪朝朱批奏折》第 19 辑,第 713 页

838. 委任管元善署理延平府知府片

光绪二十九年十二月十九日(1904年2月4日)

再,福建延平府知府刘传福在任丁忧遗缺,查有裁缺知府管元善,堪委署理。据福建藩、臬两司会详请奏前来。除咨部外,理合附片具陈,伏乞圣鉴。再,臣到任未及三月,例不出考。至知府选补缺次定章,一咨二留,今所出延平府知府系第一留缺,应请扣留外补,合并陈明。谨奏。

朱批:"吏部知道。"

《光绪朝朱批奏折》第19辑,第714页

839. 奏报盘查福建司道库储钱粮折

光绪二十九年十二月十九日(1904年2月4日)

署理闽浙总督、江西巡抚臣李兴锐跪奏,为盘查司道库储钱粮,恭折仰祈圣鉴事。

窃照督抚到任,例应将司道各库有无亏挪之处,盘查具奏等因。臣接印任事后,分饬造册呈送去后。兹据福建布政使周莲、督粮道启约各将库存银数备造清册,出具印结,呈送前来。臣查藩司库项实在应存正杂各项银一十万八百七十六两二钱七分六厘,又存盈馀谷价钱三百五十七文,又存番三千八百三十六元八尖七瓣五秒,又存钱一千一百六十四千五百五十一文。又粮道库存储米折银五千一百四十九两九钱四分五毫八忽九微,又存米折司票由司折给市平合计库平银一千三百九十两八钱四分六厘一毫,又存台米折价银二百三十五两六钱二分七厘二毫九丝四忽，又存书院膏伙银三千七百二十一两六分六厘七毫二丝三忽二微，又存经费钱一十千八百八十三文，又存兴、汀、宁米价银一十一万一千五百二十一两九钱七分八厘七毫三丝七忽四微，又存绿营米折银一钱一分二厘，又存闽、上、武等县九钱米价银八千六百六十七两四钱九分一厘六丝，又存原估台运改拨米价银九分六厘。经臣按款察盘，俱系实存在库，并无亏挪短少情弊。

除加具印结送部外，合将盘查司道各库存储银两缘由，理合恭折具陈，伏乞皇太后、皇上圣鉴，敕部查照施行。谨奏。光绪二十九年十二月十九日。

朱批："户部知道。"

《光绪朝朱批奏折》第84辑，第211页

840. 闽省光绪二十八年分驿站钱粮奏销折

光绪二十九年十二月十九日（1904年2月4日）

署理闽浙总督、江西巡抚臣李兴锐跪奏，为光绪二十八年分驿站钱粮奏销，恭折仰祈圣鉴事。

窃照福建省驿站钱粮奏销，业经奏报至光绪二十七年止在案。兹查福建省光绪二十八年分各府州属驿站钱粮，旧管光绪二十七年分驿站银三万五千五百八十四两四钱九分六厘，应归藩库汇入地丁项下造报。新收光绪二十八年分额征驿站银六万五千六百五两六钱五分二厘；内裁四、续裁、新裁、现裁共银三万二千六百九十二两七钱四分二厘，又额存留给各府州厅县驿夫船并带征匀闰等项共银二万九千七百八两九钱一分，又各属征解藩库岁编廪粮银三千二百四两，以上三项，共符年征额银之数；又收各驿夫食匀捐解赴藩库充饷银九百八十二两三钱。开除支给过各府州厅县驿夫食等项全年共银二万八千三百七十三两五钱九分二厘，又支解本年分兵部加增饭银八百二十两。实在扣存小建银三百九十一两五钱五分八厘，廪粮支剩银二千三百八十四两，裁四、续裁、新裁、现裁共银三万二千六百九十二两七钱四分二厘，带征匀闰银九百四十三两七钱六分，又各驿夫食匀捐银九百八十二两三钱，以上通共应存银三万七千三百九十四两三钱六分，内除侯官等县未完共银二千六百六十四两一钱八分五厘，应由藩司衙门归入地丁奏销完欠册内核办，又除专案详咨拨给光绪二十九年分闰月夫食银九百四十三两七钱六分，应归于光绪二十九年分册报外，实尚应存银三万三千七百八十六两四钱一分五厘，俱实储藩库，归入地丁造报。据福建臬司会同藩司详请具奏前来。

臣覆核无异，除册结分送部科外，理合缮具清单，恭折具陈，伏乞皇太后、皇上圣鉴，敕部核覆施行。再，各属应付勘合、火牌、差使、夫马、廪给口粮银两数目应造各册，因属册未齐，应请剔出，另行饬催汇造，归入二十九年分奏销案内造报补销，合并陈明。谨奏。光绪二十九年十二月十九日。

朱批："该部知道，单并发。"

《光绪朝朱批奏折》第89辑，第904—905页

841. 奏报福建本年晚稻收成分数折

光绪二十九年十二月十九日(1904年2月4日)

署理闽浙总督、江西巡抚臣李兴锐跪奏，为闽省各属晚稻收成

分数,恭折具陈,仰祈圣鉴事。

窃福建省晚稻情形,业于奏报晴雨、粮价折内附陈在案。兹据福建布政使周莲将光绪二十九年各属晚稻收成分数汇造清册,呈送前来。臣覆加查核,收成八分有馀者永安等三县,收成八分者古田一县,收成七分有馀者闽县等二十七州县,收成七分者连江等八县,收成六分有馀者仙游等十七州县,收成六分者诏安等二县,收成五分有馀者清流等二县,计九府二州属光绪二十九年分晚稻收成分数统共七分有馀。除咨户部查照外,谨缮清单,恭折具奏,伏乞皇太后、皇上圣鉴。谨奏。光绪二十九年十二月十九日。

朱批:"知道了。"

《光绪朝朱批奏折》第93辑,第646—647页

842. 汇奏闽省光绪二十九年分就地正法人犯折

光绪二十九年十二月十九日(1904年2月4日)

署理闽浙总督、江西巡抚臣李兴锐跪奏,为闽省就地正法人犯,恭折具陈,仰祈圣鉴事。

窃照闽省山海交错,盗贼易于窃发,时有游勇土匪勾结为患,动辄纠党持械,杀人强劫,实属情罪重大,未便稽诛,历经照章就地正法,先后汇奏在案。兹查光绪二十九年分福州府属拿获杨宋湝一犯,讯系游勇,伙众行劫同安县土药局委员寓所得赃,拒伤事主之子身死;泉州府属拿获陈最、陈崎、陈鸿、林准、陈党五犯,讯系土匪,纠众执持洋枪,驾船出洋行劫得赃。以上各犯,情节较重,当由该管道府覆审明确,先后批准就地正法,以昭炯戒。其馀寻常盗案,仍照通行,一律照例解勘。据福建臬司会同藩司、粮盐二道核

详请奏前来。除咨部查照外，谨缮折具陈，伏乞皇太后、皇上圣鉴。谨奏。光绪二十九年十二月十九日。

朱批："刑部知道。"

中国第一历史档案馆藏"宫中档案全宗·朱批奏折"，档号：04—01—01—1065—016

843. 密陈闽浙两省提镇司道知府各官考语折附清单

光绪三十年正月十二日（1904年2月27日）

署理闽浙总督、江西巡抚臣李兴锐跪奏，为敬陈闽浙两省提、镇、司、道、知府各官考语，密缮清单，恭折仰祈圣鉴事。

窃照定例，各省提、镇、司、道、知府，责成督抚于年终出具切实考语，密奏一次。历经遵办在案。伏念提督、总兵，寄干城于专阃；藩、臬、道、府，作表率于庶司。吏治与军政相表里，责任綦重，考察自不得不严。臣蒙恩命调署闽浙总督，自上年十月初四日到任，现在已届三月，于所属文武大僚，日以时局艰难，勖其实力实心，共图干济。凡在福建各员，多所接见，其平日政迹之勤惰，才识之短长，固已略知梗概，即浙江所属，未经晤对，而于文牍考其建白，舆论察其声名，亦不敢稍存忽略。谨就见闻所及，分别出具切实考语，密缮清单，恭呈御览。臣仍随时认真考核，倘有后先易辙不力之员，再行奏劾，以期仰副圣主整饬官方之至意。

再，闽粤南澳镇总兵萨镇冰、福建漳州镇总兵洪永安、福建建宁镇总兵徐传隆、福建福宁镇总兵张相泰、浙江温州镇总兵叶祖珪、浙江处州镇总兵蒋云龙、浙江按察使李希杰、福建兴泉永道袁大化、浙江宁绍台道高英、浙江严州府知府请调补福建福宁府知府钱溯时，均未到任；福建延平府知府员缺，未补有人；又福建漳州府知府陈嘉言，甫经饬赴新任，未满一月，均照例毋庸出考。其新授水师提督曹志忠，本任福宁镇总兵，在闽日久；新授浙江盐运使惠森，尚在宁绍台道任内；准调浙江严州府知府锡纶，尚在福宁府任内，均经一并出考，合并声明。伏乞皇太后、皇上圣鉴。谨奏。光绪三十年正月十二日。

朱批："知道了，单二件留中。"

呈光绪二十九年福建提镇司道府密考单

谨将福建提、镇、司、道、府实缺各官年终考语密缮清单，恭呈御览。

谨开：

福建陆路提督黄少春，年七十二岁，湖南宁乡县人，光绪二十八年八月札任。该员威望素孚，将领悦服，操防营伍，均能留心整顿。

新授福建水师提督、福宁镇总兵曹志忠，年六十五岁，湖南湘乡县人，光绪十一年九月札任。该员前任福宁镇，素有声望，此次到任，虽为日不久，一切营伍，均能认真讲求。

福建汀州镇总兵敖天印，年七十九岁，湖北大冶县人，光绪二十九年八月札任。该员资望老成，性情忠朴，久历戎行，军心悦服。

福建布政使周莲，年五十八岁，贵州贵筑县附贡生，光绪二十六年十月到任。该员意气和平，才识稳练，于所司各事，均能从容就理。

福建按察使朱其煊，年六十六岁，浙江萧山县荫生，光绪二十九年八月到任。该员性情廉谨，勤于职事，讲求吏治，不涉矜张。

福建督粮道启约，年五十三岁，正白旗满洲锡光佐领下监生，光绪二十五年十一月到任。该员持躬静默，举止安详，办事尚能妥适。

福建盐法道鹿学良，年四十九岁，直隶定兴县进士，光绪二十七年十一月到任。该员才识优裕，治事精详，综理鹾纲，措施悉当。

福建延建邵道徐兆丰，年六十二岁，江苏江都县进士，光绪二十七年七月到任。该员老成稳练，任事实心，察吏爱民，克称厥职。

福建汀漳龙道李毓森，年五十八岁，江苏甘泉县监生，光绪二十八年八月到任。该员治事妥协，才识亦尚稳练。

福州府知府玉贵，年四十七岁，正蓝旗满洲松阿佐领下翻译举人，光绪二十八年八月到任。该员识卓才长，克胜繁剧，磨砻资深，足膺大任。

兴化府知府宝康，年三十四岁，厢蓝旗满洲斌秀佐领下荫生，光绪二十八年十二月到任。该员年力富强，才明识稳。

泉州府知府严良勋，年五十七岁，江苏吴县附生，光绪二十九年十月二十一日奉文准调。该员历练资深，吏事谙习。

建宁府知府谢启华，年五十四岁，广西临桂县进士，光绪二十七年十月到任。该员有为有守，措置裕如。

邵武府知府彭见绅，年三十三岁，湖南衡阳县监生，光绪二十九年闰五月到任。该员心地朴诚，从公黾勉。

汀州府知府张星炳，年五十五岁，河南固始县进士，光绪二十二年八月奉文准补。该员持躬谨饬，处事精详。

福宁府知府、准调浙江严州府知府锡纶，年四十四岁，镶红旗满洲玉福佐领下生员，光绪二十九年十月到任，现调严州府。该员才识明练，克勤厥职。

呈光绪二十九年浙江提镇司道府密考单

谨将浙江提、镇、司、道、府各员出具考语，开列清单，恭呈御览。

谨开：

浙江提督吕本元，年六十岁，安徽滁州人，光绪二十八年六月札任。该员夙著战功，驭将严明，整饬营务，有条不紊。

署温州镇总兵、本任定海镇总兵余朝贵，年七十岁，湖北黄冈县人，光绪二十二年五月札任，二十九年九月署温州镇总兵。该员老成练达，治军有度，将士均能悦服。

海门镇总兵余宏亮，年七十岁，湖南长沙县人，光绪二十三年八月札任。该员久历戎行，练习兵事，地方颇资镇摄。

衢州镇总兵方友升，年六十二岁，湖南长沙县人，光绪二十八年六月札任。该员晓畅戎机，措置营务，能得士心。

浙江布政使翁曾桂，年六十六岁，江苏常熟县监生，光绪二十九年二月到任。该员才识明练，为守兼优，整饬纪纲，民怀吏服。

兼署按察使、现任督粮道陆襄钺，年六十八岁，陕西孝义厅副贡，光绪二十七年五月到任，二十九年七月兼署臬司。该员守洁才优，综理精核，讲求吏治，遇事实心。

新授盐运使、宁绍台道惠森，年五十二岁，镶蓝旗满洲兆珏佐领下监生，光绪二十八年九月到宁绍台道任。该员笃实廉明，体用兼备，办理交涉，措置裕如。

浙江杭嘉湖道崔永安，年四十七岁，正白旗汉军存龄佐领下进士，光绪二十八年七月到任。该员学识纯正，操守谨严，治事勤能，僚属矜式。

浙江金衢严道郭式昌，年七十三岁，福建侯官县举人，光绪二十七年七月到任。该员德性温粹，政绩廉平，望重资深，士民爱戴。

浙江温处道童兆蓉，年六十七岁，湖南宁乡县举人，光绪二十七年四月到任。该员吏治精勤，器识深稳，整躬率属，无忝官箴。

杭州府知府宗培，年六十二岁，正白旗满洲恒联佐领下官学生，光绪二十七年七月到任。该员有为有守,才识明通。

嘉兴府知府惠格,年五十七岁,镶红旗满洲毓瑛佐领下监生,光绪二十八年二月到任。该员才力充裕,遇事率真。

湖州府知府志觐,年六十一岁,镶红旗满洲惠昆佐领下监生,光绪二十三年九月到任。该员持躬谨饬,处事精详。

宁波府知府喻兆蕃,年四十一岁,江西袁州府萍乡县进士,光绪二十九年十月到任。该员志正才长,通达治体。

绍兴府知府熊起磻,年五十七岁,河南光山县进士,光绪二十四年闰三月到任。该员历练老成,循声素著。

台州府知府徐承礼,年五十九岁,江苏六合县荫生,光绪二十五年十月到任。该员勤慎从公,克称厥职。

金华府知府海福,年六十岁,正红旗满洲玉禄佐领下监生,光绪二十八年九月到任。该员讲求吏治,勤勉有为。

衢州府知府世謩,年四十五岁,镶黄旗满洲继良佐领下荫生,光绪二十七年八月到任。该员年力富强,才识明敏。

温州府知府王琛,年六十二岁,河南鹿邑县进士,光绪二十二年十月到任。该员持身正直,率属有方。

处州府知府赵亮熙,年六十七岁,四川宜宾县进士,光绪十八年八月到任。该员勤于听断,强直不挠。

《光绪朝朱批奏折》第49辑,第159—163页

844. 御赐"福"字一方谢恩折

光绪三十年正月十八日(1904年3月4日)

署理闽浙总督、江西巡抚臣李兴锐跪奏,为恭谢天恩事。

窃臣于光绪三十年正月十二日折弁回闽，赍到御赐“福”字一方，当即恭设香案，望阙叩头，谢恩祗领。伏念臣荣膺宠命，晋摄兼圻，移莅闽疆，欣逢岁朔。一人有庆，际元会之启祥；万福来同，捧璇题而增耀。钦惟我皇上盛业鸿庞，奎章彪炳。丽天摛藻，迈羲画以登三；建极敷言，演箕畴而备五。于萱寝承欢之暇，出彤廷游艺之馀。臣幸值昌期，屡叨懋赏。与万姓同歌绥履，瞻景运之升平；惟亿年永茂蕃釐，颂宸躬之茀禄。

所有微臣感激荣幸下忱，谨缮折叩谢天恩，伏乞皇太后、皇上圣鉴。谨奏。光绪三十年正月十八日。

朱批：“知道了。”

《光绪朝朱批奏折》第19辑，第862页

845. 奏请以管元善补授延平府知府折

光绪三十年正月二十日（1904年3月6日）

署理闽浙总督、江西巡抚臣李兴锐跪奏，为拣员请补知府员缺，以资表率，恭折仰祈圣鉴事。

窃照延平府知府刘传福，光绪二十九年十一月十五日在任闻讣丁本生母忧，业经开缺留闽另补，照例以闻讣丁忧本日作为开缺日期，归十一月分截缺，另行咨部。所遗延平府系选缺，应即遴员请补。查前准部咨，台湾撤回内渡各员，按照章程，归入裁缺即用班内补用。撤回现任人员与候补人员两项相间轮补，遇有缺出，酌量补用撤回即用一人，再行补用候补一人等因。

兹所出延平府知府，按照章程，应以台湾撤回人员请补。查有裁缺前台北府知府管元善,年五十五岁,江苏阳湖县附贡生。考充国史馆誊录,报捐布经历职衔。光绪七年恭缮《穆宗毅皇帝本纪》告成,议叙双月布经历。遵海防例捐足三班,指分福建,验看到省。法防洋务案内出力,保举补缺后以通判用。调台差委,台湾启征新粮案内出力,保举通判,准补埔裹社通判。复于清赋告竣案内保举同知直隶州补用,准补台东直隶州知州。洋务案内出力,保举在任以知府补用,遵缴捐免保举银两。委代台北府知府,十九年二月初五日到任。二十年三月十一日奉文准补斯缺。二十一年四月奉饬内渡,于准补案内调取引见,是年五月初二日交卸,领咨晋京,由吏部奏准,比照裁缺即用,十月初二日引见,奉旨:"着发往福建补用。"钦此。顺直赈捐案内奖戴花翎。二十二年二月初三日领照到省。委护兴泉永道,续委署理邵武府知府,交卸回省。二十六年闰八月初五日闻讣丁父忧,回籍守制。服满,由籍起复领咨,二十九年三月十六日回省,奉准起复。委署延平府知府篆务。该员浑朴练事,因应胥宜,以之请补延平府知府,洵属人缺相宜,与例亦符,不积各班之缺。

合无仰恳天恩,俯准以裁缺知府管元善补授延平府知府,实于吏治民生皆有裨益。如蒙俞允,该员系裁缺知府请补知府,衔缺相当,毋庸送部引见,并免核计参罚。据福建藩司周莲、臬司朱其煊会详前来。

除咨部外,谨恭折具陈,伏乞皇太后、皇上圣鉴,敕部议覆施行。谨奏。光绪三十年正月二十日。

朱批:"吏部议奏。"

《光绪朝朱批奏折》第19辑,第868—869页

846. 试用知府郑鸿寿等员期满甄别均堪留闽序补片

光绪三十年正月二十日(1904 年 3 月 6 日)

再,劳绩、捐纳分发各员,自到省之日起,试用期满,例应详加甄别,历经遵办在案。兹福建试用知府郑鸿寿,议叙试用同知恽毓德,试用同知朱履诚,试用知县朱景星、吴朝桀,先后试用期满,俱应甄别。据藩、臬两司会详前来。查该员郑鸿寿才识稳练,堪以知府留闽;恽毓德勤慎堪事,朱履诚志趣坚卓,均堪以同知留闽;朱景星平实晓事,吴朝桀朴质练事,均堪以知县留闽,分别按班序补。除履历咨部外,理合附片具陈,伏乞圣鉴。谨奏。

朱批:"吏部知道。"

《光绪朝朱批奏折》第 19 辑,第 870 页

847. 浙江温州镇右营守备马云龙前在宁城任内擅卖营基请旨革职归案查办勒追片

光绪三十年正月二十日(1904 年 3 月 6 日)

再,准浙江提督吕本元咨,据宁波城守营都司项清藩禀,正任温州镇标右营守备马云龙,前在宁波城守营守备任内,将灵桥门口址官厅卖与民间永安会为业,现已查封,禀请察办等情。当经委查,并饬调守备马云龙来宁,谕令现署提标中军参将韩进文传同面质,吊取前后各契据,查明其地实系营基,由民人搭盖房屋居住,历向城守营输纳地租。马云龙前在该营守备任时,擅给民人李承昉

房料价钱,私作己业,出租渔利。迨至交卸,复将房屋营基朦卖与永安会为业。请将守备马云龙奏参革职,勒令迅将营基、房屋赎回,缴还归营等由前来。臣查该守备马云龙私将营基出租牟利,继复擅自朦卖,实属贪鄙不职,未便稍事姑容。相应请旨,将浙江温州镇标右营守备马云龙即行革职,归案查办勒追,以肃官箴。其所遗守备系陆路题补之缺,容另照章拣员请补。理合会同浙江巡抚臣聂缉椝、浙江提督臣吕本元合词附片具奏,伏乞圣鉴训示。谨奏。

朱批:"着照所请,该部知道。"

《光绪朝朱批奏折》第49辑,第170—171页

848. 奏报闽省常备军改造工厂等项用过工料银数片

光绪三十年正月二十日(1904年3月6日)[①]

再,前督臣许应骙奏明将闽省福胜亲军各营改为常备军左镇,内有第九营应改为工程营,将原建兵房拨出十五间改造工厂,并修造卡门等项所需木料,均系就势更改添配,核计共用工料银四百六十八两七千八分九厘。此项工程于光绪二十八年八月间改造完竣,均系该军统领候补道孙道仁亲行督造,委属工坚料实。所用前项工料银两,归入光绪二十八年分善后报销案内汇案造册,送部核销在案。除工程营工厂应用器具等项,业经另案奏咨核销,据福建善后局司道具详前来。臣覆查无异,除分咨户、兵、工三部查照外,

① 底本推定具奏时间在光绪二十九年。据中国第一历史档案馆藏"宫中档案全宗·朱批奏折"目录(档号:04—01—20—0020—002),此片具奏日期为光绪三十年正月二十日。

理合附片具陈,伏乞圣鉴。谨奏。

朱批:"该部知道。"

《光绪朝朱批奏折》第64辑,第784页

849. 奏报闽省光绪二十九年新旧钱粮已未征完数目折

光绪三十年正月二十日(1904年3月6日)

署理闽浙总督、江西巡抚臣李兴锐跪奏,为闽省各属光绪二十九年新旧钱粮已、未征完数目,恭折仰祈圣鉴事。

窃准部咨,地丁钱粮,截至年底,将已、未征完数目具奏等因。兹据福建布政使周莲详称,福建省九府二州属额征光绪二十九年分地丁银一百二十三万三千四十一两零,内坐支各款银一十九万九千九百二十两零,应征起运银一百三万三千一百二十一两零。截至二十九年十二月十八日止,据各属解完二十九年上忙司库银三十万七千六百一十三两零,归于三十年春拨册内造报,尚未完银七十二万五千五百七两零。又应带征光绪十四年起至二十八年止节年地丁银三百二十五万九千三百六十八两零,除续完银五十三万一千八百三十九两零,实未完节年民欠银二百七十二万七千五百二十九两零,又参追银一十一万三千五十八两零等情前来。除咨部外,谨缮折具陈,伏乞皇太后、皇上圣鉴。谨奏。光绪三十年正月二十日。

朱批:"户部知道。"

《光绪朝朱批奏折》第69辑,第242—243页

850. 奏报提解闽省光绪二十九年分上忙钱粮银数折

光绪三十年正月二十日(1904年3月6日)

署理闽浙总督、江西巡抚臣李兴锐跪奏,为提解闽省光绪二十九年分上忙钱粮银数,恭折仰祈圣鉴事。

窃准部咨,州县经征钱粮,每年上下两忙尽数提解司库,专折具奏等因。兹据福建藩司周莲详,闽省九府二州属光绪二十九年分额征地丁银一百二十三万三千四十一两零,内坐支存留银一十九万九千九百二十两零,应解司库银一百三万三千一百二十一两零,上忙完解银三十万七千六百一十三两零;又额征耗羡银一十四万八千一百五十五两零,内解司银一十四万三千二百九十两零,存留银四千八百六十四两零,上忙完银二万三千一百九十七两零,均已提解司库。所有丁耗二款与另征现年当杂税银两,汇入奏销公费册内造报等情前来。

查闽省光绪二十九年分上忙征完丁耗银三十三万八百一两零,又征完现年当税、牙帖杂税、税契、牛猪杂税共银一万七千一百五十七两零,均已提解司库。至带征节年正杂钱粮,已分款造册咨部。谨缮折具陈,伏乞皇太后、皇上圣鉴。谨奏。光绪三十年正月二十日。

朱批:"户部知道。"

《光绪朝朱批奏折》第84辑,第230页

851. 奏报福建省光绪二十九年十二月分晴雨粮价情形折附清单

光绪三十年正月二十日(1904 年 3 月 6 日)

署理闽浙总督、江西巡抚臣李兴锐跪奏,为恭报晴雨、粮价情形,仰祈圣鉴事。

窃查福建省城光绪二十九年十二月分得雨三次,省外各属禀报略同。通省粮价间有增减,现在二麦秀发,民情安谧。据福建藩司周莲具详前来。谨缮清单,恭折具陈,伏乞皇太后、皇上圣鉴。谨奏。光绪三十年正月二十日。

朱批:"知道了。"

清单

谨将福建省九府二州属光绪二十九年十二月分米粮价值缮具清单,恭呈御览。

谨开:

福州府属

上米每仓石价银三两至三两六钱,与上月同。中米每仓石价银二两六钱至三两五钱,与上月同。下米每仓石价银二两三钱至三两四钱,与上月同。

兴化府属

上米每仓石价银三两四钱至三两七钱,较上月增一钱。中米每仓石价银三两三钱至三两六钱,较上月增一钱。下米每仓石价银三两二钱至三两五钱,较上月增一钱。

泉州府属

上米每仓石价银三两二钱至四两三钱,与上月同。中米每仓石价银三两一钱至四两,与上月同。下米每仓石价银三两至三两七钱一分,较上月增一分。

漳州府属

上米每仓石价银二两八钱至三两五钱,较上月减一钱。中米每仓石价银二两七钱至三两四钱,较上月减一钱。下米每仓石价银二两六钱至三两三钱,较上月减一钱。

延平府属

上米每仓石价银二两八钱六分至三两八钱,与上月同。中米每仓石价银二两七钱至三两七钱一分,与上月同。下米每仓石价银二两五钱至三两六钱,与上月同。

建宁府属

上米每仓石价银二两三钱六分至三两八钱,与上月同。中米每仓石价银二两二钱至三两七钱,与上月同。下米每仓石价银二两一钱二分至三两六钱,与上月同。

邵武府属

上米每仓石价银二两至二两九钱,与上月同。中米每仓石价银一两九钱至二两八钱,与上月同。下米每仓石价银一两八钱至二两七钱,与上月同。

汀州府属

上米每仓石价银二两四钱至四两四钱,与上月同。中米每仓石价银二两三钱至四两二钱,与上月同。下米每仓石价银二两二钱至四两,与上月同。

福宁府属

上米每仓石价银二两二钱至三两二钱五分,与上月同。中米每仓石价银二两一钱至三两一钱五分,与上月同。下米每仓石价银二两至三两五分,与上月同。

永春州属

上米每仓石价银二两八钱至四两,较上月增二钱。中米每仓石价银二两六钱至三两九钱,较上月增二钱。下米每仓石价银二两四钱至三两八钱,较上月增二钱。

龙岩州属

上米每仓石价银三两一钱至四两八钱,与上月同。中米每仓石价银三两至四两七钱,与上月同。下米每仓石价银二两九钱至四两六钱,与上月同。

朱批:"览。"

正折据《光绪朝朱批奏折》第97辑,第262页;清单据台北故宫博物院藏"军机处档折件"附件,文献编号:158765

852. 举劾文武属吏折

光绪三十年正月二十二日(1904年3月8日)

署理闽浙总督、江西巡抚臣李兴锐跪奏,为举劾文武属吏,以昭激劝而肃官方,恭折具陈,仰祈圣鉴事。

窃臣自上年十月抵任以来,窃见福建吏职不修,民俗凋敝,以为必严邪正之辨,然后可以清吏治之源。因随时督同藩、臬两司,博采舆论,细心体察,考求贪廉之实迹,以明劝惩之微权,期使宦途之趋向日端,庶渐次破除积习,力挽颓风。

其政绩卓著,堪膺上考者,如盐法道鹿学良,心细才长,通达治体;署兴泉永道补用道黎国廉,治事精勤,熟悉交涉;福州府知府玉贵,才识坚卓,政平讼理;候补知府程祖福,明决廉勤,不辞劳怨,前曾委署福州府事,治理裕如。以上四员,平日政声均有可观。合无仰恳天恩,传旨嘉奖,以示鼓励。

至贪庸不职,如试用同知李锺鲤,办事乖方,习气太重;前署平和县知县试用同知李韶级,不洽舆情,操守难信;署闽清县事候补知县倪源寿,纵容丁役,被控有案;署永平县事试用知县徐元治,性好嬉游,颇招物议;署长泰县事候补知县罗德聪,才识庸懦,声名平常;前办光泽税厘分局候补知县余玉君,办事乖谬,不洽商情;捐升知县田葆禾,术善钻营,行止卑鄙;宁德县周墩县丞窦世忠,贪婪无耻;代理连城县北团巡检试用县丞张探源,素行不端;候补巡检毛殿湘,声名卑鄙;署督标中营副将、本任顺昌协副将谢国恩,办事颟顸,营务废弛;署督标水师参将、准补烽火门营参将赖望云,品陋才庸,难资得力;闽安协右营都司潘玉泰,庸懦无能,不谙军纪;降补守备赖文华,钻营贪鄙,小人之尤;浙江湖州协右营守备裘国祥,遇事任性,不堪造就;期满骑都尉、浙江湖州协左营候补都司王国雩,年力就衰,难期振作。以上各员,均难稍事姑容,相应请旨,均予即行革职。

又邵武县知县翁立德、清流县知县李梦斗,吏治稍懈,才欠开展,均难膺民社,惟文理尚优,应请以教职归部铨选。

此外如尚有应行举劾各员,仍当随时考核,以资整顿。此次参劾所遗各缺,闽省均有应补人员,应请扣留外补。

所有举劾文武属吏各缘由,是否有当,理合恭折具陈,伏乞皇太后、皇上圣鉴训示。谨奏。光绪三十年正月二十二日。

朱批:"另有旨。"

《光绪朝朱批奏折》第19辑,第880—881页

853. 特参丁忧兴泉永道延年、分省试用知府彭思桂请均予革职永不叙用片

光绪三十年正月二十二日(1904年3月8日)

再,丁忧兴泉永道延年,前因督办保商局为言官论劾,经前兼署督臣崇善查明覆奏,以该道任听局员盘踞把持,滥支滥用,漫不加察,请旨交部议处有案。臣到任后,访察舆论,该道办理此事,商民侧目,怨声载道,实已为公论所不容。他如督办脑务及一切外交事宜,贻误更多,现在随事设法为之补苴,多恐挽回不易。其嗜利妄为,尤有出情理之外者。即如前督臣杨昌濬筹款购有鼓浪屿升旗山楼屋一所,原拟留为添设炮台之用,现在鼓浪屿开为公地,洋商群起购地,该道辄借前数年未经核准募勇之事,将此屋抵卖洋商,朦混开销。此外劣迹贪声,尚难枚举。似此监司大员,罔利营私,不知大体,未便以其业经丁忧,稍涉轻纵。

又分省试用知府彭思桂,系前督臣许应骙姻亲,随同到闽,委充洋务局提调,揽权纳贿,声名狼藉,前兼署督臣崇善因其经手购办制造无烟药机器一事,物议滋多,曾经奏参,现在此事已勒令酌量议赔完结,惟该员平日假公济私之事,不一而足,仍难姑容。

相应请旨,即将丁忧兴泉永道延年、分省试用知府彭思桂均予革职,永不叙用,以肃官方。是否有当,伏祈圣鉴训示。谨奏。

朱批:"另有旨。"

《光绪朝朱批奏折》第19辑,第881—882页

附录

光绪三十年二月十六日内阁奉上谕:"李兴锐奏举劾文武各员

一折。福建盐法道鹿学良，署兴泉永道补用道黎国廉，福州府知府玉贵，候补知府程祖福，平日政绩既有可观，均着传旨嘉奖。试用同知李锺鲤，办事乖方，习气太重；前署平和县知县试用同知李韶级，不洽舆情，操守难信；署闽清县知县候补知县倪源寿，纵容丁役，被控有案；署永平县知县试用知县徐元治，性好嬉游，颇招物议；署长泰县知县候补知县罗德聪，才识庸懦，声名平常；候补知县余玉君，办事乖谬，不洽商情；捐升知县田葆禾，术善钻营，行止卑鄙；宁德县周墩县丞窦世忠，贪婪无耻；试用县丞张探源，素行不端；候补巡检毛殿湘，声名卑鄙；署督标中营副将、顺昌协副将谢国恩，办事颟顸，营务废弛；署督标水师参将、准补烽火门营参将赖望云，品陋才庸，难资得力；闽安协右营都司潘玉泰，庸懦无能，不谙军纪；降补守备赖文华，钻营贪鄙，小人之尤；浙江湖州协右营守备裘国祥，遇事任性，不堪造就；湖州协左营候补都司王国雩，年力就衰，难期振作，均着即行革职。福建邵武县知县翁立德、清流县知县李梦斗，才欠开展，文理尚优，均着以教职归部铨选。另片奏参道府等语。前兴泉永道延年，罔利营私，不知大体，着即革职。分省试用知府彭思桂，揽权纳贿，声名狼藉，着革职，永不叙用。馀着照所议办理。该部知道。”钦此。

《光绪朝上谕档》

854. 奏请以朱云从更补南靖县知县、冯绍斌更补归化县知县折

光绪三十年正月二十四日（1904 年 3 月 10 日）

署理闽浙总督、江西巡抚臣李兴锐跪奏，为更补知县，以裨地

方,恭折仰祈圣鉴事。

窃查光绪二十八年八月初一日准吏部咨,准将请补南靖县知县吕渭英升补福防同知等因。二十八年五月初十日奉旨,坐五月十五日行文,按闽省照限减半计算,扣至二十八年六月二十四日,作为开缺日期,应勒归六月分截缺。又归化县知县张振寅于光绪二十九年六月初三日病故,业经具奏开缺,留闽另补,照例以病故日作为出缺日期,归七月分截缺,声明勒归六月分截缺。所遗南靖县知县系升调遗缺,轮应教习本班知县到班,该班无人,例应以即用尽先与即用本班人员酌量抵补,当经请以即用知县刘衍茂补授。又归化县知县系病故所遗选缺,轮应进士即用本班知县到班,当经请以即用知县朱云从补授各在案。兹于光绪二十九年十一月初四日准吏部咨覆,查教习知县无人,准其将进士即用班前与进士即用本班人员抵补,如以即用本班人员抵补,以科分甲第名次先后为序,今请以进士即用知县刘衍茂酌补,系属误会例意。查该省进士即用知县科分名次在前尚有合例应补之员,例应先尽请补,所请以进士即用知县刘衍茂补授南靖县知县之处,应毋庸议。又于二十九年十二月二十七日准吏部咨覆,病、故、休所遗之归化县知县一缺,据请以进士即用知县科分在先朱云从补授。查朱云从例应更补升调所遗之南靖县知县,所请补授归化县,应毋庸议,均令另行更补各等因。自应遵照更换请补。

查有即用知县朱云从,年四十九岁,江西瑞昌县举人,壬辰科会试中式进士,引见,奉旨:“以知县即用。”签掣福建,十八年十一月十八日到省,捐加同知衔。二十三年丁母忧,服满起复,二十六年三月十二日回省。委署永福县,卸事,复委署武平县知县。该员志趣端谨,为守兼优,应请更补南靖县知县。又查有即用知县冯绍斌,年四十四岁,广东顺德县举人,甲午科中式进士,以知县即用,签掣湖北,亲老告近,改掣福建,光绪二十二年八月二十一日领照到省。委署长汀县知县,卸事。该员年方强仕,才堪剧任,应请更补归化县知县。均属人缺相宜,与例亦符。合无仰恳天恩,俯准以即用知县朱云从更补南靖县知县,冯绍斌更补归化县知县,俾资治理。如蒙俞允,该员等均系进士即用知县请补知县,衔缺相当,毋庸送部引见,并免核计参罚。据福建藩司周莲、臬司朱其煊会详前来。

除咨部外,理合恭折具陈,伏乞皇太后、皇上圣鉴,敕部议覆施行。谨奏。光绪三十年正月二十四日。

朱批:"吏部议奏。"

《光绪朝朱批奏折》第19辑,第891—893页

855. 奏请以戎陈猷补授延平府上洋通判折

光绪三十年正月二十四日(1904年3月10日)

署理闽浙总督、江西巡抚臣李兴锐跪奏,为请补通判,以裨地方,恭折仰祈圣鉴事。

窃查延平府上洋通判杨和培,于光绪二十九年十一月二十五日在任病故,业经开缺,声明留闽另补,照例以病故本日作为出缺日期,应归二十九年十二月截缺,案内声明勒归十一月分截缺,另行咨部。所遗上洋通判,应即遴员请补。查定例,各省道、府、同知、直隶州知州、通判、知州,如系奉旨命往,或督抚题明留于该省候补,并引见发往原省以何项补用,并著有劳绩,经该督抚保奏,奉旨先尽补用、遇缺即补者,无论题调选缺,悉准该督抚酌量先尽补用。又光绪二十九年十月初六日准部咨,曾任实缺丁忧服满分发

候补人员,无论何项到班,应先尽请补,不积各班之缺。坐九月初七日行文,按闽省照限减半计算,应扣至二十九年十月十六日,作为接到部文日期。下月所出之缺,即照此次章程办理各等因。

今所出上洋通判,查闽省裁缺即用、回避即用、留省另补通判均无人,遵照新章,应以曾任实缺丁忧起复候补人员请补。查有曾任实缺候补通判戎陈猷,年六十三岁,浙江钱塘县监生。遵例报捐布经历,指分福建补用,加捐盐提举衔,同治元年到省,借补按经历。光绪九年分大计保荐卓异。升补澎湖通判。在任丁本生母忧开缺,服满起复,领照到省。准补马家巷通判缺,光绪十六年十一月初六日到任。在任丁本生父忧开缺,回籍守制。服满,赴京起复,遵例呈请分发福建原省,归候补班补用,引见领照,光绪二十二年八月初六日到省。该员吏事老练,措置咸宜,以之请补上洋通判,洵属人缺相宜,与例亦符,仍不积各班之缺。

合无仰恳天恩,俯准以候补通判戎陈猷补授上洋通判,实于地方有裨。如蒙俞允,该员系候补通判请补通判,衔缺相当,毋庸送部引见,并免核计参罚。据福建藩司周莲、臬司朱其煊会详前来。除咨部外,臣谨恭折具陈,伏乞皇太后、皇上圣鉴,敕部议覆施行。谨奏。光绪三十年正月二十四日。

朱批:"吏部议奏。"

《光绪朝朱批奏折》第19辑,第893—894页

856. 试用道彭士芸等员期满甄别均堪留闽序补片

光绪三十年正月二十四日(1904年3月10日)

再,劳绩、捐纳分发各员,自到省之日起,试用期满,例应详加

甄别。历经遵办在案。兹福建试用道彭士芸,试用知县袁湘、丁惠钊,候补知县陈巽,先后试用期满,俱应甄别。据福建藩、臬两司会详前来。查该员彭士芸精明谙练,言动安详,堪以道员留闽;袁湘谨饬不浮,丁惠钊志趣向上,陈巽才具开展,均堪以知县留闽,分别按班序补。除履历咨部外,理合附片具陈,伏乞圣鉴。谨奏。

朱批:"吏部知道。"

《光绪朝朱批奏折》第19辑,第895页

857. 委任陈寿昌署理邵武县知县、白象贤署理清流县知县片

光绪三十年正月二十四日(1904年3月10日)

再,福建邵武县知县翁立德、清流县知县李梦斗撤省察看遗缺,查有本任政和县知县陈寿昌,精明稳慎,堪以调署邵武县知县;本任漳浦县知县白象贤,晓事慎行,堪以调署清流县知县。据福建藩、臬两司会详前来。除咨部外,理合附片具奏,伏乞圣鉴。谨奏。

朱批:"吏部知道。"

《光绪朝朱批奏折》第19辑,第895页

858. 奏请以周洪顺补授福建福州城守左军都司片

光绪三十年正月二十四日(1904年3月10日)

再,福建福州城守左军都司宋喜发病故遗缺,系陆路题补之缺。接准兵部咨,按照新章,归第一轮第三缺,应用尽先人员,行令拣员请补等因。伏查是缺都司驻扎福州省城,缉捕巡防,均关紧

要,非精明干练之员弗克胜任。臣在于闽省尽先都司各员内详加遴选,如名次在前之都司陈安高、李祥胜、李祥发均已病故,邓熙林、范志潼饬查不知下落,盛廷彪奏参革职,黄宗河、刘嘉辉、方端前在台湾未报内渡,吴逢春开复案内应行给咨,赖俊利、滕国凤、陈在扬均与是缺人地不宜,未便迁就请补。惟查有花翎留闽尽先补用都司周洪顺,年四十六岁,湖南常宁县人。由武童随军剿匪著绩,递保花翎尽先都司,续经留闽补用,于光绪二十五年三月二十二日奉旨允准,应以是日作为尽先日期,考验收标,咨部覆准,注册序补。该员质地勤谨,娴于戎伍,现署福州城守右军都司,办理裕如,于省会营务、民情较为熟悉,以之请补是缺都司,洵堪胜任,与例亦符。合无仰恳天恩,俯念省会陆路都司员缺紧要,准以该员周洪顺补授,于营伍、地方均有裨益。如蒙俞允,容俟部覆到日,再行给咨送部引见,恭候钦定。除饬取履历随折咨部外,谨会同福州将军臣宗室崇善、福建陆路提督臣黄少春合词附片具陈,伏乞圣鉴,敕部议覆施行。谨奏。

朱批:"兵部议奏。"

《光绪朝朱批奏折》第49辑,第180页

859. 奏请以林维鸿补授福建龙岩营守备片

光绪三十年正月二十四日(1904年3月10日)

再,福建龙岩营守备项宗邦病故遗缺,系陆路题补之缺。准到兵部咨,按照新章,系第一轮第七缺,应用尽先人员,行令拣员请补等因。臣于闽省陆路尽先各守备内详加遴选,如名次在前之方定国给假回籍,陈继祖业经病故,江泗久不在标,任绍堂已经请补建宁中营守备，吕调元未经考验收标，陈瑛、吴进葆与是缺人地不宜，均未便迁就请补。惟查有尽先守备补缺后都司林维鸿，年三十五岁，福建莆田县人。由武举充当兵部差官，期满指分福建，以营守备尽先补用。旋于办理军报出力，保准俟补缺后以都司补用。光绪二十五年正月初四日到闽收标，咨部覆准，注册序补。该员壮年朴实，尽心营务，现署陆路提标后营都司篆务，办理裕如，于闽省下游风土民情最为熟悉，以之请补是缺守备，堪期胜任。合无仰恳天恩，俯准以林维鸿补授福建龙岩营守备员缺，于营伍、地方均有裨益。如蒙俞允，该员系由期满差官部发尽先守备请补守备，衔缺相当，毋庸再行送部。除饬取履历随折咨部外，谨会同福建陆路提督臣黄少春合词附片具陈，伏乞圣鉴，敕部议覆施行。谨奏。

朱批："兵部议奏。"

《光绪朝朱批奏折》第49辑，第181页

860. 奏请以周维熙补授福建福宁镇标右营守备片

光绪三十年正月二十四日（1904年3月10日）

再，福建福宁镇标右营守备邓忠惠病故遗缺，系陆路题补之缺。接准兵部咨，按照新章，系第一轮第六缺，应用应补人员，行令拣员请补等因。查定例，世职云骑尉奉旨以守备用，均以到营之日为始，统限五年期满，轮缺补用。又世职学习期满引见录用人员，归入第六缺应补班请补。又世职人员校阅营伍时，择其技艺优长、年分较深，其平日差操勤慎者，随时存记，先行专案报部，遇有缺出，准其请补各等语。臣于闽省应补世职云骑尉陆路守备班内详加遴选，如陈家猷、潘思忠、邱世英均年力衰迈，姚学江、姚学淮、赖振亨、雷德新、张家嵩均请假久未回标，吴景福、李敏兴、柯启基、毛翔墀、陈肇功、杨润邦同到标在前各员，均于是缺人地不宜，未便迁就请补。惟查有候补守备周维熙，年五十六岁，福建福州府连江县人，寄居闽县。由承袭云骑尉同治六年考验，檄发督标中营学习期满，十三年送部引见，奉旨："着发回本省，照例用。"钦此。旋闽归标候补，造送履历，咨部覆准，注册序补。该员年力尚健，营务娴熟，曾于光绪十三年阅伍案内考验弓马优娴，专案咨部存记。历署漳州镇标右营守备，充当福宁、定海练军哨长，于该处地方情形熟悉，以之请补是缺守备，洵堪胜任，与例相符。合无仰恳天恩，俯准将云骑尉候补守备周维熙补授福宁镇标右营守备员缺，于营伍、地方均有裨益。如蒙俞允，该员系候补守备请补守备，衔缺相当，毋庸送部引见。除饬取履历随案咨部查照外，谨会同福建陆路提督臣黄少春合词附片具陈，伏乞圣鉴，敕部议覆施行。谨奏。

朱批："兵部议奏。"

《光绪朝朱批奏折》第49辑，第182页

861. 奏请以陈庭诠补授福建兴化协标左营守备片

光绪三十年正月二十四日（1904年3月10日）

再，福建兴化协标左营守备陈金旺病故遗缺，系陆路题补之缺。接准兵部咨，按照新章，系第一轮第五缺，应用尽先人员，行令拣员请补等因。臣于闽省陆路尽先各守备内详加遴选，其名次在前之方定国给假回籍，陈继祖业经病故，江泗久不在标，任绍堂已经请补建宁中营守备，林维鸿与是缺系属本府例应回避，吕调元未经考验收标，陈瑛、吴进葆与是缺人地不宜，均未便迁就请补。惟查有蓝翎尽先守备补缺后都司陈庭诠,年四十五岁,福建龙岩州漳平县人。由武举充当兵部差官,期满分发福建,以营守备尽先补用。旋于办理军报出力,保奖俟补缺后以都司补用。光绪二十六年八月十八日到闽收标,咨部覆准,注册序补。该员强壮堪事,人亦安详,于闽省下游风土民情最为熟悉,以之请补是缺守备,堪期胜任,与例亦符。合无仰恳天恩,俯准以陈庭诠补授福建兴化协标左营守备员缺,于营伍、地方均有裨益。如蒙俞允,该员系由期满差官部发尽先守备请补守备,衔缺相当,毋庸再行送部。除饬取履历随折咨部外,谨会同福建陆路提督臣黄少春合词附片具陈,伏乞圣鉴,敕部议覆施行。谨奏。

朱批:"兵部议奏。"

《光绪朝朱批奏折》第49辑,第183页

862. 奏请将浙江象山协副将文占魁准予留任片

光绪三十年正月二十四日(1904年3月10日)

再,定例,各省武职将备等官年届六十三岁,令该督抚提镇严加甄别,将年力就衰者即行勒令休致,如有精力尚健堪以留任者,出具切实考语,保题留任各等语。兹查调署浙江平阳协副将、本任象山协副将文占魁,年届六十三岁,例应甄别。据浙江温州镇总兵刘祥胜详送到闽,请考核办等情,经前督臣许应骙考验堪以留任,未及具奏。臣查该副将文占魁历练颇深,尚能耐苦,堪以留任,相应循例保请。合无仰恳天恩,俯准将浙江象山协副将文占魁准予留任。除将送到履历咨部外,理合会同浙江巡抚臣聂缉椝、浙江提督臣吕本元合词附片具陈,伏乞圣鉴,敕部核覆施行。再,此案例应具题,前准部咨,每年改为汇奏一次,合并声明。谨奏。

朱批:“兵部知道。”

《光绪朝朱批奏折》第49辑,第184页

863. 奏报闽省光绪二十七年下半年税厘收支数目折附清单

光绪三十年正月二十四日(1904年3月10日)

署理闽浙总督、江西巡抚臣李兴锐跪奏,为闽省光绪二十七年下半年税厘收支数目,恭折具报,仰祈圣鉴事。

窃照闽省税厘向章,每届半年奏报一次。查上届业经报至光绪二十七年六月止。兹据福建藩司周莲会同财政局司道详称,二十七年七月起至十二月底止,共收银三十九万五千二百八十六两零,除拨解京协各饷并给本省兵饷、勇粮、修造军械师船及一切经费共银七十八万七千四百七十五两零,计不敷银三十九万二千一百八十八两零,先将续收税厘提凑拨用,其前此不敷之数,应俟续征拨补,详请奏咨前来。除将数册咨送户部外,理合开单,缮折具陈,伏乞皇太后、皇上圣鉴。谨奏。光绪三十年正月二十四日。

朱批:“户部知道,单并发。”

清单

谨将闽省光绪二十七年七月起至十二月底止收支税厘数目开具清单,恭呈御览。

谨开:

收款项下

一、收茶税银一万七千七百九十二两六钱五分六厘五毫。

一、收茶厘银一万八千九百八十七两七钱八分二厘五毫。

一、收茶捐银五千七百九十一两六钱八分二厘。

一、收百货厘金银三十五万二千七百一十四两一钱一分四厘，内货厘银三十三万七千八百六十七两四钱五分二厘、护费银一万四千八百四十六两六钱六分二厘。

以上共收银三十九万五千二百八十六两二钱三分五厘。

支款项下

一、解光绪二十七年分户部茶税京饷银五万两，又汇费银二千六百五十两，共银五万二千六百五十两。

一、解光绪二十七年分内务府茶税京饷银一万两，又汇费银五百三十两、平馀银二百五十两、布袋劈鞘银八十两，共银一万八百六十两。又解内务府茶税京饷银三万两，又汇费银一千五百九十两，共银三万一千五百九十两。

一、解光绪二十七年分固本京饷银五万两，又汇费银二千六百五十两，共银五万二千六百五十两。

一、解光绪二十七年分添拨税厘京饷银三万两，又汇费银一千五百九十两，共银三万一千五百九十两。

一、解光绪二十七年分筹备饷需银六万两，又汇费银三千一百八十两，共银六万三千一百八十两。

一、解光绪二十七年分东北边防经费银二万两，又汇费银一千六十两，共银二万一千六十两。

一、解船政衙门选派学生赴东洋学习加给津贴银三百两。

一、解给善后留防各军薪粮并修制军装师船等项银三十六万三千三十一两四钱一分四厘二毫。

一、解各营巡洋弁兵口粮银二千三百六十一两九钱九分二厘。

一、解藩司衙门光绪二十七年分各属缉捕经费银三万三千五百五十八两。

一、解藩司衙门闽省辛丑年兵饷银一十一万二千七百二十三两六钱六分七厘五毫。

一、解洋务局光绪二十七年分办理洋务常年用款经费银一万一千九百二十两一钱一分。

以上共支银七十八万七千四百七十五两一钱八分三厘七毫。

附收候拨项下

一、收加征二成烟厘银二千六百八十五两四钱五分一厘。

朱批："览。"

正折据《光绪朝朱批奏折》第78辑，第657页；清单据台北故宫博物院藏"军机处档折件"附件，文献编号：158779

864. 奏报福建筹解本年正月新定偿款银数日期片

光绪三十年正月二十四日(1904年3月10日)

再，准部咨，新定偿款摊派福建省岁解银八十万两。并钦奉谕旨："各该省前次指派之款，应即按月分匀，赶紧筹措，先期解交上海道转付。"等因。钦此。业经按月筹解至上年十二月第三年第一期止在案。兹查光绪三十年正月应解第三年第二期前项库平纹银六万六千六百七十两，除奉户部议准，将闽海关药厘由税务司径拨汇解银二万两外，实尚应解库平纹银四万六千六百七十两。现于司道局库筹集如数，于本年正月初十日交号商领汇，定限正月十八日以前解交江海关道查收汇付。至号商汇费银一千五百八十六两七钱八分及药厘拨抵银两应需汇费，仍请随正支给。据福建财政局司道会同藩臬两司、粮盐二道详请奏咨前来。臣覆核无异，除给咨批解，并分咨外务部、户部查照外，谨附片具奏，伏乞圣鉴。谨奏。

朱批："该部知道。"

《光绪朝朱批奏折》第84辑，第234—235页

865. 福建奉拨广西军饷无力筹解请在江西协闽饷内抵解片

光绪三十年正月二十四日（1904年3月10日）

再，准部咨，广西抚臣柯逢时电奏，匪势万紧，饷械俱竭，由部议派各省关银一百万，自光绪三十年正月起，分为十二个月匀解，计拨福建省六万两等因。当经转行司道筹解去后。兹据布政使周莲会同财政局司道详称，广西匪乱未平，关系大局，闽省前此得有传闻，同切隐忧。适有商人报效一款，当即奏明拨银五万两，解助饷需。是时并未奉部指拨，亦复不分畛域，设法筹解。此次奉拨，一年之数不过六万，倘有馀力，更无不乐为凑解之理。无如闽省岁入地丁、厘税本多不敷度支，近年举行新政，百度待兴，用款有增无减，兼之迭次奉派各国赔款，数巨期迫，均须按时应付，无可延缓，而他省协济福建之款又从无解到，以致艰窘万分。查奉准部咨，于甘肃、云南、贵州，因系受协省分，均不派认，福建亦系受协省分，与甘肃、云贵正复相同。而甘肃、云贵尚有各省协饷按期解济，福建则江西省每年应解银五万两，自光绪十六年起已积欠数十万两，历年军需，自行筹垫，尤为筋疲力竭。再四思维，惟有吁恳奏咨，由江

西省在于欠解福建协饷内立即拨银六万两，径解广西，作抵福建解款。如此挹彼注兹，广西既可藉济饷需，福建亦得稍纾喘息，实为公便等情前来。臣查核所详，均属实在情形，上年臣在江西，因赔款紧急，督同司道整理一切财政，虽云竭蹶，尚不至如福建之一筹莫展。该司局拟请以江西应解福建协饷拨解六万两前赴广西，实亦出于万不得已。合无仰恳天恩，饬部咨行署江西抚臣查照办理。除咨部外，理合附片具陈，伏乞圣鉴。谨奏。

朱批："户部知道。"

《光绪朝朱批奏折》第89辑，第926页

866. 奏请闽省延建邵三府仍照旧章岁科分试折

光绪三十年正月二十四日（1904年3月10日）

署理闽浙总督、江西巡抚臣李兴锐跪奏，为闽省延、建、邵三府仍照旧章，岁科分试，以符定制，恭折仰祈圣鉴事。

窃照闽省各属岁科两试，每届学臣由省起程，先试兴化、永春、泉州、漳州、龙岩、汀州，转由邵武、建宁、延平各府州回省，按试福州，惟福宁一府地居全省之北，向系科、岁连试。嗣于光绪二十七年间，因延、建、邵各府属猝遇水灾，建宁府属浦城、崇安等县复被匪扰，流亡甫集，物力维艰，当经前督臣许应骙援照福宁府成案，奏准暂行岁科并考，声明俟三年后体查情形，如果年谷顺成，地方安谧，再行规复旧制。奉准以后，所有辛丑、壬寅岁科两试，均经照办在案。

兹查延、建、邵各属年来收成中稔，地方亦称静谧，且当此整兴学校，士之励志向学者，自必日新月异，亟应按时考试，以资观感奋兴。拟请自三十年以后,延、建、邵三属仍照旧章,一律岁科分试,以符定制。据福建藩司周莲、臬司朱其煊会详请奏前来。臣复加查核无异,除咨部查照外,理合会同福建学政臣秦绶章合词恭折具陈,伏乞皇太后、皇上圣鉴。谨奏。光绪三十年正月二十四日。

朱批:"礼部知道。"

《光绪朝朱批奏折》第105辑,第259页

867. 恩赏御书"燕""喜""福""寿"字各一幅谢恩折

光绪三十年二月初十日(1904年3月26日)

署理闽浙总督、江西巡抚臣李兴锐跪奏,为恭(折)〔谢〕天恩,仰祈圣鉴事。

窃臣于光绪三十年正月二十二日,由驿奉到皇太后恩赏御书"燕""喜""福""寿"字各一幅,当即恭设香案,望阙叩头祗领。钦惟皇太后珍符启瑞,皇上鼎祚凝釐。尊荣极山海之隆,箕畴咸备;郅治庆乂安之盛,禹域同敷。申命自天,寅承伏地。臣疆符忝摄,封祝遥殷。读鲁侯受祉之诗,仰九天而献颂;抚吉甫匡王之义,歌《六月》以滋惭。乃蒙宸翰辉煌,赐直同于球璧;每念慈恩高厚,愧未报夫涓埃。

所有微臣感激荣幸下忱,谨缮折叩谢天恩,伏乞皇太后、皇上圣鉴。谨奏。〔光绪三十年〕二月初十日。

光绪三十年三月十四日奉朱批:"知道了。"钦此。

台北故宫博物院藏"军机处档折件",文献编号:159373

868. 浙江定海镇总兵余朝贵因病出缺请旨简放折

光绪三十年二月十二日(1904 年 3 月 28 日)

署理闽浙总督、江西巡抚臣李兴锐跪奏,为总兵因病出缺,请旨简放,恭折仰祈圣鉴事。

窃据浙江温州镇标中军游击黄国栋详报,调署浙江温州镇总兵、本任定海镇总兵余朝贵,因感冒风寒,医药罔效,于光绪三十年正月二十七日在温身故等情前来。查余朝贵籍隶湖北黄冈县,由投效随军剿匪,迭著劳绩,递保总兵,蒙恩补授浙江定海镇总兵。光绪二十九年九月间,调署温州镇总兵篆务,履任以来,于辖属营伍,均能认真整饬,实力讲求。兹遽因病出缺,殊深惋惜。所遗定海镇缺,相应请旨,迅赐简放,以重职守。

所有原署温州镇篆,该处地方辽阔,督率巡防,均关紧要,应即遴员接署,以免旷误。查有现署浙江处州镇总兵、本任杭州协副将赵永铭,资深才练,军猷素裕,堪以调署。所遗处州镇篆,并查有调署平阳协副将、本任象山协副将文占魁,阅历颇深,遇事不苟,堪委署理。除分檄饬遵外,谨循例由驿驰奏,伏乞皇太后、皇上圣鉴训示。谨奏。光绪三十年二月十二日。

朱批:“另有旨。”

《光绪朝朱批奏折》第 49 辑,第 211—212 页

869. 委任郑鸿寿署理福宁府知府片

光绪三十年二月二十一日(1904 年 4 月 6 日)

再,福建福宁府知府锡纶准调浙江严州府知府遗缺,查有试用

知府郑鸿寿,明白稳练,留心吏事,堪以委署。据福建藩、臬两司会详前来。除咨部外,理合附片具陈,伏乞圣鉴。谨奏。

朱批:“吏部知道。”

《光绪朝朱批奏折》第20辑,第51页

870. 准升福防同知吕渭英办理洋务得力请准暂缓送部引见片

光绪三十年二月二十一日(1904年4月6日)

再,准升福防同知、在任候补知府吕渭英,例应给咨赴部引见。惟该员在闽年久,熟悉民情,办理交涉案件,颇得要领,经臣派充洋务局提调,深资得力。当此日俄开衅,洋务吃紧之时,倘令晋引,一时接替实乏其人。查该员于办理洋务案内已保知府,在任候补,奉旨允准。合无仰恳天恩,俯念洋务重要,准将福防同知吕渭英暂缓送部引见,俟补知府缺后再行并案晋引,出自逾格鸿施。除咨部外,理合附片具陈,伏乞圣鉴训示。谨奏。

朱批:“着照所请,吏部知道。”

《光绪朝朱批奏折》第20辑,第51页

871. 委任刘锡渠署理将乐县知县片

光绪三十年二月二十一日(1904年4月6日)

再,署福建将乐县知县王炜堂调省遗缺,查有准补光泽县知县刘锡渠,才具开展,实心任事,堪以调署。据福建藩司周莲、臬司朱其煊会详前来。除咨部外,谨附片具陈,伏乞圣鉴。谨奏。

朱批："吏部知道。"

《光绪朝朱批奏折》第20辑，第52页

872. 奏报长乐县知县王守谦病故日期片

光绪三十年二月二十一日（1904年4月6日）

再，福建长乐县知县王守谦，江苏清河县举人，于光绪三十年正月二十一日病故。据福建藩司周莲具详前来。除分咨外，谨附片具陈，伏乞圣鉴，敕部开缺施行。至所遗长乐县，系选缺，闽省现有应补人员，应请扣留外补，合并陈明。谨奏。

朱批："吏部知道。"

《光绪朝朱批奏折》第20辑，第52页

873. 浙江海门镇总兵余宏亮因病出缺请旨简放折

光绪三十年二月二十一日（1904年4月6日）

署理闽浙总督、江西巡抚臣李兴锐跪奏，为总兵因病出缺，请旨简放，循例由驿驰陈，仰祈圣鉴事。

窃据署浙江海门镇标中军游击邱世藩呈报，浙江海门镇总兵余宏亮因患痰喘，医药罔效，于光绪三十年正月三十日在任身故等情前来。查余宏亮籍隶湖南长沙县，由武童投效，随军剿匪，迭著劳绩，历升副将，蒙恩补授今职。莅任以来，于辖属水陆营务，均能认真整顿，实力讲求。兹遽因病出缺，殊深惋惜。

所遗海门镇缺，相应请旨，迅赐简放，以重职守。惟该处地方辽阔，督率巡洋，均关紧要，应即先行遴员接署，以免旷误。查有记名总兵留浙尽先补用副将王立堂，资劳颇深，驭下整肃，堪以委署。除檄饬遵照外，谨循例由驿驰奏，伏乞皇太后、皇上圣鉴训示。谨奏。光绪三十年二月二十一日。

朱批："另有旨。"

《光绪朝朱批奏折》第49辑，第222页

874. 福建连罗左营长门汛把总王锦堂、记名外委余京元捞救难民请奖片

光绪三十年二月二十一日（1904年4月6日）

再，福建连罗左营长门汛把总王锦堂，于光绪二十九年正月十四日，同记名外委余京元在长门口外连江县辖洋面，督饬弁兵人等捞救遭风商船难民缪宝泉等三十二人，报县资遣回籍，据福建按察使会同洋务局核详请奖前来，业经咨部立案。伏查前准总理衙门通行，水师人等遇有遭风船只，冒险救出三十人以上，准照异常劳绩奏奖。此案王锦堂等捞救难民三十二人，核与异常劳绩相符。合无仰恳天恩，俯准将记名千总连罗左营长门汛把总王锦堂免补千总，以守备在任尽先补用，并加都司衔；记名拔补外委余京元免补外委，以把总尽先拔补，以昭激劝。除履历咨部外，谨附片具陈，伏乞圣鉴训示。谨奏。

朱批："着照所请，该部知道。"

《光绪朝朱批奏折》第49辑，第223页

875. 奏请以何树春补授福建陆路提标后营都司片

光绪三十年二月二十一日(1904 年 4 月 6 日)

再,福建陆路提标后营都司黄光瑞病故遗缺,系陆路题补之缺。准兵部咨,按照新章,系第一轮第二缺,轮用预保无人,应以卓异人员请补等因。臣查部定武职补缺新章,轮用预保无人,以卓异及保列一等之员升补等语。闽省陆路实缺各守备并无保列一等之人,惟查有卓异候升福建漳州镇标中营守备何树春,年六十二岁,福建福州府闽县人。由行伍剿匪著绩,递保都司衔留闽尽先补用守备,补授福建抚标左营守备,调补漳州镇标中营守备,于光绪九年三月到营任事。二十三年军政案内保题荐举卓异,二十五年九月给咨送部引见,奉朱笔圈出:"着准其卓异加一级注册,回任照例候升。"钦此。旋闽,饬回本任。该员老练戎伍,耐苦习勤,历署漳州镇标右营、云霄营各都司,于下游风土民情熟悉,以之升补是缺都司,洵堪胜任,与例相符。

合无仰恳天恩,俯准将何树春补授福建陆路提标后营都司,于营伍、地方均有裨益。如蒙俞允,该员于卓异案内曾经引见,应请毋庸再行送部。其所遗福建漳州镇标中营守备员缺,容臣另行遴员请补。除饬取履历随案咨部外,谨会同福建陆路提督臣黄少春合词附片具陈,伏乞圣鉴,敕部议覆施行。谨奏。

朱批:"兵部议奏。"

《光绪朝朱批奏折》第 49 辑,第 223—224 页

876. 奏请以徐文庆补授浙江宁海营参将片

光绪三十年二月二十一日(1904年4月6日)

再,浙江宁海营参将孙绍发革职遗缺,接准部咨,系陆路题补第一轮第一缺,应用尽先人员,行令拣员请补等因。臣随于浙省已收标陆路尽先参将内详加遴选,查有闽浙尽先补用参将徐文庆,年五十九岁,河南固始县人。由武童历保尽先游击,续于剿复台湾狮头番社并开山案内出力保奖,光绪元年十月十六日奉上谕:"着以参将尽先补用。"嗣经奏请留闽浙补用,十九年九月二十一日奉朱批:"着照所请,兵部知道。"钦此。并咨准部覆,应以奏留奉旨之日为始,归入尽先参将班内注册序补。又于淮军在陕防剿出力,保准俟补参将后以副将遇缺前先补用,二十一年七月收入督标候补。旋因从前打仗受伤,奏准免予骑射在案。该员敦厚平实,晓畅戎机,现带福建福强军左路后营炮船差务,办理裕如,以之请补斯缺,洵堪胜任,核与例章名次均属相符。

合无仰恳天恩,俯准以闽浙尽先补用参将徐文庆补授浙江宁海营参将员缺,于营伍、地方均有裨益。如蒙俞允,俟部覆到日,再行给咨送部引见。除饬取履历保案印册送部外,理合会同浙江巡抚臣聂缉槼、浙江提督臣吕本元合词附片具陈,伏乞圣鉴,敕部议覆施行。谨奏。

朱批:"兵部议奏。"

《光绪朝朱批奏折》第49辑,第224—225页

877. 请将准补石浦营守备冯斌元与温州镇标中营守备张炳文互调片

光绪三十年二月二十一日(1904年4月6日)

再,准补浙江石浦营守备冯斌元,籍隶本府,例应回避,现准部咨,行令照章拣调等因。臣查浙江温州镇标中营守备张炳文,年五十六岁,广东新会县人,由军功剿匪著绩,递保尽先守备,准补今职。该员年力尚强,谙练戎事,以之调补石浦营守备,洵堪胜任。所遗温州镇标中营守备员缺,查有准补石浦营守备冯斌元,年四十九岁,浙江鄞县人,由行伍剿匪著绩,拔补定海镇标左营千总,历升今职。该员勇于任事,行为端谨,以之调补温州镇标中营守备,亦堪胜任。

合无仰恳天恩,俯准将准补石浦营守备冯斌元与温州镇标中营守备张炳文互相调补,核于隔府例章均各相符。如蒙俞允,该员冯斌元仍俟奉部覆准,再行给咨赴引;张炳文于准补守备案内已经请咨引见,应请毋庸再行送部。除饬取各履历另咨外,理合会同浙江巡抚臣聂缉椝、浙江提督臣吕本元合词附片具陈,伏乞圣鉴,敕部议覆施行。谨奏。

朱批:"兵部议奏。"

《光绪朝朱批奏折》第49辑,第225—226页

878. 奏报福建筹解光绪三十年二月期英德款银片

光绪三十年二月二十一日(1904年4月6日)

再,准部咨,应还俄法、英德借款,福建按年拨银三十四万两,

自光绪二十三年起,英德款银每年匀分四次解交等因。当经转饬各局库通力合筹,提由藩司按期拨解。嗣准部咨,号商汇费应随正项支给,不得动支税厘,并令照汇解关税、盐课等项汇费开支,自应一律支办。兹届三十年二月期,应还英德款银四万七千五百两,由司照数筹提,于本年正月二十八日发交号商,汇解江海关道兑收,以备汇付。又另支出银一千六百十五两,作为号商汇费之需。据福建藩司周莲详请奏咨前来。除给咨批解,并咨部查照外,理合附片陈明,伏乞圣鉴。谨奏。

朱批:“该部知道。”

《光绪朝朱批奏折》第 84 辑,第 254 页

879. 闽省工赈紧要捐款日疲恳准推广七项捐输折

光绪三十年二月二十一日(1904 年 4 月 6 日)

署理闽浙总督、江西巡抚臣李兴锐跪奏,为闽省工赈紧要,捐款日疲,恳准推广七项捐输,恭折仰祈圣鉴事。

窃据福建财政局司道详称,前因水灾办理赈抚,奏准开办赈捐二年,计自光绪二十六年七月十二日奉文开办起,除封印期内不奖外,扣至二十八年九月十一日止,两年届满。旋因疏浚西南两港,复奏请接办赈捐两年,于光绪二十八年十月初二日奉朱批:“着照所请,户部知道,片并发。”钦此。当经分饬劝办各在案。惟是闽省地瘠民贫,筹捐已成弩末,重以各省捐局棋布星罗,若不稍事变通,急筹推广,窃恐有办捐之名,无捐款之实。且西南两港河工,关系附省一带农田、民居,转瞬春水将生,工程更形吃紧,待款孔急,开浚诸端,势将限于九仞,万难中辍。伏查上年山东因河工需款,奏

准将常例捐免补本班、捐免坐补、试俸、历俸以及捐免实授离任、离省分发、指省等七项，由本省收捐，嗣广西省亦经援请照办，并续请开办分缺先等三项花样均有案。闽省虽无广西军务之殷繁，而水患未消，民困待拯，其受病亦复与山东相等。且山东有京饷、漕折可以截留，广西有部拨专款、缓解洋款及各省协饷可资周转，闽省库帑空竭，久已入不敷出，支绌情形较之山东、广西为尤甚。值此工赈紧急，刻不容缓，与其贻患于事后，曷若图救于事前。相应恳请援案奏请，准将捐免本班等七项捐输，由福建省收捐一年截留应用，俾竣要工而济民困等情前来。

伏查闽省度支匮乏，为近数十年来所未有。自光绪二十六年五、六月间上游及省垣一带骤遭洪水，漂没田庐，又值畿辅戒严，海防紧急，经前督臣许应骙奏准开办赈捐，并截留新海防捐款，以资挹注。于是添募新军，改练洋操，增购军械，修筑炮垒，创设武备学堂，延聘洋师，训练将士，以重防务，一面开局平粜，修造桥梁，力行赈恤。此初次办理防捐赈局之情形也。嗣因御史陈琇莹请开西湖，以顺水道，御史陈璧请复上游梯田，及去中洲之壅蔽，开城南之新旧泷，均不为无见。又经督臣许应骙奏准，赈捐展限二年，专事开河，以工代赈。此现在接办赈捐之情形也。刻下河工已开到泷口、石头边两处，上年春夏之间雨水虽多，而水患得以稍减，贫民藉工资以糊口，地方游民、饥民均赖以相安，其势万难中止。即从前所募新军，操法尚未精熟，炮垒、器械装配尚未完备，武备学堂开办未及两年，尤须终始经营，俾收成效。是以未办防捐、赈捐以前，度支所出尚属有限，今则诸事甫经开办，用款日增，当此未告厥成，若使骤然停撤，非但此后水利、军政毫无凭藉，即从前所掷巨款、所创规模亦皆废置可惜。

臣到任后，察知闽省财政之艰难，业经设立专局，选派妥员，悉心经画，并将赈捐局归入办理，以冀稍有起色。无如海防捐停止以后，赈捐收数本属无多，是以前兼署督臣崇善奏请援照山东、四川成案，减折一成，并请将收捐十成贡监银两仍免解部，亦属为成就河工起见，然而杯水车薪，仍归无济。该司道所请将捐免本班等七项常例捐款归闽省收捐一年，截留应用等情，实属万不得已之举。合无仰恳天恩，俯念闽省工赈紧要，赈捐收款不敷支拨，援照山东、广西成例，准将捐免本班等七项常例捐输归闽省收捐一年，截留外用，俾资周转而济要需。

再，查近年各省劝捐请奖章程，经募人员集银六万两，准保异常劳绩一员，集银一万二千两，准保寻常劳绩一员。闽省自开办赈捐以来，因各省捐局林立，互相争揽，筹劝愈无起色，自非办理得人，稍予优奖，以资鼓励，捐款仍难期踊跃。应请饬部一并核议，准照各省成案，择尤酌保，以示激励之处，出自逾格鸿施。理合恭折具陈，伏乞皇太后、皇上圣鉴。谨奏。光绪三十年二月二十一日。

朱批："户部议奏。"

《光绪朝朱批奏折》第100辑，第648—650页

880. 审明殴杀一家三命又另毙一命人犯按例议拟折

光绪三十年二月二十一日(1904年4月6日)

署理闽浙总督、江西巡抚臣李兴锐跪奏，为审明殴杀一家三命又另毙一命人犯，按例议拟，恭折具陈，仰祈圣鉴事。

窃查福安县民杨鸭㹀殴伤本宗缌麻服兄杨开杰等三人并无服族叔杨广生各身死一案，经署福安县知县钮承藩诣验获犯讯详，前

督臣以案情较重，先后批饬将犯卷提省，委员审办，并提人证杨开志解质。兹据福建按察使朱其煊转据福州府等讯拟勘转前来。臣亲提研鞫，缘杨鸭㹊籍隶福安县，与缌麻服兄杨开杰即开烈、杨开瀰、杨忠申并无服族叔杨广生彼此分居各爨，素睦无嫌。光绪二十八年七月十一日，杨鸭㹊与杨开杰等均在祠堂祭祖饮胙，杨开杰等因前日县差下乡催取税契住歇杨鸭㹊家，疑系杨鸭㹊指使，致令出钱投税，向杨鸭㹊理斥，杨鸭㹊不服分辩，杨开杰等令其当祠发誓。杨鸭㹊时已酒醉，便向混骂，杨开杰扰扭杨鸭㹊发辫，举拳殴打，杨鸭㹊取刀戳伤其胸膛，松手倒地。杨开瀰赶拢脚踢，杨鸭㹊用刀划伤其右臁肕。杨开瀰扑殴，杨鸭㹊用刀戳伤其左胁倒地，弃刀逃出。杨忠申拾刀，与杨广生追赶，杨忠申扭住杨鸭㹊衣襟，举刀向砍，杨鸭㹊夺刀过手，杨广生在后举拳乱殴，杨鸭㹊用刀往后抵戳，适伤其肚腹倒地。杨忠申仍扭住衣襟不放，杨鸭㹊情急图脱，用刀戳伤其左肋，松手倒地。该犯缌麻服兄杨开志路过看见拦喝，杨鸭㹊闪开欲逃，杨开志转身拾石，杨鸭㹊用力划伤其右腿肚，弃刀逃去。杨开杰、杨开瀰移时身死，杨忠申、杨广生越日毙命。报验获犯讯详，经前督臣先后批饬，将犯卷、人证提省，委员审办。兹据福州府等讯拟解司，审转到臣，亲提研鞫，据供前情不讳，严诘委无谋故重情、起衅别故及在场帮殴之人，应即拟结。

查例开："殴死缌麻尊长一家二命者，拟斩立决。"又律开："断罪无正条，援引他律比附定拟。"等语。此案杨鸭㹊因杨开杰等疑伊指使县差催取税契，共相理斥，起衅争殴，致伤缌麻服兄杨开杰、杨开瀰、杨忠申三命，无服族叔杨广生一命。查杨开杰、杨开瀰、杨忠申皆系缌麻兄弟，即属一家。例无殴死缌麻尊长一家三命作何治罪明文，自应比例问拟。杨鸭㹊除殴死无服族叔杨广生及致伤缌麻服兄杨开志平复各轻罪不议外,合比依“殴死缌麻尊长一家二命者,拟斩立决”例,拟斩立决,先行刺字。无干省释。凶刀供弃免追。

除供招咨部外,谨恭折具陈,伏乞皇太后、皇上圣鉴,敕部核议施行。再,此案殴杀一家三命,死者并非服属期亲,按例毋庸专折具奏,惟案情较重,不及汇案,合并陈明。谨奏。光绪三十年二月二十一日。

朱批:“刑部速议具奏。”

《光绪朝朱批奏折》第108辑,第572—574页

881.审明前督臣许应骙任内家丁杨升舞弊得赃一案按律议拟折

光绪三十年二月二十一日(1904年4月6日)

〔署理闽浙总督、江西巡抚臣李兴锐跪〕①奏,为审明舞弊得赃人犯,按律议拟,恭折仰祈圣鉴事。

窃查前督臣许应骙任内家丁杨升听从贿嘱,私将龙溪县生员林泰禀请接办盐帮一件改批照准,朦印发行,当经许应骙访闻,札饬盐法道将禀批缴销,并将杨升及其雇工陈安暨经书林振纲、游锡祉连同案卷等件一并饬发福州府同谳局委员审办,自行检举具奏在案。兹据福建按察使朱其煊转据福州府知府玉贵等审拟详解前

① 原无,据台北故宫博物院藏“军机处档折件”(文献编号:159393)、《申报》光绪三十年四月十二日(1904年5月26日)第11172号第13版《署闽浙总督李奏为审明舞弊得赃人犯按律议拟折》补。

来。臣亲提查讯，缘杨升籍隶顺天香河县，在前督臣许应骙处充[1]当家丁，派管外书房文件。光绪二十五年十月十五日，杨升路遇在逃素识之山东济宁州人徐景云，闲谈称有龙溪盐帮旧商林泰禀请归办帮务禀已递进，托杨升设法批准，约定行文后送给钱四千三百串文[2]。杨升贪利允从。嗣见禀批发出，内开："应否归办，仰福盐道查明具覆察夺。"杨升起意窜改批语，商令徐景云动笔改为"应准归办，仰福盐道速即遵照具覆"，分别缮清誊正。又因私改稿内并无前督臣及幕友图章，描摹章式，商令徐景云照样雕刻，交与杨升盖用，混在日行公事内点验挂号，朦印发行[3]。徐景云旋将所许赃款扣存经手回头钱一千串，另钱三千三百串文面交杨升收受。杨升将钱二千四百串文兑[4]换银票，交号商新泰厚寄存，馀钱另行花用。即经前督臣访闻，札饬盐法道将禀批缴销，并将杨升暨经书林振纲等连同案卷等件一并饬发福州府同谳局委员审办，奏明检举，札行遵照。由府饬据号商新泰厚禀缴杨升寄存银票，据称委实不知赃情，一面分别移饬查拿徐景云等未获。提犯复讯拟解，犯供屡翻，先后饬发覆审，据报犯病，批饬医痊，复据府、司审解到臣。提犯查讯，据供前情不讳，严诘经书林振纲等委无串弊分赃等事，应即拟结。

查律开："无禄人枉法赃一百二十两，绞。"等语。此案杨升身充长随，于林泰禀请归办盐帮，经前督臣批道查覆，辄敢听从贿嘱，窜改批语，准予归办，朦印发行，实属于法有枉。计其得赃至三千

① "充"，台北故宫博物院藏"军机处档折件"、《申报》无。

② "串文"，台北故宫博物院藏"军机处档折件"、《申报》作"千文"。下同。

③ "发行"，台北故宫博物院藏"军机处档折件"、《申报》无。

④ "兑"，台北故宫博物院藏"军机处档折件"、《申报》作"先"。

三百串[1]之多,自应按律问拟。杨升合依"无禄人枉法赃一百二十两,绞"律,拟绞监候,秋后处决。据供母老丁单,情罪较重,无庸查办留养。所得赃钱照例入官,未缴之赃仍饬追缴。经书林振纲、游锡祉及雇工陈安,讯无串弊分赃等事,与不知赃情代为受寄之号商新泰厚均免置议。私刻图章,供毁免追。生员林泰饬令斥革,与逸犯徐景云等,分饬地方官并犯籍一体严缉,务获另结。

除供招咨部外,理合将审明舞弊得赃人犯按律议拟缘由,谨恭折具奏,伏乞皇太后、皇上圣鉴,饬部核议施行。谨奏。〔光绪三十年二月二十一日〕[2]。

光绪三十年三月十五日奉朱批:"刑部议奏。"钦此。

《李勤恪公奏议》卷四,《天津图书馆孤本秘籍丛书(二)》第806—807页

882. 代奏福建陆路提督黄少春旧症复发恳请赏假片

光绪三十年二月二十四日(1904年4月9日)

再,准福建陆路提督黄少春咨称,曩时征剿发逆,奔走风雪之中,感受寒湿,致成痞积,常有筋骨疼痛之症。自开春以来,偶患感冒,牵发旧伤,右手肘臂筋骨疼痛,虽经医治,尚无效验。查泉郡海疆要冲,保卫一切事宜,均关紧要,力疾从事,不敢稍耽安逸。讵近日筋痛增剧,头目发晕,实属难支。据医云,湿毒积重,气血亏损,非静心调养不能见功。咨请代奏,吁恳天恩,赏假一月,藉资调养。所有署中一切公事,仍力疾自行经理等因前来。臣查该提督到任

① "串",台北故宫博物院藏"军机处档折件"、《申报》作"千"。

② 据台北故宫博物院藏"军机处档折件"补。下同。此处年份台北故宫博物院藏"军机处档折件"亦无,系整理者所补。

以来,操练巡防,不辞劳瘁,兹因旧症复发,恳请赏假,委系实情,谨附片代陈,伏乞圣鉴训示。谨奏。

朱批:"黄少春着赏假一个月。"

《光绪朝朱批奏折》第49辑,第226页

883. 请将福建诏安营游击刘志庆开缺回籍就医片

光绪三十年二月二十四日(1904年4月9日)

再,福建漳州镇辖诏安营游击刘志庆,年届六十六岁,应行甄别,前经饬调来省,考验给咨,遗缺委员署理在案。兹据署漳州镇总兵万起顺禀,据该游击刘志庆禀称,途次沾染病症,回诏医治,尚未痊愈。据医生云,此病原因当时打仗中伤,气血两虚,非静心调养难以痊愈。恳请转禀开缺回籍,俾得就医等情,由镇转禀前来。臣覆查属实,合无仰恳天恩,俯准将诏安营游击刘志庆开缺回籍就医。所遗员缺留闽,另行遴员请补。谨附片具陈,伏乞圣鉴训示。谨奏。

朱批:"着照所请,兵部知道。"

《光绪朝朱批奏折》第49辑,第227页

884. 准补浙江平阳协副将曹春发请缓晋引先给署札片

光绪三十年二月二十四日(1904年4月9日)

再,准补浙江平阳协副将曹春发,于准补斯缺副将案内应行请咨赴部引见。现因宁海教案滋事,首要各犯王锡彤等尚未就获,是缺副将系驻扎温属平阳县城,该处为沿海要区,温、台毗连,巡防缉捕,均关紧要,经臣饬令该副将曹春发先赴本任,以重职守而期得力。伏查武职补缺,例应依限赴部,从前升补人员,遇有查办要匪或因防务省分,先给署札,饬赴本任,均各奉准有案。该处巡缉重要,一时势难晋引,自应援案先给署札,核与历办成案相符。合无仰恳天恩,俯准将准补浙江平阳协副将曹春发先给署札发领,以昭信守,俟捕务稍松,再行给咨赴部。除咨部查照外,谨附片具陈,伏乞圣鉴训示。谨奏。

朱批:"着照所请,兵部知道。"

《光绪朝朱批奏折》第49辑,第227页

885. 奏请以喻汝霖补授浙江金华协巡防都司片

光绪三十年二月二十四日(1904年4月9日)

再,浙江金华协巡防都司雷庭瑞开缺,归于游击班序补遗缺。前准部咨,系陆路部推新章第一轮第一缺,应用尽先人员,行令拣补等因。当查浙省陆路尽先都司合例乏员,咨准部覆,查喻汝霖、胡昌文、余宏权均经本部先行注册归班,此外复有留闽浙尽先都司唐万胜、易桂英二员,尽先本班并不乏人,仍应迅拣合例尽先人员请补等因。臣随于浙省已收标陆路尽先各都司内详加遴选,如名次在前之余宏权系收入浙江提标水师左营候补,胡昌文与斯缺人地未宜,俱未便迁就请补。惟查有浙江尽先补用都司喻汝霖,年五十岁,湖南宁乡县人。由武童历保尽先守备,续于南路诸军五次剿平边寇案内保奖,光绪七年五月二十日奉上谕:"着免补守备,以都司尽先补用。"钦此。嗣经奏请留浙收标差遣,二十七年十一月二十九日奉旨允准,二十八年三月内收入浙江提标中营候补,咨部覆准,先行归班注册在案。该员年力强盛,奋发有为,以之请补斯缺,洵堪胜任,核与班次例章相符。合无仰恳天恩,俯准以尽先补用都司喻汝霖补授浙江金华协巡防都司员缺,于营伍、地方均有裨益。如蒙俞允,俟部覆到日,即行给咨送部引见。除饬取履历保案印册另咨外,理合会同浙江巡抚臣聂缉椝、浙江提督臣吕本元合词附片具陈,伏乞圣鉴,敕部议覆施行。谨奏。

朱批:“兵部议奏。”

《光绪朝朱批奏折》第 49 辑,第 228 页

886. 奏请以陈振纲补授浙江提标前营守备片

光绪三十年二月二十四日(1904 年 4 月 9 日)

再,浙江提标前营守备邱殿魁病故遗缺,接准部咨,系陆路题补第一轮第二缺,轮用卓异人员,如无人过班,以拣发人员抵补,行令拣员请补等因。伏查浙省卓异班无人,自应照章过班,以拣发人员抵补。浙省现无拣发,应以拣发班内补用人员请补。臣随于浙省已收标陆路补用各守备内详加遴选,虽有名次在前之林生同已准补处州镇标左营守备员缺,陈得胜未奉部咨覆准注册归班序补。惟查有浙江补用守备陈振纲,年五十三岁,浙江义乌县人。由卫用武进士期满,以千总补用,光绪十年八月到杭州城守营。嗣由充补浙江驻京提塘三年期满,二十年六月十二月引见,奉朱笔圈出:“着以营守备用。”钦此。应令赴浙投标,归入拣发班内序补,是年九月到营收标候补,咨准部覆注册。该员年力尚强,谙习军律,现署磐石营守备事务,办理裕如,以之请补斯缺,洵堪胜任,核与班次、例章均属相符。合无仰恳天恩,俯准以补用守备陈振纲补授浙江提

标前营守备员缺，于营伍、地方均有裨益。如蒙俞允，该员已于期满案内引见，应请毋庸再行送部。除饬取履历保案印册送部核办外，理合会同浙江巡抚臣聂缉槼、浙江提督臣吕本元合词附片具陈，伏乞圣鉴，敕部议覆施行。谨奏。

朱批："兵部议奏。"

《光绪朝朱批奏折》第49辑，第229页

887. 闽盐困惫请将三十八届带征旧课仍予缓征一届折

光绪三十年二月二十四日(1904年4月9日)

署理闽浙总督、江西巡抚臣李兴锐跪奏，为闽盐困惫，请将三十八届带征旧课仍予缓征一届，恭折仰祈圣鉴事。

窃照闽盐自改票运后，课额加重，商情日形疲累，加以近年迭被水灾，仓盐淹失，埕坎坍塌，以致成本大亏，场价增昂，各商贩勉力办运，已属万分竭蹶，新旧两课并征，商力实有未逮。是以每届应征旧课，历请推展年限，均经前督臣迭次奏准缓征，带完旧课，迄尚不能周转。现届奏限期迫，严饬各商贩设法筹措，依期完缴。据该商贩等以新旧课同时并完，委实不能兼顾，万难支持，禀请援案再予缓征一届，情词迫切。伏查商情奇困，骤难苏息，本届奏销又提早一月办理，为期愈促，周转愈难，现在奏限已届，新课短绌甚巨，尚须严催依限清缴，若勒令并完旧课，必致两误。权衡缓急，新课为支解京饷要需，断不能稍任延宕，旧课系归补道库款项，宽限征收，于帑藏毫无出入，应请援案将三十八届带征旧课再予缓征一届，仍照推展年限，缓至三十九届分年带征，以恤商艰而顾正供。据福建盐法道鹿学良会同布政使周莲详请奏咨前来。除咨部外，理合恭折具奏，伏乞皇太后、皇上圣鉴训示。谨奏。光绪三十年二月二十四日。

朱批："户部知道。"

《光绪朝朱批奏折》第76辑，第381页

888. 闽省各县场光绪二十八年分应征坵折银两奏销折

光绪三十年二月二十四日(1904年4月9日)

署理闽浙总督、江西巡抚臣李兴锐跪奏，为闽省各县场光绪二十八年分应征坵折银两奏销，恭折仰祈圣鉴事。

窃照闽省各县场同知、通判、县丞额征坵课盐折银两，向系附入正课册内，一并造册题销。嗣因同治四年闽盐改行票运，将应征正、溢课银两改为课、耗、厘三项征收，归于票运专案造册奏销，所有各县场应征坵折银两，自同治五年为始，另造已、未完数册，附入票运，随案咨部开参。旋准户部议覆，查商、灶两课同系奏销正款，各省灶课均系按年造册题报，今闽盐商课改行票运，灶课银两仍应专案造册奏销。且州县等官经征正项盐课钱粮未完，例应查取分数职名，随本题参，未便仅行咨参，致紊旧章。饬将此后各该县场每年坵折银两，即自下届为始，专案造册题报。如有未完，照例随本题参，以重正款等因。行知遵照。适值六届票运业已具详，改题不及，所有同治八年分坵折银两暂行咨参，俟造报七届票运奏销时，汇案另行造册题销。经前兼署督臣文煜咨准户部咨覆，以该省票运奏销限期系属递年接算，此项坵折向以全年限期考核，与票运接算者不同，是以议令专案题报，应饬盐道将每年应征坵折银两并经征各员考成例限，仍以全年分别起止月日，另开册报，专案具题，庶免牵混等因。转饬遵照办理。嗣奉上谕:“嗣后除贺本仍照常恭进外,所有缺分题本及向来专系具题之件,均着改题为奏。其馀各项本章,即行一律删除。”等因。钦此。转行钦遵办理各在案。现准户部咨,嗣后该省坵折奏销,应令遵照新章具奏,并将未完不及一分各员列入未完一分以上各员案内,一并奏报,毋庸分办,以归简易等因。复经转行遵照办理。

兹据福建盐法道鹿学良详称,查得闽省福、兴、泉、漳四府属各县场同知、通判、县丞应征坵课盐折,向系附入正课奏销册内,汇同官、商两帮正课银两,一并造册奏销。所有光绪二十八年分原额应征正课、坵课、盐菜、盐斤、公费等款银一十六万八千四百八十九两二钱三分八厘八毫,内除官、商两帮共应征正额课费银一十五万三千九百二十九两九钱四分八厘,现行票运改为课、耗、厘三项全数征完,已归票运奏销入册造报除外,尚应征光绪二十八年分闽省各县场同知、通判、县丞额征坵课盐折等银一万四千五百五十九两四钱六分九厘八毫,已征完银八千三百一两一钱四厘九毫,内已入三十七届票运带征册报收银一千一百五两七钱一分二厘五毫,现应归三十八届票运奏销册内另款报收银七千一百九十五两三钱九分二厘四毫,尚未完银六千二百五十八两三钱六分四厘九毫。其征收解存各数目归入三十八届票运奏销造报外,合将光绪二十八年分闽省各县场额征坵折银两已、未完数目造册,详请奏咨,并将督征、经征、经接征各县场同知、通判、县丞已未完分数职名,于册内分晰开参。

所有督征、经征、经接征未完各职名,系前任闽浙总督许应骙,现任福建盐法道鹿学良,前署福州府事候补知府程祖福,前署福清县事分缺间知县何建忠,前署兴化府事本任邵武府知府玉贵,前署莆田县事候补班前知县蒋唐祐，前兼署莆田县事、兴粮通判杨万清，前代理莆田县事、本任光泽县知县刘锡渠，前任泉州府知府万本敦，前署晋江县事分缺先知县章景枫，前代理晋江县事府委捐升知县张望墀，前代理晋江县事试用知县罗汝泽，前署惠安县事试用知县张庭桢，前兼理惠安县事、前署晋江县知县章景枫，前署惠安县事试用知县原鸿逵，前署同安县事试用知县黄逢年，前署同安县事候补尽先知县成心中，现任马家巷通判余振芳，前署金门县丞事尽先县丞李庆扬，前署莲河场大使事候补盐大使邓祖培，各职名一并开报察核奏咨。

至前任闽浙总督许应骙于光绪二十九年三月二十二日卸事；前署福州府事候补知府程祖福于光绪二十八年八月十七日卸事；前署福清县事分缺间知县何建忠于光绪二十九年闰五月二十二日卸事；前署兴化府事、本任邵武府知府玉贵于光绪二十八年八月初八日卸事；续经调补福州府知府、前署莆田县事候补班前知县蒋唐祐于光绪二十八年二月初四日卸事，旋因另案查参革职；前兼署莆田县事、兴粮通判杨万清于光绪二十八年三月二十五日卸事；前任泉州府知府万本敦于光绪二十八年十一月十四日在任病故；前署晋江县事分缺先知县章景枫于光绪二十八年五月十二日卸事；前代理晋江县事府委捐升知县张望墀于光绪二十八年八月初五日卸事；前代理晋江县事试用知县罗汝泽旋于光绪二十八年十月二十九日卸事；前署惠安县事试用知县张庭桢于光绪二十八年四月二十日卸事；前兼理惠安县事前署晋江县知县章景枫于光绪二十八年五月十二日卸事；前署同安县事试用知县黄逢年于光绪二十八年四月十一日卸事；前署同安县事候补尽先知县成心中于光绪二十九年二月初二日卸事；前署金门县丞事尽先县丞李庆扬光绪二十八年二月初八日卸事；前署莲河场大使事候补盐大使邓祖培于光绪二十八年五月十二日卸事。

再，查前项坵折银两按年于奏销后，均经委解清楚。所有征收解存各数目，虽归票运册内汇案造报，均系另款列入，并无牵混等情前来。臣覆核无异，除将清册分送部科外，谨恭折具奏，伏乞皇太后、皇上圣鉴，敕部议覆施行。至此案册籍，该道鹿学良于限内造送，因册造数目舛错，驳饬查改，是以奏报稍迟，合并陈明。谨奏。光绪三十年二月二十四日。

朱批："户部知道。"

《光绪朝朱批奏折》第 76 辑，第 382—385 页

889. 奏报福建筹解本年二月新定偿款银数日期片

光绪三十年二月二十四日(1904 年 4 月 9 日)

再，准部咨，新定偿款摊派福建省岁解银八十万两。并钦奉谕旨："各该省前次指派之款，应即按月分匀，赶紧筹措，先期解交上海道转付。"等因。钦此。业经按月筹解至本年正月第三年第二期，分匀如数，汇解上海道查收清楚，先后奏咨在案。兹光绪三十年二月应解第三年第三期前项库平纹银六万六千六百七十两，除奉户部议准，将闽海关药厘由税务司径拨汇解银二万两外，实尚应解库平纹银四万六千六百七十两。现于司道局库筹集如数，于本年二月十三日交号商领汇，定限二月二十日以前解交江海关道查收汇付。至号商汇费银一千五百八十六两七钱八分及药厘拨抵银两应需汇费，仍请随正支给。据福建财政局司道会同藩臬两司、粮盐二道详请奏咨前来。臣覆核无异，除给咨批解，并分咨外务部、

户部查照外,谨附片具奏,伏乞圣鉴。谨奏。

朱批:"该部知道。"

《光绪朝朱批奏折》第84辑,第254—255页

890. 奏报福建汇解光绪三十年第一批盐课京饷折

光绪三十年二月二十四日(1904年4月9日)

署理闽浙总督、江西巡抚臣李兴锐跪奏,为汇解盐课京饷,恭折仰祈圣鉴事。

窃准部咨,奉拨光绪三十年京饷内福建盐课银一十五万两,行令照限批解等因。兹据福建盐法道鹿学良筹银五万两,作为三十年第一批京饷,查照闽海关将军衙门批解京饷成案,饬令号商汇解,赴部投纳,毋庸委员,以归简易,详请奏咨前来。除咨部查照外,理合恭折具陈,伏乞皇太后、皇上圣鉴,敕部查照施行。谨奏。光绪三十年二月二十四日。

朱批:"户部知道。"

《光绪朝朱批奏折》第89辑,第937页

891. 奏报福建省光绪三十年正月分晴雨粮价情形折附清单

光绪三十年二月二十四日(1904年4月9日)

署理闽浙总督、江西巡抚臣李兴锐跪奏,为恭报晴雨、粮价情形,仰祈圣鉴事。

窃查福建省城光绪三十年正月分得雨十七次,省外各属禀报

略同。通省粮价间有增减，现在二麦扬花，民情安谧。据福建藩司周莲具详前来。谨缮清单，恭折具陈，伏乞皇太后、皇上圣鉴。谨奏。光绪三十年二月二十四日。

朱批："知道了。"

清单

谨将福建省九府二州属光绪三十年正月分米粮价值缮具清单，恭呈御览。

谨开：

福州府属

上米每仓石价银三两至三两七钱，较上月增一钱。中米每仓石价银二两六钱至三两六钱，较上月增一钱。下米每仓石价银二两三钱至三两五钱，较上月增一钱。

兴化府属

上米每仓石价银三两六钱至三两七钱，与上月同。中米每仓石价银三两五钱至三两六钱，与上月同。下米每仓石价银三两四钱至三两五钱，与上月同。

泉州府属

上米每仓石价银三两二钱至四两三钱，与上月同。中米每仓石价银三两一钱至四两一钱六分，较上月增一钱六分。下米每仓石价银三两至四两九分，较上月增三钱八分。

漳州府属

上米每仓石价银二两八钱至三两六钱，较上月增一钱。中米每仓石价银二两七钱至三两五钱，较上月增一钱。下米每仓石价银二两六钱至三两四钱，较上月增一钱。

延平府属

上米每仓石价银二两八钱六分至四两二钱四分,较上月增四钱四分。中米每仓石价银二两七钱至四两一钱八分,较上月增四钱七分。下米每仓石价银二两五钱至四两一钱一分,较上月增五钱一分。

建宁府属

上米每仓石价银二两四钱二分至三两八钱,与上月同。中米每仓石价银二两二钱五分至三两七钱,与上月同。下米每仓石价银二两一钱二分至三两六钱,与上月同。

邵武府属

上米每仓石价银二两至二两九钱,与上月同。中米每仓石价银一两九钱至二两八钱,与上月同。下米每仓石价银一两八钱至二两七钱,与上月同。

汀州府属

上米每仓石价银二两四钱至三两七钱五分,较上月减六钱五分。中米每仓石价银二两三钱至三两六钱五分,较上月减五钱五分。下米每仓石价银二两二钱至三两五钱五分,较上月减四钱五分。

福宁府属

上米每仓石价银二两二钱至三两二钱五分,与上月同。中米每仓石价银二两一钱至三两一钱五分,与上月同。下米每仓石价银二两至三两五分,与上月同。

永春州属

上米每仓石价银二两八钱至四两二钱,较上月增二钱。中米每仓石价银二两六钱至四两一钱,较上月增二钱。下米每仓石价银二两四钱至四两,较上月增二钱。

龙岩州属

上米每仓石价银三两一钱至四两八钱,与上月同。中米每仓石价银三两至四两七钱,与上月同。下米每仓石价银二两九钱至四两六钱,与上月同。

朱批:"览。"

正折据《光绪朝朱批奏折》第97辑,第280页;清单据台北故宫博物院藏"军机处档折件"附件,文献编号:159432

892. 遵旨查明闽省存储枪炮据实覆陈折附清单

光绪三十年三月十八日(1904年5月3日)

福州将军臣宗室崇善,署理闽浙总督、江西巡抚臣李兴锐跪奏,为遵旨查明闽省存储枪炮,据实覆陈,恭折仰祈圣鉴事。

窃臣等于光绪三十年正月三十日承准军机大臣字寄,光绪三十年正月初八日奉上谕:"有人奏闽省存储枪炮,前后奏报悬殊,请饬确查等语。购储军械,关系紧要,岂容虚糜款项?着崇善、李兴锐将所指各节情弊,会同认真详细查明,据实覆奏,毋稍回护。原折着钞给阅看。将此谕令知之。"钦此。寄信前来。仰见圣主慎重军储,循名核实。臣等伏读之下,钦悚莫名。

伏查臣崇善于上年闰五月间,因前督臣许应骙奏明订购制造无烟药机器一事,系在许应骙临交卸之时,倒填月日奏咨,任用非人,徒滋糜费,奏请饬令许应骙将原经手之分省补用知府彭思桂送交来闽,责成商退。原折内声明,除各营台原配操防领用炮械不计,共存省城军装局大小新旧前后膛快炮二千四百零二尊、炮子三万八千五百八十颗，各式前后膛快枪二万六千九百四十三杆、枪子一千零六十二万一千四百六十一粒，缓急足资应付，似可毋庸添购。在臣愚见，实因闽省库空如洗，近年筹解各国赔款，早已罗掘俱穷，当时并无重大海防军务，又在未拨广西军械之前，用以捍御，正自足恃。且前督臣许应骙甫经订购克虏伯过山快炮六尊，又炮台标练打靶之函炮二十三尊、智利枪四百杆并配子药已耗去四十一万马克，其中不无糜费，万难不加撙节，无非为慎重库帑起见。随后经广西借拨毛瑟、黎意等枪二千杆，情形自又不同。

臣兴锐于上年十月初四日到任，即经臣崇善将前情详晰告知，并以管理、制造、购办军火未能得人，须加整顿，彼此和衷商酌。臣兴锐当即另行遴委明习军械学之员管理制造、军装各局事务，一面将前办不力之降补守备赖文华、参将赖望云及分省知府彭思桂归入甄别案内奏参革职，并将各项军械委员查点，所有省局存储大小新旧前后膛快炮、枪枝，悉与臣崇善原奏数目相符。惟泰西各国讲求枪炮之学，日异月新，自前膛而改为后膛，自光膛而改为来复线膛，炮则始用药包，而后改拉火铜管、拉火螺丝及引火电线，枪则始用纸壳，而后改为铜壳，始用单响及八九响，而后改为五子排装，又由大口径而后改为小口径，出一新式，则旧者皆成废物，势所必然。故臣于奏报设立军政局折内，有“多属旧日废坏，为各国所弃而不用”之语。然若如言官所参，谓前此闽省购买军火之案，尽属虚报滥收，则历年既久，各军火屡经发交营台，用毕缴回，固不能执后来新式之器，而诋旧日购制者为虚糜。间有近年本省制造局仿造枪炮，责其讲求未善，固不容辞，谓其有心舞弊，亦难折服。所有从前监制之降补守备赖文华既经参劾，似更可毋庸再加深究。至臣兴锐前奏拟添购快枪一二千枝，诚以近日时局危迫，非练兵不能自强,南、北洋各省因练新军而购新器者,均纷纷奏报有案。若如言官所参,谓臣之所请,为开销款项之计,臣独何心,而不肖至此!况枪尚未购,自在圣明洞鉴之中。然臣但请购枪而不及炮者,亦未始不因库款艰难,枝枝节节而为之。若以新练常备军制而论,一炮营最少须得快炮十八尊,现在除前督臣许应骙购致克虏伯七生的过山快炮六尊,又旧有费开士炮六尊,勉强凑用,实尚不敷。苟使有款可筹,臣仍不敢不力为购办,以仰副朝廷整军经武、力图自强之至意。

所有闽省军装局原存枪炮,现经臣等会商,札委协领明玉、补用道孙道仁、补用知县丁惠钊,按照臣等上年奏报所据之省局枪炮底册,逐一查点,开列清单,并将口径大小及堪用、不堪用之处详为注明,恭呈御览。惟查闽省经理军械,往往不得其人,于泰西枪炮名式,未能细加分别,无论洋制、土制,悉以快枪、快炮目之,或于抬枪亦目为抬炮,均在所不免。臣等此次清单所开枪炮数目,系据前善后局旧册相沿名称,以符原案。

所有臣等查明原奏枪炮数目,并无悬殊,及业经将经管、制造及购办军火不得力之员另案参劾缘由,理合合词恭折具陈,伏乞皇太后、皇上圣鉴训示。谨奏。光绪三十年三月十八日。

朱批:“知道了。”

清单一

谨将委员点验闽省军装局现存各式前后膛及快枪分别缮具清单,恭呈御览。

谨开:

闽省局造智利快枪一百杆,已革守备赖文华经手制造。口径大七米里,全身长一百二十二生的半,管长七十六生的。表尺长方形呆码,三百密达起,线牌二千密达止。重八磅半,连刺刀重九磅半。五子排装。

一千八百八十二年毛瑟枪十一杆。口径大十一米里,全身长一百二十九生的,管长八十生的,无刺刀。表尺长方式,自二百密达起,至一千六百密达止。重十磅。单子装放。查此枪完好者三杆,枪机锈涩者六杆,无螺丝者一杆,无通条者一杆。

一千八百六十八年毛瑟枪二杆。口径大十一米里,全身长一百三十生的,管长六十五生的,无刺刀。表尺长方式,自三百五十密达至二千密达。重九磅半。单子装放。查此枪完好者一杆,机镄无力者一杆。

一千八百六十六年毛瑟枪五十八杆。口径大十一米里,全身长一百三十生的,管长八十生的,刺刀不全。表尺长方式,自三百五十密达至一千六百密达。重八磅半。单子装放。查此枪擦洗可用者四十六杆,锈涩可修者十二杆。

一千八百六十四年毛瑟枪四十九杆。口径大十五米里,全身长一百三十四生的,管长六十五生的。表尺长方式,自三百五十密达至一千六百密达。重九磅半。单子装放。查此枪擦洗可用者六杆,表尺损坏者四杆,机纽失落者二杆,撞针镄坏者九杆,枪托底坏者一杆,锈涩者二十六杆,枪机均坏者一杆。

一千八百七十四年伊亨尼毛瑟枪十二杆。口径大十一米里半,全身长一百一十七生的,管长七十生的,无刺刀。表尺长方式,自二百码至一千码止。重八磅。单子装放。查此枪完好者五杆,机件锈涩者七杆。

闽省局造毛瑟枪一百六十六杆,已革守备赖文华仿老毛瑟枪新造。口径大十一米里,全身长一百四十二生的,管长九十二生的。刺刀无,枪上亦无安刺刀所在。单子装放。查此枪完好者三十六杆,油腻锈涩者一百二十九杆,无枪星者一杆。废坏毛瑟枪十九杆。

改短毛瑟枪一百杆。口径大十一米里,全身计长九十八生的,管长五十生的。刺刀无,安刺刀之地位亦截去。表尺长方式,自二百五十密达至一千六百密达。重八磅。单子装放。查此项改短毛瑟枪完好者六十杆,无机镄者十三杆,锈涩者二十七杆。

一千八百七十九年老黎意快枪四百零四杆,美国利名登厂制。口径大十一米里,全身长一百三十一生的,管长八十一生的半。表尺梯级形,自一百码至五百码止,线牌自六百码起至一千二百码止,极远界一千四百码。重九磅,连刺刀重十磅。五子排装。查此枪完好者二百十七杆,机松油涩者一百八十五杆,无通条者一杆,不堪修理者一杆。

短黎意枪四百七十八杆,美国利名登厂制。口径大十一米里,全身长一百二十生的,管长八十一生的。表尺梯级形,自一百码起至五百码止,线牌自六百码起至一千二百码止,极远界一千四百码。重八磅半,连刺刀重十磅半。五子排装。查此枪完好者三百八十杆,镄松者四十八杆,锈涩者四十四杆,镄断者三杆,无通条者二杆,板机镄断者一杆。

一千八百六十八年林明登枪二千二百九十杆,美国利名登厂制。口径大十二米里,全身长一百二十八生的,管长八十九生的半。表尺梯级形,自一百码起至四百码止,线牌自五百码起至一千一百码止,极远界一千二百码。重九磅,连刺刀重十磅半。单子装放。查此枪完好者一千八百九十六杆,表尺坏者四十一杆,枪机油涩者一百三十八杆,激机无力者一百五十二杆,档机镄断者六杆,撞针镄断者二十一杆,无退子钩者六杆,无枪星者二杆,枪星、表尺俱无者一杆,无管机螺丝垫者一杆,无通条者三杆,通条断者二杆,枪托坏者一杆,锈坏不堪修理者二十杆。

北洋老利名登枪五百九十五杆,仿美国一千八百六十四年利名登式制。口径大十五米里,全身长一百四十生的,管长一百生的。表尺长方形,呆码一百码、小活码三百码、大活码五百码,无线牌。重九磅,连刺刀重九磅半。查此枪并无子弹,口径太大,不能与别项子弹通用。其枪完好者一百七十五杆,锈涩者四百零一杆,机镄无力者十九杆。

南洋林名登枪一千四百八十九杆,江南局仿一千八百六十六年林名登式制。口径大十二米里,全身长一百二十八生的,管长八十九生的半。表尺梯级形,自一百码至四百码,线牌自五百码至一千一百码,极远界一千二百码。重九磅半,连刺刀重十一磅半。单子装放。查此枪完好者一千一百二十二杆,枪机锈涩者一百八十二杆,撞针镄断者四十八杆,无表尺者七杆,激机无力者十七杆,表尺损坏者九十一杆,撞针断者四杆,退子钩断者四杆,无管机螺丝者一杆,无通条者七杆,通条断者六杆。

闽省局制利名登枪二百杆,已革守备赖文华经手新制。口径大十一米里,全身长一百三十二生的,管长九十四生的。无刺刀,枪上亦无安刺刀处所。表尺梯级形,无字,莫知远数。重九磅。单子装放。查此枪完好者一百六十一杆,机件油干者三十一杆,激机无力者二杆,无退子钩者一杆,无通条者二杆,无机轴者二杆,无铜包头者一杆。

土造利名登枪一百十一杆。查此枪仿南洋利名登式造,表尺、尾刀等件不甚全备,锈坏又甚,颇难修理,不足备用。

新旧马梯尼枪七百四十七杆,英国司达尔厂于西历一千八百七十五至八十等年造。口径大十一米里半,全身长一百二十六生的,管长八十四生的半。表尺梯级形,自一百码起至四百码止,线牌自五百码起至一千三百码止,极远界一千四百码。重八磅半,连刺刀重十磅。单子装放。查此枪分新旧两种,新者一百三十八杆,内完好者三杆,机子油干者一百三十五杆;旧者六百零九杆,内完好者二百八十六杆,机件不甚灵者三百十九杆,通条断者三杆,枪星坏者一杆。

马梯尼马枪一杆。查此枪与前项马梯同式,惟枪管较短,委系马枪,故另列一项。哈乞开思枪一百七十四杆,美国温者斯厂于一千八百八十三年造。口径大十一米里半,全身长一百二十二生的,管长七十二生的。表尺梯级形,自一百码至五百码,线牌自六百码至一千码,极远界一千二百码。重九磅半,连刺刀重十磅半。七子连发。查此枪完好者一百七杆,机件不灵者五十九杆,无顶子镄者四杆,无退子钩者二杆,机件剥落不全者二杆。

罗福枪二百八十六杆,美国普鲁哔腾厂于一千八百六十二年造。口径大十一米里半,全身长一百三十生的,管长九十生的。表尺梯级形,亦有三角形者,梯级自一百码至四百码,线牌自五百码至一千二百码,极远界一千五百码。重九磅,连刺刀重十磅。查此枪完好者一百四十七杆,机件不灵者一百二十九杆,无通条者九杆,不同式者一杆。

加世伦马枪一百二十九杆,英国一千八百六十一年式,而一千八百六十二年所造。口径大十五米里,全身长九十八生的,管长五十八生的。表尺长方式,自一百码至五百码止。重六磅。单子装放。查此枪完好者三十八杆，机件锈涩者八十七杆，无表尺者三杆，无激机者一杆。

波斯特麦司马枪七十一杆，英国斯彭襄厂于一千八百六十年所造。口径大十三米里，全身长九十生的，管长五十六生的。表尺长方式，自一百码至八百码。重九磅。七子连发，装于枪腿。查此枪完好者三十八杆，机件锈涩不灵者二十一杆，无退子片者五杆，无表尺者一杆，机镄松者六杆。

土造波斯特麦司马枪四杆。查此枪系仿英国一千八百六十年波斯特麦司马枪式，四杆均完好，惟锈涩。

咖拉加马枪二十杆，英国乌利春厂于一千八百六十年所造。口径大十三米里，全身长九十九生的，管长五十六生的。表尺长方形，分一百码、三百码、五百码三层。重七磅半。单子装放。查此枪完好者十二杆，机件锈涩者八杆。

罗伦司马枪十一杆，美国赫波厂于一千八百五十九年所造。口径大十三米里，全身长九十九生的，管长五十六生的。表尺长方式，自一百码至八百码止。重七磅半。单子装放。查此枪完好者八杆，机件不灵者三杆。

土造罗伦司马枪二杆。查此枪仿美国一千八百五十九年罗伦司马枪式。

二十六响枪五杆，何国、何厂、年号均无考。口径大十一米里，全身长一密达二十一生的，管长八十三生的。表尺长方式，无字。重九磅。装放二十六子。查此枪机件不灵者四杆，表尺坏者一杆。

法国刺腔枪五千零三十九杆，年号无考。口径大十九米里，全身长一百二十四生的，管长七十七生的。表尺长方形，自二百密达至五百密达。重八磅半，连刺刀九磅半。单子装放。查此枪系前膛所改,口径极大,枪管甚薄,后膛走烟,不堪修用,亦无子可配。

后膛针枪六十五杆,无年号、厂名可查。口径大十四米里,全身长一百三十三生的,管长九十生的,无刺刀。表尺长方式,自二百码至八百码止。重十磅。单子装放,子弹用纸筒。

一千八百六十二年温妥枪六十三杆。口径大十六米里,全身长一百三十六生的,管长八十生的,无刺刀。表尺长方形,自二百码至八百码止。重十磅半。单子装放,子弹用纸筒。

笠时枪二百四十一杆。口径大十五米里,全身长一百四十生的,管长九十六生的,无刺刀。表尺长方式,自一百码至三百、五百码。重八磅。单子装放。查此枪无子弹。

巴伦枪六十杆,无厂名、年号可查。口径大十二米里,全身长一百二十八生的,管长八十三生的,刺刀无。表尺长方形,自二百码至五百码。重八磅。单子装放。查此枪无子弹。

三满枪九十九杆,无厂名、年号可查。口径大十五米里,全身长一百二十生的,管长八十三生的,无刺刀。表尺长方式,自二百码至八百码。重九磅半。单子装放。

一千八百六十八年司密德枪十一杆。口径大十五米里,全身长一百二十五生的,管长九十八生的,刺刀无。表尺长方式,线牌远界一千二百码,极远界一千四百码。重八磅半。单子装放。查此枪与上三满枪均无子弹,又锈蚀不堪修用。

洋标枪四十九杆,无厂名、年号可查。口径大十一米里,全身长一百三十生的,管长八十二生的,无刺刀。表尺远界一千一百码。重八磅半。单子装放。查此枪锈涩已甚,子弹系用纸壳。

土造十三响云者斯枪一杆。口径大十一米里,全身长一百十一生的,管长六十生的,无刺刀。表尺长方式,无字码,莫究远界。

重八磅。十三子连装，位于枪托之下。

英国毕叟枪一杆。口径大十五米里，全身长一百零五生的，管长五十五生的，无刺刀。表尺梯级形，自一百码至六百码。重七磅半。单子装放。

土造后膛枪二杆。口径大十五米里，全身长一百十生的，管长七十五生的半，无刺刀。表尺长方形，无字码重六磅半。单子装放。

土造七响洋枪二十杆。此项系同治九年制造未完之件。

局造后膛枪十杆。此项种类不一，锈坏不堪，颇难修用。

大号圆筒后膛手枪三十五把。口径大十一米里，管长十五生的半。

大号八角筒手枪五十七把。口径大十一米里，管长十五生的半。

中号八角筒后膛手枪二把。口径大十米里，管长十二生的。

小号圆筒后膛手枪三把。口径大十米里半，管长五生的半，内有一杆长七生的半。

小号八角筒后膛手枪三把。口径大六米里半，管长八生的。

以上大小手枪共计一百把，均系莲蓬膛式，完好、生锈，擦洗可用。

后膛抬枪一杆。口径大二十米里，全身长一百六十九生的，管长一百八生的。表尺无。单子装放。

双管前膛马枪二十四杆。口径大十五米里，全身长一百二十四生的，管长八十二生的。表尺无。查此枪机件不全，木托蚀坏。

光身铜帽洋线枪二百九十九杆，内二十五杆破坏。口径大十五米里，枪身长一密达七生的。重十六磅。

光身线枪四十六杆,内十二杆破坏。口径大二十二米里,身长一密达八十八生的。重二十二磅,内有轻至十六磅者。

改整洋线枪一百九十杆,内二十杆破坏。口径大二十二米里,身长一密达九十三生的。重二十二磅半。

加长洋线枪三百二十一杆,内破坏十五杆。口径大二十二米里,枪身长两密达六生的。重三十五磅半。

旧洋线枪二百五十九杆,内十五杆无机件,馀亦未完好。口径大十一米里,身长二密达三生的。重六磅半。

洋线枪九十杆,内有三四成破坏。

闽军抬枪六十二杆,内有三四成破坏。

前膛枪六千八百八十九杆,此枪刺刀不全,枪枝半已损坏。

旧坏前膛枪二千零六十三杆,内有千馀杆尚堪修理。

闽军鸟枪七百七十杆,锈坏不堪。

鸟枪二百四十八杆,由兴化缴存,破坏不全。

大号双管前膛手枪二十八杆,尚完好,惟生锈。

小号双管前膛手枪一百三十六杆,尚完好,惟生锈。

大号单管前膛手枪三十五把,霉烂不堪。

合计现存各项前后膛枪以及快枪共计二万四千七百五十七杆,较之臣崇善上年奏报总数少二千一百八十六杆,因已奏拨毛瑟枪一千杆、黎意枪一千杆赴广西省,并续发各营台一百八十六杆,合并声明。

朱批:"览。"

清单二

谨将委员点验闽省军装局现存大小新旧前后膛及快炮分晰缮

具简明清单,恭呈御览。

谨开:

双管格林炮二尊,美国格林厂制,年号无考。口径一尊大十一米里,一尊大十五米里。身长一尊九十三倍口径,有铜套;一尊八十三倍口径,无铜套。击远一千码,一尊表尺全,一尊表尺坏。炮架铁造,一尊三足俱全,一尊已废坏。

十管格林炮一尊,美国格林厂制,年号无考。口径大十一米里。身长七十五倍半口径。炮架、木轮、表尺已坏。

闽省局制飞捷快炮十二尊,已革守备赖文华经手制造,未注年号。口径均大四十八米里。身长均二十五倍口径。表尺八尊无字,长八格,计一百九十一米里;四尊有字,自一至二十止。炮闩长方式横闩。炮架全。

闽省局制费开士十二磅半子快炮二尊,已革守备赖文华于光绪二十八年经手制造。口径均大七十五米里。身长均十二倍口径。表尺四千度。螺丝、炮闩、炮架全。

闽省局制"福"字号后膛炮二尊,局员谢培清于光绪二十五年经手制造。口径一尊大七十三米里,一尊大七十八米里。身长一尊三十倍口径,一尊二十八倍口径。表尺数目十二格,每格分六小格,横表左右各三分。螺丝、炮闩、木架、铁轮。查此二炮均无弹子。

后膛旧车轮炮五尊,厂制、年号均不可考。口径一尊大九十米里,两尊均大八十二米里,一尊大八十八米里,一尊大八十五米里。身长一尊二十三倍口径,两尊均二十倍口径,一尊二十一倍口径,一尊二十二倍口径。查以上五炮车架零落,炮身锈坏,机件不全。

后膛旧车轮炮二尊,西历一千八百七十三年造。口径均大六十八米里。身长均一十六倍半口径。表尺自七度至一度。炮闩长方式。轮架全。查此炮亦无子弹相配。

仿制克虏伯式炮五尊，系意生厂于西历一千八百七十七年造。口径均大八十三米里。身长均二十三倍半口径。表尺无，炮架全坏，炮闩、机件全失。

闽省局制升帽小快炮一尊，已革守备赖文华经手制造，未注年号。口径大四十四米里。身长四十三倍半口径。表尺自十度起至百六十度止。木架全。查此炮未配子弹。

船政厂制旧后膛架枪三杆，未注年号。口径大二十三米里。身长二密达又八十二生的。查此项系有架毛瑟式抬枪，已锈坏，无子弹。

象鼻后膛炮四尊，厂制、年号均无考。口径大四十米里。身长二十倍口径。表尺无，三足架完好。查此炮无子弹。

旧前膛车轮炮三尊，厂制、年号均无考。口径一尊大八十五米里，一尊大八十二米里，一尊大七十八米里。身长两尊二十倍口径，一尊十倍半口径。表尺均无，炮架不全，亦无子弹。

小铜炮三尊，厂制、年号无考。口径二尊均大八十八米里，一尊大四十三米里五。身长二尊均十倍口径，一尊二十五倍口径。光膛。查此炮机件不全，又无子弹。

车轮劈山炮一百七十八尊。以下十四种，均系土炮。

木扛劈山炮二百二十四尊。劈山小铜炮一尊。闽军劈山炮九尊。有架西瓜炮七十六尊。铁铸西瓜炮一百五十九尊。土铁炮一百四十七尊。伍子炮二十五尊。硼炮九尊。天门炮二百七十九尊。闽军抬炮一千一百五十四杆。楚军抬炮六十二杆。光身抬炮四杆。行营更炮五十尊。以上各项，均无局制、年号可查。

合计现存大小新旧前后膛及快炮共计二千四百二十二尊，较之臣崇善上年奏报总数多二十尊，系由各营台陆续缴回，合并注明。

朱批："览。"

正折据《光绪朝朱批奏折》第63辑，第288—290页；清单据台北故宫博物院藏"军机处档折件"附件，文献编号：159866

893. 在任候补知府吕渭英等员期满甄别均堪留闽序补片

光绪三十年三月二十一日（1904年5月6日）

再，劳绩、捐纳、大挑分发各员，自到省之日起，试用一年期满，例应详加甄别，历经遵办在案。兹福建在任候补知府福防同知吕渭英，试用通判金士俊，试用知县柏麟书、金炳南，先后试用期满，俱应甄别。据福建藩、臬两司会详前来。查该员吕渭英为守兼赡，有用之才，堪以知府留闽；金士俊稳慎朴实，言动不浮，堪以通判留闽；柏麟书精明浑厚，才堪任事，金炳南留心吏事，志趣端谨，均堪以知县留闽，分别按班序补。除履历咨部外，理合附片具陈，伏乞圣鉴。谨奏。

朱批："吏部知道。"

《光绪朝朱批奏折》第20辑，第105页

894. 奏报福建平潭同知骆腾衢丁忧日期片

光绪三十年三月二十一日（1904年5月6日）

再，福建平潭同知骆腾衢，浙江诸暨县举人，于光绪三十年正月十五日在省丁母忧。据福建藩司详请具奏前来。除分咨外，理合附片具陈，伏乞圣鉴，敕部开缺施行。至闽省选缺同知一项，上次云霄同知业经奉部以步翔藻铨选，兹所出平潭同知系第一留补之缺，现有应补人员，应请留闽，另行按班请补，合并陈明。谨奏。

朱批："吏部知道。"

《光绪朝朱批奏折》第20辑，第106页

895. 闽省官累民贫恳将奉派烟酒两税及酌提中饱之四十万两暂从宽免折

光绪三十年三月二十一日(1904年5月6日)

署理闽浙总督、江西巡抚臣李兴锐跪奏，为闽省官累民贫，难筹巨款，吁恳天恩，曲加体恤，免其加征提解，以励官常，以宽民力，恭折仰祈圣鉴事。

窃光绪二十九年十二月二十九日承准军机大臣字寄，十一月初六日奉上谕："百度之兴，端资经费。现值帑藏大绌，理财筹款，尤为救时急务。前经户部通行各省，整顿烟酒税，以济要需，乃报解之无多，实由稽征之不力。据直隶总督袁世凯奏报，直隶抽收烟酒两税，岁入银八十馀万两。即着钞录直隶现办章程，咨送各省，一体仿行，并量其省分之繁简，认定税额之多寡。福建每年应派三十万两。"等因。钦此。又同日奉上谕："查近年来银价低落，各省不甚悬殊，其向以制钱折征丁漕，各州县浮收甚多，而应征之房田税契，报解十不及一。着自光绪三十年始，责成各督抚将所属优差、优缺浮收款目澈底确查，酌提归公。各按省分派定额数，福建每年十万两。"等因。钦此。遵旨分别寄信前来。当即行司饬局，钦遵办理去后。

伏念近来时局阽危，非急图自强不能立国，而自强之要，如练兵、兴学，无一不须先筹巨款。即铁路、矿务及一切劝商惠工诸事，将来可指为生利之源者，目前举办，亦无一不须先筹巨款。是自强政策，尤以理财为下手要着，无可疑、无可缓者。臣自到闽后，察看福建吏民之疲困，财政之艰难，调查全省入款，合计地丁、税厘及一切杂捐不过二百馀万，历年度支本已不敷数十万两，庚子后增派各国赔款，多至八十万两。数巨期迫，前督臣督同司道筹商，万不得已，举办坐贾捐，责成郡县饬商认缴，当时约计应有二十馀万，而次年则已纷纷歇业，捐解不齐，且此中亦不免有近于苛细者。臣方期钦遵前奉谕旨，量予停免，冀纾商民之力，而苦于别无可以抵偿之款，寝馈为之不安。此次奉旨饬征烟酒两税，诚如圣谕，烟酒徒供嗜好，非生计所必需，虽多取之而不为虐，苟有可以榷税之策，何惜不为！无如闽省烟酒贸易，向无巨商大贾，向来每年征收烟厘不过三万馀两，光绪二十二年筹款案内已加征二成银六千馀两，上年办坐贾捐又约征银一万馀两，比较从前烟厘，已加至五成之多。其酒捐，亦于上年办坐贾捐始行专款抽收，岁得不过三万馀两，盖缘南方苦热，无须以酒御寒，闾阎向无烧锅之户，与直隶情形大不相同。小民间有家酿，既非商贩，更难从而苛敛之。即此三数万金，在他省似甚细微，而闽省已觉其繁重，若再于此两项加征至三十万两，无论商情困敝，力有未胜，即勉强摊派，而价值奇贵，商贩愈稀，恐并从前办定之款，亦不能稽征。泰西各国烟酒税，有征至数十倍者，然第严于入口，若出口之税，则未尝加重。中国若于内地烟酒重征以困之，将群趋而用洋产，则利源更多外溢。此烟酒两税已经加捐，实难再加之情形也。

闽省钱粮皆系地丁，并无漕米，民以银完，官以银解，非若漕米收钱解银者可比。闽省州县有经征兵米，从前以银折收，米价尚平，不无盈馀，及后米价日昂，即每有因兹赔备者。是近年银价之低落，于闽省钱粮实无出入。其经征数目，自同治五年前督臣左宗棠奏明厘定章程，出示勒石，而后浮收之弊概已剔除，且恐其入不敷出，随请将摊捐停止，陋规裁革，另筹提给公费，以杜官亏。左宗棠公忠体国，又值粤匪甫平，筹防善后需款孔亟之秋，其通盘筹画，良以弊窦既除，察吏之中，不能不寓恤吏之意也。自后光绪十九年、二十一年，又经两次奏销加额，凡无着之粮，州县皆须赔解，多者赔二三千两，少亦数百两，大都以所得平馀凑补足数。究其平馀，每两亦不过一二钱而止，繁缺额征三四万两者不过四五县，简缺则数千两者居多，核其平馀至多之县，亦不过五六千两，除赔奏销外，所馀均属无几。税契一项，闽省向章，均系实征实解，并无馀润可沾。自光绪二十三年加派额征，往往征不足数，尚须赔解。此则不特无益，且共以为累矣。至所谓优差，则惟关税、厘金两项，其最著名之差，不过四五处，岁馀五六千金、三四千金不等。近年库储空乏，出款浩繁，屡经酌加比较短绌，应行责赔或记过停委。自台湾外属，民生日形贫困，商务亦渐就衰，以故百货厘金，从前可收二百馀万两，近则仅收七十馀万两，茶叶税厘，从前可收一百馀万两，近则仅收三十馀万两。收数日少，而比较转加，候补各员，需次数年，方轮一差，而商税之衰旺既无把握，额定之比较必须赔足，已不免视为畏途。光绪二十六年，前督臣许应骙奏明移缓就急酌提归公案内，又将关税盈馀、厘金补水、盐课馀利向归官吏办公各局经费之款，统提出五万五千馀两，储备海防之用。是外销之款已裁节无遗，中饱之资复搜罗殆尽，若再于差缺中提集巨款，实亦无可下手之处。此差缺两项早经厘剔,委难提解之实在情形也。

当此时艰孔亟,拮据万分之时,属在臣民,天良具在,即令毁家纾难,亦分所应为。况臣受国厚恩,身膺重寄,兴利除弊,责有专归,更何敢有利不兴,隐欺君上,有弊不革,见好属员?只以民为邦本,安邦要道不外安民,而州县为亲民之官,必内顾无忧,而后可责之尽心民事,若必将纤微进款一律裁提,将自保身家尚恐不赡,奚暇顾民生之休戚?且自爱者恐亏空获咎,相率解组而归,而倒箧倾筐以奉之于公者,必敲筋炙髓而取偿于民,民困莫苏,民心即涣,后患将不忍言。臣上年奏设财政、商政各局,责成将一切出入款目、工商要务总而理之,无非欲以裕饷源而除积弊,将来如有成效可睹,自当将财政、商政增益之款随时尽数报解,断不敢稍存膜视。

所有现在奉派烟酒两税及酌提中饱之四十万两,既有万分困难情势,不敢不披沥上陈,惟有吁恳天恩,暂从宽免,以培元气而固民心,闽省幸甚!大局幸甚!谨缕晰具陈,伏乞皇太后、皇上圣鉴训示。谨奏。光绪三十年三月二十一日。

朱批:"户部议奏。"

《光绪朝朱批奏折》第69辑,第275—278页

896. 奏报盘查盐法道库征存银两折

光绪三十年三月二十一日(1904年5月6日)

署理闽浙总督、江西巡抚臣李兴锐跪奏,为盘查盐法道库征存银两,恭折仰祈圣鉴事。

窃照前准户部咨,钦奉上谕:"嗣后督抚于到任及奏销时,盘查司库,实力清查,并着于每年封印后亲赴藩库,将本年收支款项逐

一详查,取结送部。其有运库、河库地方,亦照此办理。”等因。钦此。转行钦遵办理在案。兹据福建盐法道鹿学良详称,查光绪二十九年年底例应盘查盐库,遵将自二十七年十一月十九日视事起,截至三十年正月二十二日堂期止,经收正杂盐课并票运课、耗、厘同接收前任流交存库银两,除支解外,实存银三十三万七千七百七十五两一钱七分五厘七毫七丝九忽八微三纤,委系实储,造具册结,详请具奏前来。臣覆查无异,除循例加结分送部科外,理合恭折具奏,伏乞皇太后、皇上圣鉴,敕部查照施行。谨奏。光绪三十年三月二十一日。

朱批:“户部知道。”

《光绪朝朱批奏折》第 84 辑,第 279 页

897. 已故前归化县知县张振寅短交银两请旨革职勒追片

光绪三十年三月二十一日(1904 年 5 月 6 日)

再,已故前归化县知县张振寅短交光绪二十九年地丁银二千四百六两零,又二十八、九两年各项捐款银七百三十二两零,节催未解,据福建藩司周莲会同臬司、督粮道转据该管道府揭请参追前来。相应请旨,将已故前归化县知县张振寅革职,勒限该家属如数完缴,倘再宕延或完不足数,即行从严追办。除咨部查照外,理合附片陈明,伏乞圣鉴。谨奏。

朱批:“着照所请,该部知道。”

《光绪朝朱批奏折》第 84 辑,第 280 页

898. 已故前署长乐县知县王叔谦短交钱粮请旨革职勒追片

光绪三十年三月二十一日(1904年5月6日)

再,已故前署长乐县知县王叔谦交代案内短交光绪二十九年分地丁耗羡米耗银二千八百六十五两零,又二十九年分税契银二百六十四两零,又各年粮米二百八十二石一斗零,又二十八、九两年粮、铺、贾各捐钱一千二百三十六千零,节催未解,据福建藩司周莲会同臬司、督粮道转据该管府揭请参追前来。相应请旨,将已故前署长乐县知县王叔谦革职,勒限该家属如数完缴,倘再有宕延或完不足数,即行从严追办。除咨部外,理合附片陈明,伏乞圣鉴。谨奏。

朱批:"着照所请,该部知道。"

《光绪朝朱批奏折》第84辑,第280页

899. 奏报福建筹解光绪三十年三月期俄法款银片

光绪三十年三月二十一日(1904年5月6日)

再,前准部咨,应还俄法、英德借款,福建按年拨银三十四万两等因。当即转饬司道局库,不拘何款,通力合筹,提由藩司按期拨解在案。嗣准部行,号商汇费,令照汇解关税、盐课等项开支,自应一律支办。兹届光绪三十年三月期,应解俄法两国本息银九万两,连同汇费银三千六十两,由司照数筹提,于本年二月二十八日发交号商,汇解江海关道兑收,以备汇付。据福建藩司周莲详请奏咨前来。除给咨批解,并咨部外,臣谨附片具陈,伏乞圣鉴。谨奏。

朱批:“该部知道。”

《光绪朝朱批奏折》第 84 辑,第 281 页

900. 奏报福建筹解本年三月新定偿款银数日期片

光绪三十年三月二十一日(1904 年 5 月 6 日)

再,准部咨,新定偿款摊派福建省岁解银八十万两。并钦奉谕旨:“各该省前次指派之款,应即按月分匀,赶紧筹措,先期解交上海道转付。”等因。钦此。业经按月筹解至本年二月第三年第三期,分匀如数,汇解上海道查收清楚,先后奏咨在案。兹光绪三十年三月应解第三年第四期前项库平纹银六万六千六百七十两,除奉户部议准,将闽海关药厘由税务司径拨汇解银二万两外,实尚应解库平纹银四万六千六百七十两。现于司道局库筹集如数,于本年三月初八日交号商领汇,定限三月十五日以前解交江海关道查收汇付。至号商汇费银一千五百八十六两七钱八分及药厘拨抵银两应需汇费,仍请随正支给。据福建财政局司道会同藩臬两司、粮盐二道详请奏咨前来。臣覆核无异,除给咨批解,并分咨外务部、户部查照外,谨附片具奏,伏乞圣鉴。谨奏。

朱批:“该部知道。”

《光绪朝朱批奏折》第 84 辑,第 281—282 页

901. 厘定闽省常备军制折附清单

光绪三十年三月二十二日(1904 年 5 月 7 日)

署理闽浙总督、江西巡抚臣李兴锐跪奏,为厘定闽省常备军

制，缮单恭折具陈，仰祈圣鉴事。

窃闽省军制，先经前督臣许应骙拟定，设立左右两镇，每镇统步队三标，一标三营，一营四队，另炮队一营、工程队一营、辎重队一营，合为一标，计两镇八标二十四营，兵额共六千人。请以向有之亲军福胜营编为左镇，驻扎省城，以福祥军编为右镇，驻扎长门，业经开单具奏。惟按照原议，即此常备一军，已岁需薪饷八十馀万两，尚有续备、巡警诸军不在其内，闽省一时无此饷力，未及举办。前兼署督臣崇善复于上年九月奏请，改为每镇统步队三标，每标三营，每营三队，凡步队九营，其左镇则兼统炮队一营、工程队一队，而无辎重队；右镇则但兼统炮队一营，并无工程队。计两镇共二十一营，连统领部属官弁，月需薪饷三万一千馀两，较之前督臣许应骙原奏，已节省其半。

臣到任更为检核，原定镇标营队名目，多采诸北洋军制，实可施行尽利，惟每营三队，每队三排，每排仅有正兵十六人，合计一营正兵不过一百四十四人，统两镇二十一营计之，不过三千零二十四人，而统领部属差弁则踵事增华，颇多冗滥。岁耗薪饷三四十万，而所得之正兵仅逾三千，岂不可惜！臣再四筹思，目前饷力不继，万难遽议增兵，惟有酌裁每镇所统之营，增加每队正兵之数，求合制度，徐图扩充，斯易措手。当就原定军制逐一酌核，拟定为每营三队，每队三排，每排二十四人，仍以一标分统步队三营，每镇则统领两标，另加炮队、工程队各一营，计左镇应统两标步队六营、炮队一营，右镇应统步队两标六营、工程队一营，合共两镇应存一十四营，共有正兵三千零二十四人。较之原立二十一营正兵之数，未裁一人，即正兵之饷、管带员弁之薪水亦未核减，惟于冗滥差弁大加裁汰。所有饷章、军制，谨另缮清单，恭呈御览。

𫍯较现定章程，每月应需薪饷二万三千九十两零二钱，与原章月需薪饷三万一千五两四钱相比，月可节省银七千九百一十五两二钱，每岁实可节省银九万四千馀两，盖尚未裁一正兵也。其炮队、工程队，原属行军最要者，现在仅拟设立一营，则因闽省现存过山快炮尚不足一营十八尊之数，而工程队须购致各式模范，设立讲堂教练，一营所需为数已巨，只可俟此两营炮兵、工程兵教练有成，再议加增。

臣查东西各国军制，大率一军必有一万二千馀人，或多至三万人。德制以一军统两镇，镇统两协，协统两标，标统三营，营统四队，队统三排，每排以四十二人起算。日本则以一师团统两旅团，一旅团统两联队，一联队统三大队，一大队统四中队，一中队统三小队，每一小队亦四十馀人起算。大抵日之一小队即德之一排，日之一中队即德之一队，日之一大队即德之一营，日之一联队即德之一标，一旅团即德之一镇，而师团即一军，中间省去两协，人数遂亦减其一半。北洋常备军，即仿德制为之。前督臣以一镇统三标，一标统三营，即仿日制为之。惟一营三队，一队三排，每排除正副头目外，仅得正兵十六人，较之德、日军制，均有未合。论操法，一营三队，尚可从之，而每排人数，则万无少至十六人之理。今为更定，以一镇统两标，一标统三营，与德制协统两标、标统三营，日制一旅团统两联队、一联队统三大队均相符合。其每排除排目外，设正兵二十四人，计得德、日之半数，将来饷力充裕，照此加倍募足，或更增一队，足成一营四队，则按之东西各国，更无不合。至营官之上，更设统师三四员，层层节制，事权不专属，则号令必多歧，原可不必效法。日之视德，已省去一协，今以一军分为两镇，而不别设全军总统，靡特省费，似亦寓有节度深意也。

至该军先经前督臣派委补用道孙道仁统领左镇，本任福宁镇总兵曹志忠统领右镇,上年曹志忠升任水师提督,后经臣札委孙道仁暂时兼统右镇,责成将两镇各标营简选得力将弁,按照新定军制一律改编,于光绪二十九年十二月三十日成军。并严定募格,将兵丁认真挑选,复饬设立随营学堂,教授弁兵,以期悉成劲旅。

所有此次新章,名为岁节饷银九万馀两,实则闽省库空如洗,本无专指之款可以留储,而现在常备军快炮固不足一营之用,即快枪亦仅有智利小口径数百杆,各营均以老式单响毛瑟充数,似此军械参差不一,又乏利器,虽有新军,亦无可供操练。臣之为此节饷之计,无非欲稍纾喘息,腾出饷力,以为购械之用。容俟筹有的款,能否将快枪、快炮添购足用,再另奏陈。

此外尚有续备军,经前督臣奏准分立中、左、右三军,每军四营,将福强、福锐、福毅各军编改,其巡警军则以绿营额兵改设。而福强各军从前编立时,即本有绿营、练兵羼杂其间,究竟以何军改作何营,一切制度办法均须熟筹;其绿营各有防汛,何者为要地,何者可裁汰,亦须通盘筹画,统容臣筹议拨定,另奏办理。

所有先将常备军编改缘由,除分咨政务处、练兵处、兵部、户部外,理合恭折具陈,伏乞皇太后、皇上圣鉴训示。谨奏。光绪三十年三月二十二日。

朱批:“该衙门知道,单并发。”

清单

谨将更订常备军左右两镇军制、饷章开具清单,恭呈御览。

谨开:

一队之制

队官一员,管辖三队,每月薪水、公费银二十八两。

队长二员,领一队排头、排尾;每员每月薪水、公费银一十五两,共三十两。

排目六名,每排二名,分领排头、排尾;每名饷银五两,共三十两。

正兵七十二名,每队分为三排,每排二十四名;每名饷银四两二钱,共三百零二两四钱。

火夫七名,每排二名,共六名,另一名供队官、队长、书识、护兵炊爨之用;每名饷银三两三钱,共二十三两一钱。

书识一名,每名饷银七两。

护兵三名,归哨官因公役使,此外正兵虽因公亦不得役使一人;每名饷银四两二钱,共一十二两六钱。向来护兵饷皆优于正兵,实不合理,正兵终日操练,其劳倍于护兵,他日临阵冲锋,尤视护兵为重,岂可转下于护兵?今改定护兵口粮与正兵一律,庶免相形见绌。

以上每队,自队官至护兵共九十二员名,每月薪饷银四百三十三两一钱。

一营之制

管带官一员,每月薪水银五十两、公费银八十两。

帮带官一员,专用学堂毕业生,责令教操,每月薪水银四十两。以上管带、帮带官,或兼设,或但用一员,均因时酌定。

队官三员,每月薪水、公费共八十四两。

队长六员,每月薪水公费共九十两。

排目十八名,每月饷银共九十两。

正兵二百一十六名,每月饷银共九百零七两二钱。

乐兵头目一名,每月饷银十两。

乐兵六名,每名月饷银五两,共三十两。

营官文案一员,每月薪水银十六两。营官设文案,不设书识,凡遇缮校本营公牍,可令队书分任之。

医官一员,每月薪水银十两。

营官护兵六名,归营官因公役使,每月饷银共二十五两二钱。

枪匠一名,每月饷银六两。

缝匠一名,每月饷银五两。

三队书识三名,每月饷银共二十一两。

三队护兵九名,每月饷银共三十七两八钱。

三队火夫二十一名,每月饷银共六十九两三钱。

营官火夫二名,凡营官、文案、医官、乐兵、护兵、枪匠、缝匠饮食,均令分司之,每月饷银共六两六钱。

以上自营官以至火夫,共二百九十七员名,共薪饷银一千五百七十八两一钱。无论步、炮、工程,均一律以此为准。惟炮营应另设拉炮马,需用马干另行核计。又每队配炮六尊,应分立六排,以正兵十二人为一排,今用过山快炮,有炮兵六人,足以装放,尚馀六人,留备轮流替代,而每排以一排目领之,数亦适合也。

一标之制

分统一员,自带本标第一营,所有该自带之营文案、护兵,均归任使,无庸另设。每月薪水、公费,除应得自带一营银一百三十两外,再加公费银五十两。

领步队三营,共员弁兵夫八百九十一员名,薪饷银共四千七百三十四两三钱。

一镇之制

统领一员,每月薪水银一百两、公费银二百两。

领两标，凡步队六营，共员弁兵夫一千七百八十二员名，连分统公费，共薪饷银九千五百一十八两六钱。

又左镇领炮队一营，右镇领工程队一营，均员弁兵夫二百九十七员名，薪饷银一千五百七十八两一钱。此炮营、工程营径隶统领，即可令左镇兼带炮营，右镇兼带工程营，以帮带官一员助其教操，不设管带。所有管带薪水应行停止，公费仍准支用。

文案兼参谋官一员，每月薪水银五十两。

支应官一员，每月薪水银二十四两。

管理军械官一员，每月薪水银二十四两。

护兵十二名，月饷共银五十两零四钱。

以上每镇统领两标、步队六营，又炮队、工程队一营，凡七营，连统领、文案、支应、管械、医官、护兵，共二千零九十五员名，每月薪饷银一万一千五百四十五两一钱。两镇共员弁兵夫四千一百九十员名，共薪饷二万三千零九十两零二钱。此外尚有全军需用军火擦洗、枪炮油纱经费及操衣、头巾、操靴等项，应照前定章程制发，随时造报，不在前项薪饷之内，合并声明。

朱批："览。"

正折据《光绪朝朱批奏折》第35辑，第225—228页；清单据台北故宫博物院藏"军机处档折件"附件，文献编号：159941

902. 奏请以余开新补授闽浙督标右营参将片

光绪三十年三月二十二日（1904年5月7日）

再，闽浙督标右营参将周友胜缘案革职，所遗该参将员缺系陆路部推之缺。准到兵部咨，新章第一轮第一缺，应用尽先人员，行令拣员请补等因。臣随于闽省尽先补用陆路参将各员内详加遴选,如名次在前之尽先参将陈尚志、陈顺理均久未在标,徐文庆已另折请补浙江宁海营参将,张兆连已保总兵,廖洪光、刘维兴均已病故,周起凤、刘忠樑、李开邦均于是缺人地不宜,俱未便迁就请补。惟查有花翎副将衔闽浙尽先补用陆路参将余开新,年五十八岁,湖北孝感县人。由武童随军剿匪著绩,递保花翎尽先补用游击,续于闽浙交界浦城县属土匪刘加幅滋事案内在事出力,保奖免补游击,以参将留闽浙尽先补用,并加副将衔,光绪二十七年八月二十二日奉朱批:"着照所请,该部知道。"钦此。旋经考验收标,咨部覆准,注册序补。该员谙练戎伍,驭下有法,于省会风土民情较为熟悉,以之请补是缺参将,堪期胜任,与例相符。

合无仰恳天恩,俯念闽浙督标右营参将员缺紧要,准以余开新补授,于营伍、地方均有裨益。如蒙俞允,容俟部覆到日,即行给咨送部引见,恭候钦定。除饬取履历随案咨部外,臣谨会同福建陆路提督臣黄少春合词附片具陈,伏乞圣鉴,敕部议覆施行。谨奏。

朱批:"兵部议奏。"

《光绪朝朱批奏折》第49辑,第268页

903. 委任余振芳署理归化县知县、吴保錞署理马巷通判片

光绪三十年三月二十二日(1904年5月7日)

再,代理福建归化县知县王乃钧丁忧遗缺,查有马巷通判余振芳,关心民瘼,堪以调署。递遗马巷通判缺,查有分缺间用通判吴保錞,堪以委署。据福建藩、臬两司会详前来。除咨部外,理合附

片具奏,伏乞圣鉴。谨奏。

朱批:"吏部知道。"

《光绪朝朱批奏折》第20辑,第110页

904.已故前寿宁县知县金文藻短交钱粮请旨革职勒追片

光绪三十年三月二十二日(1904年5月7日)

再,已故前寿宁县知县金文藻交代案内短交光绪二十九年分正款银九百三十五两零,又杂款银一十四两零,又粮米一十五石二斗零,节催未解,据福建藩司周莲会同臬司、督粮道转据该管府揭请参追前来。相应请旨,将已故前寿宁县知县金文藻革职,勒限该家属如数完缴,倘再有宕延或完不足数,即行从严追办。除咨部外,理合附片陈明,伏乞圣鉴。谨奏。

朱批:"着照所请,该部知道。"

《光绪朝朱批奏折》第84辑,第284页

905.奏报福建省光绪三十年二月分晴雨粮价情形折附清单

光绪三十年三月二十二日(1904年5月7日)

署理闽浙总督、江西巡抚臣李兴锐跪奏,为恭报晴雨、粮价情形,仰祈圣鉴事。

窃查福建省城光绪三十年二月分得雨九次,省外各属禀报略同。通省粮价间有增减,现在二麦结实,民情安谧。据福建藩司周莲具详前来。谨缮清单,恭折具陈,伏乞皇太后、皇上圣鉴。谨奏。

光绪三十年三月二十二日。

朱批:"知道了。"

清单

谨将福建省九府二州属光绪三十年二月分米粮价值缮具清单,恭呈御览。

谨开:

福州府属

上米每仓石价银三两至三两七钱,与上月同。中米每仓石价银二两六钱至三两六钱,与上月同。下米每仓石价银二两三钱至三两五钱,与上月同。

兴化府属

上米每仓石价银三两六钱至三两七钱,与上月同。中米每仓石价银三两五钱至三两六钱,与上月同。下米每仓石价银三两四钱至三两五钱,与上月同。

泉州府属

上米每仓石价银三两二钱至四两三钱,与上月同。中米每仓石价银三两一钱至四两,较上月减一钱六分。下米每仓石价银三两至三两七钱,较上月减三钱九分。

漳州府属

上米每仓石价银二两八钱至三两六钱,与上月同。中米每仓石价银二两七钱至三两五钱,与上月同。下米每仓石价银二两六钱至三两四钱,与上月同。

延平府属

上米每仓石价银二两八钱六分至四两二钱四分,与上月同。

中米每仓石价银二两七钱至四两一钱八分,与上月同。下米每仓石价银二两五钱至四两一钱一分,与上月同。

建宁府属

上米每仓石价银二两四钱二分至三两八钱,与上月同。中米每仓石价银二两二钱五分至三两七钱,与上月同。下米每仓石价银二两一钱二分至三两六钱,与上月同。

邵武府属

上米每仓石价银二两至二两九钱,与上月同。中米每仓石价银一两九钱至二两八钱,与上月同。下米每仓石价银一两八钱至二两七钱,与上月同。

汀州府属

上米每仓石价银二两四钱至四两六钱,较上月增八钱五分。中米每仓石价银二两三钱至四两四钱,较上月增七钱五分。下米每仓石价银二两二钱至四两二钱,较上月增六钱五分。

福宁府属

上米每仓石价银二两二钱至三两三钱五分,较上月增一钱。中米每仓石价银二两一钱至三两二钱五分,较上月增一钱。下米每仓石价银二两至三两一钱五分,较上月增一钱。

永春州属

上米每仓石价银二两八钱至四两二钱,与上月同。中米每仓石价银二两六钱至四两一钱,与上月同。下米每仓石价银二两四钱至四两,与上月同。

龙岩州属

上米每仓石价银三两一钱至四两八钱,与上月同。中米每仓石价银三两至四两七钱,与上月同。下米每仓石价银二两九钱至四两六钱,与上月同。

朱批:"览。"

正折据《光绪朝朱批奏折》第97辑,第297页;清单据台北故宫博物院藏"军机处档折件"附件,文献编号:159932

906. 审明福建命案窃案罪应绞候人犯摘由汇奏折

光绪三十年三月二十二日(1904年5月7日)

署理闽浙总督、江西巡抚臣李兴锐跪奏,为审明命案、窃案罪应绞候人犯,供招咨部,汇案恭折具陈,仰祈圣鉴事。

窃准刑部咨,寻常命盗死罪案件,由题改奏者,遵照光绪二十六年奏定章程,一律改为汇案具奏。罪应凌迟及斩、绞立决者为一项,罪应斩、绞监候者为一项,每次汇奏,备录供招,先行咨部查核等因。兹据福建臬司审解政和县命犯宋蕾年刀伤无服族人宋丰焕身死一案,又光泽县窃贼毕开花起意伙窃龚京生杂货店得赃一案,经臣提犯勘审,供认不讳,将宋蕾年依"同姓服尽亲属相殴至死,以凡论",斗杀律,拟绞监候,毕开花依"窃盗赃一百二十两以上"律,拟绞监候。恭逢光绪三十年正月十五日恩赦,该犯等事犯在正月初一日以前,查核部议条款,宋蕾年系在准免之列,应准援免,仍追埋银,给属具领,后再有犯,加等治罪;毕开花系准减,发极边充军,业将供勘咨部在案。理合摘由汇案具陈,伏乞皇太后、皇上圣鉴,敕部核覆施行。谨奏。光绪三十年三月二十二日。

朱批:"刑部议奏。"

《光绪朝朱批奏折》第108辑,第607—608页

中国近代人物文集丛书

李 兴 锐 集

二

汤 锐 整理

中 华 书 局

222. 江西筹饷新捐截数造报请奖折

光绪二十七年十月二十八日（1901年12月8日）

江西巡抚臣李兴锐跪奏，为江西筹饷新捐截数造报，恳恩奖叙，以昭激劝，恭折具奏，仰祈圣鉴事。

窃查光绪二十六年六月二十日奉上谕：“御史刘家模奏请劝捐助饷一折，着各督抚设法劝办，有能倡捐巨资者，奏请破格优奖，其馀按照海防捐例分别奖叙。”等因。钦此。经前抚臣松寿以江省防费军糈异常支绌，频年水旱工赈繁多，奏准将海防捐例分别减成，由司刊刻实收，凡四品以上实官暨各项班次花样照筹饷例四成实银核奖，五品以下三成核奖，知州、知县遇缺先花样八成核奖，所收捐银，以一半备候部拨，一半留济本省要需。今春议结上年教案，抚恤教民、赔修教堂，款无从出，复经臣电请军机大臣代奏，请将此项筹饷新捐全归外用，旋准回电，面奉谕旨允准。当即转饬各属实力劝募，并仿照秦、晋赈捐办法，派员赴闽、广、湘、鄂各省，分途劝办，业将第一次报捐实官、贡监造册请奖。嗣接部文，七月二十九日奉上谕：“嗣后无论何项事例，均不准报捐实官。自降旨之日起，即行永远停止，统限一个月内截数报部。”等因。钦此。即经臣转饬各属及各省劝办委员，一律停办。惟派往收捐各处，远近不一，且多有不通电之处，捐生履历一时万难齐集，不得已电商行在户部，请将造册限期予以展缓，随准覆电，准展两月等因。行司将近处送到册籍先行列为第二次，造册请奖，并将远处册籍未到，造报不及，及电商户部展限各缘由，附片陈明在案。兹据布政使张绍华催据各处将各捐生履历、副收先后寄到，共计实官、贡监二千二百二十九名，按照定章，折收实银一百五十一万七千四百一十七两六钱二分六厘，截数造册，列为第三次，详请奏咨请奖，并请将副收、履历咨送户部，暨分咨吏、兵部颁发执照来江转给等情前来。

臣查所捐银数及请叙实官，均与例章相符。近日各省类皆民穷财尽，加以顺、直、秦、晋、江南、湖北纷纷派员争相劝募，捐集尤为不易，臣所派闽、广委员，有便道驶赴南洋各岛劝令华商报效者，因此三卯截数，尚得百有馀万。此皆由朝廷深仁厚泽，浃髓沦肌，用使薄海臣民齐心效力，实非臣意料所及期者。江省历年帑藏空竭，早已入不敷出，本年办理教案，陡赔巨款，而举行新政，如学堂、练兵、通商、惠工诸事，无一不深烦擘画。臣现复奏明，疏浚鄱阳湖以防水患而振商务，正项钱粮、厘金既无从挹注，不得不藉外捐之款，以拯一时之急。况又奉派各国赔款，数重期迫，无论如何筹措，均有左支右绌之势。惟有吁恳天恩，俯念时事多艰，筹劝不易，饬部速行核覆，分别奖叙，以昭大信而济要需。

再，此案于光绪二十七年七月二十九日奉旨停捐，照例五日行文，按江省照限减半计算，扣至九月初四日作为接到部文日期，计钦限一月、展限两月，共三个月，扣至十二月初四日限满，兹于十月二十八日出奏，并未逾限，合并陈明。除将清册、副收送部查照外，理合恭折具陈，伏乞皇太后、皇上圣鉴训示。谨奏。光绪二十七年十月二十八日。

朱批：“户部议奏。”

《光绪朝朱批奏折》第62辑，第538—539页

223. 江西筹解甘肃光绪二十七年新饷第四批银两片

光绪二十七年十月二十八日(1901年12月8日)

再,查前准户部咨,具奏预估光绪二十七年分甘肃新饷一折,二十六年十一月初三日奉旨:“依议。”钦此。计单内开:光绪二十七年甘肃新饷,拨江西省银三十六万两等因。当经行据藩司、粮道,以前项饷银,司库支绌,万难全筹,详请援照历办成案,于司库地丁厘金项下筹解三分之二银二十四万两、道库漕项等款钱粮内拨解三分之一银一十二万两,陆续起解,前已由司、道两库筹解过银十五万八千两,分作三批,循旧发交商号,汇赴甘肃兑收,详经奏咨各在案。

兹据布政使张绍华详称,查照部咨,按甘肃库平动放光绪二十七年折色物料并屯粮丁、存留屯粮及税契、厘金等款共银五万两,作为江西奉拨甘肃省光绪二十七年第四批协饷,饬令蔚丰厚商号于十月十三日赴库请领,限一百四日汇赴陕甘督臣衙门,转发甘肃藩库兑收,所有馀平银两已遵照自行扣存。至解此批甘肃新饷银两职名,系江西布政使张绍华筹解,合并声明。详请奏咨等情前来。臣覆核无异。所有江西筹解奉拨甘肃省光绪二十七年新饷第四批银两交商汇兑并筹解职名缘由,理合附片陈明,伏乞圣鉴。谨奏。

朱批:“户部知道。”

《光绪朝朱批奏折》第62辑,第540页

224. 江西光绪二十五年分馀租兵加奏销折

光绪二十七年十月二十八日（1901年12月8日）

江西巡抚臣李兴锐跪奏，为光绪二十五年分馀租兵加奏销，遵照新章，恭折具奏，仰祈圣鉴事。

窃照江西省各卫所屯田馀租每年征解支存各数，例应隔年造册题销，并另造未完节年银两总散细册，附请送部，历经照办在案。今据督粮道刘心源会同布政使张绍华详称，光绪二十五年分额征屯田馀租并各属分征兵折加价抵补核减馀租，除江南建德县荒芜缓征银一千五百一两零，又各属被灾缓征银一万二千六百七十五两零，实应征银九万六千九十六两零，内已催据完解银五万六千三百六十八两零，尚有未完银三万九千七百二十八两零。其已完之数连光绪二十四年奏报后，据湖口、会昌、建德三县续完解银六百一十五两零，共已完银五万六千九百八十三两零，均已拨充协解甘肃新饷及筹备饷需，并无实银存库。合将已完解支暨缓征、荒缓并未完银两分晰开造各册，另开具经征、接征、督催未完分数各职名揭帖，遵照新章，详请具奏等情前来。

臣覆核无异。除将册揭分送京城部科外，所有二十五年分馀租兵加奏销，理合恭折具奏，伏乞皇太后、皇上圣鉴，敕部核覆施行。再，此案据该司道于光绪二十七年十月十九日详到，臣即于十月二十八日出奏，合并陈明。谨奏。光绪二十七年十月二十八日。

朱批："户部知道。"

《光绪朝朱批奏折》第68辑，第726—727页

225. 奏报江西省光绪二十七年九月分粮价及雨水情形折

光绪二十七年十月二十八日(1901 年 12 月 8 日)

江西巡抚臣李兴锐跪奏,为恭报光绪二十七年九月分粮价及地方雨水情形,仰祈圣鉴事。

窃照江西省光绪二十七年八月分市粮价值并雨水情形,业经臣恭折奏报在案。兹据布政使张绍华查明江西省光绪二十七年九月分米、麦、豆各项粮价,开单汇报前来。臣逐加查核,南昌等十四府州属米、麦、豆各项价值,均与上月相同,省城及各属地方九月内雨泽稍稀,晚稻一律收割,民情安谧,堪以上慰圣怀。理合恭折具奏,并缮具九月分粮价清单,敬呈御览,伏乞皇太后、皇上圣鉴。谨奏。光绪二十七年十月二十八日。

朱批:"知道了。"

《光绪朝朱批奏折》第 96 辑,第 958 页

226. 光绪二十七年分九江关烧造大运琢圆及传办瓷器缮造黄册呈览片

光绪二十七年十月二十八日(1901 年 12 月 8 日)

再,据九江关监督明徵详称,每年九江关烧造大运琢圆及传办瓷器,向造件数黄册,恭呈御览。兹查光绪二十七年分烧造大运上色琢器八十件、上色圆器一千二百四件,又御膳房传用中盌等共上色六百件,均于九月二十七日照章附搭轮船,由海运京,解交瓷库验收,以期妥速。查向例,应支窑工银一万两,本年共支给物料、工

价等项银九千九百八十二两三钱五分五厘四毫七丝一忽八微,计剩存银十七两六钱四分四厘五毫二丝八忽二微,循例奏缴造办处充公。除造具工料细册送呈内务府暨户部核销外,所有缮造各项瓷器名目、件数黄册,理合详请代奏等情前来。臣覆核无异,理合附片陈明,并将黄册一本敬呈御览,伏乞圣鉴。谨奏。

朱批:"该衙门知道,册并发。"

《光绪朝朱批奏折》第101辑,第559—560页

227. 奏报九江新关第一百六十一结征收支存洋药税厘数目折附清单

光绪二十七年十一月初二日(1901年12月12日)

江西巡抚臣李兴锐跪奏,为九江新关第一百六十一结期满,并征洋药税厘及支销实存数目,恭折具奏,仰祈圣鉴事。

窃据九江关监督明徵详称,案奉行准部咨,嗣后务将洋药税厘专折奏报,不得并入洋税结内声叙,以清眉目。又,嗣后实存银两,务须列入次结旧管,按结跟接奏报,毋得遗漏各等因。遵查九江新关征收洋税,以英月三个月为一结,前经截至光绪二十六年闰八月初七日第一百六十结止,业将收支洋药税厘数目及进口箱数分晰开折,详请具奏在案。兹自光绪二十六年闰八月初八日起,至十一月初十日止,第一百六十一结期满,共收各国及招商局轮船进口洋药税厘银五万四千一百六十四两,共支解银五万三千八百九两二钱五分六厘,又上结支销不敷融借此结洋药厘银九千五十三两一钱二分三厘,又拨解旧管上结剩存洋药税银九百三十三两八钱四分五厘。除支解拨销外,实存本结洋药税银九百九十五两六分六

厘,实不敷洋药厘银九千六百九十三两四钱四分五厘,容归入下结提还清款,开列详细清单,详请具奏等情前来。

臣覆核无异。除分咨户部、外务部外,理合恭折具奏,并缮清单,敬呈御览,伏乞皇太后、皇上圣鉴。谨奏。光绪二十七年十一月初二日。

朱批:"该部知道,单并发。"

清单

谨将九江新关自光绪二十六年闰八月初八日起至十一月初十日止第一百六十一结期满进口洋药箱数并收支税厘及旧管各银数开列清单,恭呈御览。

计开:

一、各国轮船进口洋药三百十三箱,又大土一箱,大土每箱较小土多二十斤,又上结封存官栈洋药二十二箱,总共洋药大土三百三十六箱。除报完税厘洋药三百二十四箱、大土一箱外,尚有封存官栈洋药十一箱。再,本结并无先在沪关完过正税洋药,合并陈明。

一、商局轮船进口洋药一百六十二箱,又大土一箱,大土每箱较小土多二十斤,又上结封存官栈洋药八箱,总共洋药大土一百七十一箱。除报完税厘洋药一百六十六箱、大土一箱外,尚有封存官栈洋药四箱。再,本结并无先在沪关完过正税洋药,合并陈明。

旧管

一、第一百六十结实存洋药税银九百三十三两八钱四分五厘。

一、第一百六十结实不敷洋药厘银九千五十三两一钱二分三厘。

新收

一、收各国轮船进口洋药税银九千七百五十六两。

一、收各国轮船进口洋药厘银二万六千十六两。

一、收商局轮船进口洋药税银五千十六两。

一、收商局轮船进口洋药厘银一万三千三百七十六两。

共收进口洋药税银一万四千七百七十二两、厘银三万九千三百九十二两。

开除

一、支洋药税银项下，照章每百两应销倾镕折耗银一两二钱，现遵部文，核减六钱，共银八十八两六钱三分二厘。此项倾镕折耗，自第一百五十五结起，每百两核减银六钱，现在饬据银号暂行试办，倘嗣后赔累太甚，仍请酌量增补给发，合并陈明。

一、除前项倾镕折耗，遵照部文，每百两提存六钱，共银八十八两六钱三分二厘。

一、支税务司三个月经费银三千两。

一、除解奉部拨补九江货厘作抵洋款，指拨九江关税银四万四千两案内，动拨本结洋药税银一万两。

一、除解前项拨补九江货厘案内，动拨第一百六十结剩存洋药税银九百三十三两八钱四分五厘，连本结动拨洋药税，共银一万九百三十三两八钱四分五厘。委员由水路解赴江西牙厘总局兑收，援照拨解江西省绿营兵饷成案，每千两支给委员川资、经费等项银七两，共银七十六两五钱三分七厘。

一、除奉拨协济直隶军饷案内，凑拨本结洋药税银五百十四两八钱九分五厘。

一、除解前项协济直隶军饷银五百十四两八钱九分五厘，委员由轮船解赴金陵催收北洋饷械转运局查收转解。援照拨解金陵筹防局经费成案，每千两支给轮船、水脚、保险及委员往返川资等项银十六两，共银八两二钱三分八厘。

共支解本结洋药税银一万三千七百七十六两九钱三分四厘。

一、支洋药厘银项下，照章每百两应销倾镕折耗银一两二钱，现遵部文，核减六钱，共银二百三十六两三钱五分二厘。此项倾镕折耗，自第一百五十五结起，每百两核减银六钱，现饬据银号暂行试办，倘嗣后赔累太甚，仍请酌量增补给发，合并陈明。

一、除前项倾镕折耗，遵照部文，每百两提存六钱，共银二百三十六两三钱五分二厘。

一、除奉拨补九江货厘作抵洋款，指拨九江关税银四万四千两案内，动拨本结洋药厘银一万九千六十六两一钱五分五厘。

一、除拨解前项拨补货厘洋药厘银一万九千六十六两一钱五分五厘，委员由水路解赴江西牙厘总局兑收。援照拨解江省绿营兵饷成案，每千两支给委员川资、经费等项银七两，共银一百三十三两四钱六分三厘。

一、除奉拨摊还江南息借瑞记洋款光绪二十六年十一月分应还本息案内，动拨本结洋药厘银二万两。

一、除解前项摊还瑞记洋款银二万两，委员由轮船解赴江海关查收汇付。援照提解出使经费成案，每千两遵照部文核减准支轮船、水脚、保险及委员往返川资等项银十八两，共银三百六十两。

共支解厘银四万三十二两三钱二分二厘。

又上结支款不敷，融借此结银九千五十三两一钱二分三厘。

本结支解与上结融借，二共银四万九千八十五两四钱四分五厘。

以上税厘共支解银五万三千八百九两二钱五分六厘。

又拨解第一百六十结剩存洋药税银九百三十三两八钱四分五厘。

实在

实存本结洋药税银九百九十五两六分六厘。

实不敷本结洋药厘银九千六百九十三两四钱四分五厘,容归入下结提还清款,合并陈明。

朱批:"览。"

正折据《光绪朝朱批奏折》第74辑,第274页;清单据台北故宫博物院藏"军机处档折件"附件,文献编号:146503

228. 奏报九江新关第一百六十一结洋税收支数目折附清单

光绪二十七年十一月初二日(1901年12月12日)

江西巡抚臣李兴锐跪奏,为九江新关第一百六十一结洋税收支数目开列清单,恭折具陈,仰祈圣鉴事。

窃查案准户部咨,各海关征收洋税及收支数目,按结开列清单奏报一次。仍按四结奏销一次,一面造具四柱清册暨支销经费银两清册,分送户部暨总理各国事务衙门核销等因。历经遵办在案。兹据九江关监督明徵详称,查九江新关征收洋税,以英月三个月为一结,前经截至光绪二十六年闰八月初七日第一百六十结止,业将征收各数开单,详经奏咨。今自光绪二十六年闰八月初八日起,至十一月初十日止,第一百六十一结期满,共收各国及招商局轮船并夹板船正半子口各税及船钞银八万六千七百八十三两一钱七分九厘,共支解银九万八千五百十二两四分二厘,又上结支款不敷,融借此结银十八万三百四十两七钱四分四厘,总共支解银二十七万八千八百五十二两七钱八分六厘,实不敷各国及招商局轮船税银十九万二千六十九两六钱七厘。其本结支款内,扣解部库四成各国轮船税银二万二千二百九两二钱三分六厘,内应提解加放俸饷银六千两,已经凑解洋款。又豫先拨解俄法还款银一万四千两,实存拨剩四成税银二千二百九两二钱三分六厘,又扣解部库五成二厘商局轮船税银一万四百五两四钱七分七厘,均遵照奏案,截留凑解洋款。又应解总理衙门三成罚款银三十八两六钱,又三成中国船钞银四十八两七钱二分,容分别归入下结提还,及详员批解清款等情,详请奏明前来。

臣覆核无异。除分咨户部、外务部外,理合恭折具陈,并缮清单,恭呈御览,伏乞皇太后、皇上圣鉴。谨奏。光绪二十七年十一月初二日。

朱批:"该部知道,单并发。"

清单

谨将九江新关自光绪二十六年闰八月初八日起至十一月初十日止第一百六十一结洋税收支数目开列清单,恭呈御览。

计开:

旧管

一、第一百六十结实不敷各国轮船税银十一万一千九百十一两三钱三厘、商局轮船税银六万八千四百二十九两四钱四分一厘,另存第一百五十九结拨剩五成二厘商局轮船税银一万七千五百八十五两六钱六分七厘、第一百六十结四成各国轮船税银二万六千三百两一钱五分八厘,又提存加放俸饷银六千两、五成二厘商局轮船税银二万六千一百七十九两八钱四分三厘。以上三款,均遵照奏案,截留凑解洋款,理合陈明。

新收

一、收各国轮船出口正税银五万三千九百十二两七钱五分一厘。

一、收土船出口正税银七百七两一分六厘。

一、收各国轮船进口正税银九百三两三钱二分三厘。

一、收各国轮船进口半税银六百十三两九钱九分一厘。

一、收华洋各商子口半税银一万六百三十五两五钱六分五厘。

共收正半子口各税银六万六千七百七十二两六钱四分六厘。

一、收招商局轮船出口正税银一万八千九百五十三两九钱七分二厘。

一、收中国夹板船出口正税银一百十八两七钱二分八厘。

一、收招商局轮船进口正税银二百四十二两四钱一分一厘。

一、收中国夹板船进口正税银二两七钱七分五厘。

一、收招商局轮船进口半税银四百三十一两九钱四分八厘。

一、收中国夹板船进口半税银九十八两二钱九分九厘。

一、收中国夹板船钞银一百四十四两。

一、收江西内河商轮船钞银十八两四钱。

共收正半各税并夹板船及船钞银二万十两五钱三分三厘。

以上总共实收税、钞银八万六千七百八十三两一钱七分九厘。

开除

一、支各国轮船税银项下,照章每百两应销倾镕折耗银一两二钱,遵照部文,核减六钱,共支银四百两六钱三分六厘。查此项倾镕折耗,自第一百五十五结起,每百两核减银六钱提存解部,现在饬据银号暂行试办,倘嗣后赔累太甚,仍请酌量增补给发,理合陈明。

一、除前项倾镕折耗,遵照部文,每百两提存六钱,共银四百两六钱三分六厘。

一、除解部四成各国轮船税银二万二千二百九两二钱三分六厘,内应提解加放俸饷银六千两,均已凑解洋款。

一、支税务司三个月薪水并寄交总税务司月款等项银三万一千五百两。此款每月原支加增银八千两,奉文自第一百五十五结起,每月再加给经费银二千五百两。

一、支本关三个月经费银三千五百九十四两。

一、支监督三个月办公薪水银七百二十两。

一、支各国轮船六成正税项下,提存出使经费十成中之一成半银四千九百九十七两七分八厘。

一、除解摊还光绪二十六年九月第二期俄法借款本息,预拨本结各国轮船税银二万两。

一、除解前项摊还光绪二十六年九月分第二期俄法借款本息,动拨第一百六十结提存加放俸饷银六千两、四成各国轮船税银八千四百十四两三钱三分三厘,预拨本结四成各国轮船税银一万四千两、加放俸饷银六千两。又摊还二十六年冬月分第四期英德借款本息,动拨第一百六十结四成各国轮船税银一万六千一百三十四两二钱六分二厘,连预拨本结各国轮船税,共银七万五百四十八两五钱九分五厘。均委员由轮船解赴江海关查收汇付,援照提解出使经费成案,遵照部文,核减每千两准支轮船、水脚、保险及委员往返川资等项银十八两,共银一千二百六十九两八钱七分五厘。

一、除奉拨协济直隶军饷指拨九江关税银五万两案内,动拨第一百六十结拨剩四成各国轮船税银一千七百五十一两五钱六分三厘,第一百五十五结起至一百五十九结止洋税、洋药税厘项下,遵照部文核减倾镕折耗,提存一半火耗银八千二百四十八两四钱三分七厘,又动拨第一百四十二结起至一百六十结止报解洋税、京饷,奉文节省五两水脚项下共银三千三百二十七两九钱一分二厘,又动拨第一百四十八结起至一百六十结止洋税、洋药税厘项下支发解官水脚,奉文提扣六分减平,共扣存减平银二千八百四十四两二钱六分四厘,又动拨光绪二十二、三、四、五四年常税项下报解京饷,遵照部文,节省水脚共银三千三百十二两九钱二分九厘。以上各项共银一万九千四百八十五两一钱五厘,委员由轮船解赴金陵催收北洋饷械转运局查收转解。援照拨解金陵筹防局经费成案,每千两支给轮船、水脚、保险及委员往返川资等项银十六两,共银三百十一两七钱六分一厘。再,此项拨款虽有常税、洋税及洋药税厘项下扣存之别,但数目畸零,故水脚归并开支,以期易于稽核,理合陈明。

一、除解本结六成正税项下提存出使经费一成半银四千九百九十七两七分八厘,奉饬仍委员由轮船解赴江海关查收汇寄。每千两遵照部文,核减准支轮船、水脚、保险及委员往返川资等项银十八两,共银八十九两九钱四分七厘。

共支解各国轮船税银八万五千四百九十三两一钱七分。

又上结支款不敷,融借此结银十一万一千九百十一两三钱三厘。

本结支解与上结融借,二共银十九万七千四百四两四钱七分三厘。

一、支商局轮船税银项下,每百两应销倾镕折耗银一两二钱,遵照部文,核减六钱,共支银一百十九两八分九厘。查此项倾镕折耗,自第一百五十五结起,每百两核减银六钱提存解部,现在饬据银号暂行试办,倘嗣后赔累太甚,仍请酌量增补给发,理合陈明。

一、除前项倾镕折耗,遵照部文,每百两提存六钱,共银一百十九两八分九厘。

一、除解部五成二厘商局轮船税银一万四百五两四钱七分七厘,凑解洋款。

一、除商局轮船留存四成八厘税银项下,提存出使经费十成中之一成半银一千四百四十两七钱五分八厘。

一、支应解同文馆经费三成中国船钞银四十八两七钱二分。

一、支应交总税务司塔表望楼经费七成中国船钞银一百十三两六钱八分。

一、除摊还光绪二十六年九月分第二期俄法借款本息,动拨第一百五十九结拨剩五成二厘商局轮船税银一万七千五百八十五两六钱六分七厘,又摊还二十六年冬月分第四期英德借款本息,动拨第一百六十结五成二厘商局轮船税银二万三千八百六十五两七钱三分八厘,连前共银四万一千四百五十一两四钱五厘,均委员由轮船解赴江海关查收汇付。援照提解出使经费成案,每千两遵照部文,核减准支轮船、水脚、保险及委员往返川资等项银十八两,共银七百四十六两一钱二分五厘。

一、除本结四成八厘税银项下提存出使经费一成半银一千四百四十两七钱五分八厘,委员解赴江海关查收汇寄,每千两遵照部文,核减准支轮船、水脚、保险及委员往返川资等项银十八两,共银二十五两九钱三分四厘。

共支解商局轮船税银一万三千十八两八钱七分二厘。

又上结支款不敷，融借此结银六万八千四百二十九两四钱四分一厘。

本结支解与上结融借，二共银八万一千四百四十八两三钱一分三厘。

以上共支解各国及商局轮船税银九万八千五百十二两四分二厘，连上结支款不敷，融借此结银，大共二十七万八千八百五十二两七钱八分六厘。

实在

实不敷各国轮船税银十三万六百三十一两八钱二分七厘、商局轮船税银六万一千四百三十七两七钱八分，容分别归入下结提还归款，理合陈明。

朱批："览。"

正折据《光绪朝朱批奏折》第74辑，第275—276页；清单据台北故宫博物院藏"军机处档折件"附件，文献编号：146505

229. 奏报光绪二十六年下半年江西抽收支解厘税银钱数目折

光绪二十七年十一月初二日（1901年12月12日）

江西巡抚臣李兴锐跪奏，为查明光绪二十六年下半年江西抽收、支解厘税银钱数目，恭折缮单具陈，仰祈圣鉴事。

窃照同治七年十月十五日钦奉上谕："户部奏统筹军需全局并遵议胡大任条陈一折，其厘金报部章程，着照两淮盐厘格式，每年分两次奏报，以归简易。"等因。钦此。又钞奏内开：两淮盐厘款式，止开收支各款总数，不开琐碎细数，最为简明。嗣后各省盐厘、货厘，务仿照两淮盐厘报部格式,每年分作两次,以六个月为一次,开单奏报。又光绪十年正月内准户部咨,应于次年正、七两月内,将上年收支厘金各奏报一次各等因。均经遵照办理。所有光绪二十六年上半年并以前各年收支厘金数目,俱已分次开单,具奏各在案。

兹据总理江西牙厘总局、布政使张绍华,按察使柯逢时会详称,自光绪二十六年七月起至十二月底止,各局卡共收茶货及土药税厘银一十九万九千五百二十五两零、制钱二十九万四千一百八十六串零,又收米谷厘银八千五百七十九两零、制钱一万四千四百八串零,总共收银二十万八千一百四两零、制钱三十万八千五百九十四串零。随时按照通省市价,以半年均匀牵算,每足钱一千文易换库平银七钱,共易换库平银二十一万六千一十六两零。银钱并计,共合收银四十二万四千一百二十两零。合将二十六年下半年各局卡抽收茶税、货厘银钱及土药税厘并米谷厘金各细数,暨委员职名、裁减各局卡委员二成薪水银数,开造清册,详请具奏。并据声明,前项银两内,除土药税厘银一万一千三十六两零解存藩库转解,所有货厘除由湖口卡解交及由局补解副税务司代收银一十五万九千二百八十二两零外,其馀银两均经汇解藩库充饷,应由藩库汇案报销。又本下半年留外办公经费银二万二千两零,系在茶货、土药税厘收数内提用,并未在拨归洋款内扣留。又米谷厘金业经另款解存藩库,归还英德俄法四国借款等情前来。

臣覆核无异。除将清册咨送户部查核外,理合恭折奏报,并缮清单,敬呈御览,伏乞皇太后、皇上圣鉴训示。谨奏。光绪二十七年十一月初二日。

朱批:"户部知道,单并发。"

《光绪朝朱批奏折》第78辑,第436—437页

230. 江西劝办新海防捐输第六十五次开单请奖折

光绪二十七年十一月初二日(1901 年 12 月 12 日)

江西巡抚臣李兴锐跪奏,为江西劝办新海防捐输,第六十五次开单,恳恩奖叙,以昭激劝,恭折仰祈圣鉴事。

窃照案准户部咨,各省藩库,准收新海防捐输。江西省自光绪十五年十二月十二开局收捐之日起,至二十六年十二月十一日止,先后六十四次开单,奏请奖叙各在案。二十七年八月二十三日,准行在户部咨,七月二十九日奉上谕:"嗣后无论何项事例,均着不准报捐实官。自降旨之日起,即行永远停止。统限一个月截数报部,毋得奏请展限。"等因。钦此。当经转行遵照去后。

兹据布政使张绍华详称,新海防捐输,现自光绪二十六年十二月十二日起,至二十七年八月奉文停捐之日止,计收报捐实官共五名,按照新章,分别减成,共折收实银一千二百六十八两四钱。除将前项捐银悉数积存藩库,听候拨用外,合将各捐生年貌、籍贯、履历、三代造具清册,列为第六十五次,详请奏咨奖叙,并请将副实收咨送户部,暨咨吏部填发执照来江转给等情前来。

臣覆加查核,所捐银数及请叙实官,均与例章相符,合无仰恳天恩,俯准分别奖叙,以昭激劝。除将清册、副实收送部查照外,理合恭折具陈,并缮清单,敬呈御览,伏乞皇太后、皇上圣鉴,敕部核覆施行。谨奏。光绪二十七年十一月初二日。

朱批:"户部议奏,单并发。"

《光绪朝朱批奏折》第 80 辑,第 716 页

231. 江西筹解金陵老湘新湘等营本年七、八、九三个月军饷片

光绪二十七年十一月初四日[①]（1901年12月14日）

再，查两江督标南字六营，奏明由江苏、安徽、江西三省藩库每月各协银六千两。嗣南字营改为煦字营，又续改为老湘、新湘等营。所有前项军饷银两，自光绪十年六月起连闰至二十七年六月止，均经随时筹解奏报在案。兹据布政使张绍华详称，现动放光绪二十七年地丁银一万八千两，作为江西奉拨金陵老湘、新湘等营二十七年七、八、九三个月军饷，遴委试用知县张兆良，于九月二十八日起程，前赴金陵防营支应总局交收，详请具奏等情前来。臣覆核无异。除咨明户部，并咨两江督臣查照外，所有筹解金陵老湘、新湘等营二十七年七、八、九三个月军饷缘由，理合附片陈明，伏乞圣鉴。谨奏。

朱批："户部知道。"

《光绪朝朱批奏折》第62辑，第543页

232. 江西拟动漕项凑解光绪二十八年甘肃新饷片

光绪二十七年十一月初四日（1901年12月14日）

再，查前准行在户部咨，具奏预估光绪二十八年协甘新饷一折，光绪二十七年八月十四日奉旨："依议。"钦此。计单内开：拨江

---

① 底本推定具奏日期在光绪二十七年十月。据中国第一历史档案馆藏"宫中档案全宗·朱批奏折"目录（档号：04—01—35—1058—013），此片实具奏于该年十一月初四日。

西省银三十六万两等因到臣。当经转行遵照筹解。惟查江西从前协拨西征军饷,因司库丁厘两款入不敷出,经前司道详明,自同治八年为始,(月)〔匀〕拨道款银两,移司凑解。嗣因前项饷银改为甘肃新饷,仍援照成案,动拨漕项凑济,于司、道两库分成筹解,均经奏奉谕旨允准在案。现在司库支绌情形,较前更甚。所有奉拨光绪二十八年协甘新饷银三十六万两,拟仍查照向案,于司库地丁厘金项下动拨三分之二银二十四万两,道款漕项钱粮内动拨三分之一银十二万两。惟动拨漕项,须先奏明。合无仰恳天恩,俯准照旧办理,俾得各自筹解,免致贻误要饷。除咨部外,所有拟动漕项凑解甘肃新饷缘由,理合附片具陈,伏乞圣鉴。谨奏。

朱批:"户部知道。"

《光绪朝朱批奏折》第62辑,第546页

233. 江西筹解本年十、十一、十二等三个月直隶固本兵饷银两片

光绪二十七年十一月初四日(1901年12月14日)

再,查光绪二十七年三月二十四日接准行在户部咨,直隶总督奏,练军饷项,向领部款,现已欠发数月,请饬部行知各省,将应解固本京饷,查明上年七月以后至年底欠解若干,本年应解若干,一体径解江海关道代收,汇解来直附片一件,光绪二十七年二月二十四日奉朱批:"户部知道。"钦此。查各省应解固本京饷,按月赴部库交纳,直隶应领练饷,亦按月赴部库开支。京师部库现在款项无存,实属难以发给,自不得不设法变通。现经直隶总督具奏,各省应解固本兵饷,一并径解江海关道代收,汇解来直,自为接济练饷

起见,相应飞咨,查明陆续批解等因。当经行据藩司查明,光绪二十六年十一月以前应解固本兵饷银两,均经照数拨解赴部,并据将二十六年十二月起至二十七年九月止应解银五万两,发交委员及商号解沪,转汇直隶交收,详经奏咨在案。

兹据布政使张绍华详称,现又于光绪二十七年地丁项下动放银一万五千两,作为江西省二十七年十、十一、十二等三个月应解直隶固本兵饷,饬令蔚长厚、蔚盛长等商号于十一月初三日赴库请领,限十一月二十三日汇至江海关道衙门交收转汇。除由司发给由江至沪汇费银一百五十两,又随解由沪转直汇费银四百二十两外,详请奏咨等情前来。所有筹拨二十七年十、十一、十二等三个月固本兵饷银两交商汇沪转汇缘由,理合附片陈明,伏乞圣鉴。谨奏。

朱批:"户部知道。"

《光绪朝朱批奏折》第62辑,第547页

234. 江西筹解辛丑年筹备饷需第二批银两片

光绪二十七年十一月初四日(1901年12月14日)

再,前准户部咨,奏拨光绪二十七年分筹备饷需一折,指拨江西省银二十四万两。即经行据司道具详,以司库无力全筹,拟援照筹解甘饷成案,在于司库地丁厘金项下筹解三分之二银一十六万两,道款钱粮内拨解三分之一银八万两,查照定章,奏报在案。嗣于本年四月初六日准行在户部电:京师需款甚急,各该省关即在本年应解筹备饷需项下,按原拨数目,先提一半解沪,转汇赴京等因。即经行据藩司筹解第一批银三万两,委员解赴江海关,转汇交收,经臣附片奏报在案。

兹据布政使张绍华详称,现动放光绪二十七年地丁银五万两,作为司库第二批奉拨辛丑年筹备饷需先提一半解沪汇京银两,饬令蔚长厚、新泰厚、蔚盛长等商号于十一月初三日赴库请领,限二十三日汇赴江海关道交收转汇。除由司给发该商号等汇费银五百两、又由沪汇京汇费银一千四百两外,详请奏咨等情前来。臣覆核无异。除饬赶紧续筹委解,并咨户部外,所有奉拨辛丑年筹备饷需第二批动放司库银两交商汇赴江海关道,转汇京城缘由,理合附片陈明,伏乞圣鉴。谨奏。

朱批:"户部知道。"

《光绪朝朱批奏折》第62辑,第548页

235. 江西起解光绪二十七年四批漕折银两片

光绪二十七年十一月初四日(1901年12月14日)

再,江西省应征漕粮,骤难规复本色,请循旧折征,叠经奏奉谕旨允准在案。兹据督粮道刘心源详称,催完光绪二十七年分漕折银二十万两,分作四批,其第一批银五万两,札委试用通判周国琛领解,于十月十七日起程;第二批银五万两,札委候补知州尹葆衷领解,于十月二十一日起程;第三批银五万两,札委候补同知陈正笏领解,于十月二十二日起程;第四批银五万两,札委候补知县廖恩光领解,于十月二十七日起程。均照旧例,由湖北、安徽、江苏、山东、直隶等省正站行走,解赴部库交纳等情前来。臣覆核无异。除照例分别填发勘牌,拨兵护送,饬令该委员等小心管解,星速遄行,确探前进,暨咨移部科,并咨前途各督抚一体拨护,以昭慎重,一面严催赶征续解外,所有起解光绪二十七年四批漕折银两缘由,理合附片陈明,伏乞圣鉴。谨奏。

朱批:"户部知道。"

《光绪朝朱批奏折》第71辑,第271页

236. 九江关常税改归税司代征抵还偿款请将应解京协各饷及耗羡等项分别改拨停支折

光绪二十七年十一月初四日(1901年12月14日)

江西巡抚臣李兴锐跪奏,为九江关常税改归税司代征,抵还偿款,请将应解京协各饷及耗羡等项分别改拨、停支,恭折具奏,仰祈圣鉴事。

窃据升授江西按察使、九江关监督明徵禀称,九江关常税原定正额盈馀银五十三万九千馀两,长江通商以后,常税渐被洋税侵占,近年共只实征银二十二三万两。每年奉拨内廷经费银十五万两、京饷银十万两、贵州协饷银四万八千两,拨补湖口货厘银四万四千两,应支窑工经费银二三万两,拨补耗羡不敷开支银二万五六千两,除将实征正银解支外,仍有不敷,故京饷及拨补货厘两款,均系动拨洋税凑解。又定例,每征正银一两,随征耗杂等款银二钱九分,分为耗羡、平馀、积平、饭食四项。耗羡一项,内系京员津贴改为加复俸饷银六千两,内务府监督养廉银一万一千两,参价银五千两,报解户部正额盈馀加平饭食银七千馀两,户部户科季报考核、请领档册及广东司、内阁、庶常衙门各饭银二千六百三十四两,通政司修署费银一百两,支给解饷木鞘银八九十两,起解经费京协各饷水脚银八百馀两,两关游巡官饭银二百四十两,书役工食银六千五百馀两,两关办公经费银三千七百馀两。平馀一项,内系报解内务府随解平馀银三千七百五十两，养廉平费银三百六十三两，参价平费银一百六十五两，内务府饭银一百两，此外则支给贡磁解京应完崇文门关税、解官水脚、厂署办公经费等项约银三千七八百两，馀剩银数十两，解缴造办处充公。饭食一项，历系尽数支给书役领用。积平一项，内系报解内务府杂费银一千二百两，内廷经费帮贴解官水脚不敷银一千四百馀两，京饷水脚帮贴银九百馀两，加复俸饷水脚银七十二两，此外则支给巡道衙门书役工食纸张、两关委员薪水饭食以及起解饭银等项水脚、奏销册箱解费，馀剩银一百数十两，亦解造办处充公。以上解支款目，按年均经造册报部有案。

此次新约议将常税改归税司代征，已遵照外务部文行，于十月初一日交由税司接办。其正杂各款应如何筹补，未奉文行，当与税务司许妥玛秉公筹商。所有前项随征二九耗杂一款，原系坐支之用，与正税无涉，议定暂归监督循旧支解。惟奉拨内廷经费、京协各饷、拨补货厘，均属要需常税，既改抵偿款，无可提解，自应禀明，奏请改拨，以免贻误。至正税内拨补耗羡银二万五六千两，系因耗羡内解款较多，收数较少，故呈奉户部核覆，照数于正税内挪拨支用。今既无可挪拨，自应酌为改拨节省，拟请将耗羡内应解京员津贴改为加复俸饷、内务府监督养廉两款，由部另行改拨。其应解户部正额盈馀加平饭食及内务府随解平费、杂费等项，暨奏缴平馀、积平、剩存暨解饷水脚，概请一律停止。仍将内务府参价及户部户科季报考核、请领档册，广东司、内阁、庶常衙门暨内务府各饭银、通政司修署费，查照向章，于二九耗杂款内分别报解，以供各衙门应用。馀均循旧支发两关工食经费。综计以上拟请改拨、停解杂款，每年约省银三万一千馀两，除去正税项下应拨补耗羡不敷银二万五六千两外，尚可馀银五六千两，拟请留为窑工经费。此外不敷窑工经费,仍请随时由监督呈请户部,另行指拨。是否有当,理合禀明,核实具奏等情前来。

臣查九江关常税,既照新约改由税司代征,抵还偿款,则该关奉拨之内廷经费及京协各饷、抵补货厘均归无着,合无吁恳天恩,敕部另行指拨,以免贻误要需。其随征二九耗杂一款,本属坐支之用,与正税无涉,既经该监督商明税务司,暂归监督循旧支解,自应请旨敕下外务部,札行总税务司立案,嗣后均即照行,以资办公。至此项耗杂向来不敷解支,均由常税拨银二万五六千两弥补,今常税既无从提拨,且常税内有历年开支窑工经费银二三万两,亦归无着,自不得不将此项耗杂酌为改拨停解,腾出馀款,以为窑工经费之用。该监督所请将加复俸饷、监督养廉两款由部另拨,其馀加平、饭食、解饷水脚等项杂费均酌予停解,每年腾出银五六千两,归作窑工经费,实亦万不得已移缓就急之策。是否有当,应请敕下户部,一体核覆施行。

所有九江关常税改由税司代征,抵还偿款,请将应解京协各饷及耗羡等项分别改拨、停支各缘由,理合会同两江总督臣刘坤一恭折具陈,伏乞皇太后、皇上圣鉴。谨奏。光绪二十七年十一月初四日。

朱批:"该部议奏。"

《光绪朝朱批奏折》第74辑,第276—279页

237. 奏报光绪二十六年下半年江西加抽二成茶税糖厘及烟酒厘金银钱数目折

光绪二十七年十一月初四日(1901年12月14日)

江西巡抚臣李兴锐跪奏,为查明江西加抽二成茶税、糖厘及烟

酒厘金银钱数目,恭折具陈,仰祈圣鉴事。

窃查前准军机大臣字寄,光绪二十年八月二十三日奉上谕:"户部奏茶叶、糖斤加厘,土药行店捐输,均着照所请认真举办,严饬所属妥慎经理。"等因。钦此。当经行局钦遵办理。嗣又于光绪二十一年六月初六日奉上谕:"户部奏需饷孔殷,重抽烟酒税厘,着实力举行,妥速筹办。"钦此。复经钦遵转行。查照所有江西各局卡,自光绪二十年十月起征收土药店捐输并加成茶税、糖厘,又二十一年十一月起加成烟酒厘金,均经截至二十六年六月底止,先后造册,详经具奏各在案。

兹据总理江西牙厘局、布政使张绍华,按察使柯逢时会详称,查光绪二十六年七月起至十二月止,各局卡共收二成茶税银三千七百六十三两二钱六分五厘六毫,又收二成糖厘钱五千一百三十九串五百四十文,又收二成烟厘钱一千七百三十七串二百五十七文,又收二成酒厘钱三百一十三串六百二十五文,总共收钱七千一百九十串四百二十二文。随时按照市价,以半年均匀牵算,每足钱一千文合易库平银七钱,共易换库平银五千三十三两二钱九分五厘四毫。茶糖烟酒税厘并计,共合收银八千七百九十六两五钱六分一厘一毫,业经汇解藩库,另款存储拨用。合将征收加成茶糖烟酒税厘数目,开造清册,详请具奏等情前来。臣覆核无异。除将清册咨送京城户部查核外,所有二十六年下半年抽收加成茶糖烟酒厘金银钱数目,理合恭折具陈,伏乞皇太后、皇上圣鉴训示。谨奏。光绪二十七年十一月初四日。

朱批:"户部知道。"

《光绪朝朱批奏折》第78辑,第437—438页

238. 江西筹解光绪二十七年第四批解清汇还英德借款银两片

光绪二十七年十一月初四日[①](1901 年 12 月 14 日)

再,前准户部咨,每年应还俄法、英德两款本息,数巨期促,开单具奏,由部库及各省关分别认还一折,光绪二十二年五月初八日具奏,奉旨:“依议。”钦此。计单内开:英德一款,由地丁等款项下指拨江西银十四万两,每年匀分四次,于二、五、八、冬四个月解赴江海关道交纳,不得稍有延欠。嗣又准咨,镑价昂贵,原拨银数不敷,奏明照案酌量加拨,计英德借款自光绪二十六年起加拨银三万五千两,随同匀解各等因。业经行据藩司将光绪二十二年起至二十七年八月止应解银两,按期照数发交商号并委员解交江海关,先后详经奏咨在案。

兹据布政使张绍华详称,本年十一月应解英德借款银两届期,现于司库动放各年加成茶糖烟酒税厘并米谷厘金及钱价平馀等款共银四万三千七百五十两,作为第四批解清光绪二十七年奉拨江西应解英德借款银两,发交蔚长厚、新泰厚、蔚盛长等商号,于十月十一日赴库请领,限十月二十九日汇赴江海关道衙门投交兑收,掣批回销,并给发汇费银四百三十七两五钱等情,详请奏报前来。臣覆核无异。除饬依限汇解交收,并咨户部暨外务部查照外,所有司库筹解二十七年第四批解清奉拨应解江海关汇还英德借款银两交

---

① 底本推定具奏日期在光绪二十七年十月。据中国第一历史档案馆藏“宫中档案全宗·朱批奏折”目录(档号:04—01—35—0862—019),此片实具奏于该年十一月初四日。

商汇兑缘由，理合附片陈明，伏乞圣鉴。谨奏。

朱批："该部知道。"

《光绪朝朱批奏折》第83辑，第487页

239. 江西建设大学堂请将前提各属四分经费仍归学堂支销折

光绪二十七年十一月初四日（1901年12月14日）

江西巡抚臣李兴锐跪奏，为遵旨建设大学堂，请将前提各属四分经费仍归学堂支销，以资应用，恭折仰祈圣鉴事。

窃臣钦奉光绪二十七年八月初二日上谕："作育人才，端在修明学术。除京师已设大学堂，应行切实整顿外，着各省所有书院于省城均改设大学堂，各府、厅、直隶州均设中学堂，各州、县均设小学堂，并多设蒙学堂。着该督抚、学政切实通筹，认真举办。"等因。钦此。当经转行钦遵查照。

臣维时事方殷，需才正亟，非大兴学校，无以广造育，即无以济世变。无如目前风气初开，延师不易，各府厅州县应设之中小学堂，势难同时遍举。经臣与学政臣吴士鉴及各司道再四筹商，拟先就省城书院酌量改并，展拓地基，建立大学堂一所，仿照山东办法，选聘教习，分斋教课，庶几程功较易，亦不致陵乱无序。俟将来师范有人，再逐渐推广，次第改设。惟大学堂为通省学堂之冠，规模不宜隘小，其常年所需薪俸廪膳等项，约略计之，非六七万金断不敷用，必须筹定有着之款，方不致半途而废。江省库藏近来支绌异常，奉派摊筹偿款，迄今尚无头绪，正项钱粮固无馀力及此，而此外一切闲杂外销之款，如丁漕税契之钱价、关税厘金之盈馀，节次提解，实亦搜括殆尽，无可再筹。查光绪二十四年曾准部咨，酌令各属于所征丁漕内各提钱文，另款存储，专为学堂经费之用。当经前抚臣德寿奏明，每丁银一两、漕米一石各提银四分，随正解库开支。嗣因学堂停办，又经前抚臣松寿奏请将此项经费银两凑解北洋添练新军饷糈，上年又复划解山西忠毅军饷，辗转改拨，遂至名不副实。

伏思学堂一事，乃富强基础，为当今最急之务，即使动拨正供，亦在所不惜。况此项本为建学而设，今既钦奉明诏，饬令切实筹办，自应仍照原案，将四分经费一款由司库提归另存，专供省城大学堂常年经费之用，以便早日开办。至于经营伊始，所需购地建堂及置备书籍图器等项，为数仍巨，第事关兴学要政，无论如何为难，臣当督同司道设法筹措，赶速建置，以仰副圣主敬教劝学、力图自强之至意。惟忠毅军饷，现复奉部指拨江省，实无馀力凑解，合无仰恳天恩，俯准饬部改拨，俾免贻误。

所有向提四分学堂经费仍请照案改归大学堂支用，并请将忠毅军饷改拨缘由，理合恭折具陈，伏乞皇太后、皇上圣鉴训示。谨奏。光绪二十七年十一月初四日。

朱批："学堂为当务之急，必须切实筹办。所请提拨经费，着户部议奏。"

《光绪朝朱批奏折》第89辑，第427—428页

240. 江西筹解光绪二十七年加复俸饷银两片

光绪二十七年十一月初四日（1901年12月14日）

再，前准户部咨，具奏量加京官津贴，议令江西自光绪九年起

每年筹银一万两,分限解清。嗣于光绪十三年经户部奏明,将京员津贴银两改为另款加复俸饷,咨令仍照原定银数,限七月内解到一半,十月内解清。业经藩司将光绪九、十两年暨十二年起至二十六年止应解前项银两,先后筹解清款,咨部在案。

兹据布政使张绍华详称,在于司库闲杂款内撙节腾挪银一万两,作为光绪二十七年另款加复俸饷银两,饬令蔚长厚、蔚盛长等商号于十一月初三日赴库请领,限二十三日汇至江海关道衙门投兑,转汇京城交收。除给发由江至沪汇费银一百两,又随解由沪至京汇费银二百八十两外,详请奏咨等情前来。除咨部外,所有二十七年应解加复俸饷银两交商汇沪转汇缘由,理合附片陈明,伏乞圣鉴。谨奏。

朱批:"户部知道。"

《光绪朝朱批奏折》第89辑,第428—429页

241. 江西司库筹拨本年第七批地丁京饷银两划解京城官兵俸饷片

光绪二十七年十一月初四日(1901年12月14日)

再,江西应解光绪二十七年分京饷,原奉部拨地丁银三十五万两、厘金银十万两,又续拨地丁银四万两,均经行司遵照筹解。旋奉提解筹给满汉官员及兵丁津贴银十万两,又划解直隶教案赔款银四万两,又拨解京城各国使馆所占民房价银二万两,又拨解京城官兵恩赏俸饷银五万两,又解京城部库京饷银七万两,先后六次发交商号及委员领解赴江海关道,转汇京城交收,均经奏咨在案。

伏念近来部库需饷甚殷,自应速筹解济,经臣饬司竭力设措。

兹据布政使张绍华详称，动放光绪二十七年地丁银五万两，作为应解二十七年分第七批地丁京饷划解奉拨京城官兵恩赏俸饷，饬令蔚长厚、蔚盛长等商号于十一月初三日赴库请领，限二十三日汇至江海关道衙门投兑，转汇京城交收。除由司发给该商号等由江至沪汇费银五百两外，详请奏咨等情前来。除饬续筹拨解暨分咨外，所有江西司库筹拨二十七年第七批地丁京饷银两划解京城官兵俸饷交商汇沪，转汇京城交〔收〕缘由，理合附片陈明，伏乞圣鉴。谨奏。

朱批："户部知道。"

《光绪朝朱批奏折》第89辑，第429—430页

242. 奏报江西尚无私铸情事片

光绪二十七年十一月初四日(1901年12月14日)

再，道光十年十二月准户部咨，钦奉上谕："御史徐培琛奏请饬禁私钱一折，私铸例禁綦严，自应随时惩办。着各直省督抚一体饬属查禁，毋稍懈弛，并出具境内并无私铸及行使小钱印结，详报督抚，于年终具奏一次。"等因。钦此。历经钦遵查办在案。兹届年终，据布政使张绍华转据各厅州县详报，各该境内间有搀和小钱行用之犯，俱经随时查拿，按例惩办，现在密查，尚无私铸情事，出具印结，由司核明，详请具奏前来。臣覆查无异。除仍饬各属一体严密查禁，如有匪徒私铸小钱以及铺户人等搀和私钱行使，立即严禁查拿究惩外，理合附片具奏，伏乞圣鉴。谨奏。

朱批："知道了。"

《光绪朝朱批奏折》第92辑，第216页

243. 委员赴沪购制挖泥机汽轮船疏浚鄱阳湖以防水患而惠民生折

光绪二十七年十一月初四日(1901年12月14日)

江西巡抚臣李兴锐跪奏,为疏浚鄱阳湖,以防水患而惠民生,恭折仰祈圣鉴事。

窃江西近年水患频仍,推求其故,皆由鄱阳湖日见淤浅,而长江又昔宽今狭,骤遭大雨,疏泄不及,便致四溢为灾。即如本年五月,江省水灾漫延者四五十县,实则不过连雨十日而已。夫十日之雨,气候常有,未可诿为天灾也,而水利不修,患已如此,脱遇霪霖累月,岂不遍成泽国?何堪设想!

考地志,鄱阳湖古称彭蠡,阔四十里,袤三百里。西有章贡之水会南、赣、宁都、吉、袁、临、瑞诸郡之流,为赣河一千里,绕而左,穿樵舍、吴城入于湖,为西鄱阳湖;东有军峰之水会建、抚诸郡之流,为抚河四百里,绕而右,穿杨家滩、赵家圩入于湖,为东鄱阳湖。两湖又北驶百里,始混一于彭蠡。南跨南昌,西接南康,东抵饶州,北达浔阳,由湖口以出长江,故为通省水道之门户。《禹贡》治水,即有“彭蠡既潴”之说,其关系紧要可知。臣上年赴任,适当残腊水落之时,察看湖水,有深不盈尺者,湖中沙石积而成洲,曲折湾环,水性多为所遏抑。商贾帆樯,亦以水浅濡滞,不能畅行,生计日困。心窃忧之,思欲设法疏浚,而工役繁兴,耗费无算,际兹民穷财尽,安从得累万金钱,掷诸水滨,用是四顾彷徨,一筹莫展。未几即遭五月之水,当时委员四出,散赈勘堤,均饬其详查受患之由,确考弭灾之策,咸谓非浚湖无以出斯民于昏垫。臣再四思维,与其年年被水,岁岁筹赈,竭尽官民之力,而不能求一日之安,诚不如勉筹巨款,大加修治,庶冀一劳永逸。且湖水淤滞,商船不能通行,商务亦无从振起,是浚湖虽为防水患起见,亦未始非为兴商务张本也。

八月间,奉文停捐实官,臣督同司道宰较所收筹饷新捐,除上年办理团防及拨付教堂赔款,尚有所馀。此款前经奏蒙天恩,全数留归外用。虽江省现在举行新政,兴学、练兵诸大端无一不需巨款,本属力难兼顾,惟浚湖一事,既于民生、商务均有关系,自不得不先其所急。臣当饬司道委员赴沪,购制挖泥机汽轮船数舸,乘此时冬晴水浅,将全湖淤垫之处分别挑挖,其上游河道亦一律择要疏治。顾此时开办,布置粗定,即届年终,仍恐不能竟其全功,当期诸来年,次第办理,总期逐渐修治,尽一分之力,即收一分之效。其所需工役费用,即在筹饷捐馀款内支用,不敢动拨正项钱粮。

臣为防患救民起见,是否有当,谨会同两江督臣刘坤一恭折具陈,伏乞皇太后、皇上圣鉴训示。谨奏。光绪二十七年十一月初四日。

朱批:"着即督饬疏浚,核实办理,以惠民生。"

《光绪朝朱批奏折》第100辑,第442—443页

244. 饬新授江西盐法瑞袁临道唐椿森赴任片

光绪二十七年十一月初五日(1901年12月15日)

再,新授江西盐法瑞袁临道唐椿森现已领凭到省,自应饬赴新任。除檄饬遵照外,理合附片陈明,伏乞圣鉴。谨奏。

朱批:"知道了。"

《光绪朝朱批奏折》第17辑,第11页

245. 委任陈振瀛署理临江府知府、洪汝濂署理万载县知县片

光绪二十七年十一月初五日(1901 年 12 月 15 日)

再,临江府知府斌鉴病故,臣另行附片具奏,所有临江府印务,查有正任抚州府知府陈振瀛,廉正明干,堪以调署。又万载县知县张寿龄经臣撤省,所有万载县印务,查有正任南城县知县洪汝濂,稳实勤能,堪以调署。洪汝濂任内并无盗劫三参届满已起四参及钱粮未完参限将满有关降调之案。据藩司张绍华会同臬司柯逢时具详前来。除分檄饬遵外,谨会同两江总督臣刘坤一附片陈明,伏乞圣鉴。谨奏。

朱批:"吏部知道。"

《光绪朝朱批奏折》第 17 辑,第 11 页

246. 江西狱囚解犯二项口粮奏销折

光绪二十七年十一月初五日(1901 年 12 月 15 日)

江西巡抚臣李兴锐跪奏,为狱囚、解犯二项口粮报销,遵照新章,恭折具奏,仰祈圣鉴事。

窃查递解军流口粮并支给狱囚口粮二项,例限开印后两个月分款造册,汇成一本具题。惟本年正月内接准行在户部咨,议覆湖广督臣张之洞条奏支赈罪囚报销,拟请暂缓,具题改为具奏等因。转行遵照在案。今据藩司张绍华详称,光绪二十六年分各属给过

递解人犯口粮，除人犯花名、注语事由及起解省分、解往何地、程途远近、大小名口、钱米细数已经臬司衙门照依囚粮之例，分晰造册详咨外，各属给过递解男妇大小口粮米一十九石三斗八升八合四勺。以米一升作银一分，共应领银一十九两三钱八分八厘四毫又钱一十一千六百七十六文，以钱一文作银一厘，通共应领公项银三十一两六分四厘四毫。俟准销之日，照依章程案内酌定银数，摊派饬领，并将给过银两于下年公项册内汇请报销。又光绪二十六年分各属给过罪囚谷石钱文，除监犯姓名、起支月日细数已经臬司衙门分晰造册详咨外，各属给过罪囚口粮谷九百九十石一斗七升三合四勺。照依原定章程，每石价银五钱，共应领银四百九十五两八分六厘七毫。油盐柴菜钱二百九十八千二百四十五文，内除南昌府属之奉新县地丁项下额编南昌府监犯囚粮银九两六钱，遵照部议，存为本县支给油盐柴菜钱文，如有盈馀，即拨给南昌县收领，今奉新县支过油盐柴菜钱五百八十文，除于额编银内扣银五钱八分，馀银九两二分应拨给南昌县收领，实共给过油盐柴菜钱二百九十七千六百六十五文。以钱一文作银一厘，连谷价合算，通共应领公项银七百九十二两七钱五分一厘七毫，内除奉新县业已拨给南昌县额编囚粮馀银九两二分，实共应领银七百八十三两七钱三分一厘七毫，应于奏后饬领。再，各属支给过光绪二十五年分狱囚口粮银七百一十四两二钱三分九厘二毫，已据各属具领公项，业于册内分晰登明，理合遵例分款造具清册，一并详请汇奏。又狱囚口粮，准臬司衙门移称，各属将来请领补项，查照册开数目发给。又查南昌府属之靖安，袁州府属之宜春、万载，临江府属之峡江，吉安府属之莲花、吉水、万安、安福、永新、永宁，抚州府属之崇仁、宜黄、东乡，建昌府属之南城、新城、广昌、泸溪，广信府属之铅山、兴安，饶州府属之馀干，九江府属之湖口、瑞昌，赣州府属之定南、雩都、兴国、会昌，并宁都暨石城等州厅县，均因监禁人犯或寄禁省监，或寄禁邻县，或监狱并无人犯，无凭造册等情。

臣覆核无异。除将清册分送部科外，所有狱囚、解犯二项口粮报销遵照新章汇陈缘由，理合恭折具奏，伏乞皇太后、皇上圣鉴，敕部核覆施行。谨奏。光绪二十七年十一月初五日。

朱批："该部知道。"

《光绪朝朱批奏折》第89辑，第430—432页

247. 江西省光绪二十六年分驿站裁存各款银两数目奏销折

光绪二十七年十一月初五日（1901年12月15日）

江西巡抚臣李兴锐跪奏，为江西省光绪二十六年分驿站裁存各款银两数目，照章恭折，仰祈圣鉴事。

窃查驿站钱粮及各属应付勘合、火牌差使循环各册，例应按年造报题销。兹据布政使张绍华详，准按察使柯逢时移称，江西省光绪二十六年分驿站项下新收银十一万七千七百七十五两零，内除各项支销银七万三千三百四十八两零，尚有馀剩及扣解节省、裁扣马价尾零并减平共银五万一千五百七十三两零，又额外皮张变价银一百四十七两，应归藩司汇同支馀各款报部酌拨，造具清册，查照新章，移请转详具奏等情前来。

臣覆核无异。除将清册咨送京城兵部科暨山西道外，所有奏销江西省光绪二十六年分驿站裁存各款银两数目，理合会同两江总督臣刘坤一，查照新章恭折具陈，伏乞皇太后、皇上圣鉴，敕部核

覆。谨奏。光绪二十七年十一月初五日。

朱批:"兵部知道。"

《光绪朝朱批奏折》第 89 辑,第 432—433 页

248. 江西筹解本年八至十二月备荒经费银两片

光绪二十七年十一月初五日(1901 年 12 月 15 日)

再,前于光绪九年准户部咨,议覆御史刘恩溥奏,江西省厘金每月提银一千两,按年附京饷搭解到部,另款存储,以作备荒之用等因。当经前抚臣行司,筹解过十个月备荒经费银一万两。嗣因厘金入不敷出,无银拨解,又于光绪二十年六月奉上谕:"着自本年起,由户部专催各省,逐年如数报解,另款存储,专备顺天赈抚提用。"钦此。所有自二十年起至二十七年七月止,连闰共应解银九万四千两,先后委员及交商号解赴部库暨顺天府衙门交收,均经奏咨在案。

兹据布政使张绍华详称,现于司库厘金项下设法腾挪银五千两,作为江西应解二十七年八月起至十二月止备荒经费银两,饬令蔚长厚、新泰厚、蔚盛长等商号于十一月初三日赴库请领,限二十三日汇赴上海道衙门交收,转汇京城户部投兑。除照给汇费外,详请奏咨等情前来。臣覆核无异。除分别咨移外,所有筹拨二十七年八月起至十二月止备荒经费银两交商解沪转汇缘由,理合附片陈明,伏乞圣鉴。谨奏。

朱批:"户部知道。"

《光绪朝朱批奏折》第 89 辑,第 433—434 页

249. 审明德化县犯人龚汏立等轮奸良妇致令羞忿自尽案按例定拟折

光绪二十七年十一月初五日(1901年12月15日)

江西巡抚臣李兴锐跪奏,为棍徒轮奸良妇,致令羞忿自尽,获犯审明定拟,照章由题改奏,恭折仰祈圣鉴事。

窃照德化县通详,犯人龚汏立起意,商同蔡添幅等轮奸民妇陈澹氏,致令羞忿服毒自尽一案,当经批司饬缉,审拟解办。嗣据该县勒缉逸犯无获,将犯审拟,由府解司,委员覆审,解由臬司柯逢时勘转。经臣亲提研鞫,缘龚汏立、蔡添幅均籍隶湖北黄梅县,卖油果度日,先不为匪,与安徽英山县人陈世林并其妻陈澹氏素不认识。陈世林吸食洋烟,贫难度日,带妻陈澹氏沿途觅食,行至九江府城外,见社公庙无人看管,即在庙内住宿。陈世林每日独自进城乞食,傍晚回归。光绪二十六年六月十三日早,陈世林进城求乞,仍留陈澹氏在庙守候。龚汏立与蔡添幅并在逃之吴许寄会遇,各谈城外社公庙内住有年轻妇人,该处四无人居,地方僻静,龚汏立起意轮奸,蔡添幅、吴许寄允从。龚汏立等即于是日下午,一同走至该处,进庙即向陈澹氏调戏,陈澹氏不依斥骂。龚汏立喊同吴许寄等将陈澹氏揪按倒地,陈澹氏喊叫挣扎,龚汏立拉下陈澹氏布裤,致指甲抓伤陈澹氏肚腹近右。并令吴许寄、蔡添幅帮同按住陈澹氏手脚,龚汏立先行强奸,吴许寄亦将陈澹氏奸污,蔡添幅畏惧,并未轮奸,各自逃走。陈澹氏羞忿莫释,即将陈世林吸剩洋烟吞服,毒发呕吐。经陈世林回归查问,陈澹氏哭诉前情,用药灌救无效,移时殒命。报县会营勘验获犯。该前代理县应衷未及讯详卸事，接署县沙昌寿抵任，讯供通详，批饬缉审。蔡添幅在监病故，验讯详报，批饬核入正案办理。将犯覆讯议拟，由府解司，核恐案情未确，节次委审，并委调署南昌府知府查恩绥审办。兹据讯拟，由司勘转，经臣提审，据供前情不讳，究无另犯强奸不法别案及另有在场同奸之人，犯系先后拿获，供出一辙，案无遁饰。

查例载："轮奸良人妇女已成，致本妇自尽者，首犯拟斩立决。同谋未经同奸馀犯，发黑龙江给披甲人为奴。"又名例内载："轮奸良人妇女已成，致本妇自尽，同谋未经同奸者，改为实发云贵、两广极边烟瘴充军，毋庸以足四千里为限。"各等语。此案龚汏立起意，商同蔡添幅等轮奸陈世林之妻陈澹氏已成，致令羞忿服毒自尽，实属不法。查陈澹氏系良人之妇，自应按例问拟。龚汏立合依"轮奸良人妇女已成，致本妇自尽者，首犯拟斩立决"例，拟斩立决，先于左面刺"凶犯"二字。蔡添幅听从同谋，虽未同奸，亦应按例问拟。蔡添幅合依"同谋未经同奸馀犯，发黑龙江给披甲人为奴"，仍照名例"改为实发云贵、两广极边烟瘴充军，毋庸以足四千里为限"例，拟实发云贵、两广极边烟瘴充军。业于取供后在监病故，应与讯无凌虐情弊之刑禁人等，均毋庸议。监毙军犯一名之管狱官职名，系德化县典史熊杰，相应附参。逸犯吴许寄，缉获另结。此案棍徒结伙轮奸，犯未全获，文武疏防职名，饬取补参。

除全案供招咨部外，所有审明定拟缘由，理合恭折具陈，伏乞皇太后、皇上圣鉴，敕部核覆施行。谨奏。光绪二十七年十一月初五日。

朱批："刑部速议具奏。"

《光绪朝朱批奏折》第107辑，第654—655页

250. 审明德安县民洪漳挞护殴致胞伯自戳伤毙命案按律定拟折

光绪二十七年十一月初五日(1901 年 12 月 15 日)

江西巡抚臣李兴锐跪奏,为护殴致期亲胞伯自戳伤毙命,获犯审明定拟,照章由题改奏,恭折仰祈圣鉴事。

窃照德安县通详,县民洪漳挞护殴,致期亲胞伯洪文积自戳伤,越四日身死一案,当经批饬审解。嗣据将犯审拟,由府解司,经司委员覆审,解由臬司柯逢时审转。经臣亲提研鞫,缘洪漳挞籍隶德安县,与已死期亲胞伯洪文积同居共爨,素睦无嫌。光绪二十五年四月二十七日傍晚时分,洪漳挞田工回归,洪文积令洪漳挞赴园摘取苋菜,洪漳挞未经听闻回答。洪文积疑其贪懒不理,斥骂洪漳挞,用言分辩,洪文积气忿,顺取铁锄向洪漳挞殴打。洪漳挞接住锄头求饶,洪文积执住锄柄拉夺,洪漳挞恐被锄殴,不敢释手,不期洪文积用力势猛,拉脱锄柄,致锄柄自戳伤右肋倒地。经族人洪廷生与洪漳挞之父洪文寿闻声趋至,洪漳挞即弃锄头,与洪廷生等扶起洪文积医治。讵洪文积伤医无效,延至五月初一日殒命。尸妻洪郭氏投保报,经该前代理县徐嘉霖诣验,未及获犯卸事。该县贺辉玉抵任,获犯讯供,通详饬审,将犯审拟,由府解司,经司核恐案情未确,节次委审,并委调署南昌府知府查恩绥审办。兹据讯拟,由司勘转,经臣提审,据供前情不讳,究非有心干犯,亦无起衅别故,案无遁饰。

查律载:“侄殴期亲胞伯死者,斩。”又例载:“殴死本宗期功尊长,罪干斩决之案,若系情轻,按律定拟,于案内将并非有心干犯情节，分晰叙明。”各等语。此案洪漳挞因胞伯洪文积令伊摘菜，未经听闻回答，被斥分辩，洪文积用铁锄殴打，该犯接住锄头，洪文积执住锄柄拉夺，不期用力势猛，拉脱锄柄，致锄柄自戳伤右肋倒地，越四日身死，自应按律问拟。洪漳挞合依“侄殴期亲胞伯死者，斩”律，拟斩立决。查该犯先被洪文积锄殴，接住锄头求饶，洪文积拉夺，不期拉脱锄柄，致锄柄自戳伤右肋殒命，核其情节，伤由夺锄自戳，并非有心干犯，相应照例声明。见证洪廷生救阻不及，应毋庸议。

除全案供招咨部外，所有审明定拟缘由，理合恭折具陈，伏乞皇太后、皇上圣鉴，敕部核覆施行。谨奏。光绪二十七年十一月初五日。

朱批：“刑部速议具奏。”

《光绪朝朱批奏折》第107辑，第655—657页

251. 奏请将张僧延补授建昌府同知折

光绪二十七年十一月十五日（1901年12月25日）

江西巡抚臣李兴锐跪奏，为遴员请补同知，以资治理，恭折具奏，仰祈圣鉴事。

窃照建昌府同知陈毓熊病故，即经前抚臣松寿恭疏具题，查照新章，归部铨选。兹接准部咨，以在前之袁州府同知调补南昌府同知，现在并未收到阁钞，未便核办，员缺送归外补。查定例，道、府、同知、直隶州、通判、知州等项遇升调遗之缺补用班次，系先尽候补，候补无人用委用，委用无人，方准以各项试用人员按班序补。又同治八年七月奏定章程内开：嗣后道、府、同知、直隶州、通判、知州遇轮补、升调遗、病、故、休选缺，先尽候补班前酌补一人，次将候

补正班酌补一人。于酌补候补班前时，先尽银捐候补班前，银捐候补班前无人，始用常捐候补班前，常捐候补班前无人，再以劳绩候补班前之员酌补。其馀终养、回避、撤回、改教、降补及丁忧、参革遗缺，将候补班前与候补正班，由该督抚酌量请补。各等因。

江西省同知一项，上次候补班前无人，用候补班补用同知梁佩祥补九江府同知曾森湝调补遗缺止。今此缺郑工遇缺先、新海防遇缺先、海防先、海防即旧历银捐遇缺先、银捐遇缺均无人，按班应用候补班前，候补班前无人，应用候补正班。查有截取分发指省江西归候补班补用同知张僧延，年二十六岁，陕西鄠县人，由监生应光绪十九年癸巳恩科本省乡试，中式第二名副榜。二十一年七月，遵新海防例报捐内阁中书。二十三年十一月初四日，选补实缺，引见，奉旨："准其补授。"钦此。是月初八日，到阁当差。二十四年五月，捐免试俸、历俸，截取同知。七月十九日，引见，奉旨："着照例用。"钦此。十月，呈请分发，捐指江西。二十五年三月十四日，引见，奉旨："着照例发往。"钦此。领照起程，于光绪二十五年八月二十九日到省。曾任实缺京员，毋庸试看甄别。系到省后所出之缺，例得请补。该员志趣端谨，任事平实，堪以请补建昌府同知员缺，仍积候补正班之缺。据藩司张绍华、臬司柯逢时会详请奏前来。

合无仰恳天恩，俯准将张僧延补授建昌府同知。如蒙俞允，该员系候补同知请补同知，衔缺相当，毋庸送部引见。再，此案遵照新章，改题为奏。又，藩司于光绪二十七年十一月初九日出详，合并陈明。谨会同两江督臣刘坤一合词恭折具奏，伏乞皇太后、皇上圣鉴训示。谨奏。光绪二十七年十一月十五日。

朱批："吏部议奏。"

《光绪朝朱批奏折》第17辑，第40—41页

252. 奏请将尹葆衷补授义宁州知州折

光绪二十七年十一月十五日(1901年12月25日)

江西巡抚臣李兴锐跪奏,为知州要缺需员,遴员请补,以裨地方,恭折具奏,仰祈圣鉴事。

窃照南昌府属之义宁州知州黄寿英告假修墓,经臣恭折具奏,所遗义宁州知州系繁、疲、难三项相兼要缺,容俟接准部覆截缺后,照例拣员另行升补。兹于光绪二十七年八月二十八日接准吏部咨,系二十七年五月十六日奉朱批,应以奉旨后第五日,坐五月二十一日吏部行文,按江西照限六十日减半计算,五月系属大建,作为六月二十日开缺。该州地方幅员辽阔,棚民杂处,且界连两楚,政务殷繁,素称难治,必得精明干练之员,方足以资治理。江西省府属知州,止有义宁州一缺,并无可调之员,例得拣员请补。

查有劳绩保举补用知州尹葆衷,年四十八岁,顺天府涿州人,由内阁供事咨送方略馆当差。同治八年十二月,军机汉档告成,议叙列为一等,经吏部议准,以从九品双月三缺后选用。十三年九月,因办理《剿平粤匪捻匪方略》书成,议叙开列一等,经吏部议准,以本项应得之缺归于双月间选用。光绪元年,因内阁检查《实录》档案,随案过馆当差,复带玉牒馆当差,因恭修《实录》全书过半,议叙列为一等,经吏部议准,加二级。三年十二月,因恭修《玉牒》全书告成,经本馆保奏,奉上谕:“以县主簿不论双单月遇缺即选,并加六品衔。”等因。钦此。五年十二月,因恭修《实录》《圣训》全书庆成,经本馆保奏,以州判不论双单月归议叙班尽先前即选,并加五品衔,奉旨:“着照所请奖叙。”等因。钦此。七年七月,因国史馆恭修《本纪》告成，经本馆保奏，俟选缺后以州同归候补班前即补，奉旨："着照该总裁所拟给予奖叙，该部知道。"钦此。九年十二月，因恭修《圣训》校勘完竣，经本馆保奏，以州同不论双单月遇缺即选，并加四品衔，奉旨："着照所请奖励。"等因。钦此。十三年十二月，因恭修《玉牒》全书告成，经本馆保奏，奉上谕："在任以知州补用，并赏给四品封典。"等因。钦此。选授义宁州州同，于光绪十六年二月十七日到任。请咨赴部，经吏部带领引见，奉旨："着照例用。"钦此。领照起程，光绪二十一年七月二十三日到江。曾任实缺，毋庸试看甄别。二十六年三月，接准部咨，前在义宁州州同任内因案四参承缉不力，降一级调用。二十七年四月，又接准部咨，降调之案加级抵销，光绪二十六年六月初二日奉旨："依议。"钦此。该员才具稳练，堪以治剧，以之请补义宁州知州，酌量才具，实堪胜任，与例亦属相符。据藩司张绍华、臬司柯逢时会详请奏前来。

合无仰恳天恩，俯准将尹葆衷补授义宁州知州，于地方实有裨益。如蒙俞允，该员系候补知州请补知州，衔缺相当，毋庸送部引见，亦例不核计参罚。再，此案遵章改题为奏。又，藩司于光绪二十七年十一月初九日出详，合并陈明。谨会同两江督臣刘坤一合词恭折具奏，伏乞皇太后、皇上圣鉴训示。谨奏。光绪二十七年十一月十五日。

朱批："吏部议奏。"

《光绪朝朱批奏折》第17辑，第42—44页

253. 奏报会昌县知县陆垣请开缺回籍修墓折

光绪二十七年十一月十五日（1901年12月25日）

江西巡抚臣李兴锐跪奏，为知县请开缺回籍修墓，恭折具奏，

仰祈圣鉴事。

窃臣据布政使张绍华详,据正任会昌县知县陆垣禀称,现年六十六岁,顺天府大兴县人,由监生在贵州九次捐米案内报捐知县,指省分发江西试用。同治十二年八月,在陕西捐饷总局加捐同知升衔。光绪五年闰三月,复在山西赈捐第四卯三次请奖案内请给花翎,赴部验看,经钦派王大臣验放,领照起程。光绪六年四月十四日到江,二十一日签掣第一名,期满甄别,以知县用。八年十二月,在山西赈捐局报捐分缺间补用免试用,复遵新海防例捐遇缺先补用,题补今职。光绪二十三年三月初二日到任,试俸期满,详销试俸。二十七年正月,因病请假。三月十九日卸事,回省就医。病痊销假,听候差委。现接家信,知去年北地拳匪之乱,京城右安门外樊家村地方父母坟墓均被伤损,在籍亲族逃难归家,均属贫苦难以自存,不能代为修葺。闻信之馀,不胜焦急,即欲回籍修墓。在江历奉差委,均无贻误;正署各任交代,均已清楚;政事并无怠忽,亦无经手未完事件;仓库钱粮委无亏短,及规避、营私、捏饰情弊。理合出具亲供,邀取同乡官印结,禀请开缺回籍修墓等情,由司详请具奏开缺前来。

臣覆查无异,应准其开缺回籍修墓。除咨顺天府臣饬取该员原籍族邻各结送部,并先行钞折咨部开缺外,理合恭折具奏,伏乞皇太后、皇上圣鉴,敕部核覆施行。至所遗会昌县知县,系冲、繁二项相兼中缺,遵照新章,应请归部铨选。此案遵章改题为奏,合并陈明。谨奏。光绪二十七年十一月十五日。

朱批:“吏部知道。”

《光绪朝朱批奏折》第17辑,第44—45页

254. 莫绳孙熟识洋务才堪任使请准送部引见候旨录用片

光绪二十七年十一月十五日（1901年12月25日）

再，已革二品顶戴江苏候补道莫绳孙，由两淮监掣同知保升知府，经前使臣刘瑞芬奏调出洋，派充驻俄参赞，调派驻法参赞，保以道员仍留江苏补用，并加二品顶戴。差满回江，委充两江营务处，颇著勤劳，曾经前两江督臣曾国荃、前署两江督臣沈秉成先后保荐，钦奉朱批："交军机处存记。"光绪二十年，两江督臣刘坤一以该员委办堤工敷衍塞责，及至撤回省垣，犹复哓哓渎辩，并敢指求差使，语多荒谬，归于甄别案内奏参，奉旨革职。二十六年六月，因晋京随班祝嘏，蒙赏还原衔在案。

该员当时年少气盛，言语不谨，诚所不免，惟究无实在贪劣恶迹，从前沈秉成保荐，盛称其笃实明敏，留心时事，熟悉华洋情势，才具缜密坚卓，堪备使臣之选，是其才堪任使，久已上陈圣听。该员自落职后，闭门思过，深自怨艾，于兹七年。近来江西投效，臣细加体察，业已矜平躁释，趋于稳慎。当此时局艰危，外交益重，该员前经随使俄法，熟识洋务，实亦不可多得之才，长此废弃，未免可惜。合无仰恳天恩，将莫绳孙送部引见，候旨录用，出自逾格鸿施。谨附片具陈，伏乞圣鉴训示。谨奏。

朱批："莫绳孙着送部引见。"

《光绪朝朱批奏折》第17辑，第46页

255. 临江府知府斌鉴病故开缺俟截缺后另行拣员请补片

光绪二十七年十一月十五日(1901年12月25日)

再,临江府知府斌鉴,系满洲镶红旗寿联佐领下人,由监生报捐笔帖式,签分刑部行走,补授山东司笔帖式。同治二年,升补湖广司主事。四年,升补四川司员外郎。五年,补授本裕仓监督。八年,差满回任,升补福建司郎中。京察一等,奉旨:"记名以道府用。"光绪四年奉上谕:"补授江西南昌府遗缺知府。"奏补赣州府知府。六年,奏请将赣州府知府开缺,照例给咨,赴部引见,奉旨:"着以中简知府留省酌量请补。"钦此。领照到江。奏补临江府知府,光绪二十四年正月初六日到任。兹于二十七年十月二十五日在任病故,据布政使张绍华详报前来。

臣覆核无异。所遗临江府知府系冲、繁二项相兼中缺,查奏定章程内开:嗣后各省道府部选缺出,俟本省留补二次,即应咨送归部铨选一次,以三缺为一周等因。江西省前已将南康府蔡世俊病故一缺咨选一次,后又将袁州府曹志清终养遗缺留补一次在案,兹临江府病故遗缺系第二次留补之缺,江西省现有应补人员,容俟截缺后另行拣员请补。此案有关缺分要件,遵照新章,改题为奏。除咨吏部开缺,暨咨镶红旗满洲都统臣查照外,理合附片陈明,伏乞圣鉴。谨奏。

朱批:"吏部知道。"

《光绪朝朱批奏折》第17辑,第47页

256. 饬令新授江西布政使柯逢时即赴新任并暂行兼署臬司片

光绪二十七年十一月十五日（1901年12月25日）

再，江西布政使张绍华，钦奉上谕，调补湖南布政使，应赴调任。所有藩司篆务，应饬新授江西布政使柯逢时即赴新任。其所遗臬司篆务，查新授臬司明徵现在九江道任，尚未交卸，应令柯逢时暂行兼署，俟明徵交卸九江道后，再饬赴任，以重职守。除分饬遵照外，谨会同两江督臣刘坤一附片陈明，伏乞圣鉴。谨奏。

朱批："知道了。"

《光绪朝朱批奏折》第17辑，第48页

257. 劝办江西赈济捐输第五次造册请奖折

光绪二十七年十一月十五日（1901年12月25日）

江西巡抚臣李兴锐跪奏，为劝办江西赈济捐输第五次造册，恳恩奖叙，以昭激劝，恭折仰祈圣鉴事。

窃照光绪二十五年四月间，江西吉安、临江、南昌等府所属各县猝被水灾，当经拨款赈抚，并经前任抚臣松寿奏请援照湖北等省赈捐成案，开办江西赈捐一年，藉资接济。接准户部咨，光绪二十五年七月十八日奉朱批："着照所请，该部知道。"钦此。行司钦遵，于光绪二十五年九月初六日开局，委员分投劝办，并分咨邻省一体劝募，酌量灾区轻重，分拨赈抚。嗣因一年期满，势难停止，复经奏展一年。业将所收捐款，先后三次造册请奖。迨至本年五月间，又遭大水，被灾者四十馀州县，工赈兼施，需款甚巨，复经臣奏请，再行接展一年，钦奉朱批允准，转行遵照。又据将续行收捐衔翎、加级、封典、贡监等项列为第四次，汇造清册，详经奏咨请奖各在案。

兹据筹赈捐输总局司道详称，现将各属收捐造报到局之贡监等项九百七十五名，共折收实银四万七千六百一两八钱二分，悉数解存藩库，陆续转发被灾各属，分别济赈、修堤，应列为第五次，造具各捐生姓名、年貌、籍贯、履历、三代清册，检同副实收，详请分别奏咨给奖等情前来。臣覆加查核，所捐银数及请奖各项，均与例章相符，合无仰恳天恩，俯准分别奖叙，以昭激劝。除将清册、副实收送部外，理合恭折具奏，伏乞皇太后、皇上圣鉴，敕部核覆施行。谨奏。光绪二十七年十一月十五日。

朱批："户部议奏。"

《光绪朝朱批奏折》第80辑，第718—719页

258. 九江关光绪二十六年分三分平馀银核销并剩存银两解交造办处片

光绪二十七年十一月十五日(1901年12月25日)

再，据九江关监督明徵详称，九江关征收三分平馀一款，经前任监督伊龄阿奏明，除动支办公等项年满造册，请旨交造办处核销外，馀剩银两解缴造办处充公。兹查光绪二十六年分共收三分平馀银七千一百三十七两六钱六分，除支用银七千一百十九两三钱一分，均系遵照造办处奏准减定成数，核实开销外，仍剩存银十八两三钱五分，应即委员解交造办处兑收。合将办公支用各款，循例恭造四柱黄册，

详请代奏前来。臣覆核无异,谨将送到黄册敬呈御览。

又查该监督每年例支养廉银一万一千两,向在关税耗银内动支,解缴造办处充公,历年因耗银不敷,以致未经支解,前准造办处咨催筹拨,据该关详经奏准户部咨覆,自光绪三年起,循例于常税耗羡项下动支等因,又经行关遵照,即于三年起照章支解。又查光绪二十四年九月十二日起,至二十五年九月十一日止,一年期满,共收积平银七千四百四十九两一钱六厘,除循例支用外,仍剩存银一百十五两五钱。以上二款,应即随同本年三分平馀剩存银两,均解交造办处兑收,合并附片陈明,伏乞圣鉴。谨〔奏〕。

朱批:"该〔衙门〕知道,册并发。"

《光绪朝朱批奏折》第 89 辑,第 437 页

259. 藩司到任未及三月请将本届大计展限办理片

光绪二十七年十一月十八日(1901 年 12 月 28 日)

再,光绪二十七年十二月届应举大计之期,业经行司查办。兹据新任藩司柯逢时详称,查定例,各省大计,藩司到任未及三月,如前官尚未核定,准其具详督抚,奏请展限三个月等语。本届大计,前司张绍华因奉文调补湖南藩司,尚未核办。该司于本年十一月十五日到任,距详题之期未满三月,虽在臬司任内于各属审办词讼命盗案件随时留心考察,诚恐未及周知,自未便草率从事,相应具文,详请奏明展限,俾得从容密访,尽心考察,以昭核实等情前来。

臣查三载考绩,黜陟攸关,必须考察周详,举劾确当,始足以昭公允而示劝惩。该司柯逢时到任未及三月,自应循例奏明展限办理,以重大典。合无仰恳天恩,俯准将江西省本年十二月计典展至

光绪二十八年二月十五日以后举行，俾得从容考察，秉公举劾，以冀仰答圣主澄叙官方之至意。至各属内如有庸劣不职之员，臣仍当随时参办，不敢稍事姑容。是否有当，理合会同两江督臣刘坤一附片具陈，伏乞圣鉴。谨奏。

朱批："着照所请，吏部知道。"

《光绪朝朱批奏折》第17辑，第51—52页

260. 江西省本年秋后编查保甲循例陈报折

光绪二十七年十一月十八日（1901年12月28日）

江西巡抚臣李兴锐跪奏，为秋后编查保甲缘由，循例恭折具陈，仰祈圣鉴事。

窃照嘉庆二十年正月钦奉上谕："各直省编查保甲，于秋后责令该管道、府、直隶州亲往抽查禀报，督抚于岁底汇奏一次。"又道光四年五月钦奉上谕："着各督抚严饬该府、州、县将棚民逐细查察，按十户设立甲长，每年递换门牌，随时抽验。"各等因。钦此。钦遵办理在案。兹据按察使柯逢时会同布政使张绍华具详，本年秋收后，委员分赴各厅、州、县，督率保长人等，将土著、流寓、棚民户口逐一查明，分别改填门牌，经该管道、府、直隶州亲往按册抽查，并无遗漏，亦无容留匪类情事，呈请查核具奏前来。臣覆加访查，尚属确实。惟江西幅员辽阔，户口繁多，虽全境久已肃清，而教会匪徒时虞溷迹。臣仍当督饬所属，随时认真严密查拿，照例究办，务使匪类无所容身，以期地方安谧。

所有本年编查保甲缘由，谨循例恭折具奏，伏乞皇太后、皇上圣鉴。谨奏。光绪二十七年十一月十八日。

朱批："知道了。"

《光绪朝朱批奏折》第26辑，第541页

261. 奏报江西本年上忙钱粮征完银数折

光绪二十七年十一月十八日（1901年12月28日）

江西巡抚臣李兴锐跪奏，为查明江西省光绪二十七年上忙钱粮征完银数，恭折具奏，仰祈圣鉴事。

窃照州县征收上、下忙钱粮，例应将已完银两专折奏报，上忙定限五月底，下忙定限十二月底，截数造报等因。兹据布政使张绍华详称，光绪二十七年分上忙额征起运、留支、丁耗等款，应征银九十六万八千七百九十四两零，截至五月底止，催据各属完解司库银一十五万六千六百八十二两零，又各属照例留支等款共银十万四千一百五十六两零，统共已完银二十六万八百三十八两零等情，造册详请具奏前来。臣覆核无异。除遵照整顿钱粮新章，督饬藩司将未完银两严催赶紧征解，不任稍有延欠，并将送到清册及已未完分数、经催职名清折咨送户部查核外，理合恭折具奏，伏乞皇太后、皇上圣鉴。谨奏。光绪二十七年十一月十八日。

朱批："户部知道。"

《光绪朝朱批奏折》第68辑，第736页

262. 奏报赣关一年期满征收支解各数并起解日期折

光绪二十七年十一月十八日（1901年12月28日）

江西巡抚臣李兴锐跪奏，为赣关一年期满，征收正额、盈馀各银数，并委员领解起程日期，遵照新章，恭折具奏，仰祈圣鉴事。

窃查各关一年期满，例应将征收税银具疏题报。今据吉南赣宁兵备道兼管赣关桥税务贺元彬详称，赣关税务，前署道涂椿年自光绪二十五年七月十六日起至二十六年七月十五日止，共征收正税连耗银一万六千八百九十二两一钱零，又收江海关代征丝税正耗银三万四千二百六十一两五钱零，总共银五万一千一百五十三两六钱零，内除扣支部科、内阁公费、管关养廉、各书役工食共银五千五十二两二钱外，下馀银四万六千一百一两四钱零。又征收临关零税市平九三色正耗共银一千五百九十五两一钱零，内除四季季报等款并一年零星杂用共银一千一百五十七两一钱零，计存市平九三色银四百三十八两零，倾镕扣实库平纹银三百九十九两九钱零，连前共馀银四万六千五百一两三钱零。内除起解盈馀饭银、例支解员水脚、添补平头等款共银一两三钱零，实存银四万六千四百九十九两九钱零。按每年正额税银四万六千四百七十一两零计，盈馀银二十八两九钱零，核与额定盈馀银三万八千两之数，尚不敷银三万七千九百七十一两零，业经详请具奏减免在案。

所有征存正税、盈馀银两，除先后奉文拨解汇京备凑恩赏银一万两，又直隶教案赔款银一万两外，尚应解银二万两，又解摊缴二十六年分内务府参价银四千两，尚剩银二千四百九十九两九钱零，外附解征存并赔补盈馀饭银、添补平头、节省水脚等款共银一千七百七两一钱零，又添解盈馀饭银八两，扣存减平银四十三两二钱、减成银四百三十三两九钱零，业经差委试用知县陶壎照数领解，于光绪二十七年十月二十八日由赣州起程，前赴户部等衙门投兑。再，本届正税并盈馀银两，现已划入奉拨光绪二十七年分京饷及摊缴二十六年分内务府参价案内核销等情，详请具奏前来。臣覆核无异,所有赣关一年期满征收、支解各数,并委员起程日期,除分咨外,理合遵照新章,恭折具奏,伏乞皇太后、皇上圣鉴,敕部查照施行。谨奏。光绪二十七年十一月十八日。

朱批:"户部知道。"

《光绪朝朱批奏折》第74辑,第286—287页

263. 江西筹解光绪二十七年分内务府经费银两片

光绪二十七年十一月十八日(1901年12月28日)

再,查前准户部咨,具奏筹拨内务府二十七年分经费银五十万两,拟照历年指拨数目,仍在各省关酌量凑拨,以供经费,请饬下各该督抚,按照拨数分批报解,于光绪二十七年四月二十一日军机大臣面奉谕旨:"着依议行。"钦此。计单开:另筹内务府光绪二十七年分经费,江西省银二万两等因。当经转行遵照。

兹据布政使张绍华详称,查江西省奉拨光绪二十七年分内务府经费银二万两,自应遵照筹解,以供内廷应用。兹动放光绪二十七年地丁银二万两,随解平馀银五百两、杂费银一百六十两,遴委试用州判方履中领解,于十一月初八日起程,由水路附搭商轮,解赴江海关道衙门交收转解,并由司发给该委员往来川资及轮船、保险、水脚等费银一百七十三两五钱四分,又随解由沪汇京汇费银五百七十八两四钱八分等情,详请具奏前来。臣覆核无异。所有筹解奉拨内务府二十七年分经费银两,委员解赴江海关道交收转汇缘由,理合附片陈明,伏乞圣鉴。谨奏。

朱批:"该衙门知道。"

《光绪朝朱批奏折》第89辑,第444—445页

264. 江西筹解光绪二十七年第二批厘金京饷银两片

光绪二十七年十一月十八日(1901 年 12 月 28 日)

再,江西应解光绪二十七年分京饷,原奉部拨地丁银三十五万两、厘金银十万两,又续拨地丁银四万两,均经行司遵照筹解。旋奉提解筹给满汉官员及兵丁津贴银十万两,业于第一批解银五万两内解过厘金银二万两,发交商号汇赴江海关道转汇京城交收,附片具奏在案。

今据布政使张绍华详称,动放光绪二十七年厘金银四万两,作为应解二十七年分第二批厘金京饷,遴委试用州判方履中领解,于十一月初八日起程,由水路至九江附搭商轮,赴江海关道衙门转汇交收,除由司给发该委员往来川资及轮船、保险、水脚等费银三百三十六两,又随解由沪汇京汇费银一千一百二十两外,详请奏咨等情前来。除饬续筹拨解暨分别咨明外,所有江西司库筹拨二十七年第二批厘金京饷银两交委解沪转汇京城交收缘由,理合附片陈明,伏乞圣鉴。谨奏。

朱批:"户部知道。"

《光绪朝朱批奏折》第 89 辑,第 445—446 页

265. 奏报江西省本年晚稻收成分数折附清单

光绪二十七年十一月十八日(1901 年 12 月 28 日)

江西巡抚臣李兴锐跪奏,为恭报晚稻收成分数,恭折仰祈圣鉴事。

窃照江西省光绪二十七年早稻收成约收分数,业经臣恭折具奏在案。兹届晚稻刈获之期,据布政使张绍华查明各属收成分数,开单汇报前来。臣逐加查核,江西七十九厅州县内,收成八分者五州县,七分者三十四厅县,六分者二十四厅县,五分者十四州县,四分者二县,通省牵算,合计收成六分有馀。除各属被水、被旱村庄另行核办外,所有晚稻收成分数,理合恭折具奏,并缮清单,敬呈御览,伏乞皇太后、皇上圣鉴。谨奏。光绪二十七年十一月十八日

朱批:"知道了。"

清单

谨将江西省光绪二十七年晚稻收成分数开具清单,恭呈御览。

南昌府属

南昌、丰城、奉新、靖安四县俱七分,义宁、新建、进贤、武宁四州县俱五分。合计府属收成六分。

瑞州府属

高安、上高、新昌三县俱七分。合计府属收成七分。

袁州府属

宜春、分宜、萍乡三县俱七分,万载县六分。合计府属收成六分有馀。

临江府属

清江、新喻二县俱六分,峡江县五分,新淦县四分。合计府属收成五分有馀。

吉安府属

龙泉县七分,莲花、庐陵、吉水、泰和、万安、安福、永宁七厅县俱六分,永丰、永新二县俱五分。合计府属收成五分有馀。

抚州府属

金溪、崇仁、宜黄、乐安、东乡五县俱七分，临川县六分。合计府属收成六分有馀。

建昌府属

南城、南丰、新城、广昌、泸溪五县俱七分。合计府属收成七分。

广信府属

上饶、广丰、铅山、弋阳、兴安五县俱七分，玉山、贵溪二县俱六分。合计府属收成六分有馀。

饶州府属

鄱阳、乐平、浮梁、安仁、德兴、万年六县俱六分，馀干县五分。合计府属收成五分有馀。

南康府属

安义县七分，都昌县六分，星子县五分，建昌县四分。合计府属收成五分有馀。

九江府属

德安县六分，德化、瑞昌、湖口、彭泽四县俱五分。合计府属收成五分有馀。

南安府属

大庾县七分，南康、崇义二县俱六分，上犹县五分。合计府属收成六分。

赣州府属

龙南、安远二县俱八分，定南、雩都、信丰、兴国、会昌、长宁六厅县俱七分，赣县六分。合计府属收成七分有馀。

宁都直隶州属

宁都、瑞金、石城三州县俱八分。合计州属收成八分。

通省牵算，收成六分有馀。

朱批："览。"

正折据《光绪朝朱批奏折》第93辑，第432—433页；清单据台北故宫博物院藏"军机处档折件"附件，文献编号：146621

266. 奉到恩赏"福"字一方、蟒袍一袭谢恩折

光绪二十七年十一月二十日（1901年12月30日）

江西巡抚臣李兴锐跪奏，为恭谢天恩事。

窃臣前派南昌府知府江毓昌恭迎銮驾，呈进方物，于十一月二十日回江，敬捧恩赏"福"字一方、蟒袍一袭到臣，当即恭设香案，望阙叩头祗领讫。伏念臣材惭驽钝，任重封圻。在公悬捧日之心，奉职惕履冰之戒。未克亲随銮辂，复邀贲赐龙纶。宠锡箕畴，羲画仰奎章炳焕；荣褒华衮，虞廷分斧藻光辉。受宠若惊，懔皇言之一字；章身有耀，颁纶綍于九天。自顾何人，膺兹懋赏。臣惟有恪恭素守，勉贡丹忱。祝一人永茂蕃釐，庆延绥履；与万姓同游熙皞，治辅垂裳。所有臣感激荣幸下忱，谨缮折恭谢天恩，伏乞皇太后、皇上圣鉴。谨奏。光绪二十七年十一月二十日。

朱批："知道了。"

《光绪朝朱批奏折》第29辑，第770页

267. 裁撤江西善后局归并派办处并改名为派办政事处片

光绪二十七年十一月二十七日（1902年1月6日）

再，江西自军兴以后，因筹办地方善后事宜，经前抚臣饬设善

后总局,经理一切。迨后军务肃清,因仍未改,名实久已不符。本年因议办新政,头绪纷繁,复经臣饬在藩司署内设立派办处,派委司道常川到处,凡兴学理财、筹饷练兵诸大端,皆由该司道等与地方官绅随时筹商,次第举办,数月以来,颇具条理。惟查善后局事务较简,且多与派办处相为表里,值此裁节用费之际,未便沿袭歧出,致滋冗滥,自应将善后局裁撤,归并派办处,改名曰派办政事处,仍由该司道等督同委员妥为经理,以一事权。据藩、臬两司会详请奏前来,应即照准。除批饬遵照外,理合会同两江督臣刘坤一附片陈明,伏乞圣鉴。谨奏。

朱批:"知道了。"

《光绪朝朱批奏折》第1辑,第343页

268. 江西筹解光绪二十七年十一、十二两个月漕标军饷银两片

光绪二十七年十一月二十七日(1902年1月6日)

再,查前准户部咨,议覆漕运总督松椿奏徐州、清江一带兵力单薄,拟先募四营填防,并请拨饷项以济要需一折,光绪二十六年六月十八日具奏,奉旨:"依议。"钦此。钞录原奏,飞咨遵照。计单内开:漕督奏请先募四营,援案在于江西粮道征存漕项水脚津贴项下每月拨银二千两,自二十六年六月起每月如数解交,专供漕标新军饷项之用等因。业经行据粮道筹解二十六年六月起至二十七年十月止,连闰共十八个月军饷银三万六千两,先后详经奏咨在案。

今据督粮道刘心源详称,于道库漕项内动拨银四千两,作为光绪二十七年十一、十二两个月分漕标军饷,遴委安福守御刘振铎领

解，于本年十一月二十四日起程，解赴漕运总督衙门交纳，详请奏咨等情前来。除咨户部暨漕运总督臣查照外，所有筹拨光绪二十七年十一、十二两个月漕标军饷银两交委领解起程日期缘由，理合附片陈明，伏乞圣鉴。谨奏。

朱批："户部知道。"

《光绪朝朱批奏折》第62辑，第561—562页

269. 九江关短收额外盈馀银两请照案免赔折

光绪二十七年十一月二十七日(1902年1月6日)

江西巡抚臣李兴锐跪奏，为九江关一年期满，短收额外盈馀银两，实因商货滞销，洋税侵占，吁恳天恩，照案免赔，恭折仰祈圣鉴事。

窃照九江关税，每年应征正额银十七万二千二百八十一两三钱六厘、盈馀银三十六万七千两，共银五十三万九千二百八十一两三钱六厘。自咸丰三年贼扰长江，关税停征。同治元年接准户部咨，饬照接到部文之日，作为开关日期，设法整顿，扣足一年，由该抚据实奏报，如有亏短，切实声明，由部酌量情形核办。又于同治三年接准户部咨，该关常税既被洋税侵占，应从同治二年开征起，截至一年关满止，将洋商所运土货另册登记，查明实被侵占若干，于关满时造册送部，以凭查核等因，具奏，奉旨："依议。"钦此。又九江关应征各国风篷、夹板等船船料银两，光绪十九年奉户部奏准，自光绪十六年十二月至十七年十二月关期届满为始，每年准其宽免银二万两，以示体恤。又江西等省解京额木过关，历奉奏准免税放行，由关另册开报。又被灾各省采办赈济米谷，与夫商

贾运赴灾区平粜米石船只过关，行文免征税料，均经验明放行。又各省营调遣裁撤兵勇、运解军需饷银、采办军粮煤炭，以及被灾难民等项船只过关，免征税料，节奉奏经户部议准，作正开除各在案。

兹据九江关监督明徵详称，九、姑两关税务，该关道自光绪二十五年九月十二日接征起，连闰至光绪二十六年闰八月十一日关满止，计收正银二十二万八百二十八两八钱三分，又藩司拨抵兵饷代还二十四年闰三月十一日起至二十五年十二月底止鄂岸应解盐税银三万两，共收正银二十五万八百二十八两八钱三分，耗银一万七千九十三两一钱八分三厘，共征正耗银二十六万七千九百二十二两一分三厘。各国风篷、夹板等船共过四百十五只，按关例核税，应征船料银二万一百二十七两五钱，请照章宽免银二万两。又本届中外失和，沿江一带票匪蠢动，各省入卫援军及添募防勇，共免装勇船只应完船料银二万七千二百五十八两一钱。又免征各省营运解军需饷银、采办军粮煤炭以及赈济平粜米谷与夫被灾难民等项船料银九万九千九百四十两六钱。又二十六年分湖北督销局应解盐税银一万五千两，未准解到，应请作正开除。以上宽免、免征、抵额各数连征存正耗，共银四十三万一百二十两七钱一分三厘，除耗银一万七千九十三两一钱八分三厘不入比较外，实在短收额外盈馀银十二万六千二百五十三两七钱七分六厘。

伏查九江关例征税课，仅只船料、盐、木、茶、竹五项，盈馀原额多至三十六万七千两，本系从前商货旺时所定，道光年间即征不足额，兵燹后情形既迥不如前，又复添设新关分征洋税，而盈馀定额并未减轻。且所征税课，向以船料、盐、木为大宗，长江通商后轮船畅行，向之货物转运、行旅往来皆须雇用民船，今则往来轮船日有数只，不惟商贾附搭，货物亦多被揽载。光绪初年过关轮船每年尚止四五百只，近来竟增至八九百只，轮船大逾民船十数倍，侵占常税何止十数万金？只为定章所格，未能请抵盈馀亏额。此外风篷、夹板等船，亦大逾民船数倍，按照关例核税，暗亏数目不少。光绪二十年以前，江省内河尚无小轮行驶，商旅往来内地，尚须雇坐民船，报完船料。自定内港小轮新章，内河民船亦日见稀少，是以现征船料，止及旺时十之一二。木值一项，从前悉系扎箄下驶，完纳常税，迩来川楚木植均被夹板等船跨带，在江汉关完纳洋税，经过九江，仅止验票放行。盐税自改归各省督销局征解，每年本不过解到银三四万两，现在鄂岸盐税既经停解，而湖南、江西两省亦均截留一成凑解洋款。其馀茶、竹两项，本非常税大宗，中外互市后，洋商购茶较多，所收税课较从前差胜，近年则锡兰、印度等处均自栽种茶树，用机器焙制，贩运各洋，中国茶叶销路遂致渐滞，税收亦因之衰减。竹税向本无几，通年不过数十两。且本届六、七月以后，中外失和，各省汇兑不通，商贾裹足，各关税收均皆短绌，该关一年期满，共征正耗银二十六万七千九百数十两，实已不遗馀力，涓滴归公。其盈馀原额未能征足，委系洋税侵占日甚，北方不靖，商货停销所致。所有本年短收额外盈馀十二万六千二百五十馀两，详请奏恳准免赔缴等情前来。

臣查该监督明徵经征关税，尚属认真，惟该关盈馀额数较他处为重，本届一年期满，征收未能足额，实因上年北方多事，商贩裹足，来源不旺，实属时势使然，并非稽征不力。合无仰恳天恩，俯准将短征盈馀银两免其赔缴，以示体恤，出自逾格鸿慈。除咨户部外，理合恭折具陈，伏乞皇太后、皇上圣鉴训示。再，据该监督声称，此案因上年筹办防务，本年复办饶、建等处教案，是以出详稍稽，合并陈明。谨奏。光绪二十七年十一月二十七日。

朱批："户部议奏。"

《光绪朝朱批奏折》第74辑，第288—291页

270. 奏报江西各属承变各员入官房屋已未完结各案折

光绪二十七年十一月二十七日（1902年1月6日）

江西巡抚臣李兴锐跪奏，为查明江西各属承变各员入官房屋已、未完结各案，循例恭折具陈，仰祈圣鉴事。

窃照咸丰二年二月内准工部咨，各省估变一切房屋，应饬认真督催，据实估变，遵照奏定章程，以接到部文之日起，着落承变之现任州县，勒限两个月，造册报部核办。其已奉部增准者，亦即依限变价解司。并将造报迟延及督催不力各员应议职名，先行送部查议。并令嗣后每年承变已、未完结案件，于年底奏报一次等因。当经前抚臣行司转饬遵办，并经节次严催去后。兹届年底汇奏之期，据布政使张绍华查明已、未完结各案，造册详请核奏前来。

臣查各属承变入官房屋逾限未结各案，叠次严催，未据详办，除饬司查取迟延职名，另行详参，并饬各该府严催，分别造报变解，暨将清册咨送工部查核外，理合循例恭折具奏，伏乞皇太后、皇上圣鉴。谨奏。光绪二十七年十一月二十七日。

朱批："工部知道。"

《光绪朝朱批奏折》第79辑，第677页

271. 奏报江西省光绪二十七年十月分粮价及雨水情形折

光绪二十七年十一月二十七日(1902年1月6日)

江西巡抚臣李兴锐跪奏,为恭报光绪二十七年十月分粮价及地方雨水情形,仰祈圣鉴事。

窃照江西省光绪二十七年九月分市粮价值并雨水情形,业经臣恭折奏报在案。兹据布政使柯逢时查明江西省光绪二十七年十月分米、麦、豆各项粮价,开单汇报前来。臣逐加查核,南昌等十四府州属米价稍增,麦、豆各项价值均与上月相同,省城及各属地方十月内雨泽稍稀,菜麦播种,民情安谧,堪以上慰圣怀。理合恭折具奏,并缮具十月分粮价清单,敬呈御览,伏乞皇太后、皇上圣鉴。谨奏。光绪二十七年十一月二十七日。

朱批:"知道了。"

《光绪朝朱批奏折》第96辑,第968页

272. 年终密陈司道府州各员考语折

光绪二十七年十二月十七日(1902年1月26日)

江西巡抚臣李兴锐跪奏,为密陈司道府州考语,恭折仰祈圣鉴事。

窃照司道府州各员贤否,例应年终出考具奏一次。臣以菲材,蒙恩擢任江西巡抚,每念时局阽危,全在得人而理,到任以来,惟日兢兢,与僚属互相规勉,要使长才益加奋励,而中人以上亦克各尽其能。其有才猷出众而质性不无稍偏,心地光明而肆应未能曲当者,均随时随事裁抑之,总期略短取长,因材器使,共济艰难。兹届年终出考之期,谨就考察所及,填注考语,手缮清单,恭呈御览。臣仍不时留心察看,如有后先易辙、始勤终怠之员,即当据实纠参,不敢稍存瞻顾,以副圣主澄叙官方至意。

再,布政使柯逢时、按察使明徵均甫升授,惟系本省司道递升,臣察识有素,自应一律加考。其盐法道唐椿森、广饶九南道瑞澂均到任未久;南昌府知府江毓昌保荐引见,尚未回任;袁州府知府曹志清终养开缺,早经交卸;临江府知府斌鉴业已病故;吉安府知府许道培以道员归候补班补用,均未补放有人,是以未经注考,合并陈明。伏乞皇太后、皇上圣鉴。谨奏。光绪二十七年十二月十七日。

朱批:"知道了,单留中。"

《光绪朝朱批奏折》第17辑,第174页

273. 甄别贪劣不职文武各员请旨分别斥革折

光绪二十七年十二月十七日(1902年1月26日)

江西巡抚臣李兴锐跪奏,为甄别贪劣不职文武各员,请旨分别斥革,以肃官常,恭折仰祈圣鉴事。

窃臣到任以来,日与文武僚属讲求吏治戎政,择其能者,因材而器使之,其有贪劣昭著之员,均随时据实奏参,不敢稍事容隐。盖以时艰日亟,民困已深,得一循吏,未见即能挽回,用一贪庸,势必日趋败坏,治忽所关,全以用人为枢纽,非细故也。兹查有试用同知郑榜诏,贪黩成性,物议纷腾;丁忧补用通判何家谟,巧于钻营,声名恶劣;大挑试用知县林丙,寡廉鲜耻,有玷官箴;新海防遇缺先补用知县余官濬，性情贪鄙，举动乖谬；试用县丞颜其寿，嗜利忘义，卑鄙无耻；试用巡检王履安，办事操切，任性妄为；试用典史曹龙，行止浮躁，捏事邀功；赣州城守营都司蒋本荣，遇事生风，行为胆大，均应请旨即行革职，以示惩儆。

所有参劾贪劣不职文武各员缘由，理合恭折具陈，伏乞皇太后、皇上圣鉴训示。谨奏。光绪二十七年十二月十七日。

朱批："另有旨。"

《光绪朝朱批奏折》第17辑，第175页

274. 请旨将劣幕朱家骏即行革职并将其捐升湖南道员之案敕部撤销片

光绪二十七年十二月十七日（1902年1月26日）

再，外省各衙门多延幕友襄理公事，遇有品学兼优者，固可藉资臂助，然选聘不得其人，则往往交通胥吏，舞文骫法，适足以害政扰民。江西近年吏治之坏，未始不由于此。新任藩司柯逢时前在臬司任内，经臣督饬整顿刑名，锄除贪暴，查有劣幕，随时饬属驱逐，风气稍为敛戢，然巨蠹不除，终无以收止沸抽薪之效。臣查有候选直隶州知州朱家骏即朱继厚，原籍浙江，寄籍江西浮梁县，在藩司衙门充当幕友，盘踞有年，荐引徒党，把持公事，舞弊营私，声名甚劣。此次柯逢时到任，已加摈退，并未延用。惟该劣幕现已由江西筹饷新捐案内报捐道员，指分湖南试用，将来出仕，势必贻误民生。臣实未敢容隐，相应据实奏参，请旨将候选直隶州知州朱家骏即朱继厚即行革职，并将捐升湖南道员之案敕部撤销，以肃官方。谨附片具陈，伏乞圣鉴训示。谨奏。

朱批："另有旨。"

《光绪朝朱批奏折》第17辑，第176页

附录

光绪二十八年正月初七日内阁奉上谕："李兴锐奏，特参贪劣不职文武各员，请旨分别斥革一折。江西试用同知郑榜诏，贪黩成性，物议纷腾；丁忧补用通判何家谟，巧于钻营，声名恶劣；大挑试用知县林丙，寡廉鲜耻，有玷官箴；新海防遇缺先补用知县余官濬，性情贪鄙，举动乖谬；试用县丞颜其寿，嗜利忘义，卑鄙无耻；试用巡检王履安，办事操切，任性妄为；试用典史曹龙，行止浮躁，捏事邀功；赣州城守营都司蒋本荣，遇事生风，行为胆大，均着即行革职。另片奏，捐升道员、候选直隶州知州朱家骏即朱继厚，在江西藩署充当幕友，把持公事，舞弊营私，着一并斥革，并将该员捐升道员之案即行撤销，以肃官方。该部知道。"钦此。

《光绪朝上谕档》

275. 江西防营遵旨裁挑改为常备续备等军分别教练酌拟军制折附清单*

光绪二十七年十二月十七日（1902年1月26日）

江西巡抚臣李兴锐跪奏，为江西防营遵旨裁挑，改为常备、续

* 《申报》光绪二十八年正月二十四日（1902年3月3日）第10368号第2—3版、正月二十五日（1902年3月4日）第10369号第2版连载此折；光绪二十八年四月十三日（1902年5月20日）第10446号第1版、四月十四日（1902年5月21日）第10447号第1版连载清单。《清代兵事典籍档册汇览》影印清光绪木活字本李兴锐撰《李勉林中丞奏定江西军制》一书（茅海建主编，学苑出版社2005年版，第68册，第513—538页），内容即此折及清单。

备等军，分别教练，酌拟军制，缮列清单，恭折具陈，仰祈圣鉴事。

窃臣于光绪二十七年九月初一日准政务处咨开，七月三十日内阁奉上谕："着各省将军、督抚将原有各营严行裁汰，精选若干营，分为常备、续备、巡警等军，一律操习新式枪炮，认真训练，以成劲旅。"等因。钦此。咨令将绿营防勇通盘筹画，更定兵制，分为三等：一曰常备军，挑选年少精壮，优给饷项，严加训练，按省分大小，酌定一二大枝，于省会及扼要处所屯驻；一曰续备军，分扎训练，饷数差减，亦按省分大小，酌定若干营，延聘教习，实力训练，以成劲旅；一曰巡警军，应将旧有各营裁去老弱浮惰，饷或仍旧，或酌增，另定操章，酌量归并，分拨各处，兼归州县钤束，为巡防警察之用。务于三个月内覆奏等因。咨行到臣。

臣维自古兵制，无有久而不敝者。及其敝而更张之，所用者仍是当时之人耳，而壁垒一新，则军容立壮。故整军经武，非先更定制度无以图成。前古之事，载在史册，历有明征，臣不具论。即如道光、咸丰间，发逆事起，天下制兵无一可以办贼者，故大学士曾国藩以侍郎在籍办团，创练湘军，用以削平大难。而金陵收复之际，曾国藩即谓湘军暮气难可再用，厥后剿平捻逆，又不能不恃淮军。自同治中兴以来，四十年于兹矣，各行省防营仍多沿袭湘、淮旧制，虽有挑练绿营制兵之议，而规制未变，习气亦不能除，糜饷无算，益以疲敝。论者或谓，防勇、练兵虽不足敌外洋百练节制之师，以之剿捕土匪，尚有馀力。不知近日外洋枪炮流入土匪之手，无地无之，此辈又多出自散勇，习知军中情势，大非乌合之众可比，若不急求练兵之道，恐后此并土匪而不能御之，患何胜道！

江西界连闽粤，素多盗匪出没，又九江一带踞长江上游，比年会匪、票匪时有揭竿而起者，在在均需设防，不容稍懈。从前所存各营，就本省饷力勉强支持，有事增募，无事裁撤，军制本多参差。去岁北方之变，征兵入援，加以本省防缉，骤增弁勇九千馀名之多，每营人数或五百有奇，或三四百人，多寡纷杂，训练更难一律。臣去年腊杪到任，当以库空如洗，饷无所出，先将定字营亲兵右营裁去弁勇一千十二名，本年三四月间复将各营分别裁省，共去弁勇二千八百二十八员名，并饬总兵申道发驰赴河南，将北上应援之威武新军四营弁勇、长夫二千六百二十八员名就近资遣回籍，现又将刚字副中营新胜营弁勇八百十名全行撤散。共计裁汰陆营弁勇已不下七千馀名，而仍不及上年所增之数，实缘防务紧要，不敷分布。而且此辈招之甚易，散之则难，其始添一勇，未必即得一勇之力；其后散一勇，即多一匪之虞。只可逐渐清厘，未宜同时并遣。万不得已，又将江军水师全营遣散，腾出饷需，以资应用。现在统计通省所存防勇，共有二十五营。臣先经手定军制，发交司道公同核议，欲使规模画一，庶免纷乱无章。

正在办理间，钦奉前因，复与司道悉心参核，拟就通省形势，划分五路，编立五军，军各五营，营各五哨，哨各五队。大要每军应用统领一员，营官四员，教习五员，哨官二十员，哨长二十名，书识二十五名，护勇一百五十名，队长一百二十五名，步勇、炮勇一千名，火勇一百五十名，共一千五百员名，五军共七千五百员名。别仿古时参军之制，每军派用文案一员，稽核军中文牍。而于省会设立总营务处，以藩、臬两司领之，并派知兵大员专司其事，节制全军。即以中军为常备，专驻省城，日夕操练。其前后左右四军，皆为续备，分驻省外各府州，防守险要地段。各军皆以炮队、步队相辅而行。炮队宜挑选略通文理者，盖演炮须明抛物线之学,而天有寒暑燥湿,则空气阻力不同;地有水陆高下,则地心吸力亦异,而且风势顺逆,皆足以改变弹路,致生诸差,非通文理无从教授。其步队宜以习洋枪为主,放枪亦有仰击、俯击、卧放、滚进诸法,其他如体操口号、健步疾行、逾濠越岭、掘地筑垒、安放地雷电线诸事,均关紧要,拟俟聘定教习,专立课程,即令步队兼习之。西法别有工程队,专为浚濠筑墙之用,而其明习工程者,类能演放枪炮。今中国兵勇尚多不解,专习一端,转失全体,故此时暂不别设工程队,而令步兵兼习之,俟有成效,再为划分。又西北各省多平原旷野,宜用马队,江省则山川修阻,马队似可从缓。至辎重队,本为行军万不可少者,而平时操练,则无藉于此,今惟定以运送之制,留待行军时再举,斯则以经费支绌,不得不权其轻重,分别缓急为之也。

其饷章,现拟略循旧制,酌量核定,计常备军每月应支薪水、口粮、工费等银七千七百二十五两,不加折扣,续备各军则各按八成支发,每军月支银六千一百八十两。合常备、续备五军,月共支银三万二千四百四十两。此外尚有营务处及制造军装等局薪水费用,暨枪炮、器械、旗帜、衣裤、赏恤、医药之资,概另筹给,随时报销,不在额饷之内。此次所定饷数,皆不无稍薄,因限于财力,不得不格外撙节,拟俟将来训练日精,帑藏稍裕,再当逐渐扩充。

臣先经札派督粮兼巡南抚建道刘心源、广饶九南道明徵分诣省外各郡,将所驻防勇逐一点验,留其精壮而汰其老弱,即照现定章程,分别部署,别立新军。一面咨商江南、湖北等省,就原有陆师学堂选聘教习,前来教练。除俟成军之日再另具奏立案外,所有现拟挑汰防营,改立常备、续备等军情形,理合会同两江督臣刘坤一恭折具陈,并将酌议军制缮录清单,恭呈御览。

再,巡警军现拟将绿营制兵、练兵分别裁挑,另行编立,业经咨商督臣刘坤一,汇案会奏。又江西水师,除江军业已裁撤外,尚存赣防、内河两支,共船一百二十二号、弁勇一千四百馀名。河路纷歧,处处须船巡缉,无可再减,容臣督同该军统领妥定操章,认真训练,期成劲旅。至将才端由教育而成,武备学堂之设,尤为经武要图,现经臣督同司道,将文武学堂各事务妥议兴办,容俟规模大定,再另具奏,合并陈明。是否有当,伏乞皇太后、皇上圣鉴训示。谨奏。光绪二十七年十二月十七日。

朱批:"着即妥定操章,督饬认真训练,随时考察,务收实效。单并发。"

清单

谨将江西防营改练常备、续备等军,酌拟军制,缮具清单,恭呈御览。

立军之制

江西防军,遵旨就通省形势,编立常备一军、续备四军,皆为步队,分习枪炮,其马队俟筹有的饷,再议增练。五军之中,以常备军专供征调,续备军分防各属。挑选身材五尺以上,年二十以上、四十以下,膂力强壮、技艺娴熟者为合格,编立常备军。其年力稍不如格者,编(立)〔入〕[①]续备军。成军后,凡充常备军年久、曾经出力而无过犯应行退伍者,亦准随时挑补续备军之额。一体教以战阵,以时训练。其军队之数,常备、续备皆归一律,而饷则有别,制详于后。

---

① 据《申报》《李勉林中丞奏定江西军制》改。下同。

一哨之制

设哨官一员，掌一哨之号令，以听令于营官。哨长一名，副以书识一名，掌治簿书。护勇六名，司旗鼓、(手)〔守〕卫。伙勇一名，司供[①]炊爨。其哨勇分为五队，曰中、曰左、曰右、曰前、曰后。队各有长，长一人[②]，司其队之号令。中队为炮队，前后左右四队俱为枪队。每队步勇八名，各习其技而精练之，居则相亲，战则相助，无或失伍。又伙勇，队各一名，司其队之炊汲。凡哨五队，计哨官一(名)〔员〕、哨长一名、书识一名、护勇六名、队长五名、步勇四十名、伙勇六名，共六十员名。

一营之制

设营官一员，掌一营之号令，以听于其军之统领。教习一员，专司训练。一营之勇，分为中、左、右、前、后五哨，营官自领中哨，不别置哨官、哨长，其馀四哨皆如哨制。凡为营，计营官一员、教习一员、哨官四员、哨长四名、书识五名、护勇三十名、队长二十五名、步勇二百名、伙勇三十名，共三百员名。

一军之制

设统领官一员，掌一军之政[③]令，以听于其上。分其军为中、左、右、前、后五营，以中营为统领坐营，归其自带，不别置营官，馀皆如营制。凡为军，除文案一员不计外，计统领官一员、营官四员、教习五员、哨官二十员、哨长二十名、书识二十五名、护勇一百五十名、队长一百二十五名、步勇一千名、伙勇一百五十名，共一千五百员名。

---

① “供”，《申报》无。

② “人”，《申报》作“名”。

③ “政”，《申报》作“号”。

全军之制

以中军为常备，左、右、前、后四军为续备，凡五军。军各五营，曰中军中营、曰中军左营、曰中军右营、曰中军前营、曰中军后营，冠以“江西常备”四字。续备军仿此。营各五哨，如江西常备中军中营中哨之类。馀仿此。哨各五队，如江西常备中军中营中哨中队之类。馀仿此。各如其制。计全军二十五营，除文案五员不计外，共统领官五员、营官二十员、教习二十五员、哨官一百员、哨长一百名、书识一百二十五名、护勇七百五十名、队长六百二十五名、步勇五千名、伙勇七百五十名，共七千五百员名。

营务处之制

省城设总理营务处，节制全军，水师各营亦(皆)〔归〕节制。以藩、臬两司领之，并派知兵大员专司其事。如无其人，不①必备。设提调一员、文案一员、支应一员、缮校四员，分司文牍、支应各事，以府厅州县佐杂各员选充。别立制造局、军装局，以供军需。全军操防需用军火，取给外洋，本非久计。江省上年曾购机器试办，现复筹款添购②，逐渐扩充，应俟规模大定，另立章程，奏明办理。其军装局向归善后局督办，今善后局已经奏裁，事关军储，应改隶营务处为便。所用委员、司事，各循旧章。防军所驻地段，各有该管镇、道，亦应与闻调遣之事，应加委两镇四道皆兼营务处之衔，各与所在之军时相联络，自营官以下，胥听其节制。各府、直隶州并兼营务处提调之衔，其辖境内所驻营、哨，均听调遣。遇有匪警，准一面禀报，一面派拨，惟不得无故擅动。

文案之制

每军派文案一员，略仿古参军之制，以候补文员之畅晓戎机者

① 《申报》“不”上多一“则”字。

② 《申报》“购”下多“机器”二字。

充之。随驻统领坐营，专司公牍册籍，凡本军弁勇年貌、籍贯、箕斗及驻防处所、操练阵式技艺，详注于册，按季报院[①]及营务处查核。领发饷项、军火，亦归其稽查。如所部有缺额扣饷情弊，准其据实禀揭；扶同隐匿者，并罪之。本军书识、护勇，听其拨用。其所需心红、纸张、油烛，由统领在公费项下供给，不得另行开支[②]。

驻防之制

就全省形势略分五路，省城为中路，以常备全军五营驻之，用备不时之征调。南昌属县及抚州、建昌、广信等府为东路，以续备右军防之，其军后营择要驻附省近地，左营驻抚州，右(军)〔营〕驻建昌，统领率中、前两营驻广信。

瑞州、临江、袁州、吉安四府为西路，以续备左军防之。其军后营驻瑞州、临江两府适中扼要之地，右营驻萍乡，专护矿路，左营驻袁州，统领率中、(军)〔前〕两营驻吉安。

南康、饶州、九江三府为北路，以续备前军防之。南康可不驻营，有事由九江就近调拨。后营驻饶州，左、右、前三营分驻沿江炮台，以固江防，统领率中营驻九江。

南安、赣州、宁都两府一州为南路，以续备后军防之。宁都亦不驻营，有事由赣[③]就近调拨，左、右、后三营分驻沿边要隘，以固边防，前营驻南安，统领率中营驻赣州。

操练之制

每日午前自六点钟起至十点钟止，午后自一点钟起至五点钟

---

① 《申报》“院”上多一“抚”字。

② 此句《申报》《李勉林中丞奏定江西军制》作“不另开支”。

③ 《申报》“赣”下多一“州”字。

止，由营官、教习督领弁勇同赴操场，教以体操口号、步法①、枪炮技艺、阵式，无任怠荒。其装卸药弹、营垒桥道、测量绘图诸事，并时为解说，使之了然。一切（稞）〔课〕程等级及应用器械，由各教习公同酌定，惟精惟一，无或参差。每月逢九为休沐日，准〔其〕②停操休息。常备军除日操之外，每月由统领合五营而试之，四季仲月由营务处覆校一次，岁终则巡抚亲临校阅。续备军分防各属，不能时时调集，除日操、月操由营官、教习、哨官等亲督教练外，其季操由统领按时巡阅，岁终由营务处禀请巡抚，派员前往覆校。军政之年，再听巡抚调集，亲临校阅，次其优劣，明定赏罚而黜陟之，以肃戎政。

军装之制

枪炮为行军利器，各营所习，须归一式。以现定军制计之，除书识、伙勇外，每营应给炮五尊、枪二百二十枝，共需炮一百二十五尊、枪五千五百枝。各营已领者不重领。按照此数核算，多者缴还，少者补发，枪式不一律者缴换。均以精便③者为主，设法筹备。子药随所用之械，按时配发。至拉炮车之马，现时操练，每营暂配用四匹，以资节省。出征时再行加派，五生的以上车炮每尊马六匹，五生的以下车炮每尊马四匹，运送子药车马亦出征时酌量派用。其官弁勇丁冬夏衣裤、战靴、子药袋等皆按名制给，旗帜帐棚按营制给，均一年一换，无任缺乏。此外鼓号、刀斧、锹锄及凡行军所需者，初成军时照数制给一次，均由营务处酌定式样，制办分发，核实开报，不许扣饷。

---

① “法”，《申报》作“伐”。

② 据《申报》《李勉林中丞奏定江西军制》补。

③ “便”，《申报》作“快”。

薪饷之制以军计。

统领月给薪水银一百两。

文案月给薪水银四十两。

营官每员月给薪水银五十两。计四员,支银二百两。

教习每员月给薪水银三十两。计五员,支银一百五十两。

哨官每员月给薪水银十六两。计二十员,支银三百二十两。

哨长每名月给饷银八两。计二十名,支银一百六十两。

书识每名月给饷银四两八钱。计二十五名,支银一百二十两。

队长每名月给饷银四两八钱。计一百二十五名,支银六百两。

护勇每名月给饷银四两五钱。计一百五十(两)〔名〕,支银六百七十五两。

步勇每名月给饷银四两二钱。计一千名,支银四千二百两。

伙勇每名月给饷银三两。计一百五十名,支银四百五十两。

统领兼带一营办公费,月给银一百五十两。

营官办公费,每营月给银一百两。计五营,支银五百两。

拉炮车马,每匹月给喂养银三两。计二十匹,支银六十两。

凡管帐目、军装,书记、工匠薪粮,油烛、纸张等费,均听统领、营官在公费项下自行酌用,不许另支。

以上常备军照全数支给,月共薪水、口粮、公费等项银七千七百二十五两,续备军按八折支给,每军月共支银六千一百八十两,四军共银二万四千七百二十两,合常备、续备月共支银三万二千四百四十五两。其应扣平建,仍照向章办理。营务处及制造、军装两局应支薪水、局费,并制备军装等项工料价值,均另筹给,核实开报。

运送之制

西制有辎重兵，即湘、淮旧制之长夫，为军行所必需。今当教练之初，拟暂不长[①]设，如遇有征调，在本防府州属县以内，道路不远者，由各营自运，毋庸雇用运夫。其开差调往别府州者，准随时雇募运夫，以资运送，惟每队不得过三名，每哨不得过一十五名，每营不得过七十五名，每军不得过三百七十五名。每名每日支给口粮实银八分，自开差起程之日起，至到防之日为止，由统领以下各员开明营数、哨数、队数，何日拔队，何日到防，出具印领，由总理营务处核实支给。若出征他省，辎重较多，临时酌核加给。

恤赏之制

凡弁勇阵亡者，除照例奏恤外，加恤银四十两；受伤头等者，赏银二十两；二等者，赏银十五两；三等者，赏银十两；成废者，另加；官阶大者、资劳深者，俱临时酌量优给。

正折据《光绪朝朱批奏折》第35辑，第56—59页；清单据《李勤恪公奏议》卷一，《天津图书馆孤本秘籍丛书(二)》第697—700页

276. 江西筹解光绪二十七年甘肃新饷第五批银两片

光绪二十七年十二月十七日(1902年1月26日)

再，查前准户部咨，具奏豫估光绪二十七年分甘肃新饷一折，二十六年十一月初三日奉旨："依议。"钦此。计单内开：光绪二十七年甘肃新饷，拨江西省银三十六万两等因。当经行据藩司、粮

① "长"，《申报》无。

道,以前项饷银,司库支绌,万难全筹,详请援照历办成案,于司库地丁厘金项下筹解三分之二银二十四万两、道库漕项等款钱粮内拨解三分之一银一十二万两,陆续起解。前已由司、道两库筹解过银二十万八千两,分作四批,循旧发交商号,汇赴甘肃兑收,详经奏咨各在案。

兹据布政使柯逢时详称,查照部咨,按甘肃库平动放各年各款共银五万两,作为江西奉拨甘肃省光绪二十七年第五批协饷,饬令蔚丰厚商号于十一月二十八日赴库请领,限一百四日汇赴陕甘督臣衙门,转发甘肃藩库兑收,所有馀平银两,已遵照自行扣存。至解此批甘肃新饷银两职名,系江西布政使柯逢时筹解,合并声明。详请奏咨等情前来。臣覆核无异。所有江西筹解奉拨甘肃省光绪二十七年新饷第五批银两交商汇兑,并筹解职名缘由,理合附片陈明,伏乞圣鉴。谨奏。

朱批:"户部知道。"

《光绪朝朱批奏折》第62辑,第605页

277.奏报准补彭泽县署长宁县知县王绳武丁忧开缺折

光绪二十七年十二月十八日(1902年1月27日)

江西巡抚臣李兴锐跪奏,为知县丁忧开缺,恭折具奏,仰祈圣鉴事。

窃臣据布政使柯逢时详,据准补彭泽县、署长宁县知县王绳武禀称,系陕西宝鸡县人,由廪生应光绪十七年辛卯科本省乡试,中式第三十八名举人,二十一年乙未科会试中式第一百九十三名贡士,殿试三甲第四十一名进士,由翰林院带领引见,奉旨:着以知县即用。签掣江西，领照起程，于光绪二十一年十二月十八日到省。委署长宁县知县印务，于二十六年六月初一日受事。题补彭泽县知县，奉部覆准在案。兹于光绪二十七年七月初六日在署长宁县任内闻讣，知本生父谟于光绪二十七年六月初一日在省寓病故。该员先经出继胞伯为嗣，例应丁降服忧，于八月二十日交卸篆务，清理交代任内并无经手未完事件，因葬亲情急，不及守候咨文，即于十一月二十日扶柩起程，回籍守制等情，由司详请具奏前来。

臣覆查无异，应准其回籍守制。除咨陕西抚臣查取族邻甘结，就近送部，并先行钞折咨部开缺外，理合恭折具奏，伏乞皇太后、皇上圣鉴，敕部查照施行。至所遗彭泽县知县，系冲、繁二项相兼中缺，应请照例归部铨选。此案遵章改题为奏，合并陈明。谨奏。光绪二十七年十二月十八日。

朱批："吏部知道。"

《光绪朝朱批奏折》第17辑，第182—183页

278. 新授江西广饶九南道瑞澂到省饬赴新任片

光绪二十七年十二月十八日(1902年1月27日)

再，新授江西广饶九南道瑞澂现已到省，自应饬赴新任。除檄饬遵照外，理合附片陈明，伏乞圣鉴。谨奏。

朱批："知道了。"

《光绪朝朱批奏折》第17辑，第183页

279. 奏报代理长宁县事正任龙南县知县徐清来在任病故日期片

光绪二十七年十二月十八日(1902年1月27日)

再,代理长宁县事、正任龙南县知县徐清来,系浙江省永嘉县举人,因在籍劝办晋豫捐输出力,保以知县选用。复因海运出力,保归知县本班尽先前选用。签掣江西龙南县知县,光绪二十六年十月初九日到任。调委代理长宁县事,于光绪二十七年八月二十日到任。兹于二十七年十一月初七日在任病故,据布政使柯逢时详报前来。臣覆核无异。所遗龙南县知县系四项俱无简缺,江西省现有应补人员,容俟截缺后另行拣员请补。此案有关缺分要件,遵照新章,改题为奏。除咨吏部开缺,暨咨浙江抚臣查照外,理合附片陈明,伏乞圣鉴。谨奏。

朱批:"吏部知道。"

《光绪朝朱批奏折》第17辑,第184页

280. 江西拟于省城设立工艺院收养游民教以工艺片

光绪二十七年十二月十八日(1902年1月27日)

再,江省无业游民,日见其众。此辈皆逸居无教,专以游荡为事,其甚者流而为匪,无所不至。近日议设巡警军,必须清查街道,断难容其游行市面,以致扰害闾阎。泰西各国皆设有教工、教正等院,收养无业游民,教以工艺,其法甚善。《周礼》:"民无常业者,罚之。"盖所以儆游惰而塞盗源,亦正此意。

臣与新任藩司兼署臬司柯逢时再四筹维，拟于省城设立工艺院一所，收诸游荡及曾犯轻罪者，雇派工师，教以工艺。院立三厂，一曰粗工厂，一曰细工厂，一曰学工厂。厂有众人习艺之地，有每人食息起居之舍。粗工如蒲鞋麦扇、草帽麻绳诸事，以教愚贱粗蠢之徒；细工则刷书刻字、织带缝衣、制履结网之属，凡资质稍好者，皆使入而习之；学工厂则凡良家之不肖子弟，父兄师友所不能约束者，听其送院，教以浅近书算及精致工艺，禁锢不令外出，以收其放心而儆其惰行。并购致各种人力小机器，分别教之，各有课程。所习工艺，制成发售，除酌量提还料本外，仍以给付本人。随时察看，已知悔过自新，即行资遣出院，自谋生业。凡院中早作晚息、饮食医药，以至避暑给扇、御寒颁衣，均定有章程，专派委员数人，管理其事。现已先筹集银五千馀两，购地建厂，即日开办。此外一切长年经费，均由外筹款支销。惟草创之初，苦于财用竭匮，院落不能过大，约计以能容二三百人为率。俟学成者遣出，又别行收补。一面通饬各州县就地筹款，各设一院，次第兴举。久之，通省无业游民皆有托业之所，自可永息盗贼之患。臣为警游惰、塞盗源起见，是否有当，理合附片陈明，伏乞圣鉴。谨奏。

朱批："收养游民，教以工艺，最为良法美意，着即认真办理。"

《光绪朝朱批奏折》第26辑，第544—545页

281. 奏报江西现办冬赈各情形片

光绪二十七年十二月十八日(1902年1月27日)

再，江省近年每于隆冬之际，均由司提发赈款银数千两，饬令南昌、新建二县设厂施粥，惟因限于经费，仅止附郭贫民得沾其惠，

不久即撤,未能广济。臣以本年夏间大水之后,乡民失业者众,其穷困不能得食者,竟至掘取蕨根糊口,饥寒交迫,深为可悯。当经饬司提发巨款,办理冬赈,即在省城设立大粥厂二所,听四乡穷民前来就食,于本年十一月二十五日开办两厂,就食者日至五万馀人,拟俟办至明年春间,察看情形,再行分别停止。其馀各州县尚有应办堤工,并经饬行乘冬晴水涸之际,赶紧修筑,就近招集穷民,以工代赈,俾免流离失所。一切需用经费,均由司在于赈捐项下提发,傥有不敷,再于江省前办筹饷新捐款内凑拨,以资赈抚而广皇仁。所有现办冬赈各情形,理合会同两江督臣刘坤一附片陈明,伏乞圣鉴。谨奏。

朱批:"户部知道。"

《光绪朝朱批奏折》第32辑,第215页

282. 江西司库入不敷出欠解各饷请暂展缓折

光绪二十七年十二月十八日(1902年1月27日)

江西巡抚臣李兴锐跪奏,为江西司库入不敷出,通盘筹画,欠解各饷,年内无可腾挪,请暂展缓,俟来年分别缓急,陆续筹解,恭折仰祈圣鉴事。

窃据布政使柯逢时详称,江西司库岁入之款,以地丁、厘金两项为大宗。内有额之地丁、屯粮丁耗等款,新旧并计,岁可收银一百二三十万两,无额之税契,每岁约可收银六七万两,其馀如牙帖、矾税等款,为数不及万两。至厘金,往岁约可收银一百馀万,自将湖口货厘抵偿洋债之后,每年仅能收至八十馀万。以之应解京协各饷并本省水陆防军、绿营兵饷以及廉俸等款,所入不敷所出,叠经各前司详请具奏有案。而近年新添洋款、新增兵饷，虽经奏明提收州县钱价平馀，加收烟酒糖厘、米谷厘金，以及提收各属四分学堂经费抵补，其不敷之数，亦无不于地丁、厘金两项款内凑解。上年北方不靖，派兵入卫，筹办江防，添募防营，置备军装火器，更兼添拨协济直隶军饷、筹办京米运费等款，用款倍增，支绌尤甚。本年虽大局稍定，而和议未成，以前长江一带时有谣传，防务骤难松懈，添拨归还洋款、筹借大差经费等款，均属要需，刻难缓待。兼之今年五、六月间，大雨时行，湖河泛滥，下游各郡多被水灾，地丁收数殊形减色。且厘金一项，亦因人心未靖，商贩停运者多，又以粮价昂贵，将米谷厘金免去数月，收数愈形短绌。是以奉拨解还俄、法、英、德四国洋款银三十万两，汇丰镑款本息银二十一万三千两，均系另行筹款解清。

今查本年自正月起，截至现在止，收过地丁、杂税、税契等款共银九十七万一千八百馀两，厘金收数除由牙厘局拨解水陆各营薪粮、练饷外，计解到司库者共银四十一万两，统计一百三十八万馀两。内解清内务府经费银二万两，固本兵饷银六万两，备荒经费银一万二千两，京官津贴改为加复俸饷银一万两，铁路经费拨还汇丰镑款息银五万两，江西代陕凑还俄法洋款银一万五千两，筹借直隶供支回銮大差经费银六万两，协济直隶军饷银三万两，又解过地丁京饷并由京饷划解各项共银三十一万两，厘金京饷银六万两，东北边防经费拨解吉林兵饷银五万两，协筹京米运费银一万两，海军经费改解北洋银四万两，二十六年海军经费改解北洋银二万两，武卫中军兵饷改解忠毅军刘光才月饷银三万两内动放学堂经费银二万两、税契银一万两，金陵老湘、新湘等营兵饷银五万四千两，筹边军饷改作筹备饷需银八万两，二十六年甘肃新饷司库银四万二千两，本年甘肃新饷司库银一十九万八千两，应协福建饷银等款作补九江货厘拨解长江水师营饷银八万九千九百九十五两六钱四分二厘内动放裁兵节饷银四万五千两、当税银六千两、地丁银二万九千九百九十五两六钱四分二厘，文职二十六年养廉不敷银四万三千五百四两五钱一分九厘，武职二十七年世俸银一万六千两、二十七年兵饷银三万三千二两四钱一分八厘，本省杂支世俸、半俸、茅柃、马船、夫工、食品、仪宪、书工价以及各营武职世俸共银三千六百九十两二钱六分七厘，备荒经费水脚银五十四两六钱，其馀银一十二万馀两，尽数支放。本省防勇薪粮等款不敷之数，系属截留支款，暂行借给，均待续收归还。此外犹有应解地丁京饷银八万两、厘金银四万两，东北边防经费银十万六千两，金陵老湘、新湘等营饷银一万八千两，贵州辛丑年兵饷银二十五万两，贵州辛丑年减解月饷银十二万两，甘肃新饷司库银四万一千两，武卫中军兵饷改解忠毅军刘光才月饷银四万七千八百九十六两五钱九分二厘，筹边军饷改为筹备饷需银八万两，抵补九江货厘拨解长江水师营饷银七万九千四两三钱五分八厘，湖口船厂经费银一万两，程军月饷银一十二万两，十四年至二十六年海军经费共银一百三十一万三千五百两，前福建布政使王德榜定边军饷应还金陵归垫银二万一千八百六十五两零，十一年至二十六年筹边军饷及改作筹备饷需共银九十万五千两，二十、二十一两年旗兵加饷划解云南铜本银二万两，二十七年旗兵加饷项下应解银十万两。其馀旧欠各省常年兵饷等款，数目繁多，难以枚举。

该司职任理财，自当力筹清解，但司库岁入丁、厘等款，只有此数，举凡应解京协各饷，应发本省兵饷及一切坐支等项，无不取给于此。况本年各属多有水旱灾伤，兼以百货滞销，丁、厘两项均各较前短少。所有应解前项各饷，如欲全数解清，实属力有未逮，惟有量入为出，先其所急。拟请年内将地丁京饷银八万两，厘金京饷银四万两，金陵新湘、老湘等营饷银一万八千两，甘肃新饷银四万二千两，均如数解清；至新奉派拨赔款银一百四十万两内本年十一月、来年正月两期共应解银二十三万三千馀两，虽奉加征按粮捐输一款，然所短尚巨，年内收数尤属无几，所有不敷之数，无论如何为难，勉力筹解，以免误期；其本省防勇薪粮暨杂支各项，尚需银一十三万馀两，或皆计口授食，或款关年底，汇集请领，未可停放，均应照数支给；又长江水师营饷、湖口船厂经费，亦关紧要，惟年内出浮于入，为数过巨，能否筹解若干，容俟竭力设法，未敢豫定数目；又甘肃新饷，年内应解来年三分之一，历年多在商号通挪，当此银根紧急，汇兑鲜通，是否仍能照办，现在酌商，另详核办；其馀欠解新旧各饷，年内委实无款可筹，应请展缓，俟来年分别缓急，陆续筹解，邀免开参等情，详请奏咨前来。臣覆加查核，所详委系实在情形，合无仰恳天恩，俯准敕部将江西省欠解前项各饷暂行展缓，统俟来年分别缓急，陆续筹解，免予查参。

所有江西省司库入不敷出，通盘筹画，欠解各饷年内无可腾挪，请暂展缓，俟来年分别缓急，陆续筹解缘由，谨恭折具奏，伏乞皇太后、皇上圣鉴训示。谨奏。光绪二十七年十二月十八日。

朱批："户部议奏。"

《光绪朝朱批奏折》第62辑，第608—611页

283. 九江金鸡坡等处添建改筑炮台以固江防奏明立案折

光绪二十七年十二月十八日（1902年1月27日）

江西巡抚臣李兴锐跪奏，为九江金鸡坡添建炮台，并将岳师门

外原建上下两炮台一律改筑,以固江防,奏明立案,恭折仰祈圣鉴事。

窃查九江,滨临大江,上通武汉,下接皖吴,实江省之门户,亦皖鄂之枢纽,为古来用兵必争之地。光绪初年,曾在该府城岳师门外老鹳塘上下建造暗炮台两座,以资防守,无如年久失修,原初造法亦未尽得形势。且沿江数百里港汊纷歧,炮台过少,布置殊嫌疏漏,历任抚臣屡欲增筑,只以帑藏支绌,工费难筹,因而中止。二十五年五月间钦奉寄谕,以长江紧要,饬令严密设防,即经前抚臣松寿派委前盐法道春顺驰往九江,会同九江镇、道周历履勘,议于老鹳塘之下七里金鸡坡地方,仿照金陵狮子山炮台做法,添建明炮台一座,并将老鹳塘之下炮台一律改筑明台,以期得力,业经前抚臣将大概情形于覆奏筹办江防折内陈明在案。旋即由司在于厘金项下筹拨款项,解交九江道明徵,会同九江镇委员勘估,兴修动工。未久即值中外用兵,江防吃紧,又经前抚臣松寿谕饬该道等将岳师门外之上炮台拆卸,亦改筑明台。并因下游之马当矶与安徽之华阳镇隔江斜对,形势险要,饬令添建炮台一座,一并赶修,俾资捍御。松寿旋即卸事。

嗣据该道禀报,先将金鸡坡新建之台及岳师门外之上下两旧台修筑完竣,计金鸡坡建造炮亭三座,均下砌窨路,内藏子药库,绕以围墙,连购买地基,建造营门、药库、兵房,四围砌筑土垒,外浚濠沟,并自营门前起,至宝塔山下炮台前止,填筑马路一道,除将老鹳塘上下炮台拆卸旧料选用外,实用工料银六千九百四十六两零。又拆改上下两旧炮台,共造炮亭七座、炮罩一座,连子药房、兵房等,及胭脂山顶修建炮罩两座,实用工料银一千三百九十六两零。又酌给新劲、选锋等营在工出力员弁犒赏银二百五十两,统共用银八千五百九十三两零。造具册结，禀经前护抚臣张绍华，批局饬委九江府知府孙毓骏前往验收。兹据该府孙毓骏以验明各炮台工程做法一律如式，工料坚实，委无草率偷减，出具勘结，禀由司局核明，详请奏咨立案等情前来。

臣覆核无异。除饬将用过工料细数核实造册报销，并分咨各部外，所有修筑炮台缘由，理合会同两江督臣刘坤一恭折具陈，伏乞皇太后、皇上圣鉴，敕部查照立案。再，马当矶添造炮台，现已据报工竣，经臣批饬司局委员勘验，俟验收后再行奏报，合并声明。谨奏。光绪二十七年十二月十八日。

朱批："该部知道。"

《光绪朝朱批奏折》第64辑，第774—776页

284. 江西起解光绪二十七年第五批漕折银两片

光绪二十七年十二月十八日（1902年1月27日）

再，江西省应征漕粮骤难规复本色，请循旧折征，叠经奏奉谕旨允准，并据粮道催完光绪二十七年分漕折银二十万两，分作四批，札委试用通判周国琛等领解赴部交收，经臣附片奏报在案。

嗣据督粮道刘心源详称，又催完光绪二十七年分漕折银五万两，作为第五批，札委候补通判高维陈领解，于十一月初二日起程，仍照旧例，由湖北、安徽、江苏、山东、直隶等省正站行走，解赴部库交纳等情前来。臣覆核无异。除照例分别填发勘牌，拨兵护送，饬令该委员小心管解，星速遄行，确探前进，暨咨移部科，并咨前途各督抚一体拨护，以昭慎重，一面严催赶征续解外，所有起解光绪二十七年第五批漕折银两缘由，理合附片陈明，伏乞圣鉴。谨奏。

朱批："户部知道。"

《光绪朝朱批奏折》第71辑，第278页

285. 江西光绪二十七年第七批漕折银两拨付偿款交商汇沪片

光绪二十七年十二月十八日（1902年1月27日）

再，前准部咨，解部漕折应由各省解交江海关，以备归还偿款。并准电开，公约赔款应按月交银行收存。本年腊月二十二日系第一次交银定期，部库腾出之的款内江西漕折银六十万两，应匀作十二次，按月先期解沪等因。当经臣查明漕折未奉部文以前，已解过五批银二十五万两，应由部库拨付，并将截留第六批银五万两改解赴沪交收各缘由，附片奏明在案。

兹据督粮道刘心源详称，复又催完二十七年分漕折银五万两，作为第七批，发交蔚盛长商号，限十二月二十二日以前汇赴江海关道衙门兑收，分期归还偿款，并发给由江西省汇沪汇费银五百两等情，详请奏咨前来。臣覆查无异。除饬赶紧汇解，依限交收，并咨明外务部、户部外，所有二十七年第七批漕折银两拨付偿款交商汇沪缘由，理合附片陈明，伏乞圣鉴。谨奏。

朱批："户部知道。"

《光绪朝朱批奏折》第71辑，第278—279页

286. 江西查核厘卡拟请裁并添设片

光绪二十七年十二月十八日（1902年1月27日）

再，厘金为济饷要需，臣到任后，迭经督同司局严加顿整，并委

员分赴各卡密查。嗣据禀覆，今昔情形悬殊，非裁并局卡，无以节糜费而恤商艰；非添设旱卡，无以杜绕越而裕饷源。当经行司核议去后。

兹据牙厘总局、布政使柯逢时详称，江省港汊纷歧，开办之初，设卡本极周密，经前抚臣先后奏明裁并有案，现在合计有六分局，大小五十四卡。该司稽核卷宗，体察情形，证以委员所禀，诚有可以因时变通，斟酌损益者。如饶州、吉安、抚建、吴城、河口、瑞袁临六分局，并不抽收厘金，仅为稽查而设，无补实政，几等具文，拟请一律裁撤。此外如新喻卡，向以煤厘为大宗，现因煤炭滞销，已详请于袁河口之河湖港地方设卡统收，经过各卡并不再抽，应请将新喻卡裁撤，所有他项货厘即归并临江府属之樟树卡代收。又新建县属之吴城上下两卡，分抽上下水货厘，本各有专司，但聚在一处，究嫌重复，应请并为一卡。又南昌县属之生米卡，吉水县属之住歧卡，收数均属无多，应请将生米卡归并省城外卡，住歧卡归并附近之三曲滩卡。又高安县属之高邮市卡，虽与南昌县属之市汊卡有一河之隔，而相距不及百里，中间并无汊港，不虞偷漏，应请将高邮市卡归并市汊卡。似此分别裁并，于正厘仍无妨碍，既可稍节经费，而商人之受惠实多。顾商情之体恤宜深，而私贩之漏卮尤不可不绝。查南昌县属之荏港及幽兰塘，南康县属之塘江，萍乡县属之湘东，或地方偏僻，或道路纷歧，向为商贩走私之所，拟请于该四处扼要各设旱卡一所。又铅山县属本有车盘一卡，经前抚臣奏明裁撤，将所收茶厘归石塘卡代收，乃自裁撤以后，商人遂多由该处绕越，转致石塘之厘收短绌，应请规复旧制，以重饷需等情，详请具奏前来。臣复详加察核，所拟裁并添设各节，均尚允当。除批饬遵照办理外，谨会同两江督臣刘坤一附片陈明，伏乞圣鉴。谨奏。

朱批："户部知道。"

《光绪朝朱批奏折》第78辑，第450—451页

287. 代奏广东巡抚德寿报效昭信股票银两请移奖其子延庆片

光绪二十七年十二月十八日（1902年1月27日）

再，京外各官报效昭信股票银两，前准部咨，奏定分别照章核奖。查现任广东抚臣德寿，前在江抚任内报效银一万两，经臣咨催覆江核办。兹准咨称，德寿前项报效银两，实不敢仰邀奖叙，嗣准部咨，奉旨着交户部分别核给移奖等因。覆查德寿现有四子，次子延年现任福建厦门道，三子延曾现系内务府造办处郎中，均系实缺，无可请奖；第六子延耆年尚幼稚；惟第四子延庆，由不论双单月候选道，经前出使美日秘国大臣杨儒奏带出洋，三年期满，照章奏保仍以道员归本班尽先选用，并加二品衔，经部核准，归入劳绩班候选。第念德寿世受国恩，涓埃未报，虽奉旨准其移奖，仍未敢仰冀恩施，请据情代奏等因前来。

臣伏查该抚臣报效出于至诚，虽据称不敢请奖，究未便壅于上闻，该抚臣之子二品衔尽先选用道延庆，前曾随同出洋三年之久，于外国交涉事宜必有阅历，现值讲求新政，正须熟悉洋务人员。可否仰恳天恩，俯准敕部带领引见，恭候特沛恩施，谨会同两江督臣刘坤一合词附片具陈，伏乞圣鉴。谨奏。

朱批："延庆着交部带领引见。"

《光绪朝朱批奏折》第83辑，第539页

288. 陈明江西库款支绌情形请将旗兵加饷银十万两饬部改拨片

光绪二十七年十二月十八日(1902 年 1 月 27 日)

再,前准行在户部电咨,新案赔款除各省摊派之外,每年应由部库筹付银三百馀万两,开单指拨江西应解京官津贴改为加复俸饷银一万两、旗兵加饷银十万两,加增边防经费地丁银一万两、厘金银一万六千两、漕折银六十万馀两,令即全数提出,按年分期解交江海关,备还偿款等因到臣。

查江西应解光绪二十七年分京官津贴改为加复俸饷银一万两,又本年应征漕折先经催完五批共银二十五万两,均于未准部咨之前,先后发交商号及委员分别汇解赴京,无从改拨,应由户部设法划解沪关,存备按期应付。其馀漕折及加增边防经费银两,现已分饬司道竭力设措,陆续拨解,总期无误偿还。惟旗兵加饷银十万两,系光绪十二年奉部添拨之款,虽经指定以裁勇所节之饷腾出解部,但原饷系出自厘金,近十数年来子口税单盛行,兼之偏灾屡告,厘收日短,拨款日增,尽数解支,尚多不敷,焉有馀力提出节存?以故历年皆未清解,前抚臣德馨曾经奏明有案。今因派拨赔款,部议仍令筹解,在部臣持筹之苦,固亦出于万不得已,臣渥受厚恩,际兹时局艰危,内外同一窘迫,苟能设法腾挪,敢不力为其难?无如近来司库支绌万分,常年应解各项饷需积欠累累,现又奉派摊筹赔款一百四十万,虽已奏准加征随粮捐输,然甫经开办,收数无多,即使将来照额征足,亦尚不及派数四分之一,所短甚巨。臣与司道昼夜区画,尚无头绪。目前筹解十二月第一期应付之款,皆系东挪西凑,挖肉医疮,以后月月筹拨,益不知如何措手。若再将多年未解之款责令清解,实属力有未逮,势必贻误,据藩司柯逢时详请奏咨改拨等情前来。臣覆加查核,所详委系实在情形,合无仰恳天恩,俯准将旗兵加饷银十万两饬部改拨,以期无误要需。是否有当,理合附片具陈,伏乞圣鉴训示。谨奏。

朱批:"户部议奏。"

《光绪朝朱批奏折》第83辑,第540—541页

289.江西筹解奉拨摊还新定赔款第一期银两片

光绪二十七年十二月十八日(1902年1月27日)

再,前准部咨,新定赔款,江西省每年摊还银一百四十万两。并准行在军机大臣电开,奉旨:"据奕劻、王文韶电奏称,公约第六款内载明,由国家出给保票,付还各款每月给银行董事收存等语,应将全年应付本息匀作十二分,按月摊付。本年十二月一期应付之款,万不可失信外人,现在为期已迫,各该省前次指派之款,按月分匀,赶紧筹措,先期解交上海道转付收存。无论如何为难,不得稍有迟误。"等因。钦此。

臣伏查江西库款,久已入不敷出,近年奉拨饷需、洋债,罗掘俱穷。兹复增此一百四十万之出款,数巨期迫,虽经奏准按粮派捐一项,而每岁以丁粮全额计之,约可得银三十馀万,尚不及赔款四分之一,迭与司道筹商,无不焦思束手。现届第一次应付之期,事关大局,不得不勉为其难,已饬于司库收存二十七年地丁项下借放银四万两、厘金项下借放银二万两,提存候给各款项下借放银五万六千六百六十六两六钱六分六厘,共计银十一万六千六百六十六两

六钱六分六厘,委试用道江峰青解交上海道转付收存,限十二月二十二日以前到沪,作为江西奉拨摊还新定赔款第一期银两。据布政使柯逢时详请奏咨前来。除饬迅速带交,暨咨明外务部、户部外,所有江西筹解奉拨摊还新定赔款第一期银两,委员带赴上海道转付收存缘由,理合附片陈明,伏乞圣鉴。谨奏。

朱批:"户部知道。"

《光绪朝朱批奏折》第83辑,第541—542页

290. 奏报起解本年一至五批漕折银两数目及截留第六批改解赴沪等情形片

光绪二十七年十二月十八日(1902年1月27日)

再,光绪二十七年分漕折银两,前据督粮道催完银二十五万两,先后分作五批,札委试用通判周国琛等领解赴部交收,经臣分次咨明部科,并附片奏报在案。嗣复催据完银五万两,列为第六批,详经缮发咨批、兵牌,委员领解。正拟将委解缘由附片陈明间,适于本年十一月十八日接准行在户部咨,漕折一款全数提出,留作赔款,毋庸解归部库,应先期筹备,解交江海关等因,即经转行遵照办理。

兹据督粮道刘心源详称,查漕折银两第一至第五批委解各员起程已久,不知行抵何处,无从饬令折回,惟第六批委员行尚未远,电饬沿途查询。旋据禀报,该委员甫经行抵德化县城,当即饬令截留,改解赴沪。其未经准咨以前所解五批银二十五万两,屈计程途,不日当可抵部,俟兑收后,应请由部库拨付江海关,作为赔款。其馀截存未解及续行催收之银,容再督催,先期解沪,不敢稍涉迟

延,致滋贻误等情前来。臣覆查无异,所有未接部文以前起解漕折银二十五万两及截留第六批改解各缘由,理合附片陈明,伏乞圣鉴,敕部查照施行。谨奏。

朱批:“户部知道。”

《光绪朝朱批奏折》第83辑,第542—543页

291. 本年江西省查无特旨交办事件亦无拿获盗案未完起数事折

光绪二十七年十二月十八日(1902年1月27日)

江西巡抚臣李兴锐跪奏,为江西省查无特旨交办事件,亦无拿获盗案未完起数,恭折仰祈圣鉴事。

窃查前准部咨,咸丰元年七月初六日奉上谕:“各省大吏有察吏安民之责,即如缉捕一端,已叠经申谕,力求整顿之方。着该督抚等各饬所属文武严密查拿,以期消患未形,毋得因循坐误。并着于年终将特旨交办事件并拿获盗案除办结外,其未完若干案分晰开单,并将现办情形具奏,以备查核。”等因。钦此。钦遵办理在案。兹据按察使柯逢时以光绪二十七年分江西省查无特旨交办事件,亦无拿获盗案未完起数,无凭开单等情,具详前来。臣覆核无异,理合恭折具奏,伏乞皇太后、皇上圣鉴。谨奏。光绪二十七年十二月十八日。

朱批:“该部知道。”

中国第一历史档案馆藏“宫中档案全宗·朱批奏折”,档号:04—01—01—1051—064

292. 奏请以邓承渭补授临江府知府折

光绪二十七年十二月二十四日(1902 年 2 月 2 日)

江西巡抚臣李兴锐跪奏,为遴员请补知府,恭折仰祈圣鉴事。

窃照临江府知府斌鉴病故,经臣附片陈明,所遗临江府知府系冲、繁二项相兼中缺,声明江西省现有应补人员扣留外补在案。查同治八年七月初十日准吏部奏明改定:嗣后轮补、升调遗、病、故、休选缺,先尽候补班前酌补一人,次将候补正班酌补一人。又光绪十三年十月奏定章程内开:道、府、同知、直隶州知州、通判、知州、知县升调所遗及告病、病故、休致,以及佐贰杂职并盐务等官,无论何项所出留补选缺,及河工等官,除坐补原缺、裁缺即用、回避即用、新选新补、留省另补人员不计外,无论何项到班,仍以五缺计算。先用郑工新班遇缺先二人、海防新班先一人,无人,用郑工新班遇缺先人员抵补。至第四缺,海防即、海防先分班轮用一人,第一轮用海防即人员,第二轮用海防先人员,海防先无人,仍用海防即人员,海防即无人,用旧例银捐遇缺先人员,如无人,用旧例银捐遇缺人员,再无人过班,即接用各项轮用班次一人,以五缺为一周。又光绪十七年三月奏定章程内开:嗣后各省道、府以至未入流并盐务、河工等官,轮用郑工遇缺先及新海防遇缺先两项时,无论请补何项所出之缺,均核其截缺月分,以六个月为限,在省加捐班次人员,以该省接到新班过班知照部文在六个月以外之缺方准请补;领照赴省人员,以到省后在六个月以外所出之缺方准请补。又光绪二十二年九月奉到变通遇缺先抵补章程内开:嗣后京外各官内选外补,凡以五缺计算者,第一、第二缺用新海防遇缺先二人;第三缺用旧海防先一人,无人用郑工遇缺先抵,再无人过班,即毋庸再以新海防先抵补;第四缺旧例海防即与旧例海防先分班轮用,无人用旧例遇缺先,无人用旧例遇缺,再无人过班,即用各项班次一人。查现在第三、第四缺多系无人,则五缺之中,只有第一、第二用新海防遇缺先二人,第三、第四无人,第五用各项一人,合计六缺之中,新海防遇缺先可得其四,各项可得其二。如均有人,仍照旧轮办理。应以接到此次部文以后所出之缺,概照新章办理各等因。

江西省知府病、故、休一项,上次用至候补班先,后又用卓异升补改简另补之员,不积各项班次。今临江府病故一缺,查坐补原缺、裁缺即用、回避即用、留省另补均无人,按班应用郑工新班遇缺先,该班无人,应用新海防遇缺先用之人。查有新海防遇缺先补用知府邓承渭,年五十二岁,湖北江陵县人。由附贡生于光绪四年捐助晋赈,议叙郎中,分部行走,并赏戴花翎。九年三月,蒙钦派王大臣验看,签分兵部职方司兼武库司行走。十四年,投效河南河工。十五年,郑州大工合龙案内保奏,以在工异常出力,请以知府不论双单月归部选用,是年十一月奉旨:“依议。”钦此。十八年六月,在部遵例报捐指省分发江西试用,蒙钦派王大臣验看,经吏部带领引见,奉旨:“着照例发往。”钦此。领照起程,光绪十八年八月十九日到江,二十一日坐掣第一名。试用期满,甄别留省,堪以繁缺补用在案。嗣遵新海防例捐银,请遇缺先补用免试用。接准部文,系光绪二十二年四月二十日发行,按江西照限六十日减半计算,应以二十二年五月二十日作为遇缺先补用到省日期。系作为到省后六个月以外所出之缺,例得请补。该员留心吏治,资劳颇深,堪以请补临江府知府,与例相符,应积新海防遇缺先补用班之缺。据藩司兼署臬司柯逢时会详请奏前来。

合无仰恳天恩,俯准将邓承渭补授临江府知府。如蒙俞允,该员系遇缺先知府请补知府,衔缺相当,毋庸送部引见,亦例不核计参罚。谨会同两江总督臣刘坤一合词恭折具奏,伏乞皇太后、皇上圣鉴训示。再,此案藩司于光绪二十七年十二月二十日出详,合并陈明。谨奏。光绪二十七年十二月二十四日。

朱批:"吏部议奏。"

《光绪朝朱批奏折》第17辑,第213—215页

293. 奏请以杨炤补授龙南县知县折

光绪二十七年十二月二十四日(1902年2月2日)

江西巡抚臣李兴锐跪奏,为遴员请补知县,以资治理,恭折具奏,仰祈圣鉴事。

窃照赣州府属之龙南县知县徐清来病故,经臣附片陈明,所遗龙南县知县,系四项俱无简缺,声明江西省现有应补人员扣留外补在案。查定例,知县告病、病故、休致所出之选缺,以一缺题补各项候补并进士即用人员,以一缺题补本班前先用大挑举人,以一缺题补本班大挑举人。又光绪十三年十月奏定章程内开:道、府、同知、直隶州知州、通判、知州、知县升调所遗及告病、病故、休致,以及佐贰杂职并盐务等官,无论何项所出留补选缺,及河工等官,除坐补原缺、裁缺即用、回避即用、新选新补、留省另补人员不计外,无论何项到班,仍以五缺计算。先用郑工新班遇缺先二人、海防新班先一人,无人,用郑工新班遇缺先人员抵补。至第四缺,海防即、海防先分班轮用一人,第一轮用海防即人员,第二轮用海防先人员,海防先无人,仍用海防即人员,海防即无人,用旧例银捐遇缺先人员,

如无人,用旧例银捐遇缺人员,再无人过班,即接用各项轮用班次一人,以五缺为一周。又,此次新例报捐人员,惟知县一项,郑工新班遇缺先、郑工新例分缺先、分缺间、捐纳试用本班尽先、捐纳试用并候补、委用、议叙、捐输、孝廉方正报捐各本班尽先人员,遇轮补、升调所遗及告病、病故、休致之缺到班时,于各本班中先用正途出身及曾任知县、曾任实缺应升知县者二人,再用各本班中各项出身者一人;如正途出身及曾任知县、曾任实缺应升知县无人,即用各项出身之人。其旧例人员再捐过入新例者,应归新例人员内一律补用。又光绪十七年三月奏定章程内开:嗣后各省府、道以至未入流并盐务、河工等官,轮用郑工遇缺先及新海防遇缺先两项时,无论请补何项所出之缺,均核其截缺月分,以六个月为限,在省加捐班次人员,以该省接到新班过班知照部文在六个月以外之缺方准请补;领照赴省人员,以到省后在六个月以外所出之缺方准请补。又光绪二十二年九月奉到变通遇缺先抵补章程内开:嗣后京外各官内选外补,凡以五缺计算者,第一、第二缺用新海防遇缺先二人;第三缺用旧海防先一人,无人用郑工遇缺先抵,再无人过班,即毋庸再以新海防先抵补;第四缺旧例海防即与旧例海防先分班轮用,无人用旧例遇缺先,无人用旧例遇缺,再无人过班,即用各项班次一人。查现在第三、第四缺多系无人,则五缺之中,只有第一、第二用新海防遇缺先二人,第三、第四无人,第五用各项一人,合计六缺之中,新海防遇缺先可得其四,各项可得其二。如均有人,仍照旧轮办理。应以接到此次部文以后所出之缺,概照新章办理各等因。

江西省知县病、故、休遗缺,上次用至大挑正班,后又用至新海防遇缺先用一人止。今龙南县一缺,查坐补原缺、裁缺即用、回避即用、留省另补均无人,按班应用郑工新班遇缺先,该班无人,应连用新海防遇缺先用人员。上次已用过正途出身二人,此次应用各项出身之人。查有新海防遇缺先各项出身知县名次在前之杨炤,年三十七岁,山西省朔平府右玉县人。由监生在直隶捐局遵新海防例报捐知县,指分江西试用,蒙钦派大臣验看引见,奉旨:"着照例发往。"钦此。领照起程,光绪十六年九月二十三日到江。在江西山东赈捐局报捐同知升衔,十月二十一日签掣第三名。试用期满,甄别留省补用在案。嗣遵新海防例捐银,请遇缺先补用免试用。接准部文,系光绪二十一年六月二十日发行,按江西照限六十日减半计算,应以二十一年七月二十日接到部文,作为遇缺先补用到省日期。嗣因劝办顺直赈捐出力,保俟补缺后以直隶州知州用。系作为到省后六个月以外所出之缺,例得请补。该员年力强盛,勤廉自爱,堪以请补龙南县知县,与例相符,应积新海防遇缺先补用班之缺。据藩司兼署臬司柯逢时会详请奏前来。

合无仰恳天恩,俯准将杨炤补授龙南县知县。如蒙俞允,该员系遇缺先补用知县请补知县,衔缺相当,毋庸送部引见,亦例不核计参罚。再,此案遵章改题为奏。又,藩司于光绪二十七年十二月二十日出详,合并陈明。谨会同两江督臣刘坤一合词恭折具奏,伏乞皇太后、皇上圣鉴训示。谨奏。光绪二十七年十二月二十四日。

朱批:"吏部议奏。"

《光绪朝朱批奏折》第17辑,第215—218页

294. 新建县知县文聚奎请开缺回籍修墓折

光绪二十七年十二月二十四日(1902年2月2日)

江西巡抚臣李兴锐跪奏,为知县请开缺回籍修墓,恭折具奏,

仰祈圣鉴事。

窃臣据布政使柯逢时详,据正任新建县知县文聚奎禀称,现年六十二岁,湖南衡阳县人。由监生报捐翰林院待诏,改捐州判,归部选用。因在直隶防守黄河出力,保以知县分发省分补用,并戴蓝翎。遵例捐指江西,并加同知衔,领照到省。补授新喻县知县。光绪二年丁母忧,回籍守制。服满起复,由籍请咨赴部,遵例捐分江西,领照到江。奏补瑞金县知县。光绪十一年筹解协饷案内,保以同知在任候补。复在贵州抵饷捐局加捐盐运同衔。调补新建县知县,光绪十三年五月初十日到任。十五年,苏浙赈捐案内奖换花翎。是年,于办理郑工赈务出力案内,保以同知得缺后以应升之缺升用。历奉调署宁都、南昌、安福、吉水、新喻、丰城、上高等州县篆务,现已交卸回省。所有新建县本任及调署各任,交代均已清楚,结报在案,并无经手未完事件。伏念服官江右三十馀年,原籍祖茔久未展省,近得家信,知坟冢年久失修,颇多倾圮,若不早为修治,必致日就荒芜,理合出具亲供,邀取同乡官印结,禀请开缺回籍修墓等情,由司详请具奏开缺前来。

臣覆查无异,应准其开缺回籍修墓。除咨湖南抚臣饬取该员原籍族邻各结送部,并先行钞折咨部开缺外,理合恭折具陈,伏乞皇太后、皇上圣鉴,敕部核覆施行。至所遗新建县知县,系冲、繁、难三项相兼调补要缺,容俟接准部覆截缺后,照例拣员另行调补。此案遵章改题为奏,合并陈明。谨奏。光绪二十七年十二月二十四日。

朱批:“吏部知道。”

《光绪朝朱批奏折》第17辑,第218—219页

295. 饬令新授江西按察使明徵赴任片

光绪二十七年十二月二十四日(1902 年 2 月 2 日)

再,新授江西按察使明徵,现已交卸广饶九南道篆务来省,自应饬赴新任,以专责成。除檄饬遵照外,理合附片陈明,伏乞圣鉴。谨奏。

朱批:"知道了。"

《光绪朝朱批奏折》第 17 辑,第 220 页

296. 汇奏江西省光绪二十七年夏季分委署代理州县印务各员片

光绪二十七年十二月二十四日(1902 年 2 月 2 日)

再,案准吏部咨,钦奉上谕:"嗣后各省州县,无论奏调、委署、代理,着每届三月汇奏一次。"等因。钦此。钦遵在案。兹据布政使柯逢时详称,光绪二十七年夏季分奏调、委署、代理知县印务,所有上高县知县江召棠委署庐陵县知县,布政使理问王鹏翼委代安福县知县,建昌府经历张文濂委代新城县知县,馀干县县丞张树芬委代该县印务,试用知县贺义行委代馀干县知县,补用知县徐宝锷委署会昌县知县,试用通判胡先翥委代赣县知县,即用知县石长祐委署新喻县知县,试用通判吴兰颐委代吉水县知县,试用知县王正煇委署新城县知县,试用知县郭立朝委代贵溪县知县,大挑知县孙如瑸委署万年县知县,候补知县钟祖彤委署信丰县知县,共十三员,造册具详前来。臣覆核无异,除清册咨部外,理合附片具陈,伏乞圣鉴。谨奏。

朱批:“吏部知道。”

《光绪朝朱批奏折》第17辑,第220—221页

297. 汇奏江西省光绪二十七年夏季分暂时署理同知知县印务各员片

光绪二十七年十二月二十四日(1902年2月2日)

再,案准部咨,各省委署丞倅等官及试用州县委署员缺,系暂时署理者,与实缺调署不同,均毋庸附折具奏,令各该督抚按季恭疏具题。其实缺州县调署,仍照例随时具奏等因。兹据布政使柯逢时详称,光绪二十七年夏季分,有因事故同知、知县离任,所遗印务系属委员暂时署理,所有九江府同知恩彦委署吉安府莲花厅同知,补用知县徐宝锷委署会昌县知县,即用知县石长祐委署新喻县知县,试用知县王正煇委署新城县知县,大挑知县孙如瑸委署万年县知县,候补知县钟祖彤委署信丰县知县,共六员,造册具详前来。臣覆核无异,除清册咨部外,此案遵照新章,改题为奏,理合附片陈明,伏乞圣鉴。谨奏。

朱批:“吏部知道。”

《光绪朝朱批奏折》第17辑,第221页

298. 江西裁撤水陆各营弁勇名数截止薪粮日期片

光绪二十七年十二月二十四日(1902年2月2日)

再,前准户部咨,并案议覆御史梁俊等各折钞发章程内开:各省防军、练勇、水师兵勇,以后如有增减勇数、饷数,随时奏咨立案

等语。历经遵照办理。兹查江西防军，上年因筹办江防、保护教堂及派兵北援，骤增多营，巡防填扎，并未筹有的饷。臣到任后，因库藏支绌万分，北方和局业已大定，先后饬将定字营、亲兵右营及北援之威武四营全数裁撤，并将分防各营酌裁弁勇二千八百馀名，以节饷糈，均经奏报在案。

旋又钦奉谕旨，饬令认真裁汰。现复经臣饬据司道筹议，酌将江军水师营弁勇八百九十一员名内，留长龙炮船一号、哨官一员、勇丁二十二名，护解盐饷，拨归内河水师营督率操防，其馀弁勇八百六十八员名概行裁撤，薪粮截至光绪二十七年九月底止。又新胜营弁勇五百零六员名，内于光绪二十七年九月内裁撤弁勇四百零五员名，薪粮截至九月底止，其馀弁勇一百零一员名于十月内裁撤，薪粮截至是月底止。又刚字副中营弁勇五百零六员名全数裁撤，薪粮截至二十七年十月底止。均另给恩饷一个月，以示体恤。据派办政事处司道详请具奏前来。臣覆核无异，除照录清单咨部查核外，理合附片陈明，伏乞圣鉴。谨奏。

朱批："户部知道。"

《光绪朝朱批奏折》第35辑，第60—61页

299. 奏报江西各营更换统带管带衔名片

光绪二十七年十二月二十四日（1902年2月2日）

再，各省防营更换统带、管带员弁，或移扎他处，均应奏报。历经遵办在案。兹查刚字副中营营官候补都司钟起鹏，于光绪二十七年八月初二日病故，所遗之差，当委补用都司申玉衡暂行代办。该营旋即裁撤，申玉衡另行差委。又威武新军中、左、右、前、后五

营,因原统之广东雷琼镇总兵申道发,现经两江督臣刘坤一奏委署理南赣镇篆,不克兼顾,改委刚字前营营官补用副将蒋必望代统,兼带中营,分驻省城东路巡防,于十月十二日接管。其刚字中、左、右、前、后五营,仍归申道发统带,分驻南、赣、吉、宁等府州属巡防。至蒋必望所遗之刚字前营营官事务,委前带刚字副中营续经裁撤之补用都司申玉衡管带,于十月二十八日接办。又统带赣州镇标选锋左右两营南赣镇总兵何明亮,于十一月初六日交卸,所遗统带事务,归现署南赣镇总兵广东雷琼镇总兵申道发接管。又管带军装所壮勇补用知府徐元霖,于十一月二十一日交卸,所遗之差,委补用知府但培良即于是日接管。据派办政事处司道汇详请奏前来。所有各营更换统带、管带衔名缘由,理合附片陈明,伏乞圣鉴。谨奏。

朱批:"兵部知道。"

《光绪朝朱批奏折》第48辑,第134—135页

300. 江西筹解光绪二十七年甘肃新饷第六批银两片

光绪二十七年十二月二十四日(1902年2月2日)

再,查前准户部咨,具奏预估光绪二十七年分甘肃新饷一折,二十六年十一月初三日奉旨:"依议。"钦此。计单内开:光绪二十七年甘肃新饷,拨江西省银三十六万两等因。当经行据藩司、粮道,以前项饷银,司库支绌,万难全筹,详请援照历办成案,于司库地丁厘金项下筹解三分之二银二十四万两,道库漕项等款钱粮内拨解三分之一银一十二万两,陆续起解。前已由司、道两库筹解过银二十五万八千两,分作五批,循旧发交商号,汇赴甘肃兑收,详经奏咨各在案。

兹据布政使柯逢时详称,查照部咨,按甘肃库平动放厘金银二

万两,并移准粮道筹拨道库钱粮银三万两,共银五万两,作为江西奉拨甘肃省光绪二十七年第六批协饷,饬令蔚丰厚商号于十二月二十三日赴库请领,限一百四日汇赴陕甘督臣衙门,转发甘肃藩库兑收。所有馀平银两,已遵照自行扣存。至解此批甘肃新饷银两,系江西布政使柯逢时筹解银二万两,江西督粮道刘心源筹解银三万两,合并声明。详请奏咨等情前来。臣覆核无异。所有江西筹解奉拨甘肃省光绪二十七年新饷第六批银两交商汇兑,并筹解职名缘由,理合附片陈明,伏乞圣鉴。谨奏。

朱批:"户部知道。"

《光绪朝朱批奏折》第62辑,第618—619页

301. 庐陵县绅士刑部七品小京官周锡藩报效巨款恳恩赏给郎中遇缺先选用片

光绪二十七年十二月二十四日(1902年2月2日)

再,据调署南昌府知府查恩绥转据庐陵县绅士刑部七品小京官周锡藩禀称,江西连年水旱,办理工赈,需用浩繁,现又钦奉谕旨,建设学堂,所需更巨。该绅稔知时局窘迫,筹款维艰,变易家产,报效银二万两,藉纾微悃,不敢仰邀奖叙等情前来。臣当因省城开办大学堂,建造堂舍,购置书器,在在需款,而江省库空如洗,又奉派拨新案赔款一百四十万之多,顾此失彼,筹措正难,即将前项银两饬司兑收,拨作大学堂开办经费,应用在案。

伏查该绅周锡藩,善怀素具,每遇地方义举,无不慷慨乐施,不求闻誉。如近年重建庐陵学宫,筹办本邑工赈,及公车、廪局、育婴、积谷等项,均经该绅捐资助成,统计不下二万八千馀金,皆未请

奖。其急公好善,出于至诚。今复仰体时艰,报效巨款,以济公家之急,实属深明大义,虽据声称不敢邀奖,究亦未便没其悃忱。近年各省士庶由贡、监生报效银一万两者,一经督抚臣具奏,无不立沛恩施,赏给郎中、道、府等官,历办有案。即照捐例,由七品小京官捐升分部郎中遇缺先选用案十成银数,不过需银一万五千馀两。现据报效银二万两,核计有盈无绌。合无仰恳天恩,俯准将刑部七品小京官周锡藩赏给郎中遇缺先选用,以昭激劝,出自逾格鸿慈。是否有当,理合会同两江督臣刘坤一附片具陈,伏乞圣鉴。谨奏。

朱批:"着照所请,该部知道。"

《光绪朝朱批奏折》第80辑,第723—724页

302. 江西筹解光绪二十七年第八批解清地丁京饷银两片

光绪二十七年十二月二十四日(1902年2月2日)

再,江西应解光绪二十七年分京饷,原奉部拨地丁银三十五万两、厘金银十万两,又续拨地丁银四万两,均经行司遵照筹解。旋奉提拨筹给满汉官员及兵丁津贴银十万两内解过地丁银八万两,又划解直隶教案赔款银四万两,又拨解京城各国使馆所占民房价银二万两,又拨解京城官兵恩赏俸饷银十万两,又解京城部库京饷银七万两,先后七次发交商号及委员领解赴江海关道,转汇京城交收,均经奏咨在案。

兹据布政使柯逢时详称,动放光绪二十七年地丁银八万两,作为二十七年分第八批解清地丁京饷,饬令蔚盛长、蔚长厚等商号于十二月初十日赴库请领,限本月二十八日汇至江海关道衙门投兑,

转汇京城交收。除由司发给该商号等由江西至沪汇费银八百两、又由沪汇京汇费银二千二百四十两外，详请奏咨等情前来。除分咨外，所有江西司库筹拨二十七年第八批解清地丁京饷银两交商汇沪转汇京城交收缘由，理合附片陈明，伏乞圣鉴。谨奏。

朱批："户部知道。"

《光绪朝朱批奏折》第89辑，第458—459页

303. 江西筹解光绪二十七年第三批解清厘金京饷银两片

光绪二十七年十二月二十四日(1902年2月2日)

再，江西应解光绪二十七年分京饷，原奉部拨地丁银三十五万两、厘金银十万两，又续拨地丁银四万两，均经行司遵照筹解。旋奉提解筹给满汉官员及兵丁津贴银十万两，业于第一批解银五万两内解过厘金银二万两，又第二批解赴京城部库厘金银四万两，先后发交商号并委员解交江海关道转汇交收，均经臣附片具奏在案。

今据布政使柯逢时详称，动放厘金银四万两，作为二十七年第三批解清厘金京饷，遴委候补知县杨炤领解，于十二月二十三日起程，由水路至九江附搭商轮，赴江海关道衙门转汇交收。除由司给发该委员往来川资及轮船、保险、水脚等费银三百三十六两，又随解由沪汇京汇费银六百一十六两外，详请奏咨等情前来。除分别咨明外，所有江西司库筹拨二十七年第三批解清厘金京饷银两交委解沪转汇京城交收缘由，理合附片陈明，伏乞圣鉴。谨奏。

朱批："户部知道。"

《光绪朝朱批奏折》第89辑，第459—460页

304. 江西刘必荣等员请袭世职遵旨汇陈折

光绪二十七年十二月二十六日(1902年2月4日)

江西巡抚臣李兴锐跪奏,为请袭世职,遵旨汇陈,恭折仰祈圣鉴事。

窃查前准部咨,同治元年二月十六日奉上谕:"御史卞宝第奏办理恤典,请除积弊一折,军兴以来,各省官绅临阵捐躯、殉难者,及各该督抚奏请旌恤,无不立予褒扬,以奖死事而励忠节。嗣后阵亡、殉难各员子孙承袭世职,兵部行文各该督抚,转饬各该州县,将应袭职名迅速行查,径行具报督抚,毋庸由府司转详,予限半年,汇案具奏,以免烦扰。"等因。钦此。又查江西省各项世职,前因人数日增,支食俸银为数甚巨,且接续投报,尚无底止,曾经前抚臣酌拟发标学习及年未及岁世职,凡系承袭骑都尉、云骑尉、恩骑尉者,均分别全俸、半俸,各减四成支发,其发标世职截至光绪九年底止,共计四百八十三员,即以此数作为定额,遇续投验及已投验而未奉部覆者,均作为额外候补。又额外人员,以奉部奏准承袭收标之日起,准其先行注册,遇有额缺,挨次顶补,不给俸银,俟补缺以后照新章给俸。至年未及岁世职,不请定额,于奉旨请袭之后,及岁之前,一体支给减成半俸等因。奏准部覆,遵办各在案。

兹查有新建县在本邑太平乡督团与贼打仗力竭捐躯都司职衔刘松池之嫡长曾孙刘必荣,接袭云骑尉世职,以年已及岁,请验看发标。又据寄籍德化县、原籍江南江都县,在湖北防守省城城陷阵亡,原任湖北归州后营游击陶得寿之嫡长曾孙陶绍祖,接袭云骑尉世职,以年已及岁,请验看发标。又据贵溪县在泸溪县属之蔡家岭地方遇贼打仗阵亡廪生王琢之嫡长曾孙王贵生，请接袭恩骑尉世职各等情，由各该县取具供图册结，详送前来。臣覆核无异。查刘必荣、陶绍祖、王贵生经臣验看，均年盛志美，堪以承袭。俟钦奉恩准之日，作为收标日期，仍照新章，挨次顶补缺额后照章给俸。谨缮清单，恭呈御览。除将供图册结送部外，理合恭折具陈，伏乞皇太后、皇上圣鉴。谨奏。光绪二十七年十二月二十六日。

朱批："兵部议奏，单并发。"

《光绪朝朱批奏折》第 48 辑，第 135—136 页

305. 查明本年江西被灾各属应征新旧钱漕等款恳恩分别蠲缓折

光绪二十七年十二月二十六日(1902 年 2 月 4 日)

江西巡抚臣李兴锐跪奏，为查明光绪二十七年江西省被水、被旱、被风各属应征新旧钱漕等款，吁恳天恩，俯准分别蠲免、缓征、递缓，以舒民力，恭折缮单，仰祈圣鉴事。

窃查光绪十一年十二月二十一日钦奉上谕："嗣后各省奏请蠲缓，务将各属银米等项分县开单，俟降旨允准后，即照单开数目刊刻誊黄，遍行晓谕。"等因。钦此。钦遵在案。查江西省光绪二十七年入春以来，雨旸时若，惟五月初一日以后大雨滂沱，通宵达旦，河水宣泄不及，陡成巨涨，而下游之水复倒灌顶阻，纵横泛溢，以致沿河民屯低田、芦洲均被淹浸，庐舍圩堤亦多遭冲倒溃决，间有损伤人口情事。当经饬属确查抚恤，并由臣与司道等各捐廉俸，采买米石，运回赈济，业将筹办情形奏明在案。嗣复钦奉懿旨，颁发内帑银五万两，遵即督同藩司查明受灾较重各属，酌量匀发，核实散

放，并饬将积水疏消，补种晚禾，奈节候已迟，秋收失望。其馀高阜田禾杂粮，正值秀发之际，又因六月中旬以后晴霁日久，缺水滋培，渐形黄萎，并有被风摧残之处，虽经各属督率农业人等，分别设法车戽灌荫，收成不无歉薄。据各厅州县先后禀报，经臣批司遵照部定新章，转饬该管知府确切查勘，据实详办去后。

兹据布政使柯逢时详称，据署南昌府知府查恩绥亲诣义宁、南昌、新建、进贤、武宁等州县，代理临江府知府邓在岷亲诣清江、新淦、新喻、峡江等县，署吉安府知府沈璘庆亲诣莲花、庐陵、永丰、泰和、安福、永新等厅县，饶州府知府齐兰亲诣鄱阳、馀干二县，南康府知府叶庆增亲诣星子、都昌、建昌等县及安义县之寄庄建昌县各处，九江府知府孙毓骏亲诣德化、德安、瑞昌、湖口、彭泽等县暨九江府同知所辖各乡都图甲民屯田地、芦洲处所，督同各印官逐一确切履勘，被水、被旱、被风各灾情形轻重不同，早晚两稻、杂粮收成均甚歉薄，且多系连年受灾之区，元气未复，民力尤为拮据，请将未完新旧钱漕、芦课分别蠲免、缓征、递缓，声明勘实之日，遵奉部定新章，先出简明告示，即日停征，示内注明某某乡都图甲被灾民屯田地、芦洲顷亩及应蠲免、缓递银米各数，遍贴晓谕，俾使周知。并据丰城、吉水、万安、金溪、德兴、万年、安义等县，各以本年偶被水旱，虽经勘不成灾，然均系历受灾歉地方，民困未苏，体察情形，仅能催征本年新赋，难以带纳旧粮，请将未完原缓各年银米再行推展年限带征各等情，分别开具清折，由司核明，汇开各都图甲清单，详请具奏等情前来。

臣覆加查核，均属实在情形，所请蠲缓之处，委系无力输将。合无仰恳天恩，准将单开勘实被灾之义宁、南昌、新建、进贤、武宁、清江、新淦、新喻、峡江、莲花、庐陵、永丰、泰和、安福、永新、鄱阳、馀干、星子、都昌、建昌、德化、德安、瑞昌、湖口、彭泽、九江府同知所辖之南、九二卫及安义之寄庄建昌，又虽未成灾而民困未苏之丰城、吉水、万安、金溪、德兴、万年、安义等厅州县未完新旧钱漕芦课，分别蠲免、缓征、递缓，以纾民力而广皇仁。容俟钦奉谕旨，敬谨刊刷誊黄，颁发各属遵照，遍贴晓谕，务使小民普沾实惠，吏胥无可私侵，以期仰副皇太后、皇上轸念民艰之至意。所有各属被水冲决圩堤，已酌量轻重，筹给修费，饬令督率农民人等赶紧修筑完固，以卫田庐。除饬将递缓钱漕各细数取造册结，并分造细册，另行咨部备核外，谨会同两江督臣刘坤一恭折，由驿驰陈，并缮清单，敬呈御览，伏乞皇太后、皇上圣鉴。谨奏。光绪二十七年十二月二十六日。

朱批："另有旨。"

《光绪朝朱批奏折》第68辑，第790—792页

附录

光绪二十八年正月十一日内阁奉上谕："李兴锐奏，查明上年江西被灾各属，恳恩分别蠲缓新旧钱漕等项，开单呈览一折。江西南昌等府所属各厅州县，上年五、六月间被水、被旱、被风，虽情形轻重不同，收成均甚歉薄，若将应征新旧钱漕等项照常征收，民力实有未逮。加恩着照所请，所有勘实被灾之义宁等厅州县，并九江府同知所辖之南、九二卫及安义之寄庄建昌，又勘未成灾、民困未苏之丰城等厅州县，均着将应征新旧钱漕、芦课分别蠲免、缓征、递缓，以纾民力。该抚即按照原单所开各厅州县村庄顷亩分数，应蠲、应缓银两米石各数，刊刻誊黄，遍行晓谕，务使实惠均沾，毋任吏胥舞弊，用副朝廷轸念民艰至意。该部知道，单并发。"钦此。

《光绪朝上谕档》

306. 奏报九江新关第一百六十二结征收支存洋药税厘数目折

光绪二十七年十二月二十六日(1902 年 2 月 4 日)

江西巡抚臣李兴锐跪奏,为九江新关第一百六十二结期满,并征洋药税厘及支销实存数目,恭折具奏,仰祈圣鉴事。

窃据九江关监督明徵详称,案奉行准部咨,嗣后务将洋药税厘专折奏报,不得并入洋税结内声叙,以清眉目。又,嗣后实存银两,务须列入次结旧管,按结跟接奏报,毋得遗漏各等因。遵查九江新关征收洋税,以英月三个月为一结,前经截至光绪二十六年十一月初十日第一百六十一结止,业将收支洋药税厘数目及进口箱数分晰开折,详请具奏在案。兹自光绪二十六年十一月十一日起,至二十七年二月十二日止,第一百六十二结期满,共收各国及招商局轮船进口洋药税厘银五万五千四百八十四两,共支解税厘银一万六千九百九十一两五钱八厘,又提还上结支款不敷、融借此结洋药厘银九千六百九十三两四钱四分五厘。除支解提还外,实存本结洋药税银八千八百零四两七钱一分六厘、洋药厘银一万九千九百九十四两三钱三分一厘,又存旧管第一百六十一结洋药税银九百九十五两六分六厘,总共实存税厘银二万九千七百九十四两一钱一分三厘,现均凑解洋款,容归下结开除。开列详细清单,详请具奏等情前来。臣覆核无异,除分咨户部、外务部外,理合恭折具奏,并缮清单,敬呈御览,伏乞皇太后、皇上圣鉴。谨奏。光绪二十七年十二月二十六日。

朱批："该部知道，单并发。"

《光绪朝朱批奏折》第74辑，第302—303页

307. 奏报九江新关第一百六十二结洋税收支数目折

光绪二十七年十二月二十六日（1902年2月4日）

江西巡抚臣李兴锐跪奏，为九江新关第一百六十二结洋税收支数目开列清单，恭折具陈，仰祈圣鉴事。

窃查案准户部咨，各海关征收洋税及收支数目，按结开列清单奏报一次。仍按四结奏销一次，一面造具四柱清册，暨支销经费银两清册，分送户部暨总理各国事务衙门核销等因。历经遵办在案。兹据九江关监督明徵详称，查九江新关征收洋税，以英月三个月为一结，前经截至光绪二十六年十一月初十日第一百六十一结止，业将征收各数开单，详经奏咨。今自光绪二十六年十一月十一日起，至二十七年二月十二日止，第一百六十二结期满，共收各国及商局轮船并夹板船正半子口各税及船钞银五万六千二百三十五两七钱三厘，共支解银十六万三千二百三十七两五钱五分八厘，又上结支款不敷、融借此结银十九万二千六十九两六钱七厘，实不敷各国轮船税银二十万九千一百八十两二钱七分七厘、商局轮船税银八万九千八百九十一两一钱八分五厘。其本结支款内，扣解部库四成各国轮船税银一万八百十六两二钱九分二厘，内应提解加放俸饷银六千两，实剩四成税银四千八百十六两二钱九分二厘，又扣解部库五成二厘商局轮船税银四千八百四十二两九钱二分七厘，以上三款，均经遵照奏案，凑解洋款。又应解外务部三成罚款银二十六两六钱，又三成中国船钞银十二两五钱七分，容分别归入下结提还

及批解清款等情，详请奏明前来。臣覆核无异，除分咨户部、外务部外，理合恭折具陈，并缮清单，恭呈御览，伏乞皇太后、皇上圣鉴。谨奏。光绪二十七年十二月二十六日。

朱批："该部知道，单并发。"

《光绪朝朱批奏折》第74辑，第304—305页

308. 奏报江西省光绪二十七年十一月分粮价及雨雪情形折

光绪二十七年十二月二十六日(1902年2月4日)

江西巡抚臣李兴锐跪奏，为恭报光绪二十七年十一月分粮价及地方雨雪情形，仰祈圣鉴事。

窃照江西省光绪二十七年十月分市粮价值并雨水情形，业经臣恭折奏报在案。兹据布政使柯逢时查明江西省光绪二十七年十一月分米、麦、豆各项粮价，开单汇报前来。臣逐加查核，南昌等十四府州属米、麦、豆各项价值均与上月相同。省城及各属地方十一月内雨泽稍稀，惟据南昌、新建、武宁、义宁、新昌、万载、峡江、临川、金溪、东乡、广昌、上饶、玉山、弋阳、贵溪、铅山、广丰、鄱阳、馀干、乐平、浮梁、安仁、德兴、万年、星子、建昌、都昌、安义、彭泽等州县先后禀报，十一月十五、十六、十七、十八、十九等日得雪，以上各州县同其馀各属均菜麦长发，民情安谧，堪以上慰圣怀。理合恭折具奏，并缮具十一月分粮价清单，敬呈御览，伏乞皇太后、皇上圣鉴。谨奏。光绪二十七年十二月二十六日。

朱批："知道了。"

《光绪朝朱批奏折》第96辑，第981页

309. 奏请以南城县知县洪汝濂与湖口县知县倪廷庆对调折

光绪二十八年正月二十八日(1902 年 3 月 7 日)

江西巡抚臣李兴锐跪奏,为现任知县例应回避,拣员对调,恭折奏祈圣鉴事。

窃查定例,现任官员原籍与任所在五百里以内者,准该督抚酌量改调回避。兹查有湖口县知县倪廷庆,于光绪二十六年四月十五日到任。该员系安徽桐城县人,原籍安徽桐城县城内至练潭镇六十里,练潭镇至冷水铺三十里,冷水铺至怀宁县三十里,怀宁县至黄石矶三十里,黄石矶至吉阳洲三十里,吉阳洲至东流县三十里,东流县至马渡口二十里,马渡口至香口二十里,香口至马当三十里,马当至江西彭泽县三十里,彭泽县至芙蓉墩十五里,芙蓉墩至老店十五里,老店至湖口县交界流澌桥地方四十里,共计三百八十里,系在五百里以内。据该员于到任后查明具详,由藩、臬两司转详前来。

臣查湖口县知县倪廷庆原籍距任所系在五百里以内,自应照例回避改调。湖口县系冲、繁、难三项相兼要缺,前经臣奏请以安福县简缺知县陆善格调补在案。旋于光绪二十七年十月初二日接准吏部咨覆,查要缺回避对调人员,应于字项相同之缺拣选对调。今湖口县知县系冲、繁、难三项要缺,安福县知县系简缺,缺项不同,虽据声称通省三字要缺知县内非现居要缺,即人地不宜,无可对调之员,请以安福县简缺知县陆善格与湖口县知县倪廷庆对调之处,系不在例准声明之列。所有请以安福县知县陆善格与回避原籍之湖口县知县倪廷庆繁简对调之处,应毋庸议。应令于三字要缺知县内拣选调补,如三字要缺内无可对调之员,自应将该员开缺,归于回避即用班内另补。再该员于何年月日具禀,折内并未声叙,应令随案声叙,以备查核等因。光绪二十七年七月三十日发报具奏,九月初五日接到八月十六日奉朱批:"依议。"钦此。相应知照,坐八月二十一日等因。准此,自应遵照办理。

兹经臣与藩、臬两司在于通省三字要缺知县内逐加遴选,查有南城县知县洪汝濂,年七十三岁,安徽泾县人。由增生于皖南肃清案内保以训导不论双单月遇缺即选。又于肃清陕北案内保请免选训导,以教谕不论双单月遇缺尽先即选,并戴蓝翎。又于荡平金积堡案内保奏,同治十年十月初三日奉上谕:"着免选本班,以知县分发省分,归候补班前补用。"钦此。光绪二年四月,经简派大臣验看,堪以分发,签掣江西,复经钦派王大臣验放,奏请发往,奉旨:"依议。"钦此。领照到江,期满甄别。题署瑞昌县知县,光绪九年四月二十七日到任。旋在福建茶药捐局报捐同知升衔,试署期满,奉文准其实授。调补南城县知县,于光绪十六年八月二十九日到任。十八年,大计保荐卓异,接准部覆。旋由顺直赈捐奖换花翎,并加四品衔。二十四年三月初四日交卸,卓异、俸满并案请咨赴部引见。二十四年八月初四日,经吏部带领引见,奉旨:"洪汝濂着回任,准其卓异加一级,仍注册候升。"钦此。领照回江。二十五年二月二十一日回任。调署万载县知县。该员任内并无展参有关降调之案。臣查洪汝濂老练朴实,尽心民事,堪以调补湖口县知县。所遗南城县知县员缺,查倪廷庆平实廉静,义利分明,堪以对调,均属人地相宜。据藩司柯逢时、臬司明徵会详请奏前来。

合无仰恳天恩,俯准将湖口、南城二县互相对调,以收得人之效。至该二县均系三字要缺，对品更调，衔缺相当，均毋庸送部引见，亦例不核计参罚。再，湖口县知县倪廷庆呈请回避，于光绪二十六年七月初八日出详，系在三月限内，合并陈明。谨会同两江总督臣刘坤一合词恭折具奏，伏乞皇太后、皇上圣鉴训示。谨奏。光绪二十八年正月二十八日。

朱批："吏部议奏。"

《光绪朝朱批奏折》第17辑，第315—317页

310. 汇奏江西省光绪二十七年秋季分委署代理州县印务各员片

光绪二十八年正月二十八日（1902年3月7日）

再，案准吏部咨，钦奉上谕："嗣后各省州县，无论奏调、委署、代理，着每届三月汇奏一次。"等因。钦此。钦遵在案。兹据布政使柯逢时详称，光绪二十七年秋季分奏调、委署、代理州县印务，所有铅山县知县陈元焯委署万安县知县，试用知县沈秉权委代安福县知县，候补知县梁继泰委署永新县知县，准补宜春县知县张督委署东乡县知县，试用知县黄曾诒委代德化县知县，分缺先补用通判余本寯委署大庾县知县，试用知县黄天怀委署南康县知县，东乡县知县戚扬委署南昌县知县，试用知县王渭滨委代新建县知县，南康县知县孔昭珍委署丰城县知县，补用知县邵作宾委署靖安县知县，万年县知县钟秉谦委署高安县知县，试用知县王毓鋆委代新淦县知县，试用知县张树森委代庐陵县知县，试用知县黄锡光委署贵溪县知县，试用知县汪培委署鄱阳县知县，候补知县李相委署乐平县知县，大挑知县陈廷业委代龙南县知县，试用知县丰和委代安远县

知县，大庾县知县彭厚基委署新昌县知县，大挑知县贺昌祺委代新淦县知县，饶州府通判吴凤来委署峡江县知县，临川县知县郑恭委署庐陵县知县，试用知县张树森委代万安县知县，上高县知县江召棠委署临川县知县，试用知县郭立朝委代安仁县知县，试用知县武光樽委署都昌县知县，即用知县张之锐委署赣县知县，即用知县张肇基委署龙南县知县，候补知县邓祥霖委署安远县知县，龙南县知县徐清来委代长宁县知县，共三十一员，造册具详前来。臣覆核无异，除清册咨部外，理合附片具陈，伏乞圣鉴。谨奏。

朱批："吏部知道。"

《光绪朝朱批奏折》第17辑，第317—318页

311. 汇奏江西省光绪二十七年秋季分暂时署理同知通判知县印务各员片

光绪二十八年正月二十八日(1902年3月7日)

再，案准部咨，各省委署丞倅等官及试用州县委署员缺，系暂时署理者，与实缺调署不同，均毋庸附折具奏，令各该督抚按季恭疏具题等因。兹据布政使柯逢时详称，光绪二十七年秋季分有因事故同知、通判、知县离任所遗印务，系属委员暂时署理，所有候补知县梁继泰委署永新县知县，莲花厅同知唐继周委署九江府同知，分缺先补用通判余本寯委署大庾县知县，试用知县黄天怀委署南康县知县，补用知县邵作宾委署靖安县知县，试用知县黄锡光委署贵溪县知县，试用同知徐之莘委署饶州府通判，试用知县汪培委署鄱阳县知县，候补知县李相委署乐平县知县，饶州府通判吴凤来委署峡江县知县，试用知县武光樽委署都昌县知县，试用同知洪子煃委署赣州府定南厅同知，

即用知县张之锐委署赣县知县，即用知县张肇基委署龙南县知县，候补知县邓祥霖委署安远县知县，龙南县知县徐清来委代长宁县知县，共十六员，造册具详前来。臣覆核无异，除清册咨部外，此案遵照新章，改题为奏，理合附片陈明，伏乞圣鉴。谨奏。

朱批："吏部知道。"

《光绪朝朱批奏折》第17辑，第318—319页

312. 奏报萍乡县知县吴忠谦在任病故日期片

光绪二十八年正月二十八日（1902年3月7日）

再，萍乡县知县吴忠谦，系浙江省石门县监生，由指分江西试用府照磨报捐知县，仍指江西试用，旋遵新海防例捐遇缺先补用免试用。题补萍乡县知县，光绪二十七年十二月十七日到任。兹于二十七年十二月二十五日在任病故，据布政使柯逢时详报前来。臣覆核无异，所遗萍乡县知县系稍冲兼繁中缺，江西省现有应补人员，容俟截缺后另行拣员请补。此案有关缺分要件，遵照新章，改题为奏。除咨吏部开缺，暨咨浙江抚臣查照外，理合附片陈明，伏乞圣鉴。谨奏。

朱批："吏部知道。"

《光绪朝朱批奏折》第17辑，第319页

313. 奏报九江新关第一百六十三结洋税收支数目折

光绪二十八年正月二十八日（1902年3月7日）

江西巡抚臣李兴锐跪奏，为九江新关第一百六十三结洋税收

支数目开列清单，恭折具奏，仰祈圣鉴事。

窃查案准户部咨，各海关征收洋税及收支数目，按结开列清单奏报一次。仍按四结奏销一次，一面造具四柱清册暨支销经费银两清册，分送户部暨总理各国事务衙门核销等因。历经遵办在案。兹据九江关监督明徵详称，查九江新关征收洋税，以英月三个月为一结，前经截至光绪二十七年二月十二日第一百六十二结止，业将征收各数开单，详经奏咨。今自光绪二十七年二月十三日起，至五月十五日止，第一百六十三结期满，共收各国及商局轮船并夹板船正半子口各税及船钞银二十八万八百三十三两六钱三厘，共支解银三十万五千九百九两一钱五厘，又上结支款不敷、融借此结银二十九万九千七十一两四钱六分二厘，总共支解银六十万四千九百八十两五钱六分七厘，实不敷各国及招商局轮船税银三十二万四千一百四十六两九钱六分四厘。其本结支款内，扣解部库四成各国轮船税银七万四千五十四两六钱九分四厘，内应提解加放俸饷银六千两，又预先拨解银五万两，尚存银一万八千五十四两六钱九分四厘，又扣解部库五成二厘商局轮船税银三万七千七百九十四两一钱五分二厘，除预先拨解银一万五千两外，尚存银二万二千七百九十四两一钱五分二厘。以上三款，均已遵照奏案，凑解洋款。又应解外务部三成罚款银二两三钱七分，又三成中国船钞银三十四两三钱二分，又三成各国船钞银三百十五两七钱二分，亦均报解，容归下结提还清款等情，详请奏明前来。臣覆核无异，除分咨户部、外务部外，理合恭折具奏，并缮清单，恭呈御览，伏乞皇太后、皇上圣鉴。谨奏。光绪二十八年正月二十八日。

朱批："该部知道，单并发。"

《光绪朝朱批奏折》第74辑，第310—311页

314. 奏报九江新关第一百六十三结征收支存洋药税厘数目折

光绪二十八年正月二十八日(1902 年 3 月 7 日)

江西巡抚臣李兴锐跪奏,为九江新关第一百六十三结期满,并征洋药税厘及支销实存数目,恭折具奏,仰祈圣鉴事。

窃据九江关监督明徵详称,案奉行准部咨,嗣后务将洋药税厘专折奏报,不得并入洋税结内声叙,以清眉目。又,嗣后实存银两,务须列入次结旧管,按结跟接奏报,毋得遗漏各等因。遵查九江新关征收洋税,以英月三个月为一结,前经截至光绪二十七年二月十二日第一百六十二结止,业将收支洋药税厘数目及进口箱数分晰开折,详请具奏在案。兹自光绪二十七年二月十三日起,至五月十五日止,第一百六十三结期满,共收各国及招商局轮船进口洋药税厘银五万九千四百八十八两,除支解税厘银四万四千三百九十三两八钱五分六厘外,实存本结洋药税银一万三千二十九两三钱一分二厘、洋药厘银二千六十四两八钱三分二厘,又存旧管第一百六十一二等结税厘银二万九千七百九十四两一钱一分三厘,总共实存税厘银四万四千八百八十八两二钱五分七厘,现经凑解洋款。开列详细清单,详请具奏等情前来。臣覆核无异,除分咨户部、外务部外,理合恭折具奏,并缮清单,敬呈御览,伏乞皇太后、皇上圣鉴。谨奏。光绪二十八年正月二十八日。

朱批:“该部知道,单并发。”

《光绪朝朱批奏折》第 74 辑,第 311—312 页

315. 奏报江西省光绪二十七年十二月分粮价及雨雪情形折

光绪二十八年正月二十八日(1902年3月7日)

江西巡抚臣李兴锐跪奏,为恭报光绪二十七年十二月分粮价及地方雨雪情形,仰祈圣鉴事。

窃照江西省光绪二十七年十一月分市粮价值并雨雪情形,业经臣恭折奏报在案。兹据布政使柯逢时查明江西省光绪二十七年十二月分米、麦、豆各项粮价,开单汇报前来。臣逐加查核,南昌等十四府州属米、麦、豆各项价值均与上月相同。省城及各属地方十二月内雨泽调匀,惟据莲花厅及分宜、瑞昌、德化、湖口、丰城、进贤、奉新、靖安、高安、上高、宜春、清江、新喻、新淦、庐陵、吉水、永丰、万安、龙泉、泰和、安福、永新、永宁、宜黄、乐安、南城、南丰、新城、德安、大庾、兴国、安远、龙南、石城、瑞金、雩都等厅县先后禀报,于十二月十二、十三、十四、十五、十六、二十二、二十三、二十四、二十五等日得雪,以上各厅县同其馀各属均菜麦长发,民情安谧,堪以上慰圣怀。理合恭折具奏,并缮具十二月分粮价清单,敬呈御览,伏乞皇太后、皇上圣鉴。谨奏。光绪二十八年正月二十八日。

朱批:"知道了。"

《光绪朝朱批奏折》第96辑,第993—994页

316. 代奏前护理陕西巡抚李有棻守制服满呈请起复片

光绪二十八年正月三十日(1902 年 3 月 9 日)

再,据前护理陕西巡抚、布政使李有棻呈称,窃有棻于光绪二十五年八月二十九日在护理陕西巡抚任内接到家信,知亲母黄氏于七月二十二日在籍病故,当经请旨交卸护抚篆务,回籍守制。到籍之后,即值北方拳匪构乱,警报频传,长江一带会、票各匪时虞窃发,经前抚臣松寿奏派督办江西全省团练事务,驻省经理一年有馀。迨上年秋间,因和局大定,地方渐就安谧,始呈请撤局,回籍终制。兹自闻讣之日起,不计闰,扣至二十七年十一月二十九日服满,例应起复。伏念有棻受恩深重,值此时事艰难,曷敢稍耽安逸?现拟摒挡一切,定于正月内起程北上,泥首宫门,藉抒犬马依恋微忱,呈请代奏等情前来。

臣查该藩司李有棻,老成练达,乡望素孚,前年在籍办理团防,颇著成效。嗣因款议告成,大局渐定,即经臣附片奏明,准其销差终制。今据报服满起复,该藩司在籍并无经手未完之件,应令刻日起程赴京,以遂其恋阙之忱。除取具供结咨部外,理合附片陈明,伏乞圣鉴。谨奏。

朱批:"知道了。"

《光绪朝朱批奏折》第 17 辑,第 329—330 页

317. 奏请将前调之在任候选道开缺广西横州知州王芝祥仍以道员留江委用片

光绪二十八年正月三十日(1902 年 3 月 9 日)

再,臣前以讲求交涉,需才孔亟,查有广西横州知州王芝祥,体

用兼赡，卓尔不群，于光绪二十七年四月二十四日附片具奏，请旨饬将王芝祥开缺，调赴江西差委补用，奉朱批："着照所请，该部知道。"钦此。遵即咨行查照去后。兹该员王芝祥已于二十七年十一月初十日驰抵江西省城，惟据禀称，该员未奉行知之先，于二十七年七月由秦晋赈捐案内报捐道员在任候选，领有执照，今已奉旨开缺离任，自应即过道班。臣查该员于中西兵略，素所究心，甲午年曾在本籍办理团练，颇有成效。嗣赴横州知州任，募勇缉匪，尤著能声。江西现在改定军制，设立常备、续备等军，讲习洋操，正需将才，拟即委令专统一军，俾收经武整军之效。合无仰恳天恩，俯准将前调之在任候选道、开缺广西横州知州王芝祥，仍以道员留于江西差委补用。俟该员经手事件完竣，再行给咨送部引见，出自逾格鸿慈。除咨部外，理合附片具陈，伏乞圣鉴训示。谨奏。

朱批："着照所请，该部知道。"

《光绪朝朱批奏折》第17辑，第330—331页

318. 九江下游马当矶建造炮台请敕部立案片

光绪二十八年正月三十日（1902年3月9日）

再，九江下游之马当矶，滨临大江，形势险要。因光绪二十六年七月间北方拳匪事起，中外用兵，江防吃紧，经前抚臣松寿饬令九江镇、道详加履勘，议在该矶前后山分建炮台五座，拨营驻守，估定工料价值，饬由藩司在于厘金项下筹拨款项，檄委补用知县沙昌寿会同营员督匠兴筑。嗣据该委员沙昌寿禀报工竣，计建造四十磅炮台二座、六磅炮台三座、平炮台一座、官厅四间、兵房十间，连子药库、营门及砌筑窨路等工，共实用工料银六千九百三十两零，

造具册结，呈请验收等情，即经臣批饬司局委员勘验，并于奏报九江金鸡坡及岳师门外分别添建、改筑炮台折内声明，马当矶添造炮台，现已据报工竣，俟验收后再行奏报等因在案。兹据布政使柯逢时会同派办政事处司道详称，前项台〔工〕①，〔遵〕即饬委彭泽县知县赵峻前往，按照原估做法逐一勘验，均尚如式，委系工坚料实，并无草率偷减，出具勘结，呈由该司道等核明，详请奏咨立案等情前来。

臣查马当矶距彭泽三十里，左襟横山，右带香口，内与浮梁、鄱阳等县陆路相通，外与安徽华阳镇隔江斜对，实为天然形胜。从前屡经勘议，皆谓宜于该处建台设防，只因工费未易筹措，迄未举办。此次经前抚臣松寿筹款修筑，布置极为合法，足以巩固江防。合无仰恳天恩，俯准敕部查照立案，以资捍御。除饬将用过工料细数核实造报，并分咨各部外，所有马当矶建造炮台缘由，理合会同两江督臣刘坤一附片具奏，伏乞圣鉴训示。谨奏。

朱批："该部知道。"

《光绪朝朱批奏折》第64辑，第777页

319. 奏报九江新关第一百六十四结征收支存洋药税厘数目折

光绪二十八年正月三十日(1902年3月9日)

江西巡抚臣李兴锐跪奏，为九江新关第一百六十四结期满，并征洋药税厘及支销实存数目，恭折具奏，仰祈圣鉴事。

窃据九江关监督明徵详称，案奉行准部咨，嗣后务将洋药税厘

① 底本残缺，据《申报》光绪二十八年三月二十五日(1902年5月2日)第10428号第14版《光绪二十八年三月初十日京报全录》补。下同。

专折奏报,不得并入洋税结内声叙,以清眉目。又,嗣后实存银两,务须列入次结旧管,按结跟接奏报,毋得遗漏各等因。遵查九江新关征收洋税,以英月三个月为一结,前经截至光绪二十七年五月十五日第一百六十三结止,业将收支洋药税厘数目及进口箱数分晰开折,详请具奏在案。兹自光绪二十七年五月十六日起,至八月十八日止,第一百六十四结期满,共收各国及招商局轮船进口洋药税厘银六万三千五百四十七两,除支解税厘银三千七百六十二两五钱六分四厘外,实存本结洋药税厘银五万九千七百八十四两四钱三分六厘,又存旧管各结税厘银四万四千八百八十八两二钱五分七厘,总共实存税厘银十万四千六百七十二两六钱九分三厘,现经凑解洋款。开列详细清单,详请具奏等情前来。臣覆核无异,除分咨户部、外务部外,理合恭折具奏,并缮清单,敬呈御览,伏乞皇太后、皇上圣鉴。谨奏。光绪二十八年正月三十日。

朱批:"该部知道,单并发。"

《光绪朝朱批奏折》第74辑,第312—313页

320. 奏报九江新关第一百六十四结洋税收支数目折

光绪二十八年正月三十日(1902年3月9日)

江西巡抚臣李兴锐跪奏,为九江新关第一百六十四结洋税收支数目开列清单,恭折具奏,仰祈圣鉴事。

窃查案准户部咨,各海关征收洋税及收支数目,按结开列清单奏报一次。仍按四结奏销一次,一面造具四柱清册暨支销经费银两清册,分送户部暨总理各国事务衙门核销等因。历经遵办在案。兹据九江关监督明徵详称,查九江新关征收洋税,以英月三个月为

一结,前经截至光绪二十七年五月十五日第一百六十三结止,业将征收各数开单,详经奏咨。今自光绪二十七年五月十六日起,至八月十八日止,第一百六十四结期满,共收各国及招商局轮船并夹板船正半子口各税及船钞银十六万五千七百七十两八钱二分一厘,共支解银十三万六千七百四十三两二钱一厘,又上结支款不敷、融借此结银三十二万四千一百四十六两九钱六分四厘,总共支解银四十六万八百九十两一钱六分五厘,实不敷各国及招商局轮船税银二十九万五千一百一十九两三钱四分四厘。其本结支款内,扣解部库四成各国轮船税银四万二千一百八十六两一钱九分七厘,内除豫先拨解银三万四千两,又应提加放俸饷银六千两亦已拨解外,实存银二千一百八十六两一钱九分七厘。又扣解部库五成二厘商局轮船税银二万一千七十九两七钱七分内,除豫先拨解银一万二千两外,实存库银九千七十九两七钱七分。以上二款,均已遵照奏案,凑解洋款。又应解外务部三成罚款银三十四两一钱一分,又三成中国船钞银一百五十六两一钱八分、三成各国船钞银三百二两三钱一分,亦已报解清款等情,详请奏明前来。臣覆核无异,除分咨户部、外务部外,理合恭折具陈,并缮清单,恭呈御览,伏乞皇太后、皇上圣鉴。谨奏。光绪二十八年正月三十日。

朱批:"该部知道,单并发。"

《光绪朝朱批奏折》第74辑,第313—314页

321. 奏报江西司库现届春拨并无馀存银两堪以报拨折

光绪二十八年正月三十日(1902年3月9日)

江西巡抚臣李兴锐跪奏,为江西司库现届春拨,并无馀存银两

堪以报拨,恭折具奏,仰祈圣鉴事。

窃查藩库实存银数,例应每年奏报,以备筹拨。兹据布政使柯逢时查明光绪二十八年春拨册报,截至二十七年年底止,司库实存银两,除经奏明借给及留备应用各款外,并无馀存银两堪以报拨等情,具详请奏前来。臣覆核无异,除清册咨送户部外,理合恭折具奏,伏乞皇太后、皇上圣鉴。谨奏。光绪二十八年正月三十日。

朱批:"户部知道。"

《光绪朝朱批奏折》第83辑,第573页

322. 江西光绪二十七年第八、九两批漕折银两拨付偿款交商汇沪片

光绪二十八年正月三十日(1902年3月9日)

再,前准部咨,解部漕折应由各省解交江海关,以备归还偿款。并准电开:公约赔款应按月交银行收存。部库腾出之的款内江西漕折银六十万两,应匀作十二次,按月先期解沪等因。当经臣查明,漕折未奉部文以前,已解过五批银二十五万两,应由部库拨付,并将截留第六批及第七批漕折银共十万两,已解交江海关兑收,均经臣附片奏明各在案。兹据督粮道刘心源详称,复又催完光绪二十七年分漕折银十万两,作为第八、第九两批,于十二月二十七日发交蔚盛长商号具领,限二十八年正月十八日以前汇赴江海关道衙门兑收,分期归还偿款,并发给由江西省汇沪汇费银一千两等情,详请奏咨前来。臣覆查无异,除饬赶紧汇解,依限交收,并咨明外务部、户部外,所有二十七年第八、第九两批漕折银两拨付偿款交商汇沪缘由,理合附片陈明,伏乞圣鉴。谨奏。

朱批:“户部知道。”

《光绪朝朱批奏折》第83辑,第574页

323. 江西筹解奉拨摊还新定赔款第二期银两片

光绪二十八年正月三十日(1902年3月9日)

再,前准部咨,新定赔款,江西省每年摊还银一百四十万两。并准行在军机大臣电开,奉旨:“据奕劻、王文韶电奏称,公约第六款内载明,由国家出给保票,付还各款,每月给银行董事收存等语。应将全年应付本息匀作十二分,按月摊付,先期解交上海道转付收存,无论如何为难,不得稍有迟误。”等因。钦此。臣伏查江西库款,久已入不敷出,近年奉拨饷需、洋债,有增无减,罗掘俱穷。兹复增此一百四十万之出款,数巨期迫,虽经奏准按粮派捐一项,而每岁以丁粮全额计之,约可得银三十馀万,尚不及赔款四分之一。迭与司道筹商,无不焦思束手,而事关大局,又不得不勉为其难。前已饬据藩司将二十七年十二月二十二日第一期应付之款,先期解交上海道兑收,详经奏咨在案。

兹据布政使柯逢时详称,现于司库各款项下腾挪借动银五万六千六百六十六两六钱六分七厘,又向商号挪借银六万两,共银一十一万六千六百六十六两六钱六分七厘,遴委候补知县王渭滨领解,限于二十八年正月二十二日以前到沪,交上海道查收,作为江西奉拨摊还新定赔款第二期银两。又前准行在户部电:此次赔款,系还关平,每百两须加补水库平银一两六钱四分三厘。按照此次所解数目,计应解关平补水银一千九百一十六两八钱三分三厘,在于二十七年厘金项下动支,一并发交委员,领解赴沪交收。并由司发给委员往来川资及轮船、保险、水脚等费银九百八十两，详请奏咨等情前来。除饬迅速解交，暨咨明外务部、户部外，所有江西筹解奉拨摊还新定赔款第二期银两，委员解赴上海道转付缘由，理合附片陈明，伏乞圣鉴。谨奏。

朱批："户部知道。"

《光绪朝朱批奏折》第83辑，第575页

324. 委解光绪二十六年分减平减成银两片

光绪二十八年正月三十日（1902年3月9日）

再，查每年放给文武廉俸暨杂支及随时动用各款，应扣减平、减成银两，汇解赴部。兹据布政使柯逢时详称，光绪二十六年分司库动放及由县坐支各款，共扣收减平银一万六千三百七十九两九分九厘、减成银一万四千八百七十两四分七厘，汇同粮道移解到廉俸等款减平银三百四十四两九分七厘、役食减成银二百二十九两七钱八分三厘，以上共银三万一千八百二十三两二分六厘。遴委候补知县杨炤领解，于十二月二十三日起程，由水路至九江附搭商轮赴江海关道查收，转汇户部交纳，并由司发给该委员往来川资及轮船、保险、水脚等费银二百六十七两三钱一分三厘，又随解由沪汇京汇费银四百九十两七分五厘。其馀支给各镇、协、标、营武职各官俸廉等项应扣减平银两，容俟另批起解等情，详请具奏前来。臣覆核无异。除饬另造各款清册送部外，所有委解二十六年分减平、减成银两赴沪转汇缘由，理合附片具陈，伏乞圣鉴。谨奏。

朱批："户部知道。"

《光绪朝朱批奏折》第89辑，第476页

325. 审明清江县棍徒聂滃等结伙轮奸良妇案按例定拟折

光绪二十八年正月三十日(1902 年 3 月 9 日)

江西巡抚臣李兴锐跪奏,为棍徒结伙轮奸良妇已成,首从各犯全获,审明定拟,照章由题改奏,恭折仰祈圣鉴事。

窃照清江县通详,犯人聂滃起意,商同张牙里轮奸民妇徐孙氏已成一案,当经批司饬审拟解。嗣据该县将犯审拟,由府解司,委员覆审,解由臬司柯逢时勘转。经臣亲提研鞫,缘聂滃即中秋子,籍隶清江县,张牙里系隶奉新县,寄居清江县属樟树镇地方,均游荡度日,先不为匪,与丰城县民妇徐孙氏夫妇彼此认识。徐孙氏随夫徐吉彩在樟树镇市后搭棚居住,徐吉彩推车度日。光绪二十六年二月初九日,徐吉彩受雇推车外出,留徐孙氏在家。初十日傍晚,聂滃路遇张牙里闲谈。聂滃谂知徐孙氏之夫徐吉彩推车外出未回,徐孙氏独宿无伴,该处四无邻居,起意将徐孙氏轮奸,邀令张牙里同往,张牙里允从。即于是夜三更时分,尚有月光,聂滃等一同走至徐孙氏棚屋门首,从门隙窥见徐孙氏在灯下缝衣未睡,聂滃等假称乞火,骗开棚门进内。聂滃上前向徐孙氏调戏,徐孙氏斥骂,聂滃揪住徐孙氏头发拖出门外,张牙里从后推搡走至附近坟山僻处。聂滃将徐孙氏揿按倒地,扑压徐孙氏身上,徐孙氏挣扎喊救,并用头乱撞,致被聂滃牙齿碰伤右额角。聂滃令张牙里揿住徐孙氏两手,自用手扯破徐孙氏布裤,先行强奸起身,即揿住徐孙氏两手,张牙里亦即相继奸污后,各自逃走。徐孙氏走回。次早,徐吉彩回归,徐孙氏哭诉前情,投保报。经该署樟树镇通判仓尔桢获犯张牙里,移县查讯会勘,续获聂滃到案,讯供通详饬审,将犯覆审议拟。由府解司,经司核恐案情未确,节次委员提讯,犯供狡展,发委调署南昌府知府查恩绥审办。兹据讯拟,由司勘转。经臣提审,据供前情不讳,究明委止起意结伙轮奸一次,此外并无另犯不法别案并另有在场同奸及帮同揿按之人。犯系先后拿获,供出一辙,案无遁饰。

查例载:“轮奸良人妇女已成之案,审实照光棍例,为首拟斩立决,为从同奸者拟绞监候”等语。此案聂滁起意,商同张牙里轮奸徐吉彩之妻徐孙氏已成,实属不法,查徐孙氏系良人之妇,自应按例问拟。聂滁即中秋子合依“轮奸良人妇女已成,审实照光棍例,为首拟斩立决”例,拟斩立决。张牙里听从轮奸,亦应按例问拟。张牙里合依“为从同奸者拟绞监候”例,拟绞监候。秋后处决,均于左面刺“轮奸”二字。徐孙氏伤已平复。此案棍徒结伙轮奸,首从各犯已于限内全获,文武疏防职名邀免开参。

除全案供招咨部外,所有审明定拟缘由,理合恭折具奏,伏乞皇太后、皇上圣鉴,敕部核覆施行。谨奏。光绪二十八年正月三十日。

朱批:“刑部速议具奏。”

中国第一历史档案馆藏“宫中档案全宗·朱批奏折”,

档号:04—01—01—1058—020

326.江西设立课吏馆教练吏才以资治理折

光绪二十八年二月二十日(1902年3月29日)

江西巡抚臣李兴锐跪奏,为江西省设立课吏馆,教练吏才,以资治理,恭折具奏,仰祈圣鉴事。

窃臣钦奉光绪二十八年正月十七日上谕:“为政之要,首在得人。内而部院,外而封疆,均应以询事考言,为分别人才之准。近来各省已有奏设课吏馆者,自应一体通行仿办。着各将军、督抚、两司等,长见僚属,访问公事,以试其才识,并查其品行,其贤者量加委任,不必尽拘资格;其不堪造就者即据实参劾,咨回原籍。统限半年具奏一次,务当破除情面,严行甄别,不准虚应故事,稍涉瞻徇。”等因。钦此。仰见我皇太后、皇上殷殷求治,造育宏深,伏读之馀,莫名钦悚。

臣维中国近来政治之不修,皆缘于吏学之未讲。盖自军兴以后,仕路庞杂,不独捐纳、劳绩两途为世所诟病,即正途出身人员,亦无非以八比五言得官,其于国家之教令条式与夫当世之务,多素所未谙。夫天下之事,未有不学而知、不习而能者,况治道至深,事理至赜,若不讲求于素,一旦使之临民治事,而欲其教养整饬,其可得乎? 且不肖者甚至朘削自肥,视民事如秦越肥瘠,迨事发参劾,而地方已受害于无穷矣。推而论之,即近年交涉之棘手,教案之繁兴,亦未始不由于地方官之因应无方,酝酿所致。故居今言治,舍讲求吏学,教练吏才,别无简捷之术。

臣渥蒙殊遇,简畀封圻,念国步之艰难,悯人才之消乏,到任之初,即思有以振励。当与司道悉心筹议,拟在臣署设馆课吏,奈其时通省教案积至二千馀起,拿犯议赔,头绪纷拿,未遑兼顾。臣于覆奏筹议政务折内,曾经陈明在案。迨后教案办结,即经臣拟定章程,就臣署东偏厅事设课吏馆一所,广储书籍,遴派学术深纯、通知中西政要之现任布政使、前按察使柯逢时为正馆长,奏留江西补用道徐绍桢为副馆长,专司教课。凡在省候补各官,除道、府两项人数无多,由臣随时接见,询事考言,勿庸与考外,其馀以同通州县为一班,佐贰杂职为一班,每年分四季,按季扃试一次。臣考春季,在省实任司道轮考夏、秋、冬三季,均试以中西政治及时务策论,分别等第。其有能周知天下郡国利病,熟谙中外交涉事宜,经猷宏远者,列为异等,由臣考核确实,随时保荐,请旨破格录用。其次列为超等,立予委署。如无其人,均宁阙勿滥。又其次列为一等、二等,分别给予酌委、记功。又其次列为三等,不予功过,饬令再加学习,以待下季考试。其劣者列为四等,分别记过、停委。或有文理荒谬、见识猥琐,不堪造就者,即予勒休回籍学习,用示甄别之意。凡取列异等、超等、一等之员,出榜后均传至馆覆试一次,以杜冒替。并于每年春试后,挑取前列同通州县二十名,传知入馆,由副馆长督同常川在馆讲习,以中国吏治为本,辅以泰西政学、武备,酌分门类,每人付以日记册一通,举每日讨论所得详载之,按旬呈送馆长评校,再呈臣覆阅,加以批答。其有宗旨稍乖、言不切实者,则随时纠绳,务期胥归正轨,而可见诸行事。每届月终,综校所记各册,第其高下,颁给月奖。如日记太少,又无精卓之见者,分别记过,过多者即予撤出,用昭劝惩。

章程议定之后,当即开考挑取,于上年九月初一日到馆肄业,今历数月,在馆各员争自濯磨,颇知愤启。本年春试后,复经臣于同通州县原额二十名之外添取十名,挑留入馆,并以佐贰杂职中亦多可造之才,略仿同通州县之例,亦挑取前列三十名,传知到馆,授以日记册,令其识别所习之书及其论说,按旬呈阅,一律批答,分别奖劝。从此日陶月冶,劝惩兼施,积之以久,当必有卓荦之才出乎其中,以备国家之选。兹覆钦奉明诏,在馆各员益知感奋。臣惟当恪遵训谕,督同该馆长等勤加诱勉,务使群才奋起,各有所成,以仰副圣主澄叙官方之至意。

所有江西省设馆课吏缘由,理合会同两江督臣刘坤一恭折具陈,伏乞皇太后、皇上圣鉴训示。谨奏。光绪二十八年二月二十日。

朱批:“着照所拟办理,务当督饬切实讲求,期收得人之效。”

《光绪朝朱批奏折》第1辑,第348—350页

327. 大计保荐卓异教佐人员折

光绪二十八年二月二十日(1902年3月29日)

江西巡抚臣李兴锐跪奏,为请增微员卓异,以励人材,恭折仰祈圣鉴事。

窃准部咨,每逢大计之年,杂职内果有才能杰出,操守卓越,能办地方之事,盗息民安,开具事实,造册送部,听候部院衙门详加考核,准其卓异,以示鼓励。又准部咨,大计卓异人员,核定缺分多寡,分别州县以上至道员为一项,教职佐杂为一项。各等因在案。

江西省前届光绪二十七年十二月举行大计之期,因布政使柯逢时到任未及三月,经臣奏请展限办理。兹已限满,臣将江西所属教职佐杂各官,于课试文艺、办事差委留心察看,其才堪造就者共得三员,据布政使柯逢时、按察使明徵、督粮兼巡南抚建道刘心源、分巡广饶九南兵备道瑞澂等同各府开具事实,保送前来,与臣察访无异。所有荐举卓异教职佐杂官:南昌府教授李明镛,廉隅谨饬,学术优长;万年县训导吴璆,讲求时务,学识淹通;浮梁县典史李家杰,才识兼优,民情翕悦。以上三员,俱堪循例荐举,以示鼓励,应遵例勿庸送部引见。

除将各该员履历事实册咨送部院科道查核外,臣谨会同两江总督臣刘坤一、江西学政臣吴士鉴合词恭折具陈,伏乞皇太后、皇上圣鉴,敕下部院议覆施行。再,此系专题之件,今照新章改奏,合并声明。谨奏。光绪二十八年二月二十日。

朱批:"吏部知道。"

《光绪朝朱批奏折》第17辑,第358页

328. 大计保荐卓异州县以上人员折

光绪二十八年二月二十日(1902 年 3 月 29 日)

江西巡抚臣李兴锐跪奏,为特举卓异之员,以副大典,恭折仰祈圣鉴事。

窃照江西省光绪二十七年十二月系举行大计之期,因布政使柯逢时甫于是年十一月十五日到任,未满三月,于所属各官贤否未及周知,尚待留心考察,不敢草率从事,详经臣会同两江督臣刘坤一于光绪二十七年十一月十八日附片奏明,请展至光绪二十八年二月十五日以后举行。钦奉朱批:"着照所请,吏部知道。"钦此。当经转行钦遵查照在案。兹已限满,自应补行查办。

伏维三载考绩,澄叙攸关。臣渥荷厚恩,畀以封疆重任。为政首先,察吏安民,重在得人,必荐举殊尤,庶官方咸知振励,藉以仰副圣主简用循良、造就人材至意。兹于通省所属各员内,矢公矢慎,逐一详加考察。除有干六法之员,遵照新章另折劾参外,其堪膺卓异之选者,共得八员,据布政使柯逢时、按察使明徵、督粮兼巡南抚建道刘心源、盐法兼巡瑞袁临道唐椿森、分巡广饶九南兵备道瑞澂、分巡吉南赣宁兵备道贺元彬等同各府保送前来。核其事实政绩,与臣察访无异。所有荐举卓异官:南昌府知府江毓昌,资望已深,体用兼备,洵堪振兴浮靡;广信府知府查恩绥,才长识卓,措理裕如,堪胜繁剧;九江府知府孙毓骏,廉静不扰,治术勤求,允称良吏;南安府知府文炳,守洁才明,尽心民事,物望咸孚;上高县知县江召棠,办事勤能,舆情爱戴;泰和县知县郭曾准,廉明勤慎,任事实心;永丰县知县张琼,老成谨饬,听断亦勤;南康县知县孔昭珍,悃愊无华,吏治修饬。以上八员,才守兼优,政务练达,均堪膺卓异之选,允当照例荐举,以劝循良。

除将各册分送部院科道外,臣谨会同两江总督臣刘坤一合词恭折具陈,伏乞皇太后、皇上圣鉴,敕下部院核覆施行。再,查荐举卓异官员,应俟部院议覆,奉旨行知之日,给咨送部引见。又,此系专题之件,今照新章改奏,合并声明。谨奏。光绪二十八年二月二十日。

朱批:"吏部知道。"

《光绪朝朱批奏折》第17辑,第359—360页

329. 大计参劾有干六法人员折

光绪二十八年二月二十日(1902年3月29日)

江西巡抚臣李兴锐跪奏,为特参庸劣衰老之员,以肃计典,恭折仰祈圣鉴事。

窃维为民设官,因材授职,必须堪以胜任,方能有裨地方。其贪残败检者,固当立时纠参;而庸劣衰老者,亦难任其恋栈。江西省前届光绪二十七年十二月举行大计之期,因布政使柯逢时到任未及三月,经臣奏请展限办理。兹已限满,臣仰体圣主肃清吏治至意,详加察访,除卓异官员另折荐举,暨莅任未久与寻常供职不入举劾各官,造具清册,分送部院科道外,查各属尚无贪酷之员。其有干六法者,共七员,据布政使柯逢时、按察使明徵、督粮兼巡南抚建道刘心源、盐法兼巡瑞袁临道唐椿森、分巡广饶九南兵备道瑞澂、分巡吉南赣宁兵备道贺元彬等同各府开揭具报前来,与臣所访无异。所有不谨官二员:德安县知县贺辉玉,性情粗鄙,罔恤民艰;

袁州府经历郑守曾，操守平常，不知检束。罢软官一员：东乡县教谕万光涵，嗜好甚深，士论未惬。年老官一员：上高县教谕萧兆柄，年力衰老，督课多疏。才力不及官二员：乐平县知县吴锡纯，玩视民瘼，不知振作；安仁县训导周鸿元，训迪无方，操守难信。浮躁官一员：南安府同知胡耀斗，居心巧滑，办事粗疏。以上七员，均属有干六法，难期称职，未便姑容，致滋贻误。除照例摘印，勒令离任外，理合纠参，请旨分别议处。

臣谨会同两江总督臣刘坤一、江西学政臣吴士鉴恭折具陈，伏乞皇太后、皇上圣鉴，敕下部院议覆施行。再，查参劾人员自知县以上，例俟交代清楚，给咨赴部引见。又，此系专题之件，今照新章改奏，合并声明。谨奏。光绪二十八年二月二十日。

朱批："吏部知道。"

《光绪朝朱批奏折》第17辑，第360—361页

330. 特参办理玉山厘卡即用知县刘槽寿纵丁扰民请旨即行革职片

光绪二十八年二月二十日（1902年3月29日）

再，江西厘金，近年收数日绌，推求其故，固由于物力凋敝，商务未兴，而卡员罔恤民艰，纵容司事巡役索扰侵蚀，亦最为受病之源。臣迭经督饬司局加意整顿，将从前私收红钱及苛补中饱诸弊从严禁革，并将办理不力之员随时撤换、记过示惩，近已略见起色。然亦竟有狃于故习，不知自爱，仍前舞弊营私者，非择尤参办，不足以挽颓风而资儆戒。兹查有即用知县刘槽寿，办理玉山厘卡，物议沸腾，且有私设分卡，纵丁扰民情事，曾据商民控告有案。似此劣

员，未便稍涉姑容。据督办牙厘总局布政使柯逢时、按察使明徵详请奏参前来。除饬勒提舞弊巡丁解省严讯究办外，相应请旨，将即用知县刘槱寿即行革职，以肃厘政而儆官邪。是否有当，理合附片具陈，伏乞圣鉴训示。谨奏。

朱批："着照所请，该部知道。"①

《李勤恪公奏议》卷二，《天津图书馆孤本秘籍丛书（二）》第718页

331. 奏请以查恩绥调补赣州府知府折

光绪二十八年二月二十一日（1902年3月30日）

江西巡抚臣李兴锐跪奏，为知府要缺需员，遵旨拣员调补，以资治理，恭折仰祈圣鉴事。

窃臣接准吏部咨，钦奉上谕："江西赣州府知府员缺紧要，着该督抚于通省知府内拣员调补，所遗员缺着林开章补授。"钦此。遵查赣州府地方，与闽、粤接壤，风气极其犷悍，匪徒出没靡常，必得廉明干练、为守兼优之员，方足以资整顿。臣与藩、臬两司在于通省知府内逐加遴选，查有广信府知府查恩绥，年五十七岁，顺天府宛平县人。由附贡生中式同治六年丁卯科举人，遵例报捐内阁中书，七年到阁行走。十三年，充国史馆校对官。光绪二年，充实录馆详校官。三年七月，补缺。五年十二月，国史馆《臣工列传》告成，保奏，奉旨：着随带加三级。是月，《实录》庆成，保奏，奉上谕："着以侍读遇缺即补，先换顶戴，并随带加三级。"六年五月，丁母忧开缺。七年七月，国史馆《本纪》告成，保奏，奉上谕："着俟补侍读

① 朱批据《申报》光绪二十八年四月初三日（1902年5月10日）第10436号第13版《光绪二十八年三月十八日京报全录》补。

后,赏加四品衔,并随带加三级。”八年八月,服阕。九年六月,补中书缺。十二年五月,俸满裁取,奉旨记名内用。十一月,充玉牒馆帮纂修官。十三年十二月,《玉牒》告成,交部从优议叙。十四年,京察一等,引见,奉旨记名以同知用。十五年二月,充方略馆详校官。是月,因恭办大婚礼成,保奏,奉旨赏戴花翎。十二月,丁父忧开缺。十八年三月,服阕。九月,充会典馆协修官,旋补中书缺。十九年四月,题管典籍。七月,升补侍读。二十年,京察一等引见,奉旨记名以道府用,召见一次。五月,《方略》告成保奏,奉上谕:“着俟得知府后,在任以道员遇缺即补,并加三品衔。”二十一年,充会典馆纂修官。二十二年十一月初三日奉上谕:“补授江西广信府知府。”召见一次。二十三年四月二十六日到任。二十四年,接准部咨,以该员前由内阁侍读保俟得知府后,在任以道员遇缺即补,应以二十三年四月二十六日到广信府任之日作为候补道员到省日期。又前充会典馆纂修官,因全书过半出力保奏,请俟得道员后加二品衔,于二十四年三月二十二日奉旨:着照所请奖叙。是年十二月,经臣刘坤一奏保,奉朱批:“着交军机处存记。”二十六年闰八月,经前抚臣松寿奏保,送部引见,奉朱批:“着照所请。”又因拿获会匪出力,奏保,奉朱批:“着交军机处存记。”钦此。二十七年四月,调署南昌府知府。现复调署赣州府知府。该员精浑干练,为守兼优,以之调补赣州府知府,实堪胜任。历俸已满三年,与调补之例相符。据藩司柯逢时、臬司明徵具详请奏前来。

合无仰恳天恩,俯念员缺紧要,准以查恩绥调补赣州府知府,实于地方有裨。如蒙俞允,该员系现任知府调补知府,毋庸送部引见。其所遗广信府知府员缺,应遵旨即以林开章补授。再,查恩绥系奉旨拣调之员,例不核计参罚,合并陈明。谨会同两江总督臣刘坤一恭折具奏,伏乞皇太后、皇上圣鉴训示。谨奏。光绪二十八年二月二十一日。

朱批:"吏部议奏。"

《光绪朝朱批奏折》第17辑,第365—367页

332. 委任查恩绥署理赣州府知府、倪廷庆署理南丰县知县片

光绪二十八年二月二十一日(1902年3月30日)

再,赣州府知府连文冲,钦奉上谕,革职开缺,所有赣州府印务,查有现署南昌府事、正任广信府知府查恩绥,廉正明练,堪以调署。又代理南丰县知县朱士元,经臣撤任,所有南丰县印务,查有呈明回避五百里之现任湖口县知县倪廷庆,尽心民事,堪以调署。倪廷庆任内并无盗劫三参届满已起四参及钱粮未完参限将满有关降调之案。据藩司柯逢时会同臬司明徵具详前来。除分檄饬遵外,谨会同两江总督臣刘坤一附片陈明,伏乞圣鉴。谨奏。

朱批:"吏部知道。"

《光绪朝朱批奏折》第17辑,第368页

333. 分发江西试用知府项崧试看期满请留江西补用片

光绪二十八年二月二十一日(1902年3月30日)

再,前准部咨,嗣后道府州县,无论捐纳、劳绩各项人员,应于到省一年后察看考核,分别补用等因。兹查有分发江西试用知府

项崧，试看一年期满，据藩司柯逢时会同臬司明徵详请留省补用前来。臣详加察看，分发江西试用知府项崧，精明结实，堪以留省补用，相应请旨，准其留于江西照例补用。理合会同两江总督臣刘坤一附片具陈，伏乞圣鉴。谨奏。

朱批："吏部知道。"

《光绪朝朱批奏折》第17辑，第368页

334. 奏报赣州府定南厅同知董允斌在任病故日期片

光绪二十八年二月二十一日（1902年3月30日）

再，调署南昌府通判事、正任赣州府定南厅同知董允斌，系安徽婺源县人，由候补班补用同知补授定南厅同知，光绪二十三年三月二十三日到任，调署南昌府通判事。兹于二十八年正月十四日在署任病故，据布政使柯逢时详报前来。臣覆核无异，所遗定南厅同知系繁、疲、难三项相兼要缺，容俟截缺后另行拣员调补。此案有关缺分要件，遵照新章，改题为奏。除咨吏部开缺，暨咨安徽抚臣查照外，理合附片陈明，伏乞圣鉴。谨奏。

朱批："吏部知道。"

《光绪朝朱批奏折》第17辑，第369页

335. 委任刘步元署理宜春县知县等事片

光绪二十八年二月二十一日（1902年3月30日）

再，署宜春县知县杨国璋调省另有差委，所有宜春县印务，查有正任万安县知县刘步元，留心民事，堪以调署。又萍乡县知县吴忠谦病故,经臣另行具奏,所有萍乡县印务,查有现任泰和县知县郭曾准,操纵有法,堪以调署。又委署东乡县知县黄子箴在省病故,所有东乡县印务,查有新选宜黄县知县尚未到任之孙家璠,稳慎堪事,堪以调署。刘步元、郭曾准任内均无盗劫三参届满已起四参及钱粮未完参限将满有关降调各处分之案。据藩司柯逢时会同臬司明徵具详前来。除分檄饬遵外,谨会同两江督臣刘坤一附片陈明,伏乞圣鉴。谨奏。

朱批:"吏部知道。"

《光绪朝朱批奏折》第 17 辑,第 369 页

336. 奏报奏补泸溪县知县王启烈在省寓病故日期片

光绪二十八年二月二十一日(1902 年 3 月 30 日)

再,江西即用知县王启烈,系浙江宁波府鄞县人,业经臣奏补泸溪县知县。光绪二十八年正月十三日接准部覆,坐二十七年十二月二十五日,按江西照限六十日减半计算,作为二十八年正月二十五日接到部文。今据报,该员已于光绪二十七年十二月二十六日在省寓病故。据布政使柯逢时详报前来。臣覆核无异,核计病故在先,接准部文在后,所有泸溪县知县一缺前经扣留外补,照例以从前原开缺日期,仍按原班另行拣员奏补。此案有关缺分要件,遵照新章,改题为奏。除咨吏部暨咨浙江抚臣查照外,理合附片陈明,伏乞圣鉴。谨奏。

朱批:"吏部知道。"

《光绪朝朱批奏折》第 17 辑,第 370 页

337. 已革户部七品小京官张文澜纵容闹教请从重处置片

光绪二十八年二月二十一日(1902年3月30日)

再,已革户部七品小京官张文澜,前经法总领事照会两江督臣,谓其暗使闹教,又经教民罗继章等控其串唆得贿,当饬拿解赴省审办,一面奏明请旨斥革在案。兹据洋务局司道督同南昌府县提集讯明,该革员张文澜坚供并无串唆得贿情事。惟光绪二十六年八月间,庐陵县属天主教堂被人拆毁,其时正值北方拳匪事起,人心摇动,各处教民纷纷搬走,有武生周鹏飞等向该革员告知,该革员辄谓毋庸管束,听其滋闹,以致迭启衅端,教民罗继章等家均被抢毁。是该革员有意纵容,即谓之暗使闹教,似亦罪无可诿。上年议结教案时曾经立约,须将该革员惩处,自未便以业经斥革,稍涉姑容。相应请旨,饬将已革户部七品小京官张文澜从重监禁十年,俟限满再行察看保释;所革京职,不准开复。是否有当,理合会同南洋大臣、两江督臣刘坤一附片具陈,伏乞圣鉴。谨奏。

朱批:“着照所请,该部知道。”

《光绪朝朱批奏折》第48辑,第181—182页

338. 奏报九江新关第一百六十五结征收支存洋药税厘数目折

光绪二十八年二月二十一日(1902年3月30日)

江西巡抚臣李兴锐跪奏,为九江新关第一百六十五结期满,并征洋药税厘及支销实存数目,恭折具奏,仰祈圣鉴事。

窃据九江关监督明徵详称,案奉行准部咨,嗣后务将洋药税厘专折奏报,不得并入洋税结内声叙,以清眉目。又,嗣后实存银两,务须列入次结旧管,按结跟接奏报,毋得遗漏各等因。遵查九江新关征收洋税,以英月三个月为一结,前经截至光绪二十七年八月十八日第一百六十四结止,业将收支洋药税厘数目及进口箱数分晰开折,详请具奏在案。兹自光绪二十七年八月十九日起,至十一月二十一日止,第一百六十五结期满,共收各国及招商局轮船进口洋药税厘银五万四千二百七十四两,除支税厘银三千六百五十一两二钱八分八厘外,实存本结洋药税厘银五万六百二十二两七钱一分二厘,又存旧管各结税厘银十万四千六百七十二两六钱九分三厘,总共实存税厘银十五万五千二百九十五两四钱五厘,现经凑解洋款。开列详细清单,详请具奏等情前来。臣覆核无异,除分咨外务部、户部外,理合恭折具奏,并缮清单,敬呈御览,伏乞皇太后、皇上圣鉴。谨奏。光绪二十八年二月二十一日。

朱批:"该部知道,单并发。"

《光绪朝朱批奏折》第74辑,第319页

339. 奏报九江新关第一百六十五结洋税收支数目折

光绪二十八年二月二十一日(1902年3月30日)

江西巡抚臣李兴锐跪奏,为九江新关第一百六十五结洋税收支数目开列清单,恭折具陈,仰祈圣鉴事。

窃查前准户部咨,各海关征收洋税及收支数目,按结开列清单奏报一次。仍按四结奏销一次,一面造具四柱清册暨支销经费银两清册,分送户部暨总理各国事务衙门核销等因。历经遵办在案。

兹据升任九江关监督明徵详称，查九江新关征收洋税，以英月三个月为一结，前经截至光绪二十七年八月十八日第一百六十四结止，业将征收各数开单详经奏咨。今自光绪二十七年八月十九日起，至十一月二十一日止，第一百六十五结期满，共收各国轮船及商局轮船并夹板船正半子口各税及船钞银九万二千五百六十八两三钱三分八厘，共支解银七万四千二百二十三两七钱三分二厘，又上结支款不敷、借此结银二十九万五千一百十九两三钱四分四厘，连本结支解，总共银三十六万九千三百四十三两七分六厘，实不敷各国轮船税银二十万九千九百三十两二钱二分六厘、商局轮船税银六万六千八百四十四两五钱一分二厘。其本结支款内，扣解部库四成各国轮船税银二万四百九十四两六钱二分三厘，内应提解加放俸饷银六千两，又扣解部库五成二厘商局轮船税银一万六百十一两六钱四分三厘，均已遵照奏案，尽数凑解洋款。又应解外务部三成罚款银四十八两八钱八分，又三成各国船钞银七两二钱，又三成中国船钞银七两五钱，容分别归入下结提还及批解清款等情，详请奏咨前来。臣覆核无异，除分咨户部、外务部外，理合恭折具陈，并缮清单，恭呈御览，伏乞皇太后、皇上圣鉴。谨奏。光绪二十八年二月二十一日。

朱批："该部知道，单并发。"

《光绪朝朱批奏折》第74辑，第320—321页

340. 前任庐陵县知县冯兰森亏短交代银两请旨勒限严追折

光绪二十八年二月二十一日（1902年3月30日）

江西巡抚臣李兴锐跪奏，为知县亏短交代，延不完解，请旨勒

限严追，恭折仰祈圣鉴事。

窃查州县经征钱粮，丝毫皆关国帑，不容稍有亏挪。兹查前任庐陵县另案参革知县冯兰森，前在庐陵县任内交代，业已算明尚有征存光绪二十年至二十六年地丁正耗及各年米折、税契、平馀，又已抵未解地丁正耗及急公地丁并漕折赠扣、米折赠剥、协济裁兵、节省米价等项，共银二万九千三百五十两六钱二分四厘，迭经勒限严催，未据报解，实属胆玩已极。现在臣正督同司道整顿代务，似此亏空巨款，断难再事姑容。据藩司柯逢时、臬司明徵、督粮道刘心源转据该管道府揭报前来。相应请旨，将前任庐陵县另案参革知县冯兰森勒限两个月，将所短银两扫数完缴，傥敢仍前宕延，另行从严参办，查(钞)〔抄〕备抵。所有此案交代，应造达部册结，容俟参限届满，有无完解，再行办理。除咨户部外，谨会同两江总督臣刘坤一参折具奏，伏乞皇太后、皇上圣鉴训示。谨奏。光绪二十八年二月二十一日。

朱批："着照所请，该部知道。"

《光绪朝朱批奏折》第83辑，第587—588页

341. 奏请以杨国璋补授新昌县知县折

光绪二十八年二月二十二日(1902年3月31日)

江西巡抚臣李兴锐跪奏，为遴员请补知县，以资治理，恭折具奏，仰祈圣鉴事。

窃照瑞州府属之新昌县知县陈君耀，经臣奏请调补南丰县知县，接准部咨开缺，所遗新昌县知县系疲、难二项相兼中缺，江西现有应补人员应扣留外补。查有星子县知县左秉钧调补开缺，均系应归十二月分序补之缺，缺项相同，例应掣签，新昌县掣得第二缺。

查定例,知县升调所遗缺出,用各项候补即用一人、委用一人,本班前先用大挑一人、本班大挑一人,各项候补即用一人、委用一人,本班前先用议叙一人、本班议叙一人,各项候补即用一人、委用一人,本班前先用捐纳一人、本班捐纳一人,本班前先用拔贡一人、本班拔贡一人,拔贡前插用截取进士一人,拔贡后插用孝廉方正一人,拔贡补用两班之后用本班前先用教习一人、本班教习一人,教习后插用优贡一人、本班前先用教职一人、本班教职一人,教职后插用截取一人,截取后插用荫生一人,周而复始。又光绪十三年十月奏定章程内开:道、府、同知、直隶州知州、通判、知州、知县升调所遗及告病、病故、休致,以及佐贰杂职并盐务等官,无论何项所出留补选缺,及河工等官,除坐补原缺、裁缺即用、回避即用、新选新补、留省另补人员不计外,无论何项到班,仍以五缺计算。先用郑工新班遇缺先二人、海防新班先一人,无人,用郑工新班遇缺先人员抵补。至第四缺,海防即、海防先分班轮用一人,第一轮用海防即人员,第二轮用海防先人员,海防先无人,仍用海防即人员,海防即无人,用旧例银捐遇缺先人员,如无人,用旧例银捐遇缺人员。再无人过班,即接用各项轮用班次一人,以五缺为一周。至候补、即用、委用以及各本班、先到班,均不准插用新例分缺先、分缺间及旧例分缺先前、分缺间前、分缺先、分缺间之人。又新例报捐各项本班尽先补用人员,于各本班轮补到班时,第一次用郑工本班先一人,第二次用海防本班先一人,第三次用郑工本班先一人,第四次用海防本班先一人,郑工无人,用海防人员,海防无人,用郑工人员,至第五次用旧例银捐本班先之人,如无人,用常捐本班先,再无人,用各旧例本班先,如又无人,始用劳绩本班先之人。又此次新例报捐人员,惟知县一项,郑工新班遇缺先、郑工新例分缺先、分缺间,捐纳试用本班尽先、捐纳试用并候补、委用、议叙、捐输、孝廉方正报捐各本班尽先人员，遇轮补、升调所遗及告病、病故、休致之缺到班时，于各本班中先用正途出身及曾任知县、曾任实缺应升知县者二人，再用各本班中各项出身者一人；如正途出身及曾任知县、曾任实缺应升知县无人，即用各项出身之人。其旧例人员再捐过入新例者，应归新例人员一律补用。又光绪十九年七月奏定章程内开：各省道府以至未入流报捐分先、分间、本班先花样，援照遇缺先扣限章程，均以一年为限，在省加捐者，接到过班部文一年以外之缺方准请补；领照赴省者，到省后一年以外之缺方准请补。又光绪二十二年九月奉到变通遇缺先抵补章程内开：嗣后京外各官内选外补，凡以五缺计算者，第一、第二缺用新海防遇缺先二人；第三缺用旧海防先一人，无人用郑工遇缺先抵，再无人过班，即毋庸再以新海防先抵补；第四缺旧例海防即与旧例海防先分班轮用，无人用旧例遇缺先，无人用旧例遇缺，再无人过班，即用各项班次一人。查现在第三、第四缺多系无人，则五缺之中，只有第一、第二用新海防遇缺先二人，第三、第四无人，第五用各项一人，合计六缺之中，新海防遇缺先可得其四，各项可得其二。如均有人，仍照旧轮办理。应以接到此次部文以后所出之缺，概照新章办理各等因。

江西知县升调遗缺，上次捐输到班，捐输先无人，又用分缺先暨新海防遇缺先用二人止，今新昌县调补所遗一缺，查坐补原缺、裁缺即用、回避即用、留省另补、海防先、海防即、旧例银捐遇缺先、银捐遇缺均无人，应用捐输正班。该班无人，按班应用截取进士，应先用尽先一人，郑工尽先无人，应用新海防例尽先之人。查有截取进士报捐本班尽先补用知县名次在前之杨国璋，年五十五岁，广东大埔县人。由廪生应光绪元年恩科本省乡试，中式第四名举人。

光绪二年,会试中式第二百二十六名贡士。三年丁丑科补行殿试,二甲八十一名进士,奉旨以主事用,签分户部陕西司行走。光绪十八年三月二十日,在吏部呈请改归截取进士原班知县,即由吏部奏请,奉旨:“依议。”钦此。遵例呈请分发,捐指江西试用。蒙钦派大臣验看,由吏部带领引见,奉旨:“着照例发往。”钦此。覆由山东赈捐局加捐同知升衔,领照起程,光绪十八年六月二十五日到江。闰六月二十六日,坐掣第一名。试用期满甄别。嗣遵新海防例,捐归截取班本班尽先补用。闻讣丁母忧,回籍守制。服满,遵例就近在京呈请起复。领照起程,于光绪二十六年九月十二日到江。系已逾限,奉准部文起复在先,该员回省在后。系回省后扣满一月下月所出之缺,例得请补。委署过瑞昌、宜春等县知县印务。该员勤谨堪事,习知民隐,堪以请补新昌县知县。与例相符,仍积截取尽先班之缺。据藩司柯逢时、臬司明徵会详请奏前来。

合无仰恳天恩,俯准将杨国璋补授新章县知县。如蒙俞允,该员系截取进士尽先补用知县请补知县,衔缺相当,毋庸送部引见,亦例不核计参罚。再,此案遵章改题为奏。又,藩司于光绪二十八年二月初六日出详,合并陈明。谨会同两江总督臣刘坤一合词恭折具奏,伏乞皇太后、皇上圣鉴训示。谨奏。光绪二十八年二月二十二日。

朱批:“吏部议奏。”

《光绪朝朱批奏折》第17辑,第387—390页

342. 奏请以向步瀛补授信丰县知县折

光绪二十八年二月二十二日(1902年3月31日)

江西巡抚臣李兴锐跪奏,为拣员请补要缺知县,恭折具陈,仰

祈圣鉴事。

窃照赣州府属信丰县知县李用曾，前经臣附片奏参革职，接准部咨开缺，所遗信丰县知县系繁、疲、难三项相兼要缺，例应在外拣选调补，必得精明干练之员，方足以资治理。臣与藩、臬两司在于通省中简知县内逐加遴选，实无人地相宜、合例堪调之员，亦无劳绩应升人员堪以请升。惟查定例，新进士奉旨分发各省即用知县，照奉旨命往补用人员之例，无论应题、应调、应选之缺，准该督抚先尽补用。查各项奉旨命往补用人员，遇有题调缺出，皆由该督抚酌量才具补用。新进士即用知县补题调要缺，亦照此例办理等因。兹查有进士即用知县向步瀛，年三十六岁，四川新繁县人。由廪贡生候选训导，应光绪二十年甲午科本省乡试，中式举人。二十四年戊戌科会试，中式第二百六十九名贡士。殿试三甲六十七名，朝考三等，由翰林院带领引见，奉旨："以知县即用。"钦此。签掣江西，领照起程，光绪二十四年九月初一日到省，现委署理上高县知县印务。该员守洁才明，任事精细，以之请补信丰县知县，实堪胜任。据藩司柯逢时、臬司明徵会详请奏前来。

合无仰恳天恩，俯准以向步瀛补授信丰县知县，实于地方有裨。如蒙俞允，该员系进士即用知县请补知县，衔缺相当，毋庸送部引见，亦例不核计参罚。再，此案藩司于光绪二十八年二月初六日出详，合并陈明。谨会同两江督臣刘坤一恭折具奏，伏乞皇太后、皇上圣鉴训示，谨奏。光绪二十八年二月二十二日。

朱批："吏部议奏。"

《光绪朝朱批奏折》第17辑，第391—392页

343. 奏请以张凤冈补授泸溪县知县折

光绪二十八年二月二十二日(1902 年 3 月 31 日)

江西巡抚臣李兴锐跪奏,为遴员请补知县,以资治理,恭折具陈,仰祈圣鉴事。

窃照建昌府属之泸溪县知县王慎猷,经臣奏请开缺另补,所遗泸溪县知县,系四项俱无简缺,江西有应补人员,扣留外补。其时高安县知县何敬钊亦开缺另补,均系应归四月分序补之缺,缺项相同,例应掣签,泸溪县掣得第一缺。查通行章程内开:终养、改教、撤回、降补、回避等项选缺,将进士即用与各项候补人员分班酌补。又光绪十年通行章程内开:终养、修墓、葬亲等项遗缺改归内选,撤回、回避、改教等项遗缺仍归外补,参革、降补之缺改为一咨一留等因。江西省上次雩都县刘崙德开缺另补遗缺,轮用候补班,以候补班前补用知县李相请补。此次泸溪县知县王慎猷开缺另补遗缺,按班应以即用人员酌补,当经请以进士即用知县王启烈奏补。光绪二十八年正月十三日接准部覆,坐二十七年十二月二十五日,按江西照限六十日减半计算,作为二十八年正月二十五日接到部文。据报王启烈于光绪二十七年十二月二十六日在省寓病故,核计病故在先,奉准部文在后,业经臣将该员病故日期照例具奏在案。查定例,州县以上题奏补署及各项佐杂咨补咨署,于未经接到题准、奏准、议准部文之先,遇有丁忧事故,其员缺仍以从前出缺之日,按原班序补等语。所有泸溪县知县一缺,照例应以从前王慎猷原开缺日期,仍以即用人员更换请补。

查有指分江西进士即用知县张凤冈,年五十八岁,河南南阳县人。由拔贡生中式光绪十一年乙酉科本省乡试第十三名举人。十六年庚寅恩科会试,中式第二十二名贡士。殿试三甲第一百七十三名进士,朝考三等,引见,奉旨:“以知县即用。”钦此。签掣江西,领照起程,光绪十六年七月十九日到省。闻讣丁父忧,回籍守制。服满,遵例在京呈请起复,领照起程,光绪二十六年四月初三日到江。业已奉到准其起复部文,委署过宜黄县知县,现委署安福县印务。该员精明笃实,留心民事,堪以请补泸溪县知县员缺。与例相符,仍积即用班之缺。据藩司柯逢时、臬司明徵会详情奏前来。

合无仰恳天恩,俯准将张凤冈补授泸溪县知县。如蒙俞允,该员系进士即用知县请补知县,衔缺相当,毋庸送部引见,亦例不核计参罚。再,此案遵章改题为奏。又,藩司于光绪二十八年二月十一日出详,合并陈明。谨会同两江督臣刘坤一合词恭折具奏,伏乞皇太后、皇上圣鉴训示。谨奏。光绪二十八年二月二十二日。

朱批:“吏部议奏。”

《光绪朝朱批奏折》第17辑,第392—394页

344. 奏请以杨焕补授星子县知县折

光绪二十八年二月二十二日(1902年3月31日)

江西巡抚臣李兴锐跪奏,为遴员请补知县,以资治理,恭折具奏,仰祈圣鉴事。

窃照南康府属之星子县知县左秉钧,经臣奏请调补丰城县知县,接准部咨开缺,所遗星子县知县,系专、冲不兼简缺,江西现有应补人员,应扣留外补。查有新昌县知县陈君耀调补开缺,均系应归十二月分序补之缺,缺项相同,例应掣签,星子县掣得第一缺。

查定例，知县升调所遗缺出，用各项候补一人、委用一人，本班前先用大挑一人、本班大挑一人，各项候补即用一人、委用一人，本班前先用议叙一人、本班议叙一人，各项候补即用一人、委用一人，本班前先用捐纳一人、本班捐纳一人，本班前先用拔贡一人、本班拔贡一人，拔贡前插用截取进士一人，拔贡后插用孝廉方正一人，拔贡及孝廉方正补用两班之后用本班前先用教习一人、本班教习一人，教习后插用优贡一人、本班前先用教职一人、本班教职一人，教职后插用截取一人，截取之后插用荫生一人，周而复始。又光绪十三年十月奏定章程内开：道、府、同知、直隶州知州、通判、知州、知县升调所遗及告病、病故、休致，以及佐贰杂职并盐务等官，无论何项所出留补选缺，及河工等官，除坐补原缺、裁缺即用、回避即用、新选新补、留省另补人员不计外，无论何项到班，仍以五缺计算。先用郑工新班遇缺先二人、海防新班先一人，无人，用郑工新班遇缺先人员抵补。至第四缺，海防即、海防先分班轮用一人，第一轮用海防即人员，第二轮用海防先人员，海防先无人，仍用海防即人员，海防即无人，用旧例银捐遇缺先人员，如无人，用旧例银捐遇缺人员再无人过班，即接用各项轮用班次一人，以五缺为一周。又此次新例报捐人员，惟知县一项，郑工新班遇缺先、郑工新例分缺先、分缺间、捐纳试用本班尽先、捐纳试用并候补、委用、议叙、捐输、孝廉方正报捐各本班尽先人员，遇轮补、升调所遗及告病、病故、休致之缺到班时，于各本班中先用正途出身及曾任知县、曾任实缺应升知县者二人，再用各本班中各项出身者一人；如正途出身及曾任知县、曾任实缺应升知县无人，即用各项出身之人。其旧例人员再捐过入新例者，应归新例人员均一律补用。又光绪十七年三月奏定章程内开：嗣后各省道、府以至未入流并盐务、河工等官，轮用郑工遇缺先及新海防遇缺先两项时，无论请补何项所出之缺，均核其截缺月分，以六个月为限，在省加捐班次人员，以该省接到新班过班知照部文在六个月以外之缺方准请补；领照赴省人员，以到省后在六个月以外所出之缺方准请补。又光绪二十二年九月奉到变通遇缺先抵补章程内开：嗣后京外各官内选外补，凡以五缺计算者，第一、第二缺用新海防遇缺先二人；第三缺用旧海防先一人，无人用郑工遇缺先抵，再无人过班，即毋庸再以新海防先抵补；第四缺旧例海防即与旧例海防先分班轮用，无人用旧例遇缺先，无人用旧例遇缺，再无人过班，即用各项班次一人。查现在第三、第四缺多系无人，则五缺之中，只有第一、第二用新海防遇缺先二人，第三、第四无人，第五用各项一人，合计六缺之中，新海防遇缺先可得其四，各项可得其二。如均有人，仍照旧轮办理。应以接到此次部文以后所出之缺，概照新章办理各等因。

江西知县升调遗缺，上次捐输到班，捐输先无人，又插用分缺先暨新海防遇缺先用一人止。今星子县调补所遗一缺，查坐补原缺、裁缺即用、回避即用、留省另补均无人，按班应用郑工新班遇缺先，该班无人，应连用新海防遇缺先，前次已用过正途出身一人，此次应用正途出身及曾任应升人员。查正途及曾任应升均无人，应用各项出身之人。查有新海防遇缺先补用各项出身知县名次在前之杨焕，年四十三岁，湖南清泉县人。由附贡生于光绪十六年闰二月在天津新海防捐局遵例报捐知县，指省分发江西试用。蒙吏部带领引见，奉旨："着照例发往。"钦此。领照起程，在扬州苏浙赈捐局报捐同知升衔，光绪十六年七月十六日到江。是月二十日，闻讣丁父忧，回籍。服满，遵例就近在部呈请起复，领照起程，光绪十九年二月初三日到江。期满甄别，以知县补用。遵新海防例捐银，请遇缺先补用免试用。吏部行文,于光绪二十二年正月二十日发行,按江西照限六十日减半计算,应以二月二十日作为到省日期,签掣第一名,系作为到省后六个月以外所出之缺,例得请补。委署过赣县知县印务。该员志趣廉谨,才堪理繁,堪以请补星子县知县。与例相符,应积新海防遇缺先补用班之缺。据藩司柯逢时、臬司明徵会详请奏前来。

合无仰恳天恩,俯准将杨焕补授星子县知县。如蒙俞允,该员系遇缺先补用知县请补知县,衔缺相当,毋庸送部引见,亦例不核计参罚。再,此案遵章改题为奏。又,藩司于光绪二十八年二月初六日出详,合并陈明。谨会同两江督臣刘坤一合词恭折具奏,伏乞皇太后、皇上圣鉴训示。谨奏。光绪二十八年二月二十二日。

朱批:"吏部议奏。"

《光绪朝朱批奏折》第17辑,第394—397页

345. 前兵部尚书彭玉麟在江督师最久功德在民请建立专祠列入祀典片

光绪二十八年二月二十二日[①](1902年3月31日)

再,据布政使柯逢时详,据在籍绅士山东候补道梅启熙、前河南道监察御史华煇等联名呈称,前兵部尚书彭玉麟以诸生从戎,转战数省,所向有功,自咸丰五年,经前大学士曾国藩调赴江西,办理内河水师军务。维时贼目黄文金、胡文泉、石达开等先后各挟众数万,纵横无忌,湖口、九江诸要隘悉为盘踞,蹂躏荼毒,不可忍言。

① 底本推定具奏时间为光绪二十八年二月,此据《李勤恪公奏议》卷二第722页确定。

彭玉麟或联合各军，或孤师御敌，无不奋发激昂，身先士卒，用能屡克险要，历建殊勋，地方多所保全，黎庶赖以安辑。其功德所垂，至今虽乡曲妇孺，亦莫不闻彭玉麟之名而肃然起敬者。绅等追思盛绩，感戴尤殷，咸愿捐资，于省城百花洲地方建立专祠，请为列入祀典，以隆报飨等情，开呈事迹，由该司核明请奏前来。

臣查发逆之乱，江省立功诸臣，如前安徽巡抚江忠源、前江西巡抚张芾、前大学士曾国藩、前贵州按察使席宝田，均经奏奉谕旨，准于省城建立专祠。该尚书彭玉麟在江督师最久，建功尤巨，士民爱戴，至今不忘，所请立祠崇祀，洵出至诚。合无仰恳天恩，俯准该绅等建立彭玉麟专祠，并敕部列入祀典，由地方官春秋致祭，以彰荩绩而慰舆情，出自鸿施。理合会同两江督臣刘坤一附片具陈，伏乞圣鉴训示。谨奏。

朱批："着照所请，礼部知道。"

《光绪朝朱批奏折》第29辑，第825页

346. 奏请再将各处运赴江西省进口米谷厘金暂免两个月以广招徕而济民食片

光绪二十八年二月二十二日（1902年3月31日）

再，江省上年夏间大水之后，耕种失时，秋收颇歉，虽经极力筹办赈抚，而乡民失业者仍多艰食。臣复于去冬饬司提发巨款，在省城设立大粥厂两所，听四乡穷民前来就食，每日聚至五万馀人，先经奏明，拟俟办至本年春间，再将粥厂停止。现值青黄不接之际，闾阎米价有增无减，各属穷民无所得食，尤形困苦，当招集绅商，电商驻沪官绅富户，设法施济。旋由办理商务大臣、工部左侍郎盛宣怀倡捐巨款,连拨垫共筹集银三万两,又驻沪善堂绅董亦凑集银二万元,派绅运赴江省,办理义赈,藉资接济。惟米价不平,贫民太多,断难溥沾利赖。查上年经臣两次奏蒙天恩,准免六、七、八、九等月米谷厘税,嗣以此项米厘系专为凑还四国洋债之款,亦难顾此失彼,是以限满之日,即复照常抽取。现在体察情形,非再将米厘减免,不能招徕商贩。合无仰恳天恩,俯准再将各处运赴江西省进口米谷厘金暂免两个月,以广招徕而济民食。一俟期满,早稻将次登场,再照旧章办理。至上年免厘之际,颇有奸商希图渔利,贩运出口,此次应请申明限制,凡出口米谷均不准免。傥有奸商罔利影射,即应严行稽征,庶期实惠得以及民。据督办牙厘总局布政使柯逢时、按察使明徵会详请奏前来。除批饬出示晓谕,通行遵办,并咨明户部外,理合附片陈明,伏乞圣鉴。谨奏。

朱批:"户部知道。"

《光绪朝朱批奏折》第32辑,第218页

347. 铜鼓营都司现请补吉安营参将徐文科等员打仗受伤请免驰骑仍试枪炮片

光绪二十八年二月二十二日[①](1902年3月31日)

再,查铜鼓营都司现请补吉安营参将徐文科,前于同治二年十一月内克复江苏无锡县城,首先冲锋登城,被贼炮子击穿左膀。又前署饶州营守备事、臣标左营尽先补用守备颜玉光,前于同治三年四月内攻克广西贵县平天寨贼巢,首先冲锋登寨,被贼枪子击伤右

① 底本推定具奏时间为光绪二十八年二月,此据中国第一历史档案馆藏"军机处全宗·录副奏折"目录(档号:03—5999—105)确定。

腿入骨，矛伤左肩膀骨。该员等所受各伤，当时虽已医治痊愈，惟近年每遇阴雨严寒，旧创不时举发，筋骨酸痛，骑射难期合式，遵照新章，请免骑射，仍试枪炮等情。饬由委员署瑞州营都司王木生、署饶州营参将张祖恩验明属实，并无捏饰规避情事，造具履历册结，呈请核办前来。臣查武职人员在军营打仗受伤，向准奏明改习枪炮，免予骑射，惟现在防、绿各营操练，已钦奉谕旨，一律改试新式枪炮，是弓箭一项，已经停废，毋庸再免。但该员等既经委员验明，曾因剿贼打仗各受有伤，不时举发，若仍令照章乘骑驰逐，亦难如式。合无仰恳天恩，俯念该员等躬冒危险，剿贼受伤，免其驰骑，仍试枪炮，以示体恤而符定章。除将送到各履历册结咨移部科外，谨会同两江督臣刘坤一附片陈明，伏乞圣鉴训示。谨奏。

朱批："着照所请，兵部知道。"

《光绪朝朱批奏折》第48辑，第194页

348. 江西筹解奉拨摊还新定赔款第三期银两片

光绪二十八年二月二十二日(1902年3月31日)

再，前准部咨，新案赔款，江西省每年摊还银一百四十万两。并准行在军机大臣电开：奉旨："据奕劻、王文韶电奏称，公约第六款内载明，由国家出给保票，付还各款，每月给银行董事收存等语。应将全年应付本息匀作十二分，按月摊付，先期解交上海道转付收存，无论如何为难，不得稍有迟误。"等因。钦此。臣伏查江西库款，久已入不敷出，近年奉拨洋债、饷需，有增无减，罗掘俱穷。兹复增此一百四十万之出款，数巨期迫，虽经奏准按粮派捐一项，而每岁以丁粮全额计之，约可得银三十馀万，尚不及赔款四分之一。

迭与司道筹商，无不焦思束手，而事关大局，又不得不勉为其难。前已饬据藩司将二十七年十二月第一期及二十八年正月第二期应付之款，先期解交上海道兑收，详经奏咨在案。兹据布政使柯逢时详称，现复于司库腾挪借动银一十一万六千六百六十六两六钱六分七厘，遴委候补知县余靖领解，限二月二十二日以前到沪，交上海道查收，作为江西奉拨摊还新定赔款第三期银两。又前准行在户部电，此次赔款系还关平，每百两须加补水库平银一两六钱四分三厘。按照此次所解数目，计应解关平补水银一千九百一十六两八钱三分三厘，在于二十七年厘金项下动支，一并发交委员领解，赴沪交收，并由司发给委员往来川资及轮船、保险、水脚等费银九百八十两，详请奏咨等情前来。除饬迅速解交，暨咨明外务部、户部外，所有江西筹解奉拨摊还新定赔款第三期银两，委员解赴上海道转付缘由，理合附片陈明，伏乞圣鉴。谨奏。

朱批："户部知道。"

《光绪朝朱批奏折》第83辑，第592—593页

349. 江西筹解光绪二十八年汇还英德借款第一批银两片

光绪二十八年二月二十二日(1902年3月31日)

再，前准户部咨，每年应还俄法、英德两款本息，数巨期促，拟由部库及各省关分别认还一折，光绪二十二年五月初八日具奏，奉旨："依议。"钦此。计单内开：英德一款，由地丁等款项下指拨江西银十四万两，每年匀分四次，于二、五、八、冬四个月解赴江海关道交纳，不得稍有延欠。嗣又准咨，镑价昂贵，原拨银数不敷，奏明照案酌量加拨，计英德借款自光绪二十六年起，加拨银三万五千两，

随同匀解各等因。业经行据藩司,将光绪二十二年起至二十七年止应解银两,按期照数发交商号并委员解交江海关,先后详经奏咨在案。

兹据布政使柯逢时详称,本年二月应解英德借款银两届期,现于司库动放米谷厘金并钱价平馀及二十六年加成糖烟酒厘、二十七年加成糖厘茶税各款共银四万三千七百五十两,作为光绪二十八年奉拨江西应解英德借款第一批银两,发交蔚长厚商号,于正月二十八日赴库请领,限二月十八日汇赴江海关道衙门投交兑收,并给汇费银四百三十七两五钱等情,详请奏报前来。臣覆核无异,除饬依限汇解交收,并咨户部暨外务部查照外,所有江西司库筹解二十八年奉拨应解江海关汇还英德借款第一批银两交商汇兑缘由,理合附片陈明,伏乞圣鉴。谨奏。

朱批:"户部知道。"

《光绪朝朱批奏折》第83辑,第593—594页

350. 江西筹解光绪二十七年甘肃新饷第七批解清银两片

光绪二十八年二月二十二日[①](1902年3月31日)

再,查前准户部咨,具奏豫估光绪二十七年分甘肃新饷一折,二十六年十一月初三日奉旨:"依议。"钦此。计单内开:光绪二十七年甘肃新饷,拨江西省银三十六万两等因。当经行据藩司、粮道,以前

① 底本推定具奏日期为光绪二十七年十二月。据中国第一历史档案馆藏"宫中档案全宗·朱批奏折"目录(档号:04—01—35—1059—034)、"军机处全宗·录副奏折"目录(档号:03—6656—059),此片具奏日期为光绪二十八年二月二十二日,朱批日期为同年三月初十日。

项饷银,司库支绌,万难全筹,详请援照历办成案,于司库地丁厘金项下筹解三分之二银二十四万两、道库漕项等款钱粮内拨解三分之一银一十二万两,陆续起解。前已由司、道两库筹解过银三十万八千两,分作六批,循旧发交商号,汇赴甘肃兑收,详经奏咨各在案。

兹据布政使柯逢时详称,查照部咨,按甘肃库平动放各年地丁、税契等银二万二千两,并移准粮道筹拨道库钱粮银三万两,共银五万二千两,作为江西奉拨甘肃光绪二十七年第七批解清协饷,饬令蔚丰厚商号于十二月二十三日赴库请领,限一百四日汇赴陕甘督臣衙门,转发甘肃藩库兑收。所有馀平银两,已遵照自行扣存。至解此批甘肃新饷银两,系江西布政司柯逢时筹解银二万二千两,江西督粮道刘心源筹解银三万两,合并声明等情,详请奏咨前来。臣覆核无异,所有江西筹解奉拨甘肃光绪二十七年新饷第七批解清银两交商汇兑,并筹解职名缘由,理合附片陈明,伏乞圣鉴。谨奏。

朱批:"户部知道。"

《光绪朝朱批奏折》第89辑,第464页

351.江西筹解金陵老湘新湘等营光绪二十七年十至十二月军饷片

光绪二十八年二月二十二日[①](1902年3月31日)

再,查两江督标南字六营,奏明由江苏、安徽、江西三省藩库每月各协银六千两。嗣南字营改为煦字营,又续改为老湘、新湘等

---

① 底本推定具奏日期为光绪二十八年二月。据中国第一历史档案馆藏"军机处全宗·录副奏折"目录(档号:03—6164—076),此片朱批日期为光绪二十八年三月初十日,朱批日期与上片相同,具奏日期亦应相同。

营,所有前项军饷银两,自光绪十年六月起,连闰至二十七年九月止,均经随时筹解,奏报在案。兹据布政使柯逢时详称,兹复由司库筹拨库平银一万三千两,交江宁候补知县张绍棠转解金陵防营支应总局交收,作为奉拨金陵老湘、新湘等营光绪二十七年十月并十一、十二月军饷。计是年尚短解银五千两,现仍一面设法筹措,一俟凑集,再行补解清楚,理合详请具奏等情前来。臣覆核无异,除饬将短解银两赶紧筹集补解清款,并咨户部及两江督臣查照外,所有筹解金陵老湘、新湘等营二十七年十月并十一、十二月军饷缘由,理合附片陈明,伏乞圣鉴。谨奏。

朱批:"户部知道。"

《光绪朝朱批奏折》第62辑,第672页

352. 江西筹解光绪二十八年甘肃新饷第一批银两片

光绪二十八年二月二十二日(1902年3月31日)

再,前准户部咨,具奏豫估光绪二十八年分甘肃新饷一折,光绪二十七年八月十四日奉旨:"依议。"钦此。计单内开:光绪二十八年甘肃新饷,拨江西省银三十六万两等因。到臣。当以司库支绌,前项饷银万难全筹,业经援案奏明,循旧于司库地丁厘金项下动拨三分之二银二十四万两、道库漕项钱粮内动拨三分之一银一十二万两,陆续起解。奉朱批:"户部知道。"钦此。钦遵转行筹解去后。

兹据布政使柯逢时详,现经查照部咨,按甘肃库平动放光绪二十七年地丁银五万两,作为江西奉拨甘肃省光绪二十八年第一批协饷,循旧发交蔚丰厚商号汇解,饬令于二十八年二月十八日赴库请领,限一百四日汇赴陕甘督臣衙门,转发甘肃藩库兑收。所有馀平银两,已遵照自行扣存。至筹解此批甘肃新饷银两职名,系江西布政使柯逢时,合并声明,详请奏咨等情前来。臣覆核无异,除饬续筹拨解外,所有江西筹解奉拨甘肃省光绪二十八年新饷第一批银两交商汇兑,并筹解职名缘由,理合附片陈明,伏乞圣鉴。谨奏。

朱批:"户部知道。"

《光绪朝朱批奏折》第89辑,第502—503页

353. 江西委解光绪二十八年第一批地丁京饷起程片

光绪二十八年二月二十二日(1902年3月31日)

再,查光绪二十七年十二月二十二日准户部咨,具奏豫拨来年京饷一折、单一分,奉旨:"依议。"钦此。钞单飞咨遵办,计单内开:二十八年分京饷,拨江西地丁银三十五万两、厘金银十万两等因。当经钦遵转行筹解去后。兹据布政使柯逢时详称,于光绪二十七年地丁项下动放银五万两,随解饭银三百五十两,作为第一批,遴委候补直隶州州判丁毓瑾领解,于正月十八日起行,由陆路前赴户部交收,详请具奏等情前来。臣覆核无异,除饬续筹委解外,所有委解二十八年第一批地丁京饷起程缘由,理合附片陈明,伏乞圣鉴。谨奏。

朱批:"户部知道。"

《光绪朝朱批奏折》第89辑,第503页

354. 派员赴沪领运石印《图书集成》到江片

光绪二十八年二月二十二日(1902年3月31日)

再,准两江督臣刘坤一咨称,光绪二十七年十一月初六日准军

机大臣字寄,面奉谕旨:“刘坤一等奏石印《图书集成》存储尚多,请旨办理等语。着即进呈二十部,派员解京,并赏给每省一部,发交学堂,以资观览。”等因。钦此。咨行到臣。遵即派员赴沪祗领,于二十八年正月初七日敬谨运送到江。臣维是书广罗群籍,集册府之大成,上自观天察地,下逮虫鱼草木之微,靡所不该,靡所不究,大之可为治平之助,小之亦足收格致之功。江西现在开设学堂,得是书以教育群才,而扩其学识,以佐盛世右文之治。祗领之馀,臣不胜欢欣鼓舞之至。所有派员敬谨领运《图书集成》到江缘由,理合附片具陈,伏乞圣鉴。谨奏。

朱批:“知道了。”

《光绪朝朱批奏折》第104辑,第580页

355. 乐平县王叶两姓纠众械斗派员督拿获犯先将首要重犯照章惩办片

光绪二十八年二月二十二日(1902年3月31日)

再,查光绪二十六年四月间,据乐平县禀报,县属桐坡村王姓与东冈村叶姓因争柴路起衅,叶无名老起意鸣锣纠众,约期械斗泄忿,叶歪头闻言怂恿并首先鸣锣,纠同叶如林等六十馀人,致毙王毛边等三十五命。王矮仂闻知,恐叶姓进村扰害,亦起意纠众出斗,王金瞒从旁怂恿,首先鸣锣,纠同王蒙估等七十馀人,出村互斗,致毙叶银书等四十四命。并王蒙估等挟恨起意放火,互相烧毁房屋多间,伤毙人命。前抚臣松寿闻报后,即饬委候补知府孙传棉并管带振武营营官李家发督带弁勇驰往,会督府县严拿首要各犯,照章惩办,陆续拿获,并据族房交出人犯多名。旋因浙江江山等县

土匪滋事，边防吃紧，将各营弁调赴玉山县防堵邻省土匪，以致首犯叶无名老等在逃未获。臣于抵任后，改委候补知府宋廷樑并派拨威武营、信字营各营官杨乐宾等带勇驰往会拿，复迭次札催，上紧勒拿首要及杀人正凶，按名弋获，究明确情，录供禀办。兹据该委员宋廷樑会同饶州府知府齐兰禀，以会督县营，先后拿获为首纠众要犯叶无名老、叶歪头、王矮仂、王金瞒、王蒙估并下手致毙人命之正凶叶如林等及王洸碌等多名，督同印委审明，开录供折，禀请分别照章就地惩办及解省审究等情前来。

臣逐加查核，此案该犯叶无名老因族人争柴路细故，辄敢起意纠众，约期械斗泄忿。王矮仂闻知，恐叶姓进村扰害，亦起意纠众出斗。两造纠众至六七十人之多，致毙彼造在三四十命以上，按例，罪应斩立决枭示。叶歪头、王金瞒当时在场，用言怂恿，并首先鸣锣纠众出斗，以致酿成多命重案，且叶歪头当场致毙王日茂等两命，王金瞒亦刃毙叶世金一命，实属同恶相济，厥罪维均。王蒙估挟仇起意放火烧毁叶姓房屋，杀伤叶横路身死，亦罪应斩决。伏查光绪十一年间江西省奏定严办械斗章程内开：嗣后江西所属械斗命案，委员驰往，督同府县严拿首从各犯，讯取确供，照例拟定罪名，将例应斩、绞立决各犯即行就地处决，应枭示者仍行枭示等语。历经遵办在案。今该犯叶无名老、叶歪头、王矮仂、王金瞒纠众约期及怂恿械斗，以致互毙多命，均罪干斩决枭示；王蒙估挟仇放火杀人，亦罪应斩决。查王蒙估业于取供后在县监病毙，应毋庸议。所有叶无名老等各犯，自应遵照奏定章程办理。臣于核明后，即饬臬司转饬乐平县，会同委员查明不停刑、不斋戒日期，亲提斩犯叶无名老、叶歪头、王矮仂、王金瞒，分别验明正身，捆绑押赴市曹处斩，枭首示众，以昭炯戒。其听纠殴毙人命及刃伤各犯，一并饬提解省,发委审办。

除俟审明详细情形,分别按拟招解,由臣覆勘,另行办理,并饬勒拿在逃未获各犯,务获究报外,所有乐平县王、叶两姓纠众械斗,派委文武员弁督拿获犯,先将首要重犯按照定章惩办缘由,理合附片具奏,伏乞圣鉴。谨奏。

朱批:"知道了。"

《光绪朝朱批奏折》第107辑,第780—781页

356. 拿获南昌县著名棍匪涂三根捆赴市曹处斩片

光绪二十八年二月二十二日(1902年3月31日)

再,今日时事多艰,治匪最为要务。臣迭饬各属整顿团练保甲,查有著名光棍,即行严拿惩办。因之外来票匪、会匪无从勾串为害,地方赖以乂安。上年访闻南昌县属有著名棍匪涂三根,绰号涂彪虎,性极凶暴,出入皆怀挟利刃,平日诈赃放火,强奸掳略,无恶不作。乡民畏其凶猛,不敢告发,官差拘拿,动辄拒捕伤人,以致稔恶有年,迄未伏法。此次经臣密饬调署南昌县知县戚扬查得该犯踪迹,于上年十二月间,不动声色,会营督率兵役驰往掩捕,该犯拒伤差役熊珊、张宣二名,旋即就获,禀报前来。臣当饬臬司督同府县研讯确供。据该犯供认,屡次生事,讹索过族邻涂令瑾等十一家,得赃数十千文至十馀千文不等,又先后持刀强奸过妇女涂李氏等九人,并强占族人涂鸦头之妻刘氏,在屋奸宿,现在犹未放还,复挟仇放火烧毁过涂高林房屋一间,抢掳过万合昌店布十馀匹并棉花、钱文、衣服各物,又强宰涂宜福等猪只,霸收涂发春等租谷,种种不法,传证质讯,均无异词,实属光棍之尤,罪无可逭。且闻该犯

踪迹诡秘,党羽甚众,不及早惩办,深虑别滋事端。臣于亲提覆讯后,立即饬将该犯涂三根捆赴市曹处斩,以快人心而昭炯戒。除被害之家饬县查明,分别提释抚恤,并查缉馀匪究办外,理合附片陈明,伏乞圣鉴。谨奏。

《李勤恪公奏议》卷二,《天津图书馆孤本秘籍丛书(二)》第720—721页

357. 补办江西光绪二十五年钱粮奏销考成各官折

光绪二十八年二月二十三日(1902年4月1日)

江西巡抚臣李兴锐跪奏,为补办光绪二十五年钱粮奏销考成各官,遵照新章,恭折具陈,仰祈圣鉴事。

窃查前抚臣松寿任内,据前任布政使张绍华详称,江西省额征起存地丁等项一切钱粮完解支存数目,例应次年五月造册奏销。所有光绪二十五年分地丁、屯粮丁并驿站支馀等项,实应征起存银一百七十五万七千三百四十八两零,内已完存留起运银一百二十三万一千一百二十三两零,又应缓征地丁、屯粮丁共银一十九万六千九百一十七两零,未完应征民欠地丁、屯粮丁共银三十二万九千三百七两零。又南昌、饶州二府税课各行户认纳额外增征并吉安、九江、赣州三府商苗落地税盈馀,义宁州充公入官田租,及各属驿站节省马尾、皮价,除各府县未据具报外,实共应征银四千九百三十七两零。又续据吉安府报征商税盈馀银一百六十八两零,内已完银三千九百九十七两零,未完银一千一百八两零。又前列地丁等款连另册造报坐支各厅州县佐杂养廉并南安、赣州、宁都三府州属十五厅县养廉等项银二万四千一百六十七两零,实馀解司银一十五万六千一百九十九两零,二共银一十八万三百六十六两零,内

已完坐支并解司银一十二万二千七十五两零。又应缓征银一万九千六百九十一两零，实未完应征民欠银三万八千五百九十九两零，另造细册，遵例归地丁奏销册内合计考成，听候查核。至未完缓征银两内各厅县被水、被旱、被风、被虫，原请缓至光绪二十六年秋后，分作两年带征，应俟届限起征催完，另行办理。其馀未完应征银两，所有经催、经征各员，例应核计分数，随案开参。寄庄钱粮，例参代征之员。又司、府、厅、州、县内，除二三官催征通完，并被灾缓征未完及止完地丁钱粮而本色颜料暨起运杂项钱粮未完者，不准议叙，均毋庸开列外，此外经催、经征并代征人员，均遵照新章，将未完一分以上各职名先于五月内开单具奏，并另行逐一汇揭开报。又应征民欠正耗各银，以十分计算。松寿在任督催十二个月，已完七分八厘六毫二丝四忽，未完二分一厘三毫七丝六忽，听候考成。又二十五年应征府款杂办课钞麻铁料落地税及义宁州入官田租各银两，例应归入地丁钱粮奏销册内造报，均未据完解。所有经征接征不力、完解迟延各职名，另揭附参，听候部议。由司造具奏销黄、清各册，及经催、经征已未完分数职名揭帖，详经前抚臣松寿核明黄册呈进，并将清册、揭帖分别咨送。再，司库钱粮，定例巡抚于每年奏销时亲赴盘察，如无亏空，即于奏销本内一并保题等因。并经松寿亲赴司库，逐一盘察出结，缮具题本，于二十六年六月二十三日拜发在案。二十七年八月十九日准通政司咨，前项题本因驿路不通，暂行存库。讵至本年五月间，被德国洋兵入库携去揭帖等件，亦因墙塌压毁，咨行查明补送，当经行司查照补办册揭，由臣核明，正在缮本补题间，适准内阁咨，奏明将上年未经进呈题本发还改奏等因。

臣伏查各项题本，前已奉旨改题为奏，以归简易，现又奉将存阁本章发还。所有通政司咨行补题之件，自应遵照新章办理。除将补造各清册分送部科查核外，所有补办二十五年分钱粮奏销考成各官缘由，理合恭折具陈，谨将补缮黄册一本进呈御览，伏乞皇太后、皇上圣鉴，敕部核覆施行。谨奏。光绪二十八年二月二十三日。

朱批："该部知道，册并发。"

《光绪朝朱批奏折》第68辑，第814—816页

358. 补办江西光绪二十五年随奏节年钱粮奏销折

光绪二十八年二月二十三日（1902年4月1日）

江西巡抚臣李兴锐跪奏，为补办光绪二十五年随奏节年钱粮奏销，遵照新章，恭折具陈，仰祈圣鉴事。

窃查前抚臣松寿任内，据前布政使张绍华详称，江西省节年钱粮已、未完及动用存储各数目，例应造册，另缮随本奏销。现届查办光绪二十五年奏销，所有二十四年随奏册报，实在、未完各届豁免案内查出，自道光二十九年起至光绪十三年止已征未解，暨光绪十四年起至二十四年止未完民欠并缓征地丁、屯粮丁正耗，共银五百四十七万四千七百三十二两零，内除光绪十四至二十四等年被灾案内已请递缓分年带征除完纳外，实共银一百二十七万八千九百九十三两零，尚应催征完解银四百一十九万五千七百三十九两零。今光绪二十五年奏销，催据各属完解民欠地丁、屯粮丁并缓征正耗暨豁免案内查出提收已征未解共银四万九千四百九十四两零，实在道光二十九年起至光绪十三年止尚未完、已征未解银七千一百一十八两零，又光绪十四年起至二十四年止未完民欠并带征地丁、屯粮丁正耗共银四百一十四万四千一百四十七两零，均经分

别严催完解。又光绪二十四年随奏册报湖口县未完光绪十五年带征十四年缓征地丁正耗银二百二十三两零，今光绪二十五年奏销，未据完解。其光绪二十四年随奏册报南昌等厅县未完十四年起至二十四年止缓征地丁等项银两，因各该厅县连年被灾，已请缓征、递缓，容俟届限启征完解。所有已征未解与已、未完银数及动存各款，造具黄、清各册，详经随案呈进，并分别咨送。又各杂项钱粮另立专案造报之款，应归各年地丁随本一疏具题等因。经前抚臣松寿覆核无异，缮具题本，于二十六年六月二十三日拜发在案。二十七年八月十九日准通政司咨，前项题本因驿路不通，暂行存库。讵至本年五月间，被德国洋兵入库携去揭帖等件，亦因墙塌压毁，咨行查明补送，当经行司查照补办册揭，由臣核明，正在缮本补题间，适准内阁咨，奏明将未经进呈题本发还改奏等因。

臣伏查各项题本，前已奉旨改题为奏，以归简易，现又奉将存阁本章发回，所有通政司咨行补题之件，自应遵照新章办理。除将补造清册分送部科查核外，所有补办二十五年分随奏节年钱粮奏销缘由，理合恭折具陈，谨将补缮黄册一本进呈御览，伏乞皇太后、皇上圣鉴，敕部核覆施行。谨奏。光绪二十八年二月二十三日。

朱批："该部知道，册并发。"

《光绪朝朱批奏折》第68辑，第817—818页

359. 补办江西光绪二十五年社谷奏销折

光绪二十八年二月二十三日(1902年4月1日)

江西巡抚臣李兴锐跪奏，为补办光绪二十五年社谷奏销，遵照新章，恭折具陈，仰祈圣鉴事。

窃查前抚臣松寿任内，据前任布政使张绍华详称，社仓谷石，例应年底将收支动存各数造册奏销。所有江西省光绪二十五年分各厅州县旧管社谷四十二万四千九百四十一石零，内除上饶等县咸丰元年豁免挪垫民欠案内查出挪缺谷石，龙泉等州县前任病故知县徐希纶、徐燧、病故知州颜贻曾、病故知县周兆熊、参革知县张镕应赔失守，无着追存，并属县缴存社谷价银及亏缺追存社谷价银折合谷石，南昌等厅州县被贼焚劫豁免谷石，及宁都、广昌二州县嘉庆五年被水漂失，尚有未补谷石，以上共未补谷三十七万一千九百四十八石零，实存谷五万二千九百九十二石零。新收无项，开除无项，实存谷五万二千九百九十二石零，造册详经前抚臣松寿覆核无异，缮具题本，于二十六年六月二十三日拜发在案。二十七年八月十九日准通政使咨，前项题本因驿路不通，暂行存库。讵至本年五月间，被德国洋兵入库，携去揭帖等件，亦因墙塌压毁，咨行查明补送，当经行司查照补办册揭，由臣核明，正在缮本补题间，适准内阁咨，奏明将上年存阁未经进呈题本发还改奏等因。

臣伏查各项题本，前已奉旨改题为奏，以归简易，现又奉将存阁本章发还，所有通政司咨行补题之件，自应遵照新章办理。除将补造清册分送部科查核外，所有补办二十五年分社谷奏销缘由，理合恭折具陈，伏乞皇太后、皇上圣鉴，敕部核覆施行。谨奏。光绪二十八年二月二十三日。

朱批：“户部知道。”

《光绪朝朱批奏折》第91辑，第394—395页

360. 补办江西光绪二十五年常平仓谷奏销折

光绪二十八年二月二十三日(1902年4月1日)

江西巡抚臣李兴锐跪奏,为补办光绪二十五年常平仓谷奏销,遵照新章,恭折具陈,仰祈圣鉴事。

窃查前抚臣松寿任内,据前任布政使张绍华详称,江西省光绪二十五年分旧管各属额储常平仓谷,并进贤等县嘉庆八年奉拨粜剩淮谷,大共一百三十九万六千四百五十二石五斗零。内除上届清查案内丰城等厅县未补谷石,又前任上高等县参革、勒休、病故各员交代案内盘缺及挪缺未补谷石,并彭泽等县自道光十二年起至三十年止出借各年被水、被旱无力农民籽种口粮,及缓征漕粮、动碾兵米谷石,丰城等厅县道光二十九年清查案内历任盘缺谷石,铜鼓营同知未买补道光十一年平粜谷石,义宁等州县道光三十年筹补京米动碾谷石,德化县咸丰元年出借道光三十年被水无力农民籽种谷石,南昌等厅县咸丰元年豁免挪垫案内查出续经挪缺谷石,广昌县咸丰四年被水漂失、霉变及被水抚恤贫民谷石,瑞昌县咸丰四年出借三年被水、被扰籽种谷石,进贤等县同治元年豁免案内挪缺谷石,进贤等厅州县被贼抢劫谷石,丰城等县殉难各员亏缺奏豁谷石,龙南县亏缺参追谷石,广丰等厅县故员亏缺咨追谷石,丰城等县失守无着议赔谷石,新建等厅州县历年军需动用谷石,大庾等厅县碾放光绪二十四年兵米谷石,以上共未买补、征完各项谷一百二十九万一百五十八石五斗零,共计存谷十万六千二百九十四石零。新收新喻、东乡、安仁等三县入官田租谷三十石二斗零,龙南县捐积谷二十四石,大庾、上犹、定南、兴国、会昌、龙南、长宁等厅县买补碾放光绪二十四年兵米谷六千七十六石六斗零，以上共新收谷六千一百三十石八斗零。开除大庾、上犹、定南、兴国、会昌、龙南、长宁等厅县碾放光绪二十五年兵米谷五千七百三十三石三斗零，实在存仓谷十万六千六百九十一石五斗零。并声明，前准户部咨，议覆江西各属额储常平仓谷与例额增多减少案内，据庐陵等县粜卖并丰城等县应买豁免谷石，已照数抵补，均于各该年奏销案内造报在案，尚有与例额增多谷二万五千九百四十四石八斗零，造具各属积储数目及正署印官职名四柱细数清册，详经前抚臣松寿覆核无异，缮具题本，于二十六年六月二十三日拜发在案。二十七年八月十九日准通政司咨，前项题本因驿路不通，暂行存库。讵至本年五月间，被德国洋兵入库，携去揭帖等件，亦因墙塌压毁，咨行查明补送，即经行司查照补办册揭，由臣核明，正在缮本补题间，适准内阁咨，奏明将上年存阁未经进呈题本发还改奏等因。

臣伏查各项题本，前已奉旨改题为奏，以归简易，现又准将存阁本章发回，所有通政司咨行补题之件，自应遵照新章办理。除将补造清册分送部科查核外，所有补办二十五年分常平仓谷奏销缘由，理合恭折具陈，伏乞皇太后、皇上圣鉴，敕部核覆施行。谨奏。光绪二十八年二月二十三日。

朱批："户部知道。"

《光绪朝朱批奏折》第 91 辑，第 396—397 页

361. 奉拨本年筹备饷需循旧融拨漕项钱粮凑解折

光绪二十八年二月二十八日（1902 年 4 月 6 日）

江西巡抚臣李兴锐跪奏，为壬寅年筹备饷需，江西司库无力全

筹,循旧融拨漕项钱粮,以资凑解,恭折仰祈圣鉴事。

窃查前准户部咨,具奏豫拨来年筹备饷需一折、单一分,光绪二十七年十一月十七日奉旨:“依议。”钦此。计单内开:光绪二十八年分筹备饷需银两,指拨江西省银二十四万两等因。转行遵照筹解。兹据藩司柯逢时、督粮道刘心源会详称,查此项原系筹边军饷,每年奉拨银二十四万两,自光绪十二年拨解起,因司库无力全筹,历经援照前解甘饷成案,在于司、道两库分筹,奏明动用漕项凑解,奉旨允准在案。今司库自二十六年以来筹办江防,兼值灾祲屡告,入款大减,出款倍增,且摊派新案赔款,数巨期迫,虽已筹解三期银三十五万馀两,皆系东挪西凑,挖肉补疮,支绌情形,较前尤甚;道库应征各款,除奉拨甘肃新饷、清淮军饷外,所馀亦属无多。而奉拨前项饷需,关系紧要,不敢不竭力筹维,惟有援照历办成案,动用漕项,请先行奏明,在于司库地丁厘金项下筹解三分之二银十六万两、道款漕项钱粮内筹解三分之一银八万两等情前来。

臣查动用漕项钱粮,遵照部定新章,应先奏明。江西省奉拨前项饷需,连年均因司库支绌,融动道库漕项,分筹凑解。今二十八年奉拨银两,该司、道因司库支绌,仍难独力全筹,拟援照向案,融拨道库漕项钱粮,系为筹济要款,藉资凑解起见,合无仰恳天恩,俯如所请办理。除咨明户部外,所有奉拨壬寅年筹备饷需,循旧融拨道款钱粮凑解缘由,理合恭折具陈,伏乞皇太后、皇上圣鉴。谨奏。光绪二十八年二月二十八日。

朱批:“户部知道。”

《光绪朝朱批奏折》第62辑,第670—671页

362. 查明光绪二十七年分征收新旧丁漕钱粮数目比较上届情形折

光绪二十八年二月二十八日(1902年4月6日)

江西巡抚臣李兴锐跪奏,为查明光绪二十七年分上下忙征收新旧丁漕钱粮数目,开具比较清单,恭折仰祈圣鉴事。

窃查前准军机大臣字寄,同治八年二月初五日奉上谕:“着各直省督抚,自同治八年为始,督饬藩司,将全省一年上下两忙征收丁漕各实数及上届征收总数,开具比较清单,详明专案奏报。统限各该年年底出奏,以备稽考,毋得迟逾。”钦此。嗣又准户部咨,各直省奏报丁漕收数,均展至次年正月办理,二月出奏,以归画一等因。均经转行遵办在案。兹据藩司柯逢时详称,将光绪二十七年正月初一日起至年底止一年期内司库兑收新旧地丁等款钱粮银数作为本届征收实数,并将光绪二十六年正月初一日起至年底止一年期内司库兑收地丁等款银数作为上届收数,开列比较盈绌数目,并据督粮道刘心源将道库兑收新旧漕粮折价、随漕屯粮兵折等款,分别本届、上届收数,开具比较盈绌各数,详请奏咨前来。

臣覆核无异,谨将通省本届、上届征收地丁、漕折等项钱粮总数,比较盈绌,分别开列清单,恭呈御览。至各府厅州县征收比较数目,案牍繁多,未便列入单内,除另造清册咨送户部考核外,理合恭折具奏,伏乞皇太后、皇上圣鉴。谨奏。光绪二十八年二月二十八日。

朱批:“户部知道,单二件并发。”

《光绪朝朱批奏折》第68辑,第823—824页

363. 江西筹解奉拨摊还新案赔款第四期并筹还第一期补水银两片

光绪二十八年二月二十八日(1902 年 4 月 6 日)

再,前准部咨,新案赔款,江西省每年摊还银一百四十万两。并准行在军机大臣电开:奉旨:"据奕劻、王文韶电奏称,公约第六款内载明,由国家出给保票,付还各款,每月给银行董事收存等语。应将全年应付本息匀作十二分,按月摊付,先期解交上海道转付收存,无论如何为难,不得稍有迟误。"等因。钦此。臣伏查江西库款,久已入不敷出,近年奉拨洋债、饷需,有增无减,罗掘俱穷。兹复增此一百四十万之出款,数巨期迫,虽经奏准按粮派捐一项,而每岁以丁粮全额计之,约可得银三十馀万,尚不及赔款四分之一。迭与司道筹商,无不焦思束手,而事关大局,又不得不勉为其难。前已饬据藩司将二十七年十二月及二十八年正、二两月共三期应付之款先期设法筹解,交上海道兑收,分别奏咨在案。

兹据布政使柯逢时详称,现复于司库腾挪借动银一十一万六千六百六十六两六钱六分七厘,内除将各处解存江海关代收江西捐款划拨银三万三千四百三十九两一钱六分三厘八毫外,其馀银八万三千二百二十七两五钱三厘二毫,及借放关平补水银一千九百一十六两八钱三分三厘,一并发交蔚盛长等商号承领,另给汇费银八百五十一两四钱四分三厘,限于三月二十二日以前汇至江海关道衙门投交,作为江西奉派新案赔款第四期银两。又前解第一期赔款,应补关平补水银一千九百十六两八钱三分三厘,系由江海关垫付,此次并由司库挪款划还等情,详请奏咨前来。除饬依限汇交，暨分咨外务部、户部外，所有江西筹解奉拨摊还新案赔款第四期，并筹还第一期补水银两分别划汇缘由，理合附片陈明，伏乞圣鉴。谨奏。

朱批："户部知道。"

《光绪朝朱批奏折》第 83 辑，第 599—600 页

364. 江西委解光绪二十八年第二批地丁京饷银两起程日期片

光绪二十八年二月二十八日[①]（1902 年 4 月 6 日）

再，查光绪二十八年分京饷，拨江西地丁银三十五万两、厘金银十万两。行据藩司筹拨第一批地丁银五万两，饬委候补直隶州州判丁毓瑾领解，赴部交收，详经臣附片奏报在案。兹据藩司柯逢时详称，现于光绪二十七年地丁项下动放银五万两，遴委试用知县鲍惟镛领解，作为第二批地丁京饷，并随解饭银三百五十两，于二十八年二月二十日起行，由陆路前赴户部交收，详请具奏等情前来。臣覆核无异，除饬接续筹解外，所有委解二十八年第二批地丁京饷银两起程日期缘由，理合附片陈明，伏乞圣鉴。谨奏。

朱批："户部知道。"

《光绪朝朱批奏折》第 89 辑，第 529 页

---

① 底本推定具奏日期为光绪二十八年二月。据中国第一历史档案馆藏"宫中档案全宗 · 朱批奏折"目录（档号：04—01—35—1059—052）、"军机处全宗 · 录副奏折"目录（档号：03—6321—016），此片具奏日期为该年二月二十八日，朱批日期为三月十九日。

365. 江西筹解光绪二十八年汇还俄法借款第一批银两片

光绪二十八年二月二十八日[①](1902年4月6日)

再,前准户部咨,每年应还俄法、英德两款本息,数巨期促,拟由部库及各省关分别认还一折,光绪二十二年五月初八日具奏,奉旨:"依议。"钦此。计单开:俄法一款,由地丁等款项下指拨江西银十万两,每年分作两次,于三月解交六成,九月解交四成,不得稍有延欠。嗣又准咨,镑价昂贵,原拨银数不敷,奏明照案酌量加拨,计俄法借款自光绪二十六年起加拨银二万五千两,随同匀解等因。业经行据藩司,将光绪二十二年起至二十七年止应解银两,按期照数发交商号并委员解交江海关,先后详经奏咨在案。

兹据布政使柯逢时详称,本年三月应解俄法借款银两届期,现于司库腾挪动借银七万五千两,作为光绪二十八年奉拨江西应解俄法借款第一批银两,发交蔚盛长等商号承领,限三月二十日汇至江海关道衙门投交兑收,并由司给发汇费银七百五十两等情,详请具奏前来。臣覆核无异,除饬依限汇兑交收,并咨户部暨外务部查照外,所有江西司库筹解二十八年奉拨应解江海关汇还俄法借款第一批银两交商汇兑缘由,理合附片陈明,伏乞圣鉴。谨奏。

光绪二十八年三月十九日奉朱批:"户部知道。"钦此。

中国第一历史档案馆藏"军机处全宗·录副奏折",档号:03—6697—066

---

① 原缺具奏日期。按,此片朱批日期为光绪二十八年三月十九日,与上片相同,具奏日期亦应相同。

366. 奏报江西省光绪二十八年正月分粮价及雨水情形折

光绪二十八年二月二十八日(1902 年 4 月 6 日)

江西巡抚臣李兴锐跪奏,为恭报光绪二十八年正月分粮价及地方雨水情形,仰祈圣鉴事。

窃照江西省光绪二十七年十二月分市粮价值并雨雪情形,业经臣恭折奏报在案。兹据布政使柯逢时查明江西省光绪二十八年正月分米、麦、豆各项粮价,开单汇报前来。臣逐加查核,南昌等十四府州属米、麦、豆各项价值均与上月相同,省城及各属地方十月内雨泽稍稀,菜麦长发,民情安谧,堪以上慰圣怀。理合恭折具奏,并缮具正月分粮价清单,敬呈御览,伏乞皇太后、皇上圣鉴。谨奏。光绪二十八年二月二十八日。

朱批:"知道了。"

《光绪朝朱批奏折》第 96 辑,第 1004 页

367. 奏报光绪二十七年下半年江西省京控案件尚无逾限片

光绪二十八年二月二十八日(1902 年 4 月 6 日)

再,准吏部咨,道光十年九月初二日奉上谕:"嗣后各督抚将京控逾限未结之案,每届半年,汇奏请旨交部议处一次。"钦此。又准都察院咨,咸丰元年闰八月十二日奉上谕:"嗣后奏交案件,着与咨交各案一并,将已结、未结起数咨报都察院查核,例限催参,以清案牍而儆废弛。其步军统领衙门逾限奏案,亦着归入都察院催参案内办理。"等

因。钦此。兹届半年汇奏之期,据按察使明徵查明具详请奏前来。

臣查江西省京控之案,上次截至光绪二十七年六月底止,计有陈秉彝、戴春芳、王绍宗、张管氏、谢积依五起,均已行提人卷到省,发委南昌府审办,因行提各案要证未到,先后咨部展限,业经奏明在案。今自光绪二十七年七月初一日起,至十二月十九封印之日止,所有陈秉彝、戴春芳、王绍宗、张管氏、谢积依五起要证均经提到,业已由司先后审拟,解经臣提勘咨结。以上各案,核计拘解、承审各日期均未逾违,除将陈秉彝等各起汇开详细清单,咨送刑部稽核外,理合附片具陈,伏乞圣鉴。谨奏。

朱批:"刑部知道。"

中国第一历史档案馆藏"宫中档案全宗·朱批奏折",
档号:04—01—01—1056—024

368. 审明寻常命盗各案摘叙简明事由汇奏折

光绪二十八年二月二十八日(1902 年 4 月 6 日)

江西巡抚臣李兴锐跪奏,为审明命盗各案,遵章汇案,恭折具陈,仰祈圣鉴事。

窃准部咨,各直省寻常命盗各案,凡归监候具题者,拟由各该督抚讯取确供拟勘后,一面将供勘先行咨部,一面逐案摘叙简明事由,改为汇案具奏,每次至多以十案为率等因。遵办在案。兹查馀干县民李毛俚听纠发掘张章氏坟冢见棺,凿孔抽窃得赃,将李毛俚依为从例拟绞监候一案。又崇义县民余洪标致伤张林週,越十三日身死,将余洪标依斗杀律拟绞监候一案。又玉山县民魏六指致伤黄善发,越日身死,将魏六指依斗杀律拟绞监候一案。又万安县犯人罗瀣炳等听从游阳星图财谋杀李天泰即元善身死，尚未得财，游阳星被获，解至中途病故，将罗瀣炳依“图财害命未得财，从而加功者绞”例，拟绞监候一案。又新昌县民彭賸推跌致伤李九林，越日身死，将彭賸依斗杀律拟绞监候一案。又龙泉县民李焕连致伤彭谟柱身死，将李焕连依斗杀律拟绞监候一案。又广丰县民祝行茂致伤周惟渫身死，将祝行茂依斗杀律拟绞监候一案。又弋阳县民艾禾僙致伤叶江氏身死，将艾禾僙依斗杀律拟绞监候一案。又贵溪县贼犯方告花子听从已获病故之黄青俚，发掘汪程氏坟冢见棺，凿孔得赃，尚未显露尸身，将方告花子依为从例拟绞监候一案。又奉新县民邓森导致伤廖家义身死，将邓森导依斗杀律拟绞监候一案。以上共计十案，均由臬司先后审拟，解经臣提勘无异，已将各案供勘随时咨部在案，兹据按察使明徵汇案，详请具奏前来。

臣覆核无异，所有审明命盗各案遵章摘叙简明事由汇案，恭折具陈，伏乞皇太后、皇上圣鉴，敕部核覆施行。谨奏。光绪二十八年二月二十八日。

朱批：“刑部议奏。”

中国第一历史档案馆藏“宫中档案全宗·朱批奏折”，档号：04—01—01—1056—025

369. 奏请以李克鑅补授永新县知县折

光绪二十八年二月二十九日（1902年4月7日）

江西巡抚臣李兴锐跪奏，为遴员请补知县，以资治理，改题为奏，恭折具陈，仰祈圣鉴事。

窃照吉安府属之永新县知县罗大冕，经前抚臣松寿题请调补龙泉县知县,所遗永新县知县系繁、难二项相兼中缺,声明江西省现有应补人员扣留外补在案。查定例,知县升调所遗缺出,用各项候补一人、委用一人,本班前先用大挑一人、本班大挑一人,各项候补即用一人、委用一人,本班前先用议叙一人、本班议叙一人,各项候补即用一人、委用一人,本班前先用捐纳一人、本班捐纳一人,本班前先用拔贡一人、本班拔贡一人,拔贡前插用截取进士一人,拔贡后插用孝廉方正一人,拔贡及孝廉方正补用两班之后用本班前先用教习一人、本班教习一人,教习后插用优贡一人、本班前先用教职一人、本班教职一人,教职后插用截取一人,截取后插用荫生一人,周而复始。又光绪十三年十月奏定章程内开:道、府、同知、直隶州知州、通判、知州、知县升调所遗及告病、病故、休致,以及佐贰杂职并盐务等官,无论何项所出留补选缺,及河工等官,除坐补原缺、裁缺即用、回避即用、新选新补、留省另补人员不计外,无论何项到班,仍以五缺计算。先用郑工新班遇缺先二人、海防新班先一人,无人,用郑工新班遇缺先人员抵补。至第四缺,海防即、海防先分班轮用一人,第一轮用海防即人员,第二轮用海防先人员,海防先无人,仍用海防即人员,海防即无人,用旧例银捐遇缺先人员,如无人,用旧例银捐遇缺人员,再无人过班,即接用各项轮用班次一人,以五缺为一周。又此次新例报捐人员,惟知县一项,郑工新班遇缺先、郑工新例分缺先、分缺间、捐纳试用本班尽先、捐纳试用并候补、委用、议叙、捐输、孝廉方正报捐各本班尽先人员,遇轮补、升调所遗及告病、病故、休致之缺到班时,于各本班中先用正途出身及曾任知县、曾任实缺应升知县者二人,再用各本班中各项出身者一人;如正途出身及曾任知县、曾任实缺应升知县无人,即用各项出身之人。其旧例人员再捐过入新例者,应归新例人员内一律补用。又光绪十七年三月奏定章程内开:嗣后各省道、府以至未入流并盐务、河工等官,轮用郑工遇缺先及新海防遇缺先两项时,无论请补何项所出之缺,均核其截缺月分,以六个月为限,在省加捐班次人员,以该省接到新班过班知照部文在六个月以外之缺方准请补;领照赴省人员,以到省后在六个月以外所出之缺方准请补。又光绪二十二年九月奉到变通遇缺先抵补章程内开:嗣后京外各官内选外补,凡以五缺计算者,第一、第二缺用新海防遇缺先二人;第三缺用旧海防先一人,无人用郑工遇缺先抵,再无人过班,即毋庸再以新海防先抵补;第四缺旧例海防即与旧例海防先分班轮用,无人用旧例遇缺先,无人用旧例遇缺,再无人过班,即用各项班次一人。查现在第三、第四缺多系无人,则五缺之中只有第一、第二用新海防遇缺先二人,第三、第四无人,第五用各项一人,合计六缺之中,新海防遇缺先可得其四,各项可得其二。如均有人,仍照旧轮办理。应以接到此次部文以后所出之缺,概照新章办理各等因。

江西省知县升调遗缺,上次应用捐输到班,捐输先无人,又插用分缺先止。今永新县调补所遗一缺,查坐补原缺、裁缺即用、回避即用留省另补均无人,按班应用郑工新班遇缺先,该班无人,应用新海防遇缺先,前次已用过各项出身一人,此次应用正途出身之人。查有新海防遇缺先补用正途出身知县名次在前之李克鑠,年四十八岁,湖南长沙县人。由附生中式光绪元年乙亥恩科本省乡试第二十七名举人。五年,在湖南滇捐局报捐内阁中书。六年四月,到阁行走。十二年会试,挑取誊录。十四年六月,呈请注销中书。十五年会试后,大挑一等,引见,奉旨:以知县用。遵例捐指江西,领照起程,光绪十五年九月初四日到江,连闰试用七个月。十六年三月初四日,闻讣丁母忧,回籍。服满起复,于十九年六月初八日回江。业已奉到部文，准其起复。期满甄别，以知县补用。嗣遵新海防例捐遇缺先补用免试用，奉准部文，系光绪二十三年二月二十日发行，按江西照限六十日减半计算，应以二十三年三月二十日接到部文，作为遇缺先补用到省日期。系作为到省后六个月以外所出之缺，例得请补。委署过新喻县知县印务。查该员学优年富，庄重不佻，堪以请补永新县知县等情。据藩、臬两司详经前抚臣松寿，查李克鏷年力正强，才具明干，以之请补永新县知县，与例相符，应积新海防遇缺先补用班之缺，于光绪二十六年九月二十四日会同两江总督臣刘坤一合词恭疏具题。迄今年馀之久，尚未接准部覆，诚恐前岁兵乱遗失。兹据布政使柯逢时详请补行具奏前来。

合无仰恳天恩，俯准将李克鏷补授永新县知县。如蒙俞允，该员系遇缺先补用知县请补知县，衔缺相当，毋庸送部引见，亦例不核计参罚。理合恭折具陈，伏乞皇太后、皇上圣鉴训示。谨奏。光绪二十八年二月二十九日。

朱批："吏部议奏。"

《光绪朝朱批奏折》第17辑，第416—418页

370. 奏请以建昌县知县周祖庚与新淦县知县周宗洛对调折

光绪二十八年二月二十九日（1902年4月7日）

江西巡抚臣李兴锐跪奏，为现任知县例应回避，拣员对调，恭折仰祈圣鉴事。

窃查定例，现任官员原籍与任所在五百里以内者，准该督抚酌量改调回避。兹查有建昌县知县周祖庚，于光绪二十六年八月初

一日到任。该员籍隶湖北武昌县人。查建昌县至箬溪一百里，箬溪至湖北兴国州属之龙港一百二十里，龙港至武昌县属之灵溪乡一百二十里，由原籍官塘大路至建昌，共计程三百四十里，系在五百里以内。臣与藩、臬两司在于通省二字中缺知县内逐加遴选，查有新淦县知县周宗洛，年六十三岁，浙江归安县人。由附生中式同治四年补行辛酉科并壬戌恩科本省乡试举人，光绪丙子恩科会试中式贡士，丁丑科补行殿试三甲进士，朝考二等，引见，奉旨："以知县即用。"钦此。遵例报捐，指省江西，领照到江。告假回籍修墓，事竣回江，题补今职，光绪二十六年十月初六日到任，任内并无展参及有关降调之案。臣查周宗洛朴实耐劳，勤习吏事，堪以调补建昌县知县，所遗新淦县知县员缺，查周祖庚明白事理，颇希廉正，堪以对调，均属人地相宜。据藩司柯逢时、臬司明徵会详请奏前来。

合无仰恳天恩，俯准将建昌、新淦二县互相对调。该二县均系二项中缺对品更调，衔缺相当，均毋庸送部引见，亦例不核计参罚。再，建昌县知县周祖庚呈请回避，于光绪二十六年十月十八日具禀，系在三月限内，合并陈明。谨会同两江总督臣刘坤一合词恭折具陈，伏乞皇太后、皇上圣鉴训示。谨奏。光绪二十八年二月二十九日。

朱批："吏部议奏。"

《光绪朝朱批奏折》第17辑，第419—420页

371. 奏请以陈履贞补授饶州府景德镇同知折

光绪二十八年二月二十九日（1902年4月7日）

江西巡抚臣李兴锐跪奏，为遴员请补同知，改题为奏，恭折具陈，仰祈圣鉴事。

窃照准调饶州府景德镇同知许莘病故开缺，即经前抚臣松寿恭疏具题，所遗饶州府景德镇同知系冲、繁、难三项相兼要缺，例应在外拣调。该镇商民杂处，政务殷繁，兼管窑厂事务，必得精明干练之员，方足以资治理。前抚臣与藩、臬两司在于通省中简同知内逐加遴选，实无人地相宜、合例堪调之员。查同治十年九月奏定章程：嗣后各省道、府、直隶州知州、同知、通判，遇题调要缺，酌量以候补人员请补时，应先尽记名分发人员酌量请补。如果实系人地不宜，始准声叙，以各项候补人员请补等因。查有截取分发指省江西归候补班补用同知陈履贞，年四十二岁，浙江归安县人。由附监生遵筹饷例，报捐通政司知事，光绪四年十月分发到署学习，期满经钦派王大臣验放，奉旨："准其留署补用。"钦此。十九年七月，补授通政司知事，派充知事厅主稿。二十年三月，兼充经历司主稿。捐免试俸、历俸，截取同知，经吏部带领引见，奉旨："照例用。"钦此。二十三年京察，保列一等，经吏部带领引见，奉旨："陈履贞着交部以应升之缺升用。"钦此。充当会典馆绘图处誊录。二十四年，会典馆全书过半保奖，奉旨："陈履贞着俟得同知后，以知府在任候补。"钦此。呈请分发，遵新海防例报捐，指省江西补用，经吏部带领引见，奉旨："着照例发往。"钦此。领照起程，光绪二十五年二月十九日到省。曾任实缺京员，毋庸试看甄别。系到省后下月所出之缺，例得请补。该员精明稳练，矩步绳趋，以之请补饶州府景德镇同知等情。详经前抚臣松寿，查陈履贞年力富强，才具明练，以之请补饶州府景德镇同知，酌量才具，实属人地相宜，与例亦属相符，于光绪二十六年九月二十四日会同两江总督臣刘坤一合词恭疏具题在案。迄今年馀之久，尚未接准部覆，诚恐前岁途次遗失。兹据布政使柯逢时详请补行具奏前来。

合无仰恳天恩，俯准将陈履贞补授饶州府景德镇同知。如蒙俞允，该员系候补同知请补同知，衔缺相当，毋庸送部引见，亦例不核计参罚。理合恭折具奏，伏乞皇太后、皇上圣鉴训示。谨奏。光绪二十八年二月二十九日。

朱批："吏部议奏。"

《光绪朝朱批奏折》第17辑，第420—422页

372. 奏请以江召棠调补鄱阳县知县折

光绪二十八年二月二十九日（1902年4月7日）

江西巡抚臣李兴锐跪奏，为拣员调补要缺知县，改题为奏，恭折奏祈圣鉴事。

窃照饶州府属之鄱阳县知县陈祥燕，在任闻讣丁父忧开缺，即经前抚臣松寿恭疏具题，所遗鄱阳县知县系冲、繁、难三项相兼要缺，例应在外拣调，必得精明干练之员，方足以资治理。前抚臣与藩、臬两司在于通省中简知县内逐加遴选，查有上高县知县江召棠，年五十九岁，安徽桐城县人。由文童于咸丰十一年从军，随办营务文案，攻克安庆省城，随征进克庐江、无为、含巢等州县，并案请奖案内保奏，同治元年十一月二十日奉上谕："文童江召棠，着以从九品不论双单月尽先选用。"钦此。是年进剿金陵雨花台解围案内保奏，二年五月初六日奉上谕："着以本班不论双单月归部尽先选用。"钦此。是年金陵一军叠克城隘出力员弁六案并保请奖案内保奏，十月二十日奉上谕："着免选本班，以县丞不论双单月归部遇缺尽先选用，并赏戴蓝翎。"钦此。三年攻克金陵省城保奏，八月二十一日奉上谕："着免选本班，以知县不论双单月归部遇缺尽先即

选,并赏加知州衔。”钦此。赴部投供。光绪十六年十二月,轮选到班,改归双月简缺即用,签掣上高县知县,经钦派王大臣验看引见,奉旨:“着照例用。”钦此。光绪十七年十二月十五日到任。嗣因缉获会匪异常出力,请以直隶州知州在任补用,接准吏部咨覆,核与例章相符,应请照准,光绪十九年四月初四日具奏,奉旨:“依议。”钦此。调署过新建县知县,现署南昌县知县印务。查该员识练才敏,办事勤奋,以之调补鄱阳县知县,实堪胜任。本任内实无积案及欠解钱粮、承缉未获盗案已起降调革职参限之案,与例亦属相符等情。详经前抚臣松寿,查江召棠干练有为,尽心民事,以之调补鄱阳县知县,实于地方有裨,于光绪二十六年九月二十四日会同两江总督臣刘坤一合词恭疏具题在案。迄今年馀之久,尚未接准部覆,诚恐前岁途次遗失。兹据布政使柯逢时详请补行具奏前来。

合无仰恳天恩,俯念员缺紧要,准以江召棠调补鄱阳县知县,于地方实有裨益。如蒙俞允,该员系现任知县调补知县,衔缺相当,毋庸送部引见。至该员系初调之员,任内罚俸各案银两,另行造册送部,按限催令完缴。理合恭折具奏,伏乞皇太后、皇上圣鉴训示。再,所遗上高县知县,系专、难不兼之简缺,容俟接准部覆截缺后,照例另行请补,合并陈明。谨奏。光绪二十八年二月二十九日。

朱批:“吏部议奏。”

《光绪朝朱批奏折》第17辑,第422—424页

373. 择要修葺九江湖口县炮台片

光绪二十八年二月二十九日(1902年4月7日)

再,九江地方为吴、楚咽喉,所属湖口县尤称要口,均皆设有炮

台。上年因江防紧要，业经筹款将九江各炮台次第兴修，奏报在案。惟尚有湖口县属之梅家洲、武曲港两炮台，柘矶一炮垒，据该管营员禀报，亦须大加修葺。经臣饬行司局委员会同地方官查勘，梅家洲炮房上盖洋铁板及柱梁、石塴均多破坏，其柘矶炮垒旧系安置土炮，难以济事，应加筑长堤，改为暗台，另置洋炮，方可得力。此外武曲港台垒亦多倾裂，如不及时修葺，将来愈久愈坏，需款更巨。无如目前经费支绌，亦难同时并举，臣已批饬先将最要之梅家洲炮房、石塴估工修理，其馀各工，择其万不可缓者先为完补，随后再陆续设法修筑。除俟工竣再将用款核实报销并咨部外，所有择要修葺湖口炮台缘由，谨会同两江总督臣刘坤一附片陈明，伏乞圣鉴。谨奏。

朱批："该部知道。"

《光绪朝朱批奏折》第64辑，第778页

374. 江西世职世俸、武职衔俸等款分别减停所省经费开设讲武馆片

光绪二十八年二月二十九日（1902年4月7日）

再，臣前准行在户部咨，据闽浙总督奏停给世职世俸、武职衔俸一片，光绪二十七年六月二十二日奉朱批："该部知道。"钦此。咨令查明，凡有此项支款，均酌量仿照一体奏明办理等因。当经转行遵照。兹据藩司柯逢时查明议覆前来。伏查江西世职所支世俸一项，前于光绪十年间，因人数日增，饷绌难继，经前抚臣潘霨奏明，以四百八十三员为定额，照例食全俸，减四成支给，馀俱作为额外，不给俸银；其年未及岁者，照例食半俸，亦减四成支给。自定章

后，每年约支在标世俸银一万六千馀两、在籍世俸银四千馀两，均在地丁项下动放。现在筹摊偿款，举办新政，需用浩繁，司库支绌情形较前更甚，本应援案一律奏停，第念该世职等在标当差者不无旅费，似宜量加体恤。拟请自光绪二十七年冬季始，所有在标世职向领减成全俸者，改支减成半俸，其因膂力未充，或因事革退，随营发回原籍，以及年未及岁各项世职，在籍支食半俸者，应照闽省办法，概行停支，仍俟库款充裕，再照旧例办理。又武职衔俸一项，每年约支银七百馀两，系动用各营建旷，虽为数无多，然同一候补武员，奉部拣发者则支食半俸，外省奏留者则无之，亦不画一，应照闽省办法，自二十七年冬季始，即行停止。又查司库例支旌表坊银、贡举旗匾、岁贡酒礼、新生花红、科举盘费、斗级工食等项，亦系动支地丁，每年约银四千馀两，多系属县书吏冒支，纵间有本人自领，亦无非层层折扣，所得无几，且江省漕粮久已改折，斗级一役更无所用之，均请以本年为始，一并停给。综计以上各项，每年共可节省银一万六千馀两。

查前次叠奉谕旨，饬令建设武备学堂，整饬营伍。夫强兵之道，莫先于练将。臣已于大学堂内令设兵学专精一门，本省士子有志军旅者，不患讲习无术。其新改之常备、续备等军，并已电商督臣，拣调南洋学堂毕业学生来充教习，分发各营，设立随营学堂。惟在标候补武职各员，其中亦不乏可造之资，若不加以教练，坐令废弃，未免可惜。且目前选用营、哨，舍此亦无所取材。臣与司道筹商，拟仿课吏之例，在营务处设讲武馆一所，选派洋操教习，择在标各项世职及候补武职之年壮质敏、稍通文字者，挑选入馆，教以战阵兵法、测绘枪炮等学，以广造就而资委用。其一切经费，颇难筹措，拟请即以前项所裁世职、武职等俸银拨出应用，庶减之于武人者,还用之于武人,不失节费之名,可收练将之效。此外所裁旌表坊银等款,亦拟拨归大学堂,凑备常年经费之用。均由司库循照旧例开支,分别提解备拨。臣为节虚糜、兴实学起见,除咨部外,是否有当,理合会同两江督臣刘坤一附片具陈,伏乞圣鉴训示。谨奏。

朱批:"该部知道。"

《光绪朝朱批奏折》第53辑,第273—274页

375. 奏请以戚扬调补临川县知县折

光绪二十八年三月初一日(1902年4月8日)

江西巡抚臣李兴锐跪奏,为拣员调补要缺知县,恭折奏祈圣鉴事。

窃照抚州府属之临川县知县郑恭,经臣奏请调补庐陵县知县,接准部咨开缺,所遗临川县知县系冲、繁、难三项相兼要缺,例应在外拣选调补,必得精明干练之员,方足以资治理。臣与藩、臬两司在于通省中简知县内逐加遴选,查有东乡县知县戚扬,年四十三岁,浙江山阴县人。由优廪生中式光绪十四年戊子科本省乡试举人。十五年己丑科会试中式贡士,殿试二甲进士,朝考一等,奉旨:"以翰林院庶吉士用。"钦此。十六年散馆,奉旨:"以部属用。"钦此。签分刑部湖广司行走。十七年二月,呈请归知县尽数选用。原选直隶龙门县知县,亲老告近,改选福建安溪县知县,十九年十月二十八日到任,遵例报捐同知升衔。调署侯官县知县,二十一年捐免历俸。是年十一月,丁父忧回籍。服满,赴部呈请起复。旋经浙江抚臣廖寿丰奏保破格录用,四月十三日奉朱批:"戚扬着交部

带领引见。”钦此。五月十六日引见，奉旨：“着以知县尽先即补，仍交军机处存记。”钦此。旋签选山东乐陵县知县，因亲老未毕，仍请改选近省，引见，奉旨：“江西东乡县知县，着戚扬补授。”钦此。领凭到江。奉到饬知，军机大臣面奉谕旨：“江西东乡县知县戚扬，着吏部行知该省巡抚，给咨送部引见。”钦此。遵即缴凭，请咨赴部，二十五年六月初二日带领引见，奉旨：“江西东乡县知县戚扬，着于初五日预备召见。”钦此。本日奉上谕：“召见之江西东乡县知县戚扬，着在任以直隶州知州尽先即补，仍交军机处存记。”钦此。于光绪二十五年九月初二日到任。二十七年，经臣奏考察属吏，分别举劾一折，五月十七日奉上谕：“江西东乡县知县戚扬，即着传旨嘉奖。”等因。钦此。该员廉明果毅，措施悉宜，以之调补临川县知县，实堪胜任。其本任内并无积案，并无欠解钱粮、承缉未获盗案已起降调革职参限案件，与调补之例相符。据藩司柯逢时、臬司明徵会详请奏前来。

合无仰恳天恩，俯念员缺紧要，准以戚扬调补临川县知县，于地方实有裨益。如蒙俞允，该员系现任知县调补知县，衔缺相当，毋庸送部引见。至该员系初调之员，任内罚俸银数，另行造册送部，按限催令完缴。谨会同两江总督臣刘坤一恭折具奏，伏乞皇太后、皇上圣鉴训示。再，所遗东乡县知县系专、难不兼之简缺，江省现有应补人员，容俟接准部覆截缺后，照例拣员另行请补；此案藩司于光绪二十八年二月二十七日出详，合并陈明。谨奏。光绪二十八年三月初一日。

朱批：“吏部议奏。”

《光绪朝朱批奏折》第17辑，第426—428页

376. 奏请以周绘藻补授兴安县知县折

光绪二十八年三月初一日(1902 年 4 月 8 日)

江西巡抚臣李兴锐跪奏,为遴员请补知县,改题为奏,恭折具陈,仰祈圣鉴事。

窃照广信府属之兴安县知县周邦翰,经前抚臣松寿题请调补上饶县知县,所遗兴安县知县系四项俱无简缺,声明江西省现有应补人员扣留外补在案。查定例,知县升调所遗缺出,用各项候补即用一人、委用一人,本班前先用大挑一人、本班大挑一人,各项候补即用一人、委用一人,本班前先用议叙一人、本班议叙一人,各项候补即用一人、委用一人,本班前先用捐纳一人、本班捐纳一人,本班前先用拔贡一人、本班拔贡一人,拔贡前插用截取进士一人,拔贡后插用孝廉方正一人,拔贡及孝廉方正补用两班之后用本班前先用教习一人、本班教习一人,教习后插用优贡一人、本班前先用教职一人、本班教职一人,教职后插用截取一人,截取后插用荫生一人,周而复始。又光绪十三年十月奏定章程内开:道、府、同知、直隶州知州、通判、知州、知县升调所遗及告病、病故、休致,以及佐贰杂职并盐务等官,无论何项所出留补选缺,及河工等官,除坐补原缺、裁缺即用、回避即用、新选新补、留省另补人员不计外,无论何项到班,仍以五缺计算。先用郑工新班遇缺先二人、海防新班先一人,无人,用郑工新班遇缺先人员抵补。至第四缺,海防即、海防先分班轮用一人,第一轮用海防即人员,第二轮用海防先人员,海防先无人,仍用海防即人员,海防即无人,用旧例银捐遇缺先人员,如无人,用旧例银捐遇缺人员,再无人过班,即接用各项轮用班次一人，以五缺为一周。又此次新例报捐人员，惟知县一项，郑工新班遇缺先、郑工新例分缺先、分缺间、捐纳试用本班尽先、捐纳试用并候补、委用、议叙、捐输、孝廉方正报捐各本班尽先人员，遇轮补、升调所遗及告病、病故、休致之缺到班时，于各本班中先用正途出身及曾任知县、曾任实缺应升知县者二人，再用各本班中各项出身者一人；如正途出身及曾任知县、曾任实缺应升知县无人，即用各项出身之人。其旧例人员再捐过入新例者，应归新例人员内一律补用。又新例报捐分缺先用、分缺间用人员，亦应分别酌定轮用各项时，知县以及佐杂并盐务、河工等官于各项试用并捐纳正班到班，均准先用、间用到班，应用时先将郑工分缺先、分缺间人员用一次，再到班，再将海防分缺先、分缺间人员用一次，郑工无人用海防人员，海防无人仍用郑工人员，均无人用旧例银捐分缺先前、分缺间前之人。其旧例减成分缺先、分缺间人员，仍专俟捐纳正班到班，郑工海防分缺先、分缺间、旧例银捐分缺先前、分缺间前无人，方准插用。又光绪十九年七月奏定章程内开：各省道、府以至未入流报捐分先、分间、本班先花样，援照遇缺先扣限章程，均以一年为限，在省加捐者，接到过班部文一年以外之缺方准请补；领照赴省者，到省后一年以外之缺方准请补各等因。

江西省知县升调遗缺，上次用分缺间后暨撤回另补，又用至新海防遇缺先用二人止。今兴安县调补所遗一缺，查坐补原缺、裁缺即用、回避即用、留省另补、郑工新班遇缺先、海防先、海防即、旧例银捐遇缺先、银捐遇缺均无人，按班应用捐输，捐输先、捐输正班均无人，应插用分先。前次分先到班已用过正途出身一人，此次应连用正途出身之人，郑工分先无人，应用新海防分缺先用之人。查有新海防分缺先补用正途出身知县名次在前之周绘藻，年三十八岁，系湖北黄冈县人。由优附生应光绪己丑恩科本省乡试,中式举人。十六年考取国子监学正、学录,由吏部带领引见,奉旨:"着以学正、学录用。"钦此。签分率性堂行走。旋遵新海防例报捐知县,指分江西试用,蒙钦派王大臣验看引见,奉旨:"着照例发往。"钦此。领照起程,光绪二十一年十一月十八日到省,十二月二十一日坐掣第一名。加捐分缺先补用免试用,接准部文,系二十二年六月二十日发行,按江西照限六十日减半计算,应于二十二年七月二十日接到部文,作为分缺先补用知县到省日期。到省后一年以外所出之缺,例得请补。该员年壮才明,究心治理,堪以请补兴安县知县等情,据藩、臬两司详经前抚臣松寿,查周绘藻才具明晰,办事克勤,以之请补兴安县知县,与例相符,于光绪二十六年八月初一日会同两江总督臣刘坤一合词恭疏具题。迄今年馀之久,尚未接准部覆,诚恐前岁途次遗失。兹据布政使柯逢时详请补行具奏前来。

合无仰恳天恩,俯准将周绘藻补授兴安县知县。如蒙俞允,该员系分缺先补用知县请补知县,衔缺相当,毋庸送部引见,亦例不核计参罚。理合恭折具陈,伏乞皇太后、皇上圣鉴训示。谨奏。光绪二十八年三月初一日。

朱批:"吏部议奏。"

《光绪朝朱批奏折》第17辑,第428—431页

377. 汇奏江西省光绪二十七年冬季分委署代理州县印务各员片

光绪二十八年三月初一日(1902年4月8日)

再,前准吏部咨,钦奉上谕:"嗣后各省州县,无论奏调、委署、

代理，着每届三月汇奏一次。”等因。钦此。钦遵在案。兹据布政使柯逢时详称，光绪二十七年冬季分奏调、委署、代理州县印务，所有大挑知县张元义委署义宁州知州，南昌县知县孟庆云委署新建县知县，另补知县彭继昆委代武宁县知县，试用知县王万育委代宜黄县知县，试用知县孙嵩年委署星子县知县，南城县知县洪汝濂委署万载县知县，即用知县冯由委署乐安县知县，试用知县丰和委代长宁县知县，共计八员，造册具详前来。臣覆核无异，除清册咨部外，理合附片具陈，伏乞圣鉴。谨奏。

朱批：“吏部知道。”

《光绪朝朱批奏折》第17辑，第431页

378. 汇奏江西省光绪二十七年冬季分暂时署理同知州县印务各员片

光绪二十八年三月初一日（1902年4月8日）

再，前准部咨，各省委署丞倅等官及试用州县委署员缺，系暂时署理者，与实缺调署不同，均毋庸附折具奏，令各该督抚按季恭疏具题。其实缺州县调署，仍钦遵前奉谕旨，照例随时具奏等因。兹据布政使柯逢时详称，光绪二十七年冬季分，有因事故同知、州、县离任所遗印务，系属委员暂时署理，所有大挑知县张元义委署义宁州知州，试用同知洪子煃委署南安府同知，试用知县孙嵩年委署星子县知县，即用知县冯由委署乐安县知县，共计四员，造册具详前来。臣覆核无异，除清册咨部外，此案系遵照新章，改题为奏，理合附片陈明。伏乞圣鉴。谨奏。

朱批："吏部知道。"

《光绪朝朱批奏折》第17辑，第432页

379. 江西本年轮阅营伍拟请展限一年片

光绪二十八年三月初一日（1902年4月8日）

再，光绪二十八年二月初三日奉上谕："本年轮应查阅山东、河南、江苏、安徽、江西五省营伍之期，江西即派李兴锐将通省制兵、防营逐一查阅。制兵积习尤深，昨已有旨，饬令各省督抚将兵制、饷章速为厘定。现当整顿军制，尤应认真训练，傥有技艺生疏、空名缺额、老弱充数及军实不齐等事，即将该管将弁从严参办，毋得稍涉瞻徇，用副朝廷整军经武、实事求是之至意。"钦此。又准兵部咨，具奏绿营武职改习枪炮一折内开：请自本年军政起，悉令考验枪炮，傥为期太速，未能谙熟，准奏请展限。其本年轮应阅伍省分，亦令照此办理等因。钞折咨行到臣。

伏查江西防营，上年经臣酌拟军制，奏明改立常备、续备五军，一律练习洋操。其绿营制兵，亦拟遵旨分别裁挑，改立巡警军，由臣咨商督臣刘坤一汇案会奏。现在防营甫经改章，规模粗具，绿营尚未改定，即一切需用新式枪炮，亦尚须设法筹备，并选调教习，来江教练。诚如部臣原奏，为期太促，实未谙熟，合无仰恳天恩，俯准将本年轮阅营伍之期展限一年，容臣严督各营统领将备认真训练，俟明年再行由臣出省校阅，庶奖功惩过，皆得核实办理，不致蹈敷衍迁就之弊。是否有当，谨附片陈明，伏乞圣鉴。谨奏。

朱批："着照所请，兵部知道。"

《光绪朝朱批奏折》第53辑，第275页

380. 汇奏光绪二十六年下半年江西各州县交代已未完结各案片

光绪二十八年三月初一日(1902年4月8日)

再,前准户部咨,议奏州县交代各案,行令分别已、未完结,半年汇奏一次等因。业已行据藩司将江西省各厅州县自光绪十二年起至二十六年上半年止,所有交代各案,查明已、未完结,详经奏咨,并开折送部查核各在案。兹据布政使柯逢时详称,自光绪二十六年七月起至年底止,江西各州县交代,共计正署兼代四十二任,并作二十五案,均经算明,内惟前任靖安县知县郑由熙、前署万载县事试用同知郑景洙交代亏短银两,迭催未据完解,业经照章指款,详请会奏参追,现仍勒限完缴,傥敢再延,另行从严参办。此外各任,悉已清楚,并无亏短,先后造具册结,详咨送部。合将光绪二十六年下半年各州县交代,分别已、未完结,汇开衔名清折,详请具奏。并据声明,此案因前任石城县张善铎等交代迭催结报,甫据造册详咨,是以出详稍迟等情前来。臣覆核无异,除将清折咨送户部查核外,理合附片具奏,伏乞圣鉴。谨奏。

朱批:"户部知道。"

《光绪朝朱批奏折》第68辑,第824—825页

381. 审明德化县凶犯秦富贲斗殴致毙人命案按律定拟折

光绪二十八年三月初一日(1902年4月8日)

江西巡抚臣李兴锐跪奏,为斗殴致毙人命,审明定拟,遵照新

章恭折具奏,仰祈圣鉴事。

窃照案准刑部通行,外省命盗死罪案件,无轮斩、绞立决、监候,一律改为专折具奏等因。兹据按察使明徵审解德化县凶犯秦富黄致伤郭崇海身死一案人招到臣。经臣亲提研鞫,缘秦富黄与已死郭崇海均籍隶湖北江夏县,秦富黄、郭崇海各在江西德化县属鲇鱼套丁裕兴及杨同兴水果行帮伙,素识无嫌。光绪二十七年三月初五日,郭崇海揽邀贩卖甘蔗船户李祥兴,将甘蔗运上伊行内售卖。李祥兴因向与丁裕兴行往来,不允,改赴别行。适秦富黄走至,即令李祥兴挑发甘蔗上岸。郭崇海斥骂秦富黄不应揽夺生意,秦富黄不服,分辩回詈,致相争闹。郭崇海举拳向殴,秦富黄顺取削蔗尖刀吓戳,适伤郭崇海肚腹右倒地。经李祥兴劝住,通知杨同兴行伙杨光茂往看问明。郭崇海伤重,移时殒命。杨光茂投保报,经该前署县沙昌寿诣验获犯,讯供通详饬审。沙昌寿并该前代理县黄曾诒、兼理县倪廷庆均未及审解卸事,该县吕敬直抵任覆审。兹据讯拟,由府、司勘转,经臣提审,据供前情不讳,究非有心欲杀,亦无起衅别故,案无遁饰。

查律载:"斗殴杀人者,不问手足、他物、金刃,并绞监候。"等语。此案秦富黄因郭崇海揽邀蔗船,起衅争殴,致伤郭崇海身死,自应按律问拟。秦富黄合依"斗殴杀人者,不问手足、他物、金刃,并绞监候"律,拟绞监候,秋后处决。见证李祥兴救阻不及,应毋庸议。

除备录全案供招咨部查核外,所有审明定拟照章改奏缘由,理合恭折具陈,伏乞皇太后、皇上圣鉴,敕部核覆施行。谨奏。光绪二十八年三月初一日。

朱批:"刑部〔议奏〕。"

《光绪朝朱批奏折》第107辑,第793—794页

382. 审明庐陵县民周松笙斗殴致毙人命案按律定拟折

光绪二十八年三月初一日(1902 年 4 月 8 日)

江西巡抚臣李兴锐跪奏,为斗殴致毙人命,审明定拟,遵照新章,恭折具奏,仰祈圣鉴事。

窃照案准刑部通行:外省命盗死罪案件,无论斩、绞立决、监候,一律改为专折具奏等因。兹据按察使明徵审解庐陵县民周松笙致伤无服族侄孙妇周王氏身死一案人招到臣。经臣亲提研鞫,缘周松笙籍隶庐陵县,与无服族侄孙周开先之妻周王氏邻居,素睦无嫌。光绪二十六年三月间,周松笙因菜田需灰,向周王氏买得柴灰一箩,议价钱三十二文,约俟次日付还,经周王氏屡索无偿。四月十三日傍晚时分,周松笙携带柴刀赴山修树回归,经过周王氏门首,周王氏瞥见,向索前欠,周松笙无钱央缓,周王氏斥骂骗赖,周松笙不服,分辩回詈,致相争闹。周王氏举拳扑殴,周松笙闪侧,即用柴刀戳伤周王氏右血盆骨。周王氏撞头拚命,周松笙用刀吓戳,适伤周王氏心坎近右倒地,经邻人周浩然路见劝住,通知周王氏之夫周开先赶回问明。周王氏伤重,逾时殒命。报经该前县冯兰森诣验获犯,讯供通详饬审。将犯审拟解府,经府核恐案情未确,发委泰和县知县郭曾准提讯,犯供游移,禀府,改委龙泉县知县罗大冕提讯。犯供狡展,禀府,发回庐陵县,就近传证质讯。兹据讯拟,由府、司勘转,经臣提审,据供前情不讳,究非有心欲杀,亦无起衅别故及在场帮殴之人,案无遁饰。

查律载:"同姓服尽亲属相殴至死,以凡论。"又:"斗殴杀人者,不问手足、他物、金刃,并绞监候。"各等语。此案周松笙因周王氏向伊催索灰钱,起衅争殴,致伤周王氏身死,自应按律问拟。查已死周王氏系该犯无服族侄孙妇，应同凡论。周松笙合依"同姓服尽亲属相殴至死，以凡论"，"斗殴杀人者，不问手足、他物、金刃，并绞监候"律，拟绞监候，秋后处决。见证周浩然救阻不及，应毋庸议。

除备录全案供招咨部查核外，所有审拟斗殴致毙人命案件，遵照新章改题为奏缘由，理合恭折具陈，伏乞皇太后、皇上圣鉴，敕部核覆施行。谨奏。光绪二十八年三月初一日。

朱批："刑部议奏。"

《光绪朝朱批奏折》第107辑，第795—796页

383. 补办光绪二十五年分江西兵米奏销折

光绪二十八年三月初二日（1902年4月9日）

江西巡抚臣李兴锐跪奏，为补办光绪二十五年分兵米奏销，遵照新章，恭折具陈，仰祈圣鉴事。

窃查前抚臣松寿任内，据前任布政使张绍华详，准前任督粮道李岷琛移称，江西省应征本折兵米并支存款项、耗羡银两及催征各官考成清册，例应按年造报具题。又奉行准部咨，钱粮奏销，各依定限，一面具题，一面先将未完一分以上各员名开具简明清单，专折奏报等因。当将光绪二十五年兵米奏销案内经征、接征限内限外卸事未完一分以上各员名，谨遵新章，依限开单奏报各在案。查光绪二十五年分额征本折兵米十二万九千四百二十二石零，内已完米九万二千一百九十一石零，未完米三万七千二百三十石零；应征耗羡银四千七百五十六两零，内已完银三千二十四两零，未完银一千七百三十一两零。所有催征各官已、未完分数职名，例应开造册揭，听候分别查议。至各镇、协、标、营兵丁支过月米数目，照章

应查照二十五年兵马钱粮奏销册内支销之数造报。

今查此项官兵马匹俸饷银米等项册籍，业准移会另请奏明展缓办理，所有兵米奏销案内各营支销兵米确数，仍应援照上年成案，容俟造入该年兵马钱粮奏销册内报部核销，造具册揭移司，查核相符，详经松寿覆核无异，于光绪二十六年六月初四日缮本具题，并将册揭分送部科在案。兹于二十八年正月二十三日准内阁咨，前项本章，上年未经进呈，奏准发还改奏等因到臣，自应遵照办理。除咨明户部外，理合恭折具奏，伏乞皇太后、皇上圣鉴，敕部核覆施行。谨奏。光绪二十八年三月初二日。

朱批："户部知道。"

《光绪朝朱批奏折》第62辑，第673—674页

384. 补办光绪二十五年分江西随奏节年兵米奏销折

光绪二十八年三月初二日（1902年4月9日）

江西巡抚臣李兴锐跪奏，为补办光绪二十五年分随奏节年兵米奏销，遵照新章，恭折具奏，仰祈圣鉴事。

窃查前抚臣松寿任内，据前任布政使张绍华详，准前任督粮道李岷琛移称，窃查奏销现年钱粮之时，例应将节年未完项下续完若干、仍未完若干，并动用、存储各款数目，分别年限，汇造清册，另缮题本，随本年奏销具题。又奉行准部咨，题覆光绪九年分兵米随本奏销案内，饬令兵米随奏，亦应仿照地丁随奏册，开列管、收、除、在四柱，原未完若干、仍未完若干，分晰造册，以清眉目而易稽察等因。上年查办光绪十三年奏销，业将随奏支存册遵照改造四柱，详题在案。江西省应造光绪二十五年分随奏册：

一、旧管。永存备用银八万两，原备豫行垫放料价、行月等项之用，循例造入历年漕项春秋拨册内，分晰报核。又原未完同治十一年起至光绪二十四年止各款银一十九万一千七百六十二两零，又宁都州光绪二年分被水被旱各案内缓征、递缓银二百一十两零，又原未完本色米一千八百石。

一、新收。光绪二十四年奏后，已据各属续完各款银九千四十八两零。

一、开除。二十四年济运已造入该年漕项奏销案内抵补仓屯荒缺银七百一十四两零，又光绪二十四年济造已归入该年漕项奏销案内动用银六百六十八两零，又光绪二十五年米折秋拨及光绪二十六年米折春拨册内开除银二千八百三十四两零，又汇解司库节省回疆、天津、江南米价银四千八百三十一两零。

一、实在。仍未完同治十一年起至光绪二十四年止各款银一十八万二千七百一十三两零，又缓征、递缓银二百一十两零，又仍未完本色米一千八百石，内除丰城等州县已征未解缓征、递缓米折各款等项银两，分别催解，另案办理外，尚有未完光绪十四年起至二十四年止各款银一十七万七千五百两零，又仍未完本色米一千八百石。以上未完各款银米，已分别查催完解，统于下届奏销册内详晰造报。所有光绪二十四年实存兵米数目，业已循例造入该年兵马奏销册内实在项下报核在案。

合将节年存储馀剩及光绪二十四年奏后未完、支存、动用各数，分别开造清册，移司查核相符，详经松寿覆核无异，于光绪二十六年六月初四日缮本具题。兹于二十八年正月二十三日准内阁咨，前项题本，上年未经进呈，奏准发还改奏等因到臣，自应遵照办理。除咨明户部外，理合恭折具奏，伏乞皇太后、皇上圣鉴，饬部核覆施行。谨奏。光绪二十八年三月初二日。

朱批:“户部知道。”

《光绪朝朱批奏折》第62辑,第675—676页

385. 光绪二十四年江西馀租兵加奏销折

光绪二十八年三月初二日(1902年4月9日)

江西巡抚臣李兴锐跪奏,为光绪二十四年馀租兵加奏销,遵照新章,恭折具奏,仰祈圣鉴事。

窃查前抚臣松寿任内,据前任督粮道李岷琛会同前任布政使张绍华详称,江西各卫所屯田馀租,每年征解、支存各数,例应隔年造册题销,并另造未完节年银两总散细册,附疏送部。今光绪二十四年分额征屯田馀租,并各属分征兵折加价抵补核减馀租,除江南建德县荒芜缓征银一千五百一两零,又各属被灾缓征银一万九千一百三十七两零,实应征银八万九千六百三十四两零,内已催据完解银五万四千四百三十两零,尚有未完银三万五千二百四两零。其已完银两,连光绪二十三年奏报后,续据德安、瑞昌、龙泉、会昌、广昌、宜春、建德等七县完解银二千一十四两零,共已完银五万六千四百四十四两零,均已拨充协解甘肃新饷及筹备饷需,并无实银存库。合将已完解支暨缓征荒缓并未完银两分晰开造各册,并开具经征、接征、督催未完分数各职名揭帖,详经松寿核明,缮具题本,于光绪二十六年五月二十日拜发,并将各册揭分送部科在案。兹于二十八年正月二十三日准内阁咨,前项题本,上年未经进呈,奏准发还改奏等因到臣,自应遵照办理。除咨明户部外,理合恭折具奏,伏乞皇太后、皇上圣鉴,敕部核覆施行。谨奏。光绪二十八年三月初二日。

朱批:“户部知道。”

《光绪朝朱批奏折》第68辑,第825—826页

386. 江西省光绪二十二年耤谷变价折

光绪二十八年三月初二日(1902年4月9日)

江西巡抚臣李兴锐跪奏,为江西省光绪二十二年耤谷变价,遵照新章,恭折具奏,仰祈圣鉴事。

窃查前抚臣松寿任内,据前任布政使张绍华详称,江西省各属实存耤谷,例应俟三年后通饬各照时价,尽数粜银解司,通融分给,以供祭祀先农坛之用。如有不敷,即于地丁银内动支凑用。所有光绪二十二年分实存耤谷四百一十八石零,应请循例饬令各照时价变卖,俟价银解齐之日,将变价细数及凑用地丁银数分晰造册,另详咨部查核等情,详经松寿核明,缮具题本,于光绪二十六年五月二十日拜发在案。兹于二十八年正月二十三日准内阁咨,前项本章,上年未经进呈,奏准发还改奏等因到臣,自应遵照办理。除咨明户部外,理合恭折具奏,伏乞皇太后、皇上圣鉴。谨奏。光绪二十八年三月初二日。

朱批:“户部知道。”

《光绪朝朱批奏折》第91辑,第399—400页

387. 奏请以恩彦调补赣州府定南厅同知折

光绪二十八年三月二十八日(1902年5月5日)

江西巡抚臣李兴锐跪奏,为拣员调补要缺同知,改题为奏,恭

折仰祈圣鉴事。

窃照赣州府属之定南厅同知董允斌在署南昌府通判任内病故开缺，经臣附片陈明，所遗赣州府定南厅同知系繁、疲、难三项相兼要缺，例应在外拣选调补。该厅民俗刁悍，讼狱繁多，界连粤东，时虞外匪潜入滋事，缉捕稽查，尤关紧要，必得精明干练之员，方足以资治理。臣与藩、臬两司在于通省中简同知内逐加遴选，查有九江府同知恩彦，年五十二岁，正蓝旗满洲至善佐领下人。由官学生报捐笔帖式，光绪元年签分刑部学习。三年，补授起居注笔帖式。十年，题补主事。十四年，京察一等，二月初五日引见，记名以应升之缺升用。十五年，补刑部主事。二十一年九月，选补江防同知，引见，奉旨："江苏江宁府江防同知员缺，着恩彦补授。"钦此。领凭起程，二十二年五月十三日到任。办理河运出力，保加知府衔，并于湖北赈捐案内奖叙花翎。因呈请回避，对调今职，光绪二十六年闰八月十一日到任。该员朴实明练，勤干有为，以之调补赣州府定南厅同知，实堪胜任。历俸已满三年，与例亦属相符。据藩司柯逢时、臬司明徵会详请奏前来。

合无仰恳天恩，俯念员缺紧要，准以恩彦调补赣州府定南厅同知，于地方实有裨益。如蒙俞允，该员系现任同知调补同知，衔缺相当，毋庸送部引见。至该员系初调之员，任内现无罚俸银数，毋庸造册。谨会同两江总督臣刘坤一恭折具奏，伏乞皇太后、皇上圣鉴训示。再，所遗九江府同知系冲、繁二项相兼中缺，遵照留补二次、咨选一次新章，上次袁州府同知调补一缺已准部咨扣选，此次系第一次留补之缺，江西现有应补人员，应请扣留外补，合并陈明。谨奏。光绪二十八年三月二十八日。

朱批:“吏部议奏。”

《光绪朝朱批奏折》第17辑,第487—488页

388. 奏请以彭继昆补授萍乡县知县折

光绪二十八年三月二十八日(1902年5月5日)

江西巡抚臣李兴锐跪奏,为拣员请补知县,以资治理,恭折具陈,仰祈圣鉴事。

窃照袁州府属之萍乡县知县吴忠谦病故,经臣附片陈明,所遗萍乡县知县系稍冲兼繁中缺,声明江西省现有应补人员扣留外补在案。查有撤回开缺另行请补知县彭继昆,年六十五岁,湖南巴陵县人。由监生遵筹饷事例报捐县丞指省,分发四川试用,于咸丰八年九月二十九日到省。因与本生父同官一省,遵章呈明回避,尚未改指省分,同治元年于剿办滇匪立解绵州城围出力案内,经部议准,俟补缺后以知县留于四川,归候补班遇缺前先补用,并奖叙同知衔。四年八月,遵例捐免补本班离任,以知县留川补用。五年三月,请咨赴部引见,奉旨:“彭继昆着照例发往。”钦此。遵例捐免回避。同治五年九月到川,复因回避,改指江西,仍归原班补用。同治八年八月十七日到省,加捐本班尽先前补用。闻讣丁继祖母忧,服满起复回江。题署瑞昌县知县,光绪四年十一月十三日到任。调补安远县知县,先后丁本生父母忧,起复回江。遵郑工例加捐遇缺先补用免试用,题补长宁县知县,光绪十七年三月二十一日到任。调补赣县知县,二十年十一月二十日奉文到任。二十一年大计卓异,请咨赴部引见,回任。二十七年二月,经臣奏请开缺另补。接准行在吏部咨,系二十七年三月初一日奉上谕,应以奉旨后第五

日,坐三月初六日吏部行文,按江西照限减半计算,三月系属小建,应以四月初六日接到部文之日,作为开缺另补日期。遇有相当缺出,无论何项到班,例准酌量补用。今萍乡县系相当之缺,例得请补。该员精卓老练,良吏之选,堪以请补萍乡县知县。与例相符,不积各项班次之缺。据藩司柯逢时、臬司明徵会详请奏前来。

合无仰恳天恩,俯准将彭继昆补授萍乡县知县。如蒙俞允,该员系另补知县请补知县,衔缺相当,毋庸送部引见,亦例不核计参罚。再,此案系改题为奏。又,藩司于光绪二十八年二月二十七日出详,合并陈明。谨会同两江督臣刘坤一合词恭折具陈,伏乞皇太后、皇上圣鉴训示。谨奏。光绪二十八年三月二十八日。

朱批:"吏部议奏。"

《光绪朝朱批奏折》第17辑,第488—489页

389. 奏报广丰县知县裘鸿勋在任病故日期片

光绪二十八年三月二十八日(1902年5月5日)

再,广丰县知县裘鸿勋,系浙江慈溪县人,祖籍福建闽县,由举人中式进士,以主事分部行走,改归知县,选授广丰县知县,光绪二十二年十二月十三日到任,兹于二十八年二月十三日在任病故,据布政使柯逢时详报前来。臣覆核无异,所遗广丰县知县系繁、难二项中缺,江西省现有应补人员,容俟截缺后另行拣员请补。此案有关缺分要件,遵照新章,改题为奏。除咨吏部开缺,暨咨浙江抚臣、闽浙督臣查照外,理合附片陈明,伏乞圣鉴。谨奏。

朱批:"吏部知道。"

《光绪朝朱批奏折》第17辑,第490页

390. 寿妇朱吴氏五世同堂并捐款助赈并案吁恳旌赏折

光绪二十八年三月二十八日(1902 年 5 月 5 日)

江西巡抚臣李兴锐跪奏,为寿妇五世同堂,并捐款助赈,并案吁恳旌赏,以昭激劝,恭折具奏,仰祈圣鉴事。

窃据藩司柯逢时详称,案查乾隆五十六年正月初九日钦奉上谕:"嗣后各省有百岁耆民及五世同堂等事,着照向例具题,给予旌赏,不必专折奏请。"等因。钦此。又查定例,寿妇上事祖姑,下逮元孙,亲见七代,确有指证者,给与"七叶衍祥"字样。又例载,士民人等捐资助赈,银至一千以上,请旨建坊。又定章,士庶人等乐善好施,为数多者具奏,其次咨部汇奏各等因。历经遵奉在案。兹据候补知府阮贞瑞等具禀,同乡已故三品衔、江苏候补道、一品封职朱宗濬之妻寿妇朱吴氏,生于道光八年,届今光绪二十八年,存年七十五岁。原籍安徽泾县,寄居江西南昌县。该氏上事祖姑,下逮元孙,亲见七代,五世同堂,且性好施舍,曾助山东赈捐、江西桥工、育婴经费,今复捐助江西粥厂添赈银二千两。查该寿妇朱吴氏性秉柔嘉,力持俭德。家庭雍睦,群推礼法之宗;戚党相依,并被慈祥之福。为善勤于采菽,钗钏频施;抱孙乐在含饴,瑾瑜并耀。洵属熙朝瑞应,宜邀旷典旌扬。该府等系属同乡戚族,见知确切,造具事实册结系图呈司,并案详请具奏前来。

臣查朱吴氏系一品命妇,与民间寿妇稍有区别,且该氏性极慈祥,前次山东助赈,奉旨建坊,给予"乐善好施"字样,嗣捐助江西桥工、育婴经费,又奏蒙恩旨,准其照例建坊。今该氏年登耄耋,膝绕曾元,复慨念灾黎,捐银二千两,拨归粥厂助赈,实属深明大义。应如何旌赏以昭激劝之处，合无仰恳天恩，俯准敕部照例核议。除将册结咨送礼部外，谨恭折具奏，伏乞皇太后、皇上圣鉴训示。谨奏。光绪二十八年三月二十八日。

朱批："礼部议奏。"

《光绪朝朱批奏折》第29辑，第834—835页

391. 附生朱书侯请兼袭云骑尉世职片

光绪二十八年三月二十八日(1902年5月5日)

再，查前抚臣松寿任内，据前任布政使张绍华详称，案准部咨，殉难江西九品项戴朱传纪，议给云骑尉，袭次完时给与恩骑尉，世袭罔替等因，具奏，奉旨："依议。"钦此。钦遵在案。当经该故员朱传纪胞侄朱文励过继为嗣，承袭云骑尉世职，檄发赣标中营学习。嗣朱文励承袭后，于光绪二十五年三月十四日在营病故，例应接袭。查有该故世职朱文励嫡子朱书侯，现年三十二岁，于光绪二十一年岁试，取入雩都县学附生，例应兼袭云骑尉世职，仍应文乡试，支食减成半俸，由县查明取造供图册结，并声明该故世职朱文励应得敕书并未请领，无从呈缴等情，详送到司，核与定例相符，详送验看具题请袭到院。当经前抚臣松寿传验得，附生朱书侯年力壮盛，堪以兼袭云骑尉世职，仍应文乡试，支食减成半俸，于光绪二十六年十月十五日缮本具题在案。兹于二十八年三月初八日准通政司，以前项本章未经呈进，发交驻京提塘缴还前来，自应查照新章，补行奏办。除咨部外，理合附片具陈，伏乞圣鉴。谨奏。

朱批："该部知道。"

《光绪朝朱批奏折》第48辑，第224页

392. 在标学习云骑尉世职詹淇澳年力就衰请准其子詹权接袭片

光绪二十八年三月二十八日(1902 年 5 月 5 日)

再,定例:世职官员,遇有患病、残废、辞退所出之缺,俟生有子嗣,准其承袭。又准部咨,云骑尉系五品职官,未便据咨开缺,应令具题办理各等因。兹据在标学习云骑尉世职詹淇澳禀称,该员现年六十七岁,系铅山县人。于同治十二年承袭世职,发标学习,计自到标以来,迄今二十九年,历奉差遣无误,惟现在年力就衰,难供驱使,禀乞准予辞退随营,饬知铅山县,以该员嫡长子詹权接袭等情,批由藩司柯逢时核明例案,详请改奏前来。臣覆核无异,应请准其回籍开缺停俸,所遗世职,该员已生有子嗣,俟奉部覆,再饬取宗图册结,另行照例办理。除咨部外,理合遵照新章附片具陈,伏乞圣鉴。谨奏。

朱批:"该部知道。"

《光绪朝朱批奏折》第 48 辑,第 225 页

393. 江西赈捐第六次造册请奖片

光绪二十八年三月二十八日(1902 年 5 月 5 日)

再,光绪二十五年四月间,江西吉安、临江、南昌等府所属各县猝被水灾,工赈需款浩繁,经前抚臣松寿奏请,援照湖北等省赈捐成案,开办江西赈捐一年,藉资接济。光绪二十五年七月十八日奉朱批:"着照所请,该部知道。"钦此。行司钦遵。于光绪二十五年九月初六日开局,委员分投劝办,并分咨邻省一体劝募,酌量灾区

轻重,分拨赈抚。嗣因一年期满,势难停止,复经奏展一年。业将所收捐款,先后三次造册请奖。迨至上年五月间又遭大水,被灾者四十馀州县,工赈兼施,需款甚巨,复经臣奏请,再行接展一年,钦奉朱批允准,转行遵照。又据将续行收捐衔翎、加级、封典、贡监等项列为第四、第五两次,汇造清册,详经奏咨请奖各在案。

兹据筹赈捐输总局司道详称,现将各属收捐造报到局之贡监等项一千九百七十四名,共折收实银十一万二千二百六两九钱,悉数解存藩库,陆续转发被灾各属,分别济赈、修堤,应列为第六次,造具各捐生姓名、年貌、籍贯、履历、三代清册,检同副实收,详请奏咨给奖等情前来。臣覆加查核,所捐银数及请奖各项均与例章相符。合无仰恳天恩,俯准分别奖叙,以昭激劝。除将清册、副实收送部外,所有江西赈捐第六次请奖缘由,理合附片具陈,伏乞圣鉴,敕部核覆施行。谨奏。

朱批:"户部议奏。"

《光绪朝朱批奏折》第80辑,第729页

394. 奏报江西省光绪二十八年二月分粮价及雨水情形折

光绪二十八年三月二十八日(1902年5月5日)

江西巡抚臣李兴锐跪奏,为恭报光绪二十八年二月分粮价及地方雨水情形,仰祈圣鉴事。

窃照江西省光绪二十八年正月分市粮价值并雨水情形,业经臣恭折奏报在案。兹据布政使柯逢时查明江西省光绪二十八年二月分米、麦、豆各项粮价,开单汇报前来。臣逐加查核,南昌等十四府州属米价稍增,麦、豆各项价值均与上月相同,省城及各属地方二月内雨泽调匀,菜麦吐穗扬花,民情亦均安谧,堪以上慰圣怀。理合恭折具奏,并缮具二月分粮价清单,敬呈御览,伏乞皇太后、皇上圣鉴。谨奏。光绪二十八年三月二十八日。

朱批:“知道了。”

《光绪朝朱批奏折》第96辑,第1017页

395. 南昌县属荏港地方天主耶稣两教教民互相械斗一案讯明拟结片

光绪二十八年三月二十八日(1902年5月5日)

再,南昌县属荏港地方,向有天主、耶稣教民居住,素不相能。光绪二十七年五月十七日,天主教民文玉连之子文芝生,因在耶稣教民钟全生、钟六喜等木簰过渡,未给渡资,彼此口角争闹。文玉连向同教之樊聚秀告知,樊聚秀起意纠众寻殴,于十七、十九两日迭次械斗,互相抢毁什物,耶稣教民万发坤、邓六生、许广富、万尚福、万英泰五人均被殴伤平复,伍细仔、朱和平、陈发魁、晏德桢四人均于受伤后溺水身死,万克皮、万髻头二人均被追溺毙。时有高安县耶苏教民陈海修挑水经过,水桶撞及天主教民傅丙发即傅髻头左腿,口角争论,亦被傅丙发用尖刀戳伤毙命。先经由省访闻,派委管带刚字右营副将蒋必望会县督勇驰往弹压,两造均各逃散。臣当以代理南昌县事即用知县陈瑞鼎不能防范,饬即撤任摘顶留缉。复加派试用道丁乃扬随带委员往督营县勒缉查办,一面电请军机大臣代奏有案。旋据先后拿获天主教民樊聚秀、钟文生、万成章、樊乌子即三乌子、万福章、葛洪泰、邓贵和、曾正兴及耶稣教民伍廷栋、万盛和、朱坤明,暨起衅之钟全生、钟六喜、文芝生各名,发交署南昌府知

府查恩绥，督同委员逐一研审，照律定罪，详由洋务局司道会同臬司核转到臣。当即会同督臣刘坤一，将所讯供情、应办罪名详晰咨会外务部，并照会法、美两国驻沪总领事去后。旋因派委试用道丁乃扬赴沪查办事件，会晤两国总领事，议及此案，法总领事以教民互斗，应听中国按律惩办，惟若定以斩罪，未免过重，再三恳求，贷其一死。丁乃扬会商江海关道袁树勋，与该总领事反覆辩论，固请不已。告知美总领事，则以听从中国酌办为言。臣复据情电请部示，随准外务部复电，可即通融办结，以敦睦谊等因，自应即为拟结。

除傅丙发即傅髻头致伤陈海修身死，起衅不同，应另照例审勘办理，暨朱坤明一犯已在押病故外，拟请将为首起意纠众械斗之樊聚秀、钟文生二名，及执持凶器带人追殴以致彼造伤溺六命之万成章、樊乌子即三乌子、万福章三名，均从宽贷其一死，各予永远监禁，并将随同逞凶械斗从犯葛洪泰、邓贵和二名各予监禁十年。其曾正兴一犯，讯止刃伤万发坤左脚平复，情节稍轻，拟予监禁三年。又耶苏教民伍廷栋，因樊聚秀纠众寻斗，心怀不甘，与万盛和并获押病故之朱坤明约人互斗，亦属不法，拟将伍廷栋酌予监禁三年，万盛和监禁二年。其起衅酿案之钟全生、钟六喜、文芝生，均照不应重律，拟杖发落。又天主教士游泳闻知教民纠人械斗，辄出洋银十元，助其斗费，已据樊聚秀供明，殊非传教劝善之道，按情定罪，实与同谋无异，姑从宽照会主教、领事，撤换革教，以肃教规。在逃馀犯，饬缉获日另结。前代理南昌县事即用知县陈瑞鼎，撤任后随同缉犯，尚知愧奋，应请开复摘顶处分，照常差委。是否有当，谨会同南洋大臣、两江总督臣刘坤一附片具陈，伏乞圣鉴训示。谨奏。

朱批："该部知道。"

《光绪朝朱批奏折》第107辑，第840—842页

396. 六十一代正一真人张仁晸病故请准其子张元旭承袭世职片

光绪二十八年三月二十八日(1902年5月5日)

再,据布政使柯逢时转据贵溪县详称,据族房监生张迪祥等禀,以伊族六十一代正一真人张仁晸于光绪二十八年正月初十日病故。有中书衔附贡生张元旭,现年四十岁,品行端方,学问纯正,自幼谙习家传,实系六十一代真人张仁晸嫡长子,堪以承袭正一真人之职,并无顶冒继养违碍情事,取具宗图供结,造册加结,由司详请具奏,准其承袭正一真人之职等情前来。臣覆查无异,除将册结咨送吏、礼二部外,所有承袭世职,遵章改题为奏缘由,谨会同两江督臣刘坤一附片具陈,伏乞圣鉴训示。谨奏。

朱批:"该部知道。"

《光绪朝朱批奏折》第117辑,第397页

397. 奏请以傅锺麟补授袁州府知府折

光绪二十八年三月二十九日(1902年5月6日)

江西巡抚臣李兴锐跪奏,为遴员请补知府,以资治理,恭折仰祈圣鉴事。

窃照袁州府知府曹志清请开缺回籍终养,经前抚臣松寿恭疏具题,复经臣查案补奏,接准部咨开缺,所遗袁州府知府系冲、繁二项相兼中缺,声明江西现有应补人员,请留外补在案。查定例,道、府留补之选缺,升、调、病、故、休五项,仍按班轮补。所有丁

忧、终养、回避、撤回、参革、降补、改教各项选缺,应先尽记名分发人员请补,不准于折内声叙人地未宜。如记名分发无人,始准以各项候补前先、候补正班人员酌补等因。今袁州府知府一缺,查有截取记名分发指省江西候补知府傅锺麟,年六十六岁,浙江山阴县人。由附生中式咸丰辛亥恩科本省乡试举人,拣选知县。同治元年,考取内阁中书,奉旨记名,到阁行走。丁母忧,服阕回阁。乙丑科会试中式进士,殿试二甲,奉旨改用主事,签掣兵部职方司行走。九年,以派办议功所出力,奉旨赏加四品衔。光绪二年,以派办议功所出力,奉旨交部从优议叙,赏加随带三级。四年,补职方司主事。六年,题升职方司员外郎。七年,题升车驾司郎中。八年,简放工部宝源局监督。九年十二月,截取引见,奉旨:"记名以繁缺知府用。"钦此。十年,任满回部,遵章呈请分发,捐指江西,经吏部带领引见,奉旨:"发往江西,以知府照例补用。"钦此。光绪十七年十二月二十日到江。曾任实缺京员,毋庸试看甄别。系到江后下月所出之缺,例得请补。委署过瑞州府知府印务。该员资深才练,堪资表率,以之请补袁州府知府,洵堪胜任。据藩司柯逢时、臬司明徵会详请奏前来。

合无仰恳天恩,俯准将傅锺麟补授袁州府知府。如蒙俞允,该员系候补知府请补知府,衔缺相当,毋庸送部引见,亦例不核计参罚。再,此案藩司于光绪二十八年三月十二日出详,合并陈明。谨会同两江督臣刘坤一合词恭折具陈,伏乞皇太后、皇上圣鉴训示。谨奏。光绪二十八年三月二十九日。

朱批:"吏部议奏。"

《光绪朝朱批奏折》第17辑,第493—494页

398. 补办光绪二十五年分江西武职员弁养廉银奏销片

光绪二十八年三月二十九日（1902年5月6日）

再，查前抚臣松寿任内，据前任布政使张绍华详称，案准户部咨，武职新定养廉，如有空缺，扣存司库，岁底汇造清册，分晰起止月日，题报核销等因在案。兹查江西省各镇、协、标、营武职员弁光绪二十五年分共额支养廉银三万一千二百六十两，内除总兵、副将、参将、游击各官停给一成银一千两，实额支银三万二百六十两。自正月起至年底止，应支给各官养廉银二万四千五百十七两零，内除减平银一千四百七十一两零，实支银二万三千四十六两零。又动支扣缺酌给署事员弁半廉银二千四百七两零，内除减平银一百四十四两零，实支银二千二百六十三两零。二共支过减平养廉银二万五千三百九两零，实馀空缺半廉银三千三百三十五两零，已遵照部议，留抵本省光绪二十七年武职养廉，即造入该年估拨养廉册内，报部抵拨。又前项扣存减平银共一千六百一十五两零，汇款解部，造具总散细数清册，详经松寿核明，于光绪二十六年闰八月初二日缮本具题，并将清册分送部科在案。兹于二十八年三月初八日准通政司，以前项本章未经呈进，发交驻京提塘缴还前来，自应查照新章，补行奏办。除咨明户部、兵部外，理合附片具陈，伏乞圣鉴，敕部核覆施行。谨奏。

朱批："该部知道。"

《光绪朝朱批奏折》第62辑，第694—695页

399. 补办光绪二十五年分江西各镇协标营官兵马匹支过俸薪饷干等项银米奏销片

光绪二十八年三月二十九日(1902 年 5 月 6 日)

再,查前抚臣松寿任内,据前任布政使张绍华详称,各镇、协、标、营官兵马匹支过俸薪、饷干等项,例应按年造册题销。兹光绪二十五年分江西省各镇、协、标、营额设官兵马匹实支俸薪饷干等项共银十二万三千五百二十八两零,又共放米二万五千五百七十三石零,造具总散细册,详经松寿核明,于光绪二十六年闰八月初二日缮本具题,并将各册分送部科在案。兹于二十八年三月初八日准通政司,以前项本章未经呈进,发交驻京提塘禀缴前来,自应查照新章,补行奏办。除咨明户、兵部外,理合附片具陈,伏乞圣鉴,敕部核覆施行。谨奏。

朱批:"该部知道。"

《光绪朝朱批奏折》第 62 辑,第 695 页

400. 江西丁漕积欠太甚现拟设法整顿以重正供折

光绪二十八年三月二十九日(1902 年 5 月 6 日)

江西巡抚臣李兴锐跪奏,为江西丁漕积欠太甚,现拟设法整顿,以重正供,恭折具陈,仰祈圣鉴事。

窃照江西地丁漕米,每年除因灾蠲缓外,征完之数总不过七八分,合计民欠多至四五十万,从未能照额完足,以致历年度支,不敷甚巨。现奉摊派新案赔款,岁需筹解银一百四十万两,加以兴办新

政,造端宏大,需费更繁。凡有可筹之款,如随粮捐输、土药膏捐、盐斤加价、整顿厘金、裁节縻费等事,无不次第举行,几于智索能尽,而究能岁获若干尚难预计,将来不敷之数仍必不少。丁漕为国家维正之供,绅民践土食毛,睹此时事艰难,国用竭匮,宜如何踊跃输将,藉图报效,乃辄相率抗欠,是诚何心。且良民完粮之外,尚须随缴捐输,顽户并正赋不完,反熟视而无可如何,揆诸事理,尤非平允。

臣督同藩司、粮道细察其弊,厥有数端。江省鱼鳞册籍,久已无存,推收过割,悉凭花户自报,故有买田而遗粮者,有卖粮而留田者,有一户分为数十户者,有一族仅一总户者,至于穿图漏甲,户无的名,则比比皆是,庞杂繁乱,稽征甚难。其弊一也。通省著名疲玩之区,如吉安府属之永新县西北两乡,临江府属之新淦县,南康府属之建昌县,皆系顽梗成风,积欠累累。此外一县中之一二乡,一乡中之三五都,所在皆有。地方官催追稍急,辄使妇女出头滋闹,甚至捆差辱官,捏造浮言,传布京省,希冀淆惑观听。从前新喻、新淦等县,均有奏案。各州县恐获办理不善之咎,遂不免畏难苟安。其弊二也。花户既无的名,某户系某人之粮,惟书差知之,因之勾串户丁,照其应完粮数,私收数成,代为隐蔽。花户既免追呼,亦不向索串票。其弊三也。至于绅衿包庇,钱店揽收,流弊尤更仆难尽。以致愈欠愈多,几有江河日下之势。若不急图整顿,久必并目前之收数无之,何以为计?

臣与司道再三商酌,拟定办法,通行各属,督令册书、图差,各将本都图花户的名、住址开注推收册内,遇有民间分产别户,以及初置田业者,均晓谕随时开报,分别补列户粮。各房每年查造实征册,亦照推收册逐户注明,庶几摘催欠户,不难按籍而稽,刁顽无所闪避。其有混淆过甚，非清丈不能水落石出者，准其禀明，妥拟章程，先就一二最疲之区，澈底清理。各州县政务殷繁，或有不能专力经理，许于所属丞、薄、巡检等官并保甲、委员、绅士中，择其明白晓事、廉慎自爱之员，因地制宜，禀派帮办。定以比较之法，如能征有起色，量其分数，各予奖励，并将全额完清之地方，由司筹给该处应试士子卷资、花红。傥值恭逢恩诏，豁免钱粮之年，该县丁漕完纳在先，无可豁免，仍另行奏恳传旨嘉奖，以勉其急公奉上之忱。至官吏下乡催科所需夫马，应通饬由该州县平馀内给用，不得丝毫派累民间，尤不准书差藉端骚扰，违者罪之。

惟历年旧欠既多，必责令按年照额带完，民力亦有所未逮，且恐操之过急，转滋藉口，拟但将光绪二十七、八两年之粮，责成如额催完，所有从前旧欠，均暂从缓。如果办有成效，此后如何分年带征，或竟奏恳天恩，酌量豁免，臣再当体察情形，据实入告。经此次奏明整顿，如仍有刁顽之乡，狃于故习，抗官殴差，纠众滋事，则是怙恶不悛，行同化外，难再姑容，应即查明，从严惩办，以挽颓风。

臣明知民间风气已成，安之若素，一旦加以衔勒，难免啧有繁言，当兹官民交困之秋，固未便姑息以容奸，亦不敢操切以生事。现任布政使柯逢时、督粮道刘心源均能认真办事，不辞劳怨，臣惟有随时督饬，实力整顿，期收实效。是否有当，理合会同两江督臣刘坤一恭折具陈，伏乞皇太后、皇上圣鉴训示。谨奏。光绪二十八年三月二十九日。

朱批："着照所拟妥为办理，仍当随时体察，严杜弊端。"

《光绪朝朱批奏折》第68辑，第829—831页

401. 九江关一年期满短收额外盈馀银两请照案免赔折

光绪二十八年三月二十九日(1902 年 5 月 6 日)

江西巡抚臣李兴锐跪奏,为九江关一年期满,短收额外盈馀银两,实因商务不旺,洋税侵占,吁恳天恩,照案免赔,恭折仰祈圣鉴事。

窃照九江关税,每年应征正额银十七万二千二百八十一两三钱六厘、盈馀银三十六万七千两,共银五十三万九千二百八十一两三钱六厘。自咸丰三年贼扰长江,关税停征,同治元年接准户部咨,以接到部文之日作为开关日期,设法整顿,扣足一年,由该抚据实奏报,如有亏短,切实声明,由部酌量情形核办。又同治三年接准户部咨,该关常税既被洋税侵占,应从同治二年开征起,截至一年关满止,将洋商所运土货另册登记,查明实被侵占若干,于关满时造册送部,以凭查核等因,具奏,奉旨:"依议。"钦此。又九江关应征各国风篷、夹板等船船料银两,光绪十九年奉户部奏准,自光绪十七年十二月关期届满为始,每年准其宽免银二万两,以示体恤。又江西等省解京额木过关,历奉奏准,免税放行,由关另册开报。又被灾各省采办赈济米谷,与夫商贾运赴灾区平粜米石船只过关,行文免征税料,均经验明放行。又各省营调遣裁撤兵勇,运解军需饷银,采办军粮、煤炭,以及被灾难民等项船只过关,免征税料,节次奏经户部议准,作正开除各在案。

兹据升任九江关监督明徵详称,九江、姑塘两关税务,该关道自光绪二十六年闰八月十二日接征起,至二十七年八月十一日关满止,计收正银二十二万四千四百二十八两八钱九分五厘、耗银一万七千三百九十九两三钱三分九厘五毫,共征正耗银二十四万一千八百二十八两二钱三分四厘五毫。各国风篷、夹板等船共过四百十四只,按关例核税,应征船料银二万七十九两,请照章宽免银二万两。又中外失和,各省入卫援军及添募防营,事后裁撤,共免装勇船只应完船料银二万三千九百五三十二两一钱。又江西省解京额木,采办修复京津电线杆木,免征木税银二千三百九十二两三钱三分。又免征各省营运解军需饷银,采办军粮、煤炭,以及赈济平粜米谷与夫被灾难民等项船料银九万九千五百五十九两六钱。又二十七年分湖北督销局应解盐税银一万五千两,未准解到,应请作正开除。以上宽免、免征、抵额各数,连征存正耗,共银四十万二千七百十二两二钱六分四厘五毫,除耗银一万七千三百九十九两三钱三分九厘五毫不入比较外,实在短收额外盈馀银十五万三千九百六十八两七钱八分一厘。

伏查九江关例征税课,仅只船料、盐、茶、竹、木五项,并不征收他项货税,而盈馀原额多至三十六万七千两,本系从前税务旺时所定,道光年间即征不足额,兵燹后情形既迥不如前,又复添设新关,分征洋税,而盈馀定额并未减轻。且所征税课,向以船料、盐、木为大宗,长江通商后轮船畅行,减价揽载,向之雇用民船者,莫不改附轮船,光绪初年过关轮船,每年尚止四五百只,近则增至八九百只,轮船大逾民船十数倍,侵占常税何止十数万金,只为定章所格,未能请抵盈馀亏额。此外风篷、夹板等船,亦大逾民船数倍,按照关例核税,暗亏之数亦属不少。光绪二十年以前,江省内河未行小轮,商旅往来内地,尚须雇用民船,自定内港小轮新章以来,公司轮船日增,内河民船亦日见稀少,是以现征船料,止及旺时十之一二。木值一项,从前悉系扎箄下驶,完纳常税,近来川楚木筏均被夹板等船跨带，在江汉关报完洋税，经过九江，仅止验票放行，故木税日衰一日，亦成弩末。盐税自改章归各省督销局征解，每年本不过解到银三四万两，现在鄂岸盐税既经停解，而湖南等省亦均截留一成，凑解洋款。其馀茶、竹两项，本非常税大宗，近年锡兰、印度等处均自栽种茶树，用机器焙制，行销甚广，中国茶叶销路遂致渐滞，税收亦因以衰减，考之海关贸易册，茶税年短一年，即此可见。至竹税，向本无几，通年不过数十两。该关道目击时艰，挽回无术，只得督饬员役实力稽征，奈本届适当北方兵燹之后，商贾元气未复，夏秋间东南各省又被水成灾，收成歉薄，以致贸迁稀少，税源短绌。现在一年期满，共征正耗银二十四万一千八百数十两，实已不遗馀力，涓滴归公。其盈馀原额未能足数，委系洋税侵占日甚，秋收减色所致。所有本年短收额外盈馀十五万三千九百数十两，详请奏恳准免赔缴等情前来。

臣查该监督明徵，经征关税，尚属认真，惟该关原定盈馀额数，本较他处为重，今届一年期满，征收未能足额，实因适当北方兵燹之后，商贾元气未复，夏秋间东南各省又猝被大水，收成歉薄，以致贸迁稀少，来源不旺，时势使然，并非稽征不力。合无仰恳天恩，俯准将短征盈馀银两免其赔缴，以示体恤，出自逾格鸿慈。除咨户部外，理合恭折具陈，伏乞皇太后、皇上圣鉴训示。再，据该监督声称，此案于上年十二月初十日交卸后，即经造具各款清册，自带回省，嗣复细加察核，中多舛错，又经寄转九江查案更正，另行缮办，是以出详稍稽，合并陈明。谨奏。光绪二十八年三月二十九日。

朱批："户部议奏。"

《光绪朝朱批奏折》第74辑，第329—332页

402. 补奏赣关光绪二十四年七月十六日至二十五年七月十五日收支税银数目片

光绪二十八年三月二十九日(1902年5月6日)

再,查前抚臣松寿任内,据前署吉南赣宁兵备道兼管赣关桥税务涂椿年详称,各关一年期满,例应将征收税银具疏题报。今赣关税务,经前道周浩管理自光绪二十四年七月十六日起至二十五年正月十八日止,又赣州府贾孝珍兼护任内自正月十九日起至二月初五日止,又该署关道涂椿年自二月初六日起至是年七月十五日止,共征收正税并加一耗羡暨江海关代征丝税正耗共银六万一千二百十一两零,内除扣支部科、内阁公费、管关养廉、各书役工食共银五千五十二两二钱外,下馀银五万六千一百五十九两零。又征收临关零税市平九三色正耗银一千四百五十二两零,内除四季季报等款并一年零星杂用银一千一百五十七两零,计馀市平九三色银二百九十五两零,倾镕足色扣成库平纹银二百六十九两零,连前共馀银五万六千四百二十九两零。内除起解盈馀饭银、例支解员水脚、添补平头等款银四百五十四两零,实存银五万五千九百七十四两零。内拨解光绪二十六年分京饷银四万两,又解摊缴二十五年分内务府参价银四千两,尚剩银一万一千九百七十四两零,随同征存并赔补盈馀饭银、添补平头、节省水脚等款银一千七百七两零,及添解盈馀饭银八两、扣存减平银四十三两二钱、减成银四百三十三两零,均经委员解赴户部等衙门投收,并声明本届正税并盈馀银两已划入光绪二十六年分京饷及二十五年分内务府参价案内核销等情。详经松寿核明,于光绪二十六年十月十五日缮本具题,并将揭帖分送在案。兹于二十八年三月初八日准通政司，以前项本章未经呈进，发交驻京提塘缴还前来，自应查照新章，补行奏办。除分咨部科外，理合附片具陈，伏乞圣鉴。谨奏。

朱批："户部知道。"

《光绪朝朱批奏折》第74辑，第332—333页

403. 酌保劝办江西饷捐尤为出力员绅开单请奖折

光绪二十八年三月二十九日（1902年5月6日）

江西巡抚臣李兴锐跪奏，为酌保劝办江西饷捐尤为出力员绅，缮列清单，恳恩奖励，恭折仰祈圣鉴事。

窃光绪二十六年北方匪警，征兵入卫，加以本省筹办防务，弹压地方，骤增营勇九千馀人，需饷浩繁，而库空如洗，无从筹措。适钦奉寄谕，饬令劝办饷捐，凡有能倡捐巨资者，准予破格优奖，其馀按照海防捐例，分别奖叙。当经前任抚臣松寿奏明开办，并请将所收之款，以一半留备部拨，一半归本省济饷，声明劝办之员不给薪水，如有一人捐集在三万两以上者，照寻常劳绩保奖，五万两以上者，照异常劳绩保奖等因，于光绪二十六年十月十五日递回原折，钦奉朱批："着照所请，户部知道。"钦此。即经转行钦遵，通饬各属一体筹劝，并派委员绅驰往湘、鄂、苏、皖、两广、闽、浙各省及南洋各埠，分投劝募。臣到任后，因办结各属教案，所需赔偿教堂、抚恤教民各款数巨期迫，复经奏明，将此项筹饷新捐全数截留，以资应付。旋因办理工赈，疏浚鄱阳湖，皆关民生要政，亦请在此馀款内动支，均经奏奉谕旨允准在案。计自开办以来，先后三次造册请奖，共劝收银二百三十一万馀两，已查照奏案，随时拨用。现在实

官捐早经停止,其劝办出力员绅自应查明,分别奖励,俾昭激劝,据筹饷捐局司道择尤开单,详请奏奖前来。

臣伏查近年捐务,早成弩末。江西此次开办饷捐,适当北方用兵之际,人心惶惑,贸迁不通,劝集之难,倍于往昔。况又加之西北荒旱,东南大水,顺、直、秦、晋各省同时举办,劝捐之局林立,招徕之术愈穷。幸经前藩司张绍华激励派出员绅,不惮烦劳,竭力劝导,始得集成巨款,源源解江,以之赔偿教堂、抚恤教民,皆得如期应付,而一切紧要饷需,以及办赈、浚湖、筑堤诸要务,亦均有所藉手,裨益大局,良非浅鲜。在事员绅,实属著有微劳。且近来各省均已奏保,江西事同一律。臣覆加查核,毫无冒滥,谨照缮清单,恭呈御览。合无仰恳天恩,俯准照拟给奖,以示鼓励。除饬取各员绅履历另行咨部外,所有劝捐出力员绅择尤请奖缘由,谨会同两江督臣刘坤一恭折具陈,伏乞皇太后、皇上圣鉴训示。谨奏。光绪二十八年三月二十九日。

朱批:"该部议奏,单并发。"

《光绪朝朱批奏折》第80辑,第730—731页

404. 补奏已故知县李熙瓒任所及原籍均无财产隐寄请豁免亏短钱粮片

光绪二十八年三月二十九日(1902年5月6日)

再,查前抚臣松寿任内,据前任布政使张绍华详称,案准户部咨,江西巡抚请豁已故知县李熙瓒前在直隶西宁县任内亏短米、豆折价银两,如何折算,行直饬查。兹据该督查覆,所有请豁前项各款,应照常例办理,咨江取结,照例题请豁免等因。行据萍乡县知

县顾家相,传据该故员李熙瓒族邻查明,该故员原籍并无田产及隐寄资财,取结送府,加结转送等情。并准直隶藩司饬据西宁县知县张铁珊查覆,李熙瓒前在任所亦无隐寄资财,出具印结,由本管道府加结送司,咨江核办等因。

伏查定例内载,离任官应追欠项,本籍一面督属严追,一面通查该员历过任所,果无财产隐寄,由任所官出具切实印结,移送本籍,由本籍加结,题请豁免等语。今已故知县李熙瓒,前在直隶西宁县任内亏短屯米、屯豆正耗折价银二千七百六十九两六钱零,又常平仓谷四百一十三石五斗,现经查明,该故员任所及原籍均无财产隐寄,先后出具切结,请豁前来。该司核与例载相符,将送到各结详请具题请豁等情到院,经前任抚臣松寿覆核无异,于光绪二十六年十月十五日缮本具题,并将送到各结咨送户部在案。兹于二十八年三月初八日准通政司,以前项本章未经呈进,发交驻京提塘缴还前来,自应查照新章,补行奏办。除咨明户部外,理合附片具陈,伏乞圣鉴,敕部核覆施行。谨奏。

朱批:"户部知道。"

《光绪朝朱批奏折》第83辑,第639页

405. 江西筹解奉派摊还新案赔款第五期银两片

光绪二十八年三月二十九日(1902年5月6日)

再,前准部咨,新案赔款,江西省每年摊还银一百四十万两。并准行在军机大臣电开,奉旨:"据奕劻、王文韶电奏称,公约第六款内载明,由国家出给保票,付还各款,每月给银行董事收存等语。应将全年应付本息匀作十二分,按月摊付,先期解交上海道转付收存,无论如何为难,不得稍有迟误。”等因。钦此。臣伏查江西库款,久已入不敷出,近年奉拨洋债饷需有增无减,罗掘俱穷。兹复增此一百四十万之出款,数巨期迫,虽经奏准按粮派捐一项,而每岁以丁粮全额计之,约可得银三十馀万,尚不及赔款四分之一。迭与司道筹商,无不焦思束手,而事关大局,又不得不勉为其难。前已饬据藩司将二十七年十二月及二十八年正、二、三月共四期应付之款先期设法筹措,解交上海道兑收,分别奏咨在案。

兹据布政使柯逢时详称,现复于司库腾挪借动银十一万六千六百六十六两六钱六分七厘,内除将广东解存江海关代收江西赈捐划拨银一万两外,其馀银十万六千六百六十六两六钱六分七厘,又遵照行在户部来电,借款动放关平补水银一千九百十六两八钱三分三厘,一并发交蔚盛长等商号承领,另给汇费银一千八十五两八钱三分五厘,限于四月十八日以前汇至江海关道衙门投交,作为江西奉派新案赔款第五期银两等情,详请奏咨前来。除饬依限汇交,暨分咨外务部、户部外,所有江西筹解奉派摊还新案赔款第五期银两分别划汇缘由,理合附片陈明,伏乞圣鉴。谨奏。

朱批:“户部知道。”

《光绪朝朱批奏折》第83辑,第640页

406.江西光绪二十七年第十批漕折银两拨付偿款交商汇沪片

光绪二十八年三月二十九日(1902年5月6日)

再,前准部咨,解部漕折应由各省解交江海关,以备归还偿款。并准电开,公约赔款应按月交银行收存。部库腾出之的款内江西漕折银六十万两，应匀作十二次，按月先期解沪等因。当经臣查明，漕折未奉部文以前，已解过五批银二十五万两，应由部库拨付，并将截留第六批至第九批共四批银二十万两，先后解交江海关兑收，均经臣附片奏明各在案。兹据督粮道刘心源详称，现又催完光绪二十七年分漕折银五万两，作为第十批，于二十八年三月初八日发交蔚盛长商号具领，限三月二十日以前汇赴江海关道衙门兑收，归还偿款，并发给由江西省汇沪汇费银五百两等情，详请奏咨前来。臣覆查无异，除饬赶紧汇解，依限交收，并咨明外务部、户部外，所有二十七年第十批漕折银两拨付偿款交商汇沪缘由，理合附片陈明，伏乞圣鉴。谨奏。

朱批："户部知道。"

《光绪朝朱批奏折》第83辑，第641页

407. 补办光绪二十五年江西驿站钱粮奏销片

光绪二十八年三月二十九日（1902年5月6日）

再，查前抚臣松寿任内，据前任布政使张绍华详，准前署按察使、总理驿务事、盐法道春顺移称，江西省驿站钱粮及各属应付勘合、火牌差使循环各册，例应按年造报题销。今光绪二十五年分驿站项下新收银十万九千九百九十七两零，内除各项支销银六万六千八百八十四两零，尚有馀剩，并扣解节省、裁扣马价尾零及减平共银四万八千九百四十一两零，又额外皮张变价银一百四十七两，应归藩库汇同支馀各款报部酌拨，相应造册，移请转详，并声明是年各属并未应付勘合差使等情。详经松寿覆核无异，于光绪二十六年七月初三日缮本具题，并将各册分送部科在案。兹于二十八年三月初八日准通政司,以前项本章未经呈进,发交驻京提塘禀缴前来,自应查照新章,补行奏办。除咨明兵部外,理合附片具陈,伏乞圣鉴,敕部核覆施行。谨奏。

朱批:"该部知道。"

《光绪朝朱批奏折》第89辑,第543页

408. 奏报委解光绪二十八年分江西厘金京饷银两起程片

光绪二十八年三月二十九日(1902年5月6日)

再,查光绪二十八年分京饷,拨江西地丁银三十五万两、厘金银十万两,行据藩司筹拨两批地丁银十万两,委解赴部,经臣先后附片奏报在案。兹据布政使柯逢时详称,现于厘金项下动放银五万两,遴委试用知县钟元赞领解,于二十八年三月二十八日起行,由陆路前赴户部交收等情,详请具奏前来。臣覆核无异,除饬迅筹续解外,所有委解二十八年分厘金京饷银两起程缘由,理合附片陈明,伏乞圣鉴。谨奏。

朱批:"户部知道。"

《光绪朝朱批奏折》第89辑,第544页

409. 九江关光绪二十七年分三分平馀银核销并剩存银两解交造办处片

光绪二十八年三月二十九日(1902年5月6日)

再,据升任九江关监督明徵详称,九江关征收三分平馀一款,经前任监督伊龄阿奏明,除动支办公等项年满造册,请旨交造办处核销外,馀剩银两解缴该处充公。兹查光绪二十七年分共收三分平馀银七千二百五十四两八钱四分七厘,除支用银七千二百三十八两八钱三分,均系遵照造办处奏准减定成数,核实开销外,仍剩存银十六两一分七厘,应即委员起解,合将办公支用各款循例恭造四柱黄册,详请代奏前来。臣覆核无异,谨将送到黄册,敬呈御览。

又查该监督每年例支养廉银一万一千两,向在关税耗银内动支,解缴造办处充公,历年因耗银不敷,以致未经支解。嗣准造办处咨催筹拨,据该关详经奏准户部咨覆,自光绪三年起,循例于常税耗羡项下动支起解。又光绪二十五年九月十二日起,连闰至二十六年八月十二日止,一年期满,共收积平银六千八百九十九两七钱三分八厘,除循例支用外,仍剩存银五十一两八钱,均随同本年三分平馀剩存银两一并解交造办处兑收。合并附片陈明,伏乞圣鉴。谨奏。

朱批:"该衙门知道,册并发。"

《光绪朝朱批奏折》第89辑,第544—545页

410. 奏请以桂森补授广丰县知县折

光绪二十八年四月二十六日(1902年6月2日)

江西巡抚臣李兴锐跪奏,为遴员请补知县,以资治理,恭折具奏,仰祈圣鉴事。

窃照广信府属之广丰县知县裘鸿勋病故,经臣附片陈明,所遗广丰县知县系繁、难二项相兼中缺,声明江西省现有应补人员扣留外补在案。查定例,知县告病、病故、休致所出之选缺,以一缺题补各项候补并进士即用人员,以一缺题补本班前先用大挑举人,以一缺题补本班大挑举人。又光绪十三年十月奏定章程内开:道、府、

同知、直隶州知州、通判、知州、知县升调所遗及告病、病故、休致，以及佐贰杂职并盐务等官，无论何项所出留补选缺，及河工等官，除坐补原缺、裁缺即用、回避即用、新选新补、留省另补人员不计外，无论何项到班，仍以五缺计算。先用郑工新班遇缺先二人、海防新班先一人，无人，用郑工新班遇缺先人员抵补。至第四缺，海防即、海防先分班轮用一人，第一轮用海防即人员，第二轮用海防先人员，海防先无人，仍用海防即人员，海防即无人，用旧例银捐遇缺先人员，如无人，用旧例银捐遇缺人员，再无人过班，即接用各项轮用班次一人，以五缺为一周。又此次新例报捐人员，惟知县一项，郑工新班遇缺先、郑工新例分缺先、分缺间、捐纳试用本班尽先、捐纳试用并候补、委用、议叙、捐输、孝廉方正报捐各本班尽先人员，遇轮补、升调所遗及告病、病故、休致之缺到班时，于各本班中，先用正途出身及曾任知县、曾任实缺应升知县者二人，再用各本班中各项出身者一人；如正途出身及曾任知县、曾任实缺应升知县无人，即用各项出身之人。其旧例人员再捐过入新例者，应归新例人员内一律补用。又新例报捐分缺先用、分缺间用人员，亦应分别酌定轮用各项时，知县以及佐杂并盐务、河工等官于各项试用并捐纳正班到班，均准先用、间用到班，应用时先将郑工分缺先、分缺间人员用一次，再到班，再将海防分缺先、分缺间人员用一次，郑工无人用海防人员，海防无人仍用郑工人员，均无人用旧例银捐分缺先前、分缺间前之人。其旧例减成分缺先、分缺间人员，仍专俟捐纳正班到班，郑工海防分缺先、分缺间、旧例银捐分缺先前、分缺间前无人，方准插用。又光绪十九年七月奏定章程内开：各省道、府以至未入流报捐分先、分间、本班先花样，援照遇缺先扣限章程，均以一年为限，在省加捐者，接到过班部文一年以外之缺方准请补；

领照赴省者,到省后一年以外之缺方准请补。又二十二年九月奉到变通遇缺先抵补章程内开:嗣后京外各官内选外补,凡以五缺计算者,第一、第二缺用新海防遇缺先二人;第三缺用旧海防先一人,无人用郑工遇缺先抵,再无人过班,即毋庸再以新海防先抵补;第四缺旧例海防即与旧例海防先分班轮用,无人用旧例遇缺先,无人用旧例遇缺,再无人过班,即用各项班次一人,如均有人,仍照旧轮办理各等因。

江西省知县病故、休致遗缺,上次用至大挑正班,后又用至新海防遇缺先二人止。今广丰县病故遗缺,查坐补原缺、裁缺即用、回避即用、留省另补、海防先、海防即、旧例银捐遇缺先、银捐遇缺无人,按班应用分缺间,郑工、海防分间均无人,应用新海防分缺间用正途出身之人。查有新海防分缺间补用、正途出身知县名次在前之桂森,年四十三岁,系京口驻防镶红旗蒙古恩霖佐领下人。由附生中式光绪十五年己丑恩科江南乡试举人,十六年庚寅恩科会试中式贡士,十八年壬辰科殿试二甲进士,朝考三等,引见,奉旨以主事用,签分礼部仪制司行走,遵例呈请以知县归部铨选。于二十年报捐同知升衔,又遵新海防例报捐知县,指省分发江西分缺间补用并免试用。光绪二十年十一月十五日领照到江,十二月二十一日坐掣第一名。闻讣丁父忧,服满起复,于二十五年四月十五日回省,业已奉到准其起复部文。并已补过大挑正班试用知县汪鸿一员,系已见过正班及到省后一年以外所出之缺,例得间补。该员年强才练,志趣端谨,堪以请补广丰县知县,与例相符。据藩司柯逢时、臬司明徵会详请奏前来。

合无仰恳天恩,俯准将桂森补授广丰县知县。如蒙俞允,该员系分缺间补用知县请补知县,衔缺相当,毋庸送部引见,亦例不核计参罚。再，此案遵章改题为奏。又，藩司于光绪二十八年三月二十五日出详，合并陈明。谨会同两江督臣刘坤一合词恭折具奏，伏乞皇太后、皇上圣鉴训示。谨奏。光绪二十八年四月二十六日。

朱批："吏部议奏。"

《光绪朝朱批奏折》第 17 辑，第 570—572 页

411. 庐陵县印信模糊请敕部铸换颁给片

光绪二十八年四月二十六日(1902 年 6 月 2 日)

再，查知县有承办钱谷、刑名之责，上下文移，俱关紧要，必须印文清朗，方足以昭信守而杜诈伪。兹据布政使柯逢时详，据署吉安府知府沈瑺庆转据庐陵县知县郑恭详称，庐陵县前于光绪十七年经部颁给光字一千二百九十八号印信，因盖用年久，篆文模糊，请铸换颁给，由司详请具奏前来。臣覆查无异，除印模送部外，谨会同两江总督臣刘坤一合词附片具陈，伏乞圣鉴，敕部铸换颁给。再，查庐陵县颁换印信，并无与外省同名，毋庸添铸省名，合并陈明。谨奏。

朱批："礼部知道。"

《光绪朝朱批奏折》第 17 辑，第 573 页

412. 委任周祖庚署理新淦县知县并洪寿彭署理万安县知县片

光绪二十八年四月二十六日(1902 年 6 月 2 日)

再，代理新淦县知县贺昌祺请假回省就医，所遗该县印务，查

有回避请调斯缺、尚未接准部覆之建昌县知县周祖庚,稳实耐劳,堪以先行调署。又代理万安县知县张树森,经臣调省差委,所有万安县印务,查有准补高安县知县尚未到任之洪寿彭,精明堪事,堪以调署。周祖庚任内并无盗劫三参届满已起四参及钱粮未完参限将满有关降调之案。据藩司柯逢时会同臬司明徵具详前来。除分檄饬遵外,谨会同两江总督臣刘坤一附片陈明,伏乞圣鉴。谨奏。

朱批:"吏部知道。"

《光绪朝朱批奏折》第17辑,第573页

413. 候选道盛重颐遵其已故生母遗命捐助赈银请准建坊片

光绪二十八年四月二十六日(1902年6月2日)

再,江西上年大水为灾,收成歉薄,入春以后,米价腾踊,民情益形困苦,经臣奏明减免进口米厘,并多方筹劝义赈,藉资接济。兹据江苏武进县人候选道盛重颐,遵其已故生母二品命妇盛刘氏遗命,售变簪珥,凑集银一千两,交由上海仁济善堂绅董携带来江,散放义赈,呈经藩司柯逢时核明,详请奏奖前来。臣伏查士民人等捐助赈款至千两以上,例得请旨建坊,给予"乐善好施"字样。今盛重颐遵母遗命,慨捐千金,以助赈济,洵属善承先志,核与建坊之例相符。合无仰恳天恩,俯准候选道盛重颐为其已故生母二品命妇盛刘氏在本籍自行建坊,给予"乐善好施"字样,勿庸给予坊银,以昭激劝。除咨部外,理合附片具陈,伏乞圣鉴训示。谨奏。

朱批:"着照所请,礼部知道。"

《光绪朝朱批奏折》第29辑,第845页

414. 江西赈捐第七次造册请奖片

光绪二十八年四月二十六日[①](1902 年 6 月 2 日)

再,光绪二十五年四月间,江西吉安、临江、南昌等府所属各县猝被水灾,工赈需款浩繁,经前抚臣松寿奏请,援照湖北等省赈捐成案,开办江西赈捐一年,藉资接济,光绪二十五年七月十八日奉朱批:"着照所请,该部知道。"钦此。行司钦遵。当于是年九月初六日开局,委员分投劝办,并分咨邻省一体劝募,酌量灾区轻重,分拨赈抚。嗣因一年期满,势难停止,复经奏展一年。业将所收捐款,先后三次造册请奖。迨至上年五月间又遭大水,被灾者四十馀州县,工赈兼施,需款甚巨,复经臣奏请,再行接展一年,钦奉朱批允准,转行遵照。旋将续行收捐衔翎、加级、封典、贡监等项列为第四、第五、第六三次,汇造清册,奏咨请奖各在案。

兹复据筹赈捐输总局司道详称,现将各处收捐造报到局之贡监等项一千六百二名,共折收实银十一万三千五百九两二钱,悉数解存藩库,陆续转发被灾各属,分别济赈、修堤,应列为第七次,造具各捐生姓名、年貌、籍贯、履历、三代清册,检同副实收,详请奏咨给奖等情前来。臣覆加查核,所捐银数及请奖各项,均与例章相符。合无仰恳天恩,俯准分别奖叙,以昭激劝。除将清册、副实收送部外,所有江西赈捐第七次请奖缘由,理合附片具陈,伏乞圣鉴,敕部核覆施行。谨奏。

---

① 底本推定具奏日期为光绪二十八年四月。据中国第一历史档案馆藏"军机处全宗·录副奏折"目录,此片(档号:03—7109—070)与上片(档号:03—7109—069)朱批日期同为光绪二十八年五月十五日,具奏日期亦应相同。

朱批:“户部议奏。”

《光绪朝朱批奏折》第80辑,第734页

415. 奏报江西光绪二十七年下忙钱粮征完银数折

光绪二十八年四月二十六日(1902年6月2日)

江西巡抚臣李兴锐跪奏,为查明江西省光绪二十七年下忙钱粮征完银数,恭折仰祈圣鉴事。

窃照州县征收上下忙钱粮,例应将已完银两专折奏报,上忙定限五月底,下忙定限十二月底,截数造报,历经遵办在案。兹据布政使柯逢时详称,光绪二十七年分下忙额征起运、留支等款共银九十六万八千七百九十四两零,内除上忙案内先已征完下忙银三百二十二两零,实应征下忙银九十六万八千四百七十一两零。截至十二月底止,催据各属完解司库银七十万五千五百三十六两零,又各属照例留支等款共银十万四千一百五十六两零,统共已完银八十万九千六百九十二两零,造册详请具奏前来。臣覆核无异,除督饬将未完银两严催征解,毋任稍有延欠,并将送到清册及已未完分数、经催职名清折咨部查核外,理合恭折具奏,伏乞皇太后、皇上圣鉴。谨奏。光绪二十八年四月二十六日。

朱批:“户部知道。”

《光绪朝朱批奏折》第68辑,第833—834页

416. 原参已故试用同知徐树鈞短交银两缴清请予开复片

光绪二十八年四月二十六日(1902年6月2日)

再,查已故试用同知徐树鈞前署东乡县任内交代短交征存正

杂各款银八千十五两八钱八分，屡催未据完解，经前抚臣松寿会同前署两江总督臣鹿传霖奏请暂行革职，勒限追缴，钦奉朱批："着照所请，该部知道。"钦此。当经转行钦遵，勒催解缴去后。兹据藩司柯逢时、臬司明徵、督粮道刘心源会详称，查该革员徐树鈖前在署理东乡县任内交代，据接任官戚扬已于光绪二十六年五月内算明，造具册结，详咨送部，声明所短银两，归于另案办理。兹据该故员家属于被参后，将前项亏短银八千十五两八钱八分如数完解清款，并据后任张督等会同出具交代清楚总结到司。所有原参处分，自应会详奏请开复等情前来。臣复查无异，合无仰恳天恩，俯准将暂革已故试用同知徐树鈖原官开复，俾资观感。除咨明吏、户二部，并咨湖南抚臣外，谨会同两江总督臣刘坤一附片具陈，伏乞圣鉴训示。谨奏。

朱批："着照所请，该部知道。"

《光绪朝朱批奏折》第83辑，第655页

417. 江西筹解奉派摊还新案赔款第六期银两片

光绪二十八年四月二十六日[①]（1902年6月2日）

再，前准部咨，江西省每年派摊新案赔款银一百四十万两，并奉电旨："应将全年应付本息匀作十二分，按月摊付，先期解交上海道收存，无论如何为难，不得稍有迟误。"等因。钦此。当经转行钦遵。业据藩司将第一期至第五期应付之款按期设法筹解，先后汇交上海道兑收，均经分别奏咨在案。惟查前项赔款，为数过巨，自

① 底本推定具奏时间为光绪二十八年五月。据中国第一历史档案馆藏"宫中档案全宗·朱批奏折"目录（档号：04—01—35—0863—026）、"军机处全宗·录副奏折"目录（档号：03—6697—133），此片具奏日期为该年四月二十六日。

奉派拨之后,臣与司道竭力设措,只按粮捐输一项,现甫办定,以每岁丁粮全额计之,所得不过三十万。此外如土药膏捐、盐斤加价及整顿厘金等项,虽已分投举办,然每年究能增益若干,尚无把握,数月以来,罗掘应付,几于智力俱穷,而事关大局,又不得不勉为其难,惟有暂行挪凑,以济目前之急。

兹据布政使柯逢时详称,复在司库各款项下借动银十一万六千六百六十六两六钱六分七厘,又遵照行在户部来电,借款动放关平补水银一千九百十六两八钱三分三厘,一并发交新泰厚等商号承领,另给汇费银一千一百八十五两八钱三分五厘,限于五月十八日以前汇至江海关道衙门投交,作为江西奉派新案赔款第六期银两等情,详请奏咨前来。除饬依限汇交,暨分咨外务部、户部外,所有江西筹解奉派摊还新案赔款第六期银两交商汇解缘由,理合附片陈明,伏乞圣鉴。谨奏。

朱批:"户部知道。"

《光绪朝朱批奏折》第83辑,第696—697页

418. 江西筹垫提出旗兵加饷等银拨解部库应付新案赔款第一至第六期银两片

光绪二十八年四月二十六日(1902年6月2日)

再,前准行在户部电咨,新案赔款,除各省摊派之外,每年应由部库筹付银三百馀万两,指拨江西应解京官津贴改为加复俸饷银一万两、旗兵加饷银十万两,加增边防经费地丁银一万两、厘金银一万六千两,令即全数提出,分期解交江海关,备还偿款等因到臣。查旗兵加饷一款,系光绪十二年奉部添拨,原指裁勇节饷,腾出厘

金解部，奈自添拨后，派款日增，厘金收不敷支，以故历年皆未清解。现在江省奉派摊筹赔款一百四十万，已不知如何措手，若再将多年未解之款责令清解，力有未逮，经臣附片奏明，请旨敕部改拨。旋准部咨，仍令设法筹解，即经转行遵照，勉力设措。

兹据布政使柯逢时详称，前项旗兵加饷银两，无论近年厘收短绌，无可挹注，即就原指裁勇节饷而论，江省自光绪二十六年因筹办防务，添勇甚多，嗣虽陆续裁减，现尚逾于旧数，亦无饷项可节。况近数月本省筹解赔款，罗掘应付，几于智力俱穷，无米之炊，委难再筹，惟款关要需，不得不勉强挪凑，暂应目前之急。兹先借款垫放光绪二十八年旗兵加饷银四万二千两，又于司库闲杂款内撙节筹垫二十八年加复俸饷银一万两，又于厘金项下动放二十八年加增边防经费银一万六千两，共银六万八千两，悉数提出，作为拨解部库应付第一、二、三、四、五、六等六期新案赔款，又于厘金项下动放关平补水银一千一百一十七两二钱四分，发交蔚长厚等商号，限四月二十六日汇至江海关道衙门交兑，并发给汇费银六百九十一两一钱七分二厘等情，详请奏咨前来。臣覆查无异，除饬速汇交收，并咨部外，所有江西筹垫提出旗兵加饷等银拨解部库，应付新案赔款第一至第六等六期银两，交商汇沪缘由，理合附片陈明，伏乞圣鉴。谨奏。

朱批："户部知道。"

《光绪朝朱批奏折》第83辑，第656页

419. 江西筹解本年头批筹备饷需银两片

光绪二十八年四月二十六日(1902年6月2日)

再，前准户部咨，光绪二十八年分筹备饷需，拨江西银二十四万两,限四月前解到一半,十月内扫数解清等因。即经行据司道具详,以司库支绌,无力全筹,拟援照历办成案,在司库地丁厘金项下筹拨三分之二银十六万两、道库钱粮内拨解三分之一银八万两,经臣附片奏明在案。兹据藩司柯逢时详称,查此项筹备饷需,系为弥补京饷而设,自应竭力筹解,以供要需。现于司库动放光绪二十七年地丁银五万两,以为司库第一次拨解二十八年筹备饷需,遴委试用知县周家衡领解,于二十八年四月初八日起程,由陆路前赴户部交收,详请具奏等情前来。臣覆核无异,除咨户部外,所有奉拨二十八年分筹备饷需第一次动放司库银两,委员领解起程缘由,理合附片陈明,伏乞圣鉴。谨奏。

朱批:"户部知道。"

《光绪朝朱批奏折》第89辑,第560页

420. 江西省光绪二十四年耤谷变价片

光绪二十八年四月二十六日[①](1902年6月2日)

再,江西各属实存耤谷,例应俟三年后,通饬各属按照时价粜银解司,通融分给,以供祭祀先农坛之用,如有不敷,即于地丁银内动支凑用。兹据布政使柯逢时详称,查光绪二十四年分实存耤谷四百一十八石零,应请循例饬令各照时价变卖,俟价银解齐之日,将变价细数并凑用地丁银数分晰造册,另详咨部查核等情前来。臣覆核无异,除俟册造到日另行咨部查核外,所有江西省二十四年

---

① 底本推定具奏时间在光绪二十七年十一月至光绪二十八年七月。据中国第一历史档案馆藏"军机处全宗·录副奏折"目录(档号:03—6680—049),此片具奏日期为光绪二十八年四月二十六日。

耤谷变价缘由，理合援照新章，附片陈明，伏乞圣鉴。谨奏。

朱批："户部知道。"

《光绪朝朱批奏折》第91辑，第428页

421. 奏报江西省光绪二十八年三月分粮价及雨水情形折

光绪二十八年四月二十六日（1902年6月2日）

江西巡抚臣李兴锐跪奏，为恭报光绪二十八年三月分粮价及地方雨水情形，仰祈圣鉴事。

窃照江西省光绪二十八年二月分市粮价值并雨水情形，业经臣恭折奏报在案。兹据布政使柯逢时查明江西省光绪二十八年三月分米、麦、豆各项粮价，开单汇报前来。臣逐加查核，南昌等十四府州属米、麦、豆各项价值均与上月相同，省城及各属地方三月内雨泽调匀，菜麦结实，早禾次第栽插，民情亦均安谧，堪以上慰圣怀。理合恭折具奏，并缮具三月分粮价清单，敬呈御览，伏乞皇太后、皇上圣鉴。谨奏。光绪二十八年四月二十六日。

朱批："知道了。"

《光绪朝朱批奏折》第96辑，第1128—1029页

422. 审明南昌县陈滐椿因借塘水未允斗殴致毙人命一案按律定拟折

光绪二十八年四月二十六日（1902年6月2日）

江西巡抚臣李兴锐跪奏，为斗殴致毙人命，审明定拟，遵照新章，恭折具奏，仰祈圣鉴事。

窃准刑部通行：外省命盗死罪案件，无论斩、绞立决、监候，一律改为专折具奏等因。兹据臬司明徵审解南昌县犯人陈滐椿致伤吴翘兴越五日身死一案人招到臣。经臣亲提研鞫，缘陈滐椿即滐茂籍隶南昌县，与已死吴翘兴邻村居住，素识无嫌。陈姓有田与吴姓田亩毗连，吴姓田边有祖遗土名大澎公塘一口，不准别姓车水荫田。光绪二十六年八月初十日，吴翘兴携带禾枪赴田工作，陈滐椿因天时干旱，往看己田缺水，向吴翘兴商借塘水车荫，吴翘兴不允，陈滐椿斥骂薄情，吴翘兴不服回詈，致相争闹。吴翘兴即用禾枪向陈滐椿戳去，陈滐椿夺枪过手，吴翘兴举拳扑殴，陈滐椿闪侧，掉转枪头，连戳伤吴翘兴右后肋二下。吴翘兴拾石，陈滐椿用枪吓戳，适伤吴翘兴脊背倒地。经吴忠浩路见劝住，通知吴翘兴堂弟吴翘祥前往问明，扶回医治。吴翘兴伤医无效，至十五日殒命。吴翘祥报经该前县孟庆云诣验差拘，未及获犯卸事，接署县江召棠获犯，未及审办卸事。该前代理县陈瑞鼎抵任，讯供通详饬审，将犯审拟解府，经府核恐案情未确，发委代理新建县知县孔昭珍审办，孔昭珍未及审解卸事。接任县王渭滨提讯，犯供游移，禀府发回南昌县，传证质讯。兹据讯拟，由府、司勘转，经臣提审，据供前情不讳，究非有心欲杀，亦无起衅别故及在场帮殴之人，案无遁饰。

查律载："斗殴杀人者，不问手足、他物、金刃，并绞监候。"等语。此案陈滐椿因向吴翘兴商借塘水车荫田亩不允，起衅争殴，致伤吴翘兴，越五日身死，自应按律问拟。陈滐椿即滐茂，合依"斗殴杀人者，不问手足、他物、金刃，并绞监候"律，拟绞监候，秋后处决。见证吴忠浩救阻不及，应毋庸议。该处吴姓大澎塘水，系吴姓己业，断令照旧不准别姓车荫。

除备录全案供招咨部查核外，所有审明定拟照章改奏缘由，理合恭折具陈，伏乞皇太后、皇上圣鉴，敕部核覆施行。谨奏。光绪二十八年四月二十六日。

朱批："刑部议奏。"

《光绪朝朱批奏折》第107辑，第864—865页

423. 奏请以郭曾准调补新建县知县折

光绪二十八年四月二十七日（1902年6月3日）

江西巡抚臣李兴锐跪奏，为省会首县要缺需员，吁恳天恩，俯准调补，以资治理，恭折仰祈圣鉴事。

窃照南昌府属之新建县知县文聚奎告假修墓，经臣恭折具奏，接准部咨开缺，所遗新建县知县系冲、繁、难三项相兼要缺，例应在外拣员调补。查该县地当省会首邑，水陆交冲，政务繁剧，兼有发审委办事件，必得精明干练、才堪肆应之员，方足以资治理。查吏部奏定章程内开：首县缺出，于通省正途人员内拣选调补等语。臣与藩、臬两司在于通省中简知县内逐加遴选，查有吉安府泰和县知县郭曾准，年四十三岁，福建侯官县人。由附生中式光绪己卯科本省乡试举人，己丑科会试后大挑二等，以教职用。壬辰科会试中式贡士，殿试二甲，朝考一等，引见，改翰林院庶吉士。二十一年乙未科散馆，引见，奉旨："以知县即用。"钦此。选授今职。旋在山东赈捐局捐加同知升衔。光绪二十二年四月初八日到任，二十八年补行二十七年大计保荐卓异。该员识力坚卓，尽心民事，以之调补新建县知县，实堪胜任。本任内并无积案及欠解钱粮、承缉未获盗案已起降调革职参限案件，与调补之例相符。据藩司柯逢时、臬司明徵会详请奏前来。

合无仰恳天恩，俯念省会首县要缺需员，准以郭曾准调补新建

县知县,实于政治有裨。如蒙俞允,该员系现任知县调补知县,衔缺相当,毋庸送部引。见其任内一切因公处分,遵例毋庸核计。至该员系初调之员,任内罚俸银数,另行造册送部,按限催令完缴。谨会同两江总督臣刘坤一恭折具奏,伏乞皇太后、皇上圣鉴训示。再,所遗泰和县知县系专、冲不兼简缺,容俟接准部覆截缺后,照例拣员另行请补;此案藩司于光绪二十八年四月十八日出详,合并陈明。谨奏。光绪二十八年四月二十七日。

朱批:"吏部议奏。"

《光绪朝朱批奏折》第17辑,第580—581页

424.委任罗焕垣署理泸溪县知县片

光绪二十八年四月二十七日(1902年6月3日)

再,委署泸溪县知县胡逊之短欠厘金,经臣扣委,所有泸溪县印务,查有新选崇仁县知县尚未到任之罗焕垣,勤谨堪事,堪以调署。据藩司柯逢时会同臬司明徵具详前来。除檄饬遵照外,谨会同两江督臣刘坤一附片陈明,伏乞圣鉴。谨奏。

朱批:"吏部知道。"

《光绪朝朱批奏折》第17辑,第581页

425.奏报常备续备等军编改成军日期及统领管带衔名驻防处所折

光绪二十八年四月二十七日(1902年6月3日)

江西巡抚臣李兴锐跪奏,为奏报常备、续备等军编改成军日

期，及统领、管带衔名，驻防处所，恭折仰祈圣鉴事。

窃照江西各路防营，前经臣遵旨痛加裁并，酌拟军制，奏请改为常备一军、续备四军，以常备军专驻省城，日夕操练，其续备军则分驻省外各府州，防守险要地段，一律演习新式枪炮，声明俟成军之日再另具奏立案等因。于光绪二十八年正月二十九日钦奉朱批："着即妥定操章，督饬认真训练。"等因。钦此。当即转行钦遵。

伏查江西营务废弛已久，锢习甚深，虚伍蚀饷之风，几于无营无之。自臣到任以来，屡加整饬，凡窳惰无用之营，概行遣撤，现在通省所存者仅二十五营，审度防地，勉敷分布，万难再减。臣前于具折后，即督同营务处司道酌量拨改。惟常备一军，系专供征调之师，匪特将领必须遴派得人，即勇目亦非慎选合格者，难期精进，当经臣札委奏留江西差委补用道王芝祥为常备军统领，将先期檄调来省之振武、忠字、安字三营，益以原驻省城之亲兵营、亲兵左营，共五营，除留臣标亲兵一哨计弁勇一百十四员名外，馀俱交由该统领，逐一点验，去其老弱，留其精壮，编改为常备中军。该统领自带中营，并委原带振武营之补用游击李家发为左营营官，原带安字营之补用副将谢家云为右营营官，其前营营官因一时尚难其选，暂委该统领王芝祥兼带，又原带忠字营之莲花营都司刘双曜先已因案撤差，另委补用副将刘先文为后营营官，均就省城外择地建营。由臣电商督臣，饬调南洋陆师学堂毕业生来江，充当教习，分派各营，设立随营学堂，酌定操章，认真训练。开操之后，如弁勇中有资质过钝、不堪造就者，即随时严加淘汰，不准稍事迁就。并令营务处通饬各属，选武生、武童之年壮质敏、稍识文字者，取结保送，随营练习，以备遇额挑补，庶较招集游荡无业之人易于进步，以后渐换渐精，即不难练成劲旅。

至于续备四军，虽可稍逊于常备，然以之分防边要，驻守炮台，亦非选募强壮，操习纯熟，不足以资震慑。现驻省外各营，臣已叠饬挑换，应将原驻九江一带之江安军四营及湖口炮台一营，改编为续备前军，仍委原统江安军之记名总兵王心忠为统领，自带中营，因湖口现拟辟埠通商，改令驻守湖口。委原带江安军副中营之尽先都司魏学盛为左营营官，驻澎浪矶。委原带湖口炮台营之九江城守营守备周廷华为右营营官，改驻九江。委原带江安军右营之两江尽先守备谭宗胜为前营营官，驻马当矶，均兼守炮台。委原带江安军左营之尽先补用千总宋学堂为后营营官，驻饶州。又将刚字五营改编为续备后军，仍委原统刚字全军之现署南赣镇篆、广东琼州镇总兵申道发为统领，自带中营，驻赣州，委原带刚字左营之补用守备罗得荣为左营营官，原带刚字右营之补用都司颜云贵为右营营官，原带刚字前营之补用都司申玉衡为后营营官，均驻与东粤交界之沿边要隘。又委原带刚字后营之补用都司申得福为前营营官，驻南安府。又将威武中、后、左、右及绥字等五营改编为续备右军，仍委代统威武军之补用副将蒋必望为统领，自带中营，驻广信。原带绥字营之补用游击傅建德，因不甚得力撤差，改委降补都司王德怀为左营营官，驻抚州。委原带威武左营之补用守备蔡玉衡为右营营官，驻建昌。委原带威武后营之补用守备文玉发为前营营官，驻广信府属之玉山县。委原带威武右营之补用游击黄寿山为后营营官，驻南昌府属之义宁州。又将新劲、信字、义字、礼字等四营及原驻萍乡之威武前营共五营，改编为续备左军，内惟新劲一营现尚驻扎九江，拟俟续备前军部署定后，再将该营调归西路，改为中营。其统领现时亦尚未委定，暂令营务处督率操防，分番调省训练，并委原带信字营之补用游击王高魁为左营营官，驻袁州。旋据呈报病故，续委记名提督李惟义接带。又委原带威武前营之补用都司赵春廷为右营营官，仍驻萍乡，兼护矿路。委原带义字营之补用都司余承恩为前营营官，驻吉安。委原带礼字营之记名总兵李茂乾为后营营官，驻瑞、临两府适中之樟树镇。

以上五军，均于本年三月初一日一律编改成军。各营弁勇，旧额有不足者则增补之，多则裁撤之，概以三百人为一营。所需薪饷、公费等项，应照现定军制，分别支给，按年核实造报。其各营裁撤之勇，均另给一月恩饷，以示体恤。至各营应发新式枪炮，臣现已咨商两江督臣设法筹拨，并饬营务处拟定旗帜、号衣式样，按营制换，俾壮军容。此外行军所用金鼓、枪炮、铁靶及测绘仪器、远镜等项，亦即筹款酌购，以资应用。常备一军，并拟俟数月之后，操有门径，即令该统领酌带出省巡防，藉以演习行军阵队。其续备四军，亦令于到防之后，择地建营，酌设随营学堂，分派教习，前往教练。总期养一勇得一勇之力，练一日有一日之效，以仰副圣主整饬戎行、有备无患之至意。

抑臣更有请者，经武之要，以选将为先。目前学堂未设，将材未练，惟有广求朴勇之士，择而用之，势难拘定一格。绳以旧例，臣此次所派统领及营、哨各官，间有非本省候补之员，要皆为事择人，且此项本系差缺，应请以后无分文武官阶及是否本省候补之人，均准酌量委用，照章支给本差应得之薪费，庶量材器使，可有实济。又现由南洋陆师学堂调来教习，查照各省学堂章程，每届三年，均有例保，现当改练伊始，尤须教习得人，方能练有成效，如将来该教习等果能始终奋勉，实在出力，应由臣择尤酌保，以示鼓励，合并声明。

所有江西省改练常备、续备等军成军日期，及委派统领、管带衔名，并驻防处所缘由，除咨政务处及各部外，理合会同两江总督臣刘坤一恭折具奏，伏乞皇太后、皇上圣鉴，敕部查照立案。谨奏。

光绪二十八年四月二十七日。

朱批:“着即督饬认真训练,仍随时考核,务除积习,以成劲旅。”

《光绪朝朱批奏折》第35辑,第95—98页

426. 派委补用道徐绍桢总理营务片

光绪二十八年四月二十七日(1902年6月3日)

再,江西设有营务处,节制全省水陆各军,向派藩、臬两司领之。前因奉旨饬将防勇、制兵认真裁挑,改为常备、续备、巡警等军,事体繁重,必须专派廉干知兵之大员常川驻局,会同经理,方有实济,曾于覆奏酌拟军制内陈明在案。且练兵必先练将,现并拟在营务处添设讲武馆一所,挑选候补各项武职、世职人员入馆操习,尤须总理得人,乃能考校精进。查有派充课吏馆副馆长、奏留江西补用道徐绍桢,于中西兵要探讨有素,堪以派委,会同藩、臬两司总理营务,即于本年正月十四日到差。其课吏馆,自上年开办以来,规模大定,应即另行派员接办,俾该道将改练一切事宜专心简料,期收实效。所有派委道员总理营务缘由,谨会同两江督臣刘坤一附片具陈,伏乞圣鉴。谨奏。

朱批:“知道了。”

《光绪朝朱批奏折》第35辑,第99页

427. 江西裁撤弁勇名数截止薪粮日期片

光绪二十八年四月二十七日(1902年6月3日)

再,各省水陆防军勇数、饷数如有增减,均应随时奏咨立案,历

经照办。所有江西防营及水师弁兵,因饷项支绌,节经臣遵旨严加裁汰,先后奏报在案。兹复将赣州镇标选锋练兵内裁撤袁州协派巡萍乡县南坑盐卡弁兵二十九员名,薪粮连恩饷截至光绪二十七年十二月底止,又裁撤新劲营弁勇二百零二员名,薪粮连恩饷截至光绪二十八年二月底止,以节饷需。据派办政事处司道详请具奏前来。臣覆核无异,除咨部查照外,理合附片陈明,伏乞圣鉴。谨奏。

朱批:"该部知道。"

《光绪朝朱批奏折》第35辑,第99页

428. 赣防水师营更换管带衔名片

光绪二十八年四月二十七日(1902年6月3日)

再,各省防营更换统带、管带员弁,或移扎他处,均应奏报,历经遵办在案。兹查赣防水师右正营营官补用守备杨定魁,于光绪二十七年十月十七日病故,所遗赣防水师右正营营官事务,委尽先补用守备颜梓栋于光绪二十八年正月初八日接办。颜梓栋未到营以前,委拔补把总张得志暂行代办。又赣防水师右副营营官补用守备廖家仁,于光绪二十七年十二月十九日病故,所遗赣防水师右副营营官事务,委拔补把总张得志于光绪二十八年正月初十日接办。张得志未接办以前,委补用把总陈南彬暂行代办。据派办政事处司道汇详请奏前来。所有赣防水师营更换管带衔名缘由,理合附片陈明,伏乞圣鉴。谨奏。

朱批:"兵部知道。"

《光绪朝朱批奏折》第48辑,第261页

429. 江西筹拨光绪二十八年前四个月漕标军饷银两交商汇解片

光绪二十八年四月二十七日(1902 年 6 月 3 日)

再,查前准户部咨,议覆漕运总督松椿奏徐州、清江一带兵力单薄,拟先募四营填防,并请拨饷项以济要需一折,光绪二十六年六月十八日具奏,奉旨:"依议。"钦此。钞录原奏飞咨遵照。计单内开:援案在于江西粮道征存漕项水脚津贴项下每月拨银二千两,自二十六年六月起,每月如数解交,专供漕标新军饷项之用等因。业经行据粮道,将二十六年六月起至二十七年十二月止,连闰共解过二十个月军饷银四万两,先后详经奏咨在案。今据督粮道刘心源详称,于道库漕项内动拨银八千两,作为光绪二十八年正、二、三、四等月分漕标军饷,于本年四月十九日如数发交蔚盛长商号,汇赴漕运总督衙门交收,并另给汇费银八十两,理合详请奏咨等情前来。除咨户部暨漕运督臣查照外,所有筹拨二十八年正、二、三、四四个月漕标军饷银两交商汇解缘由,理合附片陈明,伏乞圣鉴。谨奏。

朱批:"户部知道。"

《光绪朝朱批奏折》第 62 辑,第 723—724 页

430. 江西解清金陵老湘新湘等营上年十二月及本年一至三月军饷片

光绪二十八年四月二十七日(1902 年 6 月 3 日)

再,查两江督标南字六营,奏明由江苏、安徽、江西三省藩库每月

各协银六千两，嗣南字营改为煦字营，又续改为老湘、新湘等营，所有前项军饷银两，自光绪十年六月起至二十七年十二月止，均经随时筹解，惟上年十二月分欠解银五千两，业已先后奏明在案。兹据布政使柯逢时详称，前项欠解之款，已于上年十二月间动放地丁银二千两，委员解交，现复由司库筹拨库平银二万一千两，内以三千两作为补行解清二十七年分欠解之款，馀银一万八千两即作为二十八年正、二、三三个月分应解军饷，均交委员候补县丞刘永清领解，前赴金陵防营支应局交收，详请具奏等情前来。臣覆核无异，除咨户部及两江督臣查照外，所有解清金陵老湘、新湘等营二十七年十二月及二十八年正、二、三三个月分军饷缘由，理合附片陈明，伏乞圣鉴。谨奏。

朱批："户部知道。"

《光绪朝朱批奏折》第62辑，第724—725页

431. 现办古县渡厘卡委员补用知县罗培钧竭力稽征收数加增请予奖叙片

光绪二十八年四月二十七日（1902年6月3日）

再，光绪二十三年七月间，准户部咨，具奏各省抽收厘金，未能一律畅旺，行令竭力整顿折内声称，各省厘金收数加增，准将廉干之员从优奖励，如收数稍有亏短，即将尤为贪劣者撤委严参等因。转行遵照在案。兹据牙厘总局布政使柯逢时、按察使明徵详称，查有现办古县渡厘卡委员候补班前补用知县罗培钧，自光绪二十六年三月间到卡接办以来，厘剔中饱，竭力稽征。其时正值北方用兵，商货不通，该员独能设法招徕，源源收解。今连闰扣至二十八年二月底止，两年期满，核计经征百货、米谷厘金数目，比较往届，

共多收银一万六百馀两，洵属洁己奉公，有裨厘务。核与准奖部章相符，理合详请奏奖等情前来。

臣查厘金一项，为饷需大宗，近来派款日增，尤恃征收畅旺，藉资挹注，节经臣督同该司等力加整顿，严杜侵渔，凡稍涉贪庸及短征之员，均予分别参撤，不稍宽假。其征收加多者，亦应量予奖叙，方足以昭惩劝。且查光绪二十六年六月间，大挑试用知县李镜铭委办厘务期满，收数加增，曾经前抚臣松寿专折奏奖，奉旨允准有案。今该员事同一律，而其承办期内商少货稀，经征之难则又过之，合无仰恳天恩，俯准将候补班前补用知县罗培钧俟补缺后，以直隶州知州补用，以示鼓励。除咨明户部暨吏部查照外，谨会同两江督臣刘坤一附片具陈，伏乞圣鉴训示。谨奏。

朱批："着照所请，该部知道。"

《光绪朝朱批奏折》第78辑，第485页

432. 江西汇解光绪二十七年第十一批漕折及筹还补水银两并请将先解部库五批漕折划拨片

光绪二十八年四月二十七日（1902年6月3日）

再，前准部咨，解部漕折应由各省解交江海关，以备归还偿款。并准电开：公约赔款应按月交银行收存，所有部库腾出之的款内江西漕折银六十万两，应匀作十二次，按月先期解沪等因。当经臣查明，此项漕折，未奉部文以前，已解赴部库五批共银二十五万两，应请由部拨付。嗣复陆续将截留第六批至十批共五批银二十五万两，解交江海关兑收，均经先后附片奏明各在案。兹据督粮道刘心源详称，现又催完光绪二十七年分漕折第十一批银五万两，又动放关平补水银八百二十一两五钱，一并发交蔚盛长等商号具领，限四月十九日以前汇赴江海关道衙门兑收，归还偿款。又前解第六批至十批银二十五万两，共应补关平补水银四千一百七两五钱，系由江海关垫付，现已由道悉数动放，汇交江海关还垫，共发给汇费银五百四十九两二钱九分。再查奉拨二十七年分漕折银六十万两，除先已解过部库银二十五万两外，截至目前，共又解过沪关备还六期偿款银三十万两，计尚短一期银五万两，当设法催征，依限汇解。惟是年漕项只有此数，其二十八年应征之款须交冬后方能启征，粮库空竭异常，无可挪转，所有先期解部之银二十五万两，在户部本已拨抵偿款，因奉文在后，不及截留，自应仍请由部径行拨交，俾免临时贻误等情，详请具奏前来。

臣覆加查核，该道所详，系属实在情形。此次新定赔款，江西除漕折之外，每年尚应筹解银一百四十万两，款巨期迫，每次竭蹶应付，实已罗掘俱穷，若再将此项先期解部之款，另行补解赴沪，实无此力。相应请旨敕下户部，迅将前解部库五批漕折银两划拨沪关，以资应付。除咨部外，所有汇解二十七年第十一批漕折及筹还补水银两，并请将先解部库五批漕折划拨缘由，理合附片陈明，伏乞圣鉴，敕部查照施行。谨奏。

朱批："户部知道。"

《光绪朝朱批奏折》第83辑，第661—662页

433. 审明南康县犯人林沅笙孜斗殴致毙人命一案按律定拟折

光绪二十八年四月二十七日(1902年6月3日)

江西巡抚臣李兴锐跪奏，为斗殴致毙人命，审明定拟，遵章恭

折具奏,仰祈圣鉴事。

窃照案准刑部通行:外省命盗死罪案件,无论斩、绞立决、监候,一律改为专折具奏等因。兹据臬司明徵审解南康县犯人林沅笙孜致伤萧猷庭越日身死一案人招到臣。经臣亲提研鞫,缘林沅笙孜籍隶南康县,与已死萧猷庭邻村,素识无嫌。光绪二十四年九月二十三日,林沅笙孜携带竹筐、铁粪钯经过大坝里地方,见萧猷庭亲戚杨祖有田内栽有甘蔗,时口中作渴,砍取甘蔗一枝啖食。适萧猷庭走至瞥见,斥骂,林沅笙孜分辩,致相争闹。萧猷庭举拳扑殴,林沅笙孜用钯柄连戳伤萧猷庭脐肚两下,萧猷庭撞头拚命,林沅笙孜掉转钯头吓砍,钯口适伤萧猷庭偏左倒地。经杨苟必路见劝住,通知萧猷庭之妻李氏往看,扶回医治无效,至次日殒命。投保报,经该前署县毛文源诣验获犯,讯供通详饬审。毛文源未及审解卸事,该署县朱绍文抵任,将犯审拟解府,经府核恐案情未确,节次委审,犯供翻异,禀府发回南康县,就近传证质审,将犯覆审。由府解司,经司核恐案情仍有未确,发委调署南昌府知府查恩绥审办提讯,犯供游移,必须要证杨苟必到案质讯,方能定谳。行据南康县差传杨苟必,先赴广东省贸易,隔省关提,有需时日,限内实难完结,详经咨部展限。旋据南康县将要证传到,解审前来。兹据讯拟,由司勘转,经臣提审,据供前情不讳,究非有心欲杀,亦无起衅别故及在场帮殴之人,案无遁饰。

查律载:“斗殴杀人者,不问手足、他物、金刃,并绞监候。”等语。此案林沅笙孜因口渴砍取杨祖有甘蔗啖食,被萧猷庭见向斥骂,起衅争殴,致伤萧猷庭,越日身死。查林沅笙孜白日砍取萧猷庭之戚杨祖有田蔗,事属细微,未便以罪人论,况萧猷庭并无应捕之责,自应仍按斗杀律问拟。林沅笙孜合依“斗殴杀人者,不问手足他物、金刃,并绞监候”律,拟绞监候,秋后处决。见证杨苟必救阻不及,应毋庸议。

除备录全案供招咨部查核外,所有审明定拟照章改奏缘由,恭折具陈,伏乞皇太后、皇上圣鉴,敕部核覆施行。谨奏。光绪二十八年四月二十七日。

朱批:“刑部议奏。”

《光绪朝朱批奏折》第 107 辑,第 865—866 页

434. 遵旨汇保九江府及星子县地方拿获票匪出力员弁开单请奖折附清单

光绪二十八年四月二十七日(1902 年 6 月 3 日)

江西巡抚臣李兴锐跪奏,为遵旨汇保九江府及星子县地方拿获票匪出力员弁,开单请奖,恭折仰祈圣鉴事。

窃照光绪二十六年七月间,富有票匪李炳荣等勾结多人,约于九江起事,经升任广饶九南兵备道明徵督饬府县会营立时捕获,当于讯明后批饬就地正法,以消乱萌,业经前抚臣松寿会同督臣刘坤一,将获犯讯供情形专折奏报,请将在事出力员弁择尤酌保。旋准部咨,二十六年十一月十一日奉朱批:“着准其择尤酌保数员,毋许冒滥。”钦此。又是年九月间,有富有票匪李广顺一名,经星子县知县左秉钧会营查拿获案,讯明惩办,亦经臣会同督臣具奏立案,声明请将出力文武员弁另行请奖。于二十七年五月十二日赍回原折,奉朱批:“刑部知道。”钦此。钦遵在案。

伏查二十六年夏秋之间,北方拳匪滋事,长江一带时有票匪、会匪潜谋不轨,上而湘汉,下而大通,均有破获渠魁之事。九江适

当其冲，华洋杂处，谣言纷起，人心尤为惶惑，防范稍有疏虞，必致摇动大局，所关匪细。当经升任广饶九南兵备道明徵督同九江府知府孙毓骏严饬印委各员，竭力筹防，而九江府同知梁佩祥、署德化县知县应衷、保甲委员试用知县史悠颐等，昼夜梭巡，无或懈怠。该匪李炳荣诡谋，爰为委员史悠颐侦悉密报，该县应衷购线会营，立往掩捕，即日破获，并获其党胡少卿一名。又有周正幅一犯潜逃回籍，经应衷查悉，知会本籍地方官湖口县知县倪廷庆，设法缉获解浔，讯明具禀，电饬正法。馀匪闻风解散，地方乃得安堵如常。当时匪供尚有牵涉外人，亦经九江府同知梁佩祥、委员史悠颐等前诣领事处，商办寝事，中外相安，人心因以大定。至星子县所获李广顺一犯，亦系富有票匪，盖当时此股匪徒遍布于长江上下，展转勾结，诡谋极多，仰赖圣主威福，甫见萌芽，即加芟伐，不致滋蔓难图。是前后所获虽止四犯，而其有裨大局，实非寻常获匪出力者可比，不有保奖，何以激励人材？臣督同司道检核全案，除升任广饶九南兵备道明徵系地方监司大员，且已升授臬司，不敢仰恳奖叙，又前署德化县知县应衷已因教案革职，现由臣另片奏请开复，并将出力稍次之员分别酌给外奖外，计此案拿获票匪异常出力者，文武共有七员，理合汇列清单，恭呈御览。

合无仰恳天恩，俯准分别照单给以奖叙，出自逾格鸿施。谨会同两江督臣刘坤一恭折具奏，伏乞皇太后、皇上圣鉴训示。谨奏。光绪二十八年四月二十七日。

朱批："该部议奏，单并发。"

清单

谨将江西拿获票匪案内出力文武员弁，遵旨酌保数员，开列清单,恭呈御览。

计开:

九江府知府孙毓骏,拟请以道员在任候补。

在任候补知府、九江府同知、调补江苏江宁府江防同知梁佩祥,拟请俟补知府缺后以道员用。

提举衔试用知县史悠颐,拟请俟补缺后以直隶州用。

湖口县知县倪廷庆,拟请以直隶州在任候补。

在任候补直隶州、调补丰城县知县、星子县知县左秉钧,拟请俟补直隶州后以知府用。

都司衔寿春镇标补用千总宋学堂,拟请俟补千总后以守备用。

都司衔两江督标补用守备、署南康营都司高维元,拟请俟补守备后以都司用。

正折据《光绪朝朱批奏折》第118辑,第164—165页;清单据《李勤恪公奏议》卷二,《天津图书馆孤本秘籍丛书(二)》第737页

435. 请将已革同知衔试用知县应衷开复原官原衔片

光绪二十八年四月二十七日(1902年6月3日)

再,光绪二十六年七月间,九江府地方拿获富有票匪李炳荣等一案内出力员弁,业由臣遵旨择尤酌保数员,专折奏恳天恩在案。伏查此案闻风购线,歼厥渠魁,实以前署德化县事试用知县应衷为首功。该员旋经调署鄱阳县印务,因议办前任未结教案,不免迟缓,致为外人指摘,法主教和安当屡次致函九江道,称其庇匪欺教,啧有繁言。臣上年春间正在严饬各属清厘教案,雷厉风行,不容丝毫宽假,是以即将该员汇案奏参革职。盖非如此,不足以杜外人口

实，且恐因一县而牵动全局，教案一日不结，即地方一日不安。其实该员并非贪劣无状，秽迹彰闻也。当时奏参后，该员即将所属教案遵限议结，教士人等别无异言。考其在德化、鄱阳两县任内，亦尚能实心爱民，舆论翕服。今就拿获票匪李炳荣等案而论，例得保荐升擢，乃以一眚报罢，致不能与于论功行赏之列，似亦未免向隅。臣不敢以参劾在前，稍涉回护，合无仰恳天恩，俯准将已革同知衔、试用知县应衷开复原官原衔，并免其补缴捐复银两，出自逾格鸿慈。是否有当，谨会同两江督臣刘坤一附片陈明，伏乞圣鉴训示。谨奏。

朱批："着照所请，该部知道。"

《光绪朝朱批奏折》第118辑，第165—166页

436. 江西筹解光绪二十八年汇还英德借款第二批银两片

光绪二十八年四月二十八日（1902年6月4日）

再，前准户部咨，每年应还俄法、英德两款本息，数巨期促，拟由部库及各省关分别认还一折，光绪二十二年五月初八日具奏，奉旨："依议。"钦此。计单内开：英德一款，由地丁等款项下指拨江西银十四万两，每年匀分四次，于二、五、八、冬四个月解赴江海关道交纳，不得稍有延欠。嗣又准咨，镑价昂贵，原拨银数不敷，奏明照案酌量加拨，计英德借款自二十六年起加拨银三万五千两，随同匀解各等因。业经行据藩司，将二十二年起至二十八年二月止应解银两，按期照数解交江海关，先后详经奏咨在案。

兹据布政使柯逢时详称，本年五月应解英德借款银两届期，现于司库动放米谷厘金并钱价平馀及二十七年加成糖烟酒厘、加成茶税

各款共银四万三千七百五十两，作为光绪二十八年奉拨江西应解英德借款第二批银两，发交蔚盛长等商号具领，限于五月十七日汇赴江海关道衙门投交兑收，并给汇费银四百三十七两五钱等情，详请奏报前来。臣覆核无异，除饬依限汇解交收，并咨户部暨外务部查照外，所有江西司库筹解二十八年奉拨应解江海关汇还英德借款第二批银两交商汇兑缘由，理合附片陈明，伏乞圣鉴。谨奏。

朱批："户部知道。"

《光绪朝朱批奏折》第83辑，第664页

437.江西筹拨光绪二十八年分铁路经费归还汇丰镑款息银分别划拨汇解片

光绪二十八年四月二十八日(1902年6月4日)

再，准户部咨，光绪二十八年应还汇丰镑款利息，仍查照上年数目，指拨江西铁路经费银五万两，按期汇解沪道兑收，勿得迟误等因到臣，当经行司遵照。兹据布政使柯逢时详称，查此项镑款息银，五月十三日即届应付之期，关系紧要，自应设法筹措，依限汇解，以济急需。兹在于司库二十八年地丁项下动放银五万两，内除以沪关所存代收江西义赈银三万两就近划拨外，下馀银二万两，发交新泰厚等商号具领，限五月十一日汇至江海关道衙门交收，作为江西应解二十八年分铁路经费拨还汇丰镑款息银，并由司发给汇费银二百两等情，详请具奏前来。臣覆核无异，除饬江海关道遵照兑收拨付，并咨户部暨外务部查照外，所有江西司库筹拨二十八年分铁路经费归还汇丰镑款息银，分别划拨、汇解缘由，理合附片陈明，伏乞圣鉴。谨奏。

朱批："户部知道。"

《光绪朝朱批奏折》第83辑，第665页

438. 审明上饶县犯人郑耀淙、徐绍棠在监谋杀同禁人犯一案按律定拟折

光绪二十八年四月二十八日（1902年6月4日）

江西巡抚臣李兴锐跪奏，为凶恶棍徒在监谋杀同禁人犯，讯明定拟，恭折具陈，仰祈圣鉴事。

窃照上饶县罪应拟军犯人郑耀淙，挟嫌商同减等流犯徐绍棠，在监谋勒同监斩犯李渍洲身死一案，经前抚臣松寿将失防监犯致毙人命之典史吴祖昌奏参，请旨革职提审，声明有狱官上饶县知县周邦翰据报先期赴乡催征，并未在署，究与远出本境者不同，应先行交部照例议处，奉朱批："吴祖昌着先行革职提讯。馀依议。"钦此。钦遵。行提犯卷同刑禁人等来省，发委审办去后。兹据委员署南昌府知府查恩绥讯明议拟，解由臬司明徵覆审解勘前来。臣亲提研鞫，缘郑耀淙、徐绍棠均籍隶上饶县，与已死李渍洲向不认识。郑耀淙素性凶悍，膂力过人，平日横行乡里，包揽词讼，身带铁锏、小洋枪，到处吓诈。光绪十八年五月间，村邻吴朝选赴己山砍伐树木肩回，郑耀淙路遇，指为窃砍，吴朝选畏其凶横，弃树逃走，郑耀淙追殴，经王福保拦劝，郑耀淙指为窝户，用铁锏殴伤王福保左手背。经人劝处，郑耀淙诈得银二十两息事。嗣吴朝选病故，郑耀淙诬指王长生殴毙，诈得洋银一百圆。光绪二十二年，邻人王麻爵与严五福同时清明上坟，严五福在王麻爵祖坟上扳折树枝，彼此口角，王麻爵之子旋即病殇。郑耀淙闻知，即

向严五福不依,诈得洋银十二圆。旋经府县访闻差拿到案,起获枪、铜,传集人证,讯供不讳,录供通详,收禁外监,尚未审解。徐绍棠因斗殴误伤旁人缪怀德身死,审依斗杀律,拟绞监候,已入秋审缓决一次,准部议减流,恭逢恩诏,毋庸查办,造册详司,定地发配,尚未奉文起解。李愦洲因致伤小功服兄李愦潆身死,审依"卑幼殴本宗小功服兄死者,斩"律,拟斩立决,并非有心干犯,改为斩监候,已入秋审情实二次,改入缓决一次。郑荃预因致伤无服族叔郑年松身死,审照斗杀律,拟绞监候,解审发回,听候部覆之犯。

郑耀淙与徐绍棠等并李愦洲分禁县监,郑耀淙倚恃力大,不服管束,常将锁铐扭去,栅栏扳断,经刑禁人等禀县,收入内监,与李愦洲、郑荃预同监,时相口角争闹。又复图毁栅门,经禁卒童溃看见,用麻绳捆绑栅门。光绪二十六年五月间,典史吴祖昌进监收封,李愦洲以郑耀淙恃强欺凌,禀经该典史报县,将郑耀淙提案笞责,换加锁铐,将郑耀淙提禁,与徐绍棠同监。郑耀淙心怀忿恨,起意将李愦洲致死泄忿,与同监犯人徐绍棠密商,央令相帮,徐绍棠不允。郑耀淙吓称,如不允从,将来事发,定行扳害,徐绍棠畏累允从。郑耀淙谂知李愦洲贪酒,约俟酒醉下手。先时,该县雇匠修整栅门,禁卒童溃忘记将麻绳收回,郑耀淙乘间窃藏身内。六月初十日,李愦洲令童溃买酒饮醉,傍晚时分,该典史督同刑禁查点收封,吩谕禁卒等小心防范。三更时分,郑耀淙知李愦洲酒醉,与徐绍棠各自扭断锁铐。郑耀淙身带麻绳,掇开栅门,见李愦洲睡熟,郑耀淙骑压身上,用麻绳绕扎李愦洲咽喉项颈,两手分执绳头,用力拉勒。李愦洲醒觉,喊不出声,手足刑具齐全,不能挣扎,登时气闭身死。徐绍棠在场,并未动手。郑荃预同监,听闻查问,郑耀淙告知前情,央勿声张,郑荃预畏惧,不敢声喊。禁卒童溃等闻声起看,见栅门已开,查知前情,时该县周邦翰赴乡催粮,报经典史吴祖昌进监看明,将郑耀淙、徐绍棠换加锁铐,禀经周邦翰回县查案。禀府,札委代理广丰县知县李相诣勘,验讯详报,并经该管府道将失防之管狱官吴祖昌、有狱官周邦翰由司详经前抚臣松寿奏参,奉旨革讯,行提人卷来省,发委署南昌府知府查恩绥审办。刑书汪志中解至兴安县地方病故,经兴安县验讯详报,批饬核入正案办理。兹据讯拟,由司勘转,经臣提审,据各供前情不讳,究无起衅别故及另有知情同谋、在场加功之人,刑禁人等亦无受贿松刑、与囚金刃情事,案无遁饰。

查例载:“凶恶棍徒屡次生事扰害,确有实据者,发极边足四千里安置。”又律载:“犯罪已发未论决,又犯罪者,从重科断。已流而又犯罪者,依律再科后犯之罪,其重犯流者,三流并决,杖一百,于配所拘役四年。杖罪以下,亦各依后犯笞杖数决之。”又:“谋杀人,造意者斩监候,从而不加功者杖一百,流三千里。”又:“知同伴人欲行谋害他人,不即阻当救护,杖一百。”又:“狱卒以金刃与囚,致囚在狱杀人者,绞监候。”又:“律无正条,援引他律比附,加减定拟。”各等语。此案郑耀淙屡次生事行凶,讹诈得赃,并用军器伤人,按例应照凶恶棍徒例拟军。被获讯供,收禁外监,在狱不服管束,提禁内监,同监犯人李愦洲因被欺凌,禀官提责,该犯挟忿起意,商同徐绍棠谋杀李愦洲身死。查该犯原犯军罪,在狱尚未论决,复犯谋杀,自应照律从重问拟。郑耀淙合依“犯罪已发未论决,又犯罪者,从重科断”,“谋杀人,造意者斩监候”律,拟斩监候,秋后处决,先于左面刺“凶犯”二字。徐绍棠原犯误伤旁人身死,拟绞,业经奉文减流,造册详司定地,即与已配无异,其被逼听从同谋,虽未加功,亦应照律问拟。徐绍棠合依“已流而又犯罪者,依律再科后犯之罪,其重犯流者,三流并决,杖一百,于配所拘役四年”,“谋杀人,从而不加功者杖一百,流三千里”律,拟杖一百,流三千里,解配后拘役四年。郑荃预原犯斗杀,拟绞监候,当郑耀淙谋杀李愦洲,讯未知情同谋,委止当时不即喊救,亦应照律问拟。郑荃预合依“犯罪已发而又犯罪者,依律再科后犯之罪,杖罪以下,各依后犯笞杖数决之”,“知同伴人欲行谋害他人,不即阻当救护,杖一百”律,拟杖一百,折责发落。禁卒童溃,虽讯无受贿松刑情弊,惟与监犯代买酒食,其捆门麻绳又不即收回,致郑耀淙取以杀人,实非寻常失防可比,惟绳系捆门,失于收验,与以金刃与囚者有间,亦应酌减问拟。禁卒童溃合依“狱卒以金刃与囚,致囚在狱杀人者,绞监候”律,于绞监候罪上酌减一等,拟杖一百,流三千里。年逾七十,照律收赎。刑书汪志中,虽讯无受贿松刑情弊,惟失于防范,致囚杀人,究属不合。汪志中合依不应重杖八十律,拟杖八十,业于解审在途病故,应毋庸议。郑耀淙所诈洋银,分别追赃,给主具领。失防罪应拟军监犯在狱致毙同监罪犯之管狱官上饶县典史吴祖昌,审无故纵刑禁、受贿松刑、与囚金刃情事,应请开复原参革职处分,仍请旨交部照例议处。有狱官上饶县知县周邦翰,虽于事前赴乡催粮,究未远出本境,业已奏请交部议处,请免再议。

除全案供招咨送刑部外,所有审明定拟缘由,理合恭折具陈,伏乞皇太后、皇上圣鉴,敕部核覆施行。谨奏。光绪二十八年四月二十八日。

朱批:“刑部议奏。”

《光绪朝朱批奏折》第107辑,第871—874页

439. 审明寻常命盗各案摘叙简明事由汇奏片

光绪二十八年四月二十八日(1902年6月4日)

再,前准部咨,酌议暂时办法,各直省寻常命盗各案,凡归监候具题者,拟由各该督抚讯取确供拟勘后,一面将供勘先行咨部,一面逐案摘叙简明事由,改为汇奏,每次至多以十案为率等因,遵办在案。

兹查玉山县民杨树标等共殴故杀无服族祖母杨陈氏身死,将杨树标依"同姓服尽亲属相殴至死,以凡论,故杀者斩"律,拟斩监候一案。又进贤县民胡荃笙纠窃得赃,临时拒伤事主胡昇财身死,犯伯首送,将胡荃笙照律免其因窃拒捕之罪,仍依斗杀律,拟绞监候一案。又崇义县民张南狗致伤其妻吕氏身死,将张南狗依"夫殴妻至死者,绞"律,拟绞监候一案。又龙泉县民王满海致伤钟俊说身死,将王满海依斗杀律,拟绞监候一案。又武宁县民张俐南致伤李春堤身死,将张俐南依斗杀律,拟绞监候一案。又奉新县民骆茂滦故杀小功服弟骆茂滋身死,将骆茂滦依"尊长殴小功卑幼,故杀者绞"律,拟绞监候一案。又兴国县民刘懋沅即刘庚子独自起意行窃,弃赃逃走被获,拒伤事主钟瑞祜身死,将刘懋沅依"窃盗弃财逃走,被事主追逐拒捕,因而杀人者,斩"律,拟斩监候一案。又贵溪县民吴兰俚致伤周锦春身死,将吴兰俚依斗杀律,拟绞监候一案。以上共计八案,均由臬司先后审拟,解经臣提勘无异,已将各案供勘先行咨部核办在案。兹据按察使明徵汇案详请具奏前来。臣覆核无异,所有审明命盗各案遵章摘叙简明事由汇案,附片具陈,伏乞圣鉴,敕部核覆施行。谨奏。

朱批："刑部议奏。"

中国第一历史档案馆藏"宫中档案全宗·朱批奏折"，
档号:04—01—01—1056—008

440. 江西省本届新旧事秋审缓决斩绞人犯马荃葆等在监病故片

光绪二十八年四月二十八日(1902年6月4日)

再，据按察使明徵详称，窃照酌归简易条款内开：监候斩、绞人犯病故者，每岁于四月内、秋审以前查叙各案罪由，开具管狱官职名汇题，一面即于秋审本内开除等因，遵照在案。兹查江西省光绪二十八年秋审，有旧事秋审缓决十次之乐平县绞犯马荃葆，又二十三年新事秋审缓决五次之新淦县绞犯陈笙蚁，又二十四年新事秋审缓决四次之安义县绞犯杨灿芬，又二十六年新事秋审缓决二次之武宁县斩犯吴得焮、大庾县绞犯黄蚁徕，均据各县先后详报在监病故，饬取各图结，开列管狱官职名，详请咨报。除于秋审本内开除外，相应摘叙事由，造具清册，查照新章，详请具奏等情前来。臣覆核无异，除清册送部外，理合附片陈明，伏乞圣鉴。谨奏。

朱批："刑部知道。"

中国第一历史档案馆藏"宫中档案全宗·朱批奏折"，
档号:04—01—01—1056—009

441. 审明万年县犯人夏怔荃斗殴致毙人命一案按律定拟折

光绪二十八年四月二十八日(1902年6月4日)

江西巡抚臣李兴锐跪奏,为斗殴致毙人命,审明定拟,遵章恭折具奏,仰祈圣鉴事。

窃照案准刑部通行:外省命盗死罪案件,无论斩、绞立决、监候,一律改为专折具奏等因。兹据按察使明徵审解万年县犯人夏怔荃致伤张夏氏身死一案人招到臣。经臣亲提研鞫,缘夏怔荃籍隶乐平县,寄居万年县属桐源村地方,与已死张夏氏邻居,素识无嫌。光绪二十七年正月初七日,张夏氏家牛只失管,走入夏怔荃田内,践食菜蔬,适夏怔荃之母夏张氏瞥见,将牛牵至张夏氏家,向张夏氏索赔。张夏氏斥骂,夏张氏分辩回詈,致相争闹。维时夏怔荃在附近田工,闻闹赶至,上前解劝,张夏氏斥护,举拳扑殴,夏怔荃用脚吓踢,适伤张夏氏肚腹倒地。经张元兴路见,劝住问明,通知张夏氏之夫张源秋赶回往看。张夏氏伤重,移时殒命。投保报县,诣验差拿,夏怔荃闻拿,自行投首。该前县钟秉谦未及讯详卸事,该署县孙如瑸抵任,讯供通详饬审,将犯审拟解府。经府核恐案情未确,发委署鄱阳县知县汪培提讯,犯供游移,禀府发回万年县,就近传证质讯。兹据讯拟,由府、司勘转,经臣提审,据供前情不讳,究非有心欲杀,亦无起衅别故,案无遁饰。

查律载:“斗殴杀人者,不问手足、他物、金刃,并绞监候。”等语。此案夏怔荃因母张氏见张夏氏家牛只践食田菜,牵牛索赔争闹,该犯闻闹赶至,劝解被斥,起衅争殴,用脚踢伤张夏氏肚腹身死。虽据自首,无因可免,仍应按律问拟。夏怔荃合依"斗殴杀人者,不问手足、他物、金刃,并绞监候"律,拟绞监候,秋后处决。张夏氏失管牛只践食田菜,夏张氏牵牛索赔,并无不合,夏张氏应与救阻不及之见证张元兴均毋庸议。牛食田菜,所值无几,应免着追。

除备录详细全案供招咨送刑部外,所有斗殴致毙人命,审明定拟照章改奏缘由,理合恭折具奏,伏乞皇太后、皇上圣鉴,敕部核覆施行。谨奏。光绪二十八年四月二十八日。

朱批:"刑部议奏。"

中国第一历史档案馆藏"宫中档案全宗·朱批奏折",档号:04—01—01—1056—010

442. 光绪二十六七两年秋审情实常犯缪迷仔等仍拟情实开单汇奏折

光绪二十八年四月二十八日(1902年6月4日)

江西巡抚臣李兴锐跪奏,为光绪二十六、七两年秋审情实常犯,仍拟情实,由题改奏,恭折具陈,仰祈圣鉴事。

窃查案准部咨,历届秋审,恭逢恩旨停勾年分,各该省于次年将原拟情实各犯,仍拟情实,造具秋审后尾及姓名、年岁、籍贯清册,先期题送。又准部咨,嗣后咨送秋审后尾,务将每起内应拟死罪在逃各犯,逐名全行声叙,并叙明应拟斩、绞字样,末后注明共斩犯若干名、绞犯若干名,以便查照原案,详细核对。又光绪二十七年四月初二日接准刑部咨,本年秋审限期已届,未便拘泥旧章,致多窒碍,应令将本届应题秋审案件一律改为具奏,以归简易而示变通。又光绪二十七年十一月初十日准行在刑部咨,因銮舆在道,上届及本届秋审情实各犯，未及呈请勾到，奏准并入下届办理等因。遵照在案。今将光绪二十六年秋审拟入情实斩犯缪迷仔、绞犯李树憘、斩犯朱瀗僙、黄葆传等计四起、人犯四名，又拟入缓决斩犯李良牯一起、人犯一名，部议改为情实，俱于二十六年经前任抚臣松寿恭疏具题。该犯等于光绪二十六年恭逢恩诏停勾。又光绪二十七年秋审拟以情实斩犯詹燿瀀一起、计犯一名，均经臣查照部议新章，分案改奏，接准部覆，奏明并入下届办理等因，当即行司。伏查该犯缪迷仔等均应入于光绪二十八年秋审，遵照部行，先期具奏，兹据按察使明徵、吉南赣宁道贺元彬核明造册，详送前来。

臣督同按察使明徵、布政使柯逢时等仰体圣主慎重刑狱至意，谨将各犯情罪细加确核，所有旧案仍拟情实人犯缪迷仔、李树憘、朱瀗僙、黄葆传四起、计犯四名，并改拟情实人犯李良牯一起、计犯一名，及仍拟情实人犯詹燿瀀一起、计犯一名，相应开列略节清单，恭呈御览。除分咨部科外，臣谨会同两江总督臣刘坤一恭折具陈，伏乞皇太后、皇上圣鉴，敕下法司核议。谨奏。光绪二十八年四月二十八日。

朱批："刑部议奏，单并发。"

中国第一历史档案馆藏"宫中档案全宗·朱批奏折"，
档号：04—01—01—1056—011

443. 咨参盗劫各案文职疏防职名开单汇奏折

光绪二十八年四月二十八日（1902年6月4日）

江西巡抚臣李兴锐跪奏，为咨参盗劫各案文职疏防职名，援案汇开清单，恭折具奏，仰祈圣鉴事。

窃照寻常盗劫等案武职疏防职名，前经两江督臣刘坤一奏明，随时分案咨部核办，仍每月摘叙简明案由，缮单汇奏一次等因立案。所有文职疏防职名，事同一律，自应援照办理。查上犹县事主陈腾泰家被匪搜劫洋钱衣物，拒伤事主雇工平复，盗犯脱逃一案；又铅山县客民桂德胜在途被匪抢去洋银，计赃逾贯，盗犯脱逃一案。以上二案文职疏防各职名，据前署臬司春顺详经前抚臣松寿恭疏题参。嗣准内阁咨，将题本发还改办，即经臣核明原详，分别咨参。又信丰县客籍监生侯继先等雇夫挑送土物，在途被匪白昼抢夺，拒伤挑夫平复，盗犯脱逃一案；又龙南县民廖发林停船被窃，临时行强，搜劫洋银，拒伤事主雇工平复，盗犯脱逃一案。以上二案文职疏防各职名，据前署臬司春顺详经前护抚臣张绍华先后咨参。又乐平县客籍监生夏元配在县城内开张万昌钱店，被匪劫去银洋，拒伤事主店伙平复，盗犯脱逃一案；又上饶县民妇章陈氏等三人被贼致伤身死，勘有失物情形，凶贼脱逃一案；又信丰县廪生李超群家被贼行窃，临时行强，拒伤事主雇工平复，盗犯脱逃一案；又德化县事主王义炽家被匪劫去银洋衣饰，拒伤事主之弟王义顺等平复，盗犯脱逃一案；又萍乡县民冯廷鉴家被匪行劫，拒伤事主之侄冯瑞四平复，盗犯脱逃一案。以上五案文职疏防各职名，均据前任臬司柯逢时陆续详经臣核明咨参各在案。兹据按察使明徵汇开清单，详请具奏前来。臣覆核无异，除咨吏、刑部外，理合恭折具奏，并缮清单，敬呈御览，伏乞皇太后、皇上圣鉴，敕部核议施行。谨奏。光绪二十八年四月二十八日。

朱批："该部议奏，单并发。"

中国第一历史档案馆藏"宫中档案全宗·朱批奏折"，

档号：04—01—01—1056—034

444. 按察使明徵因病出缺请旨简放折

光绪二十八年五月初八日(1902 年 6 月 13 日)

江西巡抚臣李兴锐跪奏,为臬司因病出缺,请旨简放,恭折驰奏,仰祈圣鉴事。

窃按察使明徵,由州县洊擢监司,在广饶九南道任内办理交涉,措置悉当。上年蒙恩简授按察使,到任以来,随臣整饬一切,颇资得力。乃于上月下旬忽患时疫,经臣给假,饬令静心调摄,不意医药罔效,病势增剧,于五月初六日据报出缺,身后萧条,殊堪悯惜。除由臣督同司道妥为照料,并委员接署,另行奏报外,所遗臬司员缺紧要,相应请旨迅赐简放,以重职守。

所有臬司因病出缺缘由,理合恭折,循例由驿具陈,伏乞皇太后、皇上圣鉴训示。谨奏。光绪二十八年五月初八日。

朱批:“另有旨。”

《光绪朝朱批奏折》第 17 辑,第 614—615 页

445. 保举江西补用道徐绍桢、广东候补道秦炳直请送部引见破格录用折

光绪二十八年五月十八日(1902 年 6 月 23 日)

江西巡抚臣李兴锐跪奏,为敬举贤才,请旨录用,恭折仰祈圣鉴事。

窃臣恭读光绪二十六年闰八月初三日上谕:“为政首在得人,各封疆大吏均有以人事君之责,务各激发天良,虚衷延访,如有才

猷卓越，克济时艰，无论官阶大小，出具切实考语，迅速保荐，以备录用。”等因。钦此。仰见皇太后、皇上旁求俊乂、立贤无方之至意，伏读之下，钦悚莫名。窃维国势之盛衰，系乎人才之消长，振古以来，未有不得人而能治臻上理者。方今时局艰危，民生凋敝，需才愈亟，而求才亦愈难。其制行纯洁，自守之操可信者，试以盘错，或不免执滞而鲜通；声华发越，肆应之才可用者，窥其本原，或不免逾闲而荡检。臣自愧无知人之明，无储才之素，深惟朝廷名器，至宜矜惜，故服官所至，非深悉其人之品端学粹，不敢遽试以事；非目击其人之办事切实，不敢遽信其才。平日慎简僚属，尚且如此其严，更何敢以见知未确之人滥厕荐牍？然遇共事日久，知之甚深，确信其为守兼优、堪备任使者，自当据实保荐，以应明诏。

查有奏留江西补用道徐绍桢，学术宏深，智识高卓，臣前在广西藩司任内，即知其于中西政要深造有得。到江之始，适值教案纷纭，异常棘手，经臣札调来江，委令总办文案，综计通省教案不下二千馀起，该员鳃理端绪，助臣查办，操纵悉合机宜，用能民教翕服，竟于奏定三月限内一律办结，其辛劳实有足多者。嗣以臣因江西吏治疲敝太甚，奏请设馆课吏，复派充副馆长，该员厘定规模，勤加诱掖，在馆肄业各员咸知讨论政学，日起有功。本年正月间，臣遵旨改练常备、续备等军，必须有知兵大员总司其事，方能整饬。其时课吏馆规模已定，因调派该员总理营务，兼办讲武馆。到差以来，拟订操章，教练悉为合法，而于湔除营中积弊，尤能不避嫌怨。似此才识卓绝，实为不可多得之选。

又现署广东高廉道、候补道秦炳直，廉毅精卓，为守兼赡。臣前任福建布政使时，该员方以知府在闽省需次，曾试以营务、洋务等差，该员相机区处，洞中窾要，遇事之疑难扞格，常以一身肩任而不辞，其于行己事上，更能守正不阿。臣于尔时，深赏其律己之严、任事之勇。嗣臣调任广西，已数年不知其踪迹，比闻其改官东粤，深为粤中疆臣所倚任，曾委署雷琼、高廉等缺，是其人之才品可信，固非臣一人之私见。

以上二员，臣与之共事有年，相知有素，若能不拘成格，加以任使，必能匡济时艰，有裨大局。合无仰恳天恩，饬将奏留江西补用道徐绍桢、广东候补道秦炳直送部引见，破格录用，出自慈施。

抑臣更有请者，候补四五品京堂孙宝琦，才具明敏，器识恢宏，平日讲求政学，留心时务，于治具之张弛、交涉之奥窔，均能洞见症结。臣前服官直隶，见其虑事精详，办事缜密，以为得所藉手，其成就必有可观。今已蒙恩洊登卿列，是其才之可用，久在圣明洞鉴之中，原无俟臣之剡列。惟臣既有所知，亦不敢不陈于圣主之前。应如何量予录用，伏候恩裁。

所有遵旨胪举贤才各缘由，理合恭折具陈，伏乞皇太后、皇上圣鉴训示。谨奏。光绪二十八年五月十八日。

朱批："徐绍桢等均着交军机处存记。"

《光绪朝朱批奏折》第17辑，第630—632页

446. 捐纳试用通判钱林年、议叙试用知县郑季相试看期满请留江西补用片

光绪二十八年五月十八日（1902年6月23日）

再，前准部咨，嗣后道府州县，无论捐纳、劳绩各项人员，应于到省后认真察看，期满时出具切实考语，奏明分别补用等因。兹查有捐纳试用通判钱林年试看一年期满，议叙试用知县郑季相试看

二年期满,据藩、臬两司详请留省补用前来。臣详加察看,捐纳试用通判钱林年精明稳慎,议叙试用知县郑季相笃实不浮,均堪留省补用,相应请旨,准其留于江西照例补用。理合会同两江总督臣刘坤一附片具陈,伏乞圣鉴。谨奏。

朱批:"吏部知道。"

《光绪朝朱批奏折》第17辑,第632页

447. 委任刘心源署理臬司篆务、丁乃扬署理粮道篆务片

光绪二十八年五月十八日(1902年6月23日)

再,按察使明徵据报病故,所遗臬司篆务,应即委员接署,以重职守。查有督粮兼巡南抚建道刘心源,智识精卓,颇有条理,堪以署理。递遗粮道篆务,查有试用道丁乃扬,遇事精审,堪以委令接署。除分檄饬遵外,理合会同两江总督臣刘坤一附片具陈,伏乞圣鉴。谨奏。

朱批:"知道了。"

《光绪朝朱批奏折》第17辑,第633页

448. 奏报长江水师提督程文炳照章巡阅江西水师片

光绪二十八年五月十八日(1902年6月23日)

再,查长江水师提督定章,以半年驻下江,半年驻上江,周历巡查,历经遵办在案。兹提督臣程文炳由太平府上巡,校阅湖口镇标安庆、华阳两营,并阅湖口中营水陆各操,于三月初九日到江西省城,与臣面商一切,随即起行,校阅吴城、饶州两营后,驶赴湖北,咨请循例会奏等情前来。所有照章巡阅江西水师缘由,谨会同长江

水师提督臣程文炳附片具奏，伏乞圣鉴。谨奏。

朱批："知道了。"

《光绪朝朱批奏折》第53辑，第294页

449. 江西汇解光绪二十七年第十二批暨各年尾批漕折银两片

光绪二十八年五月十八日（1902年6月23日）

再，前准部咨，解部漕折应由各省解交江海关，以备归还偿款。并准电开，公约赔款应按月交银行收存，所有部库腾出之的款内江西漕折银六十万两，应匀作十二次，按月先期解沪等因。当经臣查明此项漕折未奉部文以前，已解赴部库五批共银二十五万两，应请由部拨付。嗣复陆续将截留第六批至十一批共六批银三十万两，解交江海关兑收，均经先后附片奏明，并于汇解第十一批银两案内声请饬部将前解部库五批漕折银两划拨沪关，以资应付各在案。

兹据督粮道刘心源详称，现又催完光绪二十七年分漕折第十二批银一万两，又凑解二十六年第十三批、二十五年第十四批各漕折银二万两，共银五万两，又动放关平补水银八百二十一两五钱，一并发交蔚丰厚等商号具领，限五月十九日以前汇赴江海关道衙门兑收，归还偿款，并发给汇费银五百八两二钱一分五厘，详请奏咨等情前来。除咨部外，所有汇解二十七年第十二批暨各年尾批漕折银两赴沪交收缘由，理合附片具陈，伏乞圣鉴。再，江西奉拨本年应解漕折银六十万两，业已如数解清，合并声明。谨奏。

朱批："户部知道。"

《光绪朝朱批奏折》第83辑，第681—682页

450. 江西筹解奉派摊还新案赔款第七期银两片

光绪二十八年五月十八日(1902 年 6 月 23 日)

再,前准部咨,新案赔款,江西省每年摊还银一百四十万两,并奉电旨:"应将全年应付本息匀作十二分,按月摊付,先期解交上海道收存,无论如何为难,不得稍有迟误。"等因。钦此。当经转行钦遵。业据藩司将第一期至第六期应付之款,按期设法筹解,先后汇交上海道兑收,均经分别奏咨在案。惟查前项赔款,为数过巨,自奉派拨之后,臣与司道竭力设措,现虽将按粮捐输、土药膏捐、盐斤加价等项分投举办,略有眉目,然每年究能增益若干,尚无把握。大局所关,不得不力为其难,惟有勉强凑集,以济目前之急。

兹据布政使柯逢时详称,在于随粮捐输项下动放银四万两,新增淮盐加价项下动放银一万三千两、土药税厘项下动放银四万三千两、膏捐项下动放银二万六百六十六两六钱六分七厘,共银十一万六千六百六十六两六钱六分七厘,又遵照行在户部来电,在于土药膏捐项下动放关平补水银一千九百十六两八钱三分三厘,一并发交蔚丰厚等商号承领,另给汇费银一千一百八十五两八钱三分五厘,限于六月十八日以前汇至江海关道衙门投交,作为江西奉派新案赔款第七期银两等情,详请奏咨前来。除饬依限汇交,暨分咨外务部、户部外,所有江西筹解奉派摊还新案赔款第七期银两交商汇解缘由,理合附片陈明,伏乞圣鉴。谨奏。

朱批:"户部知道。"

《光绪朝朱批奏折》第 83 辑,第 682—683 页

451. 审明新建县犯人徐奴狗疑窃追殴致人失跌溺毙一案按律定拟折

光绪二十八年五月十八日(1902年6月23日)

江西巡抚臣李兴锐跪奏,为疑窃追殴,致令失跌溺毙,审明定拟,遵章恭折具陈,仰祈圣鉴事。

窃照案准刑部通行:外省命盗死罪案件,无论斩、绞立决、监候,一律改为专折具奏等因。兹据按察使明徵审解新建县犯人徐奴狗疑窃追殴张黑仔,致令失跌落河,溺水身死一案人招到臣。经臣亲提研鞫,缘徐奴狗籍隶南昌县,与已死临川县人张黑仔素不认识。光绪二十七年三月十五日,徐奴狗表兄涂细保携带大钱票一张、小钱票二张,合计钱一千二百文,用布包扎,由乡赴省兑钱,走至城外,天晚城门已闭,即在城外滕王阁亭内与先不认识之张黑仔同宿。十六日早,涂细保查看布包,钱票被窃查寻,张黑仔先已走去。适徐奴狗与素好之方水银子走至,涂细保告知前情,徐奴狗心疑张黑仔偷窃,因方水银子认识张黑仔,即邀方水银子同往寻见张黑仔。徐奴狗向张黑仔查问涂细保失去钱包,张黑仔分辩,斥骂不应诬窃,徐奴狗回骂,并举拳扑殴。张黑仔即向河堋逃跑,徐奴狗追赶,张黑仔失跌落河,经陈必崙路见,与方水银子一同捞救,讵张黑仔业已被溺殒命。地保秦滐贲报经该前署县孔昭珍诣验获犯,未及讯详卸事,移交该前代理县王渭滨。讯供通详饬审,王渭滨未及审解卸事,该署县孟庆云抵任覆审。兹据讯拟,由府、司勘转,经臣提审,据供前情不讳,究非有心欲杀,亦无起衅别故,案无遁饰。

查例载:"疑贼致毙人命之案,讯系因伤身死,悉照谋故、斗杀各本律例定拟。”又律载：“斗殴杀人者，不问手足、他物、金刃，并绞监候。”各等语。此案徐奴狗因其表兄涂细保钱票被窃，该犯疑窃，向张黑仔查问，被斥追殴，致张黑仔逃跑失跌，落河溺水身死。查张黑仔死由跌溺，跌由于追詈，坐所由，自应仍照斗杀本律问拟。徐奴狗合依“斗殴杀人者，不问手足、他物、金刃，并绞监候”律，拟绞监候，秋后处决。方水银子事不干己，辄即听邀，同往找寻张黑仔查问，致酿人命，亦有不合。方水银子应照不应重杖八十律，拟杖八十，折责发落。徐奴狗追跌张黑仔落河溺毙，非涂细保意料所及，应与捞救不及之见证陈必崙均毋庸议。行窃钱票正贼，缉获另结。

除全案供招咨部外，所有审明定拟，遵章改奏缘由，理合恭折具陈，伏乞皇太后、皇上圣鉴，敕部核覆施行。谨奏。光绪二十八年五月十八日。

朱批：“刑部议奏。”

《光绪朝朱批奏折》第107辑，第888—890页

452. 审明上饶县民杨组荃致伤无服族弟身死一案按律定拟折

光绪二十八年五月十八日（1902年6月23日）

江西巡抚臣李兴锐跪奏，为斗殴致毙人命，审明定拟，遵章恭折具奏，仰祈圣鉴事。

窃准刑部通行：外省命盗死罪案件，无论斩、绞立决、监候，一律改为专折具奏等因。兹据按察使明徵审解上饶县民杨组荃致伤无服族弟杨祖芢身死一案人招到臣。经臣亲提研鞫，缘杨组荃籍隶上饶县，与已死无服族弟杨祖芢素睦无嫌。光绪二十四年六月

不记日期,杨组荃至杨祖茌家闲坐,杨祖茌起意邀令赌博,杨组荃允从,因无赌具,杨祖茌即取铜钱一文旋转,用手覆盖,令杨组荃猜压字镘,议明输赢记帐,日后还钱。赌毕结算,杨祖茌输欠杨组荃钱八百七十文,约俟迟日归还各散。后经杨组荃屡索无偿。七月初三日,杨祖茌携带禾刀赴田工作,与杨组荃路遇,杨组荃复向催索前欠,杨祖茌斥骂不应拦路逼索赌帐,杨组荃不服回詈,致相争闹。杨祖茌顺用手内禾刀戳伤杨组荃左手指,杨组荃赶拢夺刀,致刀尖划伤杨组茌左肩甲、右乳。杨组荃夺刀过手,杨祖茌拳殴,杨组荃闪侧,用刀吓戳,适伤杨祖茌左后肋倒地。经杨遵靠路见劝住,通知杨祖茌之父杨日新往看问明。杨祖茌伤重,移时殒命。经该前县麦锡良访闻,会营查拿,并据杨日新报县诣验。麦锡良丁忧卸事,该县周邦翰抵任,会营获犯,讯供通详饬审。兹据讯拟,由府、司勘转,经臣提审,据供前情不讳,究非有心欲杀,亦无起衅别故,及另有同赌并在场帮殴之人,逃后亦无行凶为匪及有人知情容留,案无遁饰。

查律载:“同姓服尽亲属相殴至死,以凡论。”又:“斗殴杀人者,不问手足、他物、金刃,并绞监候。”各等语。此案杨组荃因向无服族弟杨祖茌索取赌欠,起衅争殴,夺刀致伤杨祖茌身死,自应按律问拟。杨组荃除听从赌博,轻罪不议外,合依“同姓服尽亲属相殴至死,以凡论”,“斗殴杀人者,不问手足、他物、金刃,并绞监候”律,拟绞监候,秋后处决。杨祖茌起意赌博,并刃伤杨组荃手指平复,本干律拟,业已被殴身死,应与救阻不及之见证杨遵靠均毋庸议。失察赌博之牌甲,照例拟笞,事在光绪二十六年三月十二日恩诏以前,应准援免。该犯等用钱猜压,并无赌具、现钱,应免查起着追。此案赌博酿命,经县营访闻,获犯究办,所有文武失察职名并免查参。

除全案供招咨部外，所有审明定拟，照章改奏缘由，理合恭折具陈，伏乞皇太后、皇上圣鉴，敕部核覆施行。谨奏。光绪二十八年五月十八日。

朱批："刑部议奏。"

《光绪朝朱批奏折》第107辑，第890—891页

453. 酌保办结教案出力各员折附清单

光绪二十八年五月十八日（1902年6月23日）

江西巡抚臣李兴锐跪奏，为酌保办结教案出力各员，恭折具陈，仰祈圣鉴事。

窃江西通省教案，前经臣一律议结，业将办理情形于光绪二十七年五月二十五日奏明在案。伏查此次各属所毁英、法、美、德各国教堂、经堂、书馆、医馆、育婴堂等共六十馀处，天主、福音两教教民被抢、被诈之案共二千二百馀起，各教士单开指拿以及被控访拿应办之犯共五百三十馀名，头绪之繁，案情之重，固为向来所未有，而时方多故，拿犯议赔，又无一非棘手之端。臣到任之初，即钦奉寄谕，以各省教案惟江西为尤甚，时事阽危，万不可再酿衅端，责成臣悉心筹画，迅速了结。其时和议未成，人心未靖，教士势焰方张，而不逞之徒又每欲藉端寻衅，深恐办理稍有不慎，贻误大局。当经臣统核全案，酌量缓急，定为合办、分办之法，一面饬将洋务局迁进臬司署内，特委现任布政使、前按察使柯逢时总办局务，并委江苏候补道钱德培、江西试用道丁乃扬会同该司督催查办。因饶、建两府属案情最重，索赔最多，复饬钱德培亲往九江，会同广饶九南道，

就近与教士切实商订。其馀各属，则另委干员分投前往，会商各该地方官，与教士妥为议办。其中要挟之多，索赔之巨，拿犯办罪之烦苛，多有不可思议者，稍不如意，辄以兵轮驶赴浔阳，意存恫喝，情形岌岌，而绅民复虑及赔款办罪，不免株连，动生疑谤，几于决裂。臣与该司道等详加体察，民教嫌怨已深，若操之过蹙，将赔款派及闾阎，匪惟铤而走险，恐生意外之虞，更虑报复相寻，永无相安之日。因坚持定见，百计磋磨，凡允赔之款，均由官家筹付，不使丝毫派累；应拿之犯，亦须讯明定拟，不准波及无辜。并先将偾事守令查明参劾，以平外人之愤。复酌派防勇，分往镇压，以示保护之实。开诚布公，民教兼顾，于是人心渐贴，外议渐平，所商各端乃稍稍就范。复经臣严勒限期，电札交催，赔款则随议订定，以杜后时之翻异，案情则汇总议结，以免枝节之横生。劝诫兼施，经权互用，竭数月之力，始得次第议办就绪。现在教堂赔款六十万两有奇，教民恤款二十万两有奇，均已按照原订期限，如数筹付清楚，其应行查拿之犯，亦已分别情罪重轻，讯明惩办。至续后所出荏港两教互斗之案，当时即经臣饬派丁乃扬亲往弹压，随将滋事首要各犯查拿到案，讯明定拟，并经丁乃扬在沪与法、美两国总领事面议完结。所有新旧各教案，现均一律办竣。

该司道等殚精竭虑，规画精详，不激不随，洞中窾要，此外派出各员，亦均能劳怨不辞，措置悉当，自应酌予奖叙，以励勤劳。所有总办局务之现任布政使、前按察使柯逢时，拟请旨交部从优议叙。二品顶戴军机处存记奏留江西差遣江苏候补道钱德培，按察使衔江西试用道丁乃扬，拟均请旨交军机处记名，遇有道员缺出，请旨简放。其馀在事各员，谨择其尤为出力者，缮列清单，敬呈御览，并恳天恩，俯准照拟给奖，俾昭激劝，出自逾格鸿慈。除饬取各员履历咨部外,是否有当,理合会同南洋大臣、两江督臣刘坤一恭折具奏,伏乞皇太后、皇上圣鉴训示。谨奏。光绪二十八年五月十八日。

朱批:"吏部核议具奏,单并发。"

清单

谨将办结通省教案尤为出力各员酌拟奖叙,缮列清单,恭呈御览。

计开:

试用知县冯用霖,拟请归候补班前补用。

五品衔遇缺先补用知县许宝莲,拟请俟补缺后以直隶州用。

同知衔补用知县汪培,拟请归候补班补用。

候选同知试用知县沈秉权,拟请俟选同知缺后以知府用。

直隶州用拔贡本班先知县陈奎龄,拟请俟归直隶州班后加知府衔。

试用知县朱修圻,拟请归候补班补用。

试用同知夏翊宸,拟请归候补班补用。

拔贡知县张鼎铭,拟请归候补班补用。

试用知府胡先翥,拟请加三品衔。

安仁县县丞程仁汉,拟请以知县用。

法文翻译、直隶州用江苏试用通判万钟元,拟请加四品衔。

英文翻译、江苏试用县丞杨绳武,拟请〔俟〕补缺后以知县用。

朱批:"览。"

正折据《光绪朝朱批奏折》第120辑,第375—377页;清单据《李勤恪公奏议》卷二,《天津图书馆孤本秘籍丛书(二)》第742页

454. 参撤候补知府何师吕等深知儆惕将各该任内所出教案办结请予开复片

光绪二十八年五月十八日(1902年6月23日)

再,上年二月间,臣因各属教案迭出,多由于地方官办理未善,当将偾事各员奏参革职,并请将情节稍轻之汤鼎烜等六员予以薄惩,分别开缺撤任、摘顶停委,由臣随时察看,如无过举,再行奏请开复。光绪二十七年三月初一日奉上谕:“丰城县知县汤鼎烜、高安县知县何敬钊、赣县知县彭继坤,于民教控案多匿延不报;署吉安府候补知府何师吕、代理丰城县大挑知县周景祁,查办教案多所诿卸;泸溪县知县王慎猷,于民教滋事弹压不力。均着撤任,摘去顶戴,停委一年,另行察看,仍责成留缉。”等因。钦此。钦遵在案。兹查该员等自参撤之后,深知儆惕,于应缉要犯,均能不惜劳费,协同地方文武先后拿获,讯明究惩,并将各该任内所出教案随同一律议办完结,外人毫无异言。现在停委年限届满,臣详加察看,各该员虽曾迟误于前,尚能愧奋于后,并无别项过举,均堪造就。据藩司柯逢时会同洋务局司道详请开复前来。

合无仰恳天恩,俯准将候补知府何师吕、开缺另补知县汤鼎烜、何敬钊、彭继昆、王慎猷、大挑知县周景祁等摘顶停委处分,悉予开复,并销去“察看”字样,内除王慎猷一员现已据报病故外,馀均照常差委,以观后效。除咨部查照外,谨会同两江督臣刘坤一附片具陈,伏乞圣鉴训示。谨奏。

朱批:“着照所请,该部知道。”

《光绪朝朱批奏折》第120辑,第377页

455. 奏报光绪二十七年上半年江西抽收支解厘税银钱数目折

光绪二十八年五月十九日(1902 年 6 月 24 日)

江西巡抚臣李兴锐跪奏,为查明光绪二十七年上半年江西抽收、支解厘税银钱数目,恭折缮单具陈,仰祈圣鉴事。

窃照同治七年十月十五日钦奉上谕:"户部奏统筹军需全局,并遵议胡大任条陈一折,其厘金报部章程,着照两淮盐厘格式,每年分两次奏报,以归简易。"等因。钦此。又钞奏内开:两淮盐厘款式,止开收支各款总数,不开琐碎细数,最为简明。嗣后各省盐厘、货厘,务仿照两淮盐厘报部格式,每年分作两次,以六个月为一次,开单奏报。又光绪十年正月内准户部咨,应于次年正、七两月内,将上年收支厘金各奏报一次各等因。均经遵照办理。所有光绪二十六年下半年并以前各年收支厘金数目,俱已分次开单具奏各在案。

兹据总理江西牙厘局布政使柯逢时、按察使明徵会详称,自光绪二十七年正月起至六月底止,各局卡共收茶货及土药税厘银二十九万六千一百七十七两零、制钱三十一万三千一百三十一串零,又收米谷厘银一万一千五十一两零、制钱一万七千一百一十串零,总共收银三十万七千二百二十九两零、制钱三十三万二百四十一串零。随时按照通省市价,以半年均匀牵算,每足钱一千文易换库平银七钱,共易换库平银二十三万一千一百六十八两零。银钱并计,共合收银五十三万八千三百九十八两零。合将各局卡抽收茶税、货厘银钱及土药税厘并米谷厘金各细数,暨委员职名、裁减各局卡委员二成薪水银数，开造清册，详请具奏。并据声明，前项银两内，除土药税厘银八千一百六十三两零解存藩库转解，所有货厘，除解交副税务司代收银七万三千五百二十九两零外，其馀银两均经汇解藩库充饷，应由藩库汇案报销。又本上半年留外办公经费银二万八千三百四十九两零，系在茶、货、土药税厘收数内提用，并未在拨归洋款内扣留。又米谷厘金，业经另款解存藩库，归还英、德、俄、法四国借款等情前来。臣覆核无异，除将清册咨送户部查核外，理合恭折奏报，并缮清单，敬呈御览，伏乞皇太后、皇上圣鉴训示。谨奏。光绪二十八年五月十九日。

朱批："户部知道，单并发。"

《光绪朝朱批奏折》第78辑，第490—491页

456. 奏报光绪二十七年上半年江西抽收加成茶糖烟酒厘金银钱数目片

光绪二十八年五月十九日（1902年6月24日）

再，查光绪二十年八月二十三日奉上谕："户部奏茶叶、糖斤加厘、土药行店捐输，均着照所请，认真举办，严饬所属妥慎经理。"又于光绪二十一年六月初六日奉上谕："户部奏需饷孔殷，重抽烟酒税厘，着实力举行，妥速筹办。"各等因。钦此。均经转行钦遵查照。所有江西各局卡，自光绪二十年十月起征收土药店捐输并加成茶税、糖厘，又自二十一年十一月起加成烟酒厘金，均经截至二十六年十二月底止，先后造册，详经奏咨在案。

兹据总理江西牙厘局布政使柯逢时、按察使明徵会详称，查光绪二十七年正月起至六月止，各局卡共收二成茶税银一万六千

九百八十九两七钱三分三毫。又收二成糖厘钱六千四十串三十二文,又收二成烟厘钱七百九十八串五百四十二文,又收二成酒厘钱三百十八串六百七十一文,总共收钱七千一百五十七串二百四十五文。随时按照市价,以半年均匀牵算,每足钱一串合易库平银七钱,共易库平银五千十两七分一厘五毫。茶、糖、烟、酒税厘并计,共收银二万一千九百九十九两八钱一厘八毫,业经汇解藩库,另款存储拨用。合将征收数目开造清册,详请奏咨等情前来。臣覆核无异,除将清册咨送户部查核外,所有二十七年上半年抽收加成茶、糖、烟、酒厘金银钱数目,理合附片具陈,伏乞圣鉴。谨奏。

朱批:"户部知道。"

《光绪朝朱批奏折》第78辑,第491—492页

457. 江西省光绪二十八年新事秋审服制情实常犯开单汇奏折

光绪二十八年五月十九日(1902年6月24日)

江西巡抚李兴锐跪奏,为江西省光绪二十八年新事秋审服制情实常犯,照章由题改奏,恭折具陈,仰祈圣鉴事。

窃查案准部咨,乾隆十七年九月内奉上谕:"各省由立决改为监候人犯,均系服制攸关,其改拟监候,已属原情酌减。若秋审时入于缓决,则减之又减,殊非慎重伦常、明刑弼教之道。是以上年降旨,令改入情实。此其中情节多端,如父母被殴致伤,或势在危急,救护乃其至情,使父殴叔而子助父以毙叔,亦得谓之救父,则是长不友不睦之风,非止辟之意。但散在各省招册中,有勾决者,有

未勾决者,或未悉朕轻重权衡,反滋疑义。着该部将此等案犯查明,汇为一册,先期进呈候勾。其有应宥者,亦可即予减等发落。”等因。钦此。又准部咨,乾隆十八年九月内奉上谕:“各省由立决改监候人犯,其有情节实在可宽,如弟殴兄毙,或果因其兄干犯父母,迫于亲命,或素有疯疾,一时病发,凡似此类,酌量分别叙述案情,确加勘语,请旨即入缓决。”等因。钦此。又准刑部咨,节次奏明,听从尊长主使,殴死小功、大功尊长,例应斩候,并金刃误伤期亲尊属,例应绞候之犯,均系有关服制,一体归入服制册内进呈。此外凡子孙违犯教令,致祖父母、父母忿激自尽,并逼迫期亲尊长致死,及妻衅起口角,并无逼迫情状,致夫轻生自尽,问拟绞候各犯,亦俱附入服制另册进呈等因。又准部咨,向例应入秋审人犯,服制情实二次免勾,即改入缓决,常犯情实十次免勾,亦即改入缓决,每逢恩旨停勾年分,其曾经免勾人犯虽循例仍以情实具题,因系停勾而非免勾,向不作一次计算。惟此等人犯,既经初次免勾之后,虽入于次年情实,仍可邀恩不予勾决。该犯等已蒙恩于初入秋审之年,即终身仰沐更生之泽,今以恩旨停勾不作一次计算,是情实应勾各犯因停勾得以稍缓一年之刑,而业经免勾将来仍可邀恩者,因停勾而转迟改缓之限。揆诸情事,未免向隅。奏请嗣后除初次应入情实人犯,适遇停勾年分,既未奉恩旨免勾,仍不得作一次计算外,其服制及常犯情实业经免勾一次之犯,虽恭逢恩旨停勾,亦准作一次计算等因,奉旨:“依议。”钦此。又于光绪二十七年四月初二日准刑部咨,应题秋审案件,一律改为具奏各等因。遵照在案。

今江西省光绪二十八年秋审,据藩、臬两司核拟详送前来,臣随督同按察使明徵、布政使柯逢时等,仰体圣主慎重刑狱至意,谨将解省新案服制情实人犯陈柽勇、洪漳揵二起、计犯二名情罪细加会核推勘，拟以情实，开列简明略节清单，敬呈御览，并将全案略节清册分送部科道院外，所有照章改奏缘由，臣谨会同两江总督臣刘坤一恭折具陈，伏乞皇太后、皇上圣鉴，敕下法司核议施行。谨奏。光绪二十八年五月十九日。

朱批："刑部议奏，单并发。"

中国第一历史档案馆藏"宫中档案全宗·朱批奏折"，档号：04—01—01—1055—068

458. 江西省光绪二十八年新事秋审留养人犯开单汇奏折

光绪二十八年五月十九日（1902年6月24日）

江西巡抚臣李兴锐跪奏，为江西省光绪二十八年新事秋审留养人犯，由题改奏，恭折具陈，仰祈圣鉴事。

案准刑部咨，奉上谕："国家钦恤民命，德洽好生，至于鳏寡茕独，尤所矜悯，是以定有独子留养之例，凡属情轻，俱已沾恩减等。惟是愚民无知，往往轻身斗狠，不知留养为格外施仁，或转视此为幸免之路，以致罹于法网。因其案情稍重，或理曲寻衅，金刃重伤，虽经督抚声请，仍以原罪定拟，不准留养，固属该犯罪所应得。但声请留养之案，不过寻常斗殴等类，断不致入于情实，徒使淹禁囹圄，不得侍养，而穷老孤孀无所依赖，深可轸恻。朕思此等罪犯，本非谋故重情，为常赦所不原，既经定拟本罪，拘系逾时，已足驯其桀骜之气，应量为末减，俾得自新。上年秋审，此等案犯经九卿定拟矜减者，只有二起，馀仍监候。着该部查明，各犯祖父母、父母现存，果无次丁侍养，俱以可矜减等，请旨发落。嗣后独子犯罪，未邀宽减者,该督抚于秋审、朝审册内声明,九卿覆核时,照此办理,以昭轸恤无告之意。着为例。"钦此。钦遵。嗣经刑部将直隶各省援例未经准行,已入秋审、朝审人犯详查,除有关风化服制、仓库印信及私铸钱文、匿名诬告等案情罪重大,均应不准留养外,其斗殴鼠窃一切常赦所应原者,应准留养,分别另缮名单进呈。将应准留养之犯,内除已无应侍之亲及次丁已经成立者毋庸查办外,其现在实系亲老丁单,将该犯等枷责发落,并声明嗣后此等案件,在外令各督抚于秋审册内遵旨声明,朝审案件由刑部查核,统俟九卿覆核,另行汇奏,照留养之例办理。又准部咨,亲老丁单及孀妇独子,例得留养人犯,除实系戏杀、误杀,并无斗殴情形者,仍照向例,于题本内声明留养,法司随案核覆外,其斗杀之案,概令该督抚于定案时,止将应侍缘由于题本内声明,不必分别应准、不应准字样,统俟秋审时取结报部,刑部会同九卿公同核拟,入于另册进呈,恭候钦定。又准部咨,奉上谕:"着通谕各督抚,督同臬司,于秋审时遇有呈请留养者,务当亲提犯属、尸亲、邻族人等,逐一研讯,实系亲老丁单及孀妇独子,方准查办。"等因。钦此。又光绪二十七年四月初二日接准刑部咨,本年秋审限期已届,应令将应题秋审案件一律改奏各等因。遵照在案。

今江西省光绪二十八年秋审,据按察使明徵、布政使柯逢时等核拟详送前来。臣随即督同按察使明徵、布政使柯逢时等,仰体圣主慎重刑狱至意,谨将解省应行留养人犯戴暄育、邓泉水二起、计犯二名情罪细加会核推鞫,拟以缓决,开列简明略节清单,敬呈御览,并将全案略节清册分送部科道院外,臣谨会同两江总督臣刘坤一恭折具奏,伏乞皇太后、皇上圣鉴,敕下法司核议施行。谨奏。光绪二十八年五月十九日。

朱批:“刑部议奏,单并发。”

中国第一历史档案馆藏“宫中档案全宗·朱批奏折”,

档号:04—01—01—1055—069

459. 江西省光绪二十八年秋审常犯分拟情实缓决开单汇奏折

光绪二十八年五月十九日(1902年6月24日)

江西巡抚臣李兴锐跪奏,为江西省光绪二十八年秋审常犯分拟情实、缓决,由题改奏,恭折具陈,仰祈圣鉴事。

窃查例开:秋审时,督抚将重犯审拟情实、缓决、可矜,具题刑部,将原案及法司看语并督抚看语刊刷招册,送九卿、詹事、科道各一册,八月内在金水桥西会同详核情实、缓决、可矜,分拟具题,请旨定夺。俟命下之日,先后咨行直省,将情实人犯于霜降后、冬至前正法。又例开:秋审缓决人犯,解审二次之后,如情罪无可更定者,止令有司叙由详报,各督抚核招具题,不必复行提审。其曾拟情实,未经勾决之犯,及前拟情实、后改缓决,前拟缓决、后改情实,并缓决人犯内情可矜疑者,仍照例饬提解省。又例开:各省秋审本揭,如系新事初次入秋审者,照旧备叙案由,确加看语,以凭会核。其旧事缓决三次者止叙案由,未及三次者摘叙简明略节,依次汇为一本具题,俱不必叙入问供,以省繁冗。又准部咨,嗣后各省每年秋审,臬司核办招册,务须先期定稿,陆续移咨,在省司道会同虚衷商确,联衔具详,督抚二臣覆核定拟。又道光二十年三月初六日准刑部咨,嗣后咨送秋审后尾,务将每起内应拟死罪、在逃各犯,逐名全行声叙,并叙明应拟斩、绞字样,末后注明共斩犯若干名、绞犯若干名,以便查照原案,详细核对。又光绪二十七年四月初二日准刑部咨,本年秋审限期已届,应题秋审案件一律改为具奏各等因。遵照在案。

查光绪二十七年十一月初十日准行在刑部咨,上届及本届秋审情实、缓决各犯,因銮舆在道,未及呈请勾到,奏准并入下届办理。今江西省光绪二十八年秋审,经臣先将光绪二十六、七两年秋审拟以情实及由缓改实人犯缪迷仔等六起、计人犯六名,遵照部咨,先行缮单会奏。应入本年秋审新旧常犯,据按察使明徵、布政使柯逢时陆续核拟造册,详送前来。臣随督同按察使明徵、布政使柯逢时等,仰体圣主慎重刑狱至意,将解省各犯逐一提审,谨按原案略节,将免解、应解各犯情罪细加会核推勘,分拟情实、缓决。

查旧案仍拟缓决人犯方泷水等三十四起、计犯四十六名,情罪无可更定,略节卷帙繁多,援照上年成案,请免开单。除造具新旧事详细略节清册,分送部院科道核办,并留养、服制、监毙各犯另折具奏外,所有新案拟以情实人犯黎来瀀、李荃蔚、余张氏、龙倌受等四起、计犯四名口,缮具简明略节清单一扣。又新案拟以缓决人犯周士淋、周受傶、杨潮拜姑、罗涌、廖有挥、黄汰浤、陈漳萌、姜荃皮子、舒导煊、阮芜沐、李篙能、张锡饼、龚骗仔、严惟幅、萧瀀馀、周详僎、黄镕十、王俦根、饶茂得、余盈碌、唐浟潆、蓝帼蓰等二十二起、计犯二十二名,缮具简明略节清单一扣,一并恭呈御览。臣谨会同两江总督臣刘坤一恭折具陈,伏乞皇太后、皇上圣鉴,敕下法司核议施行。再,江西本年新事秋审内并无声叙阵亡案件及应拟斩、绞人犯在逃,亦无承祀可矜之犯,合并陈明。谨奏。光绪二十八年五月十九日。

朱批:"刑部议奏,单二件并发。"

中国第一历史档案馆藏"宫中档案全宗·朱批奏折",

档号:04—01—01—1055—070

460. 江西候补各官异常拥挤请暂停分发折

光绪二十八年五月二十日(1902年6月25日)

江西巡抚臣李兴锐跪奏,为江西候补各官异常拥挤,恳恩暂停分发,以冀疏通,恭折仰祈圣鉴事。

窃江西自军兴以后,劳绩、捐纳两项人员指分到省者络绎不绝,本已甚形壅滞,乃上年各省复开筹饷减成新捐,于是来者益众,趾踵相错,几于应接不遑。现在实官捐虽已停止,然先经捐指而未验看者尚多,截至目前,计在省候补道、府已有八十馀员,同、通、州、县凡四百馀员,佐贰杂职则多至一千三百馀员,匪特缺项有定,序补无期,即差委已屡经裁并,亦难遍及。现当庶政事新之始,澄清吏治最为要图,虽例有考核甄别之条,但人数众多,既不能遍试以事,其贤否一时即无从考见,若仍听其源源而至,用之固无事可派,去之又无罪可加,聚千数百员于省会之中,使之终年困守,沉滞堪怜,而不肖者更不免奔竞夤缘,苟且干进,实于吏治官方大有关碍。现与在省司道再四熟商,非暂停分发,无以疏通。

臣明知各省同有人满之患,惟江西当灾祲之后,图治尤急,拟请除即用、大挑及例应签掣分省人员仍照例统掣外,其馀劳绩、捐纳各项道、府以至未入流,均请一律停止分发江西两年,俟限满之后再由臣察看情形,奏明办理。其业经捐指江西尚未到省人员,在停止分发限内,有情愿改指别省者,并请准其另指省分,免缴改省等项银两,以示体恤。据布政使柯逢时、按察使明徵会详请奏前来。臣覆核无异，合无仰恳天恩，俯准照办，以清仕途而疏壅滞。除咨部外，所有暂请停止分发缘由，谨会同两江督臣刘坤一恭折具陈，伏乞皇太后、皇上圣鉴训示。谨奏。光绪二十八年五月二十日。

朱批："吏部议奏。"

《光绪朝朱批奏折》第1辑，第358—359页

461. 萍乡县知县顾家相任内疏防重案数起请旨革职勒令协缉片

光绪二十八年五月二十日（1902年6月25日）

再，臣据萍乡县知县顾家相禀报，本年四月初间，该县有何姓童子被匪杀毙，剜去心肝、肾子，中旬又有邓姓童子被匪采生折割，均据尸亲报验有案。是月十八日，复访闻有匪三人潜至县城大西门外姚姓孕妇房中，用邪术迷惑该孕妇自行解衣露腹，正在用刀剖割，经邻右得知，齐出喊捕，当场格杀不知姓名匪徒一人，馀均逃逸等情。臣当严饬拿匪惩办。旋据电报，获匪洪信诚一名，贵州人，供认用邪术杀取幼童心肝合药不讳。臣即饬署袁州府知府姜秀澜亲诣该县，提犯覆讯，立即正法去后。旋于五月初九日准督办铁路大臣盛宣怀由沪来电，据总办萍乡矿物局员候补道张赞宸呈阅顾家相电禀，此案虽已获犯惩办，而谣言日甚，举国若狂，咸指矿局官钱号收买所割人心，并疑及洋人，事机万分危急等语。臣查中国从前交涉之案，每因谣传洋人收取幼童，挖目剖心，以致激成大变。近来通商日久，咸知洋人并无此等行为，谣风久息。此次萍乡县邪匪之案，既经获犯惩办，地方绅民自应晓然共见，何致复生谣谤？

据该县所寄沪电，竟称事机万分危急，而究竟如何危急，该县并未详晰电禀到臣，尤堪诧异。当兹时事多艰，外患内讧，均有岌岌交迫之势，全恃地方官得人，随时防微杜渐，消患未萌，何堪再有贻误？臣已飞饬署袁州府姜秀澜再行星夜驰往弹压，该县派有续备左军防勇一营，堪以就近调拨防缉，谅不至酿成巨案。

惟该县顾家相，一月之内，连出采生折割邪匪重案数起，已属疏于防范，办理又多未善，以致谣言纷起，牵涉外人，更属咎无可辞。臣考察顾家相平日办事，尚似有才，而工于取巧，多所欺饰，若不从严参办，无以杜外人藉口而肃官方。该员由萍乡县调补清江县，近已捐升知府，指分河南，禀晋引，业经委员接署。相应请旨，饬将指分河南试用知府调补清江县事萍乡县知县顾家相即行革职，仍勒令交卸后留于该县协缉各案凶匪及造谣生事之犯，务期悉数弋获，尽法惩办，以儆效尤。臣为整顿吏治，慎重交涉起见，是否有当，谨会同南洋大臣、两江督臣刘坤一附片具陈，伏乞圣鉴训示。谨奏。

《李勤恪公奏议》卷二，《天津图书馆孤本秘籍丛书(二)》第 748 页

462. 特参署南赣镇篆广东雷琼镇总兵申道发贪劣骄纵不受调度请旨即予开缺片

光绪二十八年五月二十日(1902 年 6 月 25 日)

再，江西防营大率将骄卒惰而不知训练，缺额蚀饷而益以扰民，岁耗国家数十万金钱，实未尝得一兵之用，言之最堪痛恨。其习气之深，则莫有过于现统续备后军、署南赣镇篆广东雷琼镇总兵申道发者。臣前此到任，即闻其所部营勇全不足额，而劣迹尤多，

每出防剿，动辄骚扰，因皆已往之事，无人告发，姑不追论。且其时该镇坐拥多营，诚恐裁抑太骤，或致激而生事，当经不动声色，日以裁勇节饷为务，冀先解其兵柄，再作区处计。至去年秋间，该镇所统尚馀刚字六营、威武五营，臣方踌躇所以节制之策，适督臣刘坤一电商，委令署理南赣镇篆，因复乘其赴任，将威武五营另委统领，并裁其刚字副中一营，但令专统刚字五营，随改为续备后军。如此逐渐裁制，无非欲以全其末路，乃该镇尚不自知，到任以来，益复放纵任性，于臣奏定军制应裁勇丁，应缴军械，应用教习、文案，以及拨防汛地，均多抗违，不受调度。

臣窃见古之功臣，一为骄矜踞傲之气所中，举动狂谬，多有不能保其勋位者。咸丰、同治年间，臣从故大学士曾国藩军中，每见曾国藩诰诫将领，均以小心谨慎饬之，间有一二稍行跋扈之迹，即立予惩处，用能削平大难，中兴将帅之出其门者，多能以功名终。盖用兵本属危事，一人跋扈，则全军效尤，未有不偾事者。若申道发，本无丰功伟烈可言，亦复骄纵不守纪律如此，江省营务败坏，未始不由该镇有以启之。臣若不加参劾，必至相习成风，整军经武，更无从着手。当经缄商督臣刘坤一，意见相同，即由督臣将其所署南赣镇篆委员前往接署，臣亦即檄委留江补用道王芝祥驰往接统其所部续备后军。惟该镇系实缺总兵，既属治军无状，似未便再听回任，致有贻误。合无仰恳天恩，饬将广东雷琼镇总兵申道发即予开缺，以示惩儆而肃戎行。臣为整饬营务起见，是否有当，谨会同两江督臣刘坤一附片具陈，伏乞圣鉴训示。谨奏。

朱批："另有旨。"

《光绪朝朱批奏折》第48辑，第288—289页

附录

光绪二十八年六月初七日内阁奉上谕:“李兴锐奏参署江西南赣镇、本任广东琼州镇总兵申道发,所部营勇全不足额,每遇出防,到处骚扰,自到署任以来,益复放纵任性,不受调度等语。现当整顿军制之时,似此劣迹多端,举动骄恣,仅予开缺,不足蔽辜,申道发着即行革职,以肃军纪。”钦此。

《光绪朝上谕档》

463. 委员驻京劝办江西赈捐请由顺天府就近报部核奖片

光绪二十八年五月二十日(1902年6月25日)

再,上年夏间,江西各属被水,灾情较重,经臣督同官绅筹款办理急赈,并会同督臣刘坤一奏请将原办赈捐,于是年十月初五日限满后,再行展办一年,以资接济。八月十九日钦奉朱批:“着照所请,该部知道。”钦此。转行钦遵,分投劝办在案。

兹据筹赈捐输总局司道详称,接据江西京官公函,以江省水灾之后,哀鸿遍野,待哺嗷嗷,本省在都各绅向设有江西辅善义赈局,拟请委员携带实收,驻京劝办,按月造册,呈由顺天府就近咨部请奖,颁发执照,即将捐款随时汇江散放,以期迅速而广招徕等情。查江省连年灾歉,户鲜盖藏,去夏被水以来,民情愈形困苦,现值青黄不接,筹办工抚,需款甚殷,而赈捐一项,自新章加成后,收数寥寥。该绅等念切桑梓,拟请在都帮同劝办,系为轸惜灾黎起见,当经由局派委试用知县吴锦蓉携带实收前往,会同该义赈局广为劝集,藉助赈需。惟江省距京较远,各捐生应得奖叙,若俟造册送江汇案核办,不惟长途往返,贻误堪虞,且恐辗转稽延,难期踊跃。现在广东代收江省赈捐,即系由粤径行咨奖,所请由顺天府就近报部核奖之处,尚与办过成案相符,详请奏明立案等情前来。臣覆核无异,应准照办。除分咨各部及顺天府查照外,理合附片陈明,伏乞圣鉴。谨奏。

朱批:“该部知道。”

《光绪朝朱批奏折》第80辑,第735页

464. 上高县知县江召棠等报效昭信股票银两请给奖叙片

光绪二十八年五月二十日(1902年6月25日)

再,前准户部咨,京外各官报效昭信股票银两,奏准分别照章核奖等因。遵办在案。兹据布政使柯逢时详称,此项股票,江西各官共报效银三十三万两,内除前抚臣德寿、前藩司翁曾桂、吉安府知府许道培三员共报效银二万六百两,已先后具奏请奖,又前学政臣李绂藻、前督粮道刘汝翼、前赣南道周浩三员共报效银一万二千两,亦均自行赴部请奖不计外,其馀银二十九万七千四百两,系文武大小各员分认报效,应即照章核给奖叙,以示鼓励。现据正任上高县知县江召棠等八十二员开具履历,呈请核奖前来。查该员等原交报效银共十二万五百两,现又据补交不敷银四百五十七两,所请奖叙按照例定十成银数核计,均属有盈无绌,其移奖各员亦均系本员兄弟子侄,籍贯相同,并无辗转售卖之弊,与定章悉相符合。除填给实收,并将补缴正项同饭照银两存库汇解外,合将各员年貌、履历、三代汇造清册,详请具奏,并请将副实收咨送户部,暨分咨部监填发执照来江转给等情前来。

臣覆核无异,合无仰恳天恩,俯准照案分别给予奖叙。除饬催将未奖各员赶紧依限造册请奖,并将清册、副实收送部查照外,理合附片具陈,伏乞圣鉴,敕部核覆施行。谨奏。

朱批:"户部议奏。"

《光绪朝朱批奏折》第83辑,第688页

465. 审明南康县犯人邝基洪斗殴致毙人命一案按律定拟折

光绪二十八年五月二十日(1902年6月25日)

江西巡抚臣李兴锐跪奏,为斗殴致毙人命,审明定拟,遵章恭折具奏,仰祈圣鉴事。

窃准刑部通行:外省命盗死罪案件,无论斩、绞立决、监候,一律改为专折具奏等因。兹据按察使明徵审解南康县犯人邝基洪致伤黄德珠,越五日身死一案人招到臣。经臣亲提研鞫,缘邝基洪籍隶上犹县,寄居南康县,与已死同县人黄德珠邻居,素识无嫌。光绪二十四年三月间,黄德珠向邝基洪借钱一千五百文,议明两月归还,届期经邝基洪屡索无偿。是年十二月二十八日,邝基洪又至黄德珠家催索前欠,黄德珠央缓,邝基洪斥骂骗赖,黄德珠分辩回詈,致相争闹。黄德珠拳殴,邝基洪顺取桌上菜刀,砍伤黄德珠左手心,黄德珠扑拢夺刀,邝基洪用脚吓踢,适伤其下部倒地。经邻人陈贱生看见劝住。黄德珠伤医无效,至二十五年正月初三日殒命。尸母黄李氏投保报,经该前署县毛文源诣验获犯,讯供通详饬审。毛文源未及审解卸事,该署县朱绍文抵任,将犯审拟解府,经府核恐案情未确,节次委审,犯供游移,禀府发回南康县就近传证质审。该县朱绍文复审议拟,由府解司,经司核恐案情仍未确切,发委前署南昌府知府查恩绥提讯,犯供翻异,必须要证陈贱生到案质讯,方能定谳。行据南康县差传陈贱生，先赴广东省贸易，隔省关提，有需时日，限内实难完结，详经咨部展限。查恩绥未及审解，旋值卸事。该府江毓昌抵任，即据南康县将要证陈贱生解审到府。兹据讯拟，由司勘转，经臣提审，据供前情不讳，究非有心欲杀，亦无起衅别故及在场帮殴之人，案无遁饰。

查律载："斗殴杀人者，不问手足、他物、金刃，并绞监候。"等语。此案邝基洪因向黄德珠索欠，起衅争殴，致伤黄德珠，越五日身死，自应按律问拟。邝基洪合依"斗殴杀人者，不问手足、他物、金刃，并绞监候"律，拟绞监候。据供亲老丁单，是否属实，俟秋审时查明取结办理。见证陈贱生救阻不及，应毋庸议。

除全案供招咨部外，所有审明定拟照章改奏缘由，理合恭折具陈，伏乞皇太后、皇上圣鉴，敕部核覆施行。谨奏。光绪二十八年五月二十日。

朱批："刑部议奏。"

《光绪朝朱批奏折》第107辑，第896—897页

466. 审明贵溪县邵邓氏邵美高共殴兄妻毙命一案按律定拟折

光绪二十八年五月二十日（1902年6月25日）

江西巡抚臣李兴锐跪奏，为弟妇共殴，致毙兄妻，审明定拟，恭折具奏，仰祈圣鉴事。

窃照案准刑部通行：外省命盗死罪案件，无论斩、绞立决、监候，一律改为专折具奏等因。兹据按察使明徵审解贵溪县民妇邵邓氏共殴，致伤夫兄邵腾高之妻邵周氏身死一案人招到臣。经臣

亲提研鞫,缘邵邓氏系邵美高之妻,籍隶贵溪县,与夫胞兄邵腾高之妻邵周氏分居各炊,素睦无嫌。邵美高有分得屋基一块,于光绪二十四年间凭族卖与胞兄邵腾高起造房屋,议价洋银四十圆,约期付给。嗣因邵美高催索地价,邵腾高无钱付给,彼此口角吵闹,经族人邵良荣劝令邵腾高拆屋还地息事。二十七年二月二十六日,邵邓氏与邵周氏会遇闲谈,邵周氏提及前事,斥说邵邓氏夫妇为人刻薄,不顾手足,邵邓氏不服回詈,致相争闹。适邵美高携带禾枪田工回归,路过邵腾高门首,闻闹进内查问,邵周氏斥护,顺取桌上尖刀向邵美高殴戳,邵美高闪侧,用禾枪戳伤邵周氏右臂逃跑。邵周氏举刀赶殴,邵邓氏拢护,邵周氏用刀向邵邓氏乱戳,邵邓氏夺刀过手,邵周氏撞头拚命,邵邓氏用刀吓戳,适伤邵周氏顶心倒地。经邵良荣劝住,邵腾高亦即外回问明。邵周氏伤重,移时殒命。投保报,经该前署县张謇诣验获犯,讯供通详饬审。张謇与代理县郭立朝均未及审解卸事,该署县黄锡光抵任覆审。兹据讯拟,由府、司勘转,经臣提审,据供前情不讳,究非豫谋纠殴、有心欲杀,亦无起衅别故及另有在场帮殴之人,案无遁饰。

查律载:“弟殴兄之妻,加殴凡人一等。妻殴夫兄之妻,与夫殴同。至死,依凡人论。”又:“共殴人致死,下手致命伤重者,绞监候。”又:“刃伤人者,杖八十,徒二年。”各等语。此案邵邓氏因夫兄邵腾高价买伊夫屋基,无钱付价吵闹,经劝还地息事。嗣该犯妇会遇邵周氏,提及前事,被斥起衅争闹,与夫邵美高共殴致伤邵周氏身死,自应按律问拟。查邵周氏先被邵美高枪伤右臂,尚能赶殴,惟后被该犯妇邵邓氏刀伤致命顶心,即行倒地为重,应以邵邓氏拟抵。已死邵周氏系该犯妇邵邓氏夫兄之妻,应同凡论。邵邓氏合依“妻殴夫兄之妻,与夫殴同。至死,依凡人论”,“共殴人致死,下手致命伤重者,绞监候"律,拟绞监候,秋后处决。邵美高先用禾枪戳伤邵周氏右臂,亦应按律问拟。查邵周氏系该犯胞兄之妻,合依"弟殴兄妻,加殴凡人一等"律,于"刃伤人者,杖八十,徒二年"律上加一等,拟杖九十,徒二年半,到配折责安置。见证邵良荣救阻不及,应毋庸议。

除录全案供招咨部外,所有审明定拟照章改奏缘由,理合恭折具陈,伏乞皇太后、皇上圣鉴,敕部核覆施行。谨奏。光绪二十八年五月二十日。

朱批:"刑部议奏。"

《光绪朝朱批奏折》第107辑,第897—899页

467. 审明庐陵县民梁灦檠斗殴致毙人命一案按律定拟折

光绪二十八年五月二十日(1902年6月25日)

江西巡抚臣李兴锐跪奏,为斗殴致毙人命,审明定拟,遵章恭折具奏,仰祈圣鉴事。

窃照案准刑部通行:外省命盗死罪案件,无论斩、绞立决、监候,一律改为专折具奏等因。兹据按察使明徵审解庐陵县民梁灦檠致伤刘自焯,越十三日身死一案人招到臣。经臣亲提研鞫,缘梁灦檠籍隶庐陵县,与已死刘自焯邻村,素识无嫌。刘自焯家有祖遗山场一嶂,与梁灦檠家土名罗塘岭祖山毗连,中有水沟为界。光绪二十六年十月二十三日,刘自焯携带柴刀赴山砍柴,因沟界年久,被草长没,认界不明,误越梁姓山内砍柴。适梁灦檠携带禾枪田工回归走过,见向喝阻,刘自焯用言分辩,梁灦檠斥骂,刘自焯即用柴刀向砍,梁灦檠闪侧,用枪柄殴伤刘自焯左太阳穴。刘自焯弃刀夺枪,梁灦檠用枪柄吓殴,适伤其左腰眼倒地。经刘先江路见劝住,

通知刘自焯胞伯刘光文扶回,医治无效,至十一月初六日殒命。报经该前县冯兰森诣验获犯,未及详办卸事。该前署县江召棠暨代理县张树森亦未讯详。该署县郑恭抵任,讯供通详饬审。兹据讯拟,由府、司勘转,经臣提审,据供前情不讳,究非有心欲杀,亦无起衅别故及在场帮殴之人,案无遁饰。

查律载:"斗殴杀人者,不问手足、他物、金刃,并绞监候。"等语。此案梁灦檠因刘自焯误越山界砍柴,向阻被斥,起衅争殴,致伤刘自焯,越十三日身死,自应按律问拟。梁灦檠合依"斗殴杀人者,不问手足、他物、金刃,并绞监候"律,拟绞监候,秋后处决。见证刘先江救阻不及,应毋庸议。该处山场,饬令钉立界石,以杜后衅。

除全案供招咨部外,所有审明定拟照章改奏缘由,理合恭折具陈,伏乞皇太后、皇上圣鉴,敕部核覆施行。谨奏。光绪二十八年五月二十日。

朱批:"刑部议奏。"

《光绪朝朱批奏折》第107辑,第899—900页

468. 贵溪县知县杨焜、万载县知县张寿龄人地未宜请开缺另补片

光绪二十八年五月二十八日(1902年7月3日)

再,知县为亲民之官,审理词讼是其专责,必须精于谳狱,案无留滞,方不致贻累地方。臣与藩、臬两司留心考核,兹查有贵溪县知县杨焜,按部就班,颇称谨饬,万载县知县张寿龄,宽厚居心,尚无苛刻,惟该员等于民间词讼未能速为讯结。贵溪、万载两县,民俗未驯,素称好讼,近来民教交涉日繁,治理更属不易,实非该员等

所能胜任，于人地未甚相宜，应即撤回另补。据布政使柯逢时、署按察使刘心源会详请奏前来。合无仰恳天恩，俯准将贵溪县知县杨焜、万载县知县张寿龄均予开缺撤省，遇有相当之缺，另行请补。谨会同两江督臣刘坤一附片具陈，伏乞圣鉴训示。再，贵溪县系冲、繁、难三项相兼要缺，万载县系繁、难二项相兼中缺，江西省现有应补人员均请扣留外补，合并陈明。谨奏。

朱批："着照所请，吏部知道。"

《光绪朝朱批奏折》第17辑，第652页

469. 汇奏江西省光绪二十八年春季分委署代理知县印务各员片

光绪二十八年五月二十八日（1902年7月3日）

再，前准吏部咨，钦奉上谕："嗣后各省州县，无论奏调、委署、代理，着每届三月汇奏一次，由吏部严行查核。"等因。钦此。钦遵在案。兹据布政使柯逢时详称，光绪二十八年春季分奏调、委署、代理知县印务，所有候补知县马肇修委署清江县知县，试用通判彭承先委署德安县知县，前任萍乡县准补清江县知县顾家相仍委代理萍乡县知县，补用知县陈奎龄委署南城县知县，即用知县张凤冈委署安福县知县，即用知县吴孝恺委署馀干县知县，候补知县许金策委署雩都县知县，共七员，造册具详前来。臣覆核无异，除清册咨部外，理合附片具陈，伏乞圣鉴。谨奏。

朱批："吏部知道。"

《光绪朝朱批奏折》第17辑，第652页

470. 汇奏江西省光绪二十八年春季分暂时署理同知通判知县印务各员片

光绪二十八年五月二十八日(1902年7月3日)

再,案准部咨,各省委署丞倅等官及试用州县委署员缺,系暂时署理者,与实缺调署不同,均毋庸附折具奏,令各该督抚按季恭疏具题等因。兹据布政使柯逢时详称,光绪二十八年春季分,有因事故同知、通判、知县离任所遗印务,系属委员暂时署理,所有候补知县马肇修委署清江县知县,请补饶州府景德镇同知尚未接准部覆之陈履贞委令先行署理,试用通判彭承先委署德安县知县,补用知县陈奎龄委署南城县知县,即用知县张凤冈委署安福县知县,即用知县吴孝恺委署馀干县知县,准补瑞州府铜鼓营同知徐嗣龙委署赣州府观音阁通判,候补知县许金策委署雩都县知县,共八员,造册具详前来。臣覆核无异,除清册咨部外,此案遵照新章改奏,理合附片陈明,伏乞圣鉴。谨奏。

朱批:"吏部知道。"

《光绪朝朱批奏折》第17辑,第653页

471. 奉旨简调安徽徽州府知府许道培报捐离任归道员班补用业已奏奉开缺请旨另行简放片

光绪二十八年五月二十八日(1902年7月3日)

再,吉安府知府许道培,前于光绪二十年因永宁会匪扑城案内在事出力,保以道员在任补用,嗣因报效昭信股票银两,议请准离知府任,以道员归候补班补用,经臣附片具奏,于光绪二十七年十二月初七日奉朱批:“着照所请,该部知道。”钦此。钦遵,转行遵照。旋准吏部咨查捐案,亦经臣行据藩司查明声覆,并将实收、奖册咨送户部查核在案。兹于本年五月十六日准吏部咨开:新授安徽徽州府知府胡祖谦,祖籍安徽,例应回避,奏准由两江总督兼辖之江西各府开单,奏请简调,奉朱笔圈出江西吉安府知府许道培。钦此。并准封发文凭一道,咨令转给赴任等因到臣。伏查该员许道培报捐离任,归道员班补用,业已奏奉谕旨允准在先,自应钦遵开去知府底缺,未便再令驰赴调任。所遗安徽徽州府知府员缺,应请旨另行简放,以重职守。除将文凭送部察销外,理合附片陈明,伏乞圣鉴训示。谨奏。

朱批:“另有旨。”

《光绪朝朱批奏折》第 17 辑,第 653—654 页

472. 吉南赣宁道贺元彬与盐法兼巡瑞袁临道唐椿森对调署理片

光绪二十八年五月二十八日(1902 年 7 月 3 日)

再,吉南赣宁道管辖三府一州,地方辽阔,距省窎远,近来民教不和,往往滋生事端,且与东粤接壤,时有盗匪出没,弹压巡防,全赖治理得人。查有盐法兼巡瑞袁临道唐椿森,笃实明练,堪以调往署理。其所遗之盐巡道,即以正任吉南赣宁道贺元彬调署。如此一转移间,可期各得其宜。至贺元彬未到任以前,委现署粮道篆务试用道丁乃扬暂行兼理,俾唐椿森得以交替,早赴调任。除分檄饬遵外,谨会同两江总督臣刘坤一附片陈明,伏乞圣鉴。谨奏。

朱批:"吏部知道。"

《光绪朝朱批奏折》第 17 辑,第 654 页

473. 奏报江西省光绪二十八年四月分粮价及雨水情形折

光绪二十八年五月二十八日(1902 年 7 月 3 日)

江西巡抚臣李兴锐跪奏,为恭报光绪二十八年四月分粮价及地方雨水情形,仰祈圣鉴事。

窃照江西省光绪二十八年三月分市粮价值并雨水情形,业经臣恭折奏报在案。兹据布政使柯逢时查明通省光绪二十八年四月分米、麦、豆各项粮价,开单汇报前来。臣逐加查核,南昌等十四府州属米、麦、豆各项价值均与上月相同,省城及各属地方四月内雨泽调匀,菜麦收割,早禾长发,民情亦均安谧,堪以上慰圣怀。理合恭折具奏,并缮具四月分粮价清单,敬呈御览,伏乞皇太后、皇上圣鉴。谨奏。光绪二十八年五月二十八日。

朱批:"知道了。"

《光绪朝朱批奏折》第 96 辑,第 1041—1042 页

474. 审明新昌县民冷萌斗殴致毙人命一案按律定拟折

光绪二十八年五月二十八日(1902 年 7 月 3 日)

江西巡抚臣李兴锐跪奏,为斗殴致毙人命,审明定拟,遵章恭折具奏,仰祈圣鉴事。

窃照案准刑部咨,外省命盗死罪案件,无论斩、绞立决、监候,一律改为专折具奏等因。兹据按察使明徵审解新昌县民冷萌致伤

李妞生身死一案人招到臣。经臣亲提研鞫,缘冷萌籍隶新昌县,与已死李妞生邻村,素识无嫌。光绪二十七年五月十七日,冷萌与李妞生在县属棠浦地方路亭会遇闲谈,李妞生起意邀令赌博,冷萌允从。李妞生即取铜钱数文,用手覆盖,令冷萌猜压单双数目,分别输赢。赌毕结帐,李妞生输欠冷萌钱二百文,冷萌向索,李妞生央缓,冷萌斥骂骗赖,李妞生分辩回詈,致相争闹。李妞生举拳扑殴,冷萌闪侧,用脚踢伤李妞生左胁。李妞生弯身拾石,冷萌用脚吓踢,适伤李妞生右胁倒地。经邻妇龚杜氏路见劝住,通知李妞生之母李况氏往看问明。李妞生伤重,移时殒命。即经县、营访闻差拿,并据尸亲李况氏投保报县,诣验获犯。该前署县孟庆云未及详办卸事,该署县彭厚基抵任,讯供通详饬审。兹据讯拟,由府、司勘转,经臣提审,据供前情不讳,究非有心欲杀,亦无起衅别故及在场帮殴之人,案无遁饰。

查律载:"斗殴杀人者,不问手足、他物、金刃,并绞监候。"等语。此案冷萌因李妞生邀其赌博,输钱未偿,向索互骂,起衅争殴,致伤李妞生身死,自应按律问拟。冷萌除听从同赌,轻罪不议外,合依"斗殴杀人者,不问手足、他物、金刃,并绞监候"律,拟绞监候,秋后处决。李妞生起意赌博,本干律拟,业被致伤身死,应与救阻不及之见证龚杜氏均毋庸议。失察赌博之地保刘骆迪,照例笞责革役。李妞生等用钱赌博,并无赌具,亦无摊场财物,应免查起着追。此案因赌酿命,业经该县、营访闻,获犯究办,地方文武失察职名请免开送。

除录全案供招咨部外,所有审拟斗殴致毙人命案件遵章改奏缘由,理合恭折具奏,伏乞皇太后、皇上圣鉴,敕部核覆施行。谨奏。光绪二十八年五月二十八日。

朱批:"刑部议奏。"

《光绪朝朱批奏折》第107辑,第907—908页

475.审明南昌县民吴材仔吴葬申斗殴致毙人命一案按律定拟折

光绪二十八年五月二十八日(1902年7月3日)

江西巡抚臣李兴锐跪奏,为斗殴致毙人命,审明定拟,遵章恭折具奏,仰祈圣鉴事。

窃照案准刑部通行:外省命盗死罪案件,无论斩、绞立决、监候,一律改为专折具奏等因。兹据按察使明徵审解南昌县民吴材仔致伤严雍斗,并吴葬申致伤严叶狗越十九日各身死一案人招到臣。经臣亲提研鞫,缘吴材仔、吴葬申均籍隶南昌县,与已死严雍斗、严叶狗邻村,素识无嫌。光绪二十七年六月十二日,严雍斗与族人严叶狗携带禾枪,牵牛赴田工作,失管牛只走入吴材仔田内,践食禾苗,适吴材仔见向赶逐,严雍斗斥骂,吴材仔分辩回詈,致相争闹。严雍斗即用禾枪连戳伤吴材仔左膝并右手腕、右手背,吴材仔扑拢夺枪,严雍斗闪侧,用枪戳伤吴材仔右肋。吴材仔夺枪过手,掉转枪头,戳伤严雍斗胸膛近左。严雍斗举拳扑殴,吴材仔用枪戳伤严雍斗左肋、左胯。严雍斗撞头拚命,吴材仔用枪吓戳,适伤严雍斗脐肚倒地,弃枪逃跑,严叶狗拾枪追赶。维时吴葬申在田工作,闻闹赶至,上前拦劝,严叶狗斥护,用枪连戳伤吴葬申囟门、额颅。吴葬申拳殴,严叶狗用枪连戳伤吴葬申左乳、肚腹。吴葬申弯身拾石,严叶狗闪至吴葬申身后,用枪戳伤吴葬申左后肋。吴葬申转身夺获禾枪,掉转枪头,连戳伤严叶狗胸膛近右并右脚踝。严

叶狗扑拢夺枪,吴薅申用枪吓戳,适伤严叶狗右胁。经熊洪发路见劝住,通知严雍斗等之父严时起等往看问明。严雍斗伤重,移时殒命。将严叶狗扶回医治,报经该前代理县陈瑞鼎诣验饬医。嗣严叶狗伤医无效,至七月初二日因伤身死。又经尸父严雍宝报县,诣验获犯。陈瑞鼎未及讯详卸事,该署县戚扬抵任,讯供通详饬审。兹据讯拟,由府、司勘转,经臣提审,据供前情不讳,究非预谋纠殴、有心欲杀,亦无起衅别故及另有在场帮殴之人,案无遁饰。

查律载:"斗殴杀人者,不问手足、他物、金刃,并绞监候。"等语。此案吴材仔因严雍斗等牛只失管,践食禾苗,见向赶逐被斥,起衅争殴,吴材仔致伤严雍斗殒命,吴薅申拦劝被斥,致伤严叶狗,越十九日身死,尚在金刃伤保辜限内,系属各毙各命,自应各科各罪。吴材仔、吴薅申均合依"斗殴杀人者,不问手足、他物、金刃,并绞监候"律,拟绞监候,俱秋后处决。严雍斗枪伤吴材仔左膝等处,严叶狗枪伤吴薅申囟门等处平复,本干律拟,业俱受伤身死,应与救阻不及之见证熊洪发均毋庸议。

除录全案供招咨部外,所有审拟斗殴致毙人命案件遵章改奏缘由,理合恭折具奏,伏乞皇太后、皇上圣鉴,敕部核覆施行。谨奏。光绪二十八年五月二十八日。

朱批:"刑部议奏。"

《光绪朝朱批奏折》第107辑,第908—910页

476. 审明武宁县民王导苹王导俊共殴致毙人命一案按律定拟折

光绪二十八年五月二十八日(1902年7月3日)

江西巡抚臣李兴锐跪奏,为共殴致毙人命,审明定拟,恭折具

陈,仰祈圣鉴事。

窃查前准刑部通行:外省命盗死罪案件,无论斩、绞立决、监候,一律改为专奏等因。兹据按察使明徵审解武宁县民王导苹等共殴致伤无服族叔祖王兴境身死一案人招到臣。经臣亲提研鞫,缘王导苹籍隶武宁县,与已死无服族叔祖王兴境素睦无嫌。光绪二十七年四月十一日,邻人范全演有布衣四件,交王兴境之妻王范氏浣洗,王浣氏赴塘洗衣,在途失落布褂一件,经王导苹拾去。王范氏回归查知,即令其夫王兴境往向王导苹查问,王导苹索谢,王兴境不允,彼此口角。经邻人黄文兴劝处,还衣寝事。是月十五日,王兴境携担赴田工作,路遇王导苹与在逃之堂弟王导佼携带禾枪走去,提及前事,王兴境斥骂王导苹薄情,王导苹分辩回詈,王导佼在旁帮斥,致相争闹。王兴境用担向王导佼殴打,王导佼用枪格开木担,划伤王兴境左胳肘,弃枪逃跑。王兴境追赶,王导苹拾枪搁阻,王兴境举担扑殴,王导苹闪侧,用禾枪戳伤王兴境胸膛,并划伤左手大指。王兴境举担复殴,王导苹弃枪,夺担过手,王兴境拳殴,王导苹用担吓殴,适伤王兴境左额角倒地。经黄文兴劝住,通知王兴境胞兄王兴均往看。王兴境伤重,逾时殒命。投保报,经该前代理县杨焜诣验获犯,讯供通详饬审。杨焜未及审解卸事,该代理县彭继昆抵任,提犯覆审。兹据讯拟,由府、司勘转,经臣提审,据供前情不讳,究非预谋纠殴、有心欲杀,亦无起衅别故及另有在场帮殴之人,案无遁饰。

查律载:“共殴人致死,下手致命伤重者绞监候。”又:“同姓服尽亲属相殴至死,以凡论。”各等语。此案王导苹因捡拾王兴境之妻失落布褂,向索口角,经中处还寝事,嗣途遇提及前事被斥,起衅争殴,与王导佼共殴致伤王兴境身死。查已死王兴境身受各伤,惟后被该犯担伤致命左额角即行倒地为重，应以该犯拟抵。查王导苹系已死王兴境无服族侄孙，至死应同凡论，自应按律问拟。王导苹合依“同姓服尽亲属相殴至死，以凡论”，“共殴人致死，下手致命伤重者绞监候”律，拟绞监候，秋后处决。见证黄文兴救阻不及，应毋庸议。逸犯王导佼，缉获另结。

除全案供招咨部外，所有审明定拟照章改奏缘由，理合恭折具陈，伏乞皇太后、皇上圣鉴，敕部核覆施行。谨奏。光绪二十八年五月二十八日。

朱批：“刑部议奏。”

《光绪朝朱批奏折》第107辑，第910—911页

477. 奏报江西光绪二十七年分兵米奏销未完一分以上各员名折

光绪二十八年五月二十九日（1902年7月4日）

江西巡抚臣李兴锐跪奏，为查明光绪二十七年分兵米奏销未完一分以上各员名，遵照新章开单奏报，恭折仰祈圣鉴事。

窃照江西省办理兵米奏销，向照地丁格式，将未完一分以上各职名，于次年五月限内开单奏报，历经遵办在案。兹据布政使柯逢时详，准署督粮道事候补道丁乃扬移称，查明光绪二十七年分兵米奏销案内经征、接征限内限外卸事未完一分以上州县正署各职名，遵照新章，详请奏报等情前来。臣覆核无异，除将揭帖咨送户部外，理合恭折具奏，并将未完一分以上员名开列简明清单，恭呈御览，伏乞皇太后、皇上圣鉴。再，此案据藩司于五月二十六日详到，臣于五月二十九日出奏，合并陈明。谨奏。光绪二十八年五月二十九日。

朱批:“户部议奏,单并发。”

《光绪朝朱批奏折》第62辑,第743页

478. 奏报江西光绪二十七年地丁等款钱粮奏销未完一分以上各员名折

光绪二十八年五月二十九日(1902年7月4日)

江西巡抚臣李兴锐跪奏,为江西省办理光绪二十七年地丁等款钱粮奏销,将经催、经征、接征未完一分以上各员名,遵照新章开列清单,恭折具奏,仰祈圣鉴事。

窃照各省钱粮奏销,例应按照定限具题,一面先将未完一分以上各员名开具简明清单,专折奏报,历经遵办在案。兹据布政使柯逢时详称,查办光绪二十七年分地丁、民屯钱粮奏销,循旧于三月底截数,遵照新章,剔除缓征,以实征、起运、存留银数作为十分计算。除将地丁实征起存及屯粮、屯丁等项已未完支解数目查造奏销各册,并经催、经征各官已未完分数职名揭帖另行详请奏咨外,所有二十七年地丁、屯粮丁各银两未完分数,司、府、州、县正署各官经、接、催征不力及督催职名,开具揭帖,详请奏报等情前来。臣覆核无异,除将揭帖咨送户部外,理合恭折具陈,并遵新章,将未完一分以上各员名,开列简明清单,敬呈御览,伏乞皇太后、皇上圣鉴。再,此案于光绪二十八年五月十七日据藩司详到,臣于五月二十九日出奏,系在限内,合并陈明。谨奏。光绪二十八年五月二十九日。

朱批:“户部议奏,单并发。”

《光绪朝朱批奏折》第68辑,第844—845页

479. 江西筹解本年上半年内务府经费银两片

光绪二十八年五月二十九日[①](1902年7月4日)

再,前准户部咨,光绪二十八年分内务府经费,拨江西省银二万两,仍遵向章,于六月前解到一半,十二月初间扫数解清,不得丝毫蒂欠等因。行司筹解去后。兹据藩司柯逢时详称,动放光绪二十八年地丁银一万两,作为上半年应解内务府经费银两,又随解平馀银二百五十两、杂费银八十两,遴委试用知县沈廷鉴领解,于二十八年六月初八日起行,由陆路前赴内务府衙门交收,详请奏咨等情前来。臣覆核无异,除分咨查照外,理合附片陈明,伏乞圣鉴。谨奏。

朱批:"该衙门知道。"

《光绪朝朱批奏折》第89辑,第596页

480. 江西委解本年第三批地丁京饷银两起程日期片

光绪二十八年五月二十九日(1902年7月4日)

再,查光绪二十八年分京饷,奉拨江西地丁银三十五万两、厘金银十万两,业据藩司筹拨第一、第二两批地丁银十万两,委员领解赴部交收,经臣先后附片奏报在案。兹据藩司柯逢时详称,现于

---

① 以下两片,底本推定具奏日期为光绪二十八年六月。据中国第一历史档案馆藏"宫中档案全宗·朱批奏折"目录(档号:04—01—35—1060—074、04—01—35—1060—075)、"军机处全宗·录副奏折"目录(档号:03—6321—044、03—6656—145),此两片具奏日期为光绪二十八年五月二十九日,朱批日期为同年六月二十一日。

光绪二十八年地丁项下动放银四万两,遴委试用知县沈廷鉴领解,作为第三批地丁京饷,并随解饭银二百八十两,于二十八年六月初八日起行,由陆路前赴户部交收,详请具奏等情前来。臣覆核无异,除饬接续筹解外,所有委解二十八年第三批地丁京饷银两起程日期缘由,理合附片陈明,伏乞圣鉴。谨奏。

朱批:"户部知道。"

《光绪朝朱批奏折》第89辑,第596页

481. 审明新喻县犯人张照萌斗殴致毙人命一案按律定拟折

光绪二十八年五月二十九日(1902年7月4日)

江西巡抚臣李兴锐跪奏,为斗殴致毙人命,审明定拟,恭折仰祈圣鉴事。

窃查前准刑部通行:外省命盗死罪案件,无论斩、绞立决、监候,一律改为专奏等因。兹据按察使明徵审解新喻县犯人张照萌致伤廖张氏越日身死一案人招到臣。经臣亲提研鞫,缘张照萌籍隶新喻县,与已死廖张氏素不认识。光绪二十七年七月十一日下午,张照萌赴廖姓村内售卖油果,廖张氏探亲饮酒回归,因醉后行走不稳,误将张照萌手托盘内油果撞翻,张照萌不依斥骂,廖张氏回詈,致相争闹。廖张氏举拳扑殴,张照萌闪侧,廖张氏扑跌倒地,被石块磕伤心坎。廖张氏起身,拢向拚命,张照萌用拳殴伤廖张氏左乳。廖张氏扯住张照萌衣服不放,张照萌用手推搡,廖张氏仰跌倒地,被石块碓伤右腰眼。经邻人章福廷路见劝住,通知廖张氏之子廖为仁往看,扶回医治无效,至次日殒命。投保报,经该县诣验差拿。张照萌闻拿，赴县投首，讯供通详饬审，将犯审拟解府，经府核恐案情未确，发回新喻县覆审。兹据讯拟，由府、司勘转，经臣提审，据供前情不讳，究非有心欲杀，亦无起衅别故及在场帮殴之人，案无遁饰。

查律载："斗殴杀人者，不问手足、他物、金刃，并绞监候。"等语。此案张照萌因廖张氏撞翻伊油果斥骂，起衅争殴，致伤廖张氏，越日身死。重伤虽由于跌，跌由于推，自应仍按斗杀问拟。虽据自首，无因可免。张照萌合依"斗殴杀人者，不问手足、他物、金刃，并绞监候"律，拟绞监候，秋后处决。据供母老丁单，是否属实，俟秋审时查明取结办理。见证章福廷救阻不及，应毋庸议。

除全案供招咨部外，所有审明定拟照章改奏缘由，理合恭折具陈，伏乞皇太后、皇上圣鉴，敕部核覆施行。谨奏。光绪二十八年五月二十九日。

朱批："刑部议奏。"

《光绪朝朱批奏折》第107辑，第914—915页

482. 审明丰城县民范教化斗殴致毙人命一案按律定拟折

光绪二十八年五月二十九日（1902年7月4日）

江西巡抚臣李兴锐跪奏，为斗殴致毙人命，审明定拟，照章恭折具奏，仰祈圣鉴事。

窃照案准刑部通行：外省命盗死罪案件，无论斩、绞立决、监候，一律改为专折具奏等因。兹据按察使明徵审解丰城县民范教化致伤文椿林身死一案人招到臣。经臣亲提研鞫，缘范教化籍隶丰城县，与已死文椿林邻居，素识无嫌。光绪二十七年七月间，文

椿林向范教化借用铜钱三十八文,约俟次日归还,经范教化屡索无偿。八月十四日,范教化路遇文椿林,催索前欠,文椿林斥骂不应拦路逼索,范教化分辩回詈,致相争闹。文椿林拳殴,范教化闪侧,用拳殴伤文椿林左肋。文椿林扑拢拚命,范教化用拳吓殴,适伤文椿林胸膛倒地。经邻人朱金仔路见劝住,通知文椿林之父文柄瀊往看问明。文椿林伤重,移时殒命。报经该前代理县郑辅东诣验差拿,未及获犯卸事。该署县孔昭珍抵任,获犯讯供,通详饬审。兹据讯拟,由府、司勘转,经臣提审,据供前情不讳,究非有心欲杀,亦无起衅别故及在场帮殴之人,案无遁饰。

查律载:"斗殴杀人者,不问手足、他物、金刃,并绞监候。"等语。此案范教化因向文椿林索欠被斥,起衅争殴,致伤文椿林身死,自应按律问拟。范教化合依"斗殴杀人者,不问手足、他物、金刃,并绞监候"律,拟绞监候,秋后处决。见证朱金仔救阻不及,应毋庸议。文椿林欠钱,身死勿征。

除全案供招咨部外,所有审明定拟照章改奏缘由,理合恭折具奏,伏乞皇太后、皇上圣鉴,敕部核覆施行。谨奏。光绪二十八年五月二十九日。

朱批:"刑部议奏。"

《光绪朝朱批奏折》第107辑,第915—916页

483. 遵旨设立农工商局派员办理片

光绪二十八年五月二十九日(1902年7月4日)

再,光绪二十四年,迭次钦奉谕旨,设立农工商局,本年正月十七日复奉上谕:"农工商业为富强之根本,自应及时振兴。除商务

已特派大臣专办外,其农工各务,即着责成各督抚,各就地方情形详筹办理,并先行分设农务、工艺学堂,以资讲习。"等因。钦此。臣维近日时事多艰,各省均有民穷财尽之患,非广开利源断难自给。西人论理财,有分利、生利两科。分利者,就地面上原有之财利,均输而挹注之。比来各省筹款,整顿丁漕,考核厘税,开办彩票,征收房捐,大率不出于此,即推之印花、邮政、银行,亦莫非分利之一端。利愈分而民愈穷,苟不知[1]讲求生利之策,将驯至无利可分,何以为国? 此农工商局之设所以决不宜缓者也。

臣到任以来,迭经通饬各属讲求种植、畜牧、垦荒诸政,并奏明设立工艺所,教养无业游民,又将旧有之蚕桑局改派干员,大加整顿,凡此皆〔于〕[2]农工本计,未尝无所关系。惟是民多椎鲁,安于故步,蔽所[3]希闻,纵有新法,无从晓譬,自非设立学堂,招集士流,因势而利导之,难期精进。而目前限于经费,学堂难遽遍立,只得于现设之大中学堂内,分门立课,令诸生兼习之,以立其体。更于省城特设农工商局,委藩司柯逢时、督粮道刘心源总司其事,并酌派候补道、府、州、县各员[4]分充帮办、提调、文案,随时筹办一切,以裕其用。

臣复以江西矿产,五金煤铁,所在皆有,迩者东西洋人憧憧往来,深相注意,尤应及早自筹兴办之法,庶利权不致外溢。并于农工商局内设立矿务公司,凡有殷实商民愿入股者,报明局员,切实考察,遵照部颁章程,取结咨部,给照开办,一面酌筹官本,延聘矿师,订购机器,先就水陆交通转运利便之地,次第勘明,分别开采。

---

① "知",《申报》光绪二十八年七月二十一日(1902 年 8 月 24 日)第 10542 号第 12 版《光绪二十八年七月初八日京报全录》无。

② 原脱,据《申报》补。

③ "所",《申报》作"无"。

④ "员",《申报》作"官"。

至沪上为华洋各商萃会之区，此辈之欲来江办矿者，类多聚议于沪，亦不可无专驻之员，慎察而(斡)〔斡〕旋之。臣查有现办上海制造局务、奏留江苏补用道毛庆蕃，器识深远，办事结实，且籍隶江西，熟悉本省情形，拟即委令会办江西农工商局，就近在沪照料招商集股各事宜。其有应咨商矿路总局及商务大臣之处，臣仍随时专咨，妥商办理。一俟矿务公司规模大定，筹有巨款，再专设农务、工艺各学堂，广为教育，庶期风会[①]日开，货财日阜，仰副圣主利用厚生之至意。

所有遵旨设立农工商局派员办理各情形，理合会同两江总督臣刘坤一附片具陈，伏乞圣鉴训示。谨奏。

朱批："知道了。"[②]

《李勤恪公奏议》卷二，《天津图书馆孤本秘籍丛书(二)》第750页

484. 江西建立机器制造局仿制各种新式枪弹等事片

光绪二十八年六月十九日(1902年7月23日)

再，江省防营从前虽有购备枪炮，无如将领不得其人，弁勇不解装放，非委弃散失，即锈坏不灵。上年臣因新约禁止外洋军火进口，无从采购新式枪炮，江鄂、粤东虽经设厂自制，究恐不足以供各行省取求。查有试用知府刘世芳，精于制造之学，当饬赴沪购办机器，于省会德胜门外度地建立机器制造局一所，由江宁选募工匠，仿制各种新式枪弹，庶期有备无患。惟工程甚大，一时尚未完竣，而现在改定常备、续备各军，立待教练，又不可一日无此利器。当

① "会"，《申报》作"气"。

② 朱批据《申报》补。

电商督臣刘坤一,饬令上海制造局选拨小口径五响毛瑟快枪四百四十枝,每枝配制钢头无烟药子五百颗,并另配无钢头放响子一百颗,以备操演之用。此项枪子不过仅足颁给两营,而价值运费已需二万两有奇。此外各营实因经费难筹,未能遍行购给,只得将旧存各枪择其尚可改用者,发交刘世芳逐加修整,暂应目前之需,徐图扩充之策。所有购办机器,建立制造局,及由沪拨购枪枝,需款皆逾累万,均在司库设法腾挪应用,容俟另行造册报部核销。是否有当,理合附片陈明,伏乞圣鉴训示。谨奏。

朱批:"该部知道。"

《光绪朝朱批奏折》第62辑,第749页

485. 江西筹解光绪二十八年分北洋海防经费第一批银两片

光绪二十八年六月十九日(1902年7月23日)

再,承准军机大臣字寄,光绪二十八年二月十九日奉上谕:"据袁世凯具奏直隶协饷短绌情形,当饬户部妥为筹议,兹据奏核定协饷款目,除分别酌缓外,应饬协拨各省共实解每年三百十八万,不得再有短欠等语。着自本年始,即照户部核定单开各款,筹解足数,不准稍有短欠。"等因。钦此。计单开:北洋海防经费项下,江西原拨厘金银二十万两,应解足银十万两,缓解银十万两等因到臣。

伏查奉拨北洋经费一款,系在厘金项下动支,近年灾歉频仍,商货稀少,收数异常短绌,而添拨赔款等项又骤增百数十万金之多,罗掘应付,智力俱穷。此项经费虽经部臣格外体恤,量予核减,然当此筹措偿款奇窘之际,每年能否解足,毫无把握。前准直隶督臣电商,当经臣将为难情形电覆在案。惟款关畿疆要需,不能不设法兼顾,即经行司赶紧筹解去后。兹据布政使柯逢时详称,遵于无可如何之中,在厘金项下勉力腾挪银二万两,作为应解二十八年分北洋海防经费第一批银两,遴委试用知县沈廷鉴领解,于六月初八日起行,查照北洋海防支应局来电,由陆路前赴京都,交源丰润商号兑收转解,以昭妥速,详请奏咨等情前来。除饬赶紧解交,并分别咨明外,理合附片具陈,伏乞圣鉴。谨奏。

朱批:"户部知道。"

《光绪朝朱批奏折》第62辑,第750页

486. 江西九江姑塘两关税务一年期满收支各数遵章补奏片

光绪二十八年六月十九日(1902年7月23日)

再,查江西九江、姑塘两关税务,前监督诚勋自光绪二十四年九月十二日接征起,至二十五年四月初一卸事前一日止,计经征六个月十九日,共收正银七万六千七百七十二两四钱八分五厘、耗银六千五百三十九两三钱九分八厘五毫;前监督明徵自二十五年四月初一到任日起,至九月十一日关期届满止,计经征五个月十一日,共收正银十五万九千六百五十一两八钱六分五厘、耗银一万三千九百一两九钱八分六厘五毫。通计一年期满,共收正耗银二十五万六千八百六十五两七钱三分五厘,内耗银二万四百四十一两三钱八分五厘。该年例支添平银、库饭银、解官水脚、鞘籖及书役工食公费,并解交内务府摊缴参价、监督养廉及京员津贴、部科饭银等款,共动用银四万三千十六两三钱一分二厘二毫,除将耗银全数支用外,计不敷银二万二千五百七十四两九钱二分六厘二毫,业已循照例案,在于盈馀项下尽数拨补清款。其正银二十三万六千四百二十四两三钱五分,除动支窑工银一万两,又拨补窑工不敷银六千五百六十七两八钱七分三厘八毫,及拨补耗羡不敷外,实存正银十九万七千二百八十一两五钱五分。内拨解二十四年正月起至九月止连闰计十个月协黔月饷银四万两,按季解赴贵州藩司衙门兑收。又拨解二十五年分内廷经费银十四万六千六百八十一两八钱八分,分批解交内务府兑收。又奉部添拨二十五年分京饷指拨九江关常税银十万两案内动拨银五千两,解交户部兑收。又解二十六年分内廷经费银五千五百九十九两六钱七分,赴内务府交收。业经循例造具支解细册,送部核销,并经明徵于光绪二十七年十一月二十八日缮本具题在案。

嗣准通政司,以前项本章未经呈进发还,经臣咨准户部核覆,收支关税各项有关出入,应由该关详臣,奏明办理等因,转行遵照去后。兹据该监督瑞澂详请补奏前来。除咨部外,所有九、姑两关税务一年期满遵章补奏缘由,理合附片具陈,伏乞圣鉴,敕部查核施行。谨奏。

朱批:"户部知道。"

《光绪朝朱批奏折》第74辑,第349—350页

487. 江西筹解奉派新案赔款第八期银两片

光绪二十八年六月十九日(1902年7月23日)

再,前准部咨,新案赔款,江西省每年摊还银一百四十万两,并

奉电旨:“应将全年应付本息匀作十二分,按月摊付,先期解交上海道收存,无论如何为难,不得稍有迟误。”等因。钦此。当经转行钦遵。业据藩司将第一期至第七期应付之款按期设法筹解,先后汇交上海道兑收,均经分别奏咨在案。惟查前项赔款,为数过巨,自奉派拨之后,臣与司道竭力设措,几于智穷力索,现虽将按粮捐输、土药膏捐、盐斤加价等项分投举办,略有眉目,然每年究能增益若干,尚无把握。大局所关,不得不力为其难,惟有勉强凑集,以济目前之急。

兹据布政使柯逢时详称,在于随粮捐输、淮盐加价并厘金、土药等款项下挪动凑放银十一万六千六百六十六两六钱六分七厘,又遵照行在户部来电,另行动放关平补水银一千九百十六两八钱三分三厘,一并发交新泰厚等商号承领,另给汇费银一千一百八十五两八钱三分五厘,限于七月十八日以前汇至江海关道衙门投交,作为江西奉派新案赔款第八期银两等情,详请奏咨前来。除饬依限汇交,暨分咨外务部、户部外,理合附片陈明,伏乞圣鉴。谨奏。

朱批:“户部知道。”

《光绪朝朱批奏折》第83辑,第702—703页

488. 江西筹解光绪二十八年第二批甘肃新饷划作新疆第七期新案赔款银两片

光绪二十八年六月十九日(1902年7月23日)

再,准户部咨,议覆新疆抚臣奏请将新省岁认赔款由近沪省关协新饷内拨兑一案,议令江西在于应协新饷内提银六万两,汇解沪道兑收等因,当经转行遵照筹解去后。兹据布政使柯逢时详称,查

江西省二十八年分奉拨甘肃新饷银三十六万两，当以司库支绌，详奉奏明在于司、道两库分派筹解，除第一次解过银五万两外，尚有未解银两，现在既经户部行令提银六万两汇沪，作为新省摊还赔款，自应遵照筹解，以济要需。兹移准粮道筹拨道款钱粮银三万三千三百三十三两三钱三分三厘、关平补水银五百四十七两六钱六分七厘，共银三万三千八百八十一两，作为奉拨二十八年第二批甘肃新饷，代解新省第七期新案赔款，发交蔚盛长等商号，限本年六月十八日汇至江海关道衙门交收，掣批回销，并由司给发汇费银三百三十八两八钱一分。至筹解此批甘肃新饷划作新疆奉派第七期赔款银两职名，系署江西督粮道试用道丁乃扬，合并声明等情，详请奏咨前来。臣覆核无异，除饬按限汇兑，并分别咨明外，理合附片具陈，伏乞圣鉴。谨奏。

朱批："户部知道。"

《光绪朝朱批奏折》第83辑，第703—704页

489. 奏报江西光绪二十七年分文武职养廉及其他支款银两动支数目片

光绪二十八年六月十九日（1902年7月23日）

再，据布政使柯逢时详称，江西省文武职养廉，例应于耗羡项下并一切闲款内动支。今光绪二十七年分文武职养廉银两，内除各官缺半银外，统计应支银十四万五千五百四十八两九钱五分，又应支文庙丁祭等项祭品并各部饭食、漕臣养廉、文武科场经费以及本省一切支款银三万七千九百六十六两七钱七分二厘，以上共应支银十八万三千五百十五两七钱二分二厘。查二十七年应征耗

羡,除被灾缓征外,已完银十五万二百四十三两四钱八分六厘,尽数动支,计尚不敷银三万三千二百七十二两二钱三分六厘,遵照例案,动支各年芦课并杂项等银,照数凑给。除分晰造册,另详请奏核销外,详请查核具奏等情前来。臣覆核无异,除俟各册造送至日另行奏销外,理合附片具陈,伏乞圣鉴。谨奏。

朱批:"户部知道。"

《光绪朝朱批奏折》第89辑,第590页

490. 奏报江西光绪二十八年麦收分数折附清单

光绪二十八年六月十九日(1902年7月23日)

江西巡抚臣李兴锐跪奏,为恭报麦收分数,仰祈圣鉴事。

窃照二麦收成,例应恭折奏报。今光绪二十八年分二麦已届刈获之期,据布政使柯逢时查明各属约收分数,汇开清折,具报前来。臣覆加确核,江西七十九厅州县内,定南、萍乡、万载、崇义四厅县向不种麦,其馀七十五厅州县内,有八分者九县,七分者五十一厅州县,六分者十五县,通省牵算,二麦收成约计六分有馀。业已分饬各厅州县,俟场工完毕,照例核明实在收成,列折具报。除俟报齐再行核办外,所有约收分数,理合先行缮折具陈,并缮清单,敬呈御览,伏乞皇太后、皇上圣鉴。谨奏。光绪二十八年六月十九日。

朱批:"知道了。"

清单

谨将江西省光绪二十八年二麦收成分数开列清单,恭呈御览。

南昌府属

义宁、南昌、新建、丰城、进贤、奉新、靖安、武宁八州县俱七分。合计府总收成七分。

瑞州府属

高安、上高、新昌三县俱七分。合计府总收成七分。

袁州府属

分宜县八分,宜春县七分。合计府总收成七分有馀。

临江府属

清江、新淦、峡江三县俱七分,新喻县六分。合计府总收成六分有馀。

吉安府属

莲花、泰和、龙泉、安福、永新五厅县俱七分,庐陵、吉水、永丰、万安、永宁五县俱六分。合计府总收成六分有馀。

抚州府属

临川、乐安二县俱八分,金溪、崇仁、宜黄、东乡四县俱七分。合计府总收成七分有馀。

建昌府属

南城、南丰、新城、广昌、泸溪五县俱七分。合计府总收成七分。

广信府属

广丰、铅山、兴安三县俱八分,上饶、玉山、弋阳三县俱七分,贵溪县六分。合计府总收成七分有馀。

饶州府属

乐平县八分,鄱阳、馀干、浮梁、安仁、德兴、万年六县俱七分。合计府总收成七分有馀。

南康府属

安义县七分,星子、都昌、建昌三县俱六分。合计府总收成六分有馀。

九江府属

德化、彭泽二县俱七分,德安、瑞昌、湖口三县俱六分。合计府总收成六分有馀。

南安府属

大庾、上犹二县俱七分,南康县六分。合计府总收成六分有馀。

赣州府属

安远、长宁二县俱八分,赣县、雩都、信丰、兴国、龙南五县俱七分,会昌县六分。合计府总收成七分有馀。

宁都直隶州并所属

宁都、瑞金、石城三州县俱七分。合计州总收成七分。

通省牵算,收成六分有馀。

朱批:"览。"

正折据《光绪朝朱批奏折》第93辑,第482—483页;清单据台北故宫博物院藏"军机处档折件"附件,文献编号:147749

491. 审明南昌县民杨木根斗殴致毙人命一案按律定拟折

光绪二十八年六月十九日(1902年7月23日)

江西巡抚臣李兴锐跪奏,为斗殴致毙人命,审明定拟,遵章恭折具奏,仰祈圣鉴事。

窃查前准刑部通行:外省命盗死罪案件,无论斩、绞立决、监候,一律改为专奏等因。兹据按察使明徵审解南昌县民杨木根致伤张云启身死,并杨沅根致伤张云彩,于正馀限外病故一案人招到臣。经臣亲提研鞫,缘杨木根、杨沅根均籍隶南昌县,与已死张云启、张云彩同村居住,素识无嫌。该处村旁有胡世楷田亩,召佃耕种,张云启与杨木根各欲承佃,互相争赁,经胡世楷另召史灦渭佃种。光绪二十七年三月二十日,张云启与族人张云彩各带禾枪赴田工作,路遇杨木根与族人杨沅根,提及前事,斥骂杨姓不应争佃,杨木根分辩回詈,致相争闹。张云启即用禾枪向杨木根殴戳,杨木根夺枪过手,张云启脚踢,杨木根掉转枪头,戳伤张云启右臁肕。张云启拳殴,杨木根用枪戳伤张云启左腮颊。张云启撞头拚命,杨木根用枪吓戳,适伤张云启右额角倒地。杨木根弃枪逃跑,张云彩携枪追赶,杨沅根拾枪拦阻,张云彩斥护,用枪柄向杨沅根殴打,杨沅根用枪戳伤张云彩右额角、心坎近左。经吴先浦路见劝住,通知张云启之父张阳高等往看。张云启伤重,移时殒命。将张云彩扶回医治,报经该前代理县陈瑞鼎诣验饬医。张云彩伤已落痂平复,饮食行动如常,嗣于五月十六日患病,医治无效,至二十日身死,又经尸兄张云昶报县,诣验获犯。陈瑞鼎未及详办卸事,该署南昌县戚扬抵任,讯供通详饬审。杨沅根在监患病,提禁外监,医治无效身故,报县验讯通详,批饬核入正案办理。兹据覆讯议拟,由府、司勘转,经臣提审,据供前情不讳,究非预谋纠殴、有心欲杀,亦无起衅别故及在场帮殴之人,案无遁饰。

查律载:“斗殴杀人者,不问手足、他物、金刃,并绞监候。”又:“辜限外伤已平复,别因他故死者,各从本殴伤法。”又:“刃伤人者,杖八十,徒二年。”各等语。此案杨木根与张云启争佃胡世楷田亩未遂,路遇提及前事被斥,起衅争殴。杨木根致伤张云启身死,杨沅根致伤张云彩，于正馀限外病故，自应各科各罪。杨木根合依“斗殴杀人者，不问手足、他物、金刃，并绞监候”律，拟绞监候，秋后处决。杨沅根于三月二十日枪伤张云彩右额角等处，原验伤俱落痂平复，嗣于五月二十日病故，除小建二日，已在刃伤正馀限外病故，律得从本殴伤法，杨沅根合依“刃伤人者，杖八十，徒二年”律，拟杖八十，徒二年，已于取供后在监患病，提禁身故，应毋庸议。胡世楷因张、杨二姓争赁，将田另佃，冀免争竞，并无不是，应与救阻不及之见证吴先浦，及杨沅根病故，讯无凌虐情弊之刑禁人等，均毋庸议。犯系提禁病故，管狱官例无处分。

除全案供招咨部外，所有审明定拟照章改奏缘由，理合恭折具奏，伏乞皇太后、皇上圣鉴，敕部核覆施行。谨奏。光绪二十八年六月十九日。

朱批：“刑部议奏。”

《光绪朝朱批奏折》第 107 辑，第 929—931 页

492. 审明南昌县民罗荟萑捕殴致毙人命一案按律定拟折

光绪二十八年六月十九日（1902 年 7 月 23 日）

江西巡抚臣李兴锐跪奏，为捕殴致毙人命，审明定拟，遵章恭折具奏，仰祈圣鉴事。

窃准部咨，外省死罪案件，无论斩、绞立决、监候，一律改为专折具奏等因。兹据按察使明徵审解南昌县民罗荟萑捕殴致伤无服族婶罗萧氏身死一案人招到臣。经臣亲提研鞫，缘罗荟萑籍隶南昌县，与无服族叔罗运祥之妻罗萧氏邻居，素睦无嫌。光绪二十七年九月十九日，罗萧氏因贫难度，谂知罗荟萑田禾成熟，起意窃割

稻穗，携带箩担、茅刀，独自前往罗荟萑田内，窃割稻穗两箩挑走。适罗荟萑赴田巡逻瞥见，上前夺箩，罗萧氏斥骂，罗荟萑回詈，罗萧氏即用木担向殴。罗荟萑夺担，殴伤罗萧氏右臁肕。罗萧氏扑拢夺担，罗荟萑复用担殴伤罗萧氏两手大指叉。罗萧氏举拳扑殴，罗荟萑用担殴伤罗萧氏左乳。罗萧氏弯身拾石，罗荟萑用脚吓踢，适伤其左后胁，侧跌倒地，石块磕伤右腮颊。经族人罗运贤路见劝住问明，通知罗萧氏之夫罗运祥往看。罗萧氏伤重，移时殒命。报县诣验获犯，讯供通详饬审。兹据讯拟，由府、司勘转，经臣提审，据供前情不讳，究非有心欲杀，亦无起衅别故及在场帮同捕殴之人，案无遁饰。

查例载："亲属相盗之案，无服尊长窃卑幼财物，被卑幼杀伤者，亦各依服制杀伤及同姓亲属相殴各本律问拟。"又律载："同姓服尽亲属相殴至死，以凡论。"又："斗殴杀人者，不问手足、他物、金刃，并绞监候。"各等语。此案罗荟萑因无服族婶罗萧氏窃伊田谷，捕殴致伤罗萧氏身死。查罗萧氏虽系行窃罪人，惟例不得照擅杀科断，仍应按同姓亲属相殴问拟。罗荟萑合依"同姓服尽亲属相殴至死，以凡论"，"斗殴杀人者，不问手足、他物、金刃，并绞监候"律，拟绞监候，秋后处决。罗萧氏窃割田谷，本干律拟，业已被殴身死，应与不知窃情之尸夫罗运祥及救阻不及之见证罗运贤均毋庸议。失察罗萧氏为匪之牌甲，照例拟笞，犯已身死，减责革役。被窃稻谷，业已追回。

除全案供招咨部外，所有审明定拟遵章改奏缘由，理合恭折具奏，伏乞皇太后、皇上圣鉴，敕部核覆施行。谨奏。光绪二十八年六月十九日。

朱批："刑部议奏。"

《光绪朝朱批奏折》第107辑，第931—933页

493.江西筹解金陵老湘新湘等营本年四至六月军饷片

光绪二十八年六月二十日(1902年7月24日)

再,查两江督标南字六营,奏明由江苏、安徽、江西三省藩库每月各协银六千两。嗣南字营改为煦字营,又续改为老湘、新湘等营,所有前项军饷银两,自光绪十年六月起至二十八年三月止,均经随时筹解,先后奏明在案。兹据布政使柯逢时详称,复由司库动放光绪二十八年折色物料银一万八千两,作为奉拨应解金陵老湘、新湘等营二十八年四、五、六等三个月分军饷,遴委试用从九翟凤书领解,前赴金陵防营支应局交收,详请具奏等情前来。臣覆核无异,除咨户部及两江督臣查照外,所有筹解金陵老湘、新湘等营二十八年四、五、六等三个月分军饷缘由,理合附片陈明,伏乞圣鉴。谨奏。

朱批:"户部知道。"

《光绪朝朱批奏折》第62辑,第751页

494.江西光绪二十六年支过武职养廉银两奏销片

光绪二十八年六月二十日(1902年7月24日)

再,武职养廉,如有空缺,例应扣存司库,岁底分晰起止月日,汇造清册报销,历经遵办在案。兹据布政使柯逢时详称,江西省各镇、协、标、营武职员弁每年额支养廉银三万一千二百六十两,内除总兵、副将、参将、游击各官停给一成银一千两,实应支银三万二百六十两。今自光绪二十六年正月起,连闰至年底止,共支给各官养廉银二万四千二百三两零，内除减平银一千四百五十二两零，实支银二万二千七百五十两零；又动支扣缺酌给署事员弁半廉银二千三百四十一两零，内除减平银一百四十两零，实支银二千二百一两零。二共支过减平养廉银二万四千九百五十二两零。又动放广东雷琼镇总兵申道发二十六年四月起连闰至年底止本任匀闰养廉，除扣减平外，实银一千八十四两零，实馀空缺半廉银二千六百三十两零，遵照部议，留抵本省光绪二十八年武职养廉，容俟造入该年估拨养廉册内报部抵拨。又扣存减平共银一千五百九十二两零，汇款解部，造具总散细数清册，查照新章，详请具奏等情前来。臣覆核无异，除将清册分送部科外，理合附片具陈，伏乞圣鉴，饬部核覆施行。谨奏。

朱批："该部知道。"

《光绪朝朱批奏折》第62辑，第751—752页

495. 奏报江西光绪二十七年征收节年钱粮完欠数目开列三年比较清单折附清单

光绪二十八年六月二十日（1902年7月24日）

江西巡抚臣李兴锐跪奏，为查明征收节年钱粮完欠数目，循例开列三年比较清单，恭折仰祈圣鉴事。

窃照各省每年征收钱粮已、未完数，例应三年比较，于奏销截数后开单奏报。又准户部咨，嗣后具奏各直省比较折内，除征收新赋钱粮议叙、议处毋庸核计外，其旧欠带征，仍遵照奏定章程，开列积欠、旧欠若干，本年带征若干，已完若干，未完若干，比之上三年或盈或绌，由部于年终汇案比较等因。历经遵办在案。

兹据藩司柯逢时详称，今届光绪二十七年奏销，除将二十七年新赋钱粮遵照部咨，折内毋庸开列外，所有旧赋项下应征光绪十四年起至二十六年止民欠、缓征地丁、屯粮丁，并历届豁免案内道光二十九年起至光绪十三年止已征未解，共未完银五百九十一万四千五百二十三两零。内除光绪十四年起至二十六年止各年被灾案内请缓、递缓分年带征共银一百五十六万九百十一两零外，实(因)〔应〕催征完解银四百三十五万三千六百十一两零，今督催已完共银六万九百二十八两零，尚未完银四百二十九万二千六百八十二两零。除奏销案内分晰造册，另行详办外，合将已、未完银两开列比较分数，详请具奏等情前来。臣覆核无异，除仍饬司勒限严催，迅速完解，不任稍有蒂欠以重赋课外，理合循例恭折具奏，并缮三年比较清单，敬呈御览，伏乞皇太后、皇上圣鉴。谨奏。光绪二十八年六月二十日。

朱批："户部知道，单并发。"

清单

谨将江西省光绪二十七年分征收节年钱粮比较上三年完欠分数缮具清单，恭呈御览。

计开：

旧赋项下

光绪二十七年应征光绪十四年起至二十六年止民欠、缓征地丁、屯粮丁，并历届豁免案内道光二十九年起至光绪十三年止已征未解，共未完银五百九十一万四千五百二十三两六分。内除光绪十四年起至二十六年止各年被灾案内请缓、递缓分年带征共银一百五十六万九百十一两六钱四分一厘外，尚应催征完解银四百三十五万三千六百十一两四钱一分九厘。

已完共银六万九百二十八两六钱七厘，内已造入光绪二十七年秋拨册内新收项下各属完解光绪十四年地丁银七两二钱四分七厘，十五年地丁银十二两九钱四分三厘，十六年地丁银十八两三钱六分七厘，十七年地丁银二十四两九分四厘、外商税盈馀银三钱五分，十八年地丁银二十五两六钱六分五厘、外商税盈馀银三钱五分九厘，十九年地丁银三十二两九钱六分八厘、外商税盈馀银三两六钱八分六厘，二十年地丁银九十八两八分二厘、外商税盈馀银一百十三两一钱六分三厘，二十一年地丁银一百八十七两三钱六厘、外商税盈馀银一百三十一两八钱二分九厘，二十二年地丁银三百七十六两三分二厘、外商税盈馀银一百二十八两七钱九分七厘，二十三年地丁银二百七十两五钱七分一厘、外商税盈馀银一百三十一两六分八厘，二十四年地丁银五百七两三钱四分七厘、外商税盈馀银一百十九两四钱三分五厘，二十五年地丁银一千八百六十九两六钱七分六厘、外商税盈馀银九十二两一钱二分三厘，二十六年缓征地丁银三十七两一钱七分六厘、民欠地丁银二万二千三百四十三两七钱九分六厘、屯粮丁银一钱一分三厘。又已造入光绪二十八年春拨册内新收项下各属完解光绪二十二年地丁银二百五十两，二十三年地丁银二百二两九钱四分六厘，二十四年地丁银四百五十二两二钱五分一厘，二十五年地丁银三千三百十两七分八厘、屯粮丁银二百二十二两二钱二分二厘，二十六年缓征地丁银二千八百六十五两九钱八分二厘、民欠地丁银二万五千六百八十一两五钱二分七厘。又俟造入光绪二十八年秋拨册内新收项下各属完解光绪二十五年屯粮丁银三百两，二十六年缓征地丁银一千五十八两九钱六厘、民欠地丁银四百七十三两三钱一分二厘、屯粮丁银三百两，报查。

实在未完银四百二十九万二千六百八十二两八钱一分二厘；已完一厘四毫；未完九分八厘六毫。

比较光绪二十四年应征银三百四十九万八千八百六十二两二钱七分一厘，已完一厘一毫三丝五忽，银三万九千七百二十四两九钱四分一厘；未完九分八厘八毫六丝五忽，银三百四十五万九千一百三十七两三钱三分。计多完二毫六丝五忽。

比较光绪二十五年应征银三百七十六万七千六百二十九两七钱八分三厘，已完一厘三毫六丝五忽，银四万四千五百二十一两四钱二分八厘；未完九分八厘六毫三丝五忽，银三百七十二万三千一百八两三钱五分五厘。计多完三丝五忽。

比较光绪二十六年应征银四百五万二千四百一十五两八钱三分六厘，已完一厘六丝三忽，银四万三千七十二两九钱八分七厘；未完九分八厘九毫三丝七忽，银四百万九千三百四十二两八钱四分九厘。计多完三毫三丝七忽。

朱批："览。"

正折据《光绪朝朱批奏折》第68辑，第846—847页；清单据台北故宫博物院藏"军机处档折件"附件，文献编号：147810

496. 奏报江西节年未完芦课钱粮情形片

光绪二十八年六月二十日（1902年7月24日）

再，前准户部咨，嗣后奏销现年钱粮之时，将节年未完项下续完若干、仍未完若干，并动用、存储各数目，分别年限，汇造清册，另缮题本，一并具题。芦课钱粮，亦照案办理等因。行司历经遵照办理在案。兹据布政使柯逢时详称,现届查办光绪二十七年压征二十六年芦课奏销,其二十六年以前民欠并缓征及已征未解银数,除已分别豁免、咨追,另案办理,及奉部剔除毋庸冗叙外,所有光绪十四年压征十三年起至二十六年压征二十五年止未完民欠应征并缓征芦课正耗共银四万三百七十两零。本届已据九江府同知完解光绪二十五年压征二十四年缓征芦课正耗共银二十九两零,又民欠应征芦课正耗共银八十两零,德化县完解二十六年压征二十五年缓征芦课正耗共银一百一十二两零;实在各该厅县仍有未完压征光绪十三年起至二十五年止民欠正耗共银一万七千六百六十一两零、又未完缓征共银二万二千四百八十六两零。因各该厅县连年被水,已请递缓至光绪二十八、二十九、三十、三十一、三十二、三十三、三十四、三十五、三十六、三十七、三十八、三十九、四十、四十一等年带征。除俟届限催征完解外,合将豁免案内征欠各数分晰开造清册,照章详请奏咨,并据声明,光绪八、十、十一、十二等年未完征存银数已归豁免挪垫案内开报,现分别造入随奏册内,听候查核等情前来。臣覆核无异,除将清册咨送户部外,所有节年未完芦课钱粮,理合照章附片具陈,伏乞圣鉴,敕部核覆施行。谨奏。

朱批:"户部知道。"

《光绪朝朱批奏折》第78辑,第498页

497. 奏报江西光绪二十七年压征二十六年芦课钱粮已未完解动拨缓征各数及经征人员折

光绪二十八年六月二十日(1902年7月24日)

再,据布政使柯逢时详称,窃查江西芦课钱粮额编九江府属德化、湖口、彭泽三县及南昌、九江二卫压征芦课正耗银两，照例以秋后十月开征起，扣至次年九月底止，一年限满，造册题报。又准部咨，钱粮奏销，各依定限，令各该督抚一面具题，一面先将未完一分以上各员开具简明清单，专折奏报等因。历经遵照办理在案。今光绪二十七年压征二十六年芦课钱粮奏销，并无未完一分以上人员，自可毋庸专案奏报。除经征未完厘毫各职名已于本年五月内先行开单详咨外，兹查各县、卫二十六年芦课额征正耗银六千二百六十五两零，已催据完解正耗银二千一百九十六两零，尚有未完正耗银四千六十九两零，内因被水详经奏准蠲免正耗银二百六十两零，又请缓至光绪二十八年秋后，分作两年带征正耗银三千六百七十八两零，容俟届限催征另报。惟此项蠲缓芦课正耗银两内，有湖口县溢出原额正耗银二十四两零，应行剔除，查明另案办理，实在未完民欠正耗银一百五十四两零。除再加紧严催，赶征完解外，合将光绪二十七年压征二十六年芦课钱粮已未完解、动拨、缓征各数，及经、接、催征正署各官职名并任事月日，分晰开造册揭，照章详请具奏，听候部议等情前来。臣覆核无异，除将册揭咨送户部查核外，理合查照新章，附片具陈，伏乞圣鉴，敕部核覆。谨奏。

朱批："户部知道。"

《光绪朝朱批奏折》第 78 辑，第 499 页

498. 光绪二十六年分江西各镇协标营官兵马匹实支俸薪饷干等项银米奏销片

光绪二十八年六月二十日（1902 年 7 月 24 日）

再，查各镇协标营官兵、马匹支过俸薪饷干等项，例应按年造

册报销。兹据布政使柯逢时详称,光绪二十六年分江西省各镇协标营额设官兵、马匹实支俸薪饷干及朋扣买马、朋马奏销饭食等项,共银十三万三千四百三十四两零,又共放米二万八千五十六石零,造具总散细数清册,查照新章,详请具奏等情前来。臣覆核无异,除将清册分送部科道查核外,理合附片具陈,伏乞圣鉴,饬部核覆施行。谨奏。

朱批:"该部知道。"

《光绪朝朱批奏折》第89辑,第591页

499. 审明靖安县民熊筅汉熊望炳共殴致毙人命一案按律定拟折

光绪二十八年六月二十日(1902年7月24日)

江西巡抚臣李兴锐跪奏,为共殴致毙人命,审明定拟,遵章恭折具奏,仰祈圣鉴事。

窃准刑部通行:外省命盗死罪案件,无论斩、绞立决、监候,一律改为专折具奏等因。兹据署臬司刘心源招解靖安县民熊筅汉共殴致伤无服族婶熊陈氏,越三日身死一案人招到臣。经臣亲提研鞫,缘熊筅汉籍隶靖安县,佣工度日,与已死无服族婶熊陈氏邻居,素睦无嫌。熊筅汉先曾受雇熊陈氏家帮工,并无主仆名分。嗣熊筅汉辞工结帐,熊陈氏尚欠熊筅汉工钱一千文,约缓付给,经熊筅汉屡索未偿。光绪二十六年五月二十四日,熊筅汉偕无服族侄熊望炳赶墟回归,经过熊陈氏家门首,适熊陈氏在门外闲坐,熊筅汉即向催索前欠,熊陈氏央缓,熊筅汉斥骂骗赖,熊陈氏分辩回詈,熊望炳在旁帮斥,致相争闹。熊陈氏举拳向熊望炳扑殴,熊望炳顺用手内木杆烟筒殴伤熊陈氏偏右逃跑。熊陈氏追赶,熊笼汉上前拦阻,熊陈氏斥护,撞头拚命。熊笼汉用拳吓殴,适伤熊陈氏胸膛,侧跌倒地,门枋磕伤额颅。经族人熊望经路见劝住,通知熊陈氏之子熊先平赶回,问明医治。熊陈氏伤医无效,至二十七日殒命。投保报,经该前县郑由熙诣验,未及获犯,病故出缺。接署县王济中获犯,未及审详卸事。该署县邵作宾抵任,讯供通详饬审。兹据讯拟,由府、司勘转,经臣提审,据供前情不讳,究非豫谋纠殴、有心欲杀,亦无起衅别故,案无遁饰。

查律载:“同姓服尽亲属相殴至死,以凡论。”又:“共殴人致死,下手致命伤重者,绞监候,馀人杖一百。”各等语。此案熊笼汉因向熊陈氏催索工钱,起衅争闹,与熊望柄共殴致伤熊陈氏,越三日身死。查已死熊陈氏身受各伤,惟后被熊笼汉拳伤致命胸膛即行倒地为重,应以拟抵。熊陈氏系该犯无服族婶,至死应同凡论,自应按律问拟。熊笼汉合依“同姓服尽亲属相殴至死,以凡论”,“共殴人致死,下手致命伤重者,绞监候”律,拟绞监候,秋后处决。熊望炳用木杆烟筒殴伤熊陈氏偏右,查熊陈氏虽系该犯无服族祖母,按伤罪加等,罪止笞五十,自应仍照馀人本律问拟。熊望炳合依“馀人杖一百”律,拟杖一百,折责发落。见证熊望经救阻不及,应毋庸议。熊陈氏欠钱,身死勿征。

除全案供招咨部外,所有审明定拟改奏缘由,理合恭折具陈,伏乞皇太后、皇上圣鉴,敕部核覆施行。谨奏。光绪二十八年六月二十日。

朱批:“刑部议奏。”

《光绪朝朱批奏折》第107辑,第933—934页

500. 审明广丰县民妇李徐氏因奸谋毒本夫毙命一案按律定拟折

光绪二十八年六月二十日(1902年7月24日)

江西巡抚臣李兴锐跪奏,为奸妇因奸起意,商同奸夫谋毒本夫毙命,审明定拟,遵章恭折仰祈圣鉴事。

窃准部咨,外省死罪案件,无论斩、绞立决、监候,一律改为专折具奏等因。兹据按察使明徵审解广丰县民妇李徐氏因奸起意,商同奸夫朱老六谋毒本夫李衰汶身死一案人招到臣。经臣亲提研鞫,缘李徐氏、朱老六均籍隶广丰县,李徐氏幼嫁李衰汶为妻,李衰汶与朱老六邻村,素识往来,李徐氏见面不避。光绪二十年三月不记日期,朱老六至李衰汶家闲坐,适李衰汶外出,朱老六乘间与李徐氏通奸,后非一次,给过钱物,不计确数。李衰汶及其父李善金均先不知情。二十五年三月间,朱老六与李徐氏在房谈笑,被李衰汶外回撞见,朱老六当即走避。李衰汶向李徐氏盘出奸情,将李徐氏责打,并禁绝朱老六往来。因关颜面,未经控究。是年四月二十八日,朱老六探知李衰汶与李善金均未在家,又至李徐氏家续旧,李徐氏即说李衰汶防管严紧,不能往来,又因时被李衰汶打骂,心怀忿恨,起意将李衰汶致死,以便改嫁朱老六为妻,当向朱老六相商。朱老六亦即允从,即回家取出种菜毒虫用剩红砒一块,交给李徐氏收藏,嘱令遇便下毒。五月十七日清早,李衰汶因赴墟贸易,催令李徐氏煮饭,李徐氏乘间将红砒捶碎,和入饭内,用碗盛给李衰汶食毕,出外赴墟,馀剩红砒半块忘未丢弃,潜向朱老六告知前情各散。李衰汶行至中途,毒发腹痛,就近至刘舅娘家内坐歇,腹痛更甚,刘舅娘将其抬送回归,李衰汶呕吐不止。李善金闻信赶回,向李衰汶查问,李衰汶说因早上食饭后即觉腹中疼痛,当向李徐氏盘出谋毒情由,并在厨房搜获用剩红砒半块,急用绿豆汤灌救无效,至二十二日殒命。经李善金投保报,经该县裘鸿勋诣验获犯,讯供游移,禀司,批饬将犯证、卷宗解省,发委南昌府知府江毓昌审办提讯,录供通详饬审。兹据讯拟,由司勘转,经臣提审,据供前情不讳,究无起衅别故及另有在场同谋加功之人,案无遁饰。

查律载:"妻因奸同谋杀死亲夫者,凌迟处死,奸夫拟斩监候。"等语。此案李徐氏因与朱老六通奸,被本夫撞见,责打禁绝往来,该犯妇辄敢怀恨起意,商同奸夫朱老六谋毒本夫李衰汶身死,实属不法,自应按律问拟。李徐氏合依"妻因奸同谋杀死亲夫者,凌迟处死"律,拟凌迟处死。朱老六听从送给砒毒,即属同谋加功,合依奸夫斩监候律,拟斩监候,秋后处决。李徐氏照律免刺,朱老六先于左面刺"凶犯"二字。李徐氏得过钱物,讯无确数,免其着追。讯无不合之刘舅娘,毋庸置议。

除录全案供招咨部外,所有审明定拟遵章改奏缘由,理合恭折具陈,伏乞皇太后、皇上圣鉴,敕部核覆施行。谨奏。光绪二十八年六月二十日。

朱批:"刑部速议具奏。"

《光绪朝朱批奏折》第107辑,第934—936页

501. 江西各营更换统带管带衔名片

光绪二十八年六月(1902年7月5日—1902年8月3日)

再,各省防营更换统领、管带,均应具报,历经遵办在案。兹查

光绪二十八年分,除前已具奏外,尚有亲兵卫队,原归补用道统领常备中军王芝祥节制,嗣王芝祥交卸,改委营务处补用道徐绍桢兼统常备中军,即于四月二十四日接办,所有亲兵卫队仍归节制。又管带驻守防护布政司库勇丁补用都司曾信庚,于五月底撤差,改委五品军功许云程于六月初一日接带。又署理南赣镇总兵申道发,于六月初二日交卸,所有赣州镇选锋营,即于六月初二日归署南赣镇总兵金德恒接统。又省标选锋右营原归署抚标右营游击姚文焕管带,嗣姚文焕于五月十八日交卸,自五月十九日起,归补授抚标右营游击刘竹书管带。据派办政事处司道汇详请奏前来。所有各营更换统带、管带衔名缘由,理合附片陈明,伏乞圣鉴。谨奏。

朱批:"兵部知道。"

《光绪朝朱批奏折》第48辑,第332—333页

502. 建昌县知县周祖庚任所距本籍五百里内例应回避撤回留省另补折

光绪二十八年七月初二日(1902年8月5日)

江西巡抚臣李兴锐跪奏,为知县任所相距本籍在五百里以内,例应回避撤回,留省另补,恭折仰祈圣鉴事。

窃照定例,各省地方员缺在原籍五百里之内者,应行回避。此项现任回避人员,无论指缺对调及留省另补,仍俱准行。兹查有建昌县知县周祖庚,系湖北武昌县举人,由候选知县选授江西建昌县知县,于光绪二十六年八月初一日到任。该员原籍与任所系在五百里以内,例应回避,经臣奏请,以新淦县知县周宗洛互调。嗣准吏部咨,查建昌、新淦两县知县均系冲、繁中缺,周宗洛任内有经征

光绪二十五年分漕项未完一分以上展参,例关降调,核与对调之例不符,所有该建昌县知县周祖庚对调之处,碍难核准,应令另拣合例人员对调等因,光绪二十八年五月初十日具奏,奉旨:“依议。”钦此。相应知照等情。臣与藩、臬两司复于通省知县中简缺内逐加拣选,并无合例堪调之缺,自应照例将周祖庚先行开缺留省,俟有相当缺出,另行请补。据藩司柯逢时、署臬司刘心源会详前来。

相应奏明请旨,准将建昌县知县周祖庚开缺留省,归于回避即用班内照例补用。所遗建昌县系冲、繁二项中缺,江西省现有应补人员,容俟接准部覆截缺后,照例另行请补。谨会同两江总督臣刘坤一合词恭折具陈,伏乞皇太后、皇上圣鉴训示。谨奏。光绪二十八年七月初二日。

朱批:“着照所请,吏部知道。”

《光绪朝朱批奏折》第17辑,第747—748页

503. 江西光绪二十七年随奏地丁节年钱粮奏销折附清单

光绪二十八年七月初二日(1902年8月5日)

江西巡抚臣李兴锐跪奏,为随奏地丁节年钱粮奏销,遵照新章,缮列清单,恭折具陈,仰祈圣鉴事。

窃查江西省节年钱粮已未完及动用、存储各数目,例应造册,随案奏销。兹据布政使柯逢时详称,现届查办光绪二十七年奏销之期,自应将二十六年地丁奏销,并该年随奏册报各届豁免案内查出自道光二十九年起至光绪十三年止已征未解,暨十四年起至二十六年止未完民欠并缓征地丁、屯粮丁正耗共银六百五十七万三千七百二十七两零,内除光绪十四年起至二十六年被灾案内已请

递缓分年带征,除已完外,实共递缓银一百七十一万六千八百七十一两零,尚应催征完解银四百八十五万六千八百五十五两零。今光绪二十七年奏销,催据各属完解民欠缓征地丁、屯粮丁正耗共银六万六千六百九十七两零,仍有未完道光二十九年起至光绪十三年止已征未解银七千一百十八两零,又光绪十四年起至二十六年止未完民欠并应带征地丁、屯粮丁正耗共银四百七十八万三千四十两零,均经分别严催完解。又光绪二十六年随奏册报湖口县未完光绪十五年带征十四年缓征地丁正耗银二百二十三两零,今光绪二十七年奏销未据完解,其光绪二十六年随奏册报南昌等厅县未完光绪十四年起至二十六年止缓征地丁等项银两,因各该厅县连年被灾,已请缓征、递缓,容俟届限启征完解。所有已、未完及动存各款,均于清册内逐一开列。又此案向应缮具黄册,随本呈进,现在题本已奉谕旨删除,所有前项黄册自应改开简明清单,呈请奏报。又各杂项钱粮另立专案造报之款,应归本案奏销等情,详请具奏前来。

臣覆核无异,除将清册照例于司总钤盖印信,分送部科查核外,所有查办随奏节年钱粮奏销缘由,理合遵照新章,缮具清单,恭呈御览,伏乞皇太后、皇上圣鉴,敕部核覆施行。谨奏。光绪二十八年七月初二日。

朱批:“户部知道,单并发。”

清单

谨将江西省光绪二十七年随奏节年钱粮已未完及动用、存储各数目缮具简明清单,恭呈御览。

计开:

旧管

一、光绪二十六年地丁奏销随奏册报实在未完、各届豁免案内查出已征未解暨光绪十四年起至二十六年止未完民欠并缓征地丁、屯粮丁正耗共银六百五十七万三千七百二十七两三钱七分四厘，内除历年被灾已请递缓分年带征共银一百七十一万六千八百七十一两七钱四分一厘，应俟届限启征完解外，尚有应催各年旧欠未完共银四百八十五万六千八百五十五两六钱三分三厘。

新收

一、光绪二十七年奏销，催据各属征完各年民欠地丁、屯粮丁正耗共银六万六千六百九十七两一钱八分五厘。

开除

一、动放各属完解司库各年地丁、屯粮丁正耗共银六万六千二百八十八两二钱七分九厘，照案凑足成数，拨解京协各饷并本省兵饷及支给各官养廉等项之用。

实在

一、存光绪二十六年缓征地丁银四百八两九钱六厘，俟续收成数，拨解各饷。

一、未完各属欠解道光二十九年起至光绪十三年止历届豁免案内，查出已征未解银七千一百十八两二钱五分九厘。

又光绪十四年起至二十六年止民欠并应带征地丁、屯粮丁正耗，共未完银四百七十八万三千四十两一钱八分九厘，现在分别严催，容俟完解，归入下年奏销册内造报，合并陈明。

朱批："览。"

正折据《光绪朝朱批奏折》第68辑，第850—851页；清单据台北故宫博物院藏"军机处档折件"附件，文献编号：148252

504. 奏报江西光绪二十七年钱粮奏销考成各官折附清单

光绪二十八年七月初二日(1902 年 8 月 5 日)

江西巡抚臣李兴锐跪奏,为查办光绪二十七年钱粮奏销考成各官,遵照新章,缮列清单,恭折具奏,仰祈圣鉴事。

窃查江西省额征起存地丁等项钱粮完解、支存数目,例应次年五月造册奏销。兹据布政使柯逢时详称,南昌等十四府州属光绪二十七年分地丁、屯粮丁并驿站支馀等项,按额应征起运、存留银一百七十五万七千九十八两零,内已完银一百二十万九千七百二十六两零,又因灾缓征银二十二万二千八百七十四两零、蠲免银一千二百七十二两零,计未完应征民欠地丁、屯粮丁共银三十二万三千二百二十四两零。又南昌、饶州二府税课各行户认纳额外增征及吉安、九江、赣州三府商苗落地税盈馀并义宁州充公入官田租暨各属驿站节省马尾皮价,除各府县未据具报外,实共应征银四千九百三十七两零,内已完银三千八百二十九两零,未完银一千一百八两零。又续据吉安府报征盈馀银一百四十两零。又应征各属坐支及解司耗羡内,除清江、新淦二县豁除银二十四两零,实共应征银十八万三百四十一两零,内除已完坐支并解司银十二万二百四十一两零,又因灾缓征银二万二千二百八十七两零、蠲免银一百二十七两零,计未完应征民欠银三万七千六百八十五两零,另造细册,遵例归入地丁奏销册内合计考成,听候查核。至未完缓征银两,原请缓至光绪二十八年秋后分作两年带征,应俟届限启征催完,另行办理。其未完应征银两,例应将经征各员核计分数,随案开参;寄庄钱粮,例参代征之员。又司、府、厅、州、县内,除二三官催征通完,并被灾缓征未完,及只完地丁钱粮,而本色颜料暨起运杂项钱粮未完者,不准议叙,均毋庸开列,此外经催、经征并代征人员,业已照例将未完一分以上各职名,先于五月内开单,详请具奏,兹复另行逐一汇揭开报。又应征民欠正耗各银,臣有督催通省之责,以十分计算,计督催十二个月,已完七分八厘六毫五丝六忽,未完二分一厘三毫四丝四忽,亦已另开清折呈送。又是年应征府款、杂办课钞、麻铁料落地税及义宁州入官田租各银两,例应归入地丁钱粮奏销册内造报,今均未据完解。所有经征接征不力、完解迟延各职名,亦均另揭开报附参,统候部议。造具地丁实征起存并屯粮、屯丁等项已未完解、支存数目奏销清册,并经催、经征已未完分数职名揭帖呈送,并据声明,此案向应缮具黄册,随本呈进,现在各项本章已奉谕旨删除,所有前项黄册理合遵章改开简明清单,详请具奏等情前来。

臣将各册细加查核,并无遗漏滥支、捏完作欠,照例于司总钤盖印信。又定例,司库钱粮,巡抚于每年奏销时亲赴盘察,如无亏空,即于奏销本内一并保题等因。并据藩司将库储新旧钱粮造报到臣,随即亲赴司库,按册逐一盘查,并无亏空及挪新掩旧情弊。除出具印结,同送到各册及职名揭帖分送部科查核外,所有二十七年分钱粮考成各官,理合遵照新章,缮具清单,恭呈御览,伏乞皇太后、皇上圣鉴,敕部核覆施行。再,此案于光绪二十八年六月二十一日据藩司造册送齐,臣于七月初二日具奏,合并陈明。谨奏。光绪二十八年七月初二日。

朱批:"户部知道,单并发。"

清单

谨将江西省南昌等十四府州属经征光绪二十七年分地丁、屯粮丁并驿站支馀等项钱粮已未征收、支解各款数目缮具简明清单，恭呈御览。

计开：

江西省光绪二十七年分

旧管

一、通省各府州厅县额征地丁、屯粮丁并驿站支馀等项实共起存银一百七十五万七千九十八两七钱七分四厘，又南昌、吉安、饶州、九江、赣州等府商苗落地税盈馀、入官田租并驿站节省马尾皮价共银四千九百三十七两四钱八分九厘，又吉安府续报征银一百四十两二分八厘。

新收

一、据各属册报征起地丁坐支银十八万八千八百九十七两七钱六分九厘，存留各属支给官俸、役食并品仪、采访贞孝节烈妇女建坊及世职半俸等项之用。

一、地丁完解司库银一百一万九千五百四十三两五钱九分四厘，内有南昌、吉安、九江、赣州等府商苗落地税并驿站节省马尾皮价及盈馀共银三千九百六十九两九分四厘。

又屯粮丁完解司库银五千二百五十四两四钱五分八厘。

以上共银一百二十一万三千六百九十五两八钱二分一厘。

开除

一、坐支地丁并由司动拨地丁、屯粮丁等款共银一百二十一万三千六百九十五两八钱二分一厘，奉文拨解京协要饷并本省兵饷等项之用。

实在

一、存库无项。

一、未完各属被灾缓征地丁、屯粮丁共银二十二两二千八百七十四两七钱三分九厘，应俟届限启征之年，分别催完另报。

又德化县二十七年被灾蠲免地丁银一千二百七十二两九钱六分六厘。

又未完应征民欠地丁、屯粮丁共银三十二万三千二百二十四两三钱四分二厘。又饶州府义宁州未完商税、盈馀入官田租共银一千一百八两四钱二分三厘。

耗羡项下

旧管

一、额征地丁等款钱粮加一耗羡银十八万三百六十六两九钱四厘，内除清江、新淦二县沙淤田亩豁除银二十四两九钱七分一厘，又德化县被灾蠲免银一百二十七两二钱九分七厘，又各属因灾缓征银二万二千二百八十七两四钱六分七厘外，实应征银十五万七千九百二十七两一钱六分九厘。

新收

一、据各属征起存留耗羡坐支银二万四千一百六十七两一钱五厘，为各官养廉等款之用。

一、随正完解司库耗羡银九万六千七十四两三钱六分。

二共已完银十二万二百四十一两四钱六分五厘。

开除

一、各属坐支并由司动放各属解收耗羡共银十二万二百四十一两四钱六分五厘，支给文武各官养廉等款之用。

实在

一、存款无项。

一、未完应征民欠耗羡银三万七千六百八十五两七钱四厘，现于地丁册内随正造报。

以上额征存留、起运地丁正耗等银，业于册内照例开列，合计考成。至饶州府义宁州未完商税、盈馀入官田租，容俟催完另报。合并陈明。

朱批："览。"

正折据《光绪朝朱批奏折》第89辑，第598—600页；清单据台北故宫博物院藏"军机处档折件"附件，文献编号：148253

505. 奏报江西光绪二十七年分各属社谷管收除在数目片

光绪二十八年七月初二日（1902年8月5日）

再，查社仓谷石，例应由地方官将借放、收支实数查明报司，汇册奏销。所有江西省光绪二十七年分各属社谷管收除在数目，据布政使柯逢时详称，各厅州县旧管谷四十二万四千九百四十一石六斗零，内除上饶等县咸丰元年豁免挪垫民欠案内查出挪缺谷石，龙泉等州县前任病故知县徐希纶、徐燧、病故知州颜贻曾、病故知县周兆熊、参革知县张镕应赔失守，无着追存，并属县缴存社谷价银及亏缺追存社谷价银折合谷石，又南昌等厅州县被贼焚劫豁免，及宁都、广昌二州县嘉庆五年被水漂失，尚有未补谷石共三十七万一千九百四十八石九斗零，实存谷五万二千九百九十二石六斗零。新收无项，开除无项，实在存谷五万二千九百九十二石六斗零。造具清册，查照新章，详请具奏等情前来。臣覆核无异，除将清册分送部科查核外，理合遵章附片具陈，伏乞圣鉴，敕部核覆。谨奏。

朱批："户部知道。"

《光绪朝朱批奏折》第91辑，第423页

506. 奏报江西光绪二十七年分各属常平仓谷管收除在数目片

光绪二十八年七月初二日(1902 年 8 月 5 日)

再,据布政使柯逢时详称,积储仓谷,例应按年核实造报。兹查江西省光绪二十七年分各属常平仓谷,旧管共存谷十万六千四百二石零;新收新喻、东乡、安仁等三县入官田租谷三十石零,龙南县捐积谷二十四石,大庾、上犹、定南、兴国、会昌、龙南、长宁等厅县买补碾放光绪二十六年兵米谷六千七十六石零,以上共新收谷六千一百三十石零;开除大庾、上犹、定南、兴国、会昌、龙南、长宁等厅县碾放光绪二十七年兵米谷五千七百三十一石零;实在存谷十万六千八百一石零。造具清册,查照新章,详请具奏等情前来。臣覆核无异,除将清册分送部科查核外,理合遵章附片具陈,伏乞圣鉴,敕部核覆。谨奏。

朱批:"户部知道。"

《光绪朝朱批奏折》第 91 辑,第 424 页

507. 奏报江西省光绪二十八年五月分粮价及雨水情形折附清单

光绪二十八年七月初二日(1902 年 8 月 5 日)

江西巡抚臣李兴锐跪奏,为恭报光绪二十八年五月分粮价及地方雨水情形,仰祈圣鉴事。

窃照江西省光绪二十八年四月分市粮价值并雨水情形,业经

臣恭折奏报在案。兹据布政使柯逢时查明通省光绪二十八年五月分米、麦、豆各项粮价，开单汇报前来。臣逐加查核，南昌等十四州府属米价稍增，麦、豆各项价值均与上月相同，省城及各属地方五月内雨泽稍多。并据进贤、清江、峡江、新喻、新淦、庐陵、吉水、永丰、泰和、馀干、建昌、安福、永新等县禀报，自五月中旬以后，大雨连朝，河湖陡涨，田禾多被淹浸，业经臣批饬，将积水设法疏消，赶紧补种晚稻、杂粮，以资补救。此外各属，早稻结实，晚禾次第栽插，民情安谧，堪以上慰圣怀。理合恭折具陈，并缮具五月分粮价清单，敬呈御览，伏乞皇太后、皇上圣鉴。谨奏。光绪二十八年七月初二日。

朱批："知道了。"

清单

谨将光绪二十八年五月分江西各属地方米、麦、豆各项粮价开具清单，恭呈御览。

南昌府属

稻米每仓石价银三两四钱至三两六钱，较上月贵银一钱。小麦每仓石价银一两四分至一两五钱二分，与上月同。大麦每仓石价银九钱三分至一两一钱五分，与上月同。黄豆每仓石价银一两八分至一两二钱七分，与上月同。

瑞州府属

稻米每仓石价银二两九钱二分至三两一钱三分，较上月贵银八分。小麦每仓石价银一两九分至一两二钱五分，与上月同。大麦每仓石价银八钱一分至一两一钱，与上月同。黄豆每仓石价银一两一钱九分至一两二钱，与上月同。

袁州府属

稻米每仓石价银二两九钱至三两一钱七分,较上月贵银八分。小麦每仓石价银一两一钱一分至一两一钱六分,与上月同。大麦每仓石价银九钱九分,与上月同。黄豆每仓石价银一两一钱五分至一两二钱三分,与上月同。

临江府属

稻米每仓石价银三两四钱三分至三两四钱九分,较上月贵银七分。小麦每仓石价银一两二钱二分至一两三钱六分,与上月同。大麦每仓石价银一两一分至一两五分,与上月同。黄豆每仓石价银一两五分至一两三钱六分,与上月同。

吉安府属

稻米每仓石价银三两一钱五分至三两三钱四分,较上月贵银六分。小麦每仓石价银一两二分至一两三钱三分,与上月同。大麦每仓石价银八钱二分至一两一钱二分,与上月同。黄豆每仓石价银九钱至一两三钱六分,与上月同。

抚州府属

稻米每仓石价银二两四钱九分至二两七钱五分,较上月贵银六分。小麦每仓石价银九钱九分至一两一钱九分,与上月同。大麦每仓石价银八钱六分至九钱三分,与上月同。黄豆每仓石价银九钱三分至一两二钱三分,与上月同。

建昌府属

稻米每仓石价银二两六钱四分至二两七钱七分,较上月贵银四分。小麦每仓石价银九钱八分至一两二钱九分,与上月同。大麦每仓石价银八钱六分至九钱二分,与上月同。黄豆每仓石价银一两至一两三钱四分,与上月同。

广信府属

稻米每仓石价银二两五钱七分至二两七钱七分，较上月贵银四分。小麦每仓石价银八钱八分至一两二钱，与上月同。大麦每仓石价银六钱三分至一两四分，与上月同。黄豆每仓石价银九钱七分至一两二钱六分，与上月同。

饶州府属

稻米每仓石价银三两三分至三两二钱，较上月贵银六分。小麦每仓石价银一两三分至一两五钱，与上月同。大麦每仓石价银八钱四分至一两一钱四分，与上月同。黄豆每仓石价银一两二分至一两三钱七分，与上月同。

南康府属

稻米每仓石价银三两四钱二分至三两四钱六分，较上月贵银四分。小麦每仓石价银一两三钱七分至一两六钱二分，与上月同。大麦每仓石价银一两至一两四钱三分，与上月同。黄豆每仓石价银一两一钱五分至一两六钱二分，与上月同。

九江府属

稻米每仓石价银三两八钱至三两九钱一分，较上月贵银五分。小麦每仓石价银一两二钱三分至一两七钱，与上月同。大麦每仓石价银一两四分至一两一钱七分，与上月同。黄豆每仓石价银一两一钱四分至一两五钱一分，与上月同。

南安府属

稻米每仓石价银二两七钱三分至二两八钱八分，较上月贵银四分。小麦每仓石价银八钱六分至一两七分，与上月同。大麦每仓石价银七钱二分，与上月同。黄豆每仓石价银一两二分至一两一钱九分，与上月同。

赣州府属

稻米每仓石价银二两六钱三分至二两九钱五分,较上月贵银四分。小麦每仓石价银八钱三分至一两一钱六分,与上月同。大麦每仓石价银六钱二分至六钱九分,与上月同。黄豆每仓石价银九钱三分至一两一钱八分,与上月同。

宁都直隶州并所属

稻米每仓石价银二两三钱四分至二两五钱二分,较上月贵银四分。小麦每仓石价银九钱八分至一两八分,与上月同。黄豆每仓石价银一两一钱三分至一两一钱六分,与上月同。

朱批:"览。"

正折据《光绪朝朱批奏折》第97辑,第11—12页;清单据台北故宫博物院藏"军机处档折件"附件,文献编号:148255

508. 奏报瑞州府铜鼓营同知徐嗣龙丁忧开缺折

光绪二十八年七月初三日(1902年8月6日)

江西巡抚臣李兴锐跪奏,为同知丁忧开缺,恭折具陈,仰祈圣鉴事。

窃臣据布政使柯逢时详,据调署赣州府观音阁通判事、准补瑞州府铜鼓营同知徐嗣龙申称,系浙江绍兴府会稽县人,由贡监生遵例报捐太常寺博士,光绪十九年补缺到任,捐免试俸、历俸,截取同知。二十一年十月初二日引见,奉旨:"着照例用。"钦此。呈请分发,离署开缺,报捐指分江西,归候补班补用。二十二年九月初十日到江,题补瑞州府铜鼓营同知员缺,经部覆准,尚未到任,奉委调署赣州府观音阁通判印务,二十八年二月十三日任事。兹于五月二十二日接到家电,知亲父徐树兰于二十八年五月初十日在籍病故,该员系属亲子,例应丁忧等情,由司详请具奏开缺前来。

臣覆查无异,应准其回籍守制。除饬取具该员闻讣丁忧亲供另行咨部,暨咨浙江抚臣查取族邻甘结就近送部,并先行钞折咨部开缺外,理合恭折具陈,伏乞皇太后、皇上圣鉴,敕部查照施行。至所遗瑞州府铜鼓营同知,系专、冲不兼简缺,遵照留补二次、咨选一次新章,上次袁州府同知仓尔桢调补遗缺,已经部选胡尚德,今瑞州府铜鼓营同知一缺,照章应扣留外补。江西省现有应补人员,容俟截缺后,再行拣员请补。又,此案系遵章改题为奏,合并陈明。谨奏。光绪二十八年七月初三日。

朱批:"吏部知道。"

《光绪朝朱批奏折》第17辑,第753—754页

509. 奏报江西光绪二十七年已未完本折兵米及耗羡银两数目片

光绪二十八年七月初三日(1902年8月6日)

再,查江西省应征本折兵米并支存款项、耗羡银两催征各官考成清册,例应按年造报。又准部咨,钱粮奏销,各依定限,一面具题,一面先将未完一分以上各员名开具简明清单,专折奏报等因。业经臣将光绪二十七年兵米奏销案内经征、接征限内限外卸事未完一分以上各员名,开单奏报各在案。

兹据布政使柯逢时详,准署督粮道事试用道丁乃扬移称,查光绪二十七年分额征本折兵米十二万九千四百二十二石零,内除清江县水冲沙淤田亩自二十七年为始豁除米一十三石零外,实征本

折兵米十二万九千四百九石零,内已完米九万二千三百五十五石零,未完米三万七千五十四石零;应征耗羡银四千七百五十五两零,内已完银二千九百九十二两零,未完银一千七百六十三两零。所有催征各官已、未完分数职名,例应开造册揭,听候分别查议。至各镇、协、标、营兵丁支过月米数目,照章应查照二十七年兵马钱粮奏销册内支销之数造报。今查此项官兵马匹俸饷、银米等项册籍,业准移会,另请奏明展缓办理。所有兵米奏销案内各营支销兵米确数,仍应援照上年成案,造入该年兵马钱粮奏销册内报部核销。造具册揭移司,查核相符,遵照新章,详请具奏等情前来。臣覆核无异,除将册揭咨送部科外,所有奏销江西应征光绪二十七年已、未完本折兵米及耗羡银两数目,谨附片具陈,伏乞圣鉴,敕部核覆。谨奏。

朱批:"该部知道。"

《光绪朝朱批奏折》第 62 辑,第 764 页

510. 江西筹解光绪二十七年分江苏月协新饷片

光绪二十八年七月初三日(1902 年 8 月 6 日)

再,江西省应解江苏月协饷银,前经奏准将改解台湾之南洋经费仍解两江作抵,嗣因户部咨令将南、北洋海防经费拨解海军衙门应用,此项协饷无款可拨,遂于江海关代征赣关丝税项下挪移应付,计自光绪四年起至二十六年止,先后共筹解拨抵银一百十九万九千四百八两三钱六厘,均经随时奏报在案。

兹据藩司柯逢时详称,现准江海关移会,光绪二十六年代征赣关丝税银三万四千二百六十一两五钱九厘,已遵照两江总督臣刘坤一札饬,由关如数动拨,解交金陵防营支应局兑收,作为江西应

解江苏光绪二十七年分月协新饷等因。自应照案划拨,兹于司库厘金项下照数提扣银三万四千二百六十一两五钱九厘,归还前款,分别列作收放等情,请奏前来。臣覆核无异,除分咨查照外,理合附片具陈,伏乞圣鉴。谨奏。

朱批:"户部知道。"

《光绪朝朱批奏折》第62辑,第765页

511. 江西筹解光绪二十八年正月至四月固本兵饷片

光绪二十八年七月初三日(1902年8月6日)

再,前准户部咨,直隶固本兵饷改解部库,由直隶按月赴部请领,计自同治五年起,截至光绪十四年三月止,江西共欠解银十万两,即自十四年起,无闰之年解银六万两,并补解旧欠银一万两,共计银七万两,有闰之年解银六万五千两,并补解旧欠银一万两,共计银七万五千两,务须遵照解足等因。当经行据藩司,将光绪十四年起至二十七年止共银八十六万五千两,又旧欠银八万五千两,先后委员解赴户部暨江海关道交收转解,均经随时奏报在案。兹据布政使柯逢时详称,现又由司库动放光绪二十八年地丁银二万两,为二十八年正月起至四月止四个月固本兵饷,遴委试用知县张绳祖领解,于六月二十三日起行,由陆路前赴户部交收,详请奏咨等情前来。臣覆核无异,除咨户部查照外,理合附片陈明,伏乞圣鉴。谨奏。

朱批:"户部知道。"

《光绪朝朱批奏折》第62辑,第766页

512. 奏销江西省节年已未完兵米存储各款数目片

光绪二十八年七月初三日(1902年8月6日)

再,查奏销现年钱粮之时,例应将节年未完项下续完若干、仍未完若干并动用、存储各款数目,分别年限,汇造清册,另缮题本,随本年奏销一并具题。又准部咨,兵米随奏,亦应仿照地丁随奏册,开列管、收、除、在四柱原未完若干、仍未完若干,分晰造册,以清眉目而易稽察等因,历经遵办在案。

兹据布政使柯逢时详,准署督粮道事试用道丁乃扬移称,江西省应造光绪二十七年分随奏册,旧管项下,永存备用银八万两,原备预行垫放料价、行月等项之用,循例造入历年漕项春秋拨册内,分晰报核。又原未完同治十一年起至光绪二十六年止各款银二十四万二千七百七两零,又宁都州光绪二年被水被旱案内缓征、递缓银二百一十两零,又原未完本色米一千八百石。

新收项下,光绪二十六年奏后,据各属续完各款银一万七百九十七两零。

开除项下,光绪二十六年济运已造入该年漕项奏销案内抵补仓屯荒缺银三百八十九两零,又光绪二十六年济造已归入该年漕项奏销案内动用银一千七百八十六两零,又光绪二十七年米折秋拨及二十八年米折春拨册内开除银一千二百九十两零,又汇解司库节省江南续裁米价银七千三百二十九两零。

实在项下,仍有未完同治十一年起至光绪二十六年止各款银二十三万一千九百一十两零,又缓征、递缓银二百一十两零,又未完本色米一千八百石,内除丰城等州县已征未解、缓征递缓米折各款等项银两分别催解，另案办理外，尚有未完光绪十四年起至二十六年止各款银二十二万六千六百九十六两零，又仍未完本色米一千八百石。以上未完各款银米，现在分别确查，严催完解，统于下届奏销册内详晰造报。至光绪二十六年实存兵米数目，业已循例造入该年兵马奏销册内实在项下报核在案。

合将节年存储馀剩及光绪二十六年奏后未完、支存、动用各数，并新收各年米折正耗各款银两兑收月日，分别开造清册，移司查核相符，遵照新章，详请具奏等情前来。臣覆核无异，除将清册咨移部科查核外，所有奏销江西省节年已、未完兵米存储各款数目，分别年限缘由，理合附片具陈，伏乞圣鉴，敕部核覆。谨奏。

朱批："该部知道。"

《光绪朝朱批奏折》第62辑，第767—768页

513. 江西筹解光绪二十八年第一批东北边防经费银两片

光绪二十八年七月初三日（1902年8月6日）

再，前准户部咨，东北边防经费，光绪二十八年分指拨江西地丁银五万两，加拨银一万两；厘金银八万两，加拨银一万六千两。又准行在户部咨，前项加拨银两，拨作新定赔款之用，应解赴江海关兑收转付等因。转行遵照，分别筹解去后。兹据布政使柯逢时详称，伏查奉拨前项经费银两，均经按年陆续筹拨，并因厘金无银，援案改动地丁计解赴部库，并改拨豫省河工暨提解吉林共银二百七十七万六千两，先后详请奏咨在案。所有本年应解经费，除加拨银两另行解赴江海关道收存，以备提还偿款外，其馀原拨银两，自应照案筹解，以济要需。兹动放光绪二十八年地丁银三万两，作为

本年第一批东北边防经费应解地丁银两，遴委试用知县张绳祖领解，于六月二十三日起行，由陆路前赴户部交收，详请奏咨等情前来。臣覆核无异，除咨户部查照外，理合附片具陈，伏乞圣鉴。谨奏。

朱批："户部知道。"

《光绪朝朱批奏折》第62辑，第768—769页

514. 江西常备军购地建营请敕部立案片

光绪二十八年七月初三日（1902年8月6日）

再，江西防营，前经臣奏定军制，编立常备、续备五军。其常备一军，应驻省垣，日夕操练，以为游击之师，必须建立营垒，聚居而教训之，庶可成节制之师。省城顺化门外大校场之旁，旧有刚军营垒三座，均系牵茅作盖，编篾为墙，骤遇风雨，必至飘摇，岁时修葺，徒耗帑藏。且大校场地为营基所占，四面狭小，仅可用前膛来福枪打靶，欲试演后膛快枪，即至弹子飞越入城，难免伤人，殊属不成局面。臣饬营务处司道于各城门外别勘地段，又皆烟户辐辏，或地势洼下，无合度者。惟刚军旧营之后，查有民间田塘四五十亩，若购归常备军建营，即可平去旧垒，将大校场推拓宽大，操练快枪，开演军阵，均易展布。当饬由司库筹款发县，将前项田塘购齐，绘就营图，委员召匠雇工兴建，约计可驻常备军三营，其中体操场、讲武舍均皆齐备，四面挖濠筑垒，规模虽非宏大，庶几略壮军容。莘较地价工料，约需银万两有奇，款尚不巨，容俟落成之日再行造册，咨部核销。此外尚有常备军二营及各府所驻续备军，因限于经费支绌，势难同时遍建，只可各就旧垒修葺暂居，俟库款稍可腾挪，再图

扩充。

所有常备军购地建营缘由，理合会同两江督臣刘坤一附片陈明，伏乞圣鉴，敕部查照立案。谨奏。

朱批："该部知道。"

《光绪朝朱批奏折》第64辑，第778—779页

515. 湖口县知县倪廷庆被参后完清芦课钱粮请予开复片

光绪二十八年七月初三日（1902年8月6日）

再，湖口县知县倪廷庆，于查办光绪二十六年压征二十五年芦课钱粮奏销案内，核计未完三分以上，经户部会同吏部照例议以降俸一级、戴罪征收、停其升转，奏奉朱批："依议。"钦此。钞单移咨到臣，行司转饬遵照，赶紧完解去后。兹据布政使柯逢时详称，湖口县二十六年压征二十五年芦课钱粮，共应征正耗银四百九十七两三钱七分六厘，除已据完解银三百三十一两七钱六分七厘入于是年奏销册内造报外，其馀未完银一百六十五两六钱九厘，现经行据该县催征足数，于二十八年六月十八、二十三等日解赴司库兑收，核计已照额全完，并无蒂欠。

查例载："钱粮参后，续报全完，若在议覆具题奉旨之后，该省已接准部文者，应由该督抚具题开复。"等语。今湖口县知县倪廷庆接征未完芦课，于奏销接准部覆后，已据续报全完，所有原参处分应请奏恳开复等情前来。臣覆核无异，合无仰恳天恩，俯准将卸任湖口县知县倪廷庆原议降俸、停升处分悉予开复。除饬将续完银两入于二十八年秋拨并二十九年耗羡四柱奏销册内造报，并咨部查照外，理合附片具陈，伏乞圣鉴训示。谨奏。

朱批:“着照所请,该部知道。”

《光绪朝朱批奏折》第78辑,第502页

516. 江西筹解光绪二十八年应解英德借款八月一期银两片

光绪二十八年七月初三日(1902年8月6日)

再,前准户部咨,每年应还俄法、英德两款本息,数巨期促,奏明自光绪二十二年起,由部库及各省关分别认还。其英德一款,指拨江西地丁等款银十四万两,每年匀分四次,于二、五、八、冬四个月解赴江海关道交纳,不得稍有延欠。嗣又准咨,镑价昂贵,原拨银数不敷,奏明将英德借款自二十六年起,加拨银三万五千两,随同匀解各等因。业经行据藩司,将二十二年起至二十八年五月止应解银两,按期照数解交,先后详经奏咨在案。

本年五月内,又准户部电称,以后八、冬解款,改令提前一月汇到等因,复经行司遵照办理去后。兹据布政使柯逢时详称,现于司库米谷厘金项下动放银四万三千七百五十两,作为光绪二十八年奉拨应解英德借款八月一期银两,遵照提前于六月内交由钱号汇至江海关道衙门投交兑收等情,详请奏报前来。臣覆核无异,除饬赶紧汇交,并咨户部暨外务部查照外,理合附片陈明,伏乞圣鉴。谨奏。

朱批:“户部知道。”

《光绪朝朱批奏折》第83辑,第725页

517. 江西筹解光绪二十八年第三批甘肃新饷划作新疆第八期新案赔款银两片

光绪二十八年七月初三日(1902年8月6日)

再,准户部咨,议覆新疆抚臣奏请,将新省岁认赔款由近沪省关协新饷内拨兑一案,议令江西在于应协新饷内提银六万两,汇解沪道兑收。嗣准新疆抚臣来电,以该省应解七、八、九等三期偿款,均请由江划解,其长解之数,即于协甘饷内扣抵各等因,均经转行遵照筹解。

兹据布政使柯逢时详称,查江西省光绪二十八年分奉拨甘肃新饷银三十六万两,当以司库支绌,详奉奏明,在于司、道两库分派筹解,业经第一次解过甘肃银五万两,又第二次解过江海关代还新省奉派第七期赔款并关平补水共银三万三千八百八十一两,先后详请奏咨在案。兹于司库厘金项下动放银三万三千三百三十三两三钱三分三厘、关平补水银五百四十七两六钱六分七厘,共银三万三千八百八十一两,作为奉拨二十八年第三批甘肃新饷代解新省第八期新案赔款,发交新泰厚等商号,限本年七月十八日汇至江海关道衙门交收,掣批回销,并由司给发汇费银三百三十八两八钱一分。至筹解此批甘肃新饷划作新疆奉派第八期赔款银两职名,系江西布政使柯逢时,合并声明等情,详请奏咨前来。臣覆核无异,除饬按限汇兑,并分别咨明外,理合附片具陈,伏乞圣鉴。谨奏。

朱批:"户部知道。"

《光绪朝朱批奏折》第83辑,第726页

518. 补办江西光绪二十五年分闲款报销片

光绪二十八年七月初三日(1902年8月6日)

再,前户部议覆各省闲款一项,留备无定公事动支之用,应于岁底造册,专案题报等因,历经遵办在案。兹据布政使柯逢时详称,江西司库闲款原请仍留在外随时动用之月城房租等十七项,光绪二十四年分册报,旧管存银二万六千一百七十八两零,内除带征匣费盐规不敷借放盐道衙门作为解司盐规银六千一百十两,应俟盐规匣费届纲征解到日解司还款,实在存库银二万六十八两零。兹自光绪二十五年正月起至年底止,内有月城房租一项,因官店被焚被拆、改造官厅,无有租银征解外,其馀各款,共新收银一千一百十一两零,共开除银九百九十一两零,实在连前共应存银二万六千二百九十八两零。内除借放盐道衙门盐规银六千一百十两外,现在实存库银二万一百八十八两零。分晰造具各款收支数目清册,同送到册结,遵照新章,详请奏咨,并声明此项闲款,尚有义宁、德安等州县未完光绪十四年起至二十五年止应征银两,已将经征、接征不力各职名另揭开参,听候部议。又,此案为年例题报之件,前因遵照部咨暂缓办理,现始照案补办等情前来。臣覆核无异,除将印结册揭送部查核外,理合将补办二十五年分闲款报销缘由,附片具陈,伏乞圣鉴,敕部核覆施行。谨奏。

朱批:"户部知道。"

《光绪朝朱批奏折》第89辑,第602—603页

519. 赏给《平定粤匪捻匪回匪方略》一部谢恩折

光绪二十八年七月初三日(1902 年 8 月 6 日)

江西巡抚臣李兴锐跪奏,为叩谢天恩,恭折仰祈圣鉴事。

窃臣接准外务部咨称,光绪二十八年四月初九日,军机大臣面奉谕旨:"《平定粤匪捻匪回匪方略》,前由外务部刊印,现在所存尚多,着赏给御前大臣、军机大臣、总管内务府大臣、南书房、上书房大学士、各部院尚书、左都御史及各省将军、督抚每人各一部,署外务部侍郎那桐、联芳加恩赏给一部,即由外务部知照颁发。"钦此。咨行到臣。跪读之下,莫名感悚。当即恭设香案,望阙叩头,恭谢天恩。派员赍文,赴外务部祗领。

伏念圣朝武功之盛,旷代所无。间有潢池盗弄之徒,难逃帷幄运筹之略。丕谟丕烈,早已炳若日星。回忆粤氛不靖,捻焰方张,臣时在故大学士曾国藩军中,躬值中兴盛事。多士荷戈执殳,分陈凯唱于南疆;朝廷行赏论功,曾荷恩荣于北阙。纂震古铄今之册,昭示无穷;读铭钟勒鼎之文,低徊不已。臣惟有勤求戎略,恪秉宸谟。辟士卒之新机,诵万回而不厌;作子孙之永宝,谨什袭以珍藏。

所有微臣感激下忱,谨缮折叩谢天恩,伏乞皇太后、皇上圣鉴。谨奏。光绪二十八年七月初三日。

朱批:"知道了。"

《光绪朝朱批奏折》第 104 辑,第 596—597 页

520. 审明永宁县民萧幛乃斗殴致毙人命一案按律定拟折

光绪二十八年七月初三日(1902年8月6日)

江西巡抚臣李兴锐跪奏,为斗殴致毙人命,审明定拟,遵章恭折具奏,仰祈圣鉴事。

窃查前准刑部通行:外省命盗死罪案件,无论斩、绞立决、监候,一律改为专折具奏等因。兹据署按察使刘心源审解永宁县民萧幛乃致伤凌福魁身死一案人招到臣。经臣亲提研鞫,缘萧幛乃籍隶永宁县,与已死凌福魁素不认识。光绪二十七年三月初七日,凌福魁挑米一担赴市售卖,萧幛乃见向问价买米,凌福魁索价钱二千六百文,萧幛乃说货低价贵,凌福魁斥骂瞎眼,萧幛乃不服回詈,致相争闹。凌福魁用挑米木担向殴,萧幛乃夺担殴伤凌福魁右额角,弃担逃跑。凌福魁追赶,萧幛乃转身,用拳殴伤凌福魁右乳。凌福魁扑拢拚命,萧幛乃举脚吓踢,适伤其下部倒地。经萧九恩路见劝住,通知凌福魁之母凌龙氏往看问明。凌福魁伤重,移时殒命。投保报县,诣验获犯,讯供通详饬审,将犯审拟解府,经府核恐案情未确,发委庐陵县知县郑恭提讯。犯供狡展,禀府改委泰和县知县郭曾准提讯,犯供游移,禀府发回永宁县就近传证质讯。兹据讯拟,由府、司勘转,经臣提审,据供前情不讳,究非有心欲杀,亦无起衅别故及在场帮殴之人,案无遁饰。

查律载:"斗殴杀人者,不问手足、他物、金刃,并绞监候。"等语。此案萧幛乃因向凌福魁买米口角,起衅争殴,致伤凌福魁身死,自应按律问拟。萧幛乃合依"斗殴杀人者,不问手足、他物、金刃,并绞监候"律,拟绞监候,秋后处决。见证萧九恩救阻不及,应毋庸议。

除全案供招咨部外,所有审明定拟遵章改奏缘由,理合恭折具奏,伏乞皇太后、皇上圣鉴,敕部核覆施行。谨奏。光绪二十八年七月初三日。

朱批:"刑部议奏。"

《光绪朝朱批奏折》第107辑,第950—951页

521. 审明高安县犯人幸水斗殴致毙人命一案按律定拟折

光绪二十八年七月初三日(1902年8月6日)

江西巡抚臣李兴锐跪奏,为斗殴致毙人命,审明定拟,遵章恭折具奏,仰祈圣鉴事。

窃准刑部通行:外省命盗死罪案件,无论斩、绞立决、监候,一律改为专折具奏等因。兹据署臬司刘心源招解高安县犯人幸水致伤无服族兄幸冰越日身死一案人招到臣。经臣亲提研鞫,缘幸水即必浪,籍隶高安县,与已死无服族兄幸冰邻居,素睦无嫌。光绪二十七年四月初十日,幸水走至幸元酒店后,会遇幸冰与族人幸疕、幸油闲谈。幸冰起意邀令赌博,幸水与幸疕等允从,幸冰即取铜钱一文转旋,用手覆盖,令幸水等猜压字镘,分别输赢。幸冰赌输生气,将幸水等赢钱掷弃,幸水不依斥骂,致相争闹,幸疕、幸油畏事走回。幸冰赶拢扭住幸水胸衣,幸水用两手推送,幸冰站立不稳,仰跌倒地,石块垫伤脊背。幸水被扭带跌,仆压幸冰身上。幸水屈膝挣起,致膝盖跪伤幸冰左胁。经幸元闻闹赶至劝住,通知幸冰胞叔幸朝五往看问明,扶回医治无效,至次日殒命。即经该前署县王万育访闻,会营查拿,并据幸朝五投保报县,诣验获犯,讯供通

详饬审。王万育未及审解卸事，该署县钟秉谦抵任，将犯审拟解府。经府核恐案情未确，发委署新昌县知县彭厚基提讯，犯供游移，禀府发回高安县就近传证质讯。兹据讯拟，由府、司勘转，经臣提审，据供前情不讳，究非有心欲杀，亦无起衅别故及另有在场同赌之人，案无遁饰。

查律载："同姓服尽亲属相殴至死，以凡论。"又："斗殴杀人者，不问手足、他物、金刃，并绞监候。"又例载："赌博不分兵民，俱枷号两个月，杖一百。"各等语。此案幸水因无服族兄幸冰邀令赌博，输钱生气，将该犯赢钱掷弃斥骂，起衅争闹，被扭推搡，带跌倒地挣起，致膝盖跪伤幸冰，越日身死。查已死幸冰系该犯幸水无服族兄，应以凡论，自应按律问拟。幸水即必浪，除听从赌博，轻罪不议外，合依"同姓服尽亲属相殴至死，以凡论"，"斗殴杀人者，不问手足、他物、金刃，并绞监候"律，拟绞监候，秋后处决。幸疒、幸油听从同赌一次，当幸冰与幸水争闹时，虽各畏事走回，亦应按例问拟。幸疒、幸油均合依"赌博不分兵民，俱枷号两个月，杖一百"例，各拟枷号两个月，杖一百。幸冰起意赌博，本干例议，业已因伤身死，应与救阻不及之见证幸元均毋庸议。失察赌博酿命之地保幸佐宾，照例笞责革役。幸冰等用钱赌博，并无赌具，赌输钱文当被掷弃遗失，应免查起着追。此案赌博酿命，业经该县营访闻，获犯究办，所有文武失察职名邀免开送。

除录全案供招咨部外，所有审明定拟遵章改奏缘由，理合恭折具奏，伏乞皇太后、皇上圣鉴，敕部核覆施行。谨奏。光绪二十八年七月初三日。

朱批："刑部议奏。"

《光绪朝朱批奏折》第107辑，第951—953页

522. 调署广东巡抚谢恩并请陛见折

光绪二十八年七月初四日(1902 年 8 月 7 日)

调署广东巡抚、江西巡抚臣李兴锐跪奏,为叩谢天恩,恭折仰祈圣鉴事。

窃臣迭准外务部电传,光绪二十八年七月初一日内阁奉上谕:"奎俊着开缺,四川总督着岑春煊署理。李兴锐着调署广东巡抚,江西巡抚着柯逢时护理。"又于七月初三日奉旨:"李兴锐已调署广东巡抚,着即迅赴署任,毋庸来京请训。陶模着俟李兴锐到任,德寿交卸巡抚后,再行卸事。"等因。钦此。当即恭设香案,望阙叩头谢恩。

伏念臣夙以书生从戎,滥邀简拔,三十馀年叠沛鸿慈,遽膺疆寄。久沐高天厚地之恩,曾无坠露轻尘之报。兹复拜命枫宸,量移珠海,宠眷愈渥,悚惕愈深。查广东南界重洋,北连五岭,藩篱洞辟,既防术之宜严;犷悍成风,更抚绥之不易。臣承乏豫章,已愧时艰之莫补;况当海峤,深虞任重之难胜。惟有益励忠勤,力图振作,矢千百愚柔之效,酬九重特达之知。但臣自广西布政使擢任封圻,尚未入觐天颜,跪聆训诲,今奉明谕,复敕"毋庸来京请训"。频年鞅掌,时深陨越之虞;万里驰驱,弥切瞻依之念。遵将经手事件速为清理,即当卸篆起程。一俟赴任以后,整饬庶务,粗具端倪,仍恩吁恳天恩,许臣陛见,稍遂就瞻之私愿,谨遵谟诰以持躬,曷胜欣幸之至!

所有微臣感激下忱,理合恭折叩谢天恩,伏乞皇太后、皇上圣鉴训示。谨奏。光绪二十八年七月初四日。

朱批："毋庸来见。"

《光绪朝朱批奏折》第17辑，第756—757页

523. 裁改三省制兵更定章程折附清单*

光绪二十八年七月十五日(1902年8月18日)

太子太保头品顶戴两江总督臣刘坤一，头品顶戴安徽巡抚臣聂缉椝，漕运总督臣陈夔龙，头品顶戴江苏巡抚臣恩寿，调署广东巡抚、江西巡抚臣李兴锐跪奏，为三省制兵分别裁减改并，并酌裁员弁，更订画一饷章，恭折会陈，仰祈圣鉴事。

窃奉上谕："着将原有各营严行裁汰，精选若干营，分为常备、续备、巡警等军，认真训练，以成劲旅。"等因。钦此。遵将三省防练各军分别改设各缘由，经臣坤一、臣兴锐暨前安徽抚臣王之春先后具奏，臣坤一裁改防练各军折内声明，制兵三省应归一律，俟会商酌拟章程，另行会奏各在案。

臣等伏查江①、皖、西三省制兵，近年以来，叠经裁减，所存本已无多，地广兵单，实觉不敷分布，兼之积习较深，扫除匪易。今欲〔大〕②加整顿，固当从严裁汰，以节饷需。惟兵(威)〔数〕③愈裁愈

---

* 《申报》光绪二十八年八月二十二日(1902年9月23日)第10572号第1—2版、八月二十三日(1902年9月24日)第10573号第1—2版、八月二十四日(1902年9月25日)第10574号第2版、八月二十五日(1902年9月26日)第10575号第2版连载此折及清单。此折系两江总督刘坤一、安徽巡抚聂缉椝、漕运总督陈夔龙、江苏巡抚恩寿、江西巡抚李兴锐合奏，又见刘坤一《刘忠诚公遗集·奏疏》(清宣统元年刻本)卷三十七，具奏日期为光绪二十八年七月十五日。

① "江"，《刘忠诚公遗集》作"苏"。

② 原漫漶不清，据《刘忠诚公遗集》补。下同。

③ 据《刘忠诚公遗集》改。下同。

少，非酌照练军改订章程，新其耳目，作其志气，不能使一兵得一兵之用，所需饷项，仍〔属〕虚糜。查绿营兵饷，向分马、战、守三项，守兵饷银每日仅止三四分，实不足以资养赡。兹既改为巡警，专备巡防警察，拟照现存之额，裁去二三成，不分马、战、守，统改守兵，于原饷之外酌量加给，即以裁节之款抵支，核有不敷，再裁冗弁，俾资挹注。苏、皖两省各标营，酌裁千、把等弁，计每年苏省约可节馀银一万五六千两，皖省约可节馀银八百馀两。惟江西全省三十五营内，有驻扎各属县城及乡镇地方、向设都司之武宁等营，原存兵丁再加[①]裁减，数甚畸零，原设都司等员几同虚设，徒耗巨饷。且库款支绌异常，加饷苦难筹措，拟将武宁、铜鼓、广昌、铅山、浮梁、〔赣〕后、兴国、龙泉、万安、永丰、莲花、文英、永镇等十三营原设都司、守备概行裁去，仍留千、把等弁，分扎各县汛地。该弁等与裁存之兵，各就驻汛，归该府州标营管辖。该都司等廉俸、马干等项，节归加饷，统计有盈无绌。并察酌地方情形，其紧要处所，于裁存弁兵较多各营内酌量（发）〔拨〕驻，即隶该处营分，此则因地[②]制宜，不能不量为变通者也。至裁存之兵，按数分哨，各以营官为管带，自帮带以至正副哨弁、督队、督操，均以本营裁存各弁依次递派，仍各支原领廉俸薪饷，勿须另加。各兵月饷，不分银米，拟每（各）〔名〕给银二两四钱，什长给银二两九钱，均照向章支放。拟裁之兵，酌发恩饷三个月，即于节省款内动支。其存兵加饷，亦俟定案三个月后再行照加，免致另筹为难。马匹变价，为该营改制旗帜、号衣之需。三省各标营，一律照此办理。其奉裁员弁，仍各归原省，按照裁缺章程，分别补还一缺，俾免向隅。第念裁并后，兵数较前更少，应令

① “加”，《刘忠诚公遗集》作“行”。

② “地”，《刘忠诚公遗集》作“时”。

常川屯扎,认真训练,方能破除旧习,渐底精强。从前解犯、护饷等差,嗣后应免签派,即责成州县经理,庶不致袭循例之虚文,旷操防之实效。总之,此次裁汰制兵,与各标练军,同改巡警,当用挑练成规,化无用为有用,以冀仰副圣主经武整军之至意。现拟办法,臣等咨函往返商酌,意见相同。如蒙俞允,俟奉旨后,臣等即遵照办理。节饷、加饷银数,分行各藩司确核,各归各省,连同裁存兵数,另行分别造册,咨部查核;其节馀①之项,即留为各该省凑解洋款及举行新政之用。除将分立营哨及拟裁员弁另行开单分咨政务处、兵部查核外,谨将裁改并拨营汛人数分缮清单,恭呈御览。

所有遵旨裁改三省制兵更定章程缘由,是否有当,理合会同江南提督臣李占椿合词具陈,伏乞皇太后、皇上圣鉴训示。再,安徽皖南镇标练军马步三营,经前抚臣王之春奏明改名续备,现已一律更正,作为巡警,以符通案,合并陈明。谨奏。

奉朱批:"政务处议奏,单三件并发。"钦此。

清单

谨将江西省各标营裁减都司等官并拨营汛裁汰兵丁名数,开具清单,恭呈御览。

计开:

抚标左营拨归(瑜)〔瑞〕州营存城把总一弁,拟裁把总一弁、额外一弁、马兵二十四名、步兵十七名、守兵五十五名。

抚标右营拟裁把总一弁、额外一弁、马兵二十四名、步兵十九名、守兵五十七名。

① "馀",《刘忠诚公遗集》作"除"。

南昌协营拨驻丰城县汛把总一弁、守兵三十名，进贤县汛把总一弁、守兵三十名，奉新县汛把总一弁、守兵三十名，靖安县汛把总一弁、守兵三十名，拟裁千总一弁、把总一弁、外委四弁、马兵九十名、步兵八十六(外)〔名〕、守兵二百五名。

武宁营拟裁都司一员、外委一弁、额外一弁、马兵七名、步兵十四名、守兵三十名。

铜鼓营拟裁都司一员、把总一弁、外委四弁、额外二弁、马兵十七名、步兵五十四名、守兵六十名。

该两营裁存弁兵，归并南昌协营管辖。

抚州营拨驻金溪县汛把总一弁、守兵三十名，乐安县汛把总一弁、守兵三十名，东乡县汛外委一弁、守兵二十名，崇仁县汛外委一弁、守兵二十名，宜黄县汛外委〔一〕弁、守兵二十名，拟裁额外一弁、马兵十九名、步兵十名。

建昌营拨驻南丰县汛把总一弁、守兵三十名，新城县汛把总一弁、守兵三名，泸溪县汛外委一弁、守兵二十名，拟裁外委二弁、额外三弁、马兵二十五名、步兵十八名、守兵五十名。

广昌营拟裁都司一员、外委一弁、额外二弁、马兵八名、步兵十五名、守兵三十名。

该营裁存弁〔兵〕，归并建昌营管辖。

瑞州营拨驻上高县汛把总一弁、守兵三十名，拟裁马兵十二名、步兵二名、守兵十名。

袁州营拨驻萍乡县汛千总[一]弁、守兵四十名，分宜县汛把总一弁、守兵三十名，新喻县汛把总一弁、守兵三十名，拟裁马兵三十名、步兵十九名、守兵三名。

临江营拨驻峡江县汛把总一弁、守兵三十名，新淦县外委一弁、守兵二十名，拟裁把总一弁、马兵十二名、步兵十名。

九江镇标前营拨驻建昌县汛把总一弁、守兵三十名，安义县汛把总一弁、守兵三十名。

南康营存营外委一弁，拟裁千总一弁、外委三弁、额外一弁、马兵三十五名、步兵三十五名、守兵七十二名。

九江镇标后营拨驻德安县汛把总一弁、守兵三十名，瑞昌县汛把总一弁、守兵三十名，九江城守营守兵二十五名，拟裁千总一弁、外委四弁、马兵三十三名、步兵二十五名、守兵二十九名。

九江城守营拨驻湖口县汛把总一弁、守兵三十名，彭泽县汛把总一弁、守兵三十名，拟裁外委一弁、额外一弁、马兵十三名、步兵六名。

南康营拟裁马兵十名。

广信营拨驻玉山县汛把总一弁、守兵三十名，贵溪县汛把总一弁、守兵三十名，兴安县汛外委一弁、守兵二十名，广丰县汛外委一弁、守兵二十名，弋阳县汛外委一弁、守兵二十名，拟裁额外一弁、马兵三十九名、步兵二十六名、守兵五十八名。

铅山营拟裁都司一员、外委一弁、额外一弁、马兵九名、步兵十五名、守兵三十名。

该营裁存〔弁〕兵，归并广信营管辖。

饶州营〔拨〕驻乐平县汛把总一弁、守兵三十名，安仁县汛把总一弁、守兵三十名，馀干县汛外委一弁、守兵二十名，德兴县汛外委一弁、守兵二十名，万年县汛外委一弁、守兵二十名，拟裁千总一弁、把总一弁、外委一弁、额外一弁、马兵三十一名、步兵三十名、守兵四十名。

浮梁营拟裁都司一员、外委一弁、额外一弁、马兵九名、步兵十七名、守兵四十名。

该营裁存弁兵，归并饶州营管辖。

赣州镇标中营拟裁千总一弁、把总二弁、外委二弁、马兵三十名、步兵十八名、守兵九十名。

赣州镇标左营拨驻雩都县汛把总一弁、守兵三十名，安远县汛把总一弁、守兵三十名，拟裁千总一弁、把总一弁、外委三弁、马兵二十九名、步兵三十名、守兵六十名。

赣州城守营拟裁额外二弁、马兵十五名、步兵五名、守兵三十六名。

赣州镇标后营拟裁都司一员、守备一员、千总一弁、把总二弁、外委三弁、额外一弁、马兵二十二名、步兵四十七名、守兵八十六名。

该营裁存弁兵，归并赣州城守、袁州、临江等营管辖。

兴国营拟裁都司一员、把总一弁、外委一弁、马兵十名、步兵十八名、守兵四十名。

该营裁存弁兵，归并赣州城守营管辖。

横冈营拟裁千总一弁、马兵十六名、步兵三名、守兵六十六名。

羊角营拟裁额外一弁、马兵十名、步兵四名、守兵三十名。

吉安营拨驻吉水县汛把总一弁、守兵三十名，泰和县汛把总一弁、守兵三十名，安福县汛外委一弁、守兵二十名，拟裁马兵二十三名、步兵三十名。

龙泉营拟裁都司一员、马兵九名、步兵十九名、守兵四十名。

万安营拟裁都司一员、外委一弁、额外三弁、马兵九名、步兵二十六名、守兵三十八名。

永丰营拟裁都司一员、外委一弁、马兵八名、步兵十八名、守兵三十六名。

莲花营拟裁都司一员、额外一弁、马兵十名、步兵二十一名、守兵六名。

该四营裁存弁兵,归并吉安营管辖。

南安营〔拨〕驻南康县汛千总一弁、守兵四十名,上犹县汛把总一弁、守兵三十名,拟裁把总三弁、外委三弁、额外二弁、马兵二十五名、步兵二十九名、守兵六十八名。

文英营拟裁都司一员、外委一弁、马兵十名、步兵二十名、守兵四十六名。

该营裁存弁兵,归并南安营管辖。

宁都营拨驻石城县汛千总一弁、守兵四十名,拟裁把总四弁、外委三弁、马兵二十七名、步兵二十七名、守兵八十名。

永镇营拟裁都司一员、外委一弁、马兵十名、步兵二十名、守兵四十六名。

该营裁存弁兵,归并宁都营管辖。

以上三十五营,共拟裁十三营,计共裁都司十三员、守备一员、千总八弁、把总二十弁、外委四十二弁、额外二十八弁、马兵七百十名、步兵七百五十三名、守兵一千五百三十七名,理合登明。

奉朱批:“览。”钦此。

正折据《申报》光绪二十八年八月二十二日(1902 年 9 月 23 日)第 10572 号第 1—2 版《照录苏皖赣三省裁并弁兵情形奏稿》;清单据《申报》光绪二十八年八月二十四日(1902 年 9 月 25 日)第 10574 号第 2 版《续录苏皖赣三省裁并弁兵情形奏稿》、光绪二十八年八月二十五日(1902 年 9 月 26 日)第 10575 号第 2 版《续录苏皖赣三省裁并弁兵情形奏稿》

524. 江西罗邦彦等员请袭世职遵旨汇陈折附清单

光绪二十八年七月十五日(1902 年 8 月 18 日)

调署广东巡抚、江西巡抚臣李兴锐跪奏,为请袭世职,遵旨汇陈,恭折仰祈圣鉴事。

窃查前准部咨,同治元年二月十六日奉上谕:“嗣后阵亡、殉难各员子孙承袭世职,兵部行文各该督抚,转饬各该州县将应袭职名迅速行查,径行具报督抚,毋庸由府司转详。予限半年,汇案具奏,以免烦扰。”等因。钦此。又查江西省各项世职,前因人数日增,饷绌难继,经前抚臣潘霨奏明,发标学习及年未及岁世职,凡系承袭骑都尉、云骑尉、恩骑尉者,均分别全俸、半俸,各减四成支发。其发标世职截至光绪九年底止,共计四百八十三员,即以此数作为定额,遇续投验及已投验而未奉部覆者,均作为额外候补。又额外人员,以奉部奏准承袭收标之日起,准其先行注册,遇有额缺,挨次顶补,不给俸银。俟补缺以后,照新章给俸。至年未及岁世职,不请定额,于奉旨请袭之后、及岁之前,一体支给减成半俸。本年二月间,复因筹摊偿款,举办新政,需用浩繁,司库支绌情形较前更甚,经臣参仿闽省办法,奏请自光绪二十七年冬季始,所有在标世职向领减成全俸者,改支减成半俸。其因膂力未充或因事革退随营、发回原籍以及年未及岁各项世职,在籍支食半俸者,概行停支。一俟库款充裕,再照旧例办理。至所裁俸银,即拨充讲武馆经费,仍为教练将材之用各等因,均奉部覆照准在案。

兹查有寄籍南昌县、原籍湖南武陵县、在进贤县阵亡从九品衔罗清之嫡长孙罗邦彦请接袭云骑尉世职,又永新县在籍带勇杀贼被戕生员曾其严之嫡长孙曾昭忠请接袭云骑尉世职各等情，由各该县取具供图册结，详送前来。臣覆核无异。查罗邦彦、曾昭忠经臣验看，均年力正盛，堪以承袭。俟钦奉恩准之日，作为收标日期，按照新章办理。谨缮清单，恭呈御览。除将供图册结送部外，理合恭折具奏，伏乞皇太后、皇上圣鉴。谨奏。光绪二十八年七月十五日。

朱批："兵部议奏，单并发。"

清单

谨将请袭世职罗邦彦、曾昭忠查明原案，分别开缮清单，恭呈御览。

计开：

一、寄籍南昌县、原籍湖南武陵县从九品衔罗清，在江西五岳营带勇，于咸丰七年七月初六日在进贤县剿贼阵亡，经部议给云骑尉世职，袭次完时，给予恩骑尉世袭罔替。当将罗清嫡长子罗会浚承袭云骑尉世职，檄发南昌城守营学习，于光绪二十七年八月二十九日病故。兹据南昌县查明，罗会浚嫡长子罗邦彦，即罗清嫡长孙，现年十九岁，应接袭云骑尉世职，并无搀越过继、违碍假冒情事，合并陈明。

一、永新县生员曾其严，于咸丰六年二月初六日因县城失陷杀贼被戕，经部议给云骑尉世职，袭次完时，毋庸给予恩骑尉世袭罔替。当将曾其严嫡长子曾广仁承袭云骑尉世职，檄发莲花营学习，于光绪二十六年九月十六日病故。兹据永新县查明，曾广仁嫡长子曾昭忠，即曾其严嫡长孙，现年二十三岁，应接袭云骑尉世职，并无搀越过继、违碍假冒情事。再，曾广仁应得敕书未奉颁发，无凭呈缴,合并陈明。

朱批:"览。"

正折据《光绪朝朱批奏折》第48辑,第347—348页;清单据台北故宫博物院藏"军机处档折件",文献编号:148511

525.奏报江西光绪二十六年分馀租兵加奏销未完一分以上各员名折附清单

光绪二十八年七月十五日(1902年8月18日)

调署广东巡抚、江西巡抚臣李兴锐跪奏,为江西省办理光绪二十六年分馀租兵加奏销,将经征、接征未完一分以上各员名,遵照新章开列清单,恭折仰祈圣鉴事。

窃照各项钱粮奏销,向应按依定限,一面具题,一面先将未完一分以上各员名开单奏报,历经遵办在案。兹据署督粮道丁乃扬会同布政使柯逢时,查明光绪二十六年分馀租兵加奏销案内经征、接征未完一分以上各员名,遵照新章开列揭帖,详请具奏前来。臣覆核无异,除将揭帖咨送户部核议外,理合恭折具陈,并将未完一分以上各员名缮列清单,敬呈御览,伏乞皇太后、皇上圣鉴。再,此案据该司、道于光绪二十八年六月二十九日详到,臣现于七月十五日出奏,合并陈明。谨奏。光绪二十八年七月十五日。

朱批:"户部议奏,单并发。"

清单

谨将江西省奏销光绪二十六年分馀租兵加钱粮经征、接征未完一分以上各员名开列清单,恭呈御览。

计开：

未完一分以上官三十一员：

接征弋阳县知县吴庆扬，经征署贵溪县印限内卸事候补知县张瞀，接征署贵溪县印试用知县黄锡光，接征署兴安县印补用知县周绘藻，接征代理鄱阳县印限内卸事大挑知县李镜铭，接征署鄱阳县印限内卸事候补知县应衷，经征代理馀干县印限内卸事大挑知县梁树棠，接征代理安仁县印限内卸事萍乡县已故知县吴忠谦，接征代理安仁县印限内卸事试用知县郭立朝，接征署德化县印限内卸事试用知县沙昌寿，接征德化县知县吕敬直，经征湖口县限内卸事知县徐允升，经征庐陵县限内卸事参革知县冯兰森，接征署庐陵县印限内卸事上高县知县江召棠，接征署庐陵县印临川县知县郑恭，经征署龙泉县印限内卸事即用知县石长祐，接征代理龙泉县印限内卸事试用知县刘芳，接征龙泉县知县罗大冕，经征署永新县印限内卸事试用知县吕懋承，接征署永新县印补知县梁继泰，经征大庾县限内卸事知县彭厚基，接征代理赣县印限内卸事试用通判胡先翥，接征雩都县限内卸事参革知县刘仑德，接征代理雩都县印限内卸事试用知县周衍祜，接征署雩都县印候补知县何文光，经征会昌县限内卸事知县陆垣，代征会昌县、瑞金县知县章乃正，接征署丰城县印南康县知县孔昭珍，经征金溪县知县杜璘光，接征署宜春县印补用知县杨国璋，接征万载县限内卸事知县张寿龄。

未完二分以上官十四员：

经征代理弋阳县印限内卸事本县县丞韩锡镛，经征浮梁县限内卸事知县任玉琛，接征德安县参革知县贺辉玉，接征湖口县知县倪廷庆，经征星子县限内卸事知县左秉钧，经征莲花厅限内卸事同知唐继周，经征安福县限内卸事知县陆善格，接征代理安福县印试用知县沈秉权，接征署大庾县印候补通判余本寯，经征赣县限内卸事另补知县彭继昆，经征署雩都县印限内卸事德化县知县吕敬直，接征署会昌县印补用知县徐宝锷，经征广昌县知县张学培，经征署万载县印限内卸事试用同知郑景洙。

未完三分以上官六员：

经征上饶县知县周邦翰，接征铅山限内卸事知县陈元焯，接征代理馀干县印试用知县贺义行，接征署永新县印限内卸事参革知县陈克慎，经征进贤县知县陈庆绶，接征代理南丰县印试用知县朱士元。

未完四分以上官五员：

经征瑞昌县知县陈乃绩，接征代理彭泽县印补用知县赵峻，接征建昌县知县周祖庚，经征信丰县限内卸事参革知县李用曾，经征兴国县知县陈宏燮。

朱批："览。"

正折据《光绪朝朱批奏折》第68辑，第857—858页；清单据台北故宫博物院藏"军机处档折件"，文献编号：148510

526. 江西赈捐第八次请奖片

光绪二十八年七月十五日（1902年8月18日）

再，光绪二十五年四月间，江西吉安、临江、南昌等府所属各县猝被水灾，工赈需款浩繁，经前抚臣松寿奏请援照湖北等省赈捐成案，开办江西赈捐一年，藉资接济。光绪二十五年七月十八日奉朱批："着照所请，该部知道。"钦此。行司钦遵。当于是年九月初六日开局，委员分投劝办，并分咨邻省一体劝募，酌量灾区轻重，分拨赈抚。嗣因一年期满,势难停止,复经奏展一年。业将所收捐款,先后三次造册请奖。迨至上年五月间又遭大水,被灾者四十馀州县,工赈兼施,需款甚巨,复经臣奏请再行接展一年,钦奉朱批允准,转行遵照。旋将续行收捐衔翎、加级、封典、贡监等项,列为第四、第五、第六、第七四次汇造清册,奏咨请奖各在案。

兹复据筹赈捐输总局司道详称,现将各处收捐造报到局之贡监等项三千六十七名,共折收实银二十万五千四百六十七两七钱二分,悉数解存藩库,陆续转发被灾各属,分别济赈、修堤,应列为第八次,造具各捐生姓名、年貌、籍贯、履历、三代清册,检同副实收,详请奏咨给奖等情前来。臣覆加查核,所捐银数及请奖各项,均与例章相符,合无仰恳天恩,俯准分别奖叙,以昭激劝。除将清册、副实收送部外,所有江西赈捐第八次请奖缘由,理合附片具陈,伏乞圣鉴,敕部核覆施行。谨奏。

朱批:"户部议奏。"

《光绪朝朱批奏折》第80辑,第736页

527. 江西筹解应解漕折拨付第八期偿款银两片

光绪二十八年七月十五日(1902年8月18日)

再,前准部咨,解部漕折应由各省解交江海关,以备归还偿款。并准电开,公约赔款应按月交银行收存,所有部库腾出之的款内江西漕折银六十万两,应匀作十二次,按月先期解沪等因。当经臣查明,此项漕折,未奉部文以前,已解赴部库五批共银二十五万两,应请由部拨付。嗣复陆续将截留第六批至十二批共七批银三十五万两解交江海关兑收,均经先后附片奏明,并于汇解第十一批银两案内，声请饬部将前次解部银两划拨沪关，以资应付。旋准户部电覆，应由江省将本年六月以后应解漕折，自行设法提前按月解沪，勿误还期等因。

臣查江西漕折，向系按年尽数征解，二十七年奉拨之款，计已全数解清，而二十八年应征之项尚未启征，本属无可再解，惟款关要需，偿期紧迫，既奉电复，行令筹解，不得不设法腾移，以顾大局。当经饬据署督粮道丁乃扬详，将续催完解二十七年第十三批漕折银一万三千两，又凑解二十六年银二千八百两、二十五年银七千一百两、二十四年银六千四百两、二十三年银一万二千两、二十二年银五千一百两、二十一年银二千一百两、二十年银一千五百两，共银五万两，又动放关平补水银八百二十一两五钱，一并发交蔚丰厚等商号具领，限七月初八日以前汇赴江海关道衙门兑收，作为漕折第八期归还偿款，并发给汇费银五百八两二钱一分五厘，详请奏咨等情前来。除缮发文批，饬令赶紧汇解交收，并咨部查照外，所有应解漕折拨付第八期偿款银两交商汇沪缘由，理合附片具陈，伏乞圣鉴。谨奏。

朱批："户部知道。"

《光绪朝朱批奏折》第83辑，第732页

528. 江西筹解光绪二十八年第四批甘肃新饷划作新疆第九期新案赔款银两片

光绪二十八年七月十五日（1902年8月18日）

再，准户部咨，议覆新疆抚臣奏请，将新省岁认赔款由近沪省关协新饷内拨兑一案，议令江西在于应协新饷内提银六万两，汇解沪道兑收。嗣准新疆抚臣来电，以该省应解七、八、九等三期偿款，均请由江划解，其长解之数，即于协甘饷内扣抵各等因，均经转行遵照筹解。兹据布政使柯逢时详称，查江西光绪二十八年分奉拨甘肃新饷银三十六万两，当以司库支绌，详奉奏明，在于司、道两库分派筹解，业经第一次解过甘肃银五万两，又第二、三两次解过江海关代还新省奉派第七、八两期赔款并关平补水共银六万七千七百六十二两，先后详请奏咨在案。

兹于司库厘金项下动放银三万三千三百三十三两三钱三分三厘、关平补水银五百四十七两六钱六分七厘，共银三万三千八百八十一两，作为奉拨二十八年第四批甘肃新饷代解新省第九期新案赔款，发交新泰厚等商号，限本年八月十八日汇至江海关道衙门交收，掣批回销，并由司给发汇费银三百三十八两八钱一分。至筹解此批甘肃新饷划作新疆奉派第九期赔款银两职名，系江西布政使柯逢时，合并声明等情，详请奏咨前来。臣覆核无异，除饬按限汇兑，并分别咨明外，理合附片具陈，伏乞圣鉴。谨奏。

朱批："户部知道。"

《光绪朝朱批奏折》第83辑，第733页

529. 江西筹解新案赔款第九期银两片

光绪二十八年七月十五日(1902年8月18日)

再，前准部咨，新案赔款，江西省每年摊还银一百四十万两，并奉电旨："应将全年应付本息匀作十二分，按月摊付，先期解交上海道收存，无论如何为难，不得稍有迟误。"等因。钦此。当经转行钦遵。业据藩司将第一期至第八期应付之款按期设法筹解，先后汇交上海道兑收，均经分别奏咨在案。惟查前项赔款为数过巨，自奉派拨之后，臣与司道竭力设措,几于智穷力索,现虽将按粮捐输、土药膏捐、盐斤加价等项分投举办,略有眉目,然每年究能增益若干,尚无把握。大局所关,不得不力为其难,惟有勉强凑集,以济目前之急。

兹据布政使柯逢时详称,在于随粮捐输、盐斤加价并司库正杂各款内挪动凑放银十一万六千六百六十六两六钱六分七厘,又遵照行在户部来电,另行动放关平补水银一千九百十六两八钱三分三厘,一并发交新泰厚等商号承领,另给汇费银一千一百八十五两八钱三分五厘,限于八月十八日以前汇至江海关道衙门投交,作为江西奉派新案赔款第九期银两等情,详请奏咨前来。除饬依限汇交,暨分咨外务部、户部外,理合附片陈明,伏乞圣鉴。谨奏。

朱批:"户部知道。"

《光绪朝朱批奏折》第83辑,第734页

530. 江西筹解京师大学堂经费银两片

光绪二十八年七月十五日(1902年8月18日)

再,前准管理大学堂事务大臣张百熙咨,具奏筹办大学堂大概情形一折,奉上谕:"着即认真举办,所需经费,着各省督抚量力认解。"等因。钦此。伏查兴学育才,实为现时切务,而京师为四方观听所归,尤关紧要,臣敢不量力分筹,藉为沧海细流之助。惟江省库空如洗,奉派新案赔款又至百数十万之多,现在按月腾挪,拮据万分,其新筹各款,究能岁获若干,尚无一定把握,目前委无闲款可动。因查前据庐陵县绅周锡藩慨念时艰,报效银二万两,经臣奏准,拨作江省大学堂开办经费之用。嗣准户部咨,令将前项银两解部。在部臣筹画维艰,自不能不严其出纳,而江省应兴要政,亦未便稍从缓图。当与藩司悉心筹商,拟将前项报效银内提出一万两,解交京师大学堂,作为本年认解之款。此后即照此数,按年另筹解济。尚馀银一万两,江西现在开办省城大学堂及武备学堂,需用甚急,合无仰恳天恩,俯准仍照前次奏定,作为本省开办学堂之用,以济要需而资兼顾。据藩司柯逢时详请奏咨前来。除分咨查照外,理合附片陈明,伏乞圣鉴。谨奏。

朱批:"户部知道。"

《光绪朝朱批奏折》第89辑,第607页

531.奏销江西省光绪二十七年分驿站裁存各款银两数目片

光绪二十八年七月十五日(1902年8月18日)

再,江西省光绪二十七年分驿站裁存各款及各属应付勘合、火牌、差使循环各册,例应按年造报。兹据布政使柯逢时详,准署按察使刘心源移称,江西省光绪二十七年分驿站项下新收银十万九千九百九十七两零,内除各项支销银六万六千六百九十五两零,尚有馀剩及扣解节省、裁扣马价尾零并减平共银四万九千一百十八两零,又额外皮张变价银一百四十七两,应归藩司汇同支馀各款报部酌拨,造具清册,查照新章,移请转详具奏等情前来。臣覆核无异,除将清册咨送部科暨山西道外,所有奏销江西省光绪二十七年分驿站裁存各款银两数目,理合会同两江督臣刘坤一,查照新章附片具陈,伏乞圣鉴,敕部核覆。谨奏。

朱批:"该部知道。"

《光绪朝朱批奏折》第89辑,第608页

532. 审明南昌县万木生斗殴致毙人命一案按律定拟折

光绪二十八年七月十五日(1902 年 8 月 18 日)

调署广东巡抚、江西巡抚臣李兴锐跪奏,为斗殴致毙人命,审明定拟,恭折仰祈圣鉴事。

窃查前准刑部通行:外省命盗死罪案件,无论斩、绞立决、监候,一律改为专奏等因。兹据署按察使事、督粮道刘心源会同洋务局司道审解南昌县民万木生致伤李芫缮越二日身死一案人招到臣。经臣亲提研鞫,缘万木生籍隶南昌县,向作屠卖猪肉生理,与李芫缮邻村居住,素识无嫌。李芫缮素习天主教,与婿万银水同居。光绪二十六年六月间,万银水赊欠万木生肉钱三百文,约俟七月付还,嗣万木生屡索无偿。九月初三日,万木生复往李芫缮家催索万银水欠钱,万银水央缓,万木生斥骂骗赖,万银水回詈走避。万木生赶殴,李芫缮走出,上前拦劝,万木生斥护,李芫缮不服分辩,致相争闹。李芫缮顺取修树尖刀,向万木生戳去,万木生夺刀过手,连戳伤李芫缮右肋、右乳。李芫缮举手夺刀,万木生用刀尖划伤李芫缮左手第二指。李芫缮扑拢拚命,万木生用刀吓戳,适伤其肚腹近左倒地。经邻人魏正有闻闹赶至,劝住问明,通知李芫缮胞弟李化成前往,查看医治。讵李芫缮伤重,医治无效,延至初五日殒命。尸弟李化成报经该前署县江召棠诣验差拘,与前代理县陈瑞鼎均未获犯卸事。该署县戚扬抵任,获犯讯供,通详饬审。兹据讯明议拟,由府、司勘转,经臣提审,据供前情不讳,究非有心欲杀,亦无起衅别故及在场帮殴之人,案无遁饰。

查律载:"斗殴杀人者,不问手足、他物、金刃,并绞监候。"等语。此案万木生因向万银水索欠赶殴,经李芫缮走出拦劝,口角起衅争殴,夺刀戳伤李芫缮,越二日身死,自应按律问拟。万木生合依"斗殴杀人者,不问手足、他物、金刃,并绞监候"律,拟绞监候,秋后处决。万银水欠钱不还,致酿衅端,即属肇衅酿命,应请照不应重杖八十律,拟杖八十,折责发落。见证魏正有救阻不及,应毋庸议。万银水欠钱,照追给领。

除将全案供招咨部查核外,所有审明定拟照章改奏缘由,理合恭折具陈,伏乞皇太后、皇上圣鉴,敕部核覆施行。谨奏。光绪二十八年七月十五日。

朱批:"刑部议奏。"

《光绪朝朱批奏折》第 107 辑,第 976—978 页

533. 审明广丰县周澧笙疑窃起衅故杀无服族兄身死一案按律定拟折

光绪二十八年七月十五日(1902 年 8 月 18 日)

调署广东巡抚、江西巡抚臣李兴锐跪奏,为疑窃起衅,故杀无服族兄身死,审明定拟,遵章恭折,仰祈圣鉴事。

窃查前准刑部通行:外省命盗死罪案件,无论斩、绞立决、监候,一律改为专折具奏等因。兹据署按察使刘心源招解广丰县民周澧笙故杀无服族兄周殿榁身死一案人招到臣。经臣亲提研鞫,缘周澧笙籍隶广丰县,与已死无服族兄武生周殿榁同村居住,素睦无嫌。周澧笙好吃洋烟,不务正业,经周殿榁同族长屡诫不听。光绪二十六年五月二十六日,周殿榁家走失母鸡一只,查寻未见,疑系周澧笙窃匿,往向查问,适周澧笙外出未遇。次日上午,周澧笙

携带尖刀赴园割菜,经过周殿榁门首,周殿榁见向盘问鸡只,周澧笙斥骂不应平空诬窃。周殿榁举拳向殴,周澧笙顺用手内尖刀戳伤周殿榁右胳膊,带划伤右臂膊。周殿榁扑拢夺刀,周澧笙用刀戳伤周殿榁左胁脥倒地。周殿榁卧地辱骂,并称将来定须告官究治。周澧笙一时气忿,起意致死,复用尖刀叠戳伤周殿榁左乳、心坎。经族人周道茂路见喝住,周殿榁之母周徐氏亦闻声出看问明。周殿榁伤重,登时殒命。周徐氏投保报,经该前代理县李相诣验获犯,未及讯详卸事。该县裘鸿勋回任,讯供通详饬审,将犯审拟,由府解司。经司核恐案情未确,札委南昌府审办,该前署府查恩绥未及审解卸事。该府江毓昌抵任,节次委员研审,犯供忽认忽翻,禀府亲提审办。兹据讯拟,由司勘转,经臣提审,据供前情不讳,究非蓄意谋杀,亦无起衅别故及在场帮殴之人,案无遁饰。

查律载:"同姓服尽亲属相殴至死,以凡论。"又:"故杀者,斩监候。"各等语。此案周澧笙因周殿榁疑其窃匿鸡只查问,起衅争殴,用刀戳伤周殿榁倒地,复因周殿榁卧地辱骂,该犯忿起杀机,复用刀叠戳伤周殿榁心坎等处,登时身死,实属故杀,自应按律问拟。查已死周殿榁系该犯无服族兄,照律以凡论。周澧笙合依"同姓服尽亲属相殴至死,以凡论",故杀者斩律,拟斩监候,秋后处决,先于左面刺"凶犯"二字。周殿榁疑窃查问,本有不合,业已被杀身死,应与救阻不及之见证周道茂均毋庸议。窃鸡贼犯,缉获另结。

除备录全案供招咨部外,所有审明定拟遵章改奏缘由,理合恭折具奏,伏乞皇太后、皇上圣鉴,敕部核覆施行。谨奏。光绪二十八年七月十五日。

朱批:"刑部议奏。"

《光绪朝朱批奏折》第107辑,第978—979页

534. 奏请以孔昭珍调补乐平县知县折

光绪二十八年七月十六日(1902 年 8 月 19 日)

调署广东巡抚、江西巡抚臣李兴锐跪奏,为拣员调补要缺知县,恭折仰祈圣鉴事。

窃照乐平县知县吴锡纯,经臣列入计典,以才力不及参劾,接准部咨开缺。所遗乐平县知县系繁、疲、难三项相兼要缺,例应在外拣选调补,必得精明干练之员,方足以资治理。臣与藩、臬两司在于通省中简知县内逐加遴选,查有南康县知县孔昭珍,年五十四岁,河南济源县人。由附贡生考取辛未科八旗汉教习,于光绪三年报捐知县不论双单月选用。嗣因北城水局出力,保加同知升衔。选授广东会同县知县,亲老告近,改选陕西略阳县知县,八年八月二十九日到任。丁父忧,回籍守制。服满引见,奉旨:“着不必坐补原缺。”钦此。签选今职,十七年三月初二日到任。顺直赈捐案内奖给花翎。因拿获会匪出力,保准在任以直隶州知州尽先补用,并加四品衔。请咨引见回江。二十八年补行二十七年大计卓异。该员质地敦朴,历事颇深,以之调补乐平县知县,实堪胜任。其本任内并无积案及欠解钱粮、承缉未获盗案已起降调革职参限案件,与调补之例相符。据藩司柯逢时、署臬司刘心源会详请奏前来。

合无仰恳天恩,俯念员缺紧要,准以孔昭珍调补乐平县知县,于地方实有裨益。如蒙俞允,该员系现任知县调补知县,衔缺相当,毋庸送部引见。至该员系初调之员,任内罚俸银数,另行造册送部,按限催令完缴。谨会同两江总督臣刘坤一恭折具奏,伏乞皇太后、皇上圣鉴训示。再,所遗南康县知县系冲、繁二项相兼中缺,容俟接准部覆截缺后,照例另行请补。此案藩司于光绪二十八年六月二十四日出详,合并陈明。谨奏。光绪二十八年七月十六日。

朱批:"吏部议奏。"

《光绪朝朱批奏折》第17辑,第789—790页

535. 新选乐安县知县钱志铭暂行留省学习审案片

光绪二十八年七月十六日(1902年8月19日)

再,新选乐安县知县钱志铭,现已到省,本应饬赴新任,经臣暂行留省,在于谳局学习审案,藉以历练政务。仍随时查察,如果公事渐娴,再行饬令赴任。理合附片陈明,伏乞圣鉴。谨奏。

朱批:"吏部知道。"

《光绪朝朱批奏折》第17辑,第791页

536. 委任尹葆衷署理湖口县知县片

光绪二十八年七月十六日(1902年8月19日)

再,署湖口县知县武光樽经臣撤省,所有湖口县印务,查有准补义宁州知州尚未到任之尹葆衷,朴实明干,堪以调署。据藩司柯逢时会同署臬司刘心源具详前来。除檄饬遵照外,谨会同两江督臣刘坤一附片陈明,伏乞圣鉴。谨奏。

朱批:"吏部知道。"

《光绪朝朱批奏折》第17辑,第791页

537. 奏留江西补用道徐绍桢请准送部引见片

光绪二十八年七月十六日[①](1902 年 8 月 19 日)

再,奏留江西补用道徐绍桢,学术宏深,智识高卓,前经臣于敬举贤才折内奏请破格录用,六月十七日差弁赍回原折,奉朱批:"徐绍桢等均着交军机处存记。"钦此。仰见圣主宏奖人才之至意,下怀莫名钦悚。伏查徐绍桢前以分省道员奏留江西补用,尚未晋引,现已饬将所办营务处、讲武馆各差料理清楚,并无经手未完事件,应即给咨赴部。臣现蒙恩命,调署广东巡抚,查两广匪势方滋,正当用兵之际,该员究心中西兵略,尤谙两粤情形,惟籍隶广东,格于成例,未敢擅请调往。除给咨该员赴部,并将履历咨达军机处外,合无仰恳天恩,俯准送部引见,候旨录用,出自慈施逾格。谨附片具陈,伏乞圣鉴。谨奏。

朱批:"徐绍桢着送部引见。"

《光绪朝朱批奏折》第 17 辑,第 835 页

538. 委令新授江西按察使陈庆滋署理藩司片

光绪二十八年七月十六日[②](1902 年 8 月 19 日)

再,藩司柯逢时奉旨护理江西巡抚。所遗藩司篆务,查新授按

---

① 底本推定具奏时间为光绪二十八年七月。据台北故宫博物院藏"军机处档折件"(文献编号:148514),此片具奏日期为光绪二十八年七月十六日。

② 底本推定具奏时间为光绪二十八年七月。据台北故宫博物院藏"军机处档折件"(文献编号:148519—1),此片具奏日期为光绪二十八年七月十六日。

察使陈庆滋现已来省，堪以委令署理。除檄饬遵照外，谨会同两江总督臣刘坤一附片陈明，伏乞圣鉴。谨奏。

朱批：“知道了。”

《光绪朝朱批奏折》第17辑，第836页

539. 查明已革总兵申道发被参各节据实覆陈折

光绪二十八年七月十六日（1902年8月19日）

调署广东巡抚、江西巡抚臣李兴锐跪奏，为查明总兵大员被参各节，据实覆陈，仰祈圣鉴事。

窃臣于光绪二十八年六月初二日承准军机大臣字寄，光绪二十八年五月十八日奉上谕：“有人奏署江西赣州镇总兵申道发贪残猥鄙，欺罔冒功，并有纵容子弟朦混列保，克扣军饷情事等语。着李兴锐按照所指各节，确切查明，据实参奏，毋稍徇纵。原片着钞给阅看。将此谕令知之。”钦此。钦遵寄信前来。

臣查署南赣镇篆、本任广东雷琼镇总兵申道发，在江带兵垂二十年，前任抚臣以其起自霆军，外貌似有勇敢之气，间遇小丑跳梁，委令剿办，尚能侥幸成功，荐任专阃。嗣是职位既崇，兵权日重，遂乃骄恣日甚。臣前此到任，闻其劣迹多端，即将所部营伍陆续裁汰，原冀加之抑制，俾知检束，勉为良将。乃该镇气质未化，自以位任阃寄，益复遇事任性，于奏定军制、应办事件，动多抗违。臣因函商督臣刘坤一，檄委记名提督金德恒前往，摘署镇篆，臣亦另委留江补用道王芝祥驰往，接统其续备后军，一面于五月二十日拜折请旨，予以开缺。于六月初七日奉上谕：“李兴锐奏参署江西南赣镇、本任雷琼镇总兵申道发，所部营勇全不足额，每遇出防，到处骚扰，自到任以来，益复放纵任性，不受调度等语。现当整顿军制之时，似此劣迹多端，举动骄恣，仅予开缺，不足蔽辜，申道发着即行革职，以肃军律。”钦此。前折拜发后，适复有人参奏，奉旨交臣查办，遵即檄饬藩司柯逢时委员驰赴玉山、萍乡等县，密加访察。兹据该藩司查明禀覆前来，参以臣所闻见，谨为我圣主一一陈之。

如原参申道发贪赃猥鄙，欺罔冒功，光绪十三年雩都土匪王嗣龙一案，尤为残忍，杀戮胁从至数百人，殃及平民，萍民含恨切骨一节。查光绪十三年赣州府属雩都县有土匪王时陇，假冒武职，被获劫逃，煽诱游勇，据守车头土塞，抗官掠民，经前抚臣派营剿办，申道发首先进兵，攻破土围，匪散事定。是役，誉之者称其勇往直前，毁之者訾其焚杀过甚。事后曾经署赣州府知府王之藩亲往查明，歼毙匪党有名可稽者九人，无可稽者十馀人。缘该处乡民恐被干连，讳莫如深，故卒不能得其确数。原参所称杀戮胁从数百人，实无如是之多。又光绪十八年湖南醴陵会匪起事，匪首邓海山潜至袁州府萍乡县境大安里，啸聚数千人谋逆，申道发经前抚臣派往，会同各营，直抵匪巢，毙匪数百人，馀众乃散。该处地形险固，从前未被发逆窜扰，尚多温饱之家，颇有议其良莠不分，纵兵扰累者。但该乡民共处匪巢，本难辨别，且未经人告发，并无确据可指。雩都与萍乡本属隔府，原参以两案叙为一事，自属传闻之误。

又如原参二十六年浙江会匪吴癞头纠合闽省土匪起事，窜至玉山，该镇带兵防堵，并未开仗，捏报战胜，率请保奖，沿途勒索商民致送牌伞一节。查二十六年浙省会匪吴癞头丑纠合闽省土匪刘加幅起事，申道发先派营官赵春廷驰往防堵，继经前抚臣松寿照会，该镇亲往督办。时则玉山窜匪业经营练击退，该镇到后，于三省交界之周村、竹岩等处搜捕逸匪，歼戮颇众。适鄂皖等省票匪滋事,该镇奉调回省,留营会防。随经广丰县缉获匪首吴癞头丑,边境始告肃清。事经奏报,似非该镇一人所能捏报邀功。至商民致送地方官员牌伞,久成陋俗,该镇不知例禁,漫然收受,或所难免。谓出勒索,则无确据。

又如原参申道发拥资百万,克扣军饷一节。查申道发所部营勇,全不足额,臣前已指明奏参。然谓其因克扣军饷,拥资百万,则未免言之太过。窃见军兴以来,武职大员坐拥厚资者,往往纵情挥霍,以之结纳逢迎,不旋踵而复散尽,克扣之术弥工,则挥霍之情愈甚。人徒见其欲壑之难满,而不知其贪囊亦易倾。申道发平日豪放自由,必无能积至百万之理。闻其本籍田业,仅有租谷数百石,若任所资财,则更寥寥无几,似亦不足深较。

又如原参申道发之孙申群英目不识丁,报捐县丞,附于萍乡案朦保知县。其所统刚字营,以其子申得贵、申得福为营官,狼狈为奸,合营畏恨一节。查申群英以捐纳县丞到江,光绪二十年因拿获会匪李正东案内,保俟补缺后以知县用,遵例加捐过知县班。二十六年玉山剿匪案内,复保俟补缺后以直隶州知州用,并加四品衔。该员履历注明祖父道发,而远近传说,皆称为申道发义孙。其生长踪迹,已近诡秘,虽不至目不识丁,而人品猥鄙,实难胜民社之任。至原参有名之申得贵,已于二十六年正月二十五日病故。尚有申得福一名,系花翎都司衔补用守备,现在续备后军充当营官,臣已撤调旋省。该员于萍乡、玉山各案皆未列保,自无朦保冒功情事。原参谓其狼狈为奸,亦查无实据。

以上各节,皆按照原参,确切查访之实在情形也。

总而论之,申道发在江多年,情形已熟,若能小心谨慎,讲求治军之道,未尝一无可用。乃辄放纵任性,所部营伍既不足额,办理匪案又未能杜绝滋扰,以致人言啧啧,指摘丛生。臣前此奏参各款,核与言官论劾及现查情形大致相符。前奏但请开缺,业已奉旨即行革职,合无仰恳天恩,宽其一线,免再议处,出自逾格鸿慈。其四品衔直隶州用候补知县申群英,人品猥鄙,不堪造就,相应请旨,即行革职,以肃官方。至花翎都司衔补用守备申得福,既经撤差,容俟随时察看,如有劣迹,再行参办。是否有当,谨缮折具陈,伏乞皇太后、皇上圣鉴训示。谨奏。光绪二十八年七月十六日。

朱批:"着照所请,该部知道。"

《光绪朝朱批奏折》第48辑,第351—354页

540. 奏报交印卸事日期折

光绪二十八年七月十八日[①](1902年8月21日)

调署广东巡抚、江西巡抚臣李兴锐跪奏,为具报微臣交印卸事日期,恭折仰祈圣鉴事。

窃臣钦奉恩命,调署广东巡抚,并准外务部电传谕旨:"着即迅赴署任,毋庸来京请训。"等因。钦此。当即恭折叩谢天恩,一面将经手事体赶为料理。于光绪二十八年七月十八日,谨将钦颁乾字六百十一号江西巡抚银关防一颗并王命旗牌、火牌、文卷等项,饬委南昌府知府江毓昌、标下中军参将刘双保赍交护抚臣柯逢时接收。臣即于是日交卸,随即束装起程,拟取道江宁,前赴上海,航海赴任。西江承乏,时切临深履薄之思;南服移轺,益怀任重材轻之

① 按:正文云"于光绪二十八年七月十八日,……臣即于是日交卸,随即束装起程",而文末所署日期为"光绪二十八年七月十六日",结合下折相关文字判断,"十六"当为"十八"之讹。

惧。容俟到粤任事,再行恭折奏闻。

所有微臣交印卸事日期,理合恭折具奏,伏乞皇太后、皇上圣鉴。谨奏。光绪二十八年七月十(六)〔八〕日。

朱批:“知道了。”

《光绪朝朱批奏折》第17辑,第792页

541. 奏报到粤接印日期叩谢天恩折

光绪二十八年八月二十日(1902年9月21日)

调署广东巡抚、江西巡抚臣李兴锐跪奏,为具报微臣到粤接印日期,恭折叩谢天恩,仰祈圣鉴事。

窃臣前在江西巡抚任内钦奉恩命,调署广东巡抚,遵即于七月十八日交卸起程,奏报在案。兹经驰抵广东省城,于八月二十日准前抚臣德寿将钦颁道字五十九号广东巡抚关防并乾字二千八十六号太平桥监督关防各一颗,暨王命旗牌、文卷等件,饬委署广州府知府龚心湛、抚标中军参将黄培松赍送前来。臣当即恭设香案,望阙叩头谢恩,祇领任事。

伏念臣楚南下士,早岁从戎,叠荷恩知,载膺疆寄。前者豫章承乏,未伸报称于丝毫;今兹岭海量移,益切悚惶于方寸。查广东外远重洋,内连四省。堂奥与门庭俱辟,则地方之安辑倍难;邻匪与会党未清,则盗贼之剿防尤要。况民俗凋疲之已极,当政务整饬之方新,以臣菲材,肩斯重任,自维梼昧,深惧弗胜。臣惟有益矢慎勤,力图振作,随时与署督臣德寿和衷商办,以期仰答高厚鸿慈于万一。

所有微臣到粤接印日期,并感激下忱,理合恭折叩谢天恩,伏乞皇太后、皇上圣鉴。谨奏。光绪二十八年八月二十日。

朱批:“知道了。”

《光绪朝朱批奏折》第18辑,第68页

542.奉拨云南铜本银两请在于未解京饷内截留改解折

光绪二十八年九月初十日(1902年10月11日)

头品顶戴署理两广总督臣德寿,调署广东巡抚、江西巡抚臣李兴锐跪奏,为奉拨云南铜本银两,万难照解,请在于未解京饷内截留改解,恭折仰祈圣鉴事。

窃准户部咨,遵议矿务唐炯奏指拨的款铜本银五十万两一折,光绪二十八年五月二十一日奉旨:“依议。”钦此。等因。咨行前来。当经转行遵照。查光绪二十四年户部奏拨云南铜本三十万两,本无的款可指,先经设法筹措银十万两,分作两批解滇。嗣准部咨,尚欠铜本二十万两,应令广东省在于司库各款先其所急,腾挪银二十万,陆续解赴云南。兹又奉催速解。如果粤库稍可腾挪,自宜设法兼顾,惟此时最急之款,莫如洋债。自奉摊还新案赔款以来,每月骤增出款一十七万馀两,计去腊至今,共付还赔款及补平、汇费等银一百五十馀万,虽有新筹各款,不惟收不敷支,抑且缓不济急。所有司局各库,无论正杂以及外销各款,均已悉数挪移,为凑还赔款之用。此时兵勇粮饷欠发甚多,京协各饷短解尚巨,而以后按期应还之新旧洋款,又复接续踵至,左支右绌,正苦罗掘无方,实无馀力再行兼筹铜本。惟滇省既待用孔殷,而粤省又万难照解,若不另行设法,势必彼此两误。筹思至再,前项铜本既系必需之款,惟有于广东本年未解京饷项下截留银二十万两,改解滇省,以应要需。如京饷未便截留,应请由部改拨别省,指定有着的款,以免悬宕。据广东布政使丁体常详请奏咨前来。臣等覆核无异，除咨部外，谨合词缮折具陈，伏乞皇太后、皇上圣鉴。谨奏。光绪二十八年九月初十日。

朱批："户部知道。"

《宫中档光绪朝奏折》第16辑，第52—53页

543. 代递前任两广督臣陶模遗折并胪陈事迹恳恩优恤折

光绪二十八年九月十一日（1902年10月12日）

头品顶戴署理两广总督臣德寿，调署广东巡抚、江西巡抚臣李兴锐跪奏，为开缺督臣因病身故，谨代递遗折，并胪陈事迹，恳恩优恤，恭折仰祈圣鉴事。

窃前任两广督臣陶模，因病势不支，屡次陈请，荷蒙圣恩，准予开缺。七月二十五、二十六两日，咯血数瓯，并吐出肺叶一片。八月二十日交卸督篆之后，未能启程回籍，暂迁南关外行馆调养。至九月初七、八等日，呕吐大作，饮食不进。兹据该前督家属禀报，陶模于九月初九日子刻身故，并将遗折呈请代递，业经臣等电请军机处代奏在案。

伏查陶模由庶吉士改官县令，洊列监司，遂蒙特简，历膺疆寄。该故督之秉性忠诚，制行坚卓，久在圣明洞鉴之中。中外臣僚，亦夙相推服。臣等曾与共事，知之较深，不敢不撮其生平事迹，据实上闻。

陶模初官甘肃牧令，其时回乱尚未大定，军务方殷，诸事草创，一切兴作，以及征调供亿，皆苦心筹画，不烦民力。他如皋兰之清丈，秦州之振饥，尤为实惠及民，百姓至今感之。一生事业，实基于此。及官新疆巡抚，行省初设，强邻密迩，措置极难。回部坎巨提酋长为英人所逐，势将占踞，当时议者皆主用兵，陶模以属地固不

可坐失，又不宜轻启兵端，独持定见，力排众议，经营年馀，卒能另立酋长，安置妥帖，英人遂无异言。帕米尔在新疆西南，地势绵长，英俄两国垂涎已久，英人主使阿富汗进窥苏满，俄亦增兵向色勒库尔，守边将帅咸有拚与决裂之势。陶模审慎持重，相机因应，始得晏然无事。盖西边属地，介在两大国之间，为乘机取势者所必争，稍有不慎，动启巨衅，惟陶模洞悉边情，处之最合。

乙未河湟之乱，奉命署理陕甘总督。入关之际，甘凉、安肃等处防营早经东调，地面空虚，西宁悍回时由祁连山间道出扰驿路，攻破水泉子等堡，甘州提臣标兵败溃，民情大震。陶模所部，只有八营旗，与地方文武力筹守隘之策，使回匪无可窥伺，河西四郡得以保全。并豫筹军械粮饷，源源接济魏光焘、董福祥诸军，赖无匮乏。迨官军云集西宁、河州，贼势穷蹙，悍党十馀万由青海出扰安西州，陶模豫知其必出此途，调所部新军焦大聚等邀击之于安西南山中。贼大败挫，首逆奔窜无路，遂入阳关迤西荒碛，无可掳掠，卒以就擒，党众多饿毙山间。关内外同告肃清，遂奉"征兵筹饷，不遗馀力"之褒旨，补授陕甘总督。

综计陶模在陕甘边境二十馀年，和解回汉，联合外交，专以培养抚辑为事。在西湘军，大率左宗棠、刘锦棠旧部，皆能受其驾驭，乐为之用，其才实有大过人者。

光绪二十六年，陶模交卸，在陕奉调任两广总督之旨。该前督因在西陲日久，感患喘疾已深，自以时局方艰，受恩深重，不敢固辞，力疾来粤。时值和议未就，惠州匪乱初平，人心尚未大定。粤素多盗，近则会匪更处处勾结。陶模手定清乡章程，实行缉捕之法，是以兴宁匪乱，起势甚为猖獗，而一月之间，即就平定。钦、廉匪徒，遍地皆是，陶模与臣德寿会商，力任明干大员，假以事权，卒使匪首先后就诛,馀党分别剿抚,良民得以安业。肇罗所属新兴、阳春、东安一带,山深地险,向为匪徒巢窟,陶模严劾缉捕废弛各员,并遣员督营缉办,两月之间,歼获要匪二百馀人,地方以靖。此皆成效卓著,共见共闻者也。

海外闽粤各商,旅居日久,与内地官长情意不通,自会党窜迹,创立名目,结会敛财,受其愚惑者不下数万人,势将酿成大患。陶模派员赴南洋一带,及札新加坡领事,切实劝导,晓以大义,词意恳切,各埠商民为之感泣。于是闽商举人邱炜萲首输报效,请除党名,经湖广总督臣张之洞奏蒙奖叙,各会因而涣散。其遇事能见远大,消患未萌,大率类此。

陶模以时艰正亟,首重人材,故于一切新政,尤注意于教育。大学堂、武备学堂均先后办有头绪,虽病在垂危,尤复手裁函牍,商订规画。

至其生平学行,一以宋儒为宗,而又通达时务,无拘墟迂旧之见。自奉俭约,清德为一时所称,于公家款项,尤不肯稍有糜费。律己甚严,而待人则宽恕;嫉恶甚峻,而爱才若饥渴。

臣德寿共事两年,艰难同济,臣兴锐昔与同官畿辅,亦深佩其廉勤。此次该督虽因病去官,方冀其调治就痊,犹可备朝廷他日任使,不谓交卸仅十九日,竟以积劳尽瘁,赍志以终,士庶官绅,同声悲惜。臣等检阅其奏疏遗稿,忠言谠论,洞达体要,忠爱之忱,深远之识,实有古名臣遗风,尤不能不为国家惜此人也。合无仰恳天恩,俯准从优赐恤,并将该前督事迹,宣付国史馆立传,以彰忠荩。

所有开缺督臣病故日期,并代递遗折缘由,谨合词恭折具陈,伏乞皇太后、皇上圣鉴。再,陶模长子附生保莹早故,次子分部主事葆廉,三子附生保霖,长孙二品荫生善培,次孙善坚、善均、善膺,合并陈明。谨奏。光绪二十八年九月十一日。

朱批:“另有旨。”

《宫中档光绪朝奏折》第16辑,第57—60页

544. 光绪二十七年广东各轮添配弁勇月支薪粮公费数目及起支日期片*

光绪二十八年九月十一日(1902年10月12日)

再,前准部咨,各省增减勇数、饷数,随时奏咨立案等因。先经前督臣将光绪二十六年以前应行奏咨各案查明,分别奏咨,并造册报销在案。兹查光绪二十七年分因各属盗风尚炽,此拿彼窜,将水师各轮船认真整顿,派定地段,责成巡缉,期与陆路防勇互相策应。原有各轮不敷分布,是以抽调各处差遣轮船,添配弁勇,按段分派,以期周密,业经列入是年季册报明有案。现当查办报销之际,所有各轮添配弁勇月支薪粮、公费数目及起支日期,据广东善后局司道丁体常等造册详请奏咨前来。臣等覆核无异,除册咨部外,谨附片陈明,伏乞圣鉴,敕部立案。谨奏。

朱批:“该部知道。”

《宫中档光绪朝奏折》第16辑,第60页

545. 光绪二十七年广东各州县并各营添募弁勇支发薪粮公费数目片

光绪二十八年九月十一日(1902年10月12日)

再,前准部咨,嗣后增裁勇数、饷数,随时奏咨立案。经将光绪

* 此片及下片皆为上折之附片,与署两广总督德寿会衔。

二十六年添募各起勇队分案奏咨,并造册报销各在案。惟广东素称多盗,现经酌定捕盗章程,饬令各州县会督营勇,按乡查办,认真巡缉。其勇力不敷调拨之处,并准各州县酌募勇丁,俾呼应较灵,办理不致掣肘。综计光绪二十七年分长宁、连平、灵山、合浦等州县并各营先后添募勇丁连调派武弁共四百二十九员名,另候补直隶州李家焯接管水师提督何长清靖军两整营勇丁一千名,因奉饬专办缉捕,零星分拨,改为四底营,添派管带哨弁,以资钳束,较为得力。所有各弁勇薪粮、公费银两,均经查照定章,核实支给。据广东善后局司道丁体常等造册,详请奏咨立案前来。奴才覆核无异,除册送部外,谨合词附片具陈,伏乞圣鉴,敕部立案。谨奏。

朱批:“该部知道。”

《宫中档光绪朝奏折》第16辑,第60—61页

546. 前任长乐县童立喆已交清欠解米谷请将原参勒追之案注销片*

光绪二十八年九月十四日(1902年10月15日)

再,前任长乐县另案参革知县童立喆征存米五百六十馀石、短交谷六百九十馀石,迭催未解,当经前抚臣德寿会同前督臣陶模附片奏请勒限严追,钦奉谕旨,转行遵照去后。兹据兼署广东布政使、按察使程仪洛、署督粮道姚文倬会详称,该员童立喆于参追后,陆续将欠解米谷完解清楚,请将原参勒追之案具奏注销等情前来。臣等覆核无异,相应请旨,将前任长乐县另案参革知县童立喆原参

* 底本推定作者为广东巡抚李兴锐。按,文末云“臣等谨合词附片具奏”,知与署两广总督德寿会衔。

勒追之案注销。臣等谨合词附片具奏,伏乞圣鉴训示。谨奏。

朱批:“该部知道。”

《光绪朝朱批奏折》第91辑,第475页

547. 奏报广东省征收光绪二十六年分下忙钱粮数目折

光绪二十八年九月十七日(1902年10月18日)

头品顶戴署理两广总督臣德寿,调署广东巡抚、江西巡抚臣李兴锐跪奏,为具报征收光绪二十六年下忙钱粮银两数目,恭折仰祈圣鉴事。

案准部咨,州县每年应征钱粮银两,除例准留支及实欠在民外,尽数提解司库,下忙限十二月底截清,解司银数造册详报督抚,于二十日内专折具奏,将原册送部。又准部咨,更定藩司督催钱粮分数考成,自光绪二十四年起,上忙匀为四分、下忙匀为五分征收,其馀归奏销前扫数全完。又各省上下两忙钱粮于截止后,上忙限十一月底,下忙限次年五月底,分晰成数报部等因。均经转行遵办在案。兹据广东布政使丁体常详称,广东省光绪二十六年分应征地丁、杂税、屯丁等项连闰共银一百一十万三千四百五十七两一钱五分五厘,上忙期内已征完银三十六万八千一百五十五两九钱八分六厘三毫一丝九忽,自光绪二十六年十二月初一日起至二十七年五月底下忙期满止,续完银五十六万六千六百六十九两六钱六分四厘六毫八丝五忽。又额征耗羡银一十七万九千二百九十二两一钱六厘,上忙期内已征完银五万六千四百三十八两一钱七分六厘七毫三丝九忽,今下忙续完银八万九千二百一十一两八钱四分二厘四毫八丝七忽。正耗二项统计分数,下忙匀为五分计算,已完五分一厘一毫二丝七忽。所有已完银两，除各厅州县应行留支外，均据批解司道各库，检查各属实征底簿，核算相符。未完之数，委系实欠在民，并无捏饰等情前来。

臣等覆查无异，除饬严催各属务于奏销前扫数完解，并将已、未完数目各册咨送吏、户二部查核外，所有广东省征收光绪二十六年分下忙钱粮数目，谨循例合词恭折具陈，伏乞皇太后、皇上圣鉴。谨奏。光绪二十八年九月十七日。

朱批："户部知道。"

《光绪朝朱批奏折》第68辑，第879—880页

548. 奏报广东省光绪二十八年八月分雨水田禾粮价情形折附清单

光绪二十八年九月十七日(1902年10月18日)

调署广东巡抚、江西巡抚臣李兴锐跪奏，为查明八月分雨水、田禾、粮价情形，恭折具陈，仰祈圣鉴事。

窃照广东省光绪二十八年七月分雨水、田禾、粮价，先经前抚臣德寿恭折具奏在案。兹查广东省城光绪二十八年八月分上、中、下三旬稍得微雨，惟未能沾足，农田望泽孔殷，晚禾以次含苞，园蔬杂粮亦尚畅茂。各属禀报，与省城大略相同。粮价较上月稍减，民情静谧，堪以仰慰圣怀。

所有光绪二十八年八月分雨水、田禾、粮价，臣谨缮清单，恭折具奏，伏祈皇太后、皇上圣鉴。谨奏。光绪二十八年九月十七日。

朱批："知道了。"

清单

谨将广东省光绪二十八年八月分各属米价分晰开列清单,恭呈御览。

广州府属

上米每仓石价银二两一钱六分至二两七钱九分,与上月同。中米每仓石价银一两九钱四分至二两六钱一分,较上月减一分。下米每仓石价银一两六钱五分至二两二钱五分,与上月同。

韶州府属

上米每仓石价银一两五钱四分至二两二钱四分,较上月减一分。中米每仓石价银一两三钱一分至二两一钱,与上月同。下米每仓石价银一两二钱至一两九钱八分,与上月同。

惠州府属

上米每仓石价银一两九钱至二两六钱七分,与上月同。中米每仓石价银一两六钱五分至二两四钱九分,与上月同。下米每仓石价银一两三钱六分至二两五分,较上月减一分。

潮州府属

上米每仓石价银一两六钱三分至二两四钱五分,与上月同。中米每仓石价银一两二钱四分至二两六分,较上月减一分。下米每仓石价银一两三分至一两七钱四分,与上月同。

肇庆府属

上米每仓石价银一两五钱六分至二两三钱,较上月减一分。中米每仓石价银一两三钱二分至二两一钱五分,与上月同。下米每仓石价银一两一钱五分至一两八钱一分,与上月同。

高州府属

上米每仓石价银一两二钱三分至一两三钱三分,与上月同。中米每仓石价银九钱一分至一两一钱一分,与上月同。下米每仓石价银七钱九分至九钱八分,较上月减一分。

雷州府属

上米每仓石价银一两一钱六分至一两二钱七分,与上月同。中米每仓石价银九钱五分至一两四钱九分,较上月减一分。下米每仓石价银七钱八分至九钱一分,与上月同。

廉州府属

上米每仓石价银一两五钱七分至一两八钱一分,较上月减一分。中米每仓石价银一两二钱三分至一两四钱四分,与上月同。下米每仓石价银一两五分至一两二钱三分,与上月同。

琼州府属

上米每仓石价银一两四钱九分至二两三分,与上月同。中米每仓石价银一两二钱二分至一两六钱七分,与上月同。下米每仓石价银一两六分至一两五钱一分,较上月减一分。

佛冈直隶厅

上米每仓石价银一两五钱九分至二两二钱二分,较上月减一分。中米每仓石价银一两二钱二分至一两八钱八分,与上月同。下米每仓石价银一两一钱至一两七钱二分,与上月同。

连山绥瑶直隶厅

上米每仓石价银一两九钱五分至二两二钱七分,与上月同。中米每仓石价银一两七钱二分至一两九钱一分,较上月减一分。下米每仓石价银一两四钱八分至一两六钱三分,与上月同。

阳江直隶厅

上米每仓石价银一两九钱三分至二两一钱七分,与上月同。

中米每仓石价银一两四钱一分至一两六钱八分，与上月同。下米每仓石价银一两二分至一两上钱九分，较上月减一分。

赤溪直隶厅

上米每仓石价银二两一钱六分至二两二钱八分，与上月同。中米每仓石价银一两八钱九分至二两二分，较上月减一分。下米每仓石价银一两六钱三分至一两八钱二分，与上月同。

罗定州属

上米每仓石价银一两四钱五分至一两六钱三分，较上月减一分。中米每仓石价银一两二钱四分至一两三钱七分，与上月同。下米每仓石价银一两八分至一两二钱，与上月同。

连州属

上米每仓石价银二两至二两二钱二分，与上月同。中米每仓石价银一两七钱三分至一两九钱一分，较上月减一分。下米每仓石价银一两三钱七分至一两五钱三分，与上月同。

南雄府属

上米每仓石价银一两八钱八分至二两七分，与上月同。中米每仓石价银一两七钱三分至一两八钱六分，与上月同。下米每仓石价银一两三钱五分至一两四钱八分，较上月减一分。

嘉应州属

上米每仓石价银一两六钱六分至二两二钱二分，较上月减一分。中米每仓石价银一两四钱二分至一两九钱八分，与上月同。下米每仓石价银一两三钱六分至一两九钱八分，与上月同。

钦州属

上米每仓石价银一两四钱五分至一两六钱五分，与上月同。中米每仓石价银一两一钱二分至一两三钱二分，较上月减一分。

下米每仓石价银一两七分至一两二钱八分，与上月同。

朱批："览。"

正折据《光绪朝朱批奏折》第97辑，第39页；清单据台北故宫博物院藏"军机处档折件"附件，文献编号：150379

549. 奏请以张光铣署理长宁县知县折

光绪二十八年九月十七日（1902年10月18日）

头品顶戴署理两广总督臣德寿，调署广东巡抚、江西巡抚臣李兴锐跪奏，为选员请补知县，恭折仰祈圣鉴事。

窃照长宁县知县吕道象调补番禺县知县，业经接准吏部咨覆，坐光绪二十八年三月二十一日行文，按照限减半，计至五月初五日，作为接到部文开缺日期，应归五月分截缺。是月分升调遗选缺知县一项，只此一缺，毋庸签掣。查吏部则例内开：知县升调所遗应归部选缺出，以一缺题补各项候补并进士即用人员，以一缺题补各项委用人员，以一缺题补各项试用人员。试用班内按大挑、议叙、捐纳三项轮用一班之后，用截取进士知县一人、拔贡知县一人、孝廉方正知县一人，拔贡及孝廉方正用过两班之后，用教习知县一人、优贡知县一人、教职知县一人、截取举人知县一人。又光绪十四年正月十三日准部咨行郑工新例铨补章程内开：道、府、同知、直隶州知州、通判、知州、知县升调所遗及告病、病故、休致，以及佐贰杂职等官，无论何项所出留补选缺，除坐补原缺、裁缺即用、回避即用、新选新补、留省另补人员不计外，无论何项到班，仍以五缺计算。先用郑工新班遇缺先二人、海防新班先一人，无人，用郑工新班遇缺先人员抵补。至第四缺，海防即、海防先分班轮用一人，第一轮用海防即人员,第二轮用海防先人员,海防先无人,仍用海防即人员,海防即无人,用旧例银捐遇缺先人员,如无人,用旧例银捐遇缺人员,再无人过班,即接用各项轮用班次一人,以五缺为一周。又光绪十六年正月初四日准部咨行新海防例铨补章程内开:所有此次遵照新海防例报捐人员,应仍照郑工事例跟接次数、卯数,分别掣签,按班铨补。又光绪十七年四月十四日准部咨行:嗣后各省道、府以至未入流等官,轮用郑工遇缺先及新海防遇缺先两项时,无论请补何项所出之缺,均核其截缺月分,以六个月为限,在省加捐班次人员,以该省接到新班过班知照部文在六个月以外所出之缺方准请补;领照赴省人员,以到省后在六个月以外所出之缺方准请补各等因。

前出升调遗龙川县知县缺已用大挑本班尽先补用知县邓景临补,龙门县知县缺已用新海防分缺先补用知县董元度补,今长宁县知县缺,轮用郑工及新海防遇缺先人员。查新海防遇缺先补用知县薛铨忠接到过班部文后,扣满六个月,适与出缺同月,邹兰生、黄培埮接到过班部文均未满六个月,蓝光第接到过班部文在出缺之后,均不合补用,应过班接用海防先、海防即、旧例银捐遇缺先、银捐遇缺,均无人,应用大挑正班人员请补。兹会选有大挑试用知县张光铣,现年五十八岁,系河南内乡县人。由增生应光绪元年乙亥恩科本省乡试,中式第九十七名举人,己丑科会试大挑一等,经吏部带领引见,照例以知县用,签掣广东。计在应行截留回籍之列,五月初一日由吏部给发执照,祗领回籍候咨。因措资来粤,适已咨取到班,于光绪二十一年十一月十八日就近到省,二十二年甄别堪以补用。臣李兴锐到任未及三月,例不出考。臣德寿在巡抚任内,查得该员朴诚廉静,通达治体,以之补授长宁县知县,洵堪胜任,与例亦属相符。据藩、臬两司会详前来。

相应请旨,准以大挑试用知县张光铣署理长宁县知县缺,仍俟试署期满,如果称职,另请实授。如蒙俞允,该员系大挑试用知县请署知县,衔缺相当,毋庸送部引见。除咨部外,臣等遵照新章,改题为奏,谨合词恭折具陈,伏乞皇太后、皇上圣鉴训示。

再,粤东省补缺例限九十日,此缺系归光绪二十八年五月分截缺,应以是月底起限办理,今在限内选员请补,并无迟逾,合并陈明。谨奏。光绪二十八年九月十七日。

朱批:"吏部议奏。"

《光绪朝朱批奏折》第18辑,第150—152页

550. 新选茂名县知县俞人镜饬赴新任片*

光绪二十八年九月十七日(1902年10月18日)

再,新选茂名县知县俞人镜,于光绪二十七年十二月二十一日领凭到省。当因茂名县系高州府附郭首邑,地方紧要,该员甫经到省,民情未能熟悉,经臣德寿会同前督臣陶模附片奏明,暂行留省,派赴发审局学习在案。兹查该员俞人镜自留省学习以来,于地方事宜渐能熟悉,应即饬赴茂名县知县新任,以重职守。据广东布政使丁体常具详请奏前来。臣等覆查无异,除咨明吏部外,谨合词附片具陈,伏祈圣鉴。谨奏。

朱批:"吏部知道。"

《光绪朝朱批奏折》第18辑,第152页

---

* 以下两片,与署理两广总督德寿会衔。

551. 奏报石城县知县王锡祺在任病故日期片

光绪二十八年九月十七日(1902年10月18日)

再,现任石城县知县王锡祺于光绪二十八年七月二十七日在任病故,据广东布政使丁体常详请具奏前来。臣覆查无异,除咨吏部及咨明该员本籍江西抚臣查照外,所遗石城县知县系选缺,粤东省现有应补人员,请扣留在外,选员请补。理合附片具陈,伏乞圣鉴。谨奏。

朱批:"吏部知道。"

《光绪朝朱批奏折》第18辑,第153页

552. 汇奏光绪二十七年冬季分广东省委署代理直隶州同知知州知县各缺折

光绪二十八年十月初五日(1902年11月4日)

头品顶戴署理两广总督臣德寿,调署广东巡抚、江西巡抚臣李兴锐跪奏,为光绪二十七年冬季分广东省委署、代理直隶州、同知、知州、知县各缺,遵照章程恭折具陈,仰祈圣鉴事。

窃照各省州县,无论奏调、委署、代理,钦奉上谕:"着每届三个月汇奏一次。"等因。钦此。钦遵在案。兹据广东布政使丁体常详称,光绪二十七年冬季分出有署长宁县知县戴式藩病故遗缺,以候补知县彭家禄署理。又署龙门县知县李宗膺丁忧遗缺,以试用知县史允端代理。又署钦州直隶州知州卢蔚猷署事期满遗缺,以德庆州知州程锦文调署,递遗德庆州知州缺,以顺德县知县王崧调署。又署归善县知县左学易署事期满遗缺，以乐昌县知县刘镇寰调署。又署开建县知县刘宗瀚署事期满遗缺，以即用知县宜勋署理。又翁源县知县刘永椿帘差事竣，调署茂名县知县遗缺，以代理斯缺之候补知县贾培业专署。又连平州知州张卿云调署合浦县知县遗缺，以代理斯缺之候补直隶州知州徐仁杰专署。又署西宁县知县彭骢孙署事期满遗缺，以即用知县郑宪典署理。又大埔县知县范宗莹帘差事竣，调署四会县知县遗缺，以代理斯缺之即用知县陈维伦专署。又署惠来县知县成守正署事期满遗缺，以试用知县劳鼎勋署理。又乐昌县知县刘镇寰帘差事竣，调署归善县知县遗缺，以代理斯缺之候补通判黄应昌专署。又顺德县知县王崧调署德庆州知州遗缺，以候补同知直隶州知州李家焯署理。又永安县知县姚庭煇请假回省遗缺，以即用知县曹子昂署理。又署崖州知州姚绍书署事期满遗缺，以试用知县王亘署理。又署阳江同知沈鸿寿因案撤省遗缺，以卸佛冈同知李达璋署理。又署饶平县知县何斌署事期满遗缺，以准调四会县知县方朝概署理。又署茂名县知县祺威署事期满遗缺，以翁源县知县刘永椿署理。又合浦县知县邓倬堂帘差事竣，留省差委遗缺，以代理斯缺之连平州知州张卿云专署。所有光绪二十七年冬季分委署、代理直隶州、同知、知州、知县各缺，详请具奏等情前来。臣等覆查无异，理合恭折具陈，伏乞皇太后、皇上圣鉴。谨奏。光绪二十八年十月初五日。

朱批："吏部知道。"

《光绪朝朱批奏折》第18辑，第200—201页

553. 奏请以郑业崇署理阳春县知县折

光绪二十八年十月初五日(1902年11月4日)

头品顶戴署理两广总督臣德寿,调署广东巡抚、江西巡抚臣李兴锐跪奏,为选员请补知县,恭折仰祈圣鉴事。

窃照阳春县知县潜梦熊,前经奏参,钦奉谕旨革职。接准部文,应以光绪二十八年六月十三日奉上谕后第五日行文,按照限减半,计至八月初三日,作为接到文行开缺,于八月十三日接准部咨,应归八月分截缺。系知县参革遗缺,毋庸签掣。查定例,知县参革遗缺,应以军功候补人员酌量请补。兹会选有军功候补知县郑业崇,年五十一岁,系湖南长沙县人。由增生于光绪元年投效甘肃恪靖大营,因克复吐鲁番案内保奏,四年二月奉上谕:"增生郑业崇,着以盐大使分省补用。"钦此。嗣于新疆南北两路肃清案内保奏,六年正月奉上谕:"分省补用盐大使郑业崇,着免补本班,以知县分省,归候补班补用。"钦此。十年正月,赴部验看,签掣广东。二月初十日,蒙钦派王大臣验放,奏请发往,奉旨:"依议。"钦此。二十日,经吏部给发执照,祗领起程,四月二十六日到省。十一年甄别,堪膺民社,并无在粤游幕,业于到省案内声明详咨。臣李兴锐到任未及三月,例不出考。臣德寿前在巡抚任内,查得该员才具明敏,勤干有为,以之署理阳春县知县,洵堪胜任,与例亦属相符。据藩、臬两司会详前来。

相应请旨,准以军功候补知县郑业崇署理阳春县知县缺,仍俟试署期满,如果称职,另请实授。如蒙俞允,该员系军功候补知县请署知县,衔缺相当,毋庸送部引见。除咨部外,臣等谨照章改题为奏,合词恭折具陈,伏乞皇太后、皇上圣鉴训示。

再，粤东省补缺例限九十日，此缺系归光绪二十八年八月分截缺，应以是月底起限办理，今在限内选员请补，并无迟逾，合并陈明。谨奏。光绪二十八年十月初五日。

朱批："吏部议奏。"

《光绪朝朱批奏折》第18辑，第202—203页

554. 请将奏留江西补用道王芝祥调粤委用片*

光绪二十八年十月初五日（1902年11月4日）

再，奏留江西补用道王芝祥，前在广西横州知州任内，经臣奏请开缺，调赴江西差委，嗣因该员本系在任候选道，复经奏请，以道员留于江西补用，均经钦奉朱批"着照所请"，钦遵查照在案。该员到江后，正值臣整顿营务，改立军制，委令统领常备中军，旋又委赴赣州，接统已革总兵申道发所部续备后军。该员为守兼优，勇于任事，又复深明兵略，讲求训练，井井有条，将领士卒，无不翕服，用能将江西军营积弊逐渐廓除，求之近日人才，实属不可多得。臣蒙恩命调署广东巡抚，窃见粤东盗匪充斥，虽历经从严惩办，终未得净绝根株，自非经武整军不能安良戢暴。现与署督臣德寿将粤中营制力图整饬，亟须知兵之员相助为理，如将该员王芝祥调粤委用，必能收强兵之效，以靖萑苻而固疆圉。惟该员前由候选道奏留江西，尚未晋引。合无仰恳天恩，饬下江西抚臣，给咨送部引见，请旨发往广东差遣补用，出自逾格鸿施。是否有当，谨会同署两广总督

---

* 据《李勤恪公奏议》卷三《请将奏留江西补用道王芝祥发往广东差遣补用缘由会片》、台北故宫博物院藏"军机处档折件"（文献编号：151136，朱批日期为光绪二十八年十一月初一日），此片系李兴锐与德寿会衔。底本推定作者为李兴锐单衔，误。

臣德寿附片具陈,伏乞圣鉴训示。谨奏。

朱批:"所请着毋庸议。"

《光绪朝朱批奏折》第18辑,第203—204页

555. 已故知县高凤清家产尽绝请豁免亏欠交代银两折

光绪二十八年十月初五日(1902年11月4日)

调署广东巡抚、江西巡抚臣李兴锐跪奏,为知县亏欠交代银两,查明家产尽绝,取结请豁,遵章改奏,恭折仰祈圣鉴事。

窃准部咨,嗣后各员应豁赔款,均由各省督抚随时题咨报部,由部循例核办等因。遵照在案。兹据布政使丁体常详称,前准江宁藩司咨,已故前任东台县知县高凤清亏欠东台县任内旧案交代存库银五千四百七十八两四钱五分三厘五毫、赣榆县任内亏欠银八百四十二两三钱五分四厘,共银六千三百二十两八钱七厘五毫,屡催未据完解。该员籍隶广东潮阳县,咨籍严追等因。当经檄饬查明,该故员高凤清之子高阿会业经病故,家产尽绝,无从着追,并咨江宁藩司查明,该故员服官任所亦无资财寄隐,取具原籍及任所各结,请奏咨豁免前来。

伏查该故员原籍家产尽绝,任所亦无资财寄隐,核与豁免之例相符,相应请旨,将已故知县高凤清前在江苏东台、赣榆各县任内亏欠交代共银六千三百二十馀两全数豁除,免予着追,以示体恤。除将各结分送部科查核外,谨恭折具陈,伏祈皇太后、皇上圣鉴,敕部查照施行。谨奏。光绪二十八年十月初五日。

朱批:"着照所请,该部知道。"

《光绪朝朱批奏折》第83辑,第812—813页

556. 广东夏潦秋旱筹款采运平粜以资赈抚折

光绪二十八年十月十四日(1902 年 11 月 13 日)

头品顶戴署理两广总督臣德寿,调署广东巡抚、江西巡抚臣李兴锐跪奏,为广东夏潦秋旱,米价腾贵,现在筹款采运平粜,以资赈抚,恭折具陈,仰祈圣鉴事。

窃照广东本年夏间霪潦为灾,西北各江水势骤涨,冲决基围,广、肇两府属被灾甚重,先经奏咨在案。入秋以后,数月不雨,旱象已成。粤省所产米谷,本属不敷民食,早禾既已失收,晚造又无可望,外府及西省同时均遭荒歉,纷纷来省购米,价益腾踊,米价之昂,为百馀年所仅见,人心皇皇,深恐转于沟壑。平粜一事,亟不容缓。惟办粜必先筹费,虽已奏蒙恩准开办赈捐,而为时未久,尚无成数,司局各库入不敷出,万分为难。臣等督同司道,百计腾挪,并饬署广州府知府龚心湛等转向各商号筹借,合共凑银十六万两。复邀集各善堂绅董在府署商议,广仁善堂首先认办平粜,爱育、述善、明善、广济、崇正等善堂亦各相继举行,一面提用堂中存款,一面分劝绅商富户,协力相助,不论捐借,多多益善。随即将官筹之项,发交各善堂绅董分领,凑同该绅等自筹之款,合计不下数十万,派人前赴芜湖、镇江等处及南洋各埠购办米石,运回接济。兹据署广州府知府龚心湛等禀称,各善堂所购之米多已运到,业经陆续开办,在于省城河南等处分设厂所,清查贫户,减价平粜,外府及西省需米之处来省购买者,亦经商允。各善堂除去运脚各费,照原价发卖,俾得共沾实惠。俟平粜事竣,将官款缴回,察看亏折若干,将来赈捐如果收数畅旺,再请量拨归款等由。并据各善堂绅董以现往芜湖、镇江等处购米,请奏免厘税,以轻成本等情,具禀前来。

臣等复查所议采运米石,减价平粜,官绅各筹巨款,通力合作,相辅而行,办法尚属切实,已饬令该府县会同各善堂绅董认真经理,务须款无虚糜,事有实济,以期稍资补救。至请免运米厘税,查江苏、安徽等省均已奏明不准减免在案,碍难率行请免。第本年东省各属非旱即潦,灾区甚广,而西省匪乱未平,粮食奇贵,且转瞬即交冬令,来年春收尚早,统筹兼顾,仰屋徒嗟。惟有将准办赈捐设法招徕,广为劝募,并督率司道等转饬地方文武,加意抚绥,务使灾黎不致失所,以期仰副朝廷子惠元元至意。

所有广东省筹款采运平粜,以资赈抚各情形,谨合词恭折具陈,伏乞皇太后、皇上圣鉴训示。谨奏。光绪二十八年十月十四日。

朱批:"着即妥为筹办,〔以〕资赈〔抚〕。"①

《宫中档光绪朝奏折》第16辑,第168—169页

557. 汇奏光绪二十八年春季分广东省委署直隶州同知通判知州知县各缺折

光绪二十八年十月二十八日(1902年11月27日)

头品顶戴署理两广总督臣德寿,调署广东巡抚、江西巡抚臣李兴锐跪奏,为光绪二十八年春季分广东省委署直隶州、同知、通判、知州、知县各缺,遵照章程恭折具陈,仰祈圣鉴事。

① "以""抚",原残缺,据台北故宫博物院藏"军机处档折件"(文献编号:151463)补。

窃照州县等官，无论奏调、委署、代理，钦奉上谕："着每届三个月汇奏一次。"等因。钦此。钦遵在案。兹据广东布政史丁体常详称，光绪二十八年春季分，出有文昌县知县刘曾枚撤省查办遗缺，以徐闻县知县何炳修调署，何炳修递遗徐闻县知县缺，以分缺间用知县许南英署理。又高明县知县李道南大计纠参遗缺，以烟瘴俸满陵水县知县郭继昌署理。又感恩县知县杨昭稌病故遗缺，以试用知县聂宗诗署理。又署南雄直隶州知州关广槐署事期满遗缺，以候补直隶州知州席德馨署理。又署始兴县知县倪思铎因案撤任遗缺，以即用知县陈柏侯署理。又委署德庆州知州、顺德县知县王崧因交代未清留省遗缺，以试用同知俞绍勋署理。又署遂溪县知县周瑞璋因案撤省遗缺，以试用知县华承谟署理。又署定安县知县姚广誉署事期满遗缺，以正任开建县知县李章铭调署。又署嘉应直隶州知州李庆荣署事期满遗缺，以正任连州直隶州知州秦福和调署。又署陆丰县知县张士彦署事期满遗缺，以新会县知县杨介康调署，杨介康递遗新会县知县缺，以准署龙川县知县邓景临署理。又署阳山县知县蒋泽署事期满遗缺，以乳源县知县冯端调署，冯端递遗乳源县知县缺，以候补通判陶仁寿署理。又署和平县知县陈图禀求交卸遗缺，以分缺间用知县潘志裘署理。又署长乐县知县姚钟璜署事期满遗缺，以试用知县陈锦春署理。又署罗定直隶州知州陈寿椿禀求交卸遗缺，以试用知府熊方柏署理。又署龙门县知县李宗膺丁忧遗缺，以代理斯缺之试用知县史允端专署。又广州府通判宗振捐升知府遗缺，以优贡试用知县方怡署理。又署潮阳县知县谢师元署事期满遗缺，以试用通判徐书祥署理。又惠州府通判冯声万病故遗缺，以试用通判唐崇寿署理。又潮州府同知敬禧丁忧遗缺，以试用同知彭光业署理。又署澄海县知县方政署事期满遗缺，以候补通判许培桢署理。所有光绪二十八年春季分委署直隶州、同知、通判、知州、知县各缺，详请具奏前来。臣等覆查无异，理合恭折具陈，伏乞皇太后、皇上圣鉴。谨奏。光绪二十八年十月二十八日。

朱批："吏部知道。"

《光绪朝朱批奏折》第18辑，第264—265页

558. 奏请以邓倬堂升补连山绥瑶同知折

光绪二十八年十月二十八日（1902年11月27日）

头品顶戴署理两广总督臣德寿，调署广东巡抚、江西巡抚臣李兴锐跪奏，为拣员升补要缺同知，恭折仰祈圣鉴事。

窃照广东连山绥瑶同知黄晋铭，前经奏参开缺另补。接准部咨，光绪二十八年六月十三日奉上谕，应以奉上谕后第五日行文，按照限减半，计至八月初三日，作为接到文行开缺日期，应归八月分截缺。系题调要缺，毋庸签掣。查定例，丞倅应题缺出，必于本任内历俸三年以上，方准拣选题升。保题升用人员，其任内如有承审案件、承缉盗案、经征钱粮已起降调革职参限者，概不准其请升。如因缺系繁要，人地实在相需，为地择人者，应令该督抚据实陈明，吏部仍查明其馀并无别项不合例事故，亦即议准。此外一切因公处分，仍无庸核计。州县以上应升缺出，应令该督抚先将卓异引见，回任候升之员先尽升用，不准于折内声称人地未宜，以别项人员请升。如该省无卓异合例人员，方准以各项著有劳绩应升人员拣选升用。如不合例或人地未宜，准于折内详细声明，以现任合例应升人员循例请升等因。

今连山绥瑶同知缺,查有现任合浦县知县邓倬堂,年五十四岁,湖北沔阳州举人,中式光绪二年丙子恩科进士,改翰林院庶吉士。三年丁继祖母承重忧,四年接丁本生母降服忧,服满起复。六年补行散馆引见,以知县即用,选授广东灵山县知县。到任后丁本生父降服忧,回籍,服满起复,呈请分发,仍回广东原省补用,题补今职。二十二年八月二十七日到任,二十五年大计保荐。该员任内并无承审案件、承缉盗案、经征钱粮已起降调革职参限,虽有经征光绪二十二、三、四、五、六等年未完钱粮,查系实欠在民,并非征存未解。因公处分,例免核计。臣李兴锐到任未及三月,例不出考。臣德寿前在巡抚任内,查得该员强干有为,治功卓著,以之升补连山绥瑶同知缺,洵堪胜任,与例亦属相符。据藩、臬两司会详前来。

合无仰恳天恩,俯准以合浦县知县邓倬堂升补连山绥瑶同知缺。如蒙俞允,该员系现任知县请升同知,俟部覆到日,照例给咨,送部引见。除咨部外,臣等谨照章改题为奏,合词恭折具陈,伏乞皇太后、皇上圣鉴训示。

再,所遗合浦县知县系选缺,粤省现有应补人员,请扣留在外,俟接准部覆,选员请补。又邓倬堂系初升之员,未完罚俸银两,饬令照例依限完缴。所有参罚案件,另造清册送部。粤东省补缺例限九十日,此缺系归光绪二十八年八月分截缺,应以是月底起限办理,今在限内请补,并无迟逾,合并陈明。谨奏。光绪二十八年十月二十八日。

朱批:“吏部议奏。”

《光绪朝朱批奏折》第18辑,第265—267页

559. 奏请以敖式槱调补新会县知县折

光绪二十八年十月二十八日(1902 年 11 月 27 日)

头品顶戴署理两广总督臣德寿,调署广东巡抚、江西巡抚臣李兴锐跪奏,为拣员调补海疆要缺知县,以资治理,恭折具陈,仰祈圣鉴事。

窃照广东新会县知县杨介康,前经奏参开缺另补。接准部咨,于光绪二十八年六月十三日奉上谕,应以奉上谕后第五日行文,按照限减半,计至八月初三日,作为接到文行开缺日期,应归八月分截缺。系海疆题调繁、疲、难三项要缺,毋庸签掣。查定例,州县应调缺出,俱于现任人员内拣选调补。又现任要缺人员,概不得另请更调。其有必须更调者,查系由三项要缺更调四项要缺及最要之缺,并由内地要缺更调边疆、海疆、夷疆、苗疆及烟瘴等项要缺者,该员非另有不合例事故,即行议准。又调补官员,其任内如有承审案件、承缉盗案、征解钱粮已起降调革职参限者,概不准其请调各缺。如因缺系繁要,人地实在相需,为地择人者,应令该督抚据实陈明,吏部仍查明其馀并无别项不合例事故,亦即议准等语。

今新会县地处海滨,民情强悍,讼狱繁多,素称难治,必须廉能干练之员,方足以资治理。兹于通省应调人员内逐加遴选,查有普宁县知县敖式槱,年六十三岁,系四川荣昌县人。由监生报捐布政司库大使选用,拣补云南布政司库大使,同治十年十二月到任。因克复大理府城池出力保奏,十三年正月十八日奉上谕:"着以知县尽先补用。"钦此。报捐同知升衔。又因克复顺宁州城池出力保奏,奉旨赏戴花翎。丁忧开缺,服满起复。遵例捐离原省,改捐广东,归原班补用。题补信宜县知县,光绪十四年二月十七日到任。调署吴川县知县,二十一年五月二十五日到任。准调普宁县知县,二十三年三月十三日到任。现署增城县知县,二十七年八月二十六日到任。该员本任及署任内均无承审积案及承缉盗案已起降调革职参限,其普宁县任内虽有经征未完光绪二十三、四、五、六等年钱粮,查系实欠在民,并非征存未解。因公处分,例免核计。臣李兴锐到任未及三月,例不出考。臣德寿前在巡抚任内,查得该员抚驭勤能,才猷出众,以之调补新会县知县,实于海疆要缺有裨。该员由内地要缺更调海疆要缺,与例亦属相符。且人地实在相需,为地择人,例得据实声请。据藩、臬两司会详前来。

合无仰恳天恩,俯准以普宁县知县敖式槱调补新会县知县缺。如蒙俞允,该员系现任知县请调知县,衔缺相当,毋庸送部引见。除咨部外,臣等谨照章改题为奏,合词恭折具陈,伏乞皇太后、皇上圣鉴训示。

再,所遗普宁县知县,系外调要缺,俟接准部覆,选员调补。又敖式槱系再调之员,其前在信宜县任内罚俸银两,饬令照例依限完缴。所有参罚案件,另造清册送部。粤东省补缺例限九十日,此缺系归光绪二十八年八月分截缺,应以是月底起限办理,今在限内请补,并无迟逾,合并陈明。谨奏。光绪二十八年十月二十八日。

朱批:"吏部议奏。"

《光绪朝朱批奏折》第18辑,第267—269页

560. 新选高明县知县李恩荣饬赴新任片*

光绪二十八年十月二十八日(1902 年 11 月 27 日)

再,新选高明县知县李恩荣,于光绪二十八年六月初八日领凭到省,当因高明县地方紧要,该员甫经到省,民情未能谙悉,经臣德寿前在巡抚任内会同前督臣陶模附片奏明,暂行留省,派赴发审局学习在案。兹查该员李恩荣自留省学习以来,于地方事宜渐能熟悉,应即饬赴高明县知县新任,以重职守。据广东布政使丁体常具详请奏前来。臣等覆查无异,除咨明吏部外,谨合词附片具陈,伏祈圣鉴。谨奏。

朱批:"吏部知道。"

《光绪朝朱批奏折》第 18 辑,第 269 页

561. 委任邓倬堂署理普宁县知县片

光绪二十八年十月二十八日(1902 年 11 月 27 日)

再,署普宁县知县邓炳春署事期满,实任斯缺之敖式槱现署增城县知县,未能回任,所遗普宁县知县篆务,应行委员接署。查有合浦县知县邓倬堂,和平稳练,办事明敏,堪以调署。该员任内并无盗劫已起四参之案。据藩、臬两司会详前来。除檄饬遵照外,臣等谨合词循例附片具陈,伏乞圣鉴。再,臣李兴锐到任未及三月,考语系臣德寿填注,合并陈明。谨奏。

---

* 以下三片,与署理两广总督德寿会衔。

朱批:"吏部知道。"

《光绪朝朱批奏折》第18辑,第270页

562. 广东按粮捐输因本年歉收请展缓一年举办片

光绪二十八年十月二十八日(1902年11月27日)

再,上年因奉派新案赔款,数巨期长,款无所出,议办随粮捐输,以资凑济。经臣德寿于前在巡抚任内会同前督臣陶模,电请行在军机处代奏,旋准覆电,令即体察情形,仿照四川捐输办法,加征之银,作为捐输,准其汇总请奖广额等因。复经饬据司道酌议,按照各属银米征数,带捐三成,以光绪二十八年为始,随粮交纳,出示晓谕,遵照在案。计自开办以来,各属收捐报解者约银十馀万两,其馀各属,如果年谷顺成,尚不难按章收解。奈本年春间苦旱,夏间遭水,入秋以后,又复两月不雨,收成歉薄,米价腾踊,几于通省皆然。虽经臣等奏准开办振捐,并筹款购米,办理平粜,然体察情形,若将按粮捐输照常催收,窃恐民力未逮,转于正赋有碍。臣等公同商酌,拟将广东省按粮捐输一项普行展缓一年,俟光绪二十九年再行举办,其二十八年已缴在官者,准其流抵明年捐输,实欠在民者,一概免其捐缴,以示体恤。俟开办后,再行援照四川办法,汇总请奖。据藩臬运三司、督粮道会详请奏前来。臣等覆核无异,除咨部外,谨合词附片具陈,伏乞圣鉴。谨奏。

朱批:"户部知道。"

《光绪朝朱批奏折》第80辑,第744—745页

563. 奏报广东省光绪二十八年九月分雨水田禾粮价情形折附清单

光绪二十八年十月二十八日(1902 年 11 月 27 日)

调署广东巡抚、江西巡抚臣李兴锐跪奏,为查明九月分雨水、田禾、粮价情形,恭折具陈,仰祈圣鉴事。

窃照广东省光绪二十八年八月分雨水、田禾、粮价,业经臣恭折奏报在案。兹查广东省城光绪二十八年九月分上中二旬晴霁,下旬得有微雨数次,惟未能沾足;晚禾渐次成熟,园蔬杂粮亦尚畅茂。各属禀报,与省城大略相同。粮价较上月稍减,民情静谧,堪以仰慰圣怀。所有光绪二十八年九月分雨水、田禾、粮价,臣谨缮清单,恭折具奏,伏祈皇太后、皇上圣鉴。谨奏。光绪二十八年十月二十八日。

朱批:"知道了。"

清单

谨将广东省光绪二十八年九月分各属米价分晰开列清单,恭呈御览。

广州府属

上米每仓石价银二两一钱五分至二两七钱八分,较上月减一分。中米每仓石价银一两九钱四分至二两六钱一分,与上月同。下米每仓石价银一两六钱五分至二两二钱五分,与上月同。

韶州府属

上米每仓石价银一两五钱四分至二两二钱四分,与上月同。

中米每仓石价银一两三钱一分至二两一钱，与上月同。下米每仓石价银一两一钱九分至一两九钱七分，较上月减一分。

惠州府属

上米每仓石价银一两九钱至二两六钱七分，与上月同。中米每仓石价银一两六钱四分至二两四钱八分，较上月减一分。下米每仓石价银一两三钱六分至二两五分，与上月同。

潮州府属

上米每仓石价银一两六钱二分至二两四钱四分，较上月减一分。中米每仓石价银一两二钱四分至二两六分，与上月同。下米每仓石价银一两三分至一两七钱四分，与上月同。

肇庆府属

上米每仓石价银一两五钱六分至二两三钱，与上月同。中米每仓石价银一两三钱二分至二两一钱五分，与上月同。下米每仓石价银一两一钱四分至一两八钱，较上月减一分。

高州府属

上米每仓石价银一两二钱三分至一两三钱三分，与上月同。中米每仓石价银九钱至一两一钱，较上月减一分。下米每仓石价银七钱九分至九钱八分，与上月同。

雷州府属

上米每仓石价银一两一钱六分至一两二钱七分，与上月同。中米每仓石价银九钱五分至一两四钱九分，与上月同。下米每仓石价银七钱七分至九钱，较上月减一分。

廉州府属

上米每仓石价银一两五钱七分至一两八钱一分，与上月同。中米每仓石价银一两二钱二分至一两四钱三分，较上月减一分。

下米每仓石价银一两五分至一两二钱三分，与上月同。

琼州府属

上米每仓石价银一两四钱八分至二两二分，较上月减一分。中米每仓石价银一两一钱二分至一两六钱七分，与上月同。下米每仓石价银一两六分至一两五钱一分，与上月同。

佛冈直隶厅

上米每仓石价银一两五钱九分至二两二钱二分，与上月同。中米每仓石价银一两二钱二分至一两八钱八分，与上月同。下米每仓石价银一两九分至一两七钱一分，较上月减一分。

连山绥瑶直隶厅

上米每仓石价银一两九钱四分至二两二钱六分，较上月减一分。中米每仓石价银一两七钱二分至一两九钱一分，与上月同。下米每仓石价银一两四钱八分至一两六钱三分，与上月同。

阳江直隶厅

上米每仓石价银一两九钱三分至二两一钱七分，与上月同。中米每仓石价银一两四钱至一两六钱七分，较上月减一分。下米每仓石价银一两二分至一两四钱九分，与上月同。

赤溪直隶厅

上米每仓石价银二两一钱五分至二两二钱七分，较上月减一分。中米每仓石价银一两八钱九分至二两二分，与上月同。下米每仓石价银一两六钱三分至一两八钱二分，与上月同。

罗定州属

上米每仓石价银一两四钱五分至一两六钱三分，与上月同。中米每仓石价银一两二钱三分至一两三钱六分，较上月减一分。下米每仓石价银一两八分至一两二钱，与上月同。

连州属

上米每仓石价银二两至二两二钱二分,与上月同。中米每仓石价银一两七钱三分至一两九钱一分,与上月同。下米每仓石价银一两三钱六分至一两五钱二分,较上月减一分。

南雄府属

上米每仓石价银一两八钱八分至二两七分,与上月同。中米每仓石价银一两七钱二分至一两八钱五分,较上月减一分。下米每仓石价银一两三钱五分至一两四钱八分,与上月同。

嘉应州属

上米每仓石价银一两六钱六分至二两二钱二分,与上月同。中米每仓石价银一两四钱二分至一两九钱八分,与上月同。下米每仓石价银一两三钱五分至一两九钱七分,较上月减一分。

钦州属

上米每仓石价银一两四钱四分至一两六钱四分,较上月减一分。中米每仓石价银一两一钱二分至一两三钱二分,与上月同。下米每仓石价银一两七分至一两二钱八分,与上月同。

朱批:"览。"

正折据《光绪朝朱批奏折》第97辑,第53—54页;清单据台北故宫博物院藏"军机处档折件"附件,文献编号:152140

564. 奏请以薛铨忠补授石城县知县折

光绪二十八年十月二十九日(1902年11月28日)

头品顶戴署理两广总督臣德寿,调署广东巡抚、江西巡抚臣李兴锐跪奏,为选员请补知县,恭折仰祈圣鉴事。

窃照石城县知县王锡祺，于光绪二十八年七月二十七日在任病故，业经奏报声明，所遗石城县知县系选缺，粤东省现有应补人员，请扣留在外，选员请补。此案于八月二十二日移报到司，已在七月底截缺之后，应勒归七月分截缺办理。是月分选缺知县一项，同出有三水县知县林兆镛准升儋州知州，共二缺，一系升调遗缺，一系病故遗缺。虽系各积各缺，惟同轮用新海防遇缺先知县人员到班，应行签掣缺分，先后序补，当经掣得石城县知县第一，三水县知县第二。查前准部咨郑工例铨补章程内开：道、府、同知、直隶州知州、通判、知州、知县升调所遗及告病、病故、休致，以及佐贰杂职等官，无论何项所出留补选缺，除坐补原缺、裁缺即用、回避即用、新选新补、留省另补人员不计外，无论何项到班，仍以五缺计算。先用郑工新班遇缺先二人、海防新班先一人，无人，用郑工新班遇缺先人员抵补。至第四缺，海防即、海防先分班轮用一人，第一轮用海防即人员，第二轮用海防先人员，海防先无人，仍用海防即人员，海防即无人，用旧例银捐遇缺先人员，如无人，用旧例银捐遇缺人员，再无人过班，即接用各项轮用班次一人，以五缺为一周。此次新例报捐人员，惟知县一项，郑工新班遇缺先人员遇轮补升调所遗及告病、病故、休致之缺到班时，于各本班中先用正途出身及曾任知县、曾任实缺应升知县者二人，再用各本班中各项出身者一人，如正途出身及曾任知县、实缺应升知县无人，即用各项出身之人；又准部咨新海防例铨补章程内开：所有此次遵照新海防例报捐人员，应仍照郑工事例跟接次数、卯数，分别掣签，按班铨补各等因。

前出封川县知县缺，已用各项候补正班二正途及曾任知县邹翼清补，今石城县知县缺，应用一郑工及新海防遇缺先人员。查郑工遇缺先无人，应用新海防遇缺先人员。查新海防遇缺先班内正途出身之蓝光第加捐过班部文系坐二十八年四月二十日行文，计六月初四日接到，尚未扣满六个月，不合补用。此外并无正途出身及曾任知县、曾任实缺应升知县人员，应以各项出身人员请补。兹会选有新海防遇缺先补用知县薛铨忠，年四十六岁，系四川兴文县人。由附监生遵筹饷例报捐巡检分缺先选用，复加捐遇缺先选用，选授归善县平山司巡检，调补顺德县江村司巡检，旋经呈请详咨开缺，给假回籍修墓。事竣，复遵新海防例加捐知县，仍分指广东试用。光绪二十三年十一月二十八日蒙钦派大臣验看，堪以分发，十二月十四日引见，奉旨："着照例发往。"钦此。是月二十日领照起程，于二十四年正月二十二日限内到省。加捐本班尽先补用免试用，复遵新海防例加捐遇缺先补用免试用，接准吏部过班知照，系坐二十七年九月二十日行文，按照限减半计算，应以十一月初四接到部文之日，作为到省日期。并无在粤游幕，前经缴结详咨在案。臣李兴锐到任未及三月，例不出考。臣德寿前在巡抚任内，查得该员谨慎安详，政事勤奋，以之补授石城县知县，洵堪胜任，与例亦属相符。据藩、臬两司会详前来。

相应请旨，准以新海防遇缺先补用知县薛铨忠补授石城县知县缺。如蒙俞允，该员系新海防遇缺先补用知县请补知县，衔缺相当，毋庸送部引见。除咨部外，臣等谨照章改题为奏，合词恭折具陈，伏乞皇太后、皇上圣鉴训示。

再，粤东省补缺例限九十日，此缺系勒归光绪二十八年七月分截缺，于八月二十二日移报到司，应以是日起限办理，今在限内选员请补，并无迟逾，合并陈明。谨奏。光绪二十八年十月二十九日。

朱批:"吏部议奏。"

《光绪朝朱批奏折》第18辑,第276—278页

565. 奏请以邹增祜补授新兴县知县折

光绪二十八年十月二十九日(1902年11月28日)

头品顶戴署理两广总督臣德寿,调署广东巡抚、江西巡抚臣李兴锐跪奏,为选员请补知县,恭折仰祈圣鉴事。

窃照新兴县知县刘盛芳,前经奏参开缺。接准部文,应以光绪二十八年六月十三日奉上谕后第五日行文,按照限减半,计至八月初三日,作为接到文行开缺日期,应归八月分截缺。查改教、撤回、降补、回避四项遗缺,定例合为一班,统行计算,如遇同月之缺,仍签掣缺之先后。是月分选缺知县,仅止一缺,毋庸签掣。查吏部则例内开:知县改教、撤回、降补、回避所遗选缺,系进士即用与候补分班酌补。轮用进士即用,即将进士即用班前与进士即用本班合为一班,由该督抚酌量请补,即积进士即用正班之缺;轮用候补,即将候补班前与候补本班合为一班,由该督抚酌量请补,即积候补正班之缺等因。

前出文昌县知县另补遗缺,已用候补知县陆继昌补,今新兴县知县刘盛芳开缺另补遗缺,按班应轮用进士即用班前、进士即用正班人员酌补。兹会选有进士即用班报捐本班尽先补用知县邹增祜,年四十五岁,四川涪州人。由优廪生中式光绪辛卯科举人,乙未科贡士,殿试三甲,朝考三等,引见,以知县即用,签分广东。闰五月初一日领照出京,八月初三日到省。加捐本班尽先补用,接准吏部过班知照,系二十四年十一月二十日行文,照例计至

二十五年正月初四日，接到序补。臣李兴锐到任未及三月，例不出考。臣德寿前在巡抚任内，查得该员朴实耐劳，气识坚定，以之补授新兴县知县，洵堪胜任，与例亦属相符。据藩、臬两司会详前来。

相应请旨，准以进士即用本班尽先补用知县邹增祜补授新兴县知县缺。如蒙俞允，该员系进士即用本班尽先补用知县请补知县，衔缺相当，毋庸送部引见。除咨部外，臣等谨照章改题为奏，合词恭折具陈，伏乞皇太后、皇上圣鉴训示。

再，粤东省补缺例限九十日，此缺系归光绪二十八年八月分截缺，应以是月底起限办理，今在限内选员请补，并无迟逾，合并陈明。谨奏。光绪二十八年十月二十九日。

朱批："吏部议奏。"

《光绪朝朱批奏折》第18辑，第279—280页

566. 汇奏光绪二十八年夏季分广东省委署直隶州同知知县各缺片*

光绪二十八年十月二十九日(1902年11月28日)

再，各省州县，无论奏调、委署、代理，钦奉谕旨，每届三个月汇奏一次，历经遵办在案。兹据广东布政使丁体常详称，光绪二十八年夏季分，出有委署钦州直隶州知州程锦文调省差委遗缺，仍以现署斯缺期满之卢蔚猷署理。又署电白县知县乌尔兴额署事期满遗缺，以试用知县姚光祥署理。又四会县知县黄恩调省差委遗缺，以

* 以下两片，与署理两广总督德寿会衔。

大埔县知县范宗莹调署。又委署陆丰县事、新会县知县杨介康交代未清扣委遗缺，以奏补阳山县知县葛长春署理。又委署和平县知县潘志裘丁忧遗缺，以大挑试用知县张光铣署理。又署香山县知县沈毓岱署事期满遗缺，以试用知县葛肇兰署理。又署龙川县知县王会中署事期满遗缺，以试用知县魏绍唐署理。又揭阳县知县李树声调省差委遗缺，以正任电白县知县李滋然调署。又委署潮州府同知彭光业因病辞委遗缺，以试用同知黄宝田署理。又署仁化县知县陈廷蔚署事期满遗缺，以大挑知县龚序彝署理。又署长宁县知县彭家禄撤任察看遗缺，以即用知县单梦祥署理。又新兴县知县刘盛芳因案撤任遗缺，以即用知县邹增祜署理。又阳春县知县潜梦熊因案撤任遗缺，以候补班前补用知县杨自明署理。又连山绥瑶同知黄晋铭因案撤任遗缺，以候补直隶州知州李象辰署理等情，详请具奏前来。臣等覆查无异，所有光绪二十八年夏季分委署直隶州、同知、知县各缺缘由，谨合词附片具陈，伏乞圣鉴。谨奏。

朱批："吏部知道。"

《光绪朝朱批奏折》第18辑，第280—281页

567. 雷州府印信模糊请敕部换铸颁给片

光绪二十八年十月二十九日（1902年11月28日）

再，前准部咨，嗣后印信篆文将次漫漶，即令早为陈请换铸，倘有因循迁就，不及时请换者，交部议处等因。遵照在案。兹据广东布政使丁体常详，据雷州府知府陈武纯详称，查雷州府自道光十六年七月颁发道字一千二百六十四号印信一颗，迄今历年已久，查看

篆文均已模糊，应行换铸。造具印模册呈，由该司核明，详候奏请换铸前来。臣等覆查无异，相应请旨，敕部换铸雷州府印信一颗，颁给启用，以昭信守。其旧印俟新印到日，镌刻“缴”字，另咨送部查销。除将印模册送部外，谨照新章改题为奏，合词附片具陈，伏乞圣鉴训示。谨奏。

朱批：“礼部知道。”

《光绪朝朱批奏折》第18辑，第281页

568. 查明新任广东学政朱祖谋阅文幕友姓名籍贯循例具奏折附清单

光绪二十八年十月二十九日（1902年11月28日）

调署广东巡抚、江西巡抚臣李兴锐跪奏，为查明学政阅文幕友姓名、籍贯，循例具奏，仰祈圣鉴事。

窃照乾隆三十八年钦奉上谕：“学政阅文幕友，极小省分，亦不得不及五六人。着各督抚留心稽察，随时据实奏闻。”钦此。又道光十六年钦奉上谕：“学政幕友，不得专用本籍之人，致滋流弊。”等因。钦此。钦遵在案。兹新任广东学政朱祖谋，于光绪二十八年十月初五日到任，将阅文幕友姓名、籍贯开列，咨送前来。臣覆加查核，所延幕友八人，俱系分隶各省，并非专用本籍之人。除仍随时留心稽察外，谨缮列该学政幕友姓名清单，循例具奏，伏祈皇太后、皇上圣鉴。谨奏。光绪二十八年十月二十九日。

朱批：“知道了。”

清单

谨将新任广东学政朱祖谋所延幕友姓名、籍贯开列清单,恭呈御览。

卢长孺浙江黄岩县举人。

朱尔楷江苏江阴县廪贡生。

张元节浙江乌程县拔贡生。

洪猷四川三台县廪生。

黄世圻江苏嘉定县附生。

李禔农湖南邵阳县举人。

李廷栋浙江秀水县举人。

唐鉴浙江武康县拔贡生。

朱批:"览。"

正折据《光绪朝朱批奏折》第105辑,第185—186页;清单据台北故宫博物院藏"军机处档折件"附件,文献编号:152165

569. 乐昌县邓文进神灵显应请敕加封号列入祀典折

光绪二十八年十月二十九日(1902年11月28日)

头品顶戴署理两广总督臣德寿,调署广东巡抚、江西巡抚臣李兴锐跪奏,为神灵显应,恳请敕加封号,以答神庥,改题为奏,恭折仰祈圣鉴事。

窃查案准礼部咨,沿海地方庙祀诸神,果有功德于民,能御灾捍患者,令该督抚查明,疏请敕封,分季汇题各等因。依经移行遵照在案。兹据广东布政使丁体常详,光绪二十八年秋季分,据乐昌县详,

中国近代人物文集丛书

李兴锐集

四

汤　锐　整理

中 华 书 局

907. 拟议浙省屯田缴价纳税办法章程折

光绪三十年四月初十日(1904 年 5 月 24 日)

署理闽浙总督、江西巡抚臣李兴锐,头品顶戴漕运总督臣陆元鼎,头品顶戴浙江巡抚臣聂缉椝跪奏,为谨将浙江省屯田缴价纳税拟议办法章程,恭折具陈,仰祈圣鉴事。

窃于光绪二十八年正月十七日奉上谕:"将各省屯田地亩逐一澈底查明,悉令该屯户报官税契,听其管业,将屯饷改为丁粮,统归州县官经征。此后屯丁运军名目,概行删除。"钦此。又于五月十四日奉上谕:"有人奏各直省卫所屯田,请饬清查缴价,以裕国帑一折。着各该督抚迅即认真清查,分别妥筹办理。"钦此。均经前督臣、抚臣、漕臣札行司道,钦遵办理去后。臣等到任后,复经叠次行催,兹据浙江布政使翁曾桂、督粮道陆襄钺拟议章程,详请具奏前来。臣等查浙省屯田,散处各州县,均与民田犬牙相错,本易混淆,田产户册毁于兵燹,又复无从稽考。帮丁报产承粮,固属未能核实,而瘠薄田地久荒未种,一时亦难垦复,现在清查不易。惟有稍事变通,先查成熟屯田,次及缺额荒产,庶不致旷日持久,蒇事无期。核其办法,大要有六:

一、缴价宜定等差也。查浙省杭严、嘉湖、台州、温州、衢州五卫所额管屯田地塘荡共一千八百五十四顷有奇,除荒芜缺额外,计查明成熟田地塘荡一千二百八十一顷有奇。拟就查明成熟屯田,无论军执、民执,概分四则缴价。杭严、嘉湖、台州、衢州四卫屯田较瘠,拟令每亩上则缴银三两,中则二两,下则一两四钱,下下则一两;温州卫屯田较胜,拟令每亩上则缴银五两,中则四两,下则三两,下下则二两,均由该司道示谕各户,按则报缴。

一、屯田宜给印照也。查屯田本公产,现令缴价纳税,听其管业,自应给予执照,以昭信守。应俟田价缴清,由县按户造册,分送司道,照册刊刷三联印照,一联填给业户,一联存县,一联缴司。

一、契税宜照民田完缴也。查民间置买田产,每价银一两,完税银三分,屯田纳税自应一律饬办。惟契尾不与民田区别,未免淆混,应由藩司另刊"屯"字契尾,分发兼管各县,核明填用,黏连照后,给发收执。浙省契尾,新章每张应缴捐银一两,此项缴价,究与寻常买价不同,契尾捐银应请免缴,以示体恤。

一、缺额宜分别清理也。查浙省自遭兵燹,卫册荡然无存,屯丁流亡,产多荒废,现在承平已久,而缺额甚多,恐不免以熟作荒、以多报少之弊。应责令兼管各县切实稽查,分别清理,其荒废各产,亦即招佃垦复,造册详报。

一、应征各款钱粮宜照旧征解也。查卫所屯田,向征屯饷、漕项、屯折、军储、津租各银两,名目互异,科则轻重亦各不同,较之民田,究属加重。各户完纳已久,应请毋庸改变,照旧征收,仍将所征各款,循照旧章,分解藩司、粮道各库,分案造报,以期简易而免纷更。

一、查办屯务宜专责成也。查浙省五卫所,前委仁和、海盐、临海、西安、永嘉等县兼管,虽各卫屯田散坐各县,而顷亩多寡,各有不同,若令田坐各县分办缴价纳税,事多隔阂,应责令兼管各县一手经理。其清查粮产,招佃垦荒,或鞭长莫及,准其移知田坐各县帮同办理,田坐各县亦不得推诿。

以上六条,乃办法之大纲,其馀未尽事宜,臣等仍当和衷商榷,督同司道,随时认真清理,总期上有裨于国计,下无扰于屯丁,以仰副朝廷理财爱人之至意。

所有拟议浙省屯田缴价纳税办法各缘由,谨合词恭折具陈,伏乞皇太后、皇上圣鉴,饬部核议施行。再,此折系臣元鼎主稿,合并陈明。谨奏。光绪三十年四月初十日。

朱批:"户部议奏。"

《宫中档光绪朝奏折》第19辑,第379—381页

908. 奏请以张朝锡补授瓯宁县知县折

光绪三十年四月二十四日(1904年6月7日)

署理闽浙总督、江西巡抚臣李兴锐跪奏,为请补知县,以裨地方,恭折仰祈圣鉴事。

窃照光绪三十年正月十九日奉准吏部咨,瓯宁县知县裴汝钦调补闽县,所遗瓯宁县系选缺,准其留于该省另行请补。坐二十九年十二月十四日行文,按闽省照限减半计算,应扣至三十年正月二十三日,作为开缺日期,应归正月分截缺。核与长乐县知县病故出缺系属同月,虽非同项出缺,而应补人员系属同班,自应签掣缺次先后,当于正月分截缺案内配签掣定第一缺长乐县、第二缺瓯宁县。除将第一缺长乐县缺另行办理外,所遗第二缺瓯宁县,应即遴员请补。查定例,升调所遗知县缺出,本应以各项候补并进士即用人员与各项委用及试用人员按班补用。惟查光绪二十九年十月初六日奉准吏部咨,曾任实缺丁忧服满分发人员,道府以至未入流并盐务等官,如遇选缺出时,除坐补原缺、裁缺即用、回避即用、新选新补之留省另补均仍照定例先尽请补外,其馀无论何项到班,先将此项人员尽数请补,均不积各项班次之缺。坐九月初七日行文,按各省照限减半计算,以接到部文后下月所出之缺,即照此次奏定章程办理各等因。

闽省升调遗选缺知县一项，上缺南靖县知县出缺，在奏定新章以前，轮应教习知县到班，缘该班无人，请以进士即用知县朱云从抵补。兹瓯宁县缺，闽省坐补原缺、裁缺即用、回避即用、新选新补之留省另补各班知县均无人，应以曾任实缺丁忧服满分发人员尽数补用。查有曾任实缺候补知县张朝锡，年六十一岁，在京厢白旗汉军玉璋佐领下人，福州驻防。由增生中式同治庚午科举人，拣选知县，派办惠陵工程出力汇保，赏加六品衔。光绪五年，永远奉安保奏以知县分省，归候补班前补用。遵例捐指福建，并加同知衔。准补福安县，因防所在五百里内回避，调补永安县。在任丁母忧，服满起复，呈请分发原省，引见，奉旨："着照例发往。"钦此。领照来闽，光绪二十三年八月初七日到省。委署尤溪县知县卸事。该员才具开展，办事勤谨，以之请补瓯宁县知县，洵属人缺相宜，与例亦符。仍俟准补之后，再行饬查防所相距程途里数，照例分别办理。合无仰恳天恩，俯准以曾任实缺候补知县张朝锡补授瓯宁县知县，俾资治理。如蒙俞允，该员系曾任实缺候补知县请补知县，衔缺相当，毋庸送部引见，并免核计参罚。据福建藩司周莲、臬司朱其煊会详前来。除咨部外，理合恭折具奏，伏乞皇太后、皇上圣鉴，敕部议覆施行。谨奏。光绪三十年四月二十四日。

朱批："吏部议奏。"

《光绪朝朱批奏折》第20辑，第203—204页

909. 奏请以丁振德补授长乐县知县折

光绪三十年四月二十四日(1904年6月7日)

署理闽浙总督、江西巡抚臣李兴锐跪奏，为请补知县，以裨地

方，恭折仰祈圣鉴事。

窃照长乐县知县王守谦于光绪三十年正月二十一日病故，业经附奏开缺，留闽另补，照例以病故本日作为出缺日期，归正月分截缺。又于正月十九日奉准吏部咨，瓯宁县裴汝钦调补闽县，所遗瓯宁县选缺，准其留于该省另行请补。坐二十九年十二月十四日行文等因，按闽省照限减半计算，应扣至三十年正月二十三日，作为开缺日期，应归正月分截缺。以上二缺系属同月，虽非同项出缺，而应补人员系属同班，自应签掣缺次先后，当于正月分截缺案内配签掣定第一缺长乐县、第二缺瓯宁县。所遗掣得第一缺长乐县系选缺，应即遴员请补。查定例，知县告病、病故、休致三项缺出，以一缺题补各项候补并进士即用人员，以一缺题补大挑举人。又于光绪二十九年十月初六日奉准吏部咨，曾任实缺丁忧服满分发人员，道府以至未入流并盐务等官，如遇选缺出时，除坐补原缺、裁缺即用、回避即用、新选新补之留省另补均仍照定例先尽请补外，其馀无论何项到班，先将此项人员尽数请补，均不积各项班次之缺。坐九月初七日行文，按各省照限减半计算，以接到部文后下月所出之缺，即照此次奏定章程办理各等因。

闽省病、故、休选缺知县一项，上缺归化县，业经请以进士即用知县冯绍斌补授。兹长乐县缺，系奉到部文后第一次出缺。查闽省坐补原缺、裁缺即用、回避即用、新选新补之留省另补各班知县均无人，应以曾任实缺丁忧服满分发人员先尽补用。查有曾任实缺候补知县丁振德，年五十九岁，河南罗山县附生，中式同治癸酉科本省乡试举人，报捐四项统选教职，选授内乡县教谕。应庚辰科会试中式进士，以知县即用，签掣福建，领照到省。委署崇安县。遵茶捐例加捐同知衔。准补邵武县。闻讣丁母忧开缺，回籍守制。

服满起复，回省请咨晋京，在部呈报起复，并请分发原省补用。光绪十六年七月二十八日经钦派王大臣验看，八月十二日引见，奉旨："着照例发往。"钦此。领照来闽，于光绪十六年十月初三日到省。委代侯官县，调署长乐县，复委署连江县各篆务卸事。该员精明干练，为守兼优，以之请补长乐县知县，洵属人缺相宜，与例亦符。合无仰恳天恩，俯准以曾任实缺候补知县丁振德补授长乐县知县，俾资治理。如蒙俞允，该员系曾任实缺候补知县请补知县，衔缺相当，毋庸送部引见，并免核计参罚。据福建藩司周莲、臬司朱其煊会详前来。除咨部外，理合恭折具陈，伏乞皇太后、皇上圣鉴，敕部议覆施行。谨奏。光绪三十年四月二十四日。

朱批："吏部议奏。"

《光绪朝朱批奏折》第20辑，第205—206页

910. 试用知县刘彤寯等员期满甄别均堪留闽序补片

光绪三十年四月二十四日（1904年6月7日）

再，劳绩、捐纳分发各员，自到省之日起，试用期满，例应详加甄别，应经遵办在案。兹福建试用知县刘彤寯、曹士元、杨良翘、王福鼎，在任候补知县陈肃纲，先后试用期满，俱应甄别。据福建藩、臬两司会详前来。查该员刘彤寯才识明敏，举动安详；曹士元精明稳练，办事结实；杨良翘干练有为，志趣向上；王福鼎年壮力强，才识稳练；陈肃纲心地明白，谨饬不浮，均堪以知县留闽，分别按班序补。除履历咨部外，理合附片具陈，伏乞圣鉴。谨奏。

朱批："吏部知道。"

《光绪朝朱批奏折》第20辑，第207页

911. 丁忧前安溪县知县刘晋庚解清欠款请将原参革职处分即予开复片

光绪三十年四月二十四日(1904 年 6 月 7 日)

再,丁忧前安溪县知县刘晋庚征存光绪二十六年正款银三千五百五十二两零,又二十四、二十六等年杂款银一千四百一十八两零,节催未解,经前督臣许应骙奏请革职,勒限追缴,钦奉朱批:"着照所请,该部知道。"钦此。饬遵在案。兹据福建藩司周莲会同臬司、督粮道详称,该员已将各款按数解清,另行汇入光绪二十九年奏销随本暨公费并三十年秋拨各册内分别造报。察看该员尚能自知愧奋,所有原参革职处分,应请奏恳天恩,准予开复等情前来。臣覆查无异,相应请旨,准将丁忧前安溪县知县刘晋庚原参革职处分即予开复,以资观感。该员系原案开复原官,应请毋庸送部引见。谨附片具陈,伏乞圣鉴。谨奏。

朱批:"着照所请,该部知道。"

《光绪朝朱批奏折》第 69 辑,第 289 页

912. 奏报闽省光绪二十九年下半年新案交代已结各案折附清单

光绪三十年四月二十四日(1904 年 6 月 7 日)

署理闽浙总督、江西巡抚臣李兴锐跪奏,为闽省新案交代已结各案,恭缮清单,仰祈圣鉴事。

窃照闽省新案交代,业经造报至光绪二十九年六月底止。兹

据福建藩司周莲详称，二十九年七月起至十二月止半年届满，所有二参限内已结各案交代，照章分晰开单，请奏前来。臣覆查无异，除咨部查照外，理合开单缮折具陈，伏乞皇太后、皇上圣鉴。谨奏。光绪三十年四月二十四日。

朱批："户部知道，单并发。"

清单

谨将闽省光绪二十九年七月起至十二月止各属已结新案交代缮具清单，恭呈御览。

谨开：

二参限内算清结报各案

仙游县知县祝维垙，二十九年四月初四到任，应接前任王士骏交代，扣至七月初三日二参限满，已于限内算清结报。

麻沙县丞贺澎，二十九年四月初六日到任，应接前任王钟椿交代，扣至七月初五日二参限满，已于限内算清结报。

连江县知县王荣绶，二十九年四月十六日到任，应接前任黄度交代，扣至七月十五日二参限满，已于限内算清结报。

署宁洋县知县林景绶，二十九年四月十六日到任，应接前任卢元樟交代，扣至七月十五日二参限满，已于限内算清结报。

漳平县知县钟国华，二十九年四月二十二日到任，应接前任杨兆清交代，扣至七月二十一日二参限满，已于限内算清结报。

署闽县知县罗汝泽，二十九年四月二十五日到任，应接前任黄鼎翰交代，扣至七月二十四日二参限满，已于限内算清结报。

金门县丞李受禄，二十九年四月二十五日到任，应接前任虞景濂交代，扣至七月二十四日二参限满，已于限内算清结报。

瓯宁县知县裴汝钦，二十九年四月二十六日到任，应接前任胡之桢交代，扣至七月二十五日二参限满，已于限内算清结报。

署长泰县知县罗德聪，二十九年五月初一日到任，应接前任李懋猷交代，扣至七月二十九日二参限满，已于限内算清结报。

署光泽县知县李泽春，二十九年五月初八日到任，应接前任敖文焕交代，扣至八月初七日二参限满，已于限内算清结报。

代理政和县知县汪春澍，二十九年五月十一日到任，应接前任陈寿昌交代，扣至八月初十日二参限满，已于限内算清结报。

署平和县知县刘裔经，二十九年闰五月初一日到任，应接前任李韶级交代，扣至八月二十九日二参限满，已于限内算清结报。

署连城县知县姚守毅，二十九年闰五月初三日到任，应接前任王栋交代，扣至九月初二日二参限满，已于限内算清结报。

罗溪县丞王建中，二十九年闰五月初七日到任，应接前任许庆曾交代，扣至九月初六日二参限满，已于限内算清结报。

仁寿县丞张桂榜，二十九年闰五月初七日到任，应接前任邱春霖交代，扣至九月初六日二参限满，已于限内算清结报。

署福清县知县胡之桢，二十九年闰五月二十二日到任，应接前任何建忠交代，扣至九月二十一日二参限满，已于限内算清结报。

署南安县知县于仲瀛，二十九年闰五月二十四日到任，应接前任黄云龙交代，扣至九月二十三日二参限满，已于限内算清结报。

署厦防同知郑煦，二十九年六月初三日到任，应接前任黎景嵩交代，扣至十月初二日二参限满，已于限内算清结报。

署惠安县知县张雯，二十九年六月初三日到任，应接前任原鸿逵交代，扣至十月初二日二参限满，已于限内算清结报。

署诏安县知县黄鼎翰，二十九年六月十七日到任，应接前任陈文纬并陈鸿运交代，扣至十月十六日二参限满，已于限内算清结报。

署崇安县知县周光煦，二十九年六月二十日到任，应接前任王国瑞交代，扣至十月十九日二参限满，已于限内算清结报。

署周礅县丞牛元慎，二十九年六月二十四日到任，应接前任窦世忠交代，扣至十月二十三日二参限满，已于限内算清结报。

代理汀军同知沈兆桂，二十九年七月初二日到任，应接前任陶济福交代，扣至十一月初一日二参限满，已于限内算清结报。

署屏南县知县韩沐之，二十九年七月初三日到任，应接前任姚嘉植交代，扣至十一月初二日二参限满，已于限内算清结报。

代理永安县知县张于汉，二十九年七月初六日到任，应接前任叶新第交代，扣至十一月初五日二参限满，已于限内算清结报。

代理建阳县知县金秉琮，二十九年七月初六日到任，应接前任俞秉焜交代，扣至十一月初五日二参限满，已于限内算清结报。

代理漳浦县知县刘永棠，二十九年七月十四日到任，应接前任白象贤交代，扣至十一月十三日二参限满，已于限内算清结报。

署平潭同知恩晋，二十九年七月十六日到任，应接前任骆腾衢交代，扣至十一月十五日二参限满，已于限内算清结报。

代理霞浦县知县孙锡华，二十九年七月十八日到任，应接前任刘玉璋交代，扣至十一月十七日二参限满，已于限内算清结报。

署福鼎县知县居镜生，二十九年八月初一日到任，应接前任郭师濂交代，扣至十一月二十九日二参限满，已于限内算清结报。

署莆田县知县吴廷桢，二十九年八月初八日到任，应接前任刘锡渠交代，扣至十二月初七日二参限满，已于限内算清结报。

华封县丞武光斌，二十九年八月十八日到任，应接前任刘德麟交代，扣至十二月十七日二参限满，已于限内算清结报。

云霄同知步翔藻，二十九年八月二十八日到任，应接前任陈鸿运交代，扣至十二月二十七日二参限满，已于限内算清结报。

署政和县知县文达，二十九年八月二十八日到任，应接前任汪春澍交代，扣至十二月二十七日二参限满，已于限内算清结报。

以上三十四案，业经造册咨明。

已满二参查有短款参追各案

代理归化县知县王乃钧，二十九年六月二十四日到任，应接前任张振寅交代，扣至十月二十三日二参限满，已于限内算结。查张振寅尚有应交之款，业已参追。

署寿宁县知县章识言，二十九年八月初二日到任，应接前任金文藻并张简交代，扣至十二月初一日二参限满，已于限内算结。查金文藻尚有应交之款，业已参追。

以上二案，短款参追，并经造册咨明。

代理员缺另行并案结报各案

代理长乐县知县钟崇萱，二十九年八月初十日到任，司委王守谦署理，于十月初二日到任，应接前任王叔谦交代，应归王守谦并案扣限结报。

以上一案，另行扣限办理，归入三十年上半年汇报。

交代迟延应另案结报各案

代理佛昙桥县丞郑世球，二十九年六月二十四日到任，应接前任陈耕交代，扣至十月二十三日二参限满，未据造册结报。查郑世球结报迟延，业经咨明摘顶。

以上一案，结报迟延，业经咨明摘顶，一面勒限造册，归入三十年上半年汇报。

朱批:"览。"

正折据《光绪朝朱批奏折》第84辑,第310页;清单据台北故宫博物院藏"军机处档折件"附件,文献编号:160668

913. 奏报福建筹解本年四月新定偿款银数日期片

光绪三十年四月二十四日(1904年6月7日)

再,准部咨,新定偿款摊派福建省岁解银八十万两。并钦奉谕旨:"各该省前次指派之款,应即按月分匀,赶紧筹措,先期解交上海道转付。"等因。钦此。业经按月筹解至本年三月第三年第四期,分匀如数,汇解上海道查收清楚,先后奏咨在案。兹光绪三十年四月应解第三年第五期前项库平纹银六万六千六百七十两,除奉户部议准,将闽海关药厘由税务司径拨汇解银二万两外,实尚应解库平纹银四万六千六百七十两。现于司道局库筹集如数,于本年四月十一日交号商领汇,定限四月二十日以前解交江海关道查收汇付。至号商汇费银一千五百八十六两七钱八分及药厘拨抵银两应需汇费,仍请随正支给。据福建财政局司道会同藩臬两司、粮盐二道详请奏咨前来。臣覆核无异,除给咨批解,并分咨外务部、户部查照外,谨附片具奏,伏乞圣鉴。谨奏。

朱批:"该部知道。"

《光绪朝朱批奏折》第84辑,第311页

914. 审结前署云霄同知倪涛纵容官亲藉案诈赃一案折

光绪三十年四月二十四日（1904 年 6 月 7 日）

〔署理闽浙总督、江西巡抚臣李兴锐跪〕[①]奏，为同知纵容官亲藉案诈赃，讯明拟结，恭折具陈，仰祈圣鉴事。

窃查前署云霄同知倪涛纵容官亲钱少堂即钱融生藉案索贿，被该厅民周渔仙等控，经汀漳龙道委查属实，揭由藩、臬两司转详，经前督臣许应骙奏准，将倪涛革职，归案讯办，饬据福州府传到看管勒交，一面委提人卷，发府并审，因钱少堂未获，无从质究，叠经勒拿去后。兹据倪涛呈明，钱少堂在逃病故，查明埋尸处所，行据建安县查勘取结送司，饬行福州府同谳局委员讯供议拟，详由藩、臬两司核转前来。臣复加查核，缘倪涛籍隶浙江归安县，报捐同知，在福建省候补，与在逃病故之钱少堂系同籍疏远姻亲。倪涛前署云霄同知事，钱少堂前来探望，因知医理，留在署内。光绪二十五年十月二十六夜，厅民周葺鸡巡见周青莲等偷挖园内地瓜，赴前喊拿，被周青莲等铳伤身死，报经倪涛验详，缉凶未获。嗣周青莲子弟向尸妻周方氏央缓呈催，不允，争闹，毁坏周方氏家器物，周方氏家弟侄纠众欲图报复。倪涛访闻，会营赴乡弹压拿办，因患病未痊，随带钱少堂诊视。倪涛抵乡后，各犯逃避，有昔存今故之张席珍理令周青莲等家属估赔所毁器物，仍候缉犯讯办，呈经倪涛取结，禀移道府有案。惟时钱少堂乘间向周青莲之房长周渔仙吓称，倪涛欲拿房长办罪，必须送银宽免。周渔仙畏惧，央张席珍过付银

① 据台北故宫博物院藏“军机处档折件”（文献编号：160673）补。下同。

二千七百两。又向周方氏诈索官役赴乡夫价,亦经张席珍商说,付银四百六十元。随往书役唐诚、柳晋亦各起意,藉称赔垫饭食,唐诚索得周渔仙银八元,柳晋索得周方氏银七元,均系张席珍过付。倪涛先不知觉,旋经访知钱少堂吓诈情由,向钱少堂诘问,钱少堂混赖喧闹,乘夜潜逃。倪涛念系姻亲,并未追究。即经汀漳龙道、漳州府访闻前情,并据周渔仙等赴道呈控,维时倪涛期满卸事,由道饬据接任同知方祖荫查覆属实揭司。详经前督臣奏准,将倪涛革职,归案讯办,饬据福州府传到看管勒交,一面委提人卷,发府并审。因钱少堂未获,无从质究,叠经勒拿。兹据倪涛呈明,钱少堂在逃病故,行据建安县查勘取结送司,饬行福州府同谳局委员讯拟详司,核转到臣。

查周茸鸡命案,应催云霄同知赶紧缉凶另办。倪涛所供钱少堂诈赃,并无通同情事,钱少堂已死,无可质证。惟周渔仙等皆称倪涛当时访知,曾向钱少堂诘问喧闹,如有通同,势必讳莫如深,尚复何敢声张?所称并无通同,尚有证据,应先拟结,以免延累。此案钱少堂倚仗官亲,辄敢藉案向周渔仙吓诈银二千七百两,又向周方氏索诈银四百六十元,实属不法。遍查律例,并无官亲诈赃作何治罪明文,自应比例问拟。钱少堂即钱融生,应比依幕宾倚仗声势,舞弊诈财,照蠹役诈赃例,计赃治罪,蠹役恐吓索诈赃至一百二十两者,照枉法拟绞例,拟绞监候,业已在逃病故,应毋庸议。所得之赃,饬令移籍查明有无财产,追赔给主。已革书役唐诚、柳晋,藉赔垫饭食为名,各自诈索银四两零,亦属不法,讯系各自起意,应各科各罪。唐诚、柳晋合(倚)〔依〕“衙役诈赃一两至五两,杖一百,加枷号一个月”例,各拟杖一百,加枷号一个月。该犯等事犯虽在光绪二十六年三月十二日钦奉恩诏以前,惟到案在后,不准查办。又钦奉光绪三十年正月十五日恩诏,事犯在正月初一日以前,核其情罪，系在部议准免之例，应请援免，并免刺字，仍追赃给主。前署云霄同知倪涛，于官亲、书役诈赃，讯无通同分受情事，惟事前毫无防范，迨钱少堂事发潜逃，又不认真追究，实属纵容，业已革职，亦毋庸议。周渔仙、周方氏所与银两，讯非有事求请，应与已故之过付张席珍均免置议。除供招咨部外，谨恭折具奏，伏乞皇太后、皇上圣鉴，敕部核覆施行。谨奏。〔光绪三十年[①]四月二十四日〕。

〔光绪三十年五月十七日奉朱批："刑部议奏。"钦此。〕

《李勤恪公奏议》卷五，《天津图书馆孤本秘籍丛书（二）》第821—822页

915. 奏请以宋廷模补授福州府平潭同知折

光绪三十年四月二十六日（1904年6月9日）

署理闽浙总督、江西巡抚臣李兴锐跪奏，为请补同知，以裨地方，恭折仰祈圣鉴事。

窃照福建福州府平谭同知骆腾衢于光绪三十年正月十五日丁母忧，业经具奏开缺，留闽另补，照例应以丁忧本日作为出缺日期，应归二月分截缺，案内声明勒归正月分截缺。所遗平潭同知系选缺，应即遴员请补。查前奉新章，道、府、直隶州知州、同知、通判，如遇丁忧、告养、回避、撤回选缺，应先尽正途出身之记名分发人员请补，如记名分发无人，始准以各项候补班前、候补本班人员酌补。又光绪二十九年十月初六日奉准部咨，曾任实缺丁忧服满分发候补人员，无论何项到班，应先尽请补，不积各班之缺各等因。

兹所出平潭同知丁忧遗缺，系第一次扣留外补，查闽省坐补原

① 年份台北故宫博物院藏"军机处档折件"亦无，系整理者所补。

缺、裁缺即用、回避即用、留省另补、曾任实缺，及郑工、新海防遇缺先，海防先用、即用，筹饷遇缺先、遇缺各班同知均无人，例应先尽正途出身记名分发人员请补。查有截取记名同知宋廷模，年五十二岁，云南晋宁州廪贡。由现任广西州训导中式光绪癸巳科举人，报捐内阁中书，到阁行走。二十七年补缺，奉派保送汉仓差，户部奉朱笔圈出记名汉仓监督，十一月委署侍读，十二月奉派本衙门撰文。二十八年捐免试俸、历俸，截取外用同知，奉派修书处详校官，又奉派方略馆汉档校对官，于十一月初四日议叙加一级、纪录三次，于是月十六日离署，呈请分发，捐指福建，经吏部带领引见，奉旨："着照例发往。"钦此。领照，于二十九年正月十三日到省。因内阁修书出力，保俟补缺后以知府在任候补，先换顶戴，二十九年八月十一日奉旨："依议。"钦此。委署兴粮通判。该员质地深稳，究心民事，以之请补福州府平潭同知，洵属人缺相宜，与例亦符。合无仰恳天恩，俯准以截取记名同知宋廷模补授福州府平潭同知，俾资治理。如蒙俞允，该员系截取记名同知请补同知，衔缺相当，毋庸送部引见，并免核计参罚。据福建藩、臬两司会详前来。除咨部外，理合恭折具陈，伏乞皇太后、皇上圣鉴，敕部议覆施行。谨奏。光绪三十年四月二十六日。

朱批："吏部议奏。"

《光绪朝朱批奏折》第20辑，第210—211页

916. 委任罗汝泽署理仙游县知县等事片

光绪三十年四月二十六日(1904年6月9日)

再，福建仙游县知县祝维垙应行调省遗缺，查有现署闽县试用

知县罗汝泽,堪以调署;所遗闽县缺,查有准调斯缺本任瓯宁县知县裴汝钦,饬赴调任供职;递遗瓯宁县缺,查有本任武平县知县程祖伊,朴实浑厚,心地明白,堪以委署。据福建藩、臬两司会详前来。除咨部外,理合附片具陈,伏乞圣鉴。谨奏。

朱批:"吏部知道。"

《光绪朝朱批奏折》第20辑,第212页

917. 请将福建福宁镇标中营游击彭阶瑞照例勒休片

光绪三十年四月二十六日(1904年6月9日)

再,福建福宁镇标中营游击彭阶瑞,现年六十六岁,已届二次甄别之期,饬据署福宁镇总兵姜河清察看该游击年老衰弱,禀请照例勒休前来。臣查该游击彭阶瑞年力就衰,难期振作,相应仰恳天恩,俯准将该游击彭阶瑞照例勒令休致,以肃营伍。所遗福宁中营游击员缺,容臣按例遴员请补,俾重职守。除咨部查照,并追取原领札付另行咨销外,谨附片具陈,伏乞圣鉴。谨奏。

朱批:"着照所请,兵部知道。"

《光绪朝朱批奏折》第49辑,第303页

918. 奏请以喻万德补授福建汀州镇标右营游击片

光绪三十年四月二十六日(1904年6月9日)

再,福建汀州镇标右营游击曹国润病故遗缺,准到兵部咨,系新章陆路部推第一轮第一缺,应用尽先人员,行令拣员请补等因。臣随在于闽省陆路尽先补用游击各员内详加遴选,如名次在前之梁士悦因案查办，周国忠未考收标，杨春兰因病回籍，谢培清已掣补福宁右营游击，郑有勤、龙锡康、李玉兴、李祖勋、刘洪顺均饬查不知下落，陈登科现丁母忧，例停升转，俱未便迁就请补。惟查有花翎闽浙尽先补用游击喻万德，年五十九岁，湖南平江县人，由武童随军著绩，递保花翎尽先补用都司。于新疆防守边境及城工在事出力案内保奖免补都司，以游击尽先推补，旋经奏留闽浙陆路补用，于光绪二十八年正月初十日奉旨允准，考验收标，咨部覆准，注册序补。该员知识优长，营务晓畅，现委署理汀州镇标中营游击，办理裕如，于闽省上游地方情形较为熟悉，即尽先名次亦属最前，以之请补是缺游击，与例相符。

合无仰恳天恩，俯准以尽先游击喻万德补授福建汀州镇标右营游击员缺，于营伍、地方均有裨益。如蒙俞允，俟部覆到日，即行给咨送部引见，恭候钦定。除饬取履历随案咨部外，谨会同福建陆路提督臣黄少春合词附片具陈，伏乞圣鉴，敕部议覆施行。谨奏。

朱批："兵部议奏。"

《光绪朝朱批奏折》第49辑，第304页

919. 奏请以李有庆插补福建陆路提标前营都司片

光绪三十年四月二十六日（1904年6月9日）

再，福建陆路提标前营都司李培英病故遗缺，系陆路题补之缺。准到兵部咨，照章插补台湾实缺内渡人员，行令拣员请补等因。臣随在于台湾内渡实缺都司班内详加遴选，如道标营都司于步瀛、下淡水营都司赵菊初、北路中营都司张清冰、斗六门都司张达斌均已病故，噶玛兰营都司孔行斌已归补用游击班，且前据请假措资,久未回标销假,未便迁就请补。惟查有实缺台东协标右营都司李有庆,年六十一岁,湖南湘阴县人。由武童随军剿匪,递保蓝翎留闽尽先补用都司,补授台东协标右营都司,给咨晋引,光绪十五年十月十六日引见,奉朱批圈出:"着照例准其补授。"钦此。领札旋闽,于是年十二月二十八日到营任事。嗣由台湾内渡禀到,造送履历咨部注册,归班插补。该员练悉营务,谨慎耐劳,现委署理陆路提标右营游击,办理裕如,于闽省下游风土民情最为熟悉,以之插补是缺都司,堪期胜任,与例亦符。

合无仰恳天恩,俯念福建陆路提标前营都司员缺紧要,准以李有庆插补,于营伍、地方均有裨益。如蒙俞允,该员系实缺都司插补都司,衔缺相当,应请毋庸给咨送部。除饬取履历随案咨部外,谨会同福建陆路提督臣黄少春合词附片具陈,伏乞圣鉴,敕部议覆施行。谨奏。

朱批:"兵部议奏。"

《光绪朝朱批奏折》第49辑,第305页

920. 奏报闽省筹解本年第一批各款京饷银两片

光绪三十年四月二十六日(1904年6月9日)

再,光绪三十年分闽省部拨各款京饷,现经筹解第一批内务府京饷银二万两、固本京饷银二万两、筹备饷需银一万两,饬号商源丰润等汇解赴京,分别投纳,定于四月初十日起程。据闽省财政局司道详请具奏前来。除分咨外,理合附片具陈,伏乞圣鉴。谨奏。

朱批:"该衙门知道。"

《光绪朝朱批奏折》第90辑,第27页

921. 奏报福建省光绪三十年三月分晴雨粮价情形折附清单

光绪三十年四月二十六日(1904年6月9日)

署理闽浙总督、江西巡抚臣李兴锐跪奏,为恭报晴雨、粮价情形,仰祈圣鉴事。

窃查福建省城光绪三十年三月分得雨十次,省外各属禀报略同。通省粮价间有稍减,现在二麦收割,民情安谧。据福建藩司周莲具详前来。谨缮清单,恭折具陈,伏乞皇太后、皇上圣鉴。谨奏。光绪三十年四月二十六日。

朱批:"知道了。"

清单

谨将福建省九府二州属光绪三十年三月分米粮价值缮具清单,恭呈御览。

谨开:

福州府属

上米每仓石价银三两至三两七钱,与上月同。中米每仓石价银二两六钱至三两六钱,与上月同。下米每仓石价银二两三钱至三两五钱,与上月同。

兴化府属

上米每仓石价银三两六钱至三两七钱,与上月同。中米每仓石价银三两五钱至三两六钱,与上月同。下米每仓石价银三两四钱至三两五钱,与上月同。

泉州府属

上米每仓石价银三两二钱至四两三钱,与上月同。中米每仓石价银三两一钱至四两,与上月同。下米每仓石价银三两至三两七钱,与上月同。

漳州府属

上米每仓石价银二两九钱至三两六钱,与上月同。中米每仓石价银二两八钱至三两五钱,与上月同。下米每仓石价银二两六钱至三两四钱,与上月同。

延平府属

上米每仓石价银二两八钱六分至四两,较上月减二钱四分。中米每仓石价银二两七钱至三两九钱一分,较上月减二钱七分。下米每仓石价银二两五钱至三两八钱四分,较上月减二钱七分。

建宁府属

上米每仓石价银二两四钱二分至三两八钱,与上月同。中米每仓石价银二两二钱五分至三两七钱,与上月同。下米每仓石价银二两一钱二分至三两六钱,与上月同。

邵武府属

上米每仓石价银二两至二两九钱,与上月同。中米每仓石价银一两九钱至二两八钱,与上月同。下米每仓石价银一两八钱至二两七钱,与上月同。

汀州府属

上米每仓石价银二两四钱至四两六钱,与上月同。中米每仓石价银二两三钱至四两四钱,与上月同。下米每仓石价银二两二钱至四两二钱,与上月同。

福宁府属

上米每仓石价银二两二钱至三两三钱五分,与上月同。中米每仓石价银二两一钱至三两二钱五分,与上月同。下米每仓石价银二两至三两一钱五分,与上月同。

永春州属

上米每仓石价银二两八钱至四两二钱,与上月同。中米每仓石价银二两六钱至四两一钱,与上月同。下米每仓石价银二两四钱至四两,与上月同。

龙岩州属

上米每仓石价银三两一钱至四两八钱,与上月同。中米每仓石价银三两至四两七钱,与上月同。下米每仓石价银二两九钱至四两六钱,与上月同。

朱批:"览。"

正折据《光绪朝朱批奏折》第97辑,第311页;清单据台北故宫博物院藏"军机处档折件"附件,文献编号:160680

922. 福建设立学务处整顿学堂裁并书院改定课程折

光绪三十年四月二十六日(1904年6月9日)

署理闽浙总督、江西巡抚臣李兴锐跪奏,为福建省城设立学务处,整顿学堂,裁并书院,改定课程,恭折仰祈圣鉴事。

窃维自强之本,以育才为要,育才之道,以兴学为先,此东西各国之所同,而于中国今日为尤急。自奉叠次明诏,令各省裁改书院,创设学堂,上年十一月二十六日复有"从下次丙午科起,递减乡、会试中额及各省学额,逐渐推广学堂"之谕旨,草野闻风,靡不思崇尚实学,以仰副圣朝作人之至意。

臣自抵任以来,察知闽省士习纯朴,第以地方瘠苦,诵读无资,大都犹守旧学,风气未能广开,除省城设有高等学堂及师范学堂一二处外,其馀各府州县,虽有报设中小学堂者,或就书院改置,或仍义塾旧址,率因绌于经费,不能多养生徒。近日京师大学堂新定章程甫经颁到,而各门教科书编译尚未齐全,各属所设中小学堂大率教法参差,名实不符,既无完备之课程,亦鲜画一之读本,自非官司为之督察,必致纠纷而无统纪,其有碍于教育之进步者甚大。因就省城设立学务处,遴委熟悉学务之大员,责成综核通省教育事务,遵照大学堂章程,先从讲习师范入手,严饬地方官多设中小学堂,并劝谕绅士合力筹办,务使民间得受普通教育,以立为学之基础。一面筹款选送学生出洋学习寻常师范、高等师范并专门实业各科,期三五年后学成归国,以广传习而资造就。

至各省近年因建设学堂,多将旧日书院裁撤,闽省自应一律照办。惟闽士寒畯居多,平时饘粥不给,半恃书院以资膏火,一旦尽行裁去,愈令谋生乏术,亦觉穷饿可悯。体察情形,除将省外各书院悉数裁撤,改设学堂外,复将省城旧有之鳌峰、正谊、致用、凤池四书院并作一处,改名全闽校士馆,为举人、贡监、生童等肄业之所。分立经、史、政治、地理、兵法、算学六门,延聘品学素优之在籍绅士为总校,按月考课,严定学规,于校艺之中仍合教科之目,庶讲求渐熟,融贯中西,再导以学堂课授,较易为力,业于本年三月内甄别送馆。其各书院向有经费,除已提三成归入高等学堂外,馀悉充校士馆诸生膏奖之用。俟下科中额减成,亦将馆中名额递减,三科以后,省中学堂遍设,该校士馆即可裁撤。似此一转移间,使知朝廷虽专重学堂,而于寒士之未能改图者,仍曲加矜恤,益足励其愧奋之心,而愈坚为学之志,于办理学堂之旨,仍不相背。

特是福建度支奇窘,一切兴举,视他省尤难,以今日时事之艰,国家需才之急,三年蓄艾,事贵早图,臣惟有督率司道各官,勉力兴办,并随时认真考察,冀学务之日有起色。所有学务处总办,臣查有奏调来闽差委之广东候补道姚文倬,品行端卓,体用兼赡,堪以派委,当经札饬,即于本年二月内开办,刊刻关防颁用。仍饬会同藩臬两司、粮盐两道认真经理,务求事有实济。

合将福建设立学务处,及裁并书院,改定课程缘由,恭折具陈,伏乞皇太后、皇上圣鉴训示。谨奏。光绪三十年四月二十六日。

朱批:"学务大臣知道。"

《光绪朝朱批奏折》第105辑,第623—624页

923. 福建光绪三十年秋审案件遵章改奏折

光绪三十年四月二十六日(1904年6月9日)

署理闽浙总督、江西巡抚臣李兴锐跪奏,为秋审案件,遵章改奏,恭折仰祈圣鉴事。

窃准刑部咨,应题秋审案件,一律改为具奏等因。历经遵办在案。今值光绪三十年秋审,查上届旧事各犯,除情实斩犯刘得惧、绞犯张春泩先经奉文处决,缓决人犯高崇茂奉文减等,江桦盅在监病故外,尚有缓决四次绞犯罗亮仔、王镜镜、黄通、黄添爙、张罄嘻、袁滗幅六名,缓决三次绞犯杨家铭、吴开树、游恎煇、陈憬、李宏述、许绍堃、林洸振七名,缓决二次绞犯罗茂慎、王汏久、石伯移、林基沅、黄传渠五名,缓决一次绞犯王总耳、郑卅一怀、曹贼仔、俞三菖、王一蓄、林荟纲、张柽茂、朱湁开、黄受揿、詹于基、周继进、叶金金、谢人连、彭水妹、黄未弟、陈梆栋、曾老泷、龚晟柳、潘绍妹、吴倡灶、

邱和林、许溁弟二十二名，钦奉光绪三十年正月十五日恩诏，事犯在正月初一日以前，核其情罪，均在准免之列，应请援免。又缓决三次绞犯王细俤一名，系诱拐子女案内，被诱之人给亲完聚，钦奉恩诏，核其情罪，系在部议减军之列，应请减发极边充军。所有奉准部覆，应入本年新事秋审绞犯叶汰来、汤加润、杨起瀌、黄便、严样生、严东发、洪可松、高揪云八名，钦奉恩诏，核其情罪，均在准免之列，亦请援免。以上各犯，业经另造清册，咨部核办，均于秋审案内扣除。惟旧事绞犯刘哑吧仔一名，系金刃致命穿透伤重，在部议不准援免，酌入缓决之列，应入本年旧事秋审，仍请缓决。据福建臬司朱其煊造册具详前来。

臣督同司道覆核相符，除分别开单造册，咨部核覆外，所有秋审案件遵章改奏缘由，谨恭折具陈，伏乞皇太后、皇上圣鉴，敕部核覆施行。谨奏。光绪三十年四月二十六日。

朱批："刑部议奏。"

中国第一历史档案馆藏"宫中档案全宗·朱批奏折"，

档号：04—01—01—1069—045

924. 指分江西试用知府刘世芳调闽委充制造所坐办请准留闽差委片

光绪三十年四月二十八日(1904年6月11日)

再，闽省设有制造所，原拟自制枪炮弹药，以备操防之用，免致时时仰给外洋，实属目前当务之急。惟是闽省财政困难，既不能精研广造，而承办其事者又往往粗疏无术，不知讲求，徒觉有名无实。臣上年到任，查知办理该所之烽火门营参将赖望云不甚得力，当即撤差，旋归入甄别案内参劾在案。所遗制造所一差，因一时难得胜任之人，查有指分江西试用知府刘世芳，深明机器制造之学，办事亦极勤能，当即电调来闽，委充制造所坐办。该员由江西试用知县捐升知府，指分江西，尚未引见发往，与业经到省人员有间。合无仰恳天恩，俯念闽省整理军实，需材孔殷，准将该员指分江西试用知府刘世芳留于福建差委，仍俟该员经手事件完竣，再行给咨送部晋引，候旨分发补用。是否有当，谨附片具陈，伏乞圣鉴训示。谨奏。

朱批："吏部知道。"

《光绪朝朱批奏折》第20辑，第219—220页

925. 试用直隶州知州任文鼎等员期满甄别均堪留闽序补片

光绪三十年四月二十八日(1904年6月11日)

再，劳绩、捐纳分发各员，自到省之日起，试用期满，例应详加甄别。历经遵办在案。兹福建试用直隶州知州任文鼎、试用知县潘凤赓、议叙试用知县谢刚国，先后试用期满，俱应甄别，据福建藩、臬两司会详前来。查该员任文鼎才具可造，堪以直隶州知州留闽；潘凤赓质地深稳，谢刚国志趣端正，均堪以知县留闽，分别按班序补。除咨部外，理合附片具陈，伏乞圣鉴。谨奏。

朱批："吏部知道。"

《光绪朝朱批奏折》第20辑，第220页

926. 闽省设立警务局实行警察之政折

光绪三十年四月二十八日（1904 年 6 月 11 日）

署理闽浙总督、江西巡抚臣李兴锐跪奏，为闽省设立警务局，实行警察之政，谨将办理情形恭折具陈，仰祈圣鉴事。

窃查光绪二十七年七月三十日奉上谕："前因各省制兵、防勇积弊甚深，业经谕令各督抚认真裁节，着将原有各营精选若干营，分为常备、续备、巡警等军。"等因。钦此。先经前督臣许应骙奏明，将通省练军、制兵汰弱留强，别练巡警军一枝，共四千四百人，分为二十二队，每队二百人，派管带一员、哨官四员，分驻各属。奏后随将省城制兵改设巡警军第一、第二、第三共三队，以两队交福州城守协管带，以一队交督标中协副将管带，馀均未及编定。上年九月，复经前兼署督臣崇善奏明，改为全省遍设巡警军三十八队半，每队正兵一百六十名，共应设巡警军六千一百六十名，亦未举办，即值卸事。

臣到任后体察情形，前督臣之请以练军、制兵改办巡警，原以绿营窳惰无用，久为世诟，不得不急图改良，以冀化无用为有用。惟是警察之学最为精密，东西各国讲求此事，均先设立学堂，教育合度，然后授以巡捕之任，用能卫民生、去民害，阛阓之间，可以夜不闭户、道不拾遗，间有遗失之物、疑难之案，告知包探巡兵，无不可廉得其情。故论者谓王道之行，必自办警察始。其精妙如此，以绿营弁兵目不识丁，安能胜任？且巡兵之设，固重训练，而其用尤在于除无形之隐患，而非责以征战之力。既设巡警军，则居民铺户，均须立门牌、编籍册，有清道之举，有贸易之场，大抵悉关地方之事故。部署之法，亦与防军大异，其每队巡兵之多寡，宜视事体之繁简为等差，更难拘定每队一二百人之数。因其任事之艰苦，不得不优给饷需，则月饷亦转视防军为重。臣曩岁调署广东巡抚，到任即与督臣商酌，先就省城设立警务局，遴委臬司专办其事，调拨防勇数营，挑作巡兵，虽用其人而仍去其籍。近见四川督臣锡良奏报办理四川警务，亦系拟将绿营分别全裁，腾出饷项，另设巡兵，此则但取其饷而并不用其人。盖实有见于警察一事，断非绿营弁兵所能为，非变而通之，难以施行尽利也。

臣与司道再四筹商，当于上年十一月，饬就省城设立警务总局，刊刻福建全省警务局之关防，札委臬司朱其煊充当总办，先将城守、中军两副将所带之巡警军各拨出一队，凡四百人，交该臬司认真挑练，悉除其绿营兵籍。此外尚有不足，则另行选募。又因新募者骤难合用，别将常备军之曾经教练、合于警察法度者腾挪挑补，以期速成，调派江南学堂毕业生两人充当教习，设立学堂，逐加训练。一面清查户口，编立门牌。凡数阅月，始觉渐有端绪。计省城除总局外，另设分局四所，城外之南台一带亦设南台警务局一所，而以四分局辅之。每局均用巡长二名、巡目六名、巡兵一百二十名，统计四分局共得巡长及目兵一千零九十六名，其总局则专设暗查亲兵，而无目兵，并就需次各文员，遴委提调、稽查、总巡、分巡、巡记等官，分任其事。凡旧设之保甲、缉捕、清道等局，均一概裁撤，同浚河丁夫，均归警务总局经理。现在城内已于三月初一日，南台已于四月初一日陆续派兵站街，实行警察之政。惟城内旗街，向归旗营管辖，情形略别，当查照广东省章程，咨由将军督饬旗营拨兵办理，以免互相凿枘。

至城内外各局经费、兵饷，就现时辜较，已月需额支银七千馀两,尚有开办经费及制办衣靴、军械等项,应归活支项下核计,不能预定。闽省财政支绌,势难增筹巨款,目前暂饬财政局筹款支给,容臣再将绿营弁兵通盘筹画,分别奏裁,腾出饷项,以滋挹注。其省外郡县,则俟省会诸事完备,明效昭著,再为次第仿办。

除将现在试办章程分咨练兵处及户、兵、工各部外,所有闽省设立警务局,实行警察之政开办情形,理合缮折具陈。其有未尽事宜,臣再随时督同司道讲求考察,以期日有进步,上副圣主安民图治之至意。是否有当,伏乞皇太后、皇上圣鉴训示。谨奏。光绪三十年四月二十八日。

朱批:"该衙门知道。"

《光绪朝朱批奏折》第26辑,第595—597页

927. 福建尽先补用守备潘秉杰出洋试验期满堪以改用水师片

光绪三十年四月二十八日(1904年6月11日)

再,查定例,候补等官,有熟悉水性,愿改外海水师,呈明督抚,预先咨部,饬令将备带赴外洋试验一年。该将备出具印结,报明督抚,认真稽核,报部备查,果能熟悉水性,由督抚保题等语。兹查改用水师指发福建水师尽先补用守备潘秉杰,于光绪二十七年九月领票到省,檄发臣标水师营效力,出洋试验一年期满,由该管将备出具印结,呈经咨准部覆,行令具奏奉旨后再行归班序补,俟补缺时并案送部等因咨闽,饬据署臣标水师营参将李英取造该守备出身履历,呈送前来。臣随察验得福建尽先补用守备潘秉杰,谙练水务,堪以改用水师。除履历咨部注册外,理合循例具奏,伏乞圣鉴。

谨奏。

朱批:"兵部知道。"

《光绪朝朱批奏折》第49辑,第306页

928. 奏请以施继常补授浙江湖州协右营守备片

光绪三十年四月二十八日(1904年6月11日)

再,浙江湖州协右营守备裘国祥革职遗缺,接准部咨,系陆路部推第一轮第五缺,轮用尽先人员,行令拣员请补等因。臣随于浙省已收标陆路尽先各守备内详加遴选,如名次在前之刘震祥、钱世礼、李芳春、陈飞龙、郑季扬均与斯缺人地未宜,俱未便迁就请补。惟查有浙江尽先补用守备施继常,年四十九岁,浙江仁和县人。由武举充补兵部差官期满案内,光绪十九年八月二十五日引见,奉旨:"以营守备用。"钦此。嗣于留差一年期满,以守备尽先补用,分发浙江,二十年十月到抚标左营候补,咨部覆准,归班序补。该员年力强壮,差操勤能,现署提标后营守备事务,办理裕如,以之请补是缺,洵堪胜任,核与班次、例章均属相符。

合无仰恳天恩,俯准以尽先补用守备施继常补授浙江湖州协右营守备员缺,于营伍、地方均有裨益。如蒙俞允,该员系期满差官分发浙江候补,今请补守备,衔缺相当,毋庸再行送部。除饬取履历保案印册送部办理外,谨会同浙江巡抚臣聂缉椝、浙江提督臣吕本元合词附片具陈,伏乞圣鉴,敕部议覆施行。谨奏。

朱批:"兵部议奏。"

《光绪朝朱批奏折》第49辑,第306—307页

929. 闽省税厘短绌未解二十九年分各款京饷力难兼筹折

光绪三十年四月二十八日(1904 年 6 月 11 日)

署理闽浙总督、江西巡抚臣李兴锐跪奏,为闽省税厘收数短绌,奉拨各款京饷力难兼筹,恭折仰祈圣鉴事。

窃闽省奉拨光绪二十九年分各款京饷,已先后解完银四十万两,旋因年关已届,无可筹措,当经奏明,请俟今春再行设法补完在案。旋准户部咨覆,催筹补解等因。伏思京饷为畿辅要需,无论如何为难,自应设法筹补,无如闽省财力困乏,自奉派偿款以来,司局库藏搜罗殆尽。去冬欠放饷项,虽经挪移敷衍,究属挖肉补疮,旧欠未清,新饷踵至,而偿款本息以及新案摊赔交迫而来,即未可失信外人,自不能不先其所急。本年筹解首批京饷,固已力尽筋疲,此后仍须次第预筹,陆续汇解,他如本省兵饷、勇饷,及兴办庶政一切例支经费,日见加增,悬釜待炊,势难濡缓。近年税课又复日形短绌,货厘则半趋子税,藉约免征,其中以茶、木为大宗,木植固形滞销,茶市甫开,又因东三省一带海疆多事,商贾观望,亦难望有起色。度支之艰窘,实为近数十年所未有。如能设法补解,断不敢稍涉推宕。一俟税厘收有成数,即当勉力筹解,以济要需。据福建藩司会同财政局司道详请奏咨前来。臣复加查核,洵属实在情形。除咨部查照外,理合恭折具陈,伏乞皇太后、皇上圣鉴。谨奏。光绪三十年四月二十八日。

朱批:“户部议奏。”

《光绪朝朱批奏折》第 90 辑,第 28 页

930. 奏报闽省筹解本年备荒经费银两片

光绪三十年四月二十八日(1904 年 6 月 11 日)

再,准北京来电,催解本年暨历年欠解备荒经费银两。因闽省厘款支绌,异常竭力,提解银三千两,作为光绪三十年分备荒经费,发交号商蔚长厚承领,定于四月二十三日起程,前赴顺天府府尹衙门投纳。据闽省财政局司道具详前来。除分咨外,理合附片具陈,伏乞圣鉴。谨奏。

朱批:"户部知道。"

《光绪朝朱批奏折》第 90 辑,第 29 页

931. 顺昌县知县陈勷光刊书谬妄据实参劾请旨革职折

光绪三十年四月二十八日(1904 年 6 月 11 日)

署理闽浙总督、江西巡抚臣李兴锐跪奏,为知县刊书谬妄,据实参劾,请旨明示惩处,仰祈圣鉴事。

窃查各省教案之起,皆由地方官不善处置,以致民教积不相能,易生衅端。近年叠奉谕旨,饬地方官认真保护教士,严禁造谣煽惑,不啻三令五申。闽省襟山带海,五方杂处,民情素称强悍,办理稍一不慎,易起交涉重案。臣于接见僚属时,每谆谆以遵守约章、调和民教为诫。乃闻有顺昌县知县陈勷光,于刊刻劝善书籍羼入訾议西教各条,正在撤任查办间,准驻福州英领事函送所刊《维世袭编》一书前来。查阅其中语句,虽系意主劝善,究不应牵涉西教,漫加诋諆。当此时局艰难,该员身为司牧,宜如何立言审慎,平

释民教之争，乃辄因刊刻善书，语涉轻侮，致贻外人口实。虽据称在任与各国教士往来尚能浃洽，保护教堂亦颇尽力，此次省中查办，已将板片、书籍起出销毁，并未滋生事端等语，然其作事谬妄，平日于善邻弭衅之道漫不加意，已可概见，未便因民教幸未肇事，过予姑容。相应请旨，饬将顺昌县知县陈勷光即行革职，以示惩儆。所遗顺昌县知县缺，闽省现有应补人员，应请扣留外补。是否有当，伏乞皇太后、皇上圣鉴训示。谨奏。光绪三十年四月二十八日。

朱批："陈勷光着即革职。"

《光绪朝朱批奏折》第 120 辑，第 402—403 页

932. 奏陈筹饷先要清丈地亩折

光绪三十年五月十八日(1904 年 7 月 1 日)

太子少保、北洋大臣、直隶总督臣袁世凯，署理四川总督、闽浙总督臣锡良，署理闽浙总督、江西巡抚臣李兴锐跪奏，为遵旨会商，核议具奏，恭折仰祈圣鉴事。

窃臣等承准军机大臣字寄，光绪三十年正月二十一日奉上谕："外务部代递总税务司赫德条陈一折。据该总税司称，练兵筹饷，以地丁钱粮为大宗，若竭力整顿，即用此款练兵，并可举办各项要务等语。现在财用匮乏，几于罗掘俱穷，一切应行要政，如练兵等事，尤万不容缓，需款更殷，亟应切实通筹，期有良法。着该督等按照所陈各节，体察情形，悉心会商，核议具奏。原节略着钞给阅看。"等因。钦此。

臣等伏查该总税司所陈，共分四节，而宗旨所在，主于筹款，故

首节尤为各节之纲领。盖以中国今日危弱已极,非图强不能自立,非筹款无以图强。筹款之道,莫如整顿地丁钱粮,按里计亩,按亩计赋,岁可得银四百兆两,然后量入为出,以之练海、陆军,设机器局,增官俸,立学堂,推广邮政,整理电务,尚可充然有馀。就其所列应办各事,均属切要难缓之图,而某项需款若干,逐条估计,亦复区画井井,朗如眉列。至谓日俄战局一结,中国大难即作,危言苦口,尤为切中时事,亦可谓有深识远虑,而能效忠谋者矣。使果如其所论,推行无窒,则不但富强立致,政事毕举,且并关税、盐课等项,将来可以一切裁罢,讵不大快人意!然而非常之原,黎民所惧;积习既久,变革实难。泰西政尚综核,故无遗财;中国政崇宽大,故戒生事。臣等反复计之,而窃虑其有不可尽行者焉。

夫地丁钱粮者,国家维正之供,而生财足用之大本也。臣等尝闻唐臣杜佑有言:"谷者,人之司命;地者,谷之所生。有其谷则国用备,辨其地则人食足。"是以大禹则壤定赋,成周体国经野,而孟子亦言"仁政,必自经界始"。伊古帝王,未有不以此为先务者也。然古者王畿千里,大国百里,公卿大夫各有采地,皆私其土、子其民,其于境内土壤之肥硗、户口之登耗、物产之盈虚、农功之勤惰,至纤至悉,靡不周知,尺寸步亩,皆所素稔。而民皆受田于上,毋得鬻卖,壮而受,老而归,食其力,输其赋,欢然乐业,奸伪不滋。降及春秋战国,骛于兵争,恣为侵夺,暴君污吏,慢其经界,古制寖以日弛。秦废井田,开阡陌,疆界益紊乱凌杂,官不复授田,民间得自买卖,豪强兼并之患起,吏胥得因缘为奸,又其时封建亦废,守宰不获久于其任,朝更暮易,视同传舍,闾里情伪,莫能洞悉,欲制民产,其道无由。虽后世如元魏、李唐,亦尝行授田、均田之法,然皆不久,而其制尽隳。盖自秦以迄于今二千馀年,田产之在民间者,轇轕纷纭,诡弊百出,上之人不能尽核,核之亦不尽得实,且虑召变,则相与安之,但随其有田之多寡,以额征其赋而已。此亦积重之势为之也。

今该总税司非能遍天下之田亩而履勘之也,但按里计亩,谓中国地方面积有十六兆方里,每方里即按五百亩计算,共应有八千兆亩。每亩完钱二百,以二千文作银一两,每十亩应完银一两,共应有八百兆两,即以一半计,亦应有四百兆两,何其多也!臣等考陶唐之时,禹平水土,九州之地,定垦田九百一十万八千二十顷,虞夏以降,书史缺略,田数不详。至汉元始时,垦田八百二十七万馀顷,后汉建康时,垦田六百八十九万六千馀顷。隋开皇时最盛,垦田一千九百四十万四千馀顷,唐贞观、开元间,垦田一千四百万馀顷。《宋史》言宋时田制不立,未尝考按,历辽、金、元,更莫纪其数。明洪武时,垦田八百五十万七千馀顷,中叶而后,失额大半,神宗时通行丈量,乃复有七百一万三千馀顷。我朝顺治十八年,总计天下田土,共五百四十九万三千五百七十六顷有奇。康熙、雍正间,递增至六百馀万顷,视国初有加矣。逮乾隆时,复增至七百四十一万四千馀顷。今考户部则例田数,复视乾隆时略增。以我朝敦本重农,且幅员之广,远迈古昔,天下地亩,断不应止有此数,乃至不得与隋唐比,且视帝尧初平水土之年犹有逊焉,其故何哉?毋亦如汉晁错所云,“地有遗利,民有馀力,生谷之土未尽垦,游食之民未尽归农”耶?抑亦如汉光武所虑,天下之垦田者,多不以实自占也。然自中古至今数千岁,田数多寡虽有不同,究不至悬绝太甚,姑举最多者例之。如隋时一千九百馀万顷,亦不过一千九百馀兆亩耳,今谓应有八千兆亩,较之隋时多至三倍不止,较之今日且多至九倍不止;即按《王制》所载,山陵、林麓、川泽、沟渎、城郭、宫室、涂巷三分去一计之,是犹有五千馀兆亩,即按原议减半计之,犹有四千兆亩,乃古今所无,殊未敢信其能及此数也。

其言每亩令完钱二百者,殆亦不可行也。地有高下,丁有众寡,田有腴瘠,是以科则有重轻,《禹贡》九等、《周礼》九赋尚矣。夫天下赋额之不齐,必有其所自始。古者疆理,中原大利,多兴于西北,而后世财赋,转盛称东南,即如荆、扬二州,厥土涂泥,在昔居八九等,后世则为产谷之乡。盖东南民性习农,地饶水利,自唐杜甫已有"秔稻来东吴"之咏,韩愈已有"赋出天下,江南居十九"之言,迨宋室南迁,侨民麇聚,人稠地狭,不耕则无所得食,故田益辟,而赋因之亦重。西北则平原广野,无沟洫之利,地多瘠薄,沙卤居半,又自南宋后,戎马蹂躏,兵燹屡经,十室九空,田荒不治,后虽承平之世,招民复业,渐次垦种,而赋额不得不轻。我朝取民之制,率因明旧,而明又本诸元。元定天下田税,上田每亩三升,中田二升半,下田二升,水田五升,明初田税亦无过三升、五升,最下有三合、五合者。独江西袁、瑞等府以陈友谅故,江浙苏、松、嘉、湖等府以张士诚故,科税极重,而司农卿杨宪又以浙西地膏腴,增赋二倍,亩税有二三石者。其陕西、河南、山东、直隶、顺天等处,则以大乱初定,至有听民垦荒,永不起科之例。赋之不平,莫此为甚。我朝除明秕政,于东南重赋之区叠经减免,然仍视西北赋额为重。今东南姑就江浙言之,其田地银米,照收价并计,每亩须完钱四五百文以上,或三四百文不等,但亦有极轻之赋,闻江北瘠田,一亩仅完数十文,芦课滩租则亩仅十数文矣。西北姑就直隶言之,直隶向系徭重赋轻,然亦等则不一,完银多者八分有奇,少者只二厘零,完钱多者一百六七十文,少者只八九文。若不问等差,概令完钱二百,则额多而减少者,或以沃壤而输轻赋,额少而增多者,或以瘠区而供重征,苦乐不均,人谁乐从?且世俗多安于因循,而惮夫改作,但使沿袭已久,虽烦苦亦习焉相忘,如其变易旧章,虽公平亦易于惊骇。故其由多而少者,彼谓均赋之道应尔,未必见德也,而原额遽短,弥补为难,则上病国矣;其由少而多者,微论民力实有难胜,足以为累也,即丝毫之加,怨谤亦起,则下妨民矣。此其所以不可行也。纵使能行,每亩统按二百文起征,亦断难积至四百兆两。今天下钱粮,姑作为三千万两计算,较其差异,殆十数倍。即谓田土未尽垦辟,官吏不无中饱,劣衿豪户尚多漏粮,而究之天下地力、民力、财力,相去能有几何,亦安能骤增至十数倍之多?是所谓四百兆两者,又不可必得之数也。

其论此事办法,谓宜先从一县办起,派员会县试办,以次推广于各省,并不须到处丈量,由业户将所有地亩自行开单具图,赴县呈报,盖欲简约易施,且惧为民扰累,其用意固甚善。独其所谓听民自报者,恐亦未必能行也。宋苏洵有曰:"井田废,田非耕者之所有,而有田者不耕。"亦谓田多归于富室耳。彼富民之置产,岂皆躬履畎亩,但凭一纸契文,其子孙之坐拥良田者,足迹更未尝一至陇畔,问以亩分步算、上下田则,辄茫无以应。而贫民大都朴野,既未能识字,复不晓绘图,尤畏见官吏。此言不能自行投报者也。更有不利投报者,或买卖过割之际,贿通贫户以卸其粮,或坍荒涸复之馀,隐占地亩而无其税,或新垦久熟而尚未起租升科,或析户过多而巧于飞洒诡寄,于是有田多粮少者,并有有田无粮者,豪暴恃势以逞奸,书差舞文以坏法。又有业户流亡,亲族代为经理,客民霸种,土著不敢过问,或惜税契之费,但有白约,或冒衿户之名,藉避差徭,甚至田易数主,而册籍犹是本名,粮悬多年,并图差不知真户,种种弊端,莫可究诘。欲其自行投报也得乎?其来报者又果可信乎？而直隶复有民地、圈地之别，大亩、小亩之分，圈地虽由民人承佃，实系旗人执业，庄头、田主恒居京师，不归地方有司管辖，何能令其赴县投报？至亩有大小，亦始自前明，有以三五亩为一亩者，有以八九亩为一亩者，其不肯据实呈报，彰彰明矣。此所以秦始皇、宋理宗皆尝令民自实田，而卒无其效也。然则欲清厘田亩，非从事丈量不可。夫清丈有利亦有害，昔人论之綦详，盖不得其人则易滋扰，即得其人，亦必贾怨伍我田畴，子产且不免于受谤矣。上年商部奏请振兴农务内有清丈地亩一条，言事者交章谏阻，旋奉谕禁止。该总税司盖亦知事未易行，故欲另求简易之方，而使民自行具报，不知使民自报，仍属有名无实，必不能救今日之弊也。

综而言之，该总税司盖实见中国危机已迫，后患方长，欲为修政御侮之良图，宜作未雨彻桑之早计，详筹熟虑，而知大宗进款，无过于地丁钱粮。臣等亦以为地丁钱粮，实国家利赖之根本，《洪范》八政，以食居首，《大学》曰："有土此有财，有财此有用。"诚能切实整顿，纵不能如该总税司所言进款之巨，而岁入要必大增。但整顿之道，非清丈曷以确知亩数？非清亩曷以厘正赋则？非清赋曷能增进额课？臣等非不知举行清丈，劳力伤费，愚民既难与谋始，豪右复恶其害己，然从来规大利者不惜小费，成大事者不避怨劳，且以我圣朝忠厚开基，泽洋恩溥，豁免蠲缓，史不一书，藏富于民，似宜正为今日之用，斯即权宜加派，岂遂有惭德于下民？乃厘课、杂税，时或不得已而略有增收，独于农赋未一议及，遵祖训而恤民隐，其培养者深矣。今加赋自不敢轻言，而清丈固无伤政体。诚以正经界、均井地本平治天下之要务，国家定例亦向有有司于农隙时亲率里甲履亩丈勘之制，贤如宋之朱子、明之海瑞，皆力主其说，而一则行之于漳、泉，一则行之于兴国，并历历著有成效，是其事未尝竟不可行。然则独不虑其扰民乎？臣等以为，奉行不善，扰民者固诚有之，但向来办理之难于奏功者，亦多半因有力之家抵抗把持，使不获竟其事。盖清丈者，公家之利，细民之利，而独于豪富巨室隐田漏赋者大不利，并于蠹书猾役朋比分肥者大不利，是以一闻清丈，辄至哗然，飞谋腾谤，多方设法，务使归于挠败而后已，而若辈之奸薮弊窟，仍牢固而不可破。奈何因豪蠹之不便，而竟废国家之远图也！

臣等侧闻东方兵衅既开，日本之民，无论富贫，争出私财，以佐公家之急。而我中国民智未启，罕能急公，际兹时局阽危，宵旰倍极忧劳，而士庶仍多不知缓急，臣等诚私心痛之。今亦知清丈之说一出，必有群起而非之者，第念该总税司以客卿外臣，尚知为我国家进谠论、抒忠策，况臣等受恩深重，又何敢瞻徇顾忌，知而不言？且如今日别有筹款良谋，自应姑舍是说。如朝廷诚欲举行清丈，亦宜积渐而施，略采该总税司之议，先从一县办起，行之而效，递为推广，可以坐收其利；行之不效，立即停罢，亦不至贻累于民。惟兹事体大，不悦者众，断非地方有司所能独力主持，必须详定章程，特简大僚，董率兴办，方足以资镇摄而责功效。应请敕下政务处，考求古今之成法与前人之成议，以及古今步尺之大小悬殊，或用实丈、或用测量之繁简各异，参互讨论，博采广稽，荟萃折衷，妥细审定，取其善者，订立详章。仍先指定一可以试行之处，请旨简派户部或都察院堂官一人，随带廉干司官若干员前往该处，会同疆臣，督率该地方官认真举办。并请皇上明降谕旨，风示天下，晓以国步艰难，君民一体之义，且援照雍正五年世宗宪皇帝圣谕，将从前官民侵隐地亩之罪，悉从宽免，其未纳之钱粮亦不复究问，俾薄海臣庶闻而感动。如此则浮议不敢滋起,奸民不敢把持,地方有司亦不敢不竭诚襄佐。倘仍有扰民情事,由钦派大员会同督抚察实严参,其书吏、胥役、土棍等藉端扰害,则尽法惩治。如果试行有效,有妄思阻挠大计者,亦必始终坚持,不为摇动,圣主责成于上,群僚尽力于下,杜桀猾欺隐牵混之弊,塞颛蒙攻讦争竞之途,务使畛域分明,科则不紊,鱼鳞册籍可坐而稽。数年之后,遍及率土,行见富民无匿税,贫民无累粮,野无旷田,赋无悬额,污莱尽辟,库帑倍增,其宏裨于国计民生,实非浅鲜。《礼》曰:"财用足,故百志成。"我国家因富致强之道,不外是矣。

臣等谨就该总税司所陈而引伸其说,以谬贡一得之愚,是否有当,仰恳敕下政务处,核议施行。除电商两江督臣魏光焘、署两广督臣岑春煊、湖广督臣张之洞,均另自专折奏覆外,臣等往复商榷,意见相同,谨合词恭折,规缕覆陈,伏乞皇太后、皇上圣鉴训示。谨奏。光绪三十年五月十八日。

朱批:"政务处议奏。"

《宫中档光绪朝奏折》第19辑,第497—504页

933. 奏报奉到皇太后七旬万寿宝诏日期折

光绪三十年五月二十五日(1904年7月8日)

署理闽浙总督、江西巡抚臣李兴锐跪奏,为恭报奉到诏书日期事。

光绪三十年五月十五日,准兵部火票递到礼部咨,本年恭逢皇太后七旬万寿,于正月十五日颁诏,所有应颁各直省督抚诏书由内阁领出,及恭镌完竣,应一并由驿颁发。各直省督抚钦遵后,

仍将宝诏由驿缴还，其附带誊黄，即转行分颁将军、都统、副都统、提、镇等官，将奉到日期报部等因。并颁宝诏一道，到福州省城。臣即会同福州将军宗室臣崇善、福州副都统臣文桂，率领在省文武官员、绅士军民人等出郊跪迎，至公所恭设香案，望阙叩头，跪听宣读。遵即敬谨誊黄，通颁所属文武官员、绅士军民人等一体钦遵。

除将原颁宝诏一道照例由驿恭缴，并咨部外，所有奉到诏书，谨会同福州将军宗室臣崇善、福州副都统臣文桂合词恭折具陈，伏乞皇太后、皇上圣鉴。谨奏。光绪三十年五月二十五日。

朱批："知道了。"

《光绪朝朱批奏折》第30辑，第268—269页

934. 试用道徐子青等员期满甄别均堪留闽序补片

光绪三十年五月二十七日(1904年7月10日)

再，劳绩、捐纳分发各员，自到省之日起，试用期满，例应详加甄别。历经遵办在案。兹福建试用道徐子青，试用知县喻庆澜、计达三、张望墀，先后试用期满，俱应甄别，据福建藩、臬两司会详前来。查该员徐子青老成浑朴，才具尚优，堪以道员留闽；喻庆澜谨饬自爱，计达三明白晓畅，张望墀有志向上，均堪以知县留闽，分别按班序补。除履历咨部外，理合附片具陈，伏乞圣鉴。谨奏。

朱批："吏部知道。"

《光绪朝朱批奏折》第20辑，第292页

935. 奏报光绪二十九年秋冬两季闽省防练各营更换管带及移扎处所折

光绪三十年五月二十七日(1904 年 7 月 10 日)

署理闽浙总督、江西巡抚臣李兴锐跪奏,为恭报闽省防练各营更换管带及移扎处所,仰祈圣鉴事。

窃查各省防营更换管带或移扎他处,均应随时奏报,闽省业经奏报至光绪二十九年夏季止在案。兹查光绪二十九年秋、冬两季分,靖远轮船损坏,裁撤舵水人等四十员名,将船驾交马尾船厂收存。又捷胜小轮船管驾六品军功姜连荣另有差委,卸交六品军功邵承德接驾。又统福安水军、管带中营事务候补总兵戴名山,据善后局详改章程,卸交延建邵道徐兆丰兼统,仍自带中营,嗣委署兴化协副将,复将所带之中营改委候补副将王国忠接带。又臣衙门亲军营管带、督标中军副将曹春发委署顺昌协副将,改委署督标中军副将谢国恩接带,嗣因改练新操,将该营弁勇挑留左右两哨,其馀勇夫一百十三员名概行裁撤,改派五品顶戴江南陆师学堂头等毕业生彭汝亮接带。

又福胜军步、炮队十一营以及统领亲兵,经前兼署总督臣奏明改编为常备军左镇步队三标九营,炮队、工程队各一营,计十一营,委福建候补道孙道仁统领,兼统第一标,并兼带一标第一营,其一标第二营饬委留闽都司贺贵春管带,一标第三营饬委升用副将万国发管带。又第二标饬委补用知府崔祥奎分统,并令兼带二标第一营及炮队营,迨该守督带二标第一营弁勇赴粤,添雇长夫四十五名,自十一月起由粤给饷,将分统及炮队营事务卸交孙道仁接管,旋因该道未能兼顾,将原兼之第一标第一营管带事务卸交日本士官学校毕业生、守备衔张显仁接带。又二标第二营饬委花翎都司杨福田管带,二标第三营饬委补用都司许国忠管带。又第三标饬委署督标右营参将左俊卿分统,并令兼带三标第一、二两营,嗣因该参将派赴日本看操,委由世职骑都尉范庆升暂代,迨左俊卿差旋,仍复委令接带。又三标第三营饬委留闽都司黄泰春管带,工程营饬委世职骑都尉留闽补用游击范庆升管带。

又长门统领亲兵及福毅中、右、祥胜军正中、副中、左、右、前、后等八营,经前兼署总督臣奏明改编为常备军右镇步队三标九营、炮队一营,计十营,委福宁镇总兵曹志忠统领,并兼带炮队营及第一标。嗣因该镇委署水师提纂,所有常备军右镇及福毅前、左两营并长门各炮台统领事务,卸交候补道孙道仁暂行兼统,并将炮队营弁勇由长门调省,改为警察兵。其第一标第一营委补用副将江云山管带;一标第二营委候补都司易桂英管带,该营弁勇由长门拔赴兴化巡防;一标第三营委尽先守备邹云彪管带。又第二标委候补游击吴邦栋分统,并令兼带二标第一营;其二标第二营委花翎游击易洪胜管带;二标第三营委花翎游击颜福海管带。又第三标委候补游击徐镜清分统,并令兼带三标第一营;其三标第二营委尽先游击李福安管带,嗣复将该营弁勇由长门调省,改为警察兵;又三标第三营委尽先守备蒋河清管带。又统领常备军左右镇添部属文案、清书七员名,于二十九年二月初一日起支,旋于十月初一日裁文案一员。

以上常备军两镇,皆照先定军制办理,臣到任后,曾奏明将常备军改为左、右两镇,各统步队两标,标各三营,又各分统炮队一营、工程队一营,计全军十四营。所有正兵与旧制二十一营之数无异,而大裁其统领、部属各弁兵,计岁节省银九万馀两,已于光绪二十九年十二月三十日饬由统领左镇兼统右镇之候补道孙道仁一律编改成军,应归入三十年春季分另奏立案,以清眉目。

又督操营务处自二十九年七月初六日开操起,添文案、教习、清书八员名,于十一月初一日裁撤。又原驻福宁之福强军前路左营弁勇调赴泉州巡防,其福宁防务,改调原驻长门之祥胜军右营前往填扎。又福毅左营管带补用总兵黄其华因久病难期振作,改委补用副将熊星元接带。又统领厦门福健军及各炮台兼带中营事务水师提督杨岐珍病故,由护理提篆之海坛协副将朱必成接统,迨委署提督曹志忠到任,即卸交该提督接收统带。又管带厦门道署卫队亲兵尽先都司宋金标请假回籍,卸交尽先参将李福堂接带。又福州口金牌、獭石、金牌山、烟台山、烟墩各炮台管带官补用副将江云山因委带常备军右镇一标一营,将炮台事务卸交补用都司曹世忠接带。又梅花港崖石炮台管带官补用参将孔宪盈因准补同安营参将案内给咨晋引,卸交尽先都司何其彪接带。又厦门磐石炮台管带官候补守备耿玉保另有差委,卸交升用守备郑长城接管,旋复改派补用总兵彭桂堂接带。据福建财政局司道具详前来。

臣覆核无异,除咨部外,谨具折陈明,伏乞皇太后、皇上圣鉴。谨奏。光绪三十年五月二十七日。

朱批:“兵部知道。”

《光绪朝朱批奏折》第49辑,第323—326页

936. 请将福建陆路提标中军参将张定泰开缺回籍医调片

光绪三十年五月二十七日(1904年7月10日)

再,福建陆路提标中军参将张定泰俸满案内应行晋引,因川资

不及，于上年十月内请假三个月，回籍措资遗缺，委员署理在案。兹准陆路提督臣黄少春咨，据参将张定泰禀称，早年从军，在营沾受潮湿，现年近七十，精力渐衰，两足酸痛，不时举发，若不禀请开缺，诚恐贻误事机，恳乞转咨奏请开缺，拣员另补等情，转咨前来。臣覆查属实，合无仰恳天恩，俯准将陆路提标中军参将张定泰开缺回籍医调。所遗员缺，留闽另行遴员请补。除咨部查照外，谨附片具陈，伏乞圣鉴。谨奏。

朱批："着照所请，兵部知道。"

《光绪朝朱批奏折》第49辑，第326页

937. 奏请以张立成补授浙江海门镇标左营游击片

光绪三十年五月二十七日（1904年7月10日）

再，浙江海门镇标左营游击黄文琮准补镇海营参将所遗游击员缺，接准部咨，系外海水师题补新章第一轮第一缺，应用尽先人员，行令拣员请补等因。臣随于浙省已收标外海水师尽先游击内详加遴选，如名次在前之陈文英赴甘，久未回浙撤标，王大昌奉部行查保案，俱未便迁就请补。惟查有闽浙水师尽先补用游击张立成，年五十九岁，湖南益阳县人。由水勇随军剿匪著绩，递保尽先都司，续于克复武康、石门、孝丰、湖州案内出力保奏，同治四年十月二十六日奉上谕："着以游击尽先补用。"钦此。嗣于光绪二十七年奏留闽浙水师补用，二十八年正月初十日奉旨允准，二十七年八月收入督标水师营候补，咨部覆准，注册归班，照章请补。该员精明强干，熟习水师，现在管带福安水军左营福宁炮船差务，办理裕如，以之请补斯缺，堪期胜任，核与班次、例章均各相符。

合无仰恳天恩，俯念外海水师游击员缺紧要，准以尽先补用游击张立成补授浙江海门镇标左营游击，于营伍、洋防均有裨益。如蒙俞允，俟奉部覆准，再行给咨送部引见。除饬取履历保案印册送部外，理合会同浙江巡抚臣聂缉椝、浙江提督臣吕本元合词附片具陈，伏乞圣鉴，敕部议覆施行。谨奏。

朱批："兵部议奏。"

《光绪朝朱批奏折》第49辑，第327页

938.代奏调署浙江温州镇总兵赵永铭等报接任日期片

光绪三十年五月二十七日（1904年7月10日）

再，据调署浙江温州镇总兵赵永铭呈报，遵于光绪三十年三月十八日交卸处州镇篆，由处州起程，三月二十二日行抵温州，接印任事；并据署浙江处州镇总兵文占魁呈报，遵于光绪三十年三月十八日接印任事；又据署浙江海门镇总兵王立堂呈报，遵于光绪三十年三月初九日接印任事各等情前来。臣谨附片代奏，伏乞圣鉴。谨奏。

朱批："知道了。"

《光绪朝朱批奏折》第49辑，第328页

939.奏报闽省三十八届票运盐课钱粮折

光绪三十年五月二十七日（1904年7月10日）

署理闽浙总督、江西巡抚臣李兴锐跪奏，为闽省三十八届票运盐课钱粮，恭折仰祈圣鉴事。

窃据福建盐法道鹿学良详称，遵查闽省盐课钱粮，业经造册报销至三十七届在案。兹自光绪二十八年五月二十二日起至二十九年五月二十一日止三十八届期内应征正额课、耗、厘银，均经照额全完。其应带征旧课，缘闽省近年叠被水灾，成本大亏，商力万分竭蹶，是以援案请缓一届，仍照推展年限，缓至三十九届分年带征，并将三十八届奏销限期展至三十年二月内造报，并经依限造册详送。查三十七届册造存银二十九万七千九十九两六钱三分六厘四毫五丝四忽，今三十八届征收正额课、耗、厘银二十八万四千一百四十六两六钱三分一厘，又收额外新盐课、耗、厘及莆田县、汀州府额外盐厘，除拨收正额外，实征收银七千四百八十三两四钱五分八厘。内除莆田县征收额外课、耗、厘银一千四百一两二钱九分五厘，遵照部咨剔出另款造报外，实溢征额外盈馀银六千八十二两一钱六分三厘。以上正额并额外及莆田县、汀州府共征课、耗、厘银二十九万一千六百三十两八分九厘。又征收官帮光绪二十八年分坵折银七千一百九十五两三钱九分二厘四毫，又收带征官、商两帮完缴正溢课坵折等银一千八百九十六两六钱二分五厘九毫，又收四十二限带输银三千五百七十六两六钱七分三厘，以上统共收银三十万四千二百九十八两七钱八分三毫。管收统共银六十万一千三百九十八两四钱一分六厘七毫五丝四忽，内除拨解二十九年分京饷等款及带输归补道库共银二十四万一千五百一十六两四钱三分四厘九毫八丝三忽，又道库杂支等银五万七千四十两六钱二厘，实在尚存银三十万二千八百四十一两三钱七分九厘七毫七丝一忽。内应解部坵折银九千四百七十一两三钱九分一厘七毫，又截存凑解光绪三十年分京饷银二万六千八两八钱二分五厘九毫四丝，又截存应解同治二、三、四等年分河工银九千两，又截存应解本省戊辰年兵饷银一万八千七百二十八两九钱九分四厘六毫四丝，又截存应解本省甲子年兵饷银一万二千二百六十八两六钱七厘,又截存备解咸丰七、八及同治元、二、三并光绪十二、十七、十八等年分武职养廉银一十九万三千九百六十一两八钱一分八厘三毫二忽,实存道库银三万三千四百一两七钱四分二厘一毫八丝九忽。合将三十八届票运一年期满额征课、耗、厘钱粮款项解存各数目,及督征、经接征各官正署职名、月日,并带征正溢课坵折各银两,分别造册,详送核办。

再,三十八届期内,核计带征收完各年分坵折正溢课并四十二限带输等银一万二千六百六十八两六钱九分一厘三毫,内坵折应解部之款、带输银两应归补道库垫款,其带征正溢课银亦已动支凑用,并无存剩。本届道库杂支共银五万七千馀两,缘自三十届起台课删除,无可筹动,前经详请咨部覆准,在于正额银内通融支放,现系查照成案办理。至东路帮及永春、德化、大田、南安、莆田、浦城等帮因办运维艰,无人承认接办,现仍委员分设局卡,办运抽征等情前来。

臣覆核无异,除将册结加结分送部科外,谨恭折具陈,伏乞皇太后、皇上圣鉴,敕部核覆施行。再,此案册籍前据按限造报,因数目舛错,驳改造送,是以奏报稍稽,合并陈明。谨奏。光绪三十年五月二十七日。

朱批:"户部知道。"

《光绪朝朱批奏折》第76辑,第414—415页

940. 已故前署武平县知县张思诚家属解清银米请将原参革职处分开复片

光绪三十年五月二十七日(1904年7月10日)

再,已故前署武平县知县张思诚征存光绪二十八年地丁银二

千五百九两零，又现节年粮米五百一石零，节催未解，经前兼署督臣崇善奏请革职，勒令该家属如数完缴，钦奉朱批："着照所请，该部知道。"钦此。饬遵在案。兹据福建藩司周莲会同臬司、督粮道详称，据该家属已将前项银米按数解清，另行汇入光绪二十九年奏销随本并三十年秋拨各册内分别造报等情前来。相应请旨，准将已故前署武平县知县张思诚原参革职处分即予开复，以符例章。除咨部外，理合附片具陈，伏乞圣鉴。谨奏。

朱批："着照所请，该部知道。"

《光绪朝朱批奏折》第84辑，第324页

941. 已革前署永定县知县徐元治短交钱粮请旨严提监追片

光绪三十年五月二十七日（1904年7月10日）

再，已革前署永定县知县徐元治短交交代案内正款银四千一十九两零，又杂款银七百八十三两零，又铺贾捐银一千二百两，又随粮钱六百七十六千零，又仓谷二石一斗零，节催未解。据福建藩司周莲会同臬司、督粮道转据该管道、府揭请严提监追，勒限完解前来。相应请旨，将已革前署永定县知县徐元治严提监追，勒限如数完缴，倘再宕延或完不足数，另行查抄追办。除咨部外，理合附片陈明，伏乞圣鉴。谨奏。

朱批："着照所请，该部知道。"

《光绪朝朱批奏折》第84辑，第324页

942. 奏报福建筹解本年五月新定偿款银数日期片

光绪三十年五月二十七日(1904年7月10日)

再,准部咨,新定偿款摊派福建省岁解银八十万两。并钦奉谕旨:"各该省前次指派之款,应即按月分匀,赶紧筹措,先期解交上海道转付。"等因。钦此。业经按月筹解至本年四月第三年第五期,分匀如数,汇解上海道查收清楚,先后奏咨在案。兹光绪三十年五月应解第三年第六期前项库平纹银六万六千六百七十两,除奉户部议准将闽海关药厘由税务司径拨汇解银二万两外,实尚应解库平纹银四万六千六百七十两。现于司道局库筹集如数,于本年五月十三日交号商领汇,定限五月二十日以前解交江海关道查收汇付。至号商汇费银一千五百八十六两七钱八分及药厘拨抵银两应需汇费,仍请随正支给。据福建财政局司道会同藩臬两司、粮盐二道详请奏咨前来。臣覆核无异,除给咨批解,并分咨外务部、户部查照外,谨附片具奏,伏乞圣鉴。谨奏。

朱批:"该部知道。"

《光绪朝朱批奏折》第84辑,第325页

943. 奏报福建筹解光绪三十年五月期英德款银片

光绪三十年五月二十七日(1904年7月10日)

再,准部咨,应还俄法、英德借款,福建按年拨银三十四万两,自光绪二十三年起,英德款银每年匀分四次解交等因。当经转饬各局库通力合筹,提由藩司按期拨解。嗣准部咨,号商汇费应随正项支给,不得动支税厘,并令照汇解关税、盐课等项汇费开支,自应一律支办。兹届三十年五月期,应还英德款银四万七千五百两,由司照数筹提,于本年五月初三日发交号商,汇解江海关道兑收,以备汇付。又另支出银一千六百十五两,作为号商汇费之需。据福建藩司周莲详请奏咨前来。除给咨批解,并咨部查照外,理合附片陈明,伏乞圣鉴。谨奏。

朱批:"该部知道。"

《光绪朝朱批奏折》第 84 辑,第 326 页

944. 奏报福建筹解光绪三十年第二批盐课京饷银两片

光绪三十年五月二十七日(1904 年 7 月 10 日)

再,准部咨,奉拨光绪三十年福建盐课京饷银十五万两等因。前经饬筹银五万两,作为本年第一批京饷,饬令号商汇解,赴部投纳在案。兹据福建盐法道鹿学良详称,现筹第二批京饷银五万两,仍令号商汇解,赴部投纳,毋庸委员,以归简易。详请奏咨前来。除咨部查照外,理合附片具陈,伏乞圣鉴,敕部查照施行。谨奏。

朱批:"户部知道。"

《光绪朝朱批奏折》第 90 辑,第 36 页

945. 奏报福建省光绪三十年四月分晴雨粮价情形折附清单

光绪三十年五月二十七日(1904 年 7 月 10 日)

署理闽浙总督、江西巡抚臣李兴锐跪奏,为恭报晴雨、粮价情

形,仰祈圣鉴事。

窃查福建省城光绪三十年四月分得雨十二次,省外各属禀报略同。通省粮价间有稍增,现在早稻扬花,民情安谧。据福建布政使周莲具详前来。谨缮清单,恭折具陈,伏乞皇太后、皇上圣鉴。谨奏。光绪三十年五月二十七日。

朱批:"知道了。"

清单

谨将福建省九府二州属光绪三十年四月分米粮价值缮具清单,恭呈御览。

谨开:

福州府属

上米每仓石价银三两至三两七钱三分,较上月增三分。中米每仓石价银二两六钱至三两六钱,与上月同。下米每仓石价银二两三钱至三两五钱,与上月同。

兴化府属

上米每仓石价银三两五钱至三两七钱,与上月同。中米每仓石价银三两四钱至三两六钱,与上月同。下米每仓石价银三两三钱至三两五钱,与上月同。

泉州府属

上米每仓石价银三两二钱至四两三钱,与上月同。中米每仓石价银三两一钱至四两,与上月同。下米每仓石价银三两至三两七钱,与上月同。

漳州府属

上米每仓石价银二两九钱至三两六钱,与上月同。中米每仓石价银二两八钱至三两五钱,与上月同。下米每仓石价银二两六钱至三两四钱,与上月同。

延平府属

上米每仓石价银二两八钱六分至四两,与上月同。中米每仓石价银二两七钱至三两九钱一分,与上月同。下米每仓石价银二两五钱至三两八钱四分,与上月同。

建宁府属

上米每仓石价银二两四钱二分至三两八钱,与上月同。中米每仓石价银二两二钱五分至三两七钱,与上月同。下米每仓石价银二两一钱二分至三两六钱,与上月同。

邵武府属

上米每仓石价银二两四钱至二两九钱,与上月同。中米每仓石价银二两三钱至二两八钱,与上月同。下米每仓石价银二两一钱至二两七钱,与上月同。

汀州府属

上米每仓石价银二两四钱至四两六钱,与上月同。中米每仓石价银二两三钱至四两四钱,与上月同。下米每仓石价银二两二钱至四两二钱,与上月同。

福宁府属

上米每仓石价银二两四钱至三两三钱五分,与上月同。中米每仓石价银二两二钱至三两二钱五分,与上月同。下米每仓石价银二两至三两一钱五分,与上月同。

永春州属

上米每仓石价银二两八钱至四两四钱,较上月增二钱。中米每仓石价银二两六钱至四两二钱,较上月增一钱。下米每仓石价银二两四钱至四两一钱,较上月增一钱。

龙岩州属

上米每仓石价银三两一钱至四两八钱,与上月同。中米每仓石价银三两至四两七钱,与上月同。下米每仓石价银二两九钱至四两六钱,与上月同。

朱批:"览。"

正折据《光绪朝朱批奏折》第97辑,第323页;清单据台北故宫博物院藏"军机处档折件"附件,文献编号:161674

946. 闽省设立矿务总公司派员办理以保利权折

光绪三十年五月二十七日(1904年7月10日)

署理闽浙总督、江西巡抚臣李兴锐跪奏,为闽省设立矿务总公司,派员办理,以保利权,仰祈圣鉴事。

窃查光绪二十九年八月初六日钦奉上谕:"商部奏拟设立路矿、农务、工艺各项公司,着各省将军、督抚会同筹画,悉心经理。"等因。钦此。臣因闽省矿产甚富,办理尚无成规,致为外人觊觎,必须招商集股,设立公司,方足以自保利权,拟将通省矿务均归商政局统辖,督饬商会绅董纠合殷富,仿照湖南办法,先行设立总公司,分厂承办,业经奏明在案。

伏查闽省连山千里,矿产颇饶,外人艳称已非一日,徒以筹本不易,矿学未兴,初则创始维艰,不免货弃于地,继则勾串百出,终至利属于人,若不早自为计,攘夺纷来,流弊胡底?近年湘、鄂各省经营矿务,大都先行派员查勘,择地圈购,即一时无款兴办,亦可留俟后图,而以湖南所设总公司章程较为完善,亟应变通酌仿,以期总握全纲。现拟就省城设立福建全省矿务总公司,即派总办商政局前福建按察使杨文鼎、现任盐法道鹿学良为监督,分派委员驰赴各属,会同地方官确切查明境内共有矿产若干,分别官地、民地,已采、未采,详细报明注册。除先经奏定,暂归华裕公司,限内觅地之建、汀、邵三府矿产另行核办外,其馀通省产矿山场统归总公司主持管理,不准他人包揽。

总公司办矿区域分为两路,以宁福、延建邵二道所属为北路,兴泉永、汀漳龙二道所属为南路,每路各派总理一人,分任其责,兼司本路购地、炼矿各事。查有在籍候选道罗忠尧,堪以派为南路总理;丁忧在籍前江西抚州府知府何刚德,堪以派为北路总理,均受成于总公司,由官刊发关防,俾资信守。应需本银,即归官商合力筹集,仍先酌拨公款,陆续收购股票,以为提倡补助之需。

总公司开办之初,应先延聘矿师,分途勘验,酌设炼厂,就地收砂。遇有勘获佳矿,查系官地,应归公司注册管业,如系民地,即由公司定价收购,将来或招商承办,分设公司,或酌派员绅,自筹开采,视集股之多寡,次第举行。所有本省、外省绅商人等,有愿筹集资本,请办各路矿务者,只准指定一矿作为总公司之分公司,按照总公司所定章程,切实遵守,无论何人,概不准径自请办,以一事权。此外民间资本无多,用土法就矿自行开采者,悉听其便,惟所出五金矿砂概归总公司估价收买,设厂炼售,应抽矿税即就矿砂价内照数扣解,以重国课。似此变通推广,庶足以隐杜侵越,开辟利源。据福建商政局拟定章程,详请奏咨前来。

臣覆加查核,所拟章程均尚周妥,应准照办。除将章程咨送外务部、商部、户部立案外,所有闽省设立矿务总公司派员办理情形,理合专折具陈,伏乞皇太后、皇上圣鉴训示。谨奏。光绪三十年五月二十七日。

朱批:"该部知道。"

《光绪朝朱批奏折》第102辑,第88—89页

947.查明浙江候补道许贞干被参各款据实覆陈折

光绪三十年六月初一日(1904年7月13日)

署理闽浙总督、江西巡抚臣李兴锐跪奏,为查明监司大员被参各款,据实覆陈,仰祈圣鉴事。

窃臣于光绪三十年四月二十日承准军机大臣字寄,光绪三十年三月二十八日奉上谕:"有人奏浙江候补道许贞干招摇贪黩各款,请饬查办等语。着李兴锐按照所参各节,确切查明,据实覆奏,毋稍徇隐。另片奏杭州通益公纱厂拨有官本巨款,欠缴息银,前任抚藩擅批豁免,请饬查追等语。着该署督一并澈查具奏。原折、片着钞给阅看。将此谕令知之。"钦此。寄信前来。臣遵即密派明练笃实道厅各员,分投驰往确查,旋据禀覆前来。臣复逐加稽核,证以舆论,谨为我圣主详陈之。

如原奏内称,杭州省城吴山东岳庙,总捕同知孟芳率其子及孙设乩坛于其中,许贞干名之曰"飞云阁",广为号召,每逢二八日,仕商杂至,求医问卜之外,尤多神怪不经之谈。杭州府知府宗培、仁和县知县萧治辉等,有时呵道而往,悍然置政体官箴于不顾。许贞干历权臬、运,而又总办洋务局,总理营务处,权倾全省,巧借神道,以开此终南捷径。历任抚臣、藩司,若非为其所惑,何至倚信如是一节。查浙江省城吴山即城隍山,上有东岳庙,庙旁五祖殿内向有飞云阁,光绪十年经官绅集款重修,勒有石碑,事在二十年前,并非

许贞干所命名。杭俗迷信鬼神，久成陋习，该处设有乩坛，每月逢二八日，仕商前往祈问者颇多。坛非许贞干所设，自无待许贞干为之号召。上年总捕同知孟芳之子孟桂嵘曾偶到坛，后经该同知查知，即行管束在署。向例，地方官逢朔望日均应往城隍庙行香，必经东岳庙门首。原参谓杭州府知府宗培、仁和县知县萧治辉等呵道而往，或即因此。该地方官平日有无到坛，访查并无实在踪迹，原参亦未指出凭证，自无从追究。至许贞干以候补道员，到省不及十年，两权臬篆，两署运司，又兼办洋务、营务，权倾全省，诚不免招人谤议。然历任抚臣所以倚任之者，大抵出于爱才。若谓许贞干巧借神道，以开终南捷径，并历任抚臣、藩司皆为所惑，则亦言之太过。

又如原奏杭州省大井巷有聚丰园饭庄，许贞干以时过从，旋因小事不遂所欲，乃令其庖丁高生财与调任抚臣诚勋之管厨徐海泉、知府宗培之管厨牛锦峰伙开聚宝园饭庄。凡下属馈送上司筵席，非该园供办，靳不收纳。尤可怪者，“聚宝园”三字之额，许贞干竟大书特书，直署姓名，悬帜为招，竟有指此饭庄为许贞干所开者一节。查大井巷向有京式饭庄两所，一聚丰园，一聚宝园，相接数武，向为官商宴会之区。上年抚臣聂缉椝到任，首即通饬官场勤求吏治，不许常赴饭庄茶馆饮食征逐，此后门前车马遂稀。聚宝园系高生财、徐海泉、牛锦峰等伙开，甫经一载，本年三月即因亏本歇业，招盘另顶。从前该园之额是否许贞干署名，无从查得确据。高生财等闻先曾充过官衙庖丁，均早辞出。若谓因聚丰园不遂所欲，乃令伙开聚宝园，且馈送非该园供办不收，则该园当不至于亏本歇业，原参恐系传闻之误。

又如原奏诸暨县举人陈蔚文，与前任抚臣任道镕之孙任承沆同年，夤缘得识。二十八年冬该抚卸任时，孝丰县知县赵金寿托陈蔚文以银票五千元为贶求调长兴县，该抚以同座有人，势难收纳，付此票于升任藩司诚勋，将赵令即日悬牌撤任。该令大惧，以银二千两投贽许贞干门下，为之关说得免。虽无从得其关说之据，而以大骇物听、特予撤任之员，不第免议，未几且给咨送部引见，有案可稽，许贞干尚夸示同官，谓非其力不及此一节。查陈蔚文系丁酉科举人，与任承沆并非同年，现在省会开两浙采报馆。任承沆随任在浙，绝少出署，识之者尚稀。原参谓其因同年得以夤缘交结，似系传闻失实。孝丰县知县赵金寿在任有年，光绪二十八年十月经升任藩司诚勋将其撤调回省，是否因致送贶银被撤，无案可稽。惟访之舆论，声名颇劣，其非安分之吏，亦可概见。至有无投贽许贞干之门，以求关说，则原参亦谓莫得其据。该员前曾保送卓异，给咨赴引，事属循例，似尚不在应究之例。

又如原奏杭州北门外湖墅有同福酱园，上年十二月望后，许贞干突然密派候补盐大使徐德立微服径往该园，查其蓄水预备等缸，一律指为私缸，谓其多一百馀口，令该园认罚库平银三万两，否则立即封闭充公。该园不得已忍气允诺，由甲商顾浩商减半价，实过付银一万五千两，由晋义庄划付，并酬该大使银五千两、跟丁四百元。杭地绅士闻而大哗，公启许贞干吐此款为学堂经费不从一节。查杭州城北湖墅有同福酱园总店，此外支店尚多，股东为章振之、赵问轩、曹政平、吴小舫、金听孙五人。该园历年报明正缸一百只、副缸二百只，配盐纳课。去年十二月望后，候补盐大使徐德立称奉许贞干面谕，饬查酱坊，以其缸口有多，禀请标封，该园遂托由杭州甲商沈协轩、顾养和恳求愿罚。调查案卷，系本年正月十一日。该大使以前情具禀，随缴英洋一万四千三百元，经署盐运使许贞干饬库兑收,除提二成充赏外,馀均陆续拨助红十字会并善堂、学堂经费,先后报明浙江抚臣批准有案。惟闻徐德立当时往查酱园,并未奉有司札,查出私缸之后,许贞干亦并未提讯,当堂判罚,所有罚款悉由徐德立私相授受,办理既不成政体,形迹实涉嫌疑。原参指徐德立得贿银五千两,虽无过付实据,亦难信其必无。许贞干漫不加察,听信属员,任性苛罚,自难辞咎。

此查明许贞干被参各款之实在情形也。

又另片内称,前任抚臣廖寿丰招绅于拱宸挢创设通益公纱厂,萧山东门外创设通惠公纱厂,拨助官款,计通益公先后领银四十八九万两,通惠公先后领银二十三万两,批定按季缴息,限年拔本。近年获利甚巨,该两厂非但拔本届期不名一钱,甚至按季应缴息银亦归无着。通益公一厂,二十八年突请以息银豁免,所有本银分作十五年无息拔还,前任抚臣任道镕、升任藩司诚勋居然批准一节。查杭州拱宸桥通益公纱厂,于光绪二十一年秋间经前任抚臣廖寿丰饬绅开办,因股本一时未能收集,由善堂绅士庞元济等请领官本,以助其成,交厂董嘉兴县训导王震元经理。嗣后连年请款接济,前后七次,共领藩、运库发典生息之武备学堂、义仓、塘工、灾赈及一切善堂经费银四十万一千两,行息六厘。萧山通惠公纱厂同时开办,亦陆续请领公款十万四千馀两,息银先定八厘,后亦改照六厘。通惠公息银缴至二十九年秋季,通益公息银截至二十七年止,除已缴外,尚欠六万五千馀。两厂董王震元因资本不敷,官款又无可再拨,禀将机厂抵借利益公司洋款,经前署抚臣余联沅严批申斥,札司委员将该厂全行收回,退还洋款。计该厂一切机器、房屋等件尚值银二十一万七千馀两,旋据旧时在厂管事之安徽人候选同知高凤德邀同新商李福元等出具保结认办,禀经升任藩司诚勋以该厂新股甫经招集，既须顾及厂本，又须备缴官款，同时并筹，不无为难，不得不量予变通，议将利息豁免，本银分十五年缴清，自光绪二十八年起至三十年止，每年缴银二万两，又自三十一年起至四十二年止，每年缴银二万八千四百十七两，合成旧商原领四十万一千两之数，详奉前抚臣任道镕批准照办。一面仍勒令王震元等将所欠息银六万五千馀两照数筹缴，并由新商代为认缴二万两。迨后二十八、九两年，通益公、通惠公两厂均颇获利，通益公已缴还本银四万两，又于上年六月间在厂北馀地添设轧花、榨油各厂。本年二月，抚臣聂缉椝以通益公既能日有利益，自应认缴薄息，饬司委员劝由该厂商按年认缴锭捐银一万一千元，业已详定有案。就事而论，通益公纱厂从前经理失宜，致多亏折，旧商竟欲以之抵借洋债，若非由官将全厂收回，另招新商承办，则累累官款，一发而不能收。前任抚臣、藩司许其免息，分年还本，既可稍纾商力，亦可保全官款，似亦万不得已之策。惟该纱厂近年既能获利，则责以加认息银，亦不为过。现在该厂认缴锭捐银一万一千元，衡以锭捐定章，为数有加，若抵作官本息银，则实有未足。又浙省锭捐章程，惟未领公款之宁波通久源纱厂尚知急公，历年遵缴，而通益公、通惠公两厂则历年均未缴过锭捐，责成酌量加认，亦属情理之常。

此查明通益公各纱厂领用官本，欠缴息银之实在情形也。

臣查署两浙盐运使候补道许贞干被参各款，如巧借乩坛、饭庄，招摇纳贿，及知县赵金寿执贽门下，为之关说各节，或出有因，或无确据，均无从深究。惟该员以候补道历署臬、运两司，并兼办洋务、营务各要差，事权既重，宜如何兢兢业业，遇事以廉平出之，乃平日处己待人，动招物议，即如勒罚酱园巨款一案，听信属员，私相授受，行迹多涉嫌疑，实属失于闲检。即请旨立予罢斥，亦不为过，第念该员办事尚有才干，是以历任抚臣无不倚任之。方今时事多艰，人才难得，合无仰恳天恩，从宽将该员浙江候补道许贞干以同知降补，仍留浙江，饬由浙江抚臣随时察看，另给差委，俾观后效。如仍不知愧奋，即行从严参处，以肃官方。孝丰县知县赵金寿，居官不谨，声名甚劣，应请即行革职。候补盐大使徐德立，办事浮躁，品性贪婪，应请革职，永不叙用。其馀各员，查明均无实在劣迹，应请毋庸置议。至浙俗迷信鬼神，到处设立乩坛，官商士庶奔走祈问，大为风俗人心之害。臣现已咨商浙江抚臣聂缉椝，饬司严行禁革，以挽颓风。杭州通益公纱厂欠缴官本息银事，由旧商倒闭，新商业经分年认还，自难再加追究。惟该厂近年颇获巨利，应如何加认官息，以尽报效之忱，并责令各纱厂一律认缴锭捐之处，亦容臣咨会浙江抚臣，体察情形，分别饬司筹办，总期公家实有裨益，商情亦无窒碍，以昭平允。其旧商欠息多逾巨万，未便听其延宕，亦由浙江抚臣饬司勒令原经管之嘉兴县训导王震元等如数缴清，倘再抗欠，即从严拿追，俾重公款。

所有查明监司大员被参各款拟办情形，是否有当，理合恭折具陈，伏乞皇太后、皇上圣鉴训示。谨奏。光绪三十年六月初一日。

朱批："另有旨。"

《光绪朝朱批奏折》第20辑，第312—317页

附录

光绪三十年七月初二日内阁奉上谕："前据御史朱锡恩奏参浙江道员许贞干等招摇、贪黩各款，当经谕令李兴锐确查。兹据查明覆奏，许贞干虽查无招摇纳贿确据，惟听信属员勒罚巨款，实属失于闲检。候补道许贞干，着以同知降补，仍留浙江，由该抚随时察看。孝丰县知县赵金寿，居官不谨，声名甚劣，着即行革职。候补

盐大使徐德立,办事浮躁,品性贪婪,着革职,永不叙用,以示惩儆。馀着照所议办理。该部知道。”钦此。

《光绪朝上谕档》

948. 奏明广东补用道姚文倬系广东补用人员奏调来闽请留闽差委片

光绪三十年六月初一日(1904年7月13日)

再,臣仰蒙恩命署理闽浙总督,当经奏调广东补用道姚文倬等赴闽差委补用,钦奉朱批:“着照所请,吏部知道。”钦此。嗣准吏部咨,何员系属差委,何员系属补用,应令分晰奏明,再行核办等因。查姚文倬业经到省,该员系广东补用人员,今奏调来闽,应请留于闽省差委。据福建藩司周莲呈请奏咨前来。除咨部外,谨附片陈明,伏乞圣鉴。谨奏。

朱批:“吏部知道。”

《光绪朝朱批奏折》第20辑,第318页

949. 试用同知王纯等员期满甄别均堪留闽序补片

光绪三十年六月初一日(1904年7月13日)

再,劳绩、捐纳、大挑分发各员,到省一年期满,例应详加甄别。兹福建试用同知王纯、试用知县李作霖先后试用期满,俱应甄别,据福建藩、臬两司会详前来。查该员王纯才具优长,讲求吏事,堪以同知留闽;李作霖志趣端谨,任事勤能,堪以知县留闽,分别按班序补。除履历咨部外,理合附片具陈,伏乞圣鉴。谨奏。

朱批:“吏部知道。”

《光绪朝朱批奏折》第20辑,第318页

950. 委任裴汝钦署理诏安县知县、周骏署理闽县知县片

光绪三十年六月初一日(1904年7月13日)

再,署福建诏安县知县黄鼎翰,已奉部覆准补福鼎县知县,应行饬赴新任供职。所遗诏安县缺,查有准调闽县知县裴汝钦,精明干练,为守俱优,堪以调署。该员裴汝钦先经饬赴,尚未到任,递遗闽县缺,即以现代斯缺之大挑知县周骏改为署理,以专责成。据福建藩、臬两司会详前来。除咨部外,理合附片具陈,伏乞圣鉴。谨奏。

朱批:“吏部知道。”

《光绪朝朱批奏折》第20辑,第319页

951. 闽县典史梁调昌六年俸满堪膺保荐片

光绪三十年六月初一日(1904年7月13日)

再,首领佐贰杂职各官历俸届满六年,例应调取验看,详加甄别,其中如有人材出众、著有劳绩者,应即出具切实考语保荐。历经遵办在案。兹查有福建闽县典史梁调昌,先在台湾准补凤山县典史,旋即遵饬内渡,改补闽县典史,前后接算,连二闰扣至二十九年六月三十日,初次六年俸满,任内并无奉议各项处分违碍等案,例应验看,据该管县、府、道出考,送由福建藩、臬两司加考,堪膺保荐,会详呈请具奏等情前来。臣验看得,初次六年俸满闽县典史梁调昌,才具明敏,任事实心,任内并无违碍处分,堪膺保荐。除咨部

外，理合附片具陈，伏乞圣鉴，敕部议覆施行。谨奏。

朱批："吏部知道。"

《光绪朝朱批奏折》第20辑，第319页

952. 奏请以唐光耀升补福建顺昌营副将折

光绪三十年六月初一日（1904年7月13日）

署理闽浙总督、江西巡抚臣李兴锐跪奏，为拣员升补副将要缺，恭折仰祈圣鉴事。

窃照福建顺昌营副将谢国恩，经臣奏参革职，所遗员缺系陆路题调之缺，准兵部咨，令拣员调补。臣查定例，各省题调之缺，先尽现任人员内题请调补，如通省内或缺居紧要，或人地未宜，实无合例堪以拣调者，准于现任合例应升人员内保题升用。又题补之缺，遇轮用应升人员，游击以上历俸二年，始准保题各等语。闽省陆路实任各副将，非现居要缺，即人地不宜，未便率请调补。惟查有福建督标左营参将唐光耀，年六十四岁，湖南善化县人。由武童随军剿匪著绩，递保花翎尽先参将，补缺后以副将补用，旋留浙省收标，由部掣补浙江太平营参将，给咨送部，于光绪十八年十月二十四日引见，奉旨准其补授，十二月二十八日任事。续经调补福建督标左营参将，于二十六年三月二十八日领札任事。该员沉笃敢任，躁释矜平，历俸已满，任内并无违碍事故，于闽省地方情形极为熟悉，与例亦符。

合无仰恳天恩，俯念顺昌营副将员缺紧要，准以唐光耀升补，于营伍、地方均有裨益。如蒙俞允，俟部覆到日，给咨送部引见。除饬取履历随案咨部，其所遗福建督标左营参将员缺，容臣接准部覆，另行遴员请补外，谨会同福建陆路提督臣黄少春恭折具陈，伏乞皇太后、皇上圣鉴，敕部议覆施行。谨奏。光绪三十年六月初一日。

朱批："兵部议奏。"

《光绪朝朱批奏折》第49辑，第330页

953. 福建陆路提督黄少春因病恳请开缺折

光绪三十年六月初一日（1904年7月13日）

署理闽浙总督、江西巡抚臣李兴锐跪奏，为提臣假期届满，病仍未痊，恳请开缺回籍调理，恭折代陈，仰祈圣鉴事。

窃福建陆路提督黄少春，于本年春间因病牵动旧伤，由臣代奏，蒙恩赏假一个月调理在案。兹准咨称，自请假后延医诊治，现已届满，无如年逾七十，气血就衰，迄未见效，右手时作麻木，牵连腰脊旧伤，疼痛如折，足软无力，行动维艰。据医家云，昔年在营感受寒湿，病根太深，难期速效。窃思提督统辖全省营伍，责任重大，断非病躯所能负荷，际兹时事艰难，操防紧要，若长此因循恋栈，设有贻误，疚戾滋深，理合咨请代奏，吁恳天恩准予开缺，俾得回籍调理。一俟病痊，即当泥首宫门，再图报效等因前来。臣查该提督久历戎行，战绩卓著，自蒙恩简授福建陆路提督以来，整饬营伍，颇资得力，近因患病牵动旧伤，经臣函询再四，慰勉安心调理，原冀速瘳任事，今据该提督所称，年老气衰，难期速效，亦系实在情形。合无仰恳天恩，俯准福建陆路提督黄少春开缺回籍。如蒙俞允，并请旨迅赐简放，以重职守。

所有提臣因病恳请开缺缘由，理合恭折具陈，伏乞皇太后、皇上圣鉴训示。谨奏。光绪三十年六月初一日。

朱批:“黄少春着赏假一个月,毋庸开缺。”

《光绪朝朱批奏折》第49辑,第331页

954. 请将福建福宁镇标水师左营守备谢世英、千总石连魁一并勒休片

光绪三十年六月初一日(1904年7月13日)

再,准福建水师提督臣曹志忠咨,福宁镇标左营守备谢世英、千总石连魁均年力就衰,难期振作,应请勒令休致等因前来。臣覆查属实,相应请旨,将福建福宁镇标水师左营守备谢世英、千总石连魁一并勒令休致,以肃戎政。所遗福宁镇标水师左营守备员缺,留闽另行拣员请补。除咨兵部查照外,谨附片具陈,伏乞圣鉴训示。谨奏。

朱批:“着照所请,兵部知道。”

《光绪朝朱批奏折》第49辑,第332页

955. 奏请以吴鼎补授福建烽火门营参将片

光绪三十年六月初一日(1904年7月13日)

再,福建烽火门营参将赖望云革职遗缺,系外海水师题补之缺。准兵部咨,新章第一轮第五缺,应用尽先人员,该省尽先及第六缺应补、第七缺尽先均无人,应过班第八缺捐输人员,行令拣员请补等因。臣查闽省水师捐输参将班内只有吴鼎一员,该员现年四十三岁,福建闽县人,由行伍历拔海坛协标右营把总。于闽省船坞告成案内,保准免补千总,以守备补用。复于闽省赈捐案内捐戴

花翎。又于新海防案内捐升参将，指留福建水师补用。因闽省筹办防务，该员委带防营，经前督臣许应骙奏准，先行归班补用，于光绪二十七年五月二十二日奉朱批："着照所请，兵部知道。"钦此。试用一年期满，奉部覆准注册，归班序补。该员年力强壮，熟习水师，现署海坛协副将篆务，办理裕如，于闽省外海洋面情形极为熟悉，以之请补是缺参将，堪期胜任，与例亦符。

合无仰恳天恩，俯念烽火门营参将员缺紧要，准以吴鼎补授，于营伍、洋防均有裨益。如蒙俞允，容俟部覆到日，并案给咨送部引见，恭候钦定。除饬取履历随案咨部外，谨会同福建水师提督臣曹志忠合词附片具陈，伏乞圣鉴，敕部议覆施行。谨奏。

朱批："兵部议奏。"

《光绪朝朱批奏折》第49辑，第332—333页

956. 奏请以杨永年补授福建闽安水师协标右营都司片

光绪三十年六月初一日（1904年7月13日）

再，福建闽安水师协标右营都司潘玉泰参革遗缺，系水师题补之缺，准兵部咨，新章第一轮第一缺，应用尽先人员，行令拣补等因。臣随在于闽省水师尽先都司班内详加遴选，如名次在前之吴邦机、李孔、张朝光、伍名扬均久无下落，未便迁就请补。惟查有补缺后尽先补用游击、水师尽先补用都司杨永年，现年五十五岁，广东番禺县人。由兵轮学习驾驶，派充大副管带兵轮，于船工告成案内保以尽先守备补用，复于台湾剿服番社保奖，光绪元年十月十六日奉上谕："着以都司尽先补用，并赏加游击衔。"钦此。旋于剿服台湾加礼宛番社保俟补缺后以游击用，并加参将衔。嗣于缉获著

名海盗林城吓等案内保请免补都司，以游击尽先补用，奉部改为议叙加一级。又于缉获海盗叶昌隆等案内保请俟补游击后以参将用，奉部改为纪录五次。续经报捐奖换花翎。光绪十七年归班，造送履历，咨部覆准，注册序补。该员精明强干，枪炮素娴，且系轮船出身，于闽省外海洋面情形极为熟悉，以之请补是缺都司，堪期胜任，即尽先名次亦属最前，与例相符。

合无仰恳天恩，俯念闽安水师协标右营都司员缺紧要，准以杨永年补授，于营伍、洋防均有裨益。如蒙俞允，俟部覆到日给咨送部引见，恭候钦定。除饬取履历随案咨部外，谨会同福建水师提督臣曹志忠合词附片具陈，伏乞圣鉴，敕部议覆施行。谨奏。

朱批："兵部议奏。"

《光绪朝朱批奏折》第49辑，第333—334页

957. 奏请以杨镇陞补授浙江海门镇标中营游击折

光绪三十年六月初一日（1904年7月13日）

署理闽浙总督、江西巡抚臣李兴锐跪奏，为拣员请补外海水师游击，恭折仰祈圣鉴事。

窃照浙江海门镇标中营游击刘贤斌奉部拟补福建金门协副将遗缺，接准部咨，系外海水师题补第一轮第二缺，轮用预保卓异人员，浙江省如预保卓异无人，过班以第四缺拣发班人员请补，行令拣补等因。伏查浙省现无预保卓异人员，自应照章过班，以拣发班内补用人员请补。臣随于浙省已收标外海水师拣发班补用游击内详加遴选，查有留浙补用游击杨镇陞，年五十七岁，广东香山县人，由勇目随军剿匪著绩，递保尽先都司。续于拿获著匪张道地案内

出力，保俟补都司后以游击仍留原标补用，光绪二十四年七月十九日奉旨："依议。"钦此。嗣于借补浙江海宁营都司员缺，奉部覆准，应以光绪二十七年十月二十四日奉旨奏补都司之日，归入浙江外海水师拣发游击班内注册在案。该员朴实勇敢，讲求水师，现在管带浙洋中路红单护商师船差务，办理裕如，以之请补斯缺，洵堪胜任，核与班次、例章均属相符。

合无仰恳天恩，俯念外海水师游击员缺紧要，准以留浙补用游击杨镇陞补授浙江海门镇标中营游击，于营伍、洋防均有裨益。如蒙俞允，该员已于准补都司晋引，未满三年，毋庸再行送部引见。除饬取履历保案印册送部，其所遗都司系内河水师题补之缺，容俟奉部覆准，另再按照定章拣员请补外，谨会同浙江巡抚臣聂缉椝、浙江提督臣吕本元合词恭折具陈，伏乞皇太后、皇上圣鉴，敕部议覆施行。谨奏。光绪三十年六月初一日。

朱批："兵部议奏。"

《光绪朝朱批奏折》第49辑，第334—335页

958. 奏请以刘震祥补授浙江温州镇标右营守备片

光绪三十年六月初一日（1904年7月13日）

再，浙江温州镇标右营守备马云龙革职遗缺，接准部咨，系陆路题补新章第一轮第三缺，轮用尽先人员，行令拣员请补等因。臣随于浙省已收标陆路尽先各守备内详加遴选，除名次在前之郑季扬已于另案参革，毋庸核计外，惟查有浙江尽先补用守备刘震祥，年四十八岁，浙江山阴县人，由军功历保尽先千总。续于剿平新疆南路边寇案内出力保奏，光绪七年五月二十日奉上谕："着免补千

总,以守备尽先补用。”钦此。二十一年九月收入浙江抚标右营候补,咨部覆准注册,归班序补。该员老成稳练,晓畅戎机,以之请补是缺,洵堪胜任,核与班次、例章均属相符。

合无仰恳天恩,俯准以尽先补用守备刘震祥补授浙江温州镇标右营守备员缺,于营伍、地方均有所裨益。如蒙俞允,俟部覆到日,行令给咨送部引见。除饬取履历保案印册送部外,理合会同浙江巡抚臣聂缉椝、浙江提督臣吕本元合词附片具陈,伏乞圣鉴,敕部议覆施行。谨奏。

朱批:“兵部议奏。”

《光绪朝朱批奏折》第49辑,第336页

959. 请裁福建水师提督片

光绪三十年六月初一日(1904年7月13日)

再,臣伏读电传邸钞,光绪三十年五月二十七日钦奉上谕:“粤海关、淮安关两监督,着即行裁撤。江宁、苏州两织造同在一省,着即将江宁织造裁撤。凡京外各项差缺有应裁汰归并者,着各部院堂官及各省将军、督抚破除情面,认真厘剔,奏明裁并。”等因。钦此。仰见皇太后、皇上循名核实、整饬庶政之至意。

臣就闽省文武各官细加体察,可裁并者固多,而水师提督一缺则尤为有名无实,实在可裁之列。伏查该缺之设,原以控扼澎、台,梭巡洋海,在曩时因地制宜,诚有不得不然之势,无如今昔情形迥殊,东西各国咸以铁甲战舰制胜于重洋巨浸之中,故海军提督为右职,而内地均辖于陆军。以中国大势而论,南、北洋最为重镇,然长江水师提督创于军兴以后,以其地兼五省,远逾千里,非此不足以统一舟师,藉资镇摄。北洋海军提督一缺则自甲午以来,悬缺未补,盖无铁甲战舰,则虽有提督,亦同虚设,非故轻之,时不同也。闽省海军既未设立,而提督所统不过炮艇、舢板等船,船置兵勇十数人,乘风破浪固所不能,击敌摧锋亦无利器,其疲敝无用,更甚于陆营。提、镇纵有巡洋之职,亦仅于沿海一行虚应故事,从未闻有教战师船之举。臣愚以为,时有变迁,事有因革,与其虚存提督之名而徒滋耗费,何如暂裁水师之职而徐待振兴。福建已设有陆路提督,驻扎泉州,与水师提督所驻之厦门相距甚近,若以之移驻厦门,兼统水师,如浙江提督之例,并将原有水师酌量裁并,择要巡汛,岁省饷糈当复不少,而职事亦不至于废弛。其水师提督,拟俟闽省兴建海军,再行添设。近年迭奉明诏,裁节绿营无用之兵,水师事同一律,臣既有所见,不敢安于缄默。事关更制,应请敕下政务处、练兵处会同部臣核议具奏。其馀水陆各营汛弁兵应如何酌量裁并,俟奉部议后,再由臣考察情形,另行奏明办理。

再,现在陆路提督黄少春因病咨请代奏开缺,如蒙天恩俯准,应请另行简放陆路提督。惟现任水师提督曹志忠本由陆军起家,戎机晓畅,若因裁缺置散,未免向隅,应否以之改授,乘此归并办理之处,臣未敢擅便,伏候圣裁。是否有当,理合附片具陈,仰祈圣鉴训示。谨奏。

朱批:“政务处、练兵处议奏。”

《光绪朝朱批奏折》第65辑,第381—382页

附录

交政务处。本日贵处会同练兵处奏,议覆署闽浙总督李兴锐奏请裁福建水师提督一折,奉旨:“依议。”钦此。相应传知贵处钦遵可也。此交。八月初一日。

《光绪朝上谕档》

960. 奏报侯官县知县苏元桱病故日期片*

光绪三十年六月二十四日(1904 年 8 月 5 日)

再,福建侯官县知县苏元桱,山东日照县进士,于光绪三十年五月二十五日病故,据福建藩司周莲具详前来。除分咨外,谨附片具陈,伏乞圣鉴,敕部开缺施行。至所遗侯官县,系调缺,应请留闽,另行拣员调补,合并陈明。谨奏。

朱批:"吏部知道。"

《光绪朝朱批奏折》第 20 辑,第 305 页

961. 闽省办理工赈势难中止请再展办赈捐二年折

光绪三十年六月二十四日(1904 年 8 月 5 日)

署理闽浙总督、江西巡抚臣李兴锐跪奏,为闽省办理工赈,势难中止,请再展办赈捐二年,以济灾黎,恭折仰祈圣鉴事。

窃照闽省前因水灾办理赈抚,奏准开办赈捐二年,自光绪二十六年七月十二日奉文开办起,除封印期内不计外,扣至二十八年九月十一日止,两年届满。嗣因疏浚西南两港,复经前督臣许应骙奏请接办赈捐两年,于光绪二十八年十月初二日奉朱批:"着照所请,户部知道,片并发。"钦此。本年春间,臣因闽省工赈紧要,西南两港工程尚

* 底本推定具奏时间在光绪三十年五月,具奏日期、作者及其职衔不详。按,据台北故宫博物院藏"军机处档折件"(文献编号:162391),此片作者为李兴锐;朱批日期与下折(文献编号:162368)同为光绪三十年七月三十日,则具奏日期亦应相同。

未告竣，需款孔殷，援照山东、广西成例，请将捐免本班等七项常例捐输归闽省收捐一年，截留外用，并请将劝捐人员分别保奖，专折具奏。现经户部议覆，闽省工赈情形，与山东、广西迥不相同，所请援案代收七项捐输碍难议准，至劝捐出力请奖一节，亦毋庸置议。于光绪三十年四月十四日具奏，奉旨："依议。"钦此。行闽钦遵在案。

伏查闽省连年办理赈捐，开浚西南两港，以工代赈，并筹办平粜、施粥、施医，灾黎赖以全活。近因各省捐局林立，收数甚疲，是以援案请收七项常捐，并请优奖劝捐人员，冀捐款稍能踊跃。兹奉部议核驳，何敢一再渎请？惟是西南两港工程，关系附省一带农田民居，穷民藉工资以度日，仰食者至数万口之多，现在全工尚未告竣，倘因款项不敷，骤然中止，微特前功尽弃，而灾黎数万，何以资生？且闽省自光绪二十六、七两年水灾以来，荒歉频仍，疫疠滋盛，本年五月十八至二十三等日，省垣叠起台风，滨海民居船只漂没无算。复据永春州陈模禀报，五月初五、六、七等日，德化县属大雨出蛟，溪水陡涨至二丈馀高，冲塌城垣民房、桥梁道路，淹毙人口。又据漳州府属诏安县黄鼎翰禀报，五月十四、十五、十六等日，大雨不止，溪水陡涨，平地水高丈馀，东南两关均遭冲塌，淹没田园各等情，先后饬局筹款，派员驰赴赈抚。刻下闽省库藏奇绌，工赈又当吃紧之时，坐视既有不安，筹捐复难踊跃，据福建财政局会同赈捐局司道详请展办赈捐等情前来。

臣查闽省叠遇风灾水患，灾黎待拯孔殷，且西南两港工程未竟，值此讲求农田水利之际，未便听其中止，前请截收七项常捐，既经部驳不准，惟有展办赈捐，藉资接济。此项赈捐，计截至本年底止，展办限满。合无仰恳天恩，俯准再行接办赈捐二年，俾港工得以完竣，而灾黎亦资拯抚。至近来各省劝捐人员，凡募集巨款者，均经奏准，按照异常、寻常劳绩，分别保奖有案。闽省请收七项常捐既已核驳，则集款尤难于各省，若非予以优奖，捐务断难起色。可否援照四川等省成案，劝捐人员集银六万两者，准照异常劳绩保奖一员，集银一万二千两者，准保寻常劳绩一员，以昭激劝之处，出自逾格鸿施。理合恭折具陈，伏乞皇太后、皇上圣鉴训示。谨奏。光绪三十年六月二十四日。

朱批："该部议奏。"

《光绪朝朱批奏折》第32辑，第306—307页

962. 请将花翎尽先都司沈呈漳前保都司之案照章递改以都司衔守备尽先补用片

光绪三十年六月二十四日(1904年8月5日)

再，前据福建福宁镇总兵曹志忠呈送花翎尽先补用都司沈呈漳请归本省收标。臣查沈呈漳系由武童投效楚军擢胜后营充当勇目，递保至补用都司，其得保都司之先，并未保过守备一阶。且检查台湾历年剿抚番社保案，系沈呈璋，因何名字不符，饬令确查去后。旋据该镇禀称，花翎尽先补用都司沈呈漳，于光绪十年间台湾基隆获胜案内，由蓝翎尽先把总保奖免补千总，以守备尽先补用，奉部核改，以千总尽先补用。维时该员未奉到行知，嗣于台湾剿办叛番土匪历年剿抚番社案内呈请以守备开保，经部议奏，光绪十七年正月二十八日奉上谕："蓝翎守备沈呈璋，着免补守备，以都司尽先补用，并赏换花翎。"钦此。该员请保守备之案，经部改为千总，因未奉到行知，是以开保错误。查军功人员保案错漏，叠经呈请改奖有案，自应将得保都司之案照章递改，以都司衔守备尽先补用。

至该员原名呈漳,保奖都司时作为呈璋,查系开保时笔误所致,呈请随案更正前来。臣当经查核改奖成案相符,考验收标咨部。兹准部咨,沈呈漳系五品以上人员,应令奏明办理等因。相应附片奏明,请旨准将花翎尽先都司沈呈漳前保都司之案照章递改,以都司衔守备尽先补用,其花翎仍照原案注册,并将沈呈璋之名更正"呈漳",以昭核实。理合附片具奏,伏乞圣鉴。谨奏。

朱批:"兵部知道。"

《光绪朝朱批奏折》第 49 辑,第 357—358 页

963. 准补福建福宁镇标中营守备高飞鸿堪膺豫行保举以陆路都司掣补片

光绪三十年六月二十四日(1904 年 8 月 5 日)

再,准补福建福宁镇标中营守备高飞鸿,经前督臣许应骙先饬赴任,因防务紧要,奏准暂缓北上,奉部先给署札,发领在案。兹据署福宁镇总兵姜河清禀称,该守备现年四十七岁,广东阳江厅人,于光绪二十八年二月内承领署札任事。该员才具开展,胆识俱优,历俸已满三年,任内并无违碍事故,堪膺豫行保举,以陆路都司掣补,呈请并案送部等情。臣当经查核豫保之例相符,饬据该署镇取造该员出身、履历呈送前来。臣随察验得,准补福建福宁镇标中营守备高飞鸿,年富才明,器识稳练,堪膺豫行保举,以陆路都司掣补。除将该员并案给咨送部外,谨会同福建陆路提督臣黄少春合词附片具陈,伏乞圣鉴,敕部议覆施行。谨奏。

朱批:"兵部知道。"

《光绪朝朱批奏折》第 49 辑,第 358 页

964. 奏报提解闽省光绪二十九年分下忙钱粮银数折

光绪三十年六月二十四日(1904 年 8 月 5 日)

署理闽浙总督、江西巡抚臣李兴锐跪奏,为提解闽省光绪二十九年分下忙钱粮银数,恭折仰祈圣鉴事。

窃准户部咨,州县经征钱粮,每年上下两忙尽数提解司库,专折具奏等因,业经奏报至光绪二十九年上忙在案。兹届二十九年下忙截数之期,各属征完地丁银三十五万一百九十八两零,除存留银九万九百六十两零,实完银二十五万二百三十七两零,上忙案内实完银三十八万七千五百八十一两零,合共完银六十三万七千八百一十九两零,业经入于光绪二十九年秋拨造报银二万八千两,又三十年春拨造报银三十五万九千五百八十一两零,馀银二十五万二百三十七两零,系春拨后续收之款。又征完耗羡银二万九千四百三十两零,系汇入光绪二十九年公费奏销册内造报。又征完当税银二千九百九十八两零、税契银三万一千四百三十二两零、牙帖杂税并厦门地租银二千四十九两零、牛猪杂税银二百六十一两零、渔税银二百四十六两零。又带征光绪十四年起至二十八年止地丁续完银一百五十五两零,又耗羡续完银三百八十二两零。据福建布政使周莲分款造册,呈送核办前来。

臣查光绪二十九年下忙各属征完丁、耗银二十七万九千六百六十七两零,又征完当税、税契、牙帖杂税并厦门地租、牛猪杂税、渔税共银三万六千九百八十七两零,又带征节年丁、耗银五百三十七两零,均已提解司库。至尚有民欠银两,应再严饬催追完解。除将各册咨部外,理合缮折具陈,伏乞皇太后、皇上圣鉴。谨奏。光绪三十年六月二十四日。

朱批:"户部知道。"

《光绪朝朱批奏折》第84辑,第349—350页

965. 奏报闽省筹解本年第二批各款京饷银两片

光绪三十年六月二十四日(1904年8月5日)

再,光绪三十年分闽省部拨各款京饷,业已先行筹解第一批内务府京饷银二万两、固本京饷银二万两、筹备饷需银一万两在案。兹再筹解第二批内务府京饷银二万两、茶税京饷银一万两、固本京饷银一万两、筹备饷需银一万两,饬号商源丰润等汇解赴京,分别投纳,定于六月二十日起程。据闽省财政局司道详请具奏前来。除分咨外,理合附片具陈,伏乞圣鉴。谨奏。

朱批:"该衙门知道。"

《光绪朝朱批奏折》第90辑,第51页

966. 奏报福建筹解本年六月新定偿款银数日期片

光绪三十年六月二十四日[①](1904年8月5日)

再,准部咨,新定偿款摊派福建省岁解银八十万两。并钦奉谕旨:"各该省前次指派之款,应即按月分匀,赶紧筹措,先期解交上海道转付。"等因。钦此。业经按月筹解至本年五月第三年第六

① 底本推定具奏时间在光绪三十年六月。据台北故宫博物院藏"军机处档折件",此片(文献编号:162394)与上片(文献编号:162393)朱批日期同为光绪三十年七月三十日,则具奏日期亦应相同。

期，分匀如数，汇解上海道查收清楚，先后奏咨在案。兹光绪三十年六月应解第三年第七期前项库平纹银六万六千六百七十两，除奉户部议准，将闽海关药厘由税务司径拨汇解银二万两外，实尚应解库平纹银四万六千六百七十两。现于司道局库筹集如数，于本年六月十三日交号商领汇，定限六月二十日以前解交江海关道查收汇付，至号商汇费银一千五百八十六两七钱八分及药厘拨抵银两应需汇费，仍请随正支给。据福建财政局司道会同藩臬两司、粮盐二道详请奏咨前来。臣覆核无异，除给咨批解，并分咨外务部、户部查照外，谨附片具奏，伏乞圣鉴。谨奏。

朱批："该部知道。"

《光绪朝朱批奏折》第90辑，第58页

967. 奏报福建省光绪三十年五月分晴雨粮价情形折

光绪三十年六月二十四日（1904年8月5日）

署理闽浙总督、江西巡抚臣李兴锐跪奏，为恭报晴雨、粮价情形，仰祈圣鉴事。

窃查福建省城光绪三十年五月分得雨十三次，省外各属禀报略同。惟据永春州陈模禀报，五月初五、六、七等日，德化县属大雨出蛟，溪水陡涨至二丈馀高，冲塌城垣民房、桥梁道路，淹毙人口；又据漳州府属诏安县黄鼎翰禀报，五月十四、十五、十六等日，大雨不止，溪水陡涨，平地水高丈馀，东、南两关均遭冲塌，田园多被淹没，先后派员驰赴赈抚，并查明田园能否复种，是否成灾，另案办理。此外间有禀报被风、被水，早稻一律结实，均尚不致成灾。至通省粮价间有增减，民情安谧。据福建布政使周莲具详前来。谨缮清单,恭折具陈,伏乞皇太后、皇上圣鉴。谨奏。光绪三十年六月二十四日。

朱批:"均着妥为赈抚,毋任失所。"

《光绪朝朱批奏折》第97辑,第333—334页

968.委令玉贵署理兴泉永道兼办厦门商政局务并程祖福署理福州府知府片

光绪三十年七月初四日(1904年8月14日)

再,福建兴泉永道驻扎厦门,时有洋务交涉事件,措施稍有未当,后来补救,即难着手。臣查现署是缺之候补道黎国廉,近来办事未甚得力,而实缺之袁大化一时尚难到任,应即另行委员接署,以期周妥。查有在任候补道福州府知府玉贵,识力超卓,为守兼优,堪以委令署理,并令兼办厦门商政局务。递遗福州府篆务,经臣督同藩、臬两司逐加遴选,查有候补知府程祖福,前曾署理是缺,措置裕如,堪以委署。除檄饬遵照并咨部外,理合附片具陈,伏乞圣鉴。谨奏。

朱批:"吏部知道。"

《光绪朝朱批奏折》第20辑,第410页

969.闽省办理水灾赈捐出力人员岑颂良等请仍照原拟给奖并区应涛等拟请改奖片

光绪三十年七月初四日(1904年8月14日)

再,闽省办理水灾赈捐出力人员,前经前督臣许应骙开单奏奖。嗣准部议,以单开孙传兖、岑颂良、章景枫、黎景嵩、高肇祥、区

应涛、何肇楫、林福元、鲍立钦、李铭安、梁崇翰、谢锡勋、吴杰等员原捐各案尚未核准,照章撤销。复经前兼署督臣崇善覆奏,请将孙传兖、章景枫二员仍照原保给奖,奉旨照准,钦遵在案。兹据赈捐局司道详称,近年各省捐局林立,物力凋敝,劝捐已成弩末,各该员等竭力筹劝,集成巨款,惠济灾黎,深裨大局。且有自备资斧,远赴外洋设法募集者,其勤劳实不可泯,所请奖叙均照寻常劳绩核办,初未敢稍有冒滥。其同案议驳之孙传兖、章景枫二员,业已奉旨照准。该员等劳绩相同,而甄叙或有不及,未免向隅,似无以鼓励将来。查各该员捐升日期系在保案奉旨之先,与见保而捐者有别,至部中核准迟速,非该员所能自主,并无别项情弊,请仍查照原案,奏请核给奖叙等情前来。

臣覆查无异,所有前次单开广西试用知府岑颂良,分省试用知府梁崇翰,各请加盐运使衔;福建试用知府黎景嵩,请加三品衔;广东试用通判高肇祥、福建候补知县谢锡勋,各请俟补缺后以直隶州知州用;福建候补盐大使吴杰、候补县丞何肇楫、广西试用县丞林福元,各请俟补缺后以知县留省补用;广东盐知事鲍立钦,请俟补缺后以盐大使留省补用;候选训导李铭安,请以训导归部选用,均核与寻常劳绩奖章相符,合无仰恳天恩,俯准仍照原拟给奖。其福建议叙通判区应涛,原请以通判尽先补用,按照寻常劳绩,不准保奖尽先班次,应改奖补缺后以直隶州补用;又候补直隶州州同吴佐熙,原保补缺后以知州候选,部议改为原省候补,查福建并无应补知州,该员现经请补永春州州同,拟请改奖在任以同知留省候补,以昭激劝。除咨部外,是否有当,理合附片具陈,伏乞圣鉴训示。谨奏。

朱批:"该部议奏。"

《光绪朝朱批奏折》第20辑,第411—412页

970. 试用知县曹桂籍沈国柱期满甄别均堪留闽序补片

光绪三十年七月初四日（1904 年 8 月 14 日）

再，劳绩、捐纳、大挑分发各员，到省一年期满，例应详加甄别。兹福建试用知县曹桂籍、沈国柱，先后试用期满，俱应甄别，据福建藩、臬两司会详前来。查该员曹桂籍笃实不浮，留心吏治；沈国柱才具开展，任事实心，均堪以知县留闽，按班序补。除履历咨部外，理合附片具奏，伏乞圣鉴。谨奏。

朱批："吏部知道。"

《光绪朝朱批奏折》第 20 辑，第 412 页

971. 奏请以萨胪芳补授福建诏安营游击折

光绪三十年七月初四日（1904 年 8 月 14 日）

署理闽浙总督、江西巡抚臣李兴锐跪奏，为拣员请补陆路游击员缺，恭折具奏，仰祈圣鉴事。

窃照福建漳州镇辖诏安营游击刘志庆开缺回籍就医所遗游击员缺，系陆路题补之缺。准兵部咨，新章第一轮第二缺，轮应预保无人，过班用第四缺拣发人员，行令拣员请补等因。伏查部定章程，保举补用、升用及开缺以升班用，无"尽先"字样，捐纳分发、降调曾经保留省分，养亲事毕，不必坐补原缺，及开复、捐复降调人员，均归拣发班补用各等语。臣随在于闽省拣发班各项候补陆路游击班内详加遴选，如军功补用游击方初学、严益彪、朱光斗均饬查不知下落；杨朝阳年已七十，且与是缺籍隶本府，例应回避；孔行斌、许承礼均请假回籍，

久未销假;范庆升名次在后,与是缺人地未宜,俱未便迁就请补。惟查有闽省陆路补用游击萨胪芳,年四十八岁,福建侯官县人,由承袭云骑尉随军剿匪,递保免补守备,以都司仍留闽省尽先补用,并加游击衔。续于台湾清赋全功告竣出力,保奖免补守备,以都司仍留闽省尽先补用。嗣查保奖官阶重复,复经奏请更正免补都司,以游击仍留闽省补用,光绪十七年六月十一日奉旨允准,造送履历,咨部覆准,归入闽省游击班补用。又于台湾海防五年限满案内出力,保奖俟补游击后以参将补用,二十年正月十四日奉旨:"依议。"钦此。该员年力富强,谙练营务,现署福宁中营游击,办理裕如,于闽省风土情形极为熟悉,以之请补是缺游击,堪期胜任,与例亦符。

合无仰恳天恩,俯念福建诏安营游击员缺紧要,准以萨胪芳补授,于营伍、地方均有裨益。如蒙俞允,容俟部覆到日,给咨送部引见,恭候钦定。除饬取履历随案咨部外,谨会同福建陆路提督臣黄少春合词恭折具陈,伏乞皇太后、皇上圣鉴,敕部议覆施行。谨奏。光绪三十年七月初四日。

朱批:"兵部议奏。"

《光绪朝朱批奏折》第49辑,第366—367页

972. 委令王复胜署理福宁镇总兵统领常备军右镇各营等事片

光绪三十年七月初四日(1904年8月14日)

再,福建常备军右镇各营及长门各炮台,经前督臣饬委福宁镇总兵曹志忠统带,颇资整饬。上年臣到任后,奏委曹志忠署理水师提篆,一时统领乏人,饬委候补道孙道仁暂行兼统在案。现在曹志

忠已奉旨补授水师提督,而孙道仁本有左镇统领之差,须常川驻省,其右镇各营远驻长门,当此整军之际,往来兼顾,深恐照料难周,屡据该道禀请派员接替,自应将右镇各营另行委员统领,俾免贻误。兹查有现署建宁镇总兵、本任闽安协副将王复胜,老于戎事,应即饬调该镇署理福宁镇总兵篆务,委令统领常备军右镇各营,并暂行兼统长门各炮台,可期得力。至所遗建宁镇总兵篆务,亦关紧要,查现署福宁镇总兵、本任福州城守协副将姜河清,操防认真,堪以调署。姜河清未到任以前,即委建宁镇标中营游击李飞龙暂行兼护,以重职守。臣为慎重营伍起见,除分檄饬遵,并咨部查照外,理合附片具陈,伏乞圣鉴。谨奏。

朱批:“兵部知道。”

《光绪朝朱批奏折》第49辑,第368页

973.奏请以徐富春补授浙江衢州镇标中营游击片

光绪三十年七月初四日(1904年8月14日)

再,浙江衢州镇标中营游击乔炽昌升补太平营参将遗缺,接准部咨,系陆路推补第一轮第一缺,应用尽先人员,行令拣员请补等因。臣随于浙省已收标陆路尽先游击内详加遴选,查有浙江尽先补用游击徐富春,年五十二岁,浙江富阳县人,由军功剿匪著绩,递保尽先都司。续于新疆南北一举荡平案内出力保奏,光绪六年正月三十日奉上谕:“着以游击尽先补用。”钦此。十四年十一月收入浙江抚标左营,咨部覆准注册,归班序补。该员精明干练,晓畅戎机,现带浙省常备军,办理裕如,以之请补斯缺,洵堪胜任,核与是缺距籍系在五百里外例章均属相符。

合无仰恳天恩，俯准以尽先补用游击徐富春补授浙江衢州镇标中营游击员缺，于营伍、地方均有所裨益。如蒙俞允，俟奉部覆到日，再行给咨送部引见，恭候钦定。除饬取履历印册送部核办外，谨会同浙江巡抚臣聂缉槼、浙江提督臣吕本元合词附片具陈，伏乞圣鉴，敕部议覆施行。谨奏。

朱批："兵部议奏。"

《光绪朝朱批奏折》第49辑，第369页

974. 奏请仍以黄殿魁补授浙江大荆营都司片

光绪三十年七月初四日（1904年8月14日）

再，浙江大荆营都司寿亭彪参劾遗缺，前准部咨，系陆路题补第一轮第二缺，轮用卓异，如无人，即以拣发人员抵补。当经前兼署督臣崇善奏请，以补用都司黄殿魁补授。嗣奉部咨，查卓异有人，遽请过班，碍难议准，应另拣补。臣复查前此请补斯缺之时，宁海营守备陈清华卓异核准之案未奉部覆，核与成例未符，应否过班抵补，咨请兵部核覆去后。旋准覆称，前次请补斯缺之时，陈清华保荐卓异之案既未经部核覆，自应准如所请，照章过班，以拣发合例人员请补等因。臣查浙江已收标陆路拣发班补用都司黄殿魁，年三十九岁，浙江青田县人。由卫用武进士充补兵部差官，捷报处出力，保准俟期满归班后以都司补用。嗣因期满，经部于光绪二十三年十月二十四日带领引见，奉旨："着照例用。"钦此。留差一年，经部以都司归拣发班补用，分发浙江。二十五年七月，饬发宁波城守营收标候补，咨准部覆注册，归班补用。该员年力富强，勤于训练，以之请补斯缺，洵堪胜任，核与班次、例章均属相符。

合无仰恳天恩，俯准仍以补用都司黄殿魁补授浙江大荆营都司员缺，于营伍、地方均有裨益。如蒙俞允，该员系已经引见之员，应请毋庸再行送部。惟与是缺距籍在五百里内，例应回避，俟奉部覆准，即行照章拣员对调，以符定制。除饬取履历印册送部外，谨会同浙江巡抚臣聂缉椝、浙江提督臣吕本元合词附片具奏，伏乞圣鉴，敕部议覆施行。谨奏。

朱批："兵部议奏。"

《光绪朝朱批奏折》第49辑，第370页

975. 审拟命盗各案人犯摘由汇奏折

光绪三十年七月初四日（1904年8月14日）

署理闽浙总督、江西巡抚臣李兴锐跪奏，为审明命盗各案人犯，按照律例议拟，供招咨部，恭折具陈，仰祈圣鉴事。

窃准刑部咨，寻常命盗死罪案件，遵照光绪二十六年奏定章程，汇案具奏。罪应凌迟、斩绞立决者为一项，罪应斩、绞监候者为一项，备录供招，咨部查核等因。兹据福建臬司审解政和县人犯曾弟植纠窃田稻拒伤捕人郑乃进身死一案，又建阳县贼犯廖青明听从已获病故之钟汶财纠邀抢夺杀人，该犯帮殴刃伤一案，经臣提犯勘审无异，将曾弟植依"罪人拒捕，杀所捕人者，斩"律，拟斩监候；廖青明依"抢夺杀人为从，帮殴刃伤者，绞监候"例，拟绞监候。均秋后处决，照例刺字。恭逢光绪三十年正月十五日恩诏，该犯等事犯在正月初一日以前，核其情罪，曾弟植系罪人拒捕杀人，不准援免，惟系被扭图脱，情稍可原，应否酌入缓决，听候部议办理；廖青明系在部议不准援免，酌入缓决之列，应请酌入缓决。业将各案供勘咨部在案。理合摘由恭折具陈,伏乞皇太后、皇上圣鉴,敕部核覆施行。谨奏。〔光绪三十年〕七月初四日。

光绪三十年八月初一日奉朱批:“刑部依奏。”钦此。

台北故宫博物院藏“军机处档折件”,文献编号:162432

976.审拟抢夺发冢各案人犯摘由汇奏折

光绪三十年七月初四日(1904年8月14日)

署理闽浙总督、江西巡抚臣李兴锐跪奏,为审明抢夺发冢各案人犯,按例议拟,供招咨部,恭折具陈,仰祈圣鉴事。

窃准刑部咨,寻常命盗死罪案件,遵照光绪二十六年奏定章程,汇案具奏。罪应凌迟、斩绞立决者为一项,罪应斩、绞监候者为一项,每次汇奏,备录供招,先行咨部查核等因。兹据福建臬司审解瓯宁县贼犯高滐揿纠邀汤幅仔等伙抢练湛椿银物[①],汤幅仔拒伤事主身死一案,又永安县贼犯胡笔淋听纠伙众抢夺,拒伤挑夫谢长保平复一案,又瓯宁县贼犯伍樟樟起意独自发掘林谢氏坟冢,开棺见尸剥取衣服一案,经臣提犯勘审,据各供认不讳,将高滐揿依“抢夺聚众三人以上,但经持械威吓,并〔拒〕[②]伤事主,为首照强盗”律,斩决例,拟斩立决;汤幅仔依“在场动手之犯,照强盗”律,斩,强盗杀人斩决枭示例,拟斩立决枭示;胡笔淋依“在场动手之犯,照强〔盗〕”律,拟斩立决例,拟斩立决;伍樟樟依“发掘常人坟冢,开棺见尸,为首者拟斩立决”例,拟斩立决。各照例刺字。恭逢光绪三十

---

① “练”“银物”,《申报》光绪三十年八月十七日(1904年9月26日)第11295号第12版《京报汇录·八月初一日》作“陈”“银两”。

② 据《申报》补。下同。

年正月十五日恩诏，该犯等事犯在正月初一日以前，核其情罪，均在部议不准援免之列，应请不准援免。业将各案供勘咨部在案。理合摘由恭折具奏，伏乞皇太后、皇上圣鉴，敕部核覆施行。谨奏。〔光绪三十年七月初四日〕①。

光绪三十年八月初一日奉朱批："刑部议奏。"钦此。

台北故宫博物院藏"军机处档折件"，文献编号：162433

977. 奏请以郭承桂补授清流县知县折

光绪三十年七月二十日（1904年8月30日）

署理闽浙总督、江西巡抚臣李兴锐跪奏，为请补知县，以裨地方，恭折仰祈圣鉴事。

窃照光绪三十年四月二十三日接准吏部咨，福建邵武县知县翁立德、清流县知县李梦斗，均着以教职归部铨选，于三十年二月十六日奉旨，照例应以奉旨后第五日行文，按照闽省照限减半计算，扣至三十年三月三十日，作为开缺日期，勒归三月分截缺。系属同月并出同项之缺，应行签掣缺次先后，按班序补，业归本年四月分截缺案内配签掣定第一缺清流县、第二缺邵武县。除将邵武县员缺另行拣员请补外，所遗掣得首缺清流县知县系选缺，先经扣留外补，应即遴员请补。查定例，知县终养、改教、撤回、降补、回避所遗之选缺，将进士即用与各项候补人员分班酌补。轮用进士即用，于进士即用班前及进士即用本班之员酌量请补，即积进士即用正班之缺。再有缺出，于候补班前及候补本班人员酌量请补，即积候补正班之缺。

① 底本折末缺具奏日期，而于折前标有"七月初四日"，今移置于此，并补年份。

闽省前出建宁县知县钱登云改教遗缺，业经请以即用先知县陈侃酌补在案。兹所出清流县知县，照例轮应候补班前及候补本班人员酌补。查有劳绩候补班前先补用知县郭承桂，年四十九岁，湖南湘潭县文童。克复巴燕戎城肃清案内保以从九品选用，嗣于克复肃州关陇肃清案内保以从九品本班分省遇缺先补用，并戴蓝翎。复于剿白逆官兵相机扼防出力，保以县丞分省补用，历年防剿出力，保俟补缺后以知县归候补班前先补用。嗣在闽委办通商、洋务、税厘、清赋等差，均能出力，保留福建本班补用，遵例补交指省银两，并知县三班、县丞离任等项银两，请咨引见，奉旨："着发往福建，归候补班前先补用。"钦此。领照来闽，光绪二十二年十月初四日到省。试看期满，甄别留用。委署漳平县知县，卸事回省。查该员才长心细，为守俱优，以之请补清流县知县，洵属人地相宜，与例亦符。

合无仰恳天恩，俯准以候补班前先知县郭承桂补授清流县知县，俾资治理。如蒙俞允，该员系候补班前先知县请补知县，衔缺相当，毋庸送部引见，并免核计参罚。据福建藩司周莲、臬司朱其煊会详前来。除咨部外，理合恭折具陈，伏乞皇太后、皇上圣鉴，敕部议覆施行。谨奏。光绪三十年七月二十日。

朱批："吏部议奏。"

《光绪朝朱批奏折》第20辑，第478—479页

978. 奏请以刘衍茂补授邵武县知县折

光绪三十年七月二十日（1904年8月30日）

署理闽浙总督、江西巡抚臣李兴锐跪奏，为请补知县，以裨地

方，恭折仰祈圣鉴事。

窃照光绪三十年四月二十三日接准吏部咨，福建邵武县知县翁立德、清流县知县李梦斗，均着以教职归部铨选，于三十年二月十六日奉旨，照例应以奉旨后第五日行文，按闽省照限减半计算，扣至三十年三月三十日，作为开缺日期，勒归三月分截缺。系属同月并出同项之缺，应行签掣缺次先后，按班序补，业经归本年四月分截缺案内配签掣定第一缺清流县、第二缺邵武县。除将清流县员缺另行拣员请补外，所遗掣得第二缺邵武县知县系属选缺，先经扣留外补，应即遴员请补。查定例，知县终养、改教、撤回、降补、回避所遗之选缺，将进士即用与各项候补人员分班酌补。轮用进士即用，于进士即用班前及进士即用本班之员酌量请补，即积进士即用正班之缺。再有缺出，于候补班前及候补本班人员酌量请补，即积候补正班之缺。

兹所出掣定第一缺清流县知县，业经请以劳绩候补班前先知县郭承桂补授，其掣定第二缺邵武县知县，照例轮应即用班人员酌补。查有即用知县刘衍茂，年五十四岁，四川夔州府万县附生。应光绪壬午科本省乡试中式举人，遵海防例报捐教职四项统选，十四年选授天全州训导。甲午科会试中式进士，以知县即用，签掣福建，于光绪二十年七月二十八日到省。丁母忧服满，二十四年十二月二十四日回省，奉准起复。委署松溪县知县，卸事。查该员志趣端正，任事实心，以之请补邵武县知县，洵属人地相宜，与例亦符。

合无仰恳天恩，俯准以即用知县刘衍茂补授邵武县知县，俾资治理。如蒙俞允，该员系即用知县请补知县，衔缺相当，毋庸送部引见，并免核计参罚。据福建藩司周莲、臬司朱其煊会详前来。除咨部外，理合恭折具奏，伏乞皇太后、皇上圣鉴，敕部议覆施行。谨奏。光绪三十年七月二十日。

朱批:"吏部议奏。"

《光绪朝朱批奏折》第20辑,第479—480页

979. 请将南澳镇标左营守备余世錤准予辞退开缺片

光绪三十年七月二十日(1904年8月30日)

再,准福建水师提臣曹志忠咨开,据署南澳镇总兵陈尚新转据南澳镇标左营守备余世錤禀称,现年六十三岁,精力日衰,当此整顿营伍,不敢以衰躯恋栈,致滋贻误,理合禀请辞退,由该署镇查验属实,转咨前来。臣查该守备余世錤年老力衰,既据自行禀请辞退,合无仰恳天恩,俯准将南澳镇标左营守备余世錤准予辞退开缺,所遗守备容臣另行遴员请补。除咨部查照外,谨附片具陈,伏乞圣鉴。谨奏。

朱批:"着照所请,兵部知道。"

《光绪朝朱批奏折》第49辑,第381页

980. 代奏王复胜卸署建宁镇篆日期片

光绪三十年七月二十日(1904年8月30日)

再,据署理福建建宁镇总兵、本任闽安协副将王复胜禀称,奉檄调署福宁镇总兵,所遗建宁镇篆,委令现署福宁镇总兵、本任福州城守协副将姜河清调署,其姜河清未到任以前,应委建宁镇标中营游击李飞龙暂护等因,遵于本年七月初六日卸事。并据游击李飞龙禀报,即于是日接受护理,恳请代奏各等情前来。理合附片具陈,伏乞圣鉴。谨奏。

朱批："兵部知道。"

《光绪朝朱批奏折》第49辑，第382页

981. 奏报福建筹解本年七月新定偿款银数日期片

光绪三十年七月二十日（1904年8月30日）

再，准部咨，新定偿款摊派福建省岁解银八十万两。并钦奉谕旨："各该省前次指派之款，应即按月分匀，赶紧筹措，先期解交上海道转付。"等因。钦此。业经按月筹解至本年六月第三年第七期，分匀如数，汇解上海道查收清楚，先后奏咨在案。兹光绪三十年七月应解第三年第八期前项库平纹银六万六千六百七十两，除奉户部议准，将闽海关药厘由税务司径拨汇解银二万两外，实尚应解库平纹银四万六千六百七十两。现于司道局库筹集如数，于本年七月十二日交号商领汇，定限七月二十日以前解交江海关道查收汇付。至号商汇费银一千五百八十六两七钱八分及药厘拨抵银两应需汇费，仍请随正支给。据福建财政局司道会同藩臬两司、粮盐二道详请奏咨前来。臣覆核无异，除给咨批解，并分咨外务部、户部查照外，谨附片具奏，伏乞圣鉴。谨奏。

朱批："该部知道。"

《光绪朝朱批奏折》第84辑，第368—369页

982. 奏报福建省光绪三十年六月分晴雨粮价情形折附清单

光绪三十年七月二十日（1904年8月30日）

署理闽浙总督、江西巡抚臣李兴锐跪奏，为恭报晴雨、粮价情

形,仰祈圣鉴事。

窃查福建省城光绪三十年六月分得雨十四次,省外各属禀报略同。通省粮价间有增减,早稻收割,民情安谧。据福建布政使周莲具详前来。谨缮清单,恭折具陈,伏乞皇太后、皇上圣鉴。谨奏。光绪三十年七月二十日。

朱批:"知道了。"

清单

谨将福建省九府二州属光绪三十年六月分米粮价值缮具清单,恭呈御览。

谨开:

福州府属

上米每仓石价银三两一钱至三两七钱,与上月同。中米每仓石价银二两六钱至三两六钱,与上月同。下米每仓石价银二两三钱至三两五钱,与上月同。

兴化府属

上米每仓石价银三两四钱至三两六钱,较上月减一钱。中米每仓石价银三两三钱至三两五钱,较上月减一钱。下米每仓石价银三两二钱至三两四钱,较上月减一钱。

泉州府属

上米每仓石价银三两一钱至四两三钱,与上月同。中米每仓石价银三两至四两,与上月同。下米每仓石价银二两九钱至三两七钱,与上月同。

漳州府属

上米每仓石价银二两八钱至三两六钱,与上月同。中米每仓石价银二两七钱至三两五钱,与上月同。下米每仓石价银二两六钱至三两四钱,与上月同。

延平府属

上米每仓石价银二两七钱六分至四两,与上月同。中米每仓石价银二两六钱六分至三两九钱一分,与上月同。下米每仓石价银二两五钱至三两八钱四分,与上月同。

建宁府属

上米每仓石价银二两四钱二分至三两八钱,与上月同。中米每仓石价银二两二钱五分至三两七钱,与上月同。下米每仓石价银二两一钱二分至三两六钱,与上月同。

邵武府属

上米每仓石价银二两四钱至二两九钱,与上月同。中米每仓石价银二两三钱至二两八钱,与上月同。下米每仓石价银二两二钱至二两七钱,与上月同。

汀州府属

上米每仓石价银二两四钱至五两六钱,较上月增六钱。中米每仓石价银二两三钱至五两四钱,较上月增六钱。下米每仓石价银二两二钱至五两二钱,较上月增六钱。

福宁府属

上米每仓石价银二两二钱至三两三钱五分,与上月同。中米每仓石价银二两一钱至三两二钱五分,与上月同。下米每仓石价银二两至三两一钱五分,与上月同。

永春州属

上米每仓石价银二两八钱至四两五钱,较上月增一钱。中米每仓石价银二两六钱至四两四钱,较上月增一钱。下米每仓石价银二两四钱至四两三钱,较上月增一钱。

龙岩州属

上米每仓石价银三两一钱至四两八钱,与上月同。中米每仓石价银三两至四两七钱,与上月同。下米每仓石价银二两九钱至四两六钱,与上月同。

朱批:"览。"

正折据《光绪朝朱批奏折》第97辑,第345页;清单据台北故宫博物院藏"军机处档折件"附件,文献编号:162815

983. 试用知县张弧、温士龚期满甄别均堪留闽序补片

光绪三十年七月二十日[①](1904年8月30日)

再,劳绩、捐纳、大挑分发各员,到省一年期满,例应详加甄别。兹福建试用知县张弧、温士龚,均试用期满,例应甄别,据福建藩、臬两司会详前来。查该员张弧品性端正,任事勤能;温士龚才具明敏,举止安详,均堪以知县留闽,按班序补。除履历咨部外,理合附片具奏,伏乞圣鉴。谨奏。

朱批:"吏部知道。"

《光绪朝朱批奏折》第20辑,第482页

---

① 底本推定具奏日期为光绪三十年七月二十二日。按,据中国第一历史档案馆藏"宫中档案全宗·朱批奏折"目录,此片(档号:04—01—12—0638—075)具奏时间在光绪三十年,并无具体日期。又据台北故宫博物院藏"军机处档折件",此片(文献编号:162818)与上折(文献编号:162815)朱批日期同为光绪三十年八月十八日,则具奏日期亦应相同。

984.浙省裁留绿营员弁各缺及归并移驻兼管汛地折附清单

光绪三十年七月二十二日(1904年9月1日)

署理闽浙总督、江西巡抚臣李兴锐跪奏,为浙江各营裁留员弁缺数,归并、移驻、兼管汛地衔名,恭折缮具清单,仰祈圣鉴事。

窃查浙省水陆标营续议妥筹兼顾,分别酌留、裁汰各缺,及嘉、湖二协原裁各缺分别补复、改设,均经前督臣许应骙缮具清单,会折奏准在案。所有未尽事宜,及裁汰各缺应如何归并管辖、移驻汛防,当经饬司会营查明,议覆核办。

兹据浙江藩、臬两司会详,查浙江水陆各标通计三十九营,除海防一营专司塘工,不与征调,毋庸议裁,乍浦、海宁、石浦、宁城守等四营地居冲要,设官无多,议准免裁,嘉、湖二协前因裁缺过多不敷防守,续请补复、改设十一缺,业经奏准兵部核覆,其馀抚标左、右二营,提标定海、海门、衢州、温州、处州五镇,杭州、象山、绍兴、台州、金华、严州、乐清、瑞安、平阳各协镇,海宁海、太平、玉环、太湖、枫岭、钱塘水师、澉浦、宁城守、衢城守、温城守、大荆、海城守、磐石、丽水等三十二营,原议裁汰一百九十一缺,续议酌留一百五缺,应裁八十六缺。惟查原议裁汰提标右营游击一缺,现因宁、绍两郡交界之大岚山地连数邑,盗匪出没无常,防务紧要,应请将议裁该游击一缺复设,改驻大岚山,作为专营,分设汛地,以资巡防。实在仍裁八十五缺,内游击一缺、都司一缺、守备三缺、千总一十一缺、把总二十缺、外委四十五缺、额外四缺。此酌留、裁汰之情形也。

至嘉、湖二协各缺，业经前督臣许应骙奏请补复、改设，实因不敷防守，应仍照前奏办理，实在补复外委九缺，改设把总一缺、外委一缺。此补复、改设之情形也。

以上酌留裁汰、补复改设各员缺，均经道府会同营员再四筹定，实已悉臻周妥。其已裁各员弁所遗汛地，亦均察酌情形，分别择要移驻，计移驻都司、守备、千总、把总、外委、额外共二十四员弁。此外无关紧要之偏汛归并、兼管，均于各营册内分晰查造，饬令移防，俾专责成而资镇慑。

所有裁汰各员弁，无论正署俸廉，一律截至光绪二十九年秋季为止，以示限制。至裁缺人员，撤回另补，如归标奉准、未补缺以前，千、把以上，照例给予俸薪，外委、额外留营挑补名粮，不另支给得项。除将议裁提标右营游击一缺复设，改驻大岚山，其随防汛弁如何抽调移驻，俟查明另行专案办理外，谨将各营裁留员弁缺数，归并、移驻、兼管汛地衔名，造具营制总册，详请奏咨前来。

臣等查核所议裁汰各缺，归并汛防，移驻兼管，尚属周妥，该司等所请将议裁之浙江提标右营游击一缺复设，改驻大岚山，亦系为慎重防务起见。合无仰恳天恩，饬部核覆施行。除仍饬将该游击随防汛弁应如何抽调移驻查明，另行专案详办，并将现据送到营制总册咨部暨练兵处外，谨会同浙江巡抚臣聂缉椝、浙江提督臣吕本元合词恭折具陈，并缮具各标员弁移驻处所清单，恭呈御览，伏乞皇太后、皇上圣鉴训示。谨奏。光绪三十年七月二十二日。

朱批："兵部议奏，单并发。"

清单

谨将浙江各标员弁移驻处所开列清单，恭呈御览。

谨开：

杭州协标移驻把总一缺

该把总原驻扎省城，专防仁和县地界，现拟移驻临平镇，改为临平汛把总。所遗事务，并归在城专防钱塘县界千总兼管。

嘉乍协移驻乍浦协右营守备一缺

该守备原系乍浦协右营守备，驻扎乍浦南门外，轮巡洋汛。现因澉浦营都司议裁，拟将该守备移驻澉浦所城南门外，删去“乍浦协右营”字样，改为澉浦汛，管理已裁澉浦营都司一切事务。所遗乍浦协右营守备事务，并归乍浦协左营守备兼管。

太湖营移驻千总一缺

该千总原驻扎浙江乌程县伍浦汛，现拟移驻乌程县大钱汛，改为大钱汛千总。所遗汛地，以江南吴县角头汛外委移驻管理。

太湖营移驻外委把总一缺

该外委原驻扎江南吴县角头汛，现拟移驻浙江乌程县伍浦汛，改为伍浦汛外委，协防大钱汛。所遗汛地，并归本营额外兼管。

象山协移驻外委把总一缺

该外委原驻岳头口隘，现拟改驻关头汛。递遗汛地，并归爵溪汛把总兼管。

绍兴协移驻左营外委把总一缺

该外委原驻扎绍兴府城，协防会稽县汛，现拟移驻西小江汛，管理已裁西小江汛把总事务。所遗会稽汛务，并归绍兴府城汛守备兼管。

绍兴协移驻右营千总一缺

该千总原驻临山汛，现因坎墩地方紧要，拟以该千总改驻，设立专防坎墩汛，并兼辖附近浒山汛。所遗临山汛务，调馀姚县城汛把总移驻管理。

绍兴协移驻馀姚县汛把总一缺

该把总原驻馀姚县汛，现拟移驻临山汛，作为专防，兼管临山汛裁缺外委事务。所遗馀姚汛务，并归守备兼管。

绍兴协移驻府城差操外委把总一缺

该外委原驻府城差操，现拟移驻厦盖山汛。所遗差操事务，并归绍兴府城汛额外兼管。

台州协移驻左营外委千总一缺

该外委原驻桃渚寨汛，现拟移驻小雄汛专防，兼管裁缺把总事务。

台州协移驻右营把总一缺

该把总原驻宁溪汛，现拟移驻乌岩汛，作为专防。所遗宁溪汛把总事务，调乌岩汛外委移驻管理。

台州协移驻右营外委把总一缺

该外委原驻乌岩汛，现拟移驻宁溪汛。所遗乌岩汛外委事务，并归现拟改驻乌岩把总兼管。

海门镇标移驻右营把总一缺

该把总原驻松门卫城操防，轮巡洋汛，现因右营石塘汛千总议裁，拟将该把总移驻石塘汛专防，轮巡洋汛。查松门卫城原驻把总二员，今以一员移驻石塘汛，所遗原管操防事务，并归一员管理。

宁海营移驻外委把总一缺

该外委原驻宁海县城差操，现拟移驻朱岙汛专防。

太平营移驻额外一缺

该额外原驻太平县城汛差操，现因沙角汛外委议裁，拟将该额外改驻沙角汛巡防。

金华协移驻巡防都司一缺

该都司原驻金华府城，光绪十五年奏准改驻永康县八保山巡防，现拟仍复调驻金华府城，改为中军都司，管辖左右两营事务。所遗八保山巡防事务，调永康里溪汛千总移驻巡防。

金华协移驻右营千总一缺

该千总原驻永康县里溪汛，现拟带同汛兵移驻八保山汛，兼管四十五都汛外委事务。所遗里溪汛，调永康四十五都汛外委移驻巡防。

金华协移右营外委千总一缺

该外委原驻东阳县白峰汛，兼管安文汛，现拟移驻县城，作为协防，归把总节制。所遗白峰汛及安文汛事务，归东阳汛把总兼管。

金华协移驻右营外委把总一缺

该外委原防永康四十五都汛，现拟移驻里溪汛，作为协防，归永康千总节制。所遗四十五都汛，并归八保山汛千总兼管。

衢州镇标移驻中营把总一缺

该把总原驻衢州府城，现因中营龙游汛千总议裁，以该把总移驻管理。所遗衢州府城把总汛务，并归衢州府城千总兼管。

衢州镇标移驻左营外委千总一缺

该外委原分防常山县汛，现因常山县属招贤地方紧要，拟将该外委移驻，作为分防招贤汛。所遗城汛事务，并归本营同城千总兼管。

温州镇标移驻右营把总一缺

该把总原驻防蒋岭汛，兼辖白塔、雾前、陶山，并巡查大岦街、岦口等处，现拟移驻龙湾汛，兼辖后陈隘口、黄石山嘴台，并兼管茅竹汛外委事务。

温州镇移驻右营外委原驻龙湾汛把总一缺

该外委原驻龙湾汛，兼管后陈隘口、黄石山嘴台，现拟移驻蒋岭汛，兼辖白塔、雾前、陶山，并巡查大岀、街岀口等处。

温州镇移驻右营外委原驻茅竹汛把总一缺

该外委原驻防茅竹汛，现拟移驻曹村汛，专管所裁曹村汛把总事务。

朱批："览。"

正折据《光绪朝朱批奏折》第35辑，第238—239页；清单据台北故宫博物院藏"军机处档折件"附件，文献编号：162851

985. 委任王书选署理浙江定海镇总兵片*

光绪三十年七月二十二日（1904年9月1日）

再，署浙江定海镇总兵吴杰现带防军，未能兼顾，屡据该镇禀请交卸，而实缺总兵吴元恺现在畿辅带兵，一时未能到任，自应另行遴员接署，以重职守。查有现署福州城守协副将、本任浙江玉环营参将王书选，于浙省营务尚称熟悉，堪以委署。除檄饬遵照外，谨附片具奏，伏乞圣鉴。谨奏。

朱批："兵部知道。"

《光绪朝朱批奏折》第49辑，第407页

---

* 底本推定作者为署闽浙总督魏光焘，具奏日期为光绪三十年八月初十日，误。据台北故宫博物院藏"军机处档折件"，此片（文献编号：162848）作者为李兴锐，具奏日期缺，朱批日期与上折（文献编号：162851）同为光绪三十年八月十九日，则具奏日期亦应相同。

986. 南澳镇标左营懋字二号长龙船巡洋失事请动款补制并恤赏兵丁片

光绪三十年七月二十二日(1904年9月1日)

再,据财政局司道详称,闽粤南澳镇标左营懋字二号长龙船一只,于光绪二十八年六月初一日经该营守备余世綨驾坐巡洋,初六日至三澎外洋,瞭见金校椅海面有商轮碰礁失事,与南澳厅所派南澳司巡检刘恩翘督率弁兵差保,先后救起洋人、水手七十馀名。询明该船名"江西",系美国商船,装载米包、棉花,前往东洋,初三日由香港展轮,初五夜三更驶至此地碰礁船破,人经捞救,未遭淹毙,随雇民船将被难人等送回汕头登岸,仍派外委李亮光带练兵二十名在地弹压,并派懋二长龙船在失事轮船左右巡防保护。初九日,据该哨船管驾额外严大高报称,初八夜二更后,风雨骤至,金校椅地方礁石林立,不能湾泊,正欲驶回,无如风浪滔天,抛泊不住。至五更时候,锚索被风刮断,舵即折散,人力难施,迨至天明,全船被浪击碎,额外严大高等各自扶板飘流四散。维时弹压弁目在山瞭见,呼集渔艇竹筏,拚命捞获得生。查点溺毙水兵李扬荣、余清卢二名,其船上所配大炮三位、林明敦快枪二十杆、枪子四百颗、火药七十斤,一切器械均皆落水无存。由营照例移送该驾弁额外严大高、目兵范清标、舵工曾元等十九名,经南澳厅冯文星查讯,并会同南澳左营守备余世綨前诣该船击碎处所,勘得金校椅礁石林立,外有暗礁,据目兵范清标指称,懋二长龙船就在该处暗礁击碎,片板无存,实系人力难施,并非管驾不慎。复经隔别研讯无异,备造洋图,并各弁兵钤甘结,及配船兵丁暨沉失军械、淹毙兵丁各清册、勘讯印结各前来。

查水师各营战哨船只在大洋、大江危险地方,因公差遣或在洋巡缉攻盗遭风击碎,例得免赔,准其连同沉失军械、动支钱粮另行造补,所有落水受困得生及淹毙兵丁并准分别赏恤。今南澳左营懋字二号长龙船,系光绪二十六年间由营改造,拨洋巡缉,历无贻误。二十八年六月初六日早,该船因奉谕巡缉外洋金校椅海面,保护美国商船,于初八夜碰礁击碎,兵毙械沉。经南澳同知勘讯明确,实系猝遭风浪,人力难施,同时商、渔船只漂没不少,并非管驾不慎,弃船不顾,核与免赔之例相符。所有遭风击碎懋二长龙船同沉失器械,应请准予动款补制,所需经费,即于裁撤大船变价银两存款内动拨补制。其落水受困得生兵丁十九名、淹毙兵丁二名,并请分别核议恤赏等情,详请奏咨前来。臣覆核无异,除将册、结、图咨部核覆外,理合附片具陈,伏乞圣鉴,敕部核覆施行。谨奏。

朱批:"该部议奏。"

《光绪朝朱批奏折》第49辑,第382—383页

987. 办理福建前购无烟火药机器案片

光绪三十年七月二十二日(1904年9月1日)

再,上年前任督臣许应骙因拟添制造无烟火药,派员与乾记洋行订购机器,全副计价洋银八万二千九百五十元,除先付三分之一定银外,尚须找付价银五万五千馀元。嗣经前兼署督臣崇善以库储支绌,无款购留,奏明饬调原经手之已革分省补用知府彭思桂来闽,责令商退,未及办结卸事。臣到任后,复经照案饬催,并查取原定机器图式及件数清单,呈送核办。奈该洋行以立有合约在先,机

器将次运齐,坚不肯退。臣查洋商交易素重信义,若必令认退,匪特先付之定银不能收回,且恐该洋行执持合约,以相诘难,徒滋笔舌,无裨实际。但合同内系载明机器全副,而运到者只有锅炉一具,计缺少备用者一具,又进出水汽管亦少备换之件,并缺水台上储水铁柜及汲水帮布一副,其交货日期又已逾限,自应分别扣罚,以补亏缺。当饬彭思桂与该洋行往复驳辨,磋磨再四,始行议定,在于应找价款内扣回短少锅炉等项价银五千五百元,又罚扣逾限定款息银七百元。除此之外,尚应找付价银四万九千一百元,即经饬派熟谙机器之员会同彭思桂逐一验收,运交船厂暂存,俟筹定常年经费,再行建厂开制,并将价款找付清楚。至彭思桂此次经购机器,草率荒谬,实难辞咎,业经臣另案奏参,应免再议。据军政等局司道会详请奏前来。除分咨查照外,理合附片具陈,伏乞圣鉴。谨奏。

朱批:"该部知道。"

《光绪朝朱批奏折》第63辑,第369—370页

988.奏报闽省光绪二十六年分动支囚粮银两数目折

光绪三十年七月二十二日(1904年9月1日)

署理闽浙总督、江西巡抚臣李兴锐跪奏,为造报闽省光绪二十六年分动支囚粮银两,恭折具陈,仰祈圣鉴事。

窃准部咨,闽省额设囚粮银两,照额通融匀给,倘仍不敷,在于存公银内支给;按察使新设监狱,既无额设囚粮,即在每年凑拨公费银内开支,如有不敷,亦归入通省不敷囚粮银内补给;发遣军流及一切递解人犯,照依支给囚粮之例,在于存公银内动支,按年分别造册,咨送刑部查明,转咨户部核销。又准户部咨,囚犯口粮谷

石,既在新捐监谷项下动支,其谷价银两毋庸在于耗羡银内开销,所有柴薪盐菜等银,准其在于耗羡额载囚粮银内动支等因。转饬遵照各在案。

兹光绪二十六年分据福州等府属造报,递解军流口粮给过米折银二十六两五钱二分五厘九毫七丝,在于光绪二十七年分存公银内给还。并据福州等九府、永春、龙岩二州属造报,给过各州县监囚犯口粮动支新捐监谷三千四百三十一石二斗九升六合,遵照部行,造入该年察盘仓谷册内开销,毋庸扣价报拨,又给过柴薪盐菜并看犯、支更禁卒灯油等银八百五十七两八钱二分四厘,在于各州县额载囚犯月粮银一千三百七两一钱四分五厘内动支,尚剩银四百四十九两三钱二分一厘,理合分造清册呈送。至狱囚口粮,向应毋庸减平,其递解人犯口粮及囚犯薪油等银,应请一律免扣。据福建藩、臬两司会详前来。臣复核无异,自应遵照新章,改题为奏。除册分送户部、刑部察销外,谨恭折具陈,伏乞皇太后、皇上圣鉴。谨奏。光绪三十年七月二十二日。

朱批:"该部知道。"

《光绪朝朱批奏折》第90辑,第69—70页

989. 审拟闽县陈大头因索欠起衅殴伤林成连身死一案片*

光绪三十年七月二十二日(1904年9月1日)

再,据福建臬司审解闽县命犯陈大头因索欠起衅殴伤林成连

* 底本推定具奏时间在光绪三十年,作者职衔为闽浙总督。据台北故宫博物院藏"军机处档折件",此片(文献编号:162849)作者为李兴锐,具奏日期缺,朱批日期与上折(文献编号:162850)同为光绪三十年八月十九日,则具奏日期亦应相同。

身死一案,经臣提犯勘审,供认不讳,将陈大头依斗杀律,拟绞监候。该犯恭逢光绪三十年正月十五日恩诏,事犯在正月初一日以前,核其情罪,系在部议条款准免之列,应请准予援免,仍追埋葬银两,给属具领。后再有犯,加等治罪。业将供勘咨部在案。此案照章本应汇奏,因臬司审解仅此一起,无从汇案,谨附片具陈,伏乞圣鉴,敕部核覆施行。谨奏。

朱批:"刑部议奏。"

《光绪朝朱批奏折》第108辑,第773页

990. 调署两江总督谢恩并报交卸闽督篆务起程日期折

光绪三十年八月初二日(1904年9月11日)

署理闽浙总督、调署两江总督、江西巡抚臣李兴锐跪奏,为恭折叩谢天恩,仰祈圣鉴事。

窃臣恭阅电钞,光绪三十年七月二十二日钦奉上谕,调署两江总督,当即恭设香案,望阙叩头谢恩。旋复接准京电,二十三日奉上谕:"魏光焘已调署闽浙总督,未到任以前,着崇善暂行兼署。李兴锐着即起程,迅赴署任。"钦此。闻命之馀,曷胜感悚!

伏念两江为东南重镇,江海交错,经纬万端,臣昔年随前大学士曾国藩治军该省,深悉繁难情形。近来时局变迁,庶务待理,措施稍有未当,贻误匪轻。臣闽疆待罪,无补涓埃,何图迟暮之年,重荷非常之任,彷徨夙夜,弥切战兢。只以时事艰危,诏书敦迫。揆诸尽瘁之义,未敢言辞;深维倚畀之隆,感而思奋。谨将应办事件料理清楚,即于八月初二日将印信、文卷移交兼署督臣崇善接收任事,臣即于初四日由轮船航海赴沪,驰赴署任。

除俟到任后再将筹办情形奏报外，所有微臣感激下忱，并交卸闽督篆务、起程日期，理合缮折具陈，恭谢天恩，伏乞皇太后、皇上圣鉴。谨奏。光绪三十年八月初二日。

朱批："知道了。"

《光绪朝朱批奏折》第20辑，第512页

991. 请将前吏部主事劳乃宣等员调赴江南委用片

光绪三十年八月初二日（1904年9月11日）

再，两江政务殷繁，甲于各省，迩际时事多艰，交涉之难，尤非往昔可比，而筹饷练兵，布置防务，为自强至计，更属刻不容缓。疆臣即有过人才智，亦断不能恃一手一足之烈遽收治效，况臣衰庸，非藉群策群力，何能图治？臣于用人一事，最为矜慎，非历试以事，相知有素者，从不轻加信任。江省需次人员，不患无才，但多未深知，必俟两三月后，细加体察，方能举错合宜。目前庶务待理，需才甚殷，臣有相信日久者数人，不得不吁恳于圣主之前，调往委用，以收臂助。

查有前吏部主事劳乃宣，文武兼资，洪纤赡举，历经荐举，久为物望所推重；降调道员前福建按察使杨文鼎，才长心细，磊落英多，平日勇于任事，不辞劳怨。该二员均由直隶牧令起家，臣昔官畿辅，相知甚深，上年先后奏调，劳乃宣因病未来，杨文鼎业经到闽，委办商政、洋务，均能悉心筹画。又福建特用道徐绍桢，识力超卓，才足有为，历在赣、粤统军，娴于军旅；直隶开复直隶州知州候补知县洪寿彭，学有根柢，才具不凡，历任州县，贤能卓著。该二员随臣历官赣、粤，相从较久，深资赞助。又广东议叙知县刘庆镗，志趣端卓,任事勤能;福建试用知县易焕鼎,书生本色,遇事精审,察其才识,均牧令中不可多得之员。

以上六员,才具虽各有所长,然皆由臣历加委任,气谊相孚,合无仰恳天恩,俯念两江地大物博,需才甚殷,与他省情形不同,准将该员劳乃宣等调赴江南,分别委用,俾得相助为理,冀免丛脞之虞,出自鸿施逾格。谨附片具陈,伏乞圣鉴训示。谨奏。

朱批:“着照所请,该部知道。”

《光绪朝朱批奏折》第20辑,第513页

992. 奏报福建筹解光绪三十年八月期英德款银片

光绪三十年八月初二日(1904年9月11日)

再,准部咨,应还俄法、英德借款,福建按年拨银三十四万两,自光绪二十三年起,英德款银每年匀分四次解交等因。当经转饬各局库通力合筹,提由藩司按期拨解。嗣准部咨,号商汇费,应随正项支给,不得动支税厘,并令照汇解关税、盐课等项汇费开支,自应一律支办。兹届三十年八月期,应还英德款银四万七千五百两,由司照数筹提,于本年七月二十三日发交号商,汇解江海关道兑收,以备汇付。又另支出银一千六百十五两,作为号商汇费之需。据福建藩司周莲详请奏咨前来。除给咨批解,并咨部查照外,理合附片陈明,伏乞圣鉴。谨奏。

朱批:“该部知道。”

《光绪朝朱批奏折》第84辑,第373页

993.奏报到任接篆日期折

光绪三十年八月十三日(1904年9月22日)

署理两江总督、江西巡抚臣李兴锐跪奏,为恭报微臣到任接篆日期,叩谢天恩,仰祈圣鉴事。

窃臣在闽浙总督署任内钦奉谕旨,署理两江总督,当经恭折谢恩,并将交卸闽督篆务起程日期奏报在案。旋于八月十二日驰抵江宁省城,十三日准正任两江督臣魏光焘饬委江宁府知府罗章、中军副将李祥椿,将两江总督关防、两淮盐政印信、钦差通商大臣关防并王命旗牌、文卷等件赍送前来。臣当即恭设香案,望阙叩头谢恩,祗领任事。

伏念臣渥受国恩,涓埃未报;量移疆寄,兢惕弥深。查两江政务殷繁,地方重要,处江海交通之所,值宫廷宵旰之秋。内治以兴学为先,须谋普及;新政以实行为本,毋侈空谈。经国固重理财,而元气宜培,则搜括恐伤治体;安民当先察吏,而官常日下,则激扬首励廉隅。矧疆圉严中立之防,虽圣明不忘尝胆;必樽俎裕外交之策,斯因应乃可从心。他如修明武备,考核军储,凡兹艰巨之投,要非迂疏可济。如臣梼昧,惧弗克胜。惟有破除积习,殚竭血忱,随时随事,与北洋大臣、三省抚臣、漕臣和衷商榷,认真经理,以冀仰答高厚鸿慈于万一。

所有微臣接篆日期,谨缮折叩谢天恩,伏乞皇太后、皇上圣鉴。谨奏。光绪三十年八月十三日。

朱批:"知道了。"

《光绪朝朱批奏折》第20辑,第533—534页

994. 查明苏省光绪二十五年分运漕出力人员请奖折附清单

光绪三十年八月二十四日(1904年10月3日)

署理两江总督、江西巡抚臣李兴锐,头品顶戴调署江苏巡抚、湖北巡抚臣端方跪奏,为查明苏省光绪二十五年分漕、白二粮办理海运未竣,旋改陆运出力员弁人等,恳恩分别给奖,恭折仰祈圣鉴事。

窃照苏省光绪二十五年应征冬漕实计海运交仓漕、白正耗米七十七万二千八百一十四石零,循案派拨沙轮各船装运赴津,斛兑过剥,转运通州,于光绪二十六年四月初一日在津开兑起,至五月初二日止,先将白粮全数交仓,次将沙船装到漕米接续兑竣。惟招商局轮船陆续运津漕米甫及其半,适当拳教事起,官民剥船不能赴通,奏准停运,所有津沽栈房存米致被洋兵占取,变起仓卒,实非防护不力,经前督办轮船事务盛宣怀暨前抚臣聂缉椝将先后运赴津通、陕西亏耗各米数开折咨部各在案。其馀存储上海招商局栈房漕米二十馀万石,归入二十六年新漕,改由火车运京,于二十七年七月十八日扫数兑竣。所有承办各员,历时一年有馀,始报全漕完竣,均能劳瘁不辞,不无微劳足录。兹据苏州布政使效曾会同署按察使朱之榛、督粮道陆锺琦、苏松太道袁树勋查明天津、通州、苏州、上海等处办事出力各员、写生暨轮船、水师各营出洋巡护出力各员弁,开送履历清册,详请奏咨给奖前来。

臣等伏查光绪二十五年分苏省冬漕海运米石,循案由沙卫各船暨招商局轮船承装运津,派委粮道驰赴天津,督运抵通交兑,适值津沽战事，奏准停运，其馀存沪漕米议改火车运京，事属创办，较之向来专办海运，尤属头绪纷繁，历时一年有馀，全漕始克完竣。所有在事各员弁，或办理转运，弹压稽查，或钩稽银米，兼筹运费，或银米首先全完，或水陆认真巡护，均属踊跃趋公，辛劳倍著。谨将办理出力员弁、写生酌拟奖励等差，开缮清单，恭呈御览，合无仰恳天恩，俯准给奖，以昭激劝。

除将履历清册分咨吏、兵部查照外，理合恭折具陈，伏乞皇太后、皇上圣鉴训示。谨奏。〔光绪三十年〕八月二十四日。

光绪三十年九月十八日奉朱批："该部议奏，单并发。"钦此。

清单

谨将苏省海运光绪二十五年分漕、白粮米天津、通州、省、沪各局办事出力各员、写生，暨银米首先全完并出洋巡护各员弁酌拟奖叙等差，开缮清单，恭呈御览。

计开：

天津、通州交米出力官员、写生：

候补班前先补用道邓心茂，拟请赏加二品衔。

苏州府太湖同知程良驭，拟请以知府在任候补。

遇缺即补直隶州知州文林，拟请俟补缺后以知府用。

试用同知王秉璋，拟请赏加四品衔。

四品衔直隶州用候补知州樊恭寿，拟请俟补直隶州知州后以知府用。

试用直隶州州同陈方镛，拟请俟补缺后以知州用。

同知衔试用布理问翁璞，拟请俟补缺后以知州用。

知府衔直隶州用分缺间补用知县徐清镇，拟请俟离知县任，归直隶州知州后以知府用。

大挑知县王培钧,拟请赏加同知衔。

直隶州用候补知县冯咏芝,拟请俟补直隶州知州后加知府衔。

同知衔试用知县张宗良,拟请俟补缺后以直隶州用。

直隶州用遇缺先补用知县伊立勋,拟请交部从优议叙。

四品衔扬州府泰州知州张浍,拟请交部从优议叙。

升缺升用候补知县寿庆慈,拟请俟补升缺升用后加四品衔。

四品衔、直隶州用、候补知县马枚,拟请俟补直隶州知州后赏加四品封典。

补用知县丁经三,拟请俟补缺后以直隶州知州用。

直隶州用试用知县孙宝瑞,拟请俟补直隶州知州后加四品衔。

同知用候补知县董潭,拟请俟补同知后加知府衔。

即用知县陈景韶,拟请俟补缺后以直隶州知州用。

知县用试用县丞李锡年,拟请俟补知县后以同知用。

试用县丞杨宝书,拟请俟补缺后以知县用。

知县用候补县丞沈昭序,拟请俟补知县后加同知衔。

知县用新班先用县丞陈庆衔,拟请俟补知县后加同知衔。

试用县主簿王澍田,拟请以本班先用。

在任候选知县、震泽县震泽司巡检林韶贻,拟请俟选知县后以同知直隶州用。

补用巡检简绍猷,拟请俟补缺后以县主簿仍留原省补用。

试用典史张廷墀,拟请俟补缺后以县主簿用。

盐运使衔补知府后以道员补用候补知府王仁东,拟请俟归道班后加二品顶戴。

试用通判郝尔泰,拟请赏加四品衔。

同知衔直隶州用候补知县张宝瑔，拟请俟补直隶州知州后加运同衔。

四品衔请补江苏海州直隶州知州恩芳，拟请赏加一级。

补用知县前吴县县丞张樟，拟请俟补知县后以同知直隶州用。

试用县丞文辉，拟请俟补缺后以知县用。

津局写生盐大使职衔杨辅忠，拟请以盐大使用。

通局写生方镇瀛，拟请以巡检不论双单月归部选用。

省局出力委员并各衙门写生：

三品衔在任候选道、前署长洲县、现任上海县知县汪懋琨，拟请交部从优议叙。

江苏即补道前署元和县知县陈际唐，拟请赏加二品衔。

在任候选道前署吴县、调补青浦县知县田宝荣，拟请俟离知县任选道员后加二品顶戴。

直隶州用在任候选知县苏州府知事戴尔恒，拟请俟补直隶州知州后加四品衔。

在任候补知县吴县县丞吴树楷，拟请俟补知县后以直隶州用。

五品顶戴布库大使马炘，拟请以知县在任候补。

四品衔试用通判王士暄，拟请给予四品封典。

总督衙门写生五品顶戴金秉元，拟请以巡检不论双单月归部选用。

巡抚衙门写生浙江试用从九品金文灿，拟请俟补缺后以县主簿用。

藩司衙门写生准补浙江江山县典史陈耀，拟请以县主簿在任候补。

粮道衙门写生布库大使职衔曹锡培，拟请以布库大使双月归部选用。

省局写生县丞职衔沈树璜，拟请以县丞不论双单月选用。

沪局出力委员、写生：

道员用候补知府张预，拟请赏加三品衔。

道员用候补知府孙葆珪，拟请赏加三品衔。

试用府经历程楚雄，拟请俟补缺后以知县用。

候补知县王家梁，拟请俟补缺后以直隶州用。

试用府照磨舒家騄，拟请俟补缺后以县丞用。

试用县丞萧湛恩，拟请俟补缺后以知县用。

试用同知唐典，拟请俟补缺后以知府用。

知府用试用同知罗承恩，拟请俟补知府后加盐运使衔。

分缺先补用道库大使樊恭振，拟请俟补缺后以县主簿用。

试用县丞李昌准，拟请俟补缺后以知县用。

上海县主簿孙传桢，拟请以县丞在任候补。

三品衔知府用补用同知黄琪，拟请俟补知府后给予三品封典。

同知直隶州用候补知县李嘉福，拟请赏加四品衔。

同知衔候补知县唐鹤年，拟请俟补缺后以直隶州知州仍留原省补用。

五品衔知县用试用直隶州州判胡显勋，拟请俟补知县后以同知直隶州用。

直隶州用候补知县富光祖，拟请俟补直隶州知州后加四品衔。

沪局写生、蓝翎州同职衔陈增瑞，拟请以县丞不论双单月归部选用。

银米首先全完之员：

三品衔道员用在任候补知府川沙同知陈家熊，拟请加一级。

轮船巡护并漕标随办交米各营护漕出力各员弁：

总兵衔尽先补用参将吴克威，拟请以参将仍归江苏外海、内洋水师尽先补用。

五品军功补用千总姜廷材，拟请俟补千总后以守备补用。

二品顶戴升用游击补用都司葛凤龄，拟请俟补游击后给予二品封典。

前卫守备改留两江补用营守备成敬湘，拟请俟补缺后以都司仍留两江督标补用。

五品顶戴前卫千总留标改营尽先千总张轸先，拟请俟补缺后以守备仍留漕标补用。

漕标城守营新联专防把总罗得云，拟请以千总补用。

守备用候补千总借补漕标中营把总朱淦，拟请俟补守备后加都司衔。

五品顶戴漕标左营额外外委朱占鳌，拟请俟补外委后以把总补用。

五品翎顶正任太湖营千总、署提标右营千总吴春发，拟请以守备补用。

补用守备提标右营千总易锡藩，拟请俟补守备后以都司用。

都司衔升用千总提标右营把总马廷树，拟请俟补千总后以守备补用。

五品衔提标右营千总王太和，拟请以守备补用。

海门营都司华鸿诏，拟请以游击补用。

升用游击海门营都司吴景文，拟请俟补游击后以参将补用。

都司衔海门营守备张飞熊，拟请以都司补用。

五品顶戴苏镇中营守备彭永魁，拟请以都司补用。

五品顶戴苏镇右营千总成应堂，拟请赏加四品顶戴。

守备衔苏镇右营千总沈冠英，拟请以守备补用。

五品顶戴记拔千总海门营把总周福增，拟请赏加四品顶戴。

朱批："览。"

台北故宫博物院藏"军机处档折件"及其附件，文献编号：163605

995. 奏报江宁苏州两属各州厅县光绪三十年上半年已未结新旧交代折附清单

光绪三十年八月二十六日(1904 年 10 月 5 日)

署理两江总督、江西巡抚臣李兴锐，调署江苏巡抚、湖北巡抚臣端方跪奏，为查明江宁、苏州两属各州厅县光绪三十年上半年已结、未结新旧交代，开缮清单，恭折具陈，仰祈圣鉴事。

案准户部咨，会同吏部议奏，饬令将各州县交代限期定限半年汇奏一次，光绪元年八月初七日奉旨："依议。"钦此。等因。历经查明江苏省各州厅县已、未结交代，按限开单奏报至光绪二十九年下半年止在案。兹据江宁布政使黄建筦、苏州布政使效曾查明江宁、苏州等属三十年正月起至六月止已结、未结各新案交代，并二十九年下半年交代续报清结各案，汇开清单，详请具奏前来。臣等覆核无异，除将已结者严催赶造册结，咨部查核，未经结报有应缴款项者勒限完缴，如逾限不完即行照例参办外，相应汇缮清单，合词恭折会奏，伏乞皇太后、皇上圣鉴。谨奏。〔光绪三十年〕八月二十六日。

光绪三十年九月十九日奉朱批："户部知道，单并发。"钦此。

清单

谨将光绪三十年正月起至六月止江宁、苏州两藩司所属已、未结新案交代并二十九年下半年交代续报清结各案汇缮清单，恭呈御览。

计开：

江宁藩司所属

初参限内算清结报一案：

署上元县赵兴霙光绪三十年二月初二日到任，应接前署县陈树涵交代，扣至六月初一日初参限满。

前案已据算清结报详咨。

初参限内尚未结报六案：

句容县龙曜枢光绪三十年二月初二日到任，应接前署县王树鼎交代，扣至六月初一日初参限满。桃源县阎懋曾光绪三十年正月二十二日到任，应接前署县张景祐交代，扣至五月二十一日初参限满。署安东县曾纪寅光绪三十年正月十五日到任，应接前署县吴大照交代，扣至五月十四日初参限满。盐城县张祖纶光绪三十年正月二十五日到任，应接前署县戴光交代，扣至五月二十四日初参限满。泰州张浍光绪三十年二月二十四日到任，应接前署州侯绍瀛交代，扣至六月二十三日初参限满。沛县张聂光绪三十年二月十八日到任，应接前署县芳镇交代，扣至六月十七日初参限满。

以上六案，已据于限内会算清楚，现饬查造册结详咨。

初参限内尚未算结四案：

署江浦县丁经三光绪三十年三月十八日到任，应接前署县俞熙交代，扣至七月十七日初参限满。署江都县朱枚光绪三十年二月十四日到任，应接前署县卢维雝交代，扣至六月二十八日初参限满。兴化县陈树涵光绪三十年二月二十一日到任，应接病故前任知县王以乾及代理县姚崇义交代，扣至六月二十一日初参限满。

以上三案，现已严催会算结报，并饬开具初参迟延职名详咨。

砀山县秦猷祥光绪三十年二月初二日到任，应接代理县李铨及前任邵承灏交代，扣至六月初一日初参限满。查代理县李铨光绪二十九年十一月二十一日到任，应接前署县邵承灏交代，扣至三十年三月二十日初参限满。嗣因李铨未及会算，于限内交卸，应归秦猷祥统结，现饬严催会算，结报详咨。

未满初参尚未算结七案：

溧水县陈凤蔚光绪三十年四月二十二日到任，应接前县李儁交代，扣至七月二十一日初参限满。署甘泉县白承颐光绪三十年五月十八日到任，应接前署县沈兆禔交代，扣至九月十七日初参限满。丰县王之全光绪三十年三月二十一日到任，应接前署县许宝良交代，扣至七月二十日初参限满。萧县刘重堪光绪三十年五月十二日到任，应接前署县张绍棠交代，扣至九月十一日初参限满。署海州王曜光绪三十年四月十八日到任，应接前署州王茂中交代，扣至八月十七日初参限满。沭阳县张恭彝光绪三十年四月十三日到任，应接前署县叶元鋆交代，扣至八月十二日初参限满。赣榆县陈玉斌光绪三十年四月二十二日到任，应接前署县徐树锷交代，扣至八月二十一日初参限满。

以上七案，现饬严催会算清楚，造册结报详咨。

奏报光绪二十九年下半年交代续据算清结报八案：

署江宁县袁国钧光绪二十九年六月十二日到任，应接前县卢维雝交代，扣至十二月十一日二参限满。署六合县施煃光绪二十九年十月二十二日到任，应接前署县张镕万交代，扣至三十年二月二十一日初参限满。山阳县叶芸光绪二十九年十一月十二日到任,应接前代理县汪咏沂交代,扣至三十年三月十一日初参限满。高邮州李孟康光绪二十九年十二月十五日到任,应接前署州洪槃交代,扣至三十年四月十四日初参限满。署江都县卢维雝光绪二十九年七月十二日到任,应接前署县吴式聂交代,扣至三十年正月二十六日二参限满。署兴化县王以乾光绪二十九年七月初二日到任,应接前署县卢运昌交代,扣至十一月初一日初参限满。署海州王茂中光绪二十九年八月十五日到任,应接前署州德存交代,扣至十二月十四日初参限满。泰兴县龙璋光绪二十九年十月十八日调帘回任,应接前代理县游毅之及游毅之原接龙璋前次任内交代,扣至三十年二月十七日初参限满。

以上八案,已据算清结报详咨。

奏报光绪二十九年下半年交代续据算清尚未结报二案:

署东台县刘永涛光绪二十九年十月初六日到任,应接前县孙宝谷交代,扣至三十年二月初五日初参限满。

前案现饬催解存库银两,造册结报,并饬开具初参迟延职名详咨。

宝应县朱士俊光绪二十九年十月二十七日调帘回任,应接前代理县刘思懃及刘思懃原接朱士俊前次任内交代,扣至三十年二月二十六日初参限满。

前案已据于限内会算清楚,现饬查造册结详咨。

苏州藩司所属

初、二参限内算清结报四案:

署震泽县许文濬光绪三十年三月初六日到任,应接前县夏辅咸交代,扣至六月二十日初参限满。署昆山县俞锡畴光绪三十年二月十八日到任,应接前署县刘有光交代,扣至六月初二日初参限满。署无锡县陈诒光绪二十九年十二月二十七日到任,应接前署县许淮祥及郑馣交代,扣至三十年六月十一日二参限满。署金匮县汪鸣凤光绪三十年正月二十六日到任,应接前署县张宝瑑及伊立勋交代,扣至五月初十日初参限满。

以上四案,已据算清结报详咨。

未满初参尚未算结十案:

署新阳县卢懋善光绪三十年三月二十四日到任,应接前县陈绍唐交代,扣至七月初八日初参限满。署太湖厅德堪光绪三十年六月初八日到任,应接前厅程良驭交代,扣至八月初七日初参限满。署华亭县孙友萼光绪三十年六月初一日到任,应接前署县陈镐交代,扣至九月十五日初参限满。署娄县黎耀森光绪三十年四月初一日到任,应接前县屈泰清交代,扣至七月十五日初参限满。署南汇县陈保颐光绪三十年六月十三日到任,应接前署县张宝瑑交代,扣至九月二十七日初参限满。署阳湖县蓝采锦光绪三十年五月十二日到任,应接前署县孙友萼交代,扣至八月二十六日初参限满。署江阴县金元烺光绪三十年六月二十五日到任,应接前署县郭曾程交代,扣至十月二十四日初参限满。宜兴县张仲儒光绪三十年六月十三日到任,应接前署县庄复恩交代,扣至九月二十七日初参限满。丹徒县杨绍时光绪三十年五月十二日到任,应接前署县洪尔振交代,扣至九月二十六日初参限满。署丹阳县洪尔振光绪三十年五月十二日到任,应接前署县杨绍时交代,扣至八月二十六日初参限满。

以上十案,现饬依限算清,造册结报详咨。

奏报光绪二十九年下半年交代续据算清结报四案:

奉贤县郭重光光绪二十九年十一月二十二日到任,应接前署县傅鑫交代，扣至三十年三月初六日初参限满。署南汇县张宝璩光绪二十九年十一月初十日到任，应接前署县戴运寅交代，扣至三十年四月二十四日二参限满。署荆溪县奇龄光绪二十九年八月二十七日到任，应接前署县全善交代，扣至三十年二月十一日二参限满。溧阳县卢葆桢光绪二十九年十一月二十二日到任，应接前署县胡保联交代，扣至三十年五月初六日二参限满。

以上四案，已据算清结报详咨。

奏报光绪二十九年下半年交代案内未满初参病故丁忧交卸毋庸接收交代二案：

署无锡县郑镂光绪二十九年十一月二十二日到任，应接前署县许湝祥交代，扣至三十年三月初六日初参限满。查郑镂限内病故，饬委陈诒署理，据报于二十九年十二月二十七日到任，所有许湝祥交代，统归后任陈诒另行扣限，一手查接。

署金匮县伊立勋光绪二十九年十月十七日到任，应接前署县张宝璩交代，扣至三十年二月初一日初参限满。查伊立勋限内丁忧卸事，饬委汪鸣凤署理，据报于三十年正月二十六日到任，所有张宝璩交代，统归汪鸣凤另行扣限，一手查接。

朱批："览。"

台北故宫博物院藏"军机处档折件"及其附件，文献编号：163625

996. 查明苏省各州厅县经征钱粮漕米数目汇开表册复陈折

光绪三十年八月二十七日（1904年10月6日）

署理两江总督、江西巡抚臣李兴锐，头品顶戴调署江苏巡抚、湖北巡抚臣端方跪奏，为查明苏省各州厅县经征钱粮、漕米数目，汇开表册，恭折复陈，仰祈圣鉴事。

窃于本年六月初三日接准京电，奉上谕："方今时事多艰，民生重困，而官吏壅蔽，下情不通，甚至地方钱粮浮收中饱，以完作欠，百弊丛生，大负朝廷恤民之意。着各省督抚将各属经征钱粮，限三个月内开列简明表册，该州县钱粮正额若干，现在实征若干，向系收银者，注明每赋一两正耗各收银若干，或系收钱折银，或系收银元作银，均注明每银一两折收若干，每漕粮一石，收本色者正耗各收米若干，收折色者每石收银钱若干。此外有无陋规杂费，逐一登明，据实声叙，各令和盘托出，不准朦混遗漏。俟该省奏报到后，着户部核对，由政务处刊入官报，俾众共知，藉以察官方而通民隐。各该督抚务即认真办理，毋得徇饰宕延。倘敢敷衍搪塞，并将该省藩司、粮道从重惩处。"钦此。即经恭录，分行藩司、粮道遵办去后。兹据苏州布政使效曾、粮道陆锺琦会详称，苏省钱粮折价，历年俱系专案详奏，颁示晓谕，官吏无从浮收。前次清赋，又将包抗、中饱等弊和盘托出，似已无可隐混。惟漕米价须俟每年冬月核定请奏，本年秋勘未定，尚未知实征银米若干，当经行令各属照二十九年分实征各数，并依该年漕价，每石折收钱三千八百五十文，据实开报。兹据陆续开折申送到司，理合汇开简明表册，会详请奏前来。

臣等伏查苏省地方钱粮自同治四年减赋定案之后，光绪二十五年又经认真办理清赋，浮收诸弊久已革除，州县经征，只有奏明随收公费、平馀，以为各属办公之用。计丁银一两，不分正耗，连公费折征钱二千文，又现复银价抵充赔款钱二百文，共钱二千二百文。漕米一石，亦不分正耗，收本色者交米一石，随交公费钱一千文、费脚钱五十二文、年外加收钱五百文；收折色者，每石查照市价，酌中核定，按年奏报，饬令照完折价之外，每石一律随交公费钱一千文、费脚钱五十二文、年外加收钱五百文。苏属三十五州县，内有三十一处情形相同，惟镇江府属之丹徒县，丁银每两折收钱一千四百九十六文，随收规复银价钱二百文；太仓州属之嘉、宝两县漕米，因地不产米，向系民折官办，每石折价及随收公费、费脚较别处多收钱四百四十八文，年外加收钱三百文；崇明一县，有银无米，照案连公费每两折征钱二千四百文，随收规复银价钱二百文。凡民间完纳银米，胥凭县书由学应交正耗之数，或系制钱上兑，或以银元折算，悉听其便。间有奉文带征海塘、河堤等工及积谷、学堂经费，均系详经拟准，定有年限，届时即行停止。此等捐款，皆为地方要政，实与正款相同，以外并无陋规名目。其州县征收银米、公费，已经两次饬提归公，年外加收漕米公费，亦经奉部提拨，所有盈馀，系留为通年办漕、办公一切署用，所称官吏无从浮收隐混，尚属可信。

除将送到表册咨送户部核办，并俟江宁藩司所造表册赍到，另行具奏外，谨会同署漕运总督臣恩寿恭折复陈，伏祈皇太后、皇上圣鉴。谨奏。〔光绪三十年〕八月二十七日。

光绪三十年九月十九日奉朱批："户部知道。"钦此。

台北故宫博物院藏"军机处档折件"，文献编号：163651

997. 江安粮道胡延因病出缺请旨简放折

光绪三十年九月初五日（1904年10月13日）

署理两江总督、江西巡抚臣李兴锐，头品顶戴调署江苏巡抚、湖北巡抚臣端方跪奏，为道员差次因病出缺，请旨简放，恭折会陈，仰祈圣鉴事。

窃照江安粮道胡延，前因臣端方有奉旨交查事件，电调来苏，委令查办，甫经查竣，遽染时证，在苏延医调治无效，据吴县申报，转据该粮道家属禀称，胡延于本年九月初四日因病出缺等情。查该员胡延，以知县签分山西，历任繁剧，颇有政声。曾膺保荐，特授西安府知府，在行在供职，渥蒙眷赉，擢授江安粮道。该员到任后，整顿漕务，厘剔弊端，不遗馀力。经历任督臣饬委兼署藩司，并总办学务处、高等学堂，兼管课吏馆、厘捐、商务、保甲等局，署督臣张之洞委赴福建查办事件，靡不措置裕如，有条不紊。其学修笃雅，治事精密，为同僚所推服，允称未易之才。兹因感受湿温，一病不起，三吴士庶，悼叹同深，臣等当饬府县将该员身后事宜妥为经理。所遗江安粮道一缺，由臣兴锐另行拣员署任外，应请旨迅赐简放，以重职守。谨合词恭折具陈，伏乞皇太后、皇上圣鉴。谨奏。〔光绪三十年〕九月初五日。

光绪三十年九月二十八日奉朱批："另有旨。"钦此。

台北故宫博物院藏"军机处档折件"，文献编号：163920

998. 遗折

光绪三十年九月二十二日（1904 年 10 月 30 日）

署理两江总督、江西巡抚臣李兴锐跪奏，为君恩未报，臣病难痊，伏枕哀鸣，仰祈圣鉴事。

窃臣于咸丰年间以诸生从戎，随故大学士曾国藩军中垂二十年，由直隶大名府知府洊升司道。庚子九月，在广西藩司任内蒙恩擢任江西巡抚。自知垂暮之年，难膺艰巨之任，徒以时方多故，正臣子效忠致身之秋，未敢乞骸归里。抵任逾岁，奉命调署广东巡抚，随复移摄闽浙总督。所历各省，目击财政之困难，外交之艰窘，军事之疲敝，民力之凋疲[①]，未尝不焦心劳虑，思欲振而起之[②]，而知小谋大，力小[③]任重，类未竟其端绪。本年五月下旬，因闽省陡遇大风，出郊巡视田禾，归而感受寒疾，转成痢证，曾于六月间乞假调治。后虽销假照常办事，而臣之精力已迥不如前。

此次到两江署任，政务之繁难，十倍于闽浙，臣每念受恩深重，未敢稍耽安逸，弥月以来，竭蹶图治。又值各国追索赔款还金，朘我膏血，连日与各省督抚往返电商，思欲设法合力抵制，葆我国本，反复筹维，恒彻夜不克安寝。本月十三日，兵部左侍郎臣铁良驰抵江宁，臣犹于一日之间接见三次，筹商一切治军理财之策及制造事宜，意见均同。满谓可以乘兹勠力，大加整顿，藉报高厚鸿慈于万一，不图次日即感发痰咳[④]之疾，旬日之间继之以喘泻，势将不起。窃维古人鞠躬尽瘁之谊[⑤]，臣死诚何足惜！顾念日俄兵事未定，南洋交涉方殷，臣已不克少竭驽钝，上分宵旰之忧，此则臣最不能瞑目者耳。

方今各省大都民穷财尽，每有因捐酿变之事。臣愚以为，从无民气不固而可以言治者，惟愿我圣主日以培养元气为根本至计，严杜搜括之端，广兴生利之政。至于人才消乏，虽有良法美意，亦不能自行，尤在圣明破格征求，并将各省文武学堂认真举办，庶政事

---

① "疲"，《政艺通报》1905年1月20日（甲辰十二月望日）甲辰第二十三号所载《前两江总督李遗折》作"敝"。

② "振而起之"，《政艺通报》作"起而振之"。

③ "小"，《政艺通报》作"衰"。

④ "痰咳"，《政艺通报》作"咳喘"。

⑤ "谊"，《政艺通报》作"义"。

日有起色，自不难转弱为强矣。

臣区区一得之愚，敢于弥留之际，伏枕哀鸣，口授臣孙，恭缮折奏，上陈黼座，伏乞皇太后、皇上圣鉴。谨奏。光绪三十年九月二十二日。

中国第一历史档案馆藏“军机处全宗·录副奏折”，档号：03—7213—073

附录

光绪三十年九月二十四日内阁奉上谕：“署两江总督、江西巡抚李兴锐，持躬廉正，练达老成。由诸生从事戎幕，擢升知府，洊陟封圻，历任江西、广东、闽浙等省，均能整躬率属，勤政爱民，朝廷深资倚畀。本年调署两江总督，到任未及两月，遽闻溘逝，轸惜殊深。李兴锐着加恩照总督例赐恤，任内一切处分悉予开复，应得恤典，该衙门察例具奏。赏银一千两治丧，由江宁藩库发给。灵柩回籍时，沿途地方官妥为照料。该署督子孙几人，着端方查明具奏，候旨施恩，用示笃念荩臣至意。”钦此。

《光绪朝上谕档》

公　　牍

01. 皖岸销路情形禀*

同治七年二月(1868 年 2 月 23 日—1868 年 3 月 23 日)

皖岸销路,以安庆为大宗,宁、池、太次之,和州又次之。无巢等岸,虽有带销之名,究无什一之效,缘边界接壤江宁、浙江,淮北宁岸侵灌,和、太受其害,浙私旱道入境,宁、池、太受其害。北私自征收税厘,官私无所辨别,流毒及于完肤,和、含、桐、潜受其害。至于楚、湘、西盐船有洒卖,炮船、民船有夹带,则滨江铺店、上下支港群受其害。卑府昨又闻鄂局有武穴分销之举,西局有湖口分销之说。武穴之至宿、太、潜、望,湖口之至东建、安庆,则较大通近而且顺,水道、旱道,大江、内湖,处处可通。即云鄂西岸价较皖引百斤贵四钱,而皖引上驶之船另有盐河、华阳镇两卡厘金钱八百文,加以数百里之水脚盘费,絜长较短,是侵皖之弊,不待智者而决也。皖局若添设分销,与之并峙,则耗费而无益,若设卡堵缉,则毗连之区道路纷歧,亦必无从奏效。下游既如此,上游又如彼,皖岸全局,何堪设想!

附　盐政曾国藩批文

皖岸地处中路,所陈各路私盐,四面受害,自系实情。惟边界邻私充斥,总由两岸售价轩轾,何岸价轻,即侵重价之岸,势有必然。该岸所患,以浙私、北私及下游食岸之私为甚,缘私价均照皖价减轻之故。其上游楚、西两岸官盐售价重于皖岸,向来只患皖盐

---

* 标题原无,系整理者所拟。原书云:“同治七年二月皖盐招商局知府李兴锐禀:……经盐政曾国藩批:……”

之上侵，不患楚盐、西盐之倒灌，是以盐河、华阳两卡盐厘曾据魏道禀请免缴，当经批驳，所以保楚、西藩篱也。见在江西之湖口，虽据丁镇禀请设立分局，尚须从长计议，并未定案。其湖北之武穴，系仿西岸吴城之例，设一分局，以便蕲、黄各水贩就近买运，实因鄂盐滞销太甚，不能不设法疏通。已据程道报明，于本月二十日开局，不便中止。细核鄂皖价值，鄂价本较皖价每百斤向重五钱，今鄂价新减三钱、皖价新减二钱，是鄂价较皖只重四钱矣。而盐河、华阳两卡皖盐每百斤共计应抽厘钱八百文，再自大通运赴上游水脚，以之抵四钱银数，则皖价重于鄂价。该守深恐鄂盐有损皖引，所虑甚是。本部堂酌核，应将盐河、华阳两卡之厘减去一半，每卡每百斤只准抽厘二百文，则两岸盐价约计相等，可免彼此侵灌，于鄂、皖两有裨益。

王定安：《两淮盐法志》卷八十《督销门·皖岸督销下》，清光绪三十一年刻本

02. 办运北盐事宜条陈*

同治七年五月（1868年6月20日—1868年7月19日）

一、每纲五十票，在于皖岸六百票内抽拨。本应令商自认，以示公平，旋虑商多票少，动需掣签，其中一二票小商本少力弱，不胜分顾之烦，必开顶替之弊，见拟酌派十花名承运五十票。如蒙批准，再行饬商遵照。至丁卯年秋纲五十票，仍由卑局派运，届时酌禀。

---

* 标题原无，系整理者所拟。原书云："同治七年五月皖盐招商局知府李兴锐条陈办运北盐事宜：……经盐政曾国藩批：……"

一、秋后巢湖水落，盐船笨滞，拟请将丁卯春纲北盐五十票酌定日期移栈，先行发贩。

一、五岸去大通过远，分销不能不设局，试办不能不省费。盐船皆由裕溪进口，至运漕五十里，至庐郡三百一十里，中隔巢湖，其势又难一处兼顾五岸。查运漕原设有缉私卡，带销和、含南盐，司事勇役皆备。兹拟派一员分销无为、巢县、庐江三属，兼管掣验北盐事务，应请月给该员薪水银二十四两。又拟派一员于庐州府城设局，分销合肥、舒城两属，应请月给薪水银四十两。司事一名，月给银八两。局勇四名，各月给银四两二钱。伙夫一名，月给银三两。油烛纸张杂费，月给银六两。另需帮办文案解饷一员，暂由大通总局抽派。

一、罗昌、河中、梅河、合肥、三河等卡抽收北私盐厘，请自设局官销，概行停止，仍责令稽查夹带。停厘之后，应于巢县之柘皋、无为之襄安镇、合肥之大兴集、舒城之西北严行缉私，方为正办。但创始之际，民情未通，蹊径未熟，操切行事，其弊必流于巨枭把持、小贩剿袭，上下之情隔截，敷衍与认真皆无益也。拟先剀切示禁，责成地方官申明约束，不因停厘而纵私，不因夺利而贾害，斯为不负讲求缉私之义。

一、北盐洁白味厚，民间有一斤足抵南盐斤半之说，即今皖、鄂腹地，受害已深。区区数场之产，取之无尽，价复不昂，此理殊不可解。前奉宪批，北盐到岸，每百斤定售三两，虽较之庐郡北私见价约贵二钱，而所以保固南引之法，权衡至当。谨俟开办后如何情形，再行禀请增减。抑更有请者，从前北私南侵，多系旱道，一开江运，更难清查影射，最忌开端夹私，诚难弛禁。拟请通饬瓜栈、下关严密掣验，加意防维，庶不因五岸权宜之举，贻楚、西、皖无穷之患。

附　盐政曾国藩批文

据详，无为、巢县、庐江、合肥、舒城五岸江运章程第一条，丁卯春纲五十票，拟在皖引内由局酌派厚吉昌等十花名分别承运。该商等皆系皖岸大商，资本既充，心志又一，较诸签掣小商本微人杂，动辄卖票，自可省纷扰而专责成，应如所议饬遵。将来丁卯秋纲五十票亦可仿办，届时再由该守察酌禀夺。

第二条，皖岸南引销数疲滞，丁卯春纲，应暂缓开其江运。北盐既恐巢湖秋后水落，挽运维艰，自应准其先运。惟见在淮北销数较畅，坝存旧盐无多，瓜栈应备北盐，虽经禀定，尚未往运，候饬运司程道迅速拨款解交海分司，赶买运栈，免致贻误。

第三条，五岸距大通较远，拟在运漕、庐州两处派委王德寿、谭庆馀设局分销，应准照办。薪水等项，如数开支。惟北盐运栈尚需时日，设局尚可略缓，以节经费。应俟北盐将次到栈，由程道知会该守，再行往设不迟。

第四条，抽收北私盐厘各卡，俟设局定有日期，即由该守专禀，以便札饬牙厘总局概行停止，一面刊刷禁私告示，发局张贴。停厘之后，以分设卡所讲求缉私为第一要义。私枭虽横，未尝不畏官法，况向贩北私之人，逢卡完厘，尤非积惯枭徒可比。若能招之使来，改贩官盐，更得化枭为官之美意。此中枢纽，全在卡员任用得人。该守须先访察人材，禀明派办。各该属民风强悍，不可稍涉大意。

第五条，北盐售价，只可贵于南盐，此一定办法。至船户夹带北私，尤为南鹾之害。除札瓜栈、下关认真掣验外，其前次借运北盐，曾在清江至扬适中之六漫闸派员抽掣。此次北盐运栈，仍应由司拣派可靠之员,前往该处查验抽掣。如有夹私重斤,立提充公。

另单所陈南引销滞,自应设法整顿。惟州县事繁,不能以销盐之事责之。况衙门丁胥向视盐商为鱼肉,一经地方官之手,往往事未办而先讲费。此等恶习,素所深恨。凡疏销事宜,仍应由该守熟筹,随时禀办。

王定安:《两淮盐法志》卷八十三《督销门·江运八岸》,清光绪三十一年刻本

03. 滁、来两岸筹运北盐禀*

同治八年二月(1869 年 3 月 13 日—1869 年 4 月 11 日)

奉札:据天长县景令禀,岸商储丰裕汊涧分店延未遵饬移退。查天长科则较轻,汊涧一店不特侵销六合,并易上侵皖界。该县谓天长口岸之官盐,半成滁、来、全之私盐,洵是确论。早经曾爵阁部堂饬令将该店移退三十里,迄今半年之久,迭经该县饬催,乃该商一味迁延,实不成事。仰候札饬淮运司勒令刻日退设,不准再以委勘藉词,任其久宕。并行庞道一体移催。见在皖岸销数甚滞,滁、来两岸既不运北盐,自应设法筹运南盐,以济民食。北私来源,亦以滁、来为捷径。能将滁、来藩篱保固,于江运亦似有益。并候札饬皖局妥酌禀办。至地方官向有督销之责,见在新章虽不计考其疏销缉私等事,该县自应随时顾及,不得稍存膜视,亦不准任听胥役向商店需索等因。

伏查滁、来两岸,本在江运八岸之内,北盐是其习惯,南盐

---

* 标题原无,系整理者所拟。原书云:"同治八年二月皖盐招商局知府李兴锐禀:……经盐政马新贻批:……"

不合行销。卑府原拟俟庐属五岸办有起色时,再图规复。惟该两岸行销官引,应归运漕局兼办,运南盐须由全椒,运北盐须由巢县,其间概系旱道,不能拨放成票之盐,即车载肩挑,转运亦复不易。此外必由长江进口,径行六合,始抵该境,而越国鄙远,又非运漕一局所能控制。见当整顿鹾章之际,未便以引悬岸废畏难苟安,置藩篱于不顾。与其筹运南盐,反其所好,似不若筹运北盐,导以易行。计惟有添设缉私卡所以绝私踪,招开盐行子店以济销市,并将桐城一律禀办,庶八岸不致偏废,旧制可期全复矣。

附　盐政马新贻批文

滁、来两岸本系江运北盐引地,前批饬令设法筹运南盐,原以该两岸既不运北盐,不能不变通酌办。兹据查明,筹运南盐,反其所好,仍请拨运北盐,自是正办。惟滁、来引岸废弛已久,私盐任意充斥,几不知官引为何物。整顿之始,水贩未必争趋,且运漕分局拨盐运赴该处,均系旱道,转运不易,成本未免加增。该两岸应否添设北盐分销局,谕令皖商在于瓜栈已到北盐内拨出若干票,径由长江进六合口,以达该岸,照章报由分局挨轮售销,则运道既形便捷,销路或可疏通,较之招开盐行子店,似乎更有把握。惟分局及缉私卡应设何处,方为扼要,仰候接办委员到后会商妥议,详覆察办。其桐城一岸,该守迭次禀详,意欲保固皖岸藩篱,是以仍令暂食南盐。昨阅桐城县报文,似此岸究以食北盐为便,应俟滁、来定案后,察看北盐销数,另行专案禀办。

王定安:《两淮盐法志》卷八十三《督销门·江运八岸》,清光绪三十一年刻本

04. 畿南赈务公牍*

同治九年正月十五日至四月初三日

(1870 年 2 月 14 日—1870 年 5 月 3 日)

(1)禀曾爵相夹单

自大名府三百里排递

敬禀者:窃司员等奉委畿南抚恤灾黎差务,叩辞后,于正月初六自省起程,十二抵大名府,所过定州、正定、赵州、顺德、广平、大名属境,皆得初霑雪泽,一、二、三寸不等,既种之麦渐有青意。独肥乡、广平两县,一片荒土,得雪又甚微,差幸地方一律安静耳。

抚恤一事,与钱升道熟商数次。定议司员兰彬往广平县,唐令焕章副之,卑府兴锐往肥乡,王令福谦往成安。惟各该县户口册尚未赍送到道,是否确凿可凭,殊难遥揣。计距散贷之日无多,势不得不速往兴办。拟于十六日起程,同赴广邑,妥商印官,体察难易,四人或先合查而后分贷,或竟分投办理,至彼再行酌定。此事全恃地方官得力。广平之吴令、成安之王令,夙有政声,亮能通力合作,融洽绅民。惟肥乡庄令新故,王代令蹊径尚生,应请中堂饬令藩司遴委干员迅速接署,以期周妥。至邯郸一邑,灾象虽轻,地面较广,民情多伪,久在宪台廑系之中。司员等既兼顾之不暇,亦委置而不能,因商请钱升道,另派分府之候补知州王牧昆崖,随同广平府长守专办,仍由司员等不时前往商榷。王牧外朴讷而内清刚,素为长

* 按,李兴锐同治九年四月十五日日记云:"理畿南赈务禀牍。"此禀牍共 17 篇,原无总标题,今题为《畿南赈务公牍》。

守所赏识，必能力求妥善。

再，查禀办之大名、元城、广平、肥乡、成安、邯郸、永年七县，壤地相接，一事不可以两歧，非有定章，难昭公允。业经钱升道酌拟数条，分札各属，仍抄录禀请钧裁。除设局、查户各事宜，容俟随时禀报外，理合先将司员等到差筹议各情形，肃禀慈鉴。敬请福安。司员兰〇，卑府兴〇谨禀。正月十五日申。

(2)禀曾爵相夹单

自肥乡县局五百里排递

敬禀者：正月廿二午刻肥乡差次，奉到十九日排递钧函，仰荷慈怀殷渥，训诲精详，感激无量。司员等在大名筹议赈事后，十七日诣广平县，十九诣成安，二十一诣肥乡，所至会商印官，延请公正绅耆，接引教佐之质实能任事者，详述我中堂己溺己饥、专务实惠及民之意。天良人所固有，未尝不中怀感动，形诸声色也。以唐令焕章驻广平，王令福谦驻成安，皆已取齐该县底册，协同官绅，下乡挨查。注意总在贫乏万状、朝不保夕之流，非此即环跽哀求，只当以好言慰解，徐俟斟酌。广民苦而地面微狭于成，成灾轻而邑宰较逊于广。密属唐、王两令，平心静气以求其是，和衷共济以竟厥功。两令勤能，当资得力。司员亦于廿三返广局，悉心经理。卑府恪遵宪谕，专意肥乡。此地居受灾永、邯、成、广四县之中，村庄多至三百以外。据王代令面称，曾于极贫户中，仅抽老弱残废一口至三口，综计已逾二万五千口，犹恐不无漏户，应补之数尚多。是清查固繁，调剂亦势有所不及。本日已派教佐及府委四员，辅以妥绅数人，分领乡段，四出严查，俟局事布置稍就，卑府亦即亲自赴乡，勤求遗滥。目下四人分查三县，以期迅速。设肥事繁剧过甚，当将以广、成馀力，匡所不逮，虽分犹合也。三县皆有户口草册，足供核对，其清册则未一律造详，当系审慎不苟之意。新拟七县条款，业经钱升道禀呈，亮蒙电核。条中虽未明定一次散放，而贷法似不必分作多次。陆运大宗钱文，究难同起到局。一户不分两次请领，四乡不拘一期散放。当日大名会议，定见如此。是否有当，伏乞训示遵行。

粮食常价，大米每升制钱八十二文，小米七十五文，白面每斤三十四文，视往年不止加倍。惟逢乡镇一、五赶集之期，稍为轻减。肥、广、成三县情形略同，其皆仰食于河南亦同。幸粮车之自清丰、南乐、开州来者尚多，刻下似不虞其缺乏，将来应否设局平粜，容俟随时体察，商由钱升道禀请钧裁。天津解银易钱一节，现经钱升道预为备办，开年筹兑，不及冬腊宽馀，幸数止二万，日期尚缓，办理当不掣肘。司员等初以为陈守元禄取巧之计，虑其接踵营求，有碍赈事，昨致幕府代禀一缄，不觉语言过激，兹奉明谕，惶愧实深。种荷下询，缕列禀复。敬请福安，伏惟垂鉴。司员兰○，卑府兴○谨禀。正月二十三日自肥乡申。

录呈条款一纸。

敬再禀者：去冬屡奉中堂面谕，每大口应赈两月制钱一千八百文，即钱升道初详尚拟贷钱一千二百文。此次条内减为一千，系从斟酌挹注、推广恩施起见。佥言畿南民情质直而重利，同遭旱歉，嗟怨东西之邻，即论家贫，亦只微茫之辨，而或霑厚泽，或叹偏枯，恐觖望之人太多，即援手之心，未称裒益之计。是否允当，统祈示遵。司员○○，卑府○○谨再禀。

(3)原拟畿南办理赈粜章程

录呈曾爵相,嗣因改赈为贷,此章遂未核发

第一条　抽查户口

一县中,应分别轻灾、重灾之乡村。一乡一村中,应分别极贫、次贫之户口。大致以粟布无可易,糠秕无可啖,典质既罄,鬻妻卖子之类为极贫;仅有耕牛籽种,别无剩本馀粮,度日艰难,农事寖废之类为次贫。放钱专救极贫,平粜兼及次贫。其大口小口,以十五岁上下为定。清查之法,地方官平日有地粮册、烟户册、保甲门牌册,本年有各乡报灾案卷,皆可作底。印委会商,分派公正老实绅耆数人,督同地保,逐村挨查,再由委员抽查,不经胥吏衙役之手。查毕造具清册,先期榜示。倘有浮开匿报,任意厚薄,准漏开之真贫户口于两日内喊禀,一经查明,除将不实户口扣去、移给漏开之户外,并将承查绅保严罚。过两日喊禀者不理。倘有地方棍徒卖户吞赈等弊,五千以上枷责,十千以上立毙杖下。如系诬告,均即反坐。跌价卖票者,予受同扣。游勇、流亡混赈者,扣。

第二条　酌筹经费

每县总委一员,月给薪水〇〇两,每厂分委一员,薪水〇〇两。绅士每员薪水八两,书识每名辛工四两,夫役每名日给制钱一百六十文。总局月给油烛纸张杂用制钱十千,分厂各六千。地保工食,视事之繁简酌给,每日至多不得过二百文。运钱脚价,按里核算,事竣由印委各员会衔造册,汇总报销。厂局自委员以下,概不准间地方官供应,尤不准扰累民间分文,违者重处。

第三条　严定赏罚

赈事民命所关,必须优赏在前,峻法在后,方足以示劝惩。在事各员，办理得法，印官记大功一次，委员酌量给缺，绅士附案请奖。其有侵吞赈款者，按律从重定拟，书役家丁弊混失察者，除将该丁役尽法惩治外，失察之员，立予参撤。局厂内得有枷锁刑杖等件，以一事权。

第四条　开设局厂

每县城设一总局，总委员驻办，另择适中乡镇，设立分厂，大县二厂，小县一厂，每厂四面相距以三十里为率。厂内委绅二人、书识一人、夫役五人，各就本地慎选派充。委员一人，综司一厂之事，先期按所查极贫户口，填发印票，由委绅赴村散给，分定日期，各该户自遣亲丁一名，持票到厂，厂员验票加戳给钱。左入右出，以免拥挤。大口每名日给制钱三十文，小口十五文，每十日赴厂一领。每赈日自辰刻起，午刻止。凡老弱妇女病废人等，不准赴厂。间有畸零小户，家无亲丁，准绅保代领转给，侵扣者查出严办。分日放赈之法，如初一放厂东各户，初二放厂西各户，以次及于南北。十日之中，四日放赈，六日造册查勘及稽察粜厂。

平粜附

极贫次贫，皆准请粜。筹粜之法，一曰开仓平价。先期查明各州县有无常平、义社仓谷。有仓谷者，由地方官开仓发厂，一面具禀申报。有仓无谷，及有谷朽烂者，另行筹备。二曰设法招商。大名厘局抽收一切粮食厘金，自二月初一日豁免。牙行伹侩抢跌市价，及本地刁民照官粜之价强买商粮，均行严禁。三曰绅富乐输。境内殷实之家，有愿自出囤谷、平价助赈者，事后量予奖叙，不愿者听。放粜或就本地粮食店代办，或另设厂，随地斟酌。大县城内一厂，四乡四厂；小县城内一厂，四乡二厂，每厂四至以二十里为率。委绅一人总理，书识二人，分管验票收钱、登帐造册。夫役八人，管升斗出入。委绅稽查一厂，委员稽查各厂，不妥者随时更换。粜价无论米面杂粮，概照市价每斤酌减制钱四文。仍限以大口每日只准买一斤，小口半斤。五日轮粜一次，每粜日自辰刻起，未刻止。其给票验票、分期出粜等事，与赈钱条同。粜价贯串存厂，循环收买，以三个月为度。

(4)会拟办贷章程

在大名与钱调甫观察酌定，由钱分札并详院

一、确查户口

此次抽办借贷，系就各县灾重之区，择其老幼妇女病废，糠秕无可啖，典质无所施，及种地不满十亩者，名曰极贫，分别酌贷。大口每名制钱一千文，小口减半。全在查造户口清册细而且确，某户应贷，某户不应贷，五雀六燕，力持其平。清查之法，以地粮册、烟户册、保甲门牌册及去年各乡报灾案卷，互证参观，由印委各员协同公正明白绅耆，督率地保，遍历各乡，挨户清查，不经胥吏之手。其有印委未及督查地处，仍须抽查核实，总求无滥无遗。如有浮开匿报等弊，一经发觉，立将承查之人严究。棍徒及书役甲保，卖户私吞，种种作弊，五千以上枷责，十千以上立毙杖下。事关民命，立法一概加严。

一、慎选绅董

各乡村户口贫苦情形，惟本处绅耆见闻最真、关顾最切。应由印委各员，于一县中访求德望素优、品行卓著者，以礼延接一二人，名曰总董，帮办一县之事。再由总董按村举报明白公正绅耆一二人，名曰村董，帮办一村之事。查户与之同查，给票与之同给，以及领钱、放钱等事，均令帮同经理。以本县人办本县事，直如一家人办一家事。“十室之邑，必有忠信”，是在有司诚意求之。

一、先期给票

贫户应给执照，由道刊发空白双联贷票，盖用关防，发交印委各员，于查清极贫户口后，即于票内填注口数、钱数，票根存局备查，发票截给贫户收执，散钱时收回，并取具该村总领一纸、村董保状一纸。倘有遗滥，断唯该董是问。事竣检同全票，一并解送来辕备核。

一、择要设厂

各县地面，广狭不等。城厢设立总局之外，各乡镇须分设行厂，四面贫户相距以三十里为率，东乡事毕，移厂于西，以次推及南、北。行厂办事使令诸人，即由总局带往，不敷或就本村添派亦可。届期各该贫户自遣亲丁一人，持票到厂，厂员验票加戳给钱。左出右入，以免拥挤。每日辰刻放起，午刻放竣。凡老弱妇女病废人等，无庸来厂。间有奇零小户，家无亲丁者，准村董代领转给，侵扣者查出严办。至各该县应请贷项钱文，核定后，应令绅董亲赍印文，带领车辆，赴道请领。惟陆运繁重，到县恐难同期，散放自宜微分先后，然总不得逾半月之限。

一、明定赏罚

凡印委各官，查造核实，散放均平，应有尽有，应无尽无，贫民概沾实惠，全活甚众者，即当吁恳督宪恩施，从重奖励，行司注册立案。各县总董，办事公允，一并禀请从优奖叙。其各村董，即由本道酌量奖励，以昭激劝。如官绅等经办此事，不能实力奉行，弊窦百出，以致怨谤沸腾，惟有懔遵谕旨，据实禀明督宪，官则立予严谴，绅则从重惩罚，以重民命而普皇仁。

一、酌给经费

上年被灾各县，钱粮少征，差徭多免，平日办公，已形拮据，今复增此贷钱一事，动辄需费，未免累上加累。应禀请督宪恩施，所有运钱脚费一项，有班车之县，先尽班车载运，不敷则酌给车价；无班车之县，即派绅董雇车，其价准撙节开报。此外下乡之使用，设厂之经费，应由地方官自行捐办，如实在竭蹶，无力垫办者，准稍为酌量开报，不准浮滥。至各绅董往来盘费，每月每人酌给薪水六千文，以示体恤。

以上筹议六条，仰即通行遵办。至有未尽事宜，许各该县各按地方情形，妥实筹议，随时禀请核办。

(5)告示

为晓谕事。照得肥乡上年旱灾稍重，现蒙爵阁督宪奏准酌借贫民口粮，暂救目前之急。本司等奉委清查户口，专抽一村中极贫之户，一户中极苦之老弱病废。欲期实惠及民，必先严防冒滥，合亟示谕。为此示，仰军民人等知悉，务宜静听挨查，示期发借，应借者不须营求，不应借者不必希冀。如有书役痞棍串通强借包借，及村民控饰冒借，查出严拿重究。至官绅下乡查户，丝毫不扰累民间，如有假冒名色，需索哄骗，许村民禀诉，立即查办，决不姑宽。切切，特谕。正月廿七日。

(6)牌示

城乡村舍，均已派员分段细查，原期无滥无漏，尔等理应遵照示谕，静候查验，滥者听扣，漏者听补，秉公核办，自有权衡。嗣后再有纵令妇女孩童结党成群来城混求者，应即由县委、查明该村户，一并扣除，以儆刁顽。特谕。正月廿八日。

(7)禀崇地山宫保夹单

敬禀者：窃卑府久睽钧范，百念依驰。稔知荩画辛劳，未敢时以泛常禀渎。敬维宫保大人勋高望重，德盛化神，夷夏倾心，颂祷无量。

畿南赈贷，县分稍多，曾爵相谕令卑〇与陈荔秋副郎分任肥乡、广平、成安三处。前月十二行抵大名，筹议一切。即经分投灾区，妥商县令，择教佐惟期健勤，举绅耆以寄耳目。窃意抽赈莫难于查户，将欲于极贫、次贫分析在微茫杪忽，无论势力有所不能，亦非长者宽仁本意。计惟以几分心思，尽几分力量。总期君恩臣泽，涓滴归民，不任渗漏而已。翘仰鸿规，进求教益，祷甚幸甚！

目下查造有绪，散放当在中旬。天津开河运钱，计到此适当其时。昨奉爵相函谕，谓宜俟津钱一齐运到，再行分乡、分期，较为妥当。拟请宪台俯赐饬委同时起解，沿途催趱，俾得早到大名各县，得以分批陆运，及时散放贫民，深为德便。肃此，敬请钧安，惟祈垂鉴。卑府〇〇谨禀。二月初一日自肥乡县申，戌刻排递五百里。

(8)禀军需局司道夹单

敬禀者：窃卑府拜辞台阶，动违棨训，瞥睹灾乡之落寞，心随广厦以依驰。辰下敬惟列宪大人福庇畿疆，祥开春令，本笃棐之至念，当感召乎休征。用是赓歌飏拜以咸熙，乃作舟楫霖雨而系望，上颂上祷，不尽区区。卑府自正月初六离省，十二行抵大名，筹议壹是。旋同陈刑部遍诣灾邑，妥商印官，择教佐惟务健勤，举绅耆以寄耳目。酌定王令福谦办成安县,陈刑部与唐令焕章办广平县,肥乡则〇〇任之。查验浃旬,寖有眉目。肥乡约需二万五千串,广平一万八千串,成安一万六千串,合七属而札计之,十万串断断不敷,钱枭宪必有发棠之请,爵相固早筹虑及此矣。又念抽赈莫难于查户,将欲于极贫、次贫分析在微茫杪忽,无论势力有所不能,亦非长者宽仁本意。计惟以几分心尽几分力,总期君恩臣择,涓滴归民,不任渗漏而已。翘仰鸿规,进求教益,祷甚幸甚!

散放之期,当在中旬。昨奉中堂函谕,谓宜俟津钱一齐运到,再行分乡、分期,较为妥当。卑〇已飞禀崇宫保,恳即饬委齐速起解,应请宪台迅赐分饬沿河数州县,随在加夫趱催上驶,俾早到大名各灾县,得以分批陆运,及时散给贫民,深为德便云云。二月初一戌刻,五百里。

(9)禀曾爵相

排递五百里

敬禀者:窃司员等接奉正月念七亥刻钧函,于查户、筹款、散赈、平粜数大端,谆谆(致)〔教〕诲,仰见我中堂无日不以大人赤子之心,注畿南灾害之地。伏读数过,钦瞩莫名。谨分条禀复如左:

一、广、成、肥三县明以贷字喻民,阴以赈法查户,求者不令滥准,准者或亦多求,操纵之权,总以盖藏有无、食指多寡为准。八口量予四串,极贫歠粥矣;一村更查三番,阨穷无怨矣。诚求不遗馀力,去取一秉至公,暂此顺事恕施,或有万一得当之理,至欲慰问琐屑,毫发不差,流言不作,诚如宪谕,势亦有所不能也。亟亟待赈之口,广平已得一万八千,肥乡二万四千。成安早经王令德炳举报三万一千,经钱升道严批驳斥,卑局亦缄属王令福谦细查核减。据称初间可以查遍,核实约在一万六七千上下。此外三县各有闻赈来归,或经绅耆保正禀补,或复查添补,另立一册,汇总核办。

一、七属赈钱,前在大名公同约计,十万串勉强足用。迨查办各举端倪,觉分润尚虞支绌。问赈之奢望不足据,抽赈之本义亦宜周。即如司员等经办县分,穷极不可增损之数,广平必需一万八千串,肥乡必需二万五千串,成安必需一万六千串。他如邯郸、永年、大名、元城四县,闻需五万有奇。是已浮于十万之外颇多,经费犹不在内。宪虑深远,宏济优加,不知灾黎何修得此。遵即将原谕寄致钱升道。顷接复函,已将商会天津周道通融筹拨各情形,驰禀电鉴。拟仍请中堂咨行天津,于初次解银二万之外,综解制钱十万,饬由协饷项下就近汇还银两,俾原款、添款同起南来,免至由省转拨。

一、大口钱一千,遵不再减。散放之法,县境狭近、村少,分期易;辽阔、村多,分期难。设四乡局,分乡易,分期亦易;设一城局,分期难,分乡尤难。各县情形不同,惟有随时随地斟酌经理。如一乡有适中可倚之镇,即应下乡设厂,连期散放,否则谕令近者按期来城,远者村董领给,张贴榜示。若无村董,或有亦不可靠,另以委员、局绅一人监之。大致一县之中,旬日内外放遍为最妥。奉谕俟天津钱船齐到,再行分乡、分期,不可脱空太远,洵属至当。昨已飞禀崇宫保饬委齐速起解,并请军需局司道急札沿河州县,加拨纤夫,趱催上驶。容俟津钱报到有期,再与钱升道会商具禀。

一、平粜事绪繁重,非预先立法尽善,得人尽当,断难望其始终条理。奉谕粜局之设与不设,视雨泽之有无为定。细询此地,二月得雨,可长菜、麦,可种棉花、高粱、芝麻、小米、豆粟之类;三月得雨,能种不定能收;过此,年成不可问矣。天心仁爱,未必偏憎南郡数邑之人,令其连年饥馑。然风云或有不可测,筹济不妨先其难,万一春分前后不雨,即当吁请恩施,统筹粜法,维系人心。其时赈务将竣,司员等尚当分任一乡一邑,稍纾仁宪捍灾救患之忧。诸关廑怀,胪列禀复。敬请福安,伏惟垂鉴。司员〇〇,卑府〇〇谨禀。二月初四日申。

(10)代肥乡县令禁涨粮价告示

为剀切晓谕事。照得肥邑去年旱歉较重,四境萧然,民不堪命。荷蒙大宪怜悯,抽贷荒月口粮钱文,冀解倒悬之急。此正贫苦出死入生之(一)时,凡有天良,皆当感发。向来救荒县分,富户捐资助赈,殷商出粜济人,所以彰善念、顾桑梓也。此次尽由公家筹款,并未借资富户殷商,已属格外体恤。不谓竟有家道颇丰、附和求赈者,更有屯粮甚多、乘机抬价者,一则占贫民口分,一则阻饿殍生机,居心不仁,论法当惩。本县素闻肥乡风气善良,今何以忽有此种恶习?除由抚恤局严查冒滥户口,遵章注销外,为此示,仰城乡各屯户知悉。

以前逢集递增粮价,姑念尔等义利未明,往事不咎;自示之后,纵不及遽议酌减,断不准任意再增。将来散放钱文,人人须买粮食,贫民明沾数文之光,尔等暗造一分之福。天良不可没,利己当思人,肯听吾言,即皆善类。如有奸商劣贩,故意勒价居奇,本县四处派人密查,一经觉察,定即重罚存粮以消民怨,照例严办以儆刁顽。本县从荒年民食起见,尔等当能共谅苦衷,切勿自贻伊戚。懔之慎之!毋违。特示。二月十四日。

(11)禀中堂夹单

五百里排单

敬禀者:窃司员等于本月初四日具禀赈粜数条,谅邀钧览。目下查户核册,辨等计口,以及派雇钱车,备办村榜、户票等事,次第就理。探闻天津初六、七开放钱船,廿间可抵大名。再以三四日车运到县,月内尽能动放。大县拟一日放三四十村,小县一二十村,以旬日为度,庶最后者无容争先,当补者亦可早及。广平、成安两县,原拟钱数,足资敷衍。肥乡既苦且广,大段比较,似须稍加二三千串,乃为不啬不丰,已槭商钱升道许可。伏查肥乡通县村庄,有去年未准灾者十一处,父老求恩,情词恺恻。细询其处,介在灾区之中,虽非颗粒不获,而贫民延息望救,情形与众相同,但未缓征,不便言赈,欲求两是,只有从权。商之府县,拟援办灾县分,凡附近成熟村庄,得请一体缓征之说,暂勿催比上忙,再由卑局量拨钱文,作借籽种,此觉情理两协,差副中堂胞与无外之意。成安村庄亦有恍惚类此者,槭属王令妥商印官,斟酌抚恤。邯郸赈务,据王牧昆崖等禀称,已查准九十八村,大小口八千八百有奇,合计后来补遗,所需不及万串。该牧办事认真,一切妥贴,足纾廑系。

本月十一夜得雪二寸,粮价仍有增无减,肥市尤属不经。初意缺涨,及暗访城中屯粮,尚觉充实,莫非刁商揣量赈期,预为垄断张本。掯累贫民,莫此为甚。向来救荒,从无抑价遏籴之理,此次情事不同,不得不为民谋食。因属县令剀切出示,禁止陡涨,俾赈户多得升合,商家获利未尝不丰。愚昧之见,是否有当,统乞训示祇遵。肃此,上叩福安,伏维垂鉴。司员〇〇,卑府〇〇谨禀。二月十五日排递五百里,申刻发。

敬再禀者:昨闻刘军门松山督攻坚寨,中炮殒命,骇极恸极!迹其往日含涕誓众、奋发岩疆、夜战穷追、入深出险之概,久已舍生报国,义烈填胸。及念智勇双绝,仁爱行师,百战勋名,壮年夭夺,上有老母,下无嗣息,不觉为之涔涔泪下。关中去此一将,狂贼罔惮,不问可知。第老湘一军,从来未曾挫衄,我中堂深信其可用,维持调护十馀年矣。此次骤失主将,系属极难。未知接统何人,尚能整饬似旧,为刘军门一伸忠愤否?廑怀增恻,部署遥遥,不知几劳焦虑。司员○○,卑府○○谨再禀。

(12)禀中堂夹单

五百里排单

敬禀者:廿七接奉廿三日钧函,殷然以灾区不雨,播种失时,粮价昂贵为念。旋荷积诚上格,感召祥霙,廿六日始阴,申刻小雨,次夜小雪,廿八将霁复阴,廿九申初至夜半,大雪得六寸,三月初一再得六寸,两次风静云浓,情形甚溥。遣人诣四乡探视,可融透旱地六七寸,播种皆不后时,舆诵欢腾,足慰荩廑。粮价惟前月上中两旬,每集必长京钱一百,事属不经,人情骇动,一时权宜示禁,非欲其不长,但防其猛长。盖视常价业已过倍,核之豫东成本,商利自厚,粮车自多,尚无远商畏避之虞,且系一而不再之举。宪虑深远,无任钦佩。雪后出囷求售之粮必多,村人又得醵赈钱以资采买,若三月内再得雨泽一二寸,百谷生长,至于有秋,粮价定当递减,平粜一举,应否不需筹办,敬乞钧裁。

闻各属多于二月开征,但不知输将何似。大致灾重者不缓亦无可追,灾轻者不追亦可当缓,视州县之贤不肖何如耳。司员等前禀未准报灾各村,借给籽种,勿催上忙者,知有不可以赈妨征之势,因参用明征暗缓之法，庶可征村户无所藉口。宪意如欲分别奏缓，或请密饬钱升道细心体察，禀候核夺，通缓似可不必也。

津船于廿三日行抵德州，初二三当泊大名。前月初接钱升道来函，拟赈大名二万一千串，元城一万四千串。近日核定户口，即有增减，亦当在四万串以内，统计银钱两款，绰有赢馀。肃此禀复云云。司员〇〇，卑府〇〇谨禀。三月初二日申。

(13)发票榜示

肥乡县抚恤局示：兹查得某乡某村应贷春粮若干户，每户应先给钱票一纸，业由本局发交该村绅董某某、公正某某、地方某某转给各该贫户收执。定于某月某日放钱。届期仰各派户长一人，持票入县城某门赴关帝庙内、向该村厂领取。凡老弱妇女病废，一概不准来城、拥厂。家无户长及壮丁者，准由绅董邻佑代领。无票取钱者不给。票据钱文被人侵吞者，准其喊禀，立即严究。特示。

计开某乡某村

某某户制钱几千几百文

某某户制钱几千几百文

同治九年某月某日示

实贴某乡某村晓谕。

榜后附示

榜内如有死契地多户、活契地多户、代种地多户、无地家道殷实户、别有大宗生业户以及假名捏姓户、重开户、外出并无其人户，凡属不应借贷，暂时未经本局查实者，仰该村绅保等秉公查扣，或由该各户情愿将贷票缴回，皆足以验民风之醇厚。倘有甘心冒滥，本局日后亦必查出。凡冒滥制钱一千者，处罚制钱十千，仍将所罚之钱分给该村极贫户口,其无后悔。特此再谕。

(14)禀中堂夹单

五百里排单

敬禀者:本月初二日肃具禀函,谅邀宪鉴。天津钱船初七齐抵大名,由钱升道分期发县,先永年、邯郸,次肥乡,次成安,次广平、大名,元城最后。每箱装制钱三十千,洪纤尚确。卑局先期分给村榜、户票,随派妥员赴乡密查,遇有榜未张贴或贴榜不散票者,立刻追问。伏查肥、广一带城厢曰城关,四乡曰四路,一村二分曰牌,村中绅富耆老曰公正,地保曰地方。平日追呼徭赋,一任地方之所欲为,公正不敢发一言、决一事,即有争讼,州县左袒地方,遂益弱肉强食。统而论之,公正虽未必尽系善良,地方则无一而非豺虎。此次办理赈务,既不得不借助于村人,即不得不力矫其积弊。发票之先,令在局办事总董按村特选公正,出具切结,由县令传谕到城,酌予川资,当堂交给榜票。其距城二十五里以外村庄,赈钱亦令综领转给,地方不过随同听命,不赏川资,不假事权。薰莸异气,黑白异形,混则相攻,必然之势。且愚民智计或绌,耳目则周,邻近相形,有弊立睹。总董在局月馀,核册查户,悉矢公勤,绝无丧心昧良、取巧偾事之类。凡司员等见闻思议所不及,即属总董四路访查,遇有痞棍地方把持唆耸,及不肖公正情弊确凿,视其轻重,分别惩处,登时派员驰赴该村,代散钱文。数日以来,此辈不过二三,而缴回冒滥之户,无日无之。前禀谓畿南民情质直而重利,此其明证也。

开放赈钱之期,广平十五,五日可毕;肥乡十六,十日可毕;成安十八,七日可毕。每日黎明开厂,日中放竣,一律安静。间有闻赈来归，及原册遗漏之户，除准由公正代为禀明，另行酌补外，理合将现在放赈情形禀请中堂察核。再，询据村民口称，四路地亩多已布种，十六竟日小雨盈指，足资生发，粮价不长不跌，亦不缺乏。诸关仁廑，合并声明云云。司员○○，卑府○○谨禀。三月二十日申。

(15)批李超然禀

肥乡县正堂张抄奉抚恤局李批南路西西屯庄公正李超然、范珍等禀请补赈一案，查抽赈专为极贫中衰老幼弱孤寡残疾而设，例不准分文冒滥。此次本局经办赈务，有无地一家准给数口者，亦有有地准其老年或小口者，是已于核实之中，隐寓推广之意。容或失之宽厚，断无所谓偏枯。此外纵有应补漏户，以及闻赈归来，谅不过一乡中数村、一村中数名而已。乃阅各处求补禀词，少或三五名以至七八名，多则十馀名以至二三十名，已属不近情理。尤可怪者，南路西西屯庄，原准不下八十户，而请补开至九十馀口，且系地多之家，并有准过之户，若非有心朦混，何以糊涂至此？此事选用公正，原冀其事事秉公，不避嫌怨，似此谬妄代求，实属有辜委任。本应将该公正等照冒赈例惩治，姑念初次禀渎，暂予从宽，应将所请补赈诸名概行不准。惟此禀是否出自公正，抑系被人窃名，仰即明白禀县，以凭核办。如再含混，决不宽宥。至赈钱有限，不过权济目前，稍可周展之家，何乐与贫民争此微利？人心不平，天心何能默转？嗣后各路村庄，除实在极苦漏户准由公正禀候酌夺外，如再有不当求而求，挟制公正具禀者，一经查实，定即严办。懔之慎之。此批。三月廿一日。

(16)赈毕告示

照得肥邑所请制钱二万八千串,已经散尽,分文不留。凡城乡各村人等,无容再事哀求。即所得或有未均,亦不必故存计较。但愿天公降尔丰年,数月后家给人足,胜事区区赈钱百倍矣。至各村公正花户,偶有因赈兴讼之事,得钱有限,花销讼费甚多,且致邻里结怨,殊觉不值。自今各宜安静,毋得再起争端。至嘱至嘱。此示。四月初二日。

(17)禀中堂夹单

四百里排单

敬禀者:窃司员等奉谕分办畿南赈务,曾将办理情形随时禀报在案。现已一律完竣,广平用钱一万八千串,肥乡二万八千串,成安一万六千串。散放不经胥吏,涓滴皆在民间,差足仰副宪台仁廑。共见共闻之事,下至妇孺亦有知识,歌颂出于自然,此恩实逾恒泛。除将户口册籍票据分别点交各该县令造销外,理合开具简明清折,禀呈中堂钧览。再,司员等并无未完事件,拟于初五日偕唐令、王令回省销差,合并禀陈云云。司员〇〇,卑府〇〇谨禀。四月初三日。

赍呈清折一扣

谨将广平、肥乡、成安赈款开呈钧览。

广平县一百三十五村并城关八处,共户五千八百零六,大口一万六千零七十,小口三千八百六十,共赈制钱一万八千串文。

肥乡县三百二十村并城关十处,共户一万七千零四十五,大口二万三千三百二十八,小口八千九百二十八,共赈制钱二万七千七百九十二千文;招力、找补运钱车价等项零费钱五十八千文;县令张守元借支经费钱一百五十千文,通共用制钱二万八千串文。

成安县一百四十村并城关六处,共户一万二千八百零三,大口一万四千二百零四,小口三千五百九十二,共赈制钱一万六千串文。

以上三县共用制钱六万二千串文,请款并无存馀,合并声明。

《李兴锐日记》,《天津图书馆孤本秘籍丛书(三)》影印稿本,第594—611页

05. 禀两江总督李宗羲*

同治十三年二月初四日(1874年3月21日)

敬禀者:○○谒辞后,初二日行抵十二圩,初三抵扬州。敬之尚未接奉宪札,想驲递五河矣,当以○○奉札给钞。窃意黄水如果南注,不外徐、海、淮、扬四州郡属,紫湄、受亭各虞辖境,未暇通筹,不若先与省三、敬之同在局外之人酌拟设防大略,再由○○履勘。初四日省三至扬,公同计议。

以现在直东漫口水势而论,溜小或可停蓄曹、济之间,溜大必趋并南阳、昭阳、微山等湖,一由韩庄、马山经邳州、沭阳、海州入海,一由刘老涧经六塘河入海,一由杨庄、李工以下之旧黄河经云梯关入海。此三路均属洼下,惟迁直稍有不同,届时水势趋重何处,殊难逆料。总之,邳州、海、沭境内不堪问矣!上年侯家林决口,曾文正公定见,力保淮扬,有堵顺清河以御黄水,挑吴城七堡碎石河以疏清水一议。为今之计,唯有援照旧案,速筹堵挑,先固腹地,所费不过五六万金,即或工未竣而水已涨,尚可就料抢堵,

---

* 标题原无,系整理者所拟。该日日记云:"予拟禀制府云:敬禀者……以备采择奏办。肃此云云。初四夜申。"

所失者小，所全者大。省三、敬之意见相同。所极难防范者，海州为最，徐州次之。闻昭阳湖南岸旧有民埝，及早修补，可保丰、沛。堵塞蔺家山坝，可保铜山。此外则毫无闻见，博访亦无能论断者。

顷已飞椷邀约紫湄，迅过清江或韩庄一带，会看情形，熟筹救急，以广宪台一视同仁、己溺己饥之意。受亭尚在苏州，亦已专函五百里，催其速回清江。○○明早自扬起程，拟谒曹帅，禀请酌派熟悉河务妥员，驰往直东决口处所，确察溜势，几分东流、几分南下，能否于无可堵筑之中，设一避重就轻之法。○○一面亲赴顺清河、杨庄、刘老涧、旧河尾、荆山桥、蔺家山坝、韩庄、八闸、微山等湖，悉心查看，另行驰禀，以备采择奏办。肃此云云。初四夜申。

《李兴锐日记》，《天津图书馆孤本秘籍丛书(三)》影印稿本，第565—566页

06. 禀两江总督李宗羲*

同治十三年二月十二日(1874年3月29日)

敬禀者：十二日午刻，桃源县属蔡镇途次，奉到初七日钧答并漕帅函稿，谨聆壹是。黄河变迁，近年弥甚，其大势北隅淤塞日高，东方销受吃力，愈决愈南，与东境蒙沂山涨争道于南昭、独、微湖中，猛注江北，纵横四溢，不尽归前禀所谓三路以入海，意中事也。即幸黄水溜轻，挤清自足贻患，目下运湖底水高于去春三尺，是其明征。堵闭顺清河一法，众论协然，但谓不先挑吴城七堡碎石河以疏清流，则里运以堵而立涸。果尔，此水实顺清河之旁代，不至增旧黄河之重累。容俟看明，遵即禀复。杨庄以下旧黄河，上年择要

* 标题原无，系整理者所拟。该日日记云："行至蔡镇，接到制府回信及刘受亭信。立刻作禀复制府云：敬禀者……知关廑念，合并禀陈。肃此云云。二月十二夜申。"

挑修,适幸侯家林大工合龙,今非昔比,利导宜时。宪谕拟于敬之、省三两君中,择一以任其事,驾轻就熟,无逾此两君者,应请速赐派定,以便赶紧兴作。漕帅谓挑河宜在仲春,诚为确论,迫不得已,只好自杨庄抵太平工、黄家渡十数里内,将河槽挖宽,如喇叭状以受溜,再将下游塘淀抽浚,亦可畅泄,请宪台饬令相机办理,亦不必狃于节汛过早之说,姑从此末议也。顺清河工,似宜并令筹办,力争急着。〇〇遍访淮扬避黄之道,亦有谓不修南岸旧堤,恐大溜陡至,溢出旧河以入里河,空负顺清堵口之力。此即省三先修缺堤之意。所虑残坏过多,工程浩大,仓卒有所不及。〇〇拟自杨庄顺道一看,藉资印证。委看直东漫口一节,为虽属东省局事张本,于救急无与,于后图有说。漕帅现亦无老手可委,俟受亭回时再商。紫湄来信,初九日自徐州起程。〇〇于十一日由清江上驶,约在宿迁一带晤商。堵筑蔺家山坝,已奉漕帅委李牧树萱往办矣。知关廑念,合并禀陈。肃此云云。二月十二夜申。

《李兴锐日记》,《天津图书馆孤本秘籍丛书(三)》影印稿本,第567—568页

07. 禀两江总督李宗羲*

同治十三年二月二十日(1874年4月6日)

敬禀者:十二日宿迁途次,禀复芜槭,亮蒙垂察。〇〇自清江顺看双金闸、盐河、刘老涧、旧河尾、五花桥、竹篓坝、隅头湖,至邳州之猫儿窝、唐宋山止。已上无堤可循,无险可守。于十九日回

---

* 标题原无,系整理者所拟。该日日记云:"谢客,舟居作禀禀制府,未刻交受亭排递。……午刻,奉制府札,委令总办河工,即具禀辞之。……禀云:敬禀者……准于二十一日动身回省,面禀一切云云。敬再禀者:……合先陈明,伏维慈鉴。"

至杨庄,会同受亭察看旧黄河、顺清河一带讫。六塘达海道远,商由子梅另派县丞刘德仪往看未返。连日与子梅面议,徐、海首当冲要,滨湖倚海,千罅万隙,虽无术保护全境,要当于得尺得寸之间求之,待上苍之怜恤,慰众民之觖望。查自唐宋山至宿汛上下,清黄之所必经,运堤残缺六七十处,越顶漫溢患犹小,冲决夺溜患乃大,即无直东漫口之事,修理自系堂堂正工,六塘销纳溜势什之六,实为淮扬大助。其北堤屏蔽因庐盐池甚广,自嘉庆间裁改厅防后,修守无人过问,欲轻海、沭之灾,苏沉沦之命,窃以为修六塘堤其最要也。邳、铜、丰、沛地势生来散漫,众流恣其钻趣,公家之力,万难兼顾,只有悚谕土著,筑埝自卫。求津贴在所不免,假使公款优馀,亦差胜灾至振贷、盗起简校之资。保全一区,安静一区,谓即为御黄上策,下愚亦知其说之大谬不一谬矣!受亭上年所修杨庄挑水坝口,紧靠运、黄两河交界,逼溜东行,顺清河里许外藩也。将来挑吴城碎石河,堵顺清河不及,当以此坝合龙为救急之计。商之敬之,颇以为然。杨庄下旧黄河南堤,必应修补残缺,工程尚不甚大,惟时日已迫,农事方殷,与徐海运六堤工,恐皆系秋后事。如天之福,直东不增河决,太清畅泄正溜,则江北尚可徐徐布置也。〇〇准于二十一日动身回省,面禀一切云云。

敬再禀者:二十日午刻,在清江接奉钧札,饬委〇〇会办河工事宜,感悚曷已。自问于河务工程形势、物情事理,向未留心练习,一无所能,且〇〇近年体弱多病,不耐劳苦,勉强从事,孤负要工,惟有仰恳宪恩体恤,收还成命。除俟回省具禀渎辞,并禀抚、署漕宪外,合先陈明,伏惟慈鉴。

《李兴锐日记》,《天津图书馆孤本秘籍丛书(三)》影印稿本,第570—571页

08. 江南制造局设立松江火药库禀*

光绪二年

窃维藏药总汇，自以省会为宜。其间挹注多端，瞬息千变，机括灵滞，须总全局计之，庶临事不虞掣肘。金陵之药接济五龙山、镇江最便，似难兼顾江阴。苏州之药接济江阴、刘闻沙最便，似难兼顾吴淞。吴淞炮台首当冲要，轮船陆师棋布星罗，岛夷所忌在此，所争亦未必不在此。卑局逼近洋泾，恐仍顺处安常之旧，势必听〔命〕①前敌，仰给宁、苏。海道若有梗阻，运解须由内河，无论展转搬移，糜费已多，即或兼程，亦须数日。敌如飘风骤雨，我则雅步坦途，殆未足以制其死命，尚将望其侥幸成功耶？

职道等愚见，拟于松江城内，由局自造药库一所，每月解存一万磅。其馀弹子等件，有须供给水陆各军者，酌量拨存，为局后路。其地上达江防，下顾海口，巨舰所不能及，陆路颇不易攻，较之建库上海，此为稳着。日前亲往松江晤商李军门、杨守，咸以为宜。细踩建库地方，南城内有后营游击旧署基址，空旷适用。后营移驻嘉定，旧基闲废，原属官物，购地之资可省。营造约须数月。四围挑河，拟借郡防勇夫一助。将来储药，以二十万磅为度，为省局分蓄艾之劳，即为防务助储胥之势。此屯药虽分而犹合之意也。

---

* 标题原无，系整理者所拟。原书云："光绪二年总办李兴锐禀设松江火药库：……"

① 据《中国近代兵器工业档案史料·李兴锐呈江南制造局设立松江火药库之禀文》（《中国近代兵器工业档案史料》编委会编，兵器工业出版社1993年版，第1册，第57页）补。

附保险章程八条

一、建造药库，不拘方向，宜择僻静阴凉之地，内外夹墙，石砌墙脚，上用土砖砌成，饰以蜃灰。离外墙五丈，四面多种冬青树，藉收电气。(坏)〔环〕墙掘沟，积水以绕之。

一、药库屋面，当先钉子口木板，上铺和匀之石灰泥土，再覆窑瓦，切不可盖白铁瓦、嵌玻璃瓦等类。房屋以垲爽为要，地板宜架高四五尺，照西法可容七十五方尺空气。下砌风路，使湿气不得郁积。四角宜砌通风洞，以散湿气而引养气。

一、药库门窗不宜过大，里面概作木板，以铁皮裹之。内围墙宜离药库二三丈，免助风力，使空气得以宣达。外围墙尤以远隔为妙，墙内不得住人炊爨、堆积柴草秽物，无论局内、局外往来人等，不准吸烟。

一、药库屋脊上宜设避电针，用紫铜丝横贯直下，入土二三尺，以引电下行。紫铜丝宜粗对径三分为度，不得代以他物。库内宜设寒暑表，以测热度，夏、秋如过七十度，即当启开窗户，招纳凉风；冬、春亦须每月启开窗户一二次，以泄郁气。若值天雨雷电、酷暑亢炎，亦须防之。

一、经理药库之人，宜择老成精细、深明利害者，以专责成。搬运火药出入，即选局内诚朴勇丁以司其事，赤脚入内，免沾泥沙，不可令领药之人混入扛抬，恐粗心失事。火药出入，地上偶有漏落，即须扫尽，庶不致践踏失事。

一、制造药箱，用洋铁皮不若用铅皮，洋铁性燥，易触电气，且日久箱盖螺丝起锈收紧，恐敲击生火；铅性柔滑坚韧，可无他虞。各种火药分别存储，列为四隅，计定每库相距若干远，纵令一库有失，他库无得相惊。

一、存储火药，防日久走性，收箱时宜妥为安置。旧存者先行出领，不可陈陈相因。各种火药，须用时始行开箱，须放时方安引火。铜引各件，尤须另储，不可合并一处。用剩之药，即须收箱封固，以免疏忽失事之虞。

一、药库失事，非疏忽即偷窃，总办督察须严，用人宜慎。配就物料若干、制药若干，平日细加考核。储库之药，每季盘算一项，登数注簿详报。局内员司工役人等盗卖火药者，视其轻重治罪；疏忽失事者，除革办外，勒令倍偿；如卖空放火，以图搪责，查实以军法从事，庶可以示惩戒而肃规章。

魏允恭编：《江南制造局记》卷二《建置表·公牍》，清光绪三十一年石印本

09. 禀复江海关道刘瑞芬*

光绪五年正月十五日至二月十三日

（1879 年 2 月 5 日—1879 年 3 月 5 日）

沪上广方言馆向有学习英文、法文、布文生徒，以所请外国翻书儒士三人兼充教习。嗣因布师金楷理离局，生徒无多，早经撤

* 标题系整理者所拟。原文云："敬禀者：光绪五年正月十五日祇奉钧谕并抄总理衙门公函，以上海广方言馆学生应令学习法文、法语。各国遣使办理公事，法文较为适用，现在同文馆学习法文者无多，将来必不敷用。上海广方言馆学生虽专习英文，刻下自应择其资质聪颖者，赶令学习法国语言文字，以期有济于用。至俄文、布文，似应一并令其肄习，饬即查照办复等因。奉此，查上海广方言馆系归制造局兼管，随即转商去后，兹据李道兴锐、蔡倅汇沧复称：沪上广方言馆……请俟察看情形，另筹办理等因。职道覆核无异，除将堪备调京考试各生查开姓名，由道先行考试，俟核定另禀外，合先肃覆，仰祈俯赐察转，实为公便。光绪五年二月十三日。"按，刘瑞芬正月十五日接到沈葆桢查办之谕，二月十三日根据李兴锐、蔡汇沧的禀文回复，可见李、蔡之禀当作于光绪五年正月十五日至二月十三日之间。

馆。惟英、法二馆及算学馆仍旧，数年以来，成就数人，堪备调取。如蒙京师同文馆援照上届赴都考验之例，调京考试，则馆中不致拥挤，尤足激励后进。去夏教习法文傅兰雅请假回国，一时难觅替人，暂令在馆生徒温习旧业。现在傅兰雅经署理德国李星使咨留三月，翻译西书，拟即函询傅教习，如未能早日回沪，自应另觅良师，督课法文，以期适用。查法文生徒现在仅存四名。头班二名，学有成效。一俟教习定妥，或添收生徒，或挑英学聪慧子弟改习法文，届时再酌。至俄文、布文本应兼习，只因教习颇少，馆屋又已住满，一时无从安置师徒。请俟察看情形，另筹办理。

辑自《江海关道刘（瑞芬）禀复南洋通商大臣沈（葆桢）》，见陈正青标点：《广方言馆全案》，上海古籍出版社 1989 年版，第 138—139 页

10. 禀复南洋通商大臣刘坤一*

光绪七年三月二十一日（1881 年 4 月 19 日）

敬禀者：窃职道等接奉宪台札开云云等因。奉此，伏查广方言馆原系江海关道所设，嗣由城内移馆入局，即归局就近兼管。其经费出自船钞项下，道中按年核成解局，局中按年造册移道转报各宪。其馆章，学徒向额四十名，设英文、法文、算学三馆，以生童文理通顺者入馆肄业，以翻译西书。美人林乐知兼充英文教习，英人傅兰雅兼充法文教习，江苏兴化附生刘彝程充算学教习。历奉总理衙门调考，俱蒙前宪台给咨赴都，现尚有在同文馆肄业者。未奉调考诸生，仍令在馆肄业，而年齿长大，攻苦无恒。光绪三年正月，

* 原题作《总办机器制造局李、蔡禀复南洋通商大臣刘》。

另选年幼聪俊子弟学习英文,作为新班,延浙江镇海人舒高第教习。该教习自少赴美,隶籍十馀年始行返华,西学甚深,导引得法。惟老班敷衍岁月,多攻制艺,不复用心西学,故中学尚有可观,西学几同墙面,此何异内地书院,殊失设立方言馆之本意。职道等公同商酌,与其率由旧章,徒糜公项,不如弃旧谋新,冀收实效。适又奉前宪台沈饬遵总署新章,推广法文。于光绪五年十月于老班中择其安详者,改派翻译文案等事,其馀一概撤退。另挑聪幼肄习法文,并添英文学生作为二班,附入舒教习馆中。法文以在局司事顾文藻暂充教习。该教习上海人,在福建船政局法文学堂多年,训蒙尚能胜任。而林乐知、傅兰雅不复兼事,专译书矣。通馆每七日中,以四日读西书,三日读四书五经,另延生、贡四人主讲。每年甄别三次,劣者开除,优者重奖。现在英文、法文两馆学生共三十九名,算学六名。英文新班入馆五年,学有成效,可备他日之用。惟年尚幼稚,不堪任事。此外别有武学一馆,铁船两馆,共四十六名。所学皆画图、算法、语言文字、兵书炮表,兼读四书五经等书,中师、西师分限督课。经费在局收二成洋税项下动支,按季汇入册报在案。嗣后自应遵将考验优劣,按次呈报宪鉴,仍饬监馆委员严加约束,各教习认真训迪,以冀拔十得五,储指臂之助,用副宪台造就人才之至意。再职道等去年函请出使英法各国大臣曾聘请法文教习,嗣奉函覆,俟延访有人,议定脩俸,订立合同,即属来沪,合并陈明。光绪七年三月二十一日。

附　刘坤一批文

两江总督部堂刘批:广方言馆选集生徒肄业,国家不惜经费,该道等大费心力,无非为西学人才起见。本部堂于西学属门外汉,而于此项人才亟盼有成,以应时务。该道等以后务于肄业诸生或习外国语言文字,或习算学,或习武学及铁船,择其出众得力者,遵照前札,具报本部堂存记查考。并将此项人才妥为培植,毋任散去,不唯虚糜可惜,且恐为洋人所用,是我耕之炊之,而彼获之食之也。该道等务宜悉心教育,凛之勉之。至广方言馆经费在于船钞项下动支,武学、铁船两馆经费在二成洋税项下动支,每年究用若干,来禀未据声明,无凭查考,仰即先行呈复察夺,仍一面按季造册送核。缴。光绪七年四月十六日。

陈正青标点:《广方言馆全案》,第142—143页

11. 禀复两江总督刘坤一*

光绪七年四月二十八日(1881年5月25日)

敬禀者:窃照卑局禀覆广方言馆情形一案奉到钧批,内开广方言馆挑选生徒云云等因。奉此,遵查广方言馆经费每月约用银伍伯数十两,历经分造月册,按年送由江海关核办。铁船、武学两馆生徒薪费,每月约用银三百两,经卑局于季报册内汇列呈报在案。兹奉前因,除移知江海关外,理合禀覆,仰祈宪台察核,实为公便。肃禀,伏乞垂鉴。光绪七年四月二十八日。

敬再禀者:职道前次晋谒之时,蒙以船政大臣黎手定粤西学馆条款赐观一过,精审切要,允宜参用。匆匆未及抄录,谨乞饬赐抄发下局,俾资法守,不胜感被之私。谨再禀。

附　刘坤一批文及广东西学条款

南洋大臣刘批:据禀及另单均悉。粤省所定西学条款随批抄

---

* 原题作《制造局又禀复两江督宪刘》。

发,仰希查照。缴。光绪七年五月十三日。

谨将闽省船政西学旧章参酌粤省情形,拟列西学章程,呈请采择。

计开:

一、专课。京师、粤东设立同文馆,上海设广方言馆,学习外国语言文字,而未有专门。此次学馆为储备水师将材,计应专习驾驶、制造,仿闽省船政学堂章程而变通之。闽局初开时,专用法国人,故制造学堂专习法文。后以泰西水师,英国为最,则驾驶管轮专习英文。管轮与制造事本同源,而分派船上既用英文,未便以法文搀之,又设英文管轮一学。今粤东开西学馆,应专习英文,分驾驶一途、制造一途,其制造之精者,除造船外,并可习开矿、制造、枪炮、水雷等学,其次则拨为管轮。此外习其语言文字,各随其才识,专习文义,以备出使参赞、翻译之选。

一、择地。粤东工匠灵敏,制造坚固,工价又廉,购料亦便,中国造船未有胜于粤东者,亦为高必因丘陵之义也。今设学堂,固是储备将才,亦为造船张本,应择离市廛远而近水者度地建馆,方免异时迁移,并可联络一气。长洲船坞本近山麓下,是石底可任汽锤,造船、造炮均宜。惟自虎门至长洲,无险可守,稍嫌孤露。白鹅潭之西南芳村地方,较长洲稍为严密。该处亦有石底可任汽锤,而面前水亦深阔,出入转运皆便。惟须另行购地,无现成之洋房,又须建盖,稍多费耳。两处皆可,请择定一处开设学堂,预备将来船厂地步,留石底之地以为制造厂,庶为合宜。学馆内须有讲堂、洋房、住房、厨房、浴房、厕所,而操场、花圃亦不可少。

一、任职。学馆设监督一员，专管局务，稽查学生勤惰，随时黜陟升降；副监督一员，帮同稽查局务，专司钱银出入，并约束丁役；洋教习二员，一教驾驶，一教制造；洋文教习三员，分教二班、三班、四班学生；汉文教习一员，专教各班汉文并算学。而正监督最为要紧，必须方正不徇情面而又有才识者方能胜任。初开馆时，学生只学外国语言文字、算学，可先在闽学堂挑选学生中学术精通者，为二、三、四班教习，至学有进境时，选入一班，始延技艺精熟之西人接教，亦可略省经费。下此设门丁一名、听差四名、厨丁一名、茶丁一名、杂差一名。

一、选材。闽局选材分两途：一选诸童年十二至十五岁、身家清白、有志肄业者，试以文艺，或作起讲破承题，或作诗，选其清通者为一途；一往香港，选其曾读洋书数年者为一途。其曾读洋书者，收效较捷，但汉文多未通耳。凡选入者，皆须报明年岁、籍贯、三代，并取具妥人保结，以凭查考。其有举、贡、生员年少有才者，亦准选入，然必须查明品行端方，始可收录。所分班次，总以洋文为准，不能以汉文优长遽跻一班。考选幼童时，并查其品质，如相貌凶悍、资质鲁弱者，概不入选。

一、学规。学业贵专精有恒，以五年为准，五年内不许应文试，以免分心。每年正月二十日启馆，十二月十五日散馆，端午、中秋两节给假五日。其归入一班，照西例礼拜日歇息；其从汉教习受教者，每月朔、望、初七、二十三歇息一日。如父母疾笃，禀明监督，准假一日。地在二十里外者，翌日早回，逾期戒责，一班者扣薪水，捏饰者斥退。如遇父母及承重之丧，给假五十日。如期内未葬，销假日禀明，临葬给假五日。祖父母、胞兄弟、叔伯之丧，给假半月。如该童有病，禀明监督，延医调治，医资由公给发，许亲属进房问视。

如实病重,监督验明,给假回家调理,平时不许出外探访亲友。凡亲友到访,止许歇息半日,下午晤接,仍不得留饭、住宿。考选时多为取录,入学后严为甄别。其有乖张、诡谲、轻浮、软弱、鲁钝者,随时黜退。五年内,如有升至一班中途告退者,除追缴伙食银外,另每年罚银一百两;二班者,除追缴伙食外,每年罚银五十两;三班者,追缴伙食;四班不追,并不罚银。其各班生徒有因懒惰及犯事黜退者,除伙食、养赡银元照追外,均递发原籍,取保约束,以免中途逃作洋佣。如无银缴者,罚作学堂丁役三年,不给工薪,工满始准退出。

一、功课。初习西国语言文字,先切音,次字义,次文法;习算学,先笔算,次代数、几何、平弧三角、测量诸术。每日八点钟上堂,五点钟放学。每早录写上日所读西书、听洋文教习讲西文毕,随教习诘问答应。两年后均用西语以对。下午习西文,听讲算学。每逢歇息前一日,听汉文教习讲文义,作论一条,即日缴卷,不得剿袭。其升至一班者,随洋教习教授驾驶学生。至学业有成,将下船学习前数月,教以洋枪队伍、步伐口号,每日早晚在场操演二次,均自六点钟至七点钟止,凡六月而毕。其制造学生,如制造厂与馆邻近,亦令其赴厂考究。其充管轮学生,令其赴厂兼学打铁,庶实事求是,学成后保以职衔,量材委用。

一、考较。学生列入一班者,由督抚宪考较。其二班可升一班者,亦由督抚宪考核后,方准升转。其馀二班以下,由监督按月考课,随时升降黜陟。列入一班者,月给膏火银四两。大考前列三次者,每月加膏火银一两;前列六次者,赏品级功牌。颓惰者降罚,顽梗者黜退。每年四月、七月、十一月中旬大考一次。教习将历次小考所得分数开列名单,监督将稽察日记册于大考时统呈查核。

一、分途。诸童算学有得、升至一班者，择其体质强壮者，教以驾驶，习航海诸法、航海天文、船艺集成各书；其文秀而心思灵敏者，教以制造，习重学、微积、化学、格致、汽机、造船、制炮各书；其稍次者，教以管轮，习重学、汽机各书；文笔畅达者，教以翻译，习《万国公法》《星轺指掌》各书。分门笃守，各专一艺，五年期满，再分赴工厂、轮船、外国学习，使之精益求精。

一、历练。每届六年十一月大考后，挑选超等若干名，出洋赴西国书院学习。官给资斧，每名每月银若干。三年后回籍，取具洋教习切实考语，呈请察核，从优保举任用。

一、经费。学堂初开，除买地、建房、置器、购书外，闽局英、法正教习各一员，每员月支薪水二百五十两；副教习各一员，每员月支薪水二百两。月费各二十五两，共一百两。又，医学杂费月共支银七十五两。另舢板、轿夫等费月共银七十馀两，未免太费，应酌减裁。今设学之初，不用洋教习，用汉教习三员，每员每月多者四五十两，少者二三十两。汉教习兼算学，每月三十两。其监督每月三四十两，副监督每月二十两，此外学生每名每月饭钱三千文，丁役酌量给发。务从节省，以免虚糜。闽省初开局时，诸事皆由洋人日意格布置，故洋教习不无糜费。其所荐洋教习有甚得力者，有甚不得力者。闻由驻英星使行文英国海部，请其推荐，较为得力，应函致劼侯查明是否属实，所有薪水杂费并请其查明应支若干，庶不致一误再误。合并声明。

陈正青标点：《广方言馆全案》，第143—148页

12. 奉直筹捐义赈公启

光绪二十一年

敬启者:直隶连年大水,民鲜盖藏。上年夏秋之交,霪雨为灾,五大河同时泛滥,东南各属固已一片汪洋,而永平、遵化两府州属地居东北,亦以滦、青、蓟、运等河洪水横决,田庐淹没,人畜漂流,灾象尤为特重。虽经迭次设法查放官振、义振,不意今年灾后馀生,继之以春深大雪,耕种失时,加之以关外兵荒,客粮禁粜,穷黎重困,饿莩甚多。二月间,滦州属境唐山地方聚集二三万人,露宿求乞,幸矿务局张燕谋、徐雨之观察诸君施粥拯济。嗣是饥民遮道而来,不数日集至四五万人之多,疫气熏蒸,时有路毙。是时,启彤奉直督宪命,驰往安抚,宣怀亦邀广仁堂董事盛省三司马集款前往,择尤散放。忽四月初三、四日,大雨盆倾,狂风虎啸,海水山立,怒潮席卷,淹毙沿海人民无算,屋宇坍塌,盐场浸没。昨褚敦伯广文往芦台、北塘一带查看,民食树叶,面目尽肿。去年积水尚未消涸,经此霖雨,京、津附近十数州县又成泽国,春麦本已无收,秋禾又难播种。此关内近日之灾情也。

奉天、锦州与永平接壤,去秋大雨四十馀日,平地水深数尺,以军务正急,未暇兼筹。去冬,吴清帅及锦州转运局周少逸太守电商集款数万金,略为接济。前日周太守来电,谓麦秋颗粒俱无,节逾小满,尚是赤野千里,草根、树皮刨挖殆尽,骨肉离散,道殣相望。虽有官赈,不能遍及。且闻毗连锦州之地,日本已先放赈。我国家以民心为邦本,军旅饥馑,相因而至,亟宜宽筹抚恤,以顾民瘼。昨经邦桢等禀蒙直督宪酌量匀拨款项,请严佑之助教前往助放。此关外近日之灾情也。

宝箴等窃念奉直为根本重地，值此奇荒，虽蒙恩旨特赏粟米十万石，大宪力筹振济，而灾区太广，非有百馀万巨款，势难救人救彻。此间库空如洗，筹款维艰，不得不四方呼吁，多集义捐，以助官力之不足。历年晋、豫、直、东之灾，皆赖海内诸善士广募多金，施放义赈，全活无算。今奉、直当用兵之后，值此凶年，民不聊生，情尤可悯。务乞仁人君子慷慨解囊，并广为劝募，或寄上海义赈公所转解，或寄天津海关道署义振收解处转解，庶几杨枝洒润，无殊甘露之施；枯木逢春，尚有来苏之望，是所叩祷！此启。

陈宝箴、胡燏棻、季邦桢、李兴锐、盛宣怀、黄建筦、刘启彤、晏振恪、林志道、沈能虎、严信厚、施善昌、谢家福、郑官应、施则敬、经元善、严潆、杨廷杲、席裕祺公启

《申报》光绪二十一年五月十二日（1895 年 6 月 4 日）第 7945 号第 3—4 版

13. 接任长芦盐运使请代奏谢恩详*

光绪二十二年十月初三日至十四日

（1896 年 11 月 7 日—1896 年 11 月 18 日）

前在山东登莱青道任内，于光绪二十二年二月十三日奉旨补授长芦盐运使，跪聆之下，钦感实深。旋于六月初三日交卸登莱青道篆，将任内经手事件交代清楚，由东起程，驰抵天津。接奉行知，

---

* 标题系整理者所拟。原文云："降三级留任直隶总督兼管长芦盐政臣王文韶跪奏，为运司到任，叩谢天恩，据情代奏，恭折仰祈圣鉴事。窃据新任长芦盐运使李兴锐详称：前在山东登莱青道任内，……详请代奏，叩谢天恩等情前来，理合据情恭折代陈，伏乞皇上圣鉴。谨奏。"

饬委署理直隶臬司篆务，是月十九日接印任事。九月二十六日交卸臬篆回津，于十月初三日准前署运司余昌宇将印信文卷移交前来，即日恭设香案，望阙叩头，祗领任事。

伏思兴锐楚南下士，累受国恩，由诸生历保守令，荐升道员，并赏戴花翎，加二品顶戴。涓埃未报，兢惕方深。兹复蒙简命补授长芦盐运使，沐生成之逾格，非寤寐所敢期。查长芦系滨海要区，运司为盐务总汇，现值纲情疲累，供亿频烦，裕课恤商，在在均关紧要。惟有倍矢慎勤，力求整顿，随时随事，悉心经理，以冀仰酬圣主高厚鸿慈于万一。

所有感激下忱，并接任日期，详请代奏，叩谢天恩。

辑自王文韶光绪二十二年十月十四日奏折，

《光绪朝朱批奏折》第 11 辑，第 844 页

14. 江西抚院衙门整饬文告*

光绪二十七年正月（1901 年 2 月 19 日—1901 年 3 月 19 日）

本部院衙门为风纪重地，体制攸关，理宜严肃。所有整饬各条，开列于后：

一、每日早刻开门时，文武各官禀到、禀见、禀事，俱由号房分别交巡捕传进。其馀一应官役，不许擅入头门。

一、文武各官跟役、轿夫人等，不许在辕门喧哗。

一、各官传见，文自司、道，武自副、参以上，许各带家人一二名至

* 标题系整理者所拟。原文云："昨日，南昌访事友人致书本馆云：正月某日，新任江西巡抚李勉林中丞饬吏缮就文告八条，牌示辕门之外，其文曰：本部院衙门为风纪重地，……以上各条，各宜凛遵，毋得干犯取咎。"

大堂伺候。以下官弁随带人等,俱在外官厅守候,不得擅入头门。

一、各官禀到,止在外官厅等候。其禀见、禀事者,俱进内官厅听候传见。

一、凡外省文武各官及往来宾客赴本衙门谒见、拜会者,俱随到随禀,不得稽延。

一、在辕门伺候人役,除买办外,其馀非奉传唤,不许擅入头门。

一、各府州县不得设立坐省家人名目,探报事件。

一、官厅前止许各官跟随人役在彼伺候,其闲杂人等,概行驱逐。

以上各条,各宜凛遵,毋得干犯取咎。

《申报》光绪二十七年二月初九日(1901 年 3 月 28 日)

第 10034 号第 2 版《抚军文告》

15. 求言告示*

光绪二十七年正月(1901 年 2 月 19 日—1901 年 3 月 19 日)

本部院受恩深重,际此时艰孔亟,自应殚竭血诚,直抒所见,上赞宸谟。惟是古今事变甚繁,中外情形更赜,断非一人知识所能洞达无遗,必须博访咨①,参稽众善,庶几坐言起行,可收明效。用特再

* 标题系整理者所拟。原文云:"南昌采访友人云:去年江西进贤县境莠民拆毁教堂,骚扰教民之案多至数十起。迨今去岁仲春,县主陈明府庆绶与教士和平商榷,分偿各教民钱七千数百千文,缮立合同,以昭信守。惟赔修教堂之款,尚未议定若干。先是,正月之杪,抚宪李勉林中丞接奉行在军机大臣字寄,光绪二十六年十二月初十日钦奉上谕一道,遵即敬谨录出,榜示官厅,旋复出示晓谕曰:本部院受恩深重,……切切。特谕。"

① 此句疑脱一字。

行通饬,筹议核办,除分行司局各道遵照外,一面通行各属,并传谕在省候补府厅州县各员,如有见闻,不妨条列清折,限一月内齐缴,以凭采择汇奏。事关大局,慎勿稍涉含糊,敷衍了事。切切。特谕。

《申报》光绪二十七年二月二十八日(1901年4月16日)

第10053号第1版《赣抚求言》

16. 催结教案札*

光绪二十七年二月(1901年3月20日—1901年4月18日)

前因近日外侮频仍,大抵多由民教不能相安而起。现在和议垂成,所有从前未结教案,固应及早设法清厘。此后遇有民教交涉之事,尤应随时妥速了结,庶不致牵一发而全神俱动,贻误大局。各该地方官如再有仍前玩忽,不将教案速行办结,或致别酿衅端者,本部院惟有据实奏参,执法严办,决不稍从宽贷。当经札行该局,查明各属未结教案,严催汇报,以便查考。将来遇有民教控争事件,并即严定章程,勒限速结,分记功过,用示劝惩。或于各州县地方分立教务公所,由地方官礼延众所悦服之绅士专驻公所,遇有应行弹压之事,即责成该绅约束子弟,以免群起而争。其教士、教

* 标题系整理者所拟。原文云:"南昌访事友人云:上月某日,江西巡抚李勉林中丞札行洋务总局,其文曰:前因近日外侮频仍,……仍将办理情形禀覆察核云云。越日,臬宪柯逊庵廉访移会教务公所谓,查此案奉札前因,即已会同司道,督饬南昌府县与在省公正团绅熟商,克日先就省城办妥,以为之倡。兹择于二月二十一日先在省城设立教务公所,除将开办日期呈报督、抚宪,并严催外府州县迅速筹议禀办外,所有一切章程,应即克日妥议详办。合就移会贵公所,请烦查照,详细拟议办法章程,克日移覆,以便会商妥办,详定通行,以期民教永安。望切施行。既而中丞复将办理不善之各州县酌予奏参,其情事尚可曲全而又不能不略示薄惩者,概行摘顶,勒限迅速清结,如敢违限不遵,定行严参不贷。似此风行雷厉,江右教案当不难一律敉平矣。"

民中如有中国素著名望之人,亦以礼延入公所,俾各相习而无相妨,自更易于就我范围,地方官遇事传人讯问,亦不致毫无头绪。向来各属均有团练保甲公局,延绅坐局办事,而官督其成,公所之设,即可略师其意。惟公所应办之事,仍须明定限制,声明只为调和教务而设,一切地方事件,均不得干预,以防流弊。或公所可设,而绅士难得其人,亦不必拘泥滥派,总以事有实济为主。通行该司道等通饬各属,因时制宜,通盘筹议,禀由省局妥定章程,详办在案。兹查此件发行将及一月,所有议设教务公所一节,未据一处禀覆。昨经本部院与该司道等商酌,并询之在省公正团绅,咸谓此事可行,即应赶紧举办,遇有教案,方易措手,合再札催。为此札局,即便会同司道,督饬南昌府县与在省公正团绅熟商,先就省城拟备章程,克日办妥,一面严催各属妥筹举办,仍将办理情形禀覆察核。

《申报》光绪二十七年三月十一日(1901 年 4 月 29 日)
第 10066 号第 2 版《慎重教务》

17. 江西乡试展期札*

光绪二十七年四月(1901 年 5 月 18 日—1901 年 6 月 15 日)

光绪二十七年三月二十四日准行在军机处来电内开,奉旨:

---

* 标题系整理者所拟。原文云:"日前,南昌采访友人函述,赣省秋闱并不停止,本馆所以录登于报者,盖藉以慰多士观光之愿,不至因此灰心也。乃昨阅九江采访友人所寄德化县学梁、潘两广文告示,而知停试之事,固已明降纶音,吁俊辟门,大约须俟之来岁矣。其示曰:案奉署德化县沙移开:光绪二十七年四月二十八日奉府宪孙札开,光绪二十七年四月二十四日奉道宪明札开,光绪二十七年四月二十四日准藩司移开,光绪二十七年四月十八日准抚宪李札开:光绪二十七年三月二十四日……即便移行各属一体钦遵,查照出示晓谕,毋违等因。咨院行司移道札府行县到学。奉此,为此出示,凡尔应试文武诸生,一体知悉,毋违。切切。特示。"

"各直省乡试,前已降旨将恩、正两科归并,于今年秋间举行。现在和局将定,各士子观光志切,自应仍遵前旨,一律举行。着该督抚各就地方情形详细体察,有无碍窒之(旋)〔处〕,迅即据实陈奏。"钦此。当经本部院以江西办理教案将次完结,民情安靖,应即遵旨届期举行,电奏在案。旋准两江督部堂刘、湖广督部堂张先后来电,江南、湖北乡试,均奏奉谕旨展至明年秋间举行等因。复以江西与江、鄂均系连界省分,应否援案奏请展期,电请行在军机大臣代奏。兹于三月二十二日奉旨:"李兴锐电奏江西乡试可否援案展期等语,着准其展至明年秋间举行。"钦此。合就恭录札知。札司,即便移行各属一体钦遵,查照出示晓谕,毋违。

《申报》光绪二十七年五月二十日(1901年7月5日)
第10133号第2版《赣试仍停》

18. 江西课吏馆章程*

光绪二十七年

第一章　设馆十五条

第一条　拟钦遵光绪二十五年九月初五日训教州县谕旨,设

---

* 标题系整理者所拟。《赣省课吏章程》录第二章考试事宜十四条,原文云:"南昌访事友人云:江西抚宪李勉林中丞目击吏治日坏,由于人才之不兴,特奏请设馆课吏,以抚署东花厅为斋舍,札饬臬司柯逊庵廉访总理一切,而令候补知府曹价人太守为提调,并派候补州判夏别驾辅宜专供差遣,集资购备书籍数十种,以便各员肄业其中,大约秋间即可开考矣。兹将所拟章程十四条备录于后:……"《补录课吏条约》录第一章设馆十五条、第三章肄业课程第一至二条,原文云:"南昌访事友人云:江西巡抚李勉林中丞创设课吏馆,其第二章考试事宜十四条,前已录登报牍,兹悉尚有第一章、第三章各十五条,爰补录之,以供众览。……"《续录课吏条约》录第三章肄业课程第三至十五条。今按顺序排录,并补第二章之题。

立课吏馆一所。

第二条　课吏馆原可仿照书院之制,择地建设,但现在经费未裕,拟先就本部院衙门拨出厅事一所,暂行开办。

第三条　馆内拟设正馆长一员、副馆长一员,专掌教课各员之事。正馆长于实任司道中酌派一人,或该司道因本衙门事繁任重,适有不能兼顾之时,则暂阙缓派。其副馆长,于本省候补道或外省别有学问深纯、明体达用之员延派前来,均随时酌定。

第四条　于知府班内遴派提调一员,专掌馆内文告、公牍,及稽察各员勤惰。

第五条　于同通州县内遴派支应一员,专掌馆内一切杂务,随时禀承馆长、提调,核实施行。

第六条　于佐贰杂职中遴派缮校委员两名,一应册籍文牍,经馆长、提调核定后,可发交该委员缮写。

第七条　每年甄别之后,选取前列同通州县二十名入馆学习。此因开办伊始,不能多取。俟著有明效,再行扩充。

第八条　拟派馆丁二名,伺候一切茶水事件。

第九条　馆内各员随役,除馆长、提调、支应委员毋庸限制外,其馀各员只准随带一人,以免嘈杂。

第十条　馆内各员各有执事,不得群居笑谑,言不及义,以及携带洋烟吸食,并各禁止所带随役喧呶,违者记过撤出。

第十一条　馆长、提调、支应及甄取入馆各员,均应听候本部院札派。惟缮校、佐杂,可由馆长、提调商派,毋庸院札。

第十二条　各员薪水,除正馆长系实任司道毋庸加给外,其副馆长、提调、支应各员,均按本班支给,如别有兼差,即不给薪水,但支夫马。入馆学习者,与当差有别,薪水、夫马均毋庸支,以节糜费。

第十三条　馆内所需薪水、夫马、纸张、奖赏、工食等项，均暂由善后局开支，一面另筹的款，以期持久。

第十四条　正、副馆长，毋庸拘定年限，如能教课有方，应由本部院随时奏保。其馀执事委员，均按一年为期，当差勤慎者，准给酌委一次，以示鼓励。

第十五条　刊刻关防一颗，文曰“江西课吏馆之关防”，发给馆长钤用。

第二章　考试事宜十四条

第一条　每年应分四季，于仲月中旬定期考试一次。本部院考春季，藩司考夏季，臬司考秋季，粮、盐道同考冬季。

第二条　本部院每年春试后，即取前列同通州县二十名入馆讲习，毋庸另试。其司道所考，但列等第，于馆中各员不必别有去留。惟馆员有得差缺出外者，准以司道所取前列之员轮流拨补，如第一次以藩司所取，第二次即拨补臬司取列之员，第三次即拨补两道取列之员，以后均轮流递推。

第三条　应以同通州县为一班，佐贰杂职为一班，分场考试，分榜列等。

第四条　按照吏部则例，知府实缺人员均应考试，惟江西知府不多，随时接见，询事考言，可知梗概。实缺在任各员，有公牍可以考察，均毋庸按季考试。

第五条　凡候补各员，无论有差与否，亦无论卸事回省及本来需次暨初次禀到，但系在省者，均应报名与考。倘有托词患病或请假出省，查其接连三次未经与考，即应停止差委，以杜规避取巧。惟奉差出省者不入此限制。

第六条　正途人员，文理自优，原可毋庸再考。惟此举为造就人才起见，应令一体与考，庶本员得以显厥才能，上司亦可藉以觇其器识。

第七条　实缺人员，虽毋庸按季考试，惟领凭初到，如查有吏治未谙者，可随时奏明，着令入馆学习数月，再饬赴任。实缺撤省者，亦可入馆讲求，藉以察考，如不可造就，即可参劾。此等暂时入馆之员，应不归二十名之内。

第八条　佐杂人员，与同通州县有别，能考者准其报考，不能考者亦听，不必入第五条限制，亦毋庸选取入馆，以示区别。初到省者，向章应由藩司考试缮写律例，仍循旧办理。

第九条　凡与考试各员，有能周知天下郡国利病，熟谙中外交涉事宜，经猷宏远者，列为异等，许其保荐，请旨破格录用；其次列为超等，给予酌委繁缺一次，或一时无酌委缺出，准将其名列于本班之首，立予轮委一次，以示优异。以上异等、超等之员，如不多觏，宁阙毋滥。又其次列为一等，给予酌委一次，照省章按班录用，不必压班轮委。又其次列为二等，准记大功一次，记大功至三次，即改酌委一次。又其次列为三等，不予功过，再加学习，下季考试。其劣者为四等，记大过一次，记大过至三次，停止差委一年，或有文理荒谬、见识猥琐，不堪造就，分别勒休回籍学习，用示甄别之意。吏部则例：府厅州县佐杂各员，无论现任、候补，均一体考试，列为一等、二等、三等者，现任照旧供职，候补照常补缺、署事；四等者现任开缺，候补者停补、停委，留省学习一二年后，再行报考；不列等者勒令回籍学习三五年后，再行赴省投考，倘文理荒谬，即以原品休致。至正途人员，一律随时查看，秉公举劾；佐杂各员，毋得仅令缮写履历等因。是考试之法，部定章程已极严密，此条援照办理，略为变通，以期劝惩兼尽而已。

第十条　每季考试，司道于十日前定期晓示，即着需次人员赴提调处报名入册，届期应考。

第十一条　试卷各员自备，卷面不必书写职名，惟交卷时听提调于卷面及报名册内盖用“天地元黄”等字号，交毕汇缴考课之上司。俟阅定之后，按号查对职名出榜，以昭慎重。

第十二条　凡取列异等、超等一等之员，均应传至馆内覆试一次，比对笔迹，以杜替冒诸弊。

第十三条　应由藩司饬承将通省候补人员册籍核造送馆。其现经差委、署缺出外者，亦一并开列，逐一注明，俟回省时再行补考。

第十四条　同通以下新到省人员，均令赴馆报名注册，以便季考随同应试。如有不报者，查出有意规避，停其差委。

第三章　肄业课程十五条

第一条　取录入馆各员，应按日到馆讲习，以早饭后九点钟为始，下午五点钟散馆晚膳。冬季日短，准十点钟到馆，四点钟散归。中午在馆用点心一次。

第二条　各员肄业，宜以中国吏治为本。近日谈时务者，动谓中国吏治废窳，非变法不可以为政。岂知郡县果能得力，于农桑、保甲诸大端认真举行，何尝不可端富强之本？如织布、缫丝、种植、垦矿诸事，近人推为挽回利权之要者，无一非中国旧政所尚。至于保甲、团练，可以坚壁清野，即西人巡捕包探之法，亦无以过之。故中国吏治，最为根本之图，不能徒事舍本而逐末也。惟或谓中国近世诸事有始无终，有名无实，其心不同，其学顿异，其政遂殊，而外国上下臣民，皆有廉明公正之心、勤俭远大之心、智仁勇毅之心、恭敬诚信之心,心之所处者,无一不确实足以胜人,故外则胜以政事,内则胜以学问,要皆胜以心术也。然中国圣训言忠信、行笃敬、居处恭、执事敬、与人忠及宋儒之治心,心学未尝不根本诸心,措施诸事也。若能纯全中国圣贤之心,酌取泰西豪杰之事,所谓中学为体、西学为用者,殆庶几焉。总视其人之自命如何耳。

第三条　宜讲求武备军械。近来时局日艰,屡奉廷诏,讲求练兵制械。西人枪炮之精、机器之巧,诚非中人所能及,今纵不能遽通制造之原,而所以筑地营、设炮台、装卸药弹、运用轮机、测量道里、图绘山川,亦断不能瞢无所知。中国勋臣,类多起自文职,泰西凡带兵官,无不深通天文、地理、算术、兵法者,各员不可指为武弁之事而漫不加意也。

第四条　宜博考泰西政学。此类略分两门,一为政,一为学。西学如声光、汽化、电算诸事,皆非专门名家,不能深造有得。各员能精习之固佳,否亦不相强,当各就其性之所近、力之所及为之。至于西政为各国政治废兴之由,民情好尚向背之故,何事为何国所专精,何物为何国所蕃殖,通商之事如何而可收回利益,闹教之案如何而可杜绝衅端,此皆安内攘外原始之工夫,必知己知彼,然后可以百战百胜也。

第五条　功课既定,宜有藏书以供研习。现饬司库提银一千两,委员赴沪购致时务、洋务等书,并饬本省官书局将所有刊存各帙照印一册,储之馆中,仍拟分咨各省,将所刊有关经济官书邮致一通,以期美备。至藏书应如何酌立经管、分阅章程,俟购齐另行核定。

第六条　入馆各员,人付以日记册一通,举每日讨论所得详载之,按旬呈馆长评校,再呈本部院覆阅。其有未尽,亦当加批答之。

第七条　各员日记册，按旬呈阅，或有未及批答者，不能令其旷功以待，应令下一旬另记一册。每月凡三册，次第呈阅，随时发还。

第八条　每届月终，应令馆长综校所记各册，开列等第，呈本部院覆阅，颁给月奖。最勤者月给二三十金，其次递减至数金不等，均候随时酌定。如日记太少，又无精卓之见者，毋庸给赏，并分别记过，记过太多即应撤出。

第九条　凡各衙门有关系国计民生、大经大政以及疑难事件，均可发交馆员各抒所见，拟议办法，藉资练习。本部院与司道随时亲诣诹咨，以收集思广益之助。

第十条　入馆之员，如别有兼差，其日记册自不能如专习者之勤劬，应不必予以功过，亦毋庸颁给月赏。惟每日必须到馆一次，日记册可少而不可无。

第十一条　各员日记，必须实事求是，不得夸张空理、挦撦陈言，如能治财赋者，即将钱漕厘税考求，如何而可杜花户之欺隐、绝司巡之盘剥；能理词讼者，即将刑名例案考求，如何而可清积牍之根原、惩舞文之弊窦；能治军政者，即将营务军械考求，如何而可使营规整肃、制造精良；能通洋务者，即将通商约章考求，如何而可使民教相安、交涉无误。大抵一方有一方之情形，一时有一时之调剂，果能事事原始要终，则施于有政，自可资其干济。即或不能兼综，而择其浅近者专心为之，以次及于远大，亦不患无成，切不可浮慕浅尝，转致一无所得也。

第十二条　考览载籍，手自校录，视浏览强识所入尤深。凡校录有法，如欲考矿务，则取西人探辨矿穴、化分矿质，以及中西集股兴办章程、各处出产衰旺与夫奏牍文移、报馆论说，均一一录出，久之即可自成一帙,与著书无异矣。各员能为此,准抵日记功课;或能兼营,并当加奖。

第十三条　各员日记纂录,均当手自为之,不得倩人替代。或有不能作楷者,行书亦可,惟不宜过于草率。倘有查出倩代情事,定予撤惩。

第十四条　各处报纸,有关时事,应择其佳者购致馆中,听各员考阅。

第十五条　古人论学息游,与藏修并重,唐宋以前,并有五日休沐之(列)〔例〕。西人七日一礼拜,官停政刑,士辍学业,亦有古人遗意。馆中各员,应量为给假,每月逢九日,皆准免到馆。此外不得无故请假,违者查究。

《申报》光绪二十七年七月初一日(1901 年 8 月 14 日)第 10173 号第 2 版《赣省课吏章程》、九月十五日(1901 年 10 月 26 日)第 10246 号第 2—3 版《补录课吏条约》、九月十六日(1901 年 10 月 27 日)第 10247 号第 2 版《续录课吏条约》

19. 饬保萍矿路工札*

光绪二十七年

顷承准行在军机处电传上谕:“盛宣怀电奏萍矿支路通至醴陵现在兴工情形,请饬江西、湖南巡抚一体严饬营县,遇工员测量购地、造桥铺路,认真保护弹压。倘有刁绅地痞阻挠把持,扰害工艺诸人,抢毁料物,即按律重办,仍将该地方官据实参处等语。萍矿

---

* 标题系整理者所拟。原文云:“南昌访事人云:日前江西抚宪李勉林中丞札饬司道各员,略谓:顷承准行在军机处电传上谕:……随时督饬所属稽察禀办,毋违等因。”

路工,关系紧要,着李兴锐、(余)〔俞〕廉三严饬所属,认真保护弹压,不得稍有疏虞。”钦此。勘印等因到本部院。承准此,合就札行。为此札,仰该司即便会同总局司道,转饬萍乡县,移会营汛,一体钦遵查照,认真保护弹压,勿稍疏虞。仍移行该管道府,随时督饬所属稽察禀办,毋违。

《申报》光绪二十七年七月初六日(1901 年 8 月 19 日)
第 10178 号第 1 版《饬保铁路》

20. 鄱阳县免停考试札*

光绪二十七年七月初八日(1901 年 8 月 21 日)

照得本部院因鄱阳县停考,商允陶护主教转圜调和,会同吴学宪电请钦差全权大臣与驻京法钦使商议,邀免停考。兹于光绪二十七年七月初六日承准钦差全权大臣复电内开:接宥电,即派员与法鲍使商议,兹据函复,鄱阳县免停考试,以示格外通融。除电军机处外,江印等因到本部院。准此,合行札知。札司,即便移行查照办理,并即出示晓谕,以昭辑睦。计黏抄发原电稿一纸。

《申报》光绪二十七年九月二十四日(1901 年 11 月 4 日)
第 10255 号第 2 版《示免停考》

---

* 标题系整理者所拟。原文云:“钦加同知衔特授江西德化县正堂加五级纪录十次吕为出示晓谕事。光绪二十七年八月二十三日奉府宪孙札开,光绪二十七年八月十六日奉道宪明札开,光绪二十七年七月二十六日准藩司移开,光绪二十七年七月初八日奉巡抚部院李札开:照得本部院因鄱阳县停考……计黏抄发原电稿一纸等因。行司移道,由府转行到县。奉此,合亟出示晓谕。为此示,仰阖邑士庶人等一体知悉。切切。特示。光绪二十七年九月初九日。”

21. 送赣省路矿奏咨各件及表谱章程咨文*

光绪二十七年(1901 年 2 月 19 日—1902 年 2 月 7 日)

光绪二十七年七月二十三日,收江西巡抚李〇〇文称:据总理江西善后总局司道会同布政使张绍华详称,案于光绪二十七年四月二十七日奉行承准钦命全权大臣管理总理各国事务衙门事务和硕庆亲王咨,京城自上年猝遭兵燹,所有铁路、矿务局档案全行遗失,遇有应办事件无从稽核,相应咨行,将有关铁路、矿务来往奏咨文件以及表谱合同一律补送,以凭核办,务于文到两个月内迅速咨送本衙门等因。咨行司、局。奉此,本司、职道等遵将有关铁路、矿务来往奏咨文件以及原刊表谱章程一并分别检齐抄录,会文详请咨送钦命全权大臣管理总理各国事务衙门事务和硕庆亲王查照等情到本部院。据此,相应咨呈。为此,咨呈钦命全权大臣管理总理各国事务和硕庆亲王谨请查照施行。

计册一本钉原册

江西等处承宣布政使司、总理江西善后总局为详(情)〔请〕咨送事。遵将有关铁路、矿务来往奏咨文件及原刊表谱章程分别检齐抄录,呈送查核。

今开(下略)

“中研院”近代史研究所编:《中国近代史资料汇编·矿务档》,1960 年,第 4 册,第 2253 页

---

* 原题作《外务部收江西巡抚李兴锐文咨送赣省路矿奏咨各件及表谱章程》。原附有十三个附件,今不录。

22. 保护萍乡煤矿铁路告示*

光绪二十七年七月（1901年8月14日—1901年9月12日）

照得萍乡煤矿铁路，皆系奉旨举办之事，所有在工洋员、洋匠，均由中国出资雇聘，如有土匪损坏工程物料，或将路矿所用洋人扰害，应即严行惩办，并经钦奉上谕，由本部院会同两江总督部堂刘、督办铁路大臣盛出示晓谕在案。乃近闻该县地方竟有路过游勇勾同本地土棍，擅出伪示，以仇洋人、毁铁路为名，希图滋事，实属胆大玩法，若不严拿惩办，何以杜衅端而靖地方。除严饬地方文武会督防、绿营弁兵勇实力防范，严捕首要各匪，尽法惩治外，合行出示晓谕。为此示，仰该处诸色人等知悉。凡系安分良民，务宜约束子弟，不得任听土匪游勇勾串生事，自干重罪。路过各处遣散勇丁，尤应敛迹归农，自行解散，不得聚众逞强，干犯法纪。倘敢故违，一经滋生事端，定即拨派大兵，痛予剿除。本部院言出法随，决无宽贷。尔等各有身家性命，尚其自揣自思，毋贻伊戚，是为至要。特示。

《申报》光绪二十七年七月二十六日（1901年9月8日）
第10198号第2版《严禁扰害》

---

* 标题系整理者所拟。原文云："南昌访事友人云：江西抚宪李勉林中丞访闻萍乡县境近有匪徒造言生事，阻挠路矿工程，特于本月某日出示晓谕曰：照得萍乡煤矿铁路，……毋贻伊戚，是为至要。特示。"

23. 批荏港教案尸属控词*

光绪二十七年

荏港一案，两教互相斗殴，致毙多命，既犯国法，亦坏教规。前经照会美、法各领事及主教，并饬司局查拿为首殴抢之人各在案，自应听候办结。至所控教士游泳在齐坡地方藉教滋事等情，如果属实，仰按察使会同洋务局查明禀覆，察核究办。

《申报》光绪二十七年八月二十七日(1901 年 10 月 9 日)
第 10229 号第 3 版《教士被控》

24. 为江西流民事咨广东文**

光绪二十七年

本年赣省水灾，流民四出骚扰，殊为闾阎之害。嗣后如遇流民到境，任意讹索者，准照新章，格杀勿论。或有描摹印信、护照者，亦准将为首之犯照例拿办。

《申报》光绪二十七年九月初一日(1901 年 10 月 12 日)
第 10232 号第 2 版《严防流民》

---

* 标题系整理者所拟。原文云:"南昌访事友人云:前者荏港天主、耶稣两教因事互斗，耶稣教民伤毙十一人，迩来尸属以建昌府人游泳身为教士，主使行凶，数月于兹，尚依旧逍遥法外，因具词上控抚辕。抚宪李勉林中丞批其牍尾曰:荏港一案，……察核究办。"

** 标题系整理者所拟。原文云:"广州访事友人云:日前粤东大宪接江西抚宪李勉林中丞来文，大略谓:本年赣省水灾，……亦准将为首之犯照例拿办等因。刻已通饬各属地方官一体遵照，并出示晓谕矣。"

25. 课吏馆考题*

光绪二十七年

同通州县题第一问:近奉明诏,饬裁胥役。考之咸丰间,冯桂芬即有易吏胥之议,谓宜并其事于幕,而名之曰幕职。其说可行否?或谓宜以候补佐贰杂职承治其事。此与冯说孰得体要?近日州县白役之多,扰民之甚,诚非尽撤不可。然撤后凡缉捕催科诸事,当如何部署?或谓可以西人包探巡捕之法行之。能否有利无弊?其详议以对。

第二问:重禄所以劝士。吏治废弛,由于廉俸太薄。于是有为加俸之说者,或谓宜就郡县设官田以赡之,或谓宜检核诸郡县出进之款,截长补短,均其贫富,或谓宜裁冗员,以节省之俸益其未裁者。此皆可行欤?抑别有所以调剂之术欤?

第三问:中国贫弱日甚,各行省类皆入不敷出。计利者或办亩捐,或办房捐,或于厘税之外别立名色,取诸商捐,并有令屠户完肉捐者,此皆不得已而为之。然其中利弊轻重,要不可无辨。更有议抽人税,议行印花税者。其事如何?试一一推究之,详议以对。

佐贰杂职题第一问:历代兵制,久而不变。迨发逆事起,以绿

---

* 标题系整理者所拟。原文云:"南昌访事友人云:江西抚宪李勉林中丞关心吏治,特设课吏馆,藉以鉴别人才。定章先考同通州县各班,次及佐贰杂职。前者本报所登题目尚简而不详,今特补录之,以告留心时事者。计:同通州县题第一问:……其详议以对。八月二十五日,覆试一等同通州县十员,次日出榜,只取八员,计候补州判方履中、知县濮贤懋、陈奎龄、李启煃、张鼎铭、李嘉芬、汪鸿、葛明远,均着于九月初一日入馆肄业。宣圣云:'仕优则举,学优则(学)〔仕〕。'中丞此举,殆深得其意欤!"

营不能得力，改募练勇，大功之成，全恃湘、淮诸军。今阅三四十年，各省勇营旧规渐隳，又不得不别为整饬之。先有何术，可使之复成劲旅？或谓宜改用团练。其说然否？试就近日情形，参合泰西兵制，变而通之，详议以对。

第二问：泰西圜法，金、银、铜三品交相为用，而以金为主币。中国则向无金镑，凡关税之出入，商货之交易，借用洋债之本息，一以银价折合，剥蚀甚大。今欲收回外溢之利，当有何术？就目前而论，金矿尚未盛开，难以自铸金镑。或广铸银圆、铜钱，可资挹注否？铸银之法，或谓宜别定一两及五钱、一钱诸式，不必沿七钱二分之衡。此于民间利用何如？其一一详议以对。

第三问：泰西各国，皆有国债说者，谓其国债愈多，则国本愈固。今中国负债亦云巨矣，而几以坐困，其故何欤？借外国之债，而于民间筹款归还，则何如竟借诸民间，尤可使利息归民而不外溢。然昔年昭信股票略试行之，已多流弊。当从何张本，方能有利无弊？其详议以对。

《申报》光绪二十七年九月十二日（1901年10月23日）
第10243号第2版《赣省课吏》

26. 批南康县已革贡生某控词*

光绪二十七年

近来各省办理教案赔款，多系责令绅民摊缴。本年江西议结

* 标题系整理者所拟。原文云："南昌访事友人云：本年江西议结各处教案，应赔之款多至百馀万金，大宪体恤民艰，不忍重行扰累，责成官绅就地筹款弥补，亦可谓藻密虑周矣。不意南康县已革贡生某甲尚敢藉端挟制，上控抚辕。抚宪李勉林中丞洞烛其奸，即于本月某日援笔批其牍尾曰：近来各省办理教案赔款，……定予参追不贷。切切。"

各案,并未丝毫派累。即南康县所提之宾兴一款,除批令朱革令认赔二千五百元外,馀则提归本缺分年摊补,亦未派及绅民,体恤不为不至。乃该革贡不知感悟,尚敢与革生赖礼贞等串通一气,藉此为由,造言煽惑,意图闹考挟制,殊属顽梗。昨据南康县黄令具详,已批饬黜革拿究。仰洋务局会同布、按两司移道转饬该县,迅速拘案,讯明详办。至朱革令应行认赔之二千五百元,已否措交,并由司局勒限催缴。如再延欠,定予参追不贷。切切。

《申报》光绪二十七年十一月十二日(1901 年 12 月 22 日)

第 10303 号第 2 版《严惩顽梗》

27. 课吏馆考题*

光绪二十七年

州县题

一、问:近日徐侍郎条陈新政,请添设商务部衙门,如六部之制,设立十四司,如溥利、尚象、武备、弼教、游艺、什人、同轨、同文、格致、交际、星算、博闻、博物、博采等类,每司职掌皆有专司。其所议未尝不条理灿然,但朝廷既设政务处,而总理衙门又改为外务部,则中外各要务,何一不包括其中?天下事不患立法之不详,特患奉行者粉饰因循,不能振作耳。讲求时事者,先试论此举利弊,以印证他日之准驳。

二、问:中国制钱日少,或流入外洋,或奸民销毁,致市面不敷周

* 标题系整理者所拟。原文云:"南昌访事友人云:江西自设课吏馆以来,一切规模,业已布置妥贴。近日,抚宪李勉林中丞以期课试州县佐杂,各命数题,俾得畅抒所见,详晰上陈。州县题三。一为问:近日徐侍郎条陈新政,……佐杂题二。……卧薪尝胆论。"

转。盖滇铜不足供各省鼓铸,若购洋铜,其价太昂,所需工本甚巨,当事者持筹而计,莫得救弊之方。正月制造局委员条陈,拟仿福建所铸当十、当五龙纹铜钱,购机自造,除当五不计外,当十以下,均有馀利可沾。果如所言,富国利民,岂不甚善!特虑民间不乐行使,则数万龙纹铜钱徒存司库,所费机器、铜本、工资二万馀金,岂不掷之虚牝?善论事者果有何策,使此钱颁出,即能畅销,不特省中通行,必须远至外府州县,他省亦可营销,方沾无穷之利。此中切要,幸详言之。

三、宁俭毋奢论。

佐杂题

一、问:中国自强之道,以何者为先务、何者为归宿策。

二、卧薪尝胆论。

《申报》光绪二十七年十一月十八日(1901年12月28日)

第10309号第2版《吏治需材》

28. 批刘振铎禀请按县委员专办教务并整顿保甲由 *

光绪二十七年

据禀已悉。该弁备职武僚,而知教案之难办,具牍条陈,尚属

---

* 标题系整理者所拟。原文云:"为议详事。光绪二十七年六月初九日奉宪台批,在任候选卫守备、借补安福守御所千总刘振铎禀请按县委员专办教务并整顿保甲由,奉批:'据禀已悉。……禀并发。'等因。奉此,本司遵查近来各项会匪游勇勾结土棍流氓,潜伏各处,冀图滋事,自应预为防范,以遏乱萌。惟清查匪类,莫善于保甲,江省旧有章程,因各州县事务殷繁,未能兼顾,议以缺分之大小,定派委之多寡,考其勤惰,分别奖罚。陈前司复订新章,责成地方官赏罚严明,以昭劝惩,均经详奉前宪批准,通饬遵照办理在案。查核前议章程,尚称周密,然有治法,尤须有治人,若果认真编查,何患匪徒匿迹?当此时局纷扰,除莠安良为第一要义,应即查照章程,严饬各州县如额禀请,并饬委员认真查办。如遇地方匪徒闹教,一经禀报,即按照情事之轻重,将委员分(转下页)

留心时局。惟请按县委员专办教务，转令地方官得以藉口，置身事外，亦非尽善之法。地方官与委员均是人耳，地方官不可靠，委员又尽可靠耶？至保甲乃除暴安良第一要政，江省各属已派有帮办委员，而本部院莅任半年，未闻何处著有明效，所称类多虚应故事，自非无见。应〔如〕何设法整顿，仰按察司核明，详请饬行。仍移会洋务局暨饬该弁知照。此缴。禀并发。

《申报》光绪二十七年十一月二十九日(1902年1月8日)第10320号
第2版《江西洋务局司道遵议整顿教务章程禀稿》

29. 批临川县知县江召棠禀及洋务局详*

光绪二十七年

据禀，该县城内泰山岭系合邑公地，被韩姓人等卖给美以美教

(接上页)别摘顶撤换留缉，不准徇情宽纵。仍令查照洋务局前次详定清查教务章程，将各户保甲门牌，每月发给各乡村，由地保领换一次，再责成保甲委员及教务公所绅董督率地保，于发给门牌时留心查察，如其人向习何事，是否前在正册，抑系另户，于何年月日习何教，系何教士所收，入教后是否仍执原业，随时报县查明。如素非善类，或临讼入教，或冒充教民，须与教士妥商，随时革逐出教。由局通饬各州县，自奉文之日起，定限两个月，查明造册，禀报洋务局查考。后再按日造册，分别新旧，或有开除，列为四柱通报，以备随时稽查。倘含混讹错，致办理教案姓名不符，即由局详请惩儆等语在案。此后当由司局随时严加考核，切实整顿，俾不致虚应故事。除分别移行，并严饬各属督率员绅认真稽查，务期奸宄绝迹，民教相安外，理合具文详请俯赐核示祇遵。”

* 标题系整理者所拟。原文云：“南昌采访友人云：去岁江西临川县知县江云卿明府办理城内泰山岭公地被人私卖与耶稣教堂一案，思前顾后，妥善周详，旋经洋务局核定教堂购地章程，详请抚宪李勉林中丞批准，通饬各属一体遵照。其文曰：为核议详覆事。光绪二十七年十月二十八日奉宪台批：据调署临川县江令召棠禀，卑县署后空地，前经韩姓卖与福音堂建造房屋地内有泰山岭，关系合县形势，现经卑职与教堂商允退还，禀请批示立案，并请以后凡民间售地与教堂，令先插牌告白后，始行兑价成交。已奉批：据禀，该县城内泰山岭系合邑公地，……此缴，禀同约契抄发等因。奉此，(转下页)

会起造教堂，殊与地方有碍。现经该令商明教士列格思，立约退回，永作地方公地。该教士存心公恕，谊固可嘉，而该令办理此事，举重若轻，深合机要，应准立案，并予记大功一次，以为能事者劝。惟该前县郑令并未查明底蕴，辄为印契给执，殊非寻常率忽可比，应记大过一次，以示惩警。仰洋务局移会藩司，分别注册饬知。至请以后民间售地与教堂，令先插牌告白，俟无人出争，始准兑价成交一节，有无窒碍，并即由局核议详覆。此缴，禀同约契抄发。

如详办理，仰即通饬各属一体遵办。仍候督部堂批示。缴。

《申报》光绪二十八年正月初十日(1902年2月17日)
第10354号第2版《购地定章》

30. 批藩司拟订商务章程详*

光绪二十七年

据详已悉。所议章程，均尚切实可行，仰即分别札饬晓谕，俾

(接上页)除移会藩司，分别注册外，查奉发抄禀内称，韩姓出卖此地并无契据，仅凭族谱，甚属不妥。此等设有盗卖侵占，事关教堂，岂不大费周折？卑职常见他处民间买卖田地，立契之后，皆先就该地插牌告白，书明地之四至及由何人出卖、售与何人，俟经旬累月，无人出争，始行兑价成交。民间售地与教堂，定约既不须先行报官，此法似可饬令仿行等情。本司职道等复查，各属教堂近来置买田地房屋者，往往于已卖、已典之后，又复争讼。该教士人地生疏，置买产业，难保不为本地奸民串骗，甚至一地两售，迨后两堂争执，涉讼公庭，致难究结。今江令所禀民间买卖田地，先就该地插牌告白，俟旬月以后，无人出争，始行兑价成交，系为杜绝勾串盗卖及一地两售诸弊，事属可行，拟即通饬各属照办，并先出示晓谕，民间一体周知。但地方官于教堂呈契投税之事，务必遍访周咨，查明确实底蕴，如系无人出争及并非盗卖、侵占，亦无一地两售情事，立即查照定章，印契给执，不得稍事稽延。是否有当，理合详请俯赐查核，批示祗遵等情。中丞批开：如详办理……缴。"

* 标题系整理者所拟。《申报》1902年2月13日第2版《赣省兴商》云："南昌访事友人云：江西藩司柯逊庵方伯知保商为兴利之要务，特于去冬禀商抚宪李勉林中丞，设局振兴，先期拟订章程，详请核示。……"

众周知，仍移牙厘局知照。此缴。

《申报》光绪二十八年正月初六日（1902 年 2 月 13 日）第 10350 号第 2 版《赣省兴商》、《申报》光绪二十八年正月初七日（1902 年 2 月 14 日）第 10351 号第 2 版《续赣省兴商》

31. 札派办政事处司道*

光绪二十七年

光绪二十七年九月初六日准行在户部咨，本部具奏，新定赔款数巨期迫，亟宜合力通筹，分派摊还一折。光绪二十七年八月十六日具奏，本日奉旨："依议。"钦此。钦遵刷印原奏，恭录谕旨，由五百里飞咨到院。此次各国赔款，江西奉派之数甚巨，亟应及早图维，庶免临时无以应付，致误大局。所有粘单内部议各案，应即速由派办处司道逐一妥议办法，呈由本部院核定，即可分归各衙门次第施行。如土药加征一节，与现办之膏捐相为表里，似可即责成膏

---

* 标题系整理者所拟。原文云："九江访事友人云：日前，江西全省土药统捐总局督办布政使司柯方伯督同补用道丁观察出示晓谕曰：案奉抚宪李札开：'光绪二十七年九月初六日准行在户部咨……仍会同牙厘局举行。'等因。札饬查照办理。计粘抄单一纸。内部议第八条开载：一、各省土药一项，非民生日用所必需，重征本无妨碍，拟令就抽厘定章数目，再加成抽收。奉此，遵经由局酌拟章程，呈奉抚宪发交派办处议详核定，饬令妥速照办。除即于省城膏捐局合局分办，并于赣州、九江、吉安等处设立分局办理外，合行示谕。为此示，仰通省军民人等一体遵照。须知此次土药加征，事关大局，非比平空科敛，扰累商民。况土药一项，非民生所必需，实有害而无益，当兹度支匮乏，重征尤属无妨。嗣后该商民等贩卖土药到境，务必随时赴局报明，以凭查验，黏贴印花，收捐给照，不复再征，倘敢任意违抗，或舞弊偷漏，一经拿获，定即按例重办，仍将土药充公。如有各局卡司巡丁藉端格外需索，故意留难，亦许据实禀明，自当立予究办，决不瞻徇。其各凛遵毋违。特示。"

捐局一并议妥，仍会同牙厘局举行。

《申报》光绪二十八年正月十七日（1902年2月24日）
第10361号第1—2版《示捐土药》

32. 为录送拟办江西茌港天主福音两教械斗各犯清折事咨外务部文*

光绪二十七年十一月二十七日（1902年1月6日）

钦差大臣、办理通商事务、两江总督部堂刘，兵部侍郎衔、江西巡抚部院李，为咨请事。

案照本年五月间，访闻江西茌港地方有天主、福音两教聚众械斗情事，即经本部院派员会营前往弹压。嗣又专派补用道丁乃扬加带营兵星夜驰往查办。旋据查明系因过渡索钱口角起衅，以致彼此挟嫌，连日寻殴抢掠。迨营勇驰往，始各走散。经县验明，福音教民伤毙并溺毙共有六命，又生伤五人。当以该县陈令瑞鼎不能先事防范，饬即撤任摘顶留缉。所有查明起衅缘由，业经电达军机大臣代为奏明，并照会驻沪法、美总领事在案。

嗣准法领事巨照会，以江西省天主教民与耶稣教民时有龃龉不和之事，遵驻京大臣谕饬，遴派副领事盖雅前赴南昌，一秉大公访察情形，请官究办。罪犯无论天主、耶稣教民以及地方匪民，均交由地方官按照中国例惩办，并知照美领事允为相助办理等因。又准美领事照会，以中国应行究办之人，遇有词讼，即不开除教民，亦可照例讯办。凡入美国公会之华民，仍应遵照中国律法，不

* 原题前有“两江总督刘坤一等”八字。

能歧视各等因。准此,旋经盖副领事来江,和衷面商。所有滋闹首犯七名,应严拿讯明,照中国例惩办,彼此商明去后。又准法总领事照会,所有应办之犯,须将拟定罪名先行知照等因。随据丁道乃扬督率员弁,先后拿获天主教民樊聚秀、钟文生、万福章、樊乌子、葛洪泰、邓贵和、曾正兴并福音教民伍廷栋、万盛和、钟全生、钟六喜等各名到案。又由法主教郎守信交出万成章一名,均发交南昌府查守恩绥督同谳局委员迭提研讯。现经审定确供。

查此案天主教民纠众逞凶,致毙福音教民六命,又生伤五人,抢掠多家,情罪重大。樊聚秀、钟文生、万成章三名同一为首,厥罪惟均,自应按例同科,无分差等。惟葛成章一名,系由郎主教自行送案,当交出之时,即据其再三商明,邀免重办。现在援情定罪,原不能枉法从宽。但值和议初成,宜昭大信,不得不量从轻减,以杜烦言。兹拟只将樊聚秀、钟文生两名拟以斩决,其馀则分别限年监禁。其福音教民虽未伤毙人命,惟既经聚众械斗,亦应酌量监禁,以昭公允。但法领事既经照会,请将拟定罪名先行知照,自未便率行奏结。现经本部堂、院特派洋务局总办丁道乃扬(新)〔亲〕赴上海,将拟办罪名先向法、美两国领事告明,再行定案。事关两教相争,相应将拟办各犯缘由开具清折,会衔备文咨明贵部,请烦查照,仍祈钧核,见覆施行。盼切。祷切。须至咨者(计咨送清折一扣)。右咨外务部。

(外务部档)

附件 清折

谨将南昌县荏港天主、福音两教纠众械斗,拿获首要各犯,讯明议拟,开具清折,恭呈钧核。

缘天主教民樊聚秀、钟文生,万成章、樊乌子(即三乌子)、万福章、葛洪泰、曾正兴、邓贵和,福音教民伍廷栋、万盛和,均分隶进贤、南昌等县,皆在荏港地方分奉天主、福音教,向不和睦。光绪二十七年五月初间,荏港港水陡涨,港中木桥被水冲去,福音教民钟全生、钟六喜以杉木扎成木箄,渡送往来行人,每人收钱四文。五月十七日,开设铁店之天主教民文玉连之子文芝生同不知名之钟姓义子手托豆干,往街售卖。行至港边钟全生等木箄,水浅不能抵岸,文芝生等涉水上箄。钟全生等将其渡过,向文芝生索钱,文芝生无钱,钟全生等取其豆干四块,每块约值钱一文零,作为两人过渡之资。文芝生斥骂,致相口角,彼此揪扭,经人劝散。文玉连闻知不服,向同教樊聚秀等告知。樊聚秀当令文玉连告知进贤县所辖徐陂山教士游泳。复在四海泉茶店吃茶理论,樊聚秀起意纠人寻衅。钟文生、万成章允从,分纠已获到案之樊乌子、葛洪泰、邓贵和、曾正兴,在逃之傅雪子并文玉连等共一百二三十人,各执刀棍,同至福音教民杨实诚、万治福所开胜友茶园,一拥而进,将店内器物毁坏,并将福音教民伍廷栋之族人伍三官、伍发恒捉去,关禁洪聚泰、来信店内,并搜取伍三官等随身洋银八十五元及什物。又往福音堂打毁板壁。伍廷栋心怀不甘,纠邀万盛和并已获病故之朱坤明等,因至天主教民所开之洪聚泰、来信两店,寻获伍三官等,并毁其柜台、地板、什物等件而回。

十八日,樊聚秀闻知,起意械斗,钟文生在旁怂恿。樊聚秀纠邀同教之万成章等一百五十馀人,钟文生纠邀同教之樊乌子等一百四十馀人,共三百人,编列名簿,每人凭簿给米六合、肉六两。教士游泳出洋十元,万成章出钱三千,文玉连出钱四千,邓贵和出钱五千,不敷之钱即在天主堂罚款内开支。给刀、矛、铁耙,约定十九日齐集出阵。每人腰系白布一匹为记,吹号为令。十九日,钟润生、钟麻子各执大刀,钟兆和、傅雪子、傅学洪各执耙头,葛洪泰、曾正兴、邓贵和、邓国和各执矛子,陈拔高执大刀,万福章执耙头,万成章执木锏,樊乌子执大刀,馀执木棍竹杆一共三百馀人。樊聚秀执木扁担,钟文生执大刀,在后督阵。该处驻扎水师哨弁黄连胜并绅商闻信,通知教士游泳,嘱其前来解散。游泳不理,黄连胜不得已即在渡口弹压,阻其不得渡港,樊聚秀等即绕道由罐头李姓村后而进。伍廷栋亦仓猝纠邀万发坤等十九人。未及互斗,因闻吹号放铳之声,遂各畏惧奔逃。天主教民樊聚秀、钟文生喊令乘势追杀,邓贵和等致伤福音教民万发坤、邓六生、许广福、万尚福、万英泰五人。万成章等三十馀人追殴伍细仔、朱和平、陈发魁、晏德桢四人受伤,后溺水毙命。万克皮、万鬐头二人亦被追溺毙。又高安县福音教民陈海修挑水经过看视,致水桶撞及天主教民傅丙发左腿,向斥起衅争闹。傅丙发即鬐头,即用尖刀戳伤陈海修身死。樊聚秀等斗胜回归,又将福音教民万祥茂即丕显所开福裕祥、万盛和所开万裕茂、陈德容所开大德生、杨炳仁所开杨元和并民人万仁茂即丕德所开福裕仁各米盐等店,并吴海安所开吴义新、日新两店、陈旺晴所开裕兴隆、钟彩光即荣波所开竹木棚店、钟金山所开杂货店、万殿臣所开同吉并民人樊允隆所开永茂、万殿元所开裕兴、钟宜春所开和丰等各洋货、食物等店器物一并打毁,乘便攫取衣物。经代理南昌县陈瑞鼎访闻,禀经本部院委员下乡弹压,拿犯勘验明确,会营拿获首要各犯,解交南昌府查守,督同谳局委员审悉前情。再三研鞫,各供不讳。

除傅丙发即鬐头致伤陈海修身死,虽斗系同时同地,惟衅起不同，应另行照例审明解勘办理外，此案樊聚秀因同教文芝生乘坐福音教民钟金生等木箄渡港，不给渡钱，起衅口角，先后纠众打毁福音教民所开胜友茶园，并捉禁伍三官等搜取洋元、什物。又起意与钟文生敛钱，分纠同教，编列名簿至三百馀人之多，散给钱米，发给器械，致伤彼造六命，乘便攫取衣物。除捉人关禁，并无凌虐及弃毁器物、攫取衣物各轻罪不议外，合依敛费约期械斗纠众至三十人以上，致毙彼造四名以上首犯拟斩立决例，拟斩立决。钟文生听从樊聚秀邀往，先后打毁胜友茶园，捉禁伍三官等，并无凌虐，怂恿樊聚秀，同为敛钱，分纠同教，编列名簿共三百馀人之多，散给钱米，发给器械，致伤彼造六命。该犯致伤福音教(命)〔民〕万尚福囟门脑后、许广富顶心平复，乘便攫取衣物，核与原谋无异，厥罪惟均。钟文生除捉人关禁，并无凌虐为从及弃毁器物，刃伤万尚福等平复，事后攫取衣物，罪止杖、徒各轻罪不议外，仍照敛钱斗纠众至三十人以上，致毙彼造四命以上首犯拟斩立决例，拟斩立决，应与樊聚秀均照定章，罪应立决，请旨即行正法。万成章、樊乌子即三乌子、万福章听从樊聚秀，先行打毁胜友茶园，捉禁伍三官等并无凌虐，又听从樊聚秀各执凶器在场械斗，与钟润等三十馀人追溺伍细仔等六命，其何人追殴何人落河溺毙，因人多无从辨认。既未便径将万成章等拟抵，又未便科以馀人。万成章、樊乌子即三乌子、万福章除捉人关禁并无凌虐为从，罪止杖、徒各轻罪不议外，应均贷其一死，拟请永远监禁。葛洪泰、邓贵和听从樊聚秀等先后打毁胜友茶园，捉人关禁，并未凌虐，并听纠械斗，各自致伤万英泰等心坎平复，除听从弃毁器物坐赃致罪减等及捉人关禁为从各轻罪不议外，葛洪泰、邓贵和按例均罪应拟军，应请监禁十年。曾正兴听从樊聚秀等先后毁闹，除坐赃致罪为从减等轻罪不议外，其听纠械斗,刃伤万发坤左脚面平复,按例罪应杖徒,应请监禁三年。教士游泳于教民聚众械斗之际不能约束,且出洋十元为械斗费用,已据樊聚秀到案供明,实与传教劝人为善之旨大相剌谬,殊属有乖教规。按情定罪,与同谋怂恿无异。应照主谋减等,拟流从宽,照会领事、主教,撤换革教。伍廷栋因天主教民樊聚秀等将胜友茶园打毁,寄居同族木客伍三官等被捉关禁,又打毁福音堂门壁,心怀不甘,与万盛和并已死之朱坤明约人同至天主教所开洪聚泰、来信等店,将伍三官等夺回,打毁柜台等物。经樊聚秀等约期械斗,该犯仓猝纠邀十馀人,不及互斗,均各溃散,家藏刀矛应禁军器亦据起获。查纠人夺回被捉伍三官等并无不合,其打毁洪聚泰、来信等店照所毁估赃计数轻罪不议外,其纠人互斗虽系仓猝邀集,并未伤人,惟纠往之人被彼造致毙六名,例无作何治罪专条,(馀)应照共殴原谋流罪例上减一等杖徒,从宽监禁三年。万盛和、朱坤明听从伍廷栋前往洪聚泰、来信等店夺回伍三官等,打毁器物,估赃值银九十两,并伍廷栋在场抵御,并未伤人。除朱坤明业已病故外,万盛和应照弃毁器物为从杖徒,从宽监禁二年。钟全生、钟六喜与文玉连之子文芝生因过渡索钱争闹,致酿衅端,实属肇衅酿命,钟全生、钟六喜俱应照不应重律拟杖八十,毁攫各赃照估追赔。逸犯钟兆和等缉获另结。

中国第一历史档案馆、福建师范大学历史系合编:《清末教案》,中华书局 1998 年版,第 3 册,第 139—144 页

附 外务部庶务司代拟为咨行两江总督等将江西在港天主福音两教聚斗案照例奏咨定案事呈堂稿光绪二十七年十二月(1902 年 1 月 10 日—1902 年 2 月 7 日)

庶务司呈,为咨行事。

光绪二十七年十二月十二日接准咨称:本年五月间,江西在港

地方天主、福音两教聚众械斗事，即经派员会营前往弹压，又派丁道乃扬驰往查办。旋据查明，系因过渡索钱口角起衅，连日寻殴抢掠，经县验明，福音堂伤毙并溺毙共有六命、生伤五人，业经电奏，并照会驻沪法、美总领事在案。嗣准法领事照会，遵法使谕派副领事孟雅赴南昌访察情形，请官究办。罪犯无论天主、耶稣教民，均由地方官按照中国例惩办。又准美领事照会，以中国应行究办之人，遇有词讼，即不开除教民，亦可照例讯办。凡入美国公会之华民，仍应遵照中国律法，不能歧视各等因。旋经盖副领事来江面商，所有滋闹首犯七名，应严拿讯明，照中国例惩办，彼此商明。

又准法总领事照会，应办之犯须将定拟罪名先行知照等因。遂据丁道乃扬督率员弁先后拿获天主教民樊聚秀、钟文生、万福章、樊乌子、葛洪泰、邓贵和、曾正兴并福音教民伍廷栋、万盛和、钟全生、钟六喜等各名到案，又由法主教郎守信交出万成章一名，均发交南昌府查守恩绥迭提严讯，审定确供。

查此案天主教民纠众逞凶，致毙福音教民六命，又生伤五人，抢掠多家，情罪重大。樊聚秀、钟文生、万成章三名同一为首，厥罪惟均。惟万成章一名，系由郎主教自行送案，当交出之时，即再三商明，邀免重办。现值和议初成，宜昭大信，不得不量从轻减，以杜烦言。兹拟只将樊聚秀、钟文生两名拟以斩决，其馀分别限年监禁。其福音教民既经聚众械斗，亦应酌量监禁，以昭公允。现经特派丁道乃扬亲赴上海，将拟办罪名先向法、美两国领事告明，再行定案。事关两教相争，应开具清折，咨请核覆前来。

本部查此案樊聚秀、钟文生等因过渡索钱起衅，彼此挟嫌械斗抢掠，聚众三百馀人，连毙六命，自应按律定罪，以昭情法持平。万成章与樊聚秀、钟文生同一为首，因系郎主教自行送案，得以贷其一死，虽非枉法从宽，实已变通办理。美领事既有遵照中国律法不能歧视之语，自不致再有争执。法领事亦有按中国律惩办之说，虽请将拟定罪名先行知照，可但于定案时先行告知，不必再为迁就。本部近因山西教案，于本年十二月初九日接准法鲍使照会，有遇有教民犯法行凶情事，自应与平民一体顺受国法，此乃本大臣真正意旨等语。倘法领事于此案固执争论，不妨据以相告。相应咨行贵督、抚查照，一面将此案拟议各犯罪名照例奏咨定案，一面知照该领事可也。须至咨者。咨覆两江督、江西抚。

（外务部档）

《清末教案》第3册，第168—169页

33. 为内地华民不得传教事咨外务部文*

光绪二十七年十二月初四日（1902年1月13日）

钦差大臣办理通商事务太子太保头品顶戴兵部尚书两江总督部堂硕勇巴图鲁刘，兵部尚书衔兼都察院右副都御史巡抚江西等处地方兼理军务兼提督衔李，为呈明事。

据洋务局司道详称：窃照江西界连六省，地广人稠，良莠不齐，时虞滋衅。近来教堂遍立，深恐防护难周。各教士远道而来，劝人行善，明情词理，一秉至公。其于各处教堂，分派华民管事，亦无约束教民起见，地方官自应极力保护，毋稍疏虞。

但近来江西各州县往往有从教华人租屋设堂，假传教为名，广收徒众，敛费包揽。本地土棍刁民，遂随声附和，相率入教，倚作护

---

* 原题前有“两江总督刘坤一等”八字。

符。甚至此入耶稣,彼投天主,寻仇构衅,滋事生端。不独有坏教士声名,而匪徒溷迹其间,以假冒真,为害闾阎,实非浅鲜。即而安仁县教堂之吴荣椿,系已革安仁县典史,冒充美以美会教士,县令不知底蕴,未便遽拿,以致到处招摇,肆行无忌。昨复往馀干县干预词讼,藉教挟持,经该县拿获解省。尚有东乡县教堂之迟有缘以及革生李焕斌、倪裳等,均系华人,现虽尚无显著劣迹,然密为访察,实非安分之徒。此外各州县纷纷禀报,置屋开堂者不一而足。及询之各教士,或称必须访察,或称竟无其人,真伪不分,办理殊多窒碍。

查约载,教士准赴内地传教,原系专指洋人而言,是以须由总理衙门发给传教谕单,俾各地方官查验保护。至华民习受天主、耶稣等教,只应随同礼拜,不得藉教转传。若一概租屋设堂,既与约章相背,且无凭稽考,防范实所为难。拟请会同咨明外务部,照会各国公使,申明约章,所有内地华民应照约不准传教。倘有违章设堂,即由地方官随时查禁,免滋事端。仍请查明现来江西教士,如某国某人某年曾给有传教谕单者,共若干名,逐一开单见覆,以凭按照查验,并饬随时妥为保护,以教睦谊而肃教规。是否有当,理合详请示遵等情。到本部堂、院。

据此,当经彼此咨商,意见相同,相应会同呈明。为此咨呈外务部,谨请查照。希即照会各国公使,申明约章,内地华民不准传教。倘有违章设堂,即由地方官查禁。并查明现来江西教士某国某人某年曾给有传教谕单者,共若干名,逐一开单见覆,以凭查验保护,覆江办理。再,此件因会印不及,是以仅盖用本部院印信。合并声明,望切施行。须至咨呈者。右咨呈外务部。

(外务部档)

《清末教案》第3册,第146—148页

34. 课吏馆考题*

光绪二十八年正月(1902年2月8日—1902年3月9日)

同通州县题:

仕与学不殊心〔而〕得论;

古言天者数家,自地球之说出,与浑天适合,南北冰道隔绝不通,自西徂东,自东徂西,皆绕地球一周。故说者谓地无往而非中,痛诋自尊为中国而轻视外人之非公理。其说然欤?否欤?然无往非中,何以有南北冰海及东半球、西半球之异?中之名不立,则东西南北之名似皆宜为蛇足。且以地势论,中国实亦非在地球之中也,何以巍然首出,为开化最先之古国?抑亦别有义欤?诸君子学古有年,其各举所知以对。

佐贰杂职题:

《七月》陈王业论;

唐有藩镇之跋扈,然卒赖其力以捍卫北边,故顾亭林氏欲寓封

---

* 标题系整理者所拟。原文云:"南昌访事人云:江西抚宪李勉林中丞于上年创设课吏馆,颇有成效。本年择于正月二十五日考试同通州县,投考者约百人,题为:仕与学不殊心得论;……其各举所知以对。次日,中丞督同藩、臬、道、府在中馆评阅,取定榜示,一等:杨青选、吴传荣、李国韶、冯廷极、何敬钊、桂森、帅元铭、王荣楙、钟元赞、郑季相、张鼎铭、雷以震、华桐、张仁荃、瞿凤仪、葛明远、方恒、蔡蒙、恽金堂、陈绍曾、余靖。以上二十二员及上年在馆肄业各员,均于二十七日辰刻到馆覆试。二十八日接考佐贰杂职,投考者约二百人。题为:《七月》陈王业论;……其策果可行否?二十九日评定榜示,一等:舒邦杰、刘延祥、尹光勋、王襄、李凤高、庄冠三、贾继宗、陈凌、孙锡穌、黄炳耀、吴祖植、彭祖荫、赵宗璜、黄树声、钱瑞麟、李思瀚、沈光训、钱抚辰、黄海涛、姚元揆、王廷珍、戈铭猷、朱骝成、陈祖善、黄志仁、胡贤俊、周之冕、王凤章、程嘉谷、朱炯。以上三十员,均于二月初四日辰刻到馆覆试,以便挑取肄业。"《申报》光绪二十八年三月二十六日(1902年5月3日)第10429号第3版《章门课吏》亦载此考题,文字大同小异。

建于郡县。其策果可行否?

《申报》光绪二十八年二月十九日(1902年3月28日)
第10393号第2版《江西课吏》

35. 批进贤县知县陈庆绶禀及洋务局详*

据进贤县陈庆绶禀,遵拟议八条内论教案两条,本部院前饬各

---

* 标题系整理者所拟。原文云:"南昌访事友人云:江西进贤县陈大令曾拟就条陈,上诸抚宪李勉林中丞,请责成绅耆尽心保教,中丞发交洋务局核议,以定从违。其文曰:案准藩司移,奉抚宪批:据进贤县陈庆绶禀……虽定西律,仍无济耳。批司移局。奉此,查抄折内开:办理交涉,审断教案,宜参用西律一条,既奉抚宪明晰批示,无庸再议。至保护教堂、教士、教民,宜责成绅耆人等一条,据称保护教堂、教士、教民,向无责成,其绅耆人等,安分者袖手旁观,好事者有心容纵,又复狃于官赔巨款,并不累及绅民,故毁堂仇教之案,层见迭出。查上年各案,实由绅耆人等见理未明,轻信谣言,并未认真保护所致。拟请通饬各州县,预先访查绅耆人等姓名,一律给谕保护,以免推诿。如有刁民意图滋事,一经该绅耆等风闻,迅即面禀州县,以凭飞拿究办。并拟请明定章程,出示晓谕,凡有毁堂仇教之案,先勒令该绅耆等交犯,分别派令赔偿,责令绅耆清缴;如查有邻县绅民在场滋事者,一律严办派赔,俾知各有身家之累,庶几无事之日互相劝诫,有事之时合力解散。倘不肖州县假公济私,意图科派,即行从严参追,以防流弊。至该绅耆等果能认真保护,迨二年之久,民教相安无事,拟请由州县查明最为得力之人,详请优奖,其次拟由州县送给匾额,奖给银两,以示鼓励。下届期满,亦准照办。再,此条派赔一条,虽似苛刻地方,而实非好为苛刻,火烈民畏,蹈之者鲜,果能教堂无恙,即地方无恙,教士、教民无恙,即平民无恙,保教即所以保民,并无他意等语。核阅所语,尚属切实,拟请通饬所属,查各都图乡村绅耆人等姓名,造具花名清册,由县酌给谕单,责成将族中子弟严加约束,毋任滋事妄为。境内如有教堂、教士,务必随时认真保护。倘有刁徒地棍藉端滋闹,能解散者立即妥为解散,如其违抗不服,即飞速禀官拿办,以杜衅端。若民教有因钱债田土等事争论,亦须排解处息,免致结讼成仇,别酿祸患。但凡事总宜公正,不可稍有偏袒,设有争端,尤须赶速预防,毋稍怠忽。若保护不力,致有毁堂仇教之案,查明系某都图乡村滋事,即由某都图乡村绅耆交犯归案;应议赔款者,并将该绅耆酌惩,以为约束不严之戒。如有邻县绅民在场滋事,一律照办。该绅耆等果能办事得力,自应酌予奖励。拟请酌以三年为率,三年之内,如果民教相安,毫无事故,准即查明最为得力之人,自给谕保护之日起,扣满年限,详请酌给外奖,或由各州县送给匾额,以示鼓励,藉资观感。是否有当。详奉抚宪批:据详已悉。……通饬遵办具报,并候督部堂批示。"

属设立教务公所，即欲责成绅耆调和民教，有事易于约束，设法排解。该县所请责成保护，得力给奖，前据各属禀办教务公所事宜，亦有议及者，应由司录出，移会洋务局，归并教务公所案内，妥议章程，详明饬遵。又参用西律一节，亦不为无见。惟事关制度，未便遽定。此全在各州县遇有民教事件，秉公和平断结，果能合于情法之平，无论中律、西律，未尝不可厘然有当于人心。苟其曲意偏袒，或抑教而庇民，或屈民以向教，虽定西律，仍无济耳。

据详已悉。所议保教章程，尚属周妥。惟遇事责令绅耆赔偿一节，似觉稍苛。盖乡间良善绅耆，畏事者多，若立法过严，则人皆避之，转恐徒有其名，仍无实际。不如将此层删去，改为临时酌惩，似较活动。且亦不必遍张晓谕，使彼将来有所藉口也。仰再悉心核酌，通饬遵办具报，并候督部堂批示。

《申报》光绪二十八年三月初二日（1902 年 4 月 9 日）
第 10405 号第 2—3 版《札议章程》

36. 批湖口县知县倪廷庆禀*

光绪二十八年二月（1902 年 3 月 10 日—1902 年 4 月 7 日）

所论教案办法，深得要领。苟能平日开诚布公，遇事衡情准理，随准随结，使民教咸知畏服，则争心自息，其临讼投教之习，必能渐绝。是在贤有司之尽心民事耳。阅禀甚为嘉尚。应否通饬各

---

* 标题系整理者所拟。原文云："南昌访事人云：江西各属近多民教争讼之案，并有奸民因讼入教，藉作护身符，风俗日颓，时事日棘，盱衡大局，良用慨然。上月洋务局一再核议，申详上游，大旨谓：案奉抚宪批，据湖口县知县倪廷庆禀，遵饬造送教民清册，先将讯断民教案件，杜绝临讼投教缘由，恳乞察核。旋批：所论教案办法，深得要领。……禀抄发。等因。"

属一体加意办理，仰洋务局核议详覆，并转饬知。此缴。禀抄发。

《申报》光绪二十八年三月二十五日(1902 年 5 月 2 日)
第 10428 号第 2 版《照录江西洋务局清厘教务详文》

37. 为录送南昌茌港教案讯结等片稿事咨呈外务部文 *

光绪二十八年三月二十八日(1902 年 5 月 5 日)

兵部侍郎兼都察院右副都御史、巡抚江西等处地方兼理军务兼提督衔李，为呈送事。

窃照南昌县属茌港地方教民互相械斗一案，讯明拟结，并前代南昌县事即用知县陈瑞鼎应请开复摘顶处分缘由，经本部院于光绪二十八年三月二十八日会同南洋大臣、两江督部堂刘附片具奏。所有片稿，相应抄录呈送。为此咨呈贵部，谨请查照施行。须至咨呈者(计粘抄片稿)。右咨呈外务部。

(外务部档)

《清末教案》第 3 册，第 299—300 页

38. 批江西常备中军统领王芝祥申文 **

光绪二十八年

所拟深得治兵之本，应准如所请办理。仰营务处核明，通饬各

---

* 原题前有“江西巡抚李兴锐”七字。咨文后所附抄片已收入奏折，此处从略。

** 标题系整理者所拟。原文云：“南昌访事友人云：迩者江西常备中军统领王观察芝祥将各营勇大加裁汰，随申请抚宪李勉林大中丞通饬各州县，就武生、武童中择尤保送来营，挑取入伍。中丞批示：所拟深得治兵之本，……并移该道知照。当经营务处司道转行，各属如有武生、武童年壮识字、身家清白并无过犯者，取具族邻保结，限一月内保送省城常备中军，以便挑选入伍。此为储备将才起见，务即转谕该生童等，有志上进，幸毋观望自误。”

属，慎选武生、武童之年壮识字者，取具保结，依限送营验充，并移该道知照。

《申报》光绪二十八年五月初六日（1902年6月11日）
第10468号第2版《罝兔储才》

39. 讲武馆开考牌示*

光绪二十八年五月（1902年6月6日—1902年7月4日）

本部院奏设讲武馆，前经拟定章程，每年分春、夏、秋、冬四季，示期聚试，凡本省在标各武职并学习之武进士、武举，无论有无差缺，均准报名投考。其外来投效人员及各学武生，亦准取具文结，申送与考。每季考试分为三场，第一场试以马步枪、打靶，第二场试以体操、勇力，第三场试以兵法、测量绘图学。三场合校，分别去取。其在标提镇以下各员，如有年不合格、愿闻新式操练等事者，许就平日所能报考一场，不必足三场之数。考毕另列一榜，酌给奖赏。饬发刊行在案。现在馆宇落成，应即示期开考，以便挑选操习。兹本部院定于六月初二日在顺化门外大校场考试第一场，六月初三日在院署箭道考试第二场，六月初四日在营务处考试第三场。其各遵照。特示。

《申报》光绪二十八年六月初六日（1902年7月10日）
第10497号第2版《罝兔程才》

---

* 标题系整理者所拟。原文云："南昌访事友人云：五月某日，江西抚宪李勉林中丞牌示曰：本部院奏设讲武馆，……其各遵照。特示。"

40. 乡试除弊告示*

光绪二十八年七月(1902年8月4日—1902年9月1日)

乡试乃朝廷取士大典,考官必期清正,拔取务选真才,朝以贤达之才膺衡文之任,士子以潜修之业博士进之阶,各宜自矢洁清,恪遵功令。前届壬午科乡试,经吴御史以江西每遇乡试之年,有生监拜门交通关节,藩司书吏(左)〔在〕书房内外勾通,并有本生亲密之人谋充跟役,贿嘱内帘呈荐取中,以及编列联号诸弊,奏奉谕旨饬查。当经前护院查议章程,恭折覆奏,钦奉朱批:"实力奉行,日久无懈。"钦此。即经行司转行钦遵在案。查士子夤缘关节,帘官冒滥荐条,最为科场积弊,更有吏役人等,机变百出,串诱多方,尤为法所不容。本年补行庚子恩科并辛丑正科乡试,亟宜预为防闲,力除弊窦,仰副旁求盛典。除应行查禁事宜届期另行立款晓谕,并将需用吏役人等密行访察外,合先谆切诰诫。为此,通行各府厅州县及各学教官一体遵照。如有饬调入帘各官,务须谨守关防,远嫌自爱。各该教官并即先期诰诫士子,各以义命自安,切勿听人串诱,行险求荣。本部院言出法随,慎勿视为具文,以身尝试也。各宜凛遵勿违。特谕。

《申报》光绪二十八年八月十三日(1902年9月14日)
第10563号第9版《赣试关防》

---

* 标题系整理者所拟。原文云:"九江访事友人云:上月某日,正任江西巡抚、调署广东巡抚李勉林中丞以乡试伊迩,深恐闱中积弊难除,因之出示,严饬各属一体遵行。其文曰:乡试乃朝廷取士大典,……各宜凛遵勿违。特谕。"

41. 批农工商局拟定阖省垦荒章程详*

光绪二十八年

据详已悉。江省旷土游民，所在皆有，垦荒一事，诚为要图。折开所拟章程，均尚妥协，应准照办。仰即会同布政司，通饬各属一体遵照，认真办理，依限禀报，勿任稍涉敷衍违延，致干未便。切切。此缴。折存。

《申报》光绪二十八年十月初三日（1902年11月2日）

第10612号第9版《赣省垦荒章程》

42. 申严广东巡抚衙门堂规牌示**

光绪二十八年八月二十日至九月二十日

（1902年9月21日—1903年10月21日）

为申严堂规事。照得本署部院钦承恩命，调署广东巡抚，澄叙官方，必先自迩；勤求治理，宜慎厥初。所有本署堂规，合先详明示谕。为此示，仰书吏门皂及巡捕官役人等知悉，即便查照后开规条，逐一凛遵。倘有玩违及怠忽贻误者，定行查究，决不姑宽。须至堂规者。

---

* 标题系整理者所拟。原文云："南昌访事友人云：护抚柯逊庵中丞前在藩司任内，以足食莫先于重农，而重农莫先于垦荒，因督同农工商局委员拟定阖省垦荒章程，详准前任抚宪李勉林中丞通饬各属一律办理。兹得其详稿，照录左方。奉巡抚部院李批：据详已悉。……切切。此缴。折存。"

** 标题系整理者所拟。原文云："广州友人来函云：新任广东巡抚李勉林中丞下车伊始，孜孜以安民饬吏为心，日前牌示辕门曰：为申严堂规事。……以凭查究。"

计开：

一、每日黎明打头鼓，卯正二刻打二鼓，发文。其各属公文收集成数，登记号簿，不拘头鼓、二鼓，随时传进。申初打晚鼓，仍照晨鼓收发文书。

一、大小文武在任各员及各局委员，有紧要公事面禀者，随到随见，不拘时刻。此外在省候补人员，当于衙参之日禀候，分班接见。平日非奉传问，毋庸来辕，以杜奔竞之渐。

一、头门内设立号簿一本，宅门内另设竹签，凡署内一应人等出入，皆应领签挂号，每日登记，派委办理。

一、署内人等以及文案处大小委员，均不准与外人来往。倘有外客直进宅门，该把衙并不阻止通报，定即重究不贷。至本署部院生辰令节，决不收受礼物，不准属员馈送。随带家丁只供服役，亦不准收受门包。如署内之人有敢需索分文陋规者，无论何项人等，准即据实回明，严行察究。

一、巡捕传帖，准至书房回话，其馀差官及各役人等，不许擅进二堂。现任候补大小文武各官以及绅士人等，概不许擅入宅门，倘敢故违，定干未便，并将把衙革究。各宜凛遵。

一、本省公正绅士因公来见，立即禀知，无许留难。其馀过往游客，行踪诡秘，以及来历不明者，不许混传。内外人等，不许无故出入。

一、京师部文、各衙门会稿及一应公文，照例击鼓二声；投递奏折回省，击鼓四声；兵部火票加急公文，击鼓五声，立即递进，不得违误。

一、抚属及外省各衙门公文，俱令投交号吏，逐一登记明白，开单缴查。批发状纸，不出告期，书吏将批语全写状榜，呈送签发，在辕门外张挂晓谕。

一、批差员役、解审人犯,投文之后,巡捕官即照批点验人犯及解役名数,如有临点不到及解役躲避者,禀明察究。该巡捕官及号房、辕门各役人等倘敢需索,并皂隶需索班钱、杖钱者,一经查出,分别严参重处。

一、本部院升堂,令巡捕官及当班官弁率领材官、旗令、舍人、站堂人役,照例分别东西伺候。其馀无执事员役,俱于辕门外伺候,不许擅入头门及在辕门前窥探。并不许闲杂人等混进观望,挤拥喧哗。如敢故违,定将巡风、把门人役一并查究。

一、本部院衙门关防严密,所有在辕一应值日、值宿、支更该班官弁人役,有误班生事者,定即分别究处。把门人等,有敢擅代书吏、门皂传递消息,勾通作弊者,严拿重究。

一、本部院日用薪米蔬菜,俱发现钱,依照时价平买。如买办各役捏称官价,克减赊欠,及搀搭潮银者,许铺户人等据实赴辕喊禀,以凭查究。

《申报》光绪二十八年九月二十日(1902 年 10 月 21 日)
第 10600 号第 2 版《粤抚新猷》

43. 禁米出洋札*

光绪二十八年九月(1902 年 10 月 2 日—1902 年 10 月 30 日)

照得广东米石出洋,前经奏明,从权弛禁,每石收经费洋银一

---

* 标题系整理者所拟。与德寿会衔。原文云:“广东海防兼善后总局为出示晓谕事。光绪二十八年九月十一日,奉署两广总督部堂德、署广东巡抚部院李会札开:照得广东米石出洋,……并将遵办情形及出过告示日期报查,毋违。’等因到局。”

元,以五十万石为限,由九龙、拱北两关征收,并给发护照,以资稽考。如遇歉岁,随时停止在案。现值天时亢旱,米价腾贵,所有米石出洋,应截至本年九月十八日起,暂行禁止贩运,以裕内地民食。如有商人于限内贩运米谷出洋,经过各处关厂,应即扣留,押运回省售卖,以免有妨民食。除札饬九龙、拱北两关税务司遵照办理,并一体迅速出示晓谕,仍将遵办情形克日申覆察核外,札局,即便移行遵照,一面由局迅速出示晓谕,并将遵办情形及出过告示日期报查,毋违。

《申报》光绪二十八年十月初四日(1902年11月3日)
第10613号第2版《禁米出洋》

44. 为送书事咨管理大学堂事务大臣张百熙*

光绪二十八年十月十九日(1902年11月18日)

广东巡抚为详请给咨,解送书籍事。据广东布政使丁体常详称:奉前广东抚部院德案验,光绪二十八年七月二十三日准钦派管理大学堂事务大臣张咨,照得本大学堂前经奏请附设藏书楼一所,广置应用书籍,由本大臣咨行各省,调取官书局所刊各书,业经奉旨允准通行在案。现在大学堂将次开办,所有藏书楼书籍自应广为备置。兹特查照原奏,咨请迅饬官书局,将已刊各种经史子集以及时务新书,每种提取十部或数部,刻日赍送来京,以备归入藏书楼存储,以资查考。至此项书籍价值,应请察核实用数目,统归本省书局项下报销,以符奏案。为此咨明,希即查照办理可也等因。到院行司,转饬官书局,将已刊各种经史子集以及时务新书,每种

* 原题《广东巡抚为送书事咨大学堂》。

提取十部或数部,刻日详请咨送赴京,并奉前两广总督部堂陶案验,行同前事各等因。奉此,当经札饬广雅书局提调印刷呈缴去后。兹据广雅书局提调朱守兴将局中已刊各种经史子集以及时务新书共一百种,每种印刷三部,钉装完好,分装六箱,呈缴前来。兹查有候补知县周瑞霖,堪以委令赍解至京,前赴大学堂投缴。理合详请察核,给发咨文下司,以便转给委员领赍解缴等情,到本署院。据此,所有各种书籍,相应委候补知县周瑞霖赍送。为此合咨贵大臣,请烦查收见复施行。须至咨者。计送书籍六箱。

右咨管理大学堂事务大臣张。

北京大学校史研究室编:《北京大学史料第一卷:1898—1911》,
北京大学出版社 1993 年版,第 472 页

45. 为调书事咨复管理大学堂事务大臣张百熙*

光绪二十八年十一月二十四日(1902 年 12 月 23 日)

广东巡抚为咨复事。光绪二十八年十一月二十日,接准贵大臣号电开:前咨贵处调取各项官书,每种十部或数部,现已开学,待用甚殷,望派员速解,盼切等因到本署部院。准此,查各项官书,业据广东布政使司饬局备齐,详请给咨委员候补知县周瑞霖赍解赴京投缴在案。准电前因,除电复外,相应咨复。为此,合咨贵大臣,请烦查照施行。须至咨者。

右咨复管理大学堂事务大臣张。

《北京大学史料第一卷:1898—1911》,第 473 页

---

* 原题《广东巡抚为调书事咨复大学堂》。

46. 查拿匪犯整顿营伍保甲巡警事宜札*

光绪二十九年五月（1903 年 5 月 27 日—1903 年 6 月 24 日）

某月日钦奉上谕：有人奏，广东盗风日炽，官吏漫无警觉，请严切究办一折。广东匪首洪春魁、梁慕光等聚众谋逆，前据德寿电奏各情，业经谕令设法严拿惩办，并将监禁各犯审实，先行正法。兹据奏称，该匪勾结谋逆，地方官漫无觉察，并有营勇抢劫及越狱纵匪等事。似此盗风猖獗，吏治军政，实属废弛已极。着责成德寿、李兴锐严密查拿匪犯，务获惩治，并将营伍、保甲、巡警一切事宜认真整顿，令地方一律清谧。将此谕令知之。钦此。本署部堂、本部院合就恭录札司，即便会同缉捕局、善后局查照，迅即严密查拿匪犯，务获惩治，并将营伍、保甲、巡警一切事宜认真整顿，务令地方一律清（谧）〔谧〕，毋得养痈贻患，致干重咎。至原折所指营勇抢劫及越狱纵匪等事，并即由司会同详查，据实具覆，以凭覆奏。切速毋违。

《申报》光绪二十九年五月二十六日（1903 年 6 月 21 日）
第 10836 号第 2 版《纶綍遥颁》

---

* 标题系整理者所拟。与德寿会衔。原文云："闻之广州友人云：去腊之杪，逆匪谋叛，图陷省城，大宪先后饬属拿获首要若干名，讯明口供，分别正法。既而言官以粤省地方官于缉捕事宜漫无觉察，并有营勇行劫平民及纵匪越狱事情，封章入告。日前，粤中督宪德静山制军、抚宪李勉林中丞接奉廷寄上谕，遵即札饬所属一体遵行。其文曰：某月日钦奉上谕：……切速毋违。"

47. 批缉捕局禀*

光绪二十九年闰五月(1903 年 6 月 25 日—1903 年 7 月 23 日)

禀、折均悉。粤省上年获办盗犯共三千五百馀名之多,惩办不为不严,而各属劫掠频仍,盗风迄未少息,虽辟以止辟,亦诛不胜诛矣。或谓民穷为盗,或谓强梁性成,然究其治盗之方,似尚未得端本澄源之道也。保甲、团练,昔为弭盗良法,今则视同具文。乡族绅耆既约束无素,地方官吏亦化导不行,加以营务之废弛、兵卒之偷惰,渐成顽钝无耻之习,遂使愚民亦轻生重利,甘蹈法网而不之悔。况频年缉捕逮治,多属随和,而悍党渠魁,绝少就戮,迨其恶愈稔,其名愈著,则宥其罪而招安之。彼以为法令不加于豪强,而但施于愚懦,人人皆欲召党徒、作渠魁,率以侥幸于不死,益逞其恣睢暴戾而无顾忌。此盗患所以潜滋暗长而不可终穷耳。方今贼氛孔炽,断不能轻言用宽,况以教养责于有司,亦属空谈无补。惟在清乡、巡警二事加意讲求,务使乡不藏奸,族无匿匪,有警必觉,有案必破,尤在购拿首要,严惩庇纵,庶几盗魁不能漏网,而馀党必当敛迹,莠类无所托足,而闾阎或可稍安。尚宜督饬各该文武,悉心图之。仰即遵照。

《申报》光绪二十九年闰五月十九日(1903 年 7 月 13 日)
第 10858 号第 2 版《辟以止辟》

---

* 标题系整理者所拟。原文云:“闻之东粤友人云:粤中盗贼之多,甲于各直省。去岁一年之内,各府州县正法者多至三千五百馀名,站笼处死者尚不在此数。日前,缉捕局宪开折禀详督辕,随奉兼督李勉林大中丞批示云:禀、折均悉。……仰即遵照。”

48. 令各州县筹议赌规抵款札*

光绪二十九年五月二十六日至闰五月二十日

(1903 年 6 月 21 日—1903 年 7 月 14 日)

光绪二十九年五月二十六日准军机大臣字寄,光绪二十九年五月初一日奉上谕:“都察院代递广东道员潘文铎请革秕政以清盗源一折。除广东闱姓久经承饷,暂无庸议,此外各项赌局,着该署督抚查明情形,即行禁革,并将缉捕经费妥筹办理,以靖盗风。原折着钞给阅看。将此谕令知之。”钦此。遵旨寄信前来等因,到本署部堂、本署部院。承准此,遵即阅看原折,以为自番摊、白鸽弛禁承饷,阖省明目张胆,花样层出,因赌流落,盗风猖獗,倘再任由莫禁,势必变为盗国等语。持论甚属正大。本署部堂、本署部院亦极愿禁革。惟是前项赌规,系作捕盗经费,为数颇巨,必须另筹抵款,始能重申禁令。当此百孔千疮,匪难未已,筹此抵款,真非容易。潘文铎此邦翘楚,曾服官政,既能慷慨陈言,自必胸有成算。合行札饬,札到,即便遵照,咨访潘道,会同筹议抵款,详切声覆,以凭核夺。毋违。切切。计黏抄原折一纸。

《申报》光绪二十九年闰五月二十日(1903 年 7 月 14 日)
第 10859 号第 2 版《奏停赌饷》

---

* 标题系整理者所拟。与岑春煊会衔。原文云:“昨得粤东友人手椷云:日前,署两广总督岑制军、署广东巡抚张中丞会衔札行各州县内开:‘光绪二十九年五月二十六日准军机大臣字寄,……切切。计黏抄原折一纸。’”按,“署广东巡抚张中丞”,“张”系“李”之误。

49. 缉拿海盗札*

光绪二十九年六月初十日至二十三日

(1903年8月2日—1903年8月15日)

为札饬事。光绪二十九年六月初十日,准外务部青电内开:准大西洋阿使函称,西六月十三号,有花梯商船由澳门赴三水,行经穆家濠嘴角,突来海盗约百名,群扑该船,被击伤长年两名、搭客一名,抢去货物银两约三千金,并将器具劫取一空。请电粤省缉办等语。希即饬查明,缉犯追赃,务获严办,并电复。再,花梯系船行,穆家濠系译音等因。到本署部院。准此,查贼匪结伙行劫商轮,拒伤工伴、搭客,不法已极。该地方文武及轮扒各船驾弁漫无觉察,查拿捕务,实属废弛。该船既由澳门赴三水,必经香山、新会、三水等县,无论失事之穆家濠嘴角系归何县管辖,均应饬令一体缉究。除札香山、新会、三水等县会营严缉,及札总巡水师李道督饬轮扒各船驾弁一体协拿,限半月内,务将本案盗匪悉获,追赃究办。并饬该县等查明失事处所系何县属境,照例勘详。仍先将查办情形禀复察核,并咨水师提督转饬该管营员上紧缉解外,合就札饬。札局,即便一体移行遵照办理,无违。

《申报》光绪二十九年六月二十三日(1903年8月15日)

第10891号第1—2版《札拿劫盗》

---

* 标题系整理者所拟。原文云:"闻之广州友人云:前有葡萄牙国商船名花梯者,由澳门赴三水,行经穆家濠嘴角,突被海盗劫去多赃,并击伤长年、搭客等人,由葡使照会外务部,传电广东抚宪李勉林中丞,请为查办。中丞遵即转饬各属,其文曰:为札饬事。……即便一体移行遵照办理,无违。"

50. 乡试部行新章告示*

光绪二十九年七月(1903 年 8 月 23 日—1903 年 9 月 20 日)

案于光绪二十七年十二月十三日准行在礼部咨,会奏变通科举章程内开:嗣后乡、会试头场试中国政治、史事论五篇,二场试各国政治、艺学策五道,三场试四书义二篇、五经义一篇。考官阅卷,合校三场,以定去取,不得偏重一场。至试卷向有空白起草故事,奉行寖成虚设,今既讲求实学,五论、五策、三义,士子各场竭一昼夜之力,已苦不支,拟一并裁去。乡、会覆试卷应行起草者,亦照此办理。其馀一切考试应行起草者,悉仍其旧。又乡、会试默写头、二场起讲,所以防试卷舛错,今既改为论、策,应默写首艺前四行,以为核对。至头场题目,应低二格照写全题,加论字文,改为低二格写;二场题目仍低二格照写全题,加策字文,低二格写;三场照四书文经文例书写,原文文亦顶格写等因。又光绪二十九年六月二十三日接准礼部来电内开:查变通科举章程内开,三场题目,照四书文经文例书写,原文未经载明,加义字。上年顺天乡试、本年会试钦命题目,均有义字。本科三场题目,自应遵照,钦命题目,一体加义字等因。均经转行钦遵办理在案。兹本年举行癸卯恩科乡试,所有部行新章,合行出示晓谕。为此,示谕应试诸生知悉,即便

* 标题系整理者所拟。原文云:"广州友人来函云:自科举改章后,各省于去年补行庚子、辛丑恩正并科,粤东则以庚子正科已于是年举行,故去岁并未举行乡试,本年为改章后第一次开科,士子多有未谙体制者,抚宪李勉林中丞因特出示晓谕曰:案于光绪二十七年十二月十三日准行在礼部咨……切切。特示。"

遵照新例办理，并将前场论、策细心默写首艺前四行，慎勿疏忽自误。切切。特示。

《申报》光绪二十九年七月二十九日（1903年9月20日）
第10927号第9版《应试须知》

51. 为解大学堂经费事咨管理大学堂大臣张百熙、荣庆*

光绪二十九年九月二十四日（1903年11月12日）

广东巡抚李为详复事。据善后局司道会同布政司详称，奉署两广督部堂岑札开，光绪二十九年七月二十四日准管理大学堂大臣张、会同管理大学堂大臣荣会咨开，案照本大学堂奏准各省认解常年经费，以资协济。查自奉旨分咨后，除云南一省已解至二十九年分春季，此外各省多将二十八年分经费解清，尚有已认未解暨解仅及半者，至二十九年分经费，均未报解，各省筹划赔款竭蹶情形，诚可想见。惟兴学为今日要务，京师大学堂造就师范，备充各省学堂教习，原定办法本寓联络贯通之意，现在速成一科尚拟添招师范生，以广乐育。各省新进士入学读书，系钦奉特旨施行，常年用项，尤应预筹统计，现办各事，无一可缓，而常款未充，入不敷出，每一综核，焦灼殊深。本大臣已于七月初二日奏事折内声明，催解各省常年解款，以资协济，相应咨请查照定案，饬筹全数解京，以应急需，实所殷盼等因，到本署部堂。准此，合就札饬，札局即便会同布

* 原题《广东巡抚为解大学堂经费事复大学堂文》。

政司,迅将应解大学堂常年经费银两,赶紧全数筹解,勿稍玩延。又奉署广东抚部院李案,行同前事,仰局即便遵照定案,迅速筹解各等因。奉此,查大学堂经费,粤省上年虽认解银一万两,嗣因库储入不敷出,派解新旧案洋款赔款,及本省应放水陆营勇薪粮,均岌岌难支,无从筹措,致未请咨起解。现既奉准咨催前因,自当勉任其难,经饬局员先其所急,照数筹支洋银一万零三百七十七两六钱,合京平足色纹银一万两,给交源丰润商号,限十一月二十一日汇解京师大学堂兑收。馀俟饷力稍纾,再行随时酌筹办理。除备具文批汇解外,理合具文详复察核,俯赐咨明管理大学堂大臣查照,并请批示祗遵,实为公便等情,到本署部院。据此,相应咨会。为此,合咨贵大臣,请烦查收示复施行。须至咨者。

右咨管理大学堂大臣张、荣。

《北京大学史料第一卷:1898—1911》,第534—535页

52. 闽矿定由本省自办日商所请应毋置议咨文*

光绪二十九年十二月初七日(1904年1月23日)

光绪二十九年十二月初七日,收闽浙总督李〇〇文称:光绪二十九年十月二十八日,承准贵部咨,准日本内田使照称,兹有请办龙岩州矿产之本国商人爱久泽直哉暨中国人吴大容,遣理学士石井八万次郎到京,代为出名呈禀一切详情,请由本大臣代递,应请从速核准,并送原呈要端六款暨矿地界图等因前来。本部查日本

* 原题作《外务部收闽浙总督李兴锐文　闽矿定由本省自办日商所请应毋置议》。

商爱久泽直哉等呈请开办龙岩州矿务呈内所指矿地，包括太广，其所列要端六款亦多与定章未合。惟据该矿师偕同翻译来署面称，所列六款之中，仅系大略，至详细章程，自行续行妥议，请先将矿地咨查等语。相应照绘原图，并抄原照会、原呈，咨行贵督，将该商所指矿地，切实查明于地方有无窒碍情形，咨复本部，以凭核夺为要等因。承准此，查龙岩州辖煤、铁各矿，久经民间开采，因办理尚未得法，获利无多。上年八月间，英国矿师法乐请勘安溪矿，曾奉贵部颁给执照，承领到闽。嗣因安溪创办为难，请准往勘龙岩矿山，先行举办，复经崇前署部堂行饬汀漳龙道派员会勘各在案。本署部堂月前到任，以中国现在振兴商务，开矿为最要之图，闽省崇山峻岭，绵亘千里，矿产甚多，此为中国自有权利，似应自行设法筹办，以期保我利权。当经设立商政局，饬将通省各州县境内详细查明有矿若干，分别已办、未办，呈报该局，一面督饬绅董纠合殷富，先行议立矿务总公司，分厂承办，或用土法，或用机器，以资本之多寡为衡。嗣后无论何人，凡有在籍、在京呈请开办矿务，均应由商政局督饬商会详加查核，分别准驳，未便纷纷轻许。现已附片奏陈。所有龙岩州境内矿山，前据英矿师请办，因拟归本省总公司自行开采，未经允准，自不能再予日本商人。况所引要端六款，多与定章不合，所指地段又不仅在龙岩州境内，尤为漫无限制，应请毋庸置议。为此，咨呈贵部，谨请察核办理，望切施行。

《中国近代史资料汇编·矿务档》第5册，第3073—3074页

53. 设立商政局札*

光绪二十九年

近来叠奉谕旨,饬各省振兴商务,并力行保商之政。复准商部电文,闽省筹办商局、工厂、学堂、公司等项情形,详查速复等因。查闽省地处海疆,土瘠民贫,素乏生产,加以频年偿款紧急,度支浩繁,取于民者既不能不加于前,则为闾阎筹生利之源,以救目前财用之困,非讲求商务,更何有下手之处?本署部堂自莅任以来,详询本省已办之农桑、工艺、商务诸局厂及厦门旧有之保商局等章程,或规模粗建而尚待扩充,或名实不符而渺无成效,自非力筹整顿,逐渐改弦更张,不足以挽回利权,畅发生计。本署部堂深维兴商之大要,首以创兴商会为第一关键,盖有商会而后可厚营业之力,联涣散之情,以之贸易而不受欺制于外人,以之考察而得资见闻于众议。此地球通商各国之原理,而尤为中国商人所急宜效法者也。

福州、厦门皆系通商要口,而历年以来,商业不振,外权内侵,皆由于商会之未立,倡率之无人。应即于福州省城及厦门两处各设商政局,专派大员总理其事,联合商董设立商会,务使官商一气,

---

* 标题系整理者所拟。原文云:"闽省大吏振兴商务情形,前已略志于报。兹由福州访事人邮示商政总局前福建按察使司杨廉访及福建盐法道鹿观察所出告示曰:为出示晓谕事。案奉署理总督部堂李札开:近来叠奉谕旨……饬委遵照妥筹办理等因。奉此,本道等当于十一月初六日开局办事,并经分饬府厅县督饬城台各商迅速分帮各举董事,报局注册,一面选举正副商董,自行筹设总会,妥定办事章程,呈局转详立案,克期开办各在案。诚恐各商未及周知,合再出示晓谕。为此示,仰商民人等一体知悉。尔等须知本局奉饬设立,专司保护商民,不与商民争利为宗旨。局中应需经费,暨系由官筹拨,绝不丝毫派累闾阎。各商有何疾苦上陈以及兴利除害等事,悉准呈由省城商会核明送局酌办,自当力与维持,以期商情利便,实业振兴。本总局有厚望焉。其各知照毋违。特示。"

实力维持，以仰副朝廷通商惠工之至意。局中应派职司，宜遵仿商部分设四司之意，稍加变通，广为六所：一曰保惠所，专司招商、建设学堂、译书译报、执行商律禁令词讼、赏给专利文凭及一切激劝保奖之事；一曰货殖所，专司开垦树艺、蚕桑畜牧及一切农务中生利之事；一曰艺术所，专司机器制造、铁路矿产、设电招工、聘请工师技师及一切工艺中生利之事；一曰会稽所，专司税务、银行货币、估计品物价值、校正度量权衡及一切经费帐目之事；一曰陈列所，专司陈设品物、配合宜忌、评定良窳、各业赛会及一切水陆转运之事；一曰考查所，专司查察内地土产、外来货物时价上落、销市通塞、民情喜恶及一切记载禀报、收发文件、缮写电报之事。以上六所，均选人品端正、能尽本门职司之人分任其责，不拘官商绅士，亦不拘定人数，惟视局中事体简繁、经费优绌为衡。其商会中商董，宜由各帮商人公举殷实公正之人选充。官与商董相接，宜优以礼貌，勿拘官场仪节。凡会中一切议举之件，如纠合资本、保安财产、评论曲直各事，均由商董集议而总办为之决定。总办之于商董及众商，但有保护裁夺之责，而无干预侵抑之权；商董之于总办，但许以有关商业之事相启请，而不许于本务外有私谒干求之端。如此则官商之权限明，而情谊自能接洽。

兹事造端宏大，条绪纷繁，本署部堂现指各节，亦不过略举大端，其有未尽，应由该总办大员通筹全局，随时禀陈，以期推行尽利。至省城原有之商务局，系专为抽收商捐，应即裁撤，归财政局办理。又厦门原设之保商局，亦即改归厦门商政局办理，以免纷歧。所需经费，应由藩司核议详明支给，饬委遵照妥筹办理。

《申报》光绪二十九年十二月二十二日（1904 年 2 月 7 日）

第 11067 号第 2 版《闽兴商政》

54. 安溪矿务拟自行勘办英商所请应毋置议咨文*

光绪三十年正月二十八日(1904年3月14日)

光绪三十年正月二十八日,收署闽浙总督李〇〇文称:据福建洋务、商政两局详称,案奉札准英国驻福州雷领事照会,接准照复,以现在议定福建通省矿务,均归本地总公司承办,英矿师法乐所请在安溪承租已定之矿,及或推广至龙岩一带开采之事,均着勿庸再议等因。查法乐代英公司业于去年八月间由外务部发给护照,勘办安溪矿山在案,应为贵署部堂之所尽知。兹除抄录照复详报本国驻京钦差大臣核夺外,现未奉到札复,再应奉告一言。据观所定章程,似与矿务总局章程大致不符,并与去年上海中英所订商约亦不甚合。兹抄外务部发给法乐护照一纸,照送查照核办等由前来。查前承准外务部咨,日本商人爱久泽直哉请办龙岩矿务,当经本署部堂咨复,应毋庸置议,并抄稿行局在案。兹接前由,饬局会核详办等因。奉此,遵查此案前奉札准雷领事照称,英公司之代理人矿师法乐请办安溪、龙岩矿地,商诸洋务局,计时已久,不料厦门华人亦欲创办,应请将洋人在中国开矿一节,如何主见,略先说明,是否允准法乐承办,或应合厦公司同办,或应与其他蒙准之华公司合办,希核复等由前来。查中国振兴商务,以开矿为最要之图,本署部堂到任伊始,即经督同司道筹商。现在福建设立商政局,通省矿务均归统辖,业经通饬各县,详细查明境内有无矿产,分别已办、未办,呈报该局,一面督饬商会绅董纠合殷富,先行议立总公司,分厂

---

* 原题作《外务部收署闽浙总督李兴锐文　安溪矿务拟自行勘办英商所请应毋置议》。

承办,或用土法,或用机器,以资本之多寡为衡。嗣后无论何人,凡有在籍、在京呈请来闽勘办矿务,均应由商政局督饬商会详加查核,分别准驳,未便纷纷轻许。所有安溪、龙岩州矿产,自应照案由商政局赶紧勘明,自设公司开办。英矿师法乐所请,可毋庸议等因。行局遵照办理在案。兹奉前因,伏查矿务为中国近今要政,势非亟筹开办,无以自保利权。按照外务部新定章程,虽华洋均可承办,而究之具禀领照,中国有任便准驳之权,断不得因一经勘查,便作为认准开采之据。今英矿师法乐来闽请办矿务,展转经年,不特龙岩矿山甫由该矿师自请诣勘,毫无成议,即安溪一带矿产,前奉外务部给照准勘,仅备沿途保护之用,并非核准开办之凭。原照具存,何容藉口?现在福建全省矿务,已蒙奏明自设公司,分厂开办。前此日商爱久泽直哉请办龙岩矿务,甫奉咨驳不行,所有英矿师原勘矿山,核之部章,概未领有准照,即中英商约第九款所载[①]矿办法,亦必以于中国主权毫无妨碍,于中国利权有益无损为断,是证诸商约,亦属未便准行,应请毋庸置议。唯彼既上渎,难免不藉口争求,相应详请专咨外务部察照办理,以资辩论等情,到本署部堂。据此,除详批示外,相应咨呈贵部,谨请察照办理施行。

《中国近代史资料汇编·矿务档》第5册,第2967—2969页

55. 批生员龚守□等禀*

光绪三十年

缉捕局虽经裁撤,其应办公事归并警务局办理,应否去留,本

---

① 此处疑有脱文。

* 标题系整理者所拟。原文云:"缉捕局督办彭五峰别驾近因纵容局勇阑(转下页)

部堂自有权衡,非尔等所得擅请。

《申报》光绪三十年二月二十九日(1904年4月14日)

第11130号第9版《榕城杂录》

56. 整顿闽省军制札咨稿件

光绪三十年

为札饬咨明事。照得闽省常备军,前经许前部堂奏定,编为左右两镇,左镇统步队三标凡九营,另设炮队、工程队各一营,共十一营,右镇步队、炮营均如之,而不别设工程营,共十营。其镇、标、营、队名目,多采诸北洋军制,惟每营三队,每队三排,每排仅有正兵十六人,合计一营正兵不过一百四十四人,此则北洋军制所无,考之东西各国编队之法,亦无如此之少者。而统领部属、差弁委员,则踵事增华,诸多冗滥。岁耗薪饷数十万,而所得正兵,合计两镇二十一营,不过三千零二十四人,岂不骇人听闻?此事前经饬令军政局速为筹议,画一军制,迄今该局开办月馀,尚未据详前来。兹经本署部堂就原定军制逐一酌核,拟定为每营三队,每队三排,每排二十四人,仍以一标分统步队三营,每镇则统领两标,另加炮队、工程队各一营,计左镇应统两标步队六营、炮队一营,右镇应统两标步队六营、工程队一营,合共两镇应存一十四营,共有正兵三千零二十四人。较之原立二十一营正兵之数,未裁一人,其正兵之饷亦照章月给四两二钱,未减分毫,即应用之管带员弁薪饷,亦并

(接上页)入杨绅家啰唣,以致被控撤差。既而生员龚守□及当商义源号以别驾办理缉捕,颇为有益于地方,具禀督辕,情殷借寇,督宪李勉帅批其禀尾云:缉捕局虽经裁撤,……非尔等所得擅请。"

未核减，惟于冗滥差弁大加裁汰。所有军制、饷章，另纸抄录札发、咨送。幸较现定章程，每月应需薪饷二万三千零九十两零二钱，与原章月需薪饷三万一千五两四钱相比，月可节省银七千九百一十五两二钱，每岁实可节省银九万四千九百八十二两四钱。盖未裁一正兵，而所节省已如此之巨矣。现在左右两镇均归该孙道统领。该道世受国恩，从前于一切靡费，漫无裁节，已属有辜委任，此次经本署部堂更定之后，倘再不知振作，凛遵新章办理，一任营官哨弁侵蚀饷额，废弛操防，定即严加参办。除分别咨行外，合就札饬，札到该道，即便遵照粘抄新定军制，将两镇各营弁兵刻日归并成军，有不足之正兵，立即补募足数，造具花名年岁籍贯箕斗清册，并将入伍年月、身裁保家、三代父兄逐一注明。其各营应用军装，亦即按实在人数核定匀拨，造册呈缴。至所用分统、管带、哨弁，均应择其能自教操、廉能可信者用之，由该道出具考语，开列清折，呈候本署部堂鉴定。自营官以上，均候本署部堂札委，哨弁则由该道檄饬遵照。日后倘有所用非人，克扣兵饷情事，一经查出，定将该蚀饷官弁立以军法从事，并治该管统领以应得之罪。至该道已有原统左镇薪费，其暂时兼统之右镇，应准照支公费，不支薪水，合并饬遵毋违。特札。

计粘抄军制一纸

札统领常备军左右两镇孙道云云。

除札孙道遵照粘抄新定军制云云，不支薪水外，合就咨明。为此，合咨贵将军，请烦查照施行。

计粘抄军制一纸

一咨镇守福州将军云云，不支薪水外，合行札饬，札到该(司局)，即便一体遵照。再，此次更定常备军制，岁计节省银九万馀两，应即另款存储，候拨作添购军火、修造炮台之用，合并饬遵毋违。特札。

计粘抄军制一纸

札藩司、财政局、军政局①

《鹭江报》1904年第58册《照录闽督李勉林制军整顿闽省军制札咨稿件》、第59册《续闽督李勉林制军整顿闽省军制札咨稿件》

57. 闽省设立学务处札文

光绪三十年

署理闽浙总督部堂李为札饬事。照得近来时艰日迫，皆由人才疲竭〔所致〕②，欲求人才，非兴办学堂，〔断无〕下手处。迭次钦奉谕旨，通饬各省设立高等、中、小、蒙各学堂，并奉自丙午科为始，将乡会试中额、学额递减，俟学堂一律办齐，再行停止之谕。现在各省均已钦遵，将书院改为学堂，并于省会特立学务处，董而理之。福建虽有高等学堂，教育未能统一，省外应设之中、小、蒙学，更多阙如，将来科举一停，士子别无进身之阶，不特上无以副朝廷兴学求才之意，即下亦何以对士民。本署部堂夙夜焦思，深用惶惕，特与司道再四筹商，拟在省会先设学务处，委聘学贯中西、根柢深厚之大员巨绅分充总办、监督，将通省书院查明，改为学堂，并于书院

---

① 《常备军左右两镇军制》已载本书奏折《厘定闽省常备军制折(附清单)》，此处从略。

② 原漫漶不清，据《申报》光绪三十年四月初七日(1904年5月21日)第11167号第9版《闽省设立校士馆详文》补。下同。

之外，广立小、蒙各学堂，遵照钦颁《章程》，参访闽省情形，督饬各地方官绅认真经理。查有奏调福建补用道姚文倬，堪胜学务处总办之任。其监督一席，即由本署部堂关聘前内阁学士陈绅宝琛到处，随事责成姚道与之会商妥办。所有学务处应办事宜，即参照两广学务处办理。尚有提调以下各员，应由该处慎为选举，听候核定委用。所需经费，亦即筹议酌定，详明饬行财政局支放。其学务处应设于何所，及总办、监督薪水夫马公费，均先由财政局司道会商核议，详明开办。一面由司刊刻福建学务处关防，移送启用。至此次议将书院改立学堂，原为闽省广育人才、力求进化起见，且系钦遵谕旨办理之事，本省士林具有识解者，宜无不乐闻之理。惟是风气初开，旧日承学之士，或有限于年力，不能舍其旧而新是〔图〕，概令〔辍〕业，将有失所之叹，或姑留书院一所，改为校士馆，专课旧日之举贡生监，俟学堂群兴，成效大著，再从而易之，亦未始非体恤寒畯之道，统由该处一体核议详夺可也。除札委外，合行札饬，札到该局，即便一体遵照毋违。特札。

《申报》光绪三十年四月初三日（1904 年 5 月 17 日）第 11163 号第 9 版

58. 英商勘办安溪矿务准专在尖峰山一处咨文*

光绪三十年四月十五日（1904 年 5 月 29 日）

光绪三十年四月十五日，收署闽浙总督李〇〇文称，案准贵部咨，准现在议定福建通省矿务，均归本地总公司承办，英矿师来闽请办各矿，毫无成效，即安溪一带矿产，前奉给照准勘，仅备沿途保

* 原题作《外务部收署闽浙总督李兴锐文 英商勘办安溪矿务准专在尖峰山一处》。

护之用,并非核准开办之凭,咨请查照等因。同日又据英萨使照称,英商法乐承办安溪县属之尖峰山矿务,与业主议妥承租,自可准令开办,请再咨闽遵照护照内所允各节办法等因前来。查光绪二十九年八月间,准许前督咨,据英矿师法乐与华人郑立勋伙伴安溪矿务,租定珍地乡五阆山及湖上乡尖峰山两处矿产,当饬委员①所租五阆山系属影射冒卖,不能为凭,尖峰山询明业主,均愿出租,原约尚可为据,既愿遵照部章,自可准令开办等语。本部当即给照,并函复萨使在案。兹设立总公司,从前之案遽行作罢,断难允从,惟勘办之时,准其专指尖峰山一处,不得牵涉他矿。至英使所称孙道有商令合办之意,有无其事,并是否专指一处,咨行查核见复等因。当经饬局会同查核详咨去后。兹据福建洋务、商政两局详称,遵查英矿师法乐请勘安溪县属之尖峰山矿务,前奉外务部给予查勘执照后,该商欲于龙岩附近矿山先请举办,经英领事照奉崇前署宪饬行汀漳龙道委员查勘。其时英领事曾有将来法乐所请开办各矿,拟照闽省华裕公司章程,由华洋商人合办等语,向职道传究晤谈,其实并无成议。嗣因矿务并归商政,议由官设全省矿务总公司自行筹款开采,除奏明暂归华裕公司定限觅地之建、汀、邵三府矿地另行核办外,所有各处矿地,应由总公司经理主持,以保利权而杜侵越。诚以矿地乃中国自有物产,而准办又系我自有主权。昨奉商部奏定矿务新章,凡有禀请矿务,应领探矿及开矿执照,方准举办。又,凡请领探矿执照,领照后,非遽准其开采,但许在照内所指之地,就其浮面探验苗线等语。是法乐前请安溪尖峰山勘矿执照,按照新章,仅只准其探验,并未准其开采。前此请照探矿,不

---

① 此处疑有脱文。

能作为核准开矿之凭据。现在外务部所准该矿师法乐专办尖峰山一处矿地,系在新章未定之前,似应遵照办理。将来勘办之时,自当查照原议,只准专在尖峰山一处指定段落,绘具图说,呈送本省矿务总公司转详立案,不得牵涉他矿,以清界限而免纠葛。此外尚有应领开矿执照,以及开采一切办法,应饬悉遵商部新定章程,不得少有违背,以昭划一。奉行前因,理合查核会同详复查核,俯赐咨复查照办理等情。到本署部堂。据此,除详批示外,相应资呈。为此,咨呈贵部,谨请查照办理施行。

《中国近代史资料汇编·矿务档》第5册,第2972—2973页

59. 申斥匿名揭帖牌示*

光绪三十年

本署部堂于某日接邮政递送禀函一件,外署"陆军学堂谨缄",内则称"全闽士民公禀",而并未开列一人姓名。查其禀辞,自系本省士子所为,非愚民无知者可比。该士子岂不知匿名揭帖,例不准理,并有严拿治罪之条,乃竟冒昧为之,实属大干例禁,合行牌示申斥。该士子等如有陈诉事件,尽可开列真实姓名,遵照呈词,来辕投递,听候委员接收,呈送核办,毋得违例妄渎,致干刑章。切切。特示。

《申报》光绪三十年七月十一日(1904年8月21日)
第11259号第2版《批斥匿名》

* 标题系整理者所拟。原文云:"福州友人来函云:闽省武备学堂此次招考,诸生以籍隶他省者杂厕其间,忿不能平,哗然罢考,旋缮一公禀,投递督辕。督宪李勉帅见其末署全闽士民公禀,而并未开列确实姓名,即发出牌示云:本署部堂于某日接邮政递送禀函一件……特示。"

60. 严禁各防营将弁勇丁庇赌索贿札*

光绪三十年八月十三日至二十一日

(1904 年 9 月 22 日—1904 年 9 月 30 日)

准江南提督杨军门文开:枭匪私占码头,设台聚赌,诱骗乡愚,输钱由匪借给,今日借一元,明日须加利半元,如此重利盘剥,千金之家,不满一月,势必荡尽。枭匪逼索本利,凶恶更甚,不得不将家产契据田单作抵,转眼之间,势必流而为匪,因此枭匪日众。现下欲清枭匪,先须清赌之源。查得各枭私占码头,总有劣绅差保为之包庇,各营将弁亦未必人人自爱,为此严饬各防营将弁勇丁,如查明庇赌索贿,得有实据,定当以军法从事。惟愿各营将弁等,有则改之,无则加勉。

《申报》光绪三十年八月二十一日(1904 年 9 月 30 日)

第 11299 号第 3 版《札查枭赌》

61. 严禁水陆各营通匪纵匪札**

光绪三十年八月十三日至九月初二日

(1904 年 9 月 22 日—1904 年 10 月 10 日)

本部堂访闻水陆各营往往有通匪纵匪情事,(领)无论旧委、新委各哨弁,均须责令补立切实保结,交营务处收存。如有通匪及偷

---

* 标题系整理者所拟。原文云:"上海县主汪瑶庭大令近奉两江总督李勉林制军札文,内开:准江南提督杨军门文开:……有则改之,无则加勉等因。刻已遵照办理矣。"

** 标题系整理者所拟。原文云:"镇江访事人云:驻扎镇郡各防营统领近奉两江总督兼南洋通商大臣李勉帅来文,略谓:本部堂访闻水陆各营……惟该统带是问。"

盗军械等情,惟该统带是问。

《申报》光绪三十年九月初二日(1904 年 10 月 10 日)
第 11309 号第 2 版《严禁通匪》

62. 批米商姜恒吉、源和利等禀*

光绪三十年八月十三日至九月初五日
(1904 年 9 月 22 日—1904 年 10 月 13 日)

本年各属秋收报歉之处甚多,米价并未平减,民食为重,固难遽准弛禁,且日俄战事未了,更恐奸商影射接济,致滋口舌,所请应弗庸议。仰常镇道移行查照。禀抄存。

《申报》光绪三十年九月初五日(1904 年 10 月 13 日)
第 11312 号第 2 版《米禁难开》

63. 禁米出口札**

光绪三十年八月十三日至九月初五日
(1904 年 9 月 22 日—1904 年 10 月 13 日)

迩来沪上米业奸商,屡次来辕请给护照,希冀运米出口,藉图渔利。着即谕禁,以保民食。

《申报》光绪三十年九月初五日(1904 年 10 月 13 日)
第 11312 号第 3 版《电禁运米》

---

* 标题系整理者所拟。原文云:“金陵友人来函云:月前,行商姜恒吉、源和利等具呈两江督辕,请开仙女镇、八濠口两处米禁。两江总督李勉帅批示曰:本年各属秋收报歉之处甚多,……禀抄存。”

** 标题系整理者所拟。原文云:“日前,苏松太兵备道袁海观观察接奉两江总督兼南洋通商大臣李勉帅电札,内开:迩来沪上米业奸商,……以保民食等因。”

64. 不准弛禁札*

光绪三十年八月十三日至九月二十一日

（1904 年 9 月 22 日—1904 年 10 月 29 日）

迩来镇江七濠行商源和利、蒋同泰等屡次来辕请开仙、濠两口米禁。查本年各属秋收报歉之处甚多，米价并未平减，着即转饬不准弛禁，以保民食。

《申报》光绪三十年九月二十一日（1904 年 10 月 29 日）
第 11328 号第 9 版《北固秋云》

65. 为转汇处拨解本年八月第十期和约偿款银两汇沪事致外务部咨文

光绪三十年九月初五日（1904 年 10 月 13 日）

署理两江总督兼管两淮盐政、江西巡抚李为咨明事。据江南转汇处司道等呈称，案奉前院刘札饬，和约偿款江苏省每年银二百五十万两案内，指拨鄂岸、湘岸、西岸、皖岸四督销，正阳卡、淮北盐务局、盐巡道、海分司八处加偿、新厘等项银两九十七万两，应解由派办处汇齐转解。自光绪二十七年十二月二十二日起，每年分十二次，按月先期解沪。又奉另饬，此项偿款，按照关平核算，每百两应加补水库平银一两六钱四分三厘等因到处。奉经遵解至三十年

---

* 标题系整理者所拟。原文云："常镇通海道郭月楼观察接到两江总督李勉林制军电札，内开：迩来镇江七濠行商源和利、蒋同泰等屡次来辕……以保民食。观察已遵照办理矣。"

七月第三年第九期止，咨明并呈报各在案。现在派办处奉裁，在藩署另设转汇处。所有本年八月第三年第十期，连前共三十四期，应解银八万零八百三十三两三钱三分四厘，按照关平加补水银一千三百二十八两零九分二厘，共合库平银八万二千一百六十一两四钱二分六厘。查有各局卡本月偿款解存转汇处，堪以尽数动拨，间有未到之处，亦由本处向钱庄设法筹足，先期汇解，以免贻误。除于本月十五日放交宝善源、裕源祥商号汇解，限九月初一日以前到沪，解交江海关衙门兑收汇付外，呈乞鉴核，汇案核咨等情到本署部堂。据此，相应咨明。为此，合咨贵部，请烦查照施行。须至咨者。

右咨外务部。

中国第一历史档案馆编：《庚子事变清宫档案汇编》，中国人民大学出版社 2003 年版，第 13 册，第 950—951 页

66. 札苏松太兵备道*

光绪三十年九月十四日（1904 年 10 月 22 日）

江宁洋务局现已改为两江通省洋务总局，诚恐沪地各洋商未能详悉，着即备文照会驻沪各国总领事一体周知。

《申报》光绪三十年九月十五日（1904 年 10 月 23 日）第 11322 号第 2 版《洋务须知》

---

* 标题系整理者所拟。原文云："昨日，苏松太兵备道袁海观观察接奉两江总督、南洋大臣李勉林制军颁到札文，内开：江宁洋务局现已改为两江通省洋务总局，……着即备文照会驻沪各国总领事一体周知。"

67. 批请筹吴淞口防疫医院经费禀*

光绪三十年八月十三日至九月十六日

（1904 年 9 月 22 日—1904 年 10 月 24 日）

据禀已悉。淞口防疫另设华医院，已由在沪官商捐建工竣，足见官绅勇于为善，深堪嘉尚。常费为必不可少之需，虽库款支绌，亦当竭力筹济，以襄善举。候札饬苏松太道宽筹协济复夺，仰即知照。缴。印发。

《申报》光绪三十年九月十六日（1904 年 10 月 24 日）

第 11323 号第 3 版《批筹局费》

68. 禁米出口札**

光绪三十年八月十三日至九月二十二日

（1904 年 9 月 22 日—1904 年 10 月 30 日）

为特札饬遵事。案照近年江苏米粮大涨，民食堪虞，历经各前部堂严禁米粮不准出口，以塞漏卮。本署部堂到任之后，接据行商源和利等呈，拟由钓船运米，恳将仙女、七濠二口弛禁，亦经批驳在案。查本年各属秋收报歉之处甚多，米价并未平减，民食关系綦重，转瞬苏属各漕开征在迩，一经弛禁，则纷纷搬运，势必粮价日

---

* 标题系整理者所拟。原文云："日前，本邑商务总会总董严筱舫观察禀知两江督宪李勉林制军，请筹吴淞口防疫医院经费。兹已奉到制军批示云：据禀已悉。……缴。印发。"

** 标题系整理者所拟。原文云："原任两江总督李勉林制军接任之后，曾有奸商具禀请弛米禁，制军以民食攸关，批驳不准，札饬各关，严禁出口。兹将其文照录于后：为特札饬遵事。……除咨行外，合行札饬该关道一体遵照办理。"

涨,市侩居奇,不特于民食大有妨碍,且日俄战事未了,更恐奸商影射接济,致滋口实。本署部堂审时度势,所有各口米粮一时断难弛禁,应仍照案由各司关道严饬所属,在于各港口认真查禁,以杜私运。除咨行外,合行札饬该关道一体遵照办理。

《申报》光绪三十年九月二十四日(1904年11月1日)
第11331号第3版《禁米出口》

69. 防范匪扰札*

光绪三十年八月十三日至九月二十二日
(1904年9月22日—1904年10月30日)

本部堂因乐平、施南、婺源等处匪扰,为患地方,皆系江湖会匪煽惑所致。兹查沿江一带枭、会诸匪,名目繁多,诚恐诱惑愚民,致蹈覆辙。亟应通饬长江水陆各防营,一体严加防范,以备不虞。

《申报》光绪三十年九月二十四日(1904年11月1日)
第11331号第9版《润州杂志》

70. 批扬州绅士李新田等禀**

光绪三十年八月十三日至九月二十二日
(1904年9月22日—1904年10月30日)

据禀已悉。妇女缠足,久经钦奉谕旨,饬令婉切劝谕,各省一

---

* 标题系整理者所拟。原文云:"驻防镇郡之各军统领,近奉两江总督兼南洋通商大臣李勉帅札文,内开:本部堂因乐平、施南、婺源等处匪扰,……以备不虞等因。刻下各统领业已遵照办理矣。"

** 标题系整理者所拟。原文云:"署江督李制军据扬州绅士李新田等禀请通行《普劝女子不缠足歌》,并抄呈湖南现行章程,陈请仿行。当即批示云:据禀已悉。……仍缴。"

体钦遵办理。惟偏僻处所,见闻较狭,风气尚未大开,或未能家喻户晓,诚如来禀所言。据呈所编《劝不缠足歌》,请饬发官书局刊刷多本,分行各属,以期广为劝布,事属可行,应候札饬官书局遵照办理。至今日缠足之害,稍有知识之士,固皆能言之、能行之矣。其有尚须开导者,应尽之责,官绅均当同任。应如何实力劝谕,及能否仿照湖南现行章程办理,仰江藩司迅速核议详夺,再行各属一体遵办。禀折及章程均发,仍缴。

《大公报》(天津版)光绪三十年九月二十五日(1904年11月2日)
《禀请刊行不缠足歌批词》

71. 批安徽怀宁县绅士禀*

光绪三十年八月十三日至九月二十二日
(1904年9月22日—1904年10月30日)

据禀已悉。酌提庙产,拨充学费,事属可行。惟查阅该举人等所称,现办之民立尚志小学堂,设在何处,开学几年,学生若干人,现有经费若干,及铁佛、三祖两寺产业几何,均未详细开列。仰安徽学务处详细查明妥议,禀候核夺,勿延。

《申报》光绪三十年九月二十九日(1904年11月6日)
第11336号第2版《学费难筹》

---

* 标题系整理者所拟。原文云:"安庆访事人云:前者三祖、铁佛两寺住持僧广参以不守清规,经怀宁县绅士冯孝廉等禀请驱逐,将寺产拨充尚志小学堂经费等情。嗣以僧神通广大,虽由县而府多方禀控,终未能如愿以偿。迨后具禀抚辕,抚宪诚果泉中丞批饬安庆府详覆。既而孝廉等又具禀学务处,当经批饬怀宁县详覆,久之亦无动静。孝廉等乃递禀两江督辕,督宪李勉帅批示云:据禀已悉。……勿延等因。于是学务处见怀宁县郑大令屡札不理,乃札饬安庆府督令该县查覆。今者勉帅已骑鲸西去,不知此事能免变端否也。"

电　报

001. 李兴锐、王之春致张之洞电*

光绪十一年十一月初三日（1885 年 12 月 8 日）

奉沃电谨悉，当即转商星使、护院，皆谓法使既有起程日期，自以不催为是。但越非法敌，现虽与战，恐难持久。瓯脱在所必争，立论期与新约不甚相悖，相机而行，缓以需之，以副宪廑。兴锐、之春叩。觉。光绪十一年十一月初三日亥刻发、到。

中国社科院近代史研究所编：《近代史所藏清代名人稿本抄本》第 2 辑《张之洞档》，大象出版社 2014 年版，第 56 册，第 426 页

002. 李兴锐致邵友濂电**

光绪十一年十一月初十日（1885 年 12 月 15 日）

我辈到龙兼旬，法使迟延不来，畏越团游勇梗道也。或争北圻数省，或于近边设瓯脱，据议难定。法廷难于用兵戡乱，欲弃北圻，亦未定。惟驻沪法人有何议论，此事极难办，尊见如何，乞示。锐。蒸。希转告善征知。光绪十一年十一月初十日申、戌刻发、到。

《张之洞档》第 56 册，第 481 页

---

* 原题《张之洞收李道（李兴锐）王道（王之春）来电》。

** 原题《张之洞档存李道（李兴锐）致上海邵道（邵友濂）电》。

003. 李兴锐致张之洞电 *

光绪十一年十一月十六日(1885 年 12 月 21 日)

钧电敬悉。法使来谅,我辈出关,夙约如此,决不纵令来龙。彼住越,此坐关,无虑闯入,盛兵似可稍缓,俟会议一二次斟行。临行,敢陈愚臆。兴锐电禀。谏。光绪十一年十一月十六日亥刻发、到。

《张之洞档》第 56 册,第 525 页

004. 邓承修、李秉衡、王之春、李兴锐致李鸿章电 **

光绪十一年十二月初三日(1886 年 1 月 7 日)

连日与浦使来往会晤。浦函请会议时轮①设总理一人,并将问答未定言语记录,画押互换,执为确据。二者均中西议约所无,不可行。闻浦已引西例电戈与总署辩,请就近剖沮,以便周折。修、衡肃,春、锐禀。冬。光绪十一年十二月初三日未、亥刻发、到。

《张之洞档》第 56 册,第 627 页

---

* 原题《张之洞收李道(李兴锐)来电》。

** 原题《张之洞档存邓钦差(邓承修)李护院(李秉衡)王道(王之春)李道(李兴锐)致北洋电》。此电又见于《李鸿章全集》,题作《邓钦使等来电(光绪十一年十二月初四日未刻到)》(顾廷龙、戴逸主编,安徽教育出版社 2008 年版,第 21 册,第 642 页)。

① "轮",《李鸿章全集》作"应"。

附　李鸿章致邓承修、李秉衡电①光绪十一年十二月初五日（1886 年 1 月 9 日）

顷戈使接浦电晤商，鸿详细开导，未可执西例。戈谓浦向办欧州交涉，不知中国情形，允即由龙局电浦，勿庸拘定，彼此会议，界务若有辨论，以照会为凭。邓系特派，宜请作主云云。鸿。

《李鸿章全集》第 21 册，第 642—643 页

005. 邓承修、李秉衡、王之春、李兴锐致总署电*

光绪十一年十二月十三日（1886 年 1 月 17 日）

本日会议，浦以“稍有改正”四字须照第三条约，就现在之界勘定，先立标记，坚执如前。修等答以非改正，即不能立标，既立标，即无可改正力拒，辩论竟日。浦即以意见不合，应照约请示，闻已电戈矣。若如浦云，不过以咫尺之地饵我，使我沿边诸隙形格势禁，恐此后边事不堪设想。修等惟有始终力争，不敢稍涉迁就，致贻后悔。请代奏。修、衡肃，春、锐禀。元戌。

《李鸿章全集》第 21 册，第 646 页

006. 邓承修、李秉衡、李兴锐、王之春致张之洞电**

光绪十一年十二月十七日（1886 年 1 月 21 日）

录呈电奏。前闻师领事病甚，欲调法兰亭来代，师病稍愈，故法

① 原题《寄龙州邓钦差李护抚》，署光绪十一年十二月初五日未刻。

* 原题《邓钦使等致译署》，署光绪十一年十二月十四日酉刻到。

** 原题《张之洞收邓钦差（邓承修）李护院（李秉衡）李道（李兴锐）王道（王之春）来电》。

亦不来。巴律因在船行为不检，被浦劾，巴抵西贡，遂告退，见外国新报。浦但云巴告退，而讳其事。浦有翻译白姓，华语不精。近闻文渊、谅山等处亦驻兵无多，法势似难兼顾。浦诸事听戈指挥，戈前嘱浦在谅候，其意不重谅北可知。修等所争改正，皆系照约理喻，并未多增一字，彼即缓议，似亦无辞生衅。至多寡远近，谨当遵旨相机妥办云云。修、衡。咸。锐、春禀。光绪十一年十二月十七日未、戌刻发、到。

《张之洞档》第 57 册，第 17—18 页

007. 邓承修、李秉衡、李兴锐、王之春致张之洞电 *

光绪十一年十二月二十一日（1886 年 1 月 25 日）

致北洋电、咸电择山水要隘处所拓界，实执中之论，昨复谅轻高重，即是此意。顷奉号电，浦以我违约耸外部，致以中罢胁我，是欲显背改正之约，曲在彼矣。浦现托目病缓议，如何向戈驳诘，开示仰希荩裁。修等自当恪遵初六、十九电旨，相机妥办云。修、衡。箇。锐、春禀。

《张之洞档》第 57 册，第 53 页

008. 邓承修、李秉衡、王之春、李兴锐致李鸿章电 **

光绪十一年十二月二十一日（1886 年 1 月 25 日）

咸电择山水要隘处所拓界，实执中之论。昨复谅轻高重即是

* 原题《张之洞收邓钦差（邓承修）李护院（李秉衡）李道（李兴锐）王道（王之春）来电》。

** 原题《邓钦使等由幕府来电》，署光绪十一年十二月二十一日亥刻到。

此意。昨夕奉号电，浦以我违约，耸外部致以中罢胁我，是欲显背改正之约，曲在彼矣。浦现托目疾缓议。如何向戈驳诘开示，仰希荩裁，修等自当恪遵初六、十九电旨，相机妥办。修、衡肃，春、锐禀。

《李鸿章全集》第21册，第651页

009.邓承修、李秉衡、王之春、李兴锐致张之洞电*

光绪十二年正月初三日（1886年2月6日）

与浦会议四次，彼此据约坚持。廿三日狄始转圜，请各派一人，持图指明改正处所，然后归两国钦差定议。修等派赫政与狄指商三次，据云东西边界尚可活动，惟谅北难以宽让。赫再往返，伊始允文渊至南关适中为界，似改正确据，彼亦不能不遵。查西界即不以高平省分归我，而芃封、牧马、铁厂、保乐均在谅山以北，且有莽江为限，东界先安、那阳则有枝河为限，划归我境，实与西例山水为界相符。惟关门至驱驴三十馀里，此抵淇江中间，山势蜿蜒，无可为界，谅、高、我、阮全让，则淇江一水，天然之限，于理于势，俱所必争。拟请饬署坚持此说。修等非敢过执，缘关外边疆逼促，非此无可设防。现连日风雷，浦、师皆病，师病重将归，因此续议稍迟。电奏呈览。修、衡。江。春、锐禀。

《张之洞档》第57册，第111—112页

---

* 原题《张之洞收邓钦差（邓承修）李护院（李秉衡）王道（王之春）李道（李兴锐）来电》。

010. 邓承修、李秉衡、王之春、李兴锐致李鸿章电*

光绪十二年正月十六日(1886 年 2 月 19 日)

谅北至关门可设埠者,惟驱驴、文渊两处。文渊山多而逼。十五日会议,狄已面许文渊、保乐、海宁三处归我。若戈使愿在驱驴通商,则择文渊、驱驴适中之地为界,中路或可先定。馀如牧马、先安等处,照尊议少缓再议,请与戈详酌。再,芄葑距龙甚近,地在谅山以西,戈若指作商埠,望照约力阻。修肃,衡、春、锐禀。铣未。

《李鸿章全集》第 22 册,第 12 页

011. 邓承修、李秉衡、王之春、李兴锐致张之洞电**

光绪十二年正月十六日(1886 年 2 月 19 日)

密。十三日派王道至文渊与狄议,极言先看老界,与原约实有窒碍,反覆辩诘,狄允文渊、海宁、保乐三处可以归我。十五日狄来,复派王、李两道与商,所言改正三处,尚无异词,而牧马、先安等处①坚执如故,惟言保乐、海宁附近可稍宽展。修、衡等查牧马内②东,河流入关,地据龙州上游,最关紧要,较先安尤重,拟续③议再商。电奏录呈。

---

* 原题《邓钦使等来电》,署光绪十二年正月十八日巳刻到。

** 原题《张之洞收邓钦差(邓承修)李护院(李秉衡)王道(王之春)李道(李兴锐)来电》。此电同时发给李鸿章,《李鸿章全集》所收题作《邓钦使等来电并致译署粤督》(第 22 册,第 12 页)。

① "等处",《李鸿章全集》作"渠"。

② "内",《李鸿章全集》作"以"。

③ "续",《李鸿章全集》作"翻"。

修、衡肃。铣。春、锐禀。光绪十二年正月十六日申、酉刻发、到。

《张之洞档》第57册，第173—174页

012. 李兴锐致李鸿章电*

光绪十二年正月二十一日（1886年2月24日）

密。锐本多病，公事更多沮阨，不敢因循坐视其坏，力竭病重，已禀明邓大臣，即日南归，吁请中堂就近据奏，戴德无极。兴锐禀。箇辰。光绪十二年正月廿一日巳、未刻发、到。

《张之洞档》第57册，第194页

附　李鸿章致李兴锐电①光绪十二年正月二十一日（1886年2月24日）

密电悉。前闻抱恙，甚念。春障渐发，不日彼此均须停议，届时再酌行止。若实不支，应请邓大臣据情电奏，鸿似不便越俎，谅之。箇申。光绪十二年正月廿一、二日申、巳刻发、到。

《张之洞档》第57册，第197页

附　李鸿章致李兴锐电②光绪十二年正月二十二日（1886年2月25日）

密。昨电收到否？边事正紧，即有不合，万望忍耐，待时而动。鸿料法议不成，不久当回，届时再相机进止，免着痕迹。公此行本出意外，然须受磨难，非得已也。望仍回差次。养午。光绪十二年正月廿二、三日午、申刻发、到。

《张之洞档》第57册，第208页

---

* 原题《张之洞档存李道（李兴锐）禀李中堂（李鸿章）电》。

① 原题《张之洞档存李中堂（李鸿章）致李道（李兴锐）电》。

② 原题《张之洞档存李中堂（李鸿章）致李道（李兴锐）电》。

013. 李兴锐致张之洞电 *

光绪十二年正月二十六日(1886 年 3 月 1 日)

密。屡奉电示,谨悉。界务能就春间议妥,更约秋后再勘,似觉无弊,若一概推缓,无以将使命,无以伐鬼谋。届时反覆要挟,无情无理,皆意中事。昨允割文渊等处归我,其气已下,其机可乘,何可坐失时会?锐见解迂浅,性情褊急,人微言轻,愧愤益疾,咳嗽咯血,乞退回龙,深负委任。冒罪禀陈。兴锐。宥。

《张之洞档》第 57 册,第 223 页

附　张之洞致李兴锐电①光绪十二年正月二十九日(1886 年 3 月 4 日)

前闻引病,实深驰系。尊见乘机,极是。此事万分为难,惟望调摄耐心,勉维大局。洞。勘。丙戌正月廿九日。

《张之洞档》第 38 册,第 449 页

014. 李兴锐致李鸿章电 **

光绪十二年正月二十六日(1886 年 3 月 1 日)

邓公于重大界务,前不遵旨,后不迎机议结,谬欲一切拖到秋

---

* 原题《张之洞收李道(李兴锐)来电》。日期原无,据前后篇时间推断,应为光绪十二年正月二十六日。

① 原题《张之洞致龙州李道台(李兴锐)电》。

** 原文云:“前接李道兴锐电,以议事不合,力竭病重,已禀邓即日南归,请就近据奏。鸿复劝忍耐暂留。顷该道二十六密电:邓公于重大界务,……统祈钧裁云云。此事本不敢上闻,但边情紧要,李道朴直,向不说谎,谨以密告。戈屡晤,亦冀邓速遵旨妥办。鸿。”

后，弗顾彼族反复要挟之端，边防狼狈失据之患。忠谋苦口，始终刚愎。近日锐与王道极力斡旋，反以谲计掣肘，事败垂成，积愧成怒，辱骂百端，且迫之去。锐性褊急，大相顶撞，拂袖离关，非此辱，纵病毙不去也。中堂不允据奏，只得暂留龙州，听候停议。闻法人极愿速了，机不可失，乞中堂婉劝戈使电浦议定草约，秋后再勘，庶可对朝廷省后悔。统祈钧裁。

辑自李鸿章：《寄译署（光绪十二年正月二十七日午刻）》，《李鸿章全集》第22册，第20页

015. 李兴锐致李鸿章电*

光绪十二年二月初五日（1886年3月10日）

密。艳电悚悉。专勘老界则羞浦，缓至秋末则滋弊，上旨严切，法使狡诈，关上棘手丧气，无计可施。戈使最听中堂话，敢求多方劝导，嘱浦融通议结，馀俟秋末，以全大体、敦和好。锐咯血稍止，尚在龙州医药。谨禀闻。兴锐。歌未。光绪十二年二月初五日未、申刻发、到。

《张之洞档》第57册，第270页

016. 李兴锐致李鸿章电**

光绪十二年二月初七日（1886年3月12日）

歌电想呈览。关事急，虽病应去。明早勉力起程回差，仰副钧谕。兴锐禀。阳申。光绪十二年二月初七日申、酉刻发、到。

《张之洞档》第57册，第277页

---

* 原题《张之洞档存李道（李兴锐）禀李中堂（李鸿章）电》。

** 原题《张之洞档存李道（李兴锐）禀李中堂（李鸿章）电》。

017. 李兴锐致张之洞电[*]

光绪十二年二月初七日(1886 年 3 月 12 日)

密。界务日急,定劳宪虑,明日当力疾回关。谨此禀闻。兴锐。阳申。光绪十二年二月初七日申、戌刻发、到。

《张之洞档》第 57 册,第 279 页

018. 李兴锐、王之春致李秉衡电[**]

光绪十二年三月初四日(1886 年 4 月 7 日)

护院钧鉴:别后天气热甚,沿途役人等病者过半。朔午到关,初二约法使于昨日会议。本日初勘西路头段,意见尚有不合。约明日勘至巴口隘,俟初七、八到平而关再议。锐、春叩。支。

邓承修:《中越勘界往来电稿》卷二,《语冰阁奏议》附,《近代中国史料丛刊》第十二辑,台北文海出版社 1967 年版

019. 李兴锐、王之春致邓承修电[***]

光绪十二年三月初五日(1886 年 4 月 8 日)

正启程间,浦来会,言本月下旬天气瘴重,勘至平而关止,彼此

---

* 原题《张之洞收李道(李兴锐)来电》。

** 原题《(光绪十二年三月)初六日附录王李两道台由南关寄李护院电》。

*** 原题《(光绪十二年)三月初六日接王李两道台由南关来电》,署光绪十二年三月初六日到。

允诺。请星使速驾平而关会议书押。锐、春倚装肃。歌。

邓承修:《中越勘界往来电稿》卷二

020. 邓承修、李秉衡、王之春、李兴锐致张之洞电*

光绪十二年三月十二日(1886 年 4 月 15 日)

二月十五修、衡等与法使议由南关起勘,分东西路。十七王、李两道会法使勘东路至由隘,十九至罗隘,廿三至那支隘,廿五至隘店隘即洗马关,逐段辩认绘图。廿六衡在隘店隘与两道会法使,书约画押。惟关左之邱契山界未议定,注明图约。两道回勘西路,本月初五至巴口,初七至绢村,初八至平而关。修时已照议先至水口关俟浦,因春瘴大起,山水陡发,浦、卜二人皆病不能前,彼此议定至平而关止。初十修折回平而关,与两道会浦,书约画押,另约议中历十月初一前到海宁,从广东界起勘。十一浦行,闻艽封打仗,炮声崩腾,当派弁兵数十护送出境。修、衡病未全愈,从官、从人皆疲病。修拟在龙休养数日,即率同两道、司员等赴东省,至秋末就近赴钦勘东界。电奏录呈。修肃。衡、春、锐禀。文。

《张之洞档》第 6 册,第 718—720 页

附　张之洞致邓承修、李秉衡、李兴锐、王之春电①光绪十二年三月十八日(1886 年 4 月 21 日)

文电悉。此行可谓劳且苦矣。使节何日启行?何时到广州?

---

*　原题《张之洞收邓钦差(邓承修)李护院(李秉衡)王道台(王之春)李道台(李兴锐)来电》,署光绪十二年三月十二日到。

①　原题《致龙州邓钦差、李护抚台、李道台、王道台》。

敬问在事京外诸君子平安。啸。

苑书义、孙华峰、李秉新主编:《张之洞全集》,
河北人民出版社1998年版,第7册,第5115页

021. 邓承修、李兴锐致张之洞电*

光绪十二年十月二十七日(1886年11月22日)

密。顷据王道函称,越地游勇扰及下垓一带,芒街百姓纷纷北渡,法人分兵防范,并在海宁新筑炮台,请会衔函电总署。再,前法人炮击长山,与和约不合,应否并请总署诘问法公使,乞酌。修。沁。锐禀。

邓承修:《中越勘界往来电稿》卷二

022. 李兴锐致张之洞电**

光绪十二年十月二十八日(1886年11月23日)

密。锐廿日附威利发香港,廿六抵钦港次,晤曾侯。急欲航海入都,不及晋省。据说同舟法臣论界务,尚无险语。锐等日内过东兴,当临机应之,容再报。锐禀。俭。光绪十二年十月廿八日辰、巳刻发、到。

《张之洞档》第58册,第482页

---

* 原题《(光绪十二年十月)二十七日发粤督张电》。

** 原题《张之洞收李道(李兴锐)来电》。

附 张之洞致李兴锐电①光绪十二年十一月初六日(1886年12月1日)

沁、俭两电悉。法妄开炮事,二十日已电署,未便复出。昨电因事急,星使离钦,不能商酌,故即单衔电奏,以后当商定会奏。法臣无险语如何,务详示。经郛当已到。洞。鱼。丙戌十一月初六日。

《张之洞档》第39册,第18页

023. 李兴锐致张之洞电*

光绪十二年十一月初十日(1886年12月5日)

密。鱼电谨悉。法淫虐贾祸,而性同疯犬,积疑逞衅,则界务益窘。曩曾侯发马赛,有赴越法臣同船,谈次乞中国助商务,侯答以法须先有让界情分,为英缅榜样,彼曰不难,到东京即酌议。此非险语也。乃机括不灵,近事至此,筹防急于办界,宪台自有权衡。兴锐禀。蒸。

《张之洞档》第58册,第578页

024. 邓承修、王之春、李兴锐致张之洞电**

光绪十二年十二月初三日(1886年12月27日)

密②。总署有电,想已阅悉。按图划界,固属简便,惟事变迭

---

① 原题《张之洞致钦州李道台(李兴锐)电》。

* 原题《张之洞收李道(李兴锐)来电》,署光绪十二年十一月十一日到。

** 原题《张之洞收邓钦差(邓承修)等来电》。此电又见《中越勘界往来电稿》卷三,题作《(光绪十二年十二月)初三日发粤督电》。

② 《中越勘界往来电稿》"密"下多一"号"字。

出，措论益难。收地既涉嫌疑，循旧则拂民意。议界在即，修等日夜焦思，操纵实无成策①，万望荩筹酌示，深感舟谊。修肃，春、锐叩。江。光绪十二年十二月初三、四日戌、巳刻发、到。

《张之洞档》第7册，第230页

附　张之洞致邓承修、王之春、李兴锐电②光绪十二年十二月初七日(1886年12月31日)

江电悉。狄电既有“照云南办法执图定界”之说，署电又有“相机操纵”之语，似可就此生发。查云咨第二图上，画有蓝线以河为界，注云系商酌改正之界。每方十里，计其地东西径一百五六十里，南北径三四十里至七八十里，积七十四方，应得积里七千四百里。至无可如何之时，或与婉商云。若云界大有改正，粤界毫无商酌，显分厚薄，于使臣面上有碍。彼族重海轻山，重外轻内。近内之分茅，犬牙之长山，孤悬之九头，或可稍加商酌，亦未可知。总之，无论彼允否，我既有各种案据，似不能不姑一言之。四线图本为操纵计，若发端竟不执图为词，必拂舆情。星使及两君忠诚精密，必有临时相机之法。阳。

《张之洞全集》第7册，第5162页

附　张之洞致邓承修、王之春、李兴锐电③光绪十二年十二月初七日(1886年12月31日)

洞实无策，似宜先以我图令彼一阅，不加断语，看其语气若何，再酌。此图须未画四线者，乃妥。此乃谨遵署电“按图操纵”之语。

① “策”，《中越勘界往来电稿》作“算”。

② 原题《致思勒邓钦差、李王两道台》。

③ 原题《致思勒邓钦差、李王两道台》。

星使宥电已照转署。阳。

《张之洞全集》第7册,第5163页

025. 邓承修、王之春、李兴锐致张之洞电*

光绪十二年十二月二十日(1887年1月13日)

十六、七日,翻译与狄塞尔议三次。十八日,狄使等来东,问江平属华,有何证据,我出郡志图示之,狄乞给一纸携去,并云伊亦有据,约遣两翻译十九过彼互校。狄无实在图据,但执越人指江平为越地之言为据。狄怀疑不释,因定廿一会议。效电斟酌甚妥,署无复电。此电应否转署?祈酌。修。号。春、锐叩。

《张之洞档》第59册,第509页

026. 邓承修、王之春、李兴锐致张之洞电**

光绪十二年十二月二十二日(1887年1月15日)

密。廿一在芒街会议,狄言我志图不足凭,手出一纸,云系钞我志,说内有"由安南、江平入海"之语。答以"安南、江平并举,两界显然,文法虽有参差,图式断无妄绘。既约校图,当就图辩"。因再出赫政所藏英、法十年前所绘中越界图二纸,刊印精细,图线由白龙尾横过东兴,沿海皆广东界,线外西南芒街、海宁为越界,与我志图不谋而合。狄置英图不论,谓:"法乃无学问人所画,不足据。"

---

* 原题《张之洞收邓钦差(邓承修)王道(王之春)李道(李兴锐)来电》。

** 原题《张之洞收邓钦差(邓承修)等来电》。

折以画图去售,其人讵知后日有勘界事,遂豫为中国地步,且何求于华,而故为分晰。狄言:"法人绘图未奉国家之命,当以国家所绘为凭。"答以"我国家郡志何以不足凭耶",狄言"郡志不详"。折以不详漏载有之,已载分明,何得异议?狄又执越人收租零星钞帐及现绘新图,口讲指画,意甚翘然。折以如此则中国户册、学册、讼牍、税契等何止数十种,新图更多,将不胜举矣。狄又申前议,无非固执己见。仍反复折辩,终不听。狄约往履勘,允订期再议。修肃。养。春、锐叩。乞达署。

《张之洞档》第7册,第245—247页

027. 邓承修、王之春、李兴锐致张之洞电*

光绪十二年十二月二十六日(1887年1月19日)

密。养电转署否?漾有四电,想悉。廿五会议,狄仍就白龙尾脊上一线要我,云此外断不能让,又约我据此线请示朝廷,答以图证确凿,断不能允,一处不合,亦不便请示。狄又约暂于不合处画线,仍同往勘,线内有事,伊自行清理,线外中国担承,答以同行断断不便,界未勘亦不能画线,担承一节,条约所无,只有各自保护。狄言词狡赖,反覆无定,视我无隙可乘,遂约将此段作为不合阁住,订期再议。修。宥。春、锐叩。光绪十二年十二月廿六日酉、戌刻发、到。

《张之洞档》第7册,第59—60页

* 原题《张之洞收邓钦差(邓承修)王道台(王之春)李道台(李兴锐)来电》。

028. 邓承修、王之春、李兴锐致张之洞电*

光绪十二年十二月二十九日(1887年1月22日)

廿七会议,校图惟竹山至北市大段相合,白龙尾、江平坚执如前。至北市以上,我据志图,支河应循嘉隆里火至峒中为界,彼坚指大河直上北仑为越界。辩论不合,又约履勘。我欲照云南分途履勘办法,彼即以杀伊兵官为抵;我令其先撤江平之兵,彼即以欲照海士样杀伊为词。横狡无赖,莫可理喻。廿八复议,请旨立约三条:一、大段相合;二、较图不合,作为未定,各请示本国;三、勒其去江平之兵及办事官员。狄不肯,又令以后未定界内不得再派兵及官员前往,亦不允。伊转要我不得于未定界驻兵,答以"界务我与制台会办,地方兵权是他专管,此事重大,须电问他"。狄请将语意改为和平,因拟一底示之。狄反覆狡辩,尚未帖然。闻伊又将派兵前驻八庄一带,并得莠民为导。年尽春回,事机不转,数电问答奉商,迄无阂议伟见,如何?约文第三条附陈可否?希速示。修。艳。春、锐叩。

附第三条:"未奉到朝旨之前,广东中越未定之界,法国已有兵及官员,彼此约明,仍照现在情形,中国且不置议。彼此并绘图注明未定之界所在,除此处未定之界外,如后有别处未定之界,彼此约明均不另派兵及官员前往。即由中法使臣饬各边界官员知照。"

《张之洞全集》第7册,第5172页

---

* 原题《邓钦差来电》,署光绪十二年十二月三十日子刻到。

附　张之洞致邓承修、王之春、李兴锐电[①] 光绪十三年正月初一日(1887年1月24日)

艳电悉。约稿第三条所谓中国且不置议者,当即是禁我不得派兵耳。目前我军实未驻现界外,何须再设禁约?是否别有狡谋,想知其端倪。所谓图上注明未定之界所在别处均不派兵官云云,注明所在系指何地,速明示。元日。

《张之洞全集》第7册,第5171页

029. 邓承修、王之春、李兴锐致张之洞电*

光绪十三年正月初五日(1887年1月28日)

昨叠奉八电,苦衷至计,岂惟修等所素佩,亦粤人所共谅也。前商奏催清帅相助,情逾骨肉,惟时日迁延,朝旨亦必不允,众议皆愿公来,得所禀承,猝急呼助,非有他意。修自闻海宁之变,接奉严旨,窘束万分,只得专抱府图以为辩驳,不敢以久远之言再渎,亦不敢以祖宗之地与人。岂料该使尚未开议,法兵已占江平及长山等地,阻之不得,驱之不能。廿四日单骑见狄使,责以未定之界,何遽屯兵,狄便盛气胁我,我亦斥之,几至决裂。狄虽转圜而兵不退,辩论数日,法始以白龙尾自南至北西归法、东归我,与我志图不合不允,始议照约请示朝廷,然犹处处作难,迄无成议。修等前电,欲与法约,未奉到朝旨之先,中越未定之界,照现在情形,法所驻兵,官员且不置议,其别处未定之界,彼此均不得派兵前扎。因岁底闻法

① 原题《致东兴邓钦差、李道台、王道台》。

* 原题《张之洞收邓钦差(邓承修)来电》。

有攻嘉隆、八庄之说，故增此二语，以杜后来也。总之，西人遇事，必盛兵以从，故能悍然罔忌；我惮于用兵，故动不如志。公静能烛远，当有荩箸开拓鄙怀，或即照此定议，千祈速示。修。微。春、锐叩。

《张之洞档》第7册，第280—283页

030. 李兴锐致张之洞电*

光绪十三年正月十二日（1887年2月4日）

密。真电谨悉。海宁之乱，不先不后，我涉嫌疑，有害无利，星使单骑被诘，尧年狂悖骂座矣。法处危疑，指良为匪，江平逞兵，芒街拆屋矣。公界私田，二者交敝，事贵图成，而群策束手。宪台明能烛远，智足济变，承示勘定、游勇、边民、边备四义，叠诵钧电，早已筹虑靡遗。锐愚陋，惟有钦服。兴锐禀。文。光绪十三年正月十二日戌、亥刻发、到。

《张之洞档》第59册，第71—72页

031. 邓承修、王之春、李兴锐发张之洞、吴大澂转总署电**

光绪十三年二月二十二日（1887年3月16日）

密诵。马电敬悉。效电修实系误会。桂界早已校竣，稍有展

---

* 原题《张之洞收李道（李兴锐）来电》，署光绪十三年正月初七日到。

** 原题《（光绪十三年二月）二十二日发粤督东抚转总署电》。此电又见于《李鸿章全集》，题作《邓钦差等致译署（光绪十三年二月二十七日巳刻到）》（第22册，第186页）。

拓。惟钦界南自嘉隆河,北抵北仑十万山分茆岭,西至峒中、墟北,两河包络,(上)〔土〕[①]泉沃美,纵横数百里,村墟鳞接,我若弃之,百姓逃归,驱之不忍,抚之不能,是[②]又江、黄之续,以故争持日久。本(目)〔日〕[③]修与王李两道、司员、翻译等在芒街会议,自午至戌,狄见我终不能夺,始允归我。现由竹山起[④]至云界,即晚已立草约,彼此画押。全界既定,修等当遵旨在差次静候。谨先电陈,以纾宸廑,请代奏。修肃,养亥。请会两公衔,加急转署。春、锐叩。

邓承修:《中越勘界往来电稿》卷四

032. 邓承修、王之春、李兴锐致李鸿章电*

光绪十三年三月初六日(1887 年 3 月 30 日)

东界开办即龃龉,继见我白龙、江、黄归内议,狄始愿以钦东、全桂由外了结。二月二十二立草约,三月初五日订立清约。绘清图分四段:第一图,起竹山至隘店隘口。第二图,起平而关至水口关外。第三图,起水口关外至那岭巴赖之西南。第四图,起巴赖外至吝[⑤]达村外止,与云界接。彼此画押,日内续议更正。知关尽注,谨此电陈。修肃。麻戌。春、锐叩。

《李鸿章全集》第 22 册,第 188—189 页

---

① 据《李鸿章全集》改。

② “是”,《李鸿章全集》作“实”。

③ 据《李鸿章全集》改。

④ “起”,《李鸿章全集》无。

* 原题《东兴邓使来电(光绪十三年三月初七日酉刻到)》。此电又见《中越勘界往来电稿》卷四,题作《初六日发北洋电》,前多“傅相鉴:密”四字。

⑤ “吝”,《中越勘界往来电稿》作“各”。

033. 李兴锐致张之洞电*

光绪十三年四月二十三日(1887 年 5 月 15 日)

电示敬悉。所患医治匝月,尚属痿痹不仁,恐难速愈。界务未完,亦难遽去。屡承下问,谨复。锐禀。漾。光绪十三年四月廿三、五日戌、午刻发、到。

《张之洞档》第 61 册,第 52 页

034. 邓承修、王之春、李兴锐、杨宜治、廖寿田致张之洞电**

光绪十三年闰四月二十二日(1887 年 6 月 13 日)

李道初经张委员光裕治小效,中更一二市医,或自主方,迄未大愈,蹇步颇能出房闼。李翻译为中气虚,隔不化,类臌。初服倪思药水不效,倪病现改张委员,此外任供事臁疮,各跟役疮肿,均不及陈。修。养。春、锐、治、寿田叩。

邓承修:《中越勘界往来电稿》卷四

附 张之洞致邓承修、李兴锐、王之春、杨宜治电①光绪十三年闰四月二十一日(1887 年 6 月 12 日)

勉林不致成废否?李翻绎美材,深盼其获愈乃佳。星使、爵堂

---

* 原题《张之洞收李道(李兴锐)来电》,署光绪十三年四月二十五日到。

** 原题《(光绪十三年闰四月)二十二日发粤督电》。

① 原题《张之洞致东兴钦差(邓承修)两道台(李兴锐、王之春)杨部郎电》。

末疾,不大苦否?虞裳独无恙,欣慰。幸详复。洞。马。丁亥年闰四月二十一日。

《张之洞档》第39册,第412页

035.李兴锐致张之洞、吴大澂电*

光绪十三年闰四月二十四日(1887年6月15日)

兴锐患病两月,委顿无状,未能即日遵旨北上。界务将完,拟日内力疾赴沪医治,不获晋省叩辞,面聆钧诲,悚仄之至。锐禀。敬。光绪十三年闰四月廿四日巳、申刻发、到。

《张之洞档》第61册,第312页

附　邓承修致张之洞电①光绪十三年闰四月二十二日(1887年6月13日)

奉旨:界务将竣,即日立约,邓承修等准其暂回钦州候旨。李兴锐病如就愈,即着来京,豫备召见。钦此。箇。谨照转。修。养。光绪十三年闰四月廿二日未、申刻发、到。

《张之洞档》第61册,第303页

附　邓承修发张之洞、吴大澂转总署电②光绪十三年闰四月二十二日(1887年6月13日)

箇电谨悉。遵询李道,据称兴锐大病两月,稍有转机,尚难愈。谨即力疾赴沪,调治就愈,即遵旨北上,请代奏。修肃。养。请转署。

邓承修:《中越勘界往来电稿》卷四

---

* 原题《张之洞收李道(李兴锐)来电》。正文前题“李道来电(并禀抚台)”。

① 原题《张之洞收邓钦差(邓承修)来电》。

② 原题《(光绪十三年闰四月)二十二日发粤督东抚转总署电》。

036. 李兴锐致张之洞电[*]

光绪十三年五月初三日（1887 年 6 月 23 日）

敬电想蒙垂览。锐廿六自东兴动身，翻译李寿田带病同行，长途暑雨，均形委顿。初三至廉州，闻商轮因货价争端，久不到北海。锐等因病愁思，无计可施，惟有叩求赏派蓬洲海等一船，接渡至港，感戴不尽。不得已有此冒昧之请，谅蒙仁恕，乞赏示。同办界务直隶候补道李兴锐禀。江。

《张之洞档》第 61 册，第 372 页

附　张之洞致李兴锐电[①]光绪十三年五月初五日（1887 年 6 月 25 日）

蓬洲海现赴汕头方军门处听用，兹遣执中轮赴北海奉迓。洞。支。丁亥年五月初五日。

《张之洞档》第 39 册，第 440 页

037. 李兴锐致张之洞、吴大澂电[**]

光绪十三年五月十七日（1887 年 7 月 7 日）

俭电经悉。十六到港，拜到钧赐五百，叩谢。锐病如前，日内附广利赴沪，谨此禀辞。兴锐叩。篠。光绪十三年五月十七日午刻发、到。

《张之洞档》第 61 册，第 453 页

---

* 原题《张之洞收李道（李兴锐）来电》。

① 原题《张之洞致北海李道台电》。

** 原题《张之洞收李道（李兴锐）来电》。正文前题“李道来电（并禀抚台）”。

附　张之洞、吴大澂致李兴锐电[①]光绪十三年闰四月二十八日(1887年6月19日)

敬电悉。过港未得款留,歉甚。兹遣员奉候,并致薄赆,幸察存。敬祝勿药。洞、澂同泐。俭。丁亥年闰四月二十八日。

《张之洞档》第39册,第433页

038. 李兴锐致李鸿章电*

光绪十三年六月十四日(1887年8月3日)

艳、元电、函牍均谨悉。东使不可迟误,自揣病难速效,假满拟禀乞奏派另使。闻洋医治此病无一应手,故未请。兴锐禀。寒巳。

《李鸿章全集》第22册,第224页

附　李鸿章致总署电[②]光绪十三年七月十六日(1887年9月3日)

新派出使日本李道文称,假满病难速愈,请代奏开去差使,另简等因。查日使已届期满,应由贵署核奏,已据情咨请酌办,明日可到。合先电闻。鸿。

《李鸿章全集》第22册,第235页

附　李鸿章致总署电[③]光绪十三年七月二十三日(1887年9月10日)

黎庶昌前使倭时,办事稳练,熟悉情形,且未满任,可否采择入

---

① 原题《张之洞致香港李道台兴锐电》。

* 原题《李钦使自上海来电》,署光绪十三年六月十四日午刻到。

② 原题《寄译署》。

③ 原题《寄译署》。

告。鸿。

《李鸿章全集》第22册,第237页

039. 李兴锐致粤海关电*

光绪十五年十月十七日(1889年11月9日)

郑工第二次洋款,于本年十一月初一日贵关应拨一半息款库平足银一万四千两。现已到期,务望迅速电汇,勿迟为祷。北洋海防支应局兴锐叩。光绪十五年十月十七日申、亥刻发、到。

《张之洞档》第65册,第545页

040. 李兴锐致刘坤一、张之洞电**

光绪二十七年正月二十六日(1901年3月16日)

江宁、武昌刘岘帅、张香帅鉴:有电敬悉。行在需米,事关大局,自应协筹运费。惟江西前解十二万,已极竭蹶,现库储罗掘一空,日内尚须筹解京、甘、威武新军各饷及英德借款、北洋经费,又奉户部电代直隶筹解洋债,统共不下二三十万,实属有心无力。只得饬司勉筹一万两,刻日解鄂,乞鉴原。兴锐。宥。印。辛丑正月二十六、七日亥、未刻发、到。

《张之洞档》第84册,第585—586页

---

* 原题《张之洞档存李道(李兴锐)致海关电》。

** 原题《张之洞收南昌李抚台(李兴锐)来电》。

041. 李兴锐致奕劻、李鸿章电*

光绪二十七年二月初九日(1901年3月28日)

庚电敬悉。兴锐抵任后,首以议办教案为务。凡上年偾事地方官均予确查撤参,酿祸绅民严行拿办,一面委员与主教商议赔款,期早完结。并饬司局明定章程,责成地方官遇事持平速办,免生枝节。其各国民人来江传教,据称饬属妥护,其无教堂之处,即为另租宽大房屋,以礼款接。法严令密,各属谅不敢再与洋人为难。至安福县境查无教堂;如有教士过境,该县出示不准租房住店,则美国教士列格思在省时,与地方官会晤并未闻提及此层。现已委员密查,并通饬各属不准与洋人不睦。请释廑系。兴锐谨复。青。印。

《李鸿章全集》第28册,第106页

附　奕劻、李鸿章致李兴锐电[1] 光绪二十七年二月初八日(1901年3月27日)

顷美国司使来函,以安福县出示,不准教士、教民在该县租房住店,并江西所属各地方均有与洋人不睦语言。此时正在议和,于大局有碍,希转知该省抚院,立即行饬安福县,撤销示谕,并严禁通省地方不得与洋人不睦等语。和议尚未大定,岂可任听地方官与教为难,致生枝节,祈查照妥办电复。庆、李。庚。

《李鸿章全集》第28册,第102页

---

* 原题《赣抚李来电》,署光绪二十七年二月十一日到。

① 原题《寄赣抚李勉帅》。

042. 李兴锐致张之洞电*

光绪二十七年二月十七日(1901年4月5日)

张制台鉴:元电悉。崇论闳议,佩甚。此事兴锐亦拟定一二十款,大纲不出求贤、任官、理财、经武四端,内多暗合尊见者。无论尊处或岘帅,全稿均请附名为荷。兴锐。篠。辛丑二月十七、八日酉、丑刻发、到。

《张之洞档》第85册,第670页

043. 李兴锐致军机处电**

光绪二十七年三月初五日(1901年4月23日)

西安军机大臣、王爷中堂大人钧鉴:宙密。三月初一日钦奉电传谕旨:据奕劻等奏到惩办教案各员,着李兴锐确切查明,先行电奏。钦此。

伏查江西教案,兴锐到任后逐一清理,已将办理乖谬地方官参劾十二员。此次奉旨饬查之南丰县邓宣猷、署南城县翁宝仁,均奏参革职在案。至前署吉南赣宁道系试用道涂椿年,赣州府武官查无何昌亮其人,惟有赣南镇总兵何明亮。该镇、道等上年曾出示保护教堂,并无据教士、教民指控不肯派兵弹压之事。惟身任镇、道,

* 原题《张之洞收南昌李抚台(李兴锐)来电》,署光绪二十七年二月二十八日到。

** 原题《江西巡抚李兴锐为遵旨查覆奕劻等参办赣省各员情节事请西安军机处代奏电》。此电又见于《清代军机处电报档汇编》第21册,第454—457页,题作《收江西巡抚李兴锐电 为遵查办理教案祸首各员情形事》。

于属内焚抢教堂不能防范解散，咎无可辞，相应请旨将涂椿年、何明亮均交部察议。吉安府许道培，曾准领事照会两江总督，以教民被人抢勒，困苦万状，请将该守撤革。其是否允听绅士攻击教堂，则未据指明，已撤任回省。兴锐因吉安教案颇多轇轕，许守官声甚好，绅民信服，勒令仍赴吉安，协同后任缉犯议赔。浮梁县任玉琛，于所属景德镇教堂被毁，亦经撤任留缉。嗣前护巡抚张绍华，以该员已获犯惩办，批准免留。其是否有意不行保护，尚无确据，惟疏防之责，亦无可辞。许道培、任玉琛均应请旨开缺，留省另补。署上高县文聚奎，属内尚无焚抢教堂之案，惟民教讼案多迁延不办，上年八月有教民宋也教被殴毙命一案，延至二月内始据查验禀报，显属讳匿，应请旨革职示惩。临江府查系斌鉴，并非石守。惟临江府属清江县石守谦近据教士函称，有教民讼案多起，皆由文武衙门弄出等语，已委员往查，俟查明分别参办。至庐陵县绅七品小京官张文澜、武举梁飞鹏，均准领事照会主使闹教。饬查张文澜实有串唆得贿情事，梁飞鹏虽无确据，惟不能约束子弟，恐非无因，已饬提到省，于二月二十八日附片奏请先将张文澜革职审办。南城县绅进士黄禧祖、文举谢甘棠、廪生鄢缙、监生梅素清，据教士指称主使造谎，妄传教堂藏炮，请府县搜查酿事。武举单炳耀，武生李太和、单寅、萧廷杰、单步鳌，亦据指称主使焚抢七都、九都教堂，已饬县将单炳耀等四名拘讯，实有讹累教民之事，惟主使焚毁，均无确供。单步鳌一名，尚未获讯。泸溪县廪生林湘臣、生员林茂修①、卢假汝、卢明生，均据指称主使焚抢，由局委查，素不安分，已饬拿究办。

以上各绅，除张文澜先奏参外，进士黄禧祖，文举谢甘棠，武举

① “修”，《清代军机处电报档汇编》作“臣”。

单炳耀、梁飞鹏，均请旨斥革拟办，其馀生监等俟归案讯明，分别革究。

再，江西民教讼案，除前奏已结各属外，又据报临川、金溪、庐陵、永丰[①]、丰城、赣县、南康均已办结，计前后共结八百馀起。尚有吉安、庐陵、饶州等处焚毁教堂之案，因索赔过巨，尚与磋磨。兴锐已严饬勒限从速结清，容俟另行具奏。合并陈明，敬请代奏。兴锐谨电呈。微。印。

《清末教案》第3册，第47—49页

附　军机处致李兴锐电[②]光绪二十七年二月二十九日（1901年4月17日）

奉旨：据奕劻等奏到惩办教案各员单开之江西南丰县邓宣猷，不收教民呈词，怂恿民人戕害；南城县翁宝仁，饬拆教堂；吉南赣宁道徐，不肯张贴保护教民告示，滋斗又未弹压；吉安府许道培，允听绅士攻击教堂、教民；浮梁县任玉琛，不肯保护景德镇等处教堂，致被焚毁；赣州府武官何明亮，地方官请派兵保护教堂，伊不允行；南昌县进士黄（照）〔熙〕祖、文举谢甘棠、廪生（焉）〔鄢〕缙、监生梅素清，南昌县武举单炳耀、武生李太和、单寅、萧廷杰、单步鳌，泸溪县廪生林湘巨、林茂修、卢假汝、卢明生，临江府石守，上高县文令、绅士梁飞鹏、张文（兰）〔澜〕，均有拆毁教堂及怂恿拳匪抢扰情事。是否属实，着李兴锐确切查明，并将无姓名各员查明，先行电奏。钦此。二月二十九日。

中国第一历史档案馆编：《清代军机处电报档汇编》，
中国人民大学出版社2005年版，第2册，第389页

---

① “庐陵、永丰”，《清代军机处电报档汇编》无。

② 原题《奉旨着李兴锐确查江西南丰县邓宣猷等办理教案情形事》。

附　军机处致李兴锐电[①]光绪二十七年三月十二日(1901年4月30日)

东电已进呈。所拟教案各员处分,系照寻常例案,现各使要索过严,势不能照原拟议结。已将来电声叙情形,电达全权查核,分别轻重,向各使磋磨,方能定断。俟全权核定电复,请旨办理。枢。文。

《清代军机处电报档汇编》第2册,第404页

044. 李兴锐致张之洞电[*]

光绪二十七年三月十二日(1901年4月30日)

武昌张制台鉴:真电悉。已饬洋务局电饬袁、临各地方官照料保护矣。锐。文。辛丑三月十二、三日酉、丑刻发、到。

《张之洞档》第86册,第442页

045. 李兴锐致军机处电[**]

光绪二十七年三月十八日(1901年5月6日)

十三日钦奉电传谕旨,举行乡试。当以江西教案将次办竣,民情安静,电请代奏届期举行在案。兹准两江、两鄂各抚督电称,江南、湖北乡试均奏奉谕旨,展期一年。查江西与江、鄂均系连界省分,江、鄂既经展期,江西应否援案奏请展至明年举行,以昭画一,

---

① 原题《为所拟教案各员不能照原拟议结事(发江西巡抚李兴锐电)》。

* 原题《张之洞收南昌李抚台(李兴锐)来电》,署光绪二十七年三月十三日到。

** 原题《收江西巡抚李兴锐电　为请展期乡试事》。

谨请示遵。兴锐。巧。

《清代军机处电报档汇编》第21册,第515页

046. 李兴锐致刘坤一、张之洞、俞廉三电*

光绪二十七年三月二十二日(1901年5月10日)

江宁刘制台、武昌张制台、长沙俞抚台:江西乡试,电奏奉旨,准展至明秋举行。谨闻。锐。养。辛丑三月廿二日酉、亥刻发、到。

《张之洞档》第86册,第653页

047. 李兴锐致军机处电**

光绪二十七年四月初三日(1901年5月20日)

西安军机大臣、王爷、中堂大人钧鉴:昨奉电传,三月十五日奉旨:"各国索赔四百五十兆,为数过巨,着各督抚各就地方情形悉心筹议,以期凑集抵偿,迅速电奏"等因。钦此。查江西每年实征丁漕正耗、厘税,连历年筹饷节费,奏提各属平馀、盈馀等项,约共进款项三百五六十万。每年拨解京协各饷,内务府、铁路、边防各经费,及洋债镑价暨解京漕折等,共亦约三百五六十万。出入相抵,

---

* 原题《张之洞收南昌李抚台(李兴锐)来电》。

** 原题《江西巡抚李兴锐电报》。此电又见王彦威:《西巡大事记》卷八,题作《李兴锐致枢垣赣省财匮赔款不能遽定请办印花税电》(王彦威、王亮辑编,李育民、刘利民、李传斌、伍成泉点校整理:《清季外交史料》,湖南师范大学出版社2015年版,第9册,第4868页)。《西巡大事记》将此电系于四月初六日,当是电报收到时间。

已无所馀。而本省绿营汛陆各军粮饷,及坐支廉俸、部饭、役食、解漕脚费,连外销之科场经费、办公缉捕津贴、薪水、夫马、饭食一切零星款项,合计尚需二百万。每年挹彼注兹,已极支绌。加以上年北方有事,添拨直隶、山、陕及程军月饷,解京米价,又五十馀万,尤觉库空如洗。兴锐督商司道,拟将上年添募各勇概行裁汰,并节省一切浮费,约可省四十馀万,然所短仍不下百六十万。又拟将□[①]漕厘税逐一整顿,进款或可增数十[②]万。但积疲已久,头绪纷繁,厘剔匪易,目前尚不能遽定。此皆江西实情。至此次各国赔款,事关大局,无论如何为难,均当先其所急。容俟奉文指拨若干,再行随时筹解。断不敢以无款可筹,稍事诿延。然兴锐窃有虑者,近年各省匮乏情状,大都[③]与江西无殊。此次赔款,约计三四十年之内,连行息镑价,非岁筹二三千万不能应付。纵使目前极力撙节,无非挖肉补疮,非急筹开源之法,难可有济。现拜发条陈教务折内,有请设银行、制银纸、饬圜法、办保险四事,似皆理财要务。此外尚有印花税,若各省一律举行,不难骤赢[④]千万巨款。但此事取诸商民,较为繁[⑤]重,不如前四事易行。可否请旨饬部筹议,逐款兴举,以裕度支,伏乞代奏。兴锐谨电呈。江[⑥]。

故宫博物院明清档案部编:《义和团档案史料》,
中华书局1959年版,下册,第1137—1138页

---

① 《西巡大事记》无此字。
② “数十”,《西巡大事记》作“十数”。
③ “都”,《西巡大事记》作“致”。
④ “赢”,《西巡大事记》作“盈”。
⑤ “繁”,《西巡大事记》作“烦”。
⑥ 《西巡大事记》此处多一“印”字。

048. 李兴锐致军机处电*

光绪二十七年四月初六日(1901 年 5 月 23 日)

西安军机大臣、王爷、中堂大人钧鉴:江西上年拆毁教堂三十馀处,教民具控被抢、被诈之案陆续查办,实共一千六百馀起。现已先后议立合同,一律完结。其中要挟最多者,饶、建两府。因该处教堂本大,又以当时护①教士陶文膳受伤藉口,先共索六十馀万,法水师提督竟驶兵轮来浔,意欲恫喝,再四设法磋磨,始得安帖,赔款减至三十六万。仍请给地一区,建立学堂。并援曹州之案,请予“敕建”字样。在外人欲藉天威以隆保护之名,具有仰戴朝廷之意,而事关大局,亦不得不委曲求全,为之奏请。

合无仰恳准援二十三年总理衙门奏结山东曹州教案,于饶州、建昌两处教堂各用“敕建天主堂”五字,立匾门首,以示怀柔。综计此次除抚恤教民给银二十馀万两外,赔偿教堂又共六十馀万。期限甚迫,库藏既空,欲责诸地方官,则前此偾事者早经撤参,着追仍属无济;派之绅民,必至仇怨更深,难免后患。不得已议借洋款八十万两,以资应付,分年由外筹还。惟江省入款,岁不敷支甚巨,实难挹注。查上年奏办筹饷捐,请以一半留外充饷,一半借拨。现已开办,而各省纷纷来江,争相劝捐,更成弩末,多寡尚无把握。惟有吁恳天恩,俯念此次赔款过重,准以此项筹饷捐款,全归外用,藉以清还洋债。如蒙俞允,即当派员赴沪商借,俟有成议,再行详细奏

* 原题《江西巡抚李兴锐电报》。此电又见《清末教案》,题作《江西巡抚李兴锐为本省教案赔款过重请以筹饷捐款全归外用事请总署代奏电》(第 3 册,第 64—65 页)。

① “护”,《清末教案》作“华”。

报。谨先电呈,请代奏。兴锐谨电呈。鱼。

《义和团档案史料》下册,第1142页

049.李兴锐致李鸿章电*

光绪二十七年四月初六日(1901年5月23日)

盛丞堂转呈李中堂:亥。

江电敬悉。事关回銮大典,江西财力虽竭,亦应勉筹,已饬司遵谕按期措解。兴锐。鱼。

陈旭麓、顾廷龙、汪熙主编,季平子等编:《义和团运动》,"盛宣怀档案资料选辑之七",上海人民出版社2001年版,第608页

附　李鸿章致李兴锐电①光绪二十七年四月初八日(1901年5月25日)

鱼电承允,感甚。赔款议有眉目,各国撤兵,即请回銮,望分批解交盛宗丞速汇。李。庚。

《李鸿章全集》第28册,第217页

050.李兴锐致军机处电**

光绪二十七年四月十六日(1901年6月2日)

西安军机大臣王爷、中堂大人钧鉴:宙。四月十五日,承准六百里字寄,奉旨:"张百熙奏停办乡试,有碍大局,拟请照旧举行,以

---

* 此电又见《李鸿章全集》,题作《赣抚李来电(光绪二十七年四月初八日到)》(第28册,第217页)。

① 原题《寄赣抚李勉帅》。

** 原题《张之洞档存南昌李抚台(李兴锐)致西安军机处电》。

定人心一折。着各就地方实在情形,再行详细体察,迅速电复。”等因。钦此。查三月十四日钦奉电传上谕,垂询今秋乡试有无窒碍,兴锐当以江西教案办竣,民情安靖,电请代奏届期举行。嗣准两江、湖广各总督电称,江鄂乡试,均奏奉谕旨展期一年,西省本归两江兼辖,并与两湖连界,似未便独行,复电蒙代奏,奉旨:着准其一律展至明年秋间。业经行司钦遵,晓谕在案。昨钦奉宥旨,复准刘坤一来电,沿江一带匪徒众多,近复谣传私运炸药,潜入江行,若于本年秋试,省城骤增数万人,万一票匪溷迹,无从稽察,况京城贡院未竣,恐难会试。今秋停试,与士子进身之阶并无关碍,拟仍奏展等语。电商张之洞,所见亦同。兴锐伏思开科原可维系人心,然必须天下同时并举,乃有实济。若京师首善,先不能行,今秋虽有乡试,明春仍难会试,则维系仅在一时,虽不停似亦无补。其在安靖省分,明理士子侧闻尚未回銮,深知万不得已,虽暂停亦自无碍。窃谓此举总以明年能否会试为定。江西现虽安靖,若无会试,江鄂又经展期,似应一律援照请展,庶免江鄂士子因相形而生觖望。伏乞代奏,候旨遵行。兴锐谨电呈。铣。印。辛丑四月十六、七日申、戌刻发、到。

《张之洞档》第87册,第370—374页

051. 李兴锐致李鸿章电*

光绪二十七年五月十八日(1901年7月3日)

宙。前奉电筹回銮大差供支款项,现于五月十三日起解第一

---

* 原题《江抚李来电》。

批银三万三千三百两,交沪道转汇。谨闻。锐叩。印。

《李鸿章全集》第28册,第312页

附 李鸿章致李兴锐电①光绪二十七年五月十九日(1901年7月4日)

电悉,先道谢,仍盼续解。李。皓。

《李鸿章全集》第28册,第313页

052. 李兴锐致军机处电*

光绪二十七年六月初八日(1901年7月23日)

宙。江西自上年教案办结,严饬地方文武实力保护教堂,民间尚属相安。无如从教之人,良歹不齐,天主、耶稣两教在外洋即素不相能,各教民亦分立门户,每因睚眦之怨,互相纠殴,不服地方官弹压,而教士聚徒太多,亦有尾大不掉之势。南昌县属(茬)〔荏〕港天主、耶稣教民,本年五月因口角细故起衅,互相寻殴,由省派副将蒋必望会县督勇驰往,始各逃散。经县验明,福音教民伤毙、溺毙六名,生伤五名,当以该县陈瑞鼎不能先事防范,饬即撤任摘顶留

---

① 原题《寄江西李抚台》。

* 原题《收江西巡抚李兴锐电为各派教民互斗并办理情形事》。《西巡大事记》卷九节录此电,系于六月十四日,题作《李兴锐致枢垣江西教堂互斗并非民教为仇祈告法使电》,附录于此:"李兴锐电信。江西自上年教案办结,民间尚属相安。无如从教之良莠不齐,天主、耶稣两教又各招徒众,积不相能,教士亦有尾大不掉之势。南昌县荏港向有天主、耶稣教堂,因细故聚众斗殴,耶稣教民为天主教民伤毙六名、生伤六名,当即派员弹压,始各分散。新淦县亦有两教互斗之事,昨上海道电法领事有拟派船护教之说。其实此事乃教与教相仇,非教与民相仇,且耶稣负而天主胜。法领事尚未知其详,因将详细函告,使之分晓。并乞枢府电饬全权妥立传教章程,教士不准干预地方之事,教民有案由地方官审讯,不准滥收莠民,庶几民教可以相安。"(《清季外交史料》第9册,第4909页)

缉。加派试用道丁乃扬,随带委员,往督营县勒缉查办,即拿获正犯卅一名。讯供:因钟、文两姓摆渡索钱口角起衅,福音教民万盛和等首先纠众持械,打毁天主教民房开、洪聚等店,天主教民万成章、钟文生、樊聚科、陈老五、曾正兴、傅同发等聚众报复,彼此互斗,闻福音教民伤毙六名,何人下手,该犯并未目击。樊聚科系该犯妹婿,事后曾到该犯家住两日,旋送往省天主堂。至天主教民,未闻有伤等供。又在该犯家中搜获樊聚科聚众散米名簿一本,列有三百馀人。当经丁乃扬诣商法教士方遂志,属其将应办凶犯交案,方遂志已允而尚无交出者。其万盛和一名,系福音教民,前议结上年教案时,本经法主教指明请拿,美教士列格思坚称其并无闹教,屡次商保。今既酿案,更难宽从,业经设法缉获,并拿获天主教民万福章,一并押署究办。当时正查办间,忽接上海道袁树勋电称,晤法总领事,谓南昌近有教案,闻为耶稣教中人主唆,拟电请开轮保护,而刘坤一亦接法总领事电,论南昌杀害教民,势极可虑,应报驻京大臣,必滋不悦,请饬地方官严办等语。其实此案乃两教互斗,并非民教相仇,毙者皆福音教民,亦非天主教民,法总领事似尚未得悉原委。已将全案情形备文照会法、美两国总领,转饬教士交犯,听官审办。现在(荏)〔荏〕港安靖如常,不致再有聚闹。惟现接新淦县禀,亦有福音教民与天主教民聚众互斗。查新淦本无教堂,据该县禀称,四月间,忽有杨祖瑞等前来设堂,各自收集三五百人,猝酿此事。当派试用道江峰青率同弁勇驰往查办。现接该县续禀,地方亦靖,并无再斗。

伏思各国教士来华传教,原只劝人行善,不能干预地方之事。教民有争,应告官审理,有犯应听官拿办。若动辄聚众抗官滋事,教士互相袒庇,地方官全无权力,不能弹压,何能保护?且虑纷纷效尤,其祸何可胜言!况近日会匪游勇到处充斥,万一投入教中,藉端起事,教士无从识别,势必并受其害。合无仰恳天恩,饬下全权大臣,照会各国公使,饬令各教士,嗣后务须慎选善良教民,方可传教,万勿贪多广纳,致有匪类溷入,自相仇杀,坏其教规。其未设教堂处,尤不可率派华人,转相传教,有败教士声名。所有入教华民,应饬各教士随时开单知照地方官,俾有稽核,庶可杜临时投教滋事诸弊。是否有当,敬请代奏。兴锐谨电呈。庚。印。

《清代军机处电报档汇编》第22册,第214—220页

附　寄谕奕劻等着将两教互斗情形告知法美公使事[①] 光绪二十七年六月十二日(1901年7月27日)

军机大臣字寄庆亲王奕、大学士李:光绪二十七年六月十二日奉上谕:“李兴锐电奏,南昌县属(茌)〔荏〕港地方天主、耶稣两教民因细故起衅斗殴,致毙福音堂耶稣教民多名,现在办理情形。并新淦县地方亦有两教斗案,尚无伤毙人命等语。此案乃两教互斗,并非民教相仇,业经该抚饬拿凶犯究办。着奕劻、李鸿章将实在情形告知法、美两国公使,持平办理。现在各处从教之人日多,该教民又各分门户,寻仇启衅,动滋事端,甚至不服地方官弹压,不可不妥筹良法,以杜后患。并着该王大臣照会各公使,饬令该教士等,嗣后务须慎选良善教民,方可传教,万勿贪多广纳,纵容匪类,自坏教规。其未设教堂处,尤不可率派华人,转相传教,有败教士声名。所有入教华民,并应随时开单,知照地方官,以备稽核。遇事由官审理,该教士不得率行干预,任情袒庇,庶可免临时投教滋事诸弊。

---

① 此电又见《清末教案》,题作《着庆亲王奕劻等将南昌教民起衅实情告知法美公使持平办理事上谕》(第3册,第88页)。

原电着抄给阅看，将此谕令知之。”钦此。遵旨寄信前来。

《清代军机处电报档汇编》第2册，第465—466页

053. 李兴锐致张之洞电*

光绪二十七年六月二十五日(1901年8月9日)

武昌张制台：宙。梗电敬悉。各国赔款，前奉电旨，当将江西库款出入数目胪举电奏，声明每年不敷约在二百万。现拟裁勇节费，约可省四十馀万，然仍短百六十馀万。又拟将丁漕厘税整顿，进款或可增数十万，惟积疲已久，厘剔匪易，目前尚不能定。事关大局，将来奉文指拨若干，再随时筹解，不敢以无款可筹，稍事诿延。并以设银行、制银纸、饬圜法、办保险、行印花均可兴利，请饬部筹议兴举，以裕度支，奏后未再奉旨。近值水灾办赈，免米谷厘税，则漕厘愈难整顿，加以上年教案赔款八十馀万，更觉仰屋无策。公必有宏议，可济时艰，此事如何办理，尚乞赐教。锐。径。叩。辛丑六月二十五、八日亥、申刻发、到。

《张之洞档》第88册，第401—403页

054. 吴士鉴、李兴锐致奕劻、李鸿章电**

光绪二十七年七月初一日(1901年8月14日)

宙。前奉上谕，各国议定滋事地方停止文武考试五年，江西省

---

* 原题《张之洞收南昌李抚台(李兴锐)来电》。

** 原题《江西学台吴抚台李来电》。此电又见于《申报》光绪二十七年八月二十四日(1901年10月6日)第10226号第1—2版《鄱阳免停试事电稿》。

之鄱阳县在停考之列,自应遵照办理。查驻鄱阳传教者为法护主教陶文膳,据洋务局司道面禀,该护主教论及此事,自以在鄱传教有年,与地方绅士尚属相安,上年虽因闹教受伤,旋即全愈,现在教案一律办结,和好如初,因此停考亦有不安,函称已函请驻沪总领事,转求驻京法钦使邀免等情。鄱阳为饶州府附郭首县,应试士子人数众多,有志观光,情殊迫切,本年猝遭大水,饥民麇集,人心惶惶,亟应妥筹安辑。陶护主教有意转圜,实为绥靖地方、调和民教起见,闻浙江之诸暨已邀免停考,鄱阳一县可否即援此例,敬求俯赐察核,与驻京法国钦使商议邀免停考。感荷良深,并乞电示遵行,无任盼祷。士鉴、兴锐谨电呈。宥。

《李鸿章全集》第 28 册,第 397 页

附 奕劻、李鸿章致吴士鉴、李兴锐电

吴学台、李抚台鉴:接电即派员与法鲍使商议。兹接函称,鄱阳免停考试,以示格外通融。

《申报》光绪二十七年八月二十四日(1901 年 10 月 6 日)

第 10226 号第 1—2 版《鄱阳免停试事电稿》

055. 李兴锐致军机处电*

光绪二十七年九月初一日(1901 年 10 月 12 日)

昨接江督电,准日本总领事电,以本年日本大操,请江西派员往观等因。当因先未接准该总领事照会,不知何时开办,电询江督,旋

* 原题《江西巡抚李兴锐来电(光绪二十七年九月初三日到)》,署光绪二十七年九月初三日到。

准复电，大操约在华历九月二十后，初十前即须由沪起程等因。查日本近年整军经武，不遗馀力，又与中国唇齿相依，此次大操，既来电请派员，自应照办。现派奏调江西差遣江苏候补道钱德培、尽先参将张国柱前往观看，以联邦交。除电日本总领事外，谨奉闻。锐。东。

北平故宫博物院编：《清光绪朝中日交涉史料》卷六五，1932年铅印本

056. 李兴锐致李鸿章电*

光绪二十七年九月十一日（1901年10月22日）

江西库藏奇绌，欠解北洋经费几于无可筹措，惟承咨嘱谆切，饬嘱藩司勉力腾挪，先解四万，定于本月十八委员解交金陵吴道兑收，馀俟稍缓陆续筹解。锐。真。

《李鸿章全集》第28册，第446页

附　**李鸿章致李兴锐电**①光绪二十七年九月十二日（1901年10月23日）

真电承解北洋经费四万，库帑已绌，犹蒙力顾大局，感佩曷任。李。文。

《李鸿章全集》第28册，第448页

057. 李兴锐致张之洞、端方电**

光绪二十七年十月初一日（1901年11月11日）

武昌张制台、端抚台：宙。前奉咸电，询赔款事，敝处已奏请按

---

* 原题《赣抚李真电》。

① 原题《复赣抚李》，署光绪二十七年九月十二日巳刻。

** 原题《张之洞收南昌李抚台（李兴锐）来电》。

粮派捐,每丁一两捐二百文,漕一石捐三百文,约计岁得卅万金上下,所短仍巨。虽拟整顿厘务,开办膏捐,最多亦不过三五十万。现在库空如洗,尚有设学堂、改军制、办巡警,一切政务,均需巨款,不知从何下手。尊处如何覆奏?有何善法?均望赐教。锐。东。辛丑十月初一、二日戌、子刻发、到。

《张之洞档》第 89 册,第 11—12 页

058. 李兴锐致张之洞、刘坤一电*

光绪二十七年十月初四日(1901 年 11 月 14 日)

武昌张制台、江宁刘制台:宙。香帅沃电,统筹全局,为国为民,至周且密,钦佩之至。江西派款多至百四十万,正苦无策搜罗。各帅电奏,务请附列衔为感。锐。支。辛丑十月初四、五日戌、辰刻发、到。

《张之洞档》第 89 册,第 50 页

059. 李兴锐致张之洞、刘坤一电**

光绪二十七年十月初六日(1901 年 11 月 16 日)

武昌张香帅、江宁刘岘帅鉴:宙。岘帅豪电议赔款事,须考确数,亦属至论。两公统筹全局,煞费苦心。无论如何定议求减,均请挈列敝衔,感荷无量。锐。虞。辛丑十月初六、七日亥、未刻发、到。

《张之洞档》第 89 册,第 81 页

---

* 原题《张之洞收南昌李抚台(李兴锐)来电》。

** 原题《张之洞收南昌李抚台(李兴锐)来电》。

060. 李兴锐致张之洞电*

光绪二十七年十月十四日(1901年11月24日)

制台鉴:宙。遇覃电悉。九江常税,原定正额盈馀共五十三万九千馀两,近年仅能征银廿二三万,拨解京饷十万、内廷经费十五万、协黔四万八千、抵补货厘四万四千、窑工经费二三万、拨补耗羡二万五六千。现既统抵洋债,敝处拟即奏请将前四款由部改拨,其窑工经费系烧造传用磁器,拟请外务部札总税司,拨银数万应用。至拨补耗羡一款,系因随正所收耗杂不敷解支,由正提补,内有应解监督养廉、加平、饭食等项,拟即停解。又正税每两随征耗杂等银二钱九分,向亦造册,内有应支经食为办公所需,现经该道商明税司,暂照向章提支,俟总税司定有办法,再行筹办。此事因候明道来省,故奉复稍迟。锐。寒。辛丑十月十四、五日亥、寅刻发、到。

《张之洞档》第89册,第150—152页

061. 李兴锐致张之洞、刘坤一电**

光绪二十七年十月十六日(1901年11月26日)

武昌张制台、江宁刘制台鉴:亥。奏减偿款一事,香帅愿电酌改各节,极为周密。无论两公何处主稿,均求挈列敝衔为荷。锐。

---

* 原题《张之洞收南昌李抚台(李兴锐)来电》。

** 原题《张之洞收南昌李抚台(李兴锐)来电》。

篠。辛丑十月十六、七日亥、子刻发、到。

《张之洞档》第 89 册，第 161 页

062. 致开封行在军机处电 *

光绪二十七年十月十六日（1901 年 11 月 26 日）

各省分派赔款，为数过巨，筹措万难。方今民生困穷，商业凋敝，经去冬之变，各省商民元气大伤，种种筹款之法，历年皆经办过，久已竭泽而渔，若再痛加搜括，民力既不能堪，赔款仍必贻误。且沿江沿海五省盐厘、货厘久已抵还旧案洋债，拨补大半无着，近年加拨各款，多系有名无实，无法筹解。而自去年以来，南北各省闹教赔款多者二三百万，少者数十万，即不闹教省分，摊派直隶教案赔款亦二三十万至十数万，此又出于各项饷需之外，民怨已深，正苦无从设法。

自新案大赔款经全权定议后，数月以来，屡与司道各局筹商，无不焦思束手，虽勉强搜罗，断难如数。且即所拟议奏明筹捐加收之数，将来亦恐难收足，实无把握。间有议加货厘者，乃是无聊之极思，窃恐驱鱼驱爵，徒归洋旗，子口收数转不能多。若按粮捐输，少则无益，多则必然扞格。房捐虽有办者，亦不能多。各种筹款之法，无一易办者。总之，无论如何筹捐、筹加，无非取之于民。当此时势，民心为国家第一根本，以民穷财尽之时，倘再尽力搜括追呼

---

* 此电又见刘坤一《刘忠诚公遗集 · 电奏》卷二《寄开封行在军机处（光绪二十七年十月十六日）》，及王彦威《西巡大事记》卷十一《刘坤一等致枢垣各省分摊赔款过巨请减免四成以纾民力电》（《清季外交史料》第 9 册，第 4976—4978 页）。电文末原有按语："按，此奏于十月十八日奉旨允准。"

以供外国赔款，必然内怨苛政，外愤洋人，为患不堪设想。否则商挂洋旗，民入教堂，国势何由固结？臣等渥受厚恩，分膺疆寄，若因筹赔款之故，以致稍生事端，罪戾滋重。若百事俱废，专凑赔款，将兴学、练兵、农、工、商务一切养民、治民、卫民之自强要政概行搁置不办，则民心日涣，士心日离，国势日微，外侮日甚，内乱将作，大局亦必难支。

惟赔款岂能失信？窃拟一稍纾民力之法。盖各省赔款数巨，筹足固难，而尤以明年上半年一期为更难。筹款甫经试办，尚无端绪，限期已迫，必然贻误。查十月初一日起，洋货加足值百抽五一条，据上年二月总署咨，赫德条议每年可增加三百万以内，即按九成核计，亦可岁增(三)〔二〕百七十万。向来免税洋货亦按抽五纳税一条，据税司贺璧理现开节略，照二十四年免税各物计，每年可收三十二万，据盛京卿宣怀条议为数更多。常关归税司代收一条，据德国穆使自天津来与之洞面言，津海一关税司代收，每年可多收三十万。准此类推，除粤海关不归税司外，赫德初次指定之十四关及外务部咨赫德二次添指之十关、局，合之天津关，共二十五关、局，每年必可多收一百五十万，有盈无绌。折漕一事，现经漕督张奏请以二两折放九十馀万石，令浙江购米五十万石备用，折解、折放者，每石省运费一两三四钱，每年可省一百三十馀万。即照仓场文，令江浙运米一百万石，每年亦可省约七十万，合之山东折漕省出运费约二十万，省挑挖运河等费约十万，南北各省折漕合计总可省一百万。以上四项统计，或增收、或裁省，共得五百五十万，就每年各省赔款一千八百万之数核计，正得三成有奇。

伏思洋货加足抽五、免税之货完税、常关税司兼办、全漕改折四款，乃各国公使及全权所指定者，本议明专为赔款而设，户部咨亦有“关税增数专为赔款，各省摊数尚可酌减”之语，具征体恤。拟吁恳天恩，俯念民生困苦，巨款难筹，准将各省赔款减免三成，即将上项所指加增、裁省之款凑足，各省上半年止解二成，下半年解五成，以纾民力而免贻误。此减剩七成，自必如期筹解，不敢延欠。惟所指抵凑三成之款，必须明年十一月方能收齐，而明年上半年五月还期，万不能缓。拟请敕下户部、盛宣怀及上海道向外国银行如汇丰、德华之类商借五百四十万，约定明年五月半交银，一年归还，酌给利息，能只借八个月尤善。国家只借此数，并不为难，年限既少，即利息稍重，亦属有限。俟明年十二月间，核计所指增收、裁省各款实得若干，如足敷三成及息银，即请于光绪二十九年起，令各省以后即照此七成之数筹解。如洋、常两税于抵足三成外，能再多收一成一百八十万，各省即再减一成，能再多收半成，即再减半成。如尚不敷三成及息银，则请由各省照数分摊，解部补还，限后年二月解足。盖减少三成，薄海商民固感朝廷宽恤之恩，且展至下半年始解，巨款亦可从容妥筹，免致操切生事。此外，北方各省尤为瘠苦，情形亦必相同。

臣等为仰体皇仁纾民力、固邦基起见，不得已勉筹此策，仰恳圣裁施行，不胜惶迫待命之至。请代奏。臣刘坤一、袁世凯、张之洞、陶模、德寿、许应骙、奎俊、魏光焘、李经羲、王之春、李兴锐、聂缉椝、张仁骏、岑春煊、丁振铎、邓华熙、俞廉三、盛宣怀、任道镕。谏。

《张之洞全集》第3册，第2231—2234页

附　军机处复电

谏电已进呈。所筹将户部分派各省赔款减免三成，及明年五月还期如不足数，商借洋款各节，奉旨均可准行。仍希贵督电知各督抚暨盛

京卿、上海道，合力通筹，来年务足七成之数，分别随时具奏办理。

王彦威、王亮辑编，李育民、刘利民、李传斌、伍成泉点校整理：《清季外交史料》，湖南师范大学出版社2015年版，第9册，第4978页

063. 李兴锐致张之洞、刘坤一电*

光绪二十七年十月十九日（1901年11月29日）

武昌张制台、江宁刘制台：亥。奉篠、啸两电，知偿款请减，已蒙俞允。两公此举，匪特纾民力，且苏宦困，沾溉无穷，感谢靡既。锐。皓。辛丑十月十九日午、戌刻发、到。

《张之洞档》第89册，第188页

064. 李兴锐致军机处、外务部、户部电**

光绪二十七年十二月初三日（1902年1月12日）

军机处大臣、外务部、户部王爷、中堂、各堂大人钧鉴：各国赔款，江西岁派一百四十万，当灾祲之馀，民穷帑绌，筹措万难。惟事关重大，初期已迫，叠奉电咨，已饬司无论何款，先提十一万六千馀两，赶于廿前解交沪道。又奉文截漕，除十一月朔前早经起解赴部二十五万，请由大部划交沪道，下馀漕折，现饬粮道先筹十万，亦赶初期前到沪。除俟起程奏咨外，谨先电闻。兴锐。

《清代军机处电报档汇编》第27册，第197页

---

* 原题《张之洞收南昌李抚台（李兴锐）来电》。

** 原题《收江西巡抚李兴锐电　为筹款解沪事》。

065. 李兴锐致刘坤一、张之洞、端方电 *

光绪二十七年十二月初七日(1902 年 1 月 16 日)

江宁刘制台、武昌张制台、端抚台鉴:宙。各国赔款,屡接枢、户电咨,并奉严旨,敝处已将头期勉力筹解。惟此项并未筹有的款,以后万难悉照原拨按月解足。月前会奏请减三成,所指抵拨各款,已承电饬各关查明实在收数报解。能否再电枢、户,请仍饬各关,将长收之款按月解沪,知照各省,均匀扣抵,稍抒官民之困;抑姑听之?务祈荩筹主持,联电办理,毋任盼祷。锐。虞。辛丑十二月初七日未、戌刻发、到。

《张之洞档》第 89 册,第 343—344 页

066. 李兴锐致外务部电 **

光绪二十七年十二月十九日(1902 年 1 月 28 日)

外务部王爷、中堂、各堂钧鉴:江西荏港天主、福音两教民互斗案,前获天主教民樊聚秀、钟文生、万成章、岳乌子、万福章、葛洪泰、邓贵和、曾正兴,福音教民伍廷栋、万盛和等,讯因争渡口角,起衅互斗,致伤溺毙福音教民共六命,并各有抢毁器物情事。拟将为首起意之樊聚秀、钟文生定斩决,馀犯分别监禁、杖释。已录供会咨大部。一面派洋务局候补道丁乃扬赴沪,与法、美两领事商定。

---

* 原题《张之洞收南昌李抚台(李兴锐)来电》。

** 原题《收江西巡抚李兴锐电 为教民互斗事》。

旋据丁道电禀，法领事坚执不肯拟斩，当电饬沪道帮同磋磨。顷又据沪道袁树勋电称，业已磋磨多次，据法领事言，拟斩二名，不为不公，惟坚请推情改为永远监禁，且谓此案如能通融，将来江省设有交涉教案，亦当和衷商办；转商美领事，亦已首肯等语。与南洋大臣电商，亦以中法交涉，日见其多，此次法领事求情，词甚委婉，许为通融办结，以免日后轇轕，似亦情理兼尽。惟案经咨达，锐究未便遽许，应请大部妥核示遵。兴锐。皓。

《清代军机处电报档汇编》第27册，第217—218页

附　外务部致李兴锐电[①]光绪二十七年十二月二十一日（1902年1月30日）

皓电悉。茌港两教互斗案，法领婉请将樊、钟两犯改为永远监禁，美领首肯，可即通融办结，以敦睦谊。外务部。箇。

《清代军机处电报档汇编》第23册，第268页

067. 李兴锐致张之洞、端方电[*]

光绪二十八年二月十九日（1902年3月28日）

武昌张制台、端抚台鉴：效电悉。昨接浙电，当以敝省米厘，系专还洋债，上年奏明，无论何省购运军米、赈粮，概不准免，已饬二套口卡，俟浙米船过，先验放，仍将应完厘数，令押运人填存厘票，咨浙解还，并电复筱帅矣。锐。皓。壬寅二月十九、二十日亥、子刻发、到。

《张之洞档》第89册，第684页

① 原题《发江西巡抚李兴锐电　为办理茌港法美两教互斗案案犯事》。

* 原题《张之洞收南昌李抚台（李兴锐）来电》。

068. 李兴锐致外务部电*

光绪二十八年三月十二日(1902 年 4 月 19 日)

真电敬悉。前据洋务局转洋教士和安当照会,谓贵溪县贴有伪示,内系捏造从前浙江江山县匪徒刘家福等悖逆言语,兼涉教堂,当由局飞饬该府县多派差役,将伪示洗除,一面悬赏严拿首要,从重惩办,并派续备右军统领蒋必望带队驰往镇压。昨接驻沪法领来电,比已电复。现在该县地方尚安静。除再严饬营县密拿外,谨奉覆。锐。文。

《清代军机处电报档汇编》第 27 册,第 305 页

附 外务部致李兴锐电[①] 光绪二十八年三月十一日(1902 年 4 月 18 日)

顷法使照称:贵溪县教堂门首张贴假谕旨一道,其文系谕令官场军民人等务当练习,预备屠灭洋人,教堂全行铲除云云。如此重大案情,地方官并未理会,应请速为知照等语。

查各省教堂,迭经奉旨,饬令认真保护,设再有仇视洋人之事,本省大吏及地方有司责任匪轻。希即饬查,如确有其事,务先严拿滋事之人,讯明重惩,并将查办情形迅速电复。外务部。真。

《清代军机处电报档汇编》第 25 册,483—484 页

附 外务部致李兴锐电[②] 光绪二十八年三月十三日(1902 年 4 月 20 日)

文电悉。贵溪教堂门首张贴伪示,业经尊处查办,甚善。惟法

---

* 原题《收江西巡抚李兴锐电　为严饬密拿贵溪逆党事》。

① 原题《发江西巡抚李兴锐电　为法使照称贵溪县教堂门首张贴假谕旨事》。

② 原题《发江西巡抚李兴锐电　为贵溪县教堂门首张贴假谕旨事》。

使视此事颇重，务希转饬，认真查拿匪徒，务获究办，以弭隐患。外务部。元。

《清代军机处电报档汇编》第25册，第485页

069. 刘坤一、盛宣怀、李兴锐致外务部电*

光绪二十八年三月二十一日（1902年4月28日）

江西德化与宿松交界一带民堤，因上年大水溃决，虽经兴锐拨款饬修，无如工程艰巨，体察情形，非再添大宗工款，断难一律修复。库空如洗，筹措维艰，电商宣怀劝捐接济。兹据南洋日礼埠绅士、二品顶戴指分广西补用道张煜南禀，因闻江省工赈浩繁，仰体时艰，报效银二万两，专为该处修堤之用，不敢邀奖等情。伏查德化堤工，为民田庐舍所关，盛涨将临，若不亟筹堵合，灾后孑遗益将无以为生。今张煜南慨捐巨款，接济工用，实属勇于好善，有裨灾区。虽据称不敢邀奖，究亦未便没其悃忱。查秦晋筹赈案内，道员用郎中王之杰捐银一万，曾蒙恩赏加四品卿衔，核与此次报效情事相同，而张煜南捐数倍之。合无仰恳天恩，破格优奖，以昭激劝，出自慈施。谨请代奏。坤一、宣怀、兴锐。箇。

《清代军机处电报档汇编》第27册，第311页

---

* 原题《收南洋大臣刘坤一、商约大臣盛宣怀、江西巡抚李兴锐电 为请优奖张煜南慨捐巨款事》。正文前题“收南洋大臣、江西巡抚、盛大臣致外务部电”。

070. 刘坤一、盛宣怀、恩寿、李兴锐致军机处电[*]

光绪二十八年三月二十五日(1902 年 5 月 2 日)

上年沿江等处蛟水为患,农田被淹,州圩冲破,小民荡析离居,灾情既重,灾区亦广,实为近年所未有。叠经竭力筹款赈抚,江西并蒙赏发内帑,圣恩湛渥,灾黎始有生机。惟现值青黄不接,亟须巨款接济,且圩土地段绵长,亦须赶紧修筑,均非大宗的款,不足以苏民困而竟全工。坤一等电商宣怀,所办义赈秦捐,除钦遵电旨,拨济皖赈外,尚有馀剩,合无仰恳天恩,仍准由宣怀在前项义赈捐款内酌量匀拨,以济江西、江苏工赈之用,出自慈施。请代奏。坤一、宣怀、寿、兴锐。径。

《清代军机处电报档汇编》第 27 册,第 317 页

071. 李兴锐致外务部电[**]

光绪二十八年四月初一日(1902 年 5 月 8 日)

江西奉派偿款百四十万,为数过巨,虽已议办随粮捐输及土药膏捐,并整顿厘金等项,然统计所得,尚不及派数之半,数月以来,罗掘应付,智力俱穷,自应亟筹补苴,俾免贻误大局。查江西所属,食淮盐者十府,食浙盐者一府,食粤盐者赣州、南安、宁都三府州。

---

* 原题《收南洋大臣刘坤一、商务大臣盛宣怀、江苏巡抚恩寿、江西巡抚李兴锐电为筹款赈抚事》。正文前题“收南洋大臣商务大臣江苏巡抚江西巡抚致军机处请代奏电”。

** 原题《收江西巡抚李兴锐电　为筹补江西奉派赔款事》。正文前题“收江西巡抚致外务部请代奏电”。

淮、浙两岸，均已遵照部议，每斤加价四文，归产盐与销盐省分各半分用，惟粤岸迄未加定。现在筹款万难，湘、鄂两省均于部议四文外另办口捐，经兴锐咨准粤督电覆，允就行销地方，自行加抽。查粤盐现时售价每斤三十文至三十七八文，较之淮盐每斤售钱六七十文，低昂迥别，盐价既贱，加抽更易。兴锐与司道熟商，拟先在赣、南、宁三府州地方择要分设局卡，派员会督官商，仿照湘省办法，每售盐一斤，加抽口捐制钱十文，于发售时加收，不向商人总索，以免商累，并以一文津贴盐埠伙友及各地方官稽查经费，其馀九文悉数提解。此系取自食户，与产地无涉，应请全归江西凑还赔款，不准移作他用。至淮、浙两岸引盐，售价已重，将来能否量加口捐，容再体察情形，奏明办理。是否有当，谨请代奏请旨。兴锐。东。

《清代军机处电报档汇编》第 27 册，第 322 页

附　外务部致李兴锐电①光绪二十八年四月初三日（1902 年 5 月 10 日）

奉旨："李兴锐电奏悉。赣、南、宁三属粤盐一斤骤加口捐十文，民情能否相安？着妥为试办。"钦此。

《清代军机处电报档汇编》第 25 册，第 498 页

072. 李兴锐致盛宣怀、刘坤一电*

光绪二十八年五月初十日（1902 年 6 月 15 日）

杏翁庚、佳两电均悉。前据顾令禀获匪犯洪信诚，当经饬府讯

① 原题《发江西巡抚李兴锐电　为试办盐斤加捐事》。此电又见《清代军机处电报档汇编》第 2 册，第 539 页，题作《奉旨悉李兴锐奏着试办粤盐一斤加口捐十文事》。

* 原题《南昌李勉帅来电（并致刘岘帅）》。

明正法。今电所云各节，未据该令电禀，敝处不知其是何用意。现已电饬该令会营严拿造谣生事匪徒，讯明惩办，倘有疏虞，定惟该令是问，并飞札饬派袁州府姜守亲往弹压，以靖地方。

盛宣怀：《愚斋存稿》卷五十八《电报三十五》，民国刻本

附 盛宣怀致刘坤一、张之洞、李兴锐、俞廉三电[①] 光绪二十八年五月初八日（1902年6月13日）

总办萍矿张道赞宸因公在沪，接萍乡县顾令家相电称，前拐割案初出，相即抱隐忧，知必疑及洋人。现虽获匪正法，而谣言日甚，举国若狂，咸指矿局官钱号收买所割人心，安源煤井窝藏拐匪，明系匪徒乘机图抢，而绅士尚有信之者，事机万分危急。又据萍醴铁路总办薛道鸿年及矿局委员卢洪昶、王恂电禀，萍乡叠出拐匪，杀小孩、剖孕妇，惨不忍闻，地方前获一匪送县，据供姓洪，贵州生员，身旁搜出符咒，皆迷幼童术，现已正法。而城乡谣言日重，竟指拐匪系路矿洋人所使，有谓迷割幼童心肾皆藏在安源煤井者，有捏造官钱号为大王堂，预为增添笔画，改建天主堂地步，地板下收藏孩尸者，显系匪徒图抢起事，势甚危迫等情。萍乡为两省七县交界，光绪十八年土匪起事，大兵痛剿甫平，戊戌春奏办煤矿，派洋矿师等前往，因势利导，地方安靖。自庚子拳匪祸起，该处匪徒连年滋衅，仇视路矿洋员，动谣杀害报复。去夏幸承诸帅竭力维持，消弭巨患。今因拐案叠出，竟指为洋员所使，并谣矿井内窝匿拐匪、收藏幼童心肾，官钱号亦收买心肾、收藏孩尸。查该号并无“大王堂”字样，而捏言改建天主堂地步，此等无稽谣煽，直与拳匪行为无异。绅士尚有信之者，更属奇骇。若不迅速严拿匪徒，尽法惩治，万一

---

① 原题《寄江督刘岘帅鄂督张香帅赣抚李勉帅湘抚俞廙帅》。

洋员被害,钱号被抢,恐酿巨祸。应请岘帅、勉帅急电袁州府萍乡县,一面严拿造谣生事之徒,讯有确供,惩一儆百,并严电防营,日夜认真弹压,一面切实出示,息谣解惑。倘矿路洋人、官钱号银钱稍有疏虞,定惟地方官、防营暨附和之绅士是问。醴陵密迩萍乡,路工吃紧,洋员在彼,并恳香帅、廙帅饬令地方营县防护,就近派兵赴萍,会同严拿弹压。急切叩祷,盼速电复。

盛宣怀:《愚斋存稿》卷五十八《电报三十五》,民国刻本

附　盛宣怀致刘坤一、张之洞、李兴锐电①光绪二十八年五月初十日(1902年6月15日)

顷廙帅电复,萍乡谣言颇重,醴陵获匪僧宽圆,供据确凿,电饬正法后,讹言顿息。刻仍严饬搜捕馀匪,并饬杨让黎派队赴萍会办。昨复添派健字全营赴醴巡哨,暂扎萍、醴交界,何处有事,即可驰往防护云。醴陵如此布置,已可放心。萍乡营、县,想勉帅亦已严饬。闻裴令十二到任,此等匪徒,只须拿办数人,似不难了结。

盛宣怀:《愚斋存稿》卷五十八《电报三十五》,民国刻本

073. 李兴锐致刘坤一、张之洞电*

光绪二十八年七月初二日(1902年8月5日)

江宁刘宫保、武昌张宫保鉴:宙。印花税一事,经外务部奏令会商开办。查此项收数虽微,条理极繁,宽则易于隐匿,严则不免扰民。即如部议七条,合同、借券,有时涉讼,不敢不黏,然成讼者

---

① 原题《寄岘帅香帅勉帅》。

* 原题《张之洞收南昌李抚台(李兴锐)来电》。

不逮十一，可于临时补贴。收条可以信函为代，势难税及信札。发票藉以稽数，如欲科税，发票便废。惟钞票、银票不能不税，然银数不齐，或计票、或计银，亦宜定画一办法。至于当票，小民持物抵钱，再税未免可悯。凡此诸多扞格流弊，皆宜预杜。锐反覆筹思，合同、借券及推广税契，应照税契章程，量减银数，而以不税官不受理，杜隐匿之弊；定上税之限期，刊年月于印纸，杜后时补税之弊；钞票、银票与前代短陌之制近，亦即市肆之扣水，似宜以银数多寡，定税项等差。所用印花，宜如邮票，分为若干等，按银数黏贴，不贴者禁市肆行用。发票、收条，查察最难，似宜轻其税则宽其条例，先取商民用为凭信之收条、发票试办，以期逐渐推广。至当票一项，宜轻定税则，责之当商，典肆行息颇重，印税不过少分其馀，应禁于质价中坐扣，使贫民免遭苛敛；即有已征当捐省分，难于重征，似宜将此项捐款量予裁减，而于新章凡关涉银钱票据，不准不贴印花，办法似仍宜一律。其部议七条之外，如推之田房契券，可振税契之积疲；典租契券，可补税契所未备；税牙帖可得行户之都数；税月利只取盈利之微利；税关单折据不过收条之异名；税讼状可惩健讼之积习，凡此多种，似可扩充。惟取民既繁，必筹所以维持之术。应严饬地方官破除成见，无得以钱债细故，不为认真清理，使完税商民得有保护实益，傥亦藉平民情之一策。此事奉旨已久，应如何奏复，想两公必有硕画，请由两公主稿，附衔会奏。鄙见有无谬误，并望不吝见教，至为感祷。锐。冬。壬寅七月初二、三日戌、午刻发、到。

《张之洞档》第91册，第408—413页

074. 李兴锐致陶模电*

光绪二十八年七月初九日(1902年8月12日)

闻政躬违和,念甚。弟蒙恩量移,不胜惶悚。昨奉电旨,敦促就道,拟于十八日交卸赣抚篆务,二十日后航海来粤。

《申报》光绪二十八年七月二十一日(1902年8月24日)第10542号第2版《莅粤电音》

附　军机处致李兴锐电①光绪二十八年七月初三日(1902年8月6日)

奉旨:"李兴锐已调署广东巡抚,着即迅赴署任,毋庸来京请训。陶模着俟李兴锐到任,德寿交卸巡抚后,再行卸事。"钦此。七月初三日。

《清代军机处电报档汇编》第2册,第550页

075. 李兴锐致外务部电**

光绪二十八年七月十五日(1902年8月18日)

东、江两电敬悉。兴锐奉旨调署广东巡抚,当即恭折谢恩,料理经手事件。现定于七月十八日交卸,随即束装起程,取道金陵、

---

* 原文云:"闻之广州友人云:本月初九日,简署广东巡抚、本任江西巡抚李勉林中丞由南昌电致两广总督陶芷芳制军云:闻政躬违和,……二十日后航海来粤。观此,知章水福星,即当移照于五羊石上矣。"

① 原题《奉旨李兴锐调署广东巡抚着即迅赴署任事》。

** 原题《收调署广东巡抚李兴锐电　为交卸启程事》。正文前题"收调署广东巡抚致外务部请代奏电"。

上海，航海赴粤。除具折奏报外，谨叩谢天恩，伏乞代奏。兴锐。咸。

《清代军机处电报档汇编》第27册，第466—467页

076. 德寿、李兴锐致外务部电*

光绪二十八年八月二十四日（1902年9月25日）

巧电敬悉。膏捐一事，饬据司道转据光星公司商人禀称，细译英国来电，洋药未运至销售处所以前，不得收捐，商等现办情形，系俟洋药入口离海关后，在华人行栈内，令贩家报明件数，候到销场之后始抽，与土药一律抽收膏捐，似与专条无背。乞电请外务部，与英使妥酌饬遵等情。应请贵部迅赐酌商英使，如该商等现拟办法英不能允，惟有仍就各省所办膏牌章程斟酌办理，总期有裨饷需，无违条约。即祈鉴核电示。德寿、李兴锐。敬。

《清代军机处电报档汇编》第27册，第510页

附　外务部致德寿、李兴锐电①光绪二十八年八月十八日（1902年9月19日）

元电悉。许星使已出京。顷据英萨使照称，准本国电称，膏捐章程与烟台专条相背。查洋药未运至销售处所以前，并不论海关眼同包装之货包是否拆动，已有应纳之捐，请立将新章撤销等语。希查照约章及现办情形，妥酌电复。馀咨达。外务部。巧。

《清代军机处电报档汇编》第26册，第34页

---

*　原题《收署两广总督德寿、广东巡抚李兴锐电　为办理膏捐事》。

①　原题《发两广总督德寿、广东巡抚李兴锐电　为膏捐章程事》。

077. 德寿、李兴锐致外务部电*

光绪二十八年九月二十一日(1902年10月22日)

敬电计达。膏引事,与英使酌商,有无端倪,乞电示。寿、锐。马。

《清代军机处电报档汇编》第28册,第31页

078. 德寿、李兴锐致外务部电**

光绪二十八年九月二十六日(1902年10月27日)

敬电谨悉。土药税厘,前经饬据筹饷公所查明,每百斤完纳出进口正税厘金共一百零四两,与洋药货价相较,均算有赢无绌等语,曾于三月间电达在案。江门拿私一事,饬据新会县查禀,因恒泰店存土六十件,未经领贴光兴公司引票,致被搜拿。膏引办法本未尽善,惟许使坚称不背专条,是以姑准试办。贵部既谓与约不符,难与争辩,自应饬将现办章程撤销,可按向办膏牌办法斟酌办理,以符条约而卫饷源。德寿、兴锐。宥。

《清代军机处电报档汇编》第28册,第38页

---

* 原题《收两广总督德寿等电 为乞电示与英使酌商膏引有无端倪事》。正文前题"收两广总督、广东巡抚致外务部电"。

** 原题《收两广总督德寿等电 为土药税厘事》。正文前题"收两广总督、广东巡抚致外务部电"。

079. 德寿、李兴锐致张之洞电 *

光绪二十八年十月初八日(1902 年 11 月 7 日)

张宫保鉴:两粤各属,夏潦秋旱,早晚两造无收,斗米千钱尚无购处,人心惶惶,特饬官绅设法集款,发给护照,赴江皖、南洋办米,运回平粜。现据各善堂禀,在镇江买得之米概不准出口,米价已付,进退两难,求电尊处,俯念粤省贫民饥号之惨,准各善堂持照往买之米出口等情。我公旧治关怀,当蒙俯准,即乞电饬镇江关道,准令粤省善堂持照购办平粜米石出口,运粤以济民食,至为感祷,并祈赐覆。寿、锐。庚。壬寅十月初八日申、亥刻发、到。

《张之洞档》第 93 册,第 53—54 页

080. 德寿、李兴锐致张之洞电 **

光绪二十八年十月十三日(1902 年 11 月 12 日)

张宫保鉴:敬贺任禧。庚电计达台览。善堂在镇购定之米,仍未能出口,现又据禀请电恳鸿施。务乞迅赐电饬镇江关道放行,为叩。寿、锐。元。壬寅十月十三日酉、亥刻发、到。

《张之洞档》第 93 册,第 76 页

---

* 原题《张之洞收广东德署制台(德寿)李署抚台(李兴锐)来电》。

** 原题《张之洞收广东德署制台(德寿)李署抚台(李兴锐)来电》。

081. 德寿、李兴锐致张之洞电*

光绪二十八年十一月初四日(1902 年 12 月 3 日)

江宁张宫保鉴:卅电悉。运米一事,前准恩艺帅来电,以粤省善堂办米平粜,非出洋可比,理宜接济,嘱将镇江购定米数电复等因,当饬据各善堂禀,广济崇正购定二十万石,爱育四万石,述善二万四千石,续经电达。粤省本年水旱成灾,秋收歉薄,民气不靖,深恐因饥酿事。现办米平粜,需米甚急,且各善堂赴镇采办之米业经购定,切恳台端念属旧治,准照购定米数,饬行验放出口,俾资接济。粤民赖苏,大局幸甚!寿等感甚!寿、锐。支。壬寅十一月初四日午、亥刻发、到。

《张之洞档》第 93 册,第 203—204 页

082. 德寿、李兴锐致张之洞电**

光绪二十八年十二月初一日(1902 年 12 月 30 日)

张宫保鉴:文电祗悉。饬据司局覆称,拨补松沪货厘,分应按年清解,因洋款紧逼,库储挪垫一空,秋间勉解四万,款尚未还。兹拟仍解四万,惟须向票号商借,一俟议定,遵即起汇。寿、锐。东。壬寅十二月初一、二日巳、午刻发、到。

《张之洞档》第 93 册,第 531 页

---

* 原题《张之洞收广东德署制台(德寿)李署抚台(李兴锐)来电》。

** 原题《张之洞收广东德署制台(德寿)李署抚台(李兴锐)来电》。

083. 德寿、李兴锐致袁世凯、张之洞电 *

光绪二十八年十二月十三日(1903 年 1 月 11 日)

天津袁制台、江宁张制台:真。公电敬悉。赔款易银为金,出入甚巨,各省亦万难加摊,两公挈各省衔致电外部,照会各国,秉公会议,荩筹硕画,钦佩同深。诸大国素以商务为重,如有能主持公道者,执原约以排解,或可设法维持,中国安,亦各国之利。倘能挽回,尚祈迅示为祷。德寿、兴锐。元。壬寅十二月十三日戌、亥刻发、到。

《张之洞档》第 93 册,第 669—670 页

084. 德寿、李兴锐致军机处、外务部电 **

光绪二十九年正月初四日(1903 年 2 月 1 日)

上年十二月间,访闻香港有会匪勾结,潜谋不轨,私运军装进口,约期举事,先攻省城。当经分饬水陆各营严密防范,并搜拿军装,以遏乱萌。廿八日,准英总领事函称,香港巡捕已查获会匪窝聚之所,并起出会党簿据等语。次日,又准送交刊就伪示多张,内有"大明顺天国南粤兴汉大将军"字样,语极悖逆,并有匪党与省城

---

* 原题《张之洞收广东德署制台(德寿)李署抚台(李兴锐)来电》。

** 原题《收两广总督德寿等电　为拿获自香港私运军装进口会匪事》。正文前题"收两广总督、广东巡抚致军机处、外务部请代奏电"。此电又见《清代档案史料丛编》第 1 辑(故宫博物院明清档案部编,中华书局 1978 年版,第 147—148 页),题作《德寿等为洪全福私运军装约期起事事致军机处电》。

其昌街德商布士兜洋行买办及同兴街德教民梁慕光所开之信义店往来逆信多件。

查得匪党所运军装，均系托名货物进口，由德商布士兜洋行代报完税，送至省河附近之芳村德国教堂收藏。当即密派干员并照会德领事会同前往搜查，在教堂通连之和记公司起获旗帜、号衣裤、窝角铁斧、刀剪、草鞋、九龙袋及饼干、牛肉，共一千馀箱。其梁慕光所开之信义店，亦经饬县查封，并拿获匪党梁平、苏亚居等十馀名。讯据供称：在港匪首系洪杏魁，绰号"三千岁"；省城办运军装，一切均系梁慕光主谋，送交德总教士郭宜坚收藏。等供。

查此次该匪等胆敢分布省港，刊刻伪示，私置军装，勾结谋逆，实属罪大恶极。而洋行、教堂人等复与勾串窝藏，踪迹尤为诡秘。幸经先事觉察，并得英总领事、香港总督不分畛域，协力查拿，德领事亦能破除偏私，实力相助，得使逆谋败露。此皆仰托朝廷福庇，平日办理交涉，遇事和衷，用能使中外一心，不致酿成巨患。

除仍饬水陆各营一体严密防范，查拿匪首洪杏魁、梁慕光等，务获惩办，一面将现获各犯研讯同谋党羽，及搜查军火是否另有寄趸，暨将详细情形另行奏报，并电外务部、军机处外，伏乞酌核代奏，以慰宸廑。德寿、李兴锐。支。

《清代军机处电报档汇编》第28册，第141—142页

附 军机处、外务部致德寿、李兴锐电[①]光绪二十九年正月初六日(1903年2月3日)

奉旨：德寿等电奏悉。仍着严密访拿匪首洪杏魁、梁慕光，务

① 原题《奉旨悉德寿电着严密访拿匪首洪杏魁等务获惩办等事》。

获惩办,并随时认真防范,毋稍疏懈。此次英总领事、香港总督不分畛域,协力查拿,德领事亦能破除偏私,实力相助,得使逆谋败露,深堪嘉尚。着俟定案时,由德寿等声明请奖。至私藏军火之和记公司,着一并查明究办。钦此。正月初六日。

《清代军机处电报档汇编》第3册,第1页

085. 德寿、李兴锐致外务部电 *

光绪二十九年二月初四日(1903年3月2日)

东电敬悉。会匪事前奉电旨,当即钦遵办理。惟匪首洪春魁、梁慕光潜匿香港,骤难弋获。迭商英总领事,转请港督拿解,均称格于英例,未能照办。现仍设法严密访拿,并电致张使转商英外部,将该匪党驱逐。如英国肯不容留,查拿较易。省城前获梁慕光胞兄梁慕信并伙匪多名,现仍监禁,并未释放。领事亦未干预。惟香港前获数匪已由港督开释,据称因案内字据非由匪身搜获,未能证实其罪之故。除仍饬水陆各营严密防范并访拿首要,务获惩办外,合电闻。德寿、李兴锐。支。

《清代军机处电报档汇编》第28册,第171—172页

附　军机处致德寿、李兴锐电①光绪二十九年二月初七日(1903年3月5日)

奉旨:外务部进呈德寿等电览悉。匪首洪春魁、梁慕光,着即

---

* 原题《收两广总督德寿等电　为剿捕会匪事》。正文前题"收两广总督广东巡抚致外务部电"。此电又见《清代档案史料丛编》第1辑(故宫博物院明清档案部编,中华书局1978年版,第148—149页),题作《德寿等为严密防范并访拿洪全福事致外务部电》。

① 原题《奉旨梁慕信若知情同谋着与监禁之伙犯速即讯明正法事》。

设法严密访拿，务获惩办。梁慕信系梁慕光胞兄，如果知情同谋，应与监禁之伙犯多名，速即质讯明确，一并先行正法，勿贻后患。钦此。二月初七日。

《清代军机处电报档汇编》第3册，第2页

086. 德寿、李兴锐致军机处、外务部电*

光绪二十九年二月三十日（1903年3月28日）

省港会匪勾结谋逆，先将访查破案、起获军装粮食各情形，于正月初四日电奏。奉旨："仍着严密访拿匪首洪春魁、梁慕光，务获惩办。至私藏军火之和记公司，着一并查明究办。"等因。钦此。二月初七日，续奉电旨："梁慕信系梁慕光胞兄，如果知情同谋，应与监禁之伙犯多名，速即讯明正法。"等因。钦此。

查去年腊月搜获逆信内，有赴惠州路程单，各匪亦惠州人居多，诚恐由港赴惠，踞省上游，先经电告惠州文武严查防堵。讵本年元旦，博罗县南门外贴有伪示，与查获刊就伪示相同。数日间，惠城各乡匪徒麇集，焚杀抢掳，势甚披猖。当经严饬各营分路防剿。获匪供称，均由香港潜来，本与省城各匪约期并举等语。复经添调总兵孔祥达一营赴惠，以厚兵力。先后拿获逆党头目黄谭福、李锦华、林富传、陈东生、钟亚冠、陈皿晚、邱亚发等及伙匪四十馀名惩办，匪势略靖。省城先获匪党梁匝、苏亚居等十馀人，又获梁慕光胞兄梁慕信，隔别研讯。其谋叛逆首为洪春魁即洪全福，伪号

---

* 原题《收两广总督德寿等电　为省港会匪勾结谋逆事》。正文前题"收两广总督、广东巡抚致军机处、外务部请代奏电"。此电又见《清代档案史料丛编》第1辑第149—151页，题作《德寿等为已将洪全福格毙等事致军机处电》。

"三千岁",寄迹香港,富有资财。在省招人运械,系梁慕光。纠党办事各匪,为刘玉歧等十馀人,各招匪党数百人、数十人不等。约定腊月三十夜在城内放火为号,齐攻省城。其附省北路之大头目为刘大彪,允招三千人,先攻城外制造局,抢取军火。嗣以逆谋败露,遂各逃窜。当饬司道督同印委各员,覆提现获各犯逐一勘讯。据匪兄梁慕信及匪党刘玉歧、苏亚居、叶亚幅、陈学林、何亚萌,均各供认听从纠党谋逆不讳。禀经批饬正法枭示。馀匪或须研鞫,或讯未同谋,分别监候待质,惩办发落。刘大彪系著名剧盗,曾悬赏银三千圆,久未弋获。因饬营员、团绅设法觅线,将刘大彪枪毙,由县验明戮尸枭示。馀党亦即解散。

首逆洪春魁等逋逃洋界,前经电致驻英钦使张德彝商之英外部,转述港督,设法处治,毋任容留。现准覆电,英外部已允照办。正在密饬水陆各营购线访拿间,适该逆首洪春魁即洪全福,于本月二十六日潜回内地,经营员访明,跟踪围捕,当场格毙。搜获"全福之宝"金牌一面,将尸身运省,由县提犯指证确实,戮尸枭示。

至私藏军火之和记公司及梁慕光所开之信义店,均已由县查封。惟前起军装数千件、粮食千馀箱,独无枪枝、子码,迭饬营县严查。仅于番禺县大墩头乡起获洋枪百馀枝,增城县属新塘河面截获枪码万馀粒。讯据匪供,港澳禁运军火,付银定购,一时不能交足。现将起获军装发局存储,干粮等件给营犒赏。

仍饬各营县严拿梁慕光及各伙匪等,务获惩办,并将详细情形另行具折奏报外,所有惩办逆匪、地方安靖缘由,陈乞代奏。德寿、李兴锐谨肃。卅。

《清代军机处电报档汇编》第28册,第196—198页

087. 德寿、李兴锐致外务部电*

光绪二十九年四月二十四日（1903 年 5 月 20 日）

广东新筹赔款，以膏捐为大宗。上年允与公司按土计膏，经英使照会贵部，以有背专条，咨饬撤销，仍照原有膏牌办理，当经分饬遵照。但赔款繁重，膏牌自应扩充。因是恒济公司有承办膏牌，无论洋土各膏，均按每两抽银一钱二分，按年缴饷百万元之事。乃英国萨领事又以抽数过重，有碍洋药行销为言，讵知洋药未经拆包，条约定有限制，膏牌系中国原有内政，外人不得与闻。惟恤商亦方今要图，因议减半抽收，饷亦照减，亦委曲求全之道，而英领事竟云业已电知钦使，复到方准开办。事关筹款要举，耽延年馀之久，赔垫不支。今此推广膏牌，系已到销场拆包熬膏以后，且洋膏与内地土膏一律抽费，并非轻重两歧，与专条毫无违背。倘公使知照到日，务祈据理力争，以保内政而顾赔款。应否先行开办，立盼电覆。德寿、李兴锐。敬。

《清代军机处电报档汇编》第 28 册，第 269—270 页

088. 德寿、李兴锐致外务部电**

光绪二十九年五月二十三日（1903 年 6 月 18 日）

广东候补道杨枢奉旨以四品京堂候补，派充出使日本国大臣

---

* 原题《收署两广总督德寿等电　为广东新筹赔款膏捐事》。正文前题“收署两广总督、广东巡抚致外务部电”。

** 原题《收两广总督德寿等电　为杨枢奉派出使日本大臣交印北上事》。正文前题“收两广总督、广东巡抚致外务部电”。

等因。当经转行钦遵。查杨枢现署肇阳罗道篆,应否即饬交卸北上,抑俟部文到后再行赴京,乞电复。德寿、兴锐。漾。

《清代军机处电报档汇编》第28册,第305页

089. 岑春煊、李兴锐致外务部电*

光绪二十九年闰五月十七日(1903年7月11日)

承准电传,钦奉上谕:"广西巡抚柯逢时未到任以前,着丁体常暂行护理。"钦此。当即恭录行知丁体常钦遵查照。所有广东藩司印务,经春煊等往返电商,拟请即委新授新疆布政使、现任广东臬司吴引孙暂行兼署,俾丁体常得以交卸,迅赴护任。请代奏。春煊、兴锐谨电。篠。

《清代军机处电报档汇编》第28册,第334页

090. 岑春煊、李兴锐、朱祖谋致外务部电**

光绪二十九年六月初七日(1903年7月30日)

近年各省皆办赈捐,贡监均有折减,各捐生每届场期纷纷报捐,执持实收,即可录遗入闱乡试,未免太滥。上科据在籍各绅具禀,以时事艰难,各贡监皆情殷报效,每名除原捐例缴之款外,仍令报效银二百两,收作地方公用,方准咨送学政,录遗入场。查从前

---

* 原题《收署两广总督岑春煊等电　为委丁体常暂行护理桂抚事》。正文前题"收署两广总督岑、广东巡抚李致外务部请代奏电"。

** 原题《收署两广总督岑春煊等电　为办赈捐收报效款事》。正文前题"收两广总督、广东巡抚、广东学政致外务部请代奏电"。

咸丰辛酉科,因修建贡院,曾有奏准成案,实于筹捐之中,仍寓慎重名器之道。惟正途贡监毋庸报效,以示区别。粤省常年入款,岁本不敷二百馀万,今年西征,筹兵筹饷,尤形拮据。据善后局司道督同员绅筹议,本年拟请援照办理,所收报效之款,留归本省,专作地方公用,以资挹注。煊等往返电商,意见相同,谨合词电请代奏。春煊、兴锐、祖谋谨电。阳。

《清代军机处电报档汇编》第 28 册,第 363 页

091. 李兴锐致外务部电*

光绪二十九年六月初十日(1903 年 8 月 2 日)

佳电悉。膏牌事,已饬司局确切查明,妥议详办。谨先电复。兴锐。蒸。

《清代军机处电报档汇编》第 28 册,第 365 页

092. 李兴锐致外务部电**

光绪二十九年六月十一日(1903 年 8 月 3 日)

青电敬悉。花梯商船被劫案,遵即严饬营县上紧缉匪追赃,务获究办。兴锐。真。

《清代军机处电报档汇编》第 28 册,第 365 页

---

* 原题《收署广东巡抚李兴锐电 为膏牌事》。正文前题“收署广东巡抚致外务部电”。

** 原题《收署广东巡抚李兴锐电 为花梯商船被劫案事》。正文前题“收署广东巡抚致外务部电”。

093. 岑春煊、李兴锐致外务部电*

光绪二十九年七月初七日(1903 年 8 月 29 日)

鱼电谨悉。德教士何迈贤在英德被劫案,已据报获犯朱社保等六名,并起获原赃衣服十馀件,仍饬将未获各匪查拿惩办,并追起馀赃给领。教士左颧被伤甚微,已回省就医。领事来文,并未声明携有眷属。按照条约,洋人被匪抢劫,地方官只应缉匪追赃,并无赔偿明文。除再严催地方文武上紧缉办,并查明该教士有无携带眷属,是否仍在该处逗留,妥为保护,暨俟德领事将失单开送到日,另行札饬,切实追究给领外,希即转复德使查照。春煊、兴锐。阳。

《清代军机处电报档汇编》第 28 册,第 389 页

094. 寿荫、岑春煊、李兴锐致张之洞、袁世凯电**

光绪二十九年七月二十二日(1903 年 9 月 13 日)

北京张宫保、天津袁宫保:明年慈圣万寿,薄海胪欢,正拟会商上申芹献,适奉公电,深洽下怀。谨当率同文武僚属援照办理,伏希联衔具奏为荷。荫、春煊、兴锐。养。癸卯七月廿二、三日未、子刻发、到。

《张之洞档》第 96 册,第 350 页

---

* 原题《收署两广总督岑春煊等电 为查办德教士被劫事》。正文前题“收署粤督抚致外务部电”。

** 原题《张之洞收广州寿将军(寿荫)岑制台(岑春煊)李抚台(李兴锐)来电》。

095. 岑春煊、李兴锐致外务部电*

光绪二十九年八月十一日(1903 年 10 月 1 日)

广东岁入、岁出不敷二百数十万,每遇解款,历系挪借,暂顾目前。近来挪借俱穷,以至善后局欠发本省勇饷等款积至六十馀万。今日非理财无以救急,非得人不能理财。现署藩司程仪洛人极廉正,素善理财,惟初莅粤省,情形自难洞悉。查有奏调湖北差委广东候补道王秉恩,识卓才优,尤习粤事,张之洞督粤时,委任该员整顿财政,增款甚巨,实属著有成效。仍恳天恩,准调回粤,俾佐程仪洛理财,必有裨益。覆查广东藩、臬两司均称繁剧,现据丁体常电称,离家三十馀年,卸任后必须请假修墓,暂难回任,程仪洛身兼两篆,屡据固辞。春煊、兴锐体查情形,诚难兼顾,并拟委王秉恩署理臬司,各专责成。乞代奏请旨。春煊、兴锐叩。轸。

《清代军机处电报档汇编》第 28 册,第 419—420 页

附 军机处致岑春煊、李兴锐电①光绪二十九年八月十三日(1903 年 10 月 3 日)

奉旨:"岑春煊、李兴锐电奏,请调王秉恩署广东按察使等语,着照所请行。"钦此。八月十三日钞交吏部。

《清代军机处电报档汇编》第 3 册,第 19 页

---

* 原题《收署两广总督岑春煊等电 为请调王秉恩回粤以佐程仪洛理财事》。正文前题"收署两广总督、广东巡抚致外务部请代奏电"。

① 原题《奉旨着调王秉恩署广东按察使事》。

096. 李兴锐致外务部电*

光绪二十九年八月二十一日(1903 年 10 月 11 日)

新任巡抚张人骏已由汴起程,不久即可到粤。兴锐拟俟交卸后,即遵旨赴闽。惟闽省近来营务、吏治,诸形废弛,且交涉日多,洋务尤关紧要,必须得人襄助,方能逐加整顿。查有军机处存记奏留江西补用道徐绍桢,心精力果,学识俱优,于中西政治、兵略皆研究有得。前年兴锐在江抚任内,因前任移交教案过多,将该员奏留江西,随同清理,数月之间,办结通省教案二(十)〔千〕馀起。嗣经奏委总理营务,整饬训练,颇著成效。上年经兴锐具折保荐,奉旨交军机处存记,并准送部引见,遵即给(资)〔咨〕赴引。该员顺道来粤,适粤东更练新军,经前总督德寿奏请暂缓赴京,委令统带常备中军。岑春煊到任后,又令总办通省营务,筹议军制,整顿操防,均极得力。惟该员籍隶粤东,未便奏留。岑春煊亦深知闽省需才孔亟,现经兴锐与之商明,拟即饬调该员随同赴闽,以资臂助。合无仰恳天恩,俯准将徐绍桢以道员发往福建补用,俟到闽后,部署就绪,再由兴锐给咨晋引,于闽省洋务、营务均有裨益。兴锐不胜悚切待命之至。伏乞代奏请旨。兴锐叩。箇。

《清代军机处电报档汇编》第 28 册,第 429 页

附　军机处致李兴锐电①光绪二十九年八月二十二日(1903 年 10 月 12 日)

奉旨:“李兴锐电奏悉。徐绍桢着以道员发往福建补用。”

---

* 原题《收署闽浙总督李兴锐电　为请将徐绍桢发往福建事》。正文前题“收署闽浙总督致外务部请代奏电”。

① 原题《奉旨徐绍桢着以道员发往福建补用事》。

钦此。

钞交吏部。八月二十二日。

《清代军机处电报档汇编》第3册,第19页

097. 岑春煊、李兴锐致伦贝子电*

光绪二十九年八月二十二日(1903年10月12日)

歌电谨悉。粤省赴美赛会货物,饬据粤海关税司查复,商办之品约四百箱,官办之品约一百箱,统计南洋各省赛品陈列地段,约占地一千七方码或约一百井。因要多留时日,以便各商备办赛品,刻下尚未能知确数,须至十月方能核实等情。合亟电闻。煊、锐。养。

《清代军机处电报档汇编》第28册,第431页

098. 李兴锐致外务部电**

光绪二十九年十月二十七日(1903年12月15日)

福建水师提督杨岐珍因公来省,据报于十月二十五日因病出缺。除另折奏报并遴员奏署提篆外,谨先电陈,乞代奏。兴锐。感。

《清代军机处电报档汇编》第28册,第496页

---

* 原题《收署两广总督岑春煊等电　为备办赴美赛会物品事》。正文前题"收署粤闽督致伦贝子电"。

** 原题《收闽浙总督李兴锐电　为杨岐珍出缺遴员代署事》。正文前题"收闽浙总督致外务部请代奏电"。

099. 李兴锐致外务部电*

光绪二十九年十月二十八日(1903年12月16日)

迭奉电咨,兴办商务,发踪指示,备极周祥,曷胜钦佩!近日环球各国咸以商战竞胜,中国非急图振兴,无以自存。惟福建历年所办,内则日见腐败,外则日攘利权,大难措手。即如樟脑一事,上年许前督力持招用日本技师,于厦门设局开办,所议章程,经贵外务部再三斟酌,果能遵守,则技师只有熬脑之责,事权尚可我操。乃自委厦门延道督办,一切皆不过问,以致技师派人四出查拿私脑,屡为英领所持,日来饶舌,而原议借用日本公司二十万元,声明不认亏折,遂一听技师自行发商生息,自行提用,数月以来,闻已用去多金,概无文报。此与全盘包与日商者何异?夫既虑其必有亏折,则何如不办,徒使技师包揽利权,岂非大误!现已另委候补道黎国廉赴厦督办。鄙意如能筹款,即将借项发还,徐图挽回之策,庶免他国纷争。又矿务最为外人所欲得,非自立公司,断难杜绝干求,而前此竟许法商大东公司承办建、汀、邵三府矿务,虽有闽商华裕公司合办之说,实则尽失主权,且并未指明矿山所在,笼统以三府之地许之,后患何穷!英、日近已纷纷藉口,指地争求,充其所为,非将全省割裂不止,尤须急为设法挽回。他如厦门所设保商局,徒使搜括华商之出洋而归者;省城所办商务局,徒以劝收商捐,皆于商务毫无实济。兴锐于十月初四受事,查悉各节,拟即督饬司道,

---

* 原题《收闽浙总督李兴锐电 为兴办商务事》。正文前题"收闽浙总督致外务部电"。此电又见《清光绪朝中日交涉史料》卷六十七。

于省垣专设商政局，遴派大员总办，遵照贵商部分司办法，于局内设立保惠、货殖、艺术、会稽、陈列、调查六所，各专责成；一面联络本地绅商，组织商会，分投筹办，总以自保权利为主义。惟事体重大，任事者固不易得人，而闽省财用奇绌，骤难集事，容俟办有端倪，再将详细章程咨请核示。合先择要电闻。兴锐。勘。

《清代军机处电报档汇编》第28册，第499—500页

100. 李兴锐致外务部电*

光绪二十九年十二月十五日(1904年1月31日)

青电敬悉。日商玛甘保一案，前委候补黎道国廉赴厦会同延道查办，业经咨覆。兹据查得，黄子德代欧阳瑞泉担保，并无亲笔签字确据。已饬厦门道厅从连提讯妥结，俟禀到再详覆。锐。删。

《清代军机处电报档汇编》第28册，第544页

101. 李兴锐致外务部电**

光绪二十九年十二月十八日(1904年2月3日)

篠电敬悉。川石山电线，已派候补道孙道仁于所统驻扎长门之常备军内选派得力员弁，前往驻扎防护。谨覆。兴锐。巧。

《清代军机处电报档汇编》第28册，第547页

---

* 原题《收闽浙总督李兴锐电　为派员查办日商玛甘保一案事》。正文前题“收闽浙总督致本部电”。

** 原题《收署闽浙总督李兴锐电　为派得力员弁防护川石山电线事》。正文前题“收署闽浙总督致外务部电”。

102. 李兴锐致外务部电*

光绪二十九年十二月二十六日(1904 年 2 月 11 日)

英商太古行伙苏俊一案,前准来电,已由前督檄道释放。旋接英领照会,以行伙被押,按月索偿百元,数几巨万。又复缕列被拿私脑,请饬追还。嗣经官脑局黎道查明,苏俊被拿缘由,实因五月间供役官局,诬告抢案,六月间自设脑灶,违禁私熬,后又到连城内地,为太古洋行熬脑,直至七月始由厦门拿获,讯认不讳。查条约,向无准令洋商在中国制造那物之例。自马关立约,特许口岸制造,内地仍在禁例。今英领照开太古被拿各脑,均系违约在内地制造之货,且据称连城尚有门丁一人被押未放,尤属证据确凿,理应由我充公。苏俊之放,已格外通融,无赔偿理。请钧署据约照商英使,勿听领事袒护索赔。至闽脑早归官办,缉私例自有之权。近来华民设灶熬脑,往往求庇外人,英商甚且请三联单,派代理华人分赴内地,托名购运,包庇私灶,一经官局缉获,辄复藉单混争。现已案情叠出,并乞钧署确核约章,迅赐随案转商英使,分别华洋权限,议定英商赴内地采办樟脑,只准照约向官脑局购运,不得违约制造,倘或实灶熬私,无论有无报单,概应由我罚办,以杜影射。事关大局,幸赐复遵。兴锐。宥。

《清代军机处电报档汇编》第 28 册,第 555 页

---

* 原题《收署闽浙总督李兴锐电　为英商太古行伙苏俊一案事》。正文前题“收署闽浙总督致外务部电”。

103. 李兴锐致外务部电*

光绪二十九年十二月二十六日(1904年2月11日)

十月勘电将福建脑务谬误情形详述,想荷洞鉴①。此事一误在②许前督之轻许,再误在厦门道之无能。开办后,日人四出缉私,各洋商四出购私,皆愍然不顾。日人以我既不认亏折,招彼承办,非缉私何能收效?且不许民间私熬。既定合同,地方〔官〕③自宜助之查禁,洋商何从购取?而各洋商刻因禁止私脑未载条约,我自领单办货,日人何得④擅阻擅拿?各持一说,纷缠万端。自改委道员赴厦与技师磋⑤商,未尝不可收回自办,而从此又多一日商作难,且须赔回已用去之借款十馀万元,将来能否获利,殊无把握。现在即欲不办,而无此巨款赔还,技师亦难罢手,只可暂照合同用之。但不缉私,则官局无利可专,日后无不亏折。技师谓我缉私不力,藉口索赔,必然之理。愈久则赔款愈多,更属非计。顷因苏俊一案,查实系英商无理,已另电乞贵部酌办⑥。倘可藉此与公使申明禁止

---

* 原题《收署闽浙总督李兴锐电　为英商太古行伙苏俊一案事》。正文前题"收署闽浙总督致本部电"。此电又见《清季外交史料》第7册第3331页,题作《闽督李兴锐致外部福建脑务谬误已深非禁止私脑即赔款自办电》;又见《清光绪朝中日交涉史料》卷六十七。

① "洞鉴",《清季外交史料》作"蔼察"。

② "在",《清季外交史料》作"于"。下句之"在"字同。

③ 据《清季外交史料》补。

④ "得",《清季外交史料》作"以"。

⑤ "蹉",《清季外交史料》作"确"。

⑥ "酌办",《清季外交史料》作"辩论"。

私脑之权,此事尚有着手〔处〕①。否则不如赔款收场②,一任民熬、商运,官不过问。统候贵部卓核示遵。兴锐。宥。

《清代军机处电报档汇编》第 28 册,第 557 页

104. 李兴锐致张曾敭电*

光绪三十年初(1904 年 2 月 16 日—1905 年 2 月 3 日)

太原抚台:洪密。近奉寄谕额派各省烟酒税并提各官盈馀两节,时局危迫,京师练兵为固本要计,苟有可筹之策,自当悉索解缴。无如民困日深,商务不振,应行新政,多因款绌不能举办。比来筹解赔款,征敛繁苛,商贾多藉洋旗遁归彼族,民则动辄抗捐酿案。此时图治,非保全商民元气,断无可以自立之理。以闽省论,岁入地丁税厘不过二百馀万,历年用款本不敷三四十万,从前略有库储,又截留海防筹饷捐输,陆续提付,现已一空如洗。庚子后,增派各国赔款,数巨期迫,拟办坐贾捐,责成郡县饬商认缴当派,核计全省可有二十五万,次年则已纷纷歇业,捐解不前,而此中有每行仅认一百数十元者,苛细实甚。锐到闽后,正在饬查,拟遵前奉停止苛细杂捐之谕,酌量裁免,则此项又不足恃。赔款仍须另行增筹。内有酒捐,岁约三万五千两,取之已最繁蠹。南方苦热,无须以酒御寒,向无烧锅之户,小民家酿,本非巨贾,何能再为加征?至

① 据《清季外交史料》补。

② "场",《清季外交史料》作"回"。

* 原题《锐(李兴锐)致太原抚台(张曾敭)电》。按,电文云"近奉寄谕额派各省烟酒税并提各官盈馀两节"。查李兴锐光绪二十九年十二月二十九日收到寄谕,光绪三十年三月二十一日奏上《闽省官累民贫奉派烟酒两税及酌提中饱之四十万两恳恩暂从宽免折》,此电当发于光绪三十年正月或二月之二十三日。

烟叶向归厘金带收,历年早已加重。近岁条丝一项,江、粤各商皆能仿制,销路亦日微,更难措手。若州县各缺,著名优区不过四五处,岁盈不及万元,次则三四千元,已为上、中之缺,其瘠苦可知。责令报效,虽谊无可辞,而地方官办公无资,贤者势将束手求退,不肖者则取偿百姓,败坏政治,尤为得不偿失。各省民穷财尽,大抵皆然,未审尊处若何区画,或彼此电商,联衔入告,为民请命,冀得一当,亦可少苏民困,藉杜乱源。闽省现在奏设商政局,振兴利源,倘有成效,将来再当就此设法筹解,但目前尚无把握耳。仍望电示荩见,不胜企祷。锐。漾。

中国社科院近代史研究所编:《近代史所藏清代名人稿本抄本》第一辑,大象出版社 2011 年版,第 107 册,第 445—449 页

附　张曾敭致李兴锐电[①]

福州制台鉴:洪。漾电祗悉。晋省官商积困,派款均难,筹办亦难,另筹赶解。前接户部翰电,已据实电覆矣。各帅电覆如何,请示知盼。有。

《近代史所藏清代名人稿本抄本》第一辑第 107 册,第 449 页

105. 李兴锐致万国红十字会电

光绪三十年三月初五日(1904 年 4 月 20 日)

吕、盛、吴三大臣,丝业会馆办红十字会诸公钧鉴:捐册已到,现饬司即日筹垫五千元汇沪,俟劝募集款,再当续汇。锐。

---

① 原题《张曾敭致福州制台(李兴锐)电》。

微。印。

《申报》光绪三十年三月初七日(1904 年 4 月 22 日)
第 11138 号第 3 版《万国红十字会电文》

106. 李兴锐致外务部电 *

光绪三十年三月十六日(1904 年 5 月 1 日)

寒电敬悉。查近日福口日领并未他出,厦口日领久未来省。俄使所言,全无影响。委员因公赴厦,事所恒有,与外交无干。本省官轮,亦从无外人搭坐。谨复。兴锐。谏。

《清光绪朝中日交涉史料》卷七六,1932 年铅印本

107. 李兴锐致外务部电 **

光绪三十年三月二十三日(1904 年 5 月 8 日)

风闻驻福州法领,前与程守祖福赴厦会讯马甘保案,遽电致本国,讹言我让厦门,借日本屯煤。前次俄使诘问,殆即因此。闽省接近台湾,易为人所注意。我已严守中立,尚有此等谣言,殊与邦交有碍。应否电出洋公使照会彼政府勿轻听谣言,乞钧裁。兴锐。漾。

《清光绪朝中日交涉史料》卷七六,1932 年铅印本

* 原题《收闽督致外务部电》。

** 原题《收闽浙总督致外务部电》。

108. 李兴锐致魏光焘、张之洞电[*]

光绪三十年四月初五日(1904 年 5 月 19 日)

魏制台、湖广总督张制台同鉴:洪。宥电敬悉。闽省旧存枪炮甚多,大抵皆旧废无用之物,各军营用枪以单响毛瑟为最,欲求新式快枪,殊不可得。上年购置智利枪数百杆,仍不足常备军两营之用。其炮营去腊甫购克虏伯七生的快炮六尊,馀均非新式利器。此项智利枪、克厂快炮所需子药,系由外洋购配。防练各营各应需枪炮弹药,则均本省制造所自制,常年并无向沪局订购者。间有需用黑枪药、钢料各件,向沪订购,亦不能预定数目。谨奉闻。兴锐。歌。甲辰四月初五、六日戌、未刻发、到。

《张之洞档》第 97 册,第 612—613 页

109. 李兴锐致张之洞电[**]

光绪三十年五月十七日(1904 年 6 月 30 日)

武昌张宫保鉴:元电敬悉。议复赫德条陈一事,前月得袁慰帅电示折稿,约联衔会奏,当电复,请其挈衔入告。今读大教,规画周晰,敬佩无似。不悉慰帅复电如何?公如自奏,仍望见教。锐。篠。甲辰五月十七、八日戌、子刻发、到。

《张之洞档》第 98 册,第 362 页

---

* 原题《张之洞收福州李制台(李兴锐)来电》。

** 原题《张之洞收福州李署制台(李兴锐)来电》。

110. 李兴锐致魏光焘、张之洞电 *

光绪三十年五月二十三日(1904 年 7 月 6 日)

江宁魏制台、武昌张制台鉴:洪密。闻江南、湖北武备学堂,专取本省士子,不收外省人。有此定章否?请示复。锐。漾。甲辰五月二十三、四日申、未刻发、到。

《张之洞档》第 98 册,第 459 页

111. 李兴锐致张之洞电 **

光绪三十年七月初十日(1904 年 8 月 20 日)

张制台鉴:洪密。锐月前偶患腹泻,电奏请假二十日,现已全愈,照常治事。舍侄昌洵,蒙公给假来闽省视,盛情至为感佩。现已饬令于初九启程,回鄂当差。谨电布谢。公政体亦有违和,想占勿药,幸为国珍摄,无任盼祷。锐。甲辰七月初十、十一日申、午刻发、到。

《张之洞档》第 99 册,第 373 页

112. 李兴锐致盛宣怀电 ***

光绪三十年八月二十日(1904 年 9 月 29 日)

宁沪铁路由淞接轨,既难改议,惟该路毗连美界,将来万一再

* 原题《张之洞收福州李署制台(李兴锐)来电》。

** 原题《张之洞收福州李制台(李兴锐)来电》。

*** 原题《署江督李勉帅来电》。

有推广租界,则路即在界内,运械调兵,必多受制于人。此事所关甚大,究应如何预为筹杜,我公智珠在握,当有善策,务乞妥筹商酌为盼。

盛宣怀:《愚斋存稿》卷六十六《电报四十三》,民国刻本

附　盛宣怀致李兴锐电[①]光绪三十年八月二十一日(1904 年 9 月 30 日)

节从过沪,抱病不获迎话,甚歉。胥电敬悉。此事奉外部电,即饬沪宁管理处沈道等遵照端中丞指商两节,与银公司切实妥议。俟禀复再电请指示。潘道已开办购地矣。

盛宣怀:《愚斋存稿》卷六十六《电报四十三》,民国刻本

113. 李兴锐致潘学祖电[*]

光绪三十年(1904 年 2 月 16 日—1905 年 2 月 3 日)

宁沪铁路,现定由沪接轨。惟该路毗连美界,万一复有扩充,界路在于界内[②],于征调等事深虞受制于人。敝处与端中丞先后电部。兹据外部复电:"预防推展租界,应在车站两傍自设通商场,以争先着。上年本部议复吕、伍大臣折内声明,上海华洋杂处,商务日盛,已于租界外另设华界,应否再行扩充,应由南洋大臣酌核筹办,已咨行在案,仍希荩筹云。"此案上年已抄奉饬遵。上海接轨之处,即为人货聚集之地,瞬成闹市,事机在此,必当速争先着。应由尊处速督商董,应如何添路设捕,妥筹开办,是为至要。仍希将办

---

① 原题《寄李勉帅》。

* 原文云:"南洋大臣李制军日前有电致宁沪铁路督办潘芸孙观察,其文如下:……"潘学祖,字芸孙。

② 原注:"此句似有缺漏。"

法随时报电。

《大公报》(天津版)光绪三十年九月十日(1904 年 10 月 18 日)《督电照录》

114. 李兴锐致外务部电*

光绪三十年九月十一日(1904 年 10 月 19 日)

蒸电谨悉。浚浦事,美使四条尚近情理,英使十二条词意殊狡,无非意图翻案。此事关系主权,各国已允,必当坚持,已饬沪道密切与各领妥筹应对之法。据复,遵即密商筹复。日来正在磋磨,一俟复到,即行奉闻。美、英使处,乞暂缓复为幸。兴锐。真。

《清代军机处电报档汇编》第 38 册,第 190 页

115. 李兴锐致袁世凯、张之洞、岑春煊、端方电**

光绪三十年九月十二日(1904 年 10 月 20 日)

直隶袁宫保、武昌张宫保、桂林岑制台、江苏端抚台鉴:洪。接外务部、户部蒸电云,现因各国不允还银,积欠不敷镑价千万,各国催索兼数,要求格外,商令各省筹济等语。查赔款还银,美已照允,△将零票签字,英亦允于一千九百十年以前还银,历年内外坚持各国虽未全允,而每届银款均已照收,并未立索照金价补足。查上年十二月外部咨钞德穆使、奥齐使照会,有例应索还之说,而本年上

---

* 原题《收南洋大臣李兴锐电 为修浚浦江事》。正文前题"收南洋大臣致外务部电"。

** 原题《两江总督李兴锐为会同挈衔电外部等向各外部中商力争还银事致直督袁世凯等电》。

半年之款，仍经沪道照银数付清。旋接银行公会开来账单一纸，系计金开列另索不敷之银，当经沪道据理驳回，业经据禀咨明外务部、户部在案。是我还银，理直气壮，事以将终坚持，今突奉此电，不知何以忽有变局？窃谓此事为我国存亡所系，不可不合中外全力以争之。我公公忠伟略，列邦悦服，如能会同挈衔电外部、户部力争，并（经）〔径〕电各国之公使，向各国外部中商，倘能挽回，大局之幸！鄙见如此，未敢自信，究应作何办理之处，务祈荩筹见复，互商妥办为幸。锐。文。

《庚子事变清宫档案汇编》第13册，第966页

116. 李兴锐致各省督抚电*

光绪三十年九月十六日（1904年10月24日）

制台天津、武昌、兰州、福州、成都、两广、云南，恩漕台清江，抚台桂林、云南、苏州、安（广）〔庆〕、南昌、济南、太原、开封、西安、长沙、杭州、广东、贵阳鉴：洪。外部、户部蒸电，以各国索还赔款不敷镑价，商令各省筹济。窃谓各省万无此力，且还银我实有理，仍应中外合力，坚持辩论。鄙（应）〔意〕①拟各省督抚合词电（奉）〔奏〕，并请外部与各使力争，暨电各驻使向各国外部切商，以冀挽回。今拟致外部、户部电如下云：

蒸电谨悉。赔款还银，系和约原文所载，本无疑义。各国索还

---

* 原题《两江总督李兴锐为拟致外部户部电稿沥陈还银确据可否会列各衔电奏事致各省督抚电》。此电又见《申报》光绪三十年十月十五日（1904年11月21日）第11351号第1版，题为《原任两江总督李勉帅拟联各督抚力争镑价电文》。

① 据《申报》改。下同。补字亦据《申报》。

金镑，实属强词夺理。两年以来，中外合力坚持，与之辩论，美已允收银，英亦允千九百十年以前收银，可见还银理直，彼方见允，不然彼岂肯曲从[①]我意？各国虽未全行明允，而历次照银数归还，均各收受，是已为默许之据，不知何忽中变？此时各省民穷财尽，伏莽遍境[②]，若再搜括，立即召乱，非特中国可忧，于各国商务亦大有所害。若不顾有此财力与否，冒昧勉允筹付，将来必致失信，转授外人以口实。彼时彼有词可藉，必更肆无理之要求，或径欲管我财政，则我将无以立国，且更无以对英美。各助我者灰心，以后交涉，更难望〔人〕援手。与其贻悔于他日，何如力争于目前。伏查赔款应行还银确据有五端：一、公约就银合镑，第六款约注甚明。二、保票既载银数，又载关平，其为还银，更无疑义。三、约表分年还款，系开列银数，亦为还银之证。四、领衔葛公使照会文及英国蓝（营）〔皮〕书、萨使电英外部文均言赔款四百五十兆两，按照四月一号市价易金[③]，萨使电内并称当时市价，每海关银一两，合英国二先令入[④]一边士九二六五，惟本国偿款系按三先令核算等语。经伍大臣询据美柔使答称，七月定约时，金价略高，四月一号金价稍贱，是以按照四月一号核算，各使原为体谅中国起见。是按三先令金价合银，即为一定银数，不随时价长落，尤为确切凭据。（云）〔五〕、伍大臣在美都曾询美国前派来订议和约赔款之专使柔克义，据言中国只应还银，不应还金，缘各国合并索款关[⑤]银四百五十兆两，并未开交细帐与中国，而中国上谕亦只言还银四百五十兆两云。其后延

① “从”，《申报》作“徇”。

② “境”，《申报》作“地”。

③ “金”，《申报》作“银”。

④ “入”，《申报》无。

⑤ 《申报》“关”下多一“平”字。

著名公法家评论，亦谓按照情理，各国不应索金价付给，〔倘〕无理取闹，中国可请保和会公断等论[①]。其理应还银，更为明白确凿。有此各据，则我还银理直气壮[②]，可与各使平心辩论。〔今〕英、美已允，断不致决裂。又镑价操之银行，不允还金，镑可不贵，新旧镑债不受镑价之亏，否则年来镑价业已稍跌，一允还金，金价复昂，后患益大。〔今方未及三年，镑价所增已积千万，迨历三十九年之久，而镑价又复日昂，所增将逾万万以外，中国何以堪此?〕且洋货以镑〔价〕贵而滞消，与各国商务亦多不利。某等身膺疆畿[③]，苟可分君国之忧，何敢不竭心力？第熟思审处，力持还银，尚可开诚布公，据理伸辩，冀各国之垂谅；一经允补金[④]数，即须搜索巨款，必致竭泽而渔，立生变乱，两害相权，惟有中外坚持，设法辩论，尚有万一之望。伏祈大部据以上所陈各节，再向各使切实(确)〔磋〕商，以期稍抒国家之急，天下幸矣！倘各使必不见允，拟请查照(某)〔美〕国公法家告伍大臣办法，请和兰公会评断。公会果能持平，必能直我。就令公会附和各国，仍断还镑，我再与(设)〔说〕明，俟三十九年之后补〔给〕金价，亦可少[⑤]舒残喘。公会公论所在，当不致必欲迫我于危。应请先行代奏，一面由钧处电各驻使，向各国外部切商，或由某等径电各驻使，伏乞酌核电复，不胜迫切待命之至。

以上电稿，务请核正见教。应否会列各衔，迅赐电复。写论[⑥]

---

① “论”，《申报》作“语”。

② “有此各据，则我还银理直气壮”，《申报》作“以上各端，前经上海袁道及伍大臣先后电达有案，是还银理直气壮”。

③ “畿”，《申报》作“寄”。

④ “金”，《申报》作“银”。

⑤ “少”，《申报》作“稍”。

⑥ “写论”，疑有误。

慰帅、香帅领衔,俟复齐,由北洋译发。至盼。锐。谏。

《庚子事变清宫档案汇编》第 13 册,第 976—978 页

117. 李兴锐致端方电 *

光绪三十年九月十九日(1904 年 10 月 27 日)

苏州端抚台鉴:洪。皓电悉。前拟电稿,除慰帅、香帅不谓然,齐、粤东、西抚尚未复到外,各帅皆嘱会衔,自应仍合力一争,以冀万一。即外部不能为力,尚有各驻使、保和会两着可以觊望,设或有成,岂非大幸?纵使不成,俾政府知各省实在为难,亦非无益。津、鄂既不领衔,拟由敝处译发。公究会衔否,立请电复。切盼。锐。效。

《庚子事变清宫档案汇编》第 13 册,第 985 页

118. 李兴锐致外务部电 **

光绪三十年九月二十日(1904 年 10 月 28 日)

浚浦事,据上海袁道禀称,德、法、美、日本各领均不以英为然,惟权在公使,不在沪领。经与各领熟筹,由该道将美四条、英十二条开折议复,内美第四条请婉复,英第十一、十二两条请指驳,所拟驳词颇为婉切。除照录函达外,先此电告。请俟函到,主持驳复为

* 原题《两江总督李兴锐为前拟电稿会衔合力之情形致江苏巡抚端方电》。

** 原题《收署两江总督李兴锐电　为修浚浦江事》,署光绪三十年九月二十一日到,正文前题“收署两江总督致外务部电”。此电又见《清光绪朝中日交涉史料》卷六十八,题下注云“光绪三十年九月二十一日到”。

幸。兴锐。号。

《清代军机处电报档汇编》第38册，第198页

119. 李兴锐致袁世凯、张之洞电*

光绪三十年九月二十二日（1904年10月30日）

天津袁宫保、武昌张宫保鉴：洪。盐、篠、号、哿各电均悉。还银之争，倡自南洋，上年外部展限之说，不知何以南洋未经与闻，卷中一无所见，外间全然不知。前拟电稿，各帅均已电复会衔，自应仍行合力一争，以冀万一。两公既未允领衔，现由敝处译发。常洋增税，本指拨补镑价，先尽此款，自为正办，遵已电饬沪道确查收存实数，俟复到即电闻。如蒙主稿，约沿江海数省向部核计，锐当附名也。锐。祃。甲辰九月廿二日子、戌刻发、到。

《张之洞档》第100册，第287—288页

附　袁世凯致张之洞、李兴锐等电①光绪三十年九月二十日（1904年10月28日）

武昌张宫保、南京李制台、福州魏制台、四川锡制台、广西岑制台、广东张抚台、山东周抚台、江苏端抚台鉴：洪。江、鄂、闽、粤各电均悉。勉帅力争还银一议，具见公忠体国，荩略精详，佩甚！惟此议敝处协商二年，迄未办到。香帅亦极力设法，篠电谓非口舌所能挽回。且敝处距京咫尺，凯于此事与闻始末，如明知办不到而纠

---

* 原题《张之洞收江宁李制台（李兴锐）来电》。

① 原题《直隶总督袁世凯为力争还银一议请领衔会奏事致湖广总督张之洞等电》。

合力争,政府必谓有意使之为难,凯未便领衔会奏。如必欲一争,即请勉帅领衔入告,统祈卓裁。凯。号。

《庚子事变清宫档案汇编》第13册,第986页

120. 李兴锐致各省督抚电*

光绪三十年九月二十二日(1904年10月30日)

急。制台陕甘、福建、四川、广西、云南,漕台清江,抚台云南、江苏、安庆、山东、太原、河南、西安、江西、长沙、杭州、广东、贵阳、广西:洪。覆电均悉。电争赔款事,慰帅、香帅未允领衔,已于今日由敝处译发,俟得复再行奉达。锐。祃。

《庚子事变清宫档案汇编》第13册,第990页

121. 李兴锐致岑春煊、李经羲电**

光绪三十年

岑制台、李抚台鉴:顷接汪学使等电称,杜俞一军,查系张春发

---

* 原题《两江总督李兴锐为电争赔款奏稿已译发俟得复再奉达事致陕甘等各督抚急电》。

** 原文云:"广州访事人云:广西巡抚柯巽帅将次交卸时,查知常备军统领杜俞所带一军,经过之处,任情骚扰,民不聊生,电请原任两江督宪李勉帅及(旱)〔早〕撤回,免致封章弹劾贻害。勉帅犹未深信,电请湘抚陆春帅查明。未几,又接汪学使诒书及刘人熙、欧阳中鹄诸电,所言大略相同,遂勃然大怒,电致粤西抚宪李仲帅、两广督宪岑云帅,请将杜军劣迹备细电告,以便纠参。旋得云帅复电云:'杜俞一军,早知其不可用,前经电阻,不意政府袒护,仍饬前往。汪学使所言皆实,无俟再查。但折中请勿列贱名,恐政府见之,以为某有成见也。'勉帅得电,取即奏请革职,发往新疆效力赎罪,乃折已缮就未发,遽尔骑箕。噫!是诚杜之深幸,而两粤民人之不幸欤!兹将汪学使诸公致(转下页)

旧部，所收极杂，杜道毫无整顿，近在永州一带，公然劫掠。其骚扰商民、挟制官府，尤其小者，湘边伏莽极多，再加以江湖会党煽引勾结，后患不可胜言。杜军本为防边而来，乃转为湘、桂添一腹心之患。请电奏火速调回，由湘另派可恃之军接防。杜道身任统领，一味骄纵，缓急本不足恃，而亦不料其败坏军事如此之甚等语。查杜军声名平常，弟早有闻。其在湘边劫掠骚扰，则以道远，且到江未久，尚未明晰。来电言极沉痛，系为大局起见，自应早为之所。但此等不驯之辈，调回终必贻患，遣散亦不易措手。鄙意先责令裁汰一半，资遣回籍，所馀一半，另易统将，督驻边防，俟桂事大定，再陆续遣退。桂林将领如黄忠浩、王定祥等，威望足以慑服，可否酌派一员，就近带统，或黄、王均难兼顾，亦请于桂林统将中选一员，俾得派委。至杜军劣迹，我公当已深知，并祈密示，以凭核办，感祷之至。

《申报》光绪三十年十一月初十日（1904 年 12 月 16 日）
第 11376 号第 2 版《劣将宜参》

（接上页）勉帅电照录后方：‘督帅李钧鉴：杜俞一军，查系张春发旧部，所收极杂，杜道接统以后，毫无整顿，近日在永州一带公然劫掠。其骚扰商民、挟制官府，尤其小者，湘边伏莽极多，再加江湖会党煽引勾结，后患不可胜言。杜军本为防边而来，乃转为湘、桂添一腹心之患。应请钧处电奏，火速调回，并饬湘抚另派可恃之军接防。至杜道身任统领，一味骄纵，缓急本不足恃，而亦不料其败坏军事如此之甚。书等为大局起见，不敢不据实电陈。汪诒书、刘人熙、欧阳中鹄同叩。’其勉帅致云帅、仲帅电云：‘岑制台、李抚台鉴：……以凭核办，感祷之至。’”

书　　信

01. 致李载珪

葆纯仁兄大人阁下：

奖局停止之事，前已函达矣。奉手书，知前函尚未递到。现在黟、休、歙、绩各捐户，无复有来祁售票者，买票上兑，方讨便宜，此外无他法。极力张罗亦不得，竟负雅嘱，抱歉良深。

耘苓兄嘱买桐作瑟料，俟办就另当函布，但不知此地物产有无此木耳。祈转告之。此复，即颂勋安。弟兴锐顿首。四月廿四日。

据浏阳李华敏先生煮书楼藏原件整理

02. 致李载珪

葆纯仁兄大人阁下：

两得手书，谬蒙存注，草草中不即裁复，良以为歉。菖吾兄为谁，至今未得把晤，即不知其行径如何。

嘱办捐事，适奖局已停，外间无票可售，非弟独于此惮劳也。风帽已为善征带上，算盘则未之见。竹报由何处寄来？祈查示。

阁下司军牍，欣慰之至。然想劳勚十倍矣，惟节宣为幸。

拨冗草复，即请勋安。弟兴锐顿首。四月十五日。

邱姻兄统此覆候。附缴履历一。

据浏阳李华敏先生煮书楼藏原件整理

03. 致李载珪*

同治元年闰八月二十四日(1862 年 10 月 17 日)

葆纯仁兄大人阁下:

久不通音讯,想勋履定属安和,至颂至慰。此间一切如恒,惟疫气流行,深秋不息,兵劫之馀,犹若此其甚耶。闻各军死亡颇多,可为心恻。张、朱、唐已先后换防,行时颇苦,扎定后亦可休养士气,吹枯嘘生。顷闻鄂中不靖,隋州复失,樊城有事,秦中亦极败坏。是否属实,祈一示之。

耘苓兄病恙何如?客中无所恃,恃友耳,恃友中之最亲切者耳。阁下系属同乡,且性情肫挚,照拂必勤,无须鄙人厚嘱也。

此请文安,惟照,不一不一。又八月廿四夜弟兴锐顿首。

梁基永著:《中国书札赏玩》,浙江摄影出版社 2005 年版,第 56—57 页

04. 致佚名

敬再启者:

敝同乡李葆纯茂才,为督宪延教文庙乐律,兹奉札采取歙石,造作编磬,为二月丁祭之用。葆兄亲至婺源,凡招匠取石诸事宜,祈仁兄照拂一切。有须挪用银钱之处,亦烦尊处融通,请示知数目,由弟处归款可也。手此布臆,载请政绥。愚弟兴锐顿首。正月五日。

---

* 原题作《致李葆纯札》。信末署"又八月",是该年有闰八月。结合信中所述,此信应作于同治元年(1862)。

台中同事各附笔复叩。

据浏阳李华敏先生煮书楼藏原件整理

05. 致曾国藩*

同治元年十一月十九日(1863 年 1 月 8 日)

宫保中堂阁下,敬禀者:

十一由景德镇肃具寸禀,谅蒙垂览。兴锐十五夜回祁门,接奉初十日钧函,以祁门情形岌岌,深用忧愤,想失守信至,更不知焦虑如何。良以根本重地,江皖关键,数年保之,顷刻弃之,几使全局动摇,一坏不可收拾,凡在血气之伦,无不发指。侧闻首先窜祁门者,真贼无多,夏间遣撤及前驻黟防之逃勇居多,黟、祁人犹能辨认。向使官兵支住三时,救援早到半日,何至鼠辈狡逞若此!此殆山内馀劫,非人所能强也。舍空旷之黟县,守天险之祁门,荩画精深,至当不易。此次良字营离祁赴黟,实因贼非大股,而窃窜偏速于从前,若由西递直入祁门,一攻营盘,一掠城内,防兵纵能自保,局面已不可言。故聊以数成队伍,遏西武岭之冲,以待援到,独不料失计之中,竟失事也。然观其初七之战而败,败而溃,不归营赴黟;初七失祁门,不赴黟,恐初六即失祁门矣。自良营归并唐军,营官未尝不极力求好,无如勇类太杂,积习太深,平时尚能仰体慈训,临阵则志气全非,其必不堪整顿可知。祁城北街及军械所一炬焦土,西北两硐,一拆毁、一火药轰倒。米仓被焚,仅存后厫馀米约千数百石。军械十去其七,所留枪炮铅弹之类,散布民房,现已出示收集,

* 原题作《李兴锐来函》,同治元年十一月二十二日到,印批:"应复。筱。"

送缴者酌酬以钱。台中提到饶州倒湖厘钱万有馀串，皆归乌有，房屋亦拆伤大半。仓猝之变，流毒至此，真不堪上陈钧听也。

兴锐在景镇已飞请江西拨发军火，虑其缓不济急，向左帅、景镇分局各借少许，早晚可到。米船已有报到者，粮台局面渐能从新振作。惟事事须费，经营倍觉繁难。日昨婺邑解来茶银一万八千馀两，旋即解送旌德，以安众志。肃此禀复，敬请福安，伏乞垂察。卑职兴锐谨禀。十一月十九日申。

中国社会科学院近代史研究所资料室编：《曾国藩未刊往来函稿》，岳麓书社 1986 年版，第 231—232 页

06. 山内粮台信稿*

同治二年十一月初九日至同治三年二月初七日

（1863 年 12 月 19 日—1864 年 3 月 14 日）

（1）致饶州牙厘局王子敷（节录）

初九始达祁门，两月积事清厘颇繁，又愁米愁钱，苦无以应众军之索。

（2）复紫帅（节录）

解付贵营之六千金不过稍资分润，贵军贫苦，拟从祁台酌拨，

---

* 标题为整理者所拟。按，这部装订成一册的书信底稿共 103 页，有致曾国藩、莫友芝等人共 99 件信稿，作于同治二年十一月至次年二月，封面题"信稿""癸亥季秋"。山内粮台驻祁门，李兴锐为总办，信稿内容主要是李兴锐为湘军皖南诸部筹措军需的情况。兹据拍卖图录及相关介绍文章、图片整理部分信稿，存其史料。

惟以祁阻高岭,旱路数百里,殊不便转运。(中略)敝台当筹备三四万石,请阁下派人运去。

(3)致佚名(节录)

(上略)难益念彼都之苦,弟其偶忘者也。十三夜二鼓达祁门,询知日前窜绩之贼,人数果众,未几进扰歙南。十一日,唐军乘雪掩击,擒斩夺获甚多,该逆即由深渡过河,猛窜浙之淳、遂去矣。但祝浙东不复糜烂,下游不复来贼。毛军到日,山内外俱有声援,大局当可底定也。敝台现在存米寥寥,已函属饶局多办,俟有端倪,即当酌付贵各营,至时再为信去。草此,即颂。(中略)副前营刘公是何别号?祈致意,不另。

(4)复老湘营王(节录)

瑶翁仁兄统帅大人节下:

奉书,具聆一一。采买艰难,挽运涸绝,无米之妇,劳阁下一再商催,愧煞愧煞。年馀不断接济,今忽蹈一毛不拔之嫌,非阁下素知此间情形,洞悉鄙人行事,鲜不疑敝台故怀吝惜矣。

细绎来书,业已函致杨柳翁,请其一并兑拨,其已拨收者不过千馀石云云。是克勇之米犹有馀望,即已拨之数足敷冬粮,所欲取诸敝台者,大约系来春食米。假使稍可通罗,年前预支未尝不可,不意时会窘迫,颗粒无存,日昨奉中堂札饬,由祁台拨解太平米八万石,多方营谋,苦不就绪,不得已向通济(中略)瑶帅仁兄大人勋安。〇〇顿首。十一月廿七日。

(5)致喻觐勋(节录)

(上略)未可遂以为安,老兄谋虑深渊,当早计及也。昨奉中堂札饬，由敝台拨解贵部米六万石，现因河水极涸，祁仓毫无运储之粮，业经设法腾挪，筹就即行陆续发运。运之之法，拟以祁夫送黟县，黟夫送郭村。此二处雇送事宜，弟当任之。查郭村去太邑不远，应请麾下派夫至该处迎提到营，以资便捷。山内米夫万难，祁、黟之夫不能胁送太邑，向来积习如此，不然即一直解赴贵防，亦非分外事也。至米石由祁局过戽装袋，书口钤条，途中不须开袋，以杜偷漏。专此奉布，即请捷安。鹄俟回玉。如弟〇〇顿首。十一月廿七日。

米事当紧筹解，但祁仓既阙，市中亦无馀储可采，六万石恐是齐米，好在此项系(下略)

(6) 致黟县谢令

和庵仁兄大人阁下：

久疏音敬，伏想履缱延绥，至以为颂。弟奉中堂札知，太平喻营需米正亟，饬由敝台拨解六万石。此去山路崎岖，转运原属不易，然兵食所关，势难中止。现拟用祁夫挑送黟县，另请贵县雇夫接递太平，夫价每里七文，悉由弟处照给。如不能竟送太平，到郭村亦可，弟另函商请喻镇军派勇至郭村迎提，想必见允。叨在舟谊，千祈神照。此候升安，馀惟照督(升安馀维)①，不一。愚弟〇〇顿首。腊月初二。

莫善征附笔致意。

(7) 复礼后营张品三

品翁仁兄大人麾下：

日前两接赐缄，事冗稽答。宋、史二位薪水银两，已照来示代

① 底本衍文。

为兑交，登入贵营支账矣。桂帅经此得晤，想不数日即可自安庆启程回防。岭外边境以及绩溪一带近日有无动静，尊处当时有的探示悉为幸。草复，即请勋安。愚弟○○顿首。十二月初二。

（8）致佚名（节录）

（上略）水于前月廿五失守，乃贼匪假扮商人入城者，皖南恐不免再有事也。匆此，即请勋安。馀再报，不一。愚小弟○○顿首。腊月初四日。

（9）致阎禹邻（节录）

禹邻仁兄大人阁下：

初一奉还云，敬聆种切。为事缰画，旬不修候，想勚体常恬好也。苏淮将帅之衅，曲直可知，主客之间，往往坐此闷气，幸调处将息，所关匪浅。广德闻系伪燕王所踞，人尚不多。黄文金似在泗安，伏处如昼鼠。忠、侍意必在金陵、常州，常州有克复之说，不卜更窜何处，皖江、内地诚可虑也。浙军近似得手，皖军能先收广德，控制湖州一面，则篱落稍紧，不至为去秋故事。兄谓何如？弟所请诰轴，经谭敬翁乘便差寄至长沙，八月间始到。转寄舍下矣。竟忘记通知（下略）

（10）上曾中堂书

宫保中堂阁下，敬禀者：

○○叩辞后，于初七日行抵青阳。傍晚从易昀荄处得阅旌德处飞函，具称：初五夜，易镇军探报，贼众首队已至绩溪，后队由项乐间纷纷而过，人数甚众等语。此次逆贼剽疾上窜，意必借径徽、婺以窥江西,如股数不大,强中、老湘两军当足了之。若系忠、侍诸酋挟全力以至,则山内道路太杂,兵力尚单。前奉面谕,将以毛竹丹观察之师移驻休宁,为各路游击。现想尚未拔营,拟请饬催毛军早日拔往山内,遏狂寇之焰,而收一篑之功,大局幸甚!至毛军米粮,已于初四耑差至祁,预为安顿。

○○本拟取道石、太、旌德,以达徽、祁、休,今以山内有警,准于初八日由石埭先回祁门,合并禀陈。敬请勋安。○○○○谨禀。正月初八日在青阳发。

(11)上中堂书(节录)

敬禀者:

昨奉正月十六日钧函,敬聆训示。前次上窜之贼,经唐、王、席各军节节痛剿,徽、婺、开、遂现无贼踪,毛军义、信诸营已于廿七、廿九次第赴休宁矣。顷晤代统继果营王县丞,言贼由玉山僻径绕出广丰,沈帅拟调该营往抚州防剿,令侯宪台派兵接防,始行拔营云云。前日休宁途次,接奉□□□商,唐、易二镇由徽州等解旌德军米。比意旌军需米既亟,若必由祁门发运,未免迟缓。且毛君移到,正在赶紧运米,祁门夫挑渔亭船,急切难以抽拨。查上年休宁储米,后经唐军运存徽州,历时既久,恐致陈腐。拟将此项抽挪三四万石,就近解往旌德,另由祁台筹补徽储,既可推陈出新,又能速济军食。兴○已函商唐、易二镇矣。

强中营勇,逐一点讫,另禀详晰陈明。朱、唐为中堂宿将,具有感恩图报之忱,○○每于谈论间微窥得之。当此饷项支绌,而营务犹能守旧,即此可见认真。惟虑驻防过久,士气易靡。(下略)

(12)致昀、搁翁(节录)

昀、搁翁老兄大人戏下：

初六、七两交来弁带复之信，均邀省览否？石埭之米，前以祁台空乏，故未应命，不意尊处已禀中堂，且添出贤义等营一项，昨经札台，势不得不无中生有矣。由饶州分别筹备，委黄南桥领解大通，已详具公牍中，统希(下略)

(13)致唐桂帅

桂帅老兄大人节下：

午后奉十七日惠复，备闻一是。适鍊翁有信到新仁营，言毛军十七渡江，义从十九渡江，中堂允新依移扎休宁，现在新依准于廿一率八成队赴休。弟意仍须尊处派营益之，庶屯溪有事，可以两处出队也。兄谓何如？弟准于明早启程赴徽闻教。匆此，即请捷安，不一。如小弟〇〇顿首。正十九夜。

(14)致佚名(节录)

(上略)贵军精悍整齐，〇〇早已闻知，每每妄作同舟共济之想，而未得其机也。兹承谕商禀调，本无不可，但目下侍逆股匪已由德兴、玉山一带窜近广丰河口，沈中丞调集各军分道驰剿，即驻祁门之继果营昨亦调去，是则内地现成之兵，不必准调令出省，此显而易见者。且即以禀中堂，暂亦不肯咨调。请俟江西肃清之后，机缘凑巧之时，〇〇自当悉力图之，以副谆嘱。

此间军务尚称平稳，只要江西一股尽早歼除，后股不能上窜，则金陵、杭州无虑，饿贼不灭即散，大功不难告成也。匆匆手复，敬叩台安，不一。受业外侄○○谨禀。舍弟兴○附笔请安。二月初七日。

湖南永乐拍卖公司2011年“湖湘三百年”名家书画拍卖会拍品《李兴锐湘军钱粮总调拨信稿》，拍品号：0125；北京东方艺都2011年春拍古籍善本专场拍品《李兴锐信札原稿》，拍品号：022；北京匡时2012年秋季艺术品拍卖会历代书法专场拍品《李兴锐信稿》，图录编号：1350。刘鸿伏：《湘军文物的重大发现——湘军钱粮总管李兴锐钱粮筹拨书信原稿考略》，载2012年2月15日《湖南日报》及《文艺生活（艺术中国）》杂志2014年第4期

07. 致蓉斋*

贵部一腾挪之间，营中无数粒为炊之虞，此间有积少成多之益，尊指以谓何如？查存谷原奉帅札，归唐军经管，敝处现已函商桂公矣。此请台安，不一。兴锐谨上。十月十四日。

闻席砚翁有降调知府、王心翁有革职发新疆之说，皆杨制帅所劾，不知其详。尊处有所闻否？锐再拜。

刘宝翁前次来祁，匆匆一谈，越日往拜，则已行矣。附此一道拳拳为荷。又及。

北京保利十周年秋季拍卖会“简素文渊——香书轩秘藏名人书札·下册”拍品《李兴锐书札》，拍卖时间：2015年12月，拍品号：3652

---

* 蓉斋，姓名待考。

08. 致黄翼升*

同治七年二月廿五日(1868 年 3 月 18 日)

……直北内窜之贼,闻被官兵拦头击走。不知近日情形如何?月内雨泽过多,军行不便,惟河水渐涨,贼骑不复能逞。曩有卫地灭贼一谣,今当验矣。……二月廿五日。

江世荣编:《捻军史料丛刊》第三集《黄翼升藏朋僚函牍》,
商务印书馆 1958 年版,第 215—216 页

09. 致曾国藩**

同治九年六月十七日(1870 年 7 月 15 日)

宫太保侯中堂爵前,敬禀者:

卑府拜辞台阶,来京一月,适逢西太后慈躬不豫,各衙门递单引见,联撤数班,故实缺亦稍稍羁滞。一说自闻天津民夷之变,忽忽不乐,不以时视朝,殆未必然。卑府昨晤何子愚先生,闻之毛尚书云:(宫)〔官〕府仅恃文告以抚洋人,姑为抑夏扬夷之词,实主就事判理之计,特朝廷不肯明持正论,欲从外间发端,于中取决耳。醇邸所陈民不可拂、官不可屈、察彼出入、严我备御各条,举国咸知,称韪者什八。所最恶乎洋人者,与国并力尝我也。而俄之人

---

* 底本原注:"此信为同治七年二月廿五日所作,在第一册内。李兴锐字勉林,湖南浏阳人,时以候补知府综理皖岸盐务。"(第 222 页)按,此信为节录件,首尾省略符系底本原有。

** 原题作《李兴锐来函》。

曰:死者三人,俯仰失赖,但望结案后斟酌恤予,则无多求。英、美注意得财,而词气委婉似俄。且此三国者,抱怨法党以教生衅,误彼通商。法亦重得罪三国,将欲俯首帖耳,以时解纷。此总署见见闻闻之近状也。

中堂忠信出波涛,德威动蛮貊,又以见远未萌之智,举重若轻之力,万目钻瞻,遐迩系属。天下事隳之数十百年,而补救于一旦,度量相越,岂不远哉!惟是犯暑启行,荩劳倍笃,眩晕之疾曾否尽除?刻深穚慕。荔秋刑部熟悉夷情,宜分任以自节。卑府六月内不能出京,贺令宏勋指发就绪,起复尚为铨曹牵掣。诸蒙慈厪,谨此禀陈。恭请福安,伏维垂鉴。卑府兴锐谨禀,六月十七日申。

《曾国藩未刊往来函稿》,第371—372页

10. 致陈鼐*

同治九年八月初六日(1870年9月1日)

作梅先生阁下:

两奉手示,敬闻种切。今年盛夏暴热,初秋骤凉,气候颇觉不正。尊恙自因寒多热少,然亦不可猝用姜附,致使浮热不得泄,蕴积而为咳嗽也。千万顺时摄卫为祝。

李相调任直督,旦晚必拊直境,未知台从何日往迎,能同至津门否?

---

* 陈鼐,字作梅,号竹湄,江苏溧阳人。道光二十七年进士,官至直隶清河道。查《李兴锐日记》,同治九年八月初一日"接陈作梅信",初六日"写调甫、作梅、际文信",其中致作梅者当即此信。

此间事尚无别样波澜，内外一主原议。张、刘递供，三帅往复推核，日内当可讯结出奏。此二君者为此案大枢纽，何能稍自损坏保全之意？三帅及总署持之甚坚，谅非汉奸所能害。凶犯拿获数十名，似分斩、绞、军、流请治罪，最轻者释放抵命，不越二十一名。且不速杀，事定乃杀。多拿至数十名者，一以闭洋人之口，一以防冤杀之弊。三帅商量如此，又非木师驩凶之计也。此外赔修教堂、恤予死鬼两条，原议亦曾许及。既许者妥为办理，自馀皆不可许之事，内外无不勉徇。总署拊制夷酋，屡有"应办者速为办理""不能办者万难强从"二语。中堂与威妥玛、赫德两酋面谈，亦如此云云。万一该酋翻脸，无理取闹，是彼自坏和局，当如李相所谓一拚也。事后条约宜有所增，亮识极当。

中堂自限八月廿三了案，随后上疏告退。昨奉寄谕，调任两江，谢折以目疾辞，恐难遽蒙俞允。穀帅之变，闻者皆惊。复请台安，馀再报。不宣。兴锐顿首。八月初六日。

中国嘉德2016秋季拍卖会古籍善本专场拍品《李兴锐、陈其元、周馥等书札》，拍品号：2039；又见北京保利十周年秋季拍卖会古籍文献专场拍品《陈其元、李兴锐、周馥等书札》，拍品号：739

11. 致高端甫、敖云乔、赵筱山*

同治九年十月十二日（1870年11月4日）

津门之乐，得未曾有。数丈狂澜，陡起陡落，笑我者有之，怨我者有之，兄等用情最笃，知我最真，宁独无一言半解以相谅耶？

---

* 该日日记云："夜，作信寄萧廉甫及其幕友端甫诸位，交纶阶专便带去。夜半雪止。缄端甫、云乔、筱山云：津门之乐……诸惟努力自爱。"

郁芬留于齿颊，咳唾隔以云天，回首东望，能弗怅然！别后道路泥泞，雨雪交困，四日方达河间，亦不知迂绕几何里数，销受几何闷气。前者过欢，今者过寂，环报若此，必非兄等所愿闻矣。弟半世飘篷抖擞，来直丝毫无所建白，率尔挂冠，博一斗名以去，虽风流之罪过，亦解嘲之变格，未始不足以自豪。千金虽小，云、筱自能珍之，无俟琐属。至于奎也、翠也，我之所玉，而皆不能毫发无遗憾者也。此后渺渺山河，音问莫及，尚赖诸君广庇，为我左提右挈，以匡不逮。若遽加白眼，冷热天渊，彼必有词以怼我，兄何取焉？甫卸征装，走笔奉状，后会何时，诸惟努力自爱。

《李兴锐日记》，《天津图书馆孤本秘籍丛书(三)》影印稿本，第 502—503 页

12. 李兴锐、郑藻如致盛宣怀函

光绪四年八月初四日(1878 年 8 月 31 日)

杏荪尊兄大人阁下：

初三日奉读惠书，借悉药水等件已蒙察收。比谂荩画勤劳，时厘畅懋，至以为颂。

铸铁一事，欲合九州之产运聚一处，购器熔炼，自因风气未开，先筹执简御繁之策。崇论闳议，钦佩万分。惟此种办法似乎尚有窒碍。外国炼铁必就出煤之地，非仅取其利便，缘熔冶矿砂约煤七八吨始成生铁一吨，由生炼熟约煤二三吨始成熟铁一吨。近来新器，用炉数座，以热风扇之。生铁既熔，即从第一炉中以次灌注各炉，或为钢，或为熟铁，各有一定节度。由是施之碾床，运以机器，为板为条，必使材料既成，然后运售各处。盖铁矿、煤矿相近，既省煤价，成料而后运售又省人功。非此则成本必贵，无利可图也。目

下外国铁价，上等皮皮字号铁板，每百斤值规银三两五钱至三两七八钱，稍次仅值三两二三钱；正号诸式铁条，每百斤值规银二两五钱至二两七八钱，稍次仅值二两一二钱，均送至买家交收，所有水脚、关税、行月皆在其内。若如来示，湖南生铁运至汉口，每百斤合银二两四钱，加以煤价、工资、火耗及起卸搬运之费，机器碾轧一切油煤各费，每成熟铁百斤，非再增成本两馀二两，恐不能办。由成铁之地再运别处发卖，脚价又以远近递加。即此观之，有无利益，可以屈指而决矣。

至敝局不能承办，约有两端：一则款项支绌。目下刻不容缓之件，办理尚觉拮据，安有馀力以资分给？津、沪合筹之说，试以阁下设身处此，当必深知其不可行。往事似无庸议。一则相距产铁、产煤之地太远，明知有损无益，谁肯倡此赔本之论，以受将来责备？况沪上地土松浮，炼铁之器类皆重大，山地尚宜安置，沙地如何任受，恐摆设机器其费不止加倍，尤不上算。经费既已无着，地势复不相宜，谬附虚名，牵率经理，徒违作事谋始之戒，不待智者而知其不可也。

总而言之，煤铁为中土自然之利，为目前切要之需，及今不办，外人益肆觊觎，其势断难中止。但宜问铁苗之旺与不旺，矿质之佳与不佳，取煤之近与不近。三者果有把握，正不必遽炼熟铁，即如尊议暂办生铁机器，但求货色、价值与外国两无参差，则销售必能通畅。试以各省官厂而论，岁需生铁当在五千吨上下。各省冶坊及香港、厦门、上海三口华洋商厂所销之数合计，定必不少。向来中土生铁不善提炼，质硬而粗，铸器既不精致，锭鏇又无所施，而其价竟与外国相等，或且过之。今外国第一号紫口生铁每吨平价约廿二三两，第二、三号者以次递减。诚使炼出生铁价货无殊外洋，人亦何乐求诸远方，何乐勉用旧产而不群然相就哉！生铁畅销之后，远近咸知获益。彼时或招商或官款，购器炼熟，一气呵成。有成本可算，有工匠可使，有成效可征，驾轻就熟，莫便于此。

我公绸缪全局，力创其难，江汉数千里躬亲履勘，冒涉炎暑，一切调停筹画，费尽苦心。凡属同志孰不拜服到地，日盼事机之顺遂，用敢罄竭愚虑，以备采择。尚乞恕其狂瞽，曲赐教言，幸甚，祷甚！耑泐布复，敬请台安，并贺秋喜，统希勋鉴不宣。愚弟期李兴锐、期郑藻如顿首。八月初四日。

陈旭麓、顾廷龙、汪熙主编，徐元基等编：《湖北开采煤铁总局·荆门矿务总局》下册，“盛宣怀档案资料选辑之二”，上海人民出版社 1981 年版，第 336—338 页

13. 致佚名*

光绪七年四月二十一日（1881 年 5 月 18 日）

大人阁下，敬禀者：

年馀不肃笺候，翘跂东山，弥深倾结。伏审道躬康健，禔福翔輶，如颂如祷。

吾楚恶闻西法，贤者不免，义愤所迫，未可厚非。公谓人心可与为善，谋设学会，相与㖧濡；岘帅谓宜从容开导，以俟气机之转，皆至言也。校经堂果否议行，艺事括举制造、化学、数算之全，师资良不易得。兴锐上年劝玉阶中丞从矿务入手，利孚则气驯，百趋则

* 信中提及曾国藩之子曾纪鸿（字栗諴）之死。查曾纪鸿于清光绪七年（1881）三月在北京病故，故知此信作于光绪七年。

万向矣。俄事既息，日本近亦俯首帖耳，不敢公然为宍酋泄愤，天下事尚可为，听人自择要领耳。

此间局务，仿造阿姆斯脱郎，仅有成器去年成四十磅子者十七门，今年可成百二十磅十数门。自馀，军火陈陈相因，不良不窳，无毁无誉。兴锐不才，未能大有所补救，深切愧恩，惟祈大君子进而教之。

栗諴一病不起，摧兹伟器，良用悼惜。遗孤稚弱，赖同乡京官萧、唐诸君为之经纪身后。旅梓将以四月廿四归葬，李中堂派王瑞堂大令护送，知念敬及。附上郑陶斋、马眉叔禀械二件，郑件搁置已久，乏便，今始寄达，尚祈涵詧。肃此，敬请钧安，统惟台鉴。职道兴锐谨禀。四月廿一日。

《湖湘历代书法选集·综合卷》，湖南美术出版社2012年版，第274—275页。原件藏湖南省博物馆

14. 致卫荣光*

光绪九年

敬禀者：

窃以先慈弃养，猥蒙宠幛遥颁。拜款款之深仁，恩流垩室；仰煌煌之巨制，光照泉台。伏维大人绩懋申圻，政敷子惠。德威远播，建节钺于吴门；恩眷益隆，荷丝纶于虞陛。师干在望，豫颂维殷。兴锐子职徒亏，亲丧莫殉。惨终天于风木，痛切鸡斯；荷逾格之帡幪，感深鳌戴。专肃寸禀，恭谢宠赐。虔请钧安，伏维矜鉴。

* 原件第二页有收信人批语：“（光绪）九年三月廿九日到。”按：李兴锐母亲光绪九年二月十五日去世，故知此信当作于该年二三月间。

棘人兴锐稽颡谨禀。

北京德宝2018年秋季拍卖会古籍文献专场拍品《李兴锐信札》，拍品号：26；又见西泠印社2020年秋季拍卖会中国书画古代作品暨明清信札手迹专场拍品《徐用仪等人致卫荣光信札》，拍品号：815

15. 致谭嗣襄

光绪十四年十二月二十日[①]（1889年1月21日）

泗荪世兄大人阁下：

别后承惠寄厦门一函、台湾两函，具聆一切，惟舒君所常一函尚未收到。辰惟宣勤鹾局，即事多嘉为颂。台省需才正急，足下留此办事，引重上游，机会极好。初预外事，总贵勤慎，跂望前猷，曷胜忻慰。

所存敝寓大小皮箱七口，帽笼一个，修好洋枪三枝，弹子一包，已代请关单，即交贵叶纪搭开封轮船赴厦门，以达台湾，到祈验收。舒君所常洋钱十六元，想系作盘费用，因舒君尚未送到，弟垫发洋十六元，俾叶纪早日成行，俟舒君送到归还可也。

四舍侄已往东洋，小儿、五舍侄在沪，承询并及，手此复候升安，馀惟炤察，不一。愚弟期兴锐顿首。十二月廿日。

《黄氏忆江南馆藏清代名人翰墨续集》，《近代中国史料丛刊续编》第63辑，台北文海出版社1975年版

---

① 此信年份参考谭继洵撰，贾维、谭志宏编：《谭继洵集》附录一，岳麓书社2015年版，下册，第664页。

16. 致少翁

少翁老年伯大人阁下：

昨承枉驾，惠赐舍侄符箓多张，云情可感，暂未能力疾走谢为歉。年来苦心筹赈，神人共钦。现豫灾甚剧，措置辛苦，侄绵力，聊助洋蚨三十枚，以将微意，敬祈汇收，幸勿列名登册为荷。此请台安。年愚侄兴锐顿首。十一月初十日。

陶湘编：《昭代名人尺牍续集》卷二十，《近代中国史料丛刊续编》第75辑，台北文海出版社1975年版

17. 致曾国荃*

光绪十五年七月二十五日（1889年8月21日）

宫太保尚书世叔大人爵前，敬禀者：

窃侄远暌慈范，动已五稔。春间强病北行，未修谒辞之礼，谬蒙长者矜恕，谕答肫肫，感悚曷已。辰下敬维禔躬笃祜，华裔欢欣，种苻孺颂。侄津海求医，了无成效。趋走笨滞，拜跽尤艰。本不堪混迹官场，强效健者行径，而匏悬萍荡，岁月因循，诚不知其所底。

五月间，蒙傅相附奏销假回省，幸免部驳，比已预海防支应差使矣。廉吏不可为而可为，古训及其老而戒得。无如材疏遇啬，家

* 原题《致宫太保》。

世清贫,兄弟沦丧,孤嫠盈室,恃一手一足之力以全活群伦。婴痼疾而不归,蹈形秽而不顾,仰公家之廪禄,济末路之穷愁,是非士君子之行,而身世迫之致此,甚愧!甚愧!

北洋局事恢廓,外防似有端倪。天下最难得者人才,不可剥者民气。自洋务增重,而吏治益轻,百十年后,竟可置而不论,此隐患之最大者。浅者见浅,老叔以谓何如?

肃此,禀陈近状,病腕不能端楷,尚祈恕宥,敬叩福安,伏惟垂鉴。世小侄李兴锐谨禀。七月廿五日。

陈建明主编:《湖南省博物馆馆藏百位湘籍名人手迹》,
岳麓书社 2006 年版,第 168—170 页

18. 致沈能虎*

遥隔芝标,时殷蒹溯。荷华函之先责,辱藻饰之有加。敬维子梅仁兄大人勋华彪炳,履祉骈蕃。展经济之宏才,豸章焕采;荷丝纶之殊宠,凤诏酬庸。引睇裔晖,良殷抃颂。弟海防从事,津榷忝权。愧非治剧之才,鹈濡时凛;尚冀箴言之锡,鳞简频通。专复寸启,敬请勋安。统希惠詧,不备。愚弟李兴锐顿首。

中国嘉德 2016 秋季拍卖会古籍善本专场拍品
《李兴锐、陈其元、周馥等书札》,拍品号:2039

---

* 沈能虎,字子梅,号怀景、轶侪,浙江海盐人。曾官直隶通永道,任招商局总办。按:李兴锐光绪十七年九月署理直隶津海关道,次年七月交卸,此信当作于这段时间。

19. 李兴锐、刘启彤致盛宣怀函

光绪二十年七月十六日(1894年8月16日)

杏荪仁兄大人阁下：

接诵手示,敬悉。查从前雇募德国教习,薪水均视其人学艺之浅深,以定薪数之多寡。即同系千总,薪水亦不一律,伤亡恤款亦稍有参差。兹检德员旧合同,将薪数、恤款摘录大略,呈备裁核电复。至本年海军船上各洋员,因战事另订合同,薪数、恤款格外从厚,系为临战而设。现方在外洋订募,自可无庸预议也。手复,敬请台安,惟照不宣。愚弟李兴锐、刘启彤顿首。十六日。

附呈照录洋员合同节略一纸。

洋员合同中关于薪数、恤款规定

一、武备学堂雇募各洋员薪饭银两,月支自一百四五十两至贰百五十两不等。

一、洋员如自觅住房,准日支房费马干银一元至二元不等。

一、来华准给头等舱位费银。

一、自订定之日起,至到差之日止,准月支原薪一半银两。

一、回国时视差事勤惰,酌加赏项,仍照来华时酌给舱费。

一、该员在合同期内身故,准给三个月薪水作为恤银。

一、该员在差次因公受伤,应由中国付给两个月薪水,自行医治。如因伤成废,或受伤身故,准给三四个月薪费不等,仍给舱位等费。

一、在合同期内如遇战事，再行续议。

陈旭麓、顾廷龙、汪熙主编，齐国华、季平子编:《甲午中日战争》下册，“盛宣怀档案资料选辑之三”，上海人民出版社 1982 年版，第 152 页

20. 李兴锐、刘启彤致盛宣怀函

光绪二十年八月二十四日到（1894 年 9 月 23 日）

杏荪仁兄大人阁下：

接奉手示，敬悉一切。前敌军食自应预为筹备。惟周玉翁来电，尚系指平壤大军未退而言。现各军逃溃，已至九连城，情形又变，将来奉边一带能否坚扼，鸭绿江上游粮米能否采办，均无把握。鄙意前解赴义州买米银三万两，已由袁慰翁购米万石，如欲添购，尽可在解存凤凰城十万两内动拨。将来各军需饷，果能立脚牢固，另由局筹解，应用一切机宜，应俟周玉翁驰至前敌处所，相度情形，再行电商办理，目下似无庸亟亟筹解也。专复，敬请台安，惟照不具。

愚弟李兴锐、刘启彤顿首。

《甲午中日战争》下册，“盛宣怀档案资料选辑之三”，第 234 页

21. 李兴锐、刘启彤致盛宣怀函

光绪二十年九月十三日（1894 年 10 月 11 日）

杏孙仁兄大人阁下：

顷承手示，敬悉。徐剑农领米五千石，敝局于半月前已填给联单，俾持赴官栈领米。已领过米二千石，徐三千石至今未见赴领，

甚为可怪。如其需米甚急,尽可随时赴领,并无庸另行发单也。周玉翁来电请领米二万石,运至营口,转解前敌搭发。兹即照数填单,送请尊处派员持单赴栈领米为祷。恩赏前敌制钱一万串,已奉院批饬暂存库。自应遵饬办理,昨已钞咨冰案。鄙意,俟前项钱文解到,即由局暂点收,存库待拨。并以奉闻。手复,敬请台安,不宣。

愚弟李兴锐、刘启彤顿首。十三日。

附呈军米二万石领单一纸,又原电二纸附缴。

《甲午中日战争》下册,“盛宣怀档案资料选辑之三”第 272 页

22. 李兴锐、刘启彤致盛宣怀函

光绪二十年十月二十五日(1894 年 11 月 22 日)

杏孙仁兄大人阁下:

旅顺岌岌可虑。救急之策,似宜调六蚊船暨“福龙”六雷艇,驻防旅顺后路之南关岭之南。六“镇”、六艇宜分东西两面,各驻其三,可拒敌之抄袭。拟请密禀傅相,及早调度。尊意想以为然。密布,敬请勋安。

弟锐、彤顿首。廿五。

旅顺后路宜择要多下水雷,亦乞禀请布置。

《甲午中日战争》下册,“盛宣怀档案资料选辑之三”,第 349 页

23. 致莼翁

光绪二十二年五月(1896 年 6 月 11 日—1896 年 7 月 10 日)

蒲序欣逢,兰函远贲。荷因时之绮注,益永昼以驰思。敬维莼

翁廉访大人履绥介福，筹祉凝庥。日映榴图，奏云璈之雅曲；风清槐阁，试雪练之轻罗。翘跂鸿仪，倾心凫藻。弟谬司策务，徒自薪劳。愧益智之无方，流光虚掷；抚良辰而志庆，忭颂维殷。肃泐奉贺午禧，敬请筹安，馀惟惠照，不一。兴锐顿首。

孔夫子旧书网在线拍卖拍品，拍品编号：9137093，拍卖时间：2012 年 7 月 31 日至 8 月 3 日，规格：24cm＊12cm＊2

24. 致沈能虎

光绪二十七年秋

蓟门春雨，不忘曩日清游；滕阁秋风，忽见朵云吹下。承注存之周挚，遂感佩之交并。恭审子梅仁兄大人勋猷卓著，福祉蕃臻。泽爱咏甘棠，回忆化行赤紧；指挥勤挽粟，即占恩拜丹纶。引领枵晖，莫名藻颂。

锐忝领封圻，时虞陨越。去年民教相争，□案累累，议赔缉犯，无一非棘手之端，数月磋磨，始克办竣。而水灾又遘，拨款频增，无米之炊，徒嗟仰屋。所幸迩来民情靖谧，堪慰荩系。

承示南漕抵津，现拟由火车运仓。此事屡经中外建议，只以惮于改作，迄未能行。今果乘时变革，而创办之始，又得长才经营其间，可举从前积弊，一扫而空，闻之至为愉快。惟不知运费较用舟能稍省否。其一切详细办法，公馀之暇，如能见示一二，尤为感企。

专此布复，敬颂台安，附完芳版。不具。愚弟李兴锐顿首。

孔夫子旧书网在线拍卖拍品，拍品编号：27142631，拍卖时间：2017 年 6 月 9 日至 6 月 12 日，规格：25cm＊13.5cm＊3

25. 致荣禄*

粉荔迎年，乍布阳和之气；祥霙饯腊，咸歌燮理之功。伏维中堂勋福丰隆，讦谟劼毖。钧调玉烛，华夷震硕辅之名；翊赞金瓯，军国寄平章之重。图开元会，庆溢全球。

兴锐忝领疆符，惭无建树。驹光虚掷，凤籥俄更。景函夏之澄清，颂宜春而轩僊。专肃恭贺年禧，祇请钧安，统希赐察。李兴锐谨肃。

《近代史所藏清代名人稿本抄本》第一辑第66册，第134—135页

26. 致荣禄**

光绪二十九年正月（1903年1月29日—1903年2月26日）

敬肃者：

窃以南极波澄，幸海天之如镜；东郊日暖，欣京国之回春。敬维中堂泰始延釐，履端集庆。理阴阳而行夏，皆黄扉日赞之功；合中外以登春，验紫殿风和之瑞。翘詹硕望，不尽敷陈。

晚移摄岭东，初逢岁朔。梅边觅句，小吟山意之冲寒；花底退朝，想见天颜之有喜。耑肃恭叩年釐，祇请勋安，诸惟融察。不庄。晚生李兴锐顿首。

《近代史所藏清代名人稿本抄本》第一辑第67册，第583—584页

---

* 原题《李兴锐禀中堂（荣禄）文残件》。据内容，似是光绪二十七、二十八年之交所作贺年笺；首尾皆全，似非残件。

** 原题《李兴锐致中堂（荣禄）函》。按，文中有“晚移摄岭东，初逢岁朔”之句。李兴锐光绪二十八年移署广东巡抚，故此函应为光绪二十九年正月所作贺年笺。

杂　　著

01. 先考府君先妣太夫人合葬墓志

光绪九年八月(1883 年 9 月 1 日—1883 年 9 月 30 日)

呜呼！府君既卒之三十九年，纪岁癸未，吾母春秋八十，弃养江南上海公寓，丧輀还，以八月二十六日癸酉祔葬筱水垅居第东阡府君宅兆，垣封碑碣，物像如今制，仍形家言，枕亥趾巳。谨泣志梗概，用诏来兹。

府君讳锡祺，字竹香，次居二。先世文通公明季自平江江郙市迁浏，是为浏阳李氏鼻祖。九传至应松公，世有隐德，宗支乃大。曾祖讳兆明，国子监生。祖讳宗任。考讳祚承，国子监生，仁孝恭俭，粹然有魁儒风。晚岁丰于财，以节缩服食、宏济群伦为己任，唯日不足，长者至今称述弗衰。

府君气象尊严，声如洪钟，见者惮慑。然温良嘿穆，与物无忤，型于家，式于乡，壹本先绪而恢廓之。邑有义举，宗族有兴创，孤嫠有求欲，津梁道涂有修治，无役不从，无诚不至。喜居间解两家争讼，其犷悍者峻厉责之，势若霆摧，往往寝息。尝谓君子在上，则静万变之器，在下则排一方之难，道一而已。自少侍先太父治外事，大以失学为耻，讲求经世，宾接文士，教督诸子，倍蓰严师，舐犊之爱，一如其量。

道咸之际，寇氛四塞，一二愤发敢□□□□□□同子弟数千百人，喋血转战，誓不生还，而大乱徐定，天子伟之，士民怀畏。不士不农不学剑，崛然军功起家，□□□□□□□青史者，湘楚之人独多，气为之也。府君负雄杰非常之具，遭际承平，不有奇遇重事，发摅志意,亦抑塞磊落自然之数矣。道光已□□□□□□卒,年四十有三。后四年而乱作。十月初三日卜葬乾塘山,辛酉十月改葬郭家冲,癸酉九月改葬斯兆。以祔葬故启视,吉,更为棺椁衿敛,惟贞惟新。

先妣周太夫人,浏阳处士永瑚公次女,积学文波公胞妹。十九来嫔,事祖姑、翁姑兢兢至孝,佐府君综家政,饎爨必谨,宾祭不愆,娣姒无间言,视群从子女如己出,内外整饬,室以太和。有子男四人、女二人,恩勤无所假借。厥后御诸妇,亦如之。其以母道兼父道,范驹雏于义方者,至难能矣。

兴锐既少孤,戆愚不识礼度,弟妹率皆□弱。岁歉时艰,救死不暇,师资阙有间矣。爰命家居课弟,而自置机杼东厢,昼则户牖洞开,夜则□帘幌别□□□枣处左,夏楚处右。所示守家训、礼明神、重字粟、惜物力、亲贤远邪、通经制用诸大端,又复千□□□□□□□咸丰戊午,兴锐始以诸生偕仲弟从事湘乡曾文正公军营,濒行,百端诏诫,尤谆谆于以□□□□□□□□□□迎养皖江差次,于时子皆成立,女归士族矣,哽咽而言曰:儿曹廑不瘝旷,吾佗日□□□□□□□□□□□□法持母教垂四十年,不厌不倦,苦心迈志若此,视昔和丸画荻之贤,分量□□□□□□□□□□□□□□□君子。二月十五日,无疾含笑终。六月初二日,旅梓抵家。

初,兴锐以军□□□□□□□□□□□□□□□□□府君皆奉政大夫,祖妣氏张赠宜人,妣封宜人。嗣官直隶□□□□□□□□□□□□□□□□□□□□□府君皆晋资政大夫,曾祖妣氏罗、祖妣暨先妣□□□□□□□□□□□□□□□□□□□□□□貤封中宪大夫,叨荣至矣。男六人:兴锐□□□□□□□□□□□□□□□□□□□□□□□□□氏妾张氏。兴钜,太学生蓝翎知□

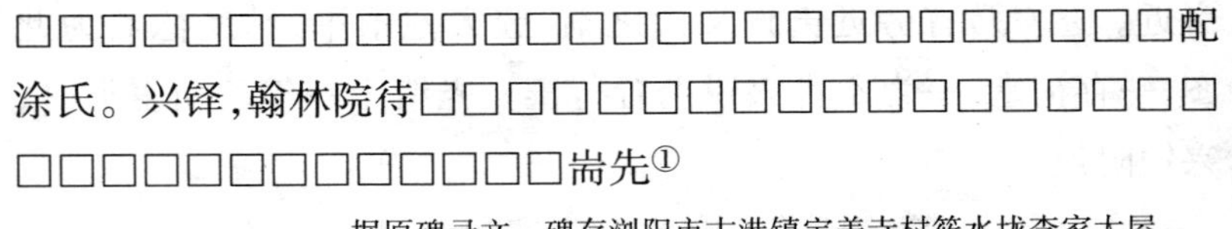

□□□□□□□□□□□□□□□□□□□□□□□□□□□配涂氏。兴铎，翰林院待□□□□□□□□□□□□□□□□□□□□□□□□□□□□□□□嵩先①

据原碑录文。碑存浏阳市古港镇宝盖寺村筱水垅李家大屋

02. 皇清诰封恭人李母姚恭人圹碑

光绪十年八月②（1884 年 9 月 19 日—1884 年 10 月 18 日）

继室安徽桐城县右族姚氏女，同治壬申冬于归，以夫贵，封恭人。光绪己卯十二月廿三日，病殁上海公寓，年裁三十有四。壬午七月十三日，归葬古港筲箕坡，依形家言，假亥山巳向。甲申八月初九日，启坟针窆癸丁兼子午，坚筑如式。氏累产不育，嫡嗣一人昌濬，女一人，孙三人鸿杲、鸿枤、鸿桓，女孙三人。夫兴锐志其略窆之，铭曰：

皖公之淑，清浏之灵。永奠幽宫，厥德惟馨。

长沙市文物局编印：《长沙碑刻集成》，第 154—155 页。原件藏浏阳市博物馆

03. 官塘山全图跋*

光绪十一年五月（1885 年 6 月 13 日—1885 年 7 月 11 日）

合族义山曰干塘，先世创之，后人守之，营葬数代矣，蔑以夷伤

① 原碑此下缺失。

② 据文中所述，知撰于甲申八月。甲申，即光绪十年（1884）。

* 题为整理者所拟。文后原附补注："乙酉之夏，勉林兄将入京，偕宗祠经理，诣族山丈量为图，一存祠，一携置行箧，盖虑计深远矣。……光绪二十七年辛丑季夏补注。"

旁近。迩岁乃有旁近夷伤义山之渐，族人抱不平，姑属德斋为此图，一存祠堂，一为不肖兴锐携置行箧。光绪十一年乙酉夏五月，兴锐附识。

李兴灿等修：《浏东六碓李氏家谱》卷一《图考·官塘山全图》，
清光绪二十七年三修，部香堂梓

04. 王紫石先生七秩寿文*

光绪十一年六月(1885 年 7 月 12 日—1885 年 8 月 9 日)

恭祝王府紫石先生八秩开一大庆。邑东三口王氏，为清浏望族，世有令德，忠厚相传，其门庭鼎盛，有自来矣。今欲表先生生平，有足寿金石而称不朽者，用是首溯其累代先芬，以见堂构递承，世济其美之非偶然。侧闻其曾大父玉堂公暨大父清岩公，家本素封，躬崇俭朴，于义所当为，则千金不吝，邑中父老至今犹称其盛德。递尊甫品元公，则又前光允迪，其义行详邑乘，道光间，邑侯赵笛人先生两次赠额表闾。而先生实为季嗣，夙以孝友闻，少随诸昆肄业家塾，咸目以惠连。为文清矫拔俗，一再试不第，遂灰意名场。然未尝不嗜学也，于古今掌故如数家珍，又好为诗歌，以寄啸傲，每遇良朋倡和，则吟兴益豪。性刚而塞，遇事敢言，于是非不少假借，既堪砥柱中流，而古貌古心，坦怀相示，又使人咸服其忠信而不忍欺。晚益自矜名节，非公事未尝一入公门，买山于邑之南，隐居自适，饶有辋水风焉。先生本干济才，于时事亦恒留心。方咸、同间，狼烟未靖，浏为楚南门户，先生于团防重寄有所见，辄以告当事君，

* 题下原注："(王)显宬代撰。"

顾甚决于去留，惟恐蹈素餐之讥者。凡此皆先生(生)之懿行高节，可法可传，而锐(窃)〔窃〕谓先生之足寿石而称不朽者，尤在于有高世之识，动与其累世先芬符合。今邑人士跻堂介寿，自是以先生年高德邵，莫罄心钦顶祝之忱，锐则即称觥一节，知耆宿伟人之用心，正有出于寻常万万者，请进而毕其说。

先是，光绪乙亥，先生甲算初周，诸贤郎请延宾庆祝，先生谕之曰："于礼非具庆，而生日开筵，其失已甚，汝曹即欲为我寿，曷推此加意于根本上事。昔汝高祖以族内某系数代单传，为之假以田宅，而减其长租，冀有以供事畜之资。今其后犹一钱仅绵也，又力不能娶，汝曷体先人意，倡佽义金，俾得举昏以延嗣。南族某支后裔亦颇类此，曷并为之资助乎？"既而哲嗣如其意遵行。此亦盛德事，与其曾大父所为俨相辉映矣。

今兹六月二十三日，值七旬晋祝之辰，先生豫戒子弟勿张宴，手撰《用财有道说》累十条，皆名言至论，而其第一条大略则即言人子为父母称觞，不若移此经费行各义举，如修路造桥、救婴恤嫠等类，为父母培无疆之福之为得云。锐前得读终编，不禁肃然起敬曰："是书诚大有功于世道人心，可为王氏传家宝，即可为举世传家宝。"先生曾大父著有《家训》，一时纸贵洛阳，邑人士有获其书者，旷世犹奉为拱(壁)〔璧〕。今先生所撰《用财有道说》，其切要实堪比并，此又与其曾大父立言有相辉映处。夫其言既足寿金石而称不朽，则其人亦应眉寿永年，康强逢吉，固无疑也。

先生举丈夫子五人，伯与仲俱贤而早世，而诸贤罗列，和乐且耽，又能体先生夙愿，于施药惜字及各义举，皆倡首捐金，为之弗倦。锐既歆羡先生有令子，得以乐享大年，永膺多福，而又以卜王氏子孙将益发其祥也。锐又闻其德配张宜人，昔日最称贤淑，克俭克勤，能晓大义，是亦宜其后有馀庆焉，故并笔之。

惟是锐以同乡晚辈，承众士嘱为文寿，值飞觞上祝之日，适赴帝都，未获于沉李浮瓜之会，假碧筩杯为先生进无算爵，何缘悭乃尔。然届期南望，遥颂九如，知纯嘏添锡，必更三十年，作浏东百岁翁，犹视履考祥如今日也。光绪十一年岁次乙酉季夏月穀旦，李兴锐谨祝。

王显茂等纂修：《浏阳王氏族谱》卷首上，敦伦堂东五修，1994年铅印本

05. 王祝宣先生暨德配李孺人墓志铭

先生姓王氏，讳应（繁）〔蘩〕，字古士，号祝宣，浏东三口人。曾祖讳梦麟，祖讳良弼，考讳才楷，妣氏江。先生家世儒学，弱冠后失怙，兄弟五人皆杰出，先生行三，奉母耕读，一堂孝友无间言。经管祠祀祖墓，竭诚尽敬，盖天性纯笃人也。咸丰壬子，（乱）征义堂〔乱〕匪与粤逆交通，其长兄涧湖明经侦知（赋）〔贼〕情，练团防堵，遇害于本乡之（师）〔狮〕山。先生誓剪逆仇，义不反兵，随江忠烈荷戈进剿，歼除戎首，卒申义愤。是时粤贼瓜蔓，烽漂[①]告警，羽檄交驰，先生提倡义旅，露宿风餐，与众士同甘苦、一死生，（弛）〔驰〕驱吴楚间者数年，所向辄得奇功。咸丰六年，援江右，克复袁州，由邑增生保训导。七年，克复临江，保教谕。转战以来，〔为〕刘长佑、田兴恕、萧启江、杨虎臣诸先烈所佩服。向使天假之年，俾获展其韬略，旗常钟鼎，勋业更何如耶！以同治二年癸亥九月十九日殁，春秋四十有九。配李孺人，祚发封君长女，少娴姆训，明大义，先生之

① “漂”字误，疑为〔燧〕。

所以(傧)〔摈〕边御侮,保全桑梓,得以身许国者,倚孺人善侍慈帏,无内顾忧也。殁于光绪十一年乙酉九月初三日,寿七十岁。子四,女五,孙九,曾孙十。合葬大茅冈野鸭塘,酉山卯向。铭曰:

承家〔曰〕孝,翰国曰忠。英贤匹耦,福履攸同。卫离鲁合,制昉檀弓。勒铭泉石,佳气郁葱。

王显茂等纂修:《浏阳王氏族谱》卷首上

06.《帅文毅公遗集》序

光绪二十三年夏(1897 年 2 月 2 日—1898 年 1 月 21 日)

黄梅帅文毅,倜傥有奇气人也。余少以治乡军御寇,常入城,龙山李竹浯先生官教谕,最契余,时为余言文毅。咸丰七年,文毅将如江西,道过浏,余因是交文毅,相得欢甚,语终夕不厌。及其行,送之至境上,执手黯然,相期甚厚。文毅至江西,大吏留使治军,余戒以贼方盛,新军未更战阵,当持重审势。文毅愤于家国之难,急求搏贼,不数月,卒以身殉。悲夫!以儒者未尝习兵,提新集之师,婴百战之寇,知其糜胸碎首而不悔也,志虽未竟,而其浩然独行之气,谓非一时之奇士哉!遗稿多散失,独其诗及他论说尝以聚珍版印之,脱误颇甚,传本亦少。余从子昌洵摄黄梅,乃命求其集校而锓之,且补刊论劾诸疏,定其篇第,厘为五卷。文毅不必以诗名,要其忠孝郁勃,悲歌慷慨,不可抑遏,则亦于诗见之矣。光绪二十三年夏,浏阳李兴锐识。

帅远燡:《帅文毅公遗集》卷首,清光绪二十三年黄梅县署校刊本

07. 经元善《居易初集》跋

光绪二十五年九月(1899 年 10 月 5 日—1899 年 11 月 2 日)

综以精心,粲然条理,任事才也。而论议亦瞭如指掌,诚意溢出,摇笔挥洒,斯为有裨实用之文。缀后数语,以志钦佩。己亥九月,愚弟李兴锐。

经元善:《居易初集》卷末,清光绪二十七年澳门铅印本

08. 三修家谱序

光绪二十七年五月(1901 年 6 月 16 日—1901 年 7 月 15 日)

敬宗收族之风古矣。《周礼 · 太宰》:“以九两系邦国之民”,“五曰宗,以族得民”,使民各返其所自生,徐以动其尊君亲上之意。故三代以上之民常聚,而天下之势常固。自宗法陵夷,族无所统,同气之伦不相维系,浸假而成为今日之天下,四夷逼处,挟势力以行其教,小民无以自全,轻去其属,沦为异类。于是忧时之君子,始皇皇焉求保种。夫保种之说,我未之前闻,请与之言明伦可也,与之言敬宗收族可也。

天下之大,固原于一乡一邑之积,人孰不愿安其居?人孰不乐从其类?世系明,则溯其所从出,而爱亲敬长之心诚;支派明,则推其所旁通,而睦姻任恤之谊重。井里出入,友助扶持,内泯其争,而外御其侮。一姓如是,推之一乡,以至一邑一国,亦莫不如是,而天

下之势固矣。古先圣王之汲汲于明伦，求其所以敬宗收族者，岂不以此哉！

自道存公以明季迁浏，食毛践土，为圣清之臣民，迄今十有九世矣。曩者家乘无考，道光甲午，始叙次宗谱，勒为成书。爰议嗣后每阅三十年，重一修定，今又其时也。兴锐方驰驱王命，未获躬与其役。族人士敬谨将事，凡所以信今而传后者，例必严以正，而词必简而尽。尤愿集我族之子弟，指谱牒而告之曰："我先世或士或农，诗书耒耜之留贻，此则世守者也。近者湖湘之间，伏莽则有会匪，徇夷则有教民，汝曹慎之，毋败类。"又告之曰："其以仁孝作忠义，一旦九州急难，敌忾同仇，阖族丁壮，可按谱而稽。曾、罗之风烈，去人不远也。"

兴锐赖先人荫庇，少壮从军，颇以微劳渥承恩遇，今老矣，世变方殷，肩荷愈重，我家才俊，其有继起效力王国者乎？昨庚子冬，兴锐奉巡抚江西之命，取道里门，展修祀事，族中父兄子弟相与存问，仁让之风犹为近古，长者垂型而幼者率教，壮者不失业而老者不服劳，比户机杼之声相和也，则此三十年中，父慈子孝、兄友弟悌、女烈男贞之争光于家乘而备采于国史者，洵足以信今传后哉！使谱牒不明，一本之爱离弃乖违，我无自全之理，又何惑乎夷狄禽兽之反相搏噬也？古之人有言："非种必锄。"谓异乎我之种，必锄而去之也。自保种之说行于今，而天下之祸亟矣。窃愿以明伦为保种，以敬宗收族者全吾种，以锄异种，庶有当于九两系民之遗意乎！他日乞退归田，犹欲与吾宗讲明斯义也。光绪二十七年岁在重光赤奋若仲夏月穀旦，兴锐敬撰。

李兴灿等修：《浏东六碓李氏家谱》卷首

09.《浏阳卜氏家谱》叙

光绪二十七年十月(1901年11月11日—1901年12月10日)

咸丰间,龙山李学博竹浯先生以余与卜君春岩同荐于曾文正幕府,因颇悉卜君家世。日月荏苒,中兴已久,异族潜扇,外患浸深,忧时之君子,乃皇皇焉求保种。夫保种之说未之前闻,请与言明伦可也,请与言敬宗收族可也。

已亥,吾宗长老议修家谱,而卜族亦有续修之举。去冬自粤西移节豫章,假道里门,适春岩三从子辛芙馆余家,谒叙其端。余惟卜氏望出西河,先贤遗泽远甚,苗裔渐徙而南,大抵丁魏晋六朝割裂之际,居浏者相传迁自金陵,涉元、明,迄今数百载。余家七都筱墅垅,里中社庙称卜家者,尚存三焉,意先朝必有卜氏居此。按卜前谱叙云:"正珠公由汉冈徙七都南冲。"南冲地名今虽莫考,而都分则仍吻合,此亦旧族巨家一证也。当时长房正宝公居岭罗,三房正玨公择团头,占地辽阔,不拘守一隅,其规度已远。国朝乾隆初肇修谱牒,及是五次纂录,述其可信而差其可疑,《世系表》断自明光禄监事贤公始,凡汉唐以来见于史传文集者,略参稽于《源流说》中,不似他族谱系援引同姓异望,相承不绝,盖懔懔乎惧本宗之淆,慎之至也。其编序规训、图记表传,无不根据经史,折衷诸家谱学,求书法义类之归。溯其所自出,爱敬之心油然也;推其所旁通,亲睦之谊蔼如也。

夫九州四海之大,积于族姓,《周礼》九两系民,"五曰宗,以族得民"。后世宗法陵替,同气之伦无所统属,我鲜自全之术,贸然倡为保种异说,而天下之祸愈亟,奚惑乎非种之日逼耶?窃愿以明伦为保种,以敬宗收族全吾种而锄非种,庶堂堂中夏衣冠氏族,足扶人纪而系邦国之重也。既以此意告于吾宗，尤乐与卜族父兄子弟共勖之，则文学之兴，讵可量与！光绪二十七年岁在辛丑十月穀旦，钦加头品顶戴兵部右侍郎、江西巡抚、提督军务兼理粮饷同里李兴锐拜撰。

卜鉴等纂修：《浏阳卜氏家谱》卷首，清光绪二十七年刊本

10.《杨氏族谱》序

光绪二十七年十一月（1901 年 12 月 11 日—1902 年 1 月 9 日）

予族与杨氏居联桑梓，近与德吾茂才昆仲为姻娅，其族续修谱牒，汇稿属予叙，谊不容辞。考其受姓，自周康王六年封杼公于杨始，宏农暨关西前后崛起，掇巍科，膺显秩，代不乏人，世称著姓。传至六十四世虞部侍郎吉州刺史辂公，随任居庐陵，笃生九子。长云嶙，次建昌令云峦；二公居吉水，一湴塘，一杨家庄。（二）〔三〕云岩，居瑞金。四云嵋，居惠州。五云岫，唐赐进士，历官都御史、潮阳太守，随任居梅州水南里。六云拔，移安远，子孙居太浦。七云宽，居潮州海阳。八云伯，居澄海，散处饶平。九云定，居平远。云岫公子三：长思孝，乡进士，授奉新县令；次思恭，乡进士，任高州教授；三思聪，宋太宗朝登进士，赐状元及第，累擢佥都御史。三公子孙，蔓延海内，非祖若宗积累之厚，不至此。

兹孝聪二公子孙隶吾浏，及由浏而万、而宜者，合修族谱，自始祖杼公以至迁各处祖，用苏式，迁各处以后，以始迁祖为始祖，用欧式；受姓以后世代、迁地以后世代，并注明于各世系首。尊卑长幼、生殁配葬、忠孝节义、诰敕封赠、文武科名、大小衔职，开卷稽阅，莫不朗若列眉。珠联璧合之际，彝伦叙而大义明，亲睦孝敬之心，有

不油然生者乎？予更有望焉，业已合二公子孙而修之矣，而杨氏不仅二公子孙也，即二公之子孙隶吾浏者亦不仅此也，由此而广之，庶克尽敬宗收族之道焉耳。诰授光禄大夫赏戴花翎头品顶戴兵部侍郎兼都察院右副都御史、江西巡抚姻愚弟勉林李兴锐顿首拜撰。大清光绪二十七年辛丑冬月上浣吉日。

清杨家俊等纂修：《（湖南、江西）杨氏族谱》卷首，
上海图书馆藏清光绪辛丑岁清白堂木活字本

11. 王天石先生墓志铭

先生讳梦麒，号完璞，字天石，浏东三口墈人也。始祖赵玉公，由江（石）右迁浏，至先生历十传矣。以孙才椅职，赠武略骑尉。因故兆弗康，改卜吉壤，其元孙显周乞铭其墓。锐生也晚，不获亲炙嘉言懿行，其得之先辈传述者：先生丰于财，而自奉恒约，每饭以大豆佐食，口啮其半，而于祖祀会、道路桥梁及一切义举，皆慷慨捐金而无吝惜，是为俭之中礼者。先生鲜同怀兄弟，于堂弟玉堂先生视若同胞，其友爱之笃，老而不衰，故王氏家风，（粼）〔邻〕里戚党尝举以为法。子五：良治、良法、良汾、良淑、良津；孙八人；曾孙二十人，玄孙四十人。殁于乾隆四十二年丁酉十一月二十一日，春秋七十有六。以光绪二十八年壬寅九月二十五日迁葬于本乡大茅冈上石子岭，首寅趾申。铭曰：

维公生平，孝友端方。殁而不朽，潜德弥光。卜宅斯土，终焉永藏。佑启尔后，俾炽而昌。

王显茂等纂修：《浏阳王氏族谱》卷首上

12. 跋文

昔梁之刘舍人有云:“文章由学,能在天资。才自内发,学以外成,有学饱而才馁,有才富而学贫。”由今验之,著述之家,利病互见,实多犯其所言,不可诬也。谛观大著,宝光流溢,识议名通,断续纵横,应弦赴节,无意摹古,而自然神与古会,是其才高而学足以副之,蝉蜕尘埃之外,有非人力所能及者。日记诸篇,又能指事类情,小中见大,有超乎昔贤诸记之外者。今于晴窗展读一过,漫识数语,以征眼福。勉林李兴锐。

孔夫子旧书网林雅斋 2019 年所售《张之万、张嘉荫、李兴锐、李国杰等书札》

13. 赠玉奎联

同治九年十月初七日[①](1870 年 10 月 30 日)

儿女心肠,英雄肝胆;花草世界,优孟衣冠。

庚午岁始识玉奎于津门。端谨无龌龊气,所作《孝肃镵美》《太白醉写》诸剧,嘻笑怒骂,意态若生,足以发人感喟。临别赠此,玉奎藏之。湘南筱水散人。

《李兴锐日记》,《天津图书馆孤本秘籍丛书(三)》影印稿本,第 501 页

---

① 该日日记云:“竟日风雨。夜偕云乔、小山至宝兴堂小饮,余为主人,即以楹联留别玉奎云:‘……’跋云:……湘南筱水散人。”按:跋语在天头,底本漏印,据中华书局版《李兴锐日记(增订本)》第 51 页补。

14. 挽曾国藩联*

同治十一年二月(1872 年 3 月 12 日—1872 年 4 月 7 日)

翊运仗元臣,蓦地神仙惊帝梦;
任贤真宰相,普天桃李哭春风。

《曾国藩年谱》附二,岳麓书社 1986 年版,第 68 页

15. 挽彭玉麟联**

光绪十六年三月(1890 年 4 月 24 日—1890 年 5 月 18 日)

功成一代中兴,遽退隐西湖,出处似蕲王胜概;
谊重卅年知己,痛招魂南岳,死生与元伯殊途。

梁绍辉等整理:《彭玉麟集》附录《荣哀录·挽联》,
岳麓书社 2003 年版,下册,第 583 页

16. 挽曾国荃联***

光绪十六年十月(1890 年 11 月 13 日—1890 年 12 月 11 日)

佐命元勋推竞爽,更继踵三江建节,德化维钧,棠棣纪丰碑,钟阜秦淮并终古;

---

* 原署名"门人李兴锐"。曾国藩卒于同治十一年二月初四日,此联当作于是月。

** 原署名"李兴锐(勉亭)"。彭玉麟卒于光绪十六年三月初六日,此联当作于是月。

*** 原署名"直隶候补道李兴锐"。曾国荃卒于光绪十六年十月初二日,此联当作于是月。

从戎早岁忆同仇,最伤心九畹群英,凋零殆尽,竹林增老泪,衡云湘水倍销魂。

梁小进整理:《曾国荃全集》附录《荣哀录》,
岳麓书社 2006 年版,第 6 册,第 127 页

17. 挽刘坤一联*

光绪二十八年九月(1902 年 10 月 6 日—1902 年 10 月 30 日)

论中兴勋伐,公望早隆,更复盘错迭乘,殚荩筹以维时局,新旧无可议,中外无可疑,蹇蹇老臣心,应合九万里商民,咸曰天擎一柱;

数垂暮春秋,我惭差长,溯自戎行初遘,联宦辙而抚分疆,规画不苟同,疏章不苟异,拳拳故人谊,那堪卅六日离别,遽闻星陨大江。

《刘忠诚公荣哀录·挽联》,清光绪三十年刻本

* 原署名“李兴锐”。刘坤一卒于光绪二十八年九月初五日,此联当作于是月。

附　　录

诰授荣禄大夫建威将军署理钦差大臣办理南洋通商事务两江总督兼两淮盐政兵部侍郎都察院右副都御史江西巡抚兼提督衔予谥勤恪先伯考勉林府君行状

李昌洵

府君姓李氏，讳兴锐，字勉林，世居湖南长沙府浏阳县筱水垅。高祖讳兆明，赠通奉大夫；高祖妣氏刘，赠夫人。曾祖考讳宗任，赠荣禄大夫；曾祖妣氏罗，赠一品夫人。祖考讳祚承，赠荣禄大夫；祖妣氏张，赠一品夫人。考讳锡祺，赠荣禄大夫；妣氏周，赠一品夫人。

先世隐于农。先王父生府君兄弟四人。道光乙巳，先王父殁，伯、叔祖议与府君析居，仅予薄田数亩。府君与诸季躬耕奉母，日则亲秉耒耜，夜则课诸弟读，刻苦淬砺，不以穷困自馁。既入邑庠，诸弟稍长，乃授徒邑中，脩脯所入，岁仅数缗，泊如也。咸丰壬子，邑匪征义堂乱作，势张甚。时值粤寇方图陷长沙，警报日至，人心惶然，邑几不保。府君命两弟奉母山居避乱，而自偕仲弟麓乔公会集邑人士，举行团练，清内奸，固众志，群情大定。会江忠烈公督师来浏阳，府君以民团助之，邑匪以平。而粤寇之陷江西抚州者，复由上高、万载谋窜浏阳，进窥长沙，巡抚骆文忠公急檄府君防遏之，乃与守备周虎臣趋防虎坳，运石作垒，刳木为炮，日夕死斗，贼虽众，终莫能逞。先是，龙山李竹浯先生任浏阳教谕，有知人鉴，每以造就贤豪为己任，时府君方为诸生，先生一见奇之，语人曰："浏阳人杰，无过李某者。"帅文毅公过浏阳，遇府君于竹浯先生官舍，促膝谈时事，夜分不少休，拍案起曰："李君性情肝胆，可与共患难矣。"逾年，文毅公殉难东乡，府君卒为收其遗骸，抚其诸孤以成立焉。

曾文正公率湘军东征，习闻帅文毅公称道府君贤，竹浯先生复以书荐，乃手书招致。府君从诸军出抚州，转战而前，谒文正公于湖口军中，入参戎幕，与李文忠公、郭筠仙侍郎、李次青方伯讨论战守，多奇中，诸公均推重之。文正公旋檄府君综山内粮台。时皖南各郡县屡陷于贼，粮台驻祁门，为往来孔道，贼所必争之地，警报时至，一夕数惊，府君卒能转运不绝，军食赖以常充。伪凤王古隆贤深忌之，常乘雪夜袭陷祁门，府君先事侦知，设计匿辎重，不以资敌，贼至无所获，即引去。又，江南既被兵燹，难民仰食于粮台者以万计，府君并于前一日结筏渡之，河北雪(花)〔化〕，溪流盛涨，贼不得渡，难民悉无恙。有队长王义章者，私劫难民十金而逃，府君追获，斩于帐下，以故虽乱离之际，民之依之者，未尝不安堵如常也。同治乙丑，唐镇军义训、金观察国琛驻师祁门，军士索饷鼓噪，相约叛其主将，府君单骑驰入营门，召强梁者谕之曰："诸兄弟皆湘人，千里从军为富贵计，何为自残其类，使贼而蹑吾后，恐都无生还日矣！饷缺是粮台委员罪，约三日取偿，如不足，请杀我可也。"众皆释戈罗拜，愿听号令。府君复密访其为首者二人，白诸文正公，戮之，事乃定。金陵克复，综核报销，积存平馀银四十馀万，同官有以此为委员应得者，劝以自私。府君怒曰："此盗贼之所为，吾不屑也。"悉缴诸公家。以鹾务赴皖北，至荷叶洲，睹白骨遍地，惨焉伤之，悉捐所入，节省局用，谋置义冢，拾露骸二万具，聚而瘗之。

同治己巳，曾文正公移督畿辅，奏调同行，与钱中丞鼎铭、陈副宪兰彬、游方伯智开、陈观察鼒、赵直牧烈文、方大令宗诚、金大令吴澜偕，时有"八贤"之目。庚午，檄察畿南灾赈，冒风雪亲历各郡县，自奉与灾黎无异，每独造穷檐，私询所得钱米数，州县之廉惠者举之,贪侵者劾之,四阅月而竣事,民赖全活者甚众。补大名府知府,入都引见,蒙恩以道员用,乞假回江南省亲,部议令以终养开缺。时曾文正公复调任两江,檄办两江营务处,规画长江水师事宜,斟酌尽善,迄今犹守其规模。曾文正公薨于位,李雨亭制军继督两江,值日本有事鸡笼,江海戒严,招府君入幕,机要必咨而后行。府君谓防外患当自江海始,遂亲历江阴、狼山、吴淞、崇明,履勘险隘,倡择要建台之议,长江筹设海防之策基于此。光绪乙亥,总办上海机器制造局,事属草创,规模未备,府君既受事,乃谋扩而充之。函曾惠敏公就外洋考察各国新式,增建铁船厂、炮厂,考工选料,事必躬亲,经营十馀年,勤勤不倦,故能渐臻美备。

癸未,王母弃养,奉丧去官。乙酉,服未阕,奉特旨征召。及禫,应诏入都,旋拜随勘中越界务之命,随同邓铁香鸿胪至镇南关,与法使浦理燮、狄塞尔会议。法人狡狠,欲得越南全境,会主事者坐失机宜,争论不及,乃约以旧界为限。两年边徼,历千里丛瘴之区,事未竟,得偏痹之疾,左足不良于行。有旨充出使日本国大臣,先乞假赴沪就医,假满病不见瘥,乃奏咨开缺,留沪养疴,贫病交攻,医药常不继,府君淡然自处,仅资昌洵随使馀薪艰苦度日。友朋有资助者,咸却之,曰:“余贫惯矣,老而病废,天固阨我,何敢复以累人?”逾年,李文忠公函约赴津,藉资庶政,檄坐办北洋海防支应局。居三年,步履粗健。辛卯,委署津海关道。遇交涉事,持重不轻可否,而一诺则立办,不诺则百折不回,外人咸悦服。乙未,补授天津道,受事方四月,朝廷以东抚李公之请,调补东海关道。时威海卫已为日本兵力所得之地,驻兵质偿兵费。府君目击外兵扰累,民不聊生,相与定议丈地圈界,使主客互守,乃得相安。东海常关部定额征向少,通商后税课渐盛,盈馀之数,他人率以自丰,府君在任八月，悉以奉公，自加额征二万两，溢解盈馀四万两。丙申，升授长芦盐运使，未履任，先署直隶按察使。回长芦任未几，又升授福建按察使。丁酉，陛见出都至闽，先两署布政使，旋升授福建布政使。己亥，复入都陛见，调广西布政使。五年之间，南北徊翔凡八任，虽居职无多日，而勤政爱民之志不少衰。

庚子，蒙简任江西巡抚。值京津拳匪肇祸，六龙西幸，东南势甚岌岌，江西顽民乘势焚毁教堂数十处，莅任之始，教案积至二千馀起，外人要挟，因应棘手。府君先劾去不能防范之地方官十馀人，以服其心。具限三月，一律议结。赔恤之款八十馀万，不责之绅民，而筹诸捐款，俾免累及良民。嗣奉派赔款累百万，亦未尝以苛细杂捐扰及闾阎，惟裁节营饷以弥其阙。壬寅，调署广东巡抚，力除加征粮捐浮耗，严治吏胥上下其手，凡瘠地贫民，概免苛派。癸卯，调署闽浙总督，莅任即裁并局所以节縻费，设立商政以收利权，规制续备以肃军政，创立巡警以卫民生，虽措施未竟，而规模已备。甲辰五月，飓风为灾，亲出农田省问，中寒疾转痢，势极危，乞假调理。元气尚未尽复，即奉调署两江总督之命。府君以受恩深重不敢辞，力疾就道，八月到金陵莅任。两江地大物博，百端待理，昕夕筹思，不自暇逸。九月，铁宝臣侍郎奉命莅宁，府君犹于一日之间接见三次，商榷要政。次日，旧患痰喘大作。时值各国迫索赔款补偿金价，府君虑中国民穷财尽，力不能支，电商各省督抚，合词请外部代奏力争。殷殷注意，恒彻夜不成寐。是月二十二日晨，语渐謇涩，自知不起，口授遗折，以培养元气、振兴学务为根本至计，语不及私。延至巳刻，遂尔长逝。

府君生平好读书，不以学自名，而务身体力行，起居饮食皆有常度。素性淡于荣利，从事曾文正公军中有年，值保荐，辄力辞，以故文正公宾从多早跻通显，而府君至晚岁始受特眷于朝，授以节钺。自诸生至开府，仕宦数十年，要津贵人一无援系，惟以忠诚结主知。朝廷知府君刚正，每言路有所纠弹，辄下府君察治，人莫敢干以私，天下严惮风采，时比之彭刚直。晚近仕途习于奔竞，府君于要人竿牍一不訾省，而振拔幽滞惟恐不及，士大夫有寸长辄能自见，故所至仕风为之一变。取人极矜重，而察其人可用即任之不疑，虽谮间不听也，用是能得人死力。平生待人以诚，而人亦无忍欺者。尤爱惜物力，饭食粒米坠地必亲拾之，位至封疆，被服起居，无异寒素，仆从仅二三人。僚属供张有过盛者，必怒却之。三弟皆早世，爱抚诸侄，教养婚宦，无异所生，诸侄亦不自知其异于所生也。宦橐所馀，遗命子侄均析，无少等差。

府君生于道光丁亥年九月二十日寅时，殁于光绪甲辰年九月二十二日巳时，享年七十八岁。丧闻于朝，九月二十四日奉上谕："署两江总督、江西巡抚李兴锐，持躬廉正，练达老成。由诸生从事戎幕，擢升知府，洊陟封圻，历任江西、广东、闽浙等省，均能整躬率属，勤政爱民，朝廷深资倚畀。本年调署两江总督，到任未及两月，遽闻溘逝，轸惜殊深。李兴锐着加恩照总督例赐恤，任内一切处分悉予开复，应得恤典，该衙门察例具奏。赏银一千两治丧，由江宁藩库给发。灵柩回籍时，沿途地方官妥为照料。该署督子孙几人，着端方查明具奏，候旨施恩，用示笃念荩臣至意。"钦此。当经端制军具疏胪陈政绩，并代递遗折。十一月初八日奉上谕："端方奏沥陈前署督臣政绩一折，已故前署两江总督李兴锐，平日居官，卓著政绩，着准其宣付国史馆立传，以彰忠荩。伊嫡曾孙李谟光，着俟及岁时，交吏部带领引见；次孙安徽试用知府李鸿枎，着以道员分省补用。"钦此。旋蒙谕祭葬，予谥勤恪。配萧夫人，同邑萧同律公女;马夫人,同邑马元才公女;姚夫人,桐城姚申甫公女。子熙元,先殁。孙鸿杲,先殁;鸿榦,出嗣胞侄昌澍;鸿枎。曾孙谟光。以光绪乙巳年六月十三日,葬于桐坑木鱼山之阳。

昌洵追随府君三十五年,而得其教育者独厚,谨诠次生平,粗具崖略,以备史馆采择。如蒙当代大人君子锡之志诔,用光泉壤,世世子孙感且不朽。三品衔湖北候补知府胞侄昌洵谨状。

台北故宫博物院藏清国史馆传包,《李兴锐传包·行状册》,
文献编号:702003193—6

署钦差大臣办理南洋通商事务两江总督兼两淮盐政江西巡抚兼提督衔李勤恪公神道碑

王先谦

公讳兴锐,字勉林,浏阳李氏。曾祖兆明,赠通奉大夫。祖宗任,父锡祺,皆荣禄大夫。曾祖母刘,赠太夫人。祖母罗,母周,皆一品太夫人。先世隐于农,公昆弟四,父殁,躬耕奉母。昼秉锄耒,夜课弟读。虽处穷困,不以自馁。既补诸生,授徒邑里,奉钱数千,意豁如也。

咸丰壬子,邑莠民周国虞等倡乱,号征义堂,势张甚。公集邑人,举团练,清内奸,群情大定。江忠烈公忠源率师平浏乱,公有助焉。时粤寇陷江西抚州,道万载窥浏。公与守备周虎臣趣防虎坳,贼不得逞。邑教谕龙山李如昆夙奇公,帅文毅公远燡邂逅公教谕所,谈竟夕,叹曰:"如子肝胆,可共患难。"逾年,文毅殉难东乡。公收其遗骸,卒抚孤以成立。

曾文正公国藩习闻文毅称公贤,又以教谕荐,贻书相招。公谒文正于湖口军中，遂预谋议。李公鸿章、郭公嵩焘、李公元度交推重之。奉檄总山内粮台，驻祁门。皖南郡县迭陷，祁门为贼必争地，一夕数惊。公擘画周至，馈运疾给。伪王古瀊贤尝以雪夜袭祁门，公侦知，预匿辎重它所，贼至无所得。江南难民万馀，仰食于台。先一日，结筏渡之，咸得免。有队长劫民十金逃，追获，立斩之。故流离之际，墟市案堵。

同治乙丑，总镇唐义训等军索饷哗，势岌岌。公单骑驰入营，谕众曰："诸君数千里从军，为富贵计，奈何自戕？使贼知而蹑吾后，我无噍类矣。饷缺，咎在台。约三日，取给不足，请杀我。"众罗拜曰："唯命。"公复密访首谋三人，白文正戮之，事遂定。

金陵既克，综核报销，积存平馀银四十万两，或劝自私。公曰："尔谓是我当得耶？盗贼所为，吾不屑也。"悉以归官。至荷叶洲，用稰局节啬所入，捐购义山，聚暴骨二万具瘗之。文正移督直隶，奏公与偕，使察灾振畿南，冒风雪入穷檐。稽合所得钱米数，饭疏甘藿，巡历殆遍，扬举仁清，核斥贪冒，四月而毕，畿民感颂。补大名府知府，特用道员，以终养解职。

文正再督两江，公总营务，与彭刚直公玉麟规画长江水师营制。文正卒，李公经羲继之。值日本犯鸡笼，江海戒严，机要咨公而行，公亲历江阴、狼山、吴淞、崇明，履择险隘，倡设海防。总上海机器局，访察西国新式，增建铁船、炮厂，考工选材，躬亲十稔，规模渐备。遭母丧，服未阕，特召入都。随勘法越界务，往来瘴区，积患偏痹。命使日本，至沪就医，药饵不继，假满开缺。有资助者，固却之曰："贫，吾素也。老而病废，敢累人哉？"居数年，愈。

署直隶津海关道，补天津道，调山东东莱青道。时威海卫没于日本，屯兵待偿。公与定议，丈地圈界，使主客自为守，闾阎以安。

莅任八月,额征有加,赢馀四万,悉入之公。擢长芦盐运使,权直隶按察使,擢福建按察使,再权布政使,旋实授。入觐,调广西。光绪庚子,命巡抚江西。拳乱方棘,两宫西狩,江西顽民毁教堂数十,积案二千馀,外人要挟,艰于因应。公奏劾疏防官十馀,限三月谳定。偿恤之费八十万金,不责之民间,惧累良善也。偿款定议分仞累百万,惟撙节营饷,以弥其阙,未尝苛捐扰下。壬寅,调广东,时奏办随粮捐,按征加三,州县丁米折价不一,胥吏上下其手,民以重困。公疏请但科正额,不及耗馀,豁免诸瘠区及琼州一府。癸卯,权闽浙总督。廷议亟新政,营伍保甲,更易规制,次第设施,而于裁并局所,经营商务,尤勤勤注意。

甲辰,飓灾,亲省农田,中寒病甚,乞假。未几,奉调署两江之命,公力疾赴任。江督繁剧,为行省冠,百端待理,不皇假息。列邦迫索补偿金价,公以中国财殚民困,商诸疆吏,请外部代奏力争。焦思至竟夜不寐,疾益笃。以光绪三十年甲辰八月二十二日卒于官,距其生道光七年丁亥九月二十二日,年七十八。妻氏萧、氏马,皆同邑;氏姚,籍桐城,并诰封夫人,先公即世。子熙元,早卒,萧出。孙鸿杲,卒;鸿幹,出后公弟子;鸿枎。曾孙谟光。

公好读书,然不以学自名。性淡荣利,文正保荐,辄力辞。同事多躐高位,独公晚岁以特眷授节钺,于权要一无援系,恃忠诚结主知。每言官弹事,下公察治,人莫敢以私干。恶仕路奔竞,请托者置不省,振拔幽滞,唯恐弗及,所至积习一变。爱惜物力,被服儒素,仆从二三人,属僚供张过盛,辄怒却之。遇事矜慎,若无异能,而行己御物,罔不矩矱先民,务揆于道。夕就寝,默诵《大学》《中庸》一过,数十年如一日。其勤密多类是。在金陵日治事,集幕僚胥吏于内堂,自当户坐,议定立办,人莫能窥,讹言不兴,惊相告语,以为创见，不知公行其素也。自粤寇之乱，湖湘才桀翊赞中兴，由诸生起家至大官者，唯公与彭刚直、刘忠诚公坤一尤著。公廉正如忠诚，而不为物累，峻厉如刚直，而不务名高，可谓刚健笃实之君子已。病方亟，侍郎铁良公奉命莅江南，终朝三见，商略要政。铁公初不识公，及卒，语及必叹惜，盖至诚能动人云。

遗疏闻，上轸悼，照总督例赐恤，赏银千两治丧，政迹宣付史馆立传，赏鸿枎道员，谟光及岁引见。寻赐祭葬，予谥勤恪。明年六月，葬县东桐坑木鱼山，首壬趾丙。公弟皆早世，抚教诸侄，不异所生。宦橐薄馀，遗令均析。在它人为难能，于公特其末节。侄昌洵从余学，述公轶事特详，泣以铭请。铭曰：

维古英儒，以学理性。其用贞亨，其体淡定。公耕且读，身瘠道腴。逃名名归，终骋皇衢。出参军事，惟谋克勇。辇金如山，义不为动。辞荣居晦，辞助居穷。晚跻达僚，靡土不颂。开府粤闽，咸有嘉绩。大江左右，亦流其泽。世柔如韦，我直如弦。独秉忠信，以涉大川。群公群士，佥谋变夏。家有千金，走求诸野。公不违时，犹存古风。体天覆物，以仁达忠。是谓法臣，是谓正学。遗此一老，镇浮激浊。俯叹世局，仰唏哲人。声之铭诗，诏示无垠。

王先谦：《虚受堂文集》卷九，清光绪刻本

《清史列传·李兴锐传》*

李兴锐，湖南浏阳人。咸丰二年，粤寇图陷长沙，浏阳土匪乘

* 嘉业堂钞本《清国史·新办国史大臣传》有《李兴锐列传》，正文内容与此文相同，见《清国史》，中华书局1993年版，第11册，第789—791页。

机肆扰，聚党逾万，群情震恐。兴锐时为诸生，倡团防以固众志。会浙江候补道江忠源督勇至，兴锐以团练助之，匪众悉平。粤寇已陷江西抚州，谋道上高、万载出浏阳，以犯长沙。兴锐遏击之分界岭，贼不能逞。

湖南在籍侍郎曾国藩率湘军东征，闻兴锐名，招入戎幕，令筦粮台于祁门。时徽、宁贼氛炽甚，祁门当孔道，贼所必争，兴锐运输皆赴期。会逆酋古隆贤雪夜来袭，兴锐侦知，先匿其辎重，贼无所获而去。难民就食粮台，劳来抚辑，全活万计。帐下卒夺难民金，立斩之。九年，克复南安，叙功以知县选用。十一年，克复徽州及休宁、黟县，保以直隶州知州，留于安徽补用，并赏给五品封典。同治元年，徽州解围，赏戴花翎。三年，克复江宁，以知府仍留安徽补用。四年，徽州防军因索饷哗溃，兴锐单骑入其营，反复晓譬，许欠饷三日取偿，众皆愿受约束。寻廉得为首二人，上两江总督曾国藩置之法。江宁既复，粮台积存平馀银四十馀万，悉缴诸官。尝以事至荷叶洲，解囊金拾埋露骸二万具。七年，捻匪任柱、赖文光肃清，保准补知府后以道员用。

八年，曾国藩移督直隶，奏调兴锐同行，允之。畿南告灾，兴锐奉檄察赈，遍历灾区，亲询饥民所得钱米，有司之廉惠者举之，贪侵者劾之，四阅月始竣。九年，补大名府知府，引见，奉旨以道员用。旋以乞假省亲，部议令开缺。会曾国藩复督两江，檄办两江营务。兴锐规画长江水师事宜，并周历江阴、狼山、吴淞、崇明诸隘，倡择要建台之议，厥后江防多沿用之。光绪元年，总办上海机器制造局。维时规模草创，兴锐扩而充之，增筑船厂、炮厂，又时寓书出使大臣曾纪泽，博采各国新式，以资仿效。江南制造遂冠各省。九年，丁母忧，十一年，特召来京，终制北上，命随勘中越界务。十二年，命充出使日本大臣，以足疾辞。

十五年，直隶总督李鸿章奏留直隶，寻署津海关道。二十一年三月，授天津道。七月，调山东登莱青道，在任八月，溢解常关额征及二倍。二十二年，迁长芦盐运使，未履任，先奏署直隶按察使。二十三年，擢福建按察使。抵闽后，两署布政使。二十四年，擢福建布政使。二十五年，入觐，调广西布政使。二十六年，授江西巡抚。是时值义和拳之乱，江西毁教堂，劫教民，积案至二千馀起。兴锐抵任，请限三月议结。事后恤款八十馀万，奏开筹饷捐输提给，严饬郡县不得苛派于民，又裁汰新募防勇，岁节饷数十万。及和议既定，即移充偿款，不足则清剔厘金、土药两捐益之。终兴锐任，江西无苛细杂捐。二十七年，江西大水，被灾者数十县，兴锐奏浚鄱阳湖导水入江，上游河道亦择要疏治，诏从之。又奏修湖口炮台，整顿厘捐，裁减制兵，创设农工商局、矿务公司、工艺院、课吏馆，凡诸要政，皆得旨允行。二十八年，调署广东巡抚。广东前请办随粮捐，原议按粮额三成征取，兴锐奏请只计正额，不及耗馀。其贫瘠之区，及琼州一府，悉为豁免。会夏秋水旱为灾，米价腾贵，兴锐复与督臣德寿会奏筹款平粜，诏如所请。二十九年，署闽浙总督。奏请于福州、厦门各设商务局，又以振兴商务，开矿为最要之图，请招商集股，自立公司，皆得旨下部议行。福建旧设善后、济用、赈捐及省会税厘、南台税厘各局，事权不一，弊端滋甚。兴锐奏请裁并，改为全省财政局，以藩、臬两司暨粮道、盐道经理之。局内分设税课、筹捐、度支、报销四所，以后补府、厅、州、县之廉能者，分任其事。厘定常备军制，尤以裁汰冗滥、节省浮费为先。

三十年五月，飓风损稼，兴锐巡视农田，遂得寒疾，未愈。八月，调署两江总督，有诏敦迫起程。抵任后，日以设巡警、兴学堂、部勒营伍、改定操法为务。值日俄构兵,南洋为交涉总汇,兴锐维持中立,恒彻夜不寐,病益加剧。九月,卒。事闻,谕曰:“署两江总督、江西巡抚李兴锐,持躬廉正,练达老成。由诸生从事戎幕,擢升知府,洊陟封圻。历任江西、广东、闽浙等省,均能整躬率属,勤政爱民,朝廷深资倚畀。本年调署两江总督,到任未及两月,遽闻溘逝,轸惜殊深!李兴锐着加恩照总督例赐恤。任内一切处分,悉予开复。应得恤典,该衙门察例具奏。赏银一千两治丧,由江宁藩库给发。灵柩回籍时,着沿途地方官妥为照料。该署督子孙几人,着端方查明具奏,候旨施恩,用示笃念荩臣至意。”嗣署两江总督端方奏陈兴锐历任政绩,复谕曰:“李兴锐平日居官,卓著政绩,着准其宣付国史馆立传,以彰忠荩。伊嫡曾孙李谟光,着俟及岁时交吏部带领引见;次孙安徽试用知府李鸿枤,着以道员分省补用。”寻赐祭葬,予谥勤恪。

王锺翰点校:《清史列传》卷六十二《已纂未进大臣传一》,
中华书局 1987 年版,第 16 册,第 4946—4949 页

李兴锐列传据李氏呈送奏议、行状增修

李岳瑞

李兴锐,字勉林,湖南浏阳人。先世隐于农。兴锐昆弟四人,父殁,躬耕奉母,昼秉锄,夜课诸弟读,虽处约不自馁。补诸生,授徒乡里,岁得钱数缗,意豁如也。

咸丰二年,浏阳民周国虞等谋乱,纠党逾万人,号征义堂。会粤寇犯长沙,警报络绎,人心皇然,国虞等势益张。兴锐集县民为团练,教之坐作进退,清内奸以定众志。浙江候补道江忠源以楚勇

至浏阳，兴锐率所部助之，乱遂定。粤寇入江西，陷抚州，道万载以窥湖南。浏阳距长沙百五十里，当江西冲，湖南巡抚骆秉章檄兴锐集团练兵，遏贼西窜。兴锐与守备周虎臣，合兵屯虎坳，运石筑垒，刳木为炮，日夕苦战，贼不得逞。帅远燡为江西巡抚，邂逅兴锐，奇其才，与谈竟夕，叹曰："肝胆若吾子，真可与共患难者也。"逾年，远燡殉节东乡，兴锐收遗骸，抚其孤，至成立。

曾国藩治军东下，习闻远燡绳兴锐贤，亟以书招之，兴锐谒国藩湖口军中，遂豫谋议。国藩檄总山内粮台，驻祁门。皖南既没于贼，祁门尤两军必争地，一夕数惊，兴锐不动声色，擘画周密，馈运悉赴期会，诸军赖以饱腾。伪凤王古隆贤，乘雪夜袭祁门，兴锐诇知之，匿辎重他所，贼至，无所得而去。江南难民，就食于台者以万计，兴锐尽心拊辑，各得其所。贼至，虑难民为贼所乘，先一夕，结筏度之江北，万馀人悉无恙。队长王义章，劫民十金逃，追获，立斩之。流离之际，墟市安堵。叙功以知县用，荐至知府。

同治四年，唐义训、金国琛两军屯徽州，饷绌哗溃，兴锐闻之，单骑驰入营，谕之曰："诸（军）〔君〕数千里从军，为富贵计耳。奈何作乱自戕，使贼知而蹑吾后，吾无类矣。饷不给，咎在台。期以三日，逾期饷弗至，请杀我。"众皆罗拜曰："惟命。"兴锐密访造谋者三人，白国藩戮之，事乃定。金陵既克，积存平馀银四十馀万，或劝入己橐，兴锐曰："此穿窬所为耳。"悉缴诸官，不以一钱自私。江南百战后，露骴遍野，兴锐至荷叶洲，以糈局节省所馀，购义山，聚暴骨数万具瘗之。国藩益重其品，军事咨而后行。

八年，国藩移督直隶，调兴锐与偕，同行者钱鼎铭、陈兰彬、游智开、陈鼒、赵烈文、方宗诚、金吴澜，时谓之"八贤"。九年，檄察畿南振，冒风雪，躬历诸郡县，屏除舆从，僻壤陋巷，无不周历，扬举仁清，核斥贪墨。补大名府知府，引见，以道员用。乞终养，开缺回籍。国藩再督两江，仍以兴锐总营务，与彭玉麟规画长江水师营制。国藩卒，李宗羲继为总督，倚任兴锐，如国藩时。日本犯台湾鸡笼，江海戒严，兴锐言于宗羲，亲历江阴、狼山、吴淞、崇明，择险要设守御，始倡沿海筑炮台之议。

光绪元年，总办上海机器制造局事。考工之学，方始萌芽，兴锐博访欧西新式利器，增建铁船、炮厂，庀工简材，必躬必亲，先后历十稔，规模始略备矣。九年，母丧去官。服未阕，奉旨召入都，终制始北上。十一年，命随鸿胪寺卿邓承修勘中越分界事，两年事毕，历南徼数千里，往来瘴乡，遂患偏痹，左足不良于行。

明年，出为使日本国大臣，以疾不行。就医上海，药饵费不给，有馈银者，谢曰："贫吾素也。老而病废，敢累人乎？"居三年，病愈，李鸿章知其贤，奏调直隶差遣。署津海关道，补天津道，旋调山东东海关道。威海卫为日人所据，居民惊恐，兴锐定议勘地分界，主客互守，闾市获安堵。莅任八月，关税赢四万金，悉入之公。兴锐与西官交涉，常持重，不轻可否，国权所系，虽百计恫喝，不少动，事可许者，一诺辄立办，外人敬而信之。

二十二年，迁长芦盐运使。明年，擢福建按察使。旋迁布政使。调广西。二十六年，擢江西巡抚。义和拳乱后，顽民相率不靖，旬日间毁教堂数十，掠教民财产，积案二千馀，外人要挟，艰于因应。兴锐抵任，奏劾疏防官吏十馀人，限三月谳定。议偿恤费八十馀万，不责诸民间，惟撙节营饷，以弥其阙。庚子之役，江西增募兵垂万人，什九皆椎埋乌合，而帑藏弥不给，兴锐先后裁汰，岁省饷银数十万。及和议成，江西偿款累百万，即以节饷资挹注，不足则取之厘税、土药，未尝累民间豪末。

江西武备窳弛，兴锐奏请改编，略曰："兵制未有久而不敝者，及其敝而更张之，所用者仍当时之人，而壁垒一新，军容立壮。道光、咸丰间，发逆事起，天下制兵，无一可以办贼，故大学士曾国藩创练湘军，削平大难。及金陵既复，国藩即谓湘军暮气，难可再用，厥后剿平捻寇，不能不恃淮军。中兴以来，四十年矣，海内防营，仍袭湘、淮旧制，虽有简练绿营制兵之议，而规制未变，习气不除，糜饷无算，益以疲敝。论者或谓，防勇、练军虽不足敌欧西百炼节制之师，剿捕土寇，尚有馀力，不知近日外国火器流入土寇之手，无地无之，此辈又多出自散勇，习知军中情势，大非乌合可比。若不亟练精兵，恐后此并土寇而不能御。"于是更定兵制，分三等，曰常备军、曰续备军、曰巡警军，汰旧军七千馀人，留二十五营。疏上，如所请。广东雷琼镇总兵申道发，署江西南赣镇，统续备后军，屯赣州，骄蹇不奉法，所部尤恣横无纪律。兴锐至，首劾罢之。

江西丁漕，积欠过多，兴锐严治绅衿之包庇者，积逋以完。二十七年，江西大水，漂没州县数十，兴锐奏言："江西近年，水患频仍，由鄱湖日渐淤浅。考诸古籍，彭蠡阔四十里、袤三百里，南跨南昌，西襟南康，东抵饶州，北达九江，由湖口以出长江，为通省水道门户。臣已委员赴沪购制挖泥机器轮船数艘，疏浚全湖，上游河道，择要浚导，期尽一分之力，即收一分之效。"上从之。九江吴楚咽喉，湖口尤天险，兴锐莅任，修梅家洲、武曲港两炮台、柘矶炮垒，以肃江防。又奏请整饬厘税，裁汰绿营，设农工商局及矿务公司、工艺院，收养闲民，开课吏馆，以培才隽，皆得旨先后允行。

兴锐事曾国藩久，守其遗说，论治不尚高言，惟重实行。上自西安回銮，朝议从事变法，诏中外大臣各抒所见，兴锐以十事上。十事者：举行特科，整顿学校，考课官吏，广设银行，行用银币，维持圜法,仿立保险,修举农政,讲求武备,遍设巡警。而综其要曰:“以上诸事,不过求贤任官、理财经武之常经,而及其成功,未始不可为兴利除敝、安内攘外之一助。盖丁兹积重难返之际,决无一蹴可几之功。故臣之所言,惟取简而易行,实乃卑无高论。如改科举、设学堂,亦求贤之要务,而风气未开,锢习难去,尚宜缓以图成;增廉俸、裁冗员,实任官之微权,而经费未充,宪纲久定,当为徐徐振起。而臣更有请者,则尤在用人一端。盖天地生才,恒足周一世之用,特患用之无其道,则成效不可期。迩者官吏积习,日以徇私舞弊为能,多用一奔竞之人,即塞无数贤豪之路。惟在皇太后、皇上虚怀宏奖,赏罚严明,得一善,予以不次之超迁,见一恶,加以不测之斧钺,务求实效,尽罢虚文,则人才咸乐于奔走,百司庶事,不难日起有功。”

二十八年,调署广东巡抚。时广东奏办随粮捐,按征数加十之三,州县丁米,折价不一,胥吏上下其手,民以重困。兴锐疏请但科正额,不及耗馀,豁免琼州一府及丰顺、大埔、乳源、连平、长宁、平远、镇平、和平诸瘠邑,从之。广东本沃土,既而生齿日繁,游食者众,日用器物,昂贵数倍,盗贼群起,民不聊生,而度支部指派偿款,额巨期迫,粤民苦之。兴锐以为,欲固国本,必先舒民力,非停止一切杂捐,与民休息,实无可以图治之理,乃奏请量予减免,未行。南海县役罗安,恣横不法,兴锐斩之,猾胥蠹役,莫不惕息。

二十九年,署闽浙总督。既受事,奏论防海事,略曰:“臣航海赴闽,察看沿途炮台,长门距福州百二十里,形势最为扼要,两岸皆有炮台,北岸最高为电光山台,其前左为划鳅山台,稍过为射马台,右为长门台,南岸最高为烟台,其前左为金牌山台,前右为烟墩台,烟墩下复有獭石台。当时建置之意,实以电光、烟墩两台为主,而分建数小台以翼之，海船入口，自芭蕉尾越五虎门而来，此两台皆可直击。而建筑多未如法。盖建台必审台前无阻我火路之物，敌炮来攻，我又足以避之。故炮前必有护墙，护墙前必有护壕，壕外又必有护墙，护墙须为斜坡向外，方足御敌炮；两旁必有隔堆，以避敌弹，而保我炮。至兵房暗道、药弹库仓、运输铁道，皆须完备，乃能自守。今长门诸台，于上所陈，无一合者，大率筑一平台，置炮其上，豁然呈露，一望可知。间用护墙，亦未中律令。药弹库则正对敌弹火路，或设于炮下，尤为危道。诸炮相距，远者二丈，近或数尺，一炮被击，全台立毁。论形势则以电光为最，敌弹之来，低者击在山麓，不能炸裂，高者飞越而过，不易命中，前可击五虎门来船，转而内向，亦可返击入口之船。其次则为烟台两台，有克虏伯炮三尊，制自数十年前，非今日所谓快炮矣。入口三十里，有闽安南北两岸炮台，北台直梅花港，可御敌船偷渡，而水浅礁多，巨舟不能进，只防舢版小船而已。然敌果由五虎门入，过长门，至闽安，则虽有此台，亦断不能守。故闽安两台，尤同虚设。臣再三筹画，拟先修电光、烟台两台，悉依新法改筑，以重海防。馀则量为改造，去其太不中理法者，或竟裁撤炮兵，专注重于一二扼要之区，庶免虚糜巨款。”疏上报闻。水师提督有名无实，奏罢之，以水师兼属陆路提督。

朝廷设农工商部，以振商务，兴锐奏言：“八闽外海内山，民贫土瘠，重以频年灾歉，偿款骤增，取于民者，既不能不有加于前，则为闾阎谋生利之原，以纾目前度支之困，非讲求商务，无从着手。福、厦皆通商要口，历年商业不振，外权内侵，悉繇倡导无人。应于两地各设一局，遴委大员，总司其事，公举商董，设立商会，联官商为一气，实力维持，以上副朝廷通商惠工之至意。”从之。许应骙督闽，徇外人请，立华裕、大东两公司，以延、建、邵三府矿产属之，兴锐乃奏言："闽中崇山峻岭，绵(褫)〔递〕千里，矿产綦富，外人觊觎，非伊朝夕，必招来商股，自建公司，乃足广辟利源，隐杜侵越。"疏入，得旨允行。

部议加征烟酒税，福建额三十万，又责提丁漕浮收银十万，兴锐争之曰："烟酒徒供嗜好，非生计所必需，虽多取之而不为虐，苟有可以榷取之策，何所惜而不为？无如闽中烟酒，向无巨商大贾，常年征收烟厘，不过三万馀两。光绪二十二年筹振，又加征六千馀两。上年坐贾捐，复加万馀两。较诸曩时，亦已加至五成。至酒捐，亦不过三万馀两。南方炎热，无须以酒御寒，民间向无烧锅，与直隶情状绝殊。小民间有家酿，既非贩鬻，更难加以苛敛。即此三数万金，在他省似甚细微，而闽已苦其繁重。若再加征三十万，无论商情困敝，力所难胜，即勉强摊派，而价直既昂，商贩愈稀，恐并前时额定之款，亦不能保。且欧西烟酒，有重征至数十倍者，然弟严于入口，若出口之税，则未尝加重。今于内地加征，比之西例，适得其反，恐群趋而用洋产，利源更多外溢。闽中只有地丁，并无漕米，民以银完，官以银解，非若漕米收钱解银者比。昔有经征兵米，以银折收，米价方平，不无赢馀，近年米直日昂，银直日落，官吏实无浮收，请圣恩暂从宽免。"疏上，报闻。

丁忧兴泉永道延年，督办保商局，盘据把持，骄奢糜费，商民侧目。杨昌濬之督闽也，以鼓浪屿升旗山地形冲要，购民地，规建炮台，未兴工，去任。至是，延年私以地售诸西商。兴锐至任，首劾罢之。

闽自军兴，大吏为统一事权计，设善后局，以绾财政，其职事时时与税厘相出入，既又兼综营务，事权愈歧，及征收各捐，筹济偿款，又别设济用局。而省会与城外之南台，各有一稽核税厘总局，不相期会，核奖海防股票，则司以善后局，而劝捐则又别置总局。骈枝既繁，丛敝益甚。兴锐受事，悉裁诸局所，并为财政局，以藩、臬及督粮、盐法两道经理之。其下分四所，曰税课、筹捐、度支、报销，择府厅州县廉能者，分司其事。财政始统一。于是厘定常备军制，汰冗滥，节浮费，规模略具。

三十年五月，飓风为灾，兴锐昕夕出巡视农田，遂得寒疾。八月，调署两江总督，兴锐方以疾在告，朝旨敦促赴任。江督繁剧，为诸行省冠，且外交所总汇。方俄、日构兵，交涉益重要，兴锐力疾区画，恒废眠食，疾增剧。列国迫索补偿金价，兴锐以中国财殚民困，商诸疆吏，合词请外务部代奏力争，未得要领，遂以九月卒于官，年七十有八。

兴锐早参曾国藩戎幕，澹于荣利，国藩每上疏保荐，辄力辞，回翔监司数十年，晚岁始以特眷膺节钺，恃忠诚，结主知人莫敢干以私。遗疏闻，上轸悼有加，赐祭葬，谥勤恪。

台北故宫博物院藏民国清史馆传稿，文献编号：701006436

《清史稿·李兴锐传》

李兴锐，字勉林，湖南浏阳人。粤寇乱，以诸生治乡团。曾国藩治军东下，檄主军糈，驻祁门。江南饥民就食者万计，兴锐虑为寇乘，先期结筏以济，获安全，叙知县。数荐知府。同治四年，唐义训、金国琛两军顿徽州，索饷哗变。兴锐闻之，单骑叩其壁，谕之曰："若辈不远千里，从军讨贼，为富贵计耳，奈何自戕为？使寇知之而蹑吾后，吾无噍类矣！饷不给，咎在台。期以三日，逾期请杀我!”众曰:“唯命!”乃潜访主谋者三人,白国藩僇之,事定。金陵既克,储平馀银四十馀万。目击戎烬后僵尸蔽野,因出所馀购义冢一区,聚暴骨瘗之。

八年,调直隶,补大名府,洊升道员,乞终养。国藩再督两江,檄综营务,与彭玉麟规订水师营制。国藩卒,李宗羲代督,亦颇信仗之。时日本窥台湾,江海戒严。兴锐言于宗羲,躬履江阴、狼山、吴淞、崇明,择险设守,始倡缘海筑炮台议。光绪改元,综办上海机器制造局,博采西国新器,增建铁船炮厂,鸠工庀材,阅十稔,规模略备。遭母丧去官,服竟,命偕鸿胪寺卿邓承修往勘中越边界。

十二年,充出使日本大臣。会遘疾,未上。居三年,补天津道,旋调山东东海关道。威海为日人所据,居民惶恐,兴锐建议勘地分界,主客互守,闾市获安堵。其办交涉,独条理精整,事可许者,一诺辄立办;遇所不可,则抗辩广坐,常服远人。迁长芦盐运使,历福建按察使、布政使。二十六年,擢抚江西。拳匪衅作,顽民相率不靖,旬日间毁教堂数十,掠教民财产,积案二千馀。兴锐劾罢疏防官十馀人,限三月定谳,议偿恤费八十馀万,唯节饷以弥罅漏。和议成,偿款累百万,仍以节饷资挹注;犹不足,则取之土药厘榷,绝不累民间毫末。署南赣镇申道发统军骄蹇不奉法,首劾罢之,军纪始肃。兴锐事国藩久,论治壹循轨迹,重实行。是时上方向新政,乃以十事上,曰:开特科,整学校,课官吏,设银行,铸银币,维圜法,立保险,修农政,讲武备,而归本于用人,为安内攘外之策,言至深切。旋移抚广东。

二十九年,署闽浙总督。闽自军兴,局所林立,有善后、济用、劝捐、稽核、税厘诸目,丛弊益甚。兴锐受事,裁诸局所,并为财政局,事权始一。于是厘定常备军制,汰虚冗,节浮费,而闽事稍稍振矣。逾岁,调署两江。旋病卒,谥勤恪。

《清史稿》卷四四七,中华书局 1977 年版,第 41 册,第 12507—12509 页

《近代名人小传·李兴锐》

李兴锐字勉林,浏阳人。素治湘军军需,廉勤为曾国藩所赏,洊授知府,奏调直隶差(遗)〔遣〕,勉之为循吏。后赞日本使事,擢道员,历桂、赣等省藩、(皋)〔臬〕。庚子擢赣(擢)〔抚〕,移粤,晋闽督,卒于两江任。兴锐当官,无赫赫名而直实,每奉命按事,未尝代同官复掩。能饮,日尽百觞。予尝问以变法利弊,兴锐曰:"此官此人,变犹不变也。"至今尚思其言。

费行简:《近代名人小传·官吏》,《近代中国史料丛刊》第 8 辑,台北文海出版社 1967 年版,第 78 册,第 212 页

《近世人物志·李兴锐》

李兴锐　王记:(光,一五,二,二四)李勉林兴锐十九年未见,颜色似更充实,无复前豪耳。翁记:(光,二三,三,卅)闽臬李勉林,粹然循吏也,曾文正所重用。

金梁辑:《近世人物志》,北京图书馆出版社 2007 年版,第 325 页

光绪二十三年履历单

李兴锐，现年六十七岁，系湖南浏阳县人。由附生于咸丰七年四月，因襄办本籍团防，经前升任湖南巡抚骆秉章奏保，奉旨："着赏给训导职衔。"八年，经前大学士曾国藩调赴行营当差。九年七月，于攻克南安府城案内奏保，奉旨："着以知县不论双单月归部选用。"十一年十二月，于克复休宁、黟县、徽州府城案内奏保，奉旨："着免选知县，以直隶州知州留于安徽补用，并赏给五品封典。"同治元年十一月，于徽州解围案内奏保，奉旨："着赏戴花翎。"三年十一月，于攻克金陵案内奏保，奉旨："着以知府仍留安徽补用。"七年八月，于肃清任、赖捻匪案内，经大学士、前湖广总督李鸿章奏保，奉旨："着补缺后以道员用。"八年正月，复经曾国藩奏调，奉旨："着发往直隶，以知府补用。"是年七月到省。十二月，奏补大名府知府。九年六月二十五日，经吏部带领引见，奉旨："着准其补授大名府知府，以道员用。"九月，请假回江宁寓所省亲。十年二月，经曾国藩奏请开缺，留于两江差委，奉旨："着照所请，吏部知道。"历经办理两江营务处、上海机器局。光绪九年，丁母忧，回籍守制。十一年四月，前署湖南巡抚庞际云传知，二月初二日奉旨："着即给咨来京，交吏部带领引见。"是年五月，服满起复，请咨入都。七月十九日奉旨，派令随同办理中越界务。二十三日，经吏部带领引见，奉旨："着预备召见。"二十四日，奉旨："着交军机处存记。"十三年五月初三日，奉旨："着赏加二品顶戴，充出使日本国钦差大臣，即着来京陛见。"当因积受边瘴，久患痿痹，禀经李鸿章咨由总理衙门奏开差使,请假就医。十五年三月,销假回直,派办海防支应局。十七年八月,奏署津海关道。九月,接印任事。十八年七月,交卸。二十一年三月十七日,奉旨:“着补授直隶天津道。”四月,接印任事。七月初四日,奉旨:“着调补山东登莱青道。”八月,交卸天津道篆。十月,赴登莱青道任。二十二年二月十三日,奉旨:“着补授长芦盐运使。”六月,交卸到省,经直隶总督王文韶奏署按察使,是月接印任事。九月交卸,赴长芦盐运使本任,十月接印任事。本年二月二十一日,奉旨:“福建按察使,着李兴锐补授。”当经具折叩谢天恩,吁恳陛见,奉旨:“着来见。”遵即交卸起程。现在到京。

秦国经主编:《中国第一历史档案馆藏清代官员履历档案全编》,华东师范大学出版社 1997 年版,第 6 册,第 390—391 页

光绪二十八年京察履历单

江西巡抚李兴锐,年七十三岁,湖南浏阳县人。由附生襄办本籍团防出力,保奖训导职衔。咸丰九年,于攻克南安府城案内,保以知县不论双单月归部选用。十一年,于克复休宁、黟县、徽州府城案内,保免选知县,以直隶州知州留于安徽补用。同治元年,于徽州解围案内,奏保花翎。三年,于攻克金陵案内,保以知府仍留安徽补用。七年,于肃清任、赖捻匪案内,保补缺后以道员用。八年,经前直隶总督曾保奏,奉上谕:“着发往直隶,以知府补用。”九年六月,补授大名府知府,以道员用。光绪九年,丁母忧,回籍守制。十一年五月,起复。十三年五月奉上谕:“直隶候补道李兴锐,着赏加二品顶戴,充出使日本国钦差大臣,即着来京陛见。”

钦此。二十一年三月，补授直隶天津道。七月，调补山东登莱青道。二十二年二月，补授长芦盐运使。二十三年二月，补授福建按察使。二十四年十二月，补授福建布政使。二十五年七月，调补广西布政使。二十六年九月，补授江西巡抚。十二月，调署广东巡抚。

孙家鼐等:《奏为呈进尚书等京察履历由(附清单四件)》附件三，
光绪二十九年正月二十二日，台北故宫博物院藏
“军机处档折件”，文献编号:153768

胪陈前署督政绩折

光绪三十年九月　端方

奏为前署督臣因病出缺，代递遗折，并将历任政绩恭折沥陈，仰祈圣鉴事。

窃照署理两江总督、本任江西巡抚臣李兴锐，于光绪三十年九月二十二日因病出缺，当经臣在苏电请军机大臣代奏，钦奉恩旨:“赐恤，饬即查明该署督子孙几人，候旨施恩。”等因。钦此。伏查前署督臣李兴锐，籍隶湖南浏阳县。咸丰年间，以诸生在籍办团，即为前湖南抚臣骆秉章所识拔。会江西贼匪由万载、上高谋窜浏阳，进窥长沙，骆秉章檄李兴锐集团防堵，于分界岭截击之，贼势虽众，终莫能逞，浏阳得保全，长沙因亦无恙。嗣故大学士曾国藩治军东征，闻其知兵，招入戎幕，令随同湘军由抚州转战而前，约会于九江。数月之间，血战无间日夜。李兴锐身在行间，运筹决策，多所获捷。后总理山内粮台。其时徽、宁各府遍地皆贼，粮台驻祁门，四面告警，李兴锐为之转饷不绝，军食赖以常充。伪凤王古隆

贤深忌之,乘雪夜袭陷祁门,李兴锐豫先侦知,设计匿其辎重,贼至无所获,即引去。论者谓:李兴锐虽未身临前敌,而平贼之功,要以馈饷为先,与转战(迨)〔殆〕无多让。同治四年,唐义训、金国琛两军在皖南闹饷哗溃,李兴锐闻之,即单骑驰入军中,晓譬士卒,以所欠之饷任诸一身,而诘责其为首滋事者,揭报于曾国藩严治之,事乃定。金陵克复后,综计所管粮台积存平馀银四十馀万,悉缴诸官,不以一钱自私。曾国藩重其品学,军中战守事多咨之以行,尝以况故大学士李鸿章,谓其才相颉颃也。然李兴锐淡于荣利,相从垂二十年,曾国藩屡欲兴而拔之,皆坚辞固拒。

同治九年,补直隶大名府知府,未到任,即以亲老告养。随经曾国藩奏请开缺,以道员调赴两江,委办营务,经画长江水师事宜,迄今三十馀年,犹多沿用其成法。旋办上海机器制造局。中国制造之学时始萌芽,李兴锐苦心经营,凡历十年,规模大具,乃以丁忧去官。光绪十一年,服未阕,即奉特旨召见。终制北上,钦派随同办理中越界务,循边徼千里,遍历穷荒,不辞劳瘁。十三年,蒙恩派充出使日本大臣,以适有足疾,请开去差使。时故大学士李鸿章重其才略,奏留直隶。随委署津海关道,补授天津道,调补山东登莱青道,擢任长芦盐运使,署直隶臬司,升授福建藩、臬两司,调任广西藩司。

庚子九月,奉旨补授江西巡抚。是年适值拳匪之乱,行省莠民多乘机滋事,江西焚毁教堂至数十处,劫掠教民财产,控诉于官者不下二千馀起,办理之棘手,无逾此者。李兴锐抵任,即奏请具限三月,一律议结,外人服其刚正,未及期,已帖然就范。当时恤赏之费不下八十馀万,或请责诸绅民,李兴锐以为闹教者多乡曲无赖,何有身家,苟或牵累无辜,则怨毒更甚,隐患将无穷期,严饬郡县不得苛派分文，惟奏请以开办筹饷捐输之款提给。先是，江西因庚子之变，增募防勇垂及万人，类乌合之众，无足恃者，而帑藏亦不能给。李兴锐到任数日，即裁去千馀人，随复陆续挑汰，岁节饷需不下三四十万。统军将领或以操切召变为虑，李兴锐毅然不为之动，士卒慑其威望，亦无敢抗之者。辛丑和议既定，奉派赔款累百馀万，得以所节之饷挹彼注兹。复就厘金、土药两项大加厘剔，赔款遂得敷用，实未尝行一苛细杂捐扰及闾阎。

及调署广东巡抚，因广东上年奏办随粮捐，原议按征数加三成，于是一石之米向纳银四两者，加三成即须银一两有奇，而各属丁米折价多寡不一，书吏或且上下其手，民颇苦之。李兴锐爰为奏定，但从正额科计，不得并及耗馀，民力乃减十之六七。此外如丰顺、大埔、乳源、连平、长宁、平远、镇平、和平各州县贫瘠之区及孤悬海外之琼州一府，悉皆豁免。其为国家保全元气之心，盖天下所共见。去年调署闽浙总督，爱民勤政，一如治赣、粤时。

本年七月，奉调署两江总督之命。抵任后，日以办巡警、兴学堂、改定操法、部勒营伍诸务与群僚筹议。南洋为外交总汇之区，又值日俄构兵，交涉益形重要，李兴锐苦心区画，恒彻夜不能安寝。九月十三日，兵部左侍郎臣铁良驰抵江宁，李兴锐犹于一日之间接见三次，筹议治军、理财、制造诸政。次日即发痰咳之证，又加之以喘泻，然尚力疾见外省僚属。二十一日，以各国增索赔补镑价及修浚黄浦两事关系重要，犹复殷殷筹虑，次日即因病出缺。

伏念李兴锐久在故大学士曾国藩戎幕，以清正著称，平日更事既多，于湘、淮诸军所以立功之故及其末流之弊，均知之甚深。江西、福建各路防军，从前颇称窳窳，自李兴锐到任后，为之更定常备、续备诸军制，于事颇多广益。其理财用人，一以综核名实为主，故所至皆能廓除积习,上下肃然。此次莅任两江,正可与之协力咨商,整理庶务,而军事得其部署,亦可望壁垒一新,不图未及两月,遽尔溘逝。臣到任,即据该家属将遗折呈交前来。闻其弥留之际,尤以时事日艰、民力竭匮为忧,至于声泪俱下,忠棐之忱,至死弥笃,中外官民无不同声痛惜。合无仰恳天恩,饬将该故督臣李兴锐生平事绩宣付史馆,以彰忠荩。至李兴锐长子、嫡孙均已身故,现存嫡曾孙李谟光,年甫五岁;次孙指分安徽试用知府李鸿枎、出嗣孙指分江苏试用道李鸿榦二人;又曾孙李谟炘、李谟焌二人,年均幼稚。应如何量予恩施之处,出自逾格鸿慈。

所有胪陈前署督臣生平政绩并代递遗折缘由,理合恭折具陈,伏乞皇太后、皇上圣鉴训示。谨奏。①

端方:《端忠敏公奏稿》卷四,民国印本

浏阳李公荣哀录

祭文类

江西官绅等

维大清光绪三十年孟冬月朔,越五日庚戌,江南提督李占椿、前徐州兵备道桂嵩庆等,谨以羊一、豕一暨清酒庶羞,荐于诰授光禄大夫督帅浏阳尚书李公之灵曰:

呜呼!湘江浴日,衡山郁云。浩荡磅礴,笃生伟人。东南半

① 此折又见《申报》光绪三十年十一月二十六日(1905年1月1日)第11392号第1版(题为《前护理两江总督端午帅代递前署督臣遗折并胪陈政绩折》),末云:"奉朱批:'另有旨。'钦此。"

壁,再造推曾。公参戎幕,实赞其成。运筹决胜,度支(瞻)〔赡〕军。张、萧事业,堪继前芬。发轫大名,一麾出守。卓著循良,治功称首。解组事亲,不恋升斗。泉石怡情,十馀年久。再起监司,经纶富有。荐陟封圻,功名不朽。冀粤浙闽,碑勒人口。鸿筹硕画,语焉难详。远者姑置,请言吾乡。辛壬之际,公抚豫章。奉行新政,力图自强。特劾骄将,整顿营防。明其政刑,课吏有方。英才教育,遍立学堂。裕民衣食,工艺农桑。举办警察,奸宄难藏。甘棠移荫,民不能忘。帝眷三江,资公镇压。章、贡双流,仍居右辖。遐迩欢腾,中外情洽。旧地重临,新猷焕发。金镑争持,奏章电达。申出米禁,改验疫法。开学练兵,纷驰笺达。大耋之嗟,基于劳乏。重阳节后,风雨凄凄。山萸莫解,梁木已摧。九重震悼,天语褒题。老成练达,清正自持。军民官吏,如何不悲?我省僚属,更伤其私。呜呼哀哉!公之诗文,瓣香文正。禄位寿名,亦与相竞。维楚有材,后先辉映。任甫四旬,设施未竟。廉洁公忠,千秋论定。令典饰终,犹有后命。生荣死哀,公无遗恨。奠醊陈词,寸心展敬。

呜呼哀哉!尚飨。

两广公祭江宁布政使黄建莞等

於戏!长江阒其寥廓兮,逝水咽而无声。晨星黯其无色兮,罡风悒而不平。胡天不祚斯土兮,憯我老成。前有刘而后李兮,碻虖遗爱在斯民。大五洲之震烁兮,齐堕泪以哀吟。矧感恩于旧部兮,唯吾乡之挚深。暨余小子失瞻兮,尤梗膺填臆,不禁膜拜夫斯人。

吁嗟虖!衡云兮苍苍,湘波兮流长。唯地钟毓兮昌期昌诞,在我公兮翊虖帝邦。丁神州之陆沉兮,中原慨其灰烬。犹范、谢一诸生兮,以天下为己任。爰橐颖以从戎兮,感特知于文正。乃左斡而右旋兮,蠕蛇勘其大定。虽澹虖其忘荣利兮,惟忠诚能(节)〔结〕主知。酬巨庸其有典兮,自守牧而监司。当晚岁而靡鬵兮,历屏翰与疆圻。东距莱云而北眂燕树兮,兵刑钱谷以维持。竟夫西南半壁兮,闽粤江浙为安危。既安内复攘外兮,勘越界之疆陲。经远域于扶桑兮,羌四海其来归。方今江上下之待治兮,正棼然其如丝。恫荆梁之倏折兮,不一老以慭遗。圣主辍朝兮,军民泪垂。白下秋风兮,霜木同悲。噫嚱!公之去兮天帝旁,公之来兮吾之乡。自西徂东兮民所望,陈藩开府兮湛泽汪洋。孰膏吾亩兮,遗我稻粱。孰被吾服兮,为公之裳。育我子弟以庠术兮,勤我妇以农桑。怵我商业其改良兮,备我警以团防。严非种而锄刈兮,销内患与外疆。感公德之无已兮,亘百祀其炳琅。哭斯人之不作兮,畴涕泗而沱滂。於戏兮,公之灵悦。余建笎兮受知独深,同袍两载兮蓟树春。瞻奎仰斗兮,莫敢不承。洎虖往江南兮,蹬之侧。云泥虽隔兮,分不隔。家人燕见兮,欢笑如洽。奈何弥月兮,怛瞻依之顿失。於戏哀哉!爰为之诔曰:

公之亮节世无比,凌驾曾、胡失专美。小子恫哭匪其私,震达全球九万里。

又为之招魂曰:

江波逝兮江泽留,公魂已兮公德彪。荔丹蕉黄兮,写我心忧。公灵在天兮,来奠此一瓯。

於戏哀哉!尚飨。

安徽同乡官绅等

维皇清光绪三十年岁次甲辰冬十月乙亥朔十有三日丁巳,皖省官民谨致祭于诰授光禄大夫、两江督部李公之灵曰:

惟公岳麓精英，元黄懿粹。唐虞皋益，殷周莘渭。半壁东南，大任攸寄。政在养人，运符名世。天胡不吊，不憖一遗。隆栋告摧，大厦失支。日星隐曜，江流咽悲。呜呼哀哉！公之未出，天下相思。公之既出，天下谓迟。西江东粤，有口皆碑。八闽两浙，善政常垂。噫惟江淮，斯民无福。建节金陵，卅有九日。遂颓长城，遽坏梁木。江北江南，同声一哭。呜呼哀哉！戎风混华，异学张帜。猎浮遗实，顾名忘义。厥赖我公，正道明谊。六计犹在，八法未亡。儇利便捷，奋兴拍张。厥赖我公，厘正典常。壁垒隆隆，旌旗正正。东海尚波，南风不竞。厥赖我公，军威重振。风俗之靡，惟赖庄之。民生之劬，惟赖康之。庶政之弊，惟赖匡之。庶事之弛，惟赖张之。楚水楚山，代生硕彦。曾侯曾伯，后有替人。方谓鸿猷，风发雷动。讵期鹤去，云掩星沉。渺渺人天，悠悠时局。忧乐之怀，知公不没。岂惟僚属，下迄商工。凡旅白门，同此悲衷。谨荐牲牢，敬陈醴酌。哀哀陈词，灵兮来格。呜呼哀哉！尚飨。

湖南同乡官绅等

维光绪三十年岁在甲辰冬十月上浣之四日，湖南同乡筮仕江南文武人员徐树钧、李祥椿等，谨以豕一、羊一、清酒庶羞，致奠于诰授光禄大夫、两江督宪浏阳李公之灵前曰：

岳精湘灵，是孕伟人。翊我圣清，赫焉中兴。觥觥湘乡，褎然首举。公起布衣，遂参其辅。彼絷以驰，此骖而舞。掆揔东南，荡涤区宇。连玺论爵，有耀其庭。公独映然，曰余亲存。蒸蒸孝思，循陔卅载。衣与缪与，春晖长霭。诏书五道，谓公盍来。畀以封圻，俾施而材。江右奠清，百粤绥辑。亭毒八闽，无有蒸疠。东南半壁，今号长城。久萎弗植，民鞿以呻。公来尸之，将救其倾。榕阴移节，旌纛雒雒。三吴士女，膜拜争迎。曾无几时，遽陨长云。所施未究，夫复何云！况丁今时，战争方烈。英瞵于西，露（耽）〔眈〕于北。所冀老成，济兹鯱廐。忽焉凋谢，能无惨怛？大江茫茫，白旐宵举。属在乡寮，霣涕如雨。酬公一樽，鉴兹微绪。尚飨。

署狼山镇总兵李定明

惟大清光绪三十年秋九月甲辰日，头品顶戴记名提督、署狼山镇总兵李定明，谨具瓣香束帛、牲醴清蔬之仪，致祭于诰授光禄大夫建威将军勉帅宪台大人之灵前而言曰：

呜呼！衡岳之英，磅礴钟灵。曾刘而后，惟公一人。鳣蛇碓噬，猰牙喋血。不有老成，谁秉国钺？云胡彼苍，遽陨榱梁。震惊朝野，涕堕浪浪。矧在小子，同承覆帱。恫哭匪私，感逾追悼。忆公诸生，橐笔从戎。心系天下，丁在咸同。惟曾识英，前筹幕府。帷幄运枢，端资弼辅。歼平贼逆，聿奏肤功。帝嘉忠谠，乃监莱东。丁酉之岁，烟台俄觊。英使分争，赖公隙弭。洊由津关，陈臬开藩。赣粤闽浙，历砥东南。溯公建节，国步日桀。内政外交，措施罄洽。帝眷两江，庶政纷庞。爰移公节，来督南邦。缅怀威灵，方资覃抚。如何昊天，不祚斯土。迢迢江流，呜咽千秋。部民巷哭，夷使临酬。矧予同侪，感深知己。从事定营，接荆伊始。谈聚相寻，以夕以昕。春风融霭，夜雨平生。自兹以往，云泥迹别。感公殷殷，拟招驽劣。方在皖省，军事羁留。力辞未获，我心悠悠。洎公莅闽，欲申前召。旋闻节移，载忻载跃。於戏予怀，方冀策鞭。奈何咫尺，天靳之缘。感从中来，涕泪于邑。知我一生，报酬无日。往矣其德，不朽其功。

在天煌煌，来鉴愚衷。呜乎哀哉！尚飨。

挽联类

自赣、粤、闽移节而来，清望早倾四海；

为曾、左、刘诸贤继起，大名并足千秋。

——练〔兵大〕[①]臣铁良[②]

中兴而后，湖湘独产英奇，政绩追曾、左，战功继彭、杨，群推旗鼓相当，伟业公标紫光阁；

通商以来，江左最称繁剧，外交待维持，内政资整顿，讵料旌旄变色，大星竟落石头城。

——将军永隆、都统奎芳

秉节迟卌年，亲承文正风规，非我公莫为之后；

下车甫两月，痛与江南父老，叹此来未竟所施。

——署两江总督、江苏巡抚端方

继吾湘四太傅后，撑持半壁江山，霖雨才施，大星遽陨；

从沿海万馀里间，想像元戎勋业，八闽感泣，两浙悲歌。

——江西巡抚夏旹

继文正三十年前，戎幕亦师门，坐镇江南，断推此老；

从先生四千里外，勘边忝同志，遽归天上，倍怆予怀。

——前广西巡抚王之春

湘泽多中兴良佐，惟公晚任兼圻，未竟厥功，憾遗壮岁从戎地；

① 底本残缺，据史实补。

② 底本挽者姓名在联前，今皆改置于联末。

东南失万里长城，悔我迟来数日，遂成永诀，哭报当年知己恩。

——署山东巡抚胡廷幹

卅年夙相知，衮衮衡湘，天靳此才偏晚用；

个臣今又弱，滔滔江海，我怀遗爱亦深悲。

——前帮办南洋大臣陈宝琛

公忠体国，干济匡时，倚畀重九宵，都期柱石长留，半壁河山资坐镇；

慈惠及民，清勤率属，追随未两月，忽报台星遽陨，三江草木亦含悲。

——调补山东布政使、江宁布政使黄建筦

持节匡庐，由粤海闽峤移镇江淮，遽坠大星，万福声名悲草木；

钟灵衡岳，继曾侯左相宏开幕府，甫逾匝月，千秋勋业耀旂常。

——江西布政使周浩

砥节砺名，两岸江山留正色；

鞠躬尽瘁，六朝风月总伤情。

——福建布政使周莲

闽峤步尘，秣陵随节，知我近廿年，身世浮沉，两疏难忘宏奖厚；

德绍湘乡，望侔刚直，别公方十日，风云变幻，九州同慨老成凋。

——前福建按察使杨文鼎

向用迟三十年，重寄艰难，到江南时日无多，筹策纾回臣力竭；

饰终照一品例，特褒廉正，问身后子孙有几，老成凋谢国恩长。

——安徽按察使濮子潼

受湘乡、合肥特达深知，先后五十馀年，亮节清风如一辙；

膺闽浙、江淮兼圻重任，屈指三百旬日，鞠躬尽瘁遽千秋。

——前署广西按察使夏仁济

七二峰衡岳钟灵，海内贤豪偏晚达；

四十日福星隐耀，江南父老最哀思。

——江南盐巡道徐树钧

乞养陈情，鞠躬尽瘁，出处大节昭然，幕府论英贤，岂仅知名在勤朴？

生为社稷，任重封疆，笃棐孤忠竭矣，朝廷失元老，遽闻赙典极哀荣。

——署江安督粮道穆克登布

抗疏为论金，同志苍茫，垂死荩臣留憾事；

瓣香在求阙，定评清鲠，一生亮节是完人。

——苏松太兵备道袁树勋

公来开府，我赋归田，交谊溯四十年前，曾经瓣祝心香，同侍南丰为弟子；

移节闽中，麾旄江左，道德衍五千言后，未及亲承面命，遽从白下怆人琴。

——前徐州道桂嵩庆

平津黄发始登朝，方隆晚遇，正喜三江移节，八秩开筵，四裔丹青图硕画；

忠介皂袍无长物，夙慕清操，何期半壁山颓，九秋星变，六军缟素哭元戎。

——署江南〔水陆〕[①]提督杨金龙

---

① 底本残缺，据史实补。

渊源接曾文正，羡燕吴遍历，发车北道，归极南洋，才看卌日履新，卿月遥临，久暂迹同棠荫地；

出处似刘忠诚，与章贡有缘，开府中权，兼圻右辖，岂料重阳依旧，大星骤陨，后先泪洒菊花天。

——部民江南提督李占椿、前徐州道桂嵩庆等

自二千石策勋，叠晋兼圻，方藉老成安危是赖，苦萑苻不靖，偏伤耆宿先凋，起文正于泉壤见公，荐喜得人，定怅东山失霖雨；

才四十日侍教，每思划界，犹说当年患难相从，念樗栎能庸，私幸陶成有望，感智伯以国士待我，恩真逾格，那堪南极陨台星。

——江苏候补道李光郧

伤心拜文正祠前，薪传无欲则刚，手札数篇见师法；

载櫂历东南都会，耄学临终不乱，鞠躬一疏答君亲。

——江苏候补道罗长裿

此老负中西重望，用人、治兵、理财，凡百皆苦意经营，即今海沸霄溟，天应下泣；

相从历闽粤三江，学问、经济、文章，无一不亲承指授，太息山颓梁折，吾更安依？

——福建特用道、受业徐绍桢

凡幕府皆为贤臣，曾文正所以迥不可及；

使朝廷早用此老，刘忠诚岂得专美于前？

——江苏候补道陶森甲

公今南岳遽归神，追思藩桂经年，难忘提命亲承，剡列人才愧疏附；

我自西江来省疾，正是骑箕前日，犹问岁民无恙，怆怀时事独

低佪。

——广西补用道、受业张祖祺

虎拜独摅忠，伤心遗疏鸣哀，易箦未忘民力尽；
鹤书三下责，太息酬知莫逮，招弓深悔我来迟。

——前吏部稽勋司主事劳乃宣

谋国敢辞艰？嗟此邦望岁徒殷，卌日顿惊摧柱石；
事公真恨晚！痛先弟受恩最渥，九原犹得迓灵旗。

——江苏候补道何维朴

棣华忝同鹗荐，忆壮年待试，春明客病竟弥留，遗话惨闻三五友；
桂管曾侍鹓班，怅今日重迎，建业衙参才旅揖，伤心痛数卅馀天。

——候补道王龙诏

江左幸有夷吾，来日无多，天不憖遗施未竟；
临淮痛亡节度，秋风告厉，神虽长往气犹寒。

——江苏补用道程龢祥

灵光高峙，赞成景运中兴，半壁巩长城，叹老相期膺特眷；
节钺甫临，未竟个臣一用，天风飘素旐，怆怀不仅在私恩。

——江苏补用道秦炳礼

粤西久亲元礼，方幸委身属吏，袂捧龙门，惜我公箕尾遽骑，报政未遑才匝月；

江左如失夷吾，从兹屈指乡贤，型亡鲐背，痛先伯星霜几易，伤心刚又到重阳。

——江苏补用道刘能缉

问中兴人才，至今有几？重任偏迟，公何愧邺侯经济；

叹晚年节钺，为日无多。忧时尽瘁，天不与潞国精神。

——安徽候补道陈元祥

值贱子北堂之讳，恨我来迟，正期帅座重依，拜手起居文潞国；

纾朝廷南顾之忧，如公有几，岂料大星遽陨，鞠躬尽瘁武乡侯。

——广东候补道龚心湛

帝欲老其才，溯诸生从戎，越北燕南，威望日隆文潞国；

天云胡不吊，迟十年开府，龙蟠虎踞，军民雨泣李临淮。

——前江苏候补道刘式通

公不愧文正门墙，薪火相传，值迟暮精神，厥位艰哉，念国恩深，未能求去；

我曾在荆州幕府，药笼忝与，顾阽危时局，而今已矣，为天下痛，更哭其私。

——福建补用道姚文倬

刚欣持节遥临，只一月倏赴西游，憾未报九重天知遇；

每趁趋庭侍话，说昔日厚承东道，不觉逾四十载光阴。

——江苏候补道蒋寿彤

倘早获十数年知遇，当勋业烂然，与湖湘衮衮诸公，东去挽江流，先后并光青史笔；

其殆由二千石回翔，渐心力瘁矣，况岭峤劳劳行役，南旋移帅节，遏来遽怆白门秋。

——江苏即补道李维翰

持节历赣、粤、闽以来，遗爱遍多方，岂惟夙感垂青，一掬为弹知己泪；

骑箕接陶、曾、刘之后，履新刚匝月，未展匡时建白，九京犹耿老臣心。

——直隶候补道郑业敩

溯家相开府之宾僚，今独岿然为殿，纯一致八衮，明通逾卌龄，迨公淮甸节来，民歌何暮，而力陈圜制，议抗强邻，苊体弥留，犹遗绝笔，数年如可假，岂止外和内辑，国重勋垂，当骎骎与东海争雄，日摄环洲照龙纛；

仰圣皇新邦之疑弼，后则舍此其谁，清直冠列疆，忠勤著九省，勖我申滨檄奉，先泽频思，况首禁博游，教绳他吏，鄙心契合，夙不忘谀，百世自相师，惟忧大法小廉，人亡政息，遂郁郁效西州痛哭，风萧玉帐叩鸿钧。

——江苏补用道曾广祚

公为文正旧人，夙负时名，垂老擢兼圻，帝眷方隆臣力竭；
我是延年故吏，重依仁宇，征途才一谒，隔江遽恸大星沉。

——江苏候补道林贺峒

幕府人才，惟曾文正最盛，时隔卌年，硕果独存天亦靳；
生平风节，较于清端尤伟，感深一顾，散材无用我徒悲。

——江苏候补道赵上达

中兴四十年，老臣尽瘁南邦，自文正、文肃、忠襄、忠诚，与公先后五人，在节镇身骑箕尾；

环海七万里，外患凭凌宗国，方争地、争城、议偿、议款，问谁经营八表，为朝廷肩荷艰难。

——江苏补用道徐赓升

洪都听鼓未经旬，回(恩)〔思〕冠盖联翩，席前(棒)〔捧〕檄；

建业秉旄刚匝月，遽看风云变色，天上骑箕。

再挽

当年移节粤中，忆浔阳九派江声，追随棨戟；

今日招魂白下，看钟阜六朝山色，黯淡旌旗。

三挽

中兴耆旧似晨星，年来历粤、闽、吴、越数省而还，幸有老成安社稷；

上界宾朋犹昔日，此后与曾、左、李、刘诸公相遇，尚应流涕话沧桑。

——前江西补用道杨宝壬

清正孚人望，忠勤结主知，耄龄持节著勋猷，四海具瞻，方冀夷吾庇江左；

推分到部民，论交重世讲，扶病升堂亲吊唁，兼旬闻讣，俄惊传说上星辰。

——直隶候补道林志道

尝以菲才受知，破格能容桂冠去；

未竟老臣忧国，临终犹有谏书闻。

——分省试用道、前江西宜春县张謩

佐中兴者几何人，惟公晚秉节旄，比曾左勋贤，更兼福寿；

督两江裁四十日，遽尔身骑箕尾，叹湖湘子弟，顿失瞻依。

——淮扬海兵备道杨鸿度

湘中耆旧剩晨星，数昔时戡乱元勋，奋武揆文，又弱一个；

江左旌麾刚匝月，读圣主饰终恩诏，整躬率属，自有千秋。

——江苏即补道曾纪寿

麈训忆洪都，三载前亲承指示，勖励官箴，名论难忘犹在耳；

鸿猷恢建业，甫月馀纲举目张，挽回时局，大勋未集倍怆神。

——江苏补用道李澂

出文正门，受文忠知，历咸、同久筹帷幄七十八年，蔚为乡望；

经世最早，行道最迟，由粤、闽甫节东南卅有九日，遽陨台星。

——江苏补用道朱恩绂

白门风雨咽深秋，溯豫、粤、闽以力济时艰，七省黎民皆戴德；

南丰幕府多奇杰，继左、李、刘而共悲天数，中兴勋旧更无人。

——候选知府罗恩绶

御膺人望神仙，忆闽疆起节，曾效前驱，屈指刚月馀，半壁东南失保障；

生晟天为社稷，正伏莽滋戎，深劳荩画，精灵传箕尾，九重震悼丧元良。

——江苏补用知府谭传赞

半壁待经纶，云雷阙北资元老；

四旬宣节钺，风雨江南落大星。

——前湖北候补府黄仁黼

飞电辟英僚，叹湖湘留滞经旬，地下难从隋武子；

危疆需伟望，正壁垒风雷变色，江东已失李临淮。

——前署福建邵军同知方荣秉

上将星开，功臣鼎后；

中峰岳断，半海鹏垂。

——安徽即补知府王咏霓

荩筹硕画，继轨湘乡，江表恸夷吾，何堪时难方殷，又弱一个；

荐剡封章，重褒郿令，漆园惭傲吏，从此冰操益懔，敢负九京？

——广东候补同知庄允懿

岂惟知己，至竟感恩，小子复奚言，独悲别甫经秋，何冀重依翻永诀；

既有令名，又兼寿考，我公庶无恨，太息世方多故，不徒私哭痛谁归。

——广西候补知府庄蕴宽

廉正荷天褒，方欣荡节东南，三省钧衡偿素愿；

追随羸日久，讵意山梁颓坏，一朝培埴失青垂。

——候选州同沈鉴

廉洁似赵清献，刚毅似宋文贞，整饬宪纲，天下楷模南斗望；

与湘乡同时游，与新宁同月逝，高歌楚些，满城风雨秣陵秋。

——候补通判彭鸿年

由诸生历任封圻，岂偶然哉？当其运筹帷幄，力挽狂澜，曾左共中兴，犹幸灵光今独峙；

从闽都来膺建业，良有以也。方冀旋转乾坤，剔除积习，东南新半壁，那堪箕尾忽遐升。

——中书科中书李光表、候选运判彭称敦、湖北试用同知龚益智、候选通判刘子俊、分省补用知县陈勋、两淮盐大使姚廷襄、留黔补用府经历萧琨、候选府经历龙华藻

数中兴名德，断自公亡，朝野憖遗悲，日化身扶，半壁安危，宏济方倾江左望；

痛先代硕交，从今丧尽，平生怀旧赋，风凄雨泣，一年暌隔，不

堪重见岭南秋。

——侄婿莫棠率子、孙婿天麟

秉节役蛮荒，敌国就和，绥边定界，历尽艰难险阻，时只一仆两员，视若亲人，可怜劳瘁成灾，万里病缠归路远；

告功膺宠眷，兼圻迭晋，异数频邀，正当整顿筹维，方幸五福九畴，绵其寿考，讵料音容遽杳，六朝天惨使星寒。

——分省补用知县吴达云

是湘乡伯仲替人，论功德及民，予欲无言，有青史在；

从闽峤追随入幕，忽音容长杳，公诚不朽，如苍生何！

——广东议叙知县刘庆镗

扬历九行省，事君尽瘁，得君已迟，为政不多言，每见运筹规远大；

追随数十年，知我最深，遇我独厚，临终犹有托，忍看绝笔字模糊。

——直隶候补知县洪寿彭

节钺重当朝，大局攸关移白下；

江山增胜慨，夕阳刚好又黄昏。

——候选知县杨先震

九重属望，四海倾心，祝赤舄春长，克展公才纾国难；

两世联姻，千里迎节，怅白门秋晚，此来何意伴丧归。

——侄婿黎庆覃

讲曾文正之朴学，具彭刚直之清操，廉明不阿，公如早用十年，考绩当为群牧最；

联中东西之邦交，诘江淮海之戎政，设施未竟，我来承流一月，伤心遽见大星沉。

——江苏补用知县施煃

勋哲已凋零，朝野默筹，喜得八旬元老健；

帝心方简在，东南畀任，那堪一月大星沉。

——盐城县知县张祖纶

溯两世函丈渊源，愧难承再传衣钵；

正重阳满城风雨，悲顿摧数仞门墙。

——福建候补知县王炘

为曾毅勇所特知，闻名何先，享名何后；

得李文忠而起用，去此太速，来此太迟。

——江苏补用知州徐士英

挺身由黉序陟疆圻，忆备兵海澨，晋秩屏藩，睦外绥中，荷天休宠，到耋岁钧衡叠寄，麾节频移，扶病拜恩纶，一片丹心悬斗北；

发迹与石城相终始，感昔作幕宾，今为连帅，莅新怀旧，胜地重游，曾几时膏雨随车，福星隐耀，元神归寿岳，万家赤泪洒江南。

——江苏即补知县陈崇煌

哭公望重华夷，真有古名臣肝胆，南丰旧学，北阙新恩，嗟元老声威，蚤播瀛寰九万里；

惟我居联井邑，知是活菩萨心肠，御李缘悭，识荆愿慰，读积年遗疏，如披道德五千言。

——湖北补用知县陈嗣常

九重识廉正，四裔问起居，其生荣，其死哀，独悲国步多艰，忽丧兹半壁长城、中流砥柱；

阿祖昔同袍，不才今入幕，亦旧姻，亦新特，最忆公馀侍坐，为讲画中兴故事、先辈遗风。

——福建补用知县易焕鼎

勋业自江南始，亦至江南以终，嗣曾左闻誉而千秋，伟哉柱石；

风采从闽中瞻，竟尔闽中永诀，溯祖父交情已三世，痛陨台星。

——江苏候补知县陈元珖

弥留无一语及其私，耿耿孤忠，唯中外大局；

小子历五年承厥德，拳拳恪守，是文正遗规。

——江苏候补县丞廖镇南

时局竟如斯，惟公砥柱东南，力肩艰巨，胡天不慭遗，听三江巷哭衢哀，挥泪同声齐罢社；

受知今已矣，愧我管蠡窥测，莫赞高深，大星惊忽賨，痛一夕山颓栋折，感恩未报独沾襟。

——江苏候补县丞景崧

将命愧非才，小相公西两月，徒劳山斗望；

鸣哀有遗疏，鞠躬诸葛一篇，犹见荩臣心。

——文巡捕、候补县丞郑洪年

漫云分隔云泥，数年来独蒙恩教同深，铁面具慈心，至今进退寝门，如闻謦欬；

岂但名齐曾左，一生中只是刻苦自励，临终不私语，试读褒嘉特诏，无愧廉勤。

——福建补用县丞章理纶

湘乡门下比衡阳，平生凛冽冰霜，特笔无惭南史直；

严武幕中延杜甫，追我趋承节钺，追询时及长公贤。

——江西试用府经历易德焕

钟衡岳、洞庭间气，笃生社稷臣，自芹宫发迹，遍植棠阴，讵知耄耋年华，才领封圻数载；

继老子、邺侯遗徽，同是神仙种，正菊酒介眉，俄归蓬岛，从此馨香俎豆，岂惟闽粤三江。

——两淮补用巡检陈大润

随节屡蒙恩，正望重高山，补救时艰推元老；

盖棺怆定论，叹形枯小草，提携日后更何人。

——候选盐大使钱廷椿

自豫章随节，历闽山、粤海而遥，三载被恩知，何期秋到吴江，风雨满天馀涕泪；

以湘水耆英，继威毅、忠诚之任，环球正多故，太息星沉淮甸，东南半壁失长城。

——江西试用县丞陈天骥

如公负两间正气，疾机巧、蔑王侯，居然汾阳贵寿，直道犹行，多士莫侈革命议；

浸假于三十年前，授纛牙、参密勿，弹压细亚东西，好整以暇，知贤犹见圣人心。

——国子监典籍张兆源

军令酒杯明，忍看变色旌旗，泪堕淮碑六从事；

儿曹屐履在，推却论功棋局，梦归衡芋一山人。

——汉阳黄嗣东

曩劳文正幕，今追文正踪，其地本荩画所留，合江南北上下数千里而遥，载号生佛；

来较忠诚迟，去比忠诚速，胡天不慭遗此老，使诸大夫国人二三年以内，两哭元勋。

——中军副将李祥椿

严明率僚属，公正济时艰，尽瘁鞠躬，何日复见纯臣度？

侍节事戟戈，相从历闽粤，飘零弱质，没世难忘国士恩。

——江南陆师学堂毕业生彭汝亮

洞庭之大，衡岳之高，旌旄驻两江，专阃佐中兴伟绩；

报国以忠，经世以明，节钺临数省，同声哭元老奇勋。

——总兵吴立斌、刘清和，副将曹铃峰、曹绵绣，参将苏有成、胡必胜，游(系)〔击〕张兰桂

九重叹公安在，抑何相见之晚也。噫嘻世故纷纭，凡夫天官铨选，地官路丱，春官贡举，夏官戎行，秋官、冬官刑章艺术，应有而无者，已敝宜损者，弃短从长者，舍旧谋新者，考列邦美富、欧强、德中兴、日本自立，惟老臣远虑，权穷变通久所关，讵肯包羞物耻，向非迟十年、迟廿年、至迟卅年，式克钦承，则云霓来苏，早继续湘乡相业；

四迁各树风声，解人不当如是耶。政尔经营规画，惩彼胶州暴横，广州恶氛，金州战争，维州侵轶，象州、柳州伏莽弄兵，沙汰官途焉，振策吏治焉，鼓舞学殖焉，搜讨军实焉，综先哲汉贾、蜀葛、唐敬舆、炎宋高平，处今此危机，持才俊贤豪特识，庶几宏济艰难，乃竟未期月、未五月、并未三月，大明黜陟，胡星精遽陨，莫发挥楚产光辉。

——师范学堂教习李时敏

续挽联类

清望著三湘，溯建旄粤海，移节闽疆，何期钟阜初临，忽賷大星惊噩耗；

订交垂卌载，忆把袂江南，同袍冀北，岂意白门重到，痛挥老泪哭忠魂。

——署两江总督周馥

江左顿失管夷吾，丁兹时局方艰，试问何从补救；

天上若逢曾文正，话及中朝多故，应知相对唏嘘。

——长江提督程文炳

公来何暮，早付以江表大藩，安攘之功，当不止此；

天不慭遗，益致慨邦国殄瘁，老成云谢，何所适从？

——江南提督李占椿

中兴诸老，几人更存？正南顾忧勤，佥谓朝廷用临淮已晚；

平生知己，得公无憾。忝承明侍从，敢列风猷付柱下书之。

——门下士方履中

古有社稷臣，世称清白吏，兼负汲阳之高节直声，久结主知，使天假以年，行当正色立朝，独秉威裁清流俗；

早膺股肱郡，晚建方岳勋，新移江海之雄藩硕德，允孚人望，惜公来何暮，仅见临终筹笔，共传遗草表孤忠。

——江苏候补道吴学濂

览薛无锡诠相国宾僚，于峻功伟伐外，以勤朴发闻，幕府流风馀硕果；

继刘新宁筦两江锁钥，当清香晚节时，相后先(调)〔凋〕谢，乡邦遗憾满黄花。

——江苏补用道杨觐圭

弱冠托龙门,期许十年,异地相逢,幸掇科名承一笑;

高牙临闽海,追随数月,江干小别,重来函丈竟千秋。

——受业潘立书

秉三省钧,移两江节,正九重深资倚畀,盼断南溟;

律身维俭,谋国以诚,虽八旬愈凛坚贞,望隆北斗。

——江苏即补道徐乃光

刚健笃实辉光,困而能亨,灏气壮洞庭衡岳;

学问文章行治,老方见用,哀声动钟阜秦淮。

——江苏候补道翟衡玑

天眷方殷,正为霖雨苍生,讴歌晚福;

大星遽陨,忍教秋风白下,惆怅孤舟。

——候选道严信孚

际此国步艰危,纾南顾忧,共说济时赖诸葛;

岂独私衷感激,为天下痛,何堪堕泪吊羊公。

——愚侄朱佩珍

天不慭遗,玉垒浮云齐变色;

我怀宿爱,珠江流水怅知音。

——广州府知府沈传义

尘氛四扰,海水群飞,众望属耆英,帝命南来臣已老;

津淀佣书,闽峤听鼓,更番依大厦,公今西去我安归。

——福建候补同知潘诵威

性同姜桂，门绝苞苴，孔北海荐表犹存，叹耿耿孤忠，早刮目于众中识我；

一老不遗，万方多难，曾湘乡嗣音谁继，顾茫茫大局，要放声为天下哭公。

——福州府知府程祖福

家君访旧过金陵，握手言欢，赋别才径三五日；

诏令方新颁铁券，鞠躬尽瘁，易名应荷九重恩。

——湖北候补同知余鸿铸

惟南岳钟灵，由頖宫入戎幕，策勋晋秩二千石，久滞寅僚，迨耄期骀背征祥，鸿毛遇顺，师承有文正，知己有文忠，吴中开府镇双圻，直如冬岭孤松，秋风硕果；

自东山复起，凭杯酒历蛮荒，秉节绥边七八年，备尝辛苦，嗟尔日简心重寄，棘手偏多，外侮在西欧，内讧在西粤，泉下诸公应一哭，何以默筹危局，阴济时艰。

——候选同知陈崇焜

以秀才为天下任，接忠诚踵，步忠襄尘，半壁东南资硕望；

惟郧侯有神仙风，守文正规，历文襄(辄)〔辙〕，九重倚畀更何人。

——江苏试用同知魏涟澄等

是中兴时戡乱伟人，运筹决胜，壮未知名，而今帝眷方新，臣嗟老矣；

联各行省精忠大吏，沥血上书，死难瞑目，此后外交失策，公如国何。

——分省试用通判贺良朴

抠衣珠海，(亿)〔忆〕侍幨帷，諟译问方言，笑谈折冲倾四裔；

易箦金陵，痛摧柱石，衡湘数耆宿，老成殄瘁哭三江。

——候选运同朱钧

天资楚产佐中兴，继曾、胡、刘、左、彭、杨，开府宣猷，屈指名臣今日尽；

我为苍生哭元老，合皖、赣、燕、齐、闽、粤，歌功颂德，伤心江表大星沉。

——江苏即补知县陈杭

赵参政以清修上荷特知，惜向用已迟，此来更晚；

寇莱公争岁币未及成约，叹孤忠莫慰，有识同悲。

——江苏补用知县周焘

星轺阔别，数载于兹，侍生聆名言，尚记传心黄歇浦；

海水横飞，长城遽陨，论才难屈指，不堪垂涕白门秋。

——江苏候补知县曾纪寅

立身有道，率物无私，克朴克勤，文正遗言成定论；

早岁陈情，暮年拥节，曰忠曰孝，邺侯异代此完人。

——试用知县邓琳

自刘忠诚薨世而后，数中兴诸帅，已落落若晨星，湘水太无灵，那堪半壁东南，又弱一个；

从曾文正开府以来，看列国争雄，(询)〔洵〕岌岌不终日，钟山还有幸，但愿大江左右，再遇斯人。

——补用知县盛治

抗疏争国债，教令警官邪，江南北耀此新猷，经世范、韩觇干略；

作贤幕在前，为名臣于后，朝内外岿然硕望，通家孔、李想风仪。

——候选郎中张通典、补用知县张通谟

中兴即仗李长源，不知授钺何迟，南岳云深归计晚；
江左正需谢安石，太息围棋未了，西洲日落哭声多。

——江苏候补知县潘升南

薪传继曾文正，忠诚结主，刚毅匡时，九重方倚赖，讵料天不慭遗，听鲸浪横来，怅望乾坤一洒泪；

鞠躬比武乡侯，大用何迟，阽危待挽，半壁镇雍容，忽惊公归仓卒，惜鸿施未竟，咨嗟中外共怆神。

——江苏补用直隶州陈龙昌、知县孙乔年

半壁河山楮柱难，公来何暮；
三湘勋旧凋零尽，谁其嗣之？

——江苏补用知县李岳蘅

事上忠，养亲孝，纶语煌煌，日整躬率属，勤政爱民，宏奖特攸加，仿诸曾太傅、左毅侯、李肃伯相提而论，纵未能并驾齐驱，练达老成，如公有几？

持己正，待人宽，箕畴再再，云福寿康宁，好德终命，遐龄应永享，况乎抚百粤、督八闽、调两江不次之迁，何忍尔归真返朴，涕零感泣，于我尤殷。

——候选知县张鼐

弥留无一语及私，看遗疏流传，披沥独为根本计；
廉正系九重恃眷，惜得君迟莫，设施未竟老臣心。

——训导彭敦复

秀才系朝野安危，移节重来，于今复见范文正；
衡岳乃神仙窟宅，掉头归去，论古应为李邺侯。

——分省州吏目陈斌

李业侯勋福兼隆，缅从紫幕宣劳，德器早推公辅望；
文潞国平章已晚，讵意白门徙镇，典型遽失老成人。

——候补县丞张长

遒禄荷天庥，咸钦福寿全归，不尽荣哀推大老；
服官循古制，直与曾彭并峙，非常事业佐中兴。

——廪生彭禄伟等

从闽浙来，镇半壁东南，万姓共欣时雨至；
由诸生起，著三朝经济，两江齐痛大星沉。

——参将石良辅等

北阙正抡才，方冀任总宣猷，星忽报陨，宫廷深悼失盐梅；
南洋资硕画，讵料移督甫视，月未重圆，江海倏惊倾砥柱。

——知县彭本钧，副将俞大烈，参将周友胜、
张祥麟，游击何云霖，都司胡振魁

正国家内外艰难，救弊补偏，伟绩甫张星遽陨；
合江海军民感泣，饮和食德，旧恩尤重我何堪。

——江南海门营副将丁华容

生而为英，殁而为灵，伟哉昭代名臣，星落南江惊宇宙；
感公之恩，负公之望，知否当年旧属，忆从东海哭春风。

——游击陈定贵

非常事业佐中兴，旋乾转坤，木稼遽闻达官怕；
藉甚声名推大老，鼎新革故，山颓何忍哲人萎。

——千总唐明直等

膺高位，膺高年，独有千秋，公复何恨；
是元勋，是元老，又弱一个，天太无情。

——乡晚生单谦等

小草沐恩知，幸广厦宏开，柱石东南依帅座；
骑箕痛长往，听大江哀遍，秣陵风雨黯灵旌。

——沐恩龙云骧

荷魏阙丝纶迭沛，曾作三湘辅弼，历扫妖氛，尤欣伟绩聿昭，中兴独推此老在；

自闽浙棨戟遥临，拟将六代河山，重新气象，何意殊猷未展，大江忽哭我公归。

——监生龚而安

帝眷老成人，历赣粤、闽浙、江淮，倚畀特隆九陛；
谁为后来者，综国权、吏治、财政，规模已足千秋。

——乡晚生叶芳连等

继曾左郅治中兴，何期国难甫平，一旦公骑仙鹤去；
当年得交通密迩，堪叹老成凋谢，三江同哭楚云遥。

——乡晚生朱奎等

公以诸生而仗义从戎，理学传家，武功定乱，相业匡时数十年，麟阁纪勋，何止名齐韩范；

国以元老为赤心辅佐，两广钧衡，四海保障，三江锁钥遽一旦，凤楼促召，空教泪洒淮川。

——乡晚叶青云等

勋高闽海，泽沛鄱湖，报国誓捐躯，何徒绩奏长江，大名竟勒彭刚直；

晖荫陇西，荣邀阙北，精忠本纯孝，即此身膺多福，中兴齐颂郭汾阳。

——乡晚生朱宏模等

易地甫四旬，那堪遽陨台星，四境同声嗟福薄；

升天维九月，料得重逢旧雨，九京共话叹时艰。

——乡晚生江佩兰等

范韩功绩，潘陆鸿才，二千里沛泽两江，叹天丧斯文，东岱南衡齐黯色；

彭祖年华，郭公福禄，四十日钧衡三省，痛星沉太促，文员武吏尽吞声。

——乡晚生冯茂山、李俊、吴介卿、周开业、
郭新坤、杨福贵、黄汉友、黄友才

于曾文正受特达之知，谋国媲师忠，今作荩臣前幕府；

犹彭刚直以茂才而起，致身蒙帝眷，生为豪杰殁明神。

——乡晚生黎宗瀚

仰平生廉正，倚畀九重，忽南天柱石云摧，万家流涕遗碑在；

计念载追随，恍如一日，溯先辈典型无几，故乡同慨老成凋。

——姻侄胡辉盘

溯庚午孑身趋宁，追随几卅年，历燕齐闽粤三江，所至荷垂怜，久役不忘旧从事；

自辛丑陈情别赣，违离刚四载，为身家贫病多故，此来无限恨，

深恩莫报伴归丧。

——侄昌浏

宿爱难忘，记先人云亡，三爵尚笃鸰原谊；
稠恩莫报，谓小子有造，十年为结蟹舍缘。

——侄昌沐

望令子克家，风雨箕裘常感旧；
许菲才问世，衣食教诲最关情。

——侄昌淮

贫病相依卅五年，几经天阨人穷，命该若是；
弥留遗训两三语，但说君恩国计，家其奈何？
再挽
穷且坚，怨何嫌，天道不远人，甘苦备尝三昧试；
“都交尔，我不管”，遗言犹在耳，公私难慰九原心。

——胞侄昌(询)〔洵〕

追文正、文襄后先相映，勋名不死，神托尾星；
仰同乡、同族轩冕之华，德爵俱尊，我惭尘末。

——族末昌艾等

综生平抚赣、抚粤、督闽、督江大名，自足千秋，有弟感知音，记任布山当日惠；

与吾湘文毅、文正、忠襄、忠诚比庥，更跻上寿，恨予悭觌面，怆怀时局大星沉。

——刑部主事彭树森

秉节莅白门，方欣广厦长依，那堪一见缘悭，半壁东南惊柱折；

骑箕归碧落,报到台星遽陨,岂惟九重震悼,三吴仕宦痛山颓。

——统领南字营陈东旸

八驺新莅,草木知威,方欣司马重来,曾与儿童迎道左;

卌日兼圻,功勋未竟,共仰郧侯为政,长留遗爱在江南。

——通判常文炳、知县成希缙

由戎幕而握三省钧衡,旋乾转坤,勋业与曾左并著;

惟大老不愧中兴将相,归真返朴,精神托箕尾之间。

——游击刘桂华

威镇双圻,福臻上寿,正期砥柱东南,九陛特恩资右臂;

同乡合望,当代完人,可堪薤歌吴楚,一朝大觉解长城。

——钦加五品衔监生刘鼎燊等

七旬馀期颐寿考,点额方欣,羡我公福备箕畴,声威远播三千里;

四十日摄篆吴中,勋名未竟,痛此日星沉沧海,感激悲歌百万家。

——乡晚生张祖培等